平家物語《へいけものがたり》

軍 鎌

祇園精舎《ぎをんしやうじや》の鐘の声、諸行無常の響きあり。娑羅双樹《しやらさうじゆ》の花の色、盛者必衰のことわりをあらはす。

祇園精舎の鐘の音には、すべてのものは無常であるという響きがある。娑羅双樹の花の色は、盛んな者も必ず衰えるという道理を表す。

伊勢物語《いせものがたり》

物 平

初冠《うひかうぶり》して、京、春日《かすが》の里にしして、往《い》にけり。

…服して、奈良の都、春日の里…る縁で、鷹《たか》狩りに行った。

檸檬／梶井基次郎《かじいもとじろう》

えたいの知れない不吉な塊が私の心を始終おさえつけていた。

おくのほそ道《みち》／松尾芭蕉《まつおばしょう》

紀 江

月日は百代《はくたい》の過客《くわかく》にして、行きかふ年もまた旅人なり。

月日は永遠の旅人であって、来ては去り去っては来る年もまた旅人である。

徒然草《つれづれぐさ》／兼好法師《けんこうほうし》

随 鎌

つれづれなるままに、日暮らし、硯《すずり》に向かひて、心にうつりゆくよしなしごとを、そこはかとなく書きつくれば、あやしうこそものぐるほしけれ。

することがなく手持ちぶさたなのに任せて、日が暮れるまで、硯に向かって、心に浮かんでは消えていくつまらないことを、とりとめもなく書きつけていると、不思議にも心が乱れるような気分になる。

吾輩《わがはい》は猫《ねこ》である／夏目漱石《なつめそうせき》

吾輩は猫である。名前はまだない。

鼻《はな》／芥川龍之介《あくたがわりゅうのすけ》

禅智内供《ぜんちないぐ》の鼻と云《い》えば、池《いけ》の尾《お》で知らない者はない。

羅生門《らしょうもん》／芥川龍之介《あくたがわりゅうのすけ》

ある日の暮れ方のことである。一人の下人が、羅生門の下で雨やみを待っていた。

草枕《くさまくら》／夏目漱石《なつめそうせき》

山路《やまみち》を登りながら、こう考えた。智《ち》に働けば角が立つ。情に棹《さお》させば流される。意地を通せば窮屈だ。とかくに人の世は住みにくい。

舞姫《まいひめ》／森鷗外《もりおうがい》

石炭をばはや積みはてつ。

高瀬舟《たかせぶね》／森鷗外《もりおうがい》

高瀬舟は京都の高瀬川を上下する小舟である。

走《はし》れメロス／太宰治《だざいおさむ》

メロスは激怒した。必ず、かの邪智暴虐《じゃちぼうぎゃく》の王を除かなければならぬと決意した。

和…和歌　物…物語　日…日記　歴…歴史物語　随…随筆　軍…軍記物語　紀…紀行文

恋愛

恋愛は人を突き動かす大きな原動力だ。各時代の恋愛の一コマを見てみよう。

恋愛の変遷

男性が通う妻問婚《つまどいこん》 平安時代

成人女性が異性に顔を見せることはめったになく、男性は結婚して初めて妻となる女性の顔を見る。結婚までは文のやりとりが主。

「恋愛」の誕生 近代以降

「恋愛」という語は近代以降"love"の訳語として広まった。江戸時代の武士は親が決めた相手と結婚することが多かったが、時代とともに自由な交際が認められるようになり、恋愛結婚をするカップルが増えた。

現代では結婚しなくてもよいと考える人が増え、恋愛や結婚の在り方も多様になっている。

結婚に対する意識

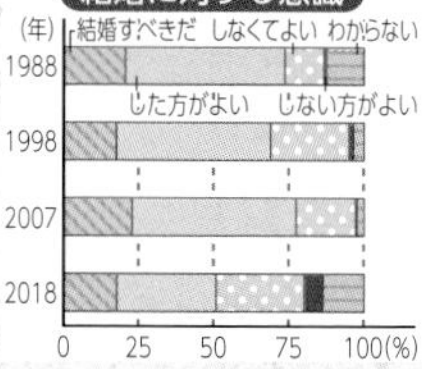

恋愛結婚・見合い結婚の構成割合

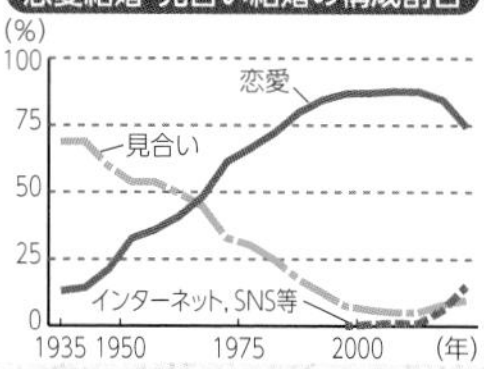

近現代	近世	中世	中古	上代
明治以降	江戸	安土桃山・室町・鎌倉	平安	奈良

相手の心を掴む恋の手紙 平安編

折枝《おりえだ》(文付枝《ふみつけえだ》)

文を書いたら、本物の枝に文を結び、従者を通して相手へ渡す。歌の内容や紙に対してどんな枝を使うか、紙と花の色や合わせ方はどうか、襲《かさね》の色目と同様、センスが問われる。

紙

何色の紙にどんな和歌を書くのか、紙選びから勝負は始まる。違う色を重ねて使うことも。恋文には「薄様《うすよう》」という薄く上質な紙が使用された。

蜻蛉日記《かげろうにっき》

作者の養女に求婚する遠度《とおのり》(男)の手紙

春雨に ぬれたる花の 枝よりも 人知れぬ身の 袖ぞわりなき

(春雨に濡れたこの**紅梅の枝**よりも人知れず流す私の血の涙に染まったこの袖が**真っ赤**で、どうしようもなくつらいのです。)

狭衣物語《さごろもものがたり》

東宮《とうぐう》(男)から源氏《げんじ》の宮《みや》(女)への手紙

頼めつつ 幾世経ぬらん 竹の葉に 降る白雪の 消えかへりつつ

(あなたに会える日を心待ちにしながらどれほど経ったでしょう。**竹の葉に降る白雪**のように消えそうな思いで待っています。)

あの人の恋文

太宰治《だざいおさむ》(37歳)

『斜陽《しゃよう》のモデル』太田静子《おおたしずこ》(33歳)へ

いつも思ってゐます。ナンテ、へんだけど、でも、いつも思ってゐました。(中略)一ばんいいひととして、ひっそり命がけで生きてゐて下さい。コヒシイ

樋口一葉《ひぐちいちよう》(20歳)

師 半井桃水《なからいとうすい》(31歳)へ

私は唯々まことの兄様のやうな心持《こころもち》にていつまでもいつまでも御力にすがり度《たき》願ひに御坐候《ござそうろう》を…

芥川龍之介《あくたがわりゅうのすけ》(25歳頃)

のちの妻 塚本文《つかもとふみ》(17歳頃)へ

ワタクシハアナタヲ愛シテ居リマス コノ上愛セナイ位愛シテ居リマス ダカラ幸福デス 小鳥ノヤウニ幸福デス

国立国会図書館のウェブページでは、近世から近代の恋文等を閲覧できる

恋愛結婚・見合い結婚の構成割合:「第16回出生動向基本調査」(国立社会保障・人口問題研究所)(https://www.ipss.go.jp/ps-doukou/j/doukou16/doukou16_gaiyo.asp)をもとに作成。年によって調査対象年齢は異なる。

書くこと

昔のあの人は、どんな道具で、どんな字を書いていたのだろうか。

ツールの変遷

木簡

▶七世紀頃から近世まで使われてきた。

ワープロ・パソコン

▶日本語入力が可能なワープロは一九七八年誕生。以後、デジタル機器は急速に成長している。

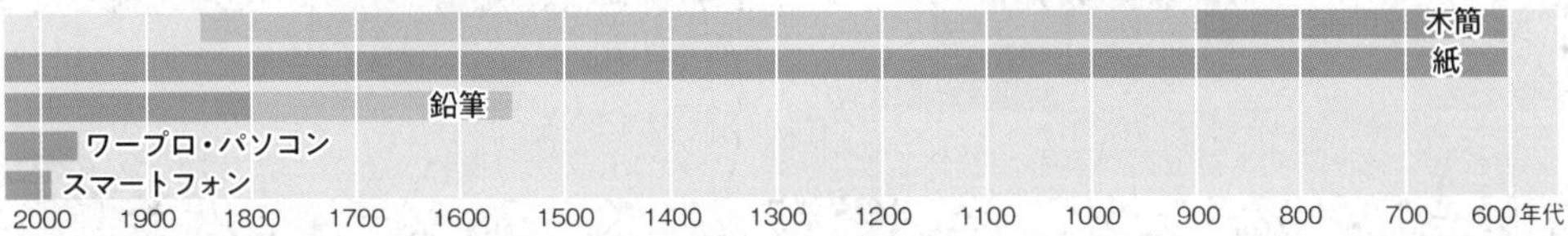

紙

▶日本へ紙の製造法が伝わったのは七世紀頃という。

鉛筆

▶日本で最初に鉛筆を使ったのは徳川家康《とくがわいえやす》だとか。

スマートフォン

あの人の直筆

書道史上、最高傑作！

国立国会図書館蔵

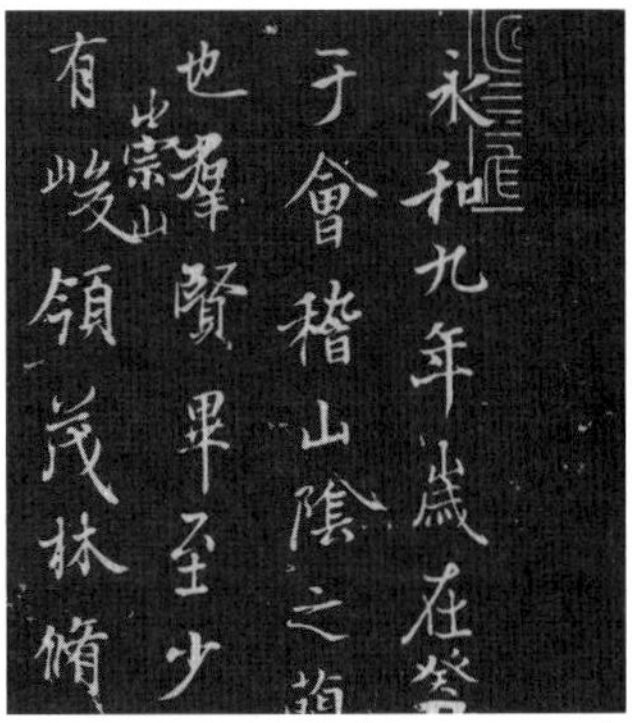

王羲之の筆跡を後人が写したもの。真筆は残っていない。

◀王羲之《おうぎし》（原跡）「蘭亭序《らんていじょ》」

王羲之は東晋の政治家で、書の名人として知られる。「蘭亭序」は書の傑作として名高い。

定家は悪筆!?

◀藤原定家《さだいえ》直筆の書状

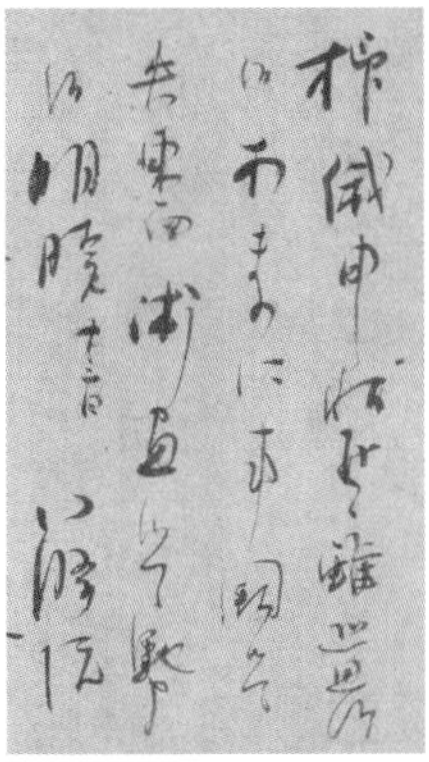

有名な歌人の藤原定家だが、じつは字はあまりうまくなかったという。しかし、特徴的な書きぶりは後世流行した。うまい？ うまくない？ それともヘタウマ？

原稿用紙は特注品！

夏目漱石《なつめそうせき》『道草《みちくさ》』直筆原稿◀

俳句も挿絵も自分で書く！

松尾芭蕉《まつおばしょう》直筆『野《の》ざらし紀行図巻《きこうずまき》』▼

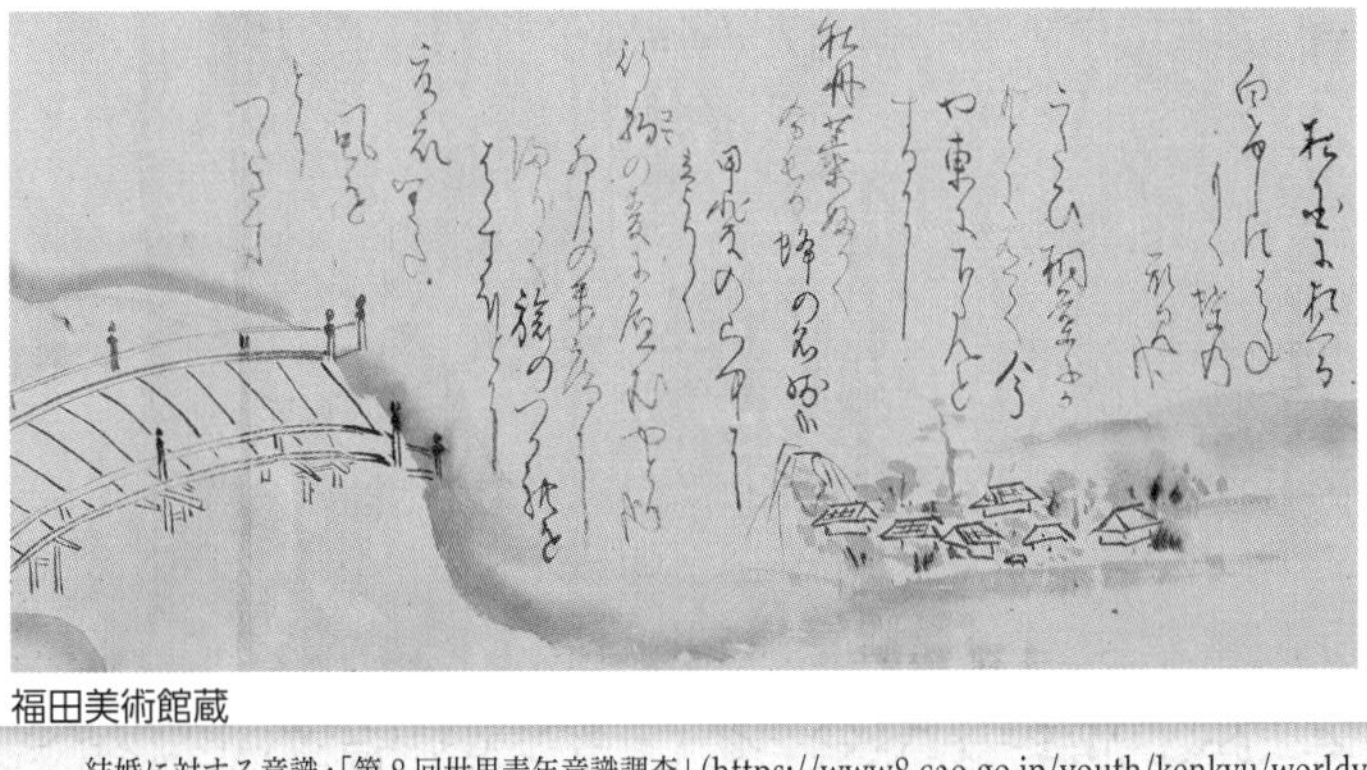

福田美術館蔵

結婚に対する意識：「第8回世界青年意識調査」(https://www8.cao.go.jp/youth/kenkyu/worldyouth8/html/mokuji.html)「我が国と諸外国の若者の意識に関する調査（平成30年度）」(https://www8.cao.go.jp/youth/kenkyu/ishiki/h30/pdf-index.html)（ともに内閣府）をもとに作成。年によって調査対象年齢は異なる。

十五歳の頃

歴史上の人物や作家は十五歳の頃をどう過ごしていたのだろうか。

あの人、15歳頃なにしてた？

源《みなもとの》 実朝《さねとも》 ➡一〇〇頁

●鎌倉

和歌に目覚める！

十四歳で初めて公式の場で和歌十二首を詠む。その後本格的に和歌を学び始めたよう。

藤原定家《ふじわらのさだいえ》 ➡九九頁

●平安～鎌倉

死にかけた！

十四歳で麻疹《ましん》(はしか)、十六歳で疱瘡《ほうそう》(天然痘《てんねんとう》)にかかる。どちらかで命を落としてもおかしくなかったが、長生きした。

森《もり》 鷗外《おうがい》 ➡二四二頁

●明治～大正

大学生！

十五歳で、東京大学《とうきょうだいがく》医学部本科生に。その前段階の予科へ入学したのは十二歳の時。規定許容年齢の十四歳と偽って入学。

菅原孝標女《すがわらのたかすえのむすめ》 ➡一五五頁

●平安

物語に夢中！

『更級日記《さらしなにっき》』の作者・菅原孝標女。十四歳の時『源氏物語《げんじものがたり》』を愛読する。

志賀直哉《しがなおや》 ➡二五六頁

●明治～大正

自転車にハマる！

十三～十八歳頃まで自転車に熱を上げ乗り回していたらしい。後年『自転車《じてんしゃ》』という随筆で触れている。

中原中也《なかはらちゅうや》 ➡三二二頁

●明治～昭和

本を出版！

十五歳で歌集『末黒野《すぐろの》』を刊行。中也と、山口中学校《やまぐちちゅうがっこう》の先輩、地方紙の若手記者三名の共著。

藤原彰子《ふじわらのしょうし》 ➡一三三頁

●平安

結婚していた！

紫 式部《むらさきしきぶ》の主・彰子は十二歳で一条天皇に入内《じゅだい》(結婚)。定子《ていし》が亡くなった後、その子を引き取り十四歳で養母になった。

王《おう》 維《い》 ➡四〇五頁

●中国・唐

受験で上京！

十七歳での作「九月九日山東の兄弟を憶《おも》う」は受験のため長安に来た時、家族を思い詠んだ詩。この頃科挙の前段階の試験に挑む。

十五歳は大人!?

平安時代では、男子は十一～十七歳頃に元服、女子は十二～十三歳頃に裳着をして成人として扱われた。

化粧は大人の目印！

中国唐代には華やかな化粧が見られた。イラストのように、眉や髪型は時代とともに色々な形が流行し、また額中央の花鈿《かでん》にも様々な形があった。

なお平安時代の日本では、裳着を終えた女性は引き眉や歯黒めなどの化粧をした。化粧には一目で大人とわかるようにする役割もあった。

お金・給料

お金や物の価値は時代によって異なる。現代との違いを感じてみよう。

1,000円で買えるもの

1920年頃
銀座の土地１坪

１坪は約 3.3㎡

1965年頃
映画のチケット２枚

2020年
ハンバーグ（外食）

➡210 頁

昔と今の給料

内閣総理大臣の年収	
1907年	**12,000** 円
2020年	約 **40,500,000** 円

平安貴族の収入

平安時代の貴族の収入はお金ではなく絹や土地。そのほか、領地からの税などであった。正一位（太政大臣）の年収を現代の金額に換算すると **3〜4億**円

あの人の給料

◀帝国大学を卒業したばかりの夏目漱石《なつめそうせき》の月給は **37円50銭**。12ヶ月分だと **450円**。ちなみに、2022年の大卒初任給を12ヶ月分に換算すると**約270万円**。（厚生労働省：令和４年賃金構造基本統計調査より）

日本文学と世界

現代では村上春樹や小川洋子など多くの作家の作品が翻訳されている。

世界文学としての源氏物語《げんじものがたり》

紫式部《むらさきしきぶ》が『源氏物語』を執筆したのは十一世紀初頭。古典作品として世界的にも名高いダンテの『神曲《しんきょく》』の成立が十四世紀初めで、シェイクスピアが活躍したのは一六〇〇年頃。『源氏物語』は世界に先駆けて誕生した長編女流文学の傑作なのだ。

『源氏物語』は、英語・フランス語・ドイツ語・中国語などのほか、モンゴル語、ヘブライ語など多くの言語に翻訳されている。

チャールズ・イー・タトル出版（3点）

Q1 **上の英訳版の本と下の書名を線でつないでみよう。**

金閣寺《きんかくじ》 三島由紀夫《みしまゆきお》	源氏物語 紫式部	吾輩《わがはい》は猫《ねこ》である 夏目漱石《なつめそうせき》

Q2 **次は、「百人一首」のうち一首の英訳である。どの歌か考えてみよう。**

So this is the place! / Crowds, / coming / going / meeting / parting*, / those known, / unknown— / the Gate of Meeting Hill.

*part…別れる

『英語で読む百人一首』（ピーター・J・マクミラン著／文春文庫）より

 答え Q1：「THE TALE OF GENJI」→「源氏物語」「The temple of the Golden Pavilion」→「金閣寺」「I Am a Cat」→「吾輩は猫である」　Q2:111 頁・第 10 番参照

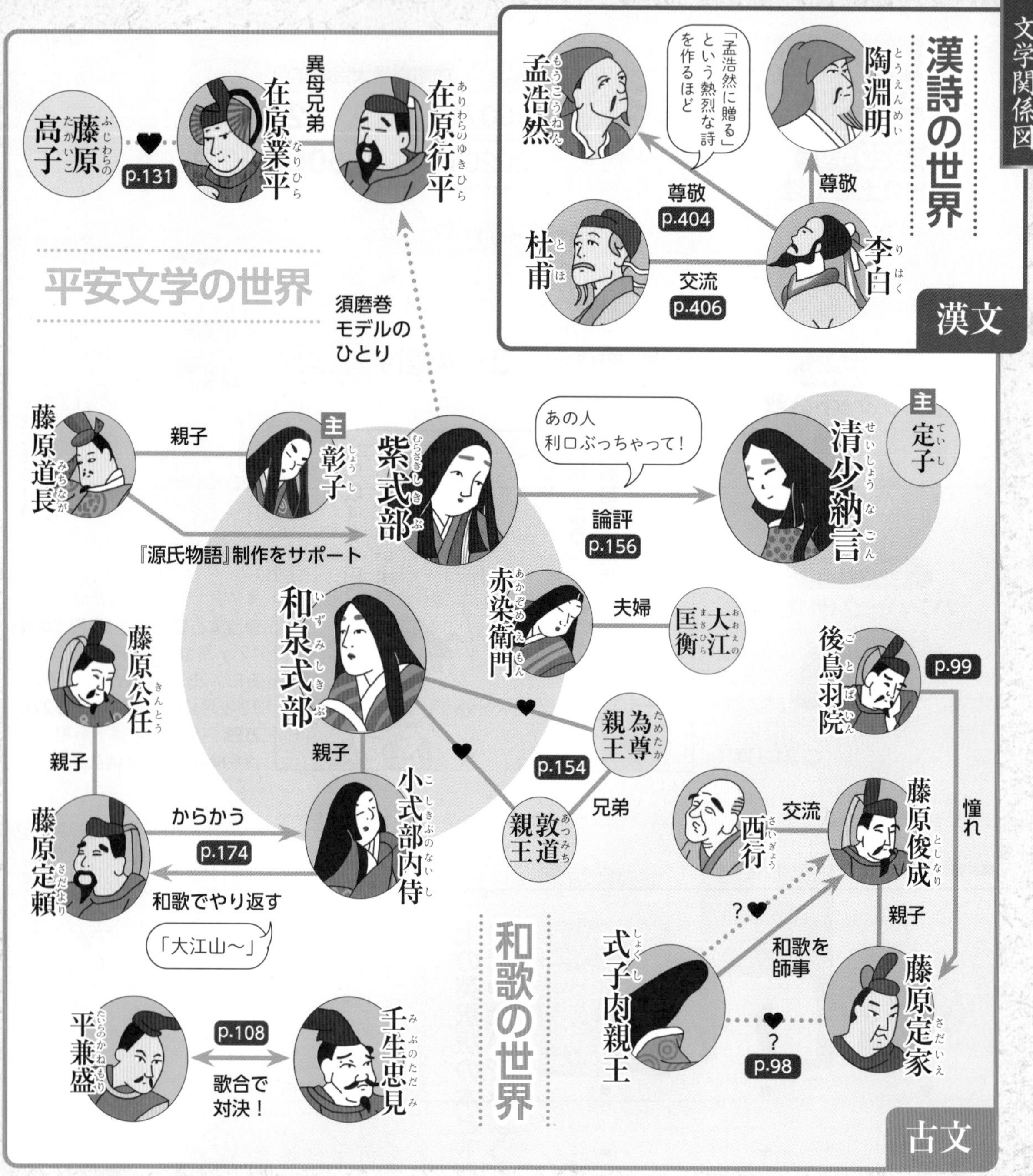

中国文学の影響

日本の文学やその作者たちは古くから中国を手本にしてきた。中国の歴史は古く、日本の奈良時代や平安時代の頃には社会制度や文化において発展を遂げていたからだ。

古い時代ばかりではない。近現代の知識人にとって、漢文は身につけるべき素養の一つ。漢文は、実は思っているよりもずっと最近まで日常に根付いていた。

懐風藻《かいふうそう》 日本最古の**漢詩文集**。

万葉集《まんようしゅう》 **漢字を使った**万葉仮名で表記されている。

枕草子《まくらのそうし》 **白居易《はくきょい》**の詩句を引いている所がある。

源氏物語《げんじものがたり》 「**長恨歌《ちょうごんか》**」などの漢文作品を踏まえている所がある。

平家《へいけ》物語 **中国の故事**を引いたり、**和漢混淆《こんこう》文**が使われたり、随所に影響が見られる。

おくのほそ道《みち》 **李白**や**杜甫**の詩句を踏まえている所がある。

夏目漱石 房総を旅行した記録『木屑《ぼくせつ》録《ろく》』は**漢文**。漢詩も作った。

井伏鱒二 有名な「『サヨナラ』ダケガ人生ダ」(『厄除《やくよ》け詩集』)。じつは唐・**于武陵《うぶりょう》の漢詩**の詩句を井伏が翻訳したもの。

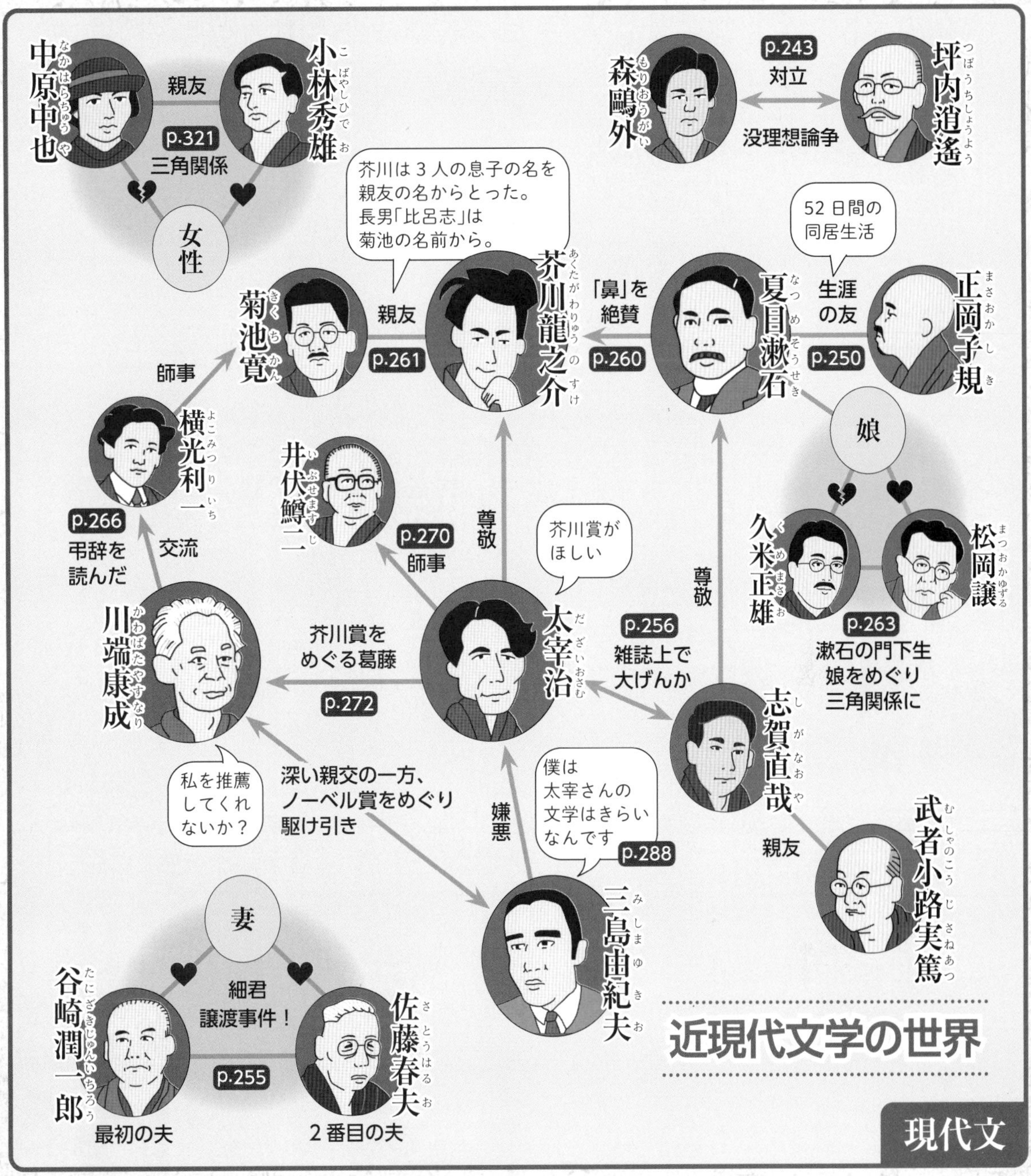

読書案内

古典や近代文学、作家に取材した小説やマンガが多く発行されている。時代背景や人物に興味がわけば、より作品を楽しめる。

時代背景や人物に興味が持てる

応天の門《おうてんのもん》（灰原薬《はいばらやく》　新潮社）

在原業平と菅原道真《すがわらのみちざね》のコンビが事件を解決する。宝塚歌劇団でも演じられた。

渦《うず》 妹背山婦女庭訓《いもせやまおんなていきん》 魂結び《たまむすび》（大島真寿美《おおしままずみ》　文藝春秋）

近松門左衛門《ちかまつもんざえもん》に傾倒した人形浄瑠璃作者・近松半二《はんじ》の生涯を描く。

文豪《ぶんごう》ストレイドッグス（原作：朝霧《あさぎり》カフカ・著者：春河《はるかわ》35《さんご》　KADOKAWA/角川コミックス・エース）

文豪ストレイドッグス（1）

中島敦や太宰治などの文豪が登場。「異能」という能力を使うバトルアクション。「異能」は実際の作品や作家自身のエピソードにちなんでいる。

作品に興味が持てる

悟浄出立《ごじょうしゅったつ》（万城目学《まきめまなぶ》　新潮社）

中国古典に取材した短編集。

虎《とら》と月《つき》（柳広司《やなぎこうじ》　理論社）

『山月記《さんげつき》』の「李徴《りちょう》」の息子が主人公。

名歌名句選

～古典から現代へ～

坪内稔典《つぼうちねんてん》 選

―は季語を表す。

古典の名歌

■万葉集

雄略《ゆうりゃく》天皇

籠《こ》もよ　み籠持ち　ふくしもよ　みぶくし持ち　この岡に　菜摘ます児《こ》　家聞かな　名告《の》らさね　そらみつ　大和《やまと》の国は　おしなべて　我こそ居れ　しきなべて　我こそいませ　我こそば　告らめ　家をも名をも　（巻一）

籠も、良い籠を持ち、ふくし（へら）も、良いふくしを持ち、この岡で若菜を摘んでいる娘さん、家を教えてほしい、あなたの名を教えてほしい。この大和国はすべて私が平らげ私が統治しています。私から名乗りましょうか、家も名も。

柿本人麻呂《かきのもとのひとまろ》

玉だすき　畝傍《うねび》の山の　橿原《かしはら》の　ひじりの御代ゆ　生《あ》れましし　神のことごとつがの木の　いやつぎつぎに　天の下　知らしめししを　天《そら》にみつ　大和《やまと》を置きて　あをによし　奈良山を越え　いかさまに　思ほしめせか　あまざかる　鄙《ひな》にはあれど　いはばしる　近江《あふみ》の国の　楽《ささ》浪《なみ》の　大津の宮に　天の下　知らしめしけむ　天皇《すめろき》の　神の尊《みこと》の　大宮は　ここと聞けども　大殿は　ここと言へども　春草の　しげく生《お》ひたる　霞《かすみ》立ち　春日の霧《き》れる　ももしきの　大宮所　見れば悲しも　（巻一）

畝傍の山の橿原の聖の時代から、お生まれになった神々（歴代の天皇）が、次々に続いて、天下を統治されたが、大和を捨てて、奈良山を越えて、どのように考えられたのか、田舎ではあるが、近江国の大津の宮で天下を治められた、あの天智《てんち》天皇の旧都はここと聞くけれど、宮殿はここと言うけれど、春の草が茂り、霞が立って春の日がけぶっている宮殿の跡を見れば悲しいよ。

楽浪《ささなみ》の志賀の唐崎幸《さき》くあれど大宮人の舟待ちかねつ　（巻一）

志賀の唐崎は、今も変わらずにあるが、昔の大宮人の船を待ちかねている。

東《ひむがし》の野にかぎろひの立つ見えてかへり見すれば月かたぶきぬ　（巻一）

東の野原にあけぼのの光が見え、振り返ってみると月は西へ傾いていた。

大津皇子《おおつのみこ》

あしひきの山のしづくに妹《いも》待つと我立ち濡《ぬ》れぬ山のしづくに　（巻二）

あなたを待って立ったまま、私は山のしずくに濡れた。山のしずくに（濡れた）。

石川郎女《いしかわのいらつめ》

我《あ》を待つと君が濡《ぬ》れけむあしひきの山のしづくにならましものを　（巻二）

私を待ってあなたが濡れたという山のしずくになれたらいいのに。

大伴旅人《おおとものたびと》

あな醜賢《みにくさか》しらをすと酒飲まぬ人をよく見ば猿にかも似る　（巻三）

ああ、みっともない。かしこぶって酒を飲まない人をよく見たら、なんと猿に似ているよ。

山部赤人《やまべのあかひと》

春の野にすみれ摘みにと来し我そ野をなつかしみ一夜寝にける　（巻八）

春の野に菫《すみれ》を摘みに来た私は、野に魅せられて一夜寝てしまった。

山上憶良《やまのうえのおくら》

萩《はぎ》の花尾花葛花《くずばな》なでしこが花をみなへしまた藤袴《ふぢばかま》朝顔が花　（巻八）

萩の花、すすき、葛の花、なでしこ、女郎花、また藤袴、朝顔の花。＊朝顔は桔梗《ききょう》ともされる

■古今和歌集

在原元方《ありわらのもとかた》

年の内に春はきにけりひととせを去年《こぞ》とやいはむ今年とやいはむ　（巻一）

年内に立春が来たなあ。この一年を去年と言おうか、今年と言おうか。

大友黒主《おおとものくろぬし》

春さめのふるは涙か桜花ちるををしまぬ人しなければ　（巻二）

春雨の降るのは涙なのか。桜の落花を惜しまない人はいないのだから。

よみ人しらず

わが宿の池の藤波さきにけり山郭公《やまほととぎす》いつか来鳴かむ　（巻三）

わが家の池のほとりの藤が咲いたよ。山にいるほととぎすはいつ来て鳴くのだろうか。

清原深養父《きよはらのふかやぶ》

冬ながら空より花の散りくるは雲のあなたは春にやあるらむ　（巻六）

冬なのに空から花の散ってくるのは、雲の向こうは春だからだろうか。

素性《そせい》

山吹《やまぶき》の花色衣《はないろごろも》ぬしやたれ問へど答へずくちなしにして　（巻一九）

山吹色の衣に持ち主は誰かと問うても答えがない。それはクチナシで染めた衣、つまり口無しだから。

■新古今和歌集

藤原良経《ふじわらのよしつね》

み吉野は山もかすみて白雪のふりにし里に春はきにけり　（巻一）

吉野は山も霞《かす》んで、白雪の降っていたこの古い里に春が来たことだ。

西行《さいぎょう》

津の国の難波《なには》の春は夢なれや蘆《あし》のかれ葉に風わたるなり　（巻六）

摂《せっ》津国の難波の春は夢だったのか。蘆の枯れた葉に風が吹き渡っているようだ。

藤原定家《さだいえ》

駒《こま》とめて袖うちはらふかげもなし佐野の渡りの雪の夕暮れ　（巻六）

馬をとめて袖の雪を払う物陰もない。佐野の渡し場の雪の夕べよ。

二条院讃岐《にじょういんのさぬき》

涙河たぎつ心のはやき瀬をしがらみかけて堰《せ》く袖ぞなき　（巻一二）

川のように流れる涙よ。たかぶる心のこの早瀬を柵《しがらみ》となってせきとめる袖などはないことだ。

蟬丸《せみまる》

世の中はとてもかくてもおなじこと宮も藁屋《わらや》もはてしなければ　（巻一八）

・459頁「俳句の作り方―ねんてん先生の俳句教室―」も一緒に確認しよう。

世の中はどうこうしたところで同じことだ。宮殿も粗末な藁屋もいつ亡《ほろ》びるか分からない。

■その他の和歌

源《みなもとの》　実朝《さねとも》　金槐和歌集
大海の磯《いそ》もとどろによする波われてくだ
けて裂《さ》けて散るかも

大海の磯もとどろくばかりに寄せる波よ。その波が割れて砕けて裂けて散るよ。

本居宣長《もとおりのりなが》　肖像自賛
敷島《しきしま》の大和心を人問はば朝日ににほふ山
ざくら花

大和心とは、と人が尋ねたら、朝日に照り輝く山桜だ、と答えよう。

近現代の名歌

佐佐木信綱《ささきのぶつな》
ゆく秋の大和の国の薬師寺の塔の上なる
一ひらの雲

与謝野鉄幹《よさのてっかん》
われ男《を》の子意気の子名の子つるぎの子詩
の子恋の子あああもだえの子

与謝野晶子《あきこ》
清水《きよみづ》へ祇園《ぎをん》をよぎる桜月夜こよひ逢《あ》ふ人
みなうつくしき

金色《こんじき》のちひさき鳥のかたちして銀杏《いてふ》ちる
なり夕日の岡に

斎藤茂吉《さいとうもきち》
ガレージへトラックひとつ入らむとす
少しためらひ入りて行きたり

北原白秋《きたはらはくしゅう》　ヒヤシンス薄紫に咲きにけり
はじめて心顫《ふる》ひそめし日

若山牧水《わかやまぼくすい》
海底《うなぞこ》に眼《め》のなき魚《うを》の棲《す》むといふ眼の無き
魚の恋しかりけり

岡本《おかもと》かの子《こ》
桜ばないのち一ぱいに咲くからに生命《いのち》を
かけてわが眺めたり

馬場《ばば》あき子《こ》
百合《ゆり》咲きて蛇いでゆけりゆつくりと苦し
げに朝の道わたりゆく

高野公彦《たかのきみひこ》
ふかぶかとあげひばり容《い》れ淡青《たんじやう》の空は暗
きまで光の器

小島《こじま》ゆかり
猫のひげ銀に光りて春昼《しゅんちう》のひとりの思ひ
秘密めきたる

加藤治郎《かとうじろう》
きこえますきこえますいま校庭にだれも
いなくて遠い雷

穂村弘《ほむらひろし》
サバンナの象のうんこよ聞いてくれだる
いせつないこわいさみしい

俵万智《たわらまち》
「この味がいいね」と君が言ったから七月
六日はサラダ記念日

東直子《ひがしなおこ》
はなこさんがみかんを三つ買いました
おつりはぜんぶ砂にうめます

古典の名句

松永貞徳《まつながていとく》
霞《かすみ》さへまだらに立つやとらの年　春

霞でも虎の斑紋《はんもん》のように立っている。今年は寅年《とらどし》だ。

西山宗因《にしやまそういん》
ながむとて花にもいたし頸《くび》の骨　春

長く桜の花を眺めて首の骨が痛くなった。

田捨女《でんすてじょ》
いつかいつかいつかと待ちしけふの月　秋

いつかいつかいつかと待っていた中秋の今日十五日の月であるよ。

松尾芭蕉《まつおばしょう》
古池や蛙《かはづ》飛び込む水の音　春

古池だなあ。蛙の飛び込む水音がするなあ。

閑《しづ》かさや岩にしみ入る蟬《せみ》の声　夏

静かだなあ。岩にしみ通っている蟬の声がする。

向井去来《むかいきょらい》
尾頭の心もとなき海鼠《なまこ》かな　冬

尾と頭が判然としない海鼠だなあ。

大島蓼太《おおしまりょうた》
世の中は三日見ぬ間に桜かな　春

世の中は、三日間外出しなかったら、すっかり桜が満開だ。

与謝蕪村《よさぶそん》
春の海終日《ひねもす》のたりのたり哉《かな》　春

春の海だ。一日中のたりのたりとしているなあ。

小林一茶《こばやしいっさ》
猫の子がちよいと押《おさ》へるおち葉哉《かな》　冬

猫の子がちょっと押さえた落ち葉だよ。

春風や侍二人犬の供　春

春風が吹いているよ。侍が二人、犬のお供をしているなあ。

近現代の名句

正岡子規《まさおかしき》
柿くへば鐘が鳴るなり法隆寺　秋

河東碧梧桐《かわひがしへきごとう》
赤い椿《つばき》白い椿と落ちにけり　春

高浜虚子《たかはまきょし》
爛々《らんらん》と昼の星見え菌《きのこ》生え　秋

尾崎放哉《おざきほうさい》
せきをしてもひとり　無季

飯田蛇笏《いいだだこつ》
をりとりてはらりとおもきすすきかな　秋

杉田久女《すぎたひさじょ》
花衣ぬぐやまつはる紐《ひも》いろいろ　春

水原秋桜子《みずはらしゅうおうし》
馬酔木《あしび》より低き門なり浄瑠璃寺　春

阿波野青畝《あわのせいほ》　水ゆれて鳳凰堂《ほうおうどう》へ蛇の首　夏

山口誓子《やまぐちせいし》　夏の河赤き鉄鎖のはし浸る　夏

富沢赤黄男《とみざわかきお》
蝶《ちょう》墜《お》ちて大音響の結氷期　冬

細見綾子《ほそみあやこ》
つばめつばめ泥が好きなる燕《つばめ》かな　春

高屋窓秋《たかやそうしゅう》
ちるさくら海青ければ海へちる　春

津田清子《つだきよこ》
虹二重《ふたへ》神も恋愛したまへり　夏

飯田龍太《いいだりゅうた》
露草も露のちからの花ひらく　秋

加藤郁乎《かとういくや》
昼顔の見えるひるすぎぽるとがる　夏

池田澄子《いけだすみこ》
じゃんけんで負けて蛍に生まれたの　夏

坪内稔典《つぼうちねんてん》
三月の甘納豆のうふふふふ　春

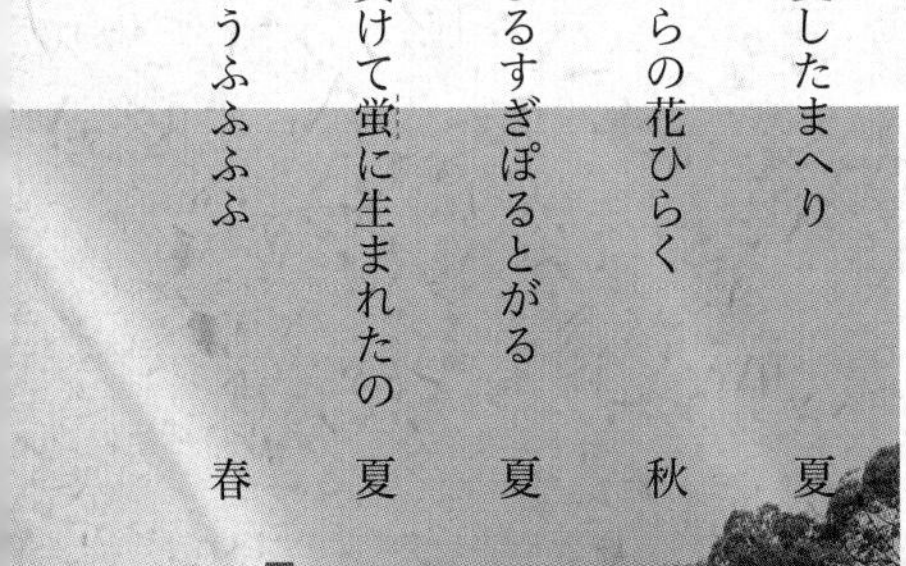

目次

現代文編

漢文編

表現編

資料編

QR コードについて

・本文の内容に関連する動画（NHK for school の動画を含む）を閲覧することができます。
・インターネット接続に際し発生する通信料は、使用される方の負担となりますのでご注意ください。
・記載の内容や URL は予告なく変更になることがあります。
・QR コードは（株）デンソーウェーブの登録商標です。

調べ学習に役立つリンクをまとめています。アクセスしてみよう！

古文編

平安旅行ガイド 古都の史跡

石山詣《いしやまもうで》をしてみよう！

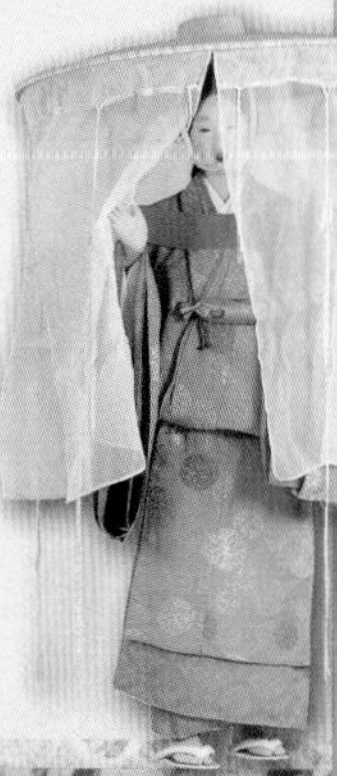

平安時代、貴族の間で遠隔地の霊験《れいげん》あらたかな社寺に参詣《さんけい》する物詣《ものもう》でが盛んになった。外出の機会が少ない貴族女性にとって、物詣では小旅行によるリフレッシュの意味合いも強かった。

石山寺は現在の滋賀県大津市にある真言宗の寺で、王朝貴族からの信仰が篤《あつ》かった。京都から近い地理的理由もあり女性からの人気が高く、多くの王朝女流文学に登場する。

ここでは、『蜻蛉日記《かげろうにっき》』（⬇一五四頁）作者の藤原道綱母《ふじわらのみちつなのはは》の石山詣の行程を紹介する。現代とは異なる旅の様子を想像してみよう。

夜明け（4時？）都の自宅を出発 地点1

都にある自宅を徒歩で出発。

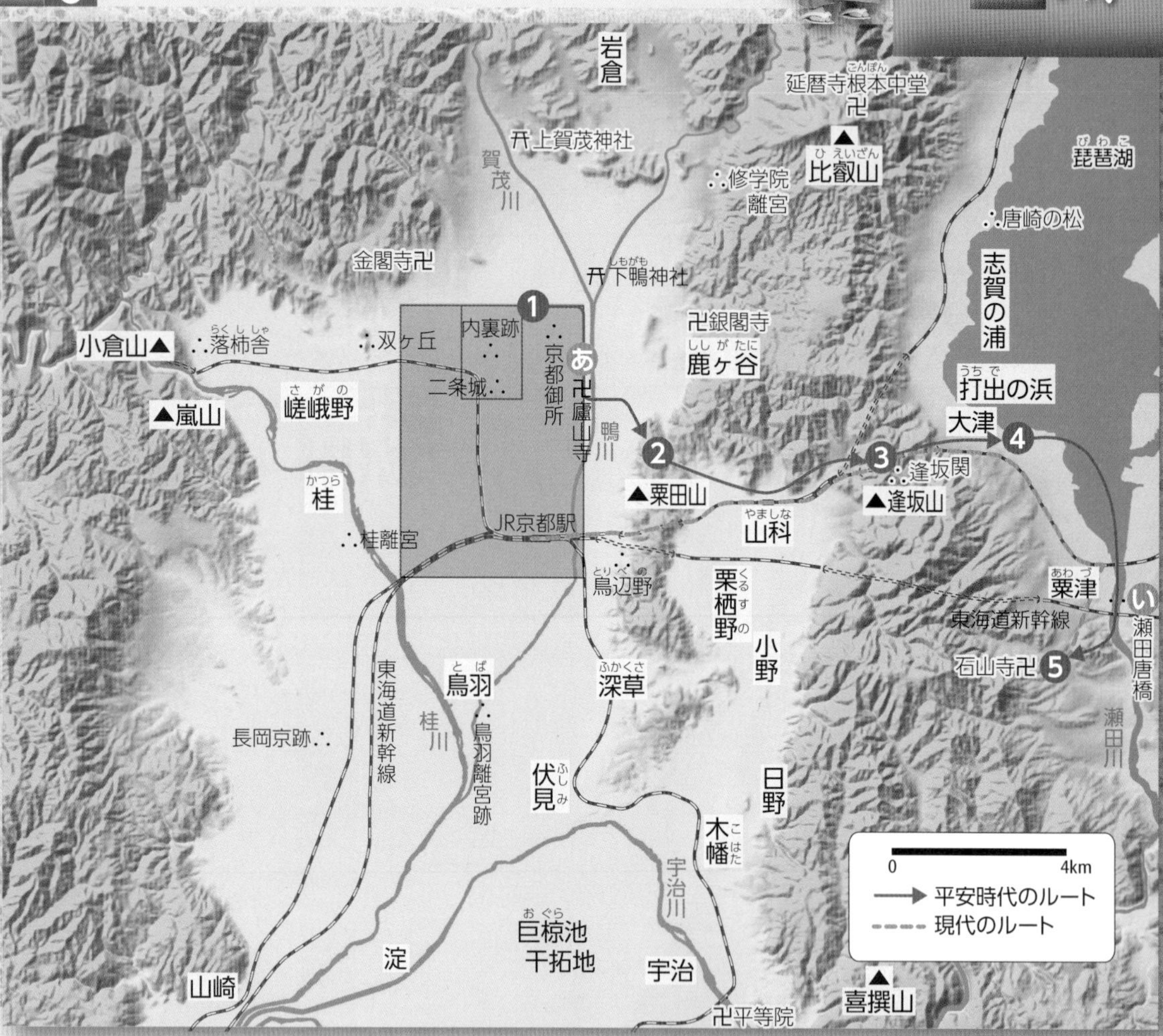

比べてみよう

現代の石山詣

現代の私たちが石山詣をしようとしたら、移動時間とルートはどのようになるだろうか。

京都駅 発
⇩ JR琵琶湖線新快速 13分
石山駅 着
⇩ 京阪《けいはん》電鉄に乗り換え 6分
京阪石山駅 発
⇩ 京阪石山坂本線 4分
石山寺駅 着
⇩ 徒歩12分
石山寺 着

所要時間は35分！

※藤原道綱母の家は現在の晴明神社付近（地点1）。ここから出発する場合、徒歩と地下鉄を使い、京都駅まで20分ほどかかる。

※所要時間は出発時刻によって異なる。

琵琶湖と瀬田川

ちょっと寄り道　地点あ　廬山寺《ろざんじ》

紫式部《むらさきしきぶ》の邸宅跡と言われ、『源氏物語《げんじものがたり》』の「中川のわたり」のモデルとされる。

鴨川《かもがわ》を通過。

7時？　粟田山《あわたやま》にて休憩　地点②

山科まできたところで完全に夜が明ける。

昼？　逢坂山《おうさかやま》の走井《はしりい》にて食事　地点③

走井は逢坂関《おうさかのせき》の手前にある井戸。ここで持ってきていた弁当を食べてから、逢坂関を越える。

▲清らかな水が湧き出し、旅人の喉を潤した。▶男女の逢瀬の意の「逢ふ」とかけて詠まれる歌枕。逢坂山は都から東国に向かうとき必ず通る場所であり、関を越えて都を出る感慨が文学によく表される。

column　平安時代の旅 1

高貴な身分の者が旅に出るときは供を連れていく。身の回りの世話をする女房や警護の者、今のように公衆便所はないので、「樋《ひ》洗《すまし》」(今でいうおまるを洗う者)までいた。牛車《ぎっしゃ》に乗る場合は牛を引く車《くるま》副《ぞい》や牛飼童《うしかいわらわ》なども加わり、さらに同行者は増える。身分が高いほど供の人数や装いは華美で、『源氏物語《げんじものがたり》』(⬇三一頁)関屋では光源氏の盛大な石山詣の様子が描かれる。前駆《ぜんく》(行列を先導する者)が打出《うちで》の浜に着いたとき、光源氏はまだ粟田山《あわたやま》にいたというから、一行は相当な人数だったようだ。

逢坂関を越える菅原孝標女の一行

琵琶湖の打出《うちで》の浜に出る　地点④

ここから舟に乗り込み瀬田川を下る。

ちょっと寄り道　地点い　瀬田唐橋《せたのからはし》

琵琶湖から瀬田川が流れ出るところにかかる橋で歌枕として有名。瀬田は東日本と西日本を結ぶ交通の要所。

17時頃　石山寺に到着　地点⑤

休息後、夜になってから身を清め、御堂にこもって夜通し勤行。

所要時間は約13時間!

紫式部がここで『源氏物語』の構想を練ったという伝説がある。

「ちょっと寄り道」は『蜻蛉日記』の記述に見えない場所。

参考資料：『蜻蛉日記』[天禄元(九七〇)年七月二十日]
写真：逢坂関を越える菅原孝標女の一行＝石山寺縁起絵巻(石山寺所蔵)

古都の史跡

京都近辺の史跡

B 寂光院《じゃっこういん》　天台宗の尼寺。平家滅亡後建礼門院《けんれいもんいん》徳子《とくこ》が隠棲し、翌年、後白河《ごしらかわ》法皇がひそかに訪ねたとされる。

A 延暦寺根本中堂《えんりゃくじこんぽんちゅうどう》　延暦寺は平安京の鬼門《きもん》（北東）に位置するため国家鎮護の寺とされた。

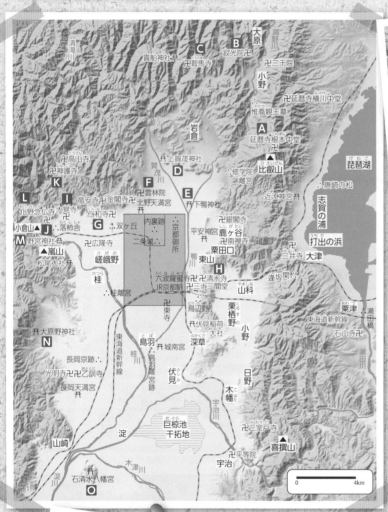

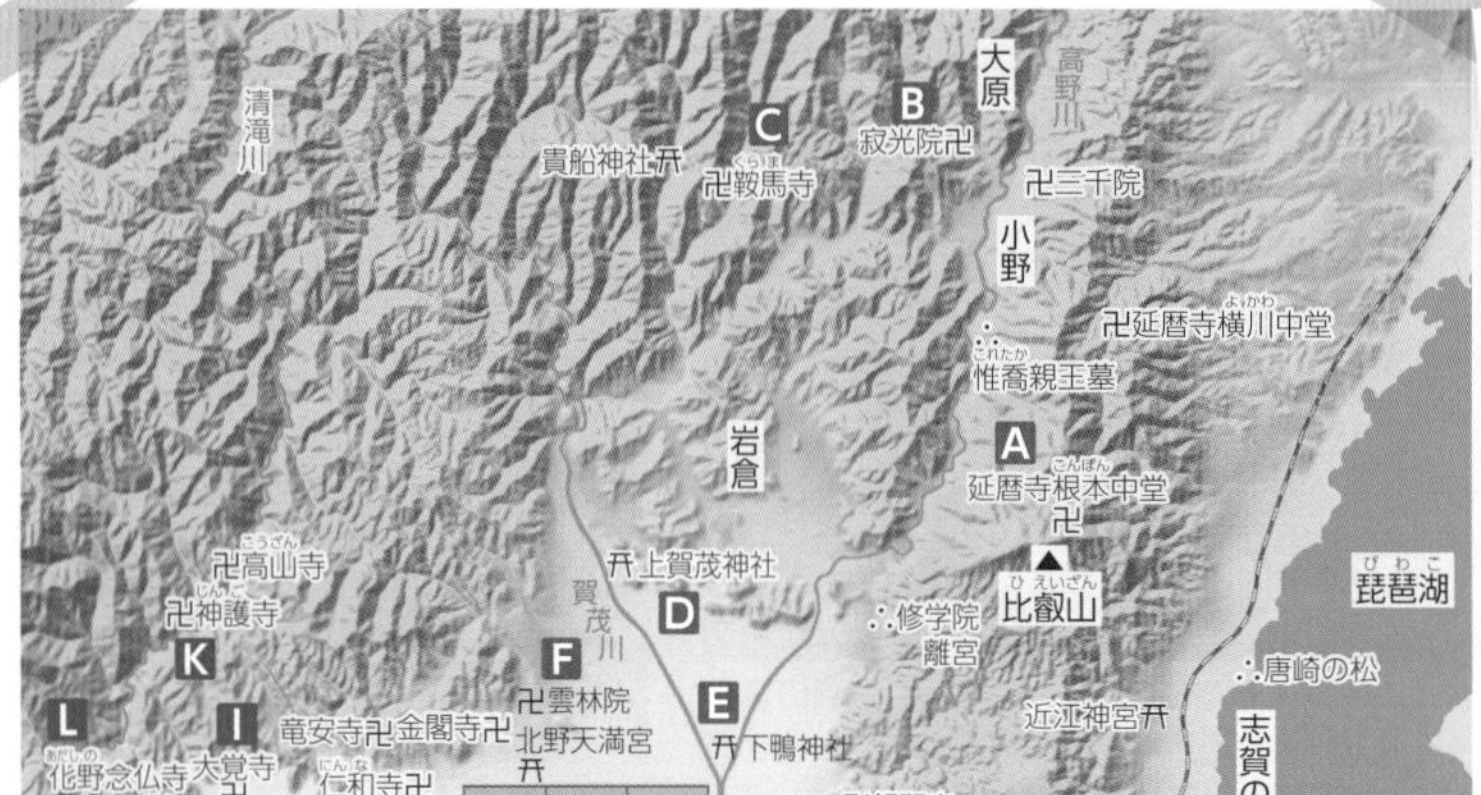

C 鞍馬寺《くらまでら》　古来より『源氏物語《げんじものがたり》』で光源氏が加持《かじ》に訪れた「北山のなにがし寺」とされた。ここで光源氏は紫の上（若紫）を垣間見《かいまみ》る。

D 上賀茂神社《かみがもじんじゃ》

E 下鴨神社《しもがもじんじゃ》　両社の例祭である賀茂祭（葵祭）は平安文学によく登場する。当時単に「祭」といえば、賀茂祭を指した。

G 仁和寺《にんなじ》　皇室ならびに宇多《うだ》源氏の寺として発展した。『徒然草《つれづれぐさ》』に当寺の法師の話が伝えられている。

F 雲林院《うりんいん》　『大鏡《おおかがみ》』はこの寺の菩提講《ぼだいこう》を物語の場として設定する。

清水の方ぞ、光多く見え、人のけはひもしげかりける
『源氏物語』夕顔

H 清水寺《きよみずでら》　石山寺と並んで平安貴族の信仰を集め、『枕草子《まくらのそうし》』などに参籠の記述が見える。

I 大覚寺《だいかくじ》と大沢池《おおさわのいけ》　もとは嵯峨《さが》天皇の離宮で、大沢池は観月や桜の名所であり、貴族たちの宴の場となったと知られる。

小倉山嵐の風の寒ければ紅葉の錦着ぬ人ぞなき
藤原公任

J 小倉山《おぐらやま》と大堰川《おおいがわ》　嵐山（左）と小倉山（右）の間を大堰川が流れる。紅葉の名所。藤原公任《ふじわらのきんとう》「三船の才」の逸話が有名。

K 神護寺《じんごじ》　平安末期、文覚上人《もんがくしょうにん》が荒廃していた寺の復興につとめたことが『平家物語《へいけものがたり》』にみえる。

L 化野念仏寺《あだしのねんぶつじ》　化野は平安時代の墓地。空海《くうかい》がこの地に当寺を開き、のちに法然上人《ほうねんしょうにん》が中興したという。

M 野宮神社《ののみやじんじゃ》　伊勢斎宮《さいぐう》が伊勢に赴く前に一年間の潔斎を行う野宮のひとつが神社となっている。

N 大原野神社《おおはらのじんじゃ》　春日大社《かすがたいしゃ》の祭神を移した藤原氏の氏神。天皇や藤原氏がたびたび参詣した。

O 石清水八幡宮《いわしみずはちまんぐう》　賀茂《かも》神社・春日大社とともに朝廷に重んじられた。鎌倉時代には源氏が氏神とし、各地に八幡宮が作られた。

平安旅行ガイド

古都の史跡

初瀬詣《はつせもうで》をしてみよう！

長谷寺《はせでら》は初瀬《はつせ》（現在の奈良県桜井市）にあるため、この寺に詣でることを初瀬詣と言う。ここでは『蜻蛉日記《かげろうにっき》』（⬇ 一五四頁）で藤原道綱母《ふじわらのみちつなのはは》がたどった旅の行程を紹介する。

初瀬詣は、京から牛車《ぎっしゃ》を使って三〜四日かかるのが一般的。現代では、目的地まで三日もかかる国内旅行など想像できないかもしれないが、当時の人々の気持ちに思いを馳《は》せてみよう。

1日目

都の自宅を出発　地点①

出立の方角や日時は陰陽道《おんようどう》《おんみょう》で占う。予定日の日取りや方角がよくなかったため、前日のうちに場所を移す（方違《かたたが》え）。

法性寺《ほっしょうじ》の辺りに宿泊　地点②

2日目

暁（4時頃）法性寺を出発

法性寺は現在の東福寺《とうふくじ》の辺りにあった寺。

寺のような所に宿泊

4日目

椿市《つばいち》に宿泊　地点⑤

椿市は初瀬に詣でる人の多くが宿泊した場所。ここで参詣の準備を整える。

5日目

昼頃　椿市を出て長谷寺に向かう

夕方　長谷寺に到着　地点⑥

夜明けまで御堂に籠もって勤行する。

所要時間は4泊5日！

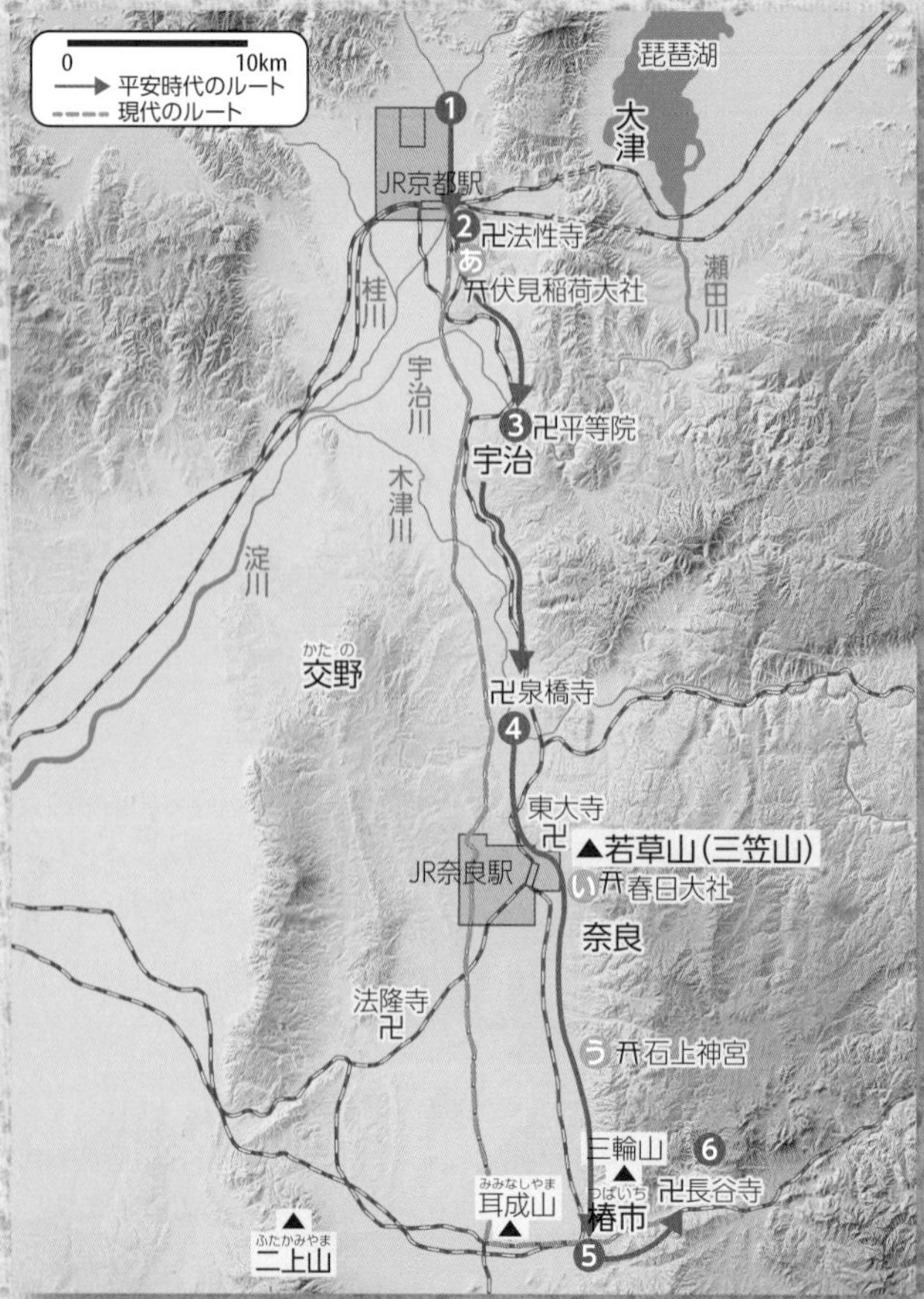

column　平安時代の旅 2

この時代の旅は盗賊や海賊に遭う危険があり、特に女性にとっては不安や恐怖を伴うもの。貴族が京を離れるのは、『土佐日記《とさにっき》』（⬇ 一五三頁）や『更級日記《さらしなにっき》』（⬇ 一五五頁）のように国司や官吏の赴任・帰京や、遠方への物詣でなどがほとんどだった。旅の途中は、宿院《しゅくいん》（宿泊施設をもうけた寺院）や地方官・豪族宅に泊まった。ここに出てくる泉橋寺もそうした宿院のひとつ。宿泊施設がない場合には、沿道に仮小屋を立てて夜を明かすこともあった。

平安貴族が現世利益を求めて参詣した観音信仰の寺。『今昔物語集《こんじゃくものがたりしゅう》』にもその霊験説話が収録される。

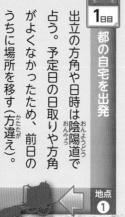

12時頃　宇治にて食事

宇治川名物の網代《あじろ》や、舟の往来を眺めながら弁当を食べる。舟に車を乗せて、宇治川を渡り、再び牛車で南下。

ちょっと寄り道

地点 あ　伏見稲荷大社《ふしみいなりたいしゃ》

庶民からの信仰も集め、『枕草子《まくらのそうし》』などに初《はつ》午詣《うまもうで》の賑わいが描かれる。

宇治は「憂(し)」とかけて和歌に詠まれる。貴族の別荘が多くあり、『源氏物語《げんじものがたり》』宇治十帖の悲恋もこの地が舞台。

地点 ③

ちょっと寄り道

地点 ③　平等院

藤原道長《みちなが》の別荘を子の頼通《よりみち》が寺院にした。鳳凰《ほうおう》が翼を広げたように見える阿弥陀堂《あみだどう》(鳳凰堂)が有名。

18時頃　泉橋寺《せんきょうじ》に宿泊

地点 ④

宿の提供で夕食をとる。

旅籠所《はたごどころ》とおぼしき方《かた》より、切り大根《おほね》、柚《ゆ》の汁してあへしらひて、まづ出だしたり。かかる旅だちたるわざどもをしたりしこそ、あやしう忘れがたう、をかしかりしか。

――旅籠と思われる所から、切り大根にゆずの果汁をとりあわせて、最初に出した。このような旅めいた行動をしたのこそ、珍しく忘れがたく興味深かった。

比べてみよう

現代の初瀬詣

現代の私たちが初瀬詣をしようとしたら、移動時間とルートはどのようになるだろうか。

- **京都駅　発**
- 近鉄京都線急行　65分
- **大和八木駅　着**
- 乗り換え　12分
- **大和八木駅　発**
- 近鉄大阪線急行　10分
- **長谷寺駅　着**
- 徒歩18分
- **長谷寺　着**

※所要時間は出発時刻によって異なる。

所要時間は1時間45分!

3日目　夜明け　泉橋寺を出て木津川を渡り、さらに南下

ちょっと寄り道

地点

い　春日大社《かすがたいしゃ》(『蜻蛉日記』)

う　石上神宮《いそのかみじんぐう》(『更級日記』)

初瀬詣の途中、右のような寺社に合わせて詣でた記述が上記作品にある。

春日大社

藤原氏の氏神で、神仏習合が進むにつれ興福寺との結びつきを強めた。鹿を神使とする。

石上神宮

『古事記《こじき》』『日本書紀《にほんしょき》』に登場する神剣・神宝が数多く祀《まつ》られ、今に伝えられている。

「ちょっと寄り道」は『蜻蛉日記』の記述に見えない場所。

古都の史跡
奈良近辺の史跡

B 佐保川《さほがわ》　若草山付近から平城京内を流れる。「千鳥」などとともに和歌に多く詠まれた。

A 興福寺《こうふくじ》と猿沢池《さるさわいけ》　藤原氏の氏寺。『平家物語《へいけものがたり》』に平重衡《しげひら》の焼き討ちの様子が描かれる。猿沢池には帝の寵愛《ちょうあい》の衰えを悲しんだ采女《うねめ》の入水伝説がある。

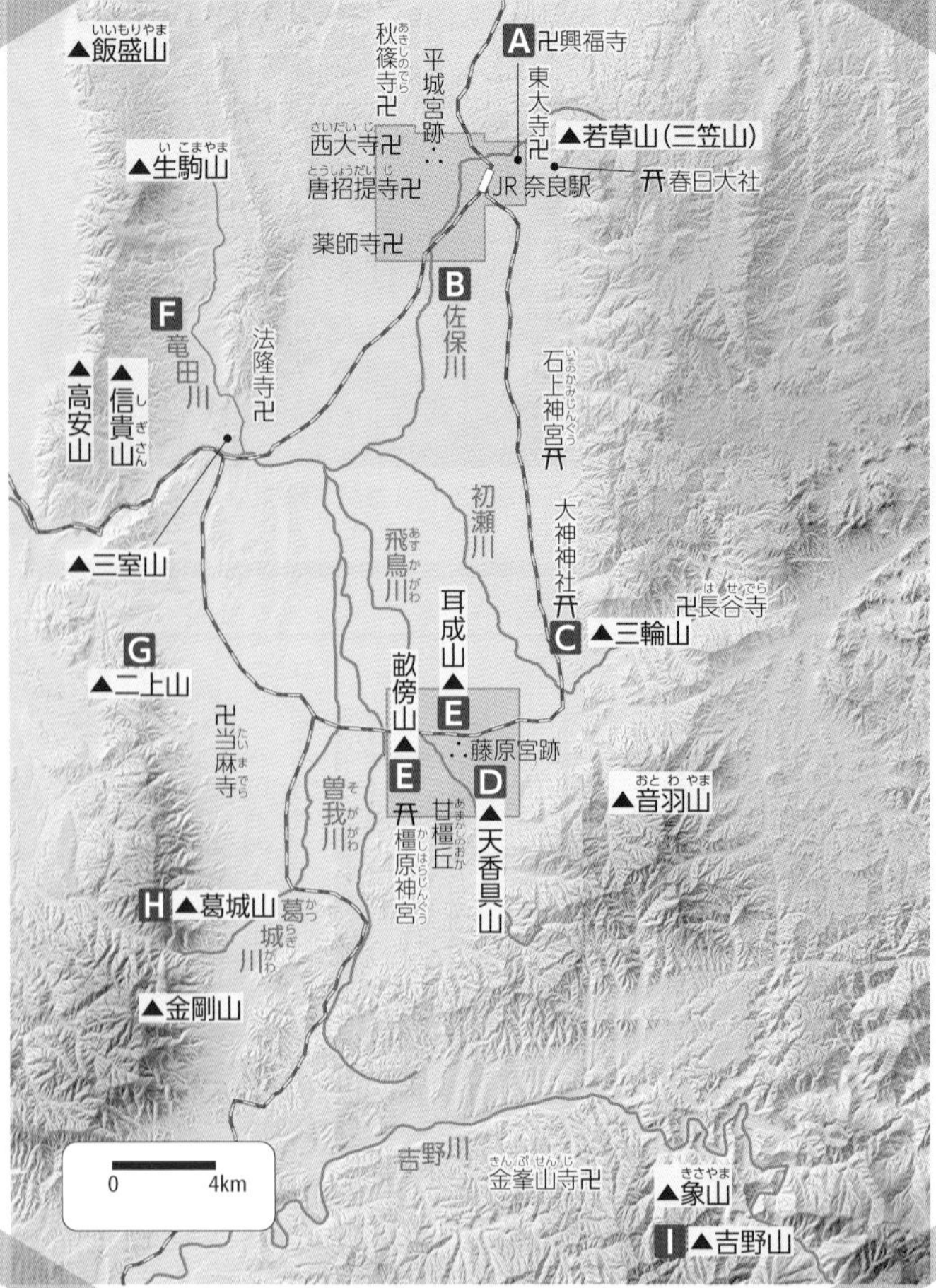

C 大神神社《おおみわじんじゃ》　最古の神社とされる。三輪山《みわやま》をご神体とし、本殿がない。『古事記《こじき》』の大物主神《おおものぬしのかみ》の神婚説話が有名。

D 天香具山《あまのかぐやま》　大和三山の一つ。畝傍山《うねびやま》・耳成山《みみなしやま》・天香具山の大和三山に囲まれた位置に藤原京の中心があった。

F 竜田川《たつたがわ》　紅葉の名所。飛鳥の地を流れる川。

E 畝傍山《うねびやま》と耳成山《みみなしやま》　大和三山。写真は甘樫丘《あまかしのおか》から見た畝傍山(左)と耳成山(右)。

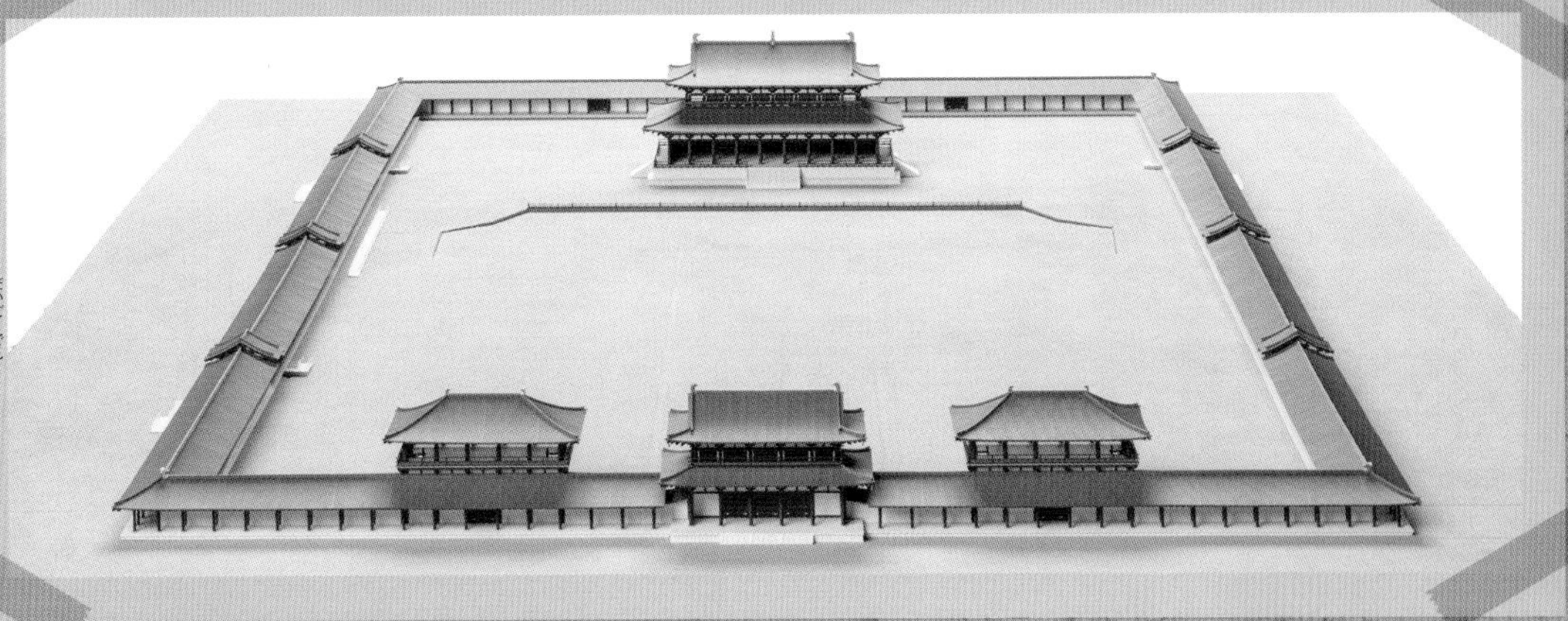

平城京の第一次大極殿《だいごくでん》院（復元模型）
大極殿は天皇即位の儀式などが行われた場所。

奈良の古道と藤原京・平城京　上ツ道・中ツ道・下ツ道は奈良盆地を等間隔に真南北に、横大路は真東西に走る古道。現在の国道と重なる部分が多くあり、一部は今も生活道路として機能している。これらの古道は壬申《じんしん》の乱（672年）の時には既に存在しており、藤原京の条坊の基準となった。次の平城京では下ツ道を拡幅して朱雀《すざく》大路にし、中ツ道を東辺にしている。平城遷都の際の移築建造物の運搬や人の移動には、二つの都を結ぶ中ツ道・下ツ道や佐保川・初瀬川の水運が利用されたようだ。遷都後も人や物資の往来があったことが『万《まん》葉集《ようしゅう》』や『日本霊異記《にほんりょういき》』、出土木簡等からうかがえ、平城京の都市計画は旧京地域との密接な関係が前提になっていたと思われる。

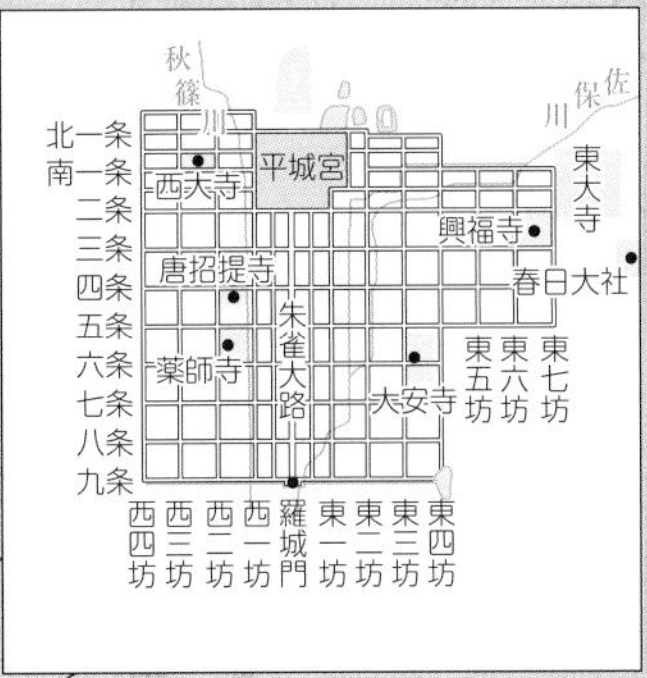

平城京条坊図

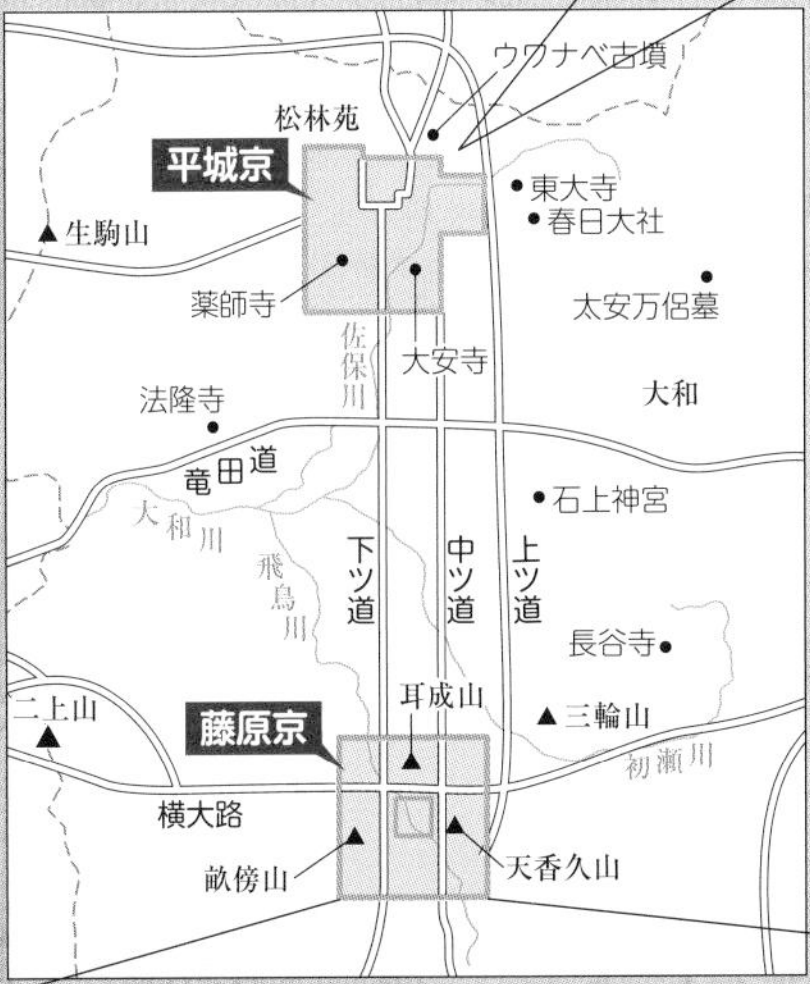

藤原京（復元模型） 橿原市提供
藤原京は、持統《じとう》・文武《もんむ》・元明《げんめい》の三代の都。中国の唐を模範とし、初めて都城制、条坊制を取り入れた。

G 二上山《ふたかみやま》　左奥が二上山。大伯皇女《おおくのひめみこ》が大津皇子《おおつのみこ》を追悼した『万葉集《まんようしゅう》』の和歌が有名。手前は畝傍山。

H 葛城山《かつらぎやま》　修験道《しゅげんどう》の霊場。一言主《ひとことぬし》の神は「葛城の神」と呼ばれ、この地に住んでいるとされた。

I 吉野山《よしのやま》　天皇や貴族が訪れた桜の名所。また、修験道の本山である金峯山寺《きんぷせんじ》がある。

平安京

平安京は七九四（延暦一三）年に桓武《かんむ》天皇によって定められた東西約四・五キロメートル、南北約五・三キロメートルの都である。

平安京条坊図

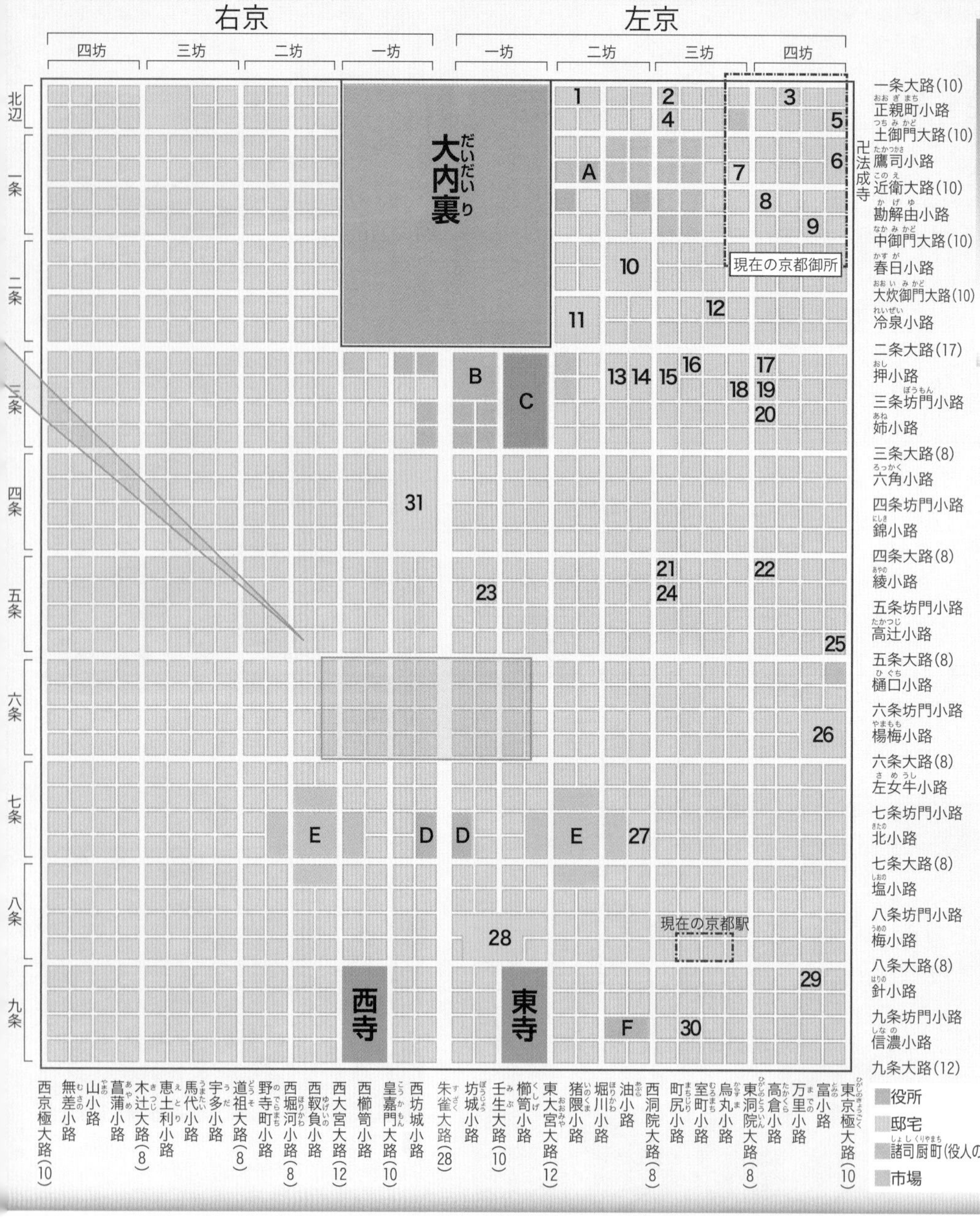

（ ）内の数字は道幅を示す。単位は丈。一丈は約三メートル。

※すべての建物が同時期に存在したわけではない。

四神相応之地

唐の長安を模した平安京は「四神相応《しじんそうおう》之地《のち》」である京都に作られた。これは中国の思想で、東西南北を霊獣が守護する地という考えである。東は青龍《せいりゅう》、西は白虎《びゃっこ》、南は朱雀《すざく》、北は玄武《げんぶ》で、それぞれ鴨川《かもがわ》、山陰道、巨椋池《おぐらいけ》、船岡山《ふなおかやま》が相応するともいわれる。

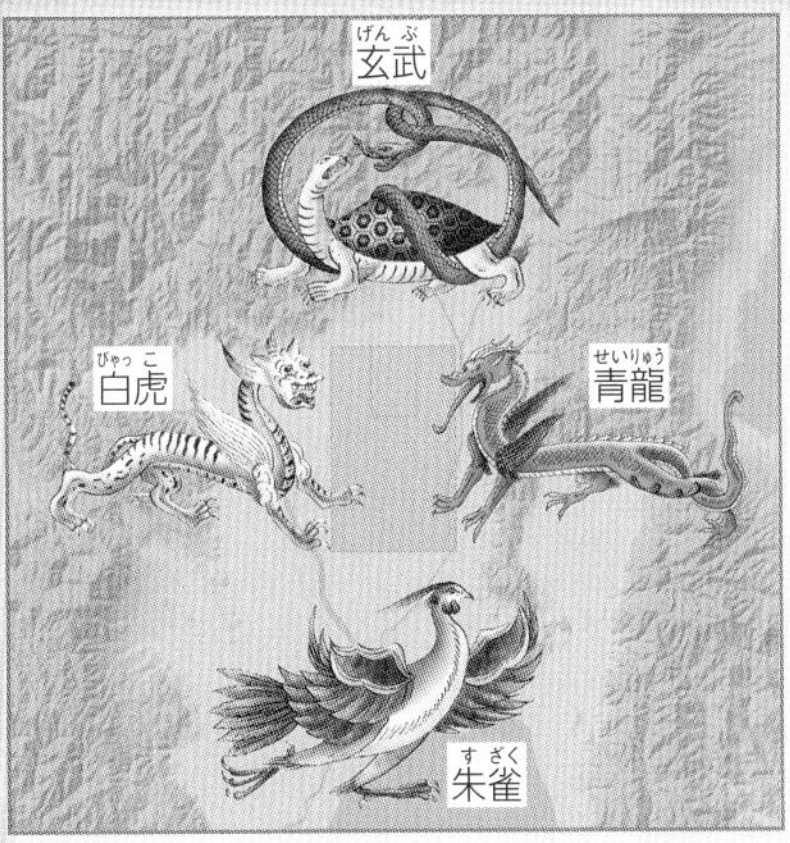

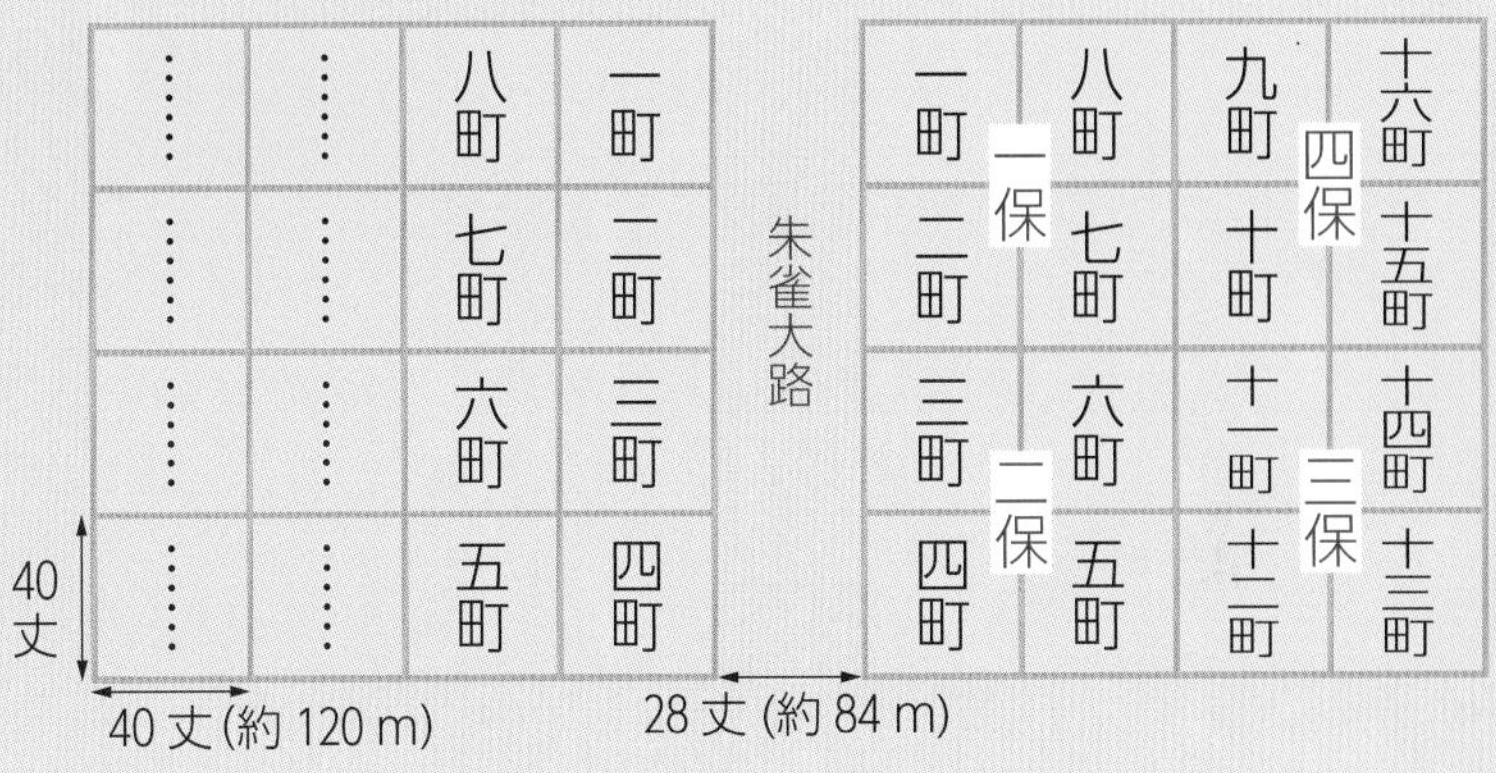

平安京は唐の長安を模して造営され、道路が碁盤の目のように通る条坊制がとられた。南北の区画を「**条**《じょう》」、東西を「**坊**《ぼう》」といった。都の中心を**朱**《す》**雀大路**《ざくおおじ》が南北に貫き、そこから東側を**左京**、西側を**右京**と呼んだ。右京は湿地が多く左京を中心に栄えた。

＊は関係の深い作品

A **検非違使庁**《けびいしちょう》

B **大学寮**《だいがくりょう》
貴族の子弟が通う官吏養成学校。

C **神泉苑**《しんせんえん》
禁苑。天皇が遊宴した。

D **東鴻臚館**《ひがしこうろかん》**・西鴻臚館**《にしこうろかん》
外国使節が滞在した。

E **東市**《ひがしのいち》**・西市**《にしのいち》
日用品が売買された市場。

F **綜芸種智院**《しゅげいしゅちいん》
空海が開いた民間の学校。

1 **「一条院」**
里内裏《さとだいり》(⇩三頁)として利用された。

2 **藤原道綱母**《ふじわらのみちつなのはは》**邸** ＊蜻蛉日記《かげろうにっき》

3 **藤原道長**《みちなが》**「一条殿」**

4 **安倍晴明**《あべのせいめい》**邸**

5 **藤原良房**《よしふさ》**「染殿**《そめどの》**」**

6 **藤原道長「土御門殿**《つちみかどどの》**(京極殿**《きょうごく》**)」**
館の東側には、道長が建立した法成寺《ほうじょうじ》がある。 ＊紫式部日記《むらさきしきぶにっき》

7 **藤原仲平**《なかひら》**「枇杷殿**《びわどの》**」**

8 **花山上皇**《かざん》**「花山院」** ＊大鏡《おおかがみ》

9 **紀貫之**《きのつらゆき》**邸** ＊土佐日記《とさにっき》

10 **藤原頼通**《よりみち》**「高陽院**《かやのいん》**」**
後に里内裏として使われた。

11 **「冷泉院**《れいぜいいん》**」**
後院《ごいん》。退位した天皇や上皇が住んだ。

12 **惟喬親王**《これたか》**「小野宮**《おののみや》**」** ＊伊勢物語《いせものがたり》

13 **堀河院**《ほりかわいん》
藤原基経《もとつね》の邸宅が、後に里内裏として使われた。

14 **藤原冬嗣**《ふゆつぐ》**「閑院**《かんいん》**」**

15 **藤原兼家**《かねいえ》**「東三条殿」**(⇩二六頁) ＊蜻蛉日記

16 **藤原伊周**《これちか》**「二条第」・藤原定子「二条宮」** ＊枕草子《まくらのそうし》

17 **藤原高子**《たかいこ》**「小二条院」** ＊伊勢物語

18 **菅原孝標**《すがわらのたかすえ》**邸** ＊更級日記《さらしなにっき》

19 **藤原定子**《ていし》**「竹三条宮**《たけさんじょうみや》**」** ＊枕草子

20 **在原業平**《ありわらのなりひら》**邸** ＊伊勢物語

21 **藤原公任**《きんとう》**「四条宮」**

22 **「東五条院」**
『伊勢物語』第四段・五段に見える「東《ひんがし》の五条」。 ＊伊勢物語

23 **壬生忠岑**《みぶのただみね》**邸**(後の壬生寺) ＊古今和歌集《こきんわかしゅう》

24 **菅原道真**《みちざね》**「紅梅殿**《こうばいどの》**」**

25 **藤原俊成**《としなり》**「五条京極家」** ＊新古今和歌集《しんこきんわかしゅう》

26 **源 融**《みなもとのとおる》**「河原院**《かわらのいん》**」**
源融は光源氏のモデルとされ、河原院は光源氏の邸宅「六条院」のモデルといわれる。 ＊源氏物語

27 **宇多上皇**《うだ》**「亭子院**《ていじのいん》**」** ＊大和物語《やまとものがたり》

28 **平家邸宅「西八条邸」** ＊平家物語《へいけものがたり》

29 **藤原兼実**《かねざね》**「九条第」**

30 **藤原師輔**《もろすけ》**「九条殿」**

31 **朱雀院**《すざくいん》 後院。

写真：羅城門復元模型＝明日の京都 文化遺産プラットフォーム蔵

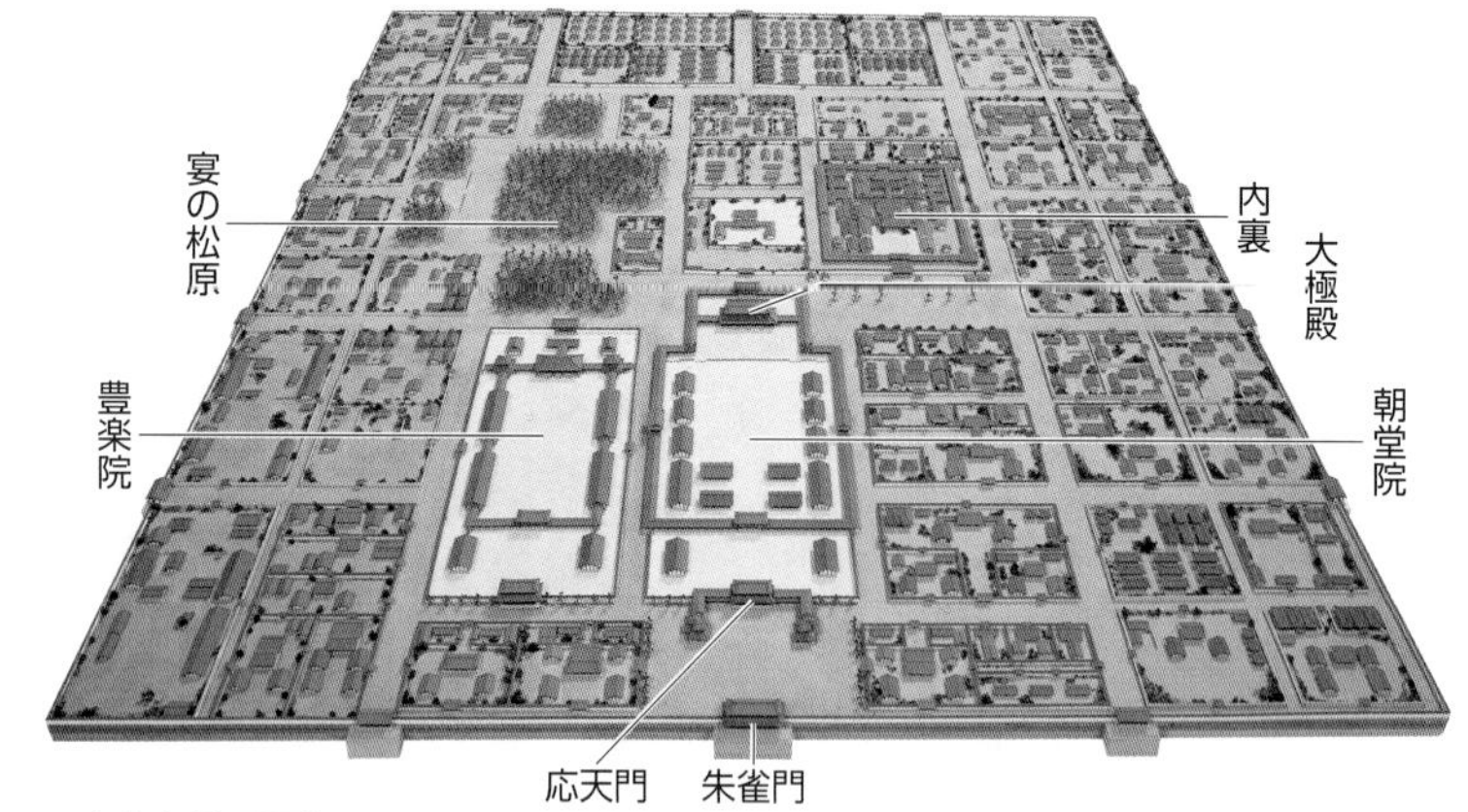

大内裏（復元図）

大内裏《だいだいり》

大内裏《だいだいり》は平安京の中央北部にあり、南北は約一・四キロメートル、東西は約一・二キロメートルという広さの中に、天皇の住まいである内裏《だいり》や二官八省の官庁のほか、政治・儀式を行う建物があった。大内裏の四方には十四の門があり、南の中央の門を**朱雀門**《すざくもん》といった。

大内裏はたびたび火災に遭い、一二二七（安貞《あんてい》元）年の火災により焼失すると、再建されることはなかった。

内裏《だいり》　天皇の住まい。

朝堂院《ちょうどういん》　即位や朝賀《ちょうが》、大嘗祭《だいじょうさい》などの重要な国家的な儀式が行われた。**大極殿**《だいごくでん》は朝堂院の正殿。

豊楽院《ぶらくいん》　大嘗祭の饗宴《きょうえん》や節会《せちえ》などの儀式が行われた。

太政官《だいじょうかん》　公卿によって構成される国政の最高機関で、八省を統括する。事務部門として少納言局《しょうなごんきょく》（外記局《げききょく》）、左弁官局《さべんかんきょく》・右弁官局《うべんかんきょく》が付属した。弁官局の庁舎は朝堂院の東に設けられ、太政官庁・弁官庁などと呼ばれた。少納言局の庁舎として外記庁が内裏建春門《けんしゅんもん》の東に設けられた。

神祇官《じんぎかん》　祭祀《さいし》を担当。諸国の神社を統括。

職御曹司《しきのみぞうし》　中宮にかかわる事務を行う。

待賢門《たいけんもん》　宮中に入る際はここで牛車《ぎっしゃ》を降りることが多かった。

宴の松原《えんのまつばら》　広い松林。平安時代には不気味なイメージを伴っていた。

は二官八省を示す。

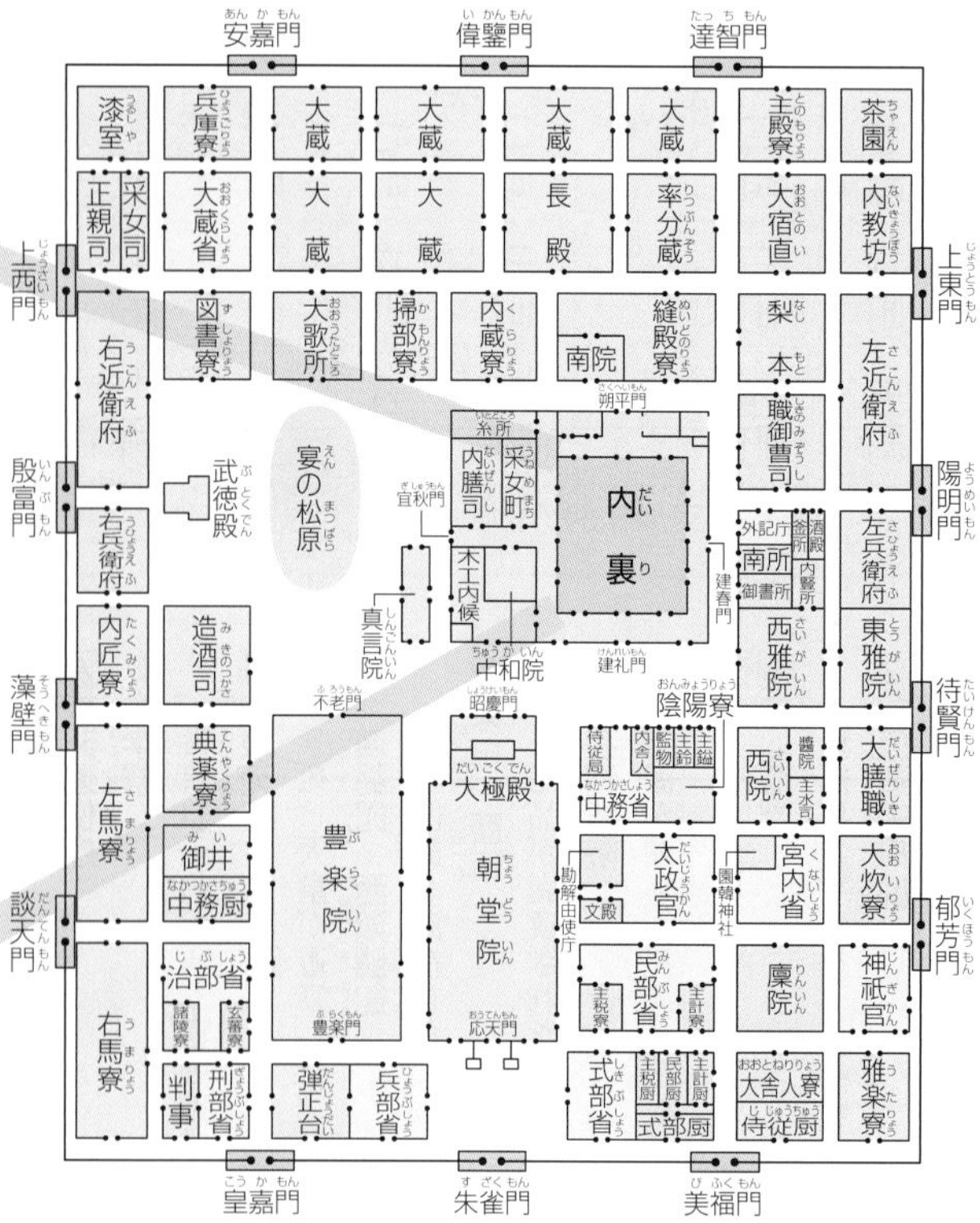

大内裏図

豊楽殿（復元模型）
豊楽院の正殿。

平安神宮拝殿　平安神宮の拝殿は、大内裏の大極殿を縮小して建てられた。

内裏《だいり》

内裏は、天皇が日常生活を行う**清涼殿**《せいりょうでん》(➡二四頁)や、朝廷の儀式を行う紫宸殿《ししんでん》、政務を行う殿舎、天皇の后妃らが住む後宮、そのほかの施設からなる。これらの殿舎は渡殿《わたどの》(➡二七頁)でつながっていた。

清涼殿《せいりょうでん》　天皇の日常生活の場所。

紫宸殿《ししんでん》　内裏の正殿。南向きの建物で、南庭《だんてい》と呼ばれる広大な庭に面している。建物の正面には十八段の階段があり、階下の東には「**左近の桜**《さこんのさくら》」、西には「**右近の橘**《うこんのたちばな》」が植えられた。

仁寿殿《じじゅでん》　紫宸殿の北にある。天皇の日常生活の場であったが、その機能は清涼殿に移っていった。内宴、相撲《すまい》などの行事に使用された。

後宮《こうきゅう》　仁寿殿の北には、皇后や中宮などの妃が住む後宮である七殿《しちでん》五舎《ごしゃ》があった。

滝口の陣《たきぐちのじん》　内裏を警護する武士の詰め所。承香殿《しょうきょうでん》の西側にあった。

内裏はたびたび火災に遭い、その数は十五回に及ぶ。内裏が火災により使用できなくなると、貴族の邸宅が内裏として使用された。これを**里内裏**《さとだいり》といい、摂政や関白などの外戚の邸宅が用いられることが多かった。現在の京都御所も、もとは土御門《つちみかど》殿と呼ばれた里内裏であった。

紫宸殿　内裏の正殿。「南殿《なでん》」「前殿《ぜんでん》」ともいう。

高御座《たかみくら》　天皇の玉座。紫宸殿にある。

外郭は南北約 300 メートル、東西約 210 メートル。
内郭は南北 220 メートル、東西約 180 メートル。
▒▒は後宮を示す。

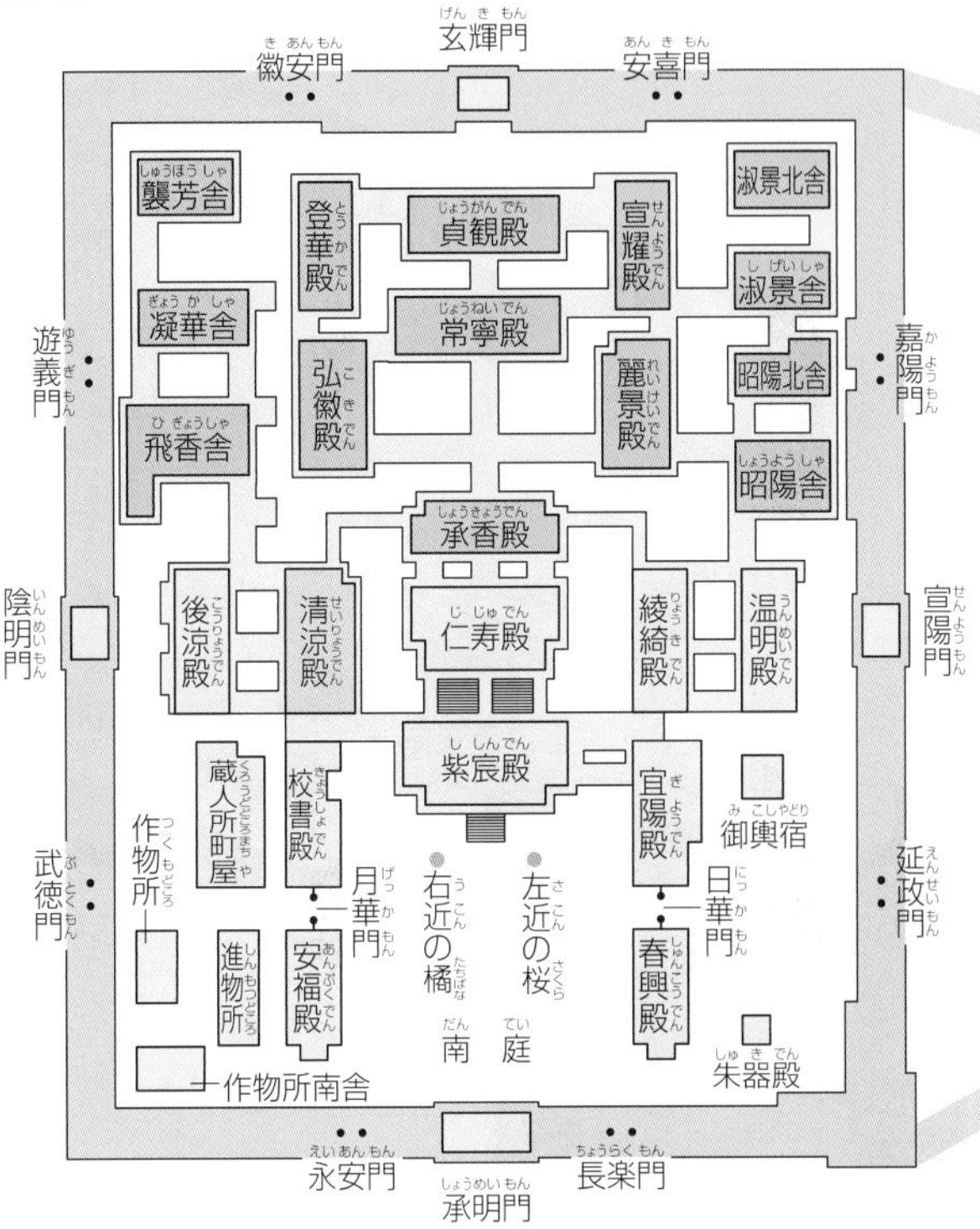

内裏図

後宮の女性とその殿舎

『源氏物語《げんじものがたり》』には、桐壺更衣《きりつぼのこうい》、弘徽殿《こきでんの》女御《にょうご》、藤壺中宮《ふじつぼのちゅうぐう》など、居住した後宮の殿舎の名称で呼ばれる女性たちが数多く登場する。

後宮とは、皇后・中宮・女御などの天皇の后妃や、これらに仕える女房らが居住した七殿五舎のことである。七殿は承香殿《しょうきょうでん》、常寧殿《じょうねいでん》、貞観殿《じょうがんでん》、麗景殿《れいけいでん》、宣耀殿《せんようでん》、弘徽殿《こきでん》、登華殿《とうかでん》。五舎は昭陽舎《しょうようしゃ》、淑景舎《しげいしゃ》、飛香舎《ひぎょうしゃ》、凝華舎《ぎょうかしゃ》、襲芳舎《しゅうほうしゃ》のこと。襲芳舎以外の四舎には、それぞれの建物の名前にちなんだ草木が植えられた壺と呼ばれる中庭があった。昭陽舎は梨壺《なしつぼ》、淑景舎は桐壺《きりつぼ》、飛香舎は藤壺《ふじつぼ》、凝華舎は梅壺《うめつぼ》、襲芳舎は雷鳴壺《かみなりのつぼ》といった。

これらの殿舎の中でも弘徽殿や飛香舎は、天皇の住む清涼殿に近いことから、后妃の中でも地位の高い女性が居住した。

後宮の女性の位

皇后・中宮
天皇の正妻。后。

女御《にょうご》**・更衣**《こうい》
天皇の側室で、定員はない。更衣よりも女御の方が高位であった。また、側室の総称である「御息所《みやすんどころ》《みやすどころ》」とも呼ばれた。

写真：紫宸殿・高御座＝宮内庁京都事務所蔵

清涼殿《せいりょうでん》は、天皇の日常の居所で、儀式や政務も行われた。紫宸殿《ししんでん》（⬇三三頁）の西北にあり、南北九間（約十六メートル）、東西二間（約四メートル）で、四方に廂《ひさし》がある。

清涼殿は東を正面とする。東庭と呼ばれる庭には、河竹《かわたけ》・呉竹《くれたけ》が植えられた。

①**昼御座《ひのおまし》**　天皇の日中の居所。畳二枚が敷かれていた。奥には、天皇が休息する際に使用する御帳台《みちょうだい》が置かれた。

②**夜御殿《よんのおとど》**　天皇の寝室。

③**殿上間《てんじょうのま》**　公卿《くぎょう》・殿上人《てんじょうびと》の控え室。ここにあがることができることを昇殿といった。昇殿を許された殿上人は「日《にっ》給簡《きゅうのふだ》」という札に名を記され、その下に貼られた「放紙《はなちがみ》」で出仕・宿直《とのい》が集計された。また櫛形《くしがた》窓で、鬼間《おにのま》から殿上間の様子を伺うことができた。

④**西廂《にしびさし》**　清涼殿の西側には、女官が控える御湯殿上《おゆどののうえ》、御手水間《おちょうずのま》、朝餉間《あさがれいのま》、台盤所《だいばんどころ》、鬼間があった。

⑤**鬼間《おにのま》**　南の壁に白沢王《はくたおう》が鬼を斬る絵があったことに由来。

⑥**弘徽殿上御局《こきでんのうえのみつぼね》**　天皇の后妃が清涼殿に伺候する際使用した。藤壺上御局《ふじつぼのうえのみつぼね》も同様。

⑦**二間《ふたま》**　護持僧が祈禱《きとう》を行う際に詰める。

⑧**石灰壇《いしばいのだん》**　石灰で塗り固めた壇になっている。天皇が伊勢神宮や内侍所《ないしどころ》に遙拝《ようはい》を行う際に使用された。

清涼殿立体図

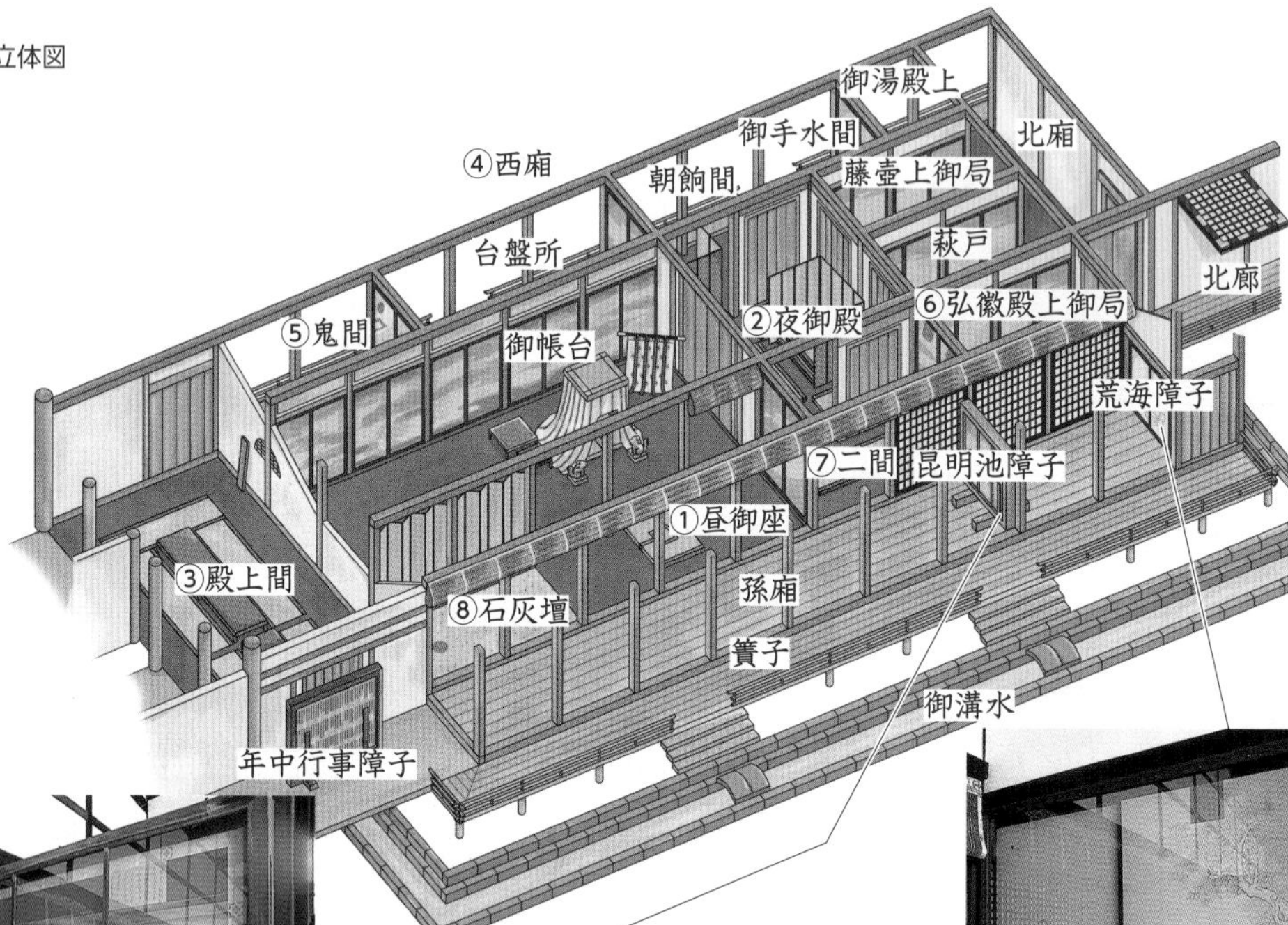

昆明池障子《こんめいちのしょうじ》　中国の漢の武帝が長安城に掘らせた昆明池が描かれた障子。

荒海障子《あらうみのしょうじ》　中国の『山海経《せんがいきょう》』にみえる手長・足長という怪物が描かれた障子。

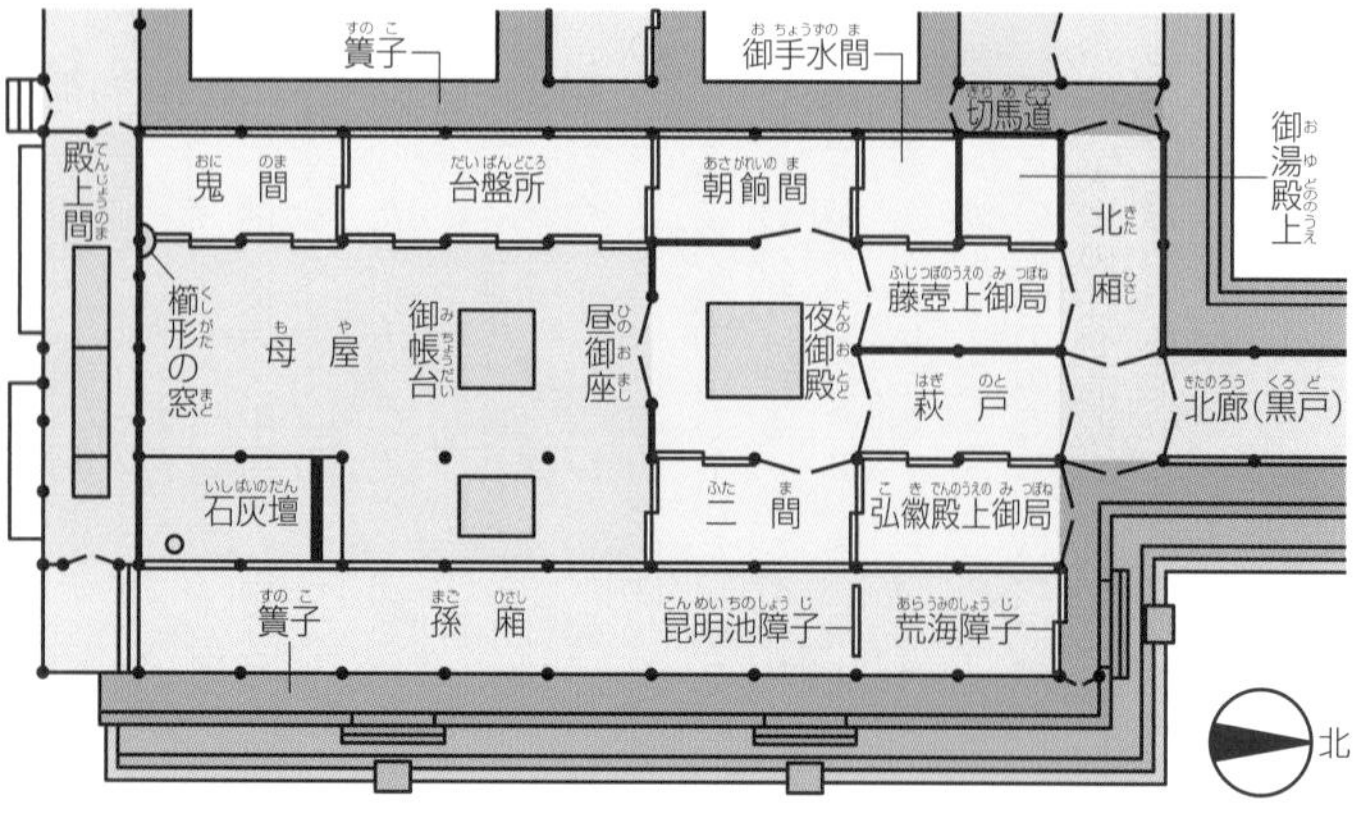

清涼殿平面図　清涼殿は天皇の日常の居所であるが、四方拝《しほうはい》や叙位《じょい》・除目《じもく》などの儀式・政務が行われた。は天皇の私的空間。ただし、鬼間や二間では儀礼が行われることもあった。

北廊の「黒戸」

清涼殿の北廊には「**黒戸《くろど》**」と呼ばれる空間があり、一〇〇〇年頃は「局《つぼね》」としても使われていた。『枕草子《まくらのそうし》』「二月つごもりごろに」の章段に「黒戸に主殿寮《とのもづかさ》来て……『これ、公任《きんたふ》の宰相殿の。』」とあり、清少納言《せいしょうなごん》たちが黒戸で公任から和歌を詠みかけられる場面が描かれている。

①昼御座《ひのおまし》

清涼殿東面（正面）

③殿上間《てんじょうのま》

②夜御殿《よんのおとど》

「萩戸」はなかった？

平安時代の清涼殿の間取りについては明確なことがわかっていないが、右頁見取り図で、「藤壺上御局」と「弘徽殿上御局」との間にある「萩戸《はぎのと》」という空間は、一〇〇〇年頃にはなかったのではないかとも考えられる。

それは、『大鏡《おおかがみ》』右大臣師輔《もろすけ》の章段で、「弘徽殿上御局」にいた中宮安子《あんし》が、「藤壺上御局」にいた女御《にょうご》芳子《ほうし》に対して素焼きの皿を投げつけるという場面に「藤壺、弘徽殿との上の御局はほどもなく近きに……中隔《なかへだ》ての壁に穴をあけて……穴より通るばかりの土器《かはらけ》の割れして打たせ給へりければ」とあることから推測できる。

④西廂《にしびさし》

叙位《じょい》　叙位は、毎年正月五日頃、清涼殿の孫廂にて行われた、五位以上の位階を授ける儀式のこと。昼御座には天皇の姿が見え、孫廂には関白や大臣らが着座している。

写真：荒海障子・昆明池障子・清涼殿東面・昼御座・夜御殿・殿上間・西廂＝宮内庁京都事務所蔵
叙位＝国立国会図書館蔵・年中行事絵巻

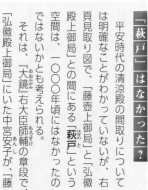

寝殿造

寝殿造《しんでんづくり》は十世紀頃に成立した貴族住宅の建築様式のこと。

主人が住む**寝殿**は南向き（南面）に造られており、正面にあたる。邸宅の規模によっては南側に立派な庭が設けられている。寝殿を中心に、その東西や北に**対屋**《たいのや》と呼ばれる建物などが配された。特に北対《きたのたい》には主人の正妻を住まわせることが多く「**北の方**」という言葉のもととなっている。

寝殿と対屋などの建物は、渡《わた》殿《どの》や透渡殿《すきわたどの》という渡り廊下でつながっている。東西の対屋から南に中門廊《ちゅうもんのろう》がのび、そこにある中門が寝殿への出入り口とされ、中門の外には車宿《くるまやどり》があった。

邸宅の広さは一町（約百二十メートル四方）が基本で、周囲には築地《ついじ》がめぐらされ、四方に門が設けられていた。寝殿の屋根は入母屋造《いりもやづくり》と呼ばれる構造であった。

東三条殿《ひがしさんじょうどの》（上）は藤原氏嫡流《ふじわらしちゃくりゅう》（摂関家）の正邸で、二条大路の南、西洞院《にしのとういん》大路の東の南北二町を占める大邸宅であった。ただし、西対《にしのたい》はない。藤原兼家《かねいえ》は「東三条殿」と呼ばれ、本格的に使用していたことがわかる。

邸宅への出入り

牛車《ぎっしゃ》で邸宅へやって来た貴族は、牛車のまま敷地内へ入り、中門まで行く。中門には車寄があり、牛車を降りてそのまま邸内に入ることができる。

牛車は、牛から車を外し、車は「車宿《くるまやどり》❼」に停めておく。車宿は中門の外に設けられ、牛車の他に輿《こし》がおかれていた。

車宿

釣殿《つりどの》

築地《ついじ》と棟門《むねもん》

① **寝殿**《しんでん》 主人の住居。儀式や遊宴の場でもあった。

② **対屋**《たいのや》 対屋には妻子が住んだ。寝殿との位置関係により、「北対」「東対」「西対」と呼ばれる。

③ **渡殿**《わたどの》 寝殿と対屋などの建物をつなぐ板敷きの廊下のこと。左右に壁のない廊下のことを透渡殿《すきわたどの》といった。

④ **中門**《ちゅうもん》 中門廊の中ほどにあり、寝殿への出入り口となった。

⑤ **中門廊**《ちゅうもんろう》 東西の対屋から釣殿などに通じる廊下。儀式の際には見物席となった。

⑥ **釣殿**《つりどの》 池に張り出した建物。納涼や遊宴の場となった。

東三条殿（復元模型）
（京都府京都文化博物館蔵）

寝殿

対屋《たいのや》と透渡殿《すきわたどの》

比べてみよう 邸宅の広さ

中垣こそあれ、一つ家のやうなれば、望みて預かれるなり。（『土佐日記《とさにっき》』）

受領級貴族の邸宅の広さは原則四分の一町までと規定されていたらしく、一町以上の大邸宅に住めたのは、基本的には上級貴族のみであった。

平安時代中期の下級官人である慶滋保胤《よししげのやすたね》は随筆『池亭記《ちていき》』の中で、五十歳ほどになって家を購入することを思い立ったものの、大内裏《だいだいり》周辺は地価が高いので、六条に四分の一町の広さ（約三千平米）の荒れた土地を買い求めて邸宅を建てたと記している。

上の東三条殿の敷地面積は、東西一町（約百二十メートル）・南北二町の約二万八千八百平米。これは、東京ドームのグラウンド約二つ分にあたる大邸宅だ。

 写真：車宿・釣殿・寝殿・対屋と透渡殿＝えさし藤原の郷

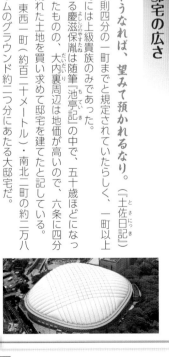

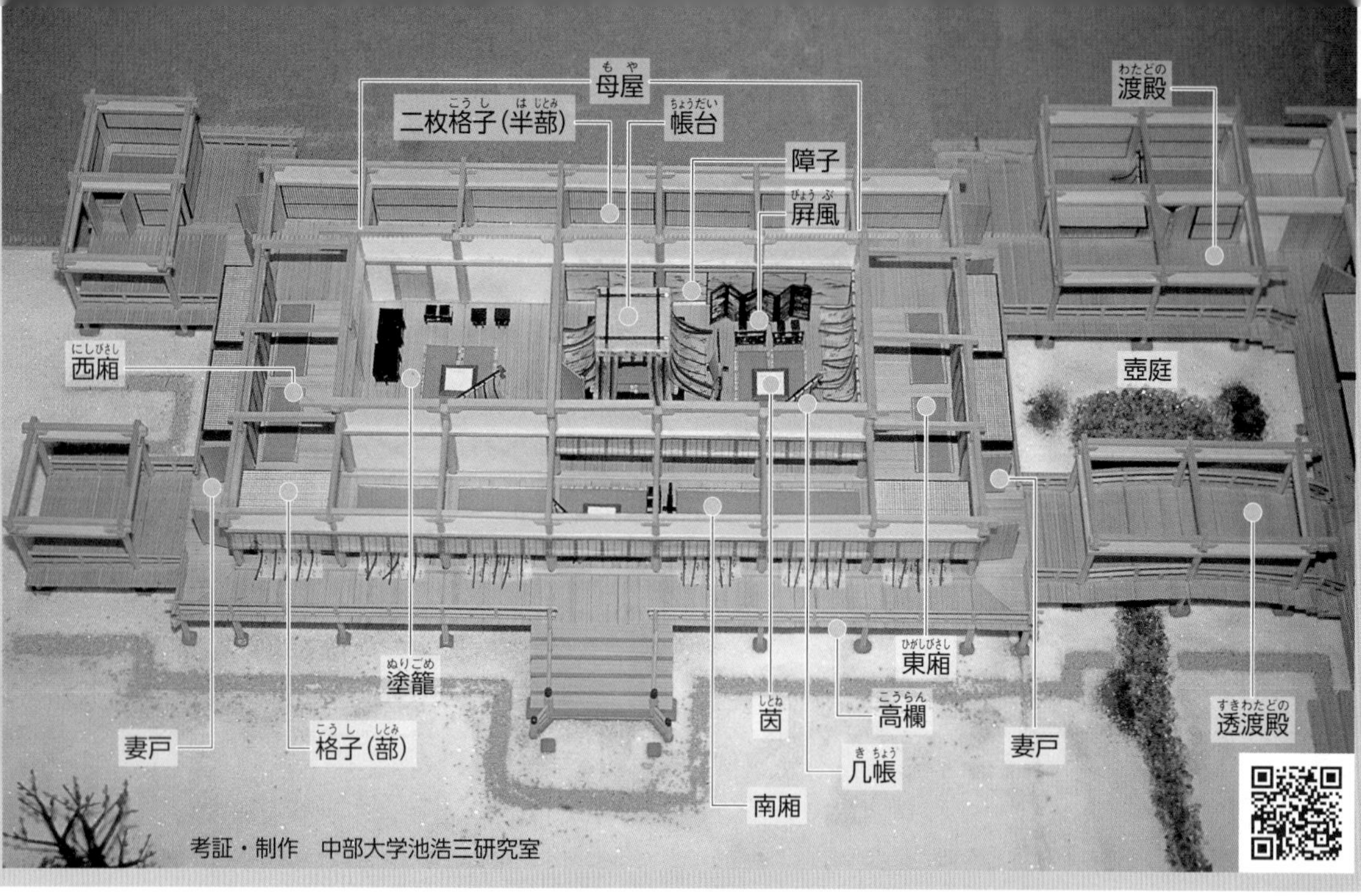

邸内の設え《しつら》

御格子《みこうし》あげさせて、御簾《みす》を高くあげたれば、笑はせ給ふ。

（『枕草子《まくらのそうし》』雪のいと高う降りたるを）

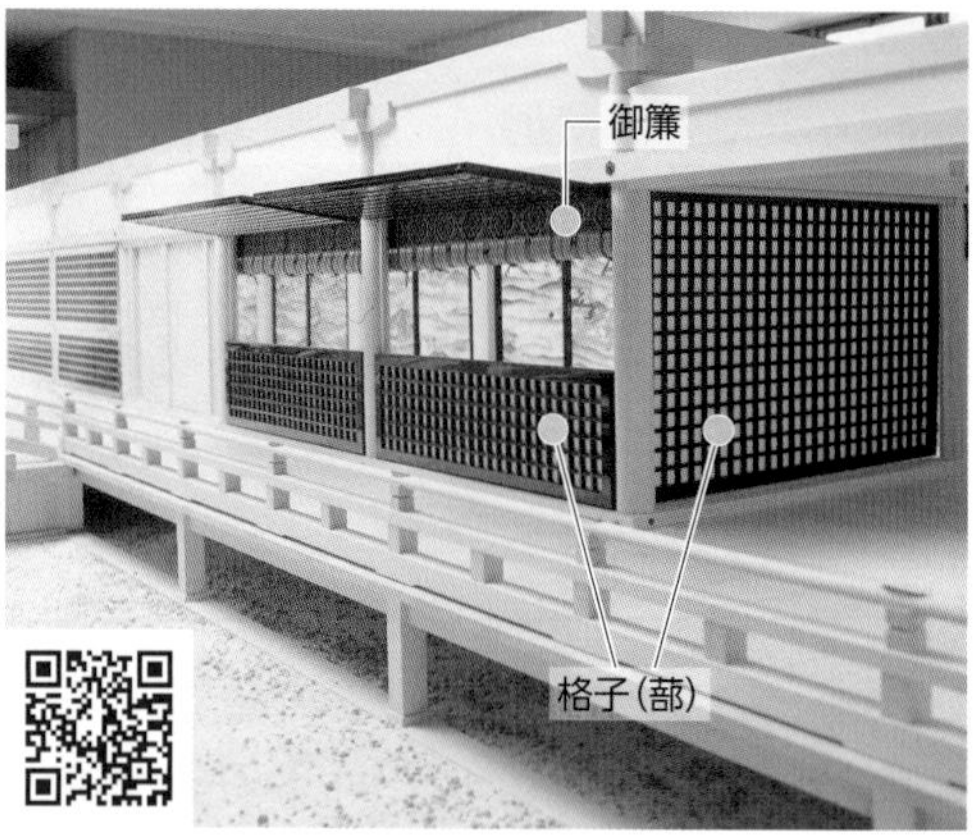

「**格子《こうし》（蔀《しとみ》）**」は現代でいうところの「窓」のようなものだが、ガラス製ではないので、閉め切ってしまうと内外の様子はうかがえない。上下二枚に分かれている「**二枚格子（半蔀《はじとみ》）**」と分かれていない「一枚格子」がある。

「**御簾《みす》**」は現代でいう「カーテン」であり、遮光や人目をはばかる目的で用いられるすだれを指す。

両開きの扉「**妻戸《つまど》**」や跳ね上げた格子の部分から人々は出入りした。

寝殿内部の様子 寝殿の中心となるのは母屋《もや》である。母屋の周辺には廂《ひさし》がめぐらされている。母屋と廂の間に間仕切りはなく、障子《しょうじ》(今の襖《ふすま》)や几帳《きちょう》などで仕切って生活した。室内はすべて板敷で、人の座るところに畳が敷かれた。母屋に隣接して塗籠《ぬりごめ》と呼ばれる納戸があった。一般的に、間口は七間(約二十一メートル)で母屋は五間(約十五メートル)とされた。

局《つぼね》(曹司《ぞうし》)

渡殿の戸口の局に見出だせば…殿ありかせ給ひて…橋の南なる女郎花《をみなへし》のいみじう盛りなるを、一枝折らせ給ひて、几帳の上《かみ》よりさしのぞかせ給へる御《おほん》さまの…

(『紫式部日記《むらさきしきぶにっき》』土御門邸《つちみかどてい》の秋)

清少納言や紫式部といった平安女流文学の担い手の多くは、貴人に仕える女房であった。彼女たちが出仕先であてがわれた控えの間が「局(曹司)」である。渡り廊下である渡殿などに設けられ、基本的には同僚女房との相部屋であった。

邸外の設え

邸宅の縁先と隣接する形で設置されている「**閼伽棚**《あかだな》❶」は、邸内の仏に供える花や水を置いておくための棚である。庭には「**前栽**《せんざい》」といわれる植え込みがあった。二六頁のような大邸宅に住めない中流貴族などは、条坊で区切られた一町の中をさらに「**透垣**《すいがい》❺」や「**籬**《まがき》❻」「**小柴垣**《こしばがき》❼」などの垣根で仕切って住み分けていた。『土《と》佐日記《さにっき》』で国司一行が帰京し邸宅の荒れ具合を嘆く場面には、「中垣こそあれ、一つ家のやうなれば、望みて預かれるなり」とある。

また、中世の草庵生活者などは、水を庭先へ引くために竹や木で作った「**筧**《かけい》(**懸樋**)❷」を使っていた。

寝殿造は寒かった?

寝殿造の内部には壁が多くないことに気がついただろうか。几帳や簾などを仕切りに使っており、建物内部に壁があまりないうえ、屋根の下に天井板も張らなかったため、非常に風通しがよかったと考えられる。盆地の京都は、夏は暑く冬は寒い。着物を重ねているとはいえ、冬は快適とは言い難かっただろう。

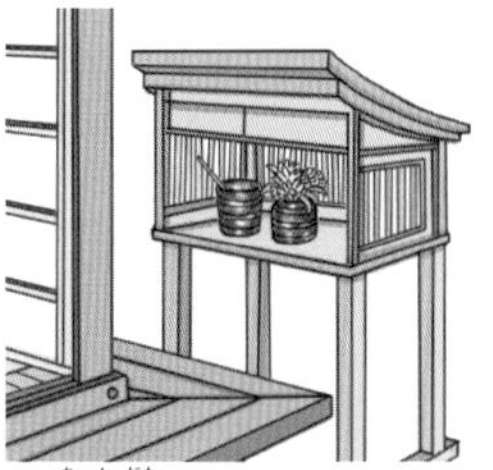

❶ **閼伽棚**《あかだな》 仏に供える水や花などを置いた棚。

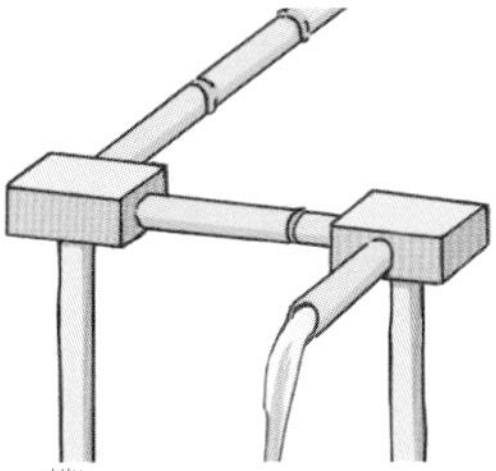

❷ **筧**《かけい》 水を引く装置。竹や木でできている。

❸ **打橋**《うちはし》 建物の間に板を渡し、通路として使った。

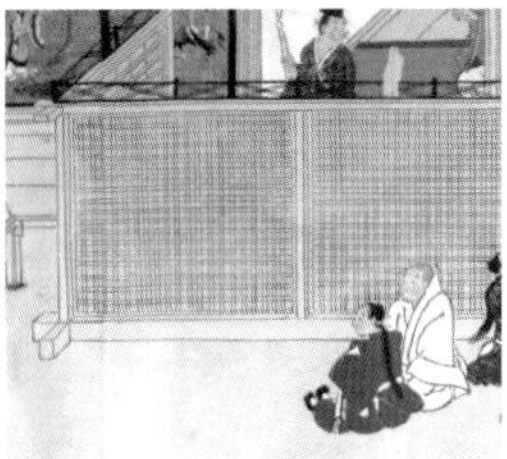

❹ **立部**《たてじとみ》 衝立《ついたて》のように目隠しとして使った。

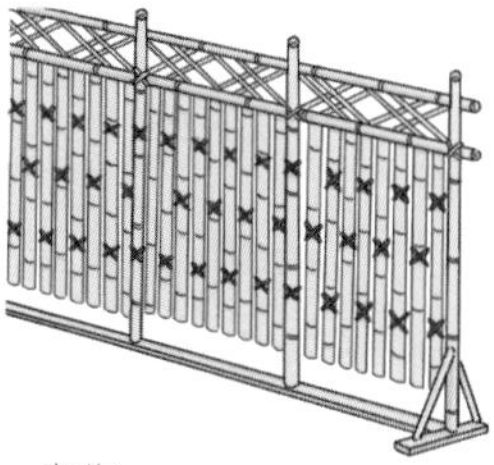

❺ **透垣**《すいがい》 竹や板を使い間を少し空けて作った垣根。

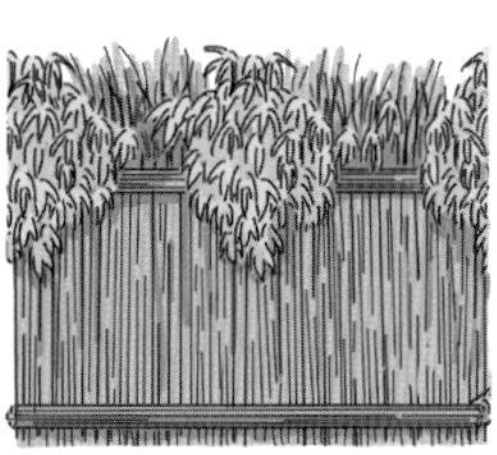

❻ **籬**《まがき》 竹や柴を粗く編んで作った垣根。

❼ **小柴垣**《こしばがき》 柴などで作った低い垣根。

❽ **檜垣**《ひがき》 檜《ひのき》の薄い板を斜めに交差させて編んだ垣根。

ここでは貴族の生活で用いられた調度を紹介する。現代とは全く異なり、一見したところ使い道がわからない道具もあるだろう。貴族の生活をイメージしてみよう。

復元された室内の様子

身だしなみの道具

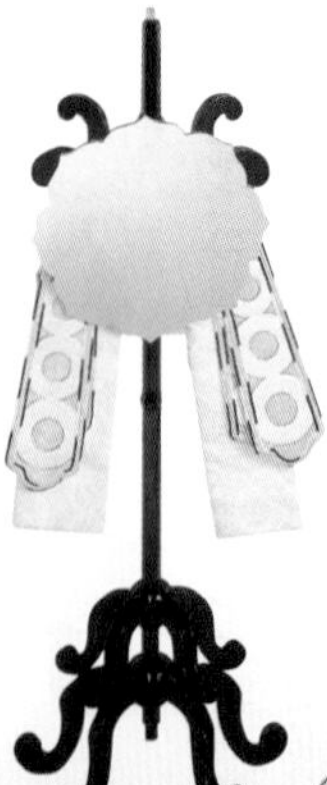

④鏡台《きょうだい》　鏡をかける台。写真は鏡台に鏡をかけた状態。

③鏡筥《かがみばこ》　鏡と鏡をかけるための道具を納める箱。

②唐櫛笥《からくしげ》　櫛や化粧道具を収納する箱。

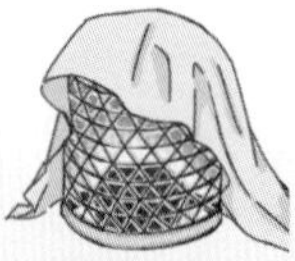

⑥伏籠《ふせご》　香炉の上に伏せて衣服をかぶせ香を移すのに使う竹籠。

⑤角盥《つのだらい》　手洗いやうがいのための水を入れるたらい。

①二階棚《にかいだな》　扉のない二段の棚。置く調度と場所が決められている。

暖房具

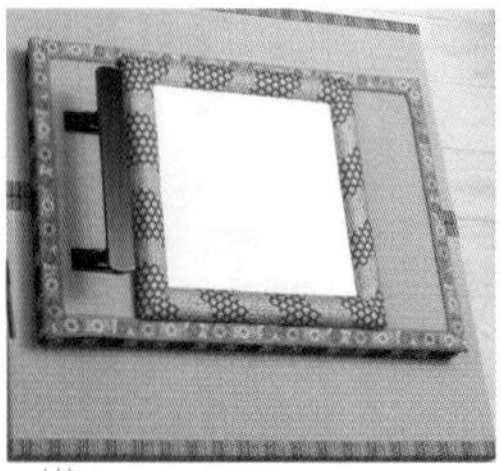

⑨茵《しとね》　畳などに敷いて座る綿入りの方形座布団。

座具・寝具

⑧倚子《いし》　天皇・公卿《くぎょう》が座る手すりと背もたれのついたいす。

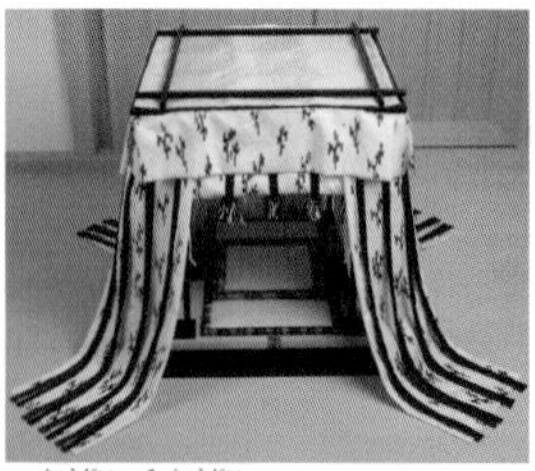

⑦帳台《ちょうだい》(御帳台《みちょうだい》)　貴人の寝所。日中は座所となる。

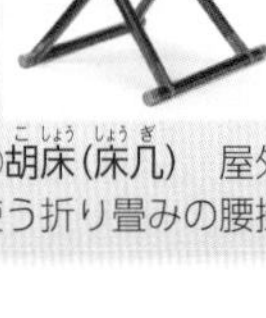

⑬胡床《こしょう》(床几《しょうぎ》)　屋外で使う折り畳みの腰掛け。

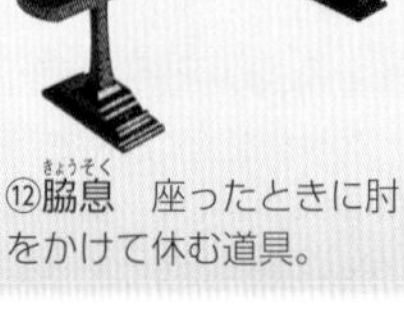

⑫脇息《きょうそく》　座ったときに肘をかけて休む道具。

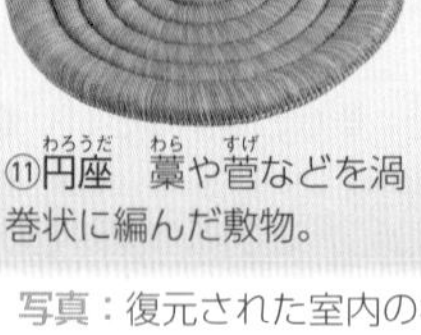

⑪円座《わろうだ》　藁《わら》や菅《すげ》などを渦巻状に編んだ敷物。

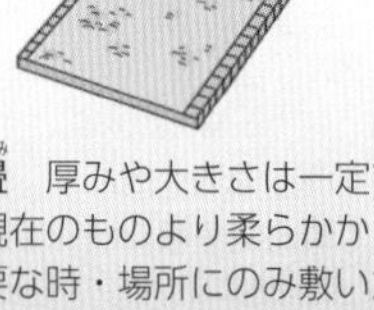

⑩畳《たたみ》　厚みや大きさは一定でなく現在のものより柔らかかった。必要な時・場所にのみ敷いた。

写真：復元された室内の様子・胡床＝国立歴史民俗博物館所蔵
角盥・几帳・唐櫃・灯台＝斎宮歴史博物館蔵

収納・文具

⑱二階厨子《にかいずし》 文具・書画などを納める扉のついた棚。

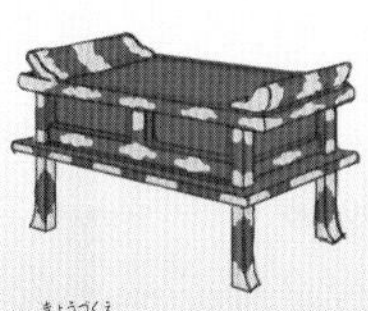

⑳経机《きょうづくえ》 読経のとき経巻を置くための机。

⑲唐櫃《からびつ》 衣類などを入れる足付きの箱。

仕切り

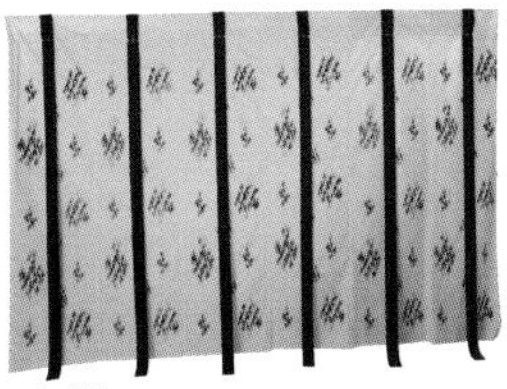

⑮壁代《かべしろ》 御簾の内側にかける布の仕切り。

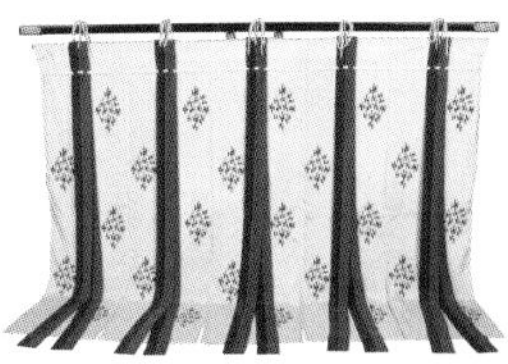

⑭几帳《きちょう》 女性の座の辺など室内各所に置かれる布の仕切り。

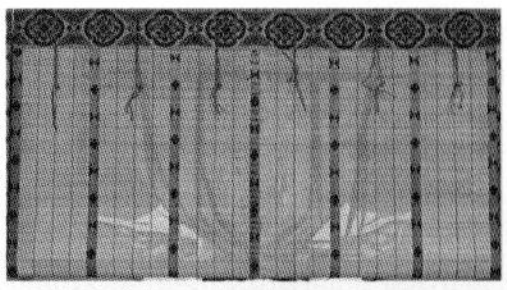

⑯御簾《みす》 母屋《もや》および廂《ひさし》の周囲に垂らす竹の簾《すだれ》。

⑰屛風《びょうぶ》 室内に立てる装飾も兼ねた仕切り。

照明具

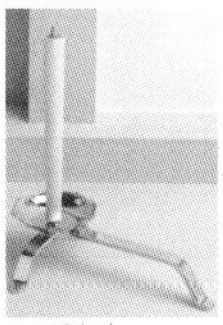

㉗手燭《てしょく》 手で持ち運べる照明具。屋内用。

㉘篝火《かがりび》 籠部分に木を盛って燃やす照明。屋外に固定して使う。

㉙灯台《とうだい》
油に灯芯を入れ火をともす屋内用の照明具。

㉜高坏灯台《たかつきとうだい》 手元を照らすために使った。

㉛松明《たいまつ》 松の木を束ね油をしみ込ませた先端部分を燃やす屋外用照明。

㉚紙燭《しそく》 屋内で使う小型の松明《たいまつ》で、松の木に紙を巻いた。

食器類

㉑高坏《たかつき》 食物を載せる台。逆さにして灯台の代わりにすることもあった。(㉜)

㉒懸盤《かけばん》 一人膳の正式なもの。

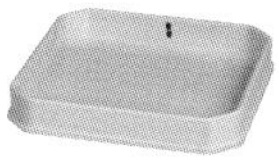

㉓折敷《おしき》 食器や盃《さかずき》を載せる角盆。

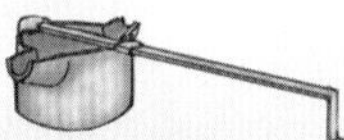

㉔銚子《ちょうし》 酒を盃に注ぐための長柄のついた器。

㉕提子《ひさげ》 銚子の一種でつるのついたもの。

㉖土器《かわらけ》 素焼きの器。酒盃《しゅはい》の多くは土器だった。

室内の調度の様子（源氏物語図屛風 初音（右）／板谷広隆筆・石山寺所蔵）

㉝火桶《ひおけ》 円形の火鉢。

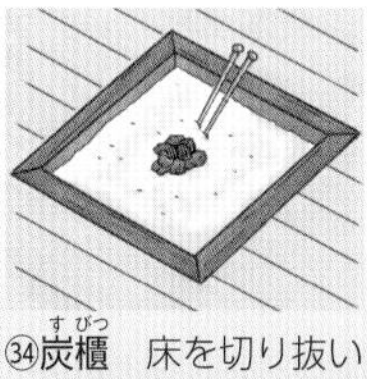

㉞炭櫃《すびつ》 床を切り抜いた囲炉裏。方形の火鉢を指すこともある。

男性の服装

平安時代には、身分や場面によって着用する服装にさまざまな決まりごとがあった。ここでは貴族の男性の服装を中心に紹介する。現在と異なり、着物の色や文様にも制約があった。

文官束帯《ぶんかんそくたい》

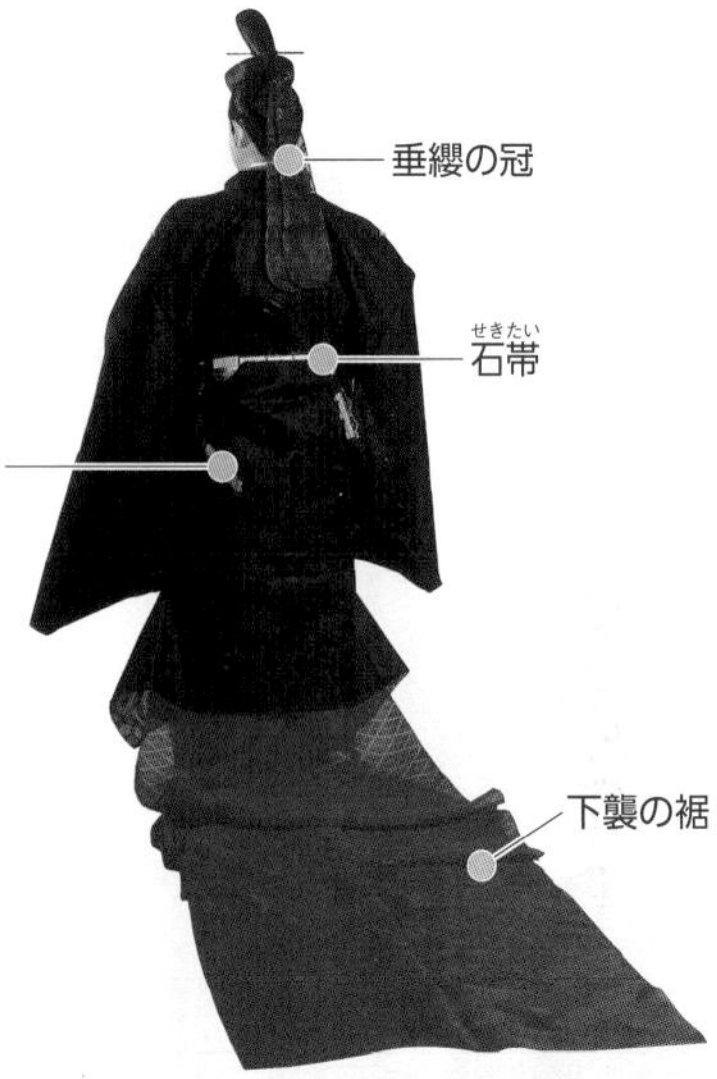

文官束帯は宮中における文官の正装。公式行事の際に着用した。衣冠《いかん》が「宿直装束《とのいしょうぞく》」と呼ばれたのに対し、束帯は「昼装束《ひのしょうぞく》」と呼ばれた。

武官束帯《ぶかんそくたい》

武官束帯は宮中における武官の正装。公式行事の際に着用した。

比べてみよう

文官束帯の着用順

① 冠、小袖、大口袴を身に着ける。

② ①の上から単、表袴を身に着ける。

③ 下襲を身に着ける。

④ 縫腋の袍を身に着け、石帯を締める。平緒をつけ太刀をはく。

男性の正装

紋付羽織袴

現在の男性の正装は和装では紋付《もんつき》羽織《はおり》袴《はかま》、洋装では燕尾服《えんびふく》やモーニングとされる。紋付羽織袴は、長襦袢《ながじゅばん》、紋付の着物を着て、袴、紋付の羽織を身に着ける。

現在、持ち物には特に決まりはないが、上の文官束帯姿の男性は「笏《しゃく》」を持っている。これは、もともとメモ用紙がわりに使われていたものである。

衣冠《いかん》

当初宿直《とのい》の服装であったため、「宿直装束」と呼ばれ、後に普段の参内などに広く用いられた。文官武官ともに着用した。

直衣《のうし》

貴族の平常着。季節や年齢に応じて素材や色に約束事があった。

狩衣《かりぎぬ》

上流貴族以外の平常着。上流貴族が身分を隠して出歩く際などにも使用された。狩りの時に着たためこの名がある。

褐衣《かちえ》

身分の低い武官の正装。

庶民の服装

直垂《ひたたれ》。やがて武士が身に着けるものに変化する。

被り物と履き物

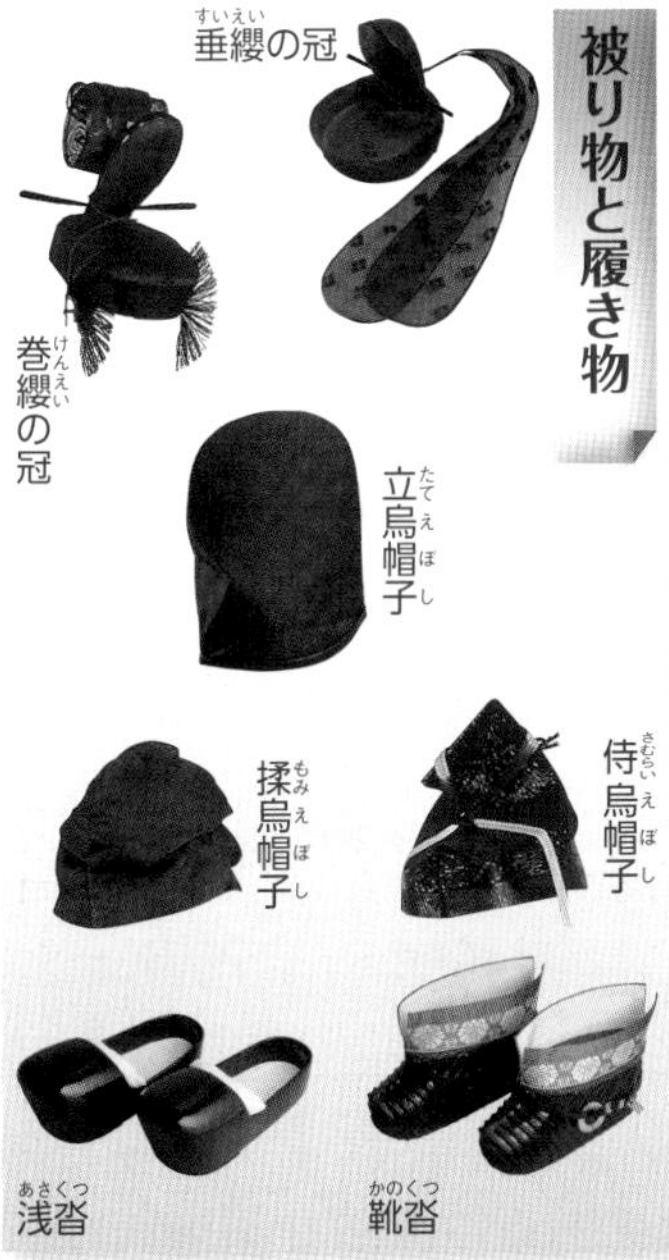

禁色

官位によって身に着けることができる色にきまりがあり、身に着けられない色を禁色《きんじき》という。

禁色は時代によって異なるが、七二〇年前後では、皇太子の礼服は黄色がかった黄丹色であり、臣下はこの色を身に着けることができなかったという。また、紫は三位《さんみ》以上しか身に着けることを許されず、その中でも微妙な濃淡による区別があった。これらに対して、誰でも身に着けることができる色を「ゆるし色」と呼んだ。

有職文様

使用する布の模様にも約束事があった。衣服や調度に用いられた伝統的な文様を「有職文様《ゆうそくもんよう》」という。こうした文様が施された衣服は、高位の貴族だけに許されたものだった。

雲立涌《くもたてわく》
皇族や高位の貴族に用いられた。

小葵《こあおい》
衣服や調度に広く用いられた。

女性の服装

男性と同様に、女性の服装も、身分や場面によって異なっていた。ここにあげるのは、おもに貴族の女性の服装である。平安時代には女流文学が盛んになり、文化の担い手でもあった彼女たちは、どのような色の着物を重ねるか（⬇三六頁「襲の色目」）など、服装でもそのセンスを競っていた。

裳唐衣《もからぎぬ》（女房装束・十二単）

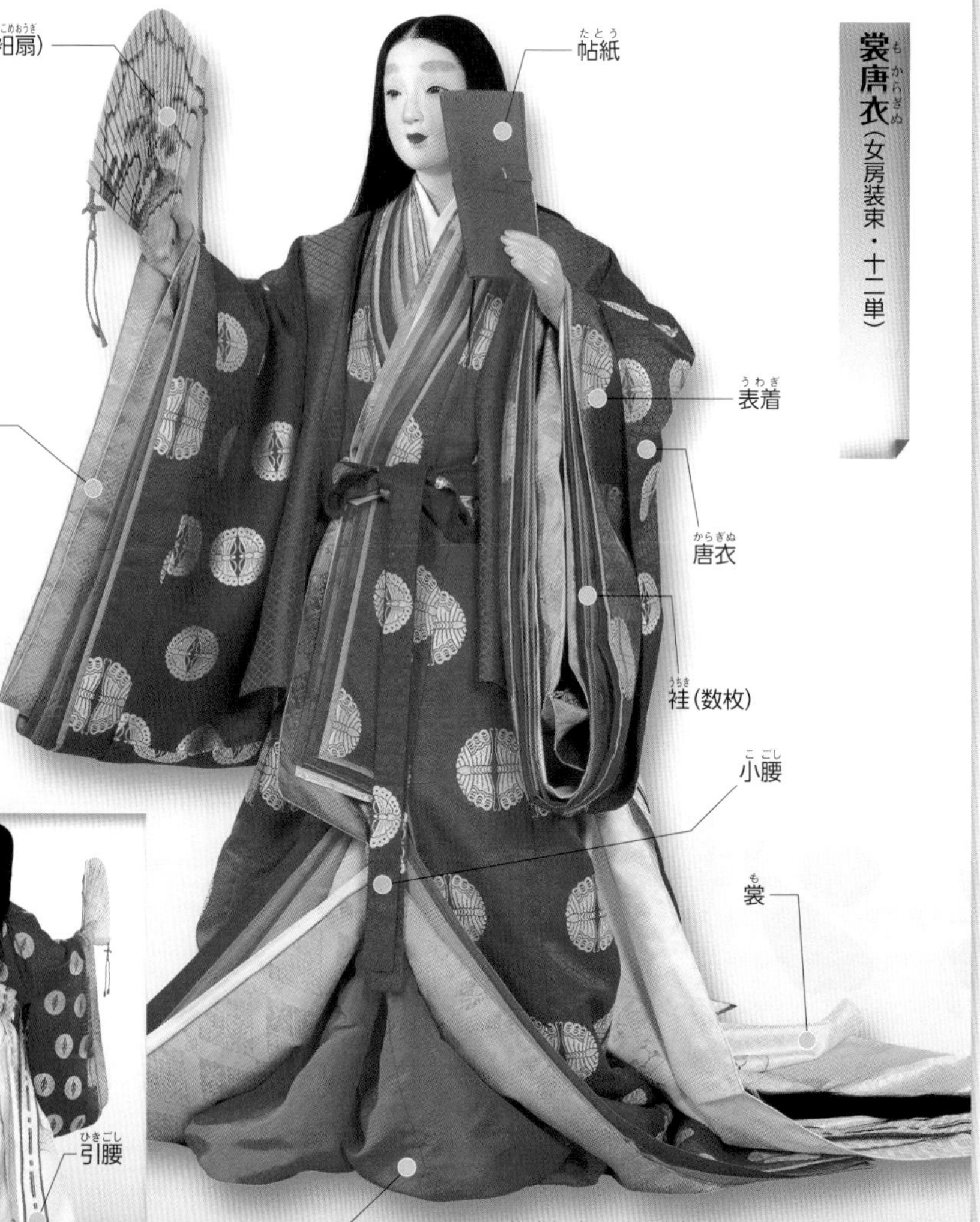

公式行事の時の女性の正装。天皇の御前では必ず着用した。着物は十二枚重ねたわけではなく五枚が多かったが、『栄花物語《えいがものがたり》』には二十枚着たという話もある。

比べてみよう

裳唐衣の着用順

①小袖、打袴の上に単を着る

②単の上に袿を着る

③表着、唐衣を着る

④裳をつけ、檜扇を持つ

女性の正装　振袖《ふりそで》

■着物の枚数
●平安…②で袿《うちき》を五枚ほど重ねる。
○現代…長襦袢《ながじゅばん》・着物を着け、帯を締める。重ねる枚数は上の①程度。

■重さ
平安時代の裳唐衣を現在復元すると十〜二十キログラム。振袖より格段に重い。

■持ち物
●平安…帖紙（歌を書き付けたり鼻紙として使用）・扇（顔を隠す）
○現代…ハンカチや貴重品を入れたバッグ

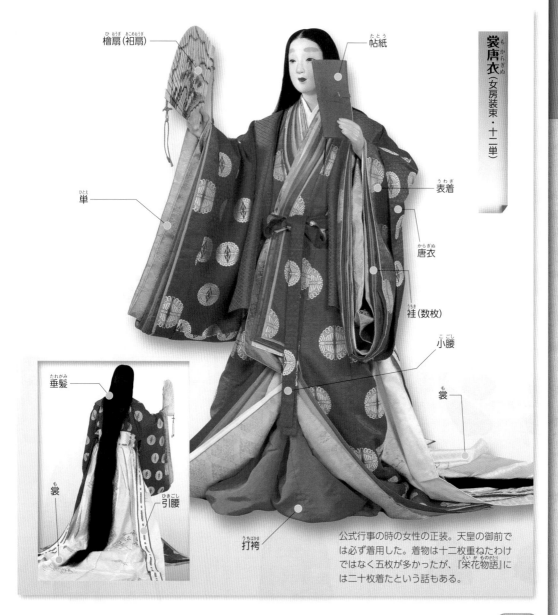

五衣小袿《いつつぎぬこうちき》

女性の準正装。唐衣や裳をつけないかわりに、袿の上から小袿をかけたもの。

袿単《うちきひとえ》

女性の日常着。髪の「びんそぎ」は既婚や婚約の証。

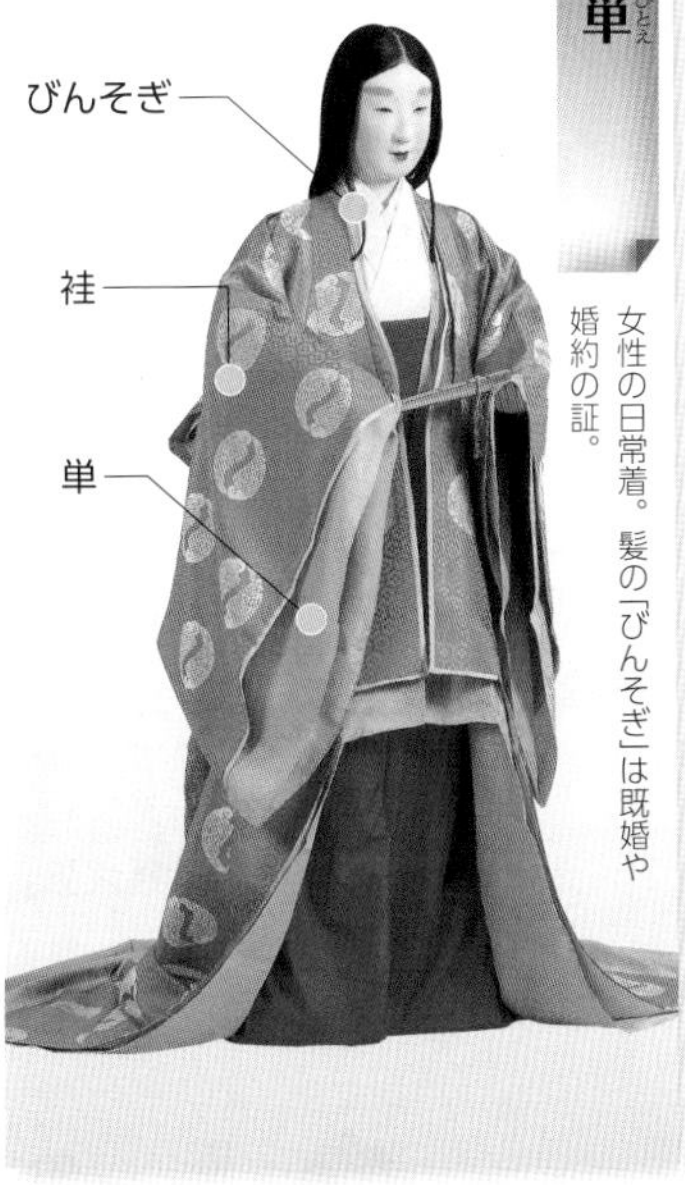

三《み》つ小袖《こそで》細長《ほそなが》

幼児を含む女性の晴れ着。袿の上から細長を身に着けた。

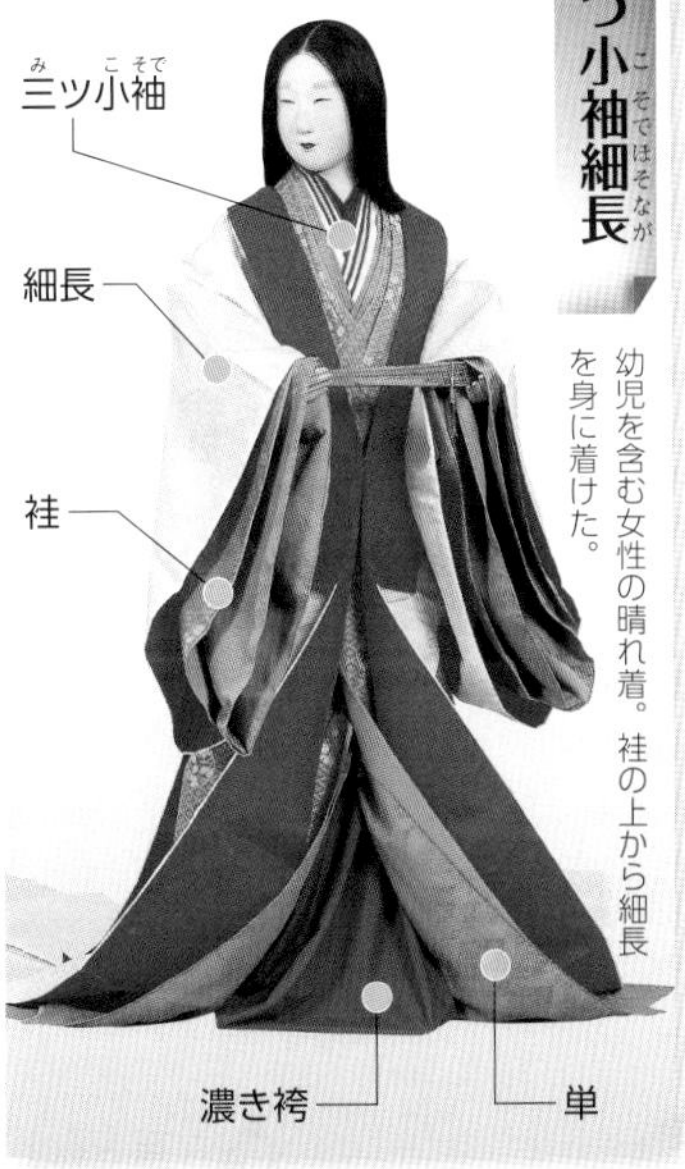

壺装束《つぼしょうぞく》

物詣でなど、外出時の装い。市女笠《いちめがさ》のかわりに衣をかぶる「被衣《かつき》」もあった。

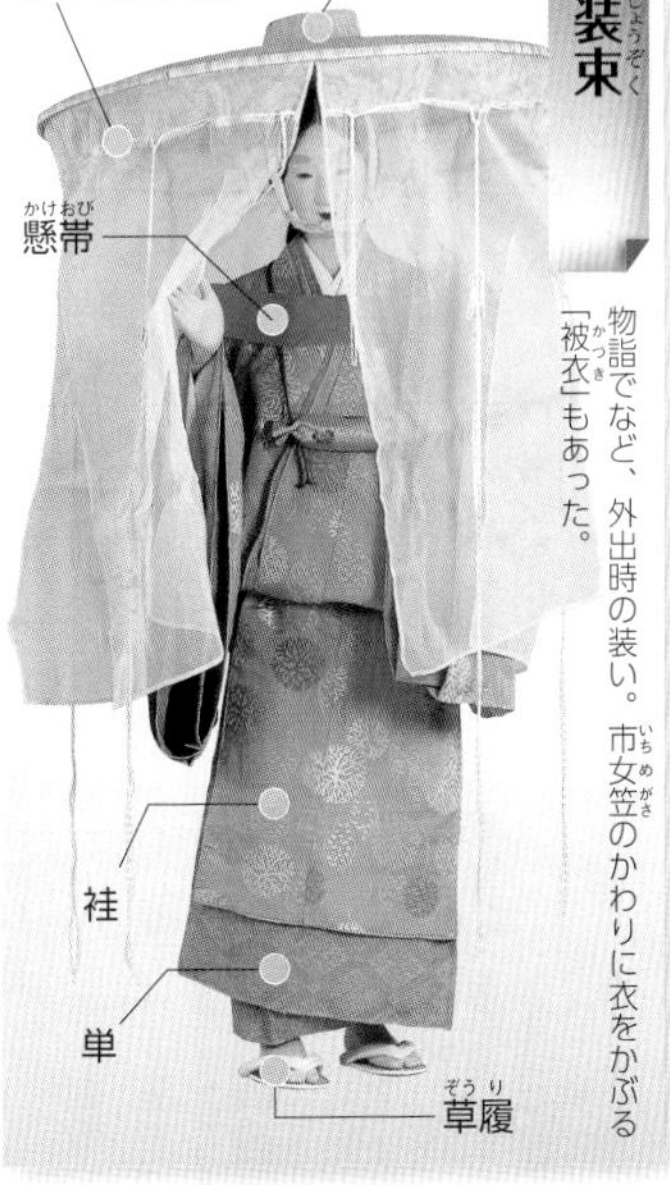

白拍子《しらびょうし》

平安末期以降の、男装の舞妓の衣装。

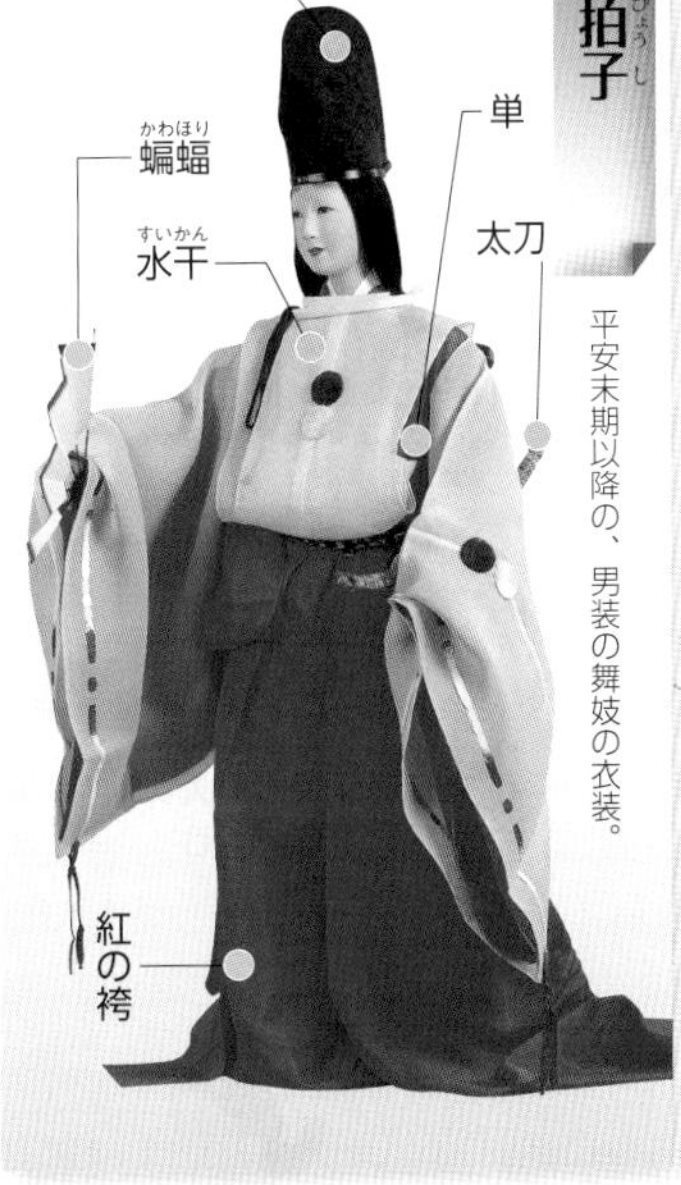

庶民の服装

女性の髪型

振分髪《ふりわけがみ》

耳はさみ

当時の女性の一般的な髪型は長く垂らした「垂髪《たれがみ》」。真ん中から分けた髪を肩のあたりで切った「振分髪」が子どもの一般的な髪型で、出家した女性の「尼削《あまそ》ぎ」も同様の髪型であった。忙しく働く際の「耳はさみ」は品のない髪型とされていた。

髪にまつわるあれこれ

豊かな黒髪は、当時の美人の条件の一つだが、『源氏物語《げんじものがたり》』に登場する浮舟《うきふね》は、髪の長さが六尺（約百八十センチメートル）もあったという。髪を洗うのにも吉日があり、当時洗髪はちょっとしたイベントで、今のように気軽に髪を洗うことはできなかった。また、洗髪には米のとぎ汁が使われていた。

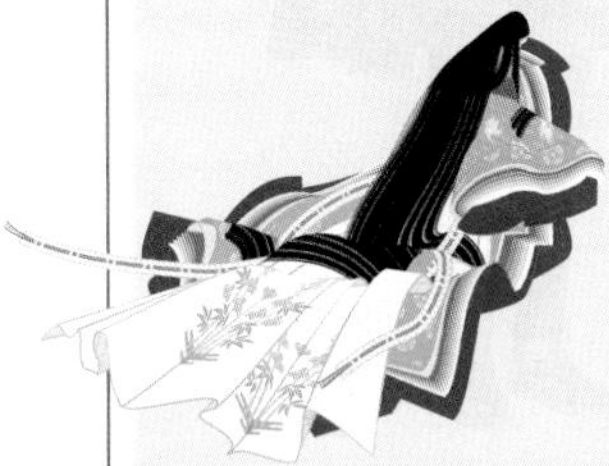

古代の色・襲《かさね》の色目

梔子色《くちなしいろ》	蘇芳色《すおういろ》	韓紅色《からくれないいろ》
山吹色《やまぶきいろ》	檜皮色《ひわだいろ》	茜色《あかねいろ》
黄色《きいろ》	香染《こうぞめ》	紅梅色《こうばいいろ》
萱草色《かんぞういろ》	朽葉色《くちばいろ》	葡萄色《えびいろ》
青丹色《あおにいろ》	二藍色《ふたあいいろ》	濃《こ》き色《いろ》
青色《あおいろ》	縹色《はなだいろ》	紫色《むらさきいろ》
萌黄色《もえぎいろ》	浅葱色《あさぎいろ》	紫苑色《しおんいろ》
若苗色《わかなえいろ》	秘色《ひそく》	薄色《うすいろ》

※二藍《ふたあい》は藍《あい》と紅花《べにばな》で染められた色のこと。両者の割合の違いによって幅広い色合いが「二藍」と呼ばれた。年齢が上になると藍が強い色合いを用いた。

打出《うちいで》・出車《いだしぐるま》（出衣《いだしぎぬ》）

女房などが袖や裾などの一部を御簾《みす》や牛車《ぎっしゃ》の下から外に出し、着物の美しさを見せること。人々は装束の色目の美しさを競い、他人の装束の配色も大きな関心事であった。

出車

打出

その他の服装

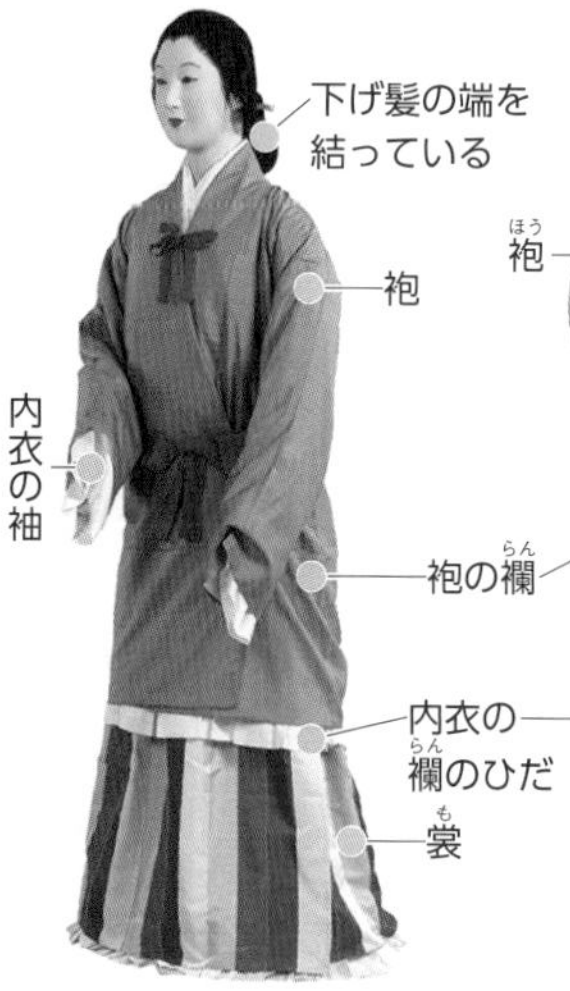

▲女官
（天武・持統朝）

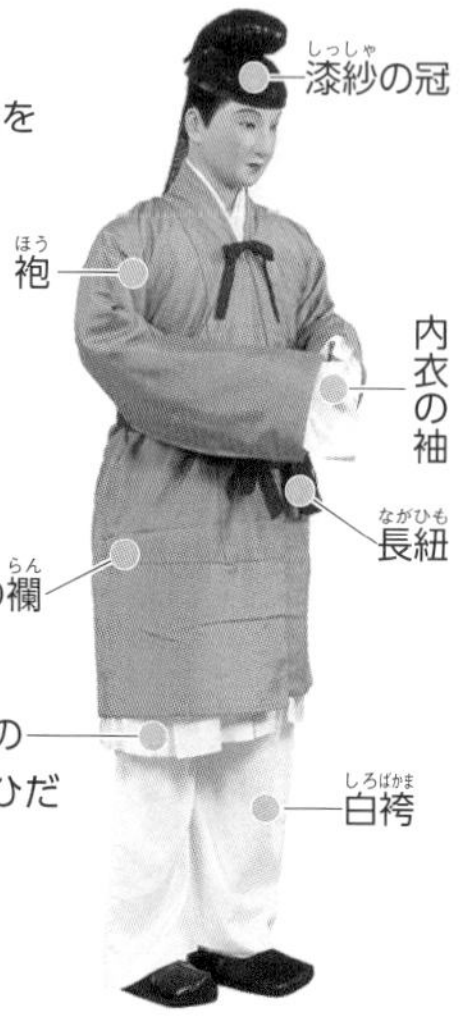

▲文官の男性
（天武・持統朝）

▲紙子羽織《かみこはおり》の町人
（江戸時代）

▲長裃姿《ながかみしもすがた》の武士
（江戸時代）

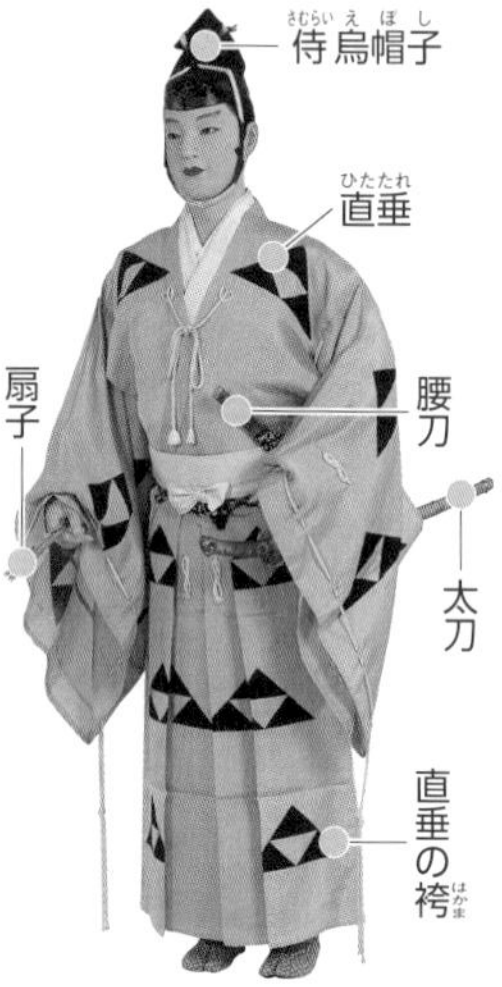

▲平時の武士
（鎌倉時代）

▲小袖姿《こそですがた》の女性（江戸時代）

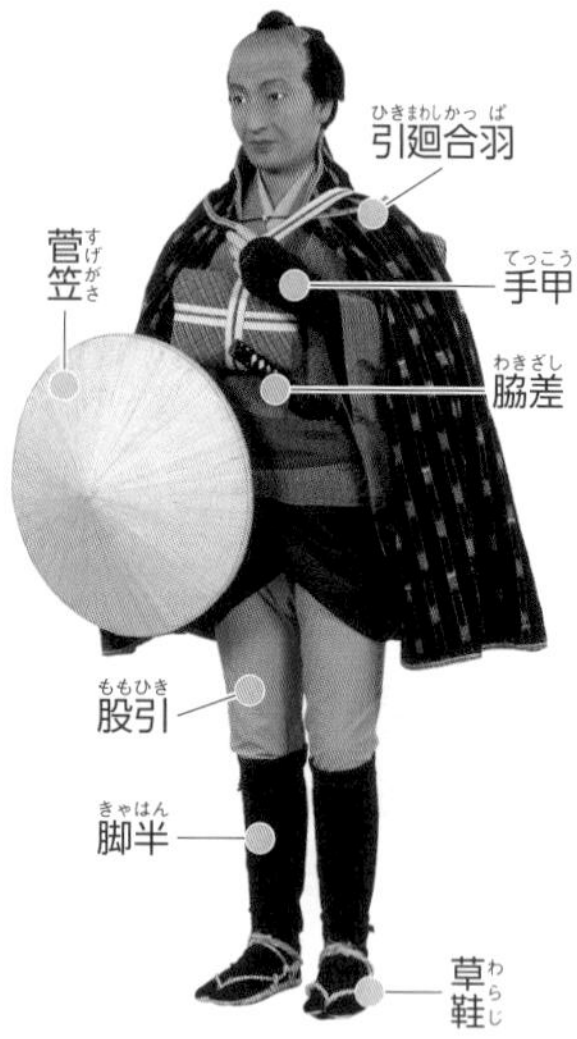

▲町人の旅姿（江戸時代）

襲《かさね》の色目

襲の色目は、着物の表裏の色の組み合わせを指す場合と、着物を重ねて着たときの袖口や裾から見える配色を指す場合がある。

春

紅梅　表：紅梅／裏：蘇芳《すおう》

桜　表：白／裏：赤花

柳　表：白／裏：薄青

花山吹　表：淡朽葉《あわくちば》／裏：黄

夏

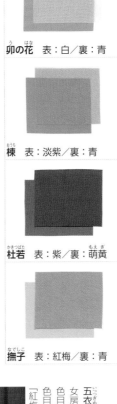

卯の花《うのはな》　表：白／裏：青

楝《おうち》　表：淡紫／裏：青

杜若《かきつばた》　表：紫／裏：萌黄《もえぎ》

撫子《なでしこ》　表：紅梅／裏：青

秋

桔梗《ききょう》　表：二藍《ふたあい》／裏：濃青

女郎花《おみなえし》　表：黄／裏：青

萩重《はぎがさね》　表：蘇芳／裏：青

紅葉　表：黄／裏：蘇芳

冬

氷　表：白／裏：白

雪の下　表：白／裏：紅梅

無季

松　表：青／裏：紫

葡萄染《えびぞめ》　表：蘇芳／裏：縹《はなだ》

五衣《いつぎぬ》の襲《かさね》
女房が袿《うちき》を五枚重ねたときなどの色目。紅梅の襲のように、濃淡の色目をつくるものを「匂《におい》」といい、「紅梅の匂」などという。

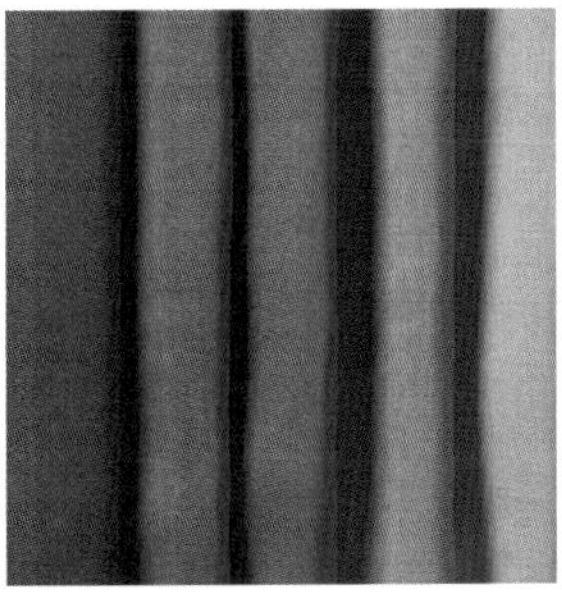
杜若の襲

紅梅の襲

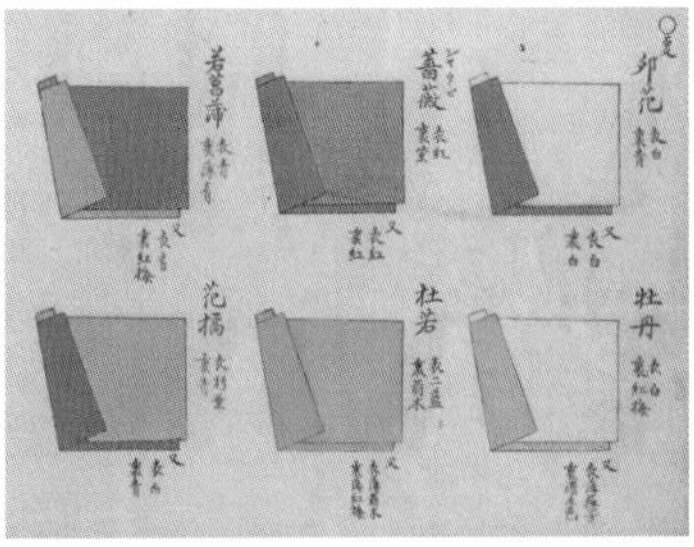

『重色目』　江戸時代の書物。多様な色目がまとめられている。

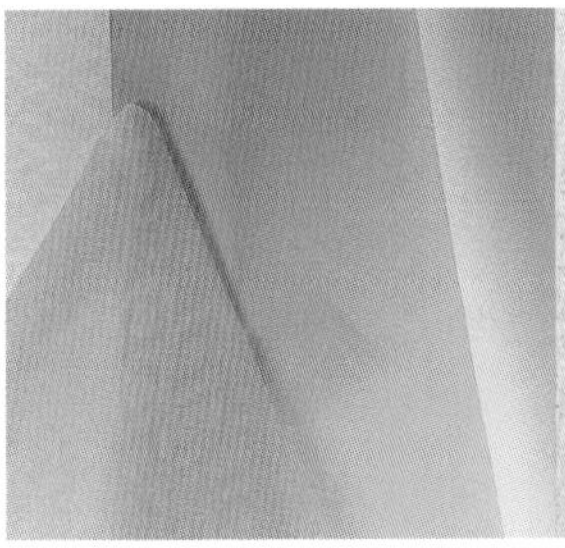
山吹の襲のイメージ

十ばかりにやあらむと見えて、白き衣《きぬ》、山吹《やまぶき》などの萎えたる着て走り着たる女子《をんなご》……、
（『源氏物語《げんじものがたり》』若紫）

（右）桜襲《さくらがさね》の直衣《のうし》　『源氏物語』に光源氏《ひかるげんじ》が着ている描写が見える。写真の左側は、表の白い衣に裏の赤い衣が透けて見える。
（左）桜の細長の裾

　参考資料：吉岡幸雄『日本の色辞典』(紫紅社)

平安時代の源平の合戦では、大鎧《おおよろい》という合戦装束を身に着けて、弓矢を使って戦うことが主流であった。ここでは平安時代の武装・武具・馬具を中心に紹介する。

大鎧《おおよろい》

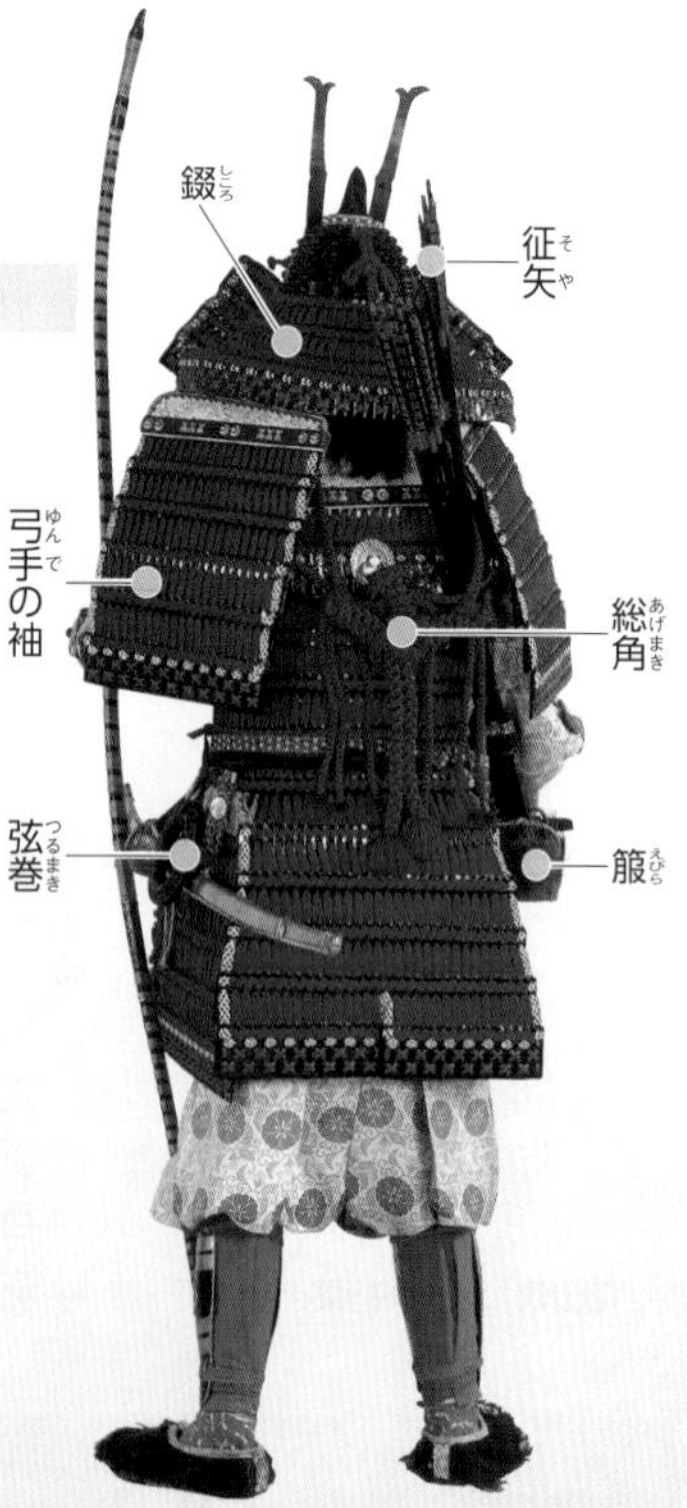

源平合戦期など平安時代中期から鎌倉時代まで用いられた、正式な鎧《よろい》。この時期は弓矢による戦闘が中心であり、それに適したつくりになっていた。軍記物語で大将が身に着けている「着背長《きせなが》」も、大鎧を指す。

縅《おどし》とは、札《さね》という革や金属の小片を糸や革でつづったもの。この縅によってそれぞれの鎧に色合いの個性が生まれた。上の写真は赤糸縅の鎧の着用例。『平家物語《へいけものがたり》』で平 敦盛《たいらのあつもり》は萌黄匂縅《もえぎにおいおどし》の鎧を、源 義経《みなもとのよしつね》は紫 裾濃縅《むらさきすそごおどし》の鎧を身に着けている。

紫 裾濃大鎧《むらさきすそごの》(武蔵御嶽神社蔵)

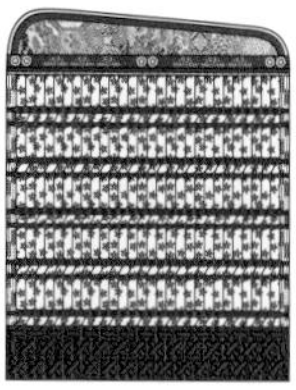
小桜縅

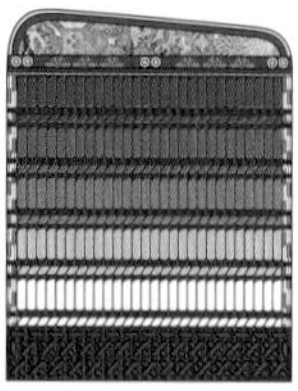
萌黄匂縅

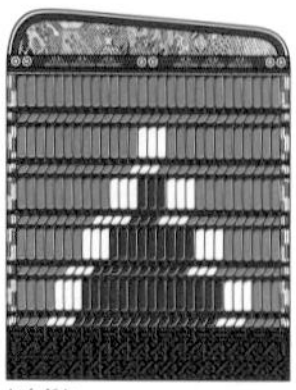
沢瀉縅《おもだか》

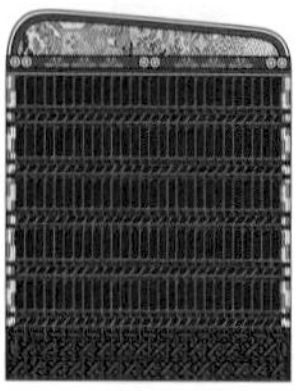
黒糸縅

胴丸《どうまる》

もともと下級兵卒の武装であったが、軽く機能性が高かったため、戦闘方法の複雑化にしたがって、南北朝期には上級武士にも使用されるようになった。

矢を入れる道具

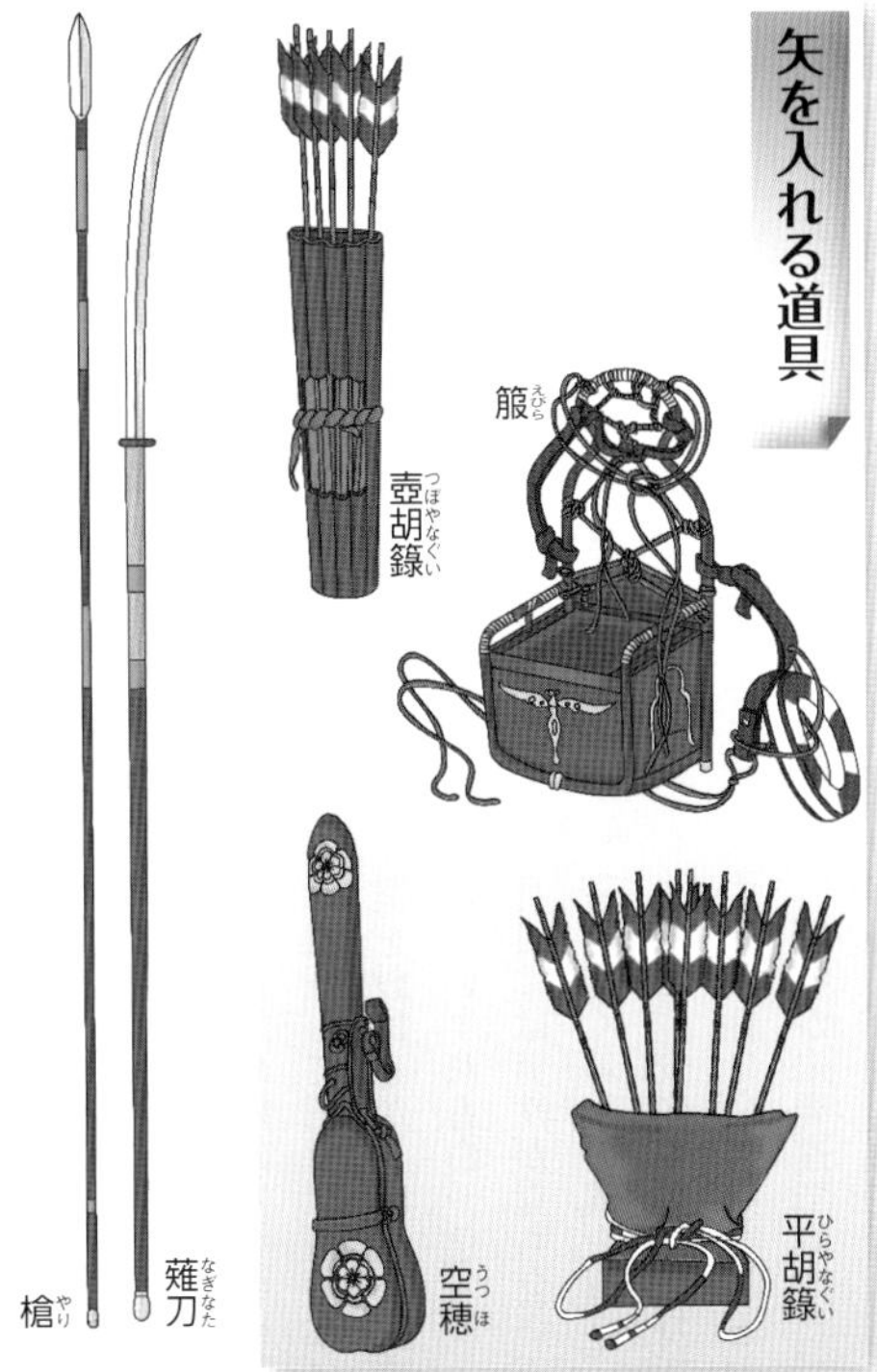

矢

矢の長さは「十四束《そく》三伏《ぶせ》」などと表し、「束」は握り拳一つ分、「伏」は指一本分の幅である。

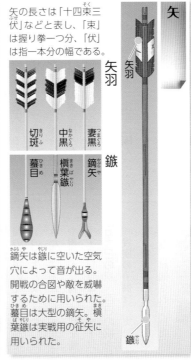

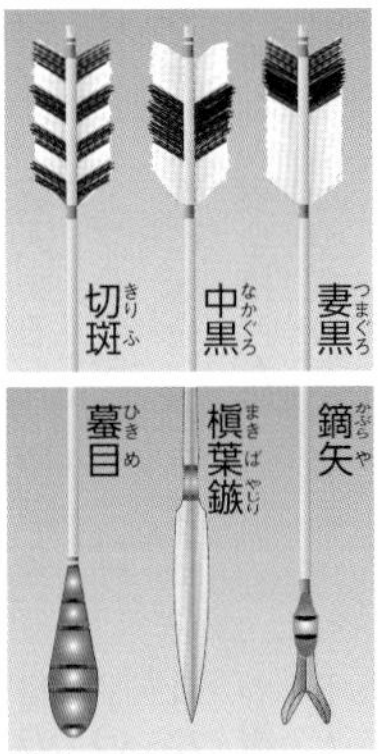

鏑矢《かぶらや》は鏃《やじり》に空いた空気穴によって音が出る。開戦の合図や敵を威嚇するために用いられた。蟇目《ひきめ》は大型の鏑矢。槙《まき》葉鏃《ばやじり》は実戦用の征矢《そや》に用いられた。

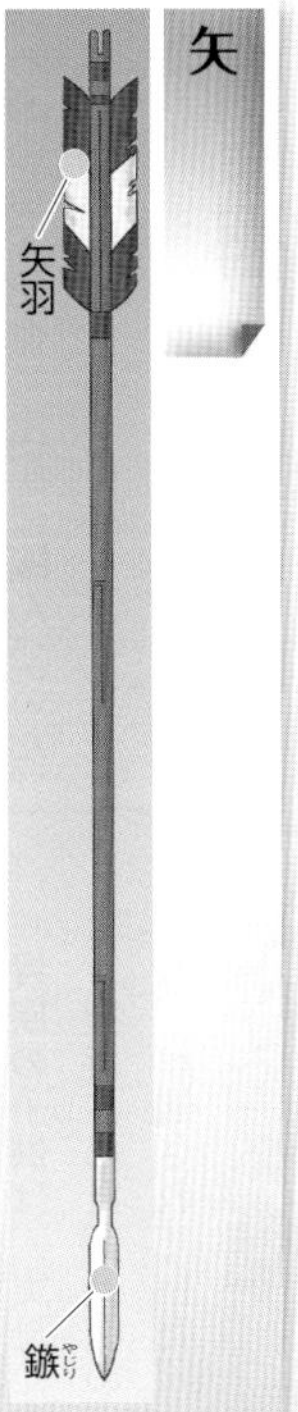

滋籐の弓

軍記物語によく登場する。

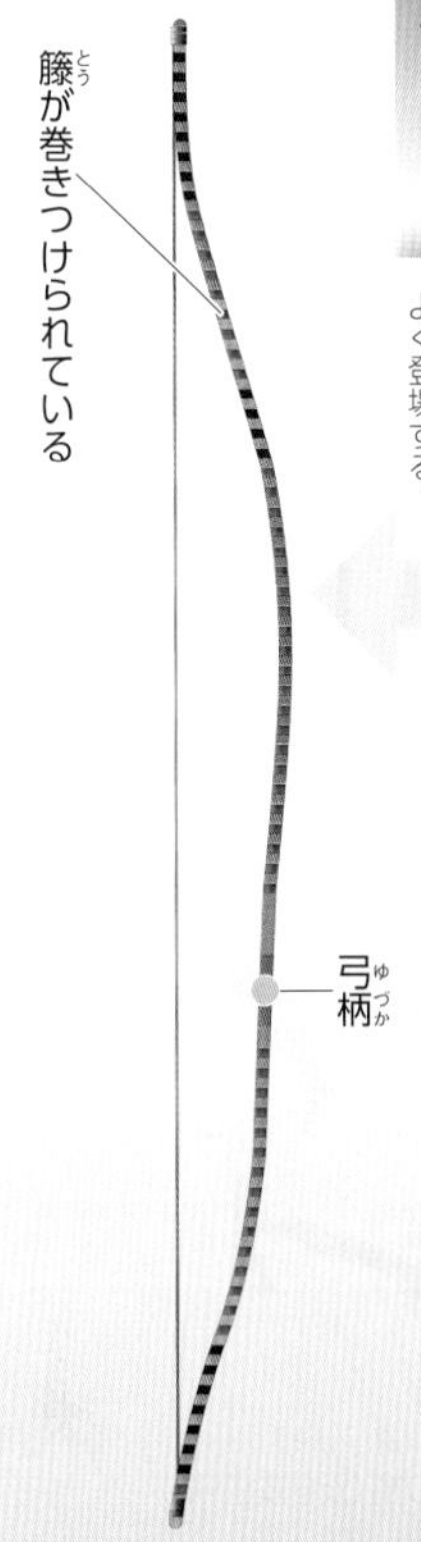

◀僧兵《そうへい》　寺院は自身で勢力をもっており、僧侶が戦闘に参加することもあった。

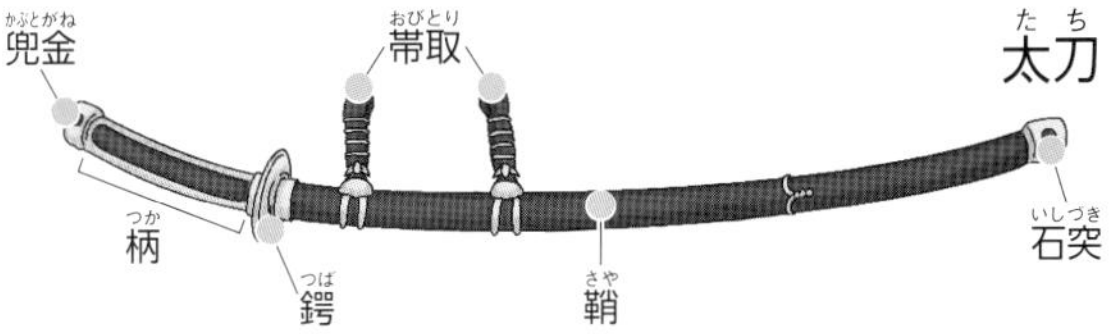

太刀《たち》

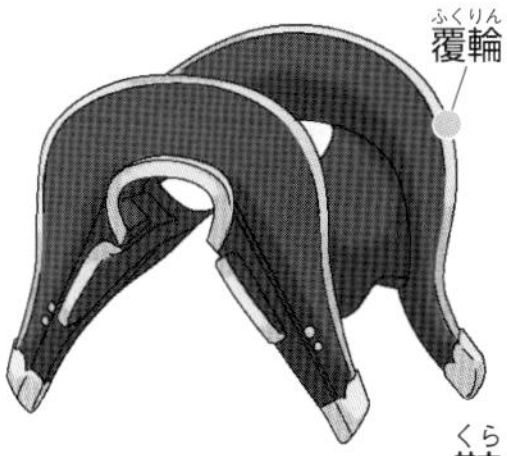

鞍《くら》

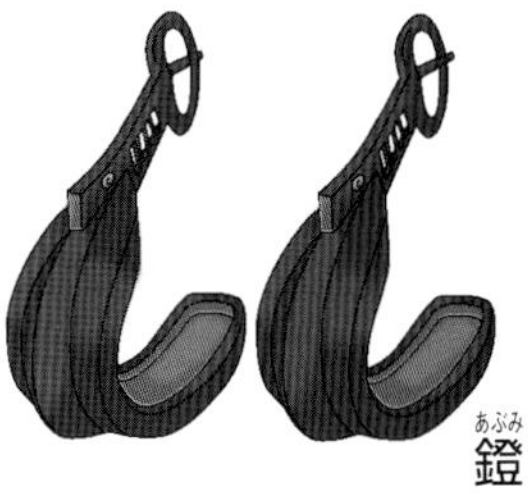

鐙《あぶみ》

▼馬　日本の在来種は現在よく見られるサラブレッドとは体格や体型が異なる。

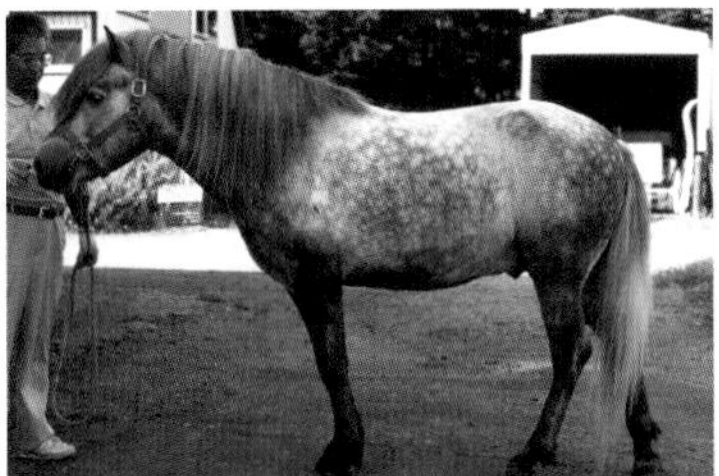

連銭葦毛《れんぜんあしげ》

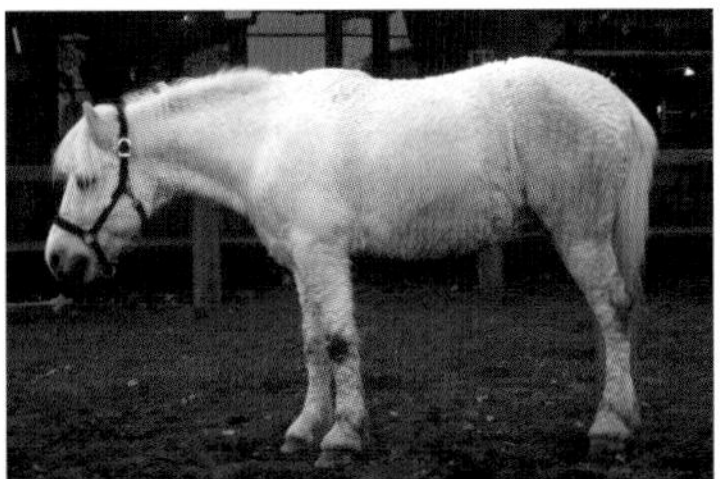

葦毛《あしげ》

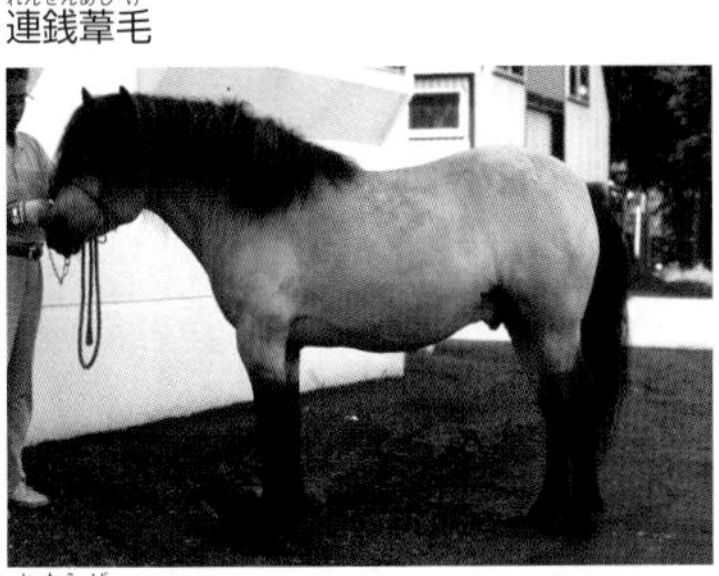

河原毛《かわらげ》

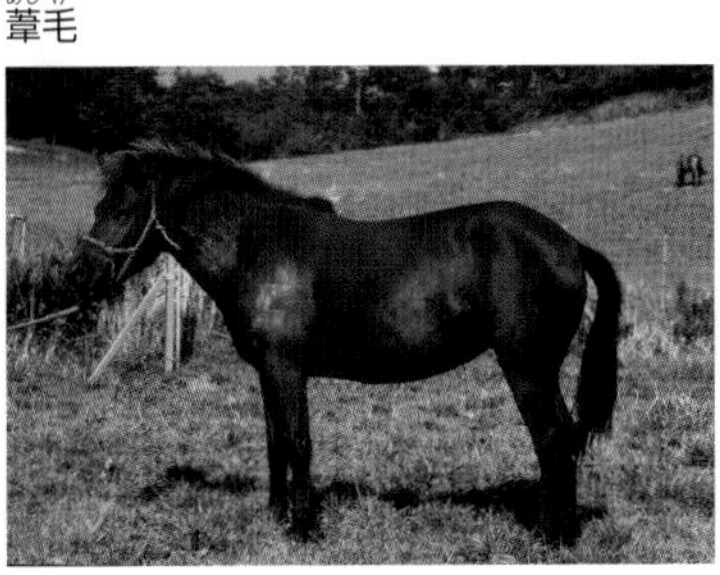

青毛

室町時代の馬上の武士（復元模型）

 写真：葦毛・連銭葦毛・青毛・河原毛・室町時代の馬上の武士＝馬の博物館所蔵

平安貴族の男女

平安時代の貴族の男女は、我々現代人とは、大きく違った人生を送っていた。例えば、現代では男子も女子も平等に学校に通い、同じ教科書を開き、学んでいる。しかし平安貴族の男女はそうではなかった。男性が求められる教養と女性が求められる教養は異なるものであり、学ぶ場さえも別々であった。

平安貴族の男性が成人すると、位階を与えられ、出仕した。プライベートでは会ったこともない女性に恋をし、ラブレターを送り、複数の妻を持った。

平安貴族の女性にとっての大仕事といえば、出産である。母子ともに死と隣り合わせの中、懸命に出産に臨んでいた。

御産の祷(安田靫彦筆)

出産・誕生

死、病気、出産などを「穢《けが》れ」ととらえて社会的に隔離していた平安時代、女性は懐妊して三ヶ月目頃には実家邸内に産室を設けるか、産屋と称する小屋を建てた。いずれも白一色で統一された。五ヶ月目には男性が立ち会い、女性のお腹に帯を巻く着帯《ちゃくたい》の儀を行う。やがて月が満ちると、安産を願う加持祈禱《かじきとう》が行われる中、女性は白装束をまとって出産する。

医療が未発達であった当時は平均寿命が短く、四十歳で老人とみなされ、出産時の母子の死亡率も高かった。そのため、子の誕生と成長はおおいに喜ばれ、祝われた。三・五・七・九日目の夜には知人や親戚が食物や衣服を贈る産養《うぶやしな》いを、五十・百日目には餅を子供の口に含ませる**五十日《いか》の祝《いわい》・百日《ももか》の祝《いわい》**を行った。

貴族の子供は、実母に代わって乳母により養育された。乳母の子は乳兄弟《ちきょうだい》と呼ばれ、厚遇されていた。

成人まで

男女ともに、三歳から七歳頃までの吉日を選び、初めて袴《はかま》を着ける袴着《はかまぎ》(着袴《ちゃっこ》)が行われる。男子は七歳頃から学問(漢学)を始める書始《ふみはじ》めの儀があり、公卿《くぎょう》の男児は出仕を許され殿上童《てんじょうわらわ》となった。

❖元服

男子が十一歳から十七歳頃に行う成人式を**元服《げんぷく》**という。

角髪《みずら》という童子の髪型を解き、束ねて、元結《もとゆい》という成人の髪型に変えることを初元結という。次いで、髪の末を切りそろえる理髪の儀を経て、冠を着ける加冠の儀を行うことを**初冠《ういこうぶり》**という。

元服以後は位に応じた冠と大人の衣服を着用し、朝廷に出仕する。つまり、社会的に一人前として扱われるようになる。

帝の前で元服する童姿の光源氏

❖裳着

裳着

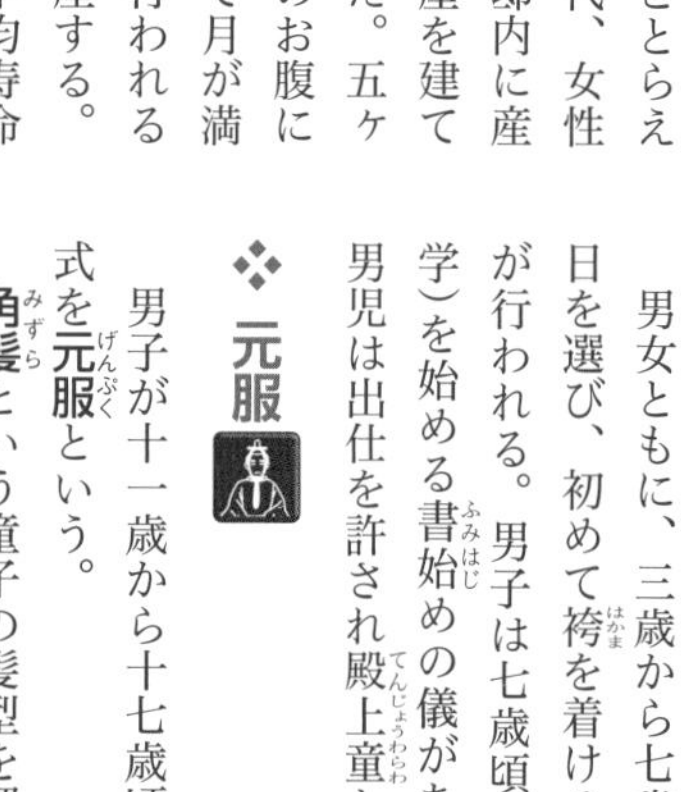

女子が十二歳から十三歳頃に行う成人式も、元服と呼ばれることがあるが、多くは**裳着《もぎ》**と呼ぶ。裳(⬇三四頁)を初めて着ける儀式である。裳の大腰のひもを結ぶ、腰結の儀が行われた。

裳着にあわせて、額の前髪を上げる**髪上げ**の儀も行われたが、これは、大人になると髪を結っていた奈良時代の規定の名残であり、平安時代中期頃以降は徐々に廃れ、儀式名のみ残った。

裳着のときに初めて歯黒めをし、紅《べに》を差し、引眉《ひきまゆ》をする。

このように、裳着以前と以後では衣服や化粧などが異なるため、一目で大人であるとわかるようになる。結婚相手が決まったときや、親が娘を結婚させたいと周囲に意思表示するときに行われた儀式であった。

恋愛と結婚

当時は一夫多妻制で、男性が女性のもとへ通う**妻問い婚**が一般的であった。子が生まれたときにも母親の家で育てられた。

男性が女性の家を訪れない期間が長くなると、自然と夫婦関係は解消された。夫婦関係を持続するためには、親の地位や、子宝に恵まれるか否かも重要であった。

結婚が成立してから数ヶ月ないし数年が過ぎると、一人を正妻として夫の住まいに迎え、夫と妻とが同居する場合もあった。正妻が「北《きた》の方《かた》」と呼ばれるのは、正妻が住まいの「北の対」を取り仕切るからである。

❖ 恋の始まり

貴族の女性は人前にほとんど姿を現さないため、男性は**垣間見**《かいまみ》(垣根の透き間などから邸内をのぞき見ること)によって、あるいは、適齢期の女性に仕える女房たちの情報によって、相手の女性に思いを寄せるようになり、人を介して、手紙や和歌を贈る。

また時には女性方から結婚話が持ち込まれることもあった。

❖ 交際

恋文を受け取った女性は、最初のうちは女房による代筆で返事をする。歌の出来栄えや、筆跡、紙の見事さなども男性の教養を示した。手紙のやりとりが何度か続くうちに、心を動かされた場合、女性本人が返事を書くようになる。

手紙や和歌を送り合う際には、侍女や文使い(⇩ 四六頁)などが運ぶため、途中で人目に触れる恐れがある。これにしたがい、本人同士しかわからないような内容の手紙を書くのが礼儀であった。

恋文のやりとりをするうちに、男性が女性の部屋を訪ねて御簾《みす》や几帳《きちょう》を隔て、女房や侍女を介して歌を贈答することもあった。

垣間見をする薫(国文学研究資料館蔵)

❖ 結婚

文通を重ねた後、男性は吉日を選び、夜が更けてから女性のもとを訪れ、やがて二人は契りを交わす。男性は帰邸後すぐに女性へ後朝《きぬぎぬ》の文を贈って、誠意や情熱を示した。

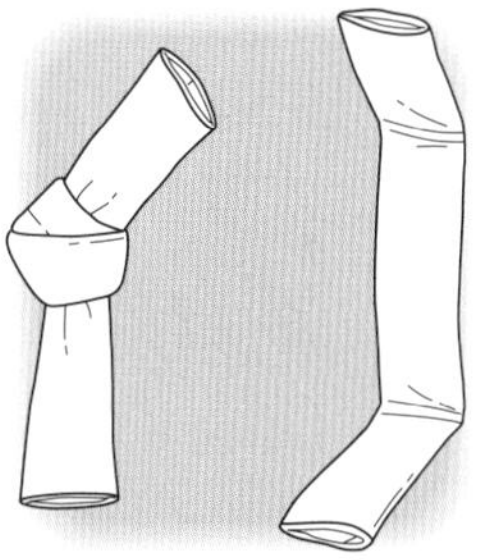

立て文(右)　正式な書状。
結び文(左)　巻き畳んで両端をひねり、結び目に墨を引いた書状。略式なもので、恋文に用いることが多い。

明けぬれば暮るるものとは知りながらなほ恨めしき朝ぼらけかな
(藤原道信朝臣《ふじわらのみちのぶあそん》)

——夜が明けてしまうとまた日が暮れて再びあなたに逢《あ》えるとわかってはいるのですが、やはり恨めしい夜明けですよ。

両親の許可を得て、三日間続けて男性が通うことで、正式な結婚は成立する。三日目の夜に女性の親が**露顕**《ところあらわし》という披露宴を行い、男性は妻の両親や親族に対面する。また、男性は女性と三日夜餅《みかよのもちい》を食べ、朝まで女性の家に残る。男性が女性の顔を見ることができるのは、このときが初めてである。院政期には、こうした儀式が一夜目に行われた例も多い。

一連の儀式を終えると、男性は正式に夫として妻のもとに通うことになり(妻問い婚)、昼間も妻の邸宅にとどまることが許されるようになる。また、妻の住まいで同居することもあった(婿取り)。夫の衣服の用意なども女性方が行い、子供が生まれたときにも母親が養った。

ただし、すべての結婚が以上の手順で行われるとは限らず、妻が夫の家に引き取られる場合もあった。

当時は一夫多妻制であったため、男性は二人以上の女性のもとに通っていた。通わなくなれば、夫婦関係は自然と解消されてしまう。女性たちは夫の来訪を待ちわび、足が遠のけば、夫の心が離れてしまったのだろうかと苦悩した。

結婚

就職

❖蔭位《おんい》の制

貴族官人である父祖の位階（⬇六四頁）が五位以上であれば、子や孫が二十一歳以上になると、自動的に従五位下《じゅごいげ》以下、従八位下《じゅはちいげ》以上の位階を与えられ、現代でいう国家公務員や地方公務員にあたる職に就いた。この制度を**蔭位の制**という。

一方、この優遇を受けずに国家試験によって官人になろうとする場合は、最高でも正八位上《しょうはちいじょう》からで位階は低かった。

❖除目《じもく》

内外文武の諸官に任命すべき人を定めることを**除目**という。公卿《くぎょう》が約三日間、清涼殿の御座前《おましまえ》で行った。具体的には、春に地方官（外官《げかん》）を任命する県召《あがためし》の除目があり、秋に京官《けいかん》を任命する司召《つかさめし》の除目があった。ほかにも臨時除目（小除目）、坊官除目、女官除目などがあった。

律令官制では、京における官人を内官または京官、地方における官人を外官とし、武器を携帯しないものを文官、武器を携帯するものを武官とした。

任国に向かう国司

勉学・教養

❖男性の勉学

律令制に基づく教育機関である**大学寮**で、官吏養成の教育を受けた。紀伝道《きでんどう》（漢文学）、明経道《みょうぎょうどう》（儒学）、明法道《みょうぼうどう》（法律学）、算道（数学）の四学科が設置され、特に紀伝道は人気があった。私的な教育機関としては大学別曹《べっそう》、藤原氏の男子には勧学《かんがく》院《いん》が設けられた。ただ、蔭位の制や博士の世襲化により、大学寮教育は早くから形式的なものとなってしまった。

❖男性の教養

男性貴族の場合、何よりも漢詩文の教養が重視された。公的な記録や日記には漢字を使い、宴席などでは漢詩文を詠んだ。恋愛、結婚や交友関係に際しては和歌の心得も必要であり、『古今和歌集《こきんわかしゅう》』（⬇九六頁）を手本として学び、歌を詠んだ。また、漢詩文や和歌を記すためには、書道にも通じている必要があった。さらに音楽においては管楽器と弦楽器（⬇四八頁）の両方の技術が求められた。

勉学に励む菅原道真

（松崎天神縁起絵巻／山口県防府天満宮蔵）

❖女性の教養

女性貴族には大学がなく、もっぱら家庭教育で教養を身につけた。そのため、和歌や日記を残すような女性の大部分は、学問や歌学に通じた家の出身である。こうした女性たちが女房として出仕した先でさらに教養を高め合い、平安女流文学が発展した。

和歌の教養は必須とされ、『古今和歌集』を学んだ。漢字は用いず、書は連綿体の平仮名を書くことが求められ、通常は漢詩文の教養は不要であった。音楽は弦楽器のみが必要とされた。

藤原道長の一生

年	歳	出来事
九六六（康保《こうほう》三）	1	藤原兼家《ふじわらのかねいえ》の五男として誕生（母は藤原中正《なかまさ》の娘時姫《ときひめ》）。
九八〇（天元《てんげん》三）	15	従五位下となる。
九八六（寛和《かんな》二）	21	従四位下となり禁色を許される。
九八七（永延《えいえん》元）	22	左大臣 源 雅信《みなもとのまさのぶ》の娘倫子《りんし》と結婚。
九八八（永延二）	23	源高明《たかあきら》の娘明子《めいし》と結婚。彰子《しょうし》誕生（母は倫子）。
九九四（正暦《しょうりゃく》五）	29	妍子《けんし》誕生（母は倫子）。
九九五（長徳《ちょうとく》元）	30	右大臣、氏長者《うじのちょうじゃ》となる。
九九六（長徳二）	31	左大臣正二位となる。
一〇〇〇（長保《ちょうほう》二）	35	彰子立后、中宮となる（定子皇后）。
一〇〇六（寛弘《かんこう》三）	41	東三条第で花宴。法性寺五大堂大仏開眼。
一〇〇八（寛弘五）	43	一条《いちじょう》天皇皇子敦成《あつひら》親王（後一条《ごいちじょう》天皇）誕生（母は彰子）。
一〇〇九（寛弘六）	44	一条天皇皇子敦良《あつなが》親王（後朱雀《ごすざく》天皇）誕生（母は彰子）。
一〇一二（長和《ちょうわ》元）	47	妍子立后、中宮となる。
一〇一五（長和四）	50	道長の五十の賀を彰子が行う。
一〇一六（長和五）	51	後一条天皇即位。摂政《せっしょう》となる。
一〇一七（寛仁《かんにん》元）	52	摂政を辞す。太政大臣従一位となる。
一〇一八（寛仁二）	53	娘の威子《いし》立后。「この世をばわが世とぞ思ふ望月の欠けたることもなしと思へば」の歌を披露。
一〇一九（寛仁三）	54	出家。法名行観《ぎょうかん》、後に行覚《ぎょうかく》。東大寺で受戒。
一〇二七（万寿《まんじゅ》四）	62	死去。鳥辺野《とりべの》にて葬送。

算賀

寿命の短かった平安時代では、四十歳を過ぎると初老として扱われた。四十《よそじ》の賀、五十《いそじ》の賀、六十《むそじ》の賀など、十年ごとに長寿を祝った。これを**算賀**という。杖《じょう》、挿頭《かざし》などが贈られ、祝宴が開催された。四十の賀はとりわけ大きな節目ととらえられた。なお、近世からは還暦（六十歳）・古稀《こき》（七十歳）・喜寿（七十七歳）・米寿（八十八歳）も算賀として祝うようになっている。

菅原道真の五十の賀

信仰と死

平安時代には、現世利益を願う密教信仰・来世利益を願う阿弥陀《あみだ》信仰（浄土信仰）・物詣での対象となった観音信仰といった仏教への信奉が篤かった。さらに、大陸から伝わった**陰陽五行説**に基づき物忌みや方違えを行う**陰陽道**《おんようどう》や、日本固有の民俗信仰であり**禊**《みそぎ》・**祓**《はらえ》を行う神道が複雑に融合し、さまざまな習俗が行われていた。

❖物詣《ものもう》で

清水寺《きよみずでら》・長谷寺《はせでら》・石山寺などに参詣し、極楽浄土に生まれるよう祈願することを**物詣で**という。現世利益を願う物詣でも多かった。寺の本堂に一定期間泊まり込む「**参籠**《さんろう》」もよく行われた。

参籠（石山寺縁起絵巻／石山寺所蔵）

❖物忌《ものい》み

災いを避けるため、陰陽師の占いにしたがって、人との対面や手紙の交換を慎み、家に籠もることを**物忌み**という。簾《すだれ》・冠・袖には物忌みの札をつける。役所にも物忌みで出仕しない旨を届け出た。ただし、軽い物忌みの場合は、やむを得ない理由により外出することもあった。

❖方違《かたたが》え

陰陽道では、年・月・日・時に応じて、避けるべき方角がある。外出の際、この避けるべき方角に目的地がある場合、災いを避けるため、あらかじめ別の方角の家に泊まっておいて、翌日改めて目的地へ向かった。これを**方違え**という。

❖加持祈禱《かじきとう》

病はもののけ（死霊・生霊）が憑《つ》いて起こるものだと考えられたため、僧侶、験者《げんざ》、陰陽師によって**加持祈禱**が行われた。加持は、手で印を結び、真言を唱えて仏の加護を願うことであり、祈禱は、神仏の加護を願い、言葉によって祈ることである。

❖出家

極楽往生のためには早くから出家するのが理想ではあったが、現世との縁が切れることにもなるので、多くの者は死の直前に出家した。その理由は病や失意、親しい者との死別、その弔いなどであった。

❖死

死期が迫ると僧侶を呼び、西方浄土への往生を願って念仏を唱えさせる。

死者は棺に収め、京都東山の**鳥辺野**《とりべの》付近で火葬した。親族は喪服を着て一定期間、服喪した。喪が明けると、河原で陰陽師に禊と祓をさせ、穢れをはらった。

出家

紫式部の一生

年	歳	出来事
九七三（天延《てんえん》元）	1	誕生？　父は藤原為時《ふじわらのためとき》、母は藤原為信女《ためのぶのむすめ》。
九七四（天延二）	2	母為信女、死去？
九九六（長徳二）	24	父為時の越前守《えちぜんのかみ》赴任に同行。
九九八（長徳四）	26	越前より帰京。
九九九（長保元）	27	三人の妻がいる藤原宣孝《のぶたか》（推定四十七〜四十八歳）と結婚。賢子《けんし》（大弐三位《だいにのさんみ》）を出産。
一〇〇一（長保三）	29	夫宣孝、死去。『源氏物語《げんじものがたり》』を書き始める？
一〇〇二（長保四）	30	求婚者あり。
一〇〇五（寛弘二）	33	この頃中宮彰子《しょうし》に出仕か。
一〇〇七（寛弘四）	35	興福寺の桜の取り入れ役を伊勢《いせの》大輔《たいふ》に譲る。
一〇〇八（寛弘五）	36	『源氏物語』の一部完成か。中宮に『白氏文集』楽府《がふ》を進講。藤原道長《みちなが》から女郎花《おみなえし》を受け取り、歌を贈答。『源氏物語』製本作業進む。道長、『源氏物語』草稿を無断で持ち去る。
一〇〇九（寛弘六）	37	道長と歌を贈答。
一〇一〇（寛弘七）	38	『紫式部日記《むらさきしきぶにっき》』編集。消息文執筆。
一〇一三（長和二）	41	『紫式部集《むらさきしきぶしゅう》』を編集。
一〇一四（長和三）	42	彰子の病気のため、清水寺に参詣し、伊勢大輔に偶然会う。死去？

※紫式部の生没年には諸説あるが、没年を一〇一九（寛仁三）年とするものもある。

写真：菅原道真の五十の賀＝国宝　北野天神縁起絵巻承久本（北野天満宮所蔵）

午前3時　起床と日記の筆録

貴族は、明け方に起床する。自分の生年にあたる星の名を唱えるほか、陰陽寮《おんようりょう》《おんみょう》が作成した具注暦《ぐちゅうれき》を見て日の吉凶を知り、前日に起こったことを日記に記した。

午前7時　出仕

貴族は、牛車《ぎっしゃ》に乗って出仕する。出仕時間は長くて4時間で、仕事は午前で終わった。出仕にあたっては、儀式に備えて、先例を載せた記録を読んだ。

午前10時　食事

貴族は、起床後に軽食の粥《かゆ》を食したが、朝食も別に取った。必要以上の食事量を取ることや、時間を待たずに食することは、いましめられていた。塩などの調味料を使い、自分で味付けして食べた。

午後1時～夜間　宿直《とのい》

貴族は、午後や夜間にも仕事をした。午後の勤務を「直《ちょく》」、夜間の勤務を「宿《しゅく》」といい、セットであった。平安末期になると、公務を怠る者が多くなる。

午後9時～深夜　就寝

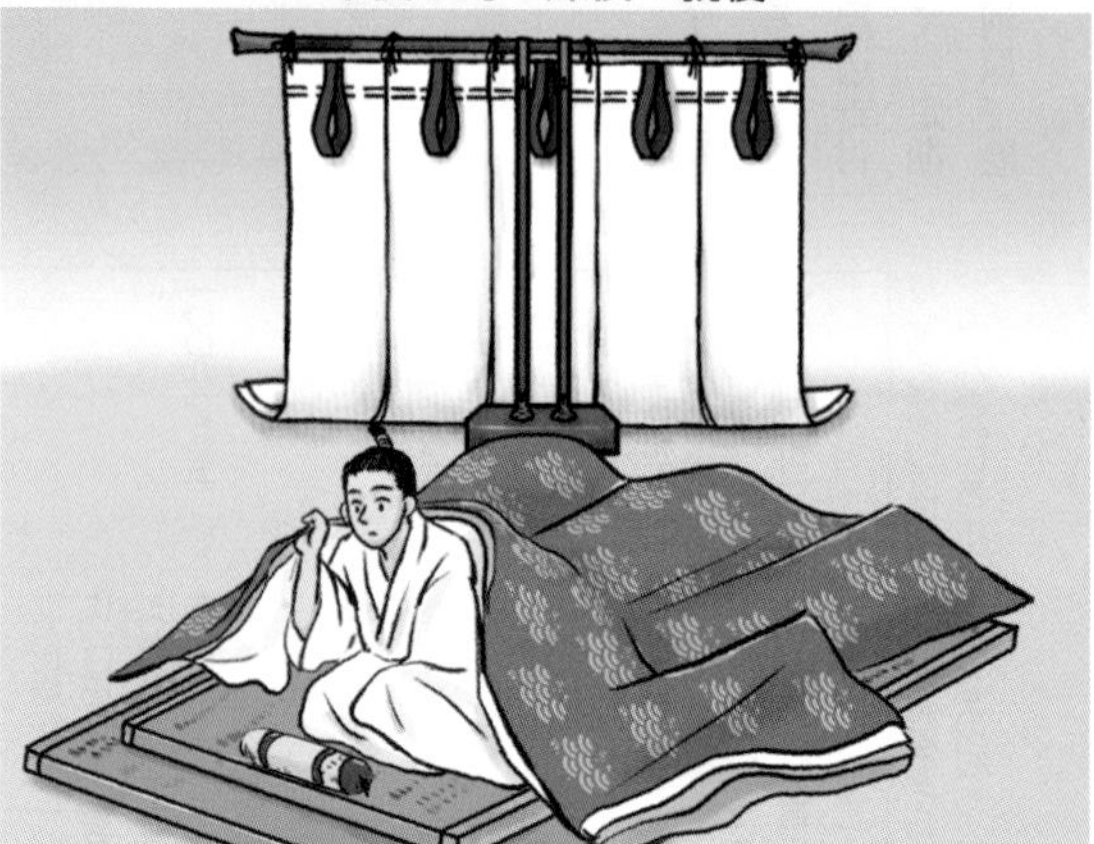

貴族は、深夜まで政務があるため、就寝時間は遅かった。このような「夜型」の生活が貴族社会に定着したのは、十世紀の村上《むらかみ》天皇の時代という。

おおらかな道長

平安貴族は、日々の出来事を日記につける習慣があった。現在伝わる貴族の日記は一部にすぎないが、それでも個性豊かな日記が残る。

特に、藤原道長《ふじわらのみちなが》が記した『御堂関白記《みどうかんぱくき》』は、日記の随一である。道長の自筆本を見ると、達筆だが、文字の大きさはまちまちであるし、書き方も大ざっぱ。おまけに、誤字や脱字も多い。このように、細かなことを気にせず、少々間違っても平気なところに、政治家道長の大物ぶりがうかがえようか。

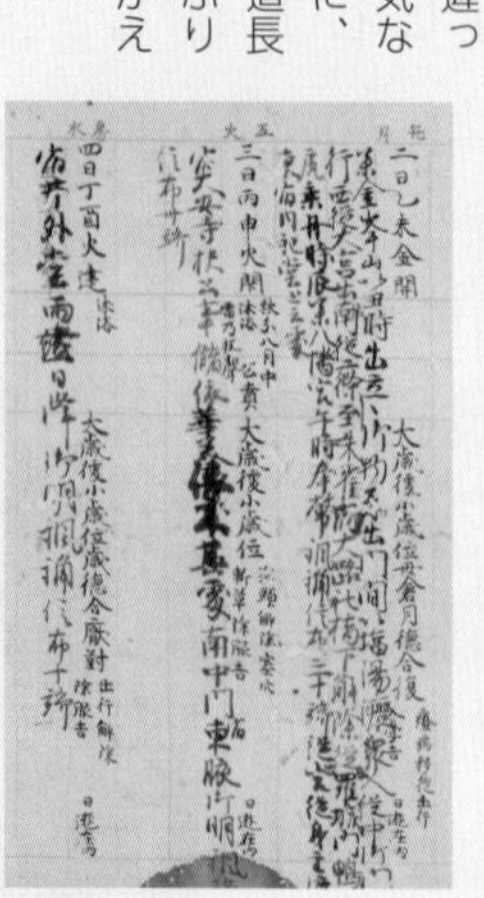

御堂関白記

※時刻はおよそのものを表す。

午前3時　身支度

男性と同じく、女性も夜明けとともに起床したようだ。早朝には、粥《かゆ》を食す程度の軽食を取ったと考えられる。

随時　裁縫

女性は、夫や子どもの出仕・外出の世話をした。衣服も、糸の染色から機織《はたお》り、縫い物まですべてを行った。

午前12時～午後1時　食事

女性の食膳は、男性の食膳よりもバランスがよかったという。夫婦そろって、昼食を取ったことが『蜻蛉日記《かげろうにっき》』に見える。

午後　社交

平安時代の女性は、夫を支える存在であった。夫の出世や息子の昇進をはかるため、宮廷の女性達と親交を結び、物品や歌を贈った。

早朝～夕方　洗髪

女性は長髪であったため、洗髪は時間がかかり、毎日するものではなかった。『うつほ物語《ものがたり》』の「蔵開《くらびらき》」には、一日がかりで髪を洗い、乾かしたとある。

子どもの教育

平安時代の貴族の家庭では、男子の教育は父親が、女子の教育は母親が担当した。

女子の教育内容は、かな文字の習字、音楽、和歌などが中心であり、幅広い教養を身につけることが期待された。藤原道長の娘で一条天皇《いちじょうてんのう》のもとに入内《じゅだい》した彰子《しょうし》は、家庭教師の紫式部《むらさきしきぶ》から、漢籍の『白氏文集《はくしぶんしゅう》《もんじゅう》』(➡四八頁)の講義まで受けている。

貴族社会は一夫多妻が基本であったから、本妻以外にも側室がいた。本妻と側室とでは待遇に大きな差があり、それぞれの子どもの待遇も母親の身分に応じて異なっており、教育でも格差は大きかった。

なお、平安時代に作られた『口遊《くちずさみ》』という児童用の教科書がある。十九の部門からなり、かけ算の暗唱句である「九九」もみえるなど、興味深い内容が多い。

平安貴族の生活の諸相

平安時代の書状

文使い

連絡を取る際に文章をしたためるのは、昔も今も変わらない。平安時代の文学作品では、書状がよく登場する。

書状は、文使《ふみつか》いという使者が届けた。文使いは、先方に到着すると、文刺《ふみさ》しという白木の杖《つえ》を使って、邸宅の中にいる相手に対して、書状を差し出す。文刺しの先端には、鳥口という書状をはさむ部分があった。

特に、恋愛に関わる書状は、人目をはばかる秘密の内容であるから、決して他人の目に触れてはいけない。書状を送るときは、それなりの気働きができる人に託す必要があった。文使いのお仕事は、なかなか大変である。平安時代の恋は、このような人々によって支えられていた。

化粧

化粧（伊勢新名所絵歌合／神宮徴古館所蔵）

平安時代の女性は、寝起きの顔を「朝顔」と呼んで、他人に見られることを恥ずかしがった。だから、女性の一日は、化粧によって容姿を整えることから始まる。

化粧の基本は、白粉《おしろい》を塗り、紅《べに》をさすことである。また、眉毛を抜いたりそったりして、そのあとに眉墨で眉を描く、引眉《ひきまゆ》ということもした。これらは現代の化粧にも通じるが、成人した女性の間では、歯を黒く染めることも行われた。これを歯黒《はぐろ》めというが、歯黒めは、しばらく経つとはげてしまうので、こまめに手入れをしなければならなかった。化粧に手間がかかるのは、昔も今も同じのようだ。

化粧は、平安時代の後期になると、男性の貴族の間でも行われるようになり、さらに武士にも広まった。『平家物語《へいけものがたり》』（⬇一七六頁）に登場する平家の公達《きんだち》が歯黒めをしているのは、特に有名である。

香りのおしゃれ

平安時代は、日常的に入浴する習慣がない。そのため、においを消す香が重宝された。香を衣服にたきこめる際は、火取《ひとり》という道具を籠で覆い、その上に衣服をかけて香りをしみこませた（⬇三〇頁）。男女の交際を扱ったシーンには、香が多く登場する。

香りの優劣を競う、香合《こうあわせ》という遊びも行われた。香合は薫物合《たきものあわせ》とも呼ばれ、『源氏物語《げんじものがたり》』「梅枝《うめがえ》」にその情景が描かれる。

季節の祭見物

賀茂祭の様子

平安京の風物詩として知られるのが、四月の**賀茂祭**《かものまつり》である。賀茂祭は、平安中期に盛んとなり、その行列は豪華なものであった。文学作品には、行列を見物するため沿道にひしめく人々の姿が描写されている。一条大路には、貴族が設けた桟敷《さじき》や物見車が並び、遠方からも見物人が集《つど》った。このとき、牛車をとめる場所をめぐって、争いが起きることもあった（車争い）。このようなにぎやかさが、都人の生活に彩りを添えたのである。

貴族の食事

平安貴族の生活について心得を述べた『九条殿遺誡《くじょうどのゆいかい》』という書物には、多食多飲を慎み、定められた時間を守って食事を取ることが記されている。

貴族の主食として重要なのは、粥《かゆ》であった。粥には、「堅粥《かたかゆ》」と「汁粥《しるがゆ》」の二種類があった。「堅粥」はかたく煮た粥で、現在の飯にあたる。「汁粥」は現在の粥にあたる。また、米を甑《こしき》で蒸した「強飯《こわいい》」も食された。

副食としては、野菜・魚・海藻・鳥肉があった。関白・藤原忠実《ただざね》の談話を記した『中外抄《ちゅうがいしょう》』には、「天皇の御膳に鰯《いわし》はつけないが、鯖《さば》は供える。後三条《ごさんじょう》天皇は鯖の頭に胡桃《くるみ》をぬり、火にあぶって食べた」という興味深い話が見える。

乾飯《かれいい》　蒸した米を干して作る。食べる時は湯や水で戻す。旅行などの際、携行食として用いた。

貴族の食事の様子（紫式部日記絵詞）

写真：賀茂祭の様子＝京都産業大学図書館所蔵

乗り物

牛車《ぎっしゃ》

牛に引かせた乗り物で、貴族の移動手段として広く用いられた。材質の違いで格式が分けられており、身分によって使用できる牛車に制限があった。
牛車は後ろから乗り、前から降りる。車内の席順には決まりがあり、上位者から順に左図の席に座った。
牛車を引く牛の世話をする者を**牛飼童**《うしかいわらわ》という。年少者だけでなく成人の場合もある。

車内の席順

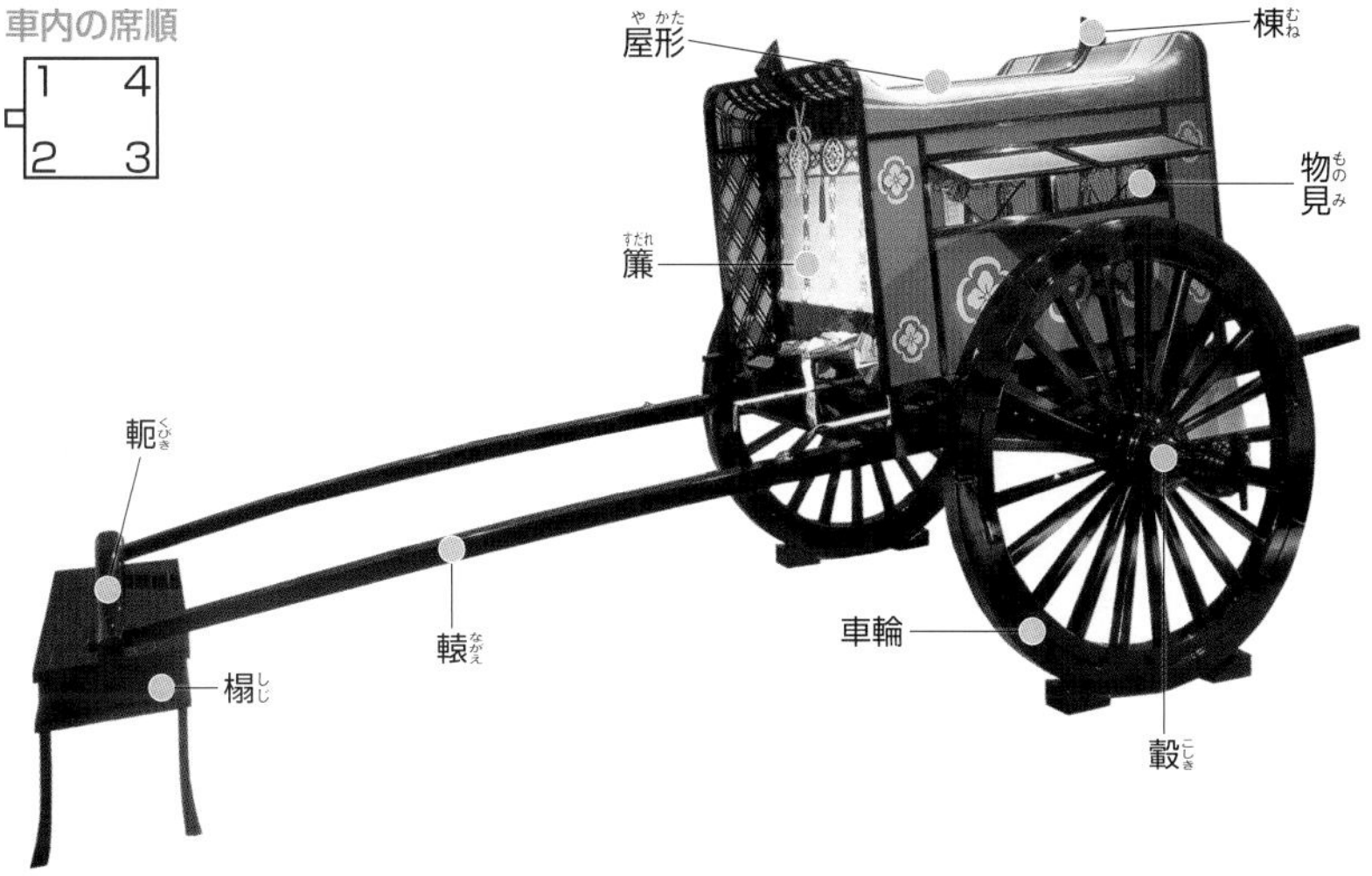

檳榔毛車《びろうげのくるま》　高位の貴族や女房、僧侶が用いた。

網代車《あじろぐるま》　大臣などの貴族が直衣《のうし》姿で遠出するときなどに用いた。

唐車《からくるま》　格式の高い牛車。皇族や摂政、関白が晴れの日に用いた。

輦車《てぐるま》

人が引いた乗り物。天皇の許可（輦車《てぐるま》の宣旨《せんじ》）を得た者が乗ることができた。牛車は宮城内へ入れないが、輦車は宮城内の宮門まで入ることが許された。

輿《こし》

人が担いで運ぶものを輿《こし》という。特に天皇は肩に担いで運ぶ「輦《れん》」を用い、儀式の際には鳳《ほう》凰《おう》を上に頂いた「鳳輦《ほうれん》」を用いた。ほかに平常時用の「葱花輦《そうかれん》」などがあった。

鳳輦

手で運ぶ輿は臣下にも広く用いられた。

写真：網代車・檳榔毛車・輦車・鳳輦＝『改訂増補 故實叢書』（明治図書出版）より

貴族の娯楽といえば、「管絃《かんげん》の遊び」が有名で、平安時代の音楽は雅楽として現在まで伝わっている。そのほか、舞楽や屋外の娯楽の代表である蹴鞠《けまり》は現代の神事で披露されることもある。

管絃の遊び（春秋行楽図／冷泉為恭筆・MOA美術館蔵）

管楽器

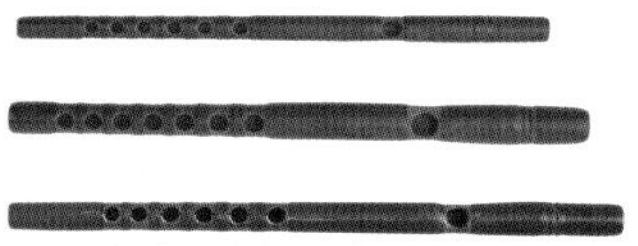

上から高麗笛《こまぶえ》、龍笛《りゅうてき》、神楽笛《かぐらぶえ》。すべて横笛。

篳篥《ひちりき》　縦笛。ダブルリードの吹き口を差して吹く。長さ十八センチメートルほど。

笙《しょう》　十七本の管を縦に束ねたものを吹き、同時にそれぞれの管から音を出す。長さは五十センチメートルほどある。

弦楽器

琵琶《びわ》

和琴《わごん》　日本固有の六弦の琴。約190センチメートルで箏よりも大きい。

琴《きん》　「琴《きん》の琴《こと》」ともいう。七弦の琴で中国から伝えられた。

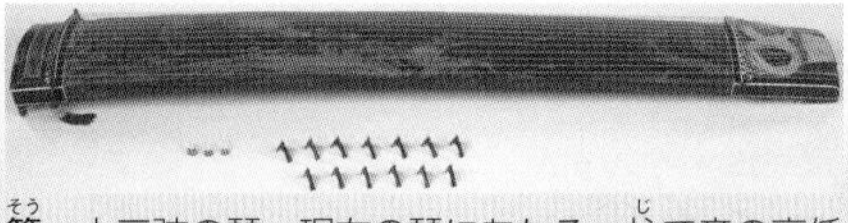

箏《そう》　十三弦の琴。現在の琴にあたる。柱《じ》で音の高低を調整する。

雅楽の演奏

打楽器

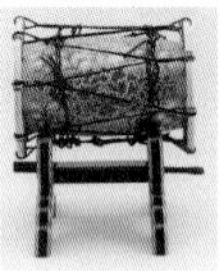

羯鼓《かっこ》

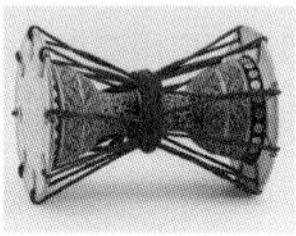

三ノ鼓《さんのつづみ》

鉦鼓《しょうこ》　金属製の打楽器。

写真：管楽器・弦楽器＝国立歴史民俗博物館所蔵
貝合＝東京国立博物館蔵（ColBase）・蘆蒔絵貝桶および合貝

鷹狩《たかがり》　鷹に鳥や小動物などの獲物をとらせる遊び。

蹴鞠《けまり》(下鴨神社)　貴族の男性数人で円を作って鞠を蹴り、地面に落とさないようにつないでいく遊技。鞠は鹿の革でできている。

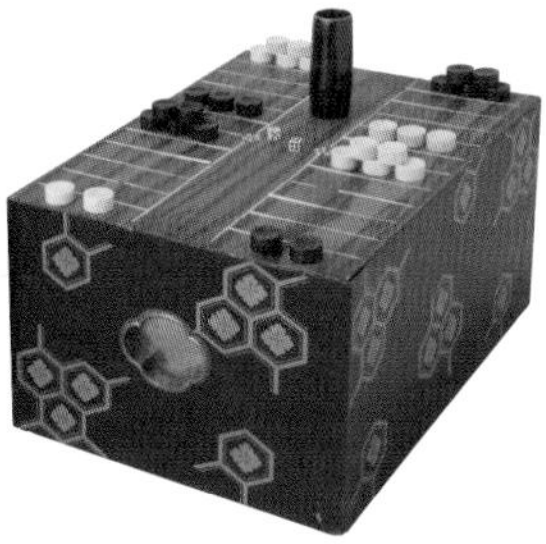

双六《すごろく》　双六は1対1で行う。筒に入れた2つの賽《さい》を振り、出た目に応じて駒を進める。すべての駒を敵陣に入れた方が勝ち。

碁　平安時代には一般的な遊びであり、男女問わず楽しまれた。

貝合《かいあわせ》　貝の大きさや美しさを競うのが本来の「**貝合**」だが、手持ちの貝と合う貝をそろえる「**貝覆《かいおおい》**」を貝合ともいうようになった。

万歳楽《ばんざいらく》　古くから即位の礼をはじめ慶賀の宴などで舞われてきた楽曲。

絵合《えあわせ》　左右の二組に分かれ、双方から出した絵の優劣を競う遊び。二組に分かれて競う「物合《ものあわせ》」には、絵合、貝合のほか、歌合《うたあわせ》(➡ 103頁)、薫物合《たきものあわせ》などがあった。

舞楽「青海波《せいがいは》」を舞う光源氏《ひかるげんじ》と頭中将《とうのちゅうじょう》　『源氏物語《げんじものがたり》』「紅葉賀《もみじのが》」の一場面。舞楽とは舞を伴う雅楽で、青海波は二人舞。

写真：絵合・碁＝源氏物語絵屏風(国文学研究資料館蔵)／双六＝アミューズメント産業研究所蔵
舞楽「青海波」を舞う光源氏と頭中将＝源氏物語画帖(メトロポリタン美術館蔵)

暦法

平安時代の暦に関するルールを紹介する。現代とは異なるカレンダーや、方位の呼び方、時刻の数え方、月の見え方をあらかじめ知っておくことによって、情景を具体的に思い浮かべることが可能になり、古典作品をより深く理解することができる。

五行説《ごぎょうせつ》・十干十二支《じっかんじゅうにし》

■五行　五行とは、古代中国において万物を構成するとされた「木《もく》・火《か》・土《ど》・金《ごん》・水《すい》」の五つの要素のことである。五行を用いて世の中のありとあらゆる物事を説明しようとする古代中国由来の思想を、**五行説**という。五行はそれぞれ「立春・立夏・大暑・立秋・立冬」(五時)、「青・赤(朱)・黄・白・黒(玄)」(五色)、「東・南・中央・西・北」(五方)などと当てはめられた。春の色は青であることから「青春」という言葉が生まれた。

■十干　五行をそれぞれ陽(兄《え》)と陰(弟《と》)に分けたもの。

■十二支　古代中国で時刻や方位を表すのに用いられた十二の動物の総称。

■干支《かんし》　十干と十二支を組み合わせたもの。六十組(十と十二の最小公倍数)ある。年月、時刻、方位などを表すのに用いられた。

■還暦　六十年経つと干支が元に還ることから、人の六十歳を「還暦」と呼ぶ。還暦を迎えた者に、近親者が赤いちゃんちゃんこや赤い頭巾などの赤い物を贈る風習は、現代にも残っている。

方位

三六〇度を十二等分し、北を「子《ね》」として、時計回りに十二支を当てた。北東は丑《うし》と寅《とら》の中間なので「**艮**《うしとら》」と呼ぶ。同様に、南東は「**巽**《たつみ》」(辰《たつ》と巳《み》の中間)、南西は「**坤**《ひつじさる》」(未《ひつじ》と申《さる》の中間)、北西は「**乾**《いぬい》」(戌《いぬ》と亥《い》の中間)と呼ぶ。

陰陽道においては方角の良し悪しが占われ、悪い方角を避けるために**方違え**《かたたがえ》が行われた。艮は**鬼門**《きもん》、坤は裏鬼門と呼び、不吉とされた。

五行	木		火		土		金		水	
	兄《え》	弟《と》	兄	弟	兄	弟	兄	弟	兄	弟
十干	甲《こう》 きのえ	乙《おつ》 きのと	丙《へい》 ひのえ	丁《てい》 ひのと	戊《ぼ》 つちのえ	己《き》 つちのと	庚《こう》 かのえ	辛《しん》 かのと	壬《じん》 みずのえ	癸《き》 みずのと

十二支											
子《し》 ね	丑《ちゅう》 うし	寅《いん》 とら	卯《ぼう》 う	辰《しん》 たつ	巳《し》 み	午《ご》 うま	未《み・び》 ひつじ	申《しん》 さる	酉《ゆう》 とり	戌《じゅつ》 いぬ	亥《がい》 い

干支									
①甲《こう》子《し》《きのえね》	②乙《いっ》丑《ちゅう》《きのとうし》	③丙《へい》寅《いん》《ひのえとら》	④丁《てい》卯《ぼう》《ひのとう》	⑤戊《ぼ》辰《しん》《つちのえたつ》	⑥己《き》巳《し》《つちのとみ》	⑦庚《こう》午《ご》《かのえうま》	⑧辛《しん》未《び》《かのとひつじ》	⑨壬《じん》申《しん》《みずのえさる》	⑩癸《き》酉《ゆう》《みずのととり》
⑪甲《こう》戌《じゅつ》《きのえいぬ》	⑫乙《いつ》亥《がい》《きのとい》	⑬丙《へい》子《し》《ひのえね》	⑭丁《てい》丑《ちゅう》《ひのとうし》	⑮戊《ぼ》寅《いん》《つちのえとら》	⑯己《き》卯《ぼう》《つちのとう》	⑰庚《こう》辰《しん》《かのえたつ》	⑱辛《しん》巳《し》《かのとみ》	⑲壬《じん》午《ご》《みずのえうま》	⑳癸《き》未《び》《みずのとひつじ》
㉑甲《こう》申《しん》《きのえさる》	㉒乙《いつ》酉《ゆう》《きのととり》	㉓丙《へい》戌《じゅつ》《ひのえいぬ》	㉔丁《てい》亥《がい》《ひのとい》	㉕戊《ぼ》子《し》《つちのえね》	㉖己《き》丑《ちゅう》《つちのとうし》	㉗庚《こう》寅《いん》《かのえとら》	㉘辛《しん》卯《ぼう》《かのとう》	㉙壬《じん》辰《しん》《みずのえたつ》	㉚癸《き》巳《し》《みずのとみ》
㉛甲《こう》午《ご》《きのえうま》	㉜乙《いつ》未《び》《きのとひつじ》	㉝丙《へい》申《しん》《ひのえさる》	㉞丁《てい》酉《ゆう》《ひのととり》	㉟戊《ぼ》戌《じゅつ》《つちのえいぬ》	㊱己《き》亥《がい》《つちのとい》	㊲庚《こう》子《し》《かのえね》	㊳辛《しん》丑《ちゅう》《かのとうし》	㊴壬《じん》寅《いん》《みずのえとら》	㊵癸《き》卯《ぼう》《みずのとう》
㊶甲《こう》辰《しん》《きのえたつ》	㊷乙《いつ》巳《し》《きのとみ》	㊸丙《へい》午《ご》《ひのえうま》	㊹丁《てい》未《び》《ひのとひつじ》	㊺戊《ぼ》申《しん》《つちのえさる》	㊻己《き》酉《ゆう》《つちのととり》	㊼庚《こう》戌《じゅつ》《かのえいぬ》	㊽辛《しん》亥《がい》《かのとい》	㊾壬《じん》子《し》《みずのえね》	㊿癸《き》丑《ちゅう》《みずのとうし》
51甲《こう》寅《いん》《きのえとら》	52乙《いつ》卯《ぼう》《きのとう》	53丙《へい》辰《しん》《ひのえたつ》	54丁《てい》巳《し》《ひのとみ》	55戊《ぼ》午《ご》《つちのえうま》	56己《き》未《び》《つちのとひつじ》	57庚《こう》申《しん》《かのえさる》	58辛《しん》酉《ゆう》《かのととり》	59壬《じん》戌《じゅつ》《みずのえいぬ》	60癸《き》亥《がい》《みずのとい》

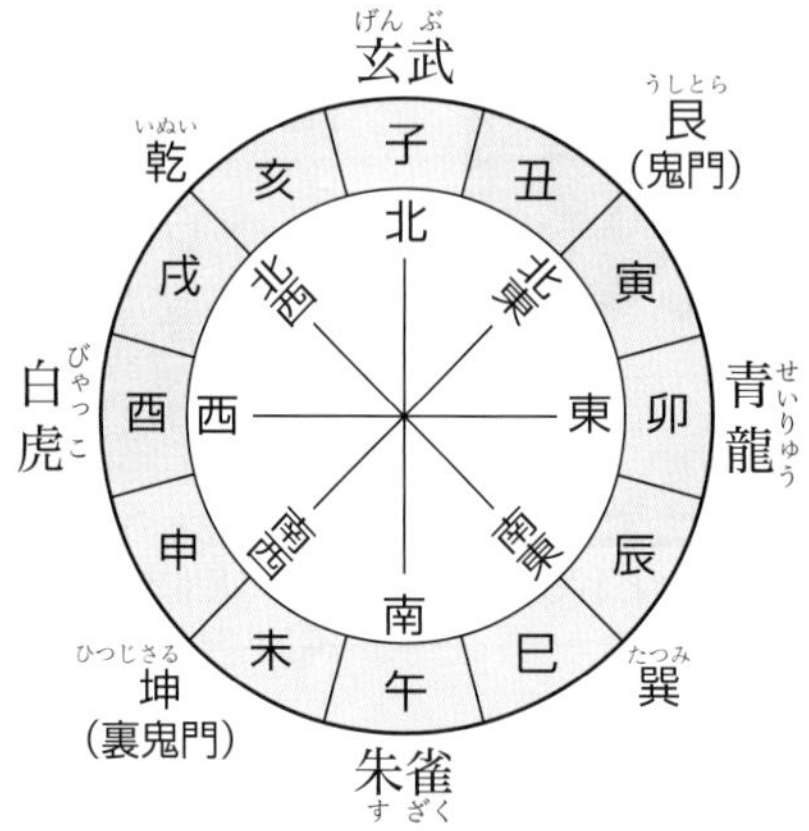

時刻

■定時法　一日を十二刻に等分し、午前〇時を「子《ね》」として、**一刻**《こく》**(二時間)**ごとに十二支を当てた。一刻をさらに四刻に分け、「子《ね》一つ」、「子二つ」、……、「亥《い》四つ」のように呼んだ。時刻を知らせるため、子の刻と午《うま》の刻には九回太鼓を鳴らしたことから、子の刻と午の刻を「九つ時」と呼んだ。同様に、丑の刻と未の刻以降は順に八、七、六、五、四回太鼓を鳴らしたことから、それぞれ「八つ時」、「七つ時」、「明け六つ／暮れ六つ」、「五つ時」、「四つ時」のようにいう。現代において午後の間食を「おやつ」と呼ぶのは、この「八つ時」から来ているとされる。

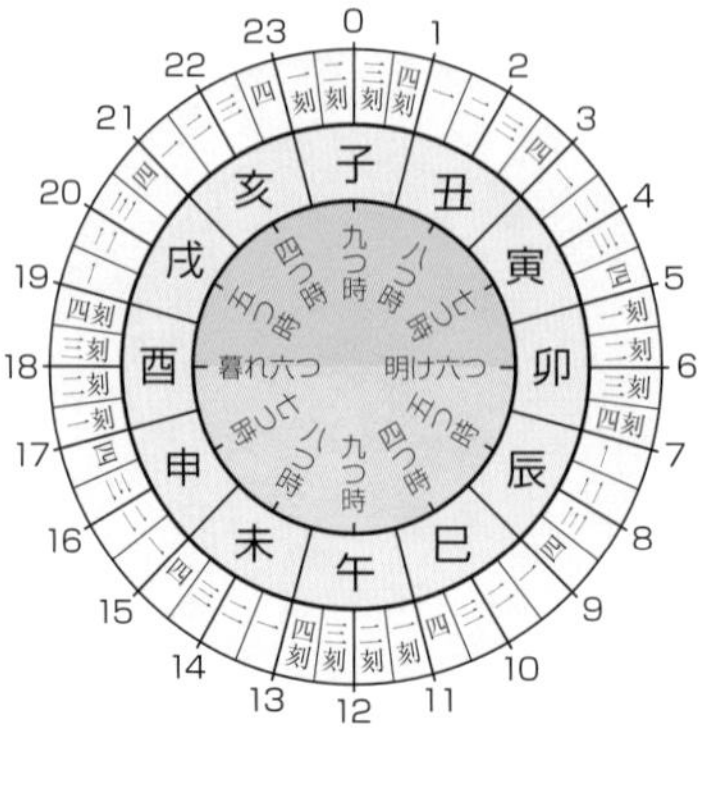

■不定時法　奈良・平安時代に用いられた定時法に対して、江戸時代には、明け六つ(日の出)と暮れ六つ(日没)を基準に一日を昼と夜とに分け、それぞれを六等分するという方法が用いられた。これを不定時法という。

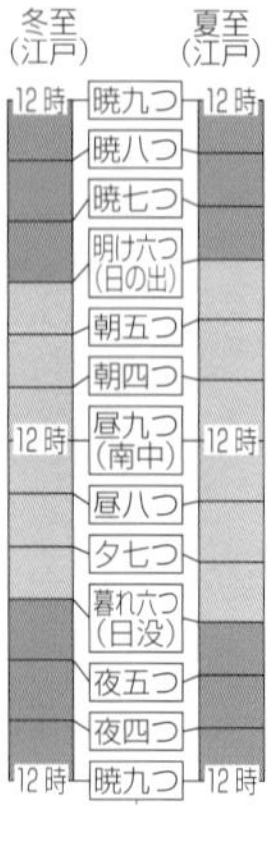

有明《ありあけ》の月

陰暦の毎月十六日以後は、月が空に残ったままの状態で夜が明ける。その頃の月を有明の月と呼ぶ。代表的なものは「二十日余りの月」。妻問い婚（⬇四二頁）であった男女の後朝《きぬぎぬ》と深く連関するものであった。

――月は有明にて光をさまれるものから、かげさやかに見えて、なかなかをかしきあけぼのなり。

（『源氏物語』帚木）

――月は有明の月で光はうっすらとしているが、月の形ははっきり見えて、かえって趣深い夜明けである。

光源氏《ひかるげんじ》が人妻である空蝉《うつせみ》と夜明けを迎え別れる場面である。有明の月が二人の別れに情趣を添えている。このように、「月」を読み解くことで作品への理解が深まるため、前もって月の名称や見え方を把握しておくとよい。

二十四節気《にじゅうしせっき》

月の満ち欠けを基準とする陰暦は、一ヶ月が二十九日～三十日になるため、日付と実際の季節との間にズレが生じてしまう。そこで、暦とは無関係に、黄道（太陽の軌道）を二十四等分し、それぞれの点を通過するときの時候に名を付け、閏《うるう》月《づき》を入れることで、そのズレを調整した。

陰暦月齢表

日付	月の名称	月の出
30	新　月	5:30
2	二日月	7:30
3	三日月	9:00
7	七日月	13:30
8	八日月	14:00
9	九日月	15:00
11	十日余りの月	16:30
13	十三夜月	17:30
15	望月《もちづき》（満月）	18:00
16	十六夜月《いざよい》（ためらうように出る月）	18:30
17	立待月《たちまちづき》（立って待つうちに出る月）	19:00
18	居待月《いまちづき》（座って待つ月）	20:00
19	臥待月《ふしまちづき》（臥して待つ月）	20:30
20	更待月《ふけまちづき》（夜が更けるまで待つ月）	21:00
22	二十日余りの月	22:00
23	二十三夜月	23:30

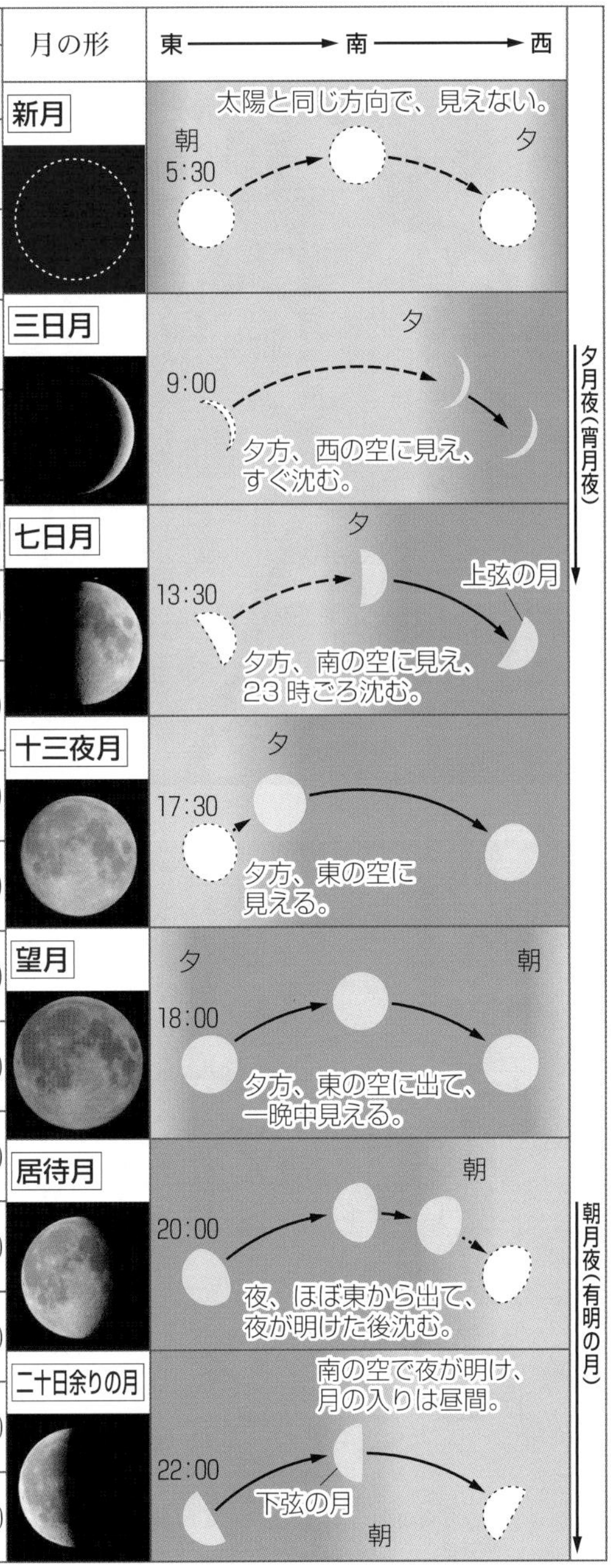

※日付、月の出・月の入りの時刻は、おおよそのもの。

※月の形は南中時のもの。

季節	月	異名	異名	二十四節気（現在の暦）	二十四節気（現在の暦）
春	一月	睦月《むつき》	孟春《もうしゅん》 初春月《はつはるづき》	立春《りっしゅん》（2月4日頃） ①	雨水《うすい》（2月19日頃）
春	二月	如月《きさらぎ》	仲春《ちゅうしゅん》 梅見月《うめみづき》	啓蟄《けいちつ》（3月6日頃）	春分《しゅんぶん》（3月21日頃） ②
春	三月	弥生《やよい》	季春《きしゅん》 花見月《はなみづき》	清明《せいめい》（4月5日頃）	穀雨《こくう》（4月20日頃） ③
夏	四月	卯月《うづき》	孟夏《もうか》 花残月《はなのこりづき》	立夏《りっか》（5月6日頃）	小満《しょうまん》（5月21日頃）
夏	五月	皐月《さつき》	仲夏《ちゅうか》 早苗月《さなえづき》	芒種《ぼうしゅ》（6月6日頃） ④	夏至《げし》（6月21日頃）
夏	六月	水無月《みなづき》	季夏《きか》 風待月《かぜまちづき》	小暑《しょうしょ》（7月7日頃） ⑤	大暑《たいしょ》（7月23日頃） ⑥
秋	七月	文月《ふづき》《ふみづき》	孟秋《もうしゅう》 七夕月《たなばたづき》	立秋《りっしゅう》（8月8日頃）	処暑《しょしょ》（8月23日頃） ⑦
秋	八月	葉月《はづき》	仲秋《ちゅうしゅう》 月見月《つきみづき》	白露《はくろ》（9月8日頃）	秋分《しゅうぶん》（9月23日頃） ②
秋	九月	長月《ながつき》	季秋《きしゅう》 紅葉月《もみじづき》	寒露《かんろ》（10月8日頃）	霜降《そうこう》（10月24日頃）
冬	十月	神無月《かんなづき》《かみなづき》	孟冬《もうとう》 時雨月《しぐれづき》	立冬《りっとう》（11月8日頃）	小雪《しょうせつ》（11月22日頃）
冬	十一月	霜月《しもつき》	仲冬《ちゅうとう》 神楽月《かぐらづき》	大雪《たいせつ》（12月7日頃）	冬至《とうじ》（12月22日頃）
冬	十二月	師走《しわす》	季冬《きとう》 春待月《はるまちづき》	小寒《しょうかん》（1月6日頃）	大寒《だいかん》（1月20日頃）

雑節《ざっせつ》

二十四節気以外に季節の目安となる日。

① 節分《せつぶん》　現在は立春の前日のみ。
② 彼岸《ひがん》　春分・秋分を中日とする七日間。
③ 八十八夜《はちじゅうはちや》　立春から八十八日目。
④ 入梅《にゅうばい》　梅雨入りする頃。
⑤ 半夏生《はんげしょう》　夏至から十一日目。
⑥ 土用《どよう》　四季の終わりの十八日間。
⑦ 二百十日《にひゃくとおか》　立春から二百十日目。

春

東風《こち》吹かばにほひおこせよ梅の花
あるじなしとて春を忘るな
菅原道真《すがわらのみちざね》（拾遺集《しゅういしゅう》）

うめ

春の園紅《くれなゐ》にほふ桃の花
下照る道に出で立つ娘子《をとめ》
大伴家持《おおとものやかもち》（万葉集《まんようしゅう》）

もも

巨勢山《こせやま》のつらつら椿つらつらに
見つつ思《しの》はな巨勢の春野を
坂門人足《さかとのひとたり》（万葉集）

つばき

世の中に絶えて桜のなかりせば
春の心はのどけからまし
在原業平《ありわらのなりひら》（古今集《こきんしゅう》）

さくら（ヤマザクラ）

年中行事

一月（睦月《むつき》）　春

四方拝《しほうはい》（元日）　天皇が清涼殿東庭で天地四方の神々や祖先などを拝し、国家の安寧を祈願する。

四方拝（宮内庁書陵部蔵）

朝賀（元日）　朝拝ともいう。大極殿《だいごくでん》で、群臣が天皇に賀詞を奏上する。略式の儀式を小朝拝という。

元日節会《がんじつのせちえ》（元日）　朝賀の後で天皇によって宴が開かれた。

朝覲行幸《ちょうきんのぎょうこう》（二～四日頃）　天皇が年始や即位などの際、上皇や皇太后に拝賀する。

春の七草

せりなづなごぎやう
はこべらほとけのざ
すずなすずしろ
これぞ七草
（作者未詳）

せり

ごぎやう（ハハコグサ）

なづな

ほとけのざ（タビラコ）

はこべら（ハコベ）

すずしろ（ダイコン）

すずな（カブラ）

ふぢ

すもも

見わたせば柳さくらをこきまぜて
都ぞ春の錦なりける
素性《そせい》法師（古今集）

やなぎ

白馬節会《あおうま》（七日）　宮中で天皇が白馬（古くは青馬）をご覧になり、宴が催された。青馬を見て一年の邪気をはらうという中国の故事による。

七種《ななくさ》（七日）　七草を入れた粥《かゆ》を食し長寿を祈る。五節句の一つ。「人日《じんじつ》」ともいう。

県召の除目《あがためしのじもく》（十一〜十三日）　国司などの地方官を任命する。春の除目。

射礼《じゃらい》（十七日）　群臣が弓を射、天皇がご覧になる。

賭弓《のりゆみ》（十八日）　左右近衛府《このえふ》・兵衛府《ひょうえふ》の舎人が弓の技を競うのを天皇がご覧になる。賞品が下賜された。

賭弓

子《ね》の日の遊び（一月初めの子の日）　野に出て、小松を引き、若菜を摘んで遊び、千代を祝う。

写真：賭弓＝年中行事絵巻　田中家蔵／中央公論新社　提供

春の野にすみれつみにと来し
われそ野をなつかしみ
一夜寝にける
山部赤人《やまべのあかひと》（万葉集）
すみれ

かたかご（カタクリ）

あしび（アセビ）

わらび

かくとだに
えやはいぶきのさしも草
さしも知らじな
燃ゆる思ひを
藤原実方《ふじわらのさねかた》（後拾遺集）
さしもぐさ・よもぎ

山吹の立ちよそひたる山清水
くみに行かめど道の知らなく
高市皇子《たけちのみこ》（万葉集）
やまぶき

うらうらに照れる春日に
ひばり上がり心悲しも
ひとりし思へば
大伴家持（万葉集）
ひばり

うぐひす

うそ

山鳥の
ほろほろと鳴く
声聞けば
父かとぞ思ふ
母かとぞ思ふ
行基《ぎょうき》（玉葉集）
やまどり

きぎし（キジ）

卯杖《うづえ》（一月初めの卯の日）　五色の糸をつけた槌などを朝廷に献上。邪気をはらうとされた。

二月（如月《きさらぎ》）　春

祈年祭《としごいのまつり》（四日）　神祇官《じんぎかん》や国司の庁で五穀豊穣を祈願する。

涅槃会《ねはんえ》（十五日）　釈迦《しゃか》が入滅した日。追悼の法会を行う。

三月（弥生《やよい》）　春

上巳《じょうし》（はじめの巳の日。後に三日）　水辺で人形《ひとがた》を流し、邪気をはらう。五節句の一つ。近世以降は雛《ひな》祭りが行われるようになった。

上巳の祓（下鴨神社）

夏
はちす葉《は》のにごりに染《し》まぬ心もて
なにかはつゆを珠とあざむく
遍昭《へんじょう》（古今集）

はちす（ハス）

あふち（センダン）

五月まつ
花たちばなの香をかげば
昔の人の袖の香ぞする
よみ人知らず（古今集）

たちばな

うつぎ

ぼたん

あかねさす紫野行き標野《しめの》行き
野守は見ずや君が袖振る
額田王《ぬかたのおおきみ》（万葉集）

むらさき

きり

曲水宴《きょくすいのえん》（三日） 曲がり流れる小川に盃《さかずき》を次々に流し、詩歌を作った人から水面に浮かぶ盃を取り酒を飲む宴。

曲水の宴（城南宮）

鶏合《とりあわせ》（三日） 闘鶏。上巳の節の遊興として朝廷で行われた。

植物と染色

「むらさき」や「あかね」（⬇五六頁）といった植物は、その根から衣を染める染料が作られていた。名前の通り、「むらさき」の根を使って赤紫色を、「あかね」の根を使って赤黄色を染め出していた。

むらさきの根

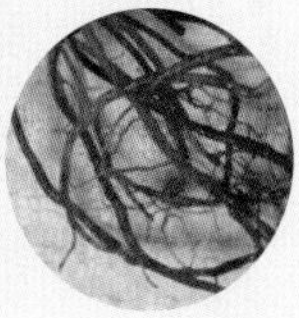
あかねの根

ははきぎ（ホウキグサ）

ゆふがほ

すゑつむはな（ベニバナ）

おもだか

はまゆふ

ひめゆり

あやめ（ショウブ）

あやめ（アヤメ）

かきつばた

カキツバタ アヤメ ショウブ

「かきつばた」と「アヤメ」はどちらも青紫色の美しい花を咲かせる、すっとした立ち姿のよく似た植物で、見分けがつきにくい。

そのうえ古典の世界では、現在の「ショウブ」「アヤメ」どちらのことも「あやめ」と呼んでいるのである。

ねぶ（ネムノキ）

しもつけ

四月（卯月《うづき》） 夏

更衣《ころもがえ》（一日） 衣服や調度品などを夏物にかえる。

孟夏《もうか》の旬（一日） 夏の始めに、天皇が群臣を集めて宴を催す。

灌仏会《かんぶつえ》（八日） 釈迦誕生を祝う。仏像の頭に甘茶《あまちゃ》をかけて供養する。

賀茂《かもの》祭（第二の酉《とり》の日） 上賀茂・下鴨神社の祭。飾りに葵《あおい》を用い、葵祭ともいう。単に「祭り」といえば、この祭りを指した。

葵祭（下鴨神社）

さぎ（コサギ）

この宿は水鶏《くひな》もしらぬ扉かな
松尾芭蕉
くひな

あふひ（フタバアオイ）

う（カワウ）

ほととぎす

住江《すみのえ》に船さし寄せよ忘れ草
しるしありやと摘みてゆくべく
（土佐日記《とさにっき》）
わすれぐさ（ヤブカンゾウ）

かんこどり（カッコウ）

ぬえ（トラツグミ）

みる

うつせみ（セミの抜け殻）

ぬかづき虫、またあはれなり。
（枕草子）
ぬかづきむし（コメツキムシ）

もの思へば
沢の蛍もわが身より
あくがれ出づる魂《たま》かとぞ見る
和泉式部《いずみしきぶ》（後拾遺集）
ほたる

五月（皐月《さつき》）　夏

端午《たんご》（五日）　邪気ばらいのため、菖蒲《しょうぶ》や蓬《よもぎ》を軒に飾ったり、薬玉《くすだま》を天皇から賜ったりする。五節句の一つ。

賀茂の競馬《くらべうま》（五日）　上賀茂神社で馬を競わせる。

賀茂の競馬

六月（水無月《みなづき》）　夏

大祓《おおはらえ》（晦日《みそか》）　半年間の罪や穢《けが》れをはらいきよめる。

秋

奥山に紅葉踏み分け鳴く鹿の
声聞く時ぞ秋はかなしき
よみ人しらず(古今集)

もみぢ

つき草のうつろひやすく思へかも
わが思ふ人の言《こと》も告げ来ぬ
坂上大郎女《おおいらつめ》(万葉集)

つきくさ(ツユクサ)

しをん

あかね

道のべの木槿《むくげ》は馬にくはれけり
松尾芭蕉

むくげ

りんだう

七月(文月《ふみつき》《ふづき》) 秋

七夕(七日) 牽牛《けんぎゅう》、織女星を祭る。五節句の一つ。また、裁縫などの技芸の上達を祈る。宮中では供え物をし、夜通し香をたいた。乞巧奠《きっこうでん》ともいう。

七夕

盂蘭盆会《うらぼんえ》(十五日) 先祖の霊を迎え、供養する。

八月(葉月) 秋

相撲節《すまいのせち》(二十六~二十九日) 諸国から集められた力士が相撲をとり、天皇がご覧になる。

しのぶぐさ(ノキシノブ)

いとせめて恋しき時は
うばたまの夜の衣を
返してぞ着る
小野小町《おののこまち》(古今集)
ぬばたま(ヒオウギの実)

名にし負はば
あふ坂山《さかやま》のさねかづら
人に知られでくるよしもがな
藤原定方《さだかた》(後撰集)
さねかづら

深川といふ所に
住みたまふとて
芭蕉をきる……
(芭蕉翁《ばしょうおう》絵《え》詞伝《ことばでん》)
ばせう

心あてに
折らばや折らむ
初霜の
置きまどはせる
白菊の花
凡河内《おおしこうちの》躬恒《みつね》(古今集)
きく

をぎ

道の辺の尾花がしたの思ひ草
今さらさらになど物か思はむ
よみ人知らず(万葉集)
おもひぐさ(ナンバンギセル)

かるかや

われもかう

石清水放生会《いわしみずほうじょうえ》(十五日)　石清水八幡宮《いわしみずはちまんぐう》の例祭。鳥や魚を放って、功徳を施す。

中秋(十五日)　月見の宴をする。

九月(長月《ながつき》)　秋

重陽《ちょうよう》(九日)　宮中で詩歌を作り、宴を開いて菊の花を浮かべた酒を飲む。五節句の一つ。菊の節句ともいう。陽の数とされる九が重なるので「重陽」という。

重陽

雁《かり》などの連ねたるが、
いと小さく見ゆるは、
いとをかし。
（枕草子）
かり（ガン）

もず

いかるが（イカル）

われから

ひをむし（カゲロウ）

夕されば野辺《のべ》の秋風身にしみて
うづら鳴くなり深草の里
藤原俊成《としなり》（千載集《せんざいしゅう》）
うづら

すずむし（マツムシ）

まつむし（スズムシ）

みの虫、いとあはれなり。
（枕草子）
みのむし

――虫は、鈴虫。ひぐらし。蝶。松虫。きりぎりす。はたおり。われから。ひを虫。蛍。
（枕草子）

鈴虫、松虫、きりぎりす。昔からこうした虫の声は人々に親しまれてきたが、上に見るように、古典と現代では、名称が異なっている。「すずむし」と「まつむし」は現代とは入れ替わっているし、現代の「こおろぎ」が「きりぎりす」と呼ばれていたのだ。

きりぎりす（コオロギ）

ひぐらし

秋の七草

萩の花尾花葛花《くず》
なでしこが花
女郎花《をみなへし》また藤袴
朝顔が花
山上憶良《やまのうえのおくら》
（万葉集）

はぎ

くず

をばな（ススキ）

をみなへし

なでしこ

あさがほ　（キキョウという説が有力）

ふぢばかま

かささぎ

ひわ（マヒワ）

ひたき（ジョウビタキ）

しぎ

司召《つかさめし》の除目《じもく》（秋不定）　京の官吏の任命式。秋の除目。

十月《かんなづき》（神無月《かみなづき》）　冬

更衣《ころもがえ》（一日）　衣服や調度品などを冬物にかえる。

更衣（宮内庁書陵部蔵）

孟冬《もうとう》の旬（一日）　冬の始めに、天皇が群臣を集めて宴を催す。

射場始《いばはじめ》（五日）　天皇が宮中の弓場殿《ゆばどの》にて殿上人の賭弓《のりゆみ》を観覧する行事。

亥《い》の子の祝い（亥の日）　健康と子孫繁栄を祈って餅を食べる。

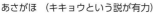

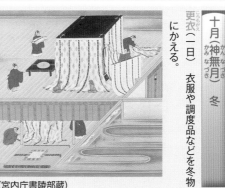

やぶかうじ(ヤマタチバナ)

冬

たづ(ツル)

水仙や寒き都のここかしこ
与謝蕪村《よさぶそん》

すいせん

山茶花《さざんか》を旅人に見する伏見かな
井原西鶴《いはらさいかく》

さざんくわ

淡海の海夕波千鳥汝《な》が鳴けば
心もしのに古思ほゆ
柿本人麻呂(万葉集)

ちどり

みやこどり(ユリカモメ)

ひいらぎ

にほ(カイツブリ)

をしどり

十一月(霜月《しもつき》) 冬

新嘗祭《にいなめまつり》《しんじょうさい》(第二の卯の日) 天皇がその年に収穫された穀物を供え、収穫を神に感謝する儀式。新嘗祭の前後四日間、舞姫によって行われる舞楽を五《ご》節《せち》という。また、天皇の即位後初めての新嘗祭は大嘗祭《だいじょうさい》という。

豊明節会《とよあかりのせちえ》(辰の日) 新嘗祭の翌日に行われる宴。天皇は新穀を食す。このとき「五節の舞」が披露される。

十二月(師走《しわす》) 冬

御仏名《おぶつみょう》(十九〜二十一日) 一年間の罪業消滅のため、宮中で僧が仏の名を唱える。

荷前《のさき》(年末吉日) 諸国から献上された初物を神々や陵墓に献上する。

大祓《おおはらえ》(晦日《みそか》) 半年間の罪や穢れをはらいきよめる。

追儺《ついな》(晦日) 「鬼やらい」ともいう。桃の木で作った弓や葦《あし》矢などで邪気を追い払う儀式。宮中だけでなく社寺や民間でも行われた。のちに節分の行事となった。

無季

まゆみ　※「まゆみの実」は秋の季語

かしは

坊の傍《かたはら》に大きなる榎《え》の木
のありければ……
（徒然草《つれづれぐさ》）

えのき

あづさ弓引けど引かねど昔より
心は君に寄りにしものを
（伊勢物語）

あづさ

かつら

椎柴、白樫などの濡れたるやう
なる葉の上にきらめきたるこそ
……
（徒然草）

しひ

想像上の動物

四神《しじん》（⬇二頁）、四霊《しれい》が代表的。四霊とは、霊獣の麟《りん》・鳳《ほう》・亀《き》・龍《りょう》のこと。鳳凰は聖人誕生時、麒麟は善政が行われたときに現れるとされた。

鳳凰《ほうおう》

麒麟《きりん》

あうむ

猫《ねこ》や鸚鵡《おうむ》はもともと日本にはいない、舶来の動物だった。右の石山寺縁起絵巻では、紐につながれて飼育されている猫の様子がうかがえる。

ねこ（石山寺縁起絵巻／石山寺所蔵）

追儺

律令官制と身分

古典作品を読むうえで官職や身分の知識は重要だ。平安時代には大臣、大将といった職務を「官」といい、朝廷に仕える人々の身分を等級化したものを「位」といった。どの官がどの位に当たるかはあらかじめ決まっており、これを「官位相当制」と呼ぶ。

中央官制

［　］内は中国風の呼び名。○数字は定員。時代によって異なる。

［三公］
- 太政大臣《だいじょうだいじん》①［相国《しょうこく》］
- 左大臣①［左府《さふ》］
- 右大臣①［右府《うふ》］
- 内大臣①［内府《ないふ》］

- 大納言《だいなごん》②［亜相《あしょう》］
- 中納言《ちゅうなごん》③［黄門《こうもん》］
- 参議《さんぎ》⑧［宰相《さいしょう》・相公《しょうこう》］

- 左弁官《さべんかん》
  - 中務省《なかつかさ》［中書《ちゅうしょ》］（宮中の政務・天皇の補佐）―中宮職《ちゅうぐうしき》・大舎人寮《おおとねり》・陰陽寮《おんよう》など
  - 式部省《しきぶ》［吏部《りぶ》］（文官人事・儀式）―大学寮《だいがく》
  - 治部省《じぶ》［理官《りかん》］（戸籍・葬制）―雅楽寮《うた》・玄蕃寮《げんば》・諸陵寮《しょりょう》
  - 民部省《みんぶ》［戸部《こぶ》］（民政・税務）―主計寮《かずえ》・主税寮《ちから》
- 少納言《しょうなごん》
- 右弁官《うべんかん》
  - 兵部省《ひょうぶ》（武官人事・軍事）―隼人司《はやとのつかさ》
  - 刑部省《ぎょうぶ》（裁判）―囚獄司《しゅうごくし》
  - 大蔵省《おおくら》（財政・財物の保管）―織部司《おりべのつかさ》
  - 宮内省《くない》（宮中の庶務）―大膳職《だいぜんしき》・大炊寮《おおい》・正親司《おおきみのつかさ》など

官位相当表

□・□・□・□の色分けについては四部官（⬇六五頁）を参照。

中央

位階	神祇官《じんぎかん》（官）	太政官《だいじょうかん》（官）	中務省《なかつかさしょう》（八省）	式部《しきぶ》・治部《じぶ》・民部《みんぶ》・兵部《ひょうぶ》・刑部《ぎょうぶ》＊・大蔵《おおくら》・宮内《くない》（八省）	中宮職《ちゅうぐう》・左京職・右京職・大膳職《だいぜん》・修理職《しゅり》・春宮坊《とうぐう》（職・坊）	大舎人《おおとねり》・図書《ずしょ》・内匠《たくみ》・大学《だいがく》・雅楽《うた》・玄蕃《げんば》・諸陵《しょりょう》・主計《かずえ》・主税《ちから》・木工《もく》・左馬《さま》・右馬《うま》・兵庫《ひょうご》（寮）	内蔵《くら》・縫殿《ぬいどの》・陰陽《おんよう》・大炊《おおい》・主殿《とのも》・典薬《てんやく》・斎宮《さいぐう》（寮）	区分
正一位・従一位		太政大臣						公卿
正二位・従二位		左大臣 右大臣 内大臣						公卿
正三位		大納言						公卿
従三位		中納言						公卿
正四位上			卿		春宮傅《ふ》			殿上人（昇殿を許された者）
正四位下		参議		卿				殿上人（昇殿を許された者）
従四位上		左大弁 右大弁						殿上人（昇殿を許された者）
従四位下	伯				大夫《だいぶ》			殿上人（昇殿を許された者）
正五位上		左中弁 右中弁	大輔《たいふ》		大膳大夫			殿上人（昇殿を許された者）
正五位下		左少弁 右少弁		大輔 大判事＊				殿上人（昇殿を許された者）
従五位上			少輔《しょう》		春宮学士	頭《かみ》		殿上人（昇殿を許された者）
従五位下	大副《たいふ》	少納言	侍従 大監物《けんもつ》	少輔	亮《すけ》	文章博士《もんじょうはかせ》	頭	殿上人（昇殿を許された者）
正六位上	少副《しょう》	大外記《げき》 大史	大内記 大丞《じょう》					地下
正六位下				大丞 中判事＊		助 明経博士《みょうぎょう》	侍医 斎宮助	地下
従六位上	大佑《じょう》		少丞	少丞	大進		助	地下
従六位下	少佑			少判事＊ 大主鑰《やく》	少進 京職大進 大膳大進			地下
正七位上		少外記 少史	少内記 大録《さかん》	大録	京職少進 大膳少進	馬大允《じょう》 兵庫大允	医博士	地下
正七位下			少監物 大主鈴	判事大属《さかん》＊		大允 助教 明法博士《みょうぼう》	斎宮大允 陰陽博士 天文博士	地下
従七位上			監物主典《さかん》			少允 音博士 書博士 算博士	允 斎宮少允 針博士 暦博士 陰陽師 呪禁博士《じゅごん》	地下
従七位下			大典鑰《てんやく》	大解部《ときべ》 少主鑰			漏刻博士 医師	地下
正八位上			少録 少主鈴	少録	大膳大属		針師 呪禁師	地下
正八位下	大史			判事少属＊ 中解部	大属		按摩博士	地下
従八位上	少史		少典鑰		少属	大属	斎宮属 按摩師	地下
従八位下				小解部		少属	大属	地下
大初位上							少属	地下
大初位下								地下
少初位上								地下
少初位下								地下

藤原家の権力争い

兄の道隆《みちたか》と弟の道長《みちなが》は権力を争うが、最終的に道長が勝利し、道隆の中関白家《なかのかんぱくけ》は没落していく。道隆と道長、道隆の息子・伊周《これちか》の官職をたどってみよう。

官職＼西暦	991	993	995	996
摂政・関白	道隆 39	道隆 41	道隆 43	不在
左大臣				
右大臣				道長 31
内大臣	道隆（兼任）		伊周 22	伊周 23
（権）大納言		道長 28 伊周 20	道長 30	
（権）中納言	道長 26			
参議	伊周 18			

※数字は年齢を表す。官職はその年始めのもの。

参考資料：和田英松 所功『官職要解』（講談社学術文庫）／所功監修 坂田桂一著『公卿補任図解総覧』（勉誠出版）

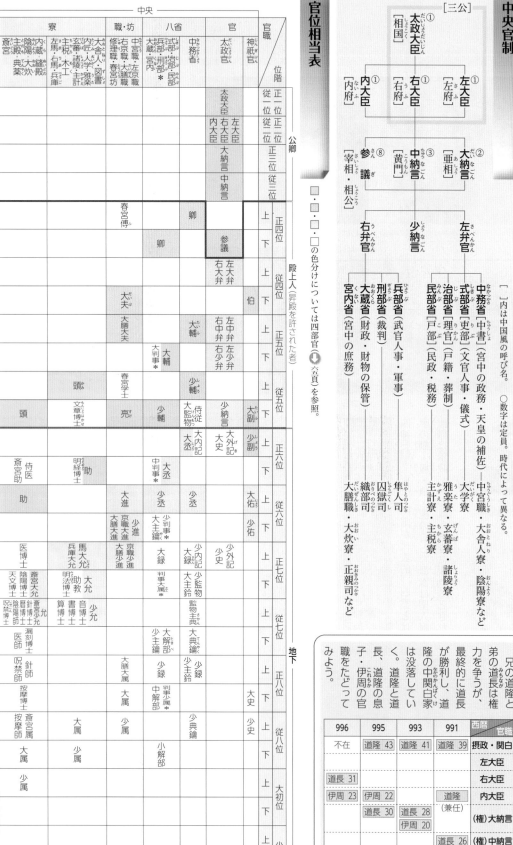

■**公卿**《くぎょう》　大臣、大・中納言《なごん》、参議《さんぎ》と三位《さんみ》以上の人を指していう。四位《しい》の人も参議であれば公卿となる。別名「**上達部**《かんだちめ》」。

■**殿上人**《てんじょうびと》　四・五位で昇殿《しょうでん》(清涼殿《せいりょうでん》の殿上に昇ること)を許された人を指していう。ただし蔵人《くろうど》に限り六位でも殿上人となる。別名「雲《くも》の上人《うえびと》」。殿上人に対して、昇殿を許されない者は「**地下**《じげ》(**人**《びと》)」と呼ばれる。

■**四部官**《しぶかん》　どの部署にも、原則として「長官《かみ》」、「次官《すけ》」(補佐官)、「判官《じょう》」(審査官)、「主典《さかん》」(書類作成)が置かれた。ただし役所によって表記が異なる。

■**権官**《ごんかん》　各官職にはそれぞれ決まった定員があるが、それを超えて任命されたものを「権官」と呼び、「権」の文字を加えて「権大納言《ごんだいなごん》」などという。

■**摂政**《せっしょう》**・関白**《かんぱく》　律令制度にはない職であるが、摂政は幼少の天皇に代わって政治を行い、関白は成人後の天皇を補佐する、国政の最高位。多くの場合、大臣が兼任した。別名「一の人」。引退後には「大殿《おおとの》」「太閤《たいこう》」と呼ばれることもある。

■**六衛府**《ろくえふ》　内裏《だいり》(⇩三頁)に近い区域から順に、近衛《このえ》、兵衛《ひょうえ》、衛門府《えもん》が分担して宮中を警護した。特に近衛大将は重視され、大・中納言《なごん》の兼任が多かった。近衛府を別名「羽林《うりん》」、衛門府を「金吾《きんご》」「柏木《かしわぎ》」ともいう。

■**蔵人所**《くろうどどころ》　**蔵人**《くろうど》は天皇の側近として、日常の雑用、諸儀式、機密文書や訴訟の取り扱いを担当した重要な職。実質的な長官である**蔵人頭**《くろうどのとう》(「頭《とう》」とも呼ぶ)は通常、一名が近衛中将との兼任、もう一名が弁官との兼任で、これを「頭中将《とうのちゅうじょう》」「頭弁《とうのべん》」と通称する。蔵人頭から参議《さんぎ》に進むのが出世の道であった。

■**検非違使**《けびいし》　京都の治安維持、裁判を担当した。原則として衛門府《えもん》と兼任する。大尉《たいじょう》・少尉《しょうじょう》は別名「判官《ほうがん》」と呼ばれる。

■**大宰府**《だざいふ》　九州を管轄《かんかつ》する。長官の職務を代行する**権帥**《ごんのそち》は、左遷《させん》ポストとしても使われた。菅原道真《すがわらのみちざね》の例が有名。

後宮	国司	府		諸使		諸所	六衛府		司・監・署		司
		鎮守府《ちんじゅふ》・按察使《あぜち》	大宰府《だざいふ》	検非違使庁《けびいしちょう》	斎院司《さいいんし》・勘解由使《かげゆし》	蔵人所《くろうどどころ》	左・右近衛府《このえふ》・左・右衛門府《えもんふ》・左・右兵衛府《ひょうえふ》	弾正台《だんじょうだい》	主水司《もいとりのつかさ》・舎人監《とねりのつかさ》・主蔵監《くらのつかさ》・主膳監《かしわでのつかさ》・主殿署《とのもりのつかさ》・主工署《たくみのつかさ》・主馬署《うまのつかさ》	隼人司《はやとのつかさ》・織部司《おりべのつかさ》・采女司《うねめのつかさ》	正親司《おおきみのつかさ》*・内膳司《ないぜんし》・造酒司《みきのつかさ》・東市司《いちのつかさ》・西市司・囚獄司《しごくし》*
						別当					
尚蔵											
尚侍《ないしのかみ》			帥《そち》				近衛大将	尹《いん》			
尚膳 尚縫											
典侍《ないしのすけ》 典蔵				別当		頭《とう》					
		按察使	大弐《に》		勘解由長官《かみ》		近衛中将 衛門督《かみ》 兵衛督	大弼《ひつ》			
			少弐								
							近衛少将	少弼			
掌侍《ないしのじょう》	大国守《かみ》	将軍		佐		蔵人(五位)	衛門佐《すけ》 兵衛佐				
典膳 典縫	上国守				斎院長官 勘解由次官《すけ》						
尚書 尚殿・尚酒							近衛将監《しょうげん》	大忠			正《かみ》 奉膳
	中国守 大国介《すけ》		大監《げん》					少忠		正	内薬侍医
	上国介		少監	大尉《じょう》	斎院次官	蔵人(六位)	衛門大尉 兵衛大尉		正		
	下国守		大判事		勘解由判官《じょう》				(署)首《かみ》		
掌蔵・尚兵・尚闈 尚薬・尚水・典書		軍監	大典 少判事 大工	少尉			衛門少尉 兵衛少尉	大疏《さかん》			
	大国大掾《じょう》						近衛将曹				
	大国少掾 上国掾				斎院判官						
					勘解由主典						典膳 佑《じょう》
典薬・典兵・典闈 典殿・典掃・典水	中国掾		算師 少典 医師 少工	大志《さかん》				少疏	(署)佑	佑	
							衛門大志 兵衛大志		佑		
典酒	大国大目《さかん》	軍曹		少志			衛門少志 兵衛少志				
	大国少目 上国目 下国掾				斎院主典						
		判事大令史									大令史《さかん》* 令史
	中国目	判事少令史								令史	少令史*
	下国目								令史		
									(署)令史		

(国司・府は「地方」)

※同じ列に分類した役所でも位階と対応する役職名が異なる場合があり、それを*で表した。

身分を表す言葉

皇族

■上皇《じょうこう》(院) 退位した天皇(上皇)は「院」と呼ばれ、院庁《いんのちょう》という独自の組織が作られた。長官を**別当**《べっとう》といい、宮中に準じて蔵人や殿上人の制度があった。

■春宮《とうぐう》(東宮《とうぐう》) 皇太子のことを春宮と呼び、春宮坊という独立した組織が置かれていた。

■親王《しんのう》・内親王《ないしんのう》・法親王《ほっしんのう》 皇族のうち特に選ばれた者が、天皇の命によって、親王(男性)、内親王(女性)、法親王(僧)となった。親王には一品《いっぽん》から四品《しほん》の位が与えられた。

■御室《おむろ》 出家した親王は各地の寺に入ったが、そのなかでも京都の仁和寺《にんなじ》は代々親王が住職を務めていたので、特に御室(「皇族のいらっしゃる場所」の意)と呼び、住職も御室と呼ばれた。

■斎宮《さいぐう》・斎院《さいいん》 未婚の皇族の女性から選ばれ、一定のあいだ**伊勢神宮**《いせ》に仕える者を斎宮といい、**賀茂神社**《かも》に仕える者を斎院という。

後宮の女性

■内侍司《ないしのつかさ》 天皇の近くに仕え、日常の雑務や伝言の取り次ぎなどを担った女官の組織を、内侍司と呼ぶ。尚侍《ないしのかみ》・典侍《ないしのすけ》・掌侍《ないしのじょう》(単に「内侍」とも呼ぶ)などの役職があり、後に尚侍は天皇の側室として更衣《こうい》(⇩三頁)に準ずる位となった。

■女房《にょうぼう》 宮中や皇族・上流貴族の屋敷に自分の部屋を与えられ、主人に仕えた女性を女房という。多くは中・下級貴族の娘や妻であった。日常の雑務をこなすほか、**紫式部**《むらさきしきぶ》や**清少納言**《せいしょうなごん》のように文化的な素養の高い者も多く、女主人の恋の仲立ちを行ったりもする。出仕《しゅっし》のために女房名《にょうぼうな》と呼ばれる呼び名をつけていたため、本名はわからないことが多い。なお、五位以上の位を持つ女房を「**命婦**《みょうぶ》」と呼んだ。

僧侶

■僧正《そうじょう》・僧都《そうず》・律師《りっし》 徳が高く、人望のある僧侶に与えられた官職。僧正・僧都は僧を統制し、律師は僧の守るべき戒律を教える。後に細分化し、大僧正、大・少僧都などの職も生まれた。

■法印《ほういん》・法眼《ほうげん》・法橋《ほっきょう》 修行を積み、学問に優れた僧侶に与えられた位階《いかい》。僧侶にも官位相当制があり、法印は僧正に、法眼は僧都に、法橋は律師に相当する。さらにこの下に凡僧《ぼんそう》という位があった。

僧侶の位

位	官
法印	大僧正 僧　正 権僧正
法眼	大僧都 権大僧都 少僧都 権少僧都
法橋	律　師 権律師

■阿闍梨《あじゃり》《あざり》 天台《てんだい》・真言宗《しんごん》で灌頂《かんじょう》と呼ばれる特別な儀式を経た僧に与えられる身分。弟子の模範となり、仏の教えを伝える役目を担った。後に、天皇の宣旨《せんじ》によって任命された。

■座主《ざす》 延暦寺《えんりゃくじ》・醍醐寺《だいごじ》などの長官職。特に延暦寺の座主は天台宗の長を兼ねるので、「**天台座主**《てんだいざす》」ともいう。

■和尚《お(か)しょう》《わじょう》・上人《しょうにん》・法師《ほうし》 もとは僧に与えられた位階であったが、後には単なる敬称として用いられた。

朝廷や貴族に仕える人々

■舎人《とねり》 皇族・貴族に仕え、雑務や警護を行う下級の官人。中務省《なかつかさしょう》に勤務する内舎人《うどねり》や、近衛府《このえふ》の舎人から選ばれて貴人の護衛を行った**随身**《ずいじん》が有名。

■滝口《たきぐち》 蔵人所《くろうどどころ》に属し、宮中の警護にあたった下級武士。清涼殿《せいりょうでん》の北東につめていた。特に弓術に優れ、滝口から六《ろく》衛府《えふ》へと出世する者も少なくない。

■北面《ほくめん》 上皇(院)に仕え、院御所《いんのごしょ》の警護にあたった武士。平安末期には院直属の軍事力として大きな役割を果たした。

■童《わらわ》 貴族や寺院などに仕え、雑用を行う召使いの少年。おもに十歳前後で、童髪《わらわがみ》(結わずに垂らした髪)姿が特徴。女児の場合には女童《めのわらわ》といった。

地方官

■国司 中央から諸国に派遣された地方官。諸国は大国《たいこく》(大和《やまと》など)、上国《じょうこく》(山城《やましろ》など)、中国《ちゅうごく》(土佐《とさ》など)、下国《げこく》(隠岐《おき》など)に区分され、同じ守《かみ》であっても、その国がどのランクに属するかで位階が違っていた。なお、国の下には郡が置かれ、郡司が治めた。

■受領《ずりょう》 国司のうち、現地に赴任し、実務にあたった最上位の者。中央政界で出世の望めない貴族たちは、徴税権《ちょうぜいけん》を持つ受領となって地方で蓄財に励んだ。このため、説話などで強欲《ごうよく》の代表のように描かれることもある。その多くは中・下級の貴族で、彼らを「受領階級」と呼ぶ。

朝臣

朝臣《あそん(あそみ)》は飛鳥時代、有力氏族に与えられた姓《かばね》。平安時代以降は形骸化し、専ら五位以上の貴族に対する敬称となった。

葵祭御禊の儀　現在でも葵祭では斎院の代役(斎王代　中央)を選定し、諸行事を行う。

旧国名地図

諸国は大国・上国・中国・下国に格付けされ、京からの距離により、近・中・遠に区分された。畿内《きない》の山城《やましろ》、大和《やまと》、河内《かわち》、和泉《いずみ》、摂津《せっつ》の五国を五畿《ごき》、東山道《とうさんどう》、北陸道《ほくりくどう》、東海道《とうかいどう》、南海道《なんかいどう》、山陽道《さんようどう》、山陰道《さんいんどう》、西海道《さいかいどう》を七道《しちどう》という。

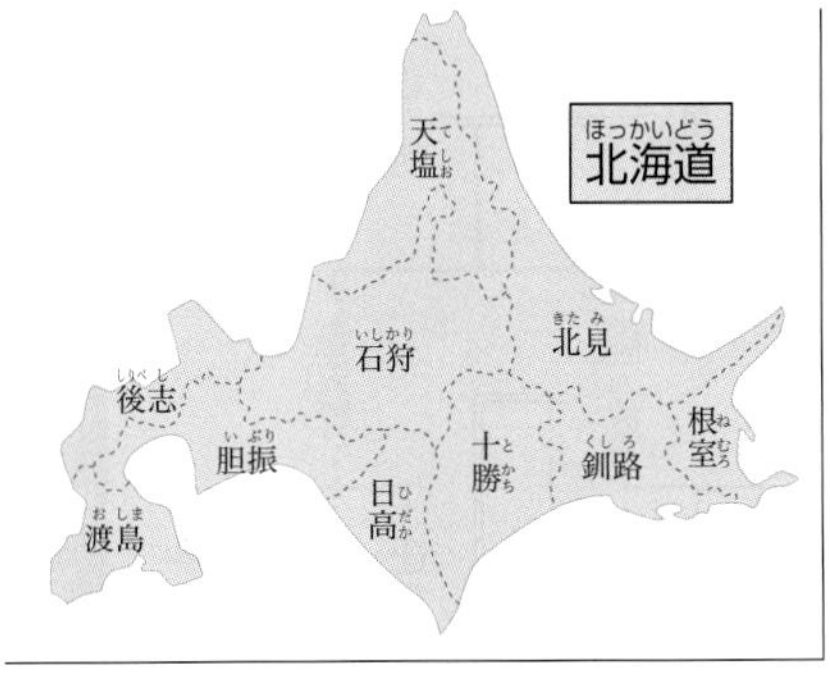

・北海道は1869(明治２)年に、図のように区分された。
・1868(明治元)年、「陸奥《むつ》」は岩代《いわしろ》・磐城《いわき》・陸前《りくぜん》・陸奥《むつ》・陸中《りくちゅう》の五国に、「出羽《でわ》」は羽後《うご》・羽前《うぜん》の２国に分かれた。
・琉球《りゅうきゅう》は1879(明治12)年に沖縄県となった。

道	国名	等級	現在の都府県
畿内	山城《やましろ》	上	京都
	大和《やまと》	大	奈良
	河内《かわち》	大	大阪
	和泉《いずみ》	下	大阪
	摂津《せっつ》	上	大阪・兵庫
東山道	近江《おうみ》	大・近	滋賀
	美濃《みの》	上・近	岐阜
	飛騨《ひだ》	下・中	岐阜
	信濃《しなの》	上・中	長野
	上野《こうずけ》	大・遠	群馬
	下野《しもつけ》	上・遠	栃木
	陸奥《むつ》：磐城《いわき》	大・遠	宮城・福島
	陸奥：岩代《いわしろ》	大・遠	福島
	陸奥：陸前《りくぜん》	大・遠	宮城・岩手
	陸奥：陸中《りくちゅう》	大・遠	秋田・岩手
	陸奥：陸奥《むつ》	大・遠	青森・岩手
	出羽《でわ》：羽前《うぜん》	上・遠	山形
	出羽：羽後《うご》	上・遠	秋田
北陸道	若狭《わかさ》	中・近	福井
	越前《えちぜん》	大・中	福井
	加賀《かが》	上・中	石川
	能登《のと》	中・中	石川
	越中《えっちゅう》	上・中	富山
	越後《えちご》	上・遠	新潟
	佐渡《さど》	中・遠	新潟
東海道	伊賀《いが》	下・近	三重
	伊勢《いせ》	大・近	三重
	志摩《しま》	下・近	三重
	尾張《おわり》	上・近	愛知
	三河《みかわ》	上・近	愛知
	遠江《とおとうみ》	上・中	静岡
	駿河《するが》	上・中	静岡
	伊豆《いず》	下・中	静岡・東京
	甲斐《かい》	上・中	山梨
	相模《さがみ》	上・遠	神奈川
	武蔵《むさし》	大・遠	神奈川・東京・埼玉
	安房《あわ》	中・遠	千葉
	上総《かずさ》	大・遠	千葉
	下総《しもうさ》	大・遠	千葉・茨城
	常陸《ひたち》	大・遠	茨城
南海道	紀伊《きい》	上・近	和歌山・三重
	淡路《あわじ》	下・近	兵庫
	阿波《あわ》	上・中	徳島
	讃岐《さぬき》	上・中	香川
	土佐《とさ》	中・遠	高知
	伊予《いよ》	上・遠	愛媛
山陽道	播磨《はりま》	大・近	兵庫
	美作《みまさか》	上・近	岡山
	備前《びぜん》	上・近	岡山
	備中《びっちゅう》	上・中	岡山
	備後《びんご》	上・中	広島
	安芸《あき》	上・遠	広島
	周防《すおう》	上・遠	山口
	長門《ながと》	中・遠	山口
山陰道	丹波《たんば》	上・近	兵庫・京都
	丹後《たんご》	中・近	京都
	但馬《たじま》	上・近	兵庫
	因幡《いなば》	上・近	鳥取
	伯耆《ほうき》	上・中	鳥取
	出雲《いずも》	上・中	島根
	石見《いわみ》	中・遠	島根
	隠岐《おき》	下・遠	島根
西海道	筑前《ちくぜん》	上・遠	福岡
	筑後《ちくご》	上・遠	福岡
	豊前《ぶぜん》	上・遠	福岡・大分
	豊後《ぶんご》	上・遠	大分
	壱岐《いき》	下・遠	長崎
	対馬《つしま》	下・遠	長崎
	肥前《ひぜん》	上・遠	長崎・佐賀
	肥後《ひご》	大・遠	熊本
	日向《ひゅうが》	中・遠	宮崎
	大隅《おおすみ》	中・遠	鹿児島
	薩摩《さつま》	中・遠	鹿児島

天皇家・藤原氏略系図

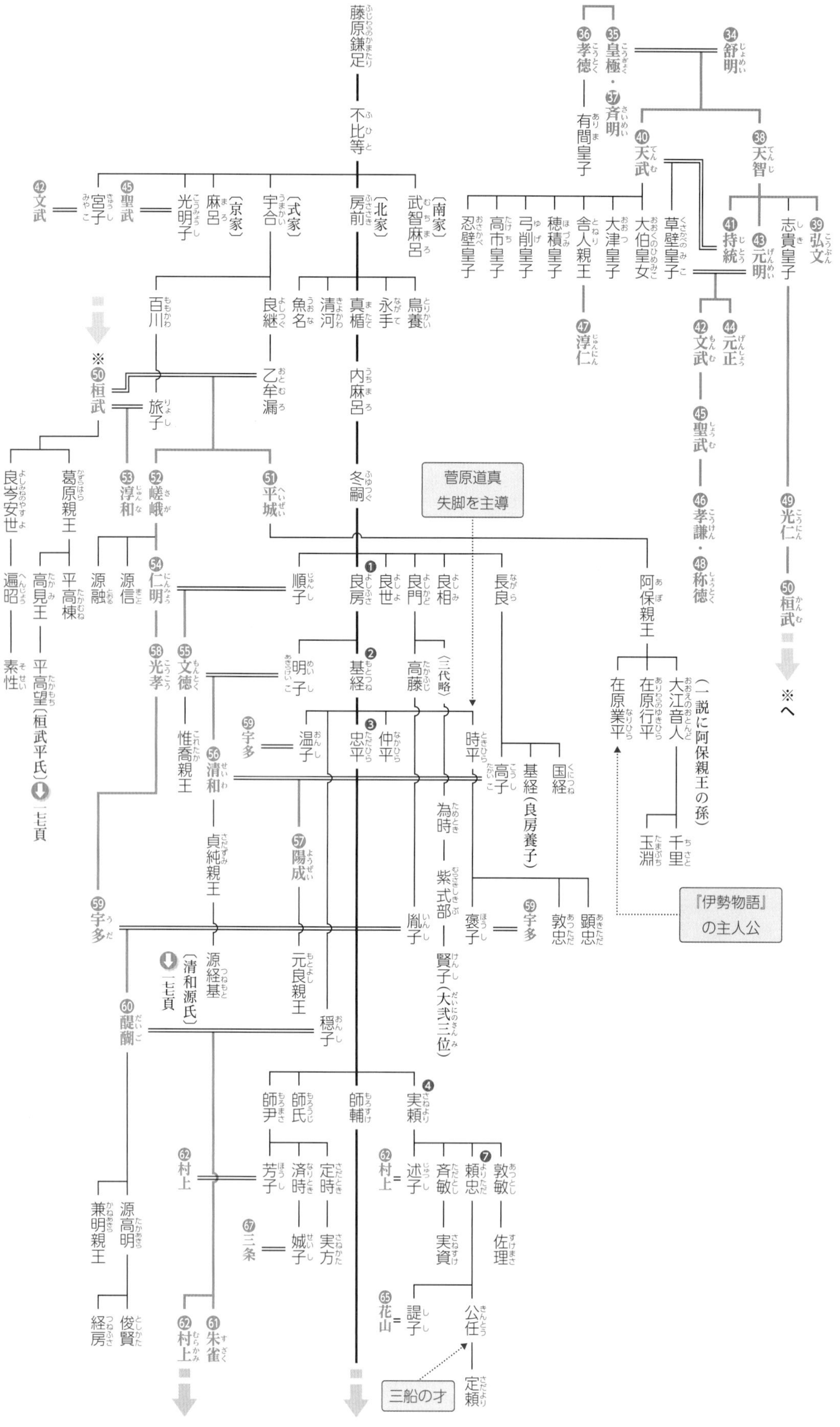

●数字は天皇即位の順序を表す。●数字は摂関の順序を表す。
—は親子関係を、‖は夫婦関係を表す。

天皇家・藤原氏略系図

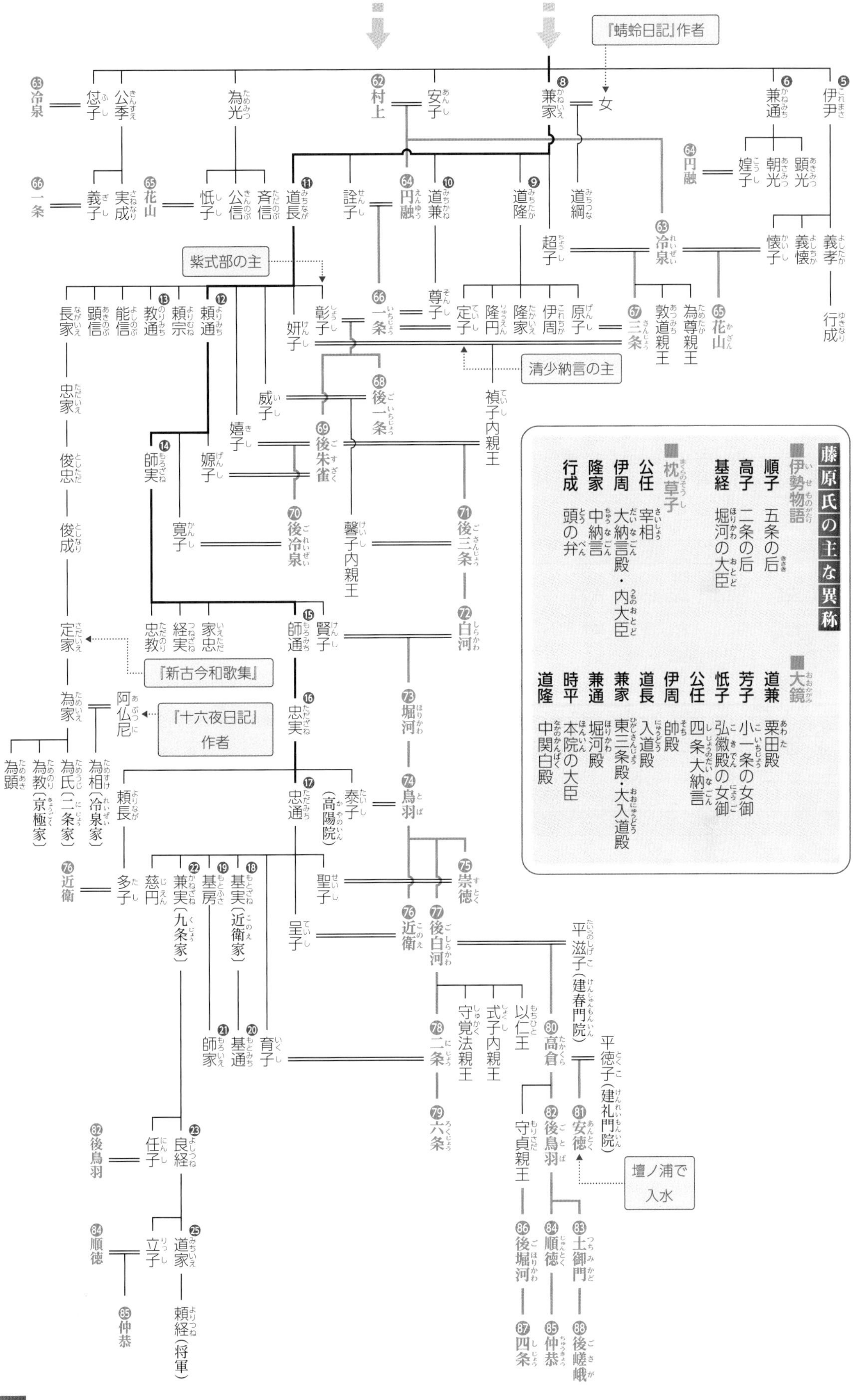

藤原氏の主な異称

■伊勢物語《いせものがたり》
- 順子　五条の后《きさき》
- 高子　二条の后
- 基経　堀河《ほりかわ》の大臣《おとど》

■枕草子《まくらのそうし》
- 公任　宰相《さいしょう》
- 伊周　大納言殿《だいなごんどの》・内大臣《うちのおとど》
- 隆家　中納言《ちゅうなごん》
- 行成　頭の弁《とうのべん》

■大鏡《おおかがみ》
- 道兼　粟田殿《あわたどの》
- 芳子　小一条《こいちじょう》の女御
- 忯子　弘徽殿《こきでん》の女御《にょうご》
- 公任　四条大納言《しじょうのだいなごん》
- 伊周　帥殿《そちどの》
- 道長　入道殿《にゅうどうどの》
- 兼家　東三条殿《ひがしさんじょうどの》・大入道殿《おおにゅうどうどの》
- 兼通　堀河殿《ほりかわどの》
- 時平　本院の大臣《ほんいんのおとど》
- 道隆　中関白殿《なかのかんぱくどの》

時代	天皇	在位
（紀元前）	1 神《じん》武《む》	660〜585
	2 綏《すい》靖《ぜい》	581〜549
	3 安《あん》寧《ねい》	549〜511
	4 懿《い》徳《とく》	510〜477
	5 孝《こう》昭《しょう》	475〜393
	6 孝《こう》安《あん》	392〜291
	7 孝《こう》霊《れい》	290〜215
	8 孝《こう》元《げん》	214〜158
	9 開《かい》化《か》	158〜98
	10 崇《す》神《じん》	97〜30
	11 垂《すい》仁《にん》	29〜70
	12 景《けい》行《こう》	71〜130
	13 成《せい》務《む》	131〜190
	14 仲《ちゅう》哀《あい》	192〜200
	15 応《おう》神《じん》	270〜310
	16 仁《にん》徳《とく》	313〜399
	17 履《り》中《ちゅう》	400〜405
	18 反《はん》正《ぜい》	406〜410
	19 允《いん》恭《ぎょう》	412〜453
	20 安《あん》康《こう》	453〜456
	21 雄《ゆう》略《りゃく》	456〜479
	22 清《せい》寧《ねい》	480〜484
	23 顕《けん》宗《ぞう》	485〜487
	24 仁《にん》賢《けん》	488〜498
	25 武《ぶ》烈《れつ》	498〜506
	26 継《けい》体《たい》	507〜531

院政・年号

平安時代

天皇	在位
51 平《へい》城《ぜい》	806〜809
52 嵯《さ》峨《が》	809〜823
53 淳《じゅん》和《な》	823〜833
54 仁《にん》明《みょう》	833〜850
55 文《もん》徳《とく》	850〜858
56 清《せい》和《わ》	858〜876
57 陽《よう》成《ぜい》	876〜884
58 光《こう》孝《こう》	884〜887
59 宇《う》多《だ》	887〜897
60 醍《だい》醐《ご》	897〜930
61 朱《す》雀《ざく》	930〜946
62 村《むら》上《かみ》	946〜967
63 冷《れい》泉《ぜい》	967〜969
64 円《えん》融《ゆう》	969〜984

年号	元年
延暦《えんりゃく》	七八二
大同《だいどう》	八〇六
弘仁《こうにん》	八一〇
天長《てんちょう》	八二四
承和《じょうわ》	八三四
嘉祥《かしょう》	八四八
仁寿《にんじゅ》	八五一
斉衡《さいこう》	八五四
天安《てんあん》	八五七
貞観《じょうがん》	八五九
元慶《がんぎょう》	八七七
仁和《にんな》	八八五
寛平《かんぴょう》	八八九
昌泰《しょうたい》	八九八
延喜《えんぎ》	九〇一
延長《えんちょう》	九二三
承平《じょうへい》	九三一
天慶《てんぎょう》	九三八
天暦《てんりゃく》	九四七
天徳《てんとく》	九五七
応和《おうわ》	九六一
康保《こうほう》	九六四
安和《あんな》	九六八
天禄《てんろく》	九七〇
天延《てんえん》	九七三
貞元《じょうげん》	九七六
天元《てんげん》	九七八
永観《えいかん》	九八三

平安時代

天皇	在位
74 鳥《と》羽《ば》	1107〜1123
75 崇《す》徳《とく》	1123〜1141
76 近《この》衛《え》	1141〜1155
77 後《ご》白《しら》河《かわ》	1155〜1158
78 二《に》条《じょう》	1158〜1165
79 六《ろく》条《じょう》	1165〜1168
80 高《たか》倉《くら》	1168〜1180
81 安《あん》徳《とく》	1180〜1185

院政：白河院 → 鳥羽院 → 後白河院

年号	元年
嘉承《かしょう》	一一〇六
天仁《てんにん》	一一〇八
天永《てんえい》	一一一〇
永久《えいきゅう》	一一一三
元永《げんえい》	一一一八
保安《ほうあん》	一一二〇
天治《てんじ》	一一二四
大治《だいじ》	一一二六
天承《てんしょう》	一一三一
長承《ちょうしょう》	一一三二
保延《ほうえん》	一一三五
永治《えいじ》	一一四一
康治《こうじ》	一一四二
天養《てんよう》	一一四四
久安《きゅうあん》	一一四五
仁平《にんぺい》	一一五一
久寿《きゅうじゅ》	一一五四
保元《ほうげん》	一一五六
平治《へいじ》	一一五九
永暦《えいりゃく》	一一六〇
応保《おうほ》	一一六一
長寛《ちょうかん》	一一六三
永万《えいまん》	一一六五
仁安《にんあん》	一一六六
嘉応《かおう》	一一六九
承安《じょうあん》	一一七一
安元《あんげん》	一一七五
治承《じしょう》	一一七七
養和《ようわ》	一一八一
寿永《じゅえい》	一一八二

鎌倉時代

天皇	在位
91 ●後《ご》宇《う》多《だ》	1274〜1287
92 ■伏《ふし》見《み》	1287〜1298
93 ■後《ご》伏《ふし》見《み》	1298〜1301
94 ●後《ご》二《に》条《じょう》	1301〜1308
95 ■花《はな》園《ぞの》	1308〜1318
96 ●後《ご》醍《だい》醐《ご》	1318〜1339
南朝 97 ●後《ご》村《むら》上《かみ》	1339〜1368
南朝 98 ●長《ちょう》慶《けい》	1368〜1383
南朝 99 ●後《ご》亀《かめ》山《やま》	1383〜1392

院政：伏見院　伏見院

年号	元年
弘長《こうちょう》	一二六一
文永《ぶんえい》	一二六四
建治《けんじ》	一二七五
弘安《こうあん》	一二七八
正応《しょうおう》	一二八八
永仁《えいにん》	一二九三
正安《しょうあん》	一二九九
乾元《けんげん》	一三〇二
嘉元《かげん》	一三〇三
徳治《とくじ》	一三〇六
延慶《えんきょう》	一三〇八
応長《おうちょう》	一三一一
正和《しょうわ》	一三一二
文保《ぶんぽう》	一三一七
元応《げんおう》	一三一九
元亨《げんこう》	一三二一
正中《しょうちゅう》	一三二四
嘉暦《かりゃく》	一三二六
元徳《げんとく》	一三二九
元弘《げんこう》	一三三一
（南朝）	
建武《けんむ》	一三三四
延元《えんげん》	一三三六
興国《こうこく》	一三四〇
正平《しょうへい》	一三四六
建徳《けんとく》	一三七〇
文中《ぶんちゅう》	一三七二
天授《てんじゅ》	一三七五
弘和《こうわ》	一三八一
元中《げんちゅう》	一三八四

室町時代　安土桃山

天皇	在位
103 後《ご》土《つち》御《み》門《かど》	1464〜1500
104 後《ご》柏《かしわ》原《ばら》	1500〜1526
105 後《ご》奈《な》良《ら》	1526〜1557
106 正《おお》親《ぎ》町《まち》	1557〜1586
107 後《ご》陽《よう》成《ぜい》	1586〜1611
108 後《ご》水《みず》尾《のお》	1611〜1629
109 明《めい》正《しょう》	1629〜1643
110 後《ご》光《こう》明《みょう》	1643〜1654
111 後《ご》西《さい》	1654〜1663
112 霊《れい》元《げん》	1663〜1687
113 東《ひがし》山《やま》	1687〜1709

年号	元年
文正《ぶんしょう》	一四六六
応仁《おうにん》	一四六七
文明《ぶんめい》	一四六九
長享《ちょうきょう》	一四八七
延徳《えんとく》	一四八九
明応《めいおう》	一四九二
文亀《ぶんき》	一五〇一
永正《えいしょう》	一五〇四
大永《たいえい》	一五二一
享禄《きょうろく》	一五二八
天文《てんぶん》	一五三二
弘治《こうじ》	一五五五
永禄《えいろく》	一五五八
元亀《げんき》	一五七〇
天正《てんしょう》	一五七三
文禄《ぶんろく》	一五九二
慶長《けいちょう》	一五九六
元和《げんな》	一六一五
寛永《かんえい》	一六二四
正保《しょうほう》	一六四四
慶安《けいあん》	一六四八
承応《じょうおう》	一六五二
明暦《めいれき》	一六五五
万治《まんじ》	一六五八
寛文《かんぶん》	一六六一
延宝《えんぽう》	一六七三
天和《てんな》	一六八一
貞享《じょうきょう》	一六八四
元禄《げんろく》	一六八八

天皇名の下の数字は在位期間（西暦）。赤数字は西暦紀元前。

年号の下の数字は元年。院政は主要なもののみ示した。

飛鳥時代

代	天皇	在位
27	安《あん》閑《かん》	531～535
28	宣《せん》化《か》	535～539
29	欽《きん》明《めい》	539～571
30	敏《び》達《だつ》	572～585
31	用《よう》明《めい》	585～587
32	崇《す》峻《しゅん》	587～592
33	推《すい》古《こ》	592～628
34	舒《じょ》明《めい》	629～641
35	皇《こう》極《ぎょく》	642～645
36	孝《こう》徳《とく》	645～654
37	斉《さい》明《めい》	655～661
＊	661～667 中大兄皇子称制	
38	天《てん》智《じ》	668～671
39	弘《こう》文《ぶん》	671～672
40	天《てん》武《む》	673～686
＊	686～690 天武皇后称制	
41	持《じ》統《とう》	690～697
42	文《もん》武《む》	697～707

奈良時代

代	天皇	在位
43	元《げん》明《めい》	707～715
44	元《げん》正《しょう》	715～724
45	聖《しょう》武《む》	724～749
46	孝《こう》謙《けん》	749～758
47	淳《じゅん》仁《にん》	758～764
48	称《しょう》徳《とく》	764～770
49	光《こう》仁《にん》	770～781
50	桓《かん》武《む》	781～806

年号	元年
大《たい》化《か》	六四五
白《はく》雉《ち》	六五〇
朱《しゅ》鳥《ちょう》	六八六
大《たい》宝《ほう》	七〇一
慶《けい》雲《うん》	七〇四
和《わ》銅《どう》	七〇八
霊《れい》亀《き》	七一五
養《よう》老《ろう》	七一七
神《じん》亀《き》	七二四
天《てん》平《ぴょう》	七二九
天平感宝《てんぴょうかんぽう》	七四九
天平勝宝《てんぴょうしょうほう》	七四九
天平宝字《てんぴょうほうじ》	七五七
天平神護《てんぴょうじんご》	七六五
神護景雲《じんごけいうん》	七六七
宝《ほう》亀《き》	七七〇
天《てん》応《おう》	七八一

平安時代

代	天皇	在位
65	花《か》山《ざん》	984～986
66	一《いち》条《じょう》	986～1011
67	三《さん》条《じょう》	1011～1016
68	後一条《ごいちじょう》	1016～1036
69	後朱雀《ごすざく》	1036～1045
70	後冷泉《ごれいぜい》	1045～1068
71	後三条《ごさんじょう》	1068～1072
72	白《しら》河《かわ》	1072～1086
73	堀《ほり》河《かわ》	1086～1107

白河院 →

年号	元年
寛《かん》和《な》	九八五
永《えい》延《えん》	九八七
永《えい》祚《そ》	九八九
正《しょう》暦《りゃく》	九九〇
長《ちょう》徳《とく》	九九五
長《ちょう》保《ほう》	九九九
寛《かん》弘《こう》	一〇〇四
長《ちょう》和《わ》	一〇一二
寛《かん》仁《にん》	一〇一七
治《じ》安《あん》	一〇二一
万《まん》寿《じゅ》	一〇二四
長《ちょう》元《げん》	一〇二八
長《ちょう》暦《りゃく》	一〇三七
長《ちょう》久《きゅう》	一〇四〇
寛《かん》徳《とく》	一〇四四
永《えい》承《しょう》	一〇四六
天《てん》喜《ぎ》	一〇五三
康《こう》平《へい》	一〇五八
治《じ》暦《りゃく》	一〇六五
延《えん》久《きゅう》	一〇六九
承《じょう》保《ほう》	一〇七四
承《じょう》暦《りゃく》	一〇七七
永《えい》保《ほう》	一〇八一
応《おう》徳《とく》	一〇八四
寛《かん》治《じ》	一〇八七
嘉《か》保《ほう》	一〇九四
永《えい》長《ちょう》	一〇九六
承《じょう》徳《とく》	一〇九七
康《こう》和《わ》	一〇九九
長《ちょう》治《じ》	一一〇四

鎌倉時代

代	天皇	在位
82	後鳥羽《ごとば》	1183～1198
83	土御門《つちみかど》	1198～1210
84	順《じゅん》徳《とく》	1210～1221
85	仲《ちゅう》恭《きょう》	1221
86	後堀河《ごほりかわ》	1221～1232
87	四《し》条《じょう》	1232～1242
88	後嵯峨《ごさが》	1242～1246
89	■後深草《ごふかくさ》	1246～1259
90	●亀《かめ》山《やま》	1259～1274

← 後鳥羽院 →　　後嵯峨院 →

年号	元年
元《げん》暦《りゃく》	一一八四
文《ぶん》治《じ》	一一八五
建《けん》久《きゅう》	一一九〇
正《しょう》治《じ》	一一九九
建《けん》仁《にん》	一二〇一
元《げん》久《きゅう》	一二〇四
建《けん》永《えい》	一二〇六
承《じょう》元《げん》	一二〇七
建《けん》暦《りゃく》	一二一一
建《けん》保《ぽう》	一二一三
承《じょう》久《きゅう》	一二一九
貞《じょう》応《おう》	一二二二
元《げん》仁《にん》	一二二四
嘉《か》禄《ろく》	一二二五
安《あん》貞《てい》	一二二七
寛《かん》喜《ぎ》	一二二九
貞《じょう》永《えい》	一二三二
天《てん》福《ぷく》	一二三三
文《ぶん》暦《りゃく》	一二三四
嘉《か》禎《てい》	一二三五
暦《りゃく》仁《にん》	一二三八
延《えん》応《おう》	一二三九
仁《にん》治《じ》	一二四〇
寛《かん》元《げん》	一二四三
宝《ほう》治《じ》	一二四七
建《けん》長《ちょう》	一二四九
康《こう》元《げん》	一二五六
正《しょう》嘉《か》	一二五七
正《しょう》元《げん》	一二五九
文《ぶん》応《おう》	一二六〇

室町時代

北朝

代	天皇	在位
	■光《こう》厳《ごん》	1331～1333
	■光《こう》明《みょう》	1336～1348
	■崇《す》光《こう》	1348～1351
	■後光厳《ごこうごん》	1352～1371
	■後円融《ごえんゆう》	1371～1382
	■後小松《ごこまつ》	1382
100	(後小松)	～1412
101	■称《しょう》光《こう》	1412～1428
102	後花園《ごはなぞの》	1428～1464

← 光厳院 →

年号	元年
(北朝) 正《しょう》慶《きょう》	一三三二
建《けん》武《む》	一三三四
暦《りゃく》応《おう》	一三三八
康《こう》永《えい》	一三四二
貞《じょう》和《わ》	一三四五
観《かん》応《のう》	一三五〇
文《ぶん》和《な》	一三五二
延《えん》文《ぶん》	一三五六
康《こう》安《あん》	一三六一
貞《じょう》治《じ》	一三六二
応《おう》安《あん》	一三六八
永《えい》和《わ》	一三七五
康《こう》暦《りゃく》	一三七九
永《えい》徳《とく》	一三八一
至《し》徳《とく》	一三八四
嘉《か》慶《きょう》	一三八七
康《こう》応《おう》	一三八九
明《めい》徳《とく》	一三九〇
応《おう》永《えい》	一三九四
正《しょう》長《ちょう》	一四二八
永《えい》享《きょう》	一四二九
嘉《か》吉《きつ》	一四四一
文《ぶん》安《あん》	一四四四
宝《ほう》徳《とく》	一四四九
享《きょう》徳《とく》	一四五二
康《こう》正《しょう》	一四五五
長《ちょう》禄《ろく》	一四五七
寛《かん》正《しょう》	一四六〇

江戸時代

代	天皇	在位
114	中御門《なかみかど》	1709～1735
115	桜《さくら》町《まち》	1735～1747
116	桃《もも》園《ぞの》	1747～1762
117	後桜町《ごさくらまち》	1762～1770
118	後桃園《ごももぞの》	1770～1779
119	光《こう》格《かく》	1779～1817
120	仁《にん》孝《こう》	1817～1846
121	孝《こう》明《めい》	1846～1866
122	明《めい》治《じ》	1867～1912
123	大《たい》正《しょう》	1912～1926
124	昭《しょう》和《わ》	1926～1989
125	＊	1989～2019
126	今《きん》上《じょう》	2019～

年号	元年
宝《ほう》永《えい》	一七〇四
正《しょう》徳《とく》	一七一一
享《きょう》保《ほう》	一七一六
元《げん》文《ぶん》	一七三六
寛《かん》保《ぽう》	一七四一
延《えん》享《きょう》	一七四四
寛《かん》延《えん》	一七四八
宝《ほう》暦《れき》	一七五一
明《めい》和《わ》	一七六四
安《あん》永《えい》	一七七二
天《てん》明《めい》	一七八一
寛《かん》政《せい》	一七八九
享《きょう》和《わ》	一八〇一
文《ぶん》化《か》	一八〇四
文《ぶん》政《せい》	一八一八
天《てん》保《ぽう》	一八三〇
弘《こう》化《か》	一八四四
嘉《か》永《えい》	一八四八
安《あん》政《せい》	一八五四
万《まん》延《えん》	一八六〇
文《ぶん》久《きゅう》	一八六一
元《げん》治《じ》	一八六四
慶《けい》応《おう》	一八六五
明《めい》治《じ》	一八六八
大《たい》正《しょう》	一九一二
昭《しょう》和《わ》	一九二六
平《へい》成《せい》	一九八九
令《れい》和《わ》	二〇一九

現在の天皇のことを「今上天皇」と呼ぶ。
＊…2019年の退位後は上皇となった。

■…持明院統　●…大覚寺統

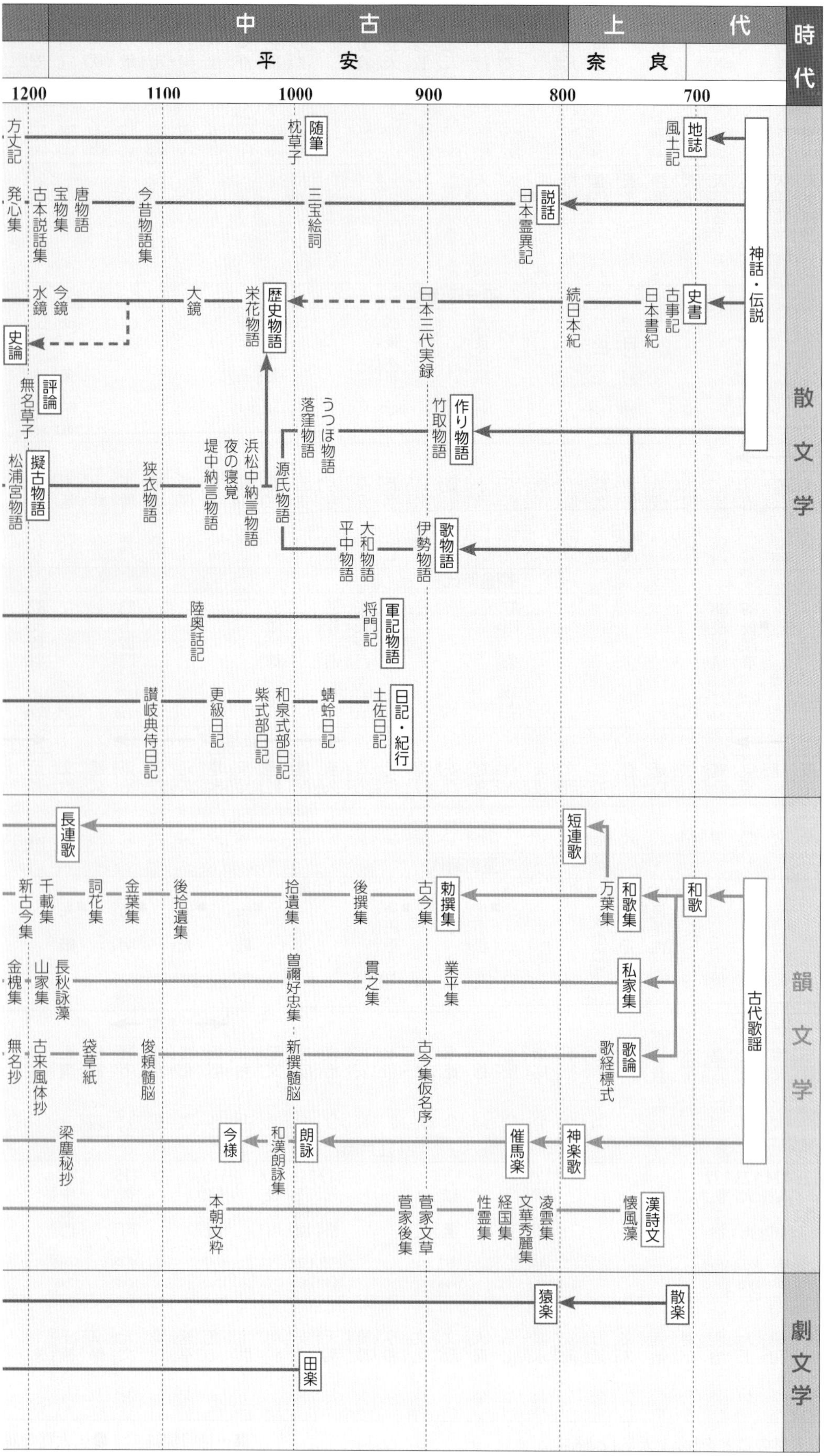

時代
上代
中古
奈良
平安
700
800
900
1000
1100
1200
散文学
神話・伝説
地誌
風土記
随筆
枕草子
方丈記
説話
日本霊異記
三宝絵詞
今昔物語集
唐物語
宝物集
古本説話集
発心集
史書
古事記
日本書紀
続日本紀
日本三代実録
歴史物語
栄花物語
大鏡
今鏡
水鏡
史論
評論
無名草子
作り物語
竹取物語
うつほ物語
落窪物語
源氏物語
浜松中納言物語
夜の寝覚
堤中納言物語
狭衣物語
擬古物語
松浦宮物語
歌物語
伊勢物語
大和物語
平中物語
軍記物語
将門記
陸奥話記
日記・紀行
土佐日記
蜻蛉日記
和泉式部日記
紫式部日記
更級日記
讃岐典侍日記
韻文学
古代歌謡
和歌
和歌集
万葉集
短連歌
長連歌
勅撰集
古今集
後撰集
拾遺集
後拾遺集
金葉集
詞花集
千載集
新古今集
私家集
業平集
貫之集
曽禰好忠集
長秋詠藻
山家集
金槐集
歌論
歌経標式
古今集仮名序
新撰髄脳
俊頼髄脳
袋草紙
古来風体抄
無名抄
神楽歌
催馬楽
朗詠
和漢朗詠集
今様
梁塵秘抄
漢詩文
懐風藻
凌雲集
文華秀麗集
経国集
性霊集
菅家文草
菅家後集
本朝文粋
劇文学
散楽
猿楽
田楽

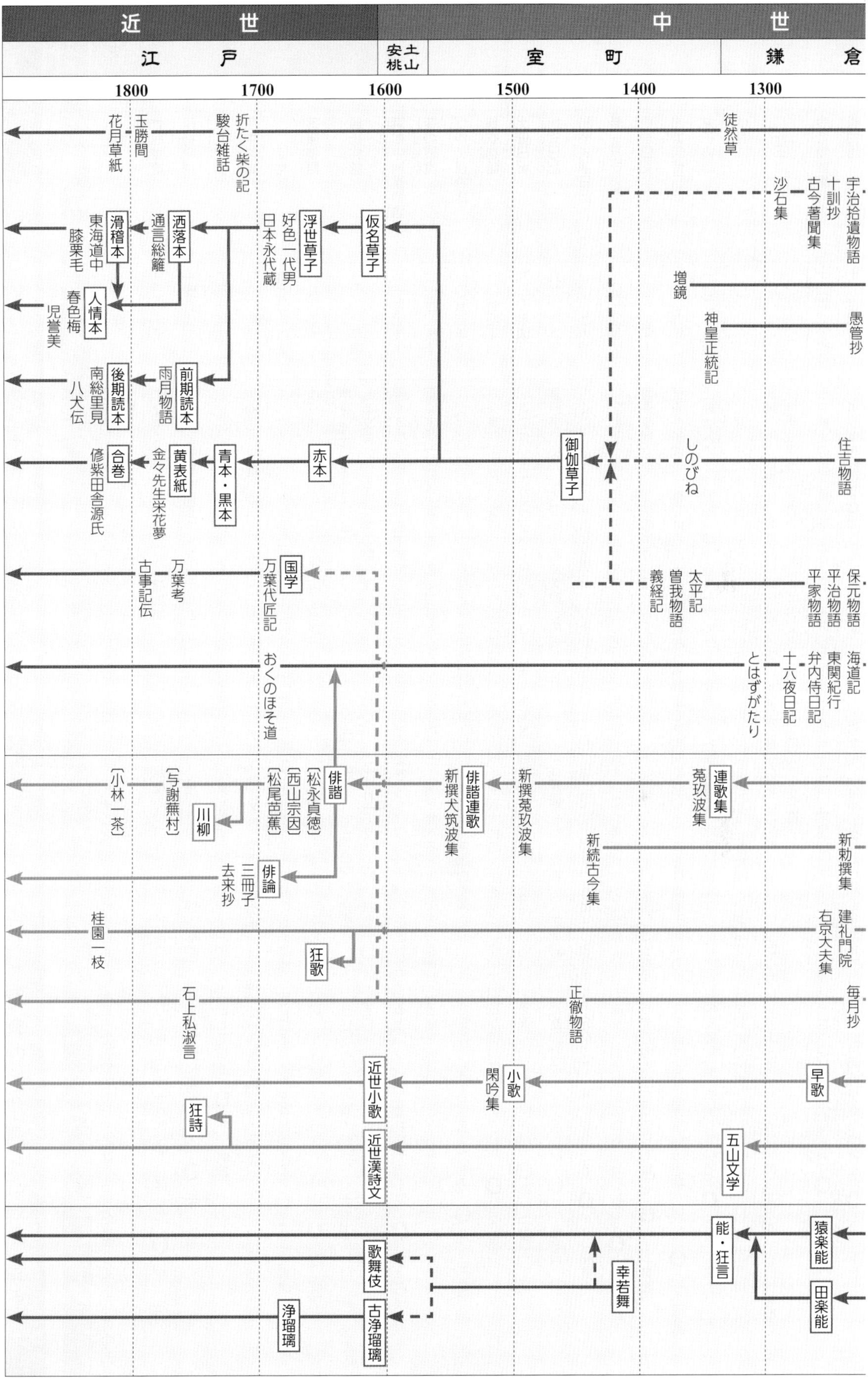

文学史問題：平安時代に成立していない書物を次から一つ選べ。（早稲田大）
①浜松中納言物語　②うつほ物語　③正徹物語　④狭衣物語　⑤夜の寝覚

主な散文学

教科書などで扱われることの多い主要な作品を一覧でまとめた。各作品が生まれた歴史的な背景や詳しい解説は参照頁に記している。ただし、いくら知識を詰め込んでも、実際に読まなければその魅力はわからない。注釈書や現代語訳が出ている作品ばかりなので、気になるものがあれば図書館で手に取ってみよう。

時代	ジャンル	作品	成立・刊行	概要
上代	史書	古事記《こじき》	七一二年	稗田阿礼《ひえだのあれ》が誦習《しょうしゅう》、太安万侶《おおのやすまろ》が撰録《せんろく》。天地創造から推古《すいこ》天皇の代までを記録する。現存する日本最古の書物であり、神話や古代歌謡を多く伝える文学的情緒豊かな史書。⬇七九・九二頁
中古	物語	竹取物語《たけとりものがたり》	九〇〇年頃	作り物語。竹の中から発見されたかぐや姫が月に帰るまでを描く。現存する日本最古の物語として後世に大きな影響を及ぼした。⬇八一・一二六頁
		伊勢物語《いせものがたり》	平安時代前期	最初の歌物語。在原業平《ありわらのなりひら》をモデルとした「男」の一代記ふうに構成されている。簡潔な和文ながら叙情性に富んでいる。⬇八二・一三〇頁
		大和物語《やまとものがたり》	九五一年頃	歌物語。前半は宇多《うだ》天皇以後の貴族社会での歌語りを、後半は和歌にまつわる伝承や説話を収録している。⬇八二・一四九頁
		平中物語《へいちゅうものがたり》	九六〇年頃	歌物語。平貞文《たいらのさだふみ》をモデルとした「男」が主人公。一つの章段が比較的長く、恋愛の失敗談が多いのが特徴。⬇八二・一四九頁
		うつほ物語《ものがたり》	九七〇年以降	作り物語。一族の秘琴伝授の物語と政権争いの物語が絡んで展開する日本最初の長編物語。伝奇性と写実性を兼ね備える。⬇八一・一四九頁
		落窪物語《おちくぼものがたり》	九九〇年頃	作り物語。母を亡くした落窪の姫君が継母《ままはは》にいじめられるが、貴公子に愛されて幸せになるという和製シンデレラストーリー。⬇八一・一四九頁
		源氏物語《げんじものがたり》	一〇〇八年頃	紫式部《むらさきしきぶ》作。光源氏《ひかるげんじ》とその一族の人生を軸に、全五十四帖《じょう》の壮大な王朝ロマンが展開される。既存の文学を吸収・融合して生み出された流麗で深みのある文章は、古典文学の最高傑作と呼ぶにふさわしい。「あはれ」の文学と称される。⬇八一・一三二頁
		浜松中納言物語《はままつちゅうなごんものがたり》	十一世紀後半	菅原孝標女《すがわらのたかすえのむすめ》作か。浜松中納言の日本と中国をまたいだ恋愛を描く。夢のお告げで輪廻転生《りんねてんしょう》を知るということが重要なモチーフ。⬇八二・一五〇頁
		夜の寝覚《よるのねざめ》	十一世紀後半	菅原孝標女作か。姉の婚約者に忍び入られて懐妊したことに端を発する、寝覚の上の尽きない苦悩を描く。⬇八二・一五〇頁
		堤中納言物語《つつみちゅうなごんものがたり》	一〇五五年以降	「虫めづる姫君」などの十の短編と一つの断章からなる異色の物語集。宮中の女房たちによる物語創作活動から生まれたもの。⬇八二・一五〇頁
		狭衣物語《さごろもものがたり》	一〇七四年頃	六条斎院宣旨《ろくじょうさいいんのせんじ》作。従妹へのかなわぬ恋に悩みつつ帝位に就く狭衣大将の人生を描く。作中の和歌が特に高く評価された。⬇八二・一五〇頁
	日記文学	土佐日記《とさにっき》	九三五年頃	紀貫之《きのつらゆき》作。土佐から都への旅路でのさまざまな感慨を、同行女性に仮託して綴《つづ》る。仮名文による最初の日記文学作品。⬇八二・一五二頁
		蜻蛉日記《かげろうにっき》	九七四年以降	藤原道綱母《ふじわらのみちつなのはは》作。夫である藤原兼家《かねいえ》との満たされない結婚生活を軸として作者の人生を綴った、最初の女流日記文学作品。⬇八二・一五四頁
		和泉式部日記《いずみしきぶにっき》	一〇〇七年頃	亡くなった恋人の弟（敦道親王《あつみち》）との恋愛を贈答歌とともに描く。主人公を「女」とする歌物語ふうの構成で、他作説もある。⬇八三・一五四頁
		紫式部日記《むらさきしきぶにっき》	一〇一〇年頃	中宮彰子《しょうし》への宮仕えの日々を内省的に振り返った日記。宮中行事や装束について詳細に記しており、同僚女房の批評も見られる。⬇八三・一五六頁
		更級日記《さらしなにっき》	一〇六〇年頃	菅原孝標女作。物語の世界に憧れて上京した夢見がちな少女時代から、夫と死別して仏道を頼むまでの人生を回想して綴る。⬇八三・一五五頁
		讃岐典侍日記《さぬきのすけにっき》	一一〇九年頃	藤原長子《ちょうし》作。上巻では堀河《ほりかわ》天皇の発病から崩御までを克明に記し、下巻では鳥羽《とば》天皇への宮仕えの日々と堀河天皇への思慕を綴る。⬇八三・一五六頁
	歴史物語	栄花物語《えいがものがたり》	一〇二九年頃	正編は赤染衛門《あかぞめえもん》編か。藤原道長《みちなが》一家に仕えた女房による道長賛美の物語。編年体。宮廷文化に関する記述が充実している。⬇八二・一六一頁
		大鏡《おおかがみ》	一〇七〇年頃	男性官人による道長の栄華の物語。紀伝体。対話形式による歴史叙述が特徴。簡潔な文体で摂関政治の内実に鋭く切り込む。⬇八二・一五八頁
	随筆	枕草子《まくらのそうし》	一〇〇一年頃	随筆。清少納言《せいしょうなごん》作。類聚《るいじゅう》的章段・日記的章段・随想的章段の約三百段からなる。中宮定子《ていし》サロンでの出来事や作者独自のみずみずしい感性を型にとらわれずに綴ったもので、「をかし」の文学と称される。⬇八三・一六〇頁
	説話集	今昔物語集《こんじゃくものがたりしゅう》	十二世紀前半	現存最大の説話集。天竺《てんじく》（インド）・震旦《しんたん》（中国）・本朝《ほんちょう》（日本）の三部構成。千話以上の仏教説話・世俗説話を集大成する。⬇八三・一七二頁
		唐物語《からものがたり》	十二世紀後半	中国故事を翻訳・翻案した世俗説話集。ほぼすべての章段に説話にちなんだ和歌を添えており、歌物語的な特徴も備える。⬇八三・一七五頁

主な散文学

時代	ジャンル	作品	成立	内容
中世	擬古物語	松浦宮物語《まつらのみやものがたり》	鎌倉時代初期	藤原定家《さだいえ》作。藤原京時代を舞台とする。中国に渡った橘氏忠《たちばなのうじただ》が内乱を平定し、皇帝の妹や后と契りを結ぶという伝奇的な物語。⇩八五・一五一頁
		住吉物語《すみよしものがたり》	鎌倉時代初期	継母にいじめられて住吉に逃れた姫君が相愛の貴公子に発見されて幸福をつかむ。古本《こほん》は平安時代に成立したが現存しない。⇩八五・一五二頁
	評論	無名草子《むみょうぞうし》	一二〇〇年頃	藤原俊成女《としなりのむすめ》作か。物語への評論が半分以上を占め、女性文学者論も収める。現存しない物語を知るうえでも貴重な資料となっている。⇩八五・一五二頁
	日記文学	建礼門院右京大夫集《けんれいもんいんうきょうのだいぶしゅう》	一二三二年頃	日記文学的な私家集。源平合戦で自害した恋人(平資盛《たいらのすけもり》)の死に触れた悲嘆、大原への建礼門院訪問などを綴る。⇩八六・一五六頁
		十六夜日記《いざよいにっき》	一二八〇年頃	阿仏尼《あぶつに》作。亡き夫から息子へ譲られた領地の相続をめぐり、訴訟を起こすために幕府のある鎌倉に出向いた際の旅日記。⇩八六・一五七頁
		とはずがたり	一三〇六年頃	後深草院二条《ごふかくさいんのにじょう》作。前半では作者を巡る宮中での男女関係をあらわに記し、後半では出家後の諸国遍歴について記す。⇩八六・一五七頁
	歴史物語	増鏡《ますかがみ》	一三四〇年頃	一一八〇年から百五十四年間の鎌倉時代史を、公家《くげ》社会の動向を中心にして描く。編年体。平安貴族文化への憧れが強い。⇩八五・一六二頁
	随筆	方丈記《ほうじょうき》	一二一二年	鴨長明《かものちょうめい》作。仏教的無常観を背景に、飢饉《ききん》・地震などの五つの事件を描いた後、俗世を離れて草庵に隠棲《いんせい》する心情を記す。⇩八七・一六七頁
		徒然草《つれづれぐさ》	一三三一年頃	兼好法師《けんこうほうし》作。独自の仏教的無常観と王朝時代追慕を基調としつつ、鋭い批評眼と理知的な文章で幅広い話題を自在に展開する。⇩八七・一六八頁
	説話集	発心集《ほっしんしゅう》	一二一二年頃	仏教説話集。鴨長明編。それぞれの説話の終わりに長めの評語が付されており、鴨長明の思想を読み解くうえで貴重である。⇩八七・一七五頁
		宇治拾遺物語《うじしゅういものがたり》	十三世紀前半	世俗説話集。庶民的・笑話的な説話を多く収める。「舌切り雀《すずめ》」「瘤《こぶ》取り爺さん」といった昔話の原話も含まれている。⇩八七・一七三頁
		十訓抄《じっきんしょう》	一二五二年	世俗説話集。年少者を啓蒙《けいもう》するために編まれ、十巻の各冒頭には徳目とその主旨を掲げる。後の教訓書の先駆けとなった。⇩八七・一七四頁
		古今著聞集《ここんちょもんじゅう》	一二五四年	世俗説話集。橘成季《なりすえ》編。七百話以上を収録しており、編目別の極めて整然とした構成を持つ百科事典的な説話集。⇩八七・一七四頁
		沙石集《しゃせきしゅう》	一二八三年	仏教説話集。無住道暁《むじゅうどうぎょう》編。説話を引用しながら仏教の要点を説く。編者自身が収集した地方の説話を多く含むことが特徴。⇩八七・一七四頁
	軍記物語	保元物語《ほうげんものがたり》	鎌倉時代前期	源為朝《みなもとのためとも》の活躍を中心にして保元の乱の顚末《てんまつ》を描く。源平の血族内で敵味方に分かれて争う壮絶な物語。⇩八六・一八二頁
		平治物語《へいじものがたり》	鎌倉時代前期	源義朝《よしとも》・義平《よしひら》の活躍を中心にして平治の乱の顚末を描く。『平家物語』の前日譚《ぜんじつたん》となる物語。⇩八六・一八二頁
		平家物語《へいけものがたり》	鎌倉時代前期	諸行無常・盛者必衰を主題として、源平合戦前後での平家一門の栄華と没落を描く。琵琶《びわ》法師の平曲《へいきょく》によって語られて流布した。⇩八六・一七六頁
		太平記《たいへいき》	室町時代前期	鎌倉幕府滅亡以降の南北朝の動乱を壮大なスケールで活写する。『平家物語』とは異なった軍記物語の到達点。⇩八六・一八二頁
		義経記《ぎけいき》	室町時代前期	源義経《よしつね》の幼少期からその悲劇的な死までを一代記的に描き出す。後にさまざまな文芸で「判官物《ほうがんもの》」のジャンルが生まれた。⇩八六・一八二頁
近世	浮世草子	好色一代男《こうしょくいちだいおとこ》	一六八二年刊	井原西鶴《いはらさいかく》作。『源氏物語』などをパロディ化した小説。主人公世之介《よのすけ》の生涯と女性遍歴を描いた好色物で、浮世草子の第一作。⇩八九・一九〇頁
		日本永代蔵《にっぽんえいたいぐら》	一六八八年刊	井原西鶴作。商人が勤労・倹約によって財をなし、放蕩《ほうとう》・油断によって没落するさまを描いた町人物。⇩八九・一九〇頁
		世間胸算用《せけんむねさんよう》	一六九二年刊	井原西鶴作。商家にとって一年の決算日だった大晦日《おおみそか》を舞台に、貸し手と借り手の駆け引きを描いた町人物。⇩八九・一九〇頁
	俳諧紀行	おくのほそ道《みち》	一六九四年	松尾芭蕉《まつおばしょう》作。西行《さいぎょう》の五百回忌にあたる年に門人の曽良《そら》と奥羽《おうう》・北陸を行脚《あんぎゃ》し、大垣に至るまでの旅路を俳諧とともに綴った紀行文。⇩九一・一八三頁
	前期読本	雨月物語《うげつものがたり》	一七七六年刊	上田秋成《うえだあきなり》作。中国小説や日本古典文学に取材した怪異譚《かいいたん》九編を収める。江戸の戯作者にも影響を与えた前期読本の代表作。⇩八九・一九一頁
	滑稽本	東海道中膝栗毛《とうかいどうちゅうひざくりげ》	一八〇二年刊	十返舎一九《じっぺんしゃいっく》作。弥次郎兵衛《やじろべえ》と喜多八《きたはち》が江戸を出発し、京大坂に至るまでの珍道中を、会話中心におもしろおかしく描く。⇩九〇・一九三頁
	後期読本	南総里見八犬伝《なんそうさとみはっけんでん》	一八一四年刊	曲亭馬琴《きょくていばきん》作。室町時代の安房《あわ》の里見家を舞台に、妖犬《ようけん》の力を受け継いだ八犬士が集結して巨悪に立ち向かう勧善懲悪の物語。⇩八九・一九三頁
	随筆	玉勝間《たまかつま》	一七九五年刊	本居宣長《もとおりのりなが》作。宣長の読書歴・学問観・思想などをまとめた、千五項目に及ぶ知的随想。⇩九一・一九一頁
		花月草紙《かげつそうし》	一八一八年	松平定信《まつだいらさだのぶ》作。格調高い擬古文で、自然・学問・人生などについて自由に所感を述べる。⇩九一・一九二頁

文学史問題：女流日記文学として最も早く成立した作品を次から一つ選べ。(京都産業大・改)
①和泉式部日記　②紫式部日記　③更級日記　④蜻蛉日記　⑤十六夜日記

古文評論キーワード

古典文学においても「歌論」「連歌論」「俳論」「物語論」「芸能論」など、多様なジャンルにわたって理論が形成され、評論が行われた。その中には、専門用語や一般とは異なった意味で使われる語がある。古人の研究成果を正確に理解するためにも、その語が生まれた背景を含めて知識を整理しておこう。

歌論

用語	解説
まこと【奈良時代】	**真実の思いや感動を率直に表現すること。**「明《あか》き浄《きよ》き直《なお》き誠の心」が理想とされ、情熱的で素朴な和歌・気風を、後世、賀茂真淵《かものまぶち》らが高く評価した。なお、「写実」の意味で用いる場合もある。
ますらをぶり【奈良時代】	**『万葉集《まんようしゅう》』（↓九三頁）に見られる男性的で雄壮・おおらかな歌風。**「ますらを」は「力強い男」を意味する。古代の理想的な和歌・気風を指す言葉として、**賀茂真淵**が唱えた。「万葉調」とほぼ同義。
たをやめぶり【平安時代】	**『古今和歌集《こきんわかしゅう》』（↓九六頁）以降の女性的で弱々しく、優美な歌風。**「たをやめ」は「しとやかな女」を意味する。もともとは平安期以降の堕落した和歌・気風を批判する言葉として、**賀茂真淵**が唱えた。
たけ高《たか》し【平安〜江戸時代】	**歌の格調が高く、荘重な美をそなえていること。**特に叙景歌について用いることが多く、気高くのびのびとした歌風を指す。「たけ（長・丈）」は「身長」の意。
艶《えん》【平安〜江戸時代】	**上品・優美で、つやのあるあでやかさを持ち、華やかな美。**藤原俊成《ふじわらのとしなり》（↓九九頁）の歌論で重視され、後に藤原定家《さだいえ》（↓九九頁）の提唱した「有《う》心《しん》」に影響を与えた。
幽玄《ゆうげん》【鎌倉・室町時代】	**言葉で言い表せない奥深い美しさ。**藤原俊成はこれを「しみじみとして静寂な余情のある、象徴的な美」ととらえ、『新古今和歌集《しんこきんわかしゅう》』（↓九八頁）の歌風に影響を与えた。俊成以後、幽玄の重要な要素として花やかな美しさが注目されるようになり、室町時代に入ると、正徹《しょうてつ》（↓一〇一頁）の歌論や世阿弥《ぜあみ》（↓一九四頁）の能楽論では「有心」とほぼ同じ意味で使われるようになる。

俳論

用語	解説
わび【室町〜江戸時代】	**質素で粗末なものに精神的な美を見出すこと。**失意を表す動詞「わぶ」が語源。美的観念としては早く中世の和歌や茶の湯の世界で用いられ、松尾芭蕉《まつおばしょう》（↓一八三頁）の俳諧《はいかい》にも大きな影響を与えた。
さび【江戸時代】	**枯れた中にある、余情を含んだ美のこと。**蕉門《しょうもん》俳諧の中核をなす理念で、和歌や連歌の用語「さぶ」（古びて趣がある）を深化させたもの。
しほり【江戸時代】	**しめやかな情趣が余情となってにじみ出ること。**蕉門俳諧では「さび」と並称される理念。
細《ほそ》み【江戸時代】	**作者の心が対象の本質を細やかにとらえることによって表現された繊細微妙な句境。**「さび」の類縁美の一つ。
軽《かる》み【江戸時代】	**身近な対象に新たな詩情を発見し、それを平明な言葉でさらりと表現すること。**晩年の芭蕉が「さび」の超克を目指して唱えた概念。
不易流行《ふえきりゅうこう》【江戸時代】	蕉門俳諧の基本理念の一つ。「不易」は**永遠に変わらないもの。**「流行」は**刻々と変化するもの。**「変化し続けることが俳諧不変の本質である」「俳諧の永遠不変の価値は新しい表現を追い求める中で生まれる」という二つの意味を包含する。「不易」と「流行」は対立するものではなく、「**風雅の誠**」でつながっている。

演劇論

用語	解説
花《はな》【室町時代】	能楽論用語。**観客の心を引きつける、演技・役者・脚本などの魅力・美。**世阿弥《ぜあみ》が唱えた。「花」を単に見せるのではなく、あえて隠すことで観客の期待を高め、より魅力的になるとされる。
物《もの》まね【室町時代】	能楽論用語。**写実的な演技。**世阿弥『風姿花伝《ふうしかでん》』（↓一九四頁）で重視される。衣装や身のこなしによってその役らしく似せることが大事だが、同時に優美さを忘れずに演技する必要があるとされた。

歌論

風吹けば花の白雲
やや消えてよなよな
晴るるみ吉野の月

南殿の花の盛りに咲き
乱れたるを、…女房四五人
眺めたらん風情

有心《うしん》・無心《むしん》【鎌倉・室町時代】

「有心」（「心あり」とも）は、**作者の深い心が感じられること**。幽玄をさらに深め、象徴的な美を妖艶・華麗に表現するものとして唱えられた。「無心」（「心なし」とも）は有心の対義語で、**風雅な心が感じられず、滑稽・無風流なこと**。

心《こころ》・詞《ことば》・姿《すがた》【平安〜江戸時代】

「心」は歌の内容・主題、「詞」は言葉づかい・表現を指し、対比的に用いることが多い。「姿」は心・詞の中から生まれてくる**一首全体の気分や情趣・印象**を言う。

秀句《しゅうく》【平安〜江戸時代】

和歌の中の特に優れた表現。主に掛詞《かけことば》や縁語《えんご》を使って、意図的に作り上げた言い回しを指す。**凝りすぎた表現を非難する場合にも使う**。

腰折《こしお》れ【平安〜江戸時代】

上の句と下の句がうまく続かず、真ん中で半分に折れているような、下手な歌（⬇一〇三頁）。

物語論

あはれ【平安時代】

しみじみとした情趣。対象への深い共鳴から生じる主観的・情緒的な感慨である。**本居宣長《もとおりのりなが》**（⬇一九二頁）は、物語の本質が**「もののあはれ」**を描くことにあると唱えた。**『源氏物語《げんじものがたり》』**（⬇一三三頁）は**「あはれの文学」**と称される。

をかし【平安時代】

知的で明るい興味。余裕を持って対象を観察することで生じる客観的な感慨である。**『枕草子《まくらのそうし》』**（⬇一六三頁）は**「をかしの文学」**と称される。

うちしぐれて空の
けしき、いとあはれなり。
（源氏物語）

黒き（馬）が足四つ
白きも、いとをかし。
（枕草子）

演劇論

虚実皮膜《きょじつひにく》の論《ろん》【江戸時代】

近松門左衛門《ちかまつもんざえもん》（⬇一九六頁）の演劇論。まったくの虚構（虚）でも、事実そのまま（実）でも人形浄瑠璃《じょうるり》は成り立たず、**事実をもとに誇張・美化を加え、両者の中間（皮膜）を探ることで、人を感動させる演劇が生まれてくる**、という考え方。

性根《しょうね》・肚《はら》【江戸時代】

歌舞伎《かぶき》用語。**登場人物が内面に抱えている根本的な感情や考え方**。あえて台詞《せりふ》や動作、表情に表すことなく、役の性根・肚を観客に伝える高度な演技法を「肚芸《はらげい》（腹芸）」という。

その他の近世文学論

義理人情《ぎりにんじょう》

「義理」は人として守るべき正しい道。**「人情」**は人が本来持っている思いやりの心。近松門左衛門には、封建制度の中において、義理と人情の間で板挟みになる人間の姿を描く作品が多い。

粋《すい》・粋《いき》（意気《いき》）

「粋《すい》」は江戸前期の上方（京・大坂）で重視された美意識。**特に遊里において、男女の機微をわきまえて、言動が洗練されているさま**を言う。「粋《いき》（意気）」は江戸で重視された美意識。上方の「粋《すい》」の影響を受けたもので、**さっぱりとあかぬけて色っぽいさま**を言う。

通《つう》・半可通《はんかつう》・野暮《やぼ》

江戸時代中期以降の美的観念。「通」は**遊里の内実やたしなみに精通している人**で、上方の「粋《すい》」とほぼ同じニュアンス。**中途半端に知ったかぶる人を「半可通」、教養がなく粗暴な人を「野暮」**と呼んで、江戸っ子は忌み嫌った。

うがち

普通の人は気づかないような世間の裏事情や人の癖・欠点などを指摘すること。「風刺」より無責任な態度だが悪意もなく、笑いをとるための技法として江戸時代後期の俗文芸で用いられた。

勧善懲悪《かんぜんちょうあく》

善を勧め悪を懲らしめること。文学においては善人は富み栄え、悪人は亡びるという筋書きとなる。**曲亭馬琴《きょくていばきん》**（⬇一九三頁）の読本《よみほん》をはじめとする近世小説や演劇の重要な理念となった。

雅俗《がぞく》

風雅なものと卑俗なもの。文学においては和歌・漢詩などが「雅」、戯作や芝居などが「俗」に分類される。近世は雅と俗を自由に往来する文人が多く、両者が渾然《こんぜん》一体となった時代であった。

文学史問題：「不易」の意味として最も適当なものを次から一つ選べ。（実践女子大・改）
①しみじみとした情感　②時代を超えた価値観　②芭蕉が詠んだ俳諧　④古人の歌や俳諧を貫くもの

上代文学の流れ

歴史解説

日本に「文学」が誕生してから、平安京に遷都した七九四（延暦《えんりゃく》一三）年までを、文学史の区分では「上代」という。日本文学の起源は、人から人へ口伝えされた神話や歌謡だと考えられる。

古代の日本には、氏族で構成された小さな共同体が多く存在していた。それを統一したのが大和《やまと》政権である。大和政権は諸豪族を従え、天皇を頂点とする中央集権的な政治体制を整えていった。

対外的には、四世紀末から中国大陸や朝鮮半島からの渡来人が日本に流入し、技術や文字を伝えたことが重要である。無文字社会だった日本は、ここで漢字という文字を手に入れたのである。さらに、六世紀半ばには仏教が伝来し、それに伴って大陸文化が浸透していった。七世紀に入ると、日本から中国へ遣隋使《けんずいし》・遣唐使《けんとうし》が派遣され、積極的に中国の学問や文化を輸入するようになった。

中国文化や仏教から多大な影響を受け、七世紀初めの推古《すいこ》朝に飛鳥《あすか》文化が栄えた。大化の改新以降、律令国家体制が整えられていき、七世紀の終わりには、中国文化に日本的な解釈を取り込んだ白鳳《はくほう》文化が生まれる。そして七一〇（和銅《わどう》三）年に平城京への遷都が行われ、その地で貴族を中心とする壮大な天平《てんぴょう》文化が大輪の花を咲かせた。

■口承文学と記載文学▼古来、日本人はすべての自然物に神が宿ると考え、神々と交流する祭式の場で発せられた特別な言葉にも霊魂が存在すると信じた（**言霊信仰**《ことだましんこう》）。この特別な言葉に日本文学は端を発する。ただし、太古の日本には文字がなかったため、思いを伝える手段は声（歌・語り）と動作（踊り）しかなかった。人から人へと口で伝えられていった、この時代の文学を**口承文学**《こうしょうぶんがく》と呼ぶ。

その後、渡来人によって漢字がもたらされ、日本人は言葉を文字化する手段を得た。**記載文学**《きさいぶんがく》の始まりである。しかし、日本語を完全に漢字（中国語）で表すことはできない。古代人は漢字の意味や音を駆使し、何とか日本語を表現しようと試みた。その一つの達成を**万葉仮名**《まんようがな》（⬇九三頁）に見ることができる。万葉仮名は漢字の意味から離れ、その音や訓によって日本語を書き記す画期的な方法であり、後にカタカナやひらがなへと独自の発展を遂げていった。

■祝詞《のりと》・宣命《せんみょう》▼言霊信仰を母胎に生まれたものとして、神をまつる儀式で唱える言葉「**祝詞**《のりと》」や、天皇の命令を伝える言葉「**宣命**《せんみょう》」がある。これらは、「宣命書き」という特徴的な表記法で書かれ、後の漢字仮名まじり文の源流となった。

■歌謡▼日常生活において、あるいは祭式において、楽器や舞踊にあわせて歌がうたわれた。それを原形にして、形式が定まっていったのが**古代歌謡**《こだいかよう》である。古代歌謡は『古事記《こじき》』『日本書紀《にほんしょき》』『風土記《ふどき》』『万葉集《まんようしゅう》』などに残されているが、特に『古事記』『日本書紀』に収められたものを**記紀歌謡**《ききかよう》という。記紀歌謡は重複を除いて約百九十首あり、伝説や神話と密接につながりながら古代人の心情を今に伝えている。

■和歌▼歌謡は次第に音数が固定化していき、「長歌（＝五七五七五七…七）」「短歌（＝五七五七七）」「旋頭歌《せどうか》（＝五七七五七七）」など数種のスタイルに分かれていった。広義にはこれらを含めて**和歌**《わか》と呼ぶ。（なお、狭義には短歌のことを和歌という。）

歌謡は主に集団的な営みだが、和歌は個人的な心情を詠むものである。現存しないが『柿本朝臣人麻呂歌集《かきのもとのあそみひとまろのかしゅう》』などの私家集《しかしゅう》が早くに編まれたことが知られている。

和歌の広がりを受け、先行する私家集などを素材として編纂《へんさん》されたのが、現存最古の歌集『**万葉集**《まんようしゅう》』（⬇九三頁）である。大和時代から八世紀後半までに詠まれた和歌を、最終的に**大伴家持**《おおとものやかもち》が編集したと考えられている。二十巻に約四千五百首を収め、その作者は天皇・貴族から庶民まで実に多様である。東国庶民の生活に密着した**東歌**《あずまうた》や、九州北部地方を警備する兵士が望郷の思いなどを詠んだ**防人歌**《さきもりのうた》もあり、地域的にも幅広い。内容はおおむね**相聞**《そうもん》（男女の恋を中心とする歌）、**挽歌**《ばんか》（人の死を追悼する歌）、**雑歌**《ぞうか》（それ以外の公的な歌）の三種類に分類することができる。

時代	西暦	和暦	事項
大和時代	＊		口承文学時代 《漢字の伝来》
	五三八＊		《仏教の伝来》
	五九三		《聖徳太子《しょうとくたいし》、摂政に就任》
	六三〇		《遣唐使の派遣開始》
	六四五	大化元	《乙巳《いっし》の変》
	六六三		《白村江《はくすきのえ》の戦い》
			額田王《ぬかたのおおきみ》ら活躍
	六七二		《壬申《じんしん》の乱》
	六八一		帝紀《ていき》などの編述開始
	六九四	朱鳥9	《藤原京遷都》
	六九七		現存最古の宣命《せんみょう》
			柿本人麻呂《かきのもとのひとまろ》ら活躍
奈良時代	七一〇	和銅3	《平城京遷都》
	七一二	5	史 古事記《こじき》（太安万侶《おおのやすまろ》）
	七一三	6	風土記《ふどき》編纂開始
	＊		地 播磨国《はりまのくに》風土記
	＊		地 常陸国《ひたちのくに》風土記
	七二〇	養老4	史 日本書紀《にほんしょき》（舎人親王《とねりしんのう》）
			山上憶良《やまのうえのおくら》ら活躍
	七三三	天平5	地 出雲国《いずものくに》風土記
	＊		地 肥前国《ひぜんのくに》風土記
	＊		地 豊後国《ぶんごのくに》風土記
	七五一	天平勝宝3	漢 懐風藻《かいふうそう》
	七五二	4	《東大寺大仏開眼》
	七五三	5	仏足石歌碑《ぶっそくせきかひ》
			大伴家持《おおとものやかもち》ら活躍
	七五九＊	天平宝字3	歌 万葉集《まんようしゅう》
	七七二	宝亀3	論 歌経標式《かきょうひょうしき》（藤原浜成《ふじわらのはまなり》）
	七八九	延暦8	史 高橋氏文《たかはしうじぶみ》

万葉集・一期　万葉集・二期　万葉集・三期　万葉集・四期

漢…漢詩文　歌…和歌　論…歌論　史…史書　地…地誌　＊…不明もしくは推定

舎人親王(矢沢弦月筆・神宮徴古館蔵)

平城京の春景色(寧楽之都の歌/大亦観風筆・奈良県立万葉文化館蔵)

上代の末期には、和歌に対する評論意識も芽生えた。藤原浜成《ふじわらのはまなり》は中国詩学を応用して『**歌経標式**《かきょうひょうしき》』を著し、和歌の起源・歌の欠点・歌体などについて論じた。

■**漢詩文**▼随《ずい》や唐《とう》の文化が日本にもたらされると、貴族階級では漢詩文を作ることが流行した。天智《てんじ》天皇が漢詩文を奨励したことにより、律令国家ではその教養が必須となる。七五一(天平勝宝《てんぴょうしょうほう》三)年には、現存最古の漢詩文集『**懐風藻**《かいふうそう》』が編まれた。六十四人の約百二十首を収め、代表的な作者に大友皇子《おおとものみこ》・大津皇子《おおつのみこ》・淡海三船《おうみのみふね》がいる。

■**史書**▼壬申《じんしん》の乱(六七二年)で勝利して即位した天武《てんむ》天皇は、皇族や諸豪族の間に伝わる系譜や神話の誤りを正し、統一することを発案した。乱で国内秩序が揺らぐ中で、天皇支配の正当性を主張することがその狙いであった。途上で天武天皇は崩御するものの、事業は引き継がれ、**稗田阿礼**《ひえだのあれ》に誦《よ》み習わせたものを、**太安万侶**《おおのやすまろ》が撰録した。それが、現存する日本最古の書物『**古事記**《こじき》』(↓九二頁)である。文体は漢字の音訓を交えた変体漢文であり、神話や伝説を交えた文学的情緒豊かな史書として名高い。

一方、中国に対して日本の立場を主張するために書かれたのが『**日本書紀**《にほんしょき》』である。国家事業として公式に編纂された最初の歴史書(**正史**《せいし》)であり、**舎人親王**《とねり》らの手によって七二〇(養老《ようろう》四)年に完成した。全三十巻で、律令国家の成り立ちを史実に基づいて**編年体**《へんねんたい》(年代順に記事を配列するスタイル)で記している。文体は純粋な漢文体である。なお、『日本書紀』に始まる六つの正史を**六国史**《りっこくし》という。

■**地誌**▼律令国家の完成後、政権には地方の実情を把握する必要があった。七一三(和銅《わどう》六)年に元明《げんめい》天皇の勅命が下り、諸国で編纂されたのが『**風土記**《ふどき》』である。地名の由来や名産品・土地に伝わる逸話などからなる。完本で現存するのは『**出雲国風土記**《いずものくにふどき》』のみで、他に常陸《ひたち》・播磨《はりま》・豊後《ぶんご》・肥前《ひぜん》の四か国のものが部分的に伝わっている。

◉六国史一覧

作品名	成立	扱う時代	撰者
❶日本書紀《にほんしょき》	七二〇(養老《ようろう》四)年	①神武《じんむ》天皇～㊶持統《じとう》天皇	舎人《とねり》親王ら
❷続日本紀《しょくにほんぎ》	七九七(延暦《えんりゃく》一六)年	㊷文武《もんむ》天皇～㊿桓武《かんむ》天皇	菅野真道《すがののまみち》ら
❸日本後紀《にほんこうき》	八四〇(承和《じょうわ》七)年	㊿桓武《かんむ》天皇～㊾淳和《じゅんな》天皇	藤原冬嗣《ふじわらのふゆつぐ》ら
❹続日本後紀《しょくにほんこうき》	八六九(貞観《じょうがん》一一)年	㊾仁明《にんみょう》天皇	藤原良房《ふじわらのよしふさ》ら
❺日本文徳天皇実録《にほんもんとくてんのうじつろく》	八七九(元慶《がんぎょう》三)年	㊿文徳《もんとく》天皇	藤原基経《ふじわらのもとつね》ら
❻日本三代実録《にほんさんだいじつろく》	九〇一(延喜《えんぎ》元)年	㊱清和《せいわ》天皇～㊳光孝《こうこう》天皇	藤原時平《ふじわらのときひら》ら

日本武尊(高橋由一筆・東京藝術大学蔵)
ヤマトタケルノミコトは東征の途中で火攻めに遭うが、火打石で迎え火を起こして難を逃れる。

古事記(安田靫彦筆・愛媛県美術館蔵)
左が稗田阿礼、右が太安万侶。

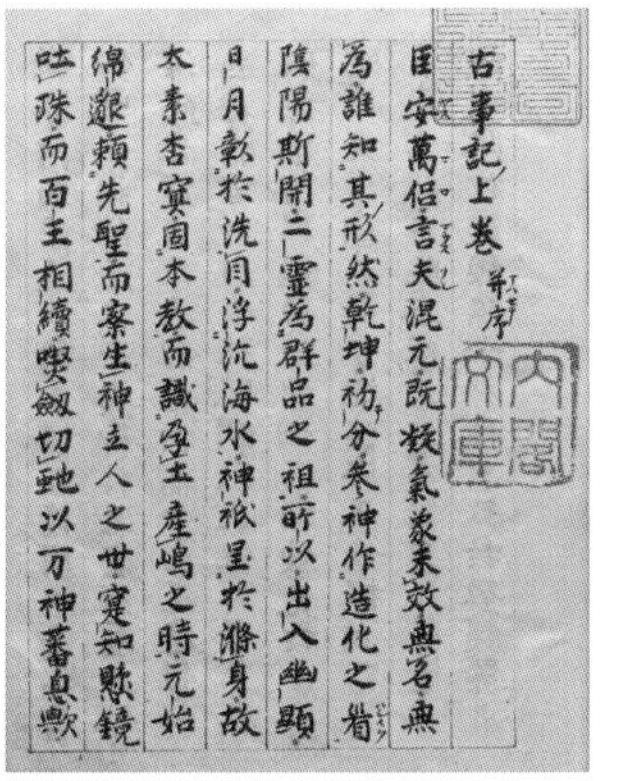
古事記上巻 并序
臣安萬侶言夫混元既凝氣象未效無名無
爲誰知其形然乾坤初分參神作造化之首
陰陽斯開二靈爲群品之祖所以出入幽顯
日月彰於洗目浮沈海水神祇呈於滌身故
太素杳冥因本教而識孕土産嶋之時元始
綿邈頼先聖而察生神立人之世寔知懸鏡
吐珠而百王相續喫劒切蛇以万神蕃息歟
『古事記』冒頭部(国立公文書館蔵)

文学史問題:古事記の成立はいつ頃か。次から一つ選べ。(日本女子大)
①六世紀　②七世紀　③八世紀　④九世紀

中古文学の流れ

歴史解説　桓武《かんむ》天皇が平安京に遷都した七九四(延暦《えんりゃく》三)年から、鎌倉幕府が確立された十二世紀末までの約四百年間(平安時代)を、文学史の区分では「中古」という。平安時代は貴族政治の時代であり、中古文学の担い手もまた、貴族階級の人々であった。貴族社会に浸透した仏教の影響も色濃い。

平安時代の政治・文化は唐に倣っていたため、文学の世界でも漢詩文が公的なものとされ、初期の中古文学は男性貴族による漢詩文が中心であった。一方、私的な文学として詠まれ続けていた和歌は、漢詩文の影響も受けながら、国風文化の発展に伴って宮廷文学としての地位を確立し、『古今和歌集《こきんわかしゅう》』を初例として勅撰《ちょくせん》和歌集も編纂《へんさん》されるようになった。

九世紀後半から普及し、私的な場で和歌や手紙などに用いられていた平仮名は、やがて散文にも用途を広げ、物語や日記などの新たな文学作品を生み出した。十世紀から十一世紀にかけての摂関政治の時代は、宮廷や後宮、摂関家の女房たちを主な担い手とする仮名文学の最盛期である。

十一世紀後半からの院政の時代には、説話や軍記、歌謡などを中心として、庶民や武士の文化が貴族社会にも流入してくるようになった。

■**漢詩文**▼男性貴族にとって官人として必須の教養であった漢詩文は、平安時代を通じて公的文学として最も高い位置を占めた。九世紀前半には、唐風文化の摂取に熱心であった嵯峨《さが》天皇・淳和《じゅんな》天皇のもとで、勅撰《ちょくせん》漢詩集『**凌雲集《りょううんしゅう》**(**凌雲新集《りょううんしんしゅう》**)』『**文華秀麗集《ぶんかしゅうれいしゅう》**』『**経国集《けいこくしゅう》**』が相次いで撰進された。唐に学び、帰国して真言宗を開いた**空海《くうかい》**はこの時期を代表する漢詩人でもあり、詩集『**性霊集《しょうりょうしゅう》**』、詩論『文鏡秘府論《ぶんきょうひふろん》』、仏教書『三教指帰《さんごうしいき》』など、優れた著作を残している。

九世紀末には、**菅原道真《すがわらのみちざね》**(九七頁)が漢詩人としても活躍し、唐詩の模倣から脱して独自の表現を切り拓《ひら》いた。道真の詩文集『**菅家文草《かんけぶんそう》**』と詩集『**菅家後集《かんけこうしゅう》**』は、その後の日本漢詩文の模範として長く尊重された。

十一世紀初めには**藤原公任《ふじわらのきんとう》**によって朗詠に適した漢詩と和歌のアンソロジー『**和漢《わかん》朗詠集《ろうえいしゅう》**』(一〇〇頁)が、十一世紀後半には藤原明衡《あきひら》によって平安時代初期から中期にかけての漢詩文を集めた『**本朝文粋《ほんちょうもんずい》**』が編まれ、中古の漢詩文の粋を見ることができる。

■**和歌**▼漢詩文が公的な文学として隆盛を極めていた九世紀には、和歌は私的な文学として愛好されるにとどまっていたが、九世紀末頃から、貴族の邸宅や内裏・後宮で、左右二組に分かれて歌の優劣を競い合う**歌合《うたあわせ》**(一〇三頁)や歌会《かかい》が盛んに行われるようになった。九世紀後半の代表的な歌人には、遍昭《へんじょう》・小野小町《おののこまち》・在原業平《ありわらのなりひら》ら**六歌仙《ろっかせん》**(九七頁)がいる。

九〇五(延喜《えんぎ》五)年には、醍醐《だいご》天皇の勅命により、紀貫之《きのつらゆき》・紀友則《とものり》・凡河内躬恒《おおしこうちのみつね》・壬生忠岑《みぶのただみね》を撰者として、初の勅撰和歌集『**古今和歌集《こきんわかしゅう》**』(九六頁)が撰進され、和歌は漢詩と並ぶ宮廷文学としての地位を確立した。『古今和歌集』には紀貫之による「仮名序《かなじょ》」と紀淑望《よしもち》による「真名序《まなじょ》」が付されており、特に「仮名序」は初の歌論として評価が高い。『古今和歌集』の掛詞・序詞・縁語などの修辞を駆使した理知的・技巧的な詠みぶりと、優雅で繊細な歌風は、以後の古典和歌の規範となった。

次いで十世紀半ばに第二の勅撰和歌集『**後撰和歌集《ごせんわかしゅう》**』が、十一世紀初めには第三の勅撰和歌集『**拾遺和歌集《しゅういわかしゅう》**』が編まれた。『古今和歌集』『後撰和歌集』『拾遺和歌集』をあわせて**三代集《さんだいしゅう》**という。大中臣能宣《おおなかとみのよしのぶ》・清原元輔《きよはらのもとすけ》・源順《みなもとのしたごう》ら、「**梨壺《なしつぼ》の五人《ごにん》**」と呼ばれた『後撰和歌集』の五人の撰者は、後宮の昭陽舎《しょうようしゃ》(梨壺)で編纂《へんさん》にあたり、『万葉集《まんようしゅう》』の訓読も行った。

『拾遺和歌集』から八十余年を経て選ばれた『**後拾遺和歌集《ごしゅういわかしゅう》**』の頃から、三代集時代の歌風は次第に変化し始め、平安時代後期から末期にかけての『**金葉和歌集《きんようわかしゅう》**』『**詞花和歌集《しかわかしゅう》**』『**千載和歌集《せんざいわかしゅう》**』による模索を経て、鎌倉時代初期の『**新古今和歌集《しんこきんわかしゅう》**』(九八頁)によって……

空海

三筆と三蹟

空海は書道の達人でもあった。彼と並び称せられるのが嵯峨《さが》天皇と橘逸勢《たちばなのはやなり》で、平安時代初期に活躍したこの三人のことを「三筆《さんぴつ》」という。

これに対し、平安時代中期に評判をとった三人の能書家(小野道風《おののみちかぜ》・藤原佐理《ふじわらのすけまさ》・藤原行成《ゆきなり》)を「三蹟《さんせき》」と称する。

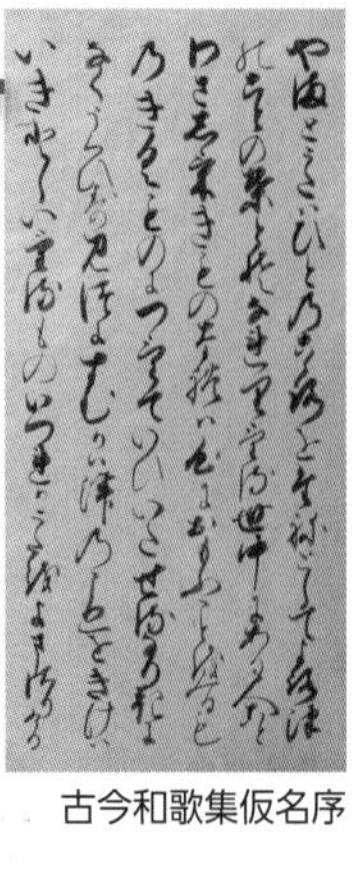
古今和歌集仮名序

スラッシュ(／)は写本の行末位置を表す。また、濁点は写本には記されていない。

活字化

やまとうたはひとのこころをたねとしてよろづ／のことの葉とぞなれりける世中にある人こと／わざしげきものなれば心におもふことをみるも／のきくものにつけていひいだせるなり花に／なくうぐひすみづにすむかはづのこゑをきけば／いきとしいけるものいづれかうたをよまざりける

▼中古の物語文学の流れ

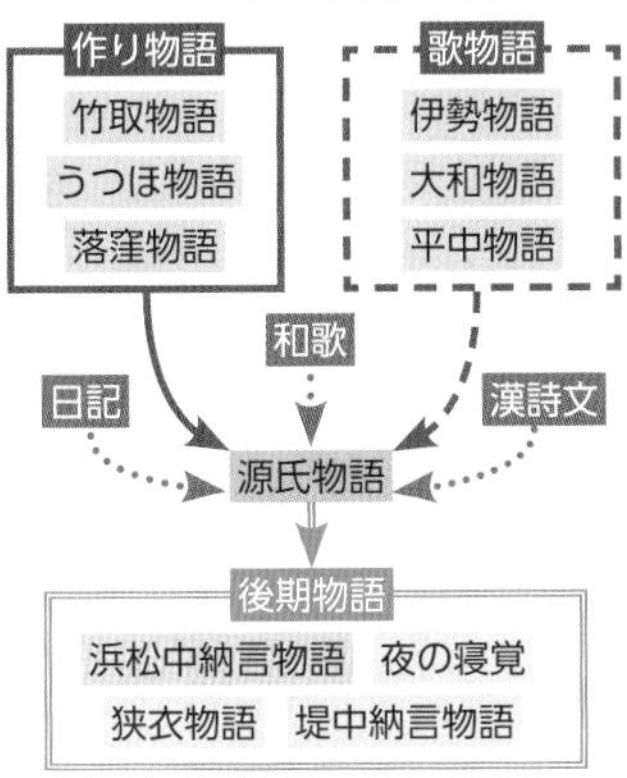

宇治の宮の姫君たち（松岡映丘筆・姫路市立美術館蔵）

て新たな歌風の完成を見た。『古今和歌集』から『新古今和歌集』までの八つの勅撰和歌集を**八代集**《はちだいしゅう》という。

個人歌集である私家集《しかしゅう》（↓一〇三頁）も多く編まれ、それらは勅撰和歌集を編纂する際の資料としても用いられた。平安時代の特色ある私家集として、中期の『和泉式部集《いずみしきぶしゅう》』（和泉式部）、後期の『散木奇歌集《さんぼくきかしゅう》』（源俊頼《としより》）、末期の『長秋詠藻《ちょうしゅうえいそう》』（藤原俊成《としなり》）、『**山家集**《さんかしゅう》』（**西行**《さいぎょう》）など（↓一〇〇頁）がある。また、歌合の流行に伴って、作歌の理論が求められるようになり、藤原公任の『新撰髄脳《しんせんずいのう》』、源俊頼《としより》の『**俊頼髄脳**《としよりずいのう》』、藤原清輔《きよすけ》の『袋草紙《ふくろぞうし》』などの歌論（↓一〇〇頁）が著された。

■**歌謡**▼上代から伝えられてきた歌謡は、平安時代には宮廷儀礼や遊宴、神事などに取り入れられ、催馬楽《さいばら》や風俗歌、神楽歌《かぐらうた》などとして歌い継がれた。また、平安時代末期には庶民の間で**今様**《いまよう》などの歌謡が流行し、今様に傾倒した後白河《ごしらかわ》法皇によって歌謡集『**梁塵秘抄**《りょうじんひしょう》』（↓一〇〇頁）が編まれた。

■**作り物語①**▼和歌から散文へと広がった仮名文学は、古来の伝承を踏まえ、漢文学の影響も受けながら、九世紀末に物語という新たなジャンルを誕生させた。物語の中心となったのは「作り物語」と呼ばれる虚構の物語で、『**竹取物語**《たけとりものがたり》』（↓一二八頁）がその最初の作品である。竹取の翁《おきな》に竹の中から発見されたかぐや姫が美しい女性に成長し、やがて月へと帰ってゆくというストーリーは、伝奇性と浪漫性に富んでいる。

十世紀後半に成立した現存最古の長編物語『**うつほ物語**《ものがたり》』（↓一四九頁）も、秘琴《ひきん》を伝える一族を中心に、音楽にまつわる奇瑞《きずい》や霊験《れいげん》が語られる伝奇性の強い物語であるが、美女あて宮への求婚や継子《ままこ》いじめ、東宮《とうぐう》の座をめぐる争いも描かれるなど、写実的な一面も兼ね備えている。十世紀末の『**落窪物語**《おちくぼものがたり》』（↓一四九頁）は、姫君の継子いじめからの救済と幸福な結婚をテーマとする、より写実性の強い物語である。

十世紀までの物語に見られた伝奇性と写実性を高度な次元で統合し、和歌・日記・漢詩文など、既存のあらゆるジャンルの文学を貪欲に取り込みながら、**紫式部**《むらさきしきぶ》によって十一世紀初めに書かれたのが、『**源氏物語**《げんじものがたり》』（↓一三三頁）である。恋愛と人生の諸相を、和歌的表現を駆使した流麗な文章で余すところなく描き出した『源氏物語』は、その後の日本文化・文学に多大な影響を与えた。紫式部は**中宮彰子**《ちゅうぐうしょうし》の女房であったが、『紫式部日記』には、皇子を生んだ中宮彰子が宮中に帰参する際に『源氏物語』の豪華本が制作されたこと、彰子の父藤原道長《みちなが》がそれに対して援助を惜しまなかったことなどが記されている。このことは、物語の制作が既に作者個人の営みにとどまらず、摂関家の文化事業となっていたことを示すものとして重要である。

平安時代

西暦	和暦	事項
七九四	延暦13	《平安京遷都》
七九七	16	仏 三教指帰《さんごうしいき》（空海《くうかい》）
七九七	16	史 続日本紀《しょくにほんぎ》（菅野真道《すがののまみち》ら）
八〇五	24	《最澄《さいちょう》、天台宗を伝える》
八〇六	大同元	《空海、真言宗を伝える》
八〇七	2	史 古語拾遺《こごしゅうい》（斎部広成《いんべのひろなり》）
八一四	弘仁5	漢 凌雲集《りょううんしゅう》（小野岑守《おののみねもり》ら）
八一八	9	漢 文華秀麗集《ぶんかしゅうれいしゅう》（藤原冬嗣《ふじわらのふゆつぐ》ら）
*		論 文鏡秘府論《ぶんきょうひふろん》（空海）
八二二*	13	説 日本霊異記《にほんりょういき》（景戒《きょうかい》）
八二七	天長4	漢 経国集《けいこくしゅう》（良岑安世《よしみねのやすよ》ら）
八三五*	承和2	漢 性霊集《しょうりょうしゅう》（空海）
八四〇	7	史 日本後紀《にほんこうき》（藤原冬嗣《ふゆつぐ》ら）
八六九	貞観11	史 続日本後紀《しょくにほんこうき》（藤原良房《よしふさ》ら）
八七九	元慶3	史 日本文徳天皇実録《にほんもんとくてんのうじつろく》（藤原基経《もとつね》ら）
八八五	仁和元	在民部卿家歌合《ざいみんぶきょうのいえのうたあわせ》
八八九	寛平元	寛平御時后宮歌合《かんぴょうのおおんときのきさいのみやのうたあわせ》
八九四	6	《遣唐使中止》
*		物 竹取《たけとり》物語
九〇〇	昌泰3	漢 菅家文草《かんけぶんそう》（菅原道真《すがわらのみちざね》）
九〇一	延喜元	《菅原道真、大宰府《だざいふ》に左遷》
九〇一	元	史 日本三代実録《にほんさんだいじつろく》（藤原時平《ときひら》ら）
九〇三	3	漢 菅家後集《かんけこうしゅう》（菅原道真）
九〇五	5	歌 古今《こきん》和歌集（紀貫之《きのつらゆき》ら）
*		物 伊《い》勢《せ》物語
九一三	13	亭子院歌合《ていじいんのうたあわせ》
*		辞 倭名類聚抄《わみょうるいじゅうしょう》（源順《みなもとのしたごう》）
九三五*	承平5	日 土《と》佐《さ》日記（紀貫之）
九三五	5	《承平《じょうへい》・天慶《てんぎょう》の乱》
九四〇*	天慶3	軍 将門記《しょうもんき》

漢…漢詩文　歌…和歌　謡…歌謡　論…詩論・歌論　物…物語　日…日記　歴…歴史物語　随…随筆　説…説話　軍…軍記物語　史…史書
仏…仏教書　辞…辞書　＊…不明もしくは推定

三人の娘を皇后として入内させた道長は、宴席で「この世をばわが世とぞ思ふ望月の欠けたることもなしと思へば」という和歌を詠み、その栄華を誇った。

藤原氏について

平安時代の政治・文学について語る上で避けて通れないのが、藤原氏の存在である。中臣鎌足《なかとみのかまたり》を祖とする藤原氏は、荘園《しょうえん》(私有地)から得られる莫大《ばくだい》な財によって勢力を伸ばし、天皇に娘や姉妹を入内《じゅだい》させ、生まれた皇子の外戚《がいせき》となることで、地位を固めていった。

藤原氏は摂政《せっしょう》(幼い天皇の代わりに政務を執る役)や関白《かんぱく》(天皇成人後の相談役)のポストを独占し、その栄華は藤原道長《みちなが》の代で最盛期を迎える。

■**作り物語②**▼十一世紀半ばから後半にかけては、内親王家で盛んに物語が制作され、**『浜松中納言物語《はままつちゅうなごんものがたり》』『夜《よる》の寝覚《ねざめ》』『狭衣物語《さごろもものがたり》』**など(↓一五〇頁)が相次いで書かれた。これらの物語は、『源氏物語』の影響を受けつつ、内向的な主人公の思い通りにならない恋を描くものが多いが、『夜の寝覚』は女主人公の苦悩と波乱の人生を描いている点に特色があり、「虫めづる姫君」など奇抜な着想の作品群を収める短編物語集**『堤中納言物語《つつみちゅうなごんものがたり》』**(↓一五〇頁)も異彩を放っている。

■**歌物語**▼歌物語は、和歌をめぐる短い物語を集めたもので、語り継がれてきた歌語りを基盤として成立したものと考えられている。十世紀初めの**『伊勢物語《いせものがたり》』**(↓一三〇頁)は、**在原業平《ありわらのなりひら》**をモデルとする主人公の恋愛や友情を、和歌の叙情性を引き立てる簡潔な文章で描き出した歌物語の代表作で、後世『源氏物語』と並ぶ物語文学の古典として仰がれた。

その他の歌物語として、伝承に基づく歌語りや『後撰和歌集』時代の歌人たちのエピソードなどを集めた十世紀半ばの**『大和物語《やまとものがたり》』**(↓一四九頁)、『古今和歌集』時代の歌人**平貞文《たいらのさだふみ》**を主人公とし、十世紀後半に成立した**『平中物語《へいちゅうものがたり》』**(↓一四九頁)などがある。

■**歴史物語**▼十一世紀前半には、『源氏物語』や『紫式部日記』の影響のもと、歴史的事実そのものを題材とする歴史物語が誕生した。漢文の官撰国史であった『日本書紀《にほんしょき》』以下の六国史《りっこくし》に対して、歴史物語は仮名による私的な歴史叙述であり、多くの脚色や虚構を交えた文学作品である。最初の歴史物語である**『栄花物語《えいがものがたり》』**(↓一六一頁)は、藤原道《みち》長《なが》一家に仕える女房の立場から、政治と仏教の両面における道長の功績と栄華を賛美しており、後宮を中心とする文化史の物語としての性格が色濃い。

これに対して、十一世紀後半に成立した**『大鏡《おおかがみ》』**(↓一五八頁)は、『栄花物語』と同様に道長の栄華を賛美しつつも、男性官人の立場から、道長の栄華に至る藤原氏の歴史を権力闘争の内幕にも鋭く迫りながら語っており、摂関政治史の物語としての性格を持つ。また、『大鏡』が創始した語りと対話による歴史叙述という形式は、十二世紀後半の**『今鏡《いまかがみ》』**にも引き継がれ、「鏡物《かがみもの》」というジャンルが確立された。

■**日記文学**▼日記は本来、男性官人が漢文で書く日々の出来事の記録であった。これに対して、十世紀前半の**紀貫之《きのつらゆき》**は、女性仮託という方法を用いて、船旅の体験を虚構も交えつつ仮名で綴《つづ》った**『土佐日記《とさにっき》』**(↓一五二頁)を著し、日記文学を誕生させた。後宮や歌合の記録として、仮名の女房日記や歌合日記が書かれていたことも、その後の日記文学の発展に大きく寄与した。

日記文学は、十世紀後半の**藤原道綱母《ふじわらのみちつなのはは》**による**『蜻蛉日記《かげろうにっき》』**(↓一五四頁)以後、女性たち

平安時代

西暦	和暦	事項
九五一	天暦5	《梨壺《なしつぼ》に撰和歌所《せんわかどころ》設置》
*九五一	5	歌 後撰《ごせん》和歌集(源順ら)
*		物 大和《やまと》物語
九六〇	天徳4	天徳内裏《てんとくだいり》歌合《うたあわせ》
*		物 多武峯《とうのみね》少将《しょうしょう》物語
*		物 平中《へいちゅう》物語
*九七四	天延2	日 蜻蛉《かげろう》日記(藤原道綱母《みちつなのはは》)
*		物 うつほ物語
九八四	永観2	説 三宝絵詞《さんぼうえことば》(源為憲《ためのり》)
九八五	寛和元	仏 往生要集《おうじょうようしゅう》(源信《げんしん》)
*九八七	3	仏 日本往生極楽記《にほんおうじょうごくらくき》(慶滋保胤《よししげのやすたね》)
九九〇	正暦元	《定子《ていし》、一条《いちじょう》天皇に入内》
九九九	長保元	《彰子《しょうし》、一条天皇に入内》
*		物 落窪《おちくぼ》物語
*一〇〇一	3	随 枕草子《まくらのそうし》(清少納言《せいしょうなごん》)
*		歌 曽禰好忠《そねのよしただ》集
*		論 新撰髄脳《しんせんずいのう》(藤原公任《ふじわらのきんとう》)
*		歌 拾遺《しゅうい》和歌集(花山院《かざんいん》?)
*一〇〇七	寛弘4	日 和泉式部《いずみしきぶ》日記
*一〇〇八	5	物 源氏《げんじ》物語(紫式部《むらさきしきぶ》)
*一〇一〇	7	日 紫式部日記
*一〇一三	長和2	謡 和漢朗詠集《わかんろうえいしゅう》(藤原公任)
一〇一七	寛仁元	《藤原道長《みちなが》、太政大臣となる》
*一〇二一	治安元	日 御堂関白記《みどうかんぱくき》(藤原道長)
*一〇二九	長元2	歴 栄花《えいが》物語正編(赤染衛門《あかぞめえもん》?)
*		物 浜松中納言《はままつちゅうなごん》物語 (菅原孝標女《すがわらのたかすえのむすめ》?)
*		物 夜《よる》の寝覚《ねざめ》(菅原孝標女?)
*		物 堤中納言《つつみちゅうなごん》物語
*一〇六〇	康平3	日 更級《さらしな》日記(菅原孝標女)
*		漢 本朝文粋《ほんちょうもんずい》(藤原明衡《あきひら》)

◉中古の主な日記文学（成立順）

作品名	成立	作者
土佐日記《とさにっき》	九三五年？	紀貫之《きのつらゆき》
蜻蛉日記《かげろうにっき》	九七四年？	藤原道綱母《ふじわらのみちつなのはは》
和泉式部日記《いずみしきぶにっき》	一〇〇七年？	和泉式部
紫式部日記《むらさきしきぶにっき》	一〇一〇年？	紫式部
更級日記《さらしなにっき》	一〇六〇年？	菅原孝標女《すがわらのたかすえのむすめ》
讃岐典侍日記《さぬきのすけにっき》	一一〇九年？	藤原長子《ちょうし》

※作品の頭文字から「とかいの紫式部　さらに讃岐へ」と覚えると成立順に並べることができる。

枕草子図（千葉市美術館蔵）

を担い手とするようになったが、その内容は多様性に富んでいる。『蜻蛉日記』は摂関家の妻としての生活と苦悩を描く自伝的な日記であり、女性の人生を深く見つめる視点は『源氏物語』にも影響を与えた。道綱母の姪《めい》である十一世紀後半の**菅原孝標女**《すがわらのたかすえのむすめ》の『**更級日記**《さらしなにっき》』（⇩一五五頁）も同様に自伝的な作品であり、『源氏物語』に憧れた少女時代から、夫の死を経て仏教への信仰を深めてゆく晩年に至る半生を描いている。

一方、十一世紀初めの『**紫式部日記**《むらさきしきぶにっき》』（⇩一五六頁）は、**中宮彰子**《ちゅうぐうしょうし》に仕える女房の立場から宮仕え生活を描いたもので、紫式部自身の憂愁の思いや同時代の女性文学者たちへの批評なども盛り込まれている。同様に女房の立場から書かれた日記として、堀河《ほりかわ》天皇の死を看取った藤原長子《ちょうし》が、天皇への追慕をテーマとして綴った十二世紀初めの『**讃岐典侍日記**《さぬきのすけにっき》』（⇩一五六頁）などがある。

十一世紀初めの『**和泉式部日記**《いずみしきぶにっき》』（⇩一五四頁）は、和泉式部が恋人の敦道《あつみち》親王と交わした贈答歌を中心に、歌物語ふうに綴った作品である。

■**随筆**▼平安時代には「随筆」というジャンルはまだ存在していなかった。**中宮定子**《ちゅうぐうていし》に仕えた**清少納言**《せいしょうなごん》によって十一世紀初めに書かれた『**枕草子**《まくらのそうし》』（⇩一六二頁）は、みずからの見聞や所感を生き生きと綴っており、定子後宮の文化の記録を基調としつつも、女房日記の枠組みを超える豊かな感性の世界を作り上げている。後世、『枕草子』が随筆文学の祖として位置づけられたのはそのためである。

■**説話**▼説話は、菩薩《ぼさつ》や高僧の行跡などを通じて仏教の教えを説く**仏教説話**《ぶっきょうせつわ》と、貴族から庶民までのさまざまな階層の人々が語り継いできた日常生活の中の話題を語る**世**《せ》**俗説話**《ぞくせつわ》に大別される。

仏教説話集には、九世紀前半に薬師寺の僧景戒《きょうかい》によって編まれた『**日本霊異記**《にほんりょういき》』（⇩一七五頁）、十世紀後半に源為憲《ためのり》が著した『**三宝絵詞**《さんぼうえことば》』、十二世紀前半に編まれた『**打聞集**《うちぎきしゅう》』などがある。十二世紀前半には、武士や庶民の台頭を反映しつつ、インド・中国・日本の仏教説話と世俗説話を集大成した『**今昔物語集**《こんじゃくものがたりしゅう》』（⇩一七二頁）が編まれた。

他に、貴族社会の有職故実《ゆうそくこじつ》や宮廷の秘話などを伝える**貴族説話**《きぞくせつわ》もあり、大江匡房《おおえのまさふさ》の談話を藤原実兼《さねかね》が筆録した十二世紀初めの『**江談抄**《ごうだんしょう》』がその代表作である。また、漢籍故事を和文化して和歌を添えた説話集として、十二世紀後半の『**唐物語**《からものがたり》』（⇩一七五頁）があり、中国文学と日本文学との関係を考える上で興味深い。

■**軍記物語**▼平安時代の軍記物語には、平将門《まさかど》の乱を題材とする十世紀半ば（鎌倉時代の成立とする説もある）の『**将門記**《しょうもんき》』や、前九年《ぜんくねん》の役《えき》を題材とする十一世紀後半の『**陸奥話記**《むつわき》』などの漢文体で書かれた作品があり、中世の軍記物語の先駆けとなった。

平安時代

年	年号	作品・事項
*		軍 陸奥話記《むつわき》
一〇七三	延久5	日 成尋阿闍梨母集《じょうじんあじゃりのははのしゅう》
*		物 狭衣《さごろも》物語（六条斎院宣旨《ろくじょうさいいんのせんじ》）
*		歴 大鏡《おおかがみ》
一〇八六	応徳3	《院政が始まる》
一〇八六	3	歌 後拾遺《ごしゅうい》和歌集（藤原通俊《みちとし》）
*一〇九二	寛治6	歴 栄花物語続編（出羽弁《いでわのべん》？）
*一一〇九	天仁2	日 讃岐典侍《さぬきのすけ》日記（藤原長子《ちょうし》）
*		謡 新撰朗詠集《しんせんろうえいしゅう》（藤原基俊《もととし》）
*一一一五	永久3	論 俊頼髄脳《としよりずいのう》（源俊頼）
*		説 江談抄《ごうだんしょう》（大江匡房《おおえのまさふさ》）
*		説 今昔物語集《こんじゃくものがたりしゅう》
一一二七	大治2	歌 金葉《きんよう》和歌集（源俊頼）
*一一二八	3	歌 散木奇歌集《さんぼくきかしゅう》（源俊頼）
*		説 打聞集《うちぎきしゅう》
一一五一	仁平元	歌 詞花《しか》和歌集（藤原顕輔《あきすけ》）
一一五六	保元元	《保元《ほうげん》の乱》
一一五八	3	論 袋草紙《ふくろぞうし》（藤原清輔《きよすけ》）
一一五九	平治元	《平治《へいじ》の乱》
一一六七	仁安2	《平清盛《たいらのきよもり》、太政大臣となる》
*一一六九	嘉応元	謡 梁塵秘抄《りょうじんひしょう》（後白河《ごしらかわ》法皇）
*一一七〇	2	歴 今鏡《いまかがみ》（藤原為経《ためつね》？）
*		物 とりかへばや物語
*		説 唐《から》物語（藤原成範《しげのり》？）
一一七八	治承2	歌 長秋詠藻《ちょうしゅうえいそう》（藤原俊成《としなり》）
*一一七八	2	説 宝物集《ほうぶつしゅう》（平康頼《やすより》）
一一八五	文治元	《平家滅亡・守護地頭の設置》
一一八七	3	歌 千載《せんざい》和歌集（藤原俊成）
*一一九〇	建久元	歌 山家集《さんかしゅう》（西行《さいぎょう》）

文学史問題：紫式部日記より後に成立したとされる作品を次から二つ選べ。（奈良教育大）
①伊勢物語　②後撰和歌集　③更級日記　④新古今和歌集　⑤竹取物語　⑥土佐日記

中世文学の流れ

歴史解説　源　頼朝《みなもとのよりとも》が鎌倉幕府を確立した十二世紀末から、江戸幕府の開かれる一六〇三（慶長《けいちょう》八）年までの約四百年間を、文学史の区分では「中世」という。鎌倉時代・南北朝時代・室町時代・戦国時代・安土桃山時代に相当するこの時期は、各地で戦乱が繰り返され、政治体制が揺らぎ続けた。「下剋上《げこくじょう》」の風潮が高まっていく一方、人々は浄土真宗・日蓮宗《にちれんしゅう》などの新仏教にすがった。

政権が貴族から武家へと移ると、文学の担い手も武家・庶民へと拡大していった。また、戦乱が全国へ及ぶ中で、地域的にも京都から鎌倉・地方へと拡大した。

とりわけ、貴族文化の中で培われてきた伝統的な文学様式が、武士・庶民階層の文化と衝突・融合することで、説話・軍記物語・連歌《れんが》などのジャンルが大きく発展し、能などの新たなジャンルも生み出したことが重要である。また、動乱期の社会不安を反映して、無常観に支えられた隠者文学が作られたほか、僧侶の関わった作品も数多い。

文芸の享受層が広がることで文芸意識も変化し、王朝的美意識とは異なる「幽玄《ゆうげん》」「有心《うしん》」という美意識が論じられた。

中世とは、伝統と新興とがせめぎ合いながら、多種多様なジャンルを生み出した時代であった。

■**和歌・歌論**▼中世においても和歌は盛んで、八代集の最後を飾る『**新古今和歌集《しんこきんわかしゅう》**』が成立して以降も、『新勅撰和歌集《しんちょくせんわかしゅう》』から『新続古今和歌集《しんしょくこきんわかしゅう》』に至る十三もの勅撰集（十三代集）が作られた（⬇一〇三頁）。前代に比べてその撰集間隔も短くなり、政権と歌壇とが結びついた、勅撰集の時代であったと言ってもよい。

まず、**後鳥羽《ごとば》上皇**・**藤原定家《ふじわらのさだいえ》**を中心に選ばれた『**新古今和歌集**』（⬇九八頁）では、藤原俊成《としなり》の「幽玄《ゆうげん》」「有心《うしん》」の美が、定家により「余情妖艶《ようえん》の体」に発展し、余韻・余情をかきたてる**体言止め《たいげんど》**、七五調の**初句切れ《しょくぎ》**・**三句切れ《さんくぎ》**、**本歌取り《ほんかど》**などが多く使われ、一般に「新古今調」とも言われる歌風を作り上げた。

俊成・定家の業績により歌道家の地位を固めた**御子左家《みこひだりけ》**は、俊成・定家・為家《ためいえ》の三代の後、**二条家《にじょうけ》**・**京極家《きょうごくけ》**・**冷泉家《れいぜいけ》**の三家に分かれ（⬇一〇二頁）、特に大覚寺統《だいかくじとう》と結びついた**二条派《にじょうは》**と、持明院統《じみょういんとう》と結びついた**京極派《きょうごくは》**が勢力を争った。京極派は斬新な歌風で革新を試み、『**玉葉和歌集《ぎょくようわかしゅう》**』『**風雅和歌集《ふうがわかしゅう》**』という勅撰集を残したが、歌壇の主流は常に二条派であり、その平淡で伝統的な歌風が近世の堂上《とうしょう》歌壇に受け継がれていく。

私家集《しかしゅう》では、鎌倉幕府三代将軍の**源　実朝《みなもとのさねとも》**が『**金槐和歌集《きんかいわかしゅう》**』（⬇一〇〇頁）を残し、その雄大な万葉調で注目される。その他に、著名な中世歌人の私家集としては、藤原良経《よしつね》『秋篠月清集《あきしのげっせいしゅう》』、藤原定家『拾遺愚草《しゅういぐそう》』、藤原家隆《いえたか》『壬二集《みにしゅう》（玉吟集《ぎょくぎんしゅう》）』、慈円《じえん》『拾玉集《しゅうぎょくしゅう》』があり、平安時代末期に成立した藤原俊成『長秋詠藻《ちょうしゅうえいそう》』、西行《さいぎょう》『山家集《さんかしゅう》』と合わせてこれらを**六家集《ろっかしゅう》**と総称する。

歌論は、平安時代の成果を受け、芸術論としての深みを増した。代表的な作品として、**藤原俊成**『**古来風体抄《こらいふうていしょう》**』、**藤原定家**『**近代秀歌《きんだいしゅうか》**』、**鴨長明《かものちょうめい》**『**無名抄《むみょうしょう》**』、**正徹《しょうてつ》**『**正徹物語《しょうてつものがたり》**』など（⬇一〇〇～一〇二頁）があげられる。特に、定家を崇拝した歌僧・正徹による「幽玄」をめぐる解釈（⬇七六頁）は、連歌や能にも大きな影響を及ぼした。

■**歌謡**▼より自由な韻律で歌われる歌謡については、鎌倉末期から室町時代にかけて、武家を中心に、**早歌《そうか》**（**宴曲《えんきょく》**）という、物尽くしや道行きなどをリズミカルに歌う長編歌謡が流行した。一方、短詩型の歌謡である**小歌《こうた》**が庶民にも広がり、室町時代には流行した小歌を集めた『**閑吟集《かんぎんしゅう》**』（⬇一〇〇頁）、『宗安小歌集《そうあんこうたしゅう》』なども出た。

■**連歌《れんが》**▼この時代には、和歌の余技的位置づけであった**連歌《れんが》**が流行を見せる。連歌には滑稽を重んじる「無心《むしん》連歌」と、風雅を重んじる「有心《うしん》連歌」があるが、文芸としてまず成長したのは後者であった。連歌を専門とする地下《じげ》連歌師も現れ、堂上歌人と交流を持つ中で、その芸術性が向上していった。

南北朝期に入ると、**二条良基《にじょうよしもと》**が連歌の地位向上を企図して、連歌の式目《しきもく》（ルール）を

右大臣実朝（松岡映丘筆・日本芸術院蔵）
甥《おい》の公暁《くぎょう》に暗殺される日の源実朝を描く。

南北朝の動乱

一三三三（元弘《げんこう》三）年に鎌倉幕府を滅ぼした後、後醍醐《ごだいご》天皇（亀山《かめやま》天皇を祖とする大覚寺統《だいかくじとう》の血筋）は、天皇中心の政治（建武《けんむ》の新政）を開始した。しかし、それまでの体制や慣習を無視した専制的な政治手法に武家の不満が募り、足利尊氏《あしかがたかうじ》が反乱を起こすに至る。

一三三六（建武三）年、京都を制圧した尊氏は光明《こうみょう》天皇（後深草《ごふかくさ》天皇を祖とする持明院統《じみょういんとう》の血筋）を擁立し、北朝を開いた。一方、後醍醐天皇は吉野に逃れて南朝を開く。京都（北朝）と吉野（南朝）に二つの朝廷が存在し、それぞれ別の年号を使うという異常事態は、室町幕府内の勢力争いや全国各地の武士の相続争いも絡んで複雑化し、約六十年間も続いた。

一三九二（明徳《めいとく》三）年、南朝の後亀山《ごかめやま》天皇が北朝の後小松《ごこまつ》天皇に譲位し、ようやく南北朝の合一が果たされた。

◉中世の主な戦乱

戦乱	概要
承久《じょうきゅう》の乱 一二二一年	後鳥羽《ごとば》上皇が企てた鎌倉幕府打倒のクーデター。上皇は敗れ、隠岐《おき》に流された。【文学】『承久記《じょうきゅうき》』『増鏡《ますかがみ》』隠岐本《おきほん》『新古今和歌集』
元弘《げんこう》の乱 一三三一～一三三三年	後醍醐《ごだいご》天皇が企てた鎌倉幕府打倒のクーデター。天皇は敗れ、隠岐に流されるが、ひそかに脱出。楠木正成《くすのきまさしげ》や新田義貞《にったよしさだ》らの活躍で鎌倉幕府(北条《ほうじょう》氏)を滅ぼす。
南北朝の動乱 一三三六～一三九二年	足利尊氏《あしかがたかうじ》が後醍醐天皇に背いたことから、朝廷が京都(北朝)と吉野(南朝)に分裂し、各地で戦乱が繰り返された。前頁下段参照。【文学】『太平記《たいへいき》』
応仁《おうにん》の乱 一四六七～一四七七年	室町幕府将軍の跡継ぎ争いと守護大名の家督争いが絡んだ全国規模の戦乱。泥沼化・長期化し、戦国時代突入のきっかけとなった。

連歌を芸術に高めた飯尾宗祇
(北九州市立自然史・歴史博物館蔵)

定めた『**応安新式**《おうあんしんしき》』や連歌論書『**筑波問答**《つくばもんどう》』を著したほか、准勅撰連歌集『**菟玖波集**《つくばしゅう》』を編んだ。次いで室町中期には、連歌師の心敬《しんけい》らに学んだ**飯尾宗祇**《いいおそうぎ》が二番目の准勅撰連歌集『**新撰菟玖波集**《しんせんつくばしゅう》』を編んで正風《しょうふう》連歌を大成させ、その芸術性は頂点に達した。この時期の作品としては『**水無瀬三吟百韻**《みなせさんぎんひゃくいん》』『**湯山三吟百韻**《ゆのやまさんぎんひゃくいん》』が名高い。

宗祇のように、各地の大名の招きで地方へ下り、連歌指導や古典講釈を行うなど、全国規模で活躍した連歌師は、京と地方の文化の伝達者でもあり、紀行文を残した連歌師も多かった。また、宗祇は、東常縁《とうのつねより》から**古今伝授**《こきんでんじゅ》(『古今和歌集』に関する故実や秘伝を師から弟子に相伝すること)を受け、三条西実隆《さんじょうにしさねたか》に伝えたことでも知られる。

こうした連歌の芸術性を高める動きに対し、本来の遊戯性や滑稽性を取り戻そうと、無心連歌の流れを汲《く》む俳諧《はいかい》連歌が生まれ、**山崎宗鑑**《やまざきそうかん》『**新撰犬筑波集**《しんせんいぬつくばしゅう》』、**荒木田守武**《あらきだもりたけ》『**守武千句**《もりたけせんく》』などが出た。こうした俳諧連歌から江戸時代の俳諧が生まれていく。

■**漢詩**▼主に男性貴族によって担われてきた漢詩文は、中世に入ると、多くの入宋・入元僧、渡来僧がいた京・鎌倉の禅宗寺院(いわゆる**五山**《ござん》)を中心に、禅僧らがその担い手となった。武家の禅宗庇護《ひご》もあり、公家《くげ》とも交流を持った詩僧たちの詩文集が編まれ、義堂周信《ぎどうしゅうしん》『空華集《くうげしゅう》』や絶海中津《ぜっかいちゅうしん》『蕉堅藁《しょうけんこう》』などが出た(↓四三〇頁)。これらを総じて**五山文学**《ござんぶんがく》とも呼ぶ。

■**擬古物語**《ぎこものがたり》▼十三世紀初め頃に藤原俊成女《ふじわらのとしなりのむすめ》が著したとされる『**無名草子**《むみょうぞうし》』(↓一五二頁)は、優れた物語評論で、現在は散逸してしまったものも含めて、多くの物語を論じており、中世にも多種多様な物語が流布していたことがわかる。そうした、平安時代の王朝文学を思慕し、模倣した作品を**擬古物語**《ぎこものがたり》と呼び、『**住吉物語**《すみよしものがたり》』『**松浦宮物語**《まつらのみやものがたり》』『**しのびね**』『**石清水物語**《いわしみずものがたり》』など、約三十種が現存する(↓一五二頁)。平安の王朝文学を受け継ぎ、それ以上に大量に作られたと思《おぼ》しいこれらの物語も、貴族社会の疲弊とともに作られなくなっていった。

■**歴史物語・史論**▼平安時代の『大鏡《おおかがみ》』『今鏡《いまかがみ》』を受け、神武《じんむ》天皇から『大鏡』以前までの時代を扱う『**水鏡**《みずかがみ》』と、後鳥羽《ごとば》天皇から後醍醐《ごだいご》天皇までの歴史を記した『**増鏡**《ますかがみ》』の成立によって、「**四鏡**《しきょう》」(↓一六二頁)が出そろう。しかし、室町期以降の歴史物語は後述する軍記物語にほぼその席を譲ることになる。

また、中世は未曽有《みぞう》の社会変動期であることを反映して、一定の史観から過去の歴史を振り返り、現在までの変転を論じる史論が著された。承久《じょうきゅう》の乱前後には、天台座《てんだいざ》主《す》の地位にあった**慈円**《じえん》が『**愚管抄**《ぐかんしょう》』を著して、「道理」に基づく歴史を論じ、南北朝内乱期には、南朝家臣の**北畠親房**《きたばたけちかふさ》が『**神皇正統記**《じんのうしょうとうき》』を著して、天皇中心の歴史観を示した。

鎌倉時代

西暦	和暦	事項
一一八五	文治元	《平家滅亡・守護地頭の設置》
一一八七	3	[歌] 千載和歌集《せんざい》(藤原俊成《としなり》)
一一九〇*	建久元	[歌] 山家集《さんかしゅう》(西行《さいぎょう》)
一一九二	3	《源頼朝《みなもとのよりとも》、征夷大将軍となる》
*		[説] 古本説話集《こほんせつわしゅう》
*		[物] 松浦宮物語《まつらのみや》(藤原定家《さだいえ》)
一一九五*	6	[歴] 水鏡《みずかがみ》(中山忠親《なかやまただちか》?)
一一九七	8	[論] 古来風体抄《こらいふうていしょう》(藤原俊成)
一二〇〇*	正治2	[日] 玉葉《ぎょくよう》(九条兼実《くじょうかねざね》)
一二〇〇*	2	[論] 無名草子《むみょうぞうし》(藤原俊成女《としなりのむすめ》?)
一二〇二	建仁2	千五百番歌合《せんごひゃくばんうたあわせ》
一二〇四	元久元	[歌] 秋篠月清集《あきしのげっせいしゅう》(藤原良経《よしつね》)
一二〇五	2	[歌] 新古今和歌集《しんこきん》(藤原定家ら)
一二〇九*	承元3	[論] 近代秀歌《きんだいしゅうか》(藤原定家)
一二一一*	建暦元	[論] 無名抄《むみょうしょう》(鴨長明《かものちょうめい》)
一二一二	2	[随] 方丈記《ほうじょうき》(鴨長明)
*		[説] 発心集《ほっしんしゅう》(鴨長明)
一二一三	建保元	[歌] 金槐和歌集《きんかい》(源実朝《さねとも》)
一二一五*	3	[説] 古事談《こじだん》(源顕兼《あきかね》)
一二一六	4	[歌] 拾遺愚草《しゅういぐそう》(藤原定家)
一二一九	7	[日] たまきはる(建春門院中納言《けんしゅんもんいんちゅうなごん》)
一二一九	承久元	[論] 毎月抄《まいげつしょう》
*		[説] 宇治拾遺物語《うじしゅうい》
一二二〇*	2	[史] 愚管抄《ぐかんしょう》(慈円《じえん》)
一二二一	3	《承久《じょうきゅう》の乱》
*		[軍] 保元物語《ほうげん》
*		[軍] 平治物語《へいじ》
一二二二	4	[説] 閑居友《かんきょのとも》(慶政《けいせい》)
一二二三*	貞応2	[紀] 海道記《かいどうき》
*		[物] 住吉物語《すみよし》

[歌]…和歌 [連]…連歌 [謡]…歌謡 [俳]…俳諧 [論]…物語論・歌論・連歌論 [物]…物語 [日]…日記 [紀]…紀行 [歴]…歴史物語 [随]…随筆
[説]…説話 [軍]…軍記物語 [能]…能楽書 [史]…史論 [キ]…キリシタン文学 ＊…不明もしくは推定

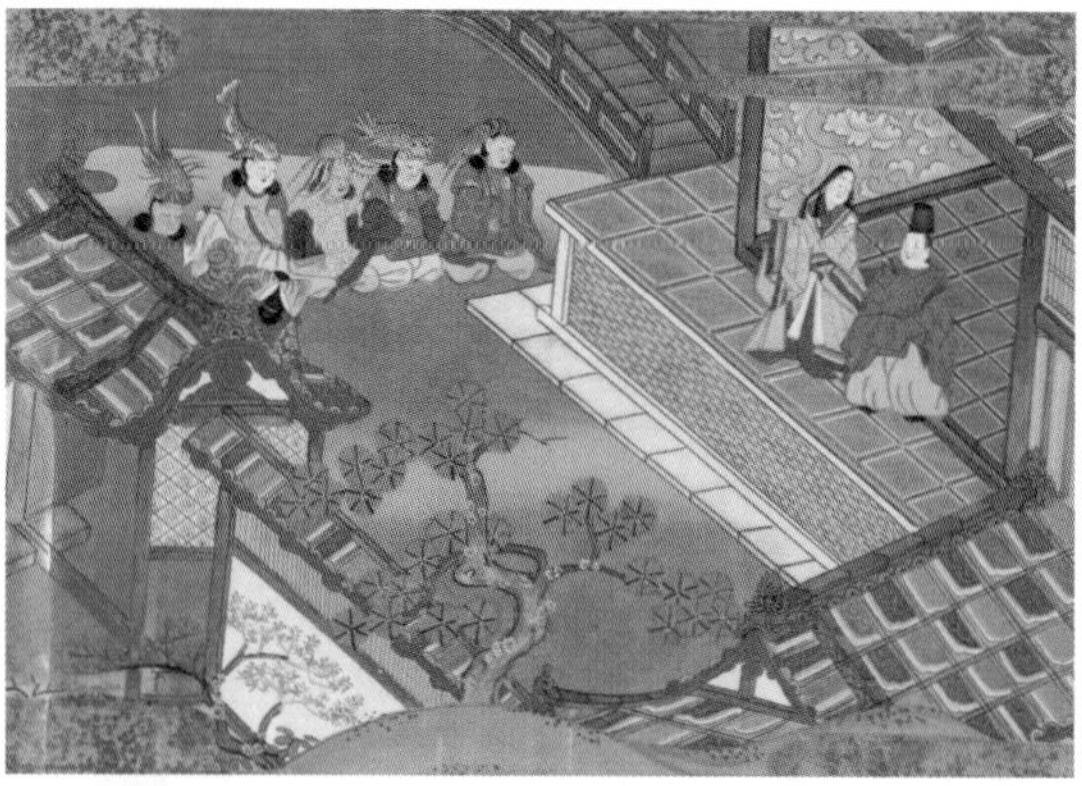

竜宮城で歓待される浦島太郎（うらしま／慶応義塾図書館蔵）

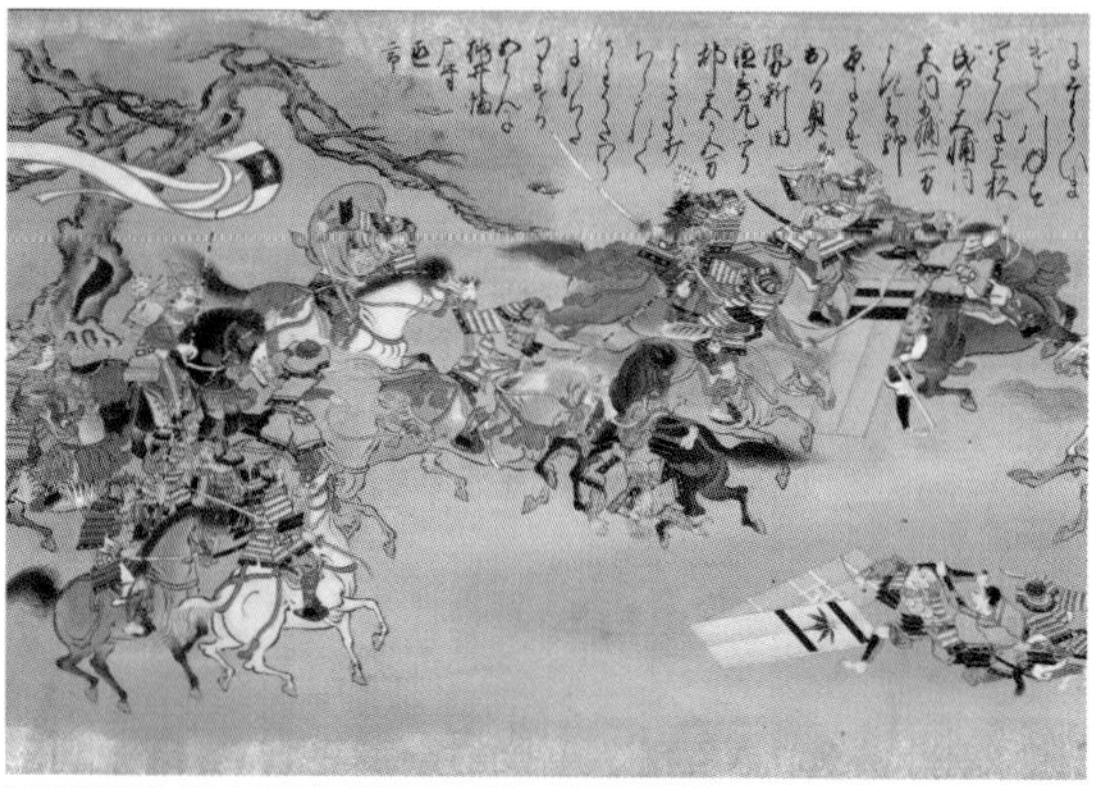

太平記絵巻（埼玉県立歴史と民俗の博物館蔵）

■**軍記物語**▼合戦を主題とする軍記物語は、武士の世であり、戦乱の時代であった中世を象徴し、代表するジャンルである。平安時代には、地方での戦乱を扱い、漢文体で記録的な性格の強い『将門記《しょうもんき》』『陸奥話記《むつわき》』が既にあったが、鎌倉時代前期に入ると**『保元物語《ほうげんものがたり》』『平治物語《へいじものがたり》』**（⇩一八二頁）が相次いで書かれた。これらのように、都での合戦を扱い、物語的要素を多く取り入れ、和漢混淆《こんこう》文という新しい文体を生かすことで、軍記物語はジャンルとしての飛躍を遂げたのであった。とりわけ**『平家物語《へいけものがたり》』**（⇩一七六頁）は、平家の栄枯盛衰を無常観とともに描きつつ、武士の躍動する合戦描写と、動乱に巻き込まれる女性・子どもの姿などの叙情的描写をあわせ持ち、軍記物語の一大達成を見せた。これらの軍記物語は、南北朝の動乱を扱う**『太平記《たいへいき》』**（⇩一八二頁）や、英雄的人物像を一代記的に描き出す**『曽我物語《そがものがたり》』『義経記《ぎけいき》』**など（⇩一八二頁）とともに、能や幸若舞《こうわかまい》などの芸能や後代の作品に多くの素材を提供した。

■**御伽草子《おとぎぞうし》**▼**御伽草子《おとぎぞうし》**とは、室町物語・中世小説ともいい、主に室町時代以降、物語文学史の主流をなす一大ジャンルである。多くは、平易な文体で書かれた素朴な短編物語で、絵巻や挿絵入りの本（奈良絵本）で流通した。代表的な作品に「**鉢《はち》かづき**」「**浦《うら》島太郎《しまたろう》**」「**一寸法師《いっすんぼうし》**」などがある。こうした物語は近世の町人文化でも受け入れられ、大坂の渋川清右衛門《しぶかわせいえもん》が『御伽文庫《おとぎぶんこ》（御伽草子）』として二十三編の物語を刊行している。

■**日記文学**▼中世でも女房による日記文学は貴族社会内部で連綿と作られた。鎌倉前期には、私家集の体裁で平資盛《たいらのすけもり》との恋愛を回想する**『建礼門院右京大夫集《けんれいもんいんうきょうのだいぶしゅう》』**や、平家全盛期に平滋子《しげこ》に仕えた、建春門院中納言《けんしゅんもんいんちゅうなごん》の**『たまきはる（建春門院中納言日記《けんしゅんもんいんちゅうなごんにっき》）』**があり、鎌倉中後期には**『弁内侍日記《べんのないしにっき》』**、藤原経子《けいし》**『中務内侍日記《なかつかさのないしにっき》』**などが出た。鎌倉時代後期の後深草院二条《ごふかくさいんのにじょう》**『とはずがたり』**は、作者の特異な体験をあらわに語っており、異彩を放っている（⇩一五六～一五七頁）。しかし、こうした王朝女流日記の系譜も、南北朝の動乱で宮廷社会が安定を失い、後宮文化や女房文化が衰退したことにより、日野名子《ひののめいし》『竹《たけ》むきが記《き》』をもって終焉《しゅうえん》を迎えることとなる。

男性による漢文日記では、**藤原定家《さだいえ》『明月記《めいげつき》』**、**九条兼実《くじょうかねざね》『玉葉《ぎょくよう》』**などが重要だが、男性による仮名書き作品も作られ、『源 家長日記《みなもとのいえながにっき》』『飛鳥井雅有日記《あすかいまさありにっき》』などをあげることができる。ただし、これらは女性仮名日記に比べると記録的性格が強い。

■**紀行**▼鎌倉幕府の成立後、公家《くげ》や文化人の京・鎌倉間の往来が増えたことにより、**『海道記《かいどうき》』『東関紀行《とうかんきこう》』**（⇩一五七頁）に代表される紀行文が作られた。日記文学の中にも、訴訟のために鎌倉に下った**阿仏尼《あぶつに》『十六夜日記《いざよいにっき》』**（⇩一五七頁）のように、紀行文的な性格を持つものもある。南北朝期に入ると、戦乱によって都を離れた貴族らが紀行文を残

鎌倉時代

西暦	和暦	事項
一二三三*	貞永元	[日] 建礼門院《けんれいもんいん》右京大夫集《うきょうのだいぶしゅう》
一二三五	文暦2	[歌] 新勅撰《しんちょくせん》和歌集（藤原定家）
一二三五*	2	[歌] 百人秀歌《ひゃくにんしゅうか》〈原百人一首〉（藤原定家）
*		[日] 明月記《めいげつき》（藤原定家）
一二三九*	延応元	[説] 今《いま》物語（藤原信実《のぶざね》？）
一二四二*	仁治3	[紀] 東関紀行《とうかんきこう》
一二四五*	寛元3	[歌] 壬二集《みにしゅう》（藤原家隆《いえたか》）
*		[物] 石清水《いわしみず》物語
*		[軍] 平家《へいけ》物語
一二五一	建長3	[歌] 続後撰《しょくごせん》和歌集（藤原為家《ためいえ》）
一二五二	4	[説] 十訓抄《じっきんしょう》
一二五四	6	[説] 古今著聞集《ここんちょもんじゅう》（橘 成季《たちばなのなりすえ》）
一二五九*	正元元	[日] 弁内侍《べんのないし》日記
*		[説] 撰集抄《せんじゅうしょう》
一二六五	文永2	[歌] 続古今《しょくこきん》和歌集（藤原為家ら）
一二七一	8	[歌] 風葉《ふうよう》和歌集
一二七八	弘安元	[歌] 続拾遺《しょくしゅうい》和歌集（二条為氏《にじょうためうじ》）
一二八〇*	3	[日] 十六夜《いざよい》日記（阿仏尼《あぶつに》）
一二八三	6	[説] 沙石集《しゃせきしゅう》（無住道暁《むじゅうどうぎょう》）
一二九二*	正応5	[日] 中務内侍《なかつかさのないし》日記
一三〇三	嘉元元	[歌] 新後撰《しんごせん》和歌集（二条為世《ためよ》）
*		[軍] 源平盛衰記《げんぺいじょうすいき》
一三〇五	3	[説] 雑談集《ぞうたんしゅう》（無住道暁）
*		[史] 吾妻鏡《あずまかがみ》
一三〇六*	4	[日] とはずがたり（後深草院二条《ごふかくさいんのにじょう》）
一三一二	正和元	[歌] 玉葉《ぎょくよう》和歌集（京極為兼《きょうごくためかね》）
一三二〇	元応2	[歌] 続千載《しょくせんざい》和歌集（二条為世）
一三二六	嘉暦元	[歌] 続後拾遺《しょくごしゅうい》和歌集（二条為定《ためさだ》ら）
一三三一*	元弘元	[随] 徒然草《つれづれぐさ》（兼好法師《けんこうほうし》）
一三三三	3	《鎌倉幕府滅亡》

写真：華やかな能装束＝東京国立博物館蔵（ColBase）・唐織 金紅段枝垂桜尾長鳥模様

◉主な説話文学（成立順）

時代	作品名	成立	編者
平安時代	日本霊異記《にほんりょういき》 仏	八二二年？	景戒《きょうかい》
	三宝絵詞《さんぼうえことば》 仏	九八四年	源《みなもとのためのり》　為憲
	今昔物語集《こんじゃくものがたりしゅう》 仏 世	十二世紀前半	（未詳）
	唐物語《からものがたり》 世	（未詳）	藤原成範《ふじわらのしげのり》？
	宝物集《ほうぶつしゅう》 仏	一一七八年？	平　康頼《たいらのやすより》
鎌倉時代	古本説話集《こほんせつわしゅう》 世	（未詳）	（未詳）
	発心集《ほっしんしゅう》 仏	一二一二年？	鴨長明《かものちょうめい》
	古事談《こじだん》 世	一二一五年？	源顕兼《あきかね》
	宇治拾遺物語《うじしゅういものがたり》 世	十三世紀前半	（未詳）
	閑居友《かんきょのとも》 仏	一二二二年	慶政《けいせい》
	今物語《いまものがたり》 世	一二三九年？	藤原信実《のぶざね》？
	十訓抄《じっきんしょう》 世	一二五二年	（未詳）
	古今著聞集《ここんちょもんじゅう》 世	一二五四年	橘　成季《たちばなのなりすえ》
	撰集抄《せんじゅうしょう》 仏	（未詳）	（未詳）
	沙石集《しゃせきしゅう》 仏	一二八三年	無住道暁《むじゅうどうぎょう》

＊仏＝仏教説話集／世＝世俗説話集。
＊世俗説話集にも仏教説話を含むものが多い。
＊『古本説話集』は平安末期成立説もある。

華やかな能装束

したほか、室町期以降には連歌師による旅日記的な紀行文（宗長《そうちょう》『宗長日記』や宗祇《そうぎ》『白河紀行《しらかわきこう》』『筑紫道記《つくしみちのき》』など）が作られた。これらは、後代の俳人らによる紀行文につながっていく。

■随筆▼中世を代表する文学に**鴨長明**《かものちょうめい》『**方丈記**《ほうじょうき》』（⬇一六七頁）と**兼好法師**《けんこうほうし》『**徒然草**《つれづれぐさ》』（⬇一六八頁）がある。彼らは動乱の世を避け、草庵に出家隠遁《いんとん》した隠者としての共通点があり、「**草庵《そうあん》の文学《ぶんがく》**」ないし「**隠者《いんじゃ》の文学《ぶんがく》**」とも呼ぶことができる。俗世を離れて自由な境地から社会や人間を見つめるこれらの作品には、その底流に**仏教的無常観**《ぶっきょうてきむじょうかん》を認めることができる。『方丈記』は和漢混淆文という新しい文体を生かして、たび重なる災害などを取り上げ、無常観を正面から主題とした。『徒然草』は、無常観と王朝時代追慕を基底としつつ、鋭い人間観察や批評精神を見せている。

■説話▼中世は、説話集が多数編まれた時代として、説話の時代とも言うことができる。平安時代までの説話集が主に仏教説話を中心としていたのを受けて、この時代にも『**発心集**《ほっしんしゅう》』『**閑居友**《かんきょのとも》』『**沙石集**《しゃせきしゅう》』などの仏教説話集（⬇一七四～一七五頁）が多数作られた。一方で、下級官僚の進出、地方の武人勢力の台頭、地方との往来の増加を受け、さまざまな階層の人間の多様な個性に対する興味・関心が強まり、それらに関わる世俗説話も収集されるようになる。『**宇治拾遺物語**《うじしゅういものがたり》』（⬇一七三頁）は仏教説話・世俗説話の両方を含むが、特に世俗説話の明るい人間像に見るべきものがある。その他に『**古事談**《こじだん》』『**十訓抄**《じっきんしょう》』『**古今著聞集**《ここんちょもんじゅう》』（⬇一七四～一七五頁）などが世俗説話集に分類される。

説話は単なる興味・関心だけではなく、それぞれに実用的な目的・意図があることが多い。仏教説話には仏教信仰を強めようとする説教性があり、世俗説話にも処世のあり方や心の持ちようを教え導こうとする教訓性がある。その意味で、社会の変動期にこそ説話が多く求められたと言える。

■能・狂言▼平安末期から猿楽《さるがく》と田楽《でんがく》という二つの芸能があったが、それらを幽玄な歌舞劇としての**能**《のう》（⬇一九四頁）に洗練させ、大成させたのが、**観阿弥**《かんあみ》・**世阿弥**《ぜあみ》父子である。世阿弥は、人間の心理を深く描き出す**夢幻能**《むげんのう》という劇形式を完成させ、情緒にあふれた能の方法を確立した。『**風姿花伝**《ふうしかでん》』『**花鏡**《かきょう》』『**申楽談儀**《さるがくだんぎ》』などの芸道論を著したことでも知られる。

台詞《せりふ》としぐさを中心とする滑稽な対話劇である**狂言**《きょうげん》（⬇一九五頁）も、能と同じく猿楽から発展した。狂言は能とともに演じられるため、当初、狂言役者は、猿楽の一座に所属していたが、室町末期から江戸時代にかけて「狂言の家」として独立して継承されていき、大蔵流《おおくらりゅう》・和泉流《いずみりゅう》・鷺流《さぎりゅう》などの流派ができた。

室町時代（南北朝時代・戦国時代を含む）		
一三三六	延元元	《南北朝分立》
一三三九	4	史 神皇正統記《じんのうしょうとうき》（北畠親房《きたばたけちかふさ》）
＊		歴 増鏡《ますかがみ》
一三四六	正平元	歌 拾玉集《しゅうぎょくしゅう》（慈円）
一三四九	4	歌 風雅《ふうが》和歌集（光厳院《こうごんいん》）
一三五七	12	連 菟玖波集《つくばしゅう》（二条良基《よしもと》ら）
一三五九	14	歌 新千載《しんせんざい》和歌集（二条為定）
一三六四	19	歌 新拾遺《しんしゅうい》和歌集（二条為明《ためあき》ら）
＊一三七二	応安5	論 筑波問答《つくばもんどう》（二条良基）
一三七二	5	連 応安新式《おうあんしんしき》（二条良基）
＊		軍 太平記《たいへいき》
一三八一	弘和元	歌 新葉《しんよう》和歌集（宗良親王《むねなが》）
一三八四	元中元	歌 新後拾遺《しんごしゅうい》和歌集（二条為遠《ためとお》ら）
＊		軍 曽我《そが》物語
＊		軍 義経記《ぎけいき》
一三九二	9	《南北朝合一》
＊一四〇〇	応永7	能 風姿花伝《ふうしかでん》（世阿弥《ぜあみ》）
一四二四	31	能 花鏡《かきょう》（世阿弥）
一四三九	永享11	歌 新続古今《しんしょくこきん》和歌集（飛鳥井雅世《あすかいまさよ》）
＊一四五〇	宝徳2	論 正徹《しょうてつ》物語（正徹）
＊一四六三	寛正4	論 ささめごと（心敬《しんけい》）
一四六七	応仁元	《応仁《おうにん》の乱》
一四六八	2	論 ひとりごと（心敬）
一四八〇	文明12	紀 筑紫道記《つくしみちのき》（宗祇《そうぎ》）
一四八八	長享2	連 水無瀬三吟百韻《みなせさんぎんひゃくいん》（宗祇ら）
一四九五	明応4	連 新撰菟玖波集《しんせんつくばしゅう》（宗祇ら）
一五一八	永正15	謡 閑吟集《かんぎんしゅう》
＊一五三九	天文8	俳 新撰犬筑波集《しんせんいぬつくばしゅう》（山崎宗鑑《やまざきそうかん》）
一五四〇	天文9	俳 守武千句《もりたけせんく》（荒木田守武《あらきだもりたけ》）
一五七三	天正元	《室町幕府滅亡》
一五九三	文禄2	キ 天草版伊曽保物語《あまくさばんいそほものがたり》

文学史問題：発心集の編者（作者）の名を答えよ。また、同じ作者の発心集以外の作品名を一つ答えよ。（岐阜大）

近世文学の流れ

歴史解説

江戸幕府が開かれた一六〇三(慶長《けいちょう》八)年から、大政奉還が行われた一八六七(慶応《けいおう》三)年まで(江戸時代)を、文学史の区分では「近世」という。幕藩体制が確立し、太平の世が続いたが、対外的には海外との交易が制限され、国内では身分制度が固定された不自由な時代でもあった。

交通網の発達に伴って都市と地方の交流がますます盛んになり、貨幣制度の浸透もあって経済は大きく成長した。また、教育面では、寺子屋の普及によって庶民層でも識字率が上昇した。

中世までは、人の手による書写で本は受け継がれた。しかし、近世には印刷技術が開発され、同一内容の本を大量に出版することが可能になった。貸本屋というレンタル業も全国に広がり、庶民が文学を楽しみ、また生み出すようになっていく。町人層が文学の担い手となったことが、近世文学の大きな特徴と言える。

近世文学は、大きく前期と後期に分けることができる。前期は、上方《かみがた》(京・大坂)を起点とする「元禄《げんろく》文化」が栄え、井原西鶴《いはらさいかく》・松尾芭蕉《まつおばしょう》・近松門左衛門《ちかまつもんざえもん》らが活躍した。後期は、江戸を中心に、山東京伝《さんとうきょうでん》・十返舎一九《じっぺんしゃいっく》・曲亭馬琴《きょくていばきん》らが活躍した。文化《ぶんか》・文政期《ぶんせいき》(一八〇四〜一八三〇)に最盛期を迎えたことから、これを「化政《かせい》文化」と呼ぶ。

■**俳諧《はいかい》**▼近世初期、「俳諧《はいかい》」が中世末期の「俳諧連歌《はいかいれんが》」から独立し、**松永貞徳《まつながていとく》**(⬇一八六頁)がその中心的な指導者となる。貞徳は、和歌や連歌には用いられない俳言《はいごん》(俗語や漢語)の使用を必須とするなど、俳諧の式目《しきもく》(ルール)を整備した。貞徳流の俳諧は大流行し、その一派は**貞門《ていもん》**と呼ばれる。貞徳の弟子には北村季吟《きたむらきぎん》・松江重頼《まつえしげより》らがいる。

しかしその後、題材に制限があり、式目が細かく定められた貞門俳諧は次第にマンネリ化していった。それを打破しようとしたのが大坂の**西山宗因《にしやまそういん》**(⬇一八六頁)の一派である。宗因らは伝統や式目にとらわれず、自由奔放に句を詠んだ。**談林俳諧《だんりんはいかい》**の登場である。制限時間内にいくつ句が詠めるかを競う矢数《やかず》俳諧もしばしば催された。その名手としては**井原西鶴《いはらさいかく》**(⬇一九〇頁)が知られる。談林俳諧は三都(京・大坂・江戸)を中心に人気を集めたが、奇抜さを競うあまり衰えていくことになる。

貞門・談林俳諧の流行と衰退を経て、安らかな句風を特色とする元禄《げんろく》俳諧の時代となる。その中で俳諧の芸術性を飛躍的に高めたのが**松尾芭蕉《まつおばしょう》**(⬇一八二頁)である。「風雅の誠」を探究する中で、「**不易流行《ふえきりゅうこう》**」の思想や「**さび**」「**しほり**」「**細《ほそ》み**」「**軽《かる》み**」といった理念(⬇七六頁)を打ち立てていく。こうして築き上げられた**蕉風俳諧《しょうふうはいかい》**は、多くの弟子によって受け継がれていった。特に**向井去来《むかいきょらい》**『**去来抄《きょらいしょう》**』と**服部土芳《はっとりどほう》**『**三冊子《さんぞうし》**』(⬇一八三頁)は、芭蕉の理念がうかがえる貴重な作品である。

芭蕉の死後、俳諧は再び俗へ流れ、一時停滞期を迎えたが、天明期《てんめいき》(一七八一〜一七八九)になると、蕉風への回帰運動が起こる。**与謝蕪村《よさぶそん》**(⬇一八七頁)・炭太祇《たんたいぎ》・加藤暁台《かとうきょうたい》らがその中心であった。文化《ぶんか》・文政期《ぶんせいき》に入ると**小林一茶《こばやしいっさ》**(⬇一八七頁)が現れ、農村での暮らしと感懐を素朴に詠んだ。『父の終焉日記《ちちのしゅうえんにっき》』『おらが春《はる》』といった作品が残っている。

■**川柳《せんりゅう》・狂歌・狂詩**▼所定の前句《まえく》(七七)に付句《つけく》(五七五)をつけ、優劣を競う遊戯的な俳諧を前句付《まえくづけ》という。この前句付の名手が**柄井川柳《からいせんりゅう》**である。彼の付句を集めた『**誹風《はいふう》柳多留《やなぎだる》**』は人気を博し、前句付の五七五の部分を独立させたものを後に**川柳《せんりゅう》**と呼ぶようになった。俳諧の発句《ほっく》とは異なり、季語や切れ字が不要で、卑俗な内容によるおかしみや風刺をその特質とする。

和歌の形式で滑稽な内容を詠み込む**狂歌《きょうか》**は、近世前期には上方を中心に、後期には江戸を中心に行われた。特に天明期には唐衣橘洲《からころもきっしゅう》・四方赤良《よものあから》(大田南畝《おおたなんぽ》)らが出て、勅撰集をもじった狂歌集を出すなど、おおいに流行した。

和歌に対して狂歌が生まれたように、漢詩に対しては**狂詩《きょうし》**が生まれた。押韻など漢詩のルールに従いながらも、正規の漢詩には用いられない俗語や当て字を用いるのが特徴である。代表的な作者として大田南畝(寝惚《ねぼけ》先生・蜀山人《しょくさんじん》)があげられる。

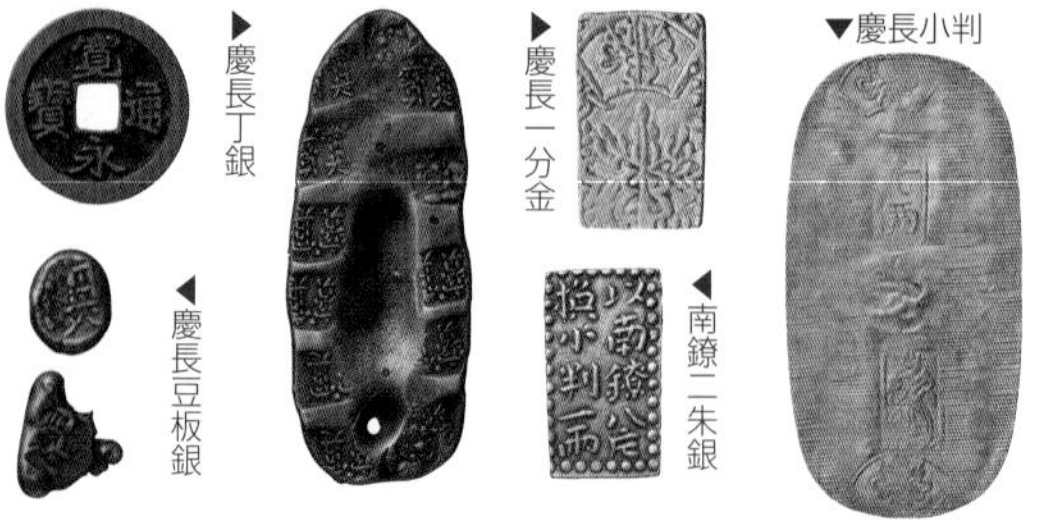

▶寛永通宝(銭)　▶慶長丁銀　▶慶長一分金　▼慶長小判　◀慶長豆板銀　◀南鐐二朱銀

(日本銀行貨幣博物館蔵)

■金・銀・銭の交換比率

金1両《りょう》＝4分《ぶ》	1分《ぶ》＝4朱《しゅ》
銀1貫《かん》＝1000匁《もんめ》(1匁≒3.75g)	1匁＝10分《ぶん》＝100厘《りん》
銭《ぜに》1貫＝1000文《もん》	金1両＝銀50〜60匁＝銭4貫

※銭は日常生活で使用された。

近世の貨幣価値

一両は現在に換算するといくらか？この質問に答えるのは実はとても難しい。物価基準を何に置くかで異なるし、幕府の信用度によっても貨幣価値は大きく変動するからである。

仮に米の価格を基準にすると、江戸初期は一両＝約十万円、中後期は四〜六万円、幕末は四千〜一万円となる。

なお、江戸経済は金本位制、大坂経済は銀本位制だった。金は枚数を基準とする計数貨幣、銀は重さを基準とする秤量《しょうりょう》貨幣(後期には計数貨幣の二朱銀なども登場)だったので、取引を円滑にするための両替商が発達した。

寺子屋の光景(一掃百態図／田原市博物館蔵)

五街道の起点としてにぎわった日本橋周辺(江戸図屛風／国立歴史民俗博物館蔵)

■**仮名草子**《かなぞうし》▼中世の御伽草子《おとぎぞうし》に連なり、啓蒙《けいもう》や娯楽を目的とする、庶民向けの仮名小説を**仮名草子**《かなぞうし》という。江戸初期の約八十年間に、京都を中心に作られた。代表的な作品に富山道治《とみやまどうや》『竹斎《ちくさい》』、安楽庵策伝《あんらくあんさくでん》『醒睡笑《せいすいしょう》』がある。また、イソップ物語の翻訳『**伊曽保物語**《いそほものがたり》』(⬇一九三頁)や、中国小説を翻案した**浅井了意**《あさいりょうい》の怪異小説『**伽婢子**《おとぎぼうこ》』(⬇一九三頁)、『伊勢《いせ》物語』のパロディーである『仁勢《にせ》物語』も、このジャンルに含まれる。

■**浮世草子**《うきよぞうし》▼一六八二(天和《てんな》二)年の『**好色一代男**《こうしょくいちだいおとこ》』に始まる一連の**井原西鶴**《いはらさいかく》(⬇一九〇頁)作品、およびその影響下にある作品を**浮世草子**《うきよぞうし》という。西鶴の小説は、従来の仮名草子とは一線を画し、独自の表現で世相や人情を活写するものであった。『**好色五人女**《こうしょくごにんおんな》』『**日本永代蔵**《にっぽんえいたいぐら》』『**世間胸算用**《せけんむねさんよう》』『**武家義理物語**《ぶけぎりものがたり》』など、多様なテーマで次々に作品を著し、上方だけでなく江戸でも人気を集めた。西鶴の没後は、江島其磧《えじまきせき》が『世間子息気質《せけんむすこかたぎ》』などの「気質もの」を出版して好評を得た。京都の書店・八文字屋《はちもんじや》から出版されたので、これを**八文字屋本**《はちもんじやぼん》ともいう。

■**草双紙**《くさぞうし》▼御伽草子の流れを汲《く》む、挿絵中心の短編小説類を**草双紙**《くさぞうし》という。表紙の色によって赤本《あかほん》(子ども向けのおとぎ話)と黒本《くろほん》・青本《あおほん》(大人も読める伝記や演劇もの)に分類される。遊里に取材するなど、黒本・青本をさらに大人向けにしたのが**黄表紙**《きびょうし》で、**恋川春町**《こいかわはるまち》『**金々先生栄花夢**《きんきんせんせいえいがのゆめ》』(⬇一九三頁)がその最初の作品である。後に寛政《かんせい》の改革を風刺した作品が取り締まりの対象になったことから、黄表紙は敵討ちやお家騒動をテーマにしたものが主となり、長編化していく。複数の黄表紙をまとめて合冊にしたものを**合巻**《ごうかん》と呼び、**柳亭種彦**《りゅうていたねひこ》『**偐紫田舎源氏**《にせむらさきいなかげんじ》』(⬇一九三頁)がその代表作である。

■**読本**《よみほん》▼挿絵が多い草双紙に対して、文章主体の小説を**読本**《よみほん》という。中国の口語体小説(白話《はくわ》小説)に影響を受けた、複雑で伝奇的な内容のものが多い。浮世草子に代わって、まずは上方で、都賀庭鐘《つがていしょう》『英草紙《はなぶさそうし》』や**上田秋成**《うえだあきなり》『**雨月物語**《うげつものがたり》』(⬇一九一頁)といった作品が発表された。これら十八世紀中盤から主に上方で著されたものを、特に**前期読本**《ぜんきよみほん》という。十八世紀末からは、読本は江戸でも作られるようになった。これを**後期読本**《こうきよみほん》といい、代表的な作家に**曲亭馬琴**《きょくていばきん》がいる。馬琴は和漢の古典文学への深い造詣と勧善懲悪主義に基づいて、『**椿説弓張月**《ちんせつゆみはりづき》』『**南総里見八犬伝**《なんそうさとみはっけんでん》』(⬇一九三頁)などの壮大な作品を書き、後期読本の第一人者となった。

■**洒落本**《しゃれぼん》▼遊廓《ゆうかく》を舞台に、遊女や客の言動を詳細に描いた小説を**洒落本**《しゃれぼん》という。会話を中心とした写実的な文章が特徴で、『遊子方言《ゆうしほうげん》』によってそのスタイルが定着した。代表作に**山東京伝**《さんとうきょうでん》『**通言総籬**《つうげんそうまがき》』がある。しかし京伝は、風紀を乱したとして寛政の改革で罰せられる。それ以後、洒落本そのものも取り締まりの対象となった。

江戸時代

西暦	和暦	事項
一六〇三	慶長8	《江戸幕府成立》
一六二三*	元和9	[仮] 竹斎《ちくさい》(富山道冶《とみやまどうや》)
一六二三	9	[仮] 醒睡笑《せいすいしょう》(安楽庵策伝《あんらくあんさくでん》)
一六四〇*	寛永17	[仮] 仁勢《にせ》物語
一六四九▼	慶安2	[歌] 挙白集《きょはくしゅう》(木下長嘯子《きのしたちょうしょうし》)
一六五一▼	4	[俳] 俳諧御傘《はいかいごさん》(松永貞徳《まつながていとく》)
一六六五*	寛文5	[仮] 浮世《うきよ》物語(浅井了意《あさいりょうい》)
一六六六▼	6	[仮] 伽婢子《おとぎぼうこ》(浅井了意)
一六七二▼	12	[俳] 貝《かい》おほひ(松尾芭蕉《まつおばしょう》)
一六七三	延宝元	[注] 湖月抄《こげつしょう》(北村季吟《きたむらきぎん》)
一六七五▼	3	[俳] 談林十百韻《だんりんとっぴゃくいん》(田代松意《たしろしょうい》)
一六八二▼	天和2	[浮] 好色一代男《こうしょくいちだいおとこ》(井原西鶴《いはらさいかく》)
一六八三▼	3	[俳] 虚栗《みなしぐり》(宝井其角《たからいきかく》)
一六八三	3	[劇] 世継曽我《よつぎそが》(近松門左衛門《ちかまつもんざえもん》)
一六八四	貞享元	[俳] 冬《ふゆ》の日《ひ》(山本荷兮《やまもとかけい》)
一六八五▼	2	[浮] 西鶴諸国《さいかくしょこく》ばなし(井原西鶴)
一六八五	2	[劇] 出世景清《しゅっせかげきよ》(近松門左衛門)
一六八五*	2	[俳] 野《の》ざらし紀行《きこう》(松尾芭蕉)
一六八六▼	3	[俳] 春《はる》の日《ひ》(山本荷兮)
一六八六▼	3	[浮] 好色五人女《こうしょくごにんおんな》(井原西鶴)
一六八七▼	4	[浮] 武道伝来記《ぶどうでんらいき》(井原西鶴)
一六八七	4	[俳] 鹿島紀行《かしまきこう》(松尾芭蕉)
一六八八▼	5	[浮] 日本永代蔵《にっぽんえいたいぐら》(井原西鶴)
一六八八▼	5	[浮] 武家義理《ぶけぎり》物語(井原西鶴)
一六八九▼	元禄2	[俳] 曠野《あらの》(山本荷兮)
一六九〇	3	[注] 万葉代匠記《まんようだいしょうき》(契沖《けいちゅう》)
一六九一▼	4	[俳] 猿蓑《さるみの》(向井去来《むかいきょらい》ら)
一六九二▼	5	[浮] 世間胸算用《せけんむねさんよう》(井原西鶴)
一六九四▼	7	[俳] 炭俵《すみだわら》(志太野坡《しだやば》ら)
一六九四	7	[俳] おくのほそ道《みち》(松尾芭蕉)

[漢]…漢詩文 [歌]…和歌 [俳]…俳諧 [狂]…狂歌 [川]…川柳 [論]…歌論・俳論 [日]…日記 [随]…随筆 [仮]…仮名草子 [浮]…浮世草子 [読]…読本
[黄]…黄表紙 [洒]…洒落本 [滑]…滑稽本 [合]…合巻 [人]…人情本 [劇]…劇文学 [注]…注釈書 [学]…学問書 ▼…刊年 ＊…不明もしくは推定

絵草紙店（書店）の店頭

◉近世小説の展開

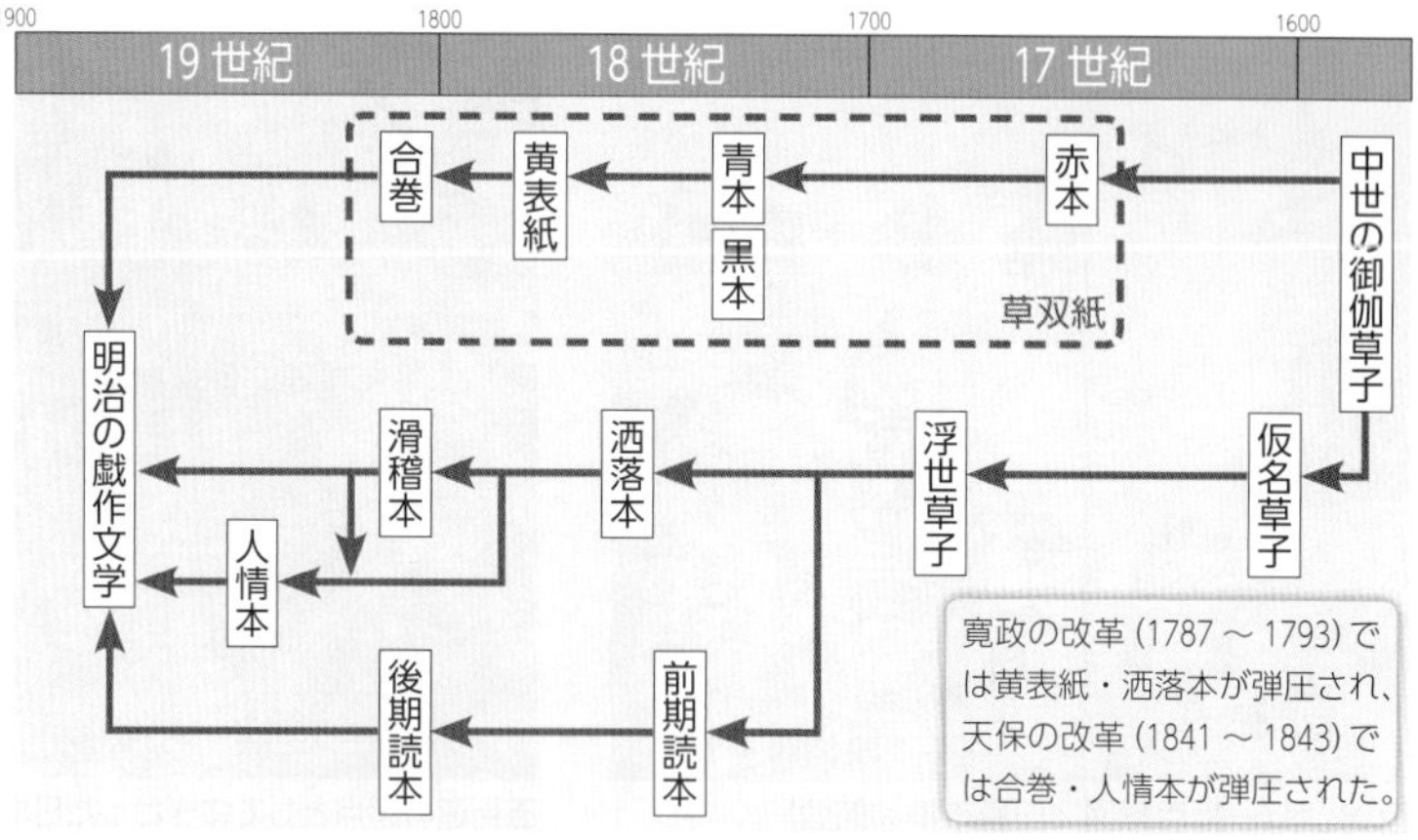

■滑稽本《こっけいぼん》▼町人の日常を会話体でおもしろおかしく描いた小説が**滑稽本《こっけいぼん》**である。駄洒落《だじゃれ》や当時流行した芝居の台詞《せりふ》などを盛り込み、庶民層の娯楽小説として愛読された。特に**十返舎一九《じっぺんしゃいっく》『東海道中膝栗毛《とうかいどうちゅうひざくりげ》』**（⬇一九三頁）は人気が高く、二十年以上も続編が書き継がれた。そのほか、**式亭三馬《しきていさんば》『浮世風呂《うきよぶろ》』『浮世床《うきよどこ》』**（⬇一九三頁）がある。それぞれ、銭湯と髪結床《かみゆいどこ》での綿密な会話描写と徹底的な**「うがち」**（⬇七七頁）に特色がある。

■人情本《にんじょうぼん》▼洒落本と滑稽本の影響を受け、町人男女の恋愛を描いたのが**人情本《にんじょうぼん》**である。主に婦女子を読者とした恋愛小説で、文政《ぶんせい》期を中心に流行した。**為永春水《ためながしゅんすい》『春色梅児誉美《しゅんしょくうめごよみ》』**（⬇一九三頁）が代表作だが、人情本もまた天保《てんぽう》の改革で規制対象となった。

■人形浄瑠璃《にんぎょうじょうるり》▼室町時代に、牛若丸《うしわかまる》と浄瑠璃姫《じょうるりひめ》の恋愛をテーマにした『浄瑠璃御前物語《じょうるりごぜんものがたり》』が作られ、琵琶《びわ》や扇拍子とともに語られた。これを**浄瑠璃節《じょうるりぶし》**という。その後、三味線の伴奏と操り人形が加わって、音楽・文学・演芸が一体となった人形浄瑠璃が成立し、**竹本義太夫《たけもとぎだゆう》**によって新しい曲風（**義太夫節《ぎだゆうぶし》**）が開かれるに至る。

一六八四（貞享元《じょうきょう》）年、大坂道頓堀《どうとんぼり》に竹本座を開いた義太夫は、**近松門左衛門《ちかまつもんざえもん》**（⬇一六六頁）と手を組み『出世景清《しゅっせかげきよ》』を上演。その後、**『曽根崎心中《そねざきしんじゅう》』**が大ヒットし、近松は竹本座専属の浄瑠璃作者となった。竹本座に対抗して、豊竹若太夫《とよたけわかだゆう》が豊竹座を開き、**紀海音《きのかいおん》**を専属作者として迎える。両座が競い合うことで、人形浄瑠璃は最盛期を迎えた。

近松の没後は竹本座の**竹田出雲《たけだいずも》**、豊竹座の**並木宗輔《なみきそうすけ》**らが活躍し、『菅原伝授手習鑑《すがわらでんじゅてならいかがみ》』『義経千本桜《よしつねせんぼんざくら》』『仮名手本忠臣蔵《かなでほんちゅうしんぐら》』の三大名作も生み出された。

■歌舞伎《かぶき》▼江戸時代初期に、出雲《いずも》の阿国《おくに》が洛中で「かぶき踊り」をしたのが歌舞伎の始まりとされる。当初は女性が演じる女歌舞伎だったが、風紀を乱すという理由から禁じられ、少年による若衆《わかしゅ》歌舞伎へと移行した。これも禁じられると、成人男性による野郎《やろう》歌舞伎が登場し、演劇として所作が定まって発展していった。

元禄期には、上方では和事《わごと》の名人**坂田藤十郎《さかたとうじゅうろう》**が、江戸では荒事《あらごと》の名人**市川団十郎《いちかわだんじゅうろう》**が現れた。宝暦《ほうれき》・明和《めいわ》期には、並木正三《なみきしょうざ》・奈河亀輔《ながわかめすけ》らによって斬新な作品と舞台装置が開発され、上方を中心に歌舞伎は充実していく。並木正三の後を受けた並木五瓶《なみきごへい》が大坂から江戸に移ると、上方歌舞伎の作風が江戸歌舞伎にも広まった。

文化文政期に、江戸歌舞伎は爛熟《らんじゅく》期を迎える。この時期には四世**鶴屋南北《つるやなんぼく》**が『東海道四谷怪談《とうかいどうよつやかいだん》』などの生世話物《きぜわもの》で評判となった。幕末から明治にかけては、**河竹黙阿弥《かわたけもくあみ》**が『三人吉三廓初買《さんにんきちさくるわのはつがい》』などの白浪物《しらなみもの》を発表し、江戸歌舞伎を集大成した。

■和歌・国学▼近世初期には、主に公家《くげ》や武士によって旧来の和歌の伝統が受け継がれた（堂上《とうしょう》歌壇）。戦国武将の**細川幽斎《ほそかわゆうさい》**は古今伝授（⬇八五頁）を受けて二条派の歌学を

江戸時代

西暦	和暦	事項
一七〇〇▼	元禄13	論 梨本集《なしのもとしゅう》（戸田茂睡《とだもすい》）
一七〇二	15	論 三冊子《さんぞうし》（服部土芳《はっとりどほう》）
一七〇三	16	劇 曽根崎心中《そねざきしんじゅう》（近松門左衛門）
一七〇四*	宝永元	論 去来抄《きょらいしょう》（向井去来）
一七〇六▼	3	俳 本朝文選《ほんちょうもんぜん》（森川許六《もりかわきょりく》）
一七〇九▼	6	俳 笈の小文《おいのこぶみ》（松尾芭蕉）
一七一一	正徳元	劇 冥途の飛脚《めいどのひきゃく》（近松門左衛門）
一七一五▼	5	浮 世間子息気質《せけんむすこかたぎ》（江島其磧《えじまきせき》）
一七一五	5	劇 国性爺合戦《こくせんやかっせん》（近松門左衛門）
一七一六	享保元	《享保《きょうほう》の改革》
一七一六*	元	随 折たく柴の記《おりたくしばのき》（新井白石《あらいはくせき》）
一七二〇	5	劇 心中天の網島《しんじゅうてんのあみじま》（近松門左衛門）
一七二一	6	劇 女殺油地獄《おんなごろしあぶらのじごく》（近松門左衛門）
一七三二	17	随 駿台雑話《すんだいざつわ》（室鳩巣《むろきゅうそう》）
一七三八▼	元文3	劇 難波土産《なにわみやげ》（三木貞成《みきさだなり》）
一七四六	延享3	劇 菅原伝授手習鑑《すがわらでんじゅてならいかがみ》（並木宗輔《なみきそうすけ》ら）
一七四七	4	劇 義経千本桜《よしつねせんぼんざくら》（並木宗輔ら）
一七四八	寛延元	劇 仮名手本忠臣蔵《かなでほんちゅうしんぐら》（並木宗輔ら）
一七四九▼	2	読 英草紙《はなぶさそうし》（都賀庭鐘《つがていしょう》）
一七六三	宝暦13	論 石上私淑言《いそのかみのささめごと》（本居宣長《もとおりのりなが》）
一七六五▼	明和2	川 誹風柳多留《はいふうやなぎだる》（呉陵軒可有《ごりょうけんあるべし》）
一七六八▼	5	注 万葉考《まんようこう》（賀茂真淵《かものまぶち》）
一七七三	安永2	劇 御摂勧進帳《ごひいきかんじんちょう》（桜田治助《さくらだじすけ》ら）
一七七四▼	3	学 解体新書《かいたいしんしょ》（杉田玄白《すぎたげんぱく》ら）
一七七五▼	4	黄 金々先生栄花夢《きんきんせんせいえいがのゆめ》（恋川春町《こいかわはるまち》）
一七七六▼	5	読 雨月《うげつ》物語（上田秋成《うえだあきなり》）
一七七七▼	6	俳 夜半楽《やはんらく》（与謝蕪村《よさぶそん》）
一七七七	6	俳 新花摘《しんはなつみ》（与謝蕪村）
一七八三▼	天明3	狂 万載狂歌集《まんざいきょうかしゅう》（四方赤良《よものあから》）
一七八五▼	5	黄 江戸生艶気樺焼《えどうまれうわきのかばやき》（山東京伝《さんとうきょうでん》）

観衆で満員の芝居小屋（国立劇場蔵）

比べてみよう　元禄の三大文豪

人物	生没年	ジャンル	名言
井原西鶴《いはらさいかく》（⬇一九〇頁）	一六四二～一六九三	俳諧　浮世草子	憂ふるものは富貴にして愁《うれ》へ、楽しむ者は貧にして楽しむ。
松尾芭蕉《まつおばしょう》（⬇一八二頁）	一六四四～一六九四	俳諧　紀行	耳をもて俳諧を聞くべからず、目をもて俳諧を見るべし。
近松門左衛門《ちかまつもんざえもん》（⬇一九六頁）	一六五三～一七二四	人形浄瑠璃　歌舞伎	侍とても尊からず、町人とて卑しからず。尊いものはこの胸一つ。

集大成し、多くの弟子を育てた。その中で、松永貞徳《まつながていとく》や木下長嘯子《きのしたちょうしょうし》は二条派の歌風にとどまることを嫌い、自由で新鮮な歌を詠むことを目指した。

その後、古典研究の進展とともに、和歌革新の気運が高まる。**戸田茂睡**《とだもすい》は歌語の自由を提唱し、『**梨本集**《なしのもとしゅう》』を著した。また、**契沖**《けいちゅう》は『万葉集《まんようしゅう》』研究を通じて伝統歌学を批判し、**国学の祖**《こくがくのそ》となった。その研究成果は『**万葉代匠記**《まんようだいしょうき》』（⬇一九二頁）に結実した。

国学は**荷田春満**《かだのあずままろ》から**賀茂真淵**《かものまぶち》、**本居宣長**《もとおりのりなが》、**平田篤胤**《ひらたあつたね》へと受け継がれた。歌人としても優れていた賀茂真淵は『**万葉考**《まんようこう》』（⬇一九二頁）を著し、感動を率直に詠む古代の「**ますらをぶり**」（⬇七六頁）を重んじた。弟子の本居宣長（⬇一九一頁）は古典注釈を通じて古代の「まことの道」を追究し、国学を大成した。『**古事記伝**《こじきでん》』『**源氏物語玉の小櫛**《げんじものがたりたまのおぐし》』といった著作で歴史に名を残すほか、歌人としては新古今調を重んじて、『鈴屋集《すずのやしゅう》』を編んだ。

真淵に反対する立場としては、京の**小沢蘆庵**《おざわろあん》が『古今和歌集《こきんわかしゅう》』を重視し、感情をわかりやすく詠む「**ただこと歌**《うた》」を提唱した。それを受けた**香川景樹**《かがわかげき》は、和歌の自然なリズムを重視する「**しらべの説**《せつ》」を主張。景樹の一派は**桂園派**《けいえんは》と呼ばれ、一大勢力を築いた。幕末には越後の**良寛**《りょうかん》、越前の**橘曙覧**《たちばなあけみ》など、地方にも個性的な歌人が現れた。

■**漢学・漢文学・蘭学**《らんがく》▼江戸幕府は封建制度を支える学問として儒学、特に**朱子学**《しゅしがく》を奨励した。徳川家康《とくがわいえやす》に仕えた**林羅山**《はやしらざん》の一派からは、**新井白石**《あらいはくせき》や**室鳩巣**《むろきゅうそう》（⬇一九二頁）が出て、政治上でも大きな役割を果たす。朱子学偏重に反発して、陽明学《ようめいがく》を重んじる中江《なかえ》藤樹《とうじゅ》、古義学派《こぎがくは》の**伊藤仁斎**《いとうじんさい》、古文辞学派《こぶんじがくは》の**荻生徂徠**《おぎゅうそらい》らが出たが、思想統制を受けた。

漢詩文は儒者を中心に隆盛し、初期には石川丈山《いしかわじょうざん》、中期には服部南郭《はっとりなんかく》・太宰春台《だざいしゅんだい》、後期には市河寛斎《いちかわかんさい》・菅茶山《かんさざん》・広瀬淡窓《ひろせたんそう》らが活躍する。中でも**頼山陽**《らいさんよう》（⬇四一九頁）は優れた漢詩を多数残したほか、『**日本外史**《にほんがいし》』によって幕末の尊皇《そんのう》思想に影響を与えた。

医学や自然科学の分野では、交易のあったオランダから最先端の知識を得るべく、**蘭学**《らんがく》が起こった。解剖学書の翻訳『**解体新書**《かいたいしんしょ》』はその画期的な業績であり、翻訳時の並々ならぬ苦労が**杉田玄白**《すぎたげんぱく》『**蘭学事始**《らんがくことはじめ》』に詳しく語られている。

■**随筆・日記・紀行**▼近世にはさまざまな身分の作者により、多様な随筆が書かれている。政治家の作としては**新井白石**《あらいはくせき》『**折たく柴の記**《おりたくしばのき》』、**松平定信**《まつだいらさだのぶ》『**花月草紙**《かげつそうし》』（⬇一九二頁）が知られる。学者の随筆には、湯浅常山《ゆあさじょうざん》『常山紀談《じょうざんきだん》』、**本居宣長**《もとおりのりなが》『**玉勝間**《たまかつま》』、**上田秋成**《うえだあきなり》『**胆大小心録**《たんだいしょうしんろく》』などがある。特筆すべきは、越後の商人**鈴木牧之**《すずきぼくし》が著した『**北越雪譜**《ほくえつせっぷ》』で、雪国の自然や生活を紹介して、江戸末期のベストセラーになった。

伊勢参りなどの旅行が盛んになり、日記や紀行も多く書かれた。**松尾芭蕉**《まつおばしょう》『**おくのほそ道**《みち》』（⬇一八三頁）、本居宣長『菅笠日記《すがかさのにっき》』、橘南谿《たちばなんけい》『東遊記《とうゆうき》』『西遊記《さいゆうき》』などがある。

江戸時代

年	年号	事項
一七八七	7	《寛政《かんせい》の改革》
一七八七▼	7	俳 鶉衣《うずらごろも》（横井也有《よこいやゆう》）
一七八七▼	7	洒 通言総籬《つうげんそうまがき》（山東京伝）
一七九五▼	寛政7	随 玉勝間《たまかつま》（本居宣長）
一七九六	8	注 源氏物語玉の小櫛《げんじものがたりたまのおぐし》（本居宣長）
一七九八	10	注 古事記伝《こじきでん》（本居宣長）
一七九八	10	学 うひ山《やま》ぶみ（本居宣長）
一八〇一	享和元	日 父《ちち》の終焉日記《しゅうえんにっき》（小林一茶《こばやしいっさ》）
一八〇二▼	2	歌 うけらが花《はな》（加藤千蔭《かとうちかげ》）
一八〇二▼	2	滑 東海道中膝栗毛《とうかいどうちゅうひざくりげ》（十返舎一九《じっぺんしゃいっく》）
一八〇七▼	文化4	読 椿説弓張月《ちんせつゆみはりづき》（曲亭馬琴《きょくていばきん》）
一八〇八	5	読 春雨《はるさめ》物語（上田秋成）
一八〇九	6	俳 蕪村七部集《ぶそんしちぶしゅう》（菊舎太兵衛《きくやたひょうえ》ら）
一八〇九▼	6	滑 浮世風呂《うきよぶろ》（式亭三馬《しきていさんば》）
一八一一▼	8	歌 六帖詠草《ろくじょうえいそう》（小沢蘆庵《おざわろあん》）
一八一三▼	10	歌 琴後集《ことじりしゅう》（村田春海《むらたはるみ》）
一八一三▼	10	滑 浮世床《うきよどこ》（式亭三馬）
一八一四▼	11	読 南総里見八犬伝《なんそうさとみはっけんでん》（曲亭馬琴）
一八一五	12	学 蘭学事始《らんがくことはじめ》（杉田玄白）
一八一五▼	12	論 新学異見《にいまなびいけん》（香川景樹《かがわかげき》）
一八一八	文政元	随 花月草紙《かげつそうし》（松平定信《まつだいらさだのぶ》）
一八二〇*	3	俳 おらが春《はる》（小林一茶）
一八二五	8	劇 東海道四谷怪談《とうかいどうよつやかいだん》（鶴屋南北《つるやなんぼく》）
一八二七	10	漢 日本外史《にほんがいし》（頼山陽《らいさんよう》）
一八二八	11	歌 桂園一枝《けいえんいっし》（香川景樹）
一八二九▼	12	合 偐紫田舎源氏《にせむらさきいなかげんじ》（柳亭種彦《りゅうていたねひこ》）
一八三二▼	天保3	人 春色梅児誉美《しゅんしょくうめごよみ》（為永春水《ためながしゅんすい》）
一八四一	12	《天保《てんぽう》の改革》
一八五三	嘉永6	《ペリー来航》
一八六〇	万延元	劇 三人吉三廓初買《さんにんきちさくるわのはつがい》（河竹黙阿弥《かわたけもくあみ》）
一八六七	慶応3	《大政奉還》

文学史問題：国学者を次から一人選べ。（青山学院大）
①本居宣長　②末広鉄腸　③幸田露伴　④井原西鶴　⑤藤原定家

神と人の代をつなぐ書

古《こ》事《じ》記《き》

#現存する日本最古の書物 #天地創造 #天皇の系譜 #神話と歌謡

上代 794 中古 1185〜1192 中世 1603 近世 1867

史書／太安万侶《おおのやすまろ》編／奈良時代初期成立

作品への招待

『古事記』の作成プロジェクトは、六七二年の壬申《じんしん》の乱に勝利して即位した天武《てんむ》天皇によって開始された。乱の影響で崩壊しかけていた国内を、天皇による統治の下で再び秩序づけるにあたって、証拠となる「神代からの歴史的事実」が必要だったからだ。歴史書の編纂《へんさん》とは、単なる文学的な営みにとどまらない。そこには政治的な思惑も大きく働いているのである。

御神影(栗田真秀筆・伊弉諾神宮蔵)
イザナミノミコト(左)とイザナキノミコト(右)

編者

太安万侶《おおのやすまろ》(?〜七二三)。奈良時代前期の学者。『日本書紀《にほんしょき》』の編纂《へんさん》にも携わったとされる。

成立

『古事記』以前に、皇族や諸豪族の間では『帝紀《ていき》』(皇位継承の系譜)と『旧辞《きゅうじ》』(諸家の祖先に関する神話や歌謡)が伝えられてきた。**天武《てんむ》天皇**は、それらには偽りが多いとして、修正と統一を計画。抜群の記憶力を誇る**稗田阿礼《ひえだのあれ》**に正確に誦《よ》み習わせたが、天皇がその途上で崩御したため、編纂計画は中断した。

その二十五年後、**元明《げんめい》天皇**の命令により、**稗田阿礼が誦んだものを太安万侶が撰録《せんろく》**し、七一二(和銅《わどう》五)年に『古事記』が成立した。

内容

三巻。**上巻は神の代の物語**で、天地(日本)創造の経緯や、神々の誕生に始まる神話と伝説を記す。伊耶那岐命《いざなきのみこと》と伊耶那美命《いざなみのみこと》による国生み、天照大御神《あまてらすおおみかみ》の天岩戸《あまのいわと》隠れ、邇邇芸命《ににぎのみこと》による天孫降臨など、天皇支配の起源が説かれる。

中巻・下巻は人の代の物語である。**中巻では神武《じんむ》天皇から応神《おうじん》天皇までを扱う**が、神話的な性格もまだ色濃い。神武天皇の東征、倭武命《やまとたけるのみこと》の西征・東征とその死、神功《じんぐう》皇后の新羅《しらぎ》征伐など、皇位継承を巡る争いと大和《やまと》政権の勢力拡大を中心として綴《つづ》られる。**下巻では仁徳《にんとく》天皇から推古《すいこ》天皇までを扱う**が、途中からは系譜の記述が中心となる。

評価

現存する日本最古の書物。「因幡《いなば》の白《しろ》兎《うさぎ》」「八岐大蛇《やまたのおろち》」といった神話や伝説を多く伝え、民俗学的にも価値が高い。また、全編を通じて百十四首収録される歌謡からは、古代人の率直な心情を読み取ることができる。

江戸時代までは正史である『日本書紀』に比べて注目度は低かった。しかし、**本居宣長《もとおりのりなが》**(⬇一九二頁)が国学研究の大作『**古《こ》事記伝《じきでん》**』を著したことにより状況は一転。現在に至るまで**文学的情緒豊かな史書**として評価され、読み継がれている。

比べてみよう 『古事記』と『日本書紀』

	古事記	日本書紀
成立	七一二(和銅《わどう》五)年	七二〇(養老《ようろう》四)年
編者	太安万侶《おおのやすまろ》。	舎人《とねり》親王ら。
内容	神代から推古《すいこ》天皇まで。	神代から持統《じとう》天皇まで。
文体	漢字の音訓を交えた変体漢文。人名や歌謡は万葉仮名。	漢文体。中国からの渡来人と日本人とで分担して書かれた。
特徴	三巻。国内に天皇支配の正当性を主張する意図で編纂。文学的な記述。	三十巻。外国に対して日本の立場を主張する意図で編纂。歴史的な記述。

天岩戸(河鍋暁翠筆・部分・河鍋暁斎記念美術館蔵)
天照大御神が姿を現し、闇に閉ざされた世界に光が戻る。

「うた」のはじまり

万《まん》葉《よう》集《しゅう》

#現存最古の和歌集　#柿本人麻呂　#大伴家持　#素朴な古代の歌

和歌／編者未詳／奈良時代末期成立

上代　794　中古　1185〜1192　中世　1603　近世　1867

野遊（大矢十四彦筆・部分・奈良県立万葉文化館蔵）

作品への招待

「令和」という元号は『万葉集』から取られた。大伴旅人《おおとものたびと》らの歌に付けられた漢文の序「初春の令月《れいげつ》、気淑《うるは》しく風和《やは》らぐ」が出典である。ここでは「令月」は「よい月」の意。ここでは一月を指す。『文選《もんぜん》』に「仲春の令月、時和らぎ気清し」という文章があるから、それを意識したのだろう。古代の日本人は国や言葉の違いにこだわらず、海外の文化を熱心に学び、豊かな作品を生み出した。文学に国境はないのだ。

編者

未詳。巻ごとに内容や構成が大きく異なるため、複数の編者によって何度も編集が行われたと考えられる。最終段階で**大伴家持《おおとものやかもち》**が関与したとする説が有力。

成立

収録された歌の中では七五九（天平宝字《てんぴょうほうじ》三）年に詠まれたものが最も新しく、それ以降、おそらくは七七〇〜七八〇年頃に現在の形になったと考えられる。

内容

四千五百首あまりの和歌を**二十巻**に編集する。**数多く（万）の和歌（葉）を集めた**という意味で『万葉集』と名づけられた（万代に伝わるようにという願いを込めたとする説もある）。

成立過程については不明な部分が多いが、天皇の命令によらず、個人の立場で作られた**私撰集《しせんしゅう》**である。構成は巻ごとに異なるが、おおむね**相聞《そうもん》・挽歌《ばんか》・雑歌《ぞうか》**の三分類が基本になっている。**相聞は恋を中心とする贈答歌《ぞうとうか》、挽歌は人の死を追悼《ついとう》する歌、雑歌はそれ以外の行幸《ぎょうこう》や宴会などの歌**である。また、巻によっては表現形式や内容、四季による分類もある。

和歌はすべて漢字で表記される。特に漢字の音や訓を借りて、「波流《はる》」のように、本来の意味とは異なった日本語の音を書き表したものを**万葉仮名《まんようがな》**と呼ぶ。

歌体《かたい》は全体の九割以上を**短歌《たんか》**が占めるが、**長歌《ちょうか》・旋頭歌《せどうか》・仏足石歌《ぶっそくせきか》**・連歌《れんが》なども収められ、多様である。

長歌	五・七・五・七…五・七・七。長歌の最後に内容を要約・補足した短歌を付ける場合があり、それを「反歌《はんか》」と呼ぶ。
短歌	五・七・五・七・七。
旋頭歌	五・七・七・五・七・七。二人で唱和した例もある。
仏足石歌	五・七・五・七・七・七。

古代の伝承歌をはじめとして、天皇・貴族から庶民まで、**幅広い作者層**の和歌を収めている。**感情を率直かつ大らかにうたう「ますらをぶり」**（⬇七六頁）を特色とするが、歌風は必ずしも一様ではなく、通常は収録された歌を四つの時期に分けて考える（⬇九四頁）。このうち、特に第三期・第四期の作品は中国文化と深い関わりを持つ。

評価

現存する日本最古の歌集であり、『古《こ》今和歌集《きんわかしゅう》』以降の勅撰集《ちょくせんしゅう》に大きな影響を与えた。**賀茂真淵《かものまぶち》**をはじめとする江戸時代中後期の国学者や、明治期の**正岡子規《まさおかしき》**らによって、特にその素朴で力強い歌風が高く評価された。

『万葉集』の謎

ひらがなやカタカナがまだない時代、どうにかして日本語の和歌を書き記すために、『万葉集』では漢字が用いられた。

たとえば「もみぢ」（『万葉集』では「もみち」と濁らない）と書きたいとき、意味と関係なく、同じ音の漢字を集めて「毛美知」と表記することもあれば、発音を無視して、意味のつながりから「黄葉」「紅葉」と文字をあてる場合もある。

さらに「む」を牛の鳴き声になぞらえて「牛鳴」、「いで（出）」を「山上復有山」（山の上にもう一つ山）と書くような言葉遊びも、ときには見られるのだ。

だから、『万葉集』を読むのは容易なことではない。既に平安時代中期には「梨壺《なしつぼ》の五人」（⬇一〇三頁）と呼ばれる歌人たちが、『後撰和歌集《ごせんわかしゅう》』の編集と平行して解読作業を行っていた。その後も、鎌倉期の仙覚《せんがく》、江戸中期の契沖《けいちゅう》らによって研究が進められたが、今でもなお『万葉集』には読み方のわからない歌が残っている。

『万葉集』の表記の例。上＝毛美知／下＝黄葉
※カタカナによる読みは後世の注記。

文学史問題：万葉集の歌人を次から一つ選べ。（近畿大）
①小野小町　②藤原定家　③大伴家持　④藤原公任

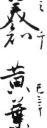

『万葉集』の主な歌人

第一期（六二九～六七二）
壬申《じんしん》の乱（六七二）まで。律令国家誕生前夜の激動期にあたる。定型的な表現が多いが、全般に素朴で明るい歌風。

舒明《じょめい》天皇（五九三～六四一）
天智《てんじ》天皇・天武《てんむ》天皇の父。蘇我《そが》氏の力を背景に即位した。おおらかで古代的な歌風。

有間皇子《ありまのみこ》（六四〇～六五八）
孝徳《こうとく》天皇の皇子。謀反をくわだてたため若くして処刑され、そのときの歌が『万葉集』に残る。哀切な歌風。

天武《てんむ》天皇（？～六八六）
舒明天皇の子。兄・天智天皇の死後、壬申の乱によって即位。官位制度をはじめ律令制の整備を行った。妻は持統《じとう》天皇。理知的な歌風。

額田王《ぬかたのおおきみ》（生没年不詳）
天武天皇の后となり、皇女を生んだ。天智天皇とも恋愛関係にあったとされるが、確証はない。優美で華麗な歌風で、中国文学の影響も見られる。

飛鳥の春の額田王（一九六四（昭和三九）年）（安田靫彦筆・部分・滋賀県立美術館蔵）

第二期（六七三～七一〇）
平城京遷都（七一〇）まで。律令制が確立した時期である。長歌・短歌の形式が完成し、雄大な歌風が流行する。

大伯皇女《おおくのひめみこ》（六六一～七〇一）
天武天皇の子。初代の伊勢斎宮《いせさいぐう》となる。弟の大津皇子《おおつのみこ》を思いやった和歌で有名。憂いを帯びた歌風。

大津皇子《おおつのみこ》（六六三～六八六）
天武天皇の子。謀反の疑いをかけられ自害した。漢詩にも優れ『**懐風藻《かいふうそう》**』（⇩七九頁）に作品が残る。奔放で哀切な歌風。

柿本人麻呂《かきのもとのひとまろ》（生没年不詳）
『万葉集』を代表する歌人。官位は高くなかったようだが、天武天皇・持統天皇などに仕え、専門歌人として皇族の挽歌《ばんか》や天皇の行幸《ぎょうこう》を賛美する長歌を詠んだ。短歌にも秀作が多く、後世「**歌聖《かせい》**」として尊敬され、その肖像を掲げて和歌を献じる「人麻呂影供《ひとまろえいぐ》」という風習も生まれた。重厚雄大な歌風。

柿本人麻呂（詩歌仙・国文学研究資料館蔵）

高市黒人《たけちのくろひと》（生没年不詳）
持統天皇・文武《もんむ》天皇に仕えたが、低い官位に終わった。旅の歌を得意とし、孤独な心境を漂わせる歌風。

志貴皇子《しきのみこ》（？～七一六？）
天智天皇の子。のちに子が即位して光仁《こうにん》天皇となった。印象鮮明な歌風。

第三期（七一〇～七三三）
奈良時代前期。中国文学や仏教・老荘思想が流入した時期にあたる。個性的な歌人が多く活躍した。

山上憶良《やまのうえのおくら》（六六〇～七三三？）
遣唐使として中国へ渡った経験を持つ。筑前守《ちくぜんのかみ》などを務め、大伴旅人《おおとものたびと》と交友を結んだ。中国文学や仏教思想を背景とし、社会への広い視野を持った作品に特色がある。軽妙で知的な歌風。

大伴旅人《おおとものたびと》（六六五～七三一）
当時の名門貴族で、武官として朝廷に仕えた。一時期、大宰帥《だざいのそち》として九州に赴任し、中国的な「風流《みやび》」に影響を受ける。おおらかで物事にとらわれない自由な歌風。

山部赤人《やまべのあかひと》（生没年不詳）
履歴はほとんど不明だが、聖武《しょうむ》天皇に仕えたらしい。自然をうたう叙景歌に優れ、後世、柿本人麻呂と並んで「**歌聖《かせい》**」と称された。清新な歌風。

高橋虫麻呂《たかはしのむしまろ》（生没年不詳）
履歴はほとんど不明だが、各地の伝説に取材した長歌を詠んだ。叙事的な歌風。

東歌《あずまうた》
巻十四に収められる東国地方（関東・東北など十二か国）の短歌。ときに方言を交えながら、素朴な言葉づかいで庶民の生活を描く。

第四期（七三四～七五九）
奈良時代中期。天平《てんぴょう》文化の爛熟《らんじゅく》期にあたる。疫病や政争などの社会不安を背景として繊細で技巧的な歌風が主流となる。

大伴坂上郎女《おおとものさかのうえのいらつめ》（生没年不詳）
大伴旅人の異母妹。大伴氏の中心的な女性で、『万葉集』編集に関与したとする説もある。遊戯的で虚構性の強い歌風。

大伴家持《おおとものやかもち》（七一八？～七八五）
大伴旅人の子。名門の出身であったが、地方官が多く不遇であった。『万葉集』の編者の一人と考えられ、特に巻十七～二十は家持の歌日記としての性格が強い。繊細な感性による叙情的な歌風。

大伴家持（大山忠作筆・奈良県立万葉文化館蔵）

狭野茅上娘子《さののちがみのおとめ》（生没年不詳）
狭野弟上娘子《さののおとがみのおとめ》とも。宮中に仕える女官で、恋人の中臣宅守《なかとみのやかもり》が流罪となったときの惜別の歌で有名。情熱的な歌風。

防人歌《さきもりのうた》
巻二十などに収められる防人（三年任期で九州の防衛を担う兵士）の歌。多くは東国出身で、家族との別れや不安が率直にうたわれる。大伴家持が収集した。

Close Up 『万葉集』の風物と和歌

多摩川《たまがは》にさらす手作《てつく》りさらさらに何《なに》そこの児《こ》のここだかなしき（東歌《あずまうた》）

織った布を白く仕上げるために、多摩川の流れにさらした。

若《わか》の浦《うら》に潮満《しほみ》ち来《く》れば潟《かた》を無《な》み葦辺《あしべ》をさして鶴鳴《たづな》き渡《わた》る（山部赤人《やまべのあかひと》）

若の浦は現在の和歌の浦（和歌山県）。

三輪山《みわやま》をしかも隠《かく》すか雲《くも》だにも心《こころ》あらなも隠《かく》さふべしや（額田王《ぬかたのおほきみ》）

古来信仰の対象となっていた三輪山。

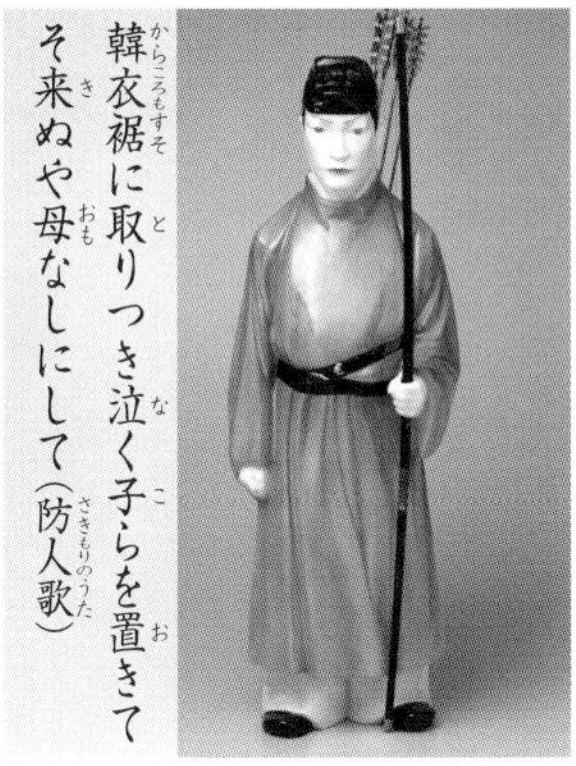

韓衣裾《からころもすそ》に取《と》りつき泣《な》く子《こ》らを置《お》きてそ来《き》ぬや母《おも》なしにして（防人歌《さきもりのうた》）

防人の人形（奈良県立万葉文化館蔵）

淡海《あふみ》の海夕波千鳥《うみゆふなみちどり》汝《な》が鳴《な》けば心《こころ》もしのにいにしへ思《おも》ほゆ（柿本人麻呂《かきのもとのひとまろ》）

夕暮れ時の琵琶湖《びわこ》（淡海の海）に飛ぶ鳥。

石走《いはばし》る垂水《たるみ》の上《うへ》のさわらびの萌《も》え出《い》づる春《はる》になりにけるかも（志貴皇子《しきのみこ》）

わらびは春の訪れを告げる山菜。

比べてみよう 三大和歌集

『万葉集』『古今和歌集』『新古今和歌集』をまとめて「三大和歌集」という。「三代集」（⇩一〇二頁）と間違えないように注意しよう。

	成立	歌集の性質	歌数	作者層	歌体	代表的歌人	歌風	調・句切れ	修辞
万葉集（⇩九三頁）	**奈良時代末期** 八世紀後半	私撰集《しせんしゅう》	約四千五百首	天皇から庶民まで幅広い階級の作者。	短歌・長歌《ちょうか》・旋頭歌《せどうか》・仏足石歌《ぶっそくせきか》・連歌《れんが》	額田王・柿本人麻呂・山部赤人・山上憶良・大伴家持	**雄大で力強い歌風**を、賀茂真淵《かものまぶち》は「**ますらをぶり**」と評した。素朴・率直で現実的。	**五七調**。二句切れ・四句切れが多い。（⇩一〇五頁）	枕詞・序詞・反復・対句（特に長歌に多い）
古今和歌集（⇩九六頁）	**平安時代初期** 九〇五（延喜《えんぎ》五）年	勅撰集《ちょくせんしゅう》 八代集・三代集の一つ	約千百首	宮廷や貴族社会が中心。	短歌・長歌・旋頭歌	在原業平《ありわらのなりひら》・小野小町《おののこまち》・紀貫之《きのつらゆき》・凡河内躬恒《おおしこうちのみつね》・壬生忠岑《みぶのただみね》	**繊細で優美な歌風**を、賀茂真淵は「**たをやめぶり**」と評した。機知を尊び理知的。	**七五調**。三句切れが多い。（⇩一〇五頁）	掛詞・序詞・縁語・見立て・擬人法
新古今和歌集（⇩九八頁）	**鎌倉時代初期** 一二〇五（元久《げんきゅう》二）年	勅撰集 八代集の一つ	約二千首	宮廷や貴族社会を中心とし、僧侶歌人も多い。	短歌のみ	後鳥羽上皇《ごとばじょうこう》・藤原定家《ふじわらのさだいえ》・藤原俊成《としなり》・西行《さいぎょう》・式子内親王《しょくしないしんのう》	「**幽玄**《ゆうげん》」「**有心**《うしん》」といった、**余情を重視する妖艶美**《ようえんび》を追求。物語性が高く象徴的・観念的。	**七五調**。初句切れ・三句切れが多い。（⇩一〇五頁）	掛詞・序詞・縁語・本歌取り・体言止め

文学史問題：万葉集の歌人に含まれない人物を次から一人選べ。（立正大）
①紀友則　②大伴旅人　③柿本人麻呂　④高橋虫麻呂　⑤山部赤人

和歌は感動の声

古《こ》今《きん》和《わ》歌《か》集《しゅう》

＃最初の勅撰和歌集　＃国風文化と和歌　＃六歌仙　＃日本人の美意識

和歌／紀貫之《きのつらゆき》ほか撰／平安時代初期成立

上代｜794｜中古｜1185〜1192｜中世｜1603｜近世｜1867

作品への招待

私たちは、日常の中でさまざまな経験をするたびに、必ず何らかの感情がわき起こる。楽しい、悲しい、悔しい…。こうした思いを、言葉によって表現したのが「文学」にほかならない。「やまと歌は人の心を種として（和歌は人の心を種として生まれる）」という『古今和歌集』仮名序の文章は、いつの時代も変わらない真実なのだ。

古今和歌集　元永本・東京国立博物館蔵（ColBase）
仮名序から巻20までが現存する最古の写本。豪華な唐紙が使われ、藤原行成の曽孫が書写したものと伝わる。

撰者

醍醐《だいご》天皇の命令によって、当時の代表的な歌人であった**紀友則《きのとものり》**、**紀貫之《きのつらゆき》**、**凡河内躬恒《おおしこうちのみつね》**、**壬生忠岑《みぶのただみね》**の四人が撰者となった。

成立

序には九〇五（延喜《えんぎ》五）年の日付が記されており、この頃までには一定の分量ができていたらしい。ただし、その後も改訂が続き、最終的な完成は九一三（延喜一三）年か、その翌年と考えられる。

内容

全体で**約千百首**にのぼる和歌を、**二十巻**に編集する。長歌《ちょうか》、旋頭歌《せどうか》が約十首含まれるほかは、すべて短歌。各巻は内容ごとにまとめられており、巻一から順に春上・春下・夏・秋上・秋下・冬・賀・離別・羇旅《きりょ》・物名《もののな》・恋一～五・哀傷・雑《ぞう》上・雑下・雑体《ざってい》・大歌所御歌《おおうたどころのみうた》である。こうした主題別の構成を「**部立《ぶだて》**」といい、一巻の中でも、四季の歌ならば季節の移ろいゆく順に、恋の歌ならば出会いから別れへと、巧みに配列されている。こうした編集作業は、どの歌を掲載するかという判断（選歌《せんか》）と並んで、撰者の重要な仕事であった。

序文は二種類あり、和文による**仮名序《かなじょ》**は**紀貫之**が執筆した。和歌の歴史や意義を述べ、漢詩にも劣らないと強調する内容は、国風文化の開花とともに和歌の社会的位置が高まったことを示しており、**最初の歌論**として後世尊重された。漢文による真名序《まなじょ》は紀淑望《きのよしもち》が執筆した。

『古今和歌集』には、奈良時代末期から約百五十年の間に、約百三十人の歌人が詠んだ和歌が収録されるが、全体は三つの時期に区分することができる。

①よみ人知らず時代

奈良時代から平安時代への過渡期。素朴な民謡ふうの和歌が多い。ほとんどが作者不明である。

②六歌仙《ろっかせん》時代（⬇Close Up）

九世紀後半頃。漢詩の流行によって和歌はやや低調であったが、**縁語**・**掛詞《かけことば》**などの技巧や**七五調**が発達した。

③撰者時代（⬇七六頁）

「**たをやめぶり**」とも呼ばれる、繊細・優美な『古今和歌集』の歌風が完成した時期で、修辞技巧に富む。

評価

初の勅撰《ちょくせん》和歌集として、**後世の和歌の規範**となり、その主題や表現方法は日本人の美意識に大きな影響を与えた。

ただし、あまりに理知的・技巧的なその歌風は、近代に入ると、真情からかけ離れたものであるとして正岡子規《まさおかしき》などの批判を受けるようにもなった。（『歌《うた》よみに与《あた》ふる書《しょ》』⬇三三六頁）

比べてみよう

恋の歌

■現代
- 相思相愛の幸せ、結婚の喜び。
- 片想いのドキドキ、別れのつらさ。

■古今和歌集
- 「相思相愛の幸せ」は詠まない。
- 片想いは「ドキドキするもの」ではなく「つらいもの」。

▼たとえば『古今和歌集』の片想いの歌には、「行く水に数書くよりもはかなきは思はぬ人を思ふなりけり」（流れる水に数を書くよりもはかないのは、私を想ってくれない人を想うことだ）のようなものが多い。

平安時代にも幸せな恋はあったはずなのに、『古今和歌集』では恋を「つらいもの」「悲しいもの」として描く。後世の日本人は、こうした和歌をお手本にしたため「はかない恋や苦しい恋が美しい」という美意識が生まれた。現代のＪポップやドラマにも、こうした美意識が生き残っている部分はないだろうか？

Close Up　六歌仙

紀貫之は仮名序の中で、先輩にあたる六人の歌人たちを取り上げ、一人ひとりの歌風を批評している。長所と短所を指摘するだけでなく、巧みな比喩を使って、読者に「なるほど！」と思わせる楽しい文章だ。実際の六歌仙の作品と読み比べて、貫之の文章をより深く味わってみよう。

六歌仙図屏風（鰺ヶ沢町蔵）

❶僧正遍昭《そうじょうへんじょう》（下段参照）
絵の中の美女にうっとりするみたい。
▼歌は上手だが真実味や現実感に乏しい作風。（歌は『百人一首』⑫⬇一三頁）

❷在原業平《ありわらのなりひら》（下段参照）
萎《しぼ》んだ花に匂いだけが残っているよう。
▼言いたい気持ちが多すぎて言葉が足りない。（歌は『百人一首』⑰⬇一三頁）

❸文屋康秀《ふんやのやすひで》（生没年未詳）
商人がいい着物を着ているみたい。
▼大したことのない内容を言い回しで飾っている。康秀は清和《せいわ》・陽成《ようぜい》天皇に仕えた下級貴族。（歌は『百人一首』㉒⬇一三頁）

❹喜撰法師《きせんほうし》（生没年未詳）
月を見ていたら暁の雲が出てきたよう。
▼言葉がはっきりせず、内容がよくわからない。喜撰は出家して宇治山に住んだと言われる僧。（歌は『百人一首』⑧⬇一二頁）

❺小野小町《おののこまち》（下段参照）
病気にかかった高貴な女性みたい。
▼しみじみとして強いところがない、女らしい歌風。（歌は『百人一首』⑨⬇一二頁）

❻大伴黒主《おおとものくろぬし》（生没年未詳）
薪《たきぎ》を背負った木こりが花の下で休んでいるよう。
▼品がなく俗っぽい。黒主は経歴未詳の人物。『古今和歌集』に「春雨の降るは涙か桜《さくら》花《ばな》散るを惜しまぬ人しなければ」などが入選する。

『古今和歌集』の主な歌人

■僧正遍昭《そうじょうへんじょう》（八一六～八九〇）
六歌仙の一人。もとは良岑宗貞《よしみねのむねさだ》と名乗る貴族で、仁明《にんみょう》天皇に仕えたが、その死をきっかけに出家。天台宗の高僧となった。軽妙で余裕のある知的な歌風。

■在原業平《ありわらのなりひら》（八二五～八八〇）
六歌仙の一人。平城《へいぜい》天皇の皇子であった阿保《あぼ》親王の子。学問（漢学）は十分でなかったが、和歌に才能を発揮した。『**伊**《い》**勢物語**《せものがたり》』の主人公としても有名な美男子。表現技法に優れ、情熱的な歌風。

■小野小町《おののこまち》（生没年未詳）
六歌仙の一人。出自や履歴はほとんど不明ながら、絶世の美女として有名。古来さまざまな伝説が残されている。情熱的な恋の歌を数多く詠み、『古今和歌集』を代表する女流歌人である。

■紀友則《きのとものり》（?～九〇七?）
『古今和歌集』の撰者の一人。紀貫之の従兄《いとこ》。儒教の学識によって宇多《うだ》・醍醐《だいご》天皇に仕えたが、『古今和歌集』完成前に亡くなったらしい。格調のある穏健な歌風。

■凡河内躬恒《おおしこうちのみつね》（生没年未詳）
『古今和歌集』の撰者の一人。身分は低く、地方官などを転々としたが、和歌の才能に優れ、紀貫之と並び称された。また書も巧みであったらしい。機知的で、やや奔放な歌風。

凡河内躬恒
（斎宮歴史博物館蔵）

■壬生忠岑《みぶのただみね》（生没年未詳）
『古今和歌集』の撰者の一人。凡河内躬恒と同じく低い身分のまま一生を終えたが、優れた和歌を多く残した。貫之・躬恒に比べると穏やかな歌風。子の壬生忠見《ただみ》も歌人として有名だった。

■菅原道真《すがわらのみちざね》（八四五～九〇三）
儒者として宇多《うだ》・醍醐《だいご》天皇に仕え、右大臣にまで昇進したが、藤原時平《ふじわらのときひら》の陰謀によって大宰府《だざいふ》に左遷され、同地で亡くなった。漢詩人として『**菅家文草**《かんけぶんそう》』『**菅家後集**《かんけこうしゅう》』（漢詩文集）などを残したが、和歌にも巧みで、『古今和歌集』に歌が収められている。また『新《しん》撰万葉集《せんまんようしゅう》』を編纂《へんさん》したとする説もある。

菅原道真（太宰府天満宮蔵）

■伊勢《いせ》（生没年未詳）
はじめ宇多《うだ》天皇の中宮に仕え、後に宇多天皇の寵愛《ちょうあい》を受けた。『古今和歌集』では小野小町と並ぶ女流歌人で、情熱的な歌風。娘の中務《なかつかさ》も歌人として有名。

■素性《そせい》（生没年未詳）
父は六歌仙の一人・僧正遍昭。若くから和歌をたしなみ、僧の身でありながら、宇多《うだ》・醍醐《だいご》天皇の時代に歌人として活躍した。機知的で軽妙な歌風は、撰者時代の作風を先取りするものである。

文学史問題：六歌仙に含まれない歌人を次から二人選べ。（九州大）
①文屋康秀　②僧正遍昭　③大伴黒主　④紀貫之　⑤和泉式部　⑥小野小町

和歌は現実を超える

新《しん》古《こ》今《きん》和《わ》歌《か》集《しゅう》

#中世和歌の幕開け　#後鳥羽上皇と藤原定家　#象徴的な美　#八代集

和歌／藤原定家《ふじわらのさだいえ》ほか撰／鎌倉時代初期成立

上代 794 中古 1185〜1192 中世 1603 近世 1867

作品への招待

文学は「現実」を描かなくてはならないのだろうか。そんなことはないはずだ。現実から切り離されたバーチャル空間で、既に存在する文学作品を利用しながら、新たな作品を二次創作したってかまわない。「題詠《だいえい》」と「本歌取《ほんかど》り」を武器に、虚構の世界をうたおうとした『新古今和歌集』の創作方法は、現代のマンガやアニメにも通じるものを持つ。

鹿下絵和歌（石川県立美術館蔵）
美麗な装飾が施された紙に、西行法師の「心なき身にもあはれは知られけり鴫《しぎ》立つ沢の秋の夕暮」の歌が書かれている。

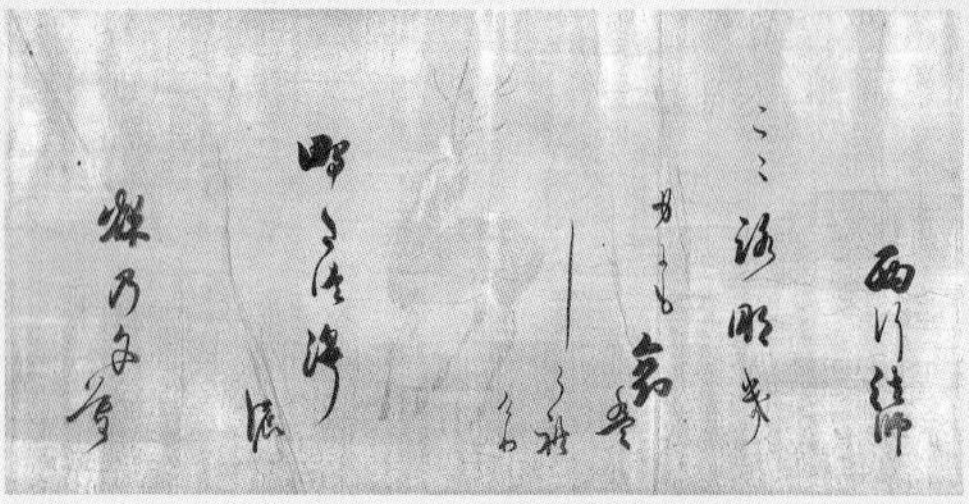

撰者

後鳥羽《ごとば》上皇の命令によって、源通具《みなもとのみちとも》、藤原有家《ふじわらのありいえ》、**藤原定家《さだいえ》**、藤原家隆《いえたか》、飛鳥井《あすかい》雅経《まさつね》、寂蓮《じゃくれん》の六人が撰者となった（寂蓮は完成前に死去）。ただし、編集作業の実質的な中心人物は上皇自身であった。

成立

一二〇五（元久《げんきゅう》二）年、全体が完成し、披露の宴（竟宴《きょうえん》）が行われた。しかしその後も歌の削除や追加が続き、最終的に現在の形になったのは、一二一〇（承元《じょうげん》四）年以後と考えられる。

内容

約二千首に及ぶ和歌を**二十巻**に編集する。長歌《ちょうか》はなく、すべて短歌。『古今和歌集』の形式にならって各巻は内容別にまとめられており、巻一から順に春上・春下・夏・秋上・秋下・冬・賀・哀傷・離別・羇旅《きりょ》・恋一〜五・雑《ぞう》上中下・神《じん》祇《ぎ》・釈教《しゃっきょう》である。

和歌の選択や配列（部立《ぶだて》⇩九六頁）は撰者が担当したが、最終的には後鳥羽上皇が吟味し、時には作業のやり直しを命じるなど、その意向が強く反映されている。冒頭に**真名序《まなじょ》**（藤原親経《ちかつね》が執筆）と**仮名序《かなじょ》**（藤原良経《よしつね》が執筆）があるが、これも上皇の立場から『新古今和歌集』作成の意図を記したものである。なお、後鳥羽上皇は一二二一年の承久《じょうきゅう》の乱（⇩八五頁）によって隠岐《おき》に流された後、さらに『新古今和歌集』を編集し直している（隠岐本《おきぼん》『新古今和歌集』）。

『新古今和歌集』には、奈良時代以降、四百名近い歌人の作品が収録されるが、中心となるのは、平安時代末期から鎌倉時代初期にかけて活躍した**西行《さいぎょう》**、**藤原俊《とし》成《なり》**、**藤原定家**、**後鳥羽上皇**などである。この頃には、和歌は日常の場を離れ、歌《うた》合《あわせ》や歌会《かかい》の中で、決められた題によって虚構の世界を詠む（**題詠《だいえい》**）のが一般的であった。その結果、**現実とは切り離された観念的・物語的な内容を象徴的にうたうことが流行し、ひたすら美しさだけを追求する独特の歌風（唯美的歌風《ゆいびてきかふう》）**が生まれたのである。また、言語による表現だけでなく、作品全体から醸《かも》し出される**余情**の美しさ（**幽玄《ゆうげん》**・**有心《うしん》**）が重視されたため、一首の和歌に複雑な内容を盛り込む**本歌《ほんか》取《ど》り**（⇩一〇四頁）の技巧が発達した。

評価

感覚的・浪漫的な美を重視する『新古今和歌集』の歌風は、連歌《れんが》や能、茶の湯、生け花などの中世文化に影響を与えただけでなく、与謝野晶子《よさのあきこ》、北原白秋《きたはらはくしゅう》、立原《たちはら》道造《みちぞう》など近代の文学者にも好まれた。現在では、『新古今和歌集』を日本文学の中心とする考え方（丸谷才一《まるやさいいち》）もある。

秘密の恋人

『新古今和歌集』を代表する女流歌人式子《しょくし》内親王は、一生独身だった。当時の皇族女性としてはそれが普通だが、情熱的な恋の歌を詠んだこともあって、「秘密の恋人がいたのでは？」と考える人は多い。

歌の先生だった俊成《としなり》に恋していたのでは、という説もあれば、法然《ほうねん》にあこがれていたのだ、と想像する人もいる。現代人だけではない。鎌倉時代の中頃には、定家《さだいえ》と恋仲だったという噂もあった。たぶん伝説だろうが、これをもとにして『定家《ていか》』という能まで作られている。

中世の人々は、私たち以上に作り話が大好きだった。有名な歌人のエピソードを勝手に作っては、「そのとき詠まれたのが、有名なあの歌です」と、もっともらしく説明した本がたくさん残っている。たいていは根も葉もない伝説だが、そうやって「二次創作」を楽しんでいたのだ。

式子内親王

写真：式子内親王・藤原定家＝東京国立博物館蔵（ColBase）「新三十六歌仙図帖」

前頁の答：④⑤

Close Up　言葉の魔術師・藤原定家

藤原定家の最も有名な歌は『新古今和歌集』に収録された次の一首だろう。

春の夜の夢の浮き橋とだえして
　峰に別るる横雲の空

春の夜の夢が覚め、ふと外を見ると、峰のあたり、横向きにたなびく雲が別れてゆく朝の空——。深く考えずに読むと、春の朝の美しさをうたった作品のように思うかもしれない。実際に『新古今和歌集』では春の部に入っている。

しかし、定家という人は、それほど単純な歌人ではない。まず、この歌には本歌がある。

風吹けば峰に別るる白雲の
　絶えてつれなき君が心か
（古今和歌集）

峰から雲が離れてゆくように、あなたは私から離れてゆく、という恋の歌だ。

藤原定家

そう、本歌を重ね合わせると、定家のいう「**峰に別るる横雲**」は、実際の雲でもあるし、冷たい恋人の比喩とも読める。

「**夢の浮き橋**」にも注目してみよう。「はかない夢」という意味の言葉だが、『**源氏物語**』**の末尾、薫《かおる》と浮舟《うきふね》の悲しい別れを描いた章の題名も**「**夢浮橋《ゆめのうきはし》**」**だ**（↓一四五頁）。つまり、これも男女の関わりをイメージさせる表現なのだ。

春の一夜、はかない恋をした。朝が来ると、あなたは峰から離れてゆく雲のように、私のもとを去ってゆく——。そんなふうにも、定家の歌は読める。

和歌はたった三十一文字しかない。表現できる内容は限られている。しかし定家は、言葉の持つニュアンスを最大限に利用することで、表現できる内容を二倍にも、三倍にも増やそうとした。

だから、春の朝の雲をうたっても、彼の作品はどこか色っぽい。恋の風情が漂う。自然の歌が、いつの間にか恋愛小説の一場面になってしまう。「雲」という言葉も、知らないうちに恋人の象徴（暗喩）になっている。『新古今和歌集』の歌が「**物語的**」で、「**象徴的**」で、「**言葉で表現されない余情を重視する**」と言われるのは、そのためだ。

定家は**言葉の魔術師**なのである。

『新古今和歌集』の主な歌人

藤原俊成《としなり》（一一一四～一二〇四）
定家の父。名前は「しゅんぜい」とも読む。歌壇の第一人者として活躍し『**千載《せんざい》和《わ》歌《か》集《しゅう》**』の撰者となった。叙情性にあふれる歌風は、定家らの世代に大きな影響を与えた。私家集『**長秋詠藻《ちょうしゅうえいそう》**』がある。

西行《さいぎょう》（一一一八～一一九〇）
もとは佐藤義清《さとうのりきよ》と名乗る武士だったが、二十三歳で出家。諸国を旅しながら和歌を詠んだ。平明・率直な歌風が特徴。私家集『**山家集《さんかしゅう》**』（↓一〇〇頁）がある。

藤原定家《さだいえ》（一一六二～一二四一）
『新古今和歌集』の撰者。名前は「ていか」とも読む。父俊成に学び、藤原良経《よしつね》、後鳥羽上皇らの庇護《ひご》を受けて歌壇の中心人物となった。余情を重視し、妖艶《ようえん》な歌風。私家集『**拾遺愚草《しゅういぐそう》**』、歌論『**詠歌大概《えいがのたいがい》**』、日記『**明月記《めいげつき》**』などの著作がある。古典の書写にも大きな功績を残した。

後鳥羽《ごとば》上皇（一一八〇～一二三九）
『新古今和歌集』の下命者。名は尊成《たかひら》。定家に憧れ和歌を学ぶ。**承久の乱**に敗れ、四十二歳で隠岐に流された。格調高く優艶《ゆうえん》な歌風。歌論『**後鳥羽院《ごとばいん》御口伝《ごくでん》**』がある。

後鳥羽上皇（宮内庁三の丸尚蔵館蔵）

寂蓮《じゃくれん》（一一三九？～一二〇二）
『新古今和歌集』の撰者。俊成の甥《おい》。僧となって和歌に専心した。精巧で緻密《ちみつ》な歌風。私家集に『寂蓮法師集《じゃくれんほうししゅう》』。

式子《しょくし》内親王（一一四九～一二〇一）
後白河《ごしらかわ》天皇の皇女で、賀茂《かも》の斎院《さいいん》を務めた。俊成に和歌を学び、女流歌人では『新古今和歌集』に最も多く入選する。憂えを帯びた繊細な歌風で、私家集『式子《しょくし》内親王集《ないしんのうしゅう》』がある。

慈円《じえん》（一一五五～一二二五）
関白藤原忠通《ただみち》の子で、天台座主《てんだいざす》になった僧。良経の叔父。自由闊達《かったつ》な歌風。私家集『**拾玉集《しゅうぎょくしゅう》**』があるほか、歴史論『**愚管《ぐかん》抄《しょう》**』の作者としても知られる。

藤原家隆《いえたか》（一一五八～一二三七）
『新古今和歌集』の撰者。俊成に和歌を学び、その才能は定家と並び称された。温和な人柄で、平淡・清澄な歌風が特徴。私家集『**壬二集《みにしゅう》**（**玉吟集《ぎょくぎんしゅう》**）』がある。

藤原良経《よしつね》（一一六九～一二〇六）
『新古今和歌集』仮名序の作者。関白藤原兼実《かねざね》の子で、摂政太政大臣《せっしょうだいじょうだいじん》となった。定家を庇護し、その歌風を学んだ。清新な歌風で、私家集『**秋篠月清集《あきしのげっせいしゅう》**』がある。

藤原俊成女《としなりのむすめ》（生没年未詳）
俊成の孫で、その養女となった。後鳥羽上皇に仕えた女房。艶麗《えんれい》な歌風で、私家集『俊成卿女集《としなりきょうのむすめしゅう》』がある。物語評論『**無《む》名草子《みょうぞうし》**』（↓一五二頁）の作者とする説もある。

文学史問題：藤原定家に関係する作品を次から二つ選べ。（愛媛大）
①愚管抄　②古事記　③古来風体抄　④山家集　⑤新古今和歌集　⑥明月記

和歌と漢詩の出会う場所

和漢朗詠集《わかんろうえいしゅう》

和歌・漢詩
平安時代中期成立

撰者は**藤原公任《ふじわらのきんとう》**。一〇一三(長和二《ちょうわ》)年頃成立か。二巻。漢詩文、和歌の中から、朗詠(詩歌に節をつけて歌う芸能の一種)に適した作品を集めたアンソロジー。漢詩では白居易《はくきょい》(⬇四〇八頁)・菅原道真《すがわらのみちざね》、和歌では紀貫之《きのつらゆき》の作品が多い。

▼**藤原公任**(九六六～一〇四一)…平安中期の公《く》卿《ぎょう》。和歌・漢詩・音楽に優れ、藤原道長《みちなが》や紫式部《むらさきしきぶ》とも交遊があった。歌論に『**新撰髄脳《しんせんずいのう》**』。余情を重視した優美な歌風。

藤原公任

旅する歌僧・西行の和歌

山家集《さんかしゅう》

和歌
平安時代末期成立

『新古今和歌集《しんこきんわかしゅう》』の代表歌人・**西行《さいぎょう》**(⬇九九頁)の私家集。平安末期成立。三巻。編集した人物は不明。俗語を交えつつ、しみじみとした感興や自然の美を率直に詠む西行の和歌は、その生涯と相まって、後世、宗祇《そうぎ》(⬇八五頁)や松尾芭蕉《まつおばしょう》(⬇一八二頁)に大きな影響を与えた。

西行

鎌倉によみがえった『万葉集』

金槐和歌集《きんかいわかしゅう》

和歌
鎌倉時代初期成立

源 実朝《みなもとのさねとも》の私家集。一二一三(建保元《けんぽう》)年成立。一巻。京の文化に憧れ、藤原定《さだ》家《いえ》に師事した実朝の和歌を収める。明治期に正岡子規《まさおかしき》(⬇三六頁)が高く評価した。

▼**源実朝**(一一九二～一二一九)…鎌倉幕府三代将軍。政治的な実権はなく、若くして暗殺された。『万葉集《まんようしゅう》』(⬇九三頁)の影響を受け、情熱的で力強い歌風。

法皇の愛したはやり歌

梁塵秘抄《りょうじんひしょう》

歌謡
平安時代末期成立

撰者は**後白河法皇《ごしらかわ》**。平安末期成立。二十巻(一部のみ現存)。当時はやった「**今様《いまよう》**」と呼ばれる歌謡を収集・整理したもの。**七五の句を四回繰り返す形式**が多く、恋や仏教的思想など、庶民の心情が生き生きとうたわれている。別に今様の口伝《くでん》をまとめた『梁塵秘抄口伝集《りょうじんひしょうくでんしゅう》』もある。

虚無と享楽の室町小歌

閑吟集《かんぎんしゅう》

歌謡
室町時代後期成立

撰者未詳。一五一八(永正一五《えいしょう》)年成立。一巻。室町時代に流行した「**小歌《こうた》**」と呼ばれる歌謡を集成する。定まった形式はなく、虚無感を背景に今を楽しもうとする傾向が強い。恋の歌が多いのが特色。

逸話で学ぶ和歌の詠み方

俊頼髄脳《としよりずいのう》

歌論
平安時代後期成立

作者は**源俊頼《としより》**。一一一五(永久三《えいきゅう》)年頃成立。二巻。和歌の歴史・理想の歌風・歌題・修辞法などを説明した歌論書。**逸話を豊富に引用するのが特徴**。藤原忠実《ただざね》の娘泰子《たいし》のために書かれた。

▼**源俊頼**(一〇五五～一一二九)…平安後期の歌人。行き詰まりを迎えていた和歌に新風をもたらし、藤原俊成《としなり》らに影響を与えた。勅《ちょく》撰集《せんしゅう》『**金葉和歌集《きんようわかしゅう》**』の撰者。私家集に『**散木奇歌集《さんぼくきかしゅう》**』。清新な歌風だが、卑俗な要素も見られる。

源俊頼

理想の和歌は歴史の中に

古来風体抄《こらいふうていしょう》

歌論
鎌倉時代初期成立

作者は『千載和歌集《せんざいわかしゅう》』の撰者・**藤原俊成《としなり》**。一一九七(建久八《けんきゅう》)年成立(四年後に改稿)。二巻。和歌の本質・歴史・表現について論じ、手本とすべき秀歌の例を数多くあげて、**幽玄《ゆうげん》の歌風**を説く。歌の弟子であった式子《しょくし》内親王(⬇九九頁)に奉ったもの。

藤原俊成

言葉は古く、心は新しく

近代秀歌《きんだいしゅうか》

歌論
鎌倉時代初期成立

作者は**藤原定家《さだいえ》**。一二〇九(承元三《じょうげん》)年成立か。一巻。弟子であった**源実朝《さねとも》に送った手紙形式の歌論書**。余情があり、妖《よう》艶《えん》な和歌を詠むには、伝統的な言葉を使いながら、新しい内容(「心」)を追求すべきであると説き、六歌仙《ろっかせん》(⬇九七頁)の歌風を理想として掲げる。

歌はやさしくあわれに

毎月抄《まいげつしょう》

歌論
鎌倉時代初期成立

作者を藤原定家《さだいえ》とする説もあるが、未詳。一二一九(承久元《じょうきゅう》)年成立。一巻。歌風を十種類(十体《じってい》)に分けた上で「**有心体《うしんてい》**」が理想であるとし、本歌取りや題詠の技巧、歌語の選び方と使用法を丁寧に説く。分量も多く充実した歌論。

歌人・鴨長明の世界

無名抄《むみょうしょう》

歌論
鎌倉時代初期成立

作者は『新古今和歌集《しんこきんわかしゅう》』の歌人として活躍し、『方丈記《ほうじょうき》』(⬇一六七頁)の作者としても知られる**鴨長明《かものちょうめい》**。一二一一(建暦元《けんりゃく》)年以後の成立。一巻。歌を作る心得、歌枕に関する情報、歌人の逸話などを、雑録風に集めた歌論書。藤原俊成《としなり》が理想とした「幽玄」についての解説も見られる。

定家の和歌に近づくために

正徹物語《しょうてつものがたり》　歌論　室町時代前期成立

作者は正徹《しょうてつ》(下巻は弟子による聞き書き)。一四五〇(宝徳《ほうとく》二)年頃の成立。二巻。理想の歌風・自歌自注・歌人の逸話・和歌の作法などを雑多に記す。藤原定家《さだいえ》を崇拝し、幽玄の美を目指した正徹の和歌観をうかがうことができる。

▼**正徹**(一三八一〜一四五九)…室町時代の歌僧。冷泉《れいぜい》派の和歌を学び、一万首以上の作品を残した。私家集に『**草根集**《そうこんしゅう》』。妖艶《ようえん》で斬新な歌風。

正徹

その他の主な歌人

能因《のういん》(九八八〜?)

平安中期の歌僧。橘永愷《たちばなのながやす》という下級貴族だったが、若くして出家。諸国を旅した。私家集に『能因集《のういんしゅう》』。平明な歌風。

藤原清輔《ふじわらのきよすけ》(一一〇四〜一一七七)

平安後期の歌人。和歌の家・六条藤家《ろくじょうとうけ》の出身で、古歌の研究に優れていた。和歌の故実や作法をまとめた歌論書『袋草紙《ふくろぞうし》』の作者。端正で伝統的な歌風。

京極為兼《きょうごくためかね》(一二五四〜一三三二)

藤原定家《さだいえ》のひ孫。伏見《ふしみ》天皇の庇護《ひご》を受け、伝統にとらわれず革新的な和歌を詠んだ。勅撰集『玉葉和歌集《ぎょくようわかしゅう》』の撰者。歌論に『為兼卿和歌抄《ためかねきょうわかしょう》』。清新で写実的な歌風。

頓阿《とんあ》(一二八九〜一三七二)

室町期の歌僧。二条為世《にじょうためよ》の弟子となり、勅撰集『新拾遺和歌集《しんしゅういわかしゅう》』の撰者を務めた。私家集に『草庵集《そうあんしゅう》』、歌論に『井蛙抄《せいあしょう》』。保守的・平明な歌風で、後世重視された。

三条西実隆《さんじょうにしさねたか》(一四五五〜一五三七)

戦国期の公卿《くぎょう》。後土御門《ごつちみかど》天皇の信任を得て、和歌・連歌など宮廷の文芸を主導した。私家集に『雪玉集《せつぎょくしゅう》』。優美・端正な歌風で、江戸初期に愛好された。

田安宗武《たやすむねたけ》(一七一五〜一七七一)

徳川吉宗《とくがわよしむね》の子。家臣であった荷田在満《かだのありまろ》と賀茂真淵《かものまぶち》について国学を学び、古典研究を行った。私家集に『天降言《あもりごと》』、歌論に『歌体約言《かたいやくげん》』。万葉調の力強い歌風。

良寛《りょうかん》(一七五八〜一八三一)

江戸後期の僧。諸国行脚《あんぎゃ》の後、故郷・新潟で生涯を送った。歌壇との交流はなかったが、書家として有名だった。私家集に『布留散東《ふるさと》』。万葉調の素朴な歌風。

香川景樹《かがわかげき》(一七六八〜一八四三)

江戸後期の歌人。和歌の調べ(声調)を重視し、「桂園派《けいえんは》」と呼ばれる門弟が全国に広まった。私家集に『桂園一枝《けいえんいっし》』。新鮮で現代性を重視する歌風。

橘曙覧《たちばなあけみ》(一八一二〜一八六八)

江戸末期の国学者。故郷福井で清貧の一生を過ごした。私家集に『志濃夫廼舎歌集《しのぶのやかしゅう》』。俗語を交えた率直な歌風。明治期に正岡子規《まさおかしき》が称賛し有名になった。

中世・近世歌人の系譜

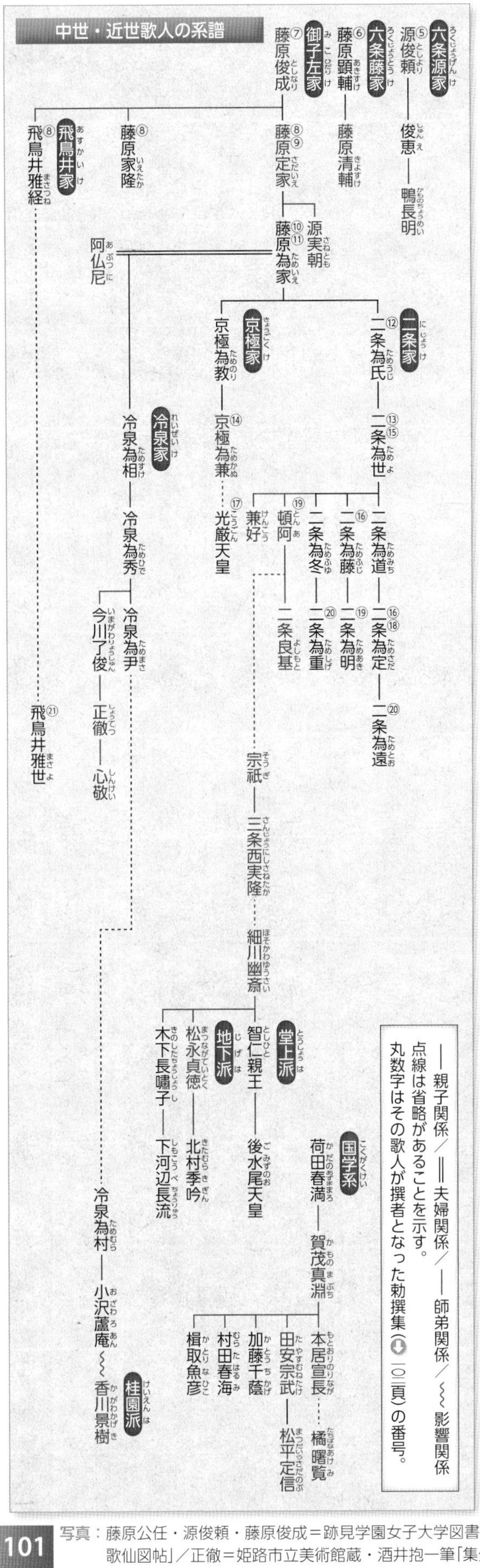

写真：藤原公任・源俊頼・藤原俊成＝跡見学園女子大学図書館蔵「百人一首画帖」／西行＝東京国立博物館蔵(ColBase)「新三十六歌仙図帖」／正徹＝姫路市立美術館蔵・酒井抱一筆「集外三十六歌仙」

勅撰集一覧

天皇・上皇の命令によって作られた歌集を「勅撰集」といい、平安時代の『古今和歌集』から室町時代の『新続古今和歌集』まで二十一種作られた。これを「二十一代集」と呼ぶ。また、『新古今和歌集』までの八つを「八代集」、それ以降を「十三代集」といい、さらに『古今和歌集』『後撰和歌集』『拾遺和歌集』を「三代集」と称する。

時代	二十一代集		勅撰集名	構成	歌数	成立年	勅命（院宣）	撰者	特色
平安時代	八代集	三代集 1	古今《こきん》和《わ》歌集《かしゅう》	二十巻・仮名序・真名序	一一一一首	九〇五年	醍醐《だいご》天皇	紀友則《きのとものり》・紀貫之《つらゆき》・凡河内躬恒《おおしこうちのみつね》・壬生忠岑《みぶのただみね》	▼機知を生かした理知的な歌風。技巧的で優美。和歌の規範として尊重された。
		2	後撰《ごせん》和《わ》歌集《かしゅう》	二十巻	一四二六首	九五一年	村上《むらかみ》天皇	「梨壺《なしつぼ》の五人」＝源順《みなもとのしたごう》・大中臣能宣《おおなかとみのよしのぶ》・清原元輔《きよはらのもとすけ》・紀時文《ときぶみ》・坂上望城《さかのうえのもちき》	▼当時の貴族社会で交わされた贈答歌が多く、類型的な表現が目立つ。
		3	拾遺《しゅうい》和《わ》歌集《かしゅう》	二十巻	一三五一首	一〇〇五年	花山《かざん》院	花山院（藤原公任《ふじわらのきんとう》とする説も）	▼なだらかで洗練された、優美な歌風。
		4	後拾遺《ごしゅうい》和《わ》歌集《かしゅう》	二十巻・仮名序	一二一八首	一〇八六年	白河《しらかわ》天皇	藤原通俊《みちとし》	▼正統的な歌風を追求し、叙情性が高い。
		5	金葉《きんよう》和《わ》歌集《かしゅう》	十巻	六七七首	一一二七年	白河院	源俊頼《としより》	▼新奇な表現を好み、技巧的な歌風。
		6	詞花《しか》和《わ》歌集《かしゅう》	十巻	四一一首	一一五一年	崇徳《すとく》院	藤原顕輔《あきすけ》	▼格調高く、優美な歌風で、やや保守的。
		7	千載《せんざい》和《わ》歌集《かしゅう》	二十巻・仮名序	一二八六首	一一八七年	後白河《ごしらかわ》院	藤原俊成《としなり》	▼静寂で叙情的な「幽玄《ゆうげん》」の歌風（↓六六頁）を追求。
鎌倉時代		8	新古今《しんこきん》和《わ》歌集《かしゅう》	二十巻・仮名序・真名序	一九八一首	一二〇五年	後鳥羽《ごとば》院	源通具《みちとも》・藤原有家《ありいえ》・藤原定家《さだいえ》・藤原家隆《いえたか》・飛鳥井雅経《あすかいまさつね》・寂蓮《じゃくれん》	▼象徴的・観念的な歌風で、余情を重視する。物語性が強く、唯美的な歌が多い。
	十三代集	9	新勅撰《しんちょくせん》和《わ》歌集《かしゅう》	二十巻・仮名序	一三七六首	一二三五年	後堀河《ごほりかわ》天皇	藤原定家	▼平淡優雅な歌風で、中世に好まれた。
		10	続後撰《しょくごせん》和《わ》歌集《かしゅう》	二十巻	一三七七首	一二五一年	後嵯峨《ごさが》院	藤原為家《ためいえ》	▼平明で分かりやすく、穏健な歌風。
		11	続古今《しょくこきん》和《わ》歌集《かしゅう》	二十巻・仮名序・真名序	一九二五首	一二六五年	後嵯峨院	藤原為家・藤原基家《もといえ》・藤原行家《ゆきいえ》・藤原光俊《みつとし》・藤原家良《いえよし》	▼華麗な歌風で、一部に新しい傾向を持つ作品も見られる。
		12	続拾遺《しょくしゅうい》和《わ》歌集《かしゅう》	二十巻	一四六一首	一二七八年	亀山《かめやま》院	二条為氏《にじょうためうじ》	▼温和、保守的な歌風で、新味に乏しい。
		13	新後撰《しんごせん》和《わ》歌集《かしゅう》	二十巻	一六一二首	一三〇三年	後宇多《ごうだ》院	二条為世《ためよ》	▼伝統的な歌風を守ることに終始する。
		14	玉葉《ぎょくよう》和《わ》歌集《かしゅう》	二十巻	二八〇一首	一三一二年	伏見《ふしみ》院	京極為兼《きょうごくためかね》	▼伝統にとらわれない革新的・写実的な歌風。『風雅和歌集』と並んで高く評価される。
		15	続千載《しょくせんざい》和《わ》歌集《かしゅう》	二十巻	二一四八首	一三二〇年	後宇多院	二条為世	▼伝統的な歌風で、保守的な傾向が強い。
		16	続後拾遺《しょくごしゅうい》和《わ》歌集《かしゅう》	二十巻	一三五五首	一三二六年	後醍醐《ごだいご》天皇	二条為藤《ためふじ》・二条為定《ためさだ》	▼伝統的な歌風で、取りたてて特色はない。
室町時代		17	風雅《ふうが》和《わ》歌集《かしゅう》	二十巻・仮名序・真名序	二二一一首	一三四九年	花園《はなぞの》院	光厳《こうごん》院	▼繊細・閑寂で『玉葉和歌集』を受け継ぐ歌風。
		18	新千載《しんせんざい》和《わ》歌集《かしゅう》	二十巻	二三六四首	一三五九年	後光厳《ごこうごん》天皇	二条為定	▼足利尊氏《あしかがたかうじ》の治世を記念。伝統的な歌風。
		19	新拾遺《しんしゅうい》和《わ》歌集《かしゅう》	二十巻	一九二〇首	一三六四年	後光厳天皇	二条為明《ためあき》・頓阿《とんあ》	▼足利義詮《よしあきら》の治世を記念。伝統的な歌風。
		20	新後拾遺《しんごしゅうい》和《わ》歌集《かしゅう》	二十巻・仮名序	一五五四首	一三八四年	後円融《ごえんゆう》天皇	二条為遠《ためとお》・二条為重《ためしげ》	▼足利義満《よしみつ》の治世を記念。伝統的な歌風。
		21	新続古今《しんしょくこきん》和《わ》歌集《かしゅう》	二十巻・仮名序・真名序	二一四四首	一四三九年	後花園《ごはなぞの》天皇	飛鳥井雅世《まさよ》	▼足利義教《よしのり》の治世を記念。伝統的な歌風。

豆知識：『新古今和歌集』の撰者・藤原定家は京都の小倉山荘という別荘をもっていた。この小倉山荘跡地は現在、厭離庵（京都市右京区）という寺院になっている。

和歌常識

平安時代以降、和歌の文学的地位が高まるにつれて、歌を詠む催しや歌集の形式も独自の発達を遂げていった。ここでは和歌についてよく使われる用語を整理しよう。（「ますらをぶり」「幽玄」などの文学理念については七六頁、「掛詞」「本歌取り」などの修辞技巧については一〇四頁を参照。）

■和歌の異称　漢詩に対し、日本の歌という意味で「和詩《わし》」「**やまとうた**」「**敷島《しきしま》の道《みち》**」と呼ぶ。また特に短歌を指して「**三十《みそ》一文字《ひともじ》**」ともいう。なお、平安以降、他の歌体（↓九三頁）が衰退したため、単に「和歌」といえば短歌を指すようになった。

■上《かみ》の句・下《しも》の句　一首の短歌のうち、**五・七・五の部分を上の句**（「本《もと》」とも）、**七・七の部分を下の句**（「末《すえ》」とも）と呼ぶ。**上の句の最後の文字を「腰《こし》」**といい、上下がうまくつながらない歌は「**腰折《こしお》れ**」と非難された。なお、自分の歌を謙遜して「腰折れ」と呼ぶこともある。

■字余《じあま》り・字足《じた》らず　一句の決まった字数（五文字または七文字）より多いものを「**字余り**」、少ないものを「**字足らず**」という。

■勅撰集《ちょくせんしゅう》　**天皇・上皇の命令で作られた和歌集。**さまざまな歌人の作品を集めたアンソロジーであり、選歌・編集を行う**撰者《せんじゃ》には一流の歌人が任命された。一首でも選ばれれば名誉なこと**と考えられ、勅撰集は和歌を詠む際の手本となった。『古今和歌集《こきんわかしゅう》』に始まり『新続古今和歌集《しんしょくこきんわかしゅう》』まで二十一種類ある。（↓一〇二頁）

■私撰集《しせんしゅう》　**個人の立場で作られた和歌のアンソロジー。**さまざまな歌人の作品を収めるのは勅撰集と同じだが、私的に編集した歌集であるため、勅撰集に比べると権威は低かった。代表的な私撰集に『万葉集《まんようしゅう》』『和漢朗詠集《わかんろうえいしゅう》』がある。

■私家集《しかしゅう》　**一人の歌人の作品だけを集めた歌集。**「家集《かしゅう》」「家《いえ》の集《しゅう》」ともいう。本人が編集する場合も、他人が編集する場合もある。勅撰集・私撰集ほどの権威はない。

■歌合《うたあわせ》　**複数の歌人が詠んだ歌を、二首ずつ組み合わせ、優劣を決める催し。**九世紀末から行われ、平安期に流行した。勝敗は合議で決めるか、判者《はんじゃ》が判定し、その理由を判詞《はんし》（判《はん》の詞《ことば》）として記すこともあった。勝《かち》・負《まけ》だけでなく、持《じ》（引き分け）もある。**参加者全員を左方《ひだりかた》・右方《みぎかた》に分け、それぞれの勝ち数を総合して集団で競うことが多かった。**

歌合の様子

■歌会《かかい》　**歌人が集まり、作品を披露する催し。**「うたかい」とも。普通は事前に題を決めて、当日歌を持参し、講師《こうじ》という係が皆の前で読み上げる。

■題詠《だいえい》　**あらかじめ決めた題（歌題《かだい》）に従って和歌を詠むこと。**平安以降、非常に流行した。初期には単純な題だったが、次第に「月前落葉《つきのまえのらくよう》」のように複雑化した。題には**決まった詠み方**（恋の題は苦しいものとして詠む等）があり、これを「**本意《ほんい》**」と呼ぶ。本意に外れた歌は、題の言葉が入っていても失敗作とされた。

■百首歌《ひゃくしゅうた》　**百首ひとまとまりの和歌。**たいていは百の歌題を集めて一組とし（組題《くみだい》）、それを一人で詠む。勅撰集の編集資料や、神仏への奉納、歌作の練習として行われる。

■贈答歌《ぞうとうか》　**相手に贈り、またはそれに返事をした歌。**恋歌だけでなく、季節の挨拶や病気見舞いなどにも用いる。専門の歌人でない人も、手紙がわりに和歌を贈り合った。

■屏風歌《びょうぶうた》　**屏風に書くため、絵に合わせて詠んだ歌。**風景や年中行事を題材としたものが多い。『古今和歌集』の頃から盛んになった。

■部立《ぶだて》　**歌集を作る際に、各巻を四季・恋・雑《ぞう》など内容別に編集すること。**勅撰集・私撰集は原則として部立構成である。

■巻頭歌《かんとうか》・巻軸歌《かんじくか》　**歌集の中で、ある巻の最初（巻頭）と最後（巻軸）の歌。**特に勅撰集では、巻の中で最も優れた作品を配置する。

■詞書《ことばがき》（題詞《だいし》）　**その歌の題や詠まれた事情を述べた文章。**和歌の前に置かれ、「題詞」ともいう。文末を「――のこころを（――という題を詠んだ歌）」「――詠める（――詠んだ歌）」とすることが多い。不明であれば「**題知らず**」と記す。さらに補足的な情報を**歌の後に書く場合には「左注《さちゅう》」と呼ぶ。**

■よみ人知らず　**作者の名前がわからない、または事情によって匿名である歌。**『古今和歌集』以降の勅撰集に多い。

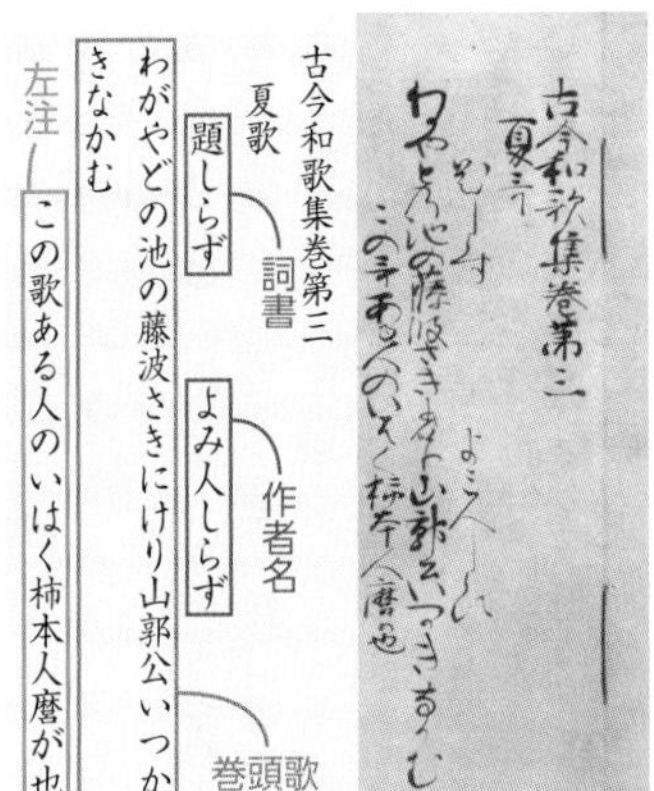

『古今和歌集』（国文学研究資料館蔵）
夏の歌を収める巻三の冒頭部。詞書や作者名とともに和歌が記されている。なお、写本の字は藤原定家の筆跡を忠実にまねたものであり、これを「定家様（ていかよう）」という。

和歌修辞

三十一文字という限られた字数の中で、思いのたけを十分に表現するために、歌人たちはさまざまなテクニックを編み出した。現代に生きる私たちが和歌を解釈し、古人の思いを読み取ろうとする際にも、その知識は欠かすことができない。

＊数字のアイコン(2など)は『百人一首』(⬇二一〇～二三七頁)の歌番号を示す。

枕《まくら》詞《ことば》	☑ある語句を導き出すために、その直前に置く。 ☑意味や音の関連によって、その枕詞がどのような語句を導くか、**組み合わせが決まっている**。(⬇下段) ☑通常は**五音節**からなる。 ☑**現代語訳はしない**。 ☑**『万葉集《まんようしゅう》』**(⬇九三頁)で盛んに用いられる。	・春過ぎて夏来にけらし**しろたへの**衣干すてふ天の香具山 2 ⇩「しろたへの」は「衣」を導く枕詞。 ・わたの原漕ぎ出でて見れば**ひさかたの**雲居にまがふ沖つ白波 76 ⇩「ひさかたの」は「雲」を導く枕詞。 ・**ちはやぶる**神代も聞かず竜田川から紅に水くくるとは 17 ⇩「ちはやぶる」は「神」を導く枕詞。
序《じょ》詞《ことば》	☑ある語句を導き出すために、その直前に置く。 ☑枕詞と違って、序詞と導かれる語句の組み合わせは一回限りのことが多く、**歌人が自由に創作できる**。 ☑**七音節以上**からなる。 ☑**有心《うしん》の序**…意味的な関わりのある語を導く序詞。 ☑**無心《むしん》の序**…意味的な関わりのない語を導く序詞。	▼**有心の序**(意味によって語句を導く。「〜ように」と訳す。) ・**あしびきの山鳥の尾のしだり尾の**長々し夜をひとりかも寝む 3 ⇩「山鳥の垂れ下がった尾のように長い長い夜を…」 ▼**無心の序**(音の響きによって語句を導く。「〜ではないが」と訳す。) ・**みかの原わきて流るる泉川**いつ見きとてか恋しかるらむ 27 ⇩「みかの原に湧き出て流れる泉川ではないが、いつ見たからといって…」
掛《かけ》詞《ことば》	☑**一つの言葉に二つ以上の意味を持たせる技法。** ☑和歌に複雑な内容を含ませることができるため、**『古今和歌集《こきんわかしゅう》』**(⬇九六頁)以降、盛んに用いられた。 ☑**二つの意味をともに現代語訳する。** 一方が一方の比喩となることもある。 ☑**掛詞は縁語とともに用いられることが多い。** 掛詞の片方の意味が、縁語として使われている場合には、現代語訳しないこともある。	・花の色はうつりにけりないたづらにわが身世に**ふる**[(私が)経る・(雨が)降る]**ながめ**[眺め・長雨]せし間に 9 ⇩「長雨が降るのを、(物思いにふけって)眺めているうちに、私も年老いた」と訳す。 ・かくとだにえやは**いぶき**[伊吹・言ふ]のさしも草さしも知らじな燃ゆる**思ひ**[思ひ・火]を 51 ⇩地名(「伊吹」)の一部が「言ふ」のように掛詞になる場合もあるので注意。結句は「火のように燃える思いを」と訳す。一音節の掛詞は見落としやすい。
縁《えん》語《ご》	☑和歌全体の内容とは関わりなく、**関連のある言葉を複数詠み込む技法。**	・来ぬ人をまつほの浦の夕なぎに**焼く**や**藻塩**の身もこがれつつ 97 ⇩「藻塩」は、海草に海水をかけ、焼いて作るので縁語になる。
本歌《ほんか》取《ど》り	☑**古典的な名歌の発想・表現を取り入れて新しい歌を詠む技法。** もとになった歌を「**本歌**」という。 ☑和歌に複雑な情趣や余韻を与えるところから、**『新《しん》古今和歌集《こきんわかしゅう》』**(⬇九六頁)で盛んに用いられた。	・きりぎりす鳴くや霜夜の**さむしろに衣かたしき**一人かも寝む 91 ⇩本歌「さむしろに衣かたしき今宵もや我を待つらむ宇治の橋姫」(古今集)が橋姫と「我」の関係を描くのに対し、この歌では、待ちこがれて一人寝をする橋姫の心情が中心になっている。

◉主な枕詞とその導く語

あかねさす	日・昼・紫・君
あきつしま	大和《やまと》
あさぢふの	小野・己
あしひ(び)きの	山・峰・山名(固有名詞)
あづさゆみ	引く・張る・春・射る
あまざかる	日・鄙《ひな》・向かふ
あらたまの	年・月・日・春
あをによし	奈良
いそのかみ	古る・振る・降る
いはばしる	滝・垂水《たるみ》・近江《あふみ》
うつせみの	命・世・人・身・むなし
からころも	着る・裁つ・袖・裾・紐《ひも》
くさまくら	旅・仮・ゆふ・むすぶ
くれたけの	よ・節《よ》・世・夜
ささなみの(や)	志賀《しが》・近江
しきしまの	大和
しろたへの	衣・袖・袂《たもと》・雪・雲
そら(に)みつ	大和
たまきはる	命・世・うち
たまくしげ	箱・ふた・み・明く
たまづさの	使ひ・妹《いも》・言《こと》・通ふ
たまほこの	道・里・手向《たむ》けの神
たらちねの	母・親
ちはやぶる	神・社・氏《うぢ》・宇治
ぬばたまの	黒・闇・夜・夢・月・髪
ひさかたの	天・空・日・月・光・雲
むらきもの	心
むらさきの	匂ふ・名高し・心
もののふの	八十《やそ》・宇治川・岩瀬
ももしきの	宮・大宮
やくもたつ	出雲《いづも》
やすみしし	我が大君
わかくさの	夫《つま》・妻・新《にひ》・若

見立《みた》て	☑**あるものを、まったく別の何かにたとえること。**特に自然の風景についてよく用いられる。 ☑**擬人法**（人間でないものを人間にたとえる）も見立てに含まれる。物が動く様子を見立てる場合には、擬人法となることが多い。	・白露に風の吹きしく秋の野は貫きとめぬ玉ぞ散りける 37 ⇩「風に散る露」を「糸で連ねていない真珠」に見立てる。 ・山川に風のかけたるしがらみは流れもあへぬ紅葉なりけり 32 ⇩「川にたまった紅葉」を「風が作ったしがらみ」に見立てる。「風のかけたるしがらみ」は風を擬人化した表現でもある。
隠《かく》し題《だい》（折句《おりく》）（物名《もののな》）	☑**和歌全体の内容とは関わりなく、特定の言葉（題）を詠み込むこと。** ☑**折句**…各句の始め、または**終わりの文字**を五つつなげると、一つの言葉になるように詠む。 ☑**物名**…**歌の途中（句をまたぐこともある）**に特定の言葉を詠み込む。	▼**折句** ・からころもきつつなれにしつましあればはるばる来ぬるたびをしぞ思ふ（古今集・伊勢物語）⇩「かきつは（ば）た」を折り込む。 ▼**物名** ・朝露を分けそほちつつ花見むと今ぞ野山をみな経《へ》知《し》りぬる（古今集） ⇩をみなへし（女郎花）を詠み込む。
歌《うた》枕《まくら》	☑**伝統的に和歌の中で繰り返し詠まれてきた地名。** （⇩一〇六頁） ☑**特定の題材・発想と結びつけて詠む**ことが多い。	・嵐吹く三室の山のもみぢ葉は竜田の川の錦なりけり 69 ⇩竜田川は紅葉と結びつけて詠むことが多い。
句《く》切《ぎ》れ	☑一首の和歌が、**意味上のまとまりで切れ目を持つこと。**和歌のリズムに大きな影響を与える。 ☑**二句切れ・四句切れ…五七調。『万葉集』**に多い。重厚な印象を与える。 ☑**初句切れ・三句切れ…七五調。『古今和歌集』『新古今和歌集』**に多い。軽快な印象を与える。 ☑句切れなしの和歌や、二回以上切れる和歌もある。	▼**五七調（二句切れ・四句切れ）** ・世の中は常にもがもな／渚こぐあまの小舟の綱手かなしも 93 ・わたの原八十島かけて漕ぎ出でぬと人には告げよ／あまの釣舟 11 ▼**七五調（初句切れ・三句切れ）** ・契りきな／かたみに袖をしぼりつつ末の松山波越さじとは 42 ・天つ風雲の通ひ路吹き閉ぢよ／乙女の姿しばしとどめむ 12 ▼**句切れなし** ・奥山に紅葉踏み分け鳴く鹿の声聞くときぞ秋はかなしき 5
体言《たいげん》止《ど》め	☑**五句目の終わりに体言（名詞）を置くこと。** ☑最後まで言い切らずに終わることで**余韻が生まれる**ため、**『新古今和歌集』**で盛んに用いられた。	・朝ぼらけ宇治の川霧たえだえに現れわたる瀬々の網代木 64 ・村雨の露もまだひぬ真木の葉に霧立ちのぼる秋の夕暮れ 87
倒《とう》置《ち》	☑リズムや口調のために、**句や言葉の順序を通常とは逆転させること。『新古今和歌集』**で盛んに用いられた。	・誰をかも知る人にせむ高砂の松も昔の友ならなくに 34 ⇩本来は「高砂の松も昔の友ならなくに　誰をかも…」の語順。

◉主な掛詞

＊和歌では音の清濁を区別しないので「嵐」「あらじ」のような掛詞があることに注意しよう。

あき	秋・飽き
あふ	逢ふ・逢坂・近江・葵《あふひ》
あやめ	菖蒲・文目（物の道理）
あらし	嵐・荒らし・あらじ
いは	岩・言は
いる	入る・射る
うぢ	憂【語幹】・宇治
うらみ	恨み・浦・裏
おく	置く・起く
おとづれ	音・訪れ
かり	狩り・借り・刈り・仮・雁
かる	枯る・離る
くる	来る・繰る
しのぶ	忍ぶ・偲ぶ・しのぶ（植物名）
しら	白【接頭語】・知ら〔ず〕
すぎ	杉・過ぎ
すむ	住む・澄む
たつ	裁つ・立つ・発つ・竜田
つゆ	露・つゆ【副詞】
つま	夫・妻・褄（着物の裾）
ながめ	眺め（物思いにふけりながらぼんやりと眺める）・長雨
なく	鳴く・泣く
なみ	波・無み（【ミ語法】無いので）
ね	根・音・寝
はる	春・張る
ひ	思ひ・恋ひ・火
ふみ	文・踏み
ふる	降る・振る・経る・古【接頭語】
まつ	松・待つ
みるめ	海松布《みるめ》（海藻の一種）・見る目
みをつくし	身を尽くし・澪標（航路を示す杭《くい》）
よ	世・夜・節《よ》（節と節の間）
よる	夜・寄る・縒る

文学史問題：勅撰和歌集ではない和歌集を次から一つ選べ。（埼玉大）
①古今和歌集　②新古今和歌集　③金槐和歌集　④金葉和歌集

歌枕地図

「歌枕」とは、和歌の中で伝統的に繰り返し詠まれてきた地名のことである。単なる地名ではなく、特定のイメージを伴うことが多い（竜田川＝紅葉のイメージなど）。ここでは全国各地の歌枕、および和歌を学習する際におさえておきたい地名を掲げた。（緑数字97などは百人一首の歌番号⬇一一〇〜一一七頁）

❶さまざまに心ぞとまる宮城野《みやぎの》の花のいろいろ虫の声々（千載集／源俊頼《みなもとのとしより》）

❷象潟《きさかた》の桜は波にうづもれて花の上漕ぐ海士《あま》の釣舟《つりぶね》（好色一代男など／伝西行《さいぎょう》）

❸最上川《もがみがは》のぼればくだる稲舟《いなぶね》のいなにはあらずこの月ばかり（古今集／よみ人知らず）

❹安積山《あさかやま》影さへ見ゆる山の井の浅くは人を思ふものかは（古今集／采女《うねめ》）

❺都をば霞《かすみ》とともに立ちしかど秋風ぞ吹く白《しら》河《かは》の関（後拾遺集／能因《のういん》）

❻東路《あづまぢ》の佐野《さの》の舟橋《ふなはし》かけてのみ思ひわたるを知る人のなさ（後撰集／源等《ひとし》）

❼紫のひともとゆゑに武蔵野《むさしの》の草はみながらあはれとぞ見る（古今集／よみ人知らず）

❽箱根路《はこねぢ》をわが越えくれば伊豆《いづ》の海や沖の小島に波の寄る見ゆ（続後撰集・金槐集／源実朝《さねとも》）

❺白河の関　都と奥州を結ぶ東山道《とうさんどう》に置かれた関所。平安中期にはその機能を失ったが、歌枕として歌人たちのあこがれの地となった。

❾朝床《あさとこ》に聞けば遥《はる》けし射水川《ゐみづがは》朝漕ぎしつつ歌ふ舟人《ふなびと》（万葉集／大伴家持《おおとものやかもち》）

❿わが心なぐさめかねつ更級《さらしな》や姨捨山《をばすてやま》に照る月を見て（古今集・大和物語／よみ人知らず）

⓫年たけてまた越ゆべしと思ひきや命なりけり小夜《さや》の中山《なかやま》（新古今集／西行）

⓬夕立は山より晴れて鳰《にほ》の海の漕ぐ舟こえてわたる雲かな（草根集／正徹《しょうてつ》）

⓭花誘ふ比良《ひら》の山風吹きにけり漕ぎゆく舟の跡見ゆるまで（新古今集／宮内卿《くないきょう》）

⓮さざなみや志賀《しが》の都は荒れにしを昔ながらの山桜かな（千載集／平忠度《たいらのただのり》）

⓯夕されば野辺《のべ》の秋風身にしみて鶉《うづら》鳴くなり深草《ふかくさ》の里（千載集／藤原俊成《としなり》）

⓰山城《やましろ》の鳥羽田《とばた》の面《おも》を見わたせばほのかに今朝ぞ秋風は吹く（詞花集／曽禰好忠《そねのよしただ》）

⓱蛙《かはづ》鳴く井手《ゐで》の山吹《やまぶき》散りにけり花の盛りにあはましものを（古今集／よみ人知らず）

⓲色々の木の葉流るる大堰川下《おほいがはしも》は桂《かつら》の紅葉《もみぢ》とや見む（拾遺集／壬生忠岑《みぶのただみね》）

⓳世の中に古《ふ》りぬるものは津の国の長柄《ながら》の橋と我となりけり（古今集／よみ人知らず）

⓴見渡せば山もと霞《かす》む水無瀬川《みなせがは》夕べは秋となに思ひけむ（新古今集／後鳥羽院《ごとばいん》）

㉑色変はる梢《こずゑ》を見れば佐保山《さほやま》の朝霧がくれ雁《かり》は来にけり（風雅集／藤原為家《ためいえ》）

㉒生駒山《いこまやま》嵐も秋の色に吹く手引きの糸の夜ぞ苦しき（玉葉集／藤原定家《さだいえ》）

近畿地方拡大図

❼武蔵野（菱田春草筆・1898年・富山県美術館蔵）
今の東京・埼玉にまたがる広大な原野。月の名所としても多くの歌に詠まれた。絵の右奥には富士山が見える。

◀河川の記号と名称
A＝賀茂川《かもがわ》／B＝大堰川《おおいがわ》⑱／C＝桂川《かつらがわ》／D＝宇治川《うじがわ》
E＝水無瀬川《みなせがわ》⑳／F＝芥川《あくたがわ》／G＝泉川《いずみがわ》（木津川《きづがわ》）27
H＝武庫川《むこがわ》／I＝淀川《よどがわ》／J＝竜田川《たつたがわ》17 69／K＝飛鳥川《あすかがわ》

㉓春日野《かすがの》の若紫のすり衣《ごろも》しのぶの乱れかぎり知られず　（新古今集・伊勢物語／在原業平《ありわらのなりひら》）

㉔香具山《かぐやま》は　畝傍《うねび》を惜《を》しと　耳成《みみなし》と　相争《あひ》ひき　神代《かみよ》より　かくにあるらし　いにしへも　然《しか》にあれこそ　うつせみも　妻を　争ふらしき　（万葉集／天智天皇《てんじ》）

㉕葛城《かづらき》や高間《たかま》の桜咲きにけり竜田《たつた》の奥にかかる白雲　（新古今集／寂蓮《じゃくれん》）

㉖八雲《やくも》立つ出雲《いづも》八重垣《やへがき》妻ごみに八重垣つくるその八重垣に　（古事記・日本書紀／素戔嗚尊《すさのおのみこと》）

㉗我こそは新島守《にひじまもり》よ隠岐《おき》の海の荒き波風心して吹け　（増鏡／後鳥羽院）

㉘熟田津《にきたつ》に舟《ふな》乗りせむと月待てば潮もかなひぬ今は漕ぎ出《い》でな　（万葉集／額田王《ぬかたのおおきみ》）

㉙朝倉《あさくら》や木《き》の丸殿《まろどの》にわがをれば名乗りをしつつ行くは誰《た》が子ぞ　（新古今集／天智天皇）

㉚霞《かす》みゆく波路《なみぢ》の舟もほのかなり松浦《まつら》が沖の春のあけぼの　（玉葉集／伏見院《ふしみいん》）

⑰井手の玉川に咲く山吹と桜

人々に愛される秀歌100

百《ひゃく》人《にん》一《いっ》首《しゅ》

#王朝和歌のアンソロジー　#和歌学習の教科書　#歌かるた・競技かるた

和歌／撰者未詳／鎌倉時代前期以降成立
原形は藤原定家《ふじわらのさだいえ》

上代 794 中古 1185〜1192 中世 1603 近世 1867

作品への招待

百人一首は不思議な歌集である。成立事情がいまだによくわからない。一流歌人が多く漏れているのに、二流歌人の名前がちらほら見られる。収められた歌は必ずしもその歌人の代表作ではない。……多くの謎を残しながらも、百首の魅力は今なお人々の心をとらえ続けている。

現存最古の百人一首歌かるた（道勝法親王筆）

撰者

未詳。長らく藤原定家《ふじわらのさだいえ》（⬇九九頁）が選んだといわれてきたが、定家撰の『百人《ひゃくにん》秀歌《しゅうか》』に定家以後の別人の手が加わって成ったらしい。

成立

鎌倉時代前期以降の成立と考えられるが、詳細は不明である。『百人一首』のように、歌人一人につき一首を選んで歌集を編んだものに、定家による『百人秀歌』（百一人の百一首からなる）がある。

定家は、宇都宮頼綱《うつのみやよりつな》（定家の子・為家《ためいえ》の舅《しゅうと》・法名蓮生《れんしょう》）に、嵯峨《さが》中院山荘のふすまに貼る色紙《しきし》和歌の選定を頼まれた。そこで、飛鳥《あすか》時代の天智《てんじ》天皇から、鎌倉時代初期の藤原家隆《いえたか》・飛鳥井雅経《あすかいまさつね》にいたる歌人の和歌を書いて贈ったという（定家の日記『明月記《めいげつき》』より）。これが『百人秀歌』と考えられる。『百人一首』とは九十七首が重複していて、『百人一首』の撰者は『百人秀歌』を参考にしたのだろう。しかし、詳細は謎に包まれている。

後に小倉山（現代の京都市右京区嵯峨）の定家の山荘の障子を飾ったものが『百人一首』だとされるようになり、定家撰の『小倉百人一首』として定着した。

内容

すべての和歌が『古今和歌集《こきんわかしゅう》』から『続《しょく》後撰和歌集《ごせんわかしゅう》』までの勅撰集《ちょくせんしゅう》から選ばれ、ほぼ時代順に配列されている。歌人の内訳は、男性が七十九人（僧侶がそのうち十三人）に対して、女性が二十一人。部《ぶ》立《だて》で見ると、**恋が四十三首と半数近くを占め、四季では秋の十六首が最多**となっている。掛詞や縁語を用いた艶麗《えんれい》優美な歌が多く、**余情を重んじる定家の美意識が色濃く反映された選出**が引き継がれていると言える。

歌集	春	夏	秋	冬	離別	羇旅	恋	雑	計
古今集	4	1	6	2	1	3	4	3	24
後撰集			2				4	1	7
拾遺集			1				8	2	11
後拾遺集	1		2				9	2	14
金葉集			1	1			1	2	5
詞花集	1						3	1	5
千載集		1		1			8	4	14
新古今集		1	4	2			5	2	14
新勅撰集		1				1	1	1	4
続後撰集								2	2
計	6	4	16	6	1	4	43	20	100

評価

中世以降は**和歌を学ぶための教典**として仰がれ、数々の注釈書（⬇一二五頁）が作られた。近世以降は「**歌かるた**」となって大衆の間にも広まり、書道の手本としても用いられた。現代でも古典和歌に親しむ大きなきっかけとなっている。

ライバルは今も隣に

『百人一首』の四十番歌「忍ぶれど…」（平兼盛《たいらのかねもり》）と四十一番歌「恋すてふ…」（壬生忠見《みぶのただみ》）については、『沙石集《しゃせきしゅう》』（⬇一七四頁）に以下のようなエピソードが残されている。

九六〇（天徳《てんとく》四）年に村上《むらかみ》天皇が催した歌合《うたあわせ》において、兼盛と忠見は「初恋（恋の始まり）」という題で対決した。兼盛の歌も、忠見の歌も、抑えようとしても抑えきれない激しい恋心を巧みに詠んだもので、どの判者《はんじゃ》（審判役）も勝ち負けを決めることができない。困り果てて帝の様子をうかがうと、兼盛の歌を繰り返し口ずさみなさったので、兼盛の勝ちと決まった。自信作でまさかの敗北を喫した忠見は、ショックで物が食べられなくなり、ついに亡くなってしまったという。（『沙石集』では、兼盛歌の「忍ぶれど」の部分が「つつめども」となっている。）

歌道に（比喩ではなく）命をかける、当時の歌人たちのすさまじい思いが伝わってくる逸話である。両者の歌は世間で評判になり、勅撰集『拾遺和歌集《しゅういわかしゅう》』では隣同士に収められた。そして『百人一首』にもセットで並んでいる。あなたが歌合の判者なら、どちらを勝ちとするだろうか？

千年以上の時を経て、ライバルは今もなお隣で競い合っているかのようである。

Close Up 競技かるた

『百人一首』を用いたスポーツに「**競技かるた**」がある。文化系のイベントと侮るなかれ。記憶力はもちろんのこと、札を取る瞬発力や、長時間の試合に耐え抜く体力も重要で、その激しさから「**畳の上の格闘技**」と呼ばれることもある。競技かるたを題材にしたマンガ『ちはやふる』やその映像作品によって注目度が高まり、競技人口も増加している。

個人戦のルール

①百枚の取り札(下の句)を裏向きにして混ぜ、互いに二十五枚ずつを持ち札とする。(残りの五十枚は使用しない。これを「空札《からふだ》」という。)

②持ち札を幅八十七センチ以内に三段に分けて並べ、十五分以内で自陣・敵陣の札の配置を記憶する。

③読み手は上の句から読み上げる。競技者は、どの歌か特定できる「決まり字」に神経を集中させ、正しい札を相手より先に取る。敵陣の札を取ってもよい。その場合、自陣の札を敵陣に一枚送る。

④空札が読まれたのに札を取ってしまった場合、また読まれた札がない方の陣地の札を取ってしまった場合は、相手から札が送られてくる。

⑤自陣の札が先になくなった方が勝ちとなる。

『ちはやふる』(末次由紀作・講談社)

日本一を決める名人戦

さくいん(数字は歌番号)

※赤字の最後が決まり字(歌が特定できる字)

※「さ・す・せ・ふ・ほ・む・め」の音で始まる歌はそれぞれ一つしかない。これを「一字決まり」といい、「むすめふさほせ(娘房干せ)」という語呂合わせで覚える。

文学史問題:「あらざらむこの世のほかの思ひ出に今ひとたびの逢ふこともがな」の作者を次から選べ。(武庫川女子大・改)
①藤原道綱母　②和泉式部　③紫式部　④清少納言　⑤式子内親王

1

秋《あき》の田《た》の　かりほの庵《いほ》の　苫《とま》をあらみ　わが衣手《ころもで》は　露《つゆ》にぬれつつ

天智天皇《てんじてんのう》　秋

歌意　秋の田のそばの刈り穂を納める仮小屋の屋根をふく苫の編み方が粗いので、私の袖は露に夜ごと濡《ぬ》れ続けることよ。

鑑賞　天皇として農民の苦労を思う歌。『万葉集』の作者不明歌を原形とする。素朴ながら、「の」音の繰り返し、第三句の字余り、余韻を生む「つつ」止めなど、リズムが特徴的である。（後撰集・秋中・三〇二）

秋	の	田	の	かりほ	の	庵	の	苫	を	あら	み
名	格助	名	格助	名	格助	名	格助	名	格助	ク・語幹	接尾

かりほ：掛詞（仮庵・刈り穂）

わ	が	衣手	は	露	に	ぬれ	つつ
名	格助	名	係助	名	格助	ラ下二・用	接助

つつ＝つつ止め

2

春過《はるす》ぎて　夏来《なつき》にけらし　白妙《しろたへ》の　衣干《ころもほ》すてふ　天《あま》の香具山《かぐやま》

持統天皇《じとうてんのう》　夏

歌意　もう春は過ぎて夏が来たらしい。夏に白い衣を干すという天の香具山に夏の衣服を干しているのを見ると。

鑑賞　夏の訪れに対する感動を詠んだ歌。緑の「天の香具山」と、「白妙の衣」の色彩対比が鮮やかである。『万葉集』では第二句が「夏来たるらし」、第四句が「衣干したり」となっている。（新古今集・夏・一七五）

春	過ぎ	て	夏	来	に	け	らし	／	白妙の
名	ガ上二・用	接助	名	カ変・用	完・用	過・体	推定・終	二句切れ	枕詞（↓衣）

衣	干す	てふ	天の香具山
名	サ四・終	連語	名〈歌枕〉

天の香具山＝体言止め

3

あしびきの　山鳥《やまどり》の尾《を》の　しだり尾《を》の　長々《ながなが》し夜《よ》を　ひとりかも寝《ね》む

柿本人麻呂《かきのもとのひとまろ》　恋

歌意　雄と雌が谷を隔てて独り寝するという山鳥の長く垂れ下がった尾のように、長い長い秋の夜を、今夜も一人で寂しく寝ることになるのか。

鑑賞　秋の夜長に独り寝するつらさを訴えた歌。「の」の繰り返しが印象的な序詞によって、山鳥の尾の長さから、秋の夜の長さが自然に導かれる。（拾遺集・恋三・七七八）

あしびきの	山鳥	の	尾	の	しだり尾	の
枕詞（↓山）	名	格助	名	格助	名	格助

（あしびきの〜しだり尾の：序詞 → 長々し）

長々し	夜	を	ひとり	か	も	寝	む
シク・終（体）	名	格助	名	係助	係助	ナ下二・未	推・体

か…む：係り結び

4

田子《たご》の浦《うら》に　うち出《い》でて見《み》れば　白妙《しろたへ》の　富士《ふじ》の高嶺《たかね》に　雪《ゆき》は降《ふ》りつつ

山部赤人《やまべのあかひと》　冬

歌意　田子の浦に出て遥か遠くを見ると、真っ白に雪化粧した富士山に、しきりに雪が降っていることよ。

鑑賞　富士山の雄大さに対する感動を詠んだ歌。『万葉集』の原歌（田子の浦ゆうち出でて見れば真白にぞ富士の高嶺に雪は降りける）が写実的なのに対して、観念的で余情に富む。（新古今集・冬・六七五）

田子の浦	に	うち出で	て	見れ	ば	白妙の
名〈歌枕〉	格助	ダ下二・用	接助	マ上一・已	接助	枕詞（↓富士）

富士	の	高嶺	に	雪	は	降り	つつ
名〈歌枕〉	格助	名	格助	名	係助	ラ四・用	接助

つつ＝つつ止め

品詞分解略号一覧

❶品詞名
名…名詞／**副**…副詞／**感**…感動詞／**格助**…格助詞／**接助**…接続助詞／**副助**…副助詞／**係助**…係助詞／**終助**…終助詞／**間助**…間投助詞

❷活用の種類
【動詞】四…四段活用／**上一**…上一段活用／**上二**…上二段活用／**下二**…下二段活用／**カ変**…カ行変格活用／**サ変**…サ行変格活用／**ラ変**…ラ行変格活用
【形容詞】ク…ク活用／**シク**…シク活用
【形容動詞】ナリ…ナリ活用
【その他】語幹…語幹用法／**枕詞**…枕詞／**接尾**…接尾辞／**連語**…連語

❸活用形
未…未然形／**連**…連用形／**終**…終止形／**体**…連体形／**已**…已然形／**命**…命令形

❹助動詞の意味（まぎらわしいもの）
存…存続／**存在**…存在／**推**…推量／**推定**…推定／**現推**…現在推量／**現原推**…現在の原因推量

5

奥山《おくやま》に　紅葉踏《もみぢふ》み分《わ》け　鳴《な》く鹿《しか》の　声《こゑ》聞《き》くときぞ　秋《あき》はかなしき

猿丸大夫《さるまるだゆう》　秋

歌意　人里離れた奥深い山で、散り敷かれたような紅葉を踏み分けて鳴く鹿の声を聞くときこそ、秋はよりいっそう悲しい。

鑑賞　山奥で感じる秋の悲しさを詠んだ歌。雄鹿が雌を求めて鳴く声は秋の風物詩で、恋人を慕う心情がしばしば重ねられる。「踏み分け」の主語は古来「作者」と「鹿」の両説がある。（古今集・秋上・二一五）

奥山	に	紅葉	踏み分け	鳴く	鹿	の
名	格助	名	カ下二・用	カ四・体	名	格助

声	聞く	とき	ぞ	秋	は	かなしき
名	カ四・体	名	係助	名	係助	シク・体

ぞ…かなしき：係り結び

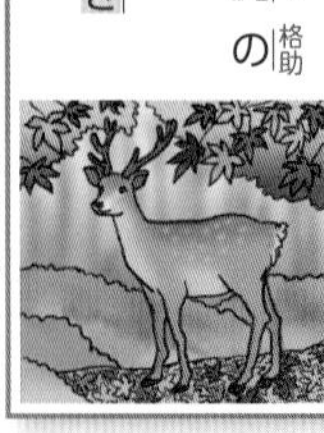

6 かささぎの 渡《わた》せる橋《はし》に 置《お》く霜《しも》の 白《しろ》きを見《み》れば 夜《よ》ぞ更《ふ》けにける

※中納言家持《ちゅうなごんやかもち》　冬

歌意 かささぎが天の川に渡す橋に降りている霜が白く輝いているのを見ると、夜も更けてしまったのだなあ。

鑑賞 織女《しょくじょ》と牽牛《けんぎゅう》が会えるよう、かささぎが翼を連ねて橋渡ししたという中国の七夕伝説を踏まえた歌。「橋」は冬の天の川とも、宮中の階段（御階《みはし》）を見立てたものとも解釈される。（新古今集・冬・六二〇）

※大伴家持《おおとものやかもち》

かささぎ	の	渡せ	る	橋	に	置く	霜	の
名（見立て）	格助	サ四・已	存・体	名	格助	カ四・体	名	格助

白き	を	見れ	ば	夜	ぞ	更け	に	ける
ク・体	格助	マ上一・已	接助	名	係助	カ下二・用	完・用	詠・体

係り結び

7 天《あま》の原《はら》 ふりさけ見《み》れば 春日《かすが》なる 三笠《みかさ》の山《やま》に 出《い》でし月《つき》かも

阿倍仲麻呂《あべのなかまろ》　旅

歌意 大空をふり仰ぐと、美しい月が輝いているが、あの月は故郷の春日にある三笠山に出ていた月と同じなのだなあ。

鑑賞 留学生として唐に三十五年滞在した阿倍仲麻呂が、帰国を前に詠んだ歌。時間的・空間的に遠く離れていても照らす月は同じだという郷愁の情は普遍的なものであろう。（古今集・羈旅《きりょ》・四〇六）

天の原	ふりさけ見れ	ば	春日	なる
名	マ上一・已	接助	名	存在・体

三笠の山	に	出で	し	月	かも
名（歌枕）	格助	ダ下二・用	過・体	名	終助

8 わが庵《いほ》は 都《みやこ》のたつみ しかぞ住《す》む 世《よ》をうぢ山《やま》と 人《ひと》はいふなり

喜撰法師《きせんほうし》　雑

歌意 私の草庵は都の東南にあり、こうやって心静かに暮らしている。世間の人は、私が世を憂し（つらい）と思って逃れた宇治山と言うらしいが。

鑑賞 隠遁生活に満足する心境を詠んだ歌。「うぢ」が「憂」と「宇治（山）」の掛詞であり、無遠慮な世間の評判にユーモアを交えて答えている。（古今集・雑下・九八三）

わ	が	庵	は	都	の	たつみ	しか	ぞ	住む
名	格助	名	係助	名	格助	名	副	係助	マ四・体

係り結び　三句切れ

世	を	うぢ山	と	人	は	いふ	なり
名	格助	名　掛詞（宇治・憂）	格助	名	係助	ハ四・終	伝・終

9 花《はな》の色《いろ》は うつりにけりな いたづらに わが身世《みよ》にふる ながめせし間《ま》に

小野小町《おののこまち》　春

歌意 桜の花はむなしく色あせてしまったよ。美しかった私の容姿も年老いて衰えてしまったことだ。長雨が降るのを物思いにふけって眺めていた間に。

鑑賞 桜の花と自らを重ね、容姿の衰えを嘆いた歌。「経る」と「降る」、「眺め」と「長雨」の掛詞によって、自然と人事が見事に二重写しになっている。（古今集・春下・一一三）

花	の	色	は	うつり	に	けり	な	いたづらに
名	格助	名	係助	ラ四・用	完・用	過・終	終助	ナリ・用

二句切れ

わ	が	身	世	に	ふる	ながめ	せ	し	間	に
名	格助	名	名	格助	ハ下二・体　掛詞（経る・降る）	名　掛詞（眺め・長雨）	サ変・未	過・体	名	格助

10 これやこの 行《ゆ》くも帰《かへ》るも 別《わか》れては 知《し》るも知《し》らぬも あふ坂《さか》の関

蝉丸《せみまる》　雑

歌意 ここがまあ、都を出て行く人も都へ帰る人も、知っている人も知らない人も、それぞれ別れまた逢う逢坂の関だ。

鑑賞 多くの人々が往来する逢坂の関（都に最も近い関所）で暮らす感慨を詠んだ歌。「あふ」に「逢ふ」と「逢（坂）」を掛け、別れと出会いが交錯するさまを軽やかに歌い上げている。（後撰集・雑一・一〇九〇）

これ	や	こ	の	行く	も	帰る	も	別れ	て	は
名	間助	名	格助	カ四・体	係助	ラ四・体	係助	ラ下二・用	接助	係助

知る	も	知ら	ぬ	も	あふ坂の関
ラ四・体	係助	ラ四・未	打・体	係助	名（歌枕）　掛詞（逢坂・逢ふ）

体言止め

11 わたの原《はら》 八十島《やそしま》かけて 漕《こ》ぎ出《い》でぬと 人《ひと》には告《つ》げよ あまの釣舟《つりぶね》

※参議篁《さんぎたかむら》　旅

歌意 大海原のたくさんの島々を目指して私は漕ぎ出したと都にいる人に告げてくれ、漁師の釣り舟よ。

鑑賞 流刑地へ旅立つ際の孤独と不安を詠んだ歌。作者は遣唐副史を仮病で辞退して隠岐《おき》に流された人物。下の句で「釣舟」を擬人化して呼びかけることで、悲しみが強調される。（古今集・羈旅・四〇七）

※小野篁《おののたかむら》

わたの原	八十島	かけ	て	漕ぎ出で	ぬ	と
名	名	カ下二・用	接助	ダ下二・用	完・終	格助

人	に	は	告げよ	あま	の	釣舟
名	格助	係助	ガ下二・命	名	格助	名

擬人法　四句切れ　体言止め

文学史問題：僧喜撰が詠んだ歌で、百人一首にもおさめられている次の歌を完成させよ。（宮崎大）
我が庵は都の辰巳しかぞ住む（　　　　）

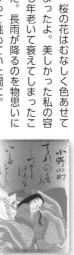

12　雑

天《あま》つ風《かぜ》 雲《くも》の通《かよ》ひ路《ぢ》 吹《ふ》き閉《と》ぢよ
乙女《をとめ》の姿《すがた》 しばしとどめむ

僧正遍昭《そうじょうへんじょう》

歌意 大空を吹く風よ、雲間の天女が通る道を閉ざしてくれ。天女のように美しいこの舞姫をしばらくとどめよう。

鑑賞 五節《ごせち》の舞（豊明節会《とよあかりのせちえ》で四、五人の舞姫が舞う催し）の美しさに対する感動を詠んだ歌。美しい舞姫たちを天女に見立てる発想は、宮中を天上界になぞらえることにも通じる。（古今集・雑上・八七二）

天(名) つ(格助) 風(名)　雲(名) の(格助) 通ひ路(名)　吹き閉ぢよ(ダ上二・命)／三句切れ
乙女(名) の(格助) 姿(名)　しばし(副)　とどめ(マ下二・未) む(意・終)
見立て

五節の舞の様子

13　恋

筑波嶺《つくばね》の 峰《みね》より落《お》つる みなの川《がは》
恋《こひ》ぞ積《つ》もりて 淵《ふち》となりぬる

陽成院《ようぜいいん》

歌意 筑波山の峰から流れ落ちる男女川《みなのがわ》のように、私の恋心も長年積もり積もって深い淵のようになったことだ。

鑑賞 長年思い続けた深い恋心を詠んだ歌。釣殿《つりどの》の皇女《みこ》（後の陽成院の后）に贈ったもの。序詞によって川の流れが淵になることと、恋慕が深まっていくことが巧みに重ねられている。（後撰集・恋三・七七六）

筑波嶺(名) の(格助) 峰(名) より(格助) 落つる(タ上二・体) みなの川(名(歌枕))　序詞
恋(名) ぞ(係助) 積もり(ラ四・用) て(接助) 淵(名) と(格助) なり(ラ四・用) ぬる(完・体)
係り結び

14　恋

陸奥《みちのく》の しのぶもぢずり 誰《たれ》ゆゑに
乱《みだ》れそめにし 我《われ》ならなくに

※河原左大臣《かわらのさだいじん》

歌意 陸奥のしのぶもじずりの布の乱れ模様のように、私の心が乱れ始めたのは誰のせいなのでしょうか。それは私ではなくあなたのせいですよ。

鑑賞 狂おしいまでの恋心を詠んだ歌。「しのぶもぢずり」は現在の福島県で産出された乱れ模様の染め布。この歌は『伊勢物語《いせものがたり》』初段にも登場する。（古今集・恋四・七二四）

陸奥(名) の(格助) しのぶもぢずり(名)　誰(名) ゆゑ(名) に(格助)　序詞
乱れそめ(マ下二・用) に(完・用) し(過・体)／我(名) なら(断・未) なくに(連語)　四句切れ

※ 源融《みなもとのとおる》

15　春

君《きみ》がため 春《はる》の野《の》に出《い》でて 若菜摘《わかなつ》む
わが衣手《ころもで》に 雪《ゆき》は降《ふ》りつつ

光孝天皇《こうこうてんのう》

歌意 あなたのために新春の野原に出て若菜を摘む私の袖に、雪がしきりに降りかかっていることよ。

鑑賞 若菜を贈る相手に対する優しい挨拶の歌。正月の最初の子《ね》の日に、一年の無事を祈って七種の若菜を食べる風習があった（現代の「七草粥《ななくさがゆ》」）。光孝天皇の実直な人柄がにじむ。（古今集・春上・二一）

君(名) が(格助) ため(名)　春(名) の(格助) 野(名) に(格助) 出で(ダ下二・用) て(接助)　若菜(名) 摘む(マ四・体)
わ(名) が(格助) 衣手(名) に(格助) 雪(名) は(係助) 降り(ラ四・用) つつ(接助)
つつ止め

16　離

立《た》ち別《わか》れ いなばの山《やま》の 峰《みね》に生《お》ふる
まつとし聞かば 今帰《いまかへ》り来《こ》む

※中納言行平《ちゅうなごんゆきひら》

歌意 あなたと別れて因幡国《いなばのくに》に行っても、因幡山に生える松の名のように、私を待つと聞いたならば、すぐにでも帰って来ましょう。

鑑賞 因幡国へ赴任する際の惜別の歌。「いなば」に「往なば」と「因幡」、「まつ」に「待つ」と「松」が掛けられており、複雑な文脈が歌に奥行きを与えている。（古今集・離別・三六五）

立ち別れ(ラ下二・用)　いなばの山(名(歌枕)) 掛詞(往なば・因幡) の(格助) 峰(名) に(格助) 生ふる(ハ上二・体)　序詞
まつ(タ四・終) 掛詞(待つ・松) と(格助) し(副助) 聞か(カ四・未) ば(接助)　今(副)　帰り来(カ変・未) む(意・終)

※ 在原行平《ありわらのゆきひら》

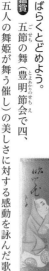

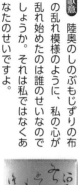

17　秋

ちはやぶる　神代《かみよ》も聞《き》かず　竜田川《たつたがは》　から紅《くれなゐ》に　水《みづ》くくるとは

在原業平朝臣《ありはらのなりひらあそん》

歌意　神代の昔でさえも聞いたことがない。散り浮かぶ紅葉を竜田川が流し、美しい紅色に水を絞り染めにするとは。

鑑賞　竜田川の美しい紅葉の情景への感動を詠んだ歌。実景ではなく、屏風《びょうぶ》に描かれた絵を歌題にしたもの。水面に浮かんだ紅葉を絞り染めにたとえる発想が知的かつ斬新である。（古今集・秋下・二九四）

ちはやぶる（枕詞（→神））　神代（名）も（係助）聞か（カ四・未）ず（打・終）／二句切れ　竜田川（名（歌枕））
から紅（名）に（格助）水（名）くくる（ラ四・終）と（格助）は（係助）
擬人法・見立て

18　恋

住《すみ》の江《え》の　岸《きし》に寄《よ》る波《なみ》　よるさへや　夢《ゆめ》の通《かよ》ひ路《ぢ》　人目《ひとめ》よくらむ

藤原敏行朝臣《ふじわらのとしゆきあそん》

歌意　住の江の岸にうち寄せる波の「よる」ではないが、なぜ夜の夢の中でもあなたは人目を避けるのだろうか。

鑑賞　人目を忍ぶ恋のもどかしさを、待つ女性の立場で詠んだ歌。「よる」の音のつながりを生かした序詞によって、繰り返す波の音と、揺れ動く恋心が二重写しになっている。（古今集・恋二・五五九）

住の江（名（歌枕））の（格助）岸（名）に（格助）寄る（ラ四・体）波（名）　序詞　よる（名）さへ（副助）や（係助）
夢（名）の（格助）通ひ路（名）　人目（名）よく（カ上二・終）らむ（現原推・体）
係り結び

19　恋

難波潟《なにはがた》　短《みじか》き蘆《あし》の　ふしの間《ま》も　逢《あ》はでこの世《よ》を　過《す》ぐしてよとや

伊勢《いせ》

歌意　難波潟の蘆の短い節の間のように短いひとときさえ逢わずに、この世を空しく過ごせとあなたは言うのですか。

鑑賞　なかなか訪れない恋人への恨みを詠んだ歌。風景描写から心情描写への移り変わりが鮮やかである。結句の「過ぐしてよとや」に、切羽詰まった思いが込められている。（新古今集・恋一・一〇四九）

難波潟（名（歌枕））短き（ク・体）蘆（名）の（格助）　序詞　ふし（名）の（格助）間（名）も（係助）　掛詞（節の間・短い時間）
逢は（ハ四・未）で（接助）こ（名）の（格助）世（名）を（格助）過ぐし（サ四・用）てよ（強・命）と（格助）や（係助）
結びの省略

20　恋

わびぬれば　今《いま》はた同《おな》じ　難波《なには》なる　みをつくしても　逢《あ》はむとぞ思《おも》ふ

元良親王《もとよししんのう》

歌意　つらいので今はもうどうなっても同じことです。難波にある澪標《みおつくし》ではないが、命を懸け（身を尽くし）てもあなたに逢いたいと思います。

鑑賞　帝の寵愛する女御との恋愛が発覚した後に、女御に贈った歌。身の破滅を覚悟して恋を選んだ親王の激しい思いが、表現からも伝わってくる。（後撰集・恋五・九六一）

わび（バ上二・用）ぬれ（完・已）ば（接助）今（名）はた（副）同じ（シク・終）／二句切れ　難波（名（歌枕））
なる（存在・体）み（名）を（格助）つくし（サ四・用）て（接助）も（係助）逢は（ハ四・未）む（意・終）と（格助）ぞ（係助）思ふ（ハ四・体）
掛詞（身を尽くし・澪標）　係り結び

▶澪標

21　恋

今来《いまこ》むと　言《い》ひしばかりに　長月《ながつき》の　有明《ありあけ》の月《つき》を　待《ま》ち出《い》でつるかな

素性法師《そせいほうし》

歌意　すぐ行きましょうとあなたが言ったばかりに、九月の長い夜を待ち続けて、とうとう明け方の月が出るまで待ってしまいましたよ。

鑑賞　約束を破った恋人への恨みを詠んだ歌。平安時代は、男性が女性のもとへ通う妻問い婚が普通なので、女性の立場で詠まれたことがわかる。（古今集・恋四・六九一）

今（副）来（カ変・未）む（意・終）と（格助）言ひ（ハ四・用）し（過・体）ばかり（副助）に（格助）長月（名）の（格助）
有明（名）の（格助）月（名）を（格助）待ち出で（ダ下二・用）つる（完・体）かな（終助）

22　秋

吹《ふ》くからに　秋《あき》の草木《くさき》の　しをるれば　むべ山風《やまかぜ》を　あらしといふらむ

文屋康秀《ふんやのやすひで》

歌意　一度吹くとたちまち秋の草木がしおれるから、なるほど山から吹き下ろす風を嵐（荒らし）と言うのだろう。

鑑賞　「山」と「風」で「嵐」が構成されていることへの気づきを詠んだ歌。古今集時代らしい理知的な歌である。「嵐」と「荒らし」が掛けられていることにも注目したい。（古今集・秋下・二四九）

吹く（カ四・体）からに（接助）秋（名）の（格助）草木（名）の（格助）しをるれ（ラ下二・已）ば（接助）
むべ（副）山風（名）を（格助）あらし（名）と（格助）いふ（ハ四・終）らむ（現原推・終）
掛詞（嵐・荒らし）

文学史問題：僧正遍昭の和歌が最も多く採られている歌集を次から選べ。（神奈川大・改）
①万葉集　②古今和歌集　③金槐和歌集　④新古今和歌集

23　秋

月見《つきみ》れば　千々《ちぢ》に物《もの》こそ　かなしけれ　わが身《み》一《ひと》つの　秋《あき》にはあらねど

大江千里《おおえのちさと》

歌意　月を見るといろいろなものが限りなく悲しく感じられる。私一人のためにやってくる秋ではないけれど。

鑑賞　月を見て感じる秋の孤独な悲しさを詠んだ歌。『白氏文集《はくしもんじゅう》』に収められる漢詩「燕子楼《えんしろう》」の「燕子楼中霜月《えんしろうちゅうそうげつ》の夜《よる》、秋只一人《あきただひとり》の為《ため》に長《なが》し」（原漢文）を踏まえて詠まれたとされる。（古今集・秋上・一九三）

月［名］ 見れ［マ上一・已］ ば［接助］ 千々に［ナリ・用］ 物［名］ こそ［係助］ かなしけれ［シク・已］／三句切れ
わ［名］ が［格助］ 身［名］ 一つ［名］ の［格助］ 秋［名］ に［断・用］ は［係助］ あら［ラ変・未］ ね［打・已］ ど［接助］
係り結び（こそ→かなしけれ）

24　旅

このたびは　幣《ぬさ》もとりあへず　手向山《たむけやま》　紅葉《もみぢ》の錦《にしき》　神《かみ》のまにまに

※菅家《かんけ》

歌意　このたびは急な旅で幣も捧げることができません。手向山の美しい紅葉を神の御心のままにお納めください。

鑑賞　朱雀《すざく》院の行幸に随行した際に手向山で詠んだ歌。「幣」（布や織物の切れ端で作った神へのお供え物）より紅葉の方が捧げ物としてふさわしいと見なして、その美しさをたたえている。（古今集・羇旅・四二〇）

※菅原道真《すがわらのみちざね》

こ［名］ の［格助］ たび［名］ は［係助］ 幣［名］ も［係助］ とりあへ［ハ下二・未］ ず［打・終］／二句切れ　手向山［名〈歌枕〉］
掛詞（度・旅）　掛詞（手向山・手向け）
紅葉［名］ の［格助］ 錦［名］ 神［名］ の［格助］ まにまに［副］
見立て（紅葉の錦）

▼幣

25　恋

名《な》にし負《お》はば　あふ坂山《さかやま》の　さねかづら　人《ひと》に知《し》られで　くるよしもがな

※三条右大臣《さんじょううだいじん》

歌意　逢って寝るという名を持つ逢坂山のさねかずらよ、その蔓《つる》をたぐるように人に知られず逢いに行く方法があればいいのに。

鑑賞　人目を忍んで恋人に会いたいという思いを詠んだ歌。序詞・掛詞・縁語（「逢ふ」と「さ寝」、「さねかづら」と「繰る」）を駆使した優雅な詠みぶりである。（後撰集・恋三・七〇一）

※藤原定方《ふじわらのさだかた》

名［名］ に［格助］ し［副助］ 負は［ハ四・未］ ば［接助］ あふ坂山［名〈歌枕〉］ の［格助］ さねかづら［名］
掛詞（逢坂・逢ふ）　掛詞（さねかづら・さ寝）
序詞
人［名］ に［格助］ 知ら［ラ四・未］ れ［受・未］ で［接助］ くる［カ変・体］ よし［名］ もがな［終助］
掛詞（来る・繰る）

26　秋

小倉山《をぐらやま》　峰《みね》のもみぢ葉《ば》　心《こころ》あらば　今《いま》ひとたびの　行幸《みゆき》待《ま》たなむ

※貞信公《ていしんこう》

歌意　小倉山の峰の紅葉よ、お前に情趣を解する心があるならば、もう一度行幸があるまで散らずに待っていてほしい。

鑑賞　宇多《うだ》法皇が大堰川《おおいがわ》の紅葉に感動し、醍醐《だいご》天皇にも見せたいと仰ったときに、随行者として詠んだ歌。紅葉を擬人化し、呼びかけることで、その美しさがより印象に残る。（拾遺集・雑秋・一一二八）

※藤原忠平《ふじわらのただひら》

小倉山［名〈歌枕〉］ 峰［名］ の［格助］ もみぢ葉［名］ 心あら［ラ変・未］ ば［接助］
擬人法
今［副］ ひとたび［名］ の［格助］ 行幸［名］ 待た［タ四・未］ なむ［終助］

27　恋

みかの原《はら》　わきて流《なが》るる　泉川《いづみがは》　いつ見《み》きとてか　恋《こひ》しかるらむ

※中納言兼輔《ちゅうなごんかねすけ》

歌意　みかの原を分けて湧き出て流れる泉川ではないが、あの人をいつ見たからといって、こんなに恋しいのだろうか。

鑑賞　まだ見ぬ女性への恋情を詠んだ歌。上の句は序詞である。平安時代の恋は、顔を見る前に噂を頼りにして始まった。先走る気持ちへの戸惑いを読み取ることができる。（新古今集・恋一・九九六）

※藤原兼輔《ふじわらのかねすけ》

みかの原［名〈歌枕〉］ わき［カ四・用］ て［接助］ 流るる［ラ下二・体］ 泉川［名〈歌枕〉］
掛詞（分き・湧き）
序詞
いつ［名］ 見［マ上一・用］ き［過・終］ と［格助］ て［接助］ か［係助］ 恋しかる［シク・体］ らむ［現推・体］
係り結び（か→らむ）

28　冬

山里《やまざと》は　冬《ふゆ》ぞ寂《さび》しさ　まさりける　人目《ひとめ》も草《くさ》も　かれぬと思《おも》へば

源宗于朝臣《みなもとのむねゆきあそん》

歌意　山里はいつも寂しいが、とりわけ冬は寂しさがいっそう強く感じられるよ。人が来なくなり草も枯れてしまうと思うと。

鑑賞　冬の山里の寂しさを詠んだ歌。三句切れによる七五調、「離《か》れ」「枯れ」で自然と人事を重ねる掛詞、余韻を生み出す倒置法と、『古今集』らしい技巧が凝らされた名歌である。（古今集・冬・三一五）

山里［名］ は［係助］ 冬［名］ ぞ［係助］ 寂しさ［名］ まさり［ラ四・用］ ける［詠・体］／三句切れ
係り結び（ぞ→ける）
人目［名］ も［係助］ 草［名］ も［係助］ かれ［ラ下二・用］ ぬ［完・終］ と［格助］ 思へ［ハ四・已］ ば［接助］
掛詞（離れ・枯れ）

29 心《こころ》あてに 折《を》らばや折《を》らむ 初霜《はつしも》の 置《お》きまどはせる 白菊《しらぎく》の花《はな》

凡河内躬恒《おおしこうちのみつね》 秋

歌意 心して折るならば折ることができるだろうか。一面に降りた白い初霜が見分けられなくしている美しい白菊の花を。

鑑賞 真っ白な菊の美しさに対する感動を倒置法を用いて詠んだ歌。「初霜」は晩秋から初冬にかけての風物。菊の白さと清らかさが、周囲の初霜と相まって幻想的に表現されている。（古今集・秋下・二七七）

心あて（名） に（格助） 折ら（ラ四・未） ば（接助） や（係助） 折ら（ラ四・未） む（推・体）／初霜（名） の（格助）
置きまどはせ（サ四・已） る（存・体） 白菊（名） の（格助） 花（名）＝
係り結び　二句切れ　擬人法　体言止め

30 有明《ありあけ》の つれなく見《み》えし 別《わか》れより 暁《あかつき》ばかり 憂《う》きものはなし

壬生忠岑《みぶのただみね》 恋

歌意 明け方の月が冷ややかに見えたように、あなたが冷淡に見えたあの日の別れ以来、暁ほどつらいものはありません。

鑑賞 女性に素っ気なくされたことを恨む思いを詠んだ歌。女性の冷淡な態度を有明の月に託している。なお、恋人と逢った夜が、満たされぬまま明けた嘆きを詠んだとする説もある。（古今集・恋三・六二五）

有明（名） の（格助） つれなく（ク・用） 見え（ヤ下二・用） し（過・体） 別れ（名） より（格助）
暁（名） ばかり（副助） 憂き（ク・体） もの（名） は（係助） なし（ク・終）

31 朝《あさ》ぼらけ 有明《ありあけ》の月《つき》と 見《み》るまでに 吉野《よしの》の里《さと》に 降《ふ》れる白雪《しらゆき》

坂上是則《さかのうえのこれのり》 冬

歌意 ほのぼのと朝の空が白む頃、明け方の月が照らすかと思うほどに、吉野の里に降り積もっている輝く白雪よ。

鑑賞 吉野の雪景色の美しさを詠んだ歌。夜明けを迎える頃、雪がわずかな明かりを反射して白く輝く。それを「有明の月」に見立てる趣向が新しい。（古今集・冬・三三二）

朝ぼらけ（名） 有明（名） の（格助） 月（名） と（格助） 見る（マ上一・体） まで（副助） に（格助）
吉野（名〈歌枕〉） の（格助） 里（名） に（格助） 降れ（ラ四・已） る（存・体） 白雪（名）＝
見立て　体言止め

32 山川《やまがは》に 風《かぜ》のかけたる しがらみは 流《なが》れもあへぬ 紅葉《もみぢ》なりけり

春道列樹《はるみちのつらき》 秋

歌意 山あいの川に風が自然とかけていたしがらみは、散りたまって流れることのできない紅葉だったよ。

鑑賞 秋の谷川の美しい風景を詠んだ歌。「しがらみ」は、流れに杭を打ち込み、竹や木を結びつけて水をせき止めるもの。上の句の種明かしが下の句という問答風の構造になっている。（古今集・秋下・三〇三）

山川（名） に（格助） 風（名） の（格助） かけ（カ下二・用） たる（存・体） しがらみ（名） は（係助）
流れ（名） も（係助） あへ（ハ下二・未） ぬ（打・体） 紅葉（名） なり（断・用） けり（詠・終）
擬人法・見立て

▼しがらみ

33 ひさかたの 光《ひかり》のどけき 春《はる》の日《ひ》に しづ心《ごころ》なく 花《はな》の散《ち》るらむ

紀友則《きのとものり》 春

歌意 陽の光がのどかなこの春の日に、どうして落ち着いた心も持たずに、桜の花は散ってゆくのであろうか。

鑑賞 散りゆく桜を惜しむ思いを詠んだ歌。「ひ」と「の」の音を多用し、ゆったりとした気分が漂う上の句に対し、下の句は一気にテンポが上がる。内容と韻律が調和した名歌。（古今集・春下・八四）

ひさかたの（枕詞〈→光〉） 光（名） のどけき（ク・体） 春（名） の（格助） 日（名） に（格助）
しづ心（名） なく（ク・用） 花（名） の（格助） 散る（ラ四・終） らむ（現原推・体）
擬人法

広がる百人一首の世界——注釈——

百人一首は、中世以降和歌をたしなむ人々の間で親しまれてきた。その中で和歌を解釈する注釈書も数多く生まれ、時代によって解釈も変遷してきたのである。

『百人一首宗祇抄《ひゃくにんいっしゅそうぎしょう》』 中世の連歌師・飯尾宗祇《いいおそうぎ》（⇩八五頁）による注釈書。これにより、百人一首が広く知られるようになった。

『百人一首改観抄《ひゃくにんいっしゅかいかんしょう》』 国学の祖である契沖《けいちゅう》（⇩九一頁）による注釈書。下河辺長流《しもこうべちょうりゅう》『百人一首三奥抄《ひゃくにんいっしゅさんおうしょう》』を受け継ぐ。

『うひまなび』 江戸中期の国学者・賀茂真淵《かものまぶち》（⇩九一頁）による注釈書。真淵は契沖の弟子筋であり、師の説を発展させた。

『百首異見《ひゃくしゅいけん》』 江戸後期の歌人・香川景樹《かがわかげき》（⇩一〇一頁）による注釈書。

文学史問題：『古今和歌集』の撰者として適当ではない人物を次から一人選べ。（九州大）
①紀貫之　②凡河内躬恒　③紀友則　④在原業平　⑤壬生忠岑

34

誰《たれ》をかも　知《し》る人《ひと》にせむ　高砂《たかさご》の　松《まつ》も昔《むかし》の　友《とも》ならなくに

藤原興風《ふじわらのおきかぜ》　雑

歌意　老いた私はこれからいった い誰を友としようか。長寿と言われる高砂の松も昔なじみの友ではないのに。

鑑賞　旧友を失った老人の孤独を詠んだ歌。「高砂の松」は長寿の象徴で、本来はめでたいものとして詠まれるが、ここでは年老いた作者に悲哀を感じさせる役割をしている。（古今集・雑上・九〇九）

誰	を	か	も	知る	人	に	せ	む	／高砂	の
名	格助	係助	係助	ラ四・体	名	格助	サ変・未	意・体	名〈歌枕〉	格助

係り結び（か→む）　二句切れ

松	も	昔	の	友	なら	なくに
名	係助	名	格助	名	断・未	連語

擬人法

35

人《ひと》はいさ　心《こころ》も知《し》らず　ふるさとは　花《はな》ぞ昔《むかし》の　香《か》に匂《にほ》ひける

紀貫之《きのつらゆき》　春

歌意　あなたの本心はさあわからない。しかし懐かしいこの里では、梅の花が昔のままに美しく咲き匂っているなあ。

鑑賞　長谷寺《はせでら》参詣の際に定宿にしていた家の主人に、訪れが絶えていたことを皮肉られて返した歌。人の心の移ろいやすさと、自然の変わらない美しさを対比的に詠み上げる。（古今集・春上・四二）

人	は	いさ	心	も	知ら	ず	／ふるさと	は
名	係助	副	名	係助	ラ四・未	打・終	名	係助

二句切れ

花	ぞ	昔	の	香	に	匂ひ	ける
名	係助	名	格助	名	格助	ハ四・用	詠・体

係り結び（ぞ→ける）

◀梅の花

36

夏《なつ》の夜《よ》は　まだ宵《よひ》ながら　明《あ》けぬるを　雲《くも》のいづこに　月宿《つきやど》るらむ

清原深養父《きよはらのふかやぶ》　夏

歌意　夏の短い夜は宵のままに明けてしまったが、西まで行き着けない月は、いったい雲のどこに泊まっているのか。

鑑賞　夏の月への哀惜を詠んだ歌。夏の夜は短く、あっという間に明け方になり、月は西山に行き着く前に光を失っていく。「月が雲に宿をとる」という擬人化した表現がおもしろい。（古今集・夏・一六六）

夏	の	夜	は	まだ	宵	ながら	明け	ぬる	を
名	格助	名	係助	副	名	接助	カ下二・用	完・体	接助

雲	の	いづこ	に	月	宿る	らむ
名	格助	名	格助	名	ラ四・終	現推・体

擬人法

37

白露《しらつゆ》に　風《かぜ》の吹《ふ》きしく　秋《あき》の野《の》は　貫《つらぬ》きとめぬ　玉《たま》ぞ散《ち》りける

文屋朝康《ふんやのあさやす》　秋

歌意　草の葉の上に光る白露に風がしきりに吹きつける秋の野は、まるで糸に通していない真珠が散っているようだなあ。

鑑賞　美しい秋の野原の風景を詠んだ歌。白露を真珠に見立てる発想は決して珍しいものではないが、野原全体の風景としたことで、幻想的な美しさがより際立っている。（後撰集・秋中・三〇八）

白露	に	風	の	吹きしく	秋	の	野	は
名	格助	名	格助	カ四・体	名	格助	名	係助

貫きとめ	ぬ	玉	ぞ	散り	ける
マ下二・未	打・体	名	係助	ラ四・用	詠・体

見立て　係り結び（ぞ→ける）

38

忘《わす》らるる　身《み》をば思《おも》はず　誓《ちか》ひてし　人《ひと》の命《いのち》の　惜《を》しくもあるかな

右近《うこん》　恋

歌意　あなたに忘れられるこの身のつらさは何とも思いません。ですが、愛を神に誓ったあなたが、罰で命を落とすことが惜しまれるのですよ。

鑑賞　別れた恋人に対する複雑な心境を詠んだ歌。結句は、相手の身を本心から気遣っているとも、恨みから皮肉を言っているとも解釈できる。（拾遺集・恋四・八七〇）

忘ら	るる	身	を	ば	思は	ず	／誓ひ	て	し
ラ四・未	受・体	名	格助	係助	ハ四・未	打・終	ハ四・用	完・用	過・体

二句切れ

人	の	命	の	惜しく	も	ある	かな
名	格助	名	格助	シク・用	係助	ラ変・体	終助

39

浅茅生《あさぢふ》の　小野《をの》の篠原《しのはら》　しのぶれど　あまりてなどか　人《ひと》の恋《こひ》しき

※参議等《さんぎひとし》　恋

歌意　野に生える篠竹、その「しの」のように、私はあなたへの思いを忍びこらえているが、思いが抑えきれず、どうしてあなたがこんなに恋しいのか。

鑑賞　抑えきれない恋心への戸惑いを相手に伝える歌。『古今集』の「浅茅生の小野の篠原忍ぶとも人知るらめやいふ人なしに」の本歌取りである。（後撰集・恋一・五七七）

※ 源等《みなもとのひとし》

浅茅生の	小野	の	篠原	しのぶれ	ど
枕詞（→小野）	名	格助	名	バ上二・已	接助

序詞（浅茅生の小野の篠原→しのぶれ）

あまり	て	など	か	人	の	恋しき
ラ四・用	接助	副	係助	名	格助	シク・体

係り結び（か→恋しき）

40

**忍《しの》ぶれど　色《いろ》に出《い》でにけり　わが恋《こひ》は
物《もの》や思《おも》ふと　人《ひと》の問《と》ふまで**

平兼盛《たいらのかねもり》　恋

歌意　ひそかに隠していたけれど、私の恋心は顔色に出てしまった。「物思いしているのですか」と人が尋ねるほどに。

鑑賞　「忍ぶ恋」という題で詠まれた歌。天徳内裏歌合《てんとくだいりうたあわせ》で41番歌と番《つが》えられた。「物や思ふ」という会話文を巧みに取り込んでおり、二句目と三句目以下は倒置されている。（拾遺集・恋一・六二二）

忍ぶれ	ど	色	に	出で	に	けり	／	わ	が	恋	は
バ上二・已	接助	名	格助	ダ下二・用	完・用	詠・終	二句切れ	名	格助	名	係助

物	や	思ふ	と	人	の	問ふ	まで
名	係助	ハ四・体	格助	名	格助	ハ四・体	副助

（や→思ふ：係り結び）

41

**恋《こひ》すてふ　わが名《な》はまだき　立《た》ちにけり
人知《ひとし》れずこそ　思《おも》ひ初《そ》めしか**

壬生忠見《みぶのただみ》　恋

歌意　私が恋をしているという噂が早くも世間で立ってしまった。人知れずひそかに愛し始めたばかりなのに。

鑑賞　40番歌と同じく「忍ぶ恋」という題で詠まれた歌。関連する逸話は一〇八頁を参照。こちらも上の句と下の句の倒置が効果的に用いられており、40番歌と甲乙つけがたい。（拾遺集・恋一・六二一）

恋す	てふ	わ	が	名	は	まだき	立ち	に	けり	／
サ変・終	連語	名	格助	名	係助	副	タ四・用	完・用	詠・終	三句切れ

人	知れ	ず	こそ	思ひ初め	しか
名	ラ下二・未	打・用	係助	マ下二・用	過・已

（こそ→しか：係り結び）

42

**契《ちぎ》りきな　かたみに袖《そで》を　しぼりつつ
末《すゑ》の松山《まつやま》　波越《なみこ》さじとは**

清原元輔《きよはらのもとすけ》　恋

歌意　二人で約束しましたね。お互いに涙を流しあって、末の松山を波が越さないように、この愛も変わらないだろうと。

鑑賞　恋人の心変わりを責める歌。詞書によると、女性に裏切られたある男性に頼まれて代作したものらしい。初句切れと倒置によって、恨みの思いが切実に伝わってくる。（後拾遺集・恋四・七七〇）

契り	き	な	／	かたみに	袖	を	しぼり	つつ
ラ四・用	過・終	終助	初句切れ	副	名	格助	ラ四・用	接助

末の松山	波	越さ	じ	と	は
名〈歌枕〉	名	サ四・未	打推・終	格助	係助

43

**逢《あ》ひ見《み》ての　後《のち》の心《こころ》に　くらぶれば
昔《むかし》は物《もの》を　思《おも》はざりけり**

※権中納言敦忠《ごんちゅうなごんあつただ》　恋

歌意　あなたと逢って契りを交わした後の切ない恋心に比べると、逢う前の恋心は物思いとは言えないものだったなあ。

鑑賞　恋が成就した後で、気が済むどころか、さらに激しく燃え上がる恋心を詠んだ歌。意中の女性とついに契りを結び、翌朝自邸に帰ってから贈った「後朝《きぬぎぬ》の歌」（一九八頁）である。（拾遺集・恋二・七一〇）

※藤原敦忠《ふじわらのあつただ》

逢ひ見	て	の	後	の	心	に	くらぶれ	ば
マ上一・用	接助	格助	名	格助	名	格助	バ下二・已	接助

昔	は	物	を	思は	ざり	けり
名	係助	名	格助	ハ四・未	打・用	詠・終

44

**逢《あ》ふことの　絶《た》えてしなくは　なかなかに
人《ひと》をも身《み》をも　恨《うら》みざらまし**

※中納言朝忠《ちゅうなごんあさただ》　恋

歌意　もし逢うことがまったくなかったら、かえってあなたのことも、つらい私の身の上も恨まずに済んだろうに。

鑑賞　つれない恋人やそれをどうにもできない自分への恨みを詠んだ歌。「～なくは…まし」という反実仮想の表現を用いることで、恋心の激しさを逆説的に表現している。（拾遺集・恋一・六七八）

※藤原朝忠《ふじわらのあさただ》

逢ふ	こと	の	絶えて	し	なく	は	なかなかに
ハ四・体	名	格助	副	副助	ク・未	接助	副

人	を	も	身	を	も	恨み	ざら	まし
名	格助	係助	名	格助	係助	マ上二・未	打・未	反仮・終

広がる百人一首の世界――漫画化・英訳――

百人一首をテーマにした人気漫画に、杉田圭《すぎたけい》『超訳百人一首　うた恋い。』がある。歌が詠まれるにいたった背景をさまざまな資料をもとに創作しており、新鮮な感覚で百人一首をとらえることができる。一巻の巻末に付された「超訳」も、現代的かつ的を射た訳でおもしろい。

英訳は、アイルランド生まれの研究者、ピーター・J・マクミランの業績に定評がある。三十一字に凝縮された和歌の世界を見事に英語で表現し、日本翻訳文化特別賞などを受賞している。古文と英語を同時に学び、味わえる書籍として、是非手にとってみてほしい。

『新版　超訳百人一首　うた恋い。 1』
著者：杉田圭　監修：渡部泰明
KADOKAWA

文春文庫

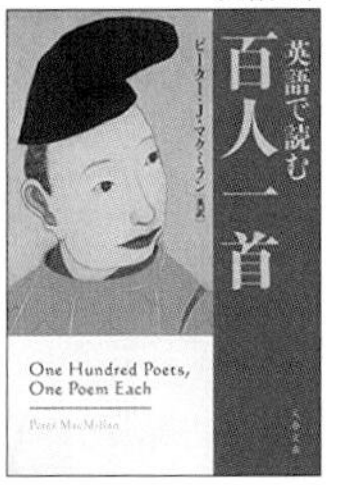

文学史問題：壬生忠岑・紀貫之・凡河内躬恒らが撰者となった歌集を次から一つ選べ。（学習院大・改）
①万葉集　②古今和歌集　③拾遺和歌集　④千載和歌集

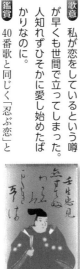

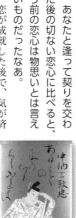

45

恋

あはれとも　いふべき人《ひと》は　思《おも》ほえで
身《み》のいたづらに　なりぬべきかな

※謙徳公《けんとくこう》

歌意 私のことをかわいそうだと言ってくれる人も思い浮かばないので、冷たいあなたに恋して私は空しく死んでしまうのだろうなあ。

鑑賞 交際していた女性が冷淡になり、逢えなくなったときに贈った歌。男性の歌としては弱々しいが、それだけに相手の心に訴えかけるものがある。（拾遺集・恋五・九五〇）

あはれ	と	も	いふ	べき	人	は	思ほえ	で
ナリ・語幹	格助	係助	ハ四・終	当・体	名	接助	ヤ下二・未	接助

身	の	いたづらに	なり	ぬ	べき	かな
名	格助	ナリ・用	ラ四・用	強・終	推・体	終助

※藤原伊尹《ふじわらのこれまさ》

46

恋

由良《ゆら》のとを　渡《わた》る舟人《ふなびと》　かぢを絶《た》え
行方《ゆくへ》も知《し》らぬ　恋《こひ》の道《みち》かな

曽禰好忠《そねのよしただ》

歌意 由良の瀬戸を渡る舟乗りがかじをなくしてただ波間に漂うように、先もわからない私の恋の行く末よ。

鑑賞 先の知れない恋の不安を詠んだ歌。「由良のと」は現在の由良川の河口。潮の速い流れに翻弄《ほんろう》される舟乗りの様子を序詞として示し、主題である下の句を導いている。（新古今集・恋一・一〇七一）

由良	の	と	を	渡る	舟人	かぢ	を	絶え
名〈歌枕〉	格助	名	格助	ラ四・体	名	名	格助	ヤ下二・用

行方	も	知ら	ぬ	恋	の	道	かな
名	係助	ラ四・未	打・体	名	格助	名	終助

序詞（由良のとを渡る舟人かぢを絶え →行方）

47

秋

八重《やへ》むぐら　しげれる宿《やど》の　寂《さび》しきに
人《ひと》こそ見《み》えね　秋《あき》は来《き》にけり

恵慶法師《えぎょうほうし》

歌意 幾重にも雑草が生い茂っているこの寂しい宿を訪れる人はいないが、ただ秋だけが今年もやって来たよ。

鑑賞 荒れた宿への秋の訪れを詠んだ歌。舞台は河原院《かわらのいん》（源 融《みなもとのとおる》の邸宅跡）で、融の没後に廃《はい》墟《きょ》化していた。人の世は無常だが、自然は変わらないという感慨が込められている。（拾遺集・秋・一四〇）

八重むぐら	しげれ	る	宿	の	寂しき	に
名	ラ四・已	存・体	名	格助	シク・体	格助

人	こそ	見え	ね	秋	は	来	に	けり
名	係助	ヤ下二・未	打・已	名	係助	カ変・用	完・用	詠・終

係り結び（逆接）（こそ→ね）

48

恋

風《かぜ》をいたみ　岩打《いはう》つ波《なみ》の　おのれのみ
砕《くだ》けて物《もの》を　思《おも》ふころかな

源 重之《みなもとのしげゆき》

歌意 風が激しいので、岩を打つ波が自分ひとりで砕け散るように、あなたがつれないので、私だけが心が砕けるように物思いをするこの頃だなあ。

鑑賞 狂おしく激しい片思いを詠んだ歌。「岩」は振り向いてくれない冷淡な女性、「波」は作者のたとえ。また、「波」と「砕け」は縁語である。（詞花集・恋上・二一〇）

風	を	いた	み	岩	打つ	波	の	おのれ	のみ
名	格助	ク・語幹	接尾	名	タ四・体	名	格助	名	副助

砕け	て	物	を	思ふ	ころ	かな
カ下二・用	接助	名	格助	ハ四・体	名	終助

序詞（風をいたみ岩打つ波の →砕け）
掛詞（波が砕ける・心が砕ける）

49

恋

みかきもり　衛士《ゑじ》のたく火《ひ》の　夜《よる》は燃《も》え
昼《ひる》は消《き》えつつ　物《もの》をこそ思《おも》へ

大中臣能宣朝臣《おおなかとみのよしのぶあそん》

歌意 夜だけ燃える宮中の門衛がたく火のように、私の恋心は夜に燃えて昼は身も消え入るほどに思い悩んでいる。

鑑賞 恋による苦悶《くもん》と放心を詠んだ歌。一・二句目は序詞で、宮中でたかれる「かがり火」と、胸の内で燃える恋の炎を対比させて、昼夜の心の揺れを鮮やかに描き出す。（詞花集・恋上・二二四）

みかきもり	衛士	の	たく	火	の	夜	は	燃え
名	名	格助	カ四・体	名	格助	名	係助	ヤ下二・用

昼	は	消え	つつ	物	を	こそ	思へ
名	係助	ヤ下二・用	接助	名	格助	係助	ハ四・已

序詞（みかきもり衛士のたく火の →夜）
係り結び（こそ→思へ）

50

恋

君《きみ》がため　惜《を》しからざりし　命《いのち》さへ
長《なが》くもがなと　思《おも》ひけるかな

藤原義孝《ふじわらのよしたか》

歌意 あなたに逢えるなら惜しくなかった命も、願いのかなった今は長くあってほしいと思うようになったことよ。

鑑賞 恋が成就した喜びを詠んだ歌。43番歌と同じく「後朝の歌」である。「惜しからざりし命」が「長くもがな」に変化したことから、逢瀬の初々しい感動を読み取ることができる。（後拾遺集・恋二・六六九）

君	が	ため	惜しから	ざり	し	命	さへ
名	格助	名	シク・未	打・用	過・体	名	副助

長く	もがな	と	思ひ	ける	かな
ク・用	終助	格助	ハ四・用	詠・体	終助

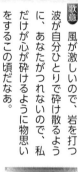

51
かくとだに えやはいぶきの さしも草《ぐさ》 さしも知《し》らじな 燃《も》ゆる思《おも》ひを

藤原実方朝臣《ふじわらのさねかたあそん》 恋

歌意 こんなに恋しいとさえ言えないのだから、伊吹山のさしも草ではないが、それほど(さしも)とはご存じないでしょうね。火のように燃える私の思いを。

鑑賞 思いを寄せる女性に初めて贈った、秘めた恋心を告白する歌。「さしも草」「燃ゆる」「火」の縁語によって、熱い恋心を巧みに表現している。(後拾遺集・恋一・六一二)

かく(副) と(格助) だに(副助) え(副) やは(係助) いぶき(名(歌枕)) の(格助) さしも草(名)
さ(副) し(副助) も(係助) 知ら(ラ四・未) じ(打推・終) な(終助) ／ 燃ゆる(ヤ下二・体) 思ひ(名) を(格助)
掛詞(伊吹・言ふ) 序詞 四句切れ 掛詞(思ひ・火)

52
明《あ》けぬれば 暮《く》るるものとは 知《し》りながら なほ恨《うら》めしき 朝《あさ》ぼらけかな

藤原道信朝臣《ふじわらのみちのぶあそん》 恋

歌意 明ければまた暮れて、いずれあなたに逢えるとはわかっているものの、やはり別れが恨めしい夜明けですよ。

鑑賞 恋人との別れを惜しむ気持ちを詠んだ歌。平安時代、男は夜が明けないうちに女の家を出なければならなかった。自邸に戻った後で女に贈った「後朝の歌」である。(後拾遺集・恋二・六七二)

明け(カ下二・用) ぬれ(完・已) ば(接助) 暮るる(ラ下二・体) もの(名) と(格助) は(係助) 知り(ラ四・用) ながら(接助)
なほ(副) 恨めしき(シク・体) 朝ぼらけ(名) かな(終助)

53
嘆《なげ》きつつ ひとり寝《ぬ》る夜《よ》の 明《あ》くる間《ま》は いかに久《ひさ》しき ものとかは知《し》る

※右大将道綱母《うだいしょうみちつなのはは》 恋

歌意 あなたの訪れがないことを嘆きながら一人で寝る夜が明けるまでの間はどんなに長いか、あなたは知らないでしょうね。

鑑賞 夫のつれなさを嘆き恨んだ歌。詞書には、「夫が訪れた際に、門を開けるのが遅いと文句を言われて詠んだ」とあるが、『蜻蛉日記《かげろうにっき》』に書かれている詠歌事情はそれと異なる。(拾遺集・恋四・九一二)

嘆き(カ四・用) つつ(接助) ひとり(名) 寝る(ナ下二・体) 夜(名) の(格助) 明くる(カ下二・体) 間(名) は(係助)
いかに(副) 久しき(シク・体) もの(名) と(格助) かは(係助) 知る(ラ四・体)
係り結び

※藤原道綱母《ふじわらのみちつなのはは》

54
忘《わす》れじの 行《ゆ》く末《すゑ》までは 難《かた》ければ 今日《けふ》を限《かぎ》りの 命《いのち》ともがな

儀同三司母《ぎどうさんしのはは》 恋

歌意 決して忘れるまいというあなたの言葉がいつまでも続くとも思えないので、今日この幸せの中で死んでしまいたい。

鑑賞 将来への悲観と現在の喜びを詠んだ歌。ある貴公子が作者のもとに通い始めたが、その訪れはいつ絶えるかわからない。今が幸福であるがゆえの不安感が歌われている。(新古今集・恋三・一一四九)

忘れ(ラ下二・未) じ(打意・終) の(格助) 行く末(名) まで(副助) は(係助) 難けれ(ク・已) ば(接助)
今日(名) を(格助) 限り(名) の(格助) 命(名) と(格助) もがな(終助)

55
滝《たき》の音《おと》は 絶《た》えて久《ひさ》しく なりぬれど 名《な》こそ流《なが》れて なほ聞《き》こえけれ

※大納言公任《だいなごんきんとう》 雑

歌意 大覚寺《だいかくじ》のあの滝の音が絶えてずいぶん長いが、その評判だけは世に流れて今も聞こえていることだよ。

鑑賞 滝跡を前に懐旧の情を詠んだ歌。「滝」にまつわる縁語(音・絶え・流れ・聞こえ)を散りばめ、各句の始まりを「た」「な」に揃えたことで、流れるような調べになっている。(拾遺集・雑上・四四九)

滝(名) の(格助) 音(名) は(係助) 絶え(ヤ下二・用) て(接助) 久しく(シク・用) なり(ラ四・用) ぬれ(完・已) ど(接助)
名(名) こそ(係助) 流れ(ラ下二・用) て(接助) なほ(副) 聞こえ(ヤ下二・用) けれ(詠・已)
係り結び

※藤原公任《ふじわらのきんとう》

歌人㊙エピソード ――曽禰好忠

46番歌の作者、曽禰好忠(生没年未詳)は、偏屈な性格の変人だったらしい。招待もされていないのに、円融院《えんゆういん》の子の日の遊びに怪しげな狩衣《かりぎぬ》姿でノコノコ出かけていき、「歌人が集まる催しなのだから、この私が出席するのは当然でしょう」と言い放って、その場からつまみ出されたというエピソードが残っている(『今昔物語集《こんじゃくものがたりしゅう》』など)。

身分も生涯低いままで、通称の「曽丹《そたん》」は軽んじた呼び名である。しかし、和歌の実力は確かであった。古語や俗語を積極的に取り入れた歌によって、『古今和歌集』以降行き詰まりを見せていた歌壇に新風を吹き込んだ。また、百首歌(⬇一〇三頁)の様式を生み出したことでも知られる。

好忠の歌は、生前こそ不当な評価に甘んじたが、後世の歌人によって見直されることになった。一首でも入れば最高の名誉とされた勅撰集に計九十四首も採録されていることからも、その評価の高さをうかがうことができる。

文学史問題：藤原公任によって編まれた作品を次から一つ選べ。(西南学院大)
①梁塵秘抄 ②後撰和歌集 ③山家集 ④和漢朗詠集

56 恋

あらざらむ この世《よ》のほかの 思《おも》ひ出《で》に 今《いま》ひとたびの 逢《あ》ふこともがな

和泉式部《いずみしきぶ》

歌意 私はもう死んでしまうでしょうから、あの世での思い出になるように、せめてあなたにもう一度逢いたいものです。

鑑賞 病気で死を覚悟する中で恋人に贈った歌。技巧が凝らされているわけではないが、それだけに、恋多き女として有名だった作者の、死を間際にした真情が伝わってくる。（後拾遺集・恋三・七六三）

ラ変・未	打・未	推・体	名	格助	名	格助	名	格助	名	格助
あら	ざら	む	こ	の	世	の	ほか	の	思ひ出	に

副	名	格助	ハ四・体	名	終助
今	ひとたび	の	逢ふ	こと	もがな

57 雑

めぐり逢《あ》ひて 見《み》しやそれとも 分《わ》かぬ間《ま》に 雲隠《くもがく》れにし 夜半《よは》の月《つき》かな

紫式部《むらさきしきぶ》

歌意 巡り逢って見たのかどうかわからないうちに雲に隠れてしまった夜中の月のように、誰か見分ける暇もなく帰ってしまったあなたですよ。

鑑賞 久々に会った幼なじみとの別れを惜しんで詠んだ歌。風景を詠んだ歌のようだが、詞書を踏まえると、「夜半の月」が旧友のたとえだとわかる。（新古今集・雑上・一四九七）

ハ四・用	接助	マ上一・用	過・体	係助	名	格助	係助	カ四・未	打・体
めぐり逢ひ	て	見	し	や	それ	と	も	分か	ぬ

名	格助	ラ下二・用	完・用	過・体	名	格助	名	終助
間	に	雲隠れ	に	し	夜半	の	月	かな

58 恋

有馬山《ありまやま》 猪名《ゐな》の笹原《ささはら》 風吹《かぜふ》けば いでそよ人《ひと》を 忘《わす》れやはする

大弐三位《だいにのさんみ》

歌意 有馬山から猪名の笹原へと風が吹くと、そよそよとなびきますが、さあそれですよ、どうして私があなたを忘れることがありましょうか。

鑑賞 心変わりを疑ってきた恋人に反発して詠んだ歌。結句の反語表現には、「心変わりをしたのはあなたの方だ」という思いが込められている。（後拾遺集・恋二・七〇九）

名〈歌枕〉	名〈歌枕〉	格助	名	名	カ四・已	接助
有馬山	猪名	の	笹原	風	吹け	ば

序詞（有馬山～吹けば）→ そよ

感	名	間助	名	格助	ラ下二・用	係助	サ変・体
いで	そ	よ	人	を	忘れ	やは	する

係り結び（やは → する）

59 恋

やすらはで 寝《ね》なましものを さ夜更《よふ》けて 傾《かたぶ》くまでの 月《つき》を見《み》しかな

赤染衛門《あかぞめえもん》

歌意 来る気がなければためらわずに寝てしまいましたのに、あなたの言葉を信じて、夜が更けて月が西に傾くまでずっと待っていたことですよ。

鑑賞 つれない恋人への恨みを詠んだ歌。約束を破られた姉妹のために、作者が代筆した。待つしかない女の悲哀を情感豊かに描いている。（後拾遺集・恋二・六八〇）

ハ四・未	接助	ナ下二・用	完・未	反仮・体	接助	名	カ下二・用
やすらは	で	寝	な	まし	ものを	さ夜	更け

接助	カ四・体	副助	格助	名	格助	マ上一・用	過・体	終助
て	傾く	まで	の	月	を	見	し	かな

60 雑

大江山《おほえやま》 いく野《の》の道《みち》の 遠《とほ》ければ まだふみも見《み》ず 天《あま》の橋立《はしだて》

小式部内侍《こしきぶのないし》

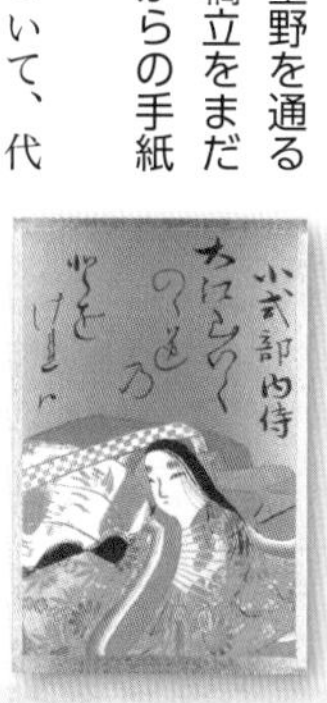

歌意 大江山を行き、生野を通る道が遠いので、天の橋立をまだ踏んでいないし、母からの手紙も見てもいません。

鑑賞 歌合で詠む歌について、代作を母（和泉式部）に頼んでいないと訴える歌。掛詞と縁語を駆使し、当意即妙の機知を示したこの歌は、多くの説話・歌論に収められた。（金葉集・雑上・五八六）

名〈歌枕〉	名〈歌枕〉	格助	名	格助	ク・已	接助
大江山	いく野	の	道	の	遠けれ	ば
	掛詞（生野・行く野）					

副	マ四・用	係助	マ上一・未	打・終	名〈歌枕〉
まだ	ふみ	も	見	ず／	天の橋立＝
	掛詞（踏み・文）			四句切れ	体言止め

天橋立（京都府宮津市）

61

**いにしへの 奈良《なら》の都《みやこ》の 八重桜《やへざくら》
けふここのへに 匂《にほ》ひぬるかな**

伊勢大輔《いせのたいふ》　春

歌意　昔奈良の都に咲き誇っていた八重桜が、今日は九重(宮中)で美しく咲いていることだなあ。

鑑賞　古都から献上された桜の美しさを称賛した歌。「いにしへ」と「けふ」、「八重」と「ここのへ(九重)」が対応しており、整然とした印象を与える。一条《いちじょう》天皇の御代を賛美する歌でもある。(詞花集・春・二七)

いにしへ(名) の(格助) 奈良(名) の(格助) 都(名) の(格助) 八重桜(名)
けふ(名) ここのへ(名) に(格助) 匂ひ(ハ四・用) ぬる(完・体) かな(終助)

62

**夜《よ》をこめて 鶏《とり》のそら音《ね》は はかるとも
よにあふ坂《さか》の 関《せき》は許《ゆる》さじ**

清少納言《せいしょうなごん》　雑

歌意　夜が明けないうちに鶏の鳴きまねをして通ろうとしても、あの函谷関《かんこくかん》ならともかく、逢坂の関は決して許さないでしょう。(私はあなたに逢いません。)

鑑賞　戯れで言い寄ってきた男に機知を働かせて切り返した歌。「鶏のそら音」は『史記《しき》』の故事を踏まえる。才女・清少納言らしい当意即妙の作。(後拾遺集・雑二・九四〇)

夜(名) を(格助) こめ(マ下二・用) て(接助) 鶏(名) の(格助) そら音(名) は(係助) はかる(ラ四・終) とも(接助)
よに(副) あふ坂の関(名〈歌枕〉／掛詞(逢坂・逢ふ)) は(係助) 許さ(サ四・未) じ(打推・終)

63

**今《いま》はただ 思《おも》ひ絶《た》えなむ とばかりを
人《ひと》づてならで いふよしもがな**

※左京大夫道雅《さきょうのだいぶみちまさ》　恋

歌意　今はもうあなたへの思いはあきらめようということだけを、人づてでなくあなたに言う方法があればいいのになあ。

鑑賞　恋人と別れる決意と、なお残る恋情を詠んだ歌。皇女との交際が発覚し、護衛をつけられて通えなくなった折に詠まれた。悲しみと未練が率直に表現されている。(後拾遺集・恋三・七五〇)

※ 藤原道雅《ふじわらのみちまさ》

今(名) は(係助) ただ(副) 思ひ絶え(ヤ下二・用) な(強・未) む(意・終) と(格助) ばかり(副助) を(格助)
人づて(名) なら(断・未) で(接助) いふ(ハ四・体) よし(名) もがな(終助)

64

**朝《あさ》ぼらけ 宇治《うぢ》の川霧《かはぎり》 たえだえに
現《あらは》れわたる 瀬々《せぜ》の網代木《あじろぎ》**

※権中納言定頼《ごんちゅうなごんさだより》　冬

歌意　夜が明ける頃、宇治の川面に立ち込めていた霧が途切れると、その切れ間から現れる、あちこちの浅瀬に仕掛けられた網代木よ。

鑑賞　宇治川の夜明けの情景を詠んだ歌。川霧が晴れ、網代木(魚を捕るために川に立てた杭状の仕掛け)が見えてくるまでの動きをリアルに感じさせる。(千載集・冬・四一九)

※ 藤原定頼《ふじわらのさだより》

朝ぼらけ(名) 宇治(名〈歌枕〉) の(格助) 川霧(名) たえだえに(ナリ・用)
掛詞(川霧がたえだえに・たえだえに現れわたる)
現れわたる(ラ四・体) 瀬々(名) の(格助) 網代木(名)＝体言止め

▼網代木

65

**恨《うら》みわび 干《ほ》さぬ袖《そで》だに あるものを
恋《こひ》に朽《く》ちなむ 名《な》こそ惜《を》しけれ**

相模《さがみ》　恋

歌意　あなたのつれなさを恨み嘆く涙で乾く間もない袖さえあるのに、浮き名に朽ち果てそうな私の評判が惜しい。

鑑賞　恋人への恨みと、恋の噂が立つつらさを詠んだ歌。「袖」と「名」を対比した、理知的な詠みぶりである。「袖だにあるものを」を「袖さえ惜しいのに」と解釈する説もある。(後拾遺集・恋四・八一五)

恨みわび(バ上二・用) 干さ(サ四・未) ぬ(打・体) 袖(名) だに(副助) ある(ラ変・体) ものを(接助)
恋(名) に(格助) 朽ち(タ上二・用) な(強・未) む(推・体) 名(名) こそ(係助) 惜しけれ(シク・已)
係り結び(こそ→惜しけれ)

66

**もろともに あはれと思《おも》へ 山桜《やまざくら》
花《はな》よりほかに 知《し》る人《ひと》もなし**

前大僧正行尊《さきのだいそうじょうぎょうそん》　雑

歌意　私がお前をいとおしく思うように、お前も私を思ってくれ。山桜よ。こんな山奥で、私の気持ちはお前以外に誰もわかってくれないのだから。

鑑賞　修験道の修行中に桜の花を見て詠んだ歌。孤独な修行に耐える作者は、山の中で孤独に咲く一本の山桜に限りない同情と共感を寄せている。(金葉集・雑上・五五六)

もろともに(副) あはれ(ナリ・語幹) と(格助) 思へ(ハ四・命)／二句切れ 山桜(名)／三句切れ
擬人法(もろともに あはれと思へ 山桜)
花(名) より(格助) ほか(名) に(格助) 知る(ラ四・体) 人(名) も(係助) なし(ク・終)

文学史問題：和泉式部の歌が初めて入集した勅撰和歌集は何か、答えよ。(九州大)

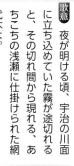

67 雑

春《はる》の夜《よ》の　夢《ゆめ》ばかりなる　手枕《たまくら》に　かひなく立《た》たむ　名《な》こそ惜《を》しけれ

周防内侍《すおうのないし》

歌意 春の夜の夢のようにはかない契りの手枕のせいで、つまらない浮き名が立ってしまったとしたら口惜しいことですよ。

鑑賞 共寝の誘いをいなす歌。眠くて枕がほしいと言った作者に、大納言が「これを枕に」と戯れて腕を差し出した。それに対する切り返しの歌で、優雅な社交の一場面が想像される。（千載集・雑上・九六一）

春	の	夜	の	夢	ばかり	なる	手枕	に
名	格助	名	格助	名	副助	断・体	名	格助

かひなく	立た	む	名	こそ	惜しけれ
ク・用	タ四・未	婉・体	名	係助	シク・已
掛詞（甲斐なく・腕）				係り結び（こそ→惜しけれ）	

68 雑

心《こころ》にも　あらで憂《う》き世《よ》に　ながらへば　恋《こひ》しかるべき　夜半《よは》の月《つき》かな

三条院《さんじょういん》

歌意 不本意ながらも、もしこのつらい世に生き長らえるなら、きっと今夜の月が恋しく思い出されることだろうなあ。

鑑賞 自身の境遇への悲嘆を詠んだ歌。眼病のため退位を考えていた頃の作である。将来への希望が持てない中、かすんだ目で見た月の光は、美しくも悲しいものであったろう。（後拾遺集・雑一・八六二）

心	に	も	あら	で	憂き世	に	ながらへ	ば
名	断・用	係助	ラ変・未	接助	名	格助	ハ下二・未	接助

恋しかる	べき	夜半	の	月	かな
シク・体	推・体	名	格助	名	終助

69 秋

嵐吹《あらしふ》く　三室《みむろ》の山《やま》の　もみぢ葉《ば》は　竜田《たつた》の川《かは》の　錦《にしき》なりけり

能因法師《のういんほうし》

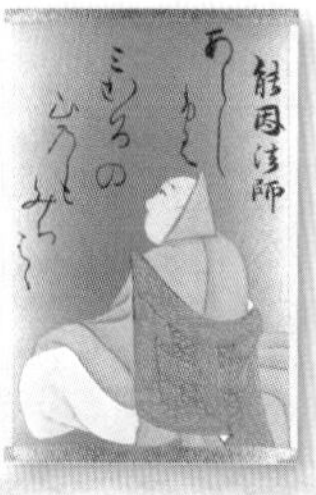

歌意 嵐が吹いている三室山の紅葉は、川面一面に散って竜田川を美しい錦織りのようにしているなあ。

鑑賞 竜田川に紅葉の散る風景を賛美した歌。歌合に提出されたもので、実景ではないが、「三室山」と「竜田川」という紅葉の名所を二つ織り込んでおり、豪華絢爛《けんらん》である。（後拾遺集・秋下・三六六）

嵐	吹く	三室の山	の	もみぢ葉	は
名	カ四・体	名〈歌枕〉	格助	名	係助

竜田の川	の	錦	なり	けり
名〈歌枕〉	格助	名	断・用	詠・終
		見立て（錦なりけり）		

70 秋

寂《さび》しさに　宿《やど》を立《た》ち出《い》でて　ながむれば　いづこも同《おな》じ　秋《あき》の夕暮《ゆふぐ》れ

良暹法師《りょうぜんほうし》

歌意 寂しさに耐えられずに住まいを出て、あたりを眺めると、やはりどこも同じようにわびしい秋の夕暮れだなあ。

鑑賞 秋の夕暮れの寂しさを詠んだ歌。「宿」は作者が隠棲《いんせい》していた郊外の庵であろう。風景にふさわしい淡々とした詠みぶりだが、結句の体言止めに深い余韻を感じさせる。（後拾遺集・秋上・三三三）

寂しさ	に	宿	を	立ち出で	て	ながむれ	ば
名	格助	名	格助	ダ下二・用	接助	マ下二・已	接助

いづこ	も	同じ	秋	の	夕暮れ
名	係助	シク・体	名	格助	名
					＝体言止め

71 秋

夕《ゆふ》されば　門田《かどた》の稲葉《いなば》　おとづれて　蘆《あし》のまろ屋《や》に　秋風《あきかぜ》ぞ吹《ふ》く

※大納言経信《だいなごんつねのぶ》

歌意 夕方になると家の門の前の田の稲葉にさやさやと音を立てて、蘆ぶきのこの小屋にも秋風が吹いてくることだ。

鑑賞 すがすがしい秋の夕暮れの情景を詠んだ歌。秋風に稲がそよぐさまは、日本の原風景と言うべきものであろう。視覚と聴覚の両方で風をとらえた、爽快な叙景歌である。（金葉集・秋・一八三）

※ 源《みなもとの》経信《つねのぶ》

夕	され	ば	門田	の	稲葉	おとづれ	て
名	ラ四・已	接助	名	格助	名	ラ下二・用	接助

蘆	の	まろ屋	に	秋風	ぞ	吹く
名	格助	名	格助	名	係助	カ四・体
					係り結び（ぞ→吹く）	

72 恋

音《おと》に聞《き》く　たかしの浜《はま》の　あだ波《なみ》は　かけじや袖《そで》の　濡《ぬ》れもこそすれ

祐子内親王家紀伊《ゆうしないしんのうけのきい》

歌意 名高い高師の浜にいたずらに打ち寄せる波に決して袖を濡らさないようにしましょう。浮気者として名高いあなたに泣かされると困りますから。

鑑賞 浮気性の男を拒む歌。艶書合《えんしょあわせ》（恋歌を男女で作り合う催し）で詠まれたもので、藤原俊忠《としただ》の「夜に会って恋心を打ち明けたい」という歌への返し。（金葉集・恋下・五〇一）

音	に	聞く	たかしの浜	の	あだ波	は
名	格助	カ四・体	名〈歌枕〉	格助	名	係助
			掛詞（高師・高し）			

かけ	じ	や	袖	の	濡れ	も	こそ	すれ
カ下二・未	打意・終	間助	名	格助	ラ下二・用	係助	係助	サ変・已
掛詞（波をかけじ・思いをかけじ）					掛詞（波で濡れ・涙で濡れ）		係り結び（こそ→すれ）	

73 春

高砂《たかさご》の をのへの桜《さくら》 咲《さ》きにけり 外山《とやま》の霞《かすみ》 立《た》たずもあらなむ

※前中納言《さきのちゅうなごん》匡房《まさふさ》

歌意 高い山の峰の桜が美しく咲いたよ。人里近い山の霞よ、どうか立ちこめないでほしい。

鑑賞 遠くの高い山に咲く桜を愛でる歌。遠くの「高砂のをのへ」と近くの「外山」の距離感が歌に奥行きを与えている。下の句で霞を擬人化し、呼びかけている点でも工夫が凝らされている。（後拾遺集・春上・一二〇）

※大江匡房《おおえのまさふさ》

高砂	の	をのへ	の	桜	咲き	に	けり
名	格助	名	格助	名	カ四・用	完・用	詠・終

三句切れ

外山	の	霞	立た	ず	も	あら	なむ
名	格助	名	タ四・未	打・用	係助	ラ変・未	終助

擬人法

74 恋

憂《う》かりける 人《ひと》を初瀬《はつせ》の 山《やま》おろしよ はげしかれとは 祈《いの》らぬものを

源俊頼朝臣《みなもとのとしよりあそん》

歌意 つれなかったあの人の心が私に向くようにと観音様に祈ったのに、初瀬の山から吹き降ろす風よ、つらさが激しくなれとは祈らなかったのになあ。

鑑賞 「神仏に祈ってもかなわない恋」という題で詠まれた歌。「初瀬」とは、観音信仰で有名な長谷寺のこと。特に恋の成就を祈る風習があった。（千載集・恋二・七〇七）

憂かり	ける	人	を	初瀬	の	山おろし	よ
ク・用	過・体	名	格助	名〈歌枕〉	格助	名	間助

擬人法　三句切れ

はげしかれ	と	は	祈ら	ぬ	ものを
シク・命	格助	係助	ラ四・未	打・体	終助

75 雑

契《ちぎ》りおきし させもが露《つゆ》を 命《いのち》にて あはれ今年《ことし》の 秋《あき》もいぬめり

藤原基俊《ふじわらのもととし》

歌意 お約束した、させも（蓬《よもぎ》）に置く露のようなありがたい言葉を命のように大切にしてきましたが、ああ空しく今年の秋も過ぎてしまうようですね。

鑑賞 約束が裏切られた恨みを詠んだ歌。作者の息子を維摩《ゆいま》会《え》の講師《こうじ》にしようと藤原忠通《ただみち》が約束してくれたが、結局選に漏れたことを受けて詠まれた。（千載集・雑上・一〇二三）

契りおき	し	させも	が	露	を	命	に	て
カ四・用	過・体	名	格助	名	格助	名	断・用	接助

あはれ	今年	の	秋	も	いぬ	めり
感	名	格助	名	係助	ナ変・終	推定・終

76 雑

わたの原《はら》 漕《こ》ぎ出《い》でて見《み》れば 久方《ひさかた》の 雲居《くもゐ》にまがふ 沖《おき》つ白波《しらなみ》

※法性寺《ほっしょうじ》入道前関白太政大臣《にゅうどうさきのかんぱくだじょうだいじん》

歌意 大海原に漕ぎ出して見渡してみると、白い雲と見まちがうような沖の白波よ。

鑑賞 海の雄大な眺めへの感動を詠んだ歌。「海上遠望」という題で詠まれた。水平線近くの、まるで海と空が一体化しているかのような壮大な景色を描いており、題にふさわしく堂々とした風格が漂う。（詞花集・雑下・三八〇）

※藤原忠通《ふじわらのただみち》

わたの原	漕ぎ出で	て	見れ	ば	久方の
名	ダ下二・用	接助	マ上一・已	接助	枕詞（→雲）

雲居	に	まがふ	沖	つ	白波
名	格助	ハ四・体	名	格助	名

体言止め

77 恋

瀬《せ》をはやみ 岩《いは》にせかるる 滝川《たきがは》の われても末《すゑ》に あはむとぞ思《おも》ふ

崇徳院《すとくいん》

歌意 川の流れが速いので、岩にせき止められて裂かれる急流がまた一緒になるように、私はあなたと別れてもいつかまた逢おうと思います。

鑑賞 困難に負けない一途な恋情を詠んだ歌。上の句が序詞だが、ここでの滝川の描写が激しい恋心の象徴として、下の句の本意に直結している。（詞花集・恋上・二二九）

瀬	を	はや	み	岩	に	せか	るる	滝川	の
名	格助	ク・語幹	接尾	名	格助	カ四・未	受・体	名	格助

序詞

われ	て	も	末	に	あは	む	と	ぞ	思ふ
ラ下二・用	接助	係助	名	格助	ハ四・未	意・終	格助	係助	ハ四・体

掛詞（流れが割れ・仲が割れ）　掛詞（流れが合は・二人が逢は）　係り結び

歌人㊙エピソード ――崇徳院――

77番歌の作者、崇徳院（一一一九〜一一六四）は悲劇の天皇である。鳥羽《とば》天皇の第一皇子として生まれ、五歳で天皇に即位するが、政治の実権は父の鳥羽上皇が握り続けた。それどころか、後には三歳の弟に譲位するよう迫られ、まったく権限のない上皇となり、「新院」と呼ばれることになった。息子の天皇即位を画策するがそれも失敗し、失意の中で保元《ほうげん》の乱を起こすもあえなく鎮圧。乱の首謀者として讃岐《さぬき》（香川県）に流された。

讃岐では、乱の鎮魂のために写経に専念し、それを京の寺に納めてほしいと願ったが、後白河《ごしらかわ》上皇に拒絶されて激怒。髪も爪《つめ》も伸ばし放題にして天狗《てんぐ》のような恐ろしい姿になり、舌を嚙《か》み切った血で呪《のろ》いの言葉を書きつけて亡くなったという（『保元物語』）。実際にその後、凶事が頻発したため、怨霊として恐れられるようになった。今でも平将《たいらのまさ》門《かど》・菅原道真《すがわらのみちざね》とともに「日本三大怨霊」として知られる。

文学史問題：源俊頼が撰者となった勅撰和歌集を次から一つ選べ。（東京女子大）
①新古今和歌集　②古今和歌集　③金葉和歌集　④万葉集　⑤菟玖波集

78

淡路島《あはぢしま》 通《かよ》ふ千鳥《ちどり》の 鳴《な》く声《こゑ》に 幾夜《いくよ》寝《ね》ざめぬ 須磨《すま》の関守《せきもり》

源《みなもとの》兼昌《かねまさ》　冬

歌意 淡路島と須磨を通う千鳥の物悲しい鳴き声に、幾夜目を覚ましたことだろう。須磨の関の番人は。

鑑賞 冬の須磨浦の風景を詠んだ歌。歌題は「関路千鳥」。千鳥の鳴き声は哀切なものとして詠まれる。『源氏物語《げんじものがたり》』須磨巻を踏まえ、流離の地の物悲しさを印象深く表現している。（金葉集・冬・二八八）

淡路島	通ふ	千鳥	の	鳴く	声	に
名〈歌枕〉	ハ四・体	名	格助	カ四・体	名	格助

幾夜	寝ざめ	ぬ	／	須磨	の	関守
名	マ下一・用	完・終	四句切れ	名〈歌枕〉	格助	名（＝体言止め）

▼チドリ

79

秋風《あきかぜ》に たなびく雲《くも》の 絶《た》え間《ま》より もれ出《い》づる月《つき》の 影《かげ》のさやけさ

※左京大夫顕輔《さきょうのだいぶあきすけ》　秋

歌意 秋風が吹いてたなびく雲の切れ間から、こぼれて射してくる月の光が、何と明るくすがすがしいことよ。

鑑賞 秋の月夜の清涼な風景を詠んだ歌。満月の美しさではなく、雲の切れ間から月光が射し込む一瞬を切り取っている点が斬新。体言止めによって生まれる余韻も味わい深い。（新古今集・秋上・四一三）

※藤原顕輔《ふじわらのあきすけ》

秋風	に	たなびく	雲	の	絶え間	より
名	格助	カ四・体	名	格助	名	格助

もれ出づる	月	の	影	の	さやけさ
ダ下二・体	名	格助	名	格助	名（＝体言止め）

80

長《なが》からむ 心《こころ》も知《し》らず 黒髪《くろかみ》の 乱《みだ》れて今朝《けさ》は 物《もの》をこそ思《おも》へ

待賢門院堀河《たいけんもんいんのほりかわ》　恋

歌意 あなたの恋心が長く続くかもわからず、別れた後の今朝は、寝乱れた黒髪のように思い乱れています。

鑑賞 恋人が帰った後の不安な気持ちを詠んだ歌。「男がよこした後朝の歌に対する返歌」という設定の作だが、乱れた黒髪の描写は現実の逢瀬を思い起こさせて官能的である。（千載集・恋三・八〇二）

長から	む	心	も	知ら	ず	黒髪	の
ク・未	婉・体	名	係助	ラ四・未	打・用	名	格助

序詞

乱れ	て	今朝	は	物	を	こそ	思へ
ラ下二・用	接助	名	係助	名	格助	係助	ハ四・已

係り結び（こそ→思へ）

81

ほととぎす 鳴《な》きつる方《かた》を ながむれば ただ有明《ありあけ》の 月《つき》ぞ残《のこ》れる

※後徳大寺左大臣《ごとくだいじのさだいじん》　夏

歌意 ほととぎすが鳴いた方角を見渡すと、その姿はどこにもなく、空にはただ有明の月があるばかりだった。

鑑賞 夏の暁の情景を詠んだ歌。ほととぎすは初夏の風物詩で、毎年初めての鳴き声が珍重された。聴覚世界から、視覚世界への転換が鮮やかで、下の句からは時間の流れも読み取れる。（千載集・夏・一六一）

※藤原実定《ふじわらのさねさだ》

ほととぎす	鳴き	つる	方	を	ながむれ	ば
名	カ四・用	完・体	名	格助	マ下二・已	接助

ただ	有明	の	月	ぞ	残れ	る
副	名	格助	名	係助	ラ四・已	存・体

係り結び（ぞ→る）

▼ホトトギス

82

思《おも》ひわび さても命《いのち》は あるものを 憂《う》きにたへぬは 涙《なみだ》なりけり

道因法師《どういんほうし》　恋

歌意 あの人の冷たい仕打ちを嘆き悲しみ、それでも命はあるというのに、つらさに耐えきれず流れるのは涙なのですね。

鑑賞 報われない恋の悲しさを詠んだ歌。「思ひわぶ」は特に恋に悩み苦しむこと。「命」は耐えているのに「涙」は耐えきれないという、対比的な発想にこの歌の眼目がある。（千載集・恋三・八一七）

思ひわび	さても	命	は	ある	ものを
バ上二・用	副	名	係助	ラ変・体	接助

憂き	に	たへ	ぬ	は	涙	なり	けり
ク・体	格助	ハ下二・未	打・体	係助	名	断・用	詠・終

83

世《よ》の中《なか》よ 道《みち》こそなけれ 思《おも》ひ入《い》る 山《やま》の奥《おく》にも 鹿《しか》ぞ鳴《な》くなる

※皇太后宮大夫俊成《こうたいごうぐうのだいぶとしなり》　雑

歌意 世の中よ、つらいことから逃れる道はないのか。思い詰めて入った山の奥でも鹿が悲しげに鳴いているようだよ。

鑑賞 生きることのつらさを詠んだ歌。初句の呼びかけと二句切れで、畳みかけるように無常の世に対する思いが吐露される。鹿の鳴き声も物悲しいものとして詠まれている。（千載集・雑中・一一四八）

※藤原俊成《ふじわらのとしなり》

世の中	よ	／	道	こそ	なけれ	／	思ひ入る
名	間助	初句切れ	名	係助	ク・已	二句切れ	ラ四・体（掛詞〔思ひ入る・山に入る〕）

係り結び（こそ→なけれ）

山	の	奥	に	も	鹿	ぞ	鳴く	なる
名	格助	名	格助	係助	名	係助	カ四・終	推定・体

係り結び（ぞ→なる）

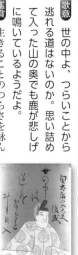

84

ながらへば　またこのごろや　しのばれむ
憂《う》しと見《み》し世《よ》ぞ　今《いま》は恋《こひ》しき

藤原清輔朝臣《ふじわらのきよすけあそん》　雑

歌意　生き長らえれば、いつかまた今のことも懐かしく思い出されるのだろうか。つらいと思っていた昔が今は恋しい。

鑑賞　つらい思いを時の経過によって慰める歌。現代にも通じる普遍的な考え方だが、決してポジティブな歌いぶりではなく、どこかあきらめにも似た寂しさを感じさせる。（新古今集・雑下・一八四三）

ながらへ（ハ下二・未）　ば（接助）　また（副）　このごろ（名）　や（係助）　しのば（バ四・未）　れ（自未）　む（推・体）／三句切れ
憂し（ク・終）　と（格助）　見（マ上一・用）　し（過・体）　世（名）　ぞ（係助）　今（名）　は（係助）　恋しき（シク・体）
係り結び（や→む）　係り結び（ぞ→恋しき）

85

夜《よ》もすがら　物思《ものおも》ふころは　明《あ》けやらで
閨《ねや》のひまさへ　つれなかりけり

俊恵法師《しゅんえほうし》　恋

歌意　一晩中つれないあの人を思うこの頃はなかなか夜が明けず、まだ朝の光が入って来ない寝室の戸の隙間まで無情に感じられるなあ。

鑑賞　男を待つ女性の立場で独り寝の嘆きを詠んだ歌。悶々《もんもん》とした長い夜を終わらせる朝日さえ射してこないことを、擬人法を用いて表している。（千載集・恋二・七六五）

夜もすがら（副）　物思ふ（ハ四・体）　ころ（名）　は（係助）　明けやら（ラ四・未）　で（接助）
閨（名）　の（格助）　ひま（名）　さへ（副助）　つれなかり（ク・用）　けり（詠・終）
擬人法

86

嘆《なげ》けとて　月《つき》やは物《もの》を　思《おも》はする
かこち顔《がほ》なる　わが涙《なみだ》かな

西行法師《さいぎょうほうし》　恋

歌意　嘆けといって月が私に物思いをさせるのではない。それなのに、月のせいであるかのように、恨めしげに流れる私の涙だよ。

鑑賞　切ない恋の物思いを詠んだ歌。「月前恋」という題で詠まれた。「月が人に物思いをさせる」という和歌の常識を逆手にとった発想が見事である。（千載集・恋五・九二六）

嘆け（カ四・命）　と（格助）　て（接助）　月（名）　やは（係助）　物（名）　を（格助）　思は（ハ四・未）　する（使・体）／三句切れ
擬人法　係り結び
かこち顔なる（ナリ・体）　わ（名）　が（格助）　涙（名）　かな（終助）
擬人法

87

村雨《むらさめ》の　露《つゆ》もまだひぬ　真木《まき》の葉《は》に
霧立《きりた》ちのぼる　秋《あき》の夕暮《ゆうぐ》れ

寂蓮法師《じゃくれんほうし》　秋

歌意　通り雨のしずくもまだ乾ききらない常緑樹の葉に、谷から霧が立ちこめてくる秋の夕暮れだなあ。

鑑賞　秋の夕暮れの静穏な風景を詠んだ歌。上の句は水滴の置いた葉にズームアップしているが、下の句では遠景へと視点が引いていき、霧のゆったりした動きまで感じさせる。（新古今集・秋下・四九一）

村雨（名）　の（格助）　露（名）　も（係助）　まだ（副）　ひ（ハ上一・未）　ぬ（打・体）　真木（名）　の（格助）　葉（名）　に（格助）
霧（名）　立ちのぼる（ラ四・体）　秋（名）　の（格助）　夕暮れ（名）＝体言止め

88

難波江《なにはえ》の　蘆《あし》のかりねの　ひとよゆゑ
みをつくしてや　恋《こ》ひわたるべき

皇嘉門院別当《こうかもんいんのべっとう》　恋

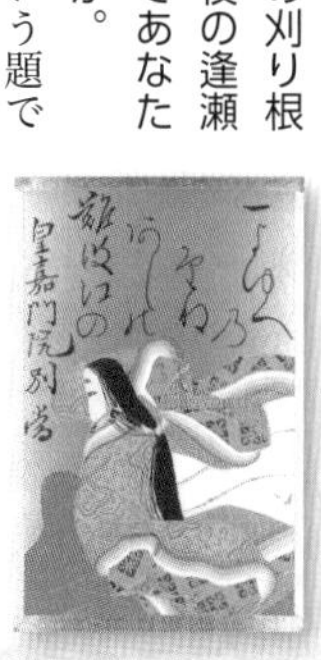

歌意　難波の入り江の蘆の刈り根の一節のような短い一夜の逢瀬のせいで、身を尽くしてあなたを恋い続けるのだろうか。

鑑賞　「旅宿に逢ふ恋」という題で詠まれた歌。一夜きりの共寝のせいで、ずっと恋い焦がれなければならないという女の哀切な情を、修辞技巧を駆使して歌っている。（千載集・恋三・八〇七）

難波江（名（歌枕））　の（格助）　蘆（名）　の（格助）　かりね（名）　の（格助）　ひとよ（名）　ゆゑ（名）
序詞　掛詞（刈り根・仮寝）　掛詞（一節・一夜）
み（名）　を（格助）　つくし（サ四・用）　て（接助）　や（係助）　恋ひわたる（ラ四・終）　べき（推・体）
掛詞（身を尽くし・澪標）　係り結び

89

玉《たま》の緒《を》よ　絶《た》えなば絶《た》えね　ながらへば
忍《しの》ぶることの　弱《よわ》りもぞする

式子内親王《しょくしないしんのう》　恋

歌意　私の命よ、絶えるものならばいっそ絶えてしまえ。このまま生き長らえるならば、恋心を隠し通す力が弱ると困るから。

鑑賞　忍ぶ恋を詠んだ歌。「絶えなば絶えね」に激情が、「弱りもぞする」に不安が表れている。「緒」の縁語（絶え・ながらへ・弱り）を散りばめ、細部まで工夫が凝らされた秀歌。（新古今集・恋一・一〇三四）

玉の緒（名）　よ（間助）／初句切れ　絶え（ヤ下二・用）　な（完・未）　ば（接助）　絶え（ヤ下二・用）　ね（完・命）／二句切れ　ながらへ（ハ下二・未）　ば（接助）
忍ぶる（バ上二・体）　こと（名）　の（格助）　弱り（ラ四・用）　も（係助）　ぞ（係助）　する（サ変・体）
係り結び

文学史問題：西行の歌集を次から一つ選べ。（法政大）
①和漢朗詠集　②梁塵秘抄　③千載和歌集　④発心集　⑤山家集

90

見《み》せばやな　雄島《をじま》のあまの　袖《そで》だにも
濡《ぬ》れにぞ濡《ぬ》れし　色《いろ》は変《か》はらず

殷富門院大輔《いんぷもんいんのたいふ》

恋

歌意 悲しみの血の涙で色の変わった私の袖を見せたいものだ。雄島の漁師の袖でさえ潮に濡れても色は変わらないのに。

鑑賞 悲恋のつらさを哀訴する歌。見せたいのは「私の袖」である。しかもそれは色が変わったというのだから、悲しみのあまり血の涙で染まっていることになる。（千載集・恋四・八八四）

見せ	ばや	な／	雄島	の	あま	の	袖	だに	も
サ下二・未	終助	終助	名〈歌枕〉	格助	名	格助	名	副助	係助

初句切れ

濡れ	に	ぞ	濡れ	し／	色	は	変はら	ず
ラ下二・用	格助	係助	ラ下二・用	過・体	名	係助	ラ四・未	打・終

係り結び（ぞ→し）　四句切れ

91

きりぎりす　鳴《な》くや霜夜《しもよ》の　さむしろに
衣《ころも》かたしき　一人《ひとり》かも寝《ね》む

※後京極摂政前太政大臣《ごきょうごくせっしょうのさきのだいじょうだいじん》

秋

歌意 こおろぎが鳴いている霜の降りる寒い夜に、敷物として自分の衣だけを敷き、一人寂しく寝るのだろうか。

鑑賞 寒い夜の独り寝を嘆く歌。秋の歌だが、『古今集』や『伊勢物語《いせものがたり》』の恋歌を本歌として踏まえており、恋の気分が漂う。「きりぎりす」は現在の「こおろぎ」のこと。（新古今集・秋下・五一八）

きりぎりす	鳴く	や	霜夜	の	さむしろ	に
名	カ四・体	間助	名	格助	名	格助

さむしろ：掛詞（さむしろ・寒し）

衣	かたしき	一人	か	も	寝	む
名	カ四・用	名	係助	係助	ナ下二・未	推・体

係り結び（か→む）

※藤原良経《ふじわらのよしつね》

92

わが袖《そで》は　潮干《しほひ》に見《み》えぬ　沖《おき》の石《いし》の
人《ひと》こそ知《し》らね　乾《かわ》く間《ま》もなし

二条院讃岐《にじょういんのさぬき》

恋

歌意 私の着物の袖は、引き潮のときにも見えない沖の石のように、あの人は知らないだろうが、涙で乾く間もない。

鑑賞 片思いの悲しさを詠んだ歌。「潮干に見えぬ沖の石の」が序詞、「人こそ知らね」が係り結びの逆接的用法。この歌が評判となり、作者は「沖の石の讃岐」とあだ名された。（千載集・恋二・七五九）

わ	が	袖	は	潮干	に	見え	ぬ	沖	の	石	の
名	格助	名	係助	名	格助	ヤ下二・未	打・体	名	格助	名	格助

潮干に見えぬ沖の石の：序詞

人	こそ	知ら	ね	乾く	間	も	なし
名	係助	ラ四・未	打・已	カ四・体	名	係助	ク・終

係り結び（逆接）（こそ→ね）

93

世《よ》の中《なか》は　常《つね》にもがもな　渚《なぎさ》こぐ
あまの小舟《をぶね》の　綱手《つなで》かなしも

※鎌倉右大臣《かまくらのうだいじん》

旅

歌意 世の中はいつまでも変わらないでほしい。渚を漕ぐ漁師が小舟の引き綱を引く姿が心にしみるよ。

鑑賞 この世の無常を嘆く歌。『万葉集』（巻一・二二）、および『古今集』（東歌・一〇八八）を本歌とする。豊かではないが力強い漁師の生活を目にした、将軍実朝の真情を示す。（新勅撰集・羈旅・五二五）

世の中	は	常に	もが	も	な／	渚	こぐ
名	係助	ナリ・用	終助		終助	名	ガ四・体

二句切れ

あま	の	小舟	の	綱手	かなし	も
名	格助	名	格助	名	シク・終	終助

※源実朝《みなもとのさねとも》

94

み吉野《よしの》の　山《やま》の秋風《あきかぜ》　さ夜《よ》ふけて
古里寒《ふるさとさむ》く　衣打《ころもう》つなり

※参議雅経《さんぎまさつね》

秋

歌意 吉野の山から秋風が吹き下ろしてくる頃、夜も更け、古い都のあったこの里に衣を打つ音が寒々と聞こえてくる。

鑑賞 吉野の寒々しい情景を詠んだ歌。『古今集』（冬・三二五）を本歌とする。「衣打つ」とは、布につやを出すために砧《きぬた》でたたくこと。その音は哀愁を呼ぶ晩秋の風物詩とされた。（新古今集・秋下・四八三）

み吉野	の	山	の	秋風	さ夜	ふけ	て
名〈歌枕〉	格助	名	格助	名	名	カ下二・用	接助

古里	寒く	衣	打つ	なり
名	ク・用	名	タ四・終	推定・終

▼砧

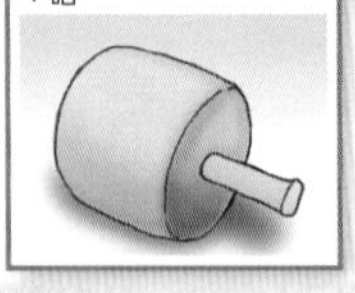

※飛鳥井雅経《あすかいまさつね》

95

おほけなく　憂《う》き世《よ》の民《たみ》に　おほふかな
わが立《た》つ杣《そま》に　すみぞめの袖《そで》

前大僧正慈円《さきのだいそうじょうじえん》

雑

歌意 身分不相応にも、つらいこの世の人々を僧衣の袖で覆って、仏の加護を祈ることよ。比叡山に住む私の墨染めの衣の袖で。

鑑賞 僧侶として世の人々を救う決意を詠んだ歌。当時は源平合戦、飢饉、疫病などが重なり、末法思想の影響で社会不安が増大していた。青年僧侶としての使命感が読み取れる。（千載集・雑中・一一三四）

おほけなく	憂き世	の	民	に	おほふ	かな／
ク・用	名	格助	名	格助	ハ四・体	終助

三句切れ

わ	が	立つ	杣	に	すみぞめ	の	袖＝
名	格助	タ四・体	名	格助	名	格助	名

すみぞめ：掛詞（墨染・住み初め）　袖：体言止め

96

花《はな》さそふ　嵐《あらし》の庭《には》の　雪《ゆき》ならで　ふりゆくものは　わが身《み》なりけり

※入道前太政大臣《にゅうどうさきのだいじょうだいじん》　雑

歌意 桜を誘う嵐が吹き、庭の花が吹雪のように降るけれども、年老いて古びてゆくのは私自身なのだなあ。

鑑賞 年老いてゆくことへの嘆きを詠んだ歌。「降りゆく」と「古りゆく」の掛詞が巧み。公卿として栄華を極めた作者だけに、老いの悲嘆は人一倍激しかったことであろう。（新勅撰集・雑一・一〇五四）

※藤原公経《ふじわらのきんつね》

花	さそふ	嵐	の	庭	の	雪	なら	で
名	ハ四・体	名	格助	名	格助	名	断・未	接助

擬人法（花さそふ）　見立て（雪ならで）

ふりゆく	もの	は	わ	が	身	なり	けり
カ四・体	名	係助	名	格助	名	断・用	詠・終

掛詞（降りゆく・古りゆく）

97

来《こ》ぬ人《ひと》を　まつほの浦《うら》の　夕《ゆふ》なぎに　焼《や》くや藻塩《もしほ》の　身《み》もこがれつつ

※権中納言定家《ごんちゅうなごんさだいえ》　恋

歌意 約束したのに来てくれない人を待つ私は、松帆の浦の夕凪に焼く藻塩のように、身も心も恋い焦がれているよ。

鑑賞 現れない恋人への思慕を詠んだ歌。『万葉集』の笠金村《かさのかなむら》の長歌（巻六・九三五）を本歌とする。「藻塩」の縁語（焼く・こがれ）を用い、待つしかない女性の思いを描き出している。（新勅撰集・恋三・八五一）

※藤原定家《ふじわらのさだいえ》

来	ぬ	人	を	まつほの浦	の	夕なぎ	に
カ変・未	打・体	名	格助	名〈歌枕〉	格助	名	格助

掛詞（松帆の浦・待つ）

焼く	や	藻塩	の	身	も	こがれ	つつ
カ四・体	間助	名	格助	名	係助	ラ下二・用	接助

序詞（まつほの浦の夕なぎに焼くや藻塩の → こがれ）　つつ＝つつ止め

98

風《かぜ》そよぐ　ならの小川《をがは》の　夕暮《ゆふぐ》れは　みそぎぞ夏《なつ》の　しるしなりける

※従二位家隆《じゅにいいえたか》　夏

歌意 楢《なら》の葉が風に吹かれてそよぐ、このならの小川の夕暮れは秋の気配だが、禊《みそぎ》の行事こそが夏のしるしなのだなあ。

鑑賞 屏風《びょうぶ》に描かれた「六月祓《みなづきばらえ》」の絵を題として季節の移り変わりを詠んだ歌。旧暦では七月から秋なので、六月最終日に行われる六月祓は、夏と秋が入れ替わる間際の行事になる。（新勅撰集・夏・一九二）

※藤原家隆《ふじわらのいえたか》

風	そよぐ	ならの小川	の	夕暮れ	は
名	ガ四・体	名〈歌枕〉	格助	名	係助

掛詞（ならの小川・楢）

みそぎ	ぞ	夏	の	しるし	なり	ける
名	係助	名	格助	名	断・用	詠・体

係り結び（ぞ → ける）

上賀茂神社の境内を流れるならの小川

99

人《ひと》もをし　人《ひと》も恨《うら》めし　あぢきなく　世《よ》を思《おも》ふゆゑに　物思《ものおも》ふ身《み》は

後鳥羽院《ごとばいん》　雑

歌意 人がいとおしく思われる。また人が恨めしくも感じられる。砂をかむような思いでこの世を思うために、あれこれ悩むこの身には。

鑑賞 愛憎混在した世の中への思いを詠んだ歌。早々に退位して院政を敷き、鎌倉幕府の打倒を志した後鳥羽院の、激動の人生を象徴する歌。（続後撰集・雑中・一一九九）

人	も	をし	／	人	も	恨めし	／	あぢきなく
名	係助	シク・終	初句切れ	名	係助	シク・終	二句切れ	ク・用

世	を	思ふ	ゆゑ	に	物思ふ	身	は
名	格助	ハ四・体	名	格助	ハ四・体	名	係助

100

ももしきや　古《ふる》き軒端《のきば》の　しのぶにも　なほあまりある　昔《むかし》なりけり

順徳院《じゅんとくいん》　雑

歌意 宮中の古びて荒れ果てた軒端に生えた忍ぶ草を見るたびに、やはり華やかだった御代の昔がしのばれてならないなあ。

鑑賞 皇室が栄えた延喜《えんぎ》・天暦《てんりゃく》の世を懐かしむ歌。この時代、天皇家の権威は衰え、鎌倉幕府が政権を握っていた。「忍ぶ草」と「偲ぶ」の掛詞に切なる思いが込められている。（続後撰集・雑下・一二〇二）

ももしき	や	古き	軒端	の	しのぶ	に	も
名	間助	ク・体	名	格助	名	格助	係助

掛詞（忍ぶ草・偲ぶ）

なほ	あまり	ある	昔	なり	けり
副	名	ラ変・体	名	断・用	詠・終

▼シノブグサ

文学史問題：源実朝個人の歌集は何という作品か。次から一つ選べ。（青山学院大）
①新古今和歌集　②金槐和歌集　③山家集　④梁塵秘抄　⑤閑吟集

光り輝く姫の物語

竹《たけ》取《とり》物《もの》語《がたり》

現存する日本最古の物語 # 貴公子の求婚 # 昔話 # 語源譚

作り物語／作者未詳／平安時代前期成立

時代	年
上代	794
中古	1185〜1192
中世	1603
近世	1867

作品への招待

「かぐや姫」の「かぐや」とは何だろうか。「かがよふ」（＝きらめく）や「赫々《かくかく》たり」（＝照り輝いている）を語源と考える説がある。竹から生まれたミステリアスな光り輝く姫。育ての父である翁《おきな》は幸運に恵まれて裕福になり、世の男性たちは貴公子も帝も、みな彼女に夢中になる。その正体は、月の都の人であった。

かぐや姫を発見する翁（宮内庁書陵部蔵）

作者

未詳。文章に漢文訓読の影響が見られ、当時の政界に実在した貴族をモデルにした人物が作品に登場することから、**貴族階級に属する男性知識人の作**であることは間違いない。源順《みなもとのしたごう》・源融《とおる》・僧正遍昭《そうじょうへんじょう》らが作者候補としてあげられるが、いずれも決め手に欠ける。

成立

九世紀末か、遅くとも十世紀初め（平安時代前期）には成立していたらしい。

内容

大きく以下の四部に分けられる。

①かぐや姫の発見

竹取の翁《おきな》が、ある日光り輝く竹を見つける。中には身長三寸（約九センチ）のかわいらしい女の子が座っていた。翁は女の子を家に連れ帰り、大切に養育する。その後、中に黄金の詰まった竹を発見することが重なり、翁は大金持ちになる。女の子は「なよ竹のかぐや姫」と命名され、美しく成長した。

籠の中で養われるかぐや姫

②貴公子たちの求婚

かぐや姫の美しさを聞きつけ、男たちが求婚に訪れるようになった。特に熱心だった五人の貴公子に対し、かぐや姫は入手困難な宝物を持ってくるようにと要求する。貴公子たちは策を巡らすが、その要求に応えることができず、結婚をあきらめる。（Close Up）

③帝の求婚

かぐや姫の噂《うわさ》はついに帝にも届き、入《じゅ》内《だい》するようにと命じられる。翁が懸命に説得するものの、かぐや姫は断固として拒絶し続ける。

④月への帰還

八月十五夜を前に、かぐや姫は自身が月の都の者であり、もうじき天人が迎えに来ると翁に打ち明ける。翁と帝は屋敷を厳重に警備するが、天人の不思議な力の前には無力であった。かぐや姫は帝に不死の薬を残し、月へと帰ってしまう。（Close Up）

評価

現存する日本最古の物語として、後世の物語文学に大きな影響を与えた。『源氏物語《げんじものがたり》』には『竹取物語』を「**物語のいできはじめの祖《おや》**」とする記述がある。現代でも昔話の『かぐや姫』として広く親しまれている。

『かぐやひめ』（円地文子作・岩崎書店）

語源譚《ごげんたん》

作中のところどころでは、それまでのエピソードと絡めて、ある言葉の語源を解説している。かなり強引で、ダジャレとも言えるような内容だが、その一部を紹介しておこう。

▼貴公子が、偽物の鉢を投げ捨ててかぐや姫に言い寄った。
…あつかましいことを「恥（鉢）を捨てる」と言うようになった。

▼努力したのに宝物「燕《つばくらめ》の子安貝《こやすがい》」を入手できなかった。
…思い通りにいかないことを「かひ（貝）なし」と言うようになった。

▼多くの士《さむらい》が山に登った。
…その山を「富士（士に富む）山」と言うようになった。

かぐや姫の「罪」とは？

物語の終盤で、かぐや姫を迎えに来た天人が次のように言う場面がある。

「かぐや姫は月の世界で罪を犯したので翁のもとに下された。罪の償いが終わったので迎えに来たのだ」と。

この「罪」とは何か、作中では明らかにされず、これまでさまざまな解釈がなされてきた。身近なところでは、スタジオジブリによるアニメ映画『かぐや姫の物語』もその一つだ。『竹取物語』は現代のクリエーターの想像力をもかきたてる、「物語の元祖」なのだ。

Close Up

『竹取物語』のエピソード

五人の貴公子たちへの難題

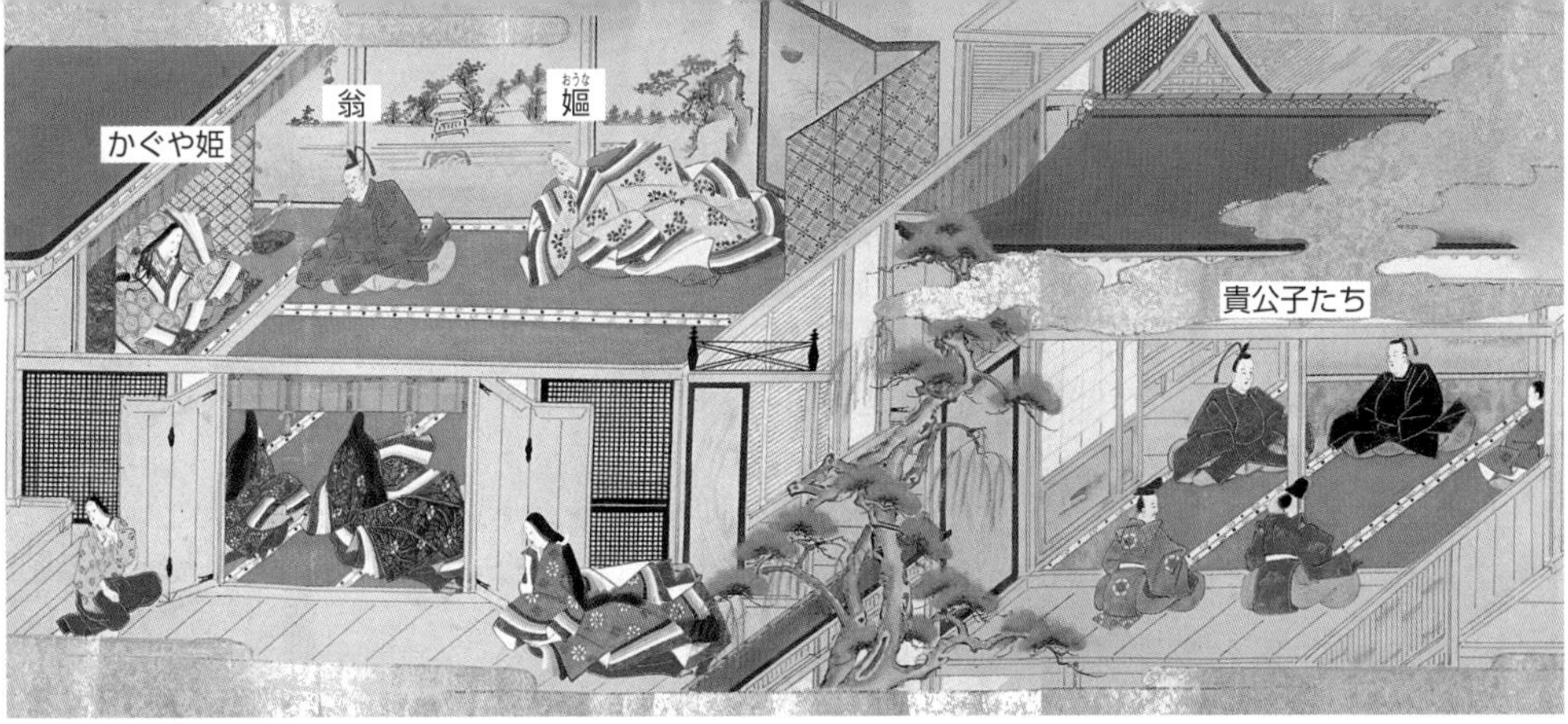

竹取物語絵巻（立教大学図書館蔵）　竹取の翁の立派な邸宅に集まる五人の貴公子たち。かぐや姫の望むもの（下記）を持ってくれば結婚を許すと告げられる。

❶石作皇子《いしつくりのみこ》…仏の御石《みいし》の鉢
（中国に二つとない仏の鉢）
▼大和国《やまとのくに》の山寺に置いてあった鉢を偽って持参。本物にあるはずの輝きがまったく見られなかったので偽物と発覚する。

❷車持皇子《くらもちのみこ》…蓬萊《ほうらい》の玉の枝
（根が銀、茎が金、実が真珠の木の枝）
▼職人にそっくりのものを作らせる。完成度は非常に高かったが、職人が工賃を求めに押しかけてきたので偽物と発覚する。

❸右大臣阿倍御主人《あべのみうし》…火鼠《ひねずみ》の皮衣
（火をつけても燃えない火鼠の毛皮）
▼中国の交易船の主人に取り寄せてもらい、高額で購入。火にかけたところ、あっさり灰になってしまったので、詐欺にあったことが判明する。

❹大納言大伴御行《おおとものみゆき》…龍の頸《たつのくび》の玉
（龍の頸にある五色に光る玉）
▼自ら船に乗って玉を獲りに行くが、龍の怒りを買って大嵐に巻き込まれる。命からがら逃げ出し、かぐや姫に殺されかけたと吹聴する。

❺中納言石上麻呂足《いそのかみのまろたり》…燕《つばくらめ》の子安貝《こやすがい》
（燕が子を生むときに出す宝貝）
▼籠《かご》をつり上げさせて燕の巣から子安貝を奪おうとするが、落下して腰の骨を折り命を失う。

天人の迎え

今はとて天《あま》の羽衣《はごろも》着るをりぞ
君をあはれと思ひ出《い》でける

――これで地上世界とお別れだといって天の羽衣を着るときに、あなたをしみじみ愛しく思い出しましたよ。――

かぐや姫が不老不死の薬とともに帝に残した歌である。最後に人間らしい愛情に目覚めたかぐや姫。しかし、「もの思ふ心」のない冷淡な天人とともに月へと昇っていく。帝は、かぐや姫のいない世に生きていても仕方ないと嘆き、手紙と薬を富士山の頂上で焼かせた。不老不死より愛をとる人間は、弱いが「もの思ふ心」を持つ存在として描かれている。

竹取物語絵巻（国立国会図書館蔵）
天人とともにかぐや姫が月に帰っていく場面。屋根に登っているのは警護の武士たち。帝は呆然と見送り、翁と嫗は泣き崩れる。

比べてみよう

女性の成人式

■年齢
●平安…十二〜十三歳ごろ。
○現代…十九〜二十歳。

■スタイル
●平安…「髪上げ」「裳着《もぎ》」を行う。
○現代…振り袖にアップの髪型で式典に出席する人が多い。

平安（裳着）

現代（振り袖）

▼髪上げ＝幼女は髪を肩の辺りで切りそろえる（尼削ぎ《あまそぎ》）が、成人女性は頭の上で結い、先を後ろに垂らす。その髪型変更の儀式を「髪上げ」という。
▼裳着＝「裳」は腰の後ろにまとう布で、成人女性の正装の一部。これを初めて着用する儀式を「裳着」という。
（男女の成人式の詳細⬇四〇頁）

かぐや姫は急速に成長し、生後三ヶ月で「髪上げ」「裳着」を行う。これは結婚適齢期に入ったことを意味するものであり、その後、男たちが求婚し押し寄せることとなる。

文学史問題：竹取物語と関わりのないものを次から一つ選べ。（名城大）
①火鼠の皮衣　②燕の子安貝　③蓬萊の玉の枝　④龍の頸の玉　⑤雨夜の品定め

みやびな「男」の歌物語

伊勢物語《いせものがたり》

#現存最古の歌物語 #いちはやきみやび #色好み #在原業平

歌物語／作者未詳／平安時代前期成立

上代 794 中古 1185〜1192 中世 1603 近世 1867

作品への招待

『伊勢物語』の主人公「男」は、恋愛の達人だ。それも、都の美人ばかりを相手にするのではない。とてつもない高貴な女性・田舎の無教養な女・老婆・果ては伊勢神宮の神に奉仕する斎宮《さいぐう》とも関係を持ってしまう。「いちはやきみやび（情熱をもったみやびなふるまい）」をする、色好みで魅力的な「男」は、在原業平《ありわらのなりひら》のイメージと重なり合って、男性貴族の理想像として描かれ、受容されていった。

奈良絵本伊勢物語（広島大学図書館蔵）
第9段「東下り」より。八橋の場面。

作者

未詳。原形の一部は在原業平《ありわらのなりひら》自身の作であるとする説もある。複数の作者が手を加え、『伊勢物語』を形成していったと考えられる。

成立

原形は『古今和歌集《こきんわかしゅう》』成立の九〇五（延喜《えんぎ》五）年以前にできていたと考えられる。その後数十年にわたって増補・改訂され、十世紀後半に現在の姿に近い形になったと推測される。

『伊勢物語』は、業平が在原氏の五男であることから『**在五が物語《ざいごものがたり》**』『**在五中将の日記《ざいごちゅうじょうのにっき》**』とも呼ばれた。『伊勢物語』の名は、①伊勢斎宮《いせさいぐう》の章段（狩使《かりのつかい》）による、②歌人伊勢の手が加わった、などの説があるが、はっきりしない。

内容

和歌を中心とした短い章段、約百二十五段からなる**歌物語**。「昔、男」で始まるものが多い。この**「男」は在原業平を思わせる**が、内容には虚構の色が濃い。

全部で約二百十首に及ぶ和歌の一部は、業平自身の作であるが、古歌や業平以外の人物の和歌も取り入れられている。

現在の『伊勢物語』は、「男」の初冠《ういこうぶり》（⬇一四〇頁）から死に臨むまでを描き、「男」の**一代記のような構成**をとる（伊勢斎宮との章段を冒頭に置く狩使本《かりのつかいぼん》も、平安時代には存在した）。

簡潔な和文でありながら叙情性に富み、男女の恋のみならず、親子・主従・友人といった、さまざまな人間関係における心情を見事に描き出している。

伊勢物語絵巻（東京国立博物館蔵）
第82段「渚の院」より。惟喬親王を囲んで和歌に興じる。

評価

現存する最古の歌物語。古歌や民間伝承を利用するほか、唐《とう》の伝奇小説『鶯々伝《おうおうでん》』などといった、中国文学からの影響も注目されている。後続の歌物語『**大和物語《やまとものがたり》**』『**平中物語《へいちゅうものがたり》**』（⬇一四九頁）はもちろん、『**源氏物語《げんじものがたり》**』や中世の謡曲「井筒《いづつ》」「隅田川《すみだがわ》」（⬇一九五頁）など、その後の日本文学にも幅広く影響を与え続けた。

在原業平の実像と虚像

実際の業平はどのような人物だったのだろうか。

業平の父は阿保《あぼ》親王（薬子《くすこ》の変で出家に追い込まれた平城《へいぜい》天皇の皇子）、母は伊都《いと》内親王（桓武《かんむ》天皇の皇女）。二歳で臣籍降下し、在原氏となった。業平には『伊勢物語』により不遇なイメージがある。確かに若い頃は官位に恵まれなかったようだが、最終的には従《じゅ》四位上《いじょう》という高位にまで昇進している。

業平が亡くなった八八〇（元慶《がんぎょう》四）年から約二十年後、九〇一（延喜《えんぎ》元）年に、『日本三代実録《にほんさんだいじつろく》』が成立する。その中で、業平は「体貌《たいぼう》閑麗、放縦不拘、略《ほぼ》無才学、善作倭《わ》歌」（麗しく好色な美男であり、気ままで奔放、学識には欠けるが和歌がうまかった）と評される。これがほぼ同時代の公式評価である。

しかし、『伊勢物語』が業平の実録だという見方は平安時代中期から根強く存在し、さまざまな伝説・説話が派生していったのである。物語の力は史実を超えたのである。

在原業平（斎宮歴史博物館蔵）

Close Up 芥川・筒井筒の和歌

芥川《あくたがわ》

白玉か何ぞと人の問ひしとき
　露とこたへて消えなましものを

――「あれは真珠かしら、何かしら」とあの人が尋ねたとき、「露です」と答えて、露のように私もすぐ消えてしまえばよかったのに。――

盗み出した高貴な女を雷雨から守ろうとしたが、鬼に食われてしまった男の、悲痛な嘆きの歌である。愛する人を失った一瞬の痛切な感情をとらえており、物語はここでいったん幕を下ろす。

ところが、『伊勢物語』には後人の手で書かれた続きがある。実は女は二条の后藤原高子《たかいこ》であり、鬼はその兄たち（国《くに》経《つね》・基経《もとつね》）だと明かすのだ。これによって、この話は、二条の后と業平をめぐる一連の物語の中に位置づけられたのである。

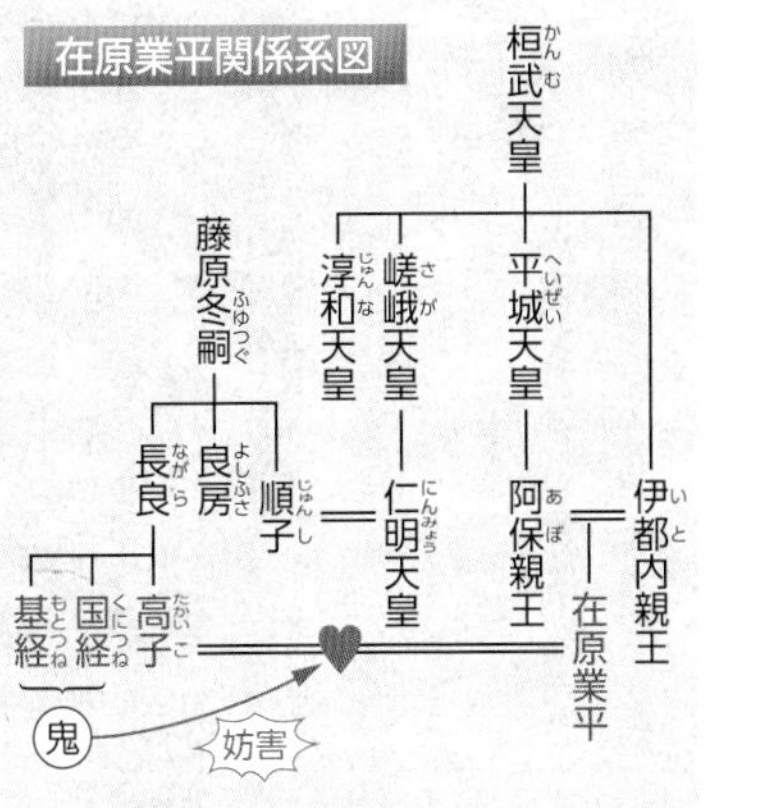

伊勢物語絵巻（模本・東京国立博物館蔵）
第6段「芥川」より。男は荒れた蔵に女を隠して警護するが、女は鬼に食われてしまう。

筒井筒《つついづつ》

風吹けば沖つ白浪《しらなみ》たつた山
　夜半《よは》にや君がひとり越ゆらむ

――風が吹けば沖の白浪が立つという名の竜田山を、あの人は夜中にたった一人で越えているのでしょうか。――

井戸のそばで遊んでいた幼なじみの男女。成長してお互いを意識するようになり、二人は晴れて結婚した。

しかし、男は別の女に目移りする。妻が平然と男を送り出すので、男は（自分を棚に上げて）妻の浮気を疑い、隠れて様子を探ることにした。一人になった妻が詠んだのが、この歌である。男は、自分を思いやる妻の一途な愛に心を打たれ、浮気相手との関係を絶った。

妻の歌は、古くからの伝承歌の流れを汲《く》むものである。誰が詠んだかわからない和歌であっても、人の真実・真情を詠み得たからこそ、人の心を動かす力を持ち、受け継がれてきたのだろう。

井筒（横山大観筆・広島県立美術館蔵）

文学史問題：伊勢物語の話の主人公と思われている人物名を次から一つ選べ。（近畿大）
①紀貫之　②平貞文　③藤原定家　④在原業平

物語文学の最高峰

源《げん》氏《じ》物《もの》語《がたり》

#作り物語と歌物語の融合　#王朝文学の規範　#もののあはれ

物語／紫式部《むらさきしきぶ》作／平安時代中期成立

上代　794　中古　1185〜1192　中世　1603　近世　1867

作品への招待

桐壺帝《きりつぼてい》と桐壺更衣《きりつぼのこうい》の悲恋の末に生まれた光源氏《ひかるげんじ》。類いまれなる美《び》貌《ぼう》と才能を持つ光源氏の運命とは、どのようなものだったのか。

また、光源氏に愛された女君たちにはどのような人生が待ち受けていたのか。

そして光源氏亡き後の世界は？

理想的な主人公・光源氏を中心に、壮大なスケールで展開される王朝ロマンは、時代や国を超えて魅力を放ち続ける。

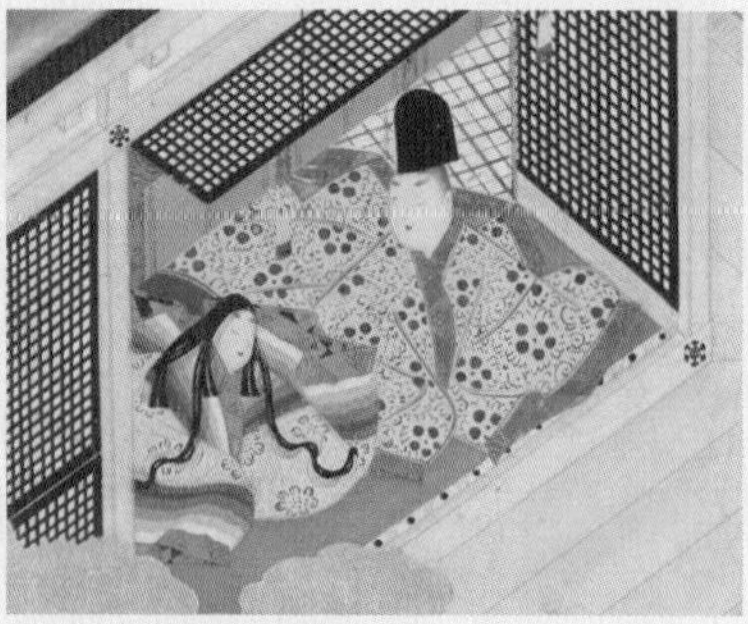

寄り添う光源氏と紫の上
（源氏物語団扇画帖／国文学研究資料館蔵）

作者

紫式部《むらさきしきぶ》。藤原為時《ふじわらのためとき》の娘。受領《ずりょう》階級の生まれだが、一族には歌人として知られた人が多く、父為時は特に漢文の才に秀でた知識人だった。紫式部は和歌・漢詩に親しんで育ち、漢籍は兄弟の惟規《のぶのり》よりも早く理解したという。親子ほど年の離れた藤原宣孝《のぶたか》と結婚し、娘（賢子《けんし》。後に大弐三位《だいにのさんみ》と呼ばれる）を生むが、夫とは二年余りで死別。その後、藤原道長《みちなが》の娘である**中宮彰子《ちゅうぐうしょうし》**に仕える。

藤原氏で父の役職が式部丞《しきぶのじょう》だったため「藤式部《とうのしきぶ》」と呼ばれていたが、『源氏物語』の紫の上にちなんで「紫式部」と呼ばれるようになったとされる。他の著作に『**紫《むらさき》式部日記《しきぶにっき》**』、私家集『紫式部集《むらさきしきぶしゅう》』がある。

成立

一〇〇一（長保《ちょうほう》三）年に夫と死別した後、紫式部を支えたのは物語の存在だった。紫式部が『源氏物語』を書き始めたのはこの時期と考えられる。その後、『源氏物語』作者としての才能が評価され、紫式部は中宮彰子に仕えることになる。宮仕え開始後も『源氏物語』は書き継がれ、一〇〇八（寛弘《かんこう》五）年には、ある程度まとまった分量が完成していたと考えられる。

内容

五十四帖《じょう》からなる長編物語。内容から次の三部に分けられる。

第一部（①桐壺《きりつぼ》〜㉝藤裏葉《ふじのうらば》）

光源氏の誕生、恋と青春の日々、須磨《すま》への流離《りゅうり》、都への召還《しょうかん》、六条院の完成、准太上天皇《じゅんだいじょう》の位を得るという、**光源氏の栄耀《えいよう》栄華を極めるまでの半生を描く。**

第二部（㉞若菜上《わかなじょう》〜㊶幻《まぼろし》）

第一部で築き上げられた光源氏を中心とした理想的世界が、女三の宮との結婚をきっかけに崩れていく。過去に犯した藤壺《ふじつぼ》との密通の罪の応報に苦しみ、**孤独を抱える光源氏の晩年を描く。**

第三部（㊷匂宮《におうのみや》〜㊹夢浮橋《ゆめのうきはし》）

光源氏亡き後、表向きは光源氏の子でありながら出生の秘密を抱えた薫《かおる》と、光源氏の孫である匂宮《におうのみや》を中心に、宇治に住む姫君との恋を描く。なお、**橋姫《はしひめ》〜夢《ゆめの》浮橋《うきはし》までの十帖を「宇治十帖《うじじゅうじょう》」**という。

評価

『源氏物語』は、『竹取物語《たけとりものがたり》』から始まる作り物語、『伊勢物語《いせものがたり》』に代表される歌物語の方法を受け継ぎ、『蜻蛉日記《かげろうにっき》』などの日記文学や和歌の伝統などを吸収しながら築き上げられた一大長編物語である。登場人物の内面に深く切り込み人間の真実の姿を描く、自然を心情と巧みに融合させて表現する、随所に和歌や漢詩を引用するなど、**内容の深さと流麗な文章、作品の完成度はこれまでの物語とは一線を画す。**江戸時代の国学者**本居宣長《もとおりのりなが》**（⬇一九一頁）は、『源氏物語』の本質は「**もののあはれ**」（物事に触れることで生じる感動や情趣）を描くことにあると論じた。

『源氏物語』はその後の文学作品に多大な影響を及ぼした。物語文学はもちろん、平安後期の歌人藤原俊成《としなり》（⬇九九頁）は「源氏見ざる歌詠みは遺恨《いこん》の事なり」と言い、『源氏物語』が歌人必読の書ともなる。能にも『源氏物語』に材を求めたものが多い。井原西鶴《いはらさいかく》の『好色一代男《こうしょくいちだいおとこ》』（⬇一九〇頁）や『源氏物語』の翻案物である柳亭種彦《りゅうていたねひこ》の『修紫田舎源氏《にせむらさきいなかげんじ》』（⬇一九三頁）が作られるなど、時代を超えて絶大な影響力を持ち、まさに**古典文学の最高峰**と言える。

紫式部石山寺観月図
（千葉市美術館蔵）

主要登場人物の紹介

第一部〜第二部【男君】

光源氏《ひかるげんじ》 美貌と才能に恵まれた「光る君」

桐壺帝《きりつぼてい》の第二皇子。母は桐壺更衣《きりつぼのこうい》。帝の子として生まれるが、源姓を賜って臣籍に下る。

頭中将《とうのちゅうじょう》 源氏の親友でありライバル

左大臣の長男。葵《あお》の上《うえ》の兄。源氏が須磨《すま》に退去した際には、政治的立場が悪くなるのを顧みず訪問した。昇進に応じて宰相中将・内大臣などと呼称が変わる。

青海波を舞う源氏と頭中将

夕霧《ゆうぎり》 几帳面でマジメな源氏の長男

母は葵の上。幼なじみの雲居雁《くもいのかり》と結婚する。後に落葉《おちば》の宮《みや》とも結婚。二人のもとを律儀に月の半分ずつ通う。

柏木《かしわぎ》 夕霧の親友、悲劇の貴公子

頭中将の長男。妻は落葉の宮。源氏の正妻である女三の宮との密通を重ねて不義の子(薫《かおる》)をもうける。そのことを源氏に知られてしまい、心労のため若くして亡くなる。

第一部〜第二部【女君】

桐壺更衣《きりつぼのこうい》 桐壺帝に愛された源氏の母

故按察大納言《あぜちのだいなごん》の娘。桐壺帝の更衣。帝の寵愛《ちょうあい》を一身に受けて源氏を生むが、他の后妃たちの嫉妬や嫌がらせから病がちになり、逝去する。

藤壺中宮《ふじつぼのちゅうぐう》 桐壺更衣に生き写しの后

桐壺帝の中宮。桐壺更衣の死後に入内《じゅだい》した。亡き母の面影を求める源氏から思慕され、後に密通により、男子(後の冷泉帝《れいぜいてい》)を出産する。

紫《むらさき》の上《うえ》 源氏が最も愛した人

兵部卿宮《ひょうぶきょうのみや》の娘。藤壺の姪《めい》。藤壺に似ていることから源氏に見出され、生涯愛された。明石《あかし》の君《きみ》と源氏との娘(後の明石の中宮)を養女とする。(⬇一四六頁)

紫の上と幼い明石の姫君

葵《あおい》の上《うえ》 源氏より年上の正妻

左大臣の娘。頭中将の妹。源氏の元服と同時にその正妻となる。夕霧を出産するにあたり、六条御息所《ろくじょうのみやすどころ》の生き霊に苦しめられ急死する。

六条御息所《ろくじょうのみやすどころ》 気高く嫉妬深い女性

前東宮妃。前東宮との間に娘(秋好中宮《あきこのむちゅうぐう》⬇一四六頁)がいる。源氏との将来に絶望し、娘が斎宮《さいぐう》になったのを機に、ともに伊勢に下る。

末摘花《すえつむはな》 容姿は悪いが一途な女性

故常陸宮《ひたちのみや》の娘。時代遅れの古めかしい姫宮で、赤い鼻の醜貌《しゅうぼう》を持つ。源氏の恋人の一人で、二条東院に迎えられる。

明石《あかし》の君《きみ》 田舎出身の慎ましい女性

明石の地を訪れた源氏と結ばれ、姫君(後の明石の中宮)を出産。上京し、初めは大堰《おおい》に住むが、六条院に迎えられる。(⬇一四六頁)

女三《おんなさん》の宮《みや》 源氏の人生を狂わせた幼い皇女

朱雀院《すざくいん》の第三皇女。十四、五歳で源氏に降嫁し、正妻となる。主体性に欠け、幼さが残る。柏木と密通して薫を生み、自分の運命を嘆いて出家する。(⬇一四七頁)

第三部【男君】

薫《かおる》 出自を疑うネガティブな貴公子

第三部の主人公。世間的には源氏の子だが、実は柏木と女三の宮の子。生まれつき体から芳香を漂わせる。世俗になじめず、若くして仏道に興味を持つ。大君《おおいぎみ》に恋慕し、その面影を中の君、浮舟《うきふね》へ求める。

匂宮《におうのみや》 薫の親友、性格は正反対

今上帝《きんじょうてい》の第三皇子で、母は明石の中宮。源氏の孫にあたる。色好みで行動的な性格。薫に対抗して衣服にいつも香をたきしめている。

第三部【女君】

大君《おおいぎみ》 妹思いの思慮深い女性

宇治の八の宮の長女。自身は独身を貫くことを決意し、妹中の君と薫を結婚させようとするが、中の君は匂宮と結婚。心痛から病床につき亡くなる。

中《なか》の君《きみ》 薫に後見された匂宮夫人

薫の手引きで匂宮と結婚。新婚早々から匂宮が訪れないことに苦悩するが、都に迎えられ、男君を出産する。

浮舟《うきふね》 薫と匂宮の間で揺れる姫君

宇治の八の宮の三女。大君・中の君の異母妹。薫の世話を受けながら、匂宮にも求愛され、二人の板挟みになる。入水《じゅすい》自殺を決意するが未遂に終わり、出家する。

写真：青海波を舞う源氏と頭中将＝奈良大学博物館蔵／紫の上と幼い明石の姫君＝宇治市源氏物語ミュージアム蔵

『源氏物語』名場面集

　五十四帖からなる『源氏物語』には多くのエピソードがある。それぞれのエピソードが並行して進むこともあり、五十四帖は必ずしも時系列に沿って並んでいるわけではない。
　ここでは五十四帖が光源氏（第一部・第二部）と薫（第三部）それぞれ何歳のことかを示し、教科書で取り上げられることの多い場面が物語全体のどこに位置するかを紹介しよう。
　一三六頁以降ではあらすじや出来事を詳しく紹介しているので、そちらもぜひ読んでほしい。

光源氏誕生
　桐壺帝《きりつぼてい》の寵愛を一身に受けた更衣（桐壺更衣《きりつぼのこうい》）が玉のような皇子を生んだ。更衣とその皇子（源氏）に対する帝の愛情は深まるばかりである。

藤壺《ふじつぼ》の入内《じゅだい》
　桐壺更衣は源氏が三歳の時病で亡くなり、源氏は臣籍降下する。その後、桐壺更衣とよく似た女性（藤壺の宮）が入内する。源氏はその姿に母の面影を見、慕うようになる。

光源氏

年齢	該当する巻
1	1桐壺《きりつぼ》
12	2帚木《ははきぎ》
17	3空蝉《うつせみ》、4夕顔《ゆうがお》
18	5若紫《わかむらさき》、6末摘花《すえつむはな》
19	7紅葉賀《もみじのが》
20	8花宴《はなのえん》
21	
22	9葵《あおい》
23	
24	10賢木《さかき》
25	11花散里《はなちるさと》
26	12須磨《すま》
27	
28	13明石《あかし》
29	15蓬生《よもぎう》
37	30藤袴《ふじばかま》
38	31真木柱《まきばしら》
39	32梅枝《うめがえ》、33藤裏葉《ふじのうらば》
40	34若菜上《わかなじょう》
41	35若菜下《げ》
42	
48	36柏木《かしわぎ》
49	37横笛《よこぶえ》
50	38鈴虫《すずむし》
51	39夕霧《ゆうぎり》、40御法《みのり》
52	41幻《まぼろし》
?	（雲隠《くもがくれ》）

須磨
　父・桐壺帝の死後、政局が動き源氏は政治的に危うい立場に置かれる。危機を逃れるため、寂れた地・須磨に移り住む。

須磨の源氏の元へ頭中将が訪れる

紫の上の死
　体調を崩した紫の上は病がちになる。養女である明石中宮《あかし》が見舞いに訪れるが、源氏と中宮に見守られる中、息を引き取る。

『源氏物語』と漢文学

　『源氏物語』は、当時よく知られた漢詩文を踏まえることにより、漢詩文の世界を重ね合わせて表現することがしばしば行われる。『白《はく》氏文集《しぶんしゅう》』（⇩四〇八頁）や『史記《しき》』（⇩三九二頁）、『文選《もんぜん》』（⇩四〇二頁）など、様々な作品が取り込まれている。
　例えば、「須磨」では須磨へ退去した光源氏が、十五夜の月を眺め都の女性たちを思い起こしながら「二千里外故人心《じせんりのほかこじんのこころ》」とつぶやく。これは白居易《はくきょい》の詩にある「三五夜中新月色　二千里外故人心」（『白氏文集』巻一四）による。白居易のこの詩句は十五夜の月を見て、古い友人を思うものである。
　この場面のように、『白氏文集』の詩の一句を光源氏に口ずさませることによって、光源氏の心情と、詩で詠まれた白居易の心情を重ね合わせて表現する。また、桐壺帝と桐壺更衣の悲恋の物語は、「長恨歌《ちょうごんか》」で詠まれた玄宗《げんそう》皇帝と楊貴妃《ようきひ》に重ね合わせられる。（⇩一三六頁）。このように『源氏物語』は、漢詩文の世界を投影することによって、豊かな作品世界を形成しているのである。

玄宗と楊貴妃

写真：須磨＝堺市博物館蔵／紫の上の死＝五島美術館蔵・名鏡勝朗撮影／玄宗と楊貴妃＝東京国立博物館蔵（ColBase）「長恨歌図屏風」・部分

小柴垣のもと 源氏は病平癒《やまい》のために訪れた北山で少女(若紫・のちの紫の上《むらさき うえ》)を垣間見する。その少女は源氏が慕う藤壺の宮にそっくりであった。その後、少女を自分の元に迎える。

垣間見をする源氏

葵《あおい》の上《うえ》の出産 出産を控えた源氏の正妻・葵の上に物の怪が取り憑《つ》く。その正体は、源氏との関係に悩み、また新斎院御禊《ごけい》の日、行列の見物をめぐり葵の上一行と争った六条御息所《ろくじょうのみやすどころ》の生き霊だった。葵の上は男児(夕霧《ゆうぎり》)を出産するが、急逝する。

30 14澪標《みおつくし》 16関屋《せきや》
31 17絵合《えあわせ》
32 18松風《まつかぜ》 19薄雲《うすぐも》
33 34 35 20朝顔《あさがお》 21少女《おとめ》 22玉鬘《たまかずら》
36 23初音《はつね》 24胡蝶《こちょう》 25蛍《ほたる》 26常夏《とこなつ》 27篝火《かがりび》 28野分《のわき》
37 29行幸《みゆき》

薫 年齢 / 該当する巻

14 15 42匂宮《におうのみや》
20 44竹河《たけかわ》 45橋姫《はしひめ》
23 43紅梅《こうばい》
24 46椎本《しいがもと》
25 47総角《あげまき》 48早蕨《さわらび》
26 49宿木《やどりぎ》
27 50東屋《あずまや》 51浮舟《うきふね》
28 52蜻蛉《かげろう》 53手習《てならい》 54夢浮橋《ゆめのうきはし》

宇治十帖

薫《かおる》と宇治の姫君 源氏亡き後、薫は源氏の異母弟・八の宮と親交を結ぶ。八の宮には大君《おおいぎみ》・中の君の姫君がおり、薫は姫君たちを垣間見する。

浮舟《うきふね》 心を寄せた大君が亡くなり、薫はその異母妹・浮舟に惹かれる。一方匂宮《におうのみや》も浮舟と契りを交わし、浮舟の心は二人の間で揺れ動く。

浮舟と匂宮

現代語訳・翻訳・映画化・漫画化

一九一二(明治四五)年に与謝野晶子《よさのあきこ》の『新訳《しんやく》源氏物語』が出版されて以来、谷崎潤一郎《たにざきじゅんいちろう》(➡三五五頁)・円地文子《えんちふみこ》・田辺聖子《たなべせいこ》・瀬戸内寂聴《せとうちじゃくちょう》・角田光代《かくたみつよ》らにより、数多くの現代語訳が試みられている。日本古典文学の代表作として海外でもよく読まれており、現在翻訳されている言語は三〇を超える。

映画化の例は古くからあるが、近年では二〇〇一(平成一三)年に『千年の恋 ひかる源氏物語』、二〇一一(平成二三)年に『源氏物語 千年の謎』が制作された。

マンガでは、大和和紀《やまとわき》『あさきゆめみし』(一九八〇〜一九九三)がベストセラーになっている。そのほかに、小泉吉宏《こいずみよしひろ》『まろ、ん? 大摑《おおつかみ》源氏物語』(二〇〇二)も平安時代の風習解説が充実していてわかりやすい。

講談社
大和和紀『あさきゆめみし』
河出書房新社

幻冬舎
瀬戸内寂聴『源氏物語』
講談社文庫

写真：小柴垣のもと＝天理大学附属天理図書館蔵／薫と宇治の姫君＝国文学研究資料館蔵「源氏物語団扇画帖」／浮舟＝メトロポリタン美術館蔵・土佐光吉筆「源氏物語図屛風」・部分

1 桐壺《きりつぼ》～33 藤裏葉《ふじのうらば》

　桐壺帝《きりつぼてい》と桐壺更衣《きりつぼのこうい》の間に生まれた光源氏。類いまれな美貌《びぼう》と才能を持つが、母の身分は低く、後ろ盾もないため、源姓を賜って臣下に下る。元服と同時に葵《あおい》の上《うえ》と結婚するが、源氏が求めた永遠の女性は、早くに亡くした母に似た、父桐壺帝の后藤壺《ふじつぼ》であった。恋心に耐えかねた源氏は藤壺と密通し、藤壺は懐妊。二人は秘すべき重い罪を背負う。

　藤壺への思いを心の内に秘め、数々の女性と浮き名を流し、恋と青春の日々を送る源氏。十八歳のとき、藤壺によく似た少女若紫《わかむらさき》(のちの紫《むらさき》の上《うえ》)を引き取り、正妻葵の上が亡くなった後には結婚し、深く愛するようになった。

　その後、政敵である右大臣の娘朧月夜《おぼろづきよ》との密会がきっかけで須磨《すま》へ流離《りゅうり》するが、許されて都へ召還《しょうかん》され、栄華への道を再び歩み始める。贅《ぜい》を尽くした私邸六条院を完成させ、明石《あかし》の君《きみ》との間に生まれた姫君を東宮《とうぐう》に入内《じゅだい》させる。自身は准太上《じゅんだいじょう》天皇となり、栄華を極めるのであった。

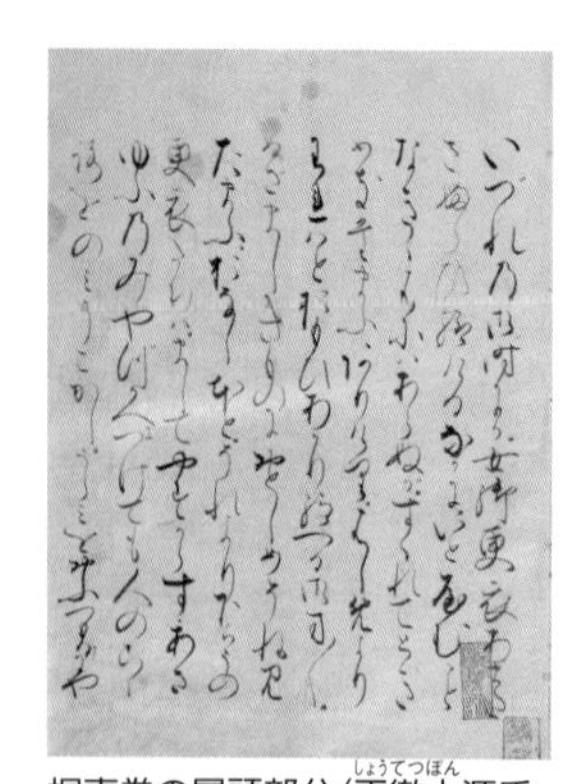
桐壺巻の冒頭部分(正徹本《しょうてつぼん》源氏物語・国文学研究資料館蔵)

1 桐壺《きりつぼ》

源氏1歳～12歳

光源氏誕生　いつの帝の時代であったか、桐壺帝《きりつぼてい》の愛を一身に受けた更衣(桐壺更衣《きりつぼのこうい》)がいた。他の女御や更衣たちが激しく嫉妬する中、光り輝くような皇子(第二皇子)を出産する。

桐壺更衣の死　桐壺更衣は積年の心労が重なり、皇子が三歳のときに死去する。帝は悲嘆にくれ、靫負《ゆげい》の命婦《みょうぶ》を使いとして、桐壺更衣の里邸に遣わす。

臣籍降下　宮中に参内した皇子は美貌《びぼう》と才能にあふれる。第一皇子の母である弘《こ》徽殿女御《きでんのにょうご》は、わが子を差し置いて、この皇子が皇太子になるのではないかと危惧《きぐ》する。桐壺帝は後ろ盾のない皇子の将来を心配し、高麗《こま》の相人の意見も考慮して、源姓を賜って、皇子を臣下に下す。この皇子が物語の主人公、光源氏である。

皇子の将来を占う相人

藤壺《ふじつぼ》女御の入内　桐壺更衣に生き写しの藤壺が入内する。世に「輝く日の宮」と呼ばれた。源氏も幼心《おさなごころ》に亡くなった母の面影を求めて、藤壺を慕う。

元服、葵《あおい》の上《うえ》と結婚　十二歳で元服した源氏は左大臣の姫君(葵の上)と結婚した。源氏は年上の葵の上がどことなく気に入らず、ただ藤壺が慕わしい。故桐壺更衣の里邸を改築し私邸とした(二条院)。

2 帚木《ははきぎ》

源氏17歳夏

雨夜の品定め　ある雨の夜、宮中の源氏の部屋に、頭中将《とうのちゅうじょう》・左馬頭《さまのかみ》・藤式部丞《とうしきぶのじょう》が集まり、女性論を交わし、中流貴族の女性が話題になる。

語り明かす貴公子たち

空蝉《うつせみ》との出会い　翌日、源氏は方違《かたたが》えで紀伊守《きいのかみ》の家を訪れる。その邸に来ていた伊予介《いよのすけ》の年若い妻、空蝉に興味を持ち、強引に契りを結ぶ。空蝉は、雨夜の品定めで話題になった中流貴族の女性であった。その後、源氏は空蝉の弟小君《こぎみ》の手引きで空蝉と会おうとするが、空蝉は源氏に心ひかれながらも、決して会おうとはしない。

3 空蝉《うつせみ》

源氏17歳夏

空蝉への恋慕　空蝉を忘れられない源氏は、小君の案内で紀伊守邸を訪ね、継娘の軒端荻《のきばのおぎ》と碁を打っている空蝉を垣間見する。その夜、源氏は小君の手引きで空蝉の寝所に忍び入る。しかし、それを察知した空蝉は衣を残して逃げ去る。源氏が契った人は、ともに寝ていた軒端荻で

人物関係図(1桐壺～16関屋)

(×は故人)

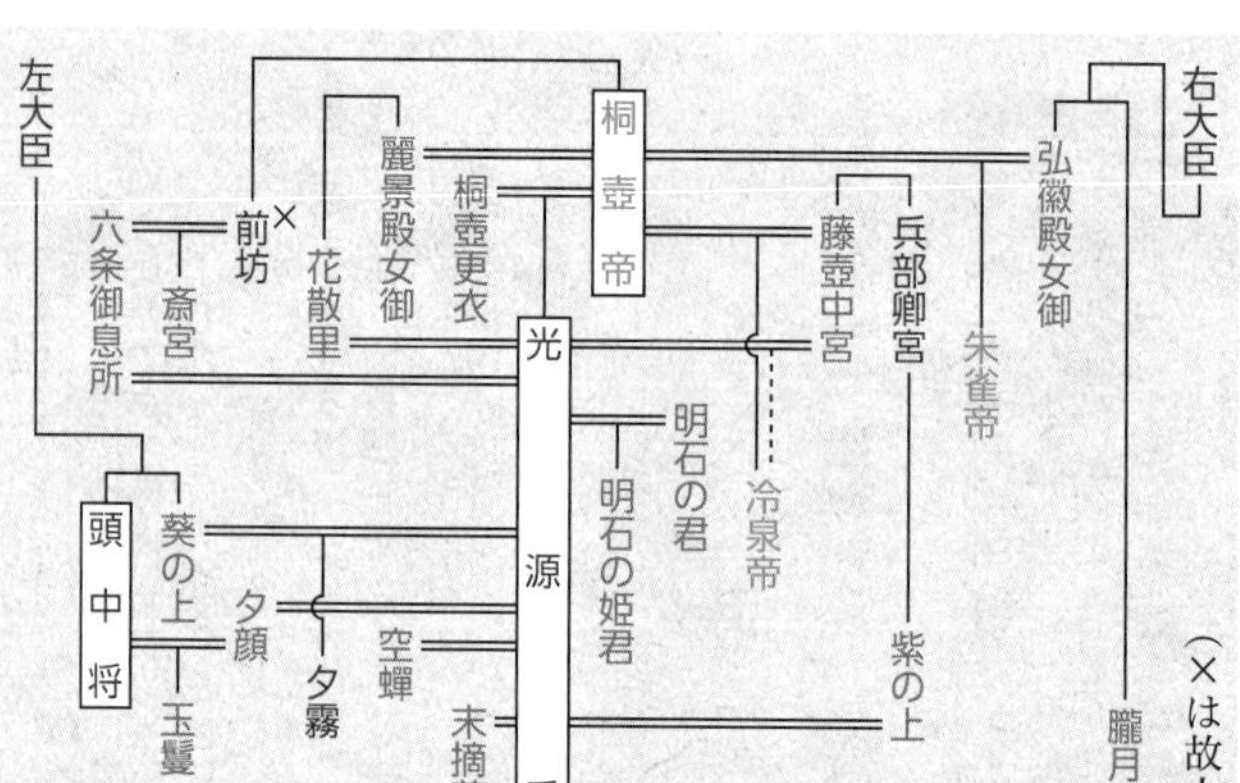

桐壺巻と長恨歌《ちょうごんか》

「長恨歌」(⇩四八頁)は、白居易《はくきょい》(白楽天)の作。唐の玄宗《げんそう》皇帝の、寵愛《ちょうあい》する楊貴妃《ようきひ》を失った悲しみを詠んだもので、日本の漢詩・和歌・物語などに大きな影響を与えた。「桐壺」で描かれる桐壺帝と桐壺更衣の悲恋の物語は、その構想そのものが「長恨歌」に拠《よ》っている。また「桐壺」には「長恨歌」の詩句の引用が見られ、随所に「長恨歌」を想起させる仕掛けが施されている。

光源氏にまつわる出来事（第一部）

年齢	事項	該当する巻
1	誕生。	1 桐壺《きりつぼ》
3	袴着《はかまぎ》。母桐壺更衣《きりつぼのこうい》、死去。	
11	藤壺《ふじつぼ》、入内。	
12	元服。葵《あおい》の上《うえ》と結婚。	
17	すでに中将。	2 帚木《ははきぎ》
18	若紫《わかむらさき》（紫《むらさき》の上《うえ》）と出会う。	5 若紫
	藤壺、源氏の子を懐妊。	
19	藤壺、源氏の子を出産。	7 紅葉賀《もみじのが》
	参議に昇進。	
21	桐壺帝《きりつぼてい》、譲位。朱雀帝《すざくてい》、即位。	9 葵《あおい》
22	夕霧《ゆうぎり》、誕生。葵の上、死去。	
	紫の上と結婚。	
23	桐壺院、崩御。	10 賢木《さかき》
24	藤壺、出家。	
25	朧月夜《おぼろづきよ》との密会が発覚。	
26	須磨《すま》に退く。	12 須磨
27	明石《あかし》の君《きみ》と結婚。	13 明石
28	帰京。権大納言に昇進。	
29	朱雀帝、譲位。冷泉帝《れいぜいてい》、即位。	14 澪標《みおつくし》
	明石の姫君、誕生。	
31	二条東院、完成。	18 松風《まつかぜ》
32	藤壺、死去。	19 薄雲《うすぐも》
35	六条院、完成。	21 少女《おとめ》
	玉鬘《たまかずら》を引き取る。	22 玉鬘
39	夕霧と雲居雁《くもいのかり》が結婚。	33 藤裏葉《ふじのうらば》
	明石の姫君、東宮《とうぐう》に入内。	
	准太上天皇《じゅんだいじょう》になる。	

あった。源氏は体《てい》よく紛らわし、衣を持ち帰る。源氏は空蝉に歌を贈り、空蝉はもし自分が人妻ではなかったならばと、わが身の運命を嘆く。

4 夕顔《ゆうがお》

源氏17歳夏～冬

夕顔との出会い　源氏は大弐乳母《だいにのめのと》を見舞った際、夕顔が咲く隣家に目がとまり、その家の女、夕顔と歌を交わす。源氏は素性を隠したまま女のもとに通う。

夕顔の家に立ち寄る源氏一行

夕顔の急死　八月十五夜、源氏は夕顔の家に泊まり、翌朝、ある院に連れ出す。しかしその夜、夕顔は物《もの》の怪《け》に襲われて急死。源氏もショックのあまり病の床に臥《ふ》す。

夕顔の素性　夕顔は雨夜の品定めで頭中将が語った「常夏《とこなつ》の女」であった。折しも空蝉は夫と伊予国に下る。源氏の中流貴族女性との恋は終わりを告げる。

5 若紫《わかむらさき》

源氏18歳

若紫を垣間見る　瘧病《わらわやみ》治療のため北山の高僧のもとを訪れていた源氏は、ひそかに思いを寄せ続けている藤壺によく似た少女（若紫）を見出す。源氏は、少女が藤壺の姪《めい》であることを知り、引き取りたいと訴えるが、祖母の尼君に断られる。

藤壺との密通　京に戻った源氏は、王命婦《おうみょうぶ》の手引きで、病のため里下がりしていた藤壺と密会し、夢のような逢瀬《おうせ》を過ごす。藤壺は懐妊した。

若紫を引き取る　尼上（尼君）の死後、源氏は若紫を二条院に引き取った。若紫は当惑するが、次第に源氏に親しんでいく。

6 末摘花《すえつむはな》

源氏18歳春～19歳春

末摘花に興味を持つ　末摘花は、亡くなった常陸宮《ひたちのみや》の娘で、荒れ果てた屋敷にひっそりと暮らしている。源氏は大輔命婦《たいふのみょうぶ》からその話を聞き興味を持つ。とうとう契りを結ぶが、末摘花は恥ずかしがってばかりで、源氏は落胆する。

末摘花の顔を見る　ある雪の夜、源氏は久しぶりに末摘花のもとを訪ねる。翌朝、雪明かりに照らし出された末摘花の容貌（鼻が長く垂れ下がって先が赤い）に源氏は驚きあきれる。しかし源氏は、この醜貌では自分以外の誰が世話をしようかと、かえって末摘花のことをいじらしく思い、生活の面倒を見る決心をする。

末摘花とは
紅花のこと。

7 紅葉賀《もみじのが》

源氏18歳冬～19歳秋

青海波《せいがいは》を舞う　桐壺帝の行幸《ぎょうこう》を間近に控え、舞楽の予行演習が行われる。そこで源氏は頭中将と青海波を見事に舞い、人々の称賛を浴びる。源氏の美しい姿を見た藤壺は物思いを深める。行幸当日の源氏の青海波の舞も傑出していた。

藤壺の出産　藤壺は源氏にそっくりの皇子を出産した。後の冷泉帝《れいぜいてい》である。何も知らない桐壺帝の喜びは並一通りでなく、この御子をいつくしんだ。藤壺と源氏は罪の恐ろしさに苦しむ。

源典侍《げんのないしのすけ》をからかう　その頃、多情な老女である源典侍と源氏は戯れ、関係を持つ。ある夜、二人の寝所に頭中将が忍び込んでおどかした。

藤壺立后　皇子を生んだ藤壺は弘徽殿女御を越えて中宮となった。

8 花宴《はなのえん》

源氏20歳春

朧月夜《おぼろづきよ》との出会い　宮中で桜の宴が催された夜、酔い心地で藤壺の辺りをうかがっていた源氏は、弘徽殿の細殿《ほそどの》で女君（朧月夜）と出会い、一夜を過ごす。扇だけをとりかわして慌ただしく別れるが、その女君は弘徽殿女御の妹で、東宮《とうぐう》に入内することが決まっていたのだった。

朧月夜と再会　右大臣家で開かれた藤花の宴で、源氏は朧月夜と再会する。

文学史問題：源氏物語に大きな影響を与えた作品を次から一つ選べ。（青山学院大）
①伊勢物語　②大鏡　③更級日記　④夜の寝覚　⑤平家物語

9 葵《あおい》

源氏22歳～23歳春

桐壺帝の譲位　桐壺帝は譲位し、朱雀帝《すざくてい》の治世になる。権勢は左大臣方(源氏側)から右大臣方(弘徽殿大后《こきでんのおおきさき》側)へ移っていく。東宮には藤壺の生んだ皇子(本当の父親は源氏)が立った。

車争い　賀茂《かも》の新斎院の御禊《ごけい》の日、行列に加わる源氏を見ようと訪れた葵の上の車と六条御息所《ろくじょうのみやすどころ》の車が場所取りをめぐって争う。車を壊され追いやられた御息所は深く恨んだ。

言い争う従者たち

葵の上の出産と死　この頃、出産を控えていた葵の上に、六条御息所は生き霊となって取り憑《つ》く。源氏は女の怨念の恐ろしさに愕然《がくぜん》とする。葵の上は男子(夕霧《ゆうぎり》)を出産するが、急逝する。

紫の上との結婚　葵の上の四十九日の喪が明け、二条院に戻った源氏は、成長した紫の上と結婚した。

10 賢木《さかき》

源氏23歳秋～25歳夏

六条御息所、伊勢《いせ》へ下向　六条御息所は源氏への未練を断つために、娘の斎宮《さいぐう》とともに伊勢へ下向することにした。下向の日が迫る中、源氏は御息所を訪ねる。

桐壺院崩御　桐壺院は病状が悪化し亡くなる。いよいよ右大臣方の天下になる。

藤壺の出家　源氏は藤壺に迫り激しい恋情を訴える。藤壺は、東宮の後見人として源氏に頼らざるを得ない一方で、このままでは源氏との秘事が露顕しかねないと恐れる。源氏の恋慕を封じ込めるため、桐壺院追善の法華八講《ほっけはっこう》の後、出家する。

朧月夜との交際発覚　右大臣方の圧迫は激しく、源氏方は昇進を阻まれ、左大臣は職を辞す。そのような中で、今や尚侍《ないしのかみ》となり朱雀帝の寵愛を得ていた朧月夜と、なお源氏は密会を重ねていた。ある雷雨の朝、朧月夜のもとに忍んでいた源氏は右大臣に見つけられてしまう。弘徽殿大后は激怒し、源氏を追放すべく動き出す。

11 花散里《はなちるさと》

源氏25歳夏

花散里を訪問　五月雨《さみだれ》の晴れ間に源氏は花散里のもとを訪れた。花散里は、亡き桐壺院の麗景殿女御《れいけいでんのにょうご》の妹で、姉の女御とともに住んでいる。源氏は、女御と昔を懐かしみ、花散里とも語り合った。

12 須磨《すま》

源氏26歳春～27歳春

須磨へ退去　右大臣方によって政界から完全に追放されることを恐れた源氏は、自ら須磨への退去を決意する。須磨はもの寂しいところであった。都を思い、わずかな供人と侘《わ》び住まいに耐え、月日を過ごした。

頭中将訪問　宰相中将となった頭中将が、政情も憚《はばか》らず源氏を訪ねてくれた。

暴風雨　三月上巳《じょうし》の日、源氏が海で禊《みそぎ》をしていると、突然暴風雨になった。明け方、源氏は奇怪な夢に襲われて、須磨を離れたくなる。

13 明石《あかし》

源氏27歳春～28歳秋

明石へ移る　暴風雨はやまず、源氏の住まいに雷まで落ちる。亡き桐壺院が源氏の夢に現れ、住吉《すみよし》の神の導きに従って須磨を去るように告げる。翌朝、これも夢のお告げがあった明石の入道が、源氏を迎えに来る。明石に移った源氏は明石の入道に厚遇される。

朱雀帝、眼病をわずらう　都では、朱雀帝が夢に桐壺院を見て眼病になり、太政大臣《だいじょうだいじん》(右大臣)は亡くなり、弘徽殿大后も病気になる。

明石の君と契る　明石の入道は、娘と源氏との結婚を熱望していた。入道の手引きによって、源氏は明石の君と契る。

明石の君の元へ向かう源氏一行

源氏、帰京　眼

出産と物の怪《もののけ》

物の怪は、憑依《ひょうい》することで人を病に陥《おとしい》れ、死に至らせる怨霊の類いである。病気や出産など心身が衰弱しているときに取り憑《つ》きやすく、僧侶や修験者《しゅげんじゃ》が加持祈祷《かじきとう》を行うことによってそれを取り除くことができると信じられていた。

出産時に物の怪を調伏する様子は『源氏物語』「葵」に見られるが、『紫式部日記』(一三六頁)にも、敦成《あつひら》親王を出産する中宮彰子《しょうし》のもとで、多くの僧侶たちが物の怪を払うため加持祈祷を行う姿が記されている。

六条御息所の生き霊(東京国立博物館蔵(ColBase)・上村松園筆・焔《ほのお》)

赤矢印は光源氏が通った推定ルート。夜明け前に京を出発し、夕方船で須磨に着いたとあるので、12時間ほどかかったことになる。なお、現在だと京都から須磨までは、電車で1時間半程度の道のりである。

病に悩む朱雀帝は、譲位も考え、母后の反対を押し切って源氏を許し、都に呼び戻す。源氏は懐妊した明石の君と再会を約束して別れ、帰京する。

14 澪標《みおつくし》　源氏28歳冬～29歳冬

冷泉帝即位　朱雀帝が譲位し、東宮が即位して冷泉帝となる。源氏も内大臣に昇進し、二条東院の改築に着手する。

明石の姫君誕生　明石の君は姫君を出産する。源氏は宿曜《すくよう》の予言を思い出し、乳母《めのと》を選んで明石に遣わす。

住吉神社参詣　秋、源氏は御礼参りに住吉神社に参詣する。ちょうどその時、明石の君も住吉詣でをするところであった。明石の君は、源氏の威光を目の当たりにし、わが身の程を思い知らされる。

六条御息所、死去　帰京した六条御息所は病に臥し、源氏に娘(前斎宮)を託して世を去る。源氏は前斎宮を養女とし、冷泉帝に入内させることにする。

15 蓬生《よもぎう》　源氏28歳～29歳

末摘花の零落　源氏が須磨で侘び住まいをしている間、末摘花の生活は困窮を極める。叔母に一緒に大宰府《だざいふ》に下向するよう勧められるが、末摘花はそれにも応じず、源氏との再会を信じて耐えていた。

末摘花と再会　源氏は末摘花の家の前を通りかかり、ふと思い出して訪ねる。源氏は、自分を待ち続けた末摘花の一途な思いに感動する。後に末摘花は二条東院に引き取られる。

雑草が生い茂る末摘花の邸

16 関屋《せきや》　源氏29歳秋

空蟬と再会　空蟬は夫の任期が終わって任国から上京する。途中の逢坂《おうさか》の関で、石山詣での源氏の行列と行き合う。源氏は空蟬に歌を贈り、空蟬も返歌する。後に夫が亡くなると、空蟬はひそかに出家した。

17 絵合《えあわせ》　源氏31歳春

前斎宮入内　六条御息所の娘の前斎宮は、冷泉帝に入内し梅壺女御《うめつぼのにょうご》となった。冷泉帝には権中納言(頭中将)の娘の弘徽殿女御が入内していたが、絵の好きな冷泉帝は、絵に堪能な梅壺女御に心を移していく。

藤壺の御前での絵合

絵合　権中納言は気をもんで、贅《ぜい》を尽くして絵を制作し、源氏も競って絵を準備する。藤壺の御前で絵合が開かれるが勝敗はつかず、帝の御前で絵合が開かれる。最後に梅壺女御方から出された源氏の須磨の絵日記によって、梅壺方の勝ちとなった。

18 松風《まつかぜ》　源氏31歳秋

明石の君、上京　源氏は明石の君を二条東院に迎えようとするが、明石の君はわが身の程を思い決心がつかない。そこで父入道は、大堰川《おおいがわ》のほとりの邸を改修し、そこに住まわせることとする。明石の君は、姫君、母尼君とともに移り住む。

明石の君と再会　源氏は大堰を訪れ、明石の君と再会を果たし、初めて愛らしく成長した娘に対面した。二条院に帰った源氏は、紫の上に、明石の姫君を養女として引き取ることを相談する。

19 薄雲《うすぐも》　源氏31歳冬～32歳秋

明石の姫君を迎える　明石の君は、姫君の将来を思って手放す決意をする。源氏は明石の姫君を二条院へ迎える。

藤壺崩御　太政大臣(左大臣)が亡くなり、三月には藤壺が崩御する。源氏の悲しみはこの上もない。

人物関係図(17絵合～33藤裏葉)

(×は故人　＊は同一人物)

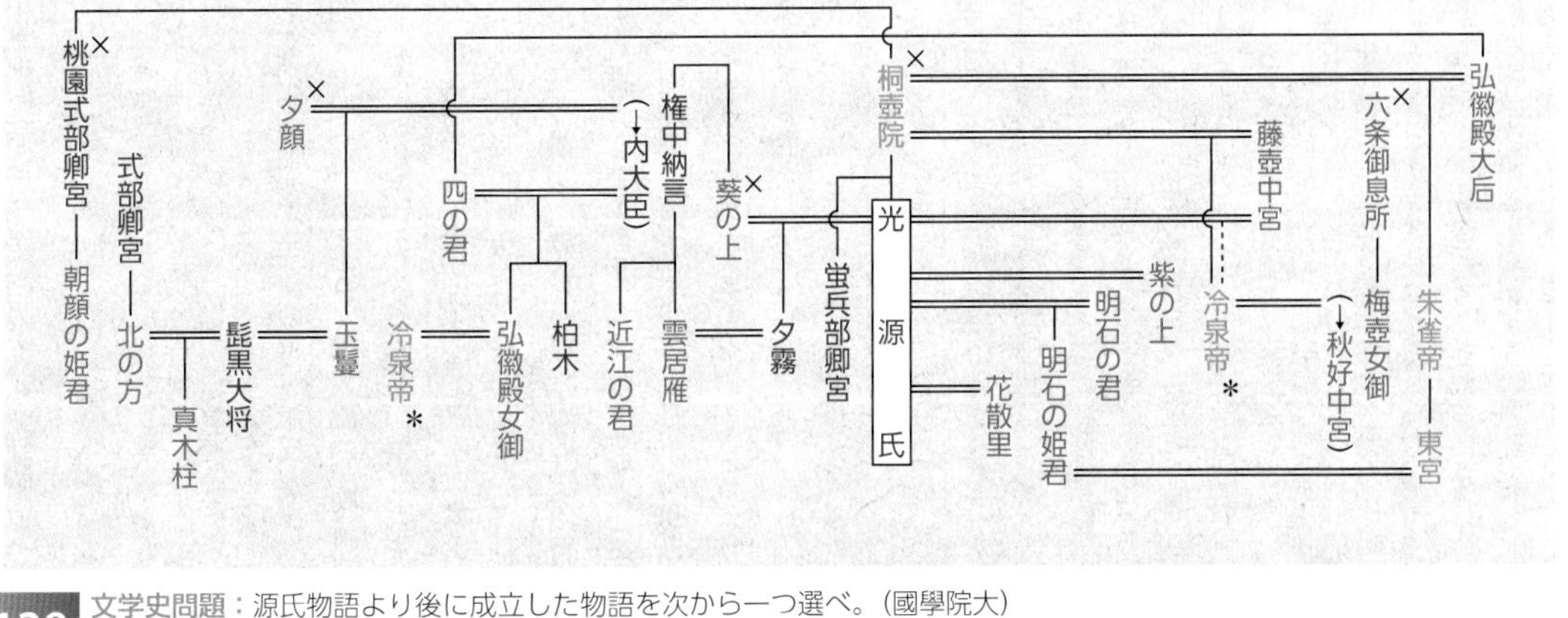

文学史問題：源氏物語より後に成立した物語を次から一つ選べ。(國學院大)
①伊勢物語　②落窪物語　③狭衣物語　④竹取物語　⑤うつほ物語

冷泉帝、出生の秘密を知る　冷泉帝は夜《よ》居《い》の僧から、自分の本当の父親が源氏だと聞かされる。帝は源氏に譲位しようとするが、源氏は固辞する。

春秋優劣論　秋頃、源氏は梅壺女御と亡き六条御息所の思い出を語り、春秋優劣論を話題にする。

20 朝顔《あさがお》　源氏32歳秋～冬

朝顔の姫君への執心　斎院を退いた朝顔の姫君は、亡父の旧邸に戻っていた。源氏は邸を訪れ恋情を訴えるが、姫君は取り合おうとしない。

藤壺の夢を見る　雪が美しく積もった夜、源氏は紫の上にこれまでの女性たちのことを語る。その夜、夢に藤壺が現れて、秘密を漏らしたことを恨む。

21 少女《おとめ》　源氏33歳夏～35歳冬

夕霧の教育　源氏の嫡男夕霧が元服する。源氏は夕霧の位を六位にとどめ、大学寮に入れて厳しく教育した。夕霧は父のやり方に不満を持ちながらも勉学に励み、寮試に合格する。翌年春には進士に及第し、秋には侍従《じじゅう》になった。

夕霧と雲居雁《くもいのかり》の恋　内大臣(頭中将)は、娘の雲居雁を東宮に入内させようと考えていた。しかし、雲居雁は、祖母の大宮のもとで一緒に育った夕霧と相思相愛の仲になっていた。内大臣は激怒し、雲居雁を自邸に連れて帰る。

六条院の完成　源氏がかねてから造営していた六条院が完成した。四町を占める大邸宅で、春の町に紫の上、秋の町に秋《あき》好中宮《このむちゅうぐう》(かつての梅壺女御)、夏の町に花散里、冬の町に明石の君が移り住んだ。

(↓一四六頁)

22 玉鬘《たまかずら》　源氏35歳

玉鬘、筑紫《つくし》から上京　夕顔の遺児である玉鬘は、四歳の頃に乳母一家と筑紫(福岡県)へ下り、今は美しい姫君に成長していた。肥後《ひご》(熊本県)の豪族の大夫監《たいふのげん》に強引に求婚されたが、夜ひそかに筑紫を脱出し、ようやく都にたどり着く。

玉鬘一行、右近《うこん》に再会　都に身寄りもいない玉鬘一行は、霊験《れいげん》を頼んで、長谷寺《はせでら》に参詣する。その折、亡き夕顔の侍女右近と巡り会う。右近は早速源氏に話し、源氏は喜んで玉鬘を引き取る。

衣配《きぬくば》り　年末、源氏は紫の上とともに、女性たちの正月の晴れ着を選んで贈った。

衣を手配する源氏と紫の上

23 初音《はつね》　源氏36歳正月

新春の六条院　源氏は六条院の女性たちを訪ねる。明石の姫君のもとには、生母明石の君から贈り物があり、子を思う母の情を込めた歌が添えられていた。源氏は二条東院の女性たちも訪問した。

24 胡蝶《こちょう》　源氏36歳春～初夏

春の町の船楽　三月、源氏は春の町で船楽を催す。列席した君達の中には、玉鬘に心を寄せる人も多かった。

玉鬘への思い　玉鬘には多くの恋文が寄せられる。源氏も内心では玉鬘に心ひかれていく。ある夕べ、源氏は思いを打ち明けるが、玉鬘は困惑する。

船楽の様子

25 蛍《ほたる》　源氏36歳5月

蛍兵部卿宮《ほたるひょうぶきょうのみや》、玉鬘を垣間見る　五月雨どきのある夜、蛍兵部卿宮が玉鬘を訪ねる。源氏は一計を案じて蛍を放ち、その光で玉鬘を照らし出す。玉鬘を初めて見た蛍兵部卿宮はますます恋心を募らせる。

物語論　長雨の頃、物語に熱中する玉鬘を相手に、源氏は物語の本質や価値について論じる。

26 常夏《とこなつ》　源氏36歳6月

釣殿《つりどの》での話題　暑い夏の日、源氏が夕霧と釣殿で涼んでいると、内大臣(頭中将)の子息たちがやってくる(↓一四六頁)。そこで源氏は、内大臣が引き取った娘の近江《おうみ》の君のことを話題にして皮肉る。

近江の君の処遇　卑しい育ちの近江の君は、貴族としての教養に欠け、内大臣にとっては悩みの種であった。処置に窮した内大臣は、娘の弘徽殿女御のもとに侍女として出仕させることにする。

「蛍」の物語論

「蛍」には、源氏が物語に熱中している玉鬘をひやかしながら、物語について語るところがある。有名な「物語論」と呼ばれる場面である。そこで源氏は、「物語は作り話で誇張表現も見られるが、そこに書かれていることは人間の真実で、物語にも価値があるのだ」と主張している。当時、物語は、漢詩文や和歌ほどに価値を認められておらず、女子が退屈をまぎらわせるための娯楽の一つにすぎないと考えられていた。その物語に価値を見出すこの源氏の言葉は、作者紫式部の文学観の表れなのである。

27 篝火《かがりび》　源氏36歳7月

篝火と玉鬘　初秋の夜、玉鬘のもとを訪れた源氏は、琴を枕にして玉鬘に添い臥し、庭先の篝火に託して歌を詠み、耐えがたい恋情を訴えた。玉鬘はやんわり拒絶する歌を詠む。折しも、夕霧のもとを訪れていた柏木《かしわぎ》たちの楽の音が聞こえてきたので、源氏は彼らを呼び、合奏した。

琴を枕にする源氏と玉鬘

28 野分《のわき》　源氏36歳8月

野分襲来　秋の花が美しく咲きそろった六条院を、例年にない激しい野分(嵐)が襲う。見舞いに六条院を訪れた夕霧は、はからずも初めて紫の上を垣間見て、その美しさに魅せられる。(⬇一四六頁)

29 行幸《みゆき》　源氏36歳12月～37歳2月

大原野《おおはらの》行幸　冷泉帝の大原野行幸が行われた。見物に出た玉鬘は、初めて父内大臣の姿を見る。

玉鬘の裳着《もぎ》　源氏は玉鬘を尚侍《ないしのかみ》として入内させるため、裳着の儀を計画する。源氏は大宮に、玉鬘を引き取った経緯を説明して内大臣との仲立ちを頼む。真相を打ち明けられ、内大臣は腰結役《こしゆい》(裳の腰《こし》紐《ひも》を結ぶ役)を引き受ける。玉鬘の裳着の儀が盛大に行われた。

30 藤袴《ふじばかま》　源氏37歳秋

夕霧、玉鬘思慕　夕霧は玉鬘が実の姉ではないことを知って、恋心を訴える。

懸想人たちの思い　柏木は玉鬘を異腹の姉とも知らずに懸想したことを悔やみ、玉鬘に恨み言を述べる。また、髭黒大将《ひげくろのたいしょう》は玉鬘に対して熱心に言い寄る。

31 真木柱《まきばしら》　源氏37歳冬～38歳冬

玉鬘結婚　玉鬘を手に入れたのは髭黒大将であった。源氏は残念に思うが、婚礼の儀式を立派に行う。

髭黒大将と北の方　髭黒大将は北の方を無視して玉鬘に夢中である。ある雪の日、玉鬘のもとへ出かけようとする髭黒大将に、北の方は急に錯乱して火取《ひとり》の灰を投げつける。この一件以来、髭黒大将は北の方に寄りつかなくなる。それを知った北の方の父式部《しきぶ》卿宮《きょうのみや》は激怒し、娘を子どもたちと一緒に自邸に引き取る。

玉鬘参内　玉鬘は予定通り尚侍として出仕した。髭黒大将は不安でならず、強引に自邸に連れ帰った。

32 梅枝《うめがえ》　源氏39歳春

薫物合《たきものあわせ》　源氏は、朝顔の姫君や六条院の女性たちに薫物の調合を依頼し、蛍兵部卿宮を判者《はんじゃ》として薫物合を行った。いずれも名香ぞろいであった。

明石の姫君の裳着　翌日には明石の姫君の裳着の儀式が盛大に行われた(⬇一四七頁)。同月、東宮も元服する。

33 藤裏葉《ふじのうらば》　源氏39歳3月～10月

夕霧と雲居雁の結婚　内大臣は夕霧を自邸の藤花の宴に招き、雲居雁との結婚を許した。

新婚の夕霧と雲居雁のもとを訪れる太政大臣(前内大臣)

明石の姫君入内　明石の姫君は東宮に入内し、明石の君が後見役として付き添うこととなる。明石母子は八年ぶりに一緒に住めることとなった。このとき、紫の上は明石の君と初めて対面した。

源氏、准太上《じゅんだいじょう》天皇となる　源氏は准太上天皇の位を得た。内大臣は太政大臣に、夕霧も中納言に昇進する。十月、冷泉帝は朱雀院とともに六条院に行幸した(⬇一四七頁)。源氏の栄華はここに極まった。

> **三つの予言**
>
> 光源氏の人生は、「桐壺《きりつぼ》」「若紫《わかむらさき》」「澪標《みおつくし》」で三つの予言が示され、その予言に導かれるように進んでいく。
>
> 一つ目は、源氏が元服前に高麗《こま》の人相見から受けた予言で、帝位に就けば国は乱れるが、臣下にも収まりきらない相を持っているというもの(「桐壺」)。この予言は、「藤裏葉《ふじのうらば》」で源氏が准太上天皇になることで実現される。
>
> 二つ目は、光源氏が藤壺と密通した後の夢占いによるもので、密通によって生まれた子が帝として即位することや、やがて光源氏が須磨へ流離することを暗示する(「若紫」)。
>
> 三つ目は宿曜《すくよう》の占いで、源氏には子が三人生まれ、それぞれ帝、后、太政大臣になるというものであった(「澪標」)。

文学史問題：源氏物語の作者の書いた日記の中に出てこない人物を次から一人選べ。(九州大)
①一条天皇　②和泉式部　③清少納言　④藤原公任　⑤藤原道長　⑥菅原孝標

『源氏物語』のあらすじ【第二部】

34 若菜上《わかなじょう》〜41 幻《まぼろし》＋雲隠《くもがくれ》

光源氏と紫の上を中心とした理想的な六条院の世界に、崩壊の足音が忍び寄る。朱雀院《すざくいん》に頼まれ、源氏は女三の宮と結婚する。源氏は紫の上のことを愛しながらも、身分の高い女三の宮をおろそかにすることができない。紫の上は必死に平静を装うが、苦悩のあまり発病する。

源氏が紫の上の看病のため不在の中、柏木《かしわぎ》は長年恋い焦がれた女三の宮と密通する。女三の宮は懐妊し、男君（薫《かおる》）を出産した。それは、源氏が過去に犯した、藤壺《ふじつぼ》との密通と皇子誕生という罪の応報であった。女三の宮は出家し、柏木は死去する。紫の上も病は回復せず亡くなってしまう。残された源氏は、悲しみの中で出家を思うのであった。

光源氏にまつわる出来事（第二部）

年齢	事項	該当する巻
40	女三の宮の降嫁。	34若菜上《わかなじょう》
41	明石《あかし》の女御、出産。	
46	冷泉帝《れいぜいてい》、譲位。今上帝《きんじょうてい》、即位。	35若菜下《わかなげ》
47	紫の上、発病。	
	柏木《かしわぎ》、女三の宮と密通。	
48	薫《かおる》、誕生。	36柏木
	女三の宮、出家。	
	柏木、死去。	
51	紫の上、死去。	40御法《みのり》
?	（源氏、出家し死去。）	（雲隠《くもがくれ》）

34 若菜上《わかなじょう》

源氏39歳冬〜41歳春

朱雀院、女三の宮の将来を苦慮　朱雀院は出家を思うが、母のいない愛娘《まなむすめ》女三の宮が気がかりである。苦慮の末、女三の宮の理想的な結婚相手は源氏しかいないと思う。源氏は一度は断るが、女三の宮が亡き藤壺中宮の姪《めい》であるのに心ひかれて、引き受けてしまう。

源氏四十《しじゅう》の賀と女三の宮降嫁　玉鬘は源氏の四十の賀を行う。女三の宮が降嫁し、六条院に源氏の正妻として迎え入れられる。紫の上は苦しみに耐えつつ、必死に平静を装う。源氏は、女三の宮の幼稚さに失望し、紫の上の立派さを思う。紫の上・秋好中宮・勅命を受けた夕霧が、源氏の四十の賀をそれぞれ催す。翌年、明石の女御は男皇子を出産した。

柏木《かしわぎ》、女三の宮を垣間見る　以前から女三の宮に恋心を抱いていた柏木は、いまだあきらめきれずにいた。六条院での蹴《け》鞠《まり》の際、柏木は偶然女三の宮の立ち姿を見て、一層恋情が募る。

女三の宮を目撃する柏木

35 若菜下《わかなげ》

源氏41歳春〜47歳冬

柏木、女三の宮の唐猫《からねこ》を借り受ける　女三の宮への思いを募らせる柏木は、女三の宮の唐猫をかわいがって心を慰めた。

冷泉帝の譲位と住吉参詣　四年が経過し、冷泉帝が譲位。今上帝《きんじょうてい》が即位し、明石の女御の産んだ男皇子が東宮に立った。源氏は住吉神社へ御礼参りを行った。

紫の上、発病　翌春、六条院では女楽《おんながく》（女君たちによる演奏会）が行われる（⬇一四七頁）。その翌晩、紫の上は発病する。回復せず二条院に移され、源氏は付きっきりで看病する。一方で、柏木は女三の宮のことが忘れられず、源氏不在の間に女三の宮と密通する。この頃、紫の上は危篤に陥り、六条御息所の死霊が出現するが、かろうじて息を吹き返す。

女三の宮懐妊と密通露顕　紫の上の病状がようやく快方に向かう。六条院に戻った源氏は、女三の宮の懐妊を知って不審を抱き、柏木の恋文を発見して、事の真相を知る。朱雀院の御賀の試楽が行われた夜、源氏に皮肉を言われた柏木は、心労のあまり病の床に臥す。

36 柏木《かしわぎ》

源氏48歳春〜秋

薫《かおる》、誕生　柏木の病状はいっこうによくならない。女三の宮は不義の子・薫を出産する。女三の宮は衰弱に加えて、冷淡

人物関係図（34若菜上〜41幻）

（×は故人）

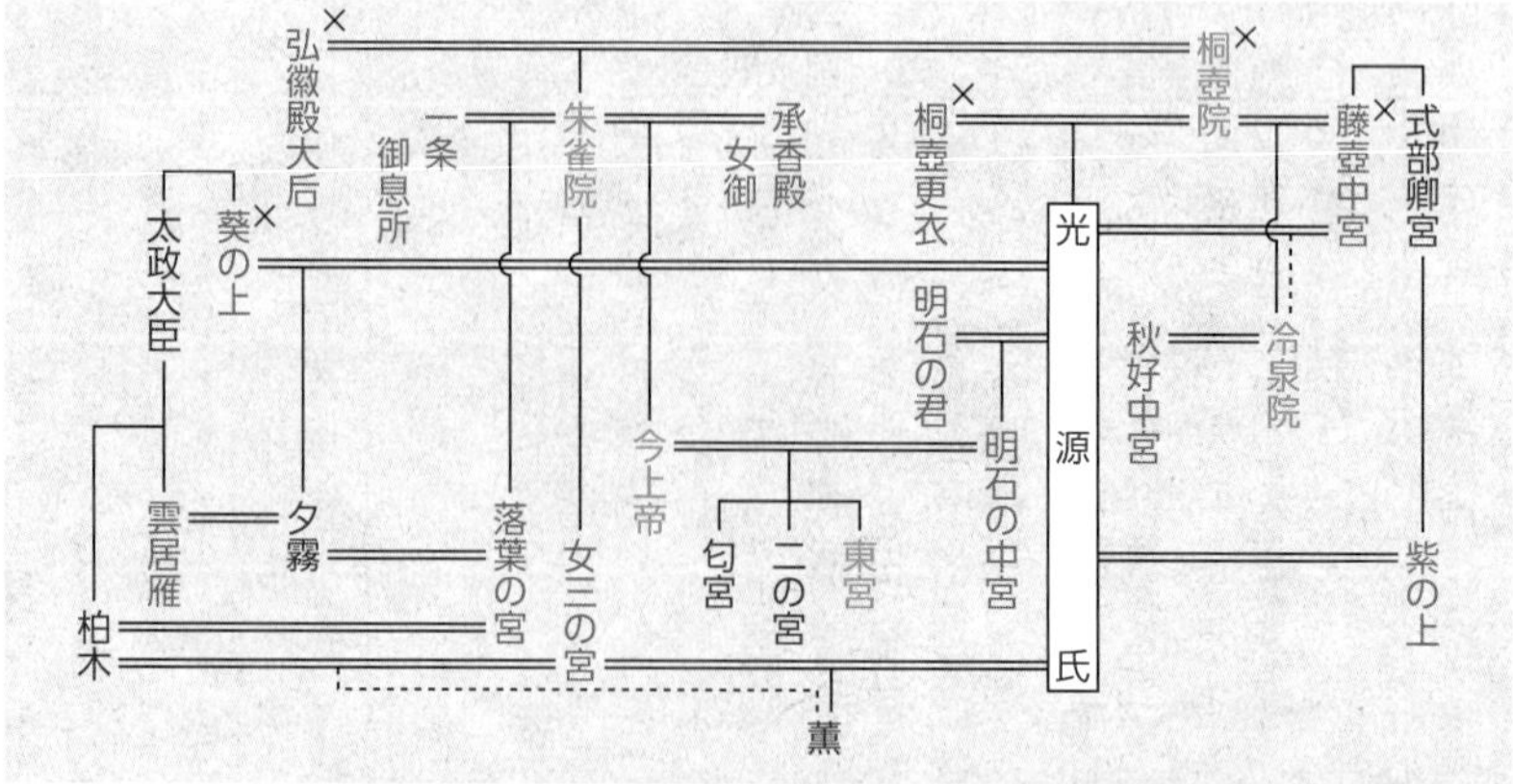

▶唐猫を抱く柏木

◀落葉の宮と夕霧

な源氏の態度に絶望し、突然出家する。この出家も、実は六条御息所の死霊のしわざであった。

柏木、死去 女三の宮の出家を知り、重体に陥った柏木は、見舞いに来た親友の夕霧に、ひそかに秘密を打ち明けて源氏への取りなしを頼み、妻である落葉《おちば》の宮《みや》のことも託して、この世を去る。

薫の五十日《いか》の祝い 三月、薫の五十日の祝宴が開かれた。源氏は、尼姿の女三の宮と柏木の面影を宿す薫を前に、深い感慨に沈む(⬇一四七頁)。

夕霧、落葉の宮訪問 夕霧は、柏木の遺言に従って、一条の宮に住む落葉の宮を見舞ううちに、ほのかな恋心を抱く。

37 横笛《よこぶえ》 源氏49歳春～秋

夕霧、柏木遺愛の笛を受け取る 柏木の一周忌、源氏も夕霧も手厚く追善供養を行う。ある秋の夕べ、一条の宮を訪れた夕霧は、落葉の宮と「想夫恋《そうふれん》」を合奏する。帰りがけに、夕霧は落葉の宮の母一条《いちじょうの》御息所《みやすどころ》から、柏木遺愛の横笛を贈られる。夕霧はその笛を源氏に預ける。

38 鈴虫《すずむし》 源氏50歳夏～秋

女三の宮の持仏開眼《かいげん》供養 夏、女三の宮の持仏の開眼供養が盛大に行われた。

鈴虫の宴 秋には、女三の宮の御殿の前庭を野原の風情に造りかえ、虫を放った宮のもとを訪れ、虫の音を聞きながら、琴を演奏する。八月十五夜、源氏は女三の宮のもとを訪れ、虫の音を聞きながら、琴を演奏する。

39 夕霧《ゆうぎり》 源氏50歳秋～冬

夕霧の懸想 落葉の宮と母一条御息所は小野の山荘に移った。落葉の宮に恋した夕霧は、御息所の見舞いを口実に小野を訪れる。思いを訴え、落葉の宮の傍らで一夜を明かすが、宮に拒まれる。

御息所死去 夕霧が泊まったことを聞いた母御息所は、真意を確かめるべく手紙を送るが、その手紙は夕霧の妻・雲居雁に奪われてしまう。夕霧から返事さえ来ず、母御息所は悲嘆のあまり亡くなる。

夕霧、落葉の宮と契る 落葉の宮は強引に一条の宮に連れ戻される。宮は塗籠《ぬりごめ》に籠もって夕霧を避けるが、夕霧はついに宮と契りを交わす。雲居雁は怒って実家に帰ってしまう。

40 御法《みのり》 源氏51歳春～秋

紫の上、死去 「若菜下」での大病以来、健康がすぐれない紫の上は、法華経千部の供養を二条院で行う。秋、源氏と明石の中宮に見守られながら、紫の上は露が消えるように息を引き取った。

匂宮に遺言を残す紫の上

41 幻《まぼろし》 源氏52歳

紫の上追憶 源氏の悲しみは深く、季節が移っても紫の上のことばかりが偲《しの》ばれる。年末近く、源氏はいよいよ出家の意志を固めて身辺整理をし、紫の上の文を涙ながらに焼く。仏名《ぶつみょう》の日、紫の上の死後、源氏は初めて人前に姿を現す。

紫の上からの手紙を女房に焼かせる源氏

雲隠《くもがくれ》

(この巻は古来巻名のみが伝わっていて、本文がない。「雲隠る」は死を比喩的に表現する言葉であるため、源氏の死を暗示した巻名であるが、これが、作者によってつけられたものか、後人の手によるものかは不明。「幻」巻と「匂宮《におうのみや》」巻の間には約八年の空白があり、この間に源氏は出家し亡くなったものと思われる。)

『源氏物語』の自然描写

『源氏物語』では、登場人物はしばしば自然とともに描かれる。しかし、その自然は、単なる背景としてあるのではない。人物の内面と深く関わり、人物の心情を象徴するものとして描かれるのである。立ちこめる霧や、流れる滝の音は、そこにいる登場人物の心情を象徴する、いわば、心象風景なのである。また、それらの文章は、しばしば和歌の一部を引いたり、歌ことばを散りばめたりしながら書かれる。和歌の世界で培われてきた表現を『源氏物語』の文章中に用いることによって、自然と人物の心情が一体化した世界が生み出されるのである。このような表現方法は、『源氏物語』において確立され、さらに洗練されていく。

 文学史問題：源氏物語にあこがれた菅原孝標女の文学作品を漢字で答えよ。(釧路公立大)

『源氏物語』のあらすじ【第三部】

42 匂宮《におうのみや》～54 夢浮橋《ゆめのうきはし》

自分の出生に早くから疑問を抱き、仏道に憧れていた薫《かおる》は、宇治で大君《おおいぎみ》と出会い心ひかれる。しかし大君は薫との結婚を拒否し、そのまま亡くなってしまう。大君の面影を求め続ける薫に、匂宮の妻となった中の君は、大君そっくりの浮舟《うきふね》を紹介する。浮舟は薫の誠実な愛を受ける一方で、匂宮の情熱的な愛に翻弄《ほんろう》される。入水《じゅすい》を決意し失踪《しっそう》した浮舟は、通りかかった横川《よかわ》の僧都《そうず》一行に助けられ、その後出家する。薫が再会を求めても、もはや応じないのであった。

■薫にまつわる出来事（第三部）

年齢	事項	該当する巻
14	元服。	42 匂宮《におうのみや》
20	初めて宇治の八の宮を訪ねる。	45 橋姫《はしひめ》
22	老女の弁から出生の秘密を聞く。	
23	八の宮、死去。	46 椎本《しいがもと》
24	薫、大君《おおいぎみ》に求婚。匂宮、中の君と契る。大君、死去。	47 総角《あげまき》
25	中の君から浮舟《うきふね》のことを聞く。	49 宿木《やどりぎ》
26	女二の宮と結婚。	
	浮舟に逢い、宇治へ住まわせる。	50 東屋《あずまや》
27	匂宮、浮舟と契る。	51 浮舟
	浮舟、失踪《しっそう》。	52 蜻蛉《かげろう》
	浮舟、出家。	53 手習《てならい》
28	薫、浮舟の生存を知る。	
	浮舟に消息を送る。	54 夢浮橋《ゆめのうきはし》

42 匂宮《におうのみや》

薫14歳～20歳春

光源氏亡き後の世界　光源氏亡き後、薫（女三の宮腹の若君）と匂宮（今上帝の第三皇子）の評判が高かった。右大臣となった夕霧は、真面目で好青年な薫か、社交的で華やかな匂宮のどちらかと、娘の六の君を結婚させたいと思っている。

43 紅梅《こうばい》

薫24歳春

紅梅の大納言一家　紅梅の大納言（柏木の弟）は、北の方に先立たれ、蛍兵部卿宮の妻だった真木柱《まきばしら》と再婚している。娘の中の君を匂宮と結婚させたいと思っていたが、匂宮は、真木柱の連れ子の宮の御方を慕っていた。真木柱は、好色な匂宮と娘との結婚には気が進まない。

匂宮への文を書く紅梅の大納言

44 竹河《たけかわ》

薫14・15歳～23歳

髭黒大臣家のその後　髭黒の死後、玉鬘は娘たちの結婚に頭を悩ませていたが、大君《おおいぎみ》を冷泉院に、中の君を今上帝にそれぞれ入内させた。大君は冷泉院の寵愛を得て、姫宮や皇子を生むが、周囲の嫉妬から里がちになった。

45 橋姫《はしひめ》

薫20歳～22歳冬

八の宮一家　源氏の弟である桐壺院の八の宮は、宇治で二人の娘、大君・中の君を育てながら、在俗のままで仏道修行に専念していた。もともと仏の道に関心を持っていた薫は、八の宮の噂《うわさ》を聞き、宇治へ通って親交を結ぶようになる。

薫、出生の秘密を知る　三年目の秋、薫は琵琶《びわ》と琴を合奏する大君と中の君を垣間見る。その時応対に出た老女の弁は亡き柏木の乳母子《めのとご》で、薫の出生の秘密を知っていた。次の訪問で薫は、弁から自分が柏木の子であることを聞かされ、柏木の遺書を渡される。

46 椎本《しいがもと》

薫23歳春～24歳夏

匂宮の懸想　薫から宇治の姫君たちの話を聞いて関心を持った匂宮は、宇治の姫君に文を送るようになる。

八の宮、死去　八の宮は、姫君たちの将来を薫に託す。姫君たちには、軽々しく宇治を離れて親の面目をつぶす結婚をしないように遺言して山に籠もり、そのま

■人物関係図（45橋姫～54夢浮橋）（×は故人）

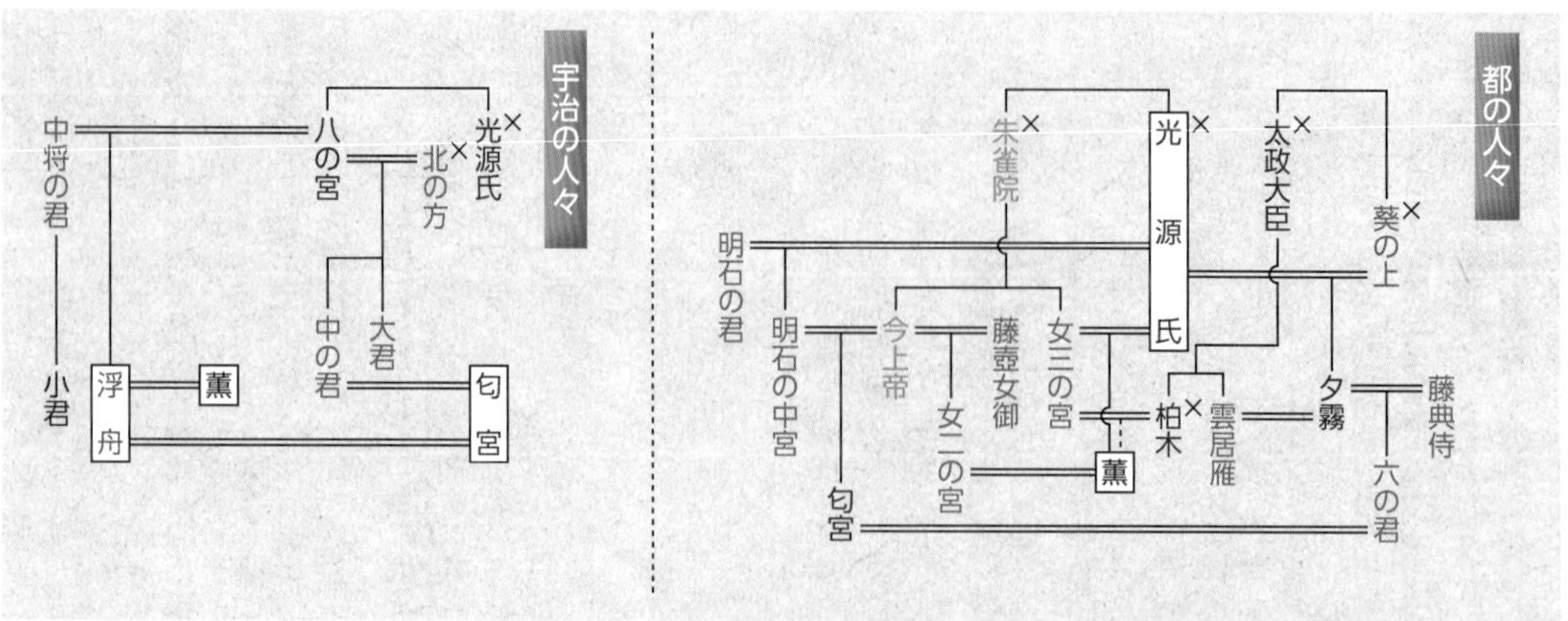

ま死去する。年末、薫は大君に恋情を訴えるが、大君は取り合わない。

47 総角《あげまき》　薫24歳秋～冬

薫、大君と逢う　八の宮の一周忌の準備で宇治を訪れた薫は、大君に夜通し思いを訴えるが、何事もなく朝を迎える。大君は、父の遺言通り独身を通したいと思い、薫と中の君の結婚を望む。ある夜、薫は姫君たちの寝所に忍び込むが、気配を察知した大君は逃れ出る。

匂宮、中の君と契る　薫は、中の君と匂宮が結ばれたら大君も自分と結婚してくれるだろうと考え、中の君に恋心を抱いていた匂宮を宇治に誘い引き合わせる。

大君、死去　匂宮の途絶えを憂慮し、匂宮と夕霧の娘(六の君)の縁談の噂を聞いた大君は、心労のあまり病床に臥し、ついには息を引き取る。

48 早蕨《さわらび》　薫25歳春

中の君上京　二月、中の君は匂宮の住む二条院に迎え取られた。上京に際し、薫は、中の君の後見役として細やかな心配りをするが、中の君を匂宮に譲ったことを悔やんでいる。

49 宿木《やどりぎ》　薫24歳春～26歳夏

匂宮、六の君と結婚　帝は女二の宮を薫に降嫁させたいと考えているが、大君を忘れられない薫は気が進まない。一方、匂宮は、夕霧の六の君と結婚する。

浮舟《うきふね》の噂　中の君は薫に、大君に似る異母妹、浮舟の話をする。翌年二月、薫は女二の宮と結婚する。その後、薫は宇治で浮舟を垣間見た。亡き大君に似ていることに感動し、弁に仲介を頼む。

50 東屋《あずまや》　薫26歳秋

浮舟の境遇　浮舟の母の中将の君は、浮舟の婿に左近少将《さこんのしょうしょう》を選んだが、一方的に破談にされる。娘の不運を嘆く中将の君は、娘を中の君に預ける。ところが、匂宮が浮舟を見つけ言い寄った。これを聞いた中将の君は、不安に思って浮舟を三条の小家に移した。薫は浮舟の隠れ家を訪ね、宇治の山荘に連れ出した。

51 浮舟《うきふね》　薫27歳春

橘《たちばな》の小島　匂宮は、中の君に届いた手紙から浮舟の所在を知る。そこで宇治を訪れ、薫と偽って浮舟に近づき、思いを遂げる。再び宇治を訪れた匂宮は、浮舟と舟で橘の小島を巡り、対岸の隠れ家で歓楽の時を過ごした。

浮舟の苦悩　薫は浮舟と匂宮の関係を知り、浮舟を責める。誠実な薫と情熱的な匂宮の板挟みで身の破滅を思う浮舟は、入水《じゅすい》を決意する。

52 蜻蛉《かげろう》　薫27歳春～秋

浮舟の失踪《しっそう》　宇治では浮舟が失踪し大騒ぎになる。浮舟の書き置きから入水と推測し、亡骸《なきがら》のないまま葬儀が行われた。この知らせを受けた薫は、宿世《すくせ》の拙《つたな》さを思う。匂宮は悲嘆のあまり病の床に臥す。蓮《はす》の花盛りの頃、明石の中宮が、源氏や紫の上のために法華八講を催した。

53 手習《てならい》　薫27歳春～28歳夏

浮舟の発見　宇治院の裏手で、横川《よかわ》の僧都《そうず》は正気を失って倒れていた若い女を発見する。この女が浮舟であった。その後浮舟は僧都に懇願して出家する。上京した僧都は明石の中宮のもとで浮舟のことを話題にし、薫はこれを伝え聞く。

54 夢浮橋《ゆめのうきはし》　薫28歳夏

浮舟の拒絶　薫は横川の僧都から浮舟の動静を聞き、浮舟の弟小君《こぎみ》を遣わす。浮舟は小君と会おうとせず、薫の手紙も人違いとして返事を拒む。話を聞いた薫は、浮舟の心を計りかねるのであった。

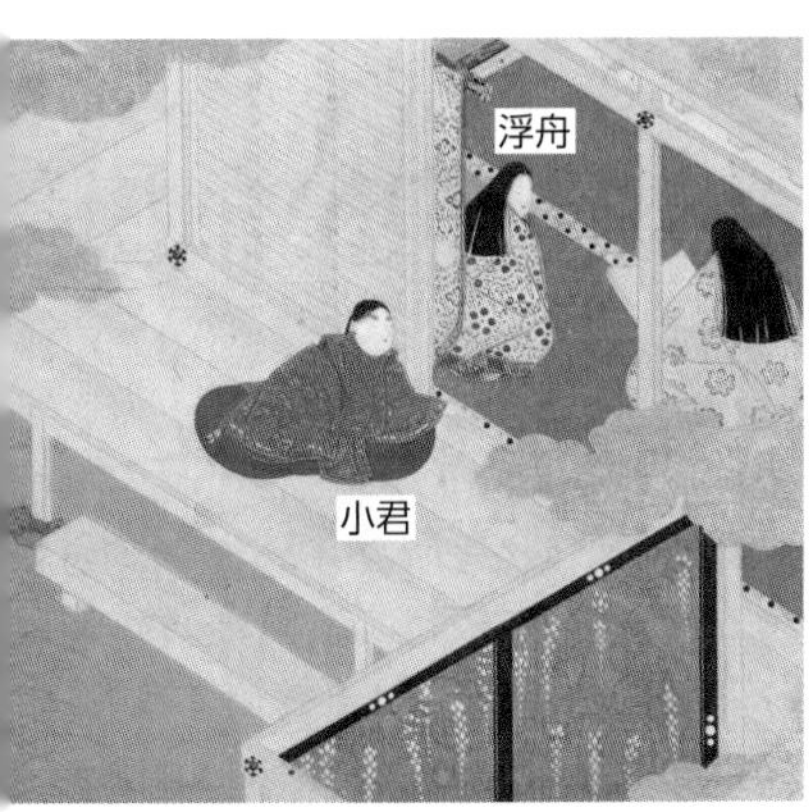

浮舟に手紙を届ける小君

『源氏物語』成立にまつわる伝説

『源氏物語』の創作については、次のような伝説がある。大斎院《だいさいいん》選子《せんし》内親王から中宮彰子に「おもしろい物語はないか」と相談があった。彰子は紫式部に「うつほ物語や竹取物語などは見慣れているので、新しい物語を作りなさい」と命じる。そこで、紫式部は石山寺に籠もって仏にお祈りした。そのとき、琵琶湖に映った八月十五夜の月を見てひらめき、仏前のお経の料紙をいただいて書き始めた、というものだ(三三頁写真)。

このような伝説が生まれた背景には、これほどすばらしい『源氏物語』は、仏の加護なしには生まれるはずがないという後代の人々の考えがあったのだろう。鎌倉時代の物語評論である『無名《むみょう》草子《ぞうし》』にも『源氏物語』について、「仏に申し請ひたりける験《しるし》にや」(仏に祈願した効験で作ることができたのか)とある。

六条院と女君

六条院とは？

光源氏の邸宅。源氏はもともと二条院に住んでいたが、六条京極あたりに四町を占める大邸宅を新築する（「少女《おとめ》」巻）。

ここは、源氏の養女である秋好中宮（六条御息所の娘）が母から受け継いだ邸のあった場所である。その周囲をさらに拡張して、秋好中宮の里下がりの場所とするとともに、源氏とその主《おも》だった夫人たちの住まいとした。それは、光源氏を中心とした理想的世界の出現であった。

四町には四季の情趣を配し、各町の庭にはそれぞれの季節に合った草木が中心に植えられた。南東の町は春、北東の町は夏、南西の町は秋、北西の町は冬の趣向で造られている。

数字で見る 六条院

広さ…甲子園球場のグラウンド約4.9個分。

約二百五十二メートル四方の広大な敷地。面積はおよそ六万三千五百平方メートル（約一万九千二百坪）にも及ぶ。

工期…約1年

（源氏34歳秋起工・35歳8月落成）

この規模の建築物としては驚異的なスピードである。光源氏の威力と財力の大きさがうかがわれる。

▼六条院復元模型（宇治市源氏物語ミュージアム蔵）

源氏と明石の君（㉓初音）　元日の夕暮れ時、源氏は明石の君のもとを訪れ、そこで一夜を明かす。

季の御読経（㉔胡蝶）　秋好中宮が、秋の町で僧侶に大般若経を読ませる儀式を催す。紫の上は、船に着飾った童女を乗せ、隣の春の町から供養の花を届ける。

台風襲来（㉘野分）　台風直撃の混乱の中、夕霧は紫の上を初めて垣間見、その美しさに衝撃を受ける。

ある夏の一日（㉖常夏）　釣殿で息子夕霧らとともに涼み、魚料理や氷を召し上がる（左）。その夜、源氏は養女の玉鬘に和琴を教える（右）。

二条院復元模型（考証・制作：中部大学池浩三研究室）

二条院と二条東院

二条院は光源氏の自邸。もとは母桐壺更衣の里邸だったものを改築し、六条院ができるまではこちらに住んでいた。幼い紫の上を連れてきたのも二条院である。

紫の上はこの院の西の対に住んだ。後に源氏と六条院に移るが、発病し療養のためにここに戻ってきて、そのまま息を引き取る。源氏亡き後は、匂宮がこの院を私邸とした。

二条東院は、光源氏が二条院の東に建てた別邸。父桐壺院から受け継いだ邸を改築したもので、普段あまり会えない夫人たちを住まわせる場所とした。花散里が六条院に移るまで住んだほか、末摘花や出家した空蝉も引き取られて住んでいる。

冷泉帝と朱雀院の六条院訪問（㉝藤裏葉）　帝と院がそろってお出ましになるのは、源氏がそれだけ重んじられているから。源氏も趣向を凝らしておもてなしをする。

明石の姫君の裳着（㉜梅枝）　養母紫の上と源氏の立ち会いのもと、明石の姫君は成人の儀式を迎える。

女性たちの合奏（㉟若菜下）　朱雀院の五十の賀を控え、源氏は六条院の女君たちを集めて楽器を合奏させる。いずれも美しい音色で、たいそう優雅な夜であった。

虫の音（㊳鈴虫）　春の町で出家生活を送る女三の宮のために、源氏は庭に秋の虫を放つ。

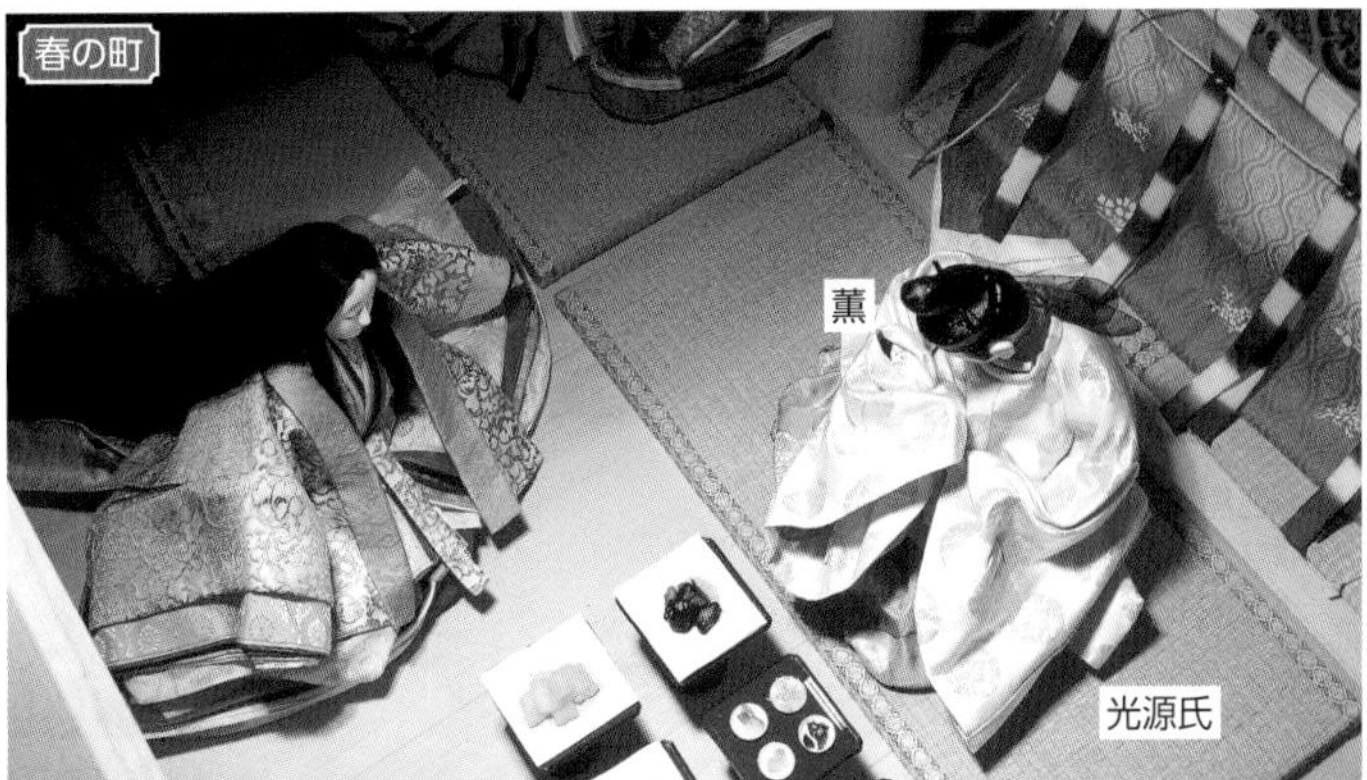

薫の生後五十日の祝い（㊱柏木）　女三の宮と柏木の間に生まれた不義の子・薫。源氏は柏木に似た薫を抱き、感慨に沈む。

 写真：風俗博物館蔵

①注釈書・梗概書

源氏研究の歴史は古く、現存最古の注釈書は、平安時代末期に作られた世尊寺伊行《せそんじこれゆき》の『源氏釈《げんじしゃく》』である。室町時代には、源氏研究が盛んになり、四辻善成《よつつじよしなり》の『**河海抄**《かかいしょう》』や、一条兼良《いちじょうかねら》の『花鳥余情《かちょうよせい》』をはじめ、多くの注釈書が作られた。また、公家のみならず、宗祇《そうぎ》をはじめ連歌師も研究の担い手となり、連歌師による注釈書も作られるようになった。江戸時代には、北村季吟《きたむらきぎん》の『**湖月抄**《こげつしょう》』が広く流布する。室町時代の注釈書は注のみであったのに対し、これは本文全文を掲載し、注は取捨選択され、系図なども付されて便利であったたため、読解を容易にし、『源氏物語』の普及に役立った。

契沖《けいちゅう》以降、国学者による源氏研究も行われるようになり、**本居宣長**《もとおりのりなが》の『**源氏物語玉の小櫛**《げんじものがたりたまのおぐし》』(➡191頁)などが作られた。

細密な注釈書が作られる一方、簡単に内容を把握できる**梗概書(ダイジェスト版)**も作られた。代表的なものに室町時代に作られた『**源氏小鏡**《げんじこかがみ》』がある。各帖ごとに簡潔に内容をまとめ、和歌も主なものだけを引いており、連歌を詠むのに『源氏物語』の知識を必要とした連歌師の間でもてはやされた。あらすじや主要な場面を簡単に把握できる本書は、後にも人々の間で重宝され、江戸時代には絵入りのものも作られ、何度も刊行された。

湖月抄

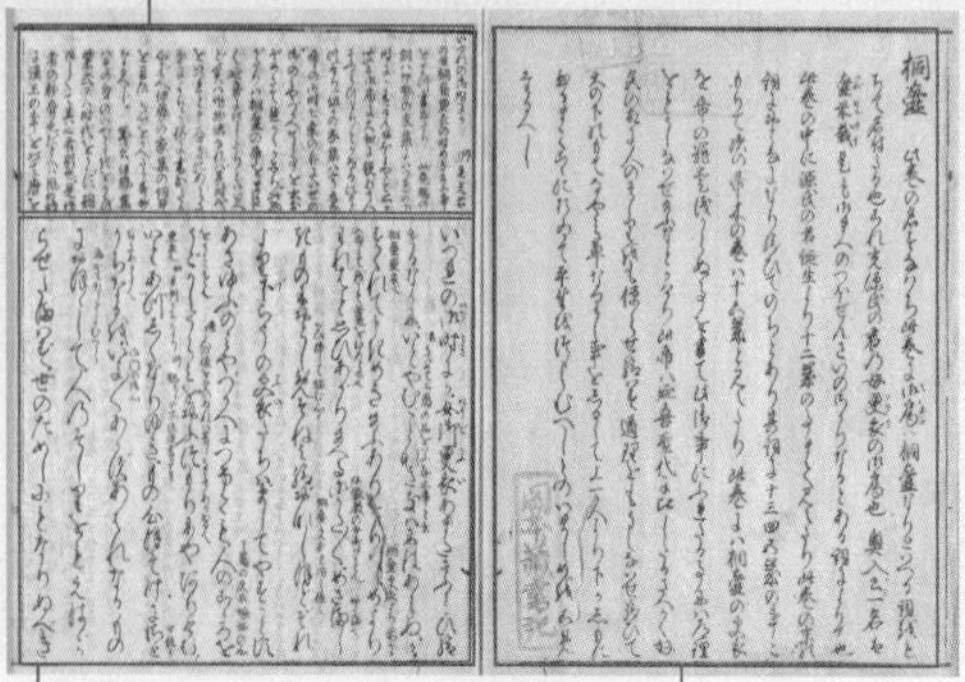
上段：頭注。先行する諸注釈、師の説、自らの解釈を示す。

源氏小鏡(国文学研究資料館蔵)　写真は車争いの場面。

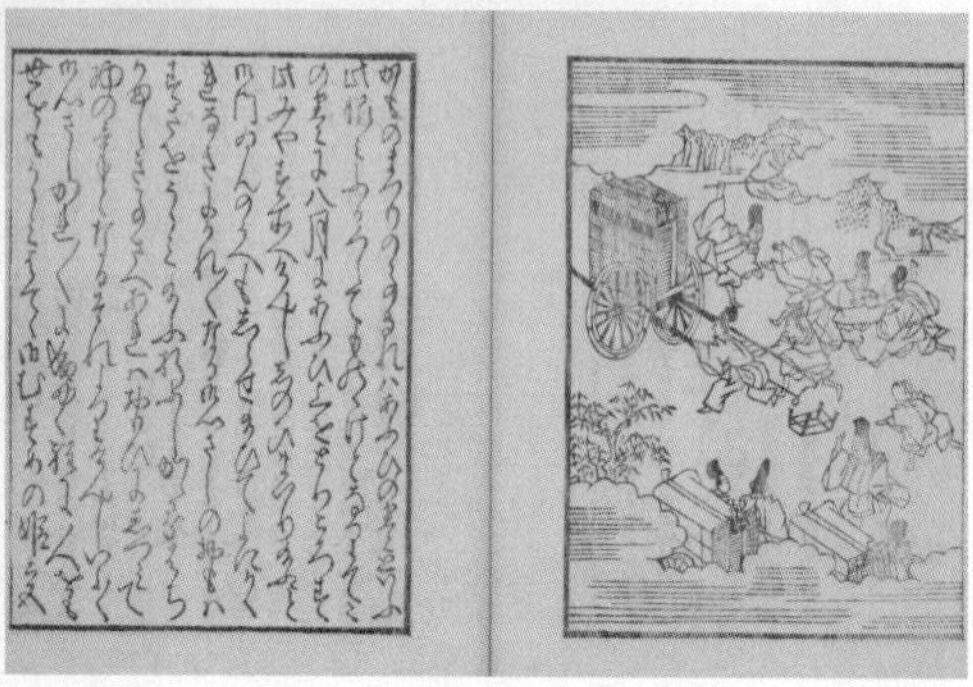

②源氏絵

物語は、絵とともに鑑賞されることも多く、『源氏物語』中の場面を絵画化したものが残されている。現存最古の源氏絵は、12世紀前半の作と考えられている**国宝『源氏物語絵巻』**である。「**引目鉤鼻**《ひきめかぎばな》」(人物の目を一線で書き、鼻を「く」の字型に書く方法)、「**吹抜屋台**《ふきぬきやたい》」(建物の屋根を省き、斜め上から見下ろすように描く手法)の特徴を持つ。

時代が下ると、絵巻以外に、源氏物語画帖《がじょう》、源氏物語屏風《びょうぶ》、扇面《せんめん》源氏絵など、**画帖・屏風・扇面の形態の源氏絵**が作られるようになる。江戸時代には、挿絵入りの源氏物語である『絵入源氏物語』が生まれた。

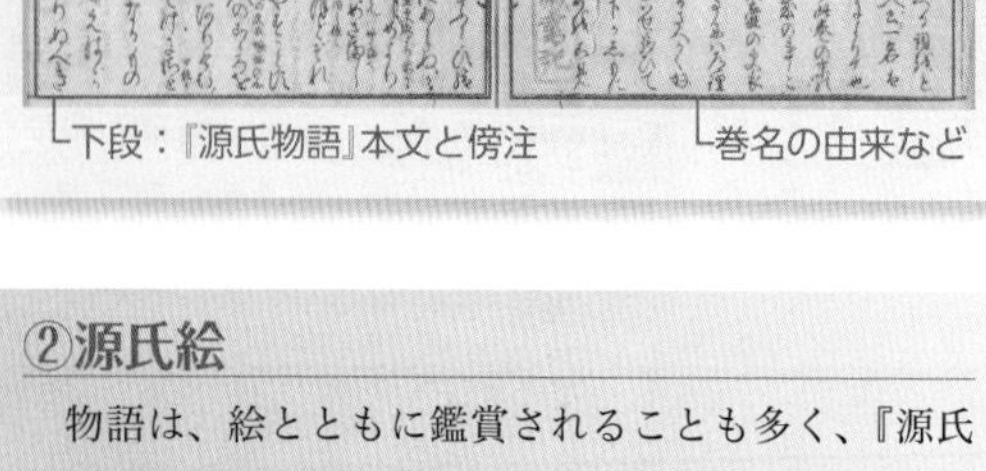

▲源氏物語絵巻(五島美術館蔵・名鏡勝朗撮影)

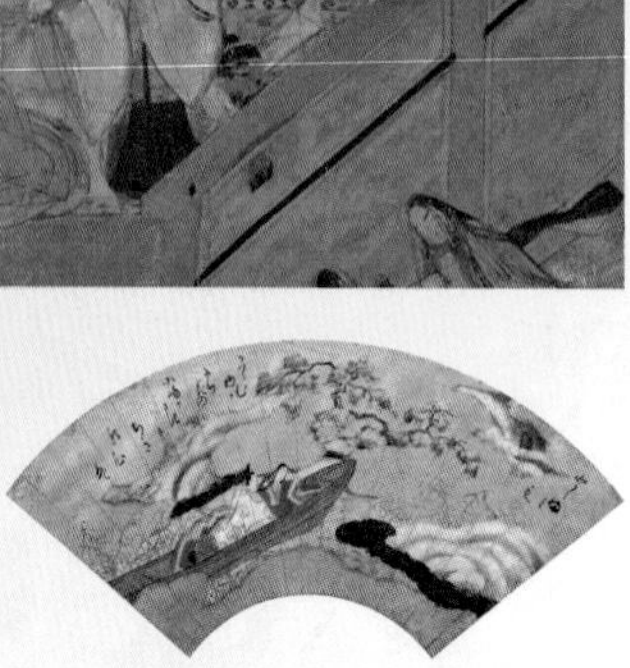

▶扇面に描かれた源氏物語の絵画(浄土寺蔵・村上宏治撮影)

③続編・二次創作物

『源氏物語』に、後の読者たちが手を加えて新しい物語を創作することもあった。宇治十帖《うじじゅうじょう》の後を書き継いだ『**山路の露**《やまじつゆ》』や、巻名しか伝わらない「雲隠《くもがくれ》」(➡143頁)の内容を補う『**雲隠六帖**《くもがくれろくじょう》』などがある。江戸時代には、本居宣長《もとおりのりなが》が、光源氏と六条御息所《ろくじょうのみやすどころ》の出会いを書いた『手枕《たまくら》』がある。

『源氏物語』は能にも影響を与え、「**夕顔**《ゆうがお》」「**葵上**《あおいのうえ》」など、源氏に題材を得た演目が作られている。江戸時代には、人形浄瑠璃《じょうるり》や歌舞伎の題材にも取られ、小説分野では『**偐紫田舎源氏**《にせむらさきいなかげんじ》』(➡193頁)のようなパロディー作品が生まれた。

趣味芸術、遊戯の方面においても、源氏香《げんじこう》・蒔絵《まきえ》・文様や、貝合《かいあわせ》・双六《すごろく》・かるた・投扇興《とうせんきょう》などで、『源氏物語』の趣向や巻名が利用されている。

能「葵上」

貝合(斎宮歴史博物館蔵)

和歌にまつわるゴシップ的な興味

大和物語《やまとものがたり》

歌物語
平安時代中期成立

作者

未詳。清原元輔《きよはらのもとすけ》が関わっているとする説もある。

成立

人物の呼称から、九五一（天暦五《てんりゃく》）年頃に原形が成立したと推定される。それ以後も増補されて、現在の形になった。

内容

百七十三段にわたる**歌物語**。二百九十五首の和歌が登場する。

特定の主人公はなく、天皇から貴族・僧・女性まで、宮廷を中心に、さまざまな人物が登場する。登場人物の多くが、実名やそれとわかる呼称で記される点が『伊勢物語《いせものがたり》』（一三〇頁）とは大きく異なっている。

前半は、主に宇多《うだ》天皇以後の貴族社会における歌語りを収録する。後半は蘆《あし》刈《かり》・姥捨《おばすて》などの古い伝承や、六歌仙時代の和歌にまつわる説話などを集める。

評価

『伊勢物語』の影響を受けているものの、叙情性では劣る。しかし、ゴシップ的に語られる詠歌事情は日常に密着しており、**当時の貴族社会の噂《うわさ》や実態を知るうえで貴重な資料**である。また、後半の説話的章段は、中世の説話集や能の材源にもなっている。

色好み「平中」の日常と失敗談

平中物語《へいちゅうものがたり》

歌物語
平安時代中期成立

作者

未詳。平貞文《たいらのさだふみ》（定文）の息子時経《ときつね》作とする説、貞文による自作説もある。

成立

九六〇（天徳四《てんとく》）年以降、九六五（康保二《こうほう》）年までの間に、平貞文の私家集を資料として成立したと推定される。

内容

平貞文を主人公のモデルとした三十九段からなる**歌物語**。貞文は、在原《ありわらの》業平《なりひら》と並ぶ色好みとされるが、彼がなぜ「平中（平仲）」と呼ばれたかは不明。作中では基本的に「男」と呼ばれる。

平貞文

恋愛譚《れんあいたん》が中心だが、「男」の意志が弱いため、歌のやりとりだけで終わって恋が成就しない話も多い。また、友人や上級貴族との交流を語る章段もある。他の歌物語に比べて長い章段が多い。

評価

恋の駆け引き、女房との和歌の応酬のおもしろさが特徴。『伊勢物語』を意識した跡が見られるが、より日常的で、**中下級官人の生活の実態がうかがえる。**

琴をめぐる伝奇と政権争い

うつほ物語《ものがたり》

作り物語
平安時代中期成立

作者

未詳。源順《みなもとのしたごう》説、複数作者説もある。文体から漢詩文・和歌に秀でた男性と推定される。

成立

平安時代中期に、ある程度の期間にわたって成立したらしい。円融《えんゆう》天皇の時代（九六九〜九八四）には部分的に成立していたと考えられる。

内容

二十巻。清原俊蔭《きよはらのとしかげ》の異国流浪譚《るろうたん》に始まる、**一族の秘琴《ひきん》伝授の物語**を軸に、俊蔭の孫仲忠《なかただ》を中心とする繁栄、源正頼《まさより》の娘あて宮をめぐる**求婚譚**、あて宮腹の皇子と梨壺《なしつぼ》腹の皇子で次の東宮《とうぐう》を争う**政権争いの物語**からなる。

書名は、幼い仲忠が、北山の大杉のうつほ（空洞）に母と住んだことによる。

評価

最初の長編作り物語。伝奇性が強いが、一方で政権争いをめぐる、人々の心の動きをも写実的に描き出す。短編的な物語から、長編が構想され、文体が整い、成熟していくさまを伝えている。

登場する二人の貴公子の優劣が『枕草子《まくらのそうし》』の中で論じられるなど、当時の貴族社会でもてはやされたことがうかがえる。『源氏物語《げんじものがたり》』にも影響を与えた。

痛快なシンデレラストーリー

落窪物語《おちくぼものがたり》

作り物語
平安時代中期成立

作者

未詳。学識ある男性と推定される。

成立

平安時代中期。正暦《しょうりゃく》・長徳《ちょうとく》年間（九九〇〜九九九）の頃には成立していたと考えられる。

内容

四巻。母を亡くし、父中納言に引き取られた姫君は、継母《ままはは》に虐待され、「落窪」（周囲より一段低い部屋）に住まわせられる。やがて姫君は、少将道頼《みちより》に愛され、救出されて幸せな結婚生活を送る。道頼は、姫君に代わって継母たちに復讐《ふくしゅう》し、姫君とその父を再会させた後は孝行を尽くす。道頼は太政大臣《だいじょうだいじん》にまで昇進し、一家は栄華を極めて大団円を迎える。

評価

現存する日本最古の継子《ままこ》いじめ物語。会話はテンポよく、ユーモアに富んでいる。徹底した復讐とその克明な描写は、当時の物語としては特異であるが、どこかコミカルで笑いを誘う。

『おちくぼ物語』（文春文庫）
田辺聖子による小説化作品。

写真：平貞文＝時代不同歌合絵巻（昭和美術館蔵）
文学史問題：大和物語と同様に歌物語に分類される作品名を漢字で二つ記せ。（愛知県立大・改）

夢と輪廻転生の物語

浜松中納言物語《はままつちゅうなごんものがたり》

作り物語
平安時代後期成立

菅原孝標女《すがわらのたかすえのむすめ》作者説が有力視されている。現存五巻。首巻を欠く。成立は十一世紀後半。

主人公浜松中納言は、亡き父宮が唐の皇子に転生していることを夢で知り、深い仲であった大君《おおいぎみ》を残して渡唐する。中納言は、唐で河陽県《かようけん》の后とひそかに契り、生まれた若君を連れて帰国する。后の異父妹である吉野の姫君とは結ばれないが、姫君が懐妊した子は、后の転生であるという夢を見る。**唐という異国の情景を描き、夢と輪廻転生《りんねてんしょう》を軸に展開する物語。**

悩める女主人公の人生を描く

夜《よる》の寝覚《ねざめ》

作り物語
平安時代後期成立

菅原孝標女《すがわらのたかすえのむすめ》作者説が有力視されている。成立は十一世紀後半。中間と末尾に大きな欠巻がある。『夜半《よわ》の寝覚《ねざめ》』とも呼ばれることがある。

女主人公中の君(寝覚の上)は、姉の婚約者である中納言に忍び入られ、懐妊してしまう。そこに端を発する寝覚の上の尽きない苦難と苦悩を描く。

『源氏物語《げんじものがたり》』の影響を強く受けるが、**女主人公を中心に、人物の心情や内面を追求し、深化させた「女の物語」として高く評価された。**

鮮烈で特異な短編集

堤中納言物語《つつみちゅうなごんものがたり》

作り物語
平安時代後期成立

作者

未詳。所収の一篇「逢坂越《おうさかこ》えぬ権中納言《ごんちゅうなごん》」は小式部《こしきぶ》作で、『六条斎院歌合《ろくじょうさいいんのうたあわせ》』(一〇五五(天喜《てんぎ》三)年五月三日)に提出されたことが明らかになっている。

成立

収録作の多くは十一世紀の成立と見られる。「虫めづる姫君」「よしなしごと」は院政期にくだるか。宮中の女房たちによって、物語を創作し、批評しあって楽しむ営みが活発に行われていたことが、本書の成立には深く関わっている。

内容

十の短編と、一つの断章からなる物語集。間違えて姫君の祖母を盗み出す「花桜折る中将」、毛虫を愛する「虫めづる姫君」、白粉《おしろい》でなく掃墨《はいずみ》を顔に塗ってしまう「はいずみ」のほか、「このついで」「ほどほどの懸想」「逢坂越えぬ権中納言」「貝《かい》合《あわせ》」「思はぬかたに泊まりする少将」「はなだの女御《にょうご》」「よしなしごと」を収める。

評価

さまざまな人生の一場面を、鮮やかかつ巧みに切り取った、異色の短編集。『源氏物語』の世界を受け継いでいる正統派の物語から、「虫めづる姫君」のような奇抜な発想に基づくもの、書簡体のものまでバラエティーに富んでいる。

「虫めづる姫君」の一場面。童が姫君に毛虫を献上する。

貴公子の憂悶を描いた傑作

狭衣物語《さごろもものがたり》

作り物語
平安時代後期成立

作者

六条斎院宣旨《ろくじょうさいいんのせんじ》(後朱雀《ごすざく》天皇の皇女である禖子《ばいし》内親王家に仕えた女房)。

成立

平安時代後期。承保《じょうほう》年間(一〇七四～一〇七七)説が有力。

内容

四巻。主人公狭衣は、実の兄妹のように育った従妹源氏宮《げんじのみや》への叶わぬ恋慕を抱きつつも、女二宮《おんなにのみや》・飛鳥井君《あすかいのきみ》・一品宮《いっぽんのみや》などと関係を持つ。源氏宮に似ている式部《しきぶ》卿《きょう》の姫君と結婚し、思いがけなく帝位につくが、狭衣の心は晴れず、物思いに沈む日々は続く。

評価

『源氏物語』の影響を色濃く受けつつ、後世の物語にも影響を及ぼした。藤原定家《ふじわらのさだいえ》が選んだ『物語百番歌合《ものがたりひゃくばんうたあわせ》』では、『狭衣物語』中の歌百首が、『源氏物語』歌百首に番《つが》えられ、作中の和歌が高く評価されたことがわかる。物語評論『無名草子《むみょうぞうし》』(⬇一五二頁)でも『源氏物語』の次に高い評価を与えられている。

男女を「取り替えたい」物語

とりかへばや物語《ものがたり》

作り物語
平安時代末期成立か

作者未詳。現存するのは散逸した古本《こほん》を十二世紀後半に改作したもの。

権大納言《ごんだいなごん》には腹違いの息子と娘がいた。二人は瓜二つだったが、男女を取り違えたような性格だったため、権大納言は「取り替えたい」と嘆いていた。二人は性をお互いに入れ替えて育ち、数奇な運命をたどる。やがて本来の男女に戻り、それぞれ中宮、関白左大臣にのぼって幸福になる。**発想は奇抜だが、構成が巧みに練られており、特に女性の苦悩をよく描いて秀逸である。**

『とりかえ・ばや』(小学館)
さいとうちほによるコミカライズ作品。

Close Up 擬古物語

「擬古物語《ぎこものがたり》」とは、主に鎌倉時代に成立した作り物語のこと。鎌倉時代物語などとも呼ばれる。

鎌倉時代初期には、藤原定家《さだいえ》によって『物語二百番歌合《ものがたりにひゃくばんうたあわせ》』が成立し、一二七一(文永《ぶんえい》八)年には、大宮院姞子《きつし》の下命によって、約二百編の作り物語から和歌を選び集めた『風葉和歌集《ふうようわかしゅう》』も成立した。現存するのは『海人《あま》の刈藻《かるも》』『浅茅《あさじ》が露《つゆ》』『石清水物語《いわしみずものがたり》』『いはでしのぶ』『苔《こけ》の衣《ころも》』『しのびね』『我《わ》が身《み》にたどる姫君《ひめぎみ》』など三十編ほどにすぎないが、鎌倉時代に作り物語制作が隆盛したことがうかがえる。

これらの作品は、『源氏物語』をはじめ、『狭衣物語』など、平安時代の作り物語から非常に強い影響を受けているため、ともすれば単なる模倣ととらえられがちである。また、人間観察の深さ、鋭さでは『源氏物語』に及ばない。しかし、よく見れば、さまざまな趣向・工夫を凝らしており、個性に富んでいる。ただし、作者も読者も同様の知識教養を持っていることを前提として、狭い貴族社会の中で制作され、読まれたものであるため、普遍性を欠き、衰退した。

『大鏡《おおかがみ》』などの歴史物語の影響を受け、何十年何世代にもわたる複雑な系譜を描く物語や、悲恋・出家遁世《とんせい》を描く物語が多いのも特徴である。

典型的な継子いじめの物語
住吉物語《すみよしものがたり》
擬古物語
鎌倉時代初期成立

二巻。作者未詳。現存するのは散逸した古本《こほん》をもとに、鎌倉時代に改作されたもの。古本は『源氏物語』より前の円融《えんゆう》朝の頃(十世紀後半)に成立。

母を亡くした姫君は、四位少将《しいのしょうしょう》に求婚されるが、継母《ままはは》の悪巧みによってその娘に横取りされる。その後も継母の嫌がらせが続いたため、姫君は住吉に隠れる。少将は長谷寺《はせでら》観音の導きで姫君を探し当て、二人は結婚。子どもにも恵まれ、幸せな生活を送る。一方、継母は悪事の報いで零落し、みじめな最期を遂げる。

古本『住吉物語』は、**継子いじめをテーマにした作品**として『落窪物語《おちくぼものがたり》』などに大きな影響を与えた。擬古物語の『住吉物語』は、長年にわたり多くの人の手で改作されたため、**異本が非常に多い。**

住吉に逃れた姫君(広島大学図書館蔵)

藤原定家による妖艶な伝奇
松浦宮物語《まつらのみやものがたり》
擬古物語
鎌倉時代初期成立

藤原定家《さだいえ》作。三巻。鎌倉時代初期成立。

遣唐副使《けんとうふくし》として唐に渡った橘氏忠《たちばなのうじただ》は、皇帝の妹華陽公主《かようこうしゅ》に琴を学び、契りを交わす。皇帝の死後には住吉明神の加護によって内乱を平定し、后と契りを交わす。帰国後、公主と再会するも、后への恋慕は消えない、という伝奇性の強い物語。

藤原京時代を舞台とし、『源氏物語』の影響をなるべく排除しようと試みている。

男の出家、女の出世
しのびね
擬古物語
南北朝時代成立か

作者未詳。古本《こほん》は十二世紀後半には成立していたらしい。現存本は『風葉和歌集《ふうようわかしゅう》』成立の一二七一(文永《ぶんえい》八)年以後に改作されたもの。

四位少将《しいのしょうしょう》きんつねは、故中務宮《なかつかさのみや》の姫君と結ばれるが、父左大臣に反対され、左大将の姫君と結婚させられる。姫君はきんつねのいない間に追い出され、帝に見そめられる。きんつねが出家する一方、姫君は皇太子を生んで后となる。

中世には、**相思相愛の男女が引き裂かれ、男が出家遁世《とんせい》し、女が帝に寵愛《ちょうあい》される「しのびね型」の物語**が多く作られた。

最古の物語評論・女性論
無名草子《むみょうぞうし》
評論
鎌倉時代初期成立

作者

藤原俊成女《としなりのむすめ》説が有力視されているが、確証はない。

成立

一二〇〇(正治《しょうじ》二)年頃の成立か。

内容

東山あたりで花摘みをする老尼が、女房たちの語り合った事柄を記すという構成。『大鏡《おおかがみ》』などの影響が見られる。

この世で最も捨てにくいものは何か、という問いに六つの答えをあげ、その中の一つ、『法華経《ほけきょう》』の句が『源氏物語』にまったく引用されていないことから、『源氏物語』の評論に入る。次いで『狭衣物語』や『夜の寝覚』など、その他の作り物語の批評に移る。

作り物語の評論が全体の半分以上を占めるが、歌物語や勅撰集《ちょくせんしゅう》、私撰集《しせんしゅう》、百首歌への言及もある。女性と撰集の関係を論じたうえで、小野小町《おののこまち》、清少納言《せいしょうなごん》、和泉式部《いずみしきぶ》など活躍した女性、皇后藤原定子《ていし》や上東門院彰子《じょうとうもんいんしょうし》についても論ずる。

評価

現存する最古の作り物語評論。物語の評価基準として和歌を重視し、非現実的な物語に対しては批判的である。**散逸してしまった物語の内容や作者を知るうえでも貴重な資料である。**

文学史問題：住吉物語と同様に継子いじめを軸に展開する平安時代の物語を、次から一つ選べ。(九州大)
①狭衣物語　②うつほ物語　③大和物語　④とりかへばや物語　⑤落窪物語

仮名日記文学の元祖

土佐《とさ》日記《にっき》

＃最初の仮名日記　＃女性への仮託　＃諧謔表現　＃愛娘への思い

日記文学／紀貫之《きのつらゆき》作／平安時代前期成立

上代　794　中古　1185〜1192　中世　1603　近世　1867

作品への招待

『土佐日記』の冒頭は「男もすなる日記といふものを、女もしてみむとてするなり」で始まる。作者・紀貫之は、男性でありながら、なぜ女性のふりをして日記を書いたのだろうか。

そこには、業務日誌のような当時の漢文日記の世界から自由になり、和歌を織り交ぜながら、心情を素直に表現したいという思いがあった。

紀貫之（詩歌仙／国文学研究資料館蔵）

作者

紀貫之《きのつらゆき》。和歌が文学として再び評価される中で、多くの屏風歌《びょうぶうた》を詠み、歌合《うたあわせ》に出詠するなど専門歌人として活躍した。当時の和歌における第一人者として、『**古今和歌集**《こきんわかしゅう》』（⬇九六頁）の撰者となる。その**仮名序**《かなじょ》は歌論としても名高い。

成立

貫之が帰京した九三五（承平《じょうへい》五）年二月十六日以後の成立。読者を想定し、構成が整えられており、船中で取ったメモをもとに、帰京から一、二年のうちに成立したと推定される。

内容

土佐守《とさのかみ》の任を終え、後任国司への事務引き継ぎも済ませた「ある人」（貫之）が、九三四（承平四）年十二月二十一日に国司の館を出発し、翌年二月十六日に都に着くまでの五十五日間の旅の記。**同行の女性が仮名で書いたという体裁をとる**。なお、語り手と貫之が同化している箇所も一部ある。

女性の筆であると言いながらも、漢文訓読語を多用し、貫之の手によることは明らかである。理知的かつ簡潔・軽妙な文体で、土佐での別れの様子や人々の会話、望郷の念、船旅の不安と苛立ち、海賊への恐怖、亡くなった女児への追憶、帰京の感慨などを描く。社会への批判や和歌論も織り交ぜられており、貫之の思想の一端をうかがい知ることができる。

文中には「（馬には乗らない）船路なれど馬のはなむけ（送別の宴）す」といった**諧謔表現**《かいぎゃく》（ユーモアの利いた洒落《しゃれ》）が散りばめられているほか、**和歌が五十七首含まれ、各場面の中核をなしている**。

ただし、日記の記述はすべてが貫之自身が体験した事実ではなく、事実と虚構は巧みに融合されている。ひとつの文学作品として完成させよう、という意図を持って構成されている。

評価

仮名文による最初の日記文学作品。冒頭で女性の筆であると宣言することによって、事実の記録という漢文日記の目的から自由になり、細やかな人情の機微を表現することが可能となった。仮名の日記文学を創造したのみならず、仮名文学そのものの可能性を切り拓《ひら》いた意義は大きい。

航海の様子（北野天神縁起絵巻／九州国立博物館蔵・山﨑信一撮影）

紀貫之略年譜

西暦	和暦	事項
八七一	貞観《じょうがん》一三	この頃誕生か。
九〇五	延喜《えんぎ》五	『古今和歌集《こきんわかしゅう》』撰進。仮名序《かなじょ》執筆。
九一三	延喜一三	大内記《だいないき》になる。『亭子院歌合《ていじいんうたあわせ》』『内裏菊合《だいりきくあわせ》』出詠。
九一七	延喜一七	従五位下《じゅごいげ》になる。
九三〇	延長《えんちょう》八	土佐守《とさのかみ》に任ぜられる。
		『新撰和歌《しんせんわか》』を編む。
九三五	承平《じょうへい》五	この頃『土佐日記《とさにっき》』執筆。
九四三	天慶《てんぎょう》六	従五位上《じゅごいじょう》になる。
九四五	天慶八	木工権頭《もくのごんのかみ》になる。
九四六	天慶九	この頃没か。

『土佐日記』の船旅

貫之は土佐から京まで五十五日かけて旅した。当時の法令集『延喜式《えんぎしき》』によれば、土佐までは海路で二十五日とあるので、通常と比べて倍以上の時間がかかったことになる。ただでさえ冬の海は荒れやすい。天候不順による停滞に加えて、当時は海賊の活動が盛んだったため、それを警戒しながらの旅となった。室戸岬《むろとみさき》を回り、阿波国《あわのくに》（徳島県）を過ぎ、和泉国《いずみのくに》（大阪府南部）に着くまでの、地名の記されない地域の記述からは、いつ海賊が襲ってくるかもしれない、という焦りと緊張を読み取ることができる。

Close Up 『土佐日記』の旅と和歌

国司交代の宴

白栲《しろたへ》の波路《なみぢ》を遠く行き交ひて
我に似べきは誰《たれ》ならなくに　（国司の館）

白波の立つ波路をはるかに行き交って、私に似た境遇となるのは、ほかでもないあなたです。

都へと思ふをものの悲しきは
帰らぬ人のあればなりけり　（大津〜浦戸）

さあ都へ帰るのだ、と思うにつけても悲しいのは、死んでしまって、ともに帰らない人がいるからなのだよ。

まことにて名に聞く所羽根ならば
飛ぶがごとくに都へもがな　（羽根）

本当に、名前に聞く通りここが羽根ならば、（その羽根で）飛ぶように都へ帰りたいなあ。

わが髪の雪と磯辺の白波と
いづれまされり沖つ島守《しまもり》　（御崎）

私の髪の雪（白髪）と、磯のあたりに寄せる白波と、どちらの白さがまさっているだろうか、沖の島守よ。

寄する波うちも寄せなむわが恋ふる
人忘れ貝下りて拾はむ　（和泉の灘）

寄せる波よ、忘れ貝をうち寄せてほしい。恋しい人（亡くなった子）を忘れるという忘れ貝を、船から浜辺に下りて拾おう。

いつしかといぶせかりつる難波潟《なにはがた》
葦《あし》漕ぎ退《そ》けて御船《みふね》来にけり　（難波）

早く着け早く着けと、もどかしくて気が晴れなかった難波潟。その葦の間を漕ぎ分けて、とうとう船が着いたよ。

生《む》まれしも帰らぬものをわが宿に
小松のあるを見るが悲しさ　（京）

京の家で生まれた子も土佐で亡くなって帰らないのに、土佐にいる間に育った小松があるのを見るのが悲しいことだ。

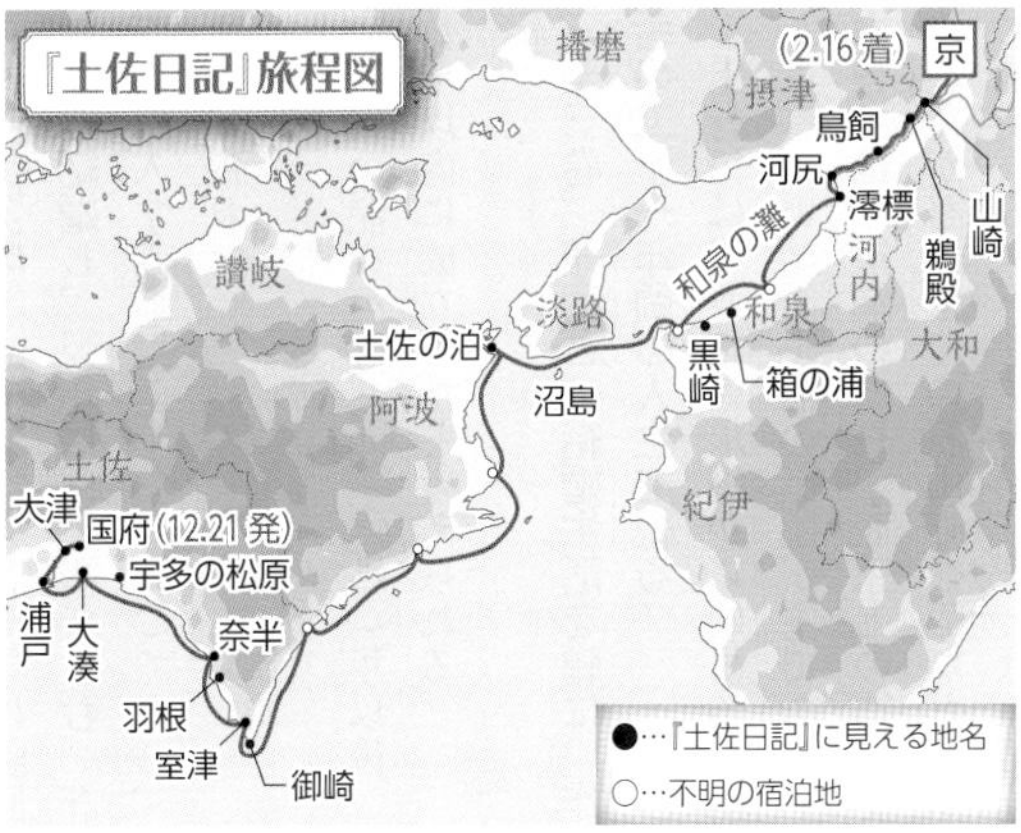

荒れ狂う室戸（御崎）の海

文学史問題：紀貫之は著名な文学作品を残し、歌集の編纂にも関わった。この文学作品名・歌集名を漢字で記せ。（香川大・改）

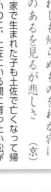

結婚生活の苦悩を内省

蜻蛉日記《かげろうにっき》

\# 最初の女流日記　# 自分を見つめる文学　# 夫の浮気　# 息子への愛情

日記文学／藤原道綱母《ふじわらのみちつなのはは》作／平安時代中期成立

上代｜794｜中古｜1185〜1192｜中世｜1603｜近世｜1867

作品への招待

夫との仲がよい時期もあれば、いさかいが続く時期もある。それに伴う心の動きも、一言では到底片付けられないものであろう。

浮気を繰り返す夫に傷つき、正妻ではない立場の弱さに苦しみながら、ある種のあきらめにたどりつく。『蜻蛉日記』は、平安時代の女性から見た結婚生活の現実を、見事に写し取っている。

藤原道綱母と藤原兼家
（大かがみ絵詞／国立歴史民俗博物館蔵）

作者

藤原道綱母《ふじわらのみちつなのはは》。父は受領《ずりょう》（任地に赴く国司）の藤原倫寧《ともやす》。九五四（天暦《てんりゃく》八）年に**藤原兼家《かねいえ》と結婚**し、翌年には道綱を生む。評判の美人（本朝三大美人の一人）であり、和歌に優れていた。

成立

最後の記事の九七四（天延《てんえん》二）年以後、数年以内に成立したと考えられる。

内容

全三巻。**兼家との結婚生活を軸に、作者の二十一年間の人生を綴《つづ》る**。

上巻では、兼家の求婚から始まる、満たされない結婚生活の話題が主であり、中巻では、道綱の成長、兼家との関係が途絶えがちな中での石山寺参籠《さんろう》などが主に描かれる。下巻では、兼家とは距離を置き、道綱の恋愛や養女の縁談に関する記事が多い。

評価

出来事と、それに伴う自己の内面の動きを記し、現実を鋭く見つめている。**自らとその人生を観照するという視点**を獲得し、日記文学の新たな可能性を切り拓《ひら》いた。『源氏物語《げんじものがたり》』をはじめ、以降の女流文学に大きな影響を与えている。

親王との愛の記録

和泉式部日記《いずみしきぶにっき》

\# 元彼の弟との恋愛　# 和歌の贈答　# 三人称による日記

日記文学／和泉式部作／平安時代中期成立

上代｜794｜中古｜1185〜1192｜中世｜1603｜近世｜1867

作品への招待

和泉式部は恋多き女性として有名であった。そして、紫式部に「和歌が自然と口をついて出てくるようだ」と評されるほどの歌人でもあった。亡き恋人の弟と始まる新たな恋。周囲の遠慮ない視線とうわさ。誤解や不安による危機を乗り越え、愛を深めていく二人。現代にも通用しそうな劇的な恋愛の諸相が、『和泉式部日記』には細やかに描かれている。

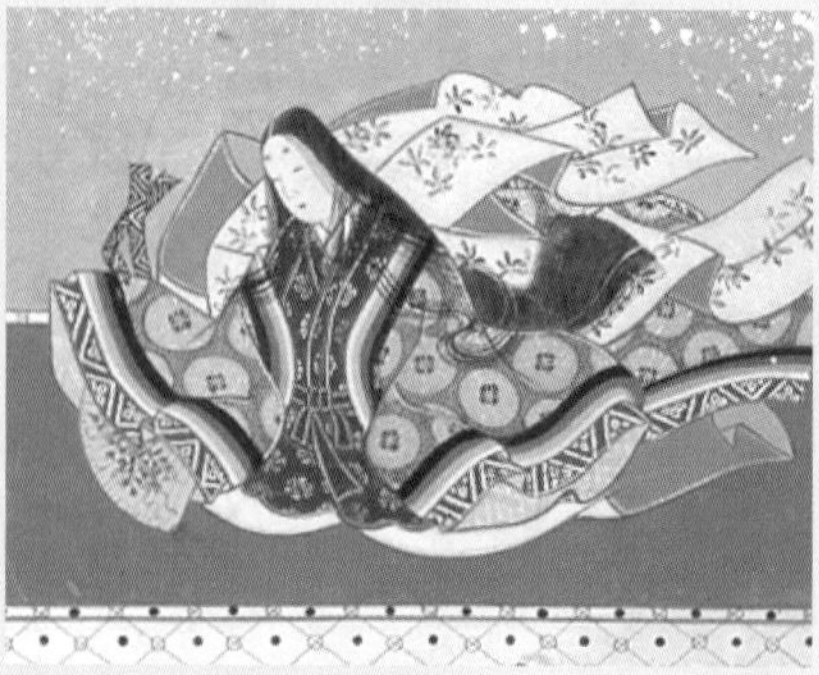

和泉式部（斎宮歴史博物館蔵）

作者

和泉式部《いずみしきぶ》。父は大江雅致《おおえのまさむね》。橘道貞《たちばなのみちさだ》と結婚し、小式部内侍《こしきぶのないし》を生んだ。のち為尊《ためたか》親王と恋に落ち、**為尊親王の死後、その弟の敦道《あつみち》親王の求愛を受ける**。敦道親王の死後、**中宮彰子《ちゅうぐうしょうし》**に仕え、その後彰子の父道長《みちなが》の家司《けいし》（職員）だった藤原保昌《ふじわらのやすまさ》と結婚して丹後《たんご》（京都府北部）に下った。なお、主人公を「女」として三人称で扱うことから、藤原俊成《としなり》による他作説もある。

成立

敦道親王が亡くなった一〇〇七（寛弘《かんこう》四）年十月以降に書かれたとされる。

内容

亡き恋人為尊親王をしのぶ「女」のもとに、敦道親王から橘の花が届く。これをきっかけに新たな恋が始まり、「女」が敦道親王の邸に引き取られるまでの十ヶ月間の出来事を描く。

評価

約百五十首の贈答歌と手紙のやりとりを通じて、男女の微妙な心の揺れを繊細かつ情熱的に綴《つづ》る筆致は高く評価される。**主人公を三人称「女」とし、歌物語のような性格を持つ**ことから、『和泉式部物語』と呼ばれることもある。

夢多き女性の人生回想

更《さら》級《しな》日《にっ》記《き》

上代	中古	中世	近世
〜794	794〜1185/1192	1185/1192〜1603	1603〜1867

日記文学／菅原孝標女《すがわらのたかすえのむすめ》作／平安時代中期成立

#物語への憧れ　#夢の記録　#少女から大人へ

作品への招待

菅原孝標女は『更級日記』の冒頭で、自らを「東国への道の果てのもっと奥で成長した田舎者」と振り返っている。『源氏物語』に登場する美しい姫君や貴公子への憧れを募らせ、帰京の時を待ちわびる文学少女。念願かなって京に戻ったものの、彼女はやがて、現実世界は物語のようには華やかでもなく、美しくもないことに気づかされることになる。

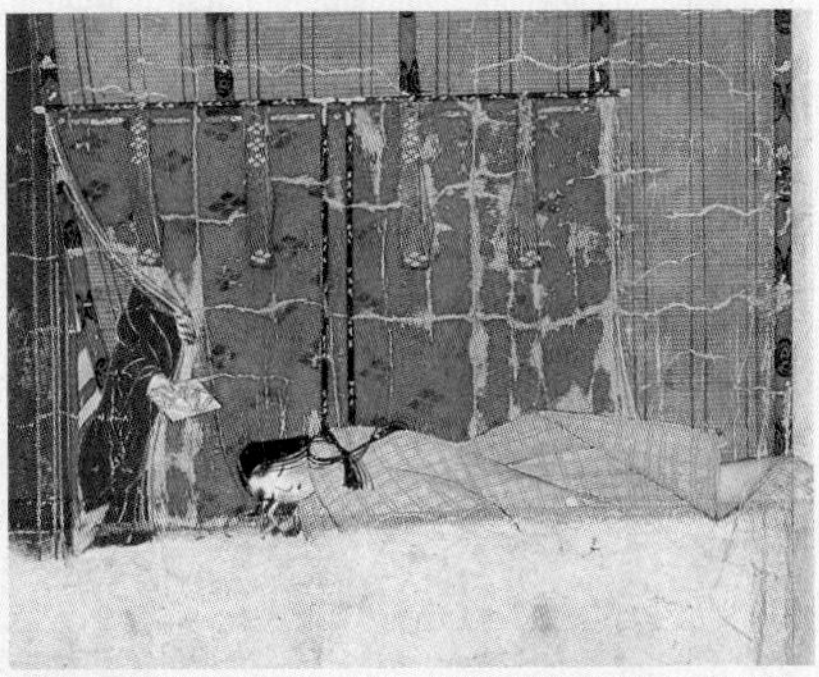

参籠する菅原孝標女（石山寺縁起絵巻／石山寺蔵）

作者

菅原孝標女《すがわらのたかすえのむすめ》。『夜《よる》の寝覚《ねざめ》』『浜松中納言《はままつちゅうなごん》物語《ものがたり》』（⬇一五〇頁）の作者とも推定される。菅原家は由緒正しい漢学者の家系で、父の孝標は菅原道真《みちざね》の子孫。兄の定義《さだよし》は文《もん》章博士《じょうはかせ》・大学頭《だいがくのかみ》にのぼった。なお、母方の伯母は『蜻蛉日記《かげろうにっき》』（⬇一四四頁）の作者藤《ふじ》原道綱母《わらのみちつなのはは》である。

成立

夫の橘俊通《たちばなのとしみち》が亡くなった一〇五八（康平元《こうへい》）年から数年後の成立であろう。折々に残しておいたメモや私家集のようなものをもとにして執筆されたと考えられる。

内容

受領《ずりょう》階級の娘である作者が、**十三歳からおよそ四十年間の人生を、晩年になって順々に振り返ったもの。**さまざまな夢の内容を記すことも特徴である。

父の任国上総《かずさ》（千葉県中部）から帰京する約三ヶ月の旅の記録では、目にしたものへの感動、乳母《めのと》との別れ、旅の苦労、各地にまつわる伝承などが綴《つづ》られる。京の家に着いてからは、継母《ままはは》との別れ、乳母・姉との死別などを経験。つらい現実生活に耐えながら、**『源氏物語《げんじものがたり》』の女君夕《ゆう》顔《がお》や浮舟《うきふね》に憧れ、大好きな物語を読みふけって過ごす。**

作者二十五歳のとき、はるか遠く常陸《ひたち》（茨城県）の国司として赴任した父との別れの場面は、しみじみとした情感にあふれている。作者は亡き姉の子を育て、家庭のことをとりしきるようになった。

三十二歳の頃に祐子《ゆうし》内親王のもとに出仕し、翌年に遅い結婚をする。平凡な結婚生活を通じて、理想としていた光源氏はどこにもいないことを思い知った作者は、子どもの成長を頼み、安定した生活の中で、石山寺や長谷寺《はせでら》などへの物詣でに励むのだった。

五十代には夫の死を経験し、阿弥陀仏《あみだぶつ》の来迎を信じて、これまでの人生を述懐する。それが『更級日記』である。

評価

理想（物語）から現実、現実から信仰へ向かう一人の女性の心をたどることができる作品。夢見がちな少女時代の気恥ずかしいようなエピソードを生き生きと語れるのは、作者が人生経験を積み、客観的に自分の人生を振り返ることができるようになっているからである。

作品序盤の帰京の場面は、**平安時代の東海道を旅した記録としても貴重**である。また、物語に没頭する記述には、成立後まもない**『源氏物語』がどのように読まれていたのかを知る手がかり**としての価値もある。

『更級日記』旅程図

文学史問題：蜻蛉日記より早く成立した作品を次から一つ選べ。（岐阜聖徳学園大）
①十六夜日記　②更級日記　③土佐日記　④紫式部日記

周囲や自己への鋭い観察が光る

紫式部日記《むらさきしきぶにっき》

日記文学
平安時代中期成立

作者

紫式部《むらさきしきぶ》（➡一三二頁）

成立

一〇一〇（寛弘《かんこう》七）年夏から秋頃にかけての成立か。

内容

紫式部が中宮彰子《しょうし》への宮仕えの日々を振り返ったもの。一〇〇八（寛弘五）年秋から一〇一〇（寛弘七）年正月までの出来事を綴《つづ》る。

彰子の敦成《あつひら》親王出産とその前後の儀式や行事、第二皇子敦良《あつなが》親王の五十日《いか》の祝いなどを詳細に記録する部分と、その間に挟まれた「**消息文**」と呼ばれる書簡体の部分からなる。「消息文」部分では、同僚女房に始まり、**和泉式部《いずみしきぶ》や赤染衛門《あかぞめえもん》、清少納言《せいしょうなごん》らについて的確かつ鋭く批評する。**作中では宮仕えになじめない自分の孤独と、その心情についても述べている。

評価

一歩退いて物事の本質を冷静に観察し、見抜く眼差しは、恐ろしいほど鋭く、透徹している。それゆえにしばしば孤独だった『源氏物語《げんじものがたり》』作者の自意識をうかがわせる。

貴族社会における**公的な行事の精細な記録、儀式や装束の詳細を知る資料としても貴重である。**

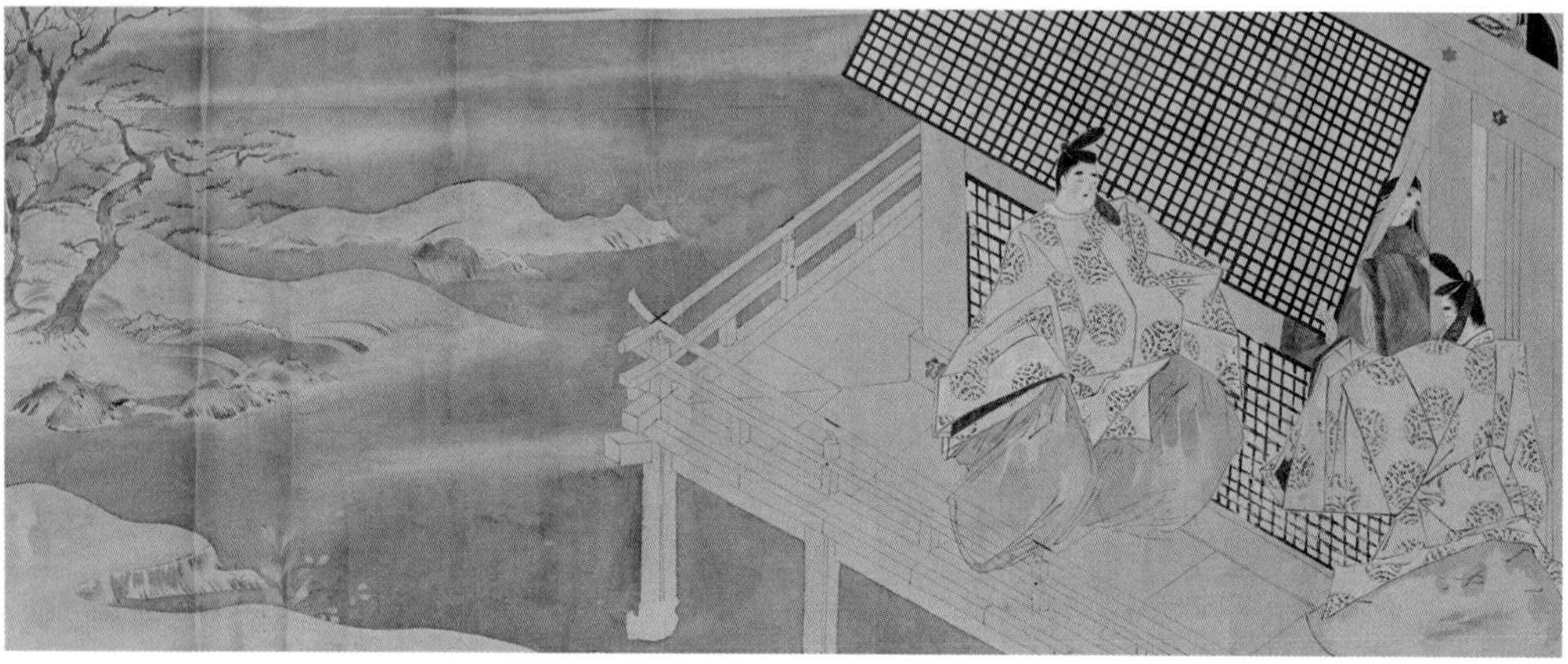

紫式部日記絵巻（模本）・東京国立博物館蔵（ColBase）
官位昇進のお礼を中宮彰子に申し上げるため、二人の貴公子が彰子のおそばに仕えている紫式部を訪ねる場面。

中国へ旅立つ息子への愛と悲しみ

成尋阿闍梨母集《じょうじんあじゃりのははのしゅう》

和歌・日記文学
平安時代後期成立

二巻。一〇七三（延久《えんきゅう》五）年頃に成立。息子の誕生から、一〇七三（延久五）年五月までを回想し、百七十五首の和歌を収める私家集。詞書《ことばがき》がきわめて長く、日記文学としての性格も持っている。

作者（**源俊賢女《みなもとのとしかたのむすめ》**）が八十歳を過ぎた一〇七〇（延久二）年、息子の成尋がかねてよりの希望をかなえ、仏道修行のため宋《そう》へ渡ろうとする。それは、二度と生きて息子に会えないことを意味した。**別離の悲しみと、息子を思う老母の切なる愛が綴られている。**

亡き堀河天皇へのあふれる思い

讃岐典侍日記《さぬきのすけにっき》

日記文学
平安時代後期成立

作者は**藤原長子《ちょうし》**（讃岐典侍《さぬきのすけ》）。藤原道綱《みちつな》の子孫。一一〇〇（康和《こうわ》二）年に堀河《ほりかわ》天皇に仕え、典侍《ないしのすけ》となった人物。現存二巻。もとは三巻で、欠落があるとする説もある。一一〇九（天仁《てんにん》二）年頃の成立。

上巻では、一一〇七（嘉承《かしょう》二）年六月の**堀河天皇発病から、七月の崩御に至るまでを克明に記す。**愛する天皇が臨終を迎えるまで献身的に看病する作者の姿は、読者の胸を打つ。下巻では、心ならずも**幼い鳥羽《とば》天皇へ再出仕した経緯と、折にふれての堀河天皇への追慕を語る。**

戦死した恋人への追憶

建礼門院右京大夫集《けんれいもんいんうきょうのだいぶしゅう》

和歌・日記文学
鎌倉時代前期成立

作者

建礼門院右京大夫《けんれいもんいんうきょうのだいぶ》。藤原伊行《これゆき》の娘。一一七三（承安《じょうあん》三）年頃に、高倉《たかくら》天皇の中宮であった建礼門院徳子《とくこ》（平清盛《たいらのきよもり》の娘）に仕えた。その後、一一九六（建久《けんきゅう》七）年頃に後鳥羽《ごとば》天皇に再出仕している。

成立

鎌倉時代前期。一二三二（貞永《じょうえい》元）年頃の成立か。

内容

二巻。**人生で忘れられないことを詠んだ和歌、約三百六十首（贈答歌を含む）を一一七四（承安四）年正月からほぼ年代順に収める。**私家集ではあるが、詞書《ことばがき》が長大であり、日記の形式で書写されるなど、歌日記的性質も備える。

上巻には、建礼門院に仕えた当時の回想、平資盛《すけもり》・藤原隆信《たかのぶ》との恋など、華やかだった宮廷生活で詠まれた歌を収める。下巻には平氏一門の都落ちによる資盛との別離、資盛の死を知った悲嘆、大原《おおはら》への建礼門院訪問、再びの宮仕えなどについて詠んだ歌を収める。

評価

源平合戦による動乱に、平氏の関係者として巻き込まれた女性の真情を伝える。宮中における平氏の文化的な側面を伝える点でも貴重な作品である。

女院への追慕と故実を書き留める

たまきはる

日記文学
鎌倉時代初期成立

作者は**建春門院中納言**《けんしゅんもんいんちゅうなごん》**（健御前**《けんごぜん》**）**。藤原俊成《としなり》の娘で、定家《さだいえ》の同腹の姉。はじめ建春門院平滋子《たいらのしげこ》に仕え、のち八条院《はちじょういん》（鳥羽《とば》天皇皇女暲子《しょうし》）女房となり、春華門院《しゅんかもんいん》（昇《しょう》子《し》内親王）の養育に携わった。書名は冒頭の和歌の初句に由来する。『建春門院《けんしゅんもんいん》中納言日記《ちゅうなごんにっき》』などとも呼ばれる。

本編は一二一九（建保《けんぽう》七）年、作者六十三歳の成立。その後に定家がまとめた遺稿が続く。**女院への追慕の情が一貫して見られ、女房の宮廷生活において参考となる思い出を伝えている。**

若かりし日の恋の一部始終

うたたね

日記文学
鎌倉時代前期成立か

作者は**阿仏尼**《あぶつに》。作者がまだ若かった一二四〇（仁治《にんじ》三）年頃の成立とする説と、後に夫となる藤原為家《ためいえ》と親しくなってからの成立とする説がある。

某貴公子との悩み多き恋と失恋、髪を切っての出奔と出家未遂、尼寺での生活、養父に誘われての遠江《とおとうみ》への旅という、**十八歳頃の恋の顛末**《てんまつ》を記し、乳母《めのと》の病を聞いて都に戻るまでの約二年間を自伝的に綴る。『源氏物語《げんじものがたり》』『伊勢物語《いせものがたり》』を踏まえた文章からは、**若い女性の心の動きや揺れが緊張感をもって伝わる。**

明るい宮廷生活を描く

弁内侍日記《べんのないしにっき》

日記文学
鎌倉時代中期成立

作者は**弁内侍**《べんのないし》。後深草院《ごふかくさいん》に東宮《とうぐう》時代から仕えた女房で、和歌・連歌の名手。

日記は一二四六（寛元《かんげん》四）年正月二十九日、四歳の後深草天皇への譲位から始まり、一二五二（建長《けんちょう》四）年までの宮廷生活を描く。それ以降も書き継がれたらしいが、後半部は現存しない。日付とともに短文を綴り、弁内侍もしくは妹の少将内《しょうしょうない》侍《し》の和歌で締めくくるのが定型。**「をかし」「おもしろし」などの語を頻繁に用いた明るい雰囲気が漂い、後深草天皇の御代のめでたさを賛美している。**

歌の家を守る決意を記した旅日記

十六夜日記《いざよいにっき》

日記文学
鎌倉時代後期成立

作者は**阿仏尼**《あぶつに》。一二八〇（弘安《こうあん》三）年頃の成立。**相続訴訟を起こすため、幕府のある鎌倉に出向いた際の旅日記。**

実子為相《ためすけ》に譲られた播磨国《はりまのくに》の領地をめぐって、夫藤原為家《ためいえ》の死後に先妻の子為《ため》氏《うじ》と争い、一二七九（弘安二）年十月十六日に阿仏尼は京都を出立した。そのときの東海道での見聞および鎌倉での生活を、和歌の技法を駆使して綴る。後には勝訴を祈る長歌を付している。**歌枕への関心、子を思う母の情、歌の家を守ろうとする決意が読み取れる作品。**

伏見天皇の時代をしみじみ振り返る

中務内侍日記《なかつかさのないしにっき》

日記文学
鎌倉時代後期成立

作者は**藤原経子**《けいし》（中務内侍《なかつかさのないし》）。伏見《ふしみ》天皇に仕えた女房。一二九二（正応《しょうおう》五）年四月以降の成立。

一二八〇（弘安《こうあん》三）年、伏見天皇の東宮時代から、作者が病で宮中を退出する一二九二（正応五）年までの、**十三年間に及ぶ宮廷生活を回想する日記。**折々の行事や儀式、旅行の思い出、伏見天皇の即位に関する記事などを、しみじみと感傷的に記している。同僚女房や近臣たちも生彩を帯びて描かれ、伏見天皇周辺の雰囲気がうかがえる。

愛の遍歴と出家の旅について語る

とはずがたり

日記文学
鎌倉時代後期成立

作者は**後深草院二条**《ごふかくさいんのにじょう》。五巻。一三〇六（嘉元《かげん》四）年頃の成立。

書名は「**人に問われもしないのに自分から語ること**」という意味の慣用表現に由来する。巻一から巻三では、作者が後深草院の寵愛《ちょうあい》を受けつつも、院の近臣で初恋の人でもある「雪の曙《あけぼの》」や、高僧の「有明《ありあけ》の月」などと関係を結ぶことになる、**十四歳からの愛の遍歴と宮廷生活の内実をあらわに記す。**巻四・五では出家後、西行《さいぎょう》にならった諸国の旅を記し、後深草院の三回忌で閉じられる。

格調高い東海道の紀行文

海道記《かいどうき》

紀行
鎌倉時代前期成立

作者未詳。一二二三（貞応《じょうおう》二）年に成立か。内容から、作者は五十歳あまりの遁《とん》世者《せいしゃ》で、老母がいる人物とされる。古くより鴨長明《かものちょうめい》・源光行《みなもとのみつゆき》を作者とする説があるが、これは誤り。

四月四日に京を出立し、東海道の旅を経て、十八日に鎌倉に到着。約十日間寺社などを遊覧したのち、帰路に就くまでを綴る。文体は、**対句を多用した漢文訓読調の和漢混淆文**《こんこう》。漢詩文や歌学の豊かな教養に加え、仏教・儒学的な思想をも備えており、格調高い。

紀行文の典型を作り上げた

東関紀行《とうかんきこう》

紀行
鎌倉時代中期成立

作者未詳。冒頭の記述から、京都東山に住む五十歳近くの人物だとされる。一二四二（仁治《にんじ》三）年以降に成立か。

京を八月十日すぎに出立し、鎌倉に至るまでの十日余りの道中記と、鎌倉の名所を遊覧する二か月間の滞在記で構成される。『海道記』と比較すると、思想的な深みに乏しいとされるが、**『海道記』よりも和文調の強い流麗な和漢混淆文**《こんこう》**であり、古来名文として名高い。**紀行文の典型を完成し、『平家物語《へいけものがたり》』や松尾芭蕉《まつおばしょう》の紀行文にも影響を与えた。

文学史問題：阿仏尼の代表作で、京から鎌倉へ下る紀行を主な内容とする日記の作品名を答えよ。（高知大）

摂関政治の歴史を語る
大鏡《おおかがみ》

#「鏡物」の祖 #摂関政治史の物語 #藤原道長の栄華 #紀伝体

歴史物語／作者未詳／平安時代後期成立

上代 794 中古 1185〜1192 中世 1603 近世 1867

作品への招待

中国では、歴史は人の世の繁栄と衰退のありさまを知ることができるものとして「鏡」にたとえられる。また、仏教では、『法華経』の教えを守る者は世界のあらゆるものを「鏡」のように自身の中に映し出せるとされる。『大鏡』という、物語としては一風変わったタイトルには、「鏡」の持つそうした意味合いが込められているのである。

雲林院の菩提講（大かがみ絵詞／国立歴史民俗博物館蔵）

作者

作者は未詳だが、近年では、藤原道長《ふじわらのみちなが》の四男**能信《よしのぶ》と関わりの深い人々によって書かれたのではないかとする説が有力**である。道長の後を継いだ異母兄の頼通《よりみち》とは折り合いが悪く、摂関家の非主流派であった能信の立場は、道長の栄華を賛美する一方で、それを相対化して客観視する冷静な目も兼ね備えている『大鏡』のあり方と符合している。身分の高貴さや生没年から見て、能信自身が『大鏡』を執筆したとは考えにくいが、能信の周辺に作者を求める説は説得力に富む。

藤原道長関係系図

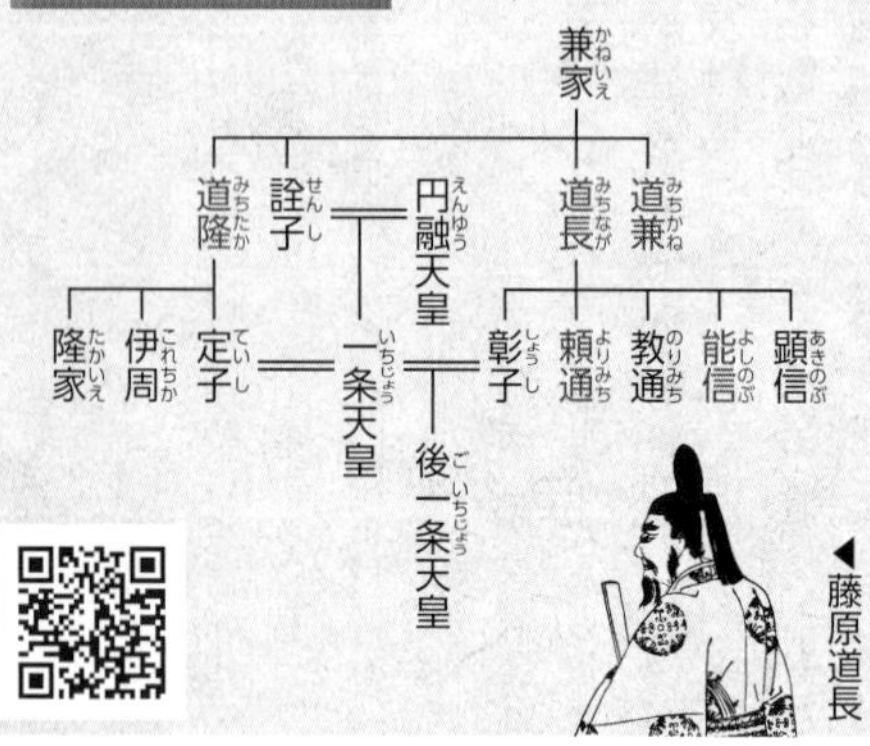

成立

『大鏡』は一〇二五（万寿《まんじゅ》二）年を現在として書かれているが、作品内にしばしば見られる予言的な記述から、これは実際の成立年ではなく、物語の設定上の現在にすぎないと考えられている。

『大鏡』の成立時期については、さまざまな状況証拠から、おおむね**十一世紀後半の一〇七〇〜一〇八〇年代頃の成立**と見るのが一般的である。

内容

摂関政治の基礎を築いた冬嗣《ふゆつぐ》から、道長の栄華に至る藤原氏の歴史が、それを見聞きしてきた**大宅世継《おおやけのよつぎ》・夏山繁樹《なつやまのしげき》という百歳を超えた二人の老人の対話を若い侍が聞く**という形で語られる。

道長個人の栄華を描くこと以上に、その由来を藤原氏の系譜をたどりながら解き明かすことに重点が置かれており、**藤原氏と天皇家との外戚《がいせき》関係を軸とした摂関政治史の物語**としての性格が色濃い。

『史記《しき》』（➡三九二頁）に代表される、中国の歴史叙述の形式である**紀伝体《きでんたい》**（人物伝を連ねて記す形式）に倣って構成されており、その内容は以下の五部に分けられる。

①序

雲林院《うりんいん》の菩提講《ぼだいこう》を舞台として、歴史の語り手である大宅世継・夏山繁樹らが登場し、道長の栄華とそこに至るまでの歴史を語るという目的が明らかにされる。

②天皇本紀

文徳《もんとく》天皇から後一条《ごいちじょう》天皇までの、十四人の天皇の伝記。

③大臣列伝

藤原冬嗣から道長までの、二十人の大臣の伝記。

④藤氏物語（藤原氏の物語）

始祖鎌足《かまたり》から道長の子頼通までの藤原氏の歴史を、天皇家やゆかりの寺社との関係を軸に語り、道長伝を補完する。

⑤昔物語（雑々《ぞうぞう》物語）

和歌などの文化や芸能に関する逸話を多く含む。天皇本紀を補う役割も担う。

評価

『大鏡』が創始した**対話による物語**という形式は、後続の歴史物語群に受け継がれ、**『今鏡《いまかがみ》』『水鏡《みずかがみ》』『増鏡《ますかがみ》』**を相次いで生み出した。これらは歴史物語の中でも特に「鏡物《かがみもの》」と呼ばれ、『大鏡』から『増鏡』までの四つの鏡物を「**四鏡《しきょう》**」と総称する。

「鏡物」の系譜からは外れるが、対話形式は高度な批評性をもたらすものとして近世の歴史物語にまで継承されていったほか、『無名草子《むみょうぞうし》』（➡一五一頁）や歌論などにも大きな影響を与えた。

また、『大鏡』は女房たちによって書かれた従来の物語や日記の優美な雰囲気とは一線を画して、**男性貴族が権力争いを通じて見せる激しい意志や大胆な行動を高く評価**し、平安文学の中でも独自の達成を遂げている。

Close Up　藤原道長の逸話

道長の剛胆――高御座《たかみくら》を削る道長

ある雨の夜、花山《かざん》天皇の発案で肝試しが行われた。道長が大極殿《だいごくでん》まで行ってきた証拠として持ち帰ったのは、**「高御座の南面《みなみおもて》の柱のもと」**であった。高御座は天皇が即位や朝賀《ちょうが》（元日に天皇が百官の拝礼を受ける行事）などの重要な儀式の際に用いた座席で、皇位の象徴とされる神聖な玉座である。

道長の度胸と器量を伝えるエピソードだが、高御座の柱を削り取る道長の行為は、**花山天皇の権威を著しく傷つけるものでもあった。**しかも、天皇は儀式の際には南を向いて着座するので、「高御座の南面の柱のもと」が削られていれば、その痕跡《こんせき》が人々の目にさらされ、権威の失墜が強く印象づけられてしまう。

道長は、花山天皇を退位させ、外孫《がいそん》の皇太子懐仁《やすひと》親王（のちの一条《いちじょう》天皇）を即位させることが、父兼家《かねいえ》の悲願であることを知っていたがゆえに、あえてこのような大胆不敵な行為に及んだものと考えられる。ところが、花山天皇は道長の剛胆さを褒めそやすばかりで、そうした思惑には一向に気づかない。

このエピソードは、**花山天皇のその地位に似つかわしくない政治感覚の鈍さ**をも浮き彫りにしているのである。

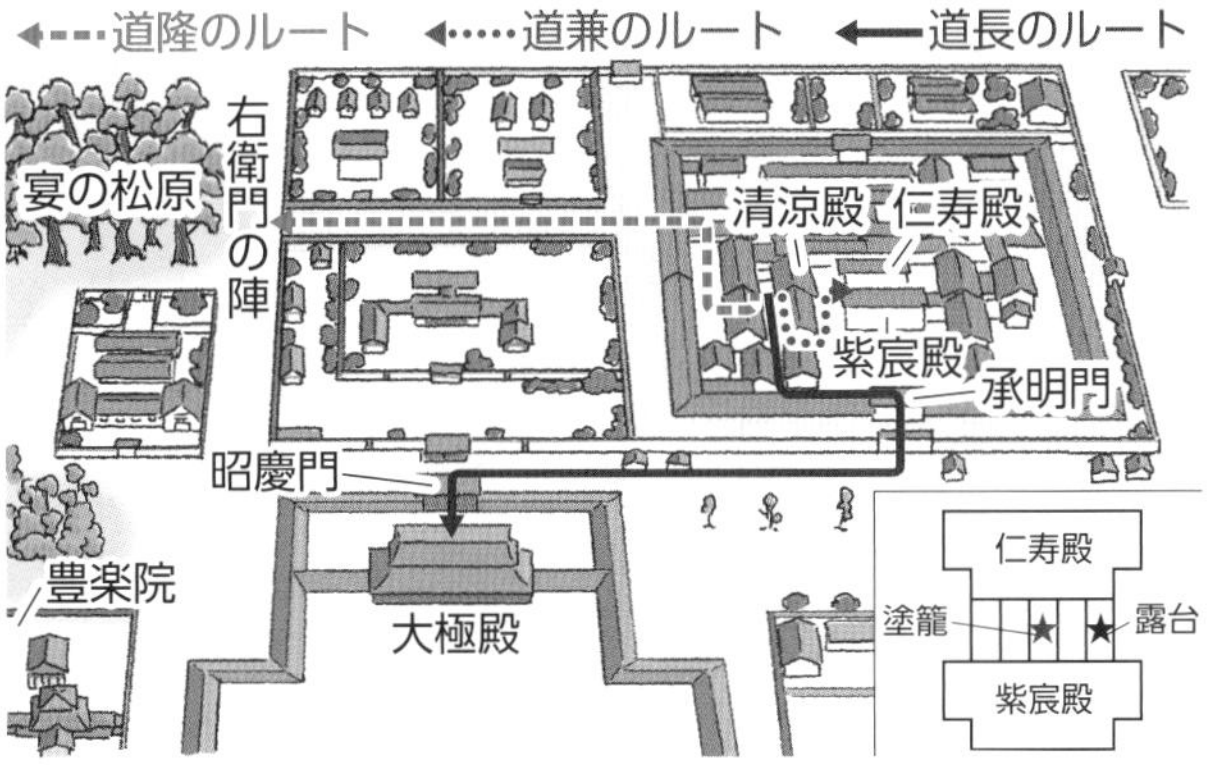

肝だめしのルート

高御座（模型）

南院《みなみのいん》の競射――道長の誓言《ちかごと》

道長は矢を放つたびに「**道長が家より帝・后立ち給ふべきものならば、この矢当たれ**」「**摂政・関白すべきものならば、この矢当たれ**」と力強い請願の言葉（誓言）を述べ、その通りに的の中心を射抜いて道隆《みちたか》・伊周《これちか》父子を驚き恐れさせているが、実際にこのような言葉を口にしたとは考えにくい。道長の娘たちは入内《じゅだい》させるには幼すぎ、道長自身も当時はまだ権大納言で、兄の関白道隆・右大臣道兼《みちかね》や甥《おい》の内大臣伊周をしのいで摂政・関白となる可能性は、ほとんど皆無に等しかったからである。

『大鏡』が道長におよそ非現実的な誓言を述べさせたのは、権力に屈したり媚《こ》びたりせず、自らの手で運命を切り拓《ひら》こうとする、**強い意志と果敢な行動力を備えた傑出した人物として道長を描くためのフィクション**であったと考えられる。

下鴨神社の歩射神事

『大鏡』の道長賛美

歴史物語の代表作『栄花物語《えいがものがたり》』（⇩一六一頁）と『大鏡』は、対比的に取り上げられることが多い。たいていの文学史テキストには次のように書かれているだろう。――『栄花物語』は道長に賛美的で批判精神に乏しい。一方、『大鏡』は道長に批判的で歴史叙述として格段に優れている。――しかし、だからといって『大鏡』が道長を「否定・非難」しているわけではないことには注意しておきたい。

確かに『大鏡』には道長の行為に否定的な記述がある。たとえば、法成寺《ほうじょうじ》の造営について、「道長によって多くの人夫が徴発されることを人々が苦にしている」という世評を繁樹《しげき》が語っている。ところが、それに対して世継《よつぎ》は「道長が人夫たちに酒食や衣類を惜しみなく支給するので非常に喜ばれ、自ら進んで奉仕する者が後を絶たない」と異を唱えているのである。ここでは否定的意見への反論を通じて、むしろ道長賛美の姿勢が強調されている。

また『大鏡』は、道長を古代インドの理想の王とされる転輪聖王《てんりんじょうおう》に見立てている。これは『栄花物語』にさえ見られない最大級の賛辞である。

『栄花物語』は女房による叙情的な道長賛美の物語であり、『大鏡』は政治や権力に対する鋭い意識を持った男性貴族による道長賛美の物語なのである。

文学史問題：大鏡よりも前に成立した作品を次から三つ選べ。（早稲田大）
①伊勢物語　②懐風藻　③古今著聞集　④新古今和歌集　⑤土佐日記　⑥平家物語

雷神になった道真（松崎天神縁起絵巻／山口県防府天満宮蔵）

主要登場人物と『大鏡』の逸話

菅原道真《すがわらのみちざね》（⬇略歴九七頁）

『大鏡』は、道真が藤原時平《ときひら》の讒言《ざんげん》によって大宰府《だざいふ》に流され、帰京を果たせないまま死去したことに限りない同情と共感を寄せている。そのことは、「左大臣時平」の章段において、時平以上に道真に筆を費やし、その配流《はいる》から無念の死、さらには死後の怨霊化・神格化に至るまでを、道真の漢詩や和歌を多く交えながら語っていることからも明らかである。その一方で、『大鏡』は時平の気迫に圧倒されて萎縮《いしゅく》してしまう道真の姿も描いており、**政治の世界では敗者であったことを強く印象づけてもいる。**

船遊びを模した京都の三船祭

藤原公任《ふじわらのきんとう》（九六六～一〇四一）

関白頼忠《よりただ》の長男として生まれ、権大納言にまで昇進したが、政界では同い年の道長に圧倒されて振るわず、文化の世界で指導的地位に立って活躍した。有職故実《ゆうそくこじつ》・詩歌・音楽・書など、さまざまな学芸に秀でており、詩歌集『**和漢朗詠集**《わかんろうえいしゅう》』（⬇一〇〇頁）や有職故実書『北山抄《ほくざんしょう》』をはじめ、後世古典として仰がれた編著を多く残している。

『大鏡』では、**若き日の道長のライバル**とされ、その多才ぶりで道長からも一目置かれる人物として描かれている。道長が催した大堰川《おおいがわ》の船遊びでは、和歌の船に乗って見事な歌を詠み、喝采《かっさい》を浴びたが、本人は「漢詩の船に乗ればもっと名声が上がったのに」と悔やんだという。この「三船の才」の話自体は『大鏡』による創作と考えられるが、公任が和歌の船を選んだとされているのは、**歌人としての評価が特に高かった**からであろう。

花山天皇を連れ出そうとする道兼
（大かがみ絵詞／国立歴史民俗博物館蔵）

花山天皇《かざんてんのう》（九六八～一〇〇八）

冷泉《れいぜい》天皇の第一皇子として生まれる。九八四（永観《えいかん》二）年に十七歳で即位。最愛の女御忯子《しし》の死を悲しんで出家を思い立っていたところを、外孫《がいそん》の皇太子懐仁《やすひと》親王（のちの一条《いちじょう》天皇）の即位を急ぐ右大臣兼家《かねいえ》に謀られ、兼家の子道兼《みちかね》に宮中から連れ出されて花山寺《かざんじ》で出家を遂げ、在位わずか二年足らずで退位した。この経緯については、『大鏡』にも詳しい。

『大鏡』が主に「太政大臣伊尹《これまさ》」の章段で語っているように、花山天皇は在位中から数々の奇行や好色で知られ、非難や嘲笑の的となる一方で、文化・芸術の世界では非凡な才能を発揮して称賛を浴び、『大鏡』では「**風流者**」と評されている。その数奇な運命と毀誉褒貶《きよほうへん》の激しい劇的な生涯には、『大鏡』も深い関心を寄せている。『大鏡』の天皇の中では最も逸話が多く、**強烈な個性で異彩を放つ魅力的な人物**として描かれている。

『大鏡』関連年表

西暦	年号	事項
八五〇	嘉祥《かしょう》三	文徳《もんとく》天皇即位。
八六六	貞観《じょうがん》八	良房《よしふさ》、人臣初の摂政《せっしょう》となる。
八七六	貞観一八	（世継《よつぎ》誕生。）
八八〇	元慶《がんぎょう》四	基経《もとつね》、初の関白となる。
九〇一	昌泰《しょうたい》四	道真《みちざね》、大宰府《だざいふ》に流される。
九六六	康保《こうほう》三	道長《みちなが》・公任《きんとう》誕生。
九六九	安和《あんな》二	安和の変で源高明《みなもとのたかあきら》が失脚。
九八六	寛和《かんな》二	花山《かざん》天皇出家。一条《いちじょう》天皇即位。
九九五	長徳《ちょうとく》元	道長、内覧の宣旨《せんじ》を受ける。
九九六	長徳二	伊周《これちか》が失脚し、道長が政権を掌握。
九九九	長保《ちょうほう》元	彰子《しょうし》入内。
一〇〇〇	長保二	彰子、中宮となる。定子《ていし》崩御。
一〇〇八	寛弘《かんこう》五	彰子、敦成《あつひら》親王（のちの後一条《ごいちじょう》天皇）を産む。
一〇〇九	寛弘六	彰子、敦良《あつなが》親王（のちの後朱雀《ごすざく》天皇）を産む。
一〇〇九	寛弘六	公任、権大納言となる。
一〇一一	寛弘八	三条《さんじょう》天皇即位。
一〇一三	長和《ちょうわ》二	顕信《あきのぶ》（道長の三男）出家。妍子《けんし》、中宮となる。
一〇一六	長和五	後一条《ごいちじょう》天皇即位。道長摂政となる。
一〇一七	寛仁《かんにん》元	敦明《あつあきら》親王（三条天皇の皇子）が皇太子を辞退。敦良親王、立太子。
一〇一八	寛仁二	威子《いし》立后。道長は三后の父となる。
一〇一九	寛仁三	道長出家。頼通《よりみち》、関白となる。
一〇二三	治安《じあん》三	道長、法成寺《ほうじょうじ》の金堂《こんどう》供養を行う。
一〇二五	万寿《まんじゅ》二	（雲林院《うりんいん》の菩提講《ぼだいこう》に世継・繁樹《しげき》らが参詣し、歴史を語る。）

前頁の答：①②⑤

女房から見た道長一家の繁栄

栄花物語《えいがものがたり》

歴史物語
平安時代中後期成立

作者

個人の著作ではなく、制作には多くの女房たちが関わったと考えられているが、**赤染衛門《あかぞめえもん》**を正編の編者とする説が有力。**出羽弁《いでわのべん》**が続編の制作に関与したとする説も一定の評価を得ているが、未詳。

成立

正編は一〇二九（長元《ちょうげん》二）年から一〇三三（長元六）年の間、続編は一〇九二（寛治《かんじ》六）年からまもなくの成立か。

内容

正編三十巻と続編十巻に分かれ、正編は藤原道長《ふじわらのみちなが》とその一家の、続編は道長の子孫たちの繁栄を、道長一家に仕える女房の立場から**編年体《へんねんたい》**で描いている。摂関政治の内実に鋭く切り込む『大鏡《おおかがみ》』とは対照的に、道長一家を中心とする平安貴族の生活を、宮廷や後宮の文化に焦点を当てて描く、**文化史の物語としての性格が強い**。『源氏物語《げんじものがたり》』の影響が色濃く、出来事や人物の描写は情緒に富んでいる。

評価

仮名文の歴史叙述である歴史物語の最初の作品であり、以後の歴史物語はすべて『栄花物語』を源泉としている。平安時代の女性表現の集大成として、また**初の女性の手による歴史叙述**として、その文学史的意義の大きさは計り知れない。

比べてみよう

栄花物語と「四鏡」

これらの総称を「四鏡《しきょう》」という。（大鏡・今鏡・水鏡・増鏡）

	作者	成立	扱う時代	構成	概要・特徴
栄花物語	正編は赤染衛門《あかぞめえもん》か。続編は出羽弁《いでわのべん》が関与か。	栄花（正）一〇二九?～一〇三三?　栄花（続）一〇九二?	栄花（正）八八七～一〇二八　栄花（続）一〇三〇～一〇九二	編年体（出来事を年代順に記す）	道長一家に仕えた女房による道長賛美の物語。宮廷・後宮文化に関する記述が充実している。仏教への関心も深い。
大鏡	未詳。藤原能信《ふじわらのよしのぶ》と関わりの深い人々か。	一〇七五?～一〇八六?	八五〇～一〇二五	紀伝体（人物伝を連ねて記す）	男性官人による道長の栄華の物語。摂関政治の内実に鋭く切り込む。力強く簡潔な文章、対話による物語の進行も特徴的。
今鏡	寂超《じゃくちょう》（藤原為経《ためつね》）か。	一一七〇?	一〇二五～一一七〇	紀伝体	『大鏡』以後の百四十六年間の歴史を、大宅世継《おおやけのよつぎ》の孫娘が語るという設定。貴族社会の優美な文化に関する記述が中心。
水鏡	未詳。中山忠親《なかやまただちか》か。	一一八五?～一一九八?	神代～八五〇	編年体	『大鏡』以前の歴史（神武《じんむ》天皇から仁明《にんみょう》天皇まで）を仙人が語るという設定。内容はほとんど史書『扶桑略記《ふそうりゃっき》』によっている。
増鏡	未詳。二条良基《にじょうよしもと》が関与か。	一三三八?～一三四四?	一一八〇～一三三三	編年体	一一八〇年から百五十四年間の鎌倉時代史を、主に公家《くげ》社会の動向を中心に描く。平安時代の貴族文化への憧れが強い。

王朝物語史最後の輝き

増鏡《ますかがみ》

歴史物語
南北朝時代成立

作者

未詳。二条良基《にじょうよしもと》の関与が有力視されている。

成立

応安《おうあん》・永和《えいわ》年間（一三六八～一三七九）の成立とされてきたが、近年では、それより早い暦応《りゃくおう》・康永《こうえい》年間（一三三八～一三四四）の成立とする説が有力である。

内容

後鳥羽《ごとば》天皇誕生の一一八〇（治承《じしょう》四）年から、鎌倉幕府によって隠岐《おき》に流されていた後醍醐《ごだいご》天皇が還幸《かんこう》する一三三三（元弘《げんこう》三）年までの歴史を**編年体で描く**。承久《じょうきゅう》の乱で衰退した公家《くげ》政権が後醍醐天皇の還幸によって復活する、という巨視的な見通しのもと、鎌倉時代の歴史を公家社会の動向を中心に描いており、内裏や後宮での、平安時代さながらの華やかな行事や恋愛をめぐる話題が多い。

評価

「**鏡物《かがみもの》（四鏡《しきょう》）」の最後の作品**で、武家の世に王朝文化の復興を願った貴族たちの思いを反映して、**内容も文体も平安時代の物語、とりわけ『源氏物語』や『栄花物語』に倣おうとする姿勢が顕著である**。平安時代以来の王朝物語史の最後を飾るにふさわしい優雅な和文は高く評価され、近代に至るまで広く愛読された。

文学史問題：大鏡と同じく歴史物語に分類される作品を次から一つ選べ。（法政大・改）
①源氏物語　②平家物語　③栄花物語　④住吉物語　⑤雨月物語

中宮定子サロンの輝き

枕草子《まくらのそうし》

#日本三大随筆 #「をかし」の美意識 #中宮定子への賛美 #中関白家の栄華

随筆／清少納言《せいしょうなごん》作／平安時代中期成立

上代	794
▶中古	1185〜1192
中世	1603
近世	1867

清少納言図（相愛大学図書館蔵）

作品への招待

『枕草子』の「枕」の意味についてはさまざまな説があるが、「枕」には「枕もと、転じて常にそばに置くもの」の意があるので、「手控えの草子（＝綴《と》じ本）」と解釈するのが妥当であろう。『枕草子』は、敬愛する中宮定子《ていし》から賜った紙に大切なことを書きとめたいという、清少納言の思いが込められた作品なのである。

作者

清少納言《せいしょうなごん》。『後撰和歌集《ごせんわかしゅう》』の撰者「梨壺《なしつぼ》の五人」の一人として知られる**清原元輔《きよはらのもとすけ》の娘**である。曽祖父の**清原深養父《ふかやぶ》**も『古今和歌集《こきんわかしゅう》』時代の名高い歌人で、代々歌人の家柄であった。関白藤原道隆《ふじわらのみちたか》の娘である**中宮定子《ちゅうぐうていし》**に女房として出仕したのは、九九三（正暦四《しょうりゃく》）年、二十八歳頃のことと推定されているが、それ以前に橘則光《たちばなののりみつ》との結婚と離別を経験している。のち藤原棟世《むねよ》と再婚したが、その時期は不明。則光との間に男子、棟世との間に女子をもうけた。一〇〇〇（長保《ちょうほう》二）年に定子が亡くなった後は、宮仕えを退き、旧知の歌人たちと和歌を贈答するなどしながら、ひっそりと暮らしていたらしい。晩年の動静、没年は不明である。

成立

詳細な成立事情は不明であるが、跋文《ばつぶん》から、九九五（長徳《ちょうとく》元）年から九九六（長徳二）年頃には、既にある程度のまとまりを持った作品として流布し始めていたことが知られる。最終的な成立は、一〇〇〇（長保二）年以降と推定される。

内容

中宮（のち皇后）定子の女房としての宮廷生活を通じて見聞きしたこと、感じたことなどが、三百段ほどの文章にまとめられている。内容は多彩であるが、以下の三つに大別される。ただし、伝本（三《さん》巻《かん》本・能因《のういん》本・前田家《まえだけ》本・堺《さかい》本）によって本文・配列・章段数などに大きな違いがあり、堺本のように日記的章段を持たないものもある。

①類聚《るいじゅう》的章段

さまざまな風物や事柄について、「…は」あるいは「…もの」という**物尽くしの**形式で列挙する章段群。連想や機知に富み、意表を突くおもしろさがある。

②日記的章段

洗練された文化サロンであった**定子後宮での出来事**を、女房の立場から賛美的に記録する**日記としての性格**を持つ章段群。定子と彼女を取り巻く貴族たちの姿が、清少納言との交流のエピソードも交えて生き生きと描き出されている。

③随想的章段

折にふれて思ったことを、内容や形式にとらわれずに自由に綴《つづ》った、**随筆文学**らしい章段群。清少納言の感性と才気が最もよく発揮されている。

どの章段でも、物事のある一面を直感でとらえる鋭い観察眼と、見聞きしたものを鮮やかに描き出す歯切れのよい文体は共通しており、**明るく知的好奇心に満ちた「をかし」の世界**を作り上げている。

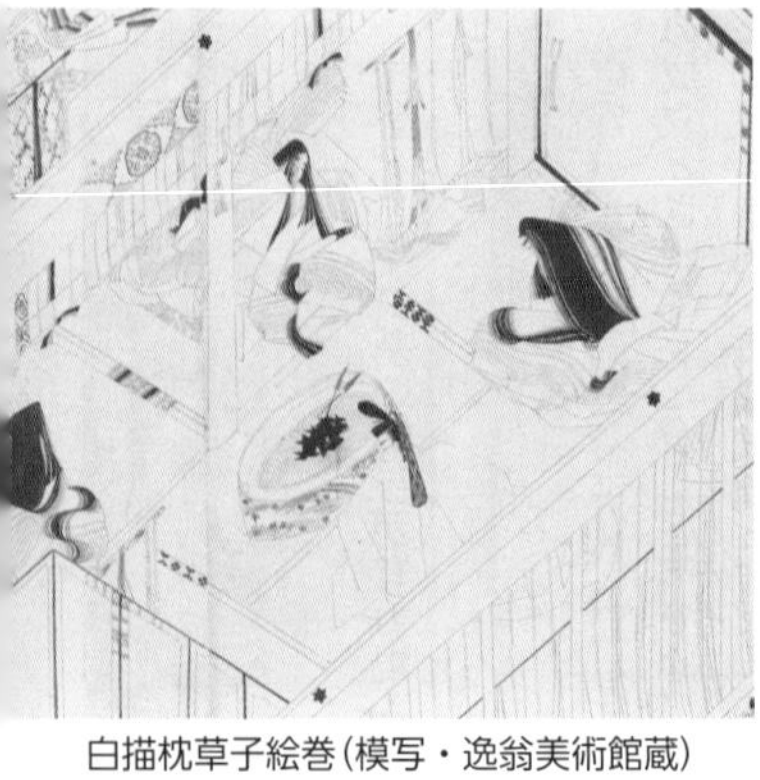
白描枕草子絵巻（模写・逸翁美術館蔵）
中宮定子の局に集まる中関白家の人々。

評価

平安文学の二大傑作として『源氏物語《げんじものがたり》』（➡一三一頁）と並び称せられる『枕草子』は、**「をかし」の文学**と評される。確かに、快活で理知的な『枕草子』の作風は「をかし」と評されるにふさわしいものである。

しかし、こうした作風は必ずしも清少納言の個性のみによっているのではない。中宮定子をはじめ、その父道隆《みちたか》・兄伊周《これちか》・弟隆家《たかいえ》らも含めた**中関白家《なかのかんぱくけ》**の、知的で洗練された会話を好み、冗談を口にするような、明るく快活な雰囲気によるところも大きい。後世、**随筆文学の祖**と位置づけられた自由で型にとらわれない文章も、そうした**中関白家の気風を受け継いだ定子と、文才に秀でた清少納言との運命的な出会い**によって、初めて可能になったものと考えられる。その意味で『枕草子』は、中関白家の束《つか》の間の栄華のもとで花開いた定子サロンが日本文学史にもたらした、大いなる遺産なのである。

Close Up 中宮定子への敬慕

『枕草子』では、中宮定子の容姿や人柄のすばらしさ、後宮の女主人としての器量が絶賛されている。定子の女房である清少納言が主人を賛美するのは当然ながら、『枕草子』には清少納言と定子との息の合ったやり取りも多く記されており、それらは、清少納言が心から定子を敬慕し、定子もまた清少納言を深く信頼していたことを印象づけるものとなっている。

中宮定子

御前にて人々とも

清少納言が、定子の御前で「世の中がおもしろくなく、生きていられそうにないときでも、美しい紙と上等な筆が手に入れば気持ちが晴れる」と語ったところ、定子は「ひどくささいなことで気分が直るのね」と笑った。その後清少納言がふさぎ込んで里下がりしていると、定子は清少納言の言葉を忘れず、美しい紙を贈ってくれた。実はこのとき父の道隆《みちたか》は既に亡く、兄弟の伊周《これちか》・隆家《たかいえ》も失脚して中《なかの》関白家《かんぱくけ》は没落の一途をたどっていた。しかし、『枕草子』は、以前と変わらない定子の細やかな心遣いと、定子サロンの華やいだ雰囲気を伝えている。女房が主家の没落を語らないのは当然ではあるが、清少納言は、**逆境にあっても誇りと明るさを失わなかった定子の気高い姿**を、敬慕の念を込めて描いているのである。

宮に初めて参りたるころ

初めて女房として出仕した頃、恥ずかしさのあまり几帳《きちょう》の陰に隠れてばかりいた清少納言に、定子は絵を見せて緊張を解きほぐそうとするなど、細やかな心遣いで接した。清少納言が明け方にそそくさと退出しようとすると、定子は清少納言を「葛城《かつらぎ》の神」(容姿の醜さを恥じて夜だけ働いたという神)と呼んで引きとめながらも退出を許し、また夜には来るようにと促した。こうした**定子の優しさにふれて、清少納言は定子への敬愛と信頼を深めていった**のである。

雪のいと高う降りたるを

定子の「少納言よ、香炉峰《こうろほう》の雪はどんなかしら」という問いかけに、清少納言が白居易《はくきょい》(➡四〇八頁)の詩の「香炉峰の雪は簾《すだれ》を撥《かか》げて看《み》る」という一節を想起し、機転を利かせて御簾《みす》を上げてみせたというエピソードで有名な章段。

実は、この詩は当時の常識の範囲に含まれるものであり、定子は清少納言の教養よりもむしろ、**瞬時の機転**を高く評価したものと考えられる。清少納言は単に自分と定子との信頼関係を誇らしげに語っているのではなく、**漢文学を好み、当意即妙の機転を重んじた定子後宮と中関白家の文化**を伝えるものとして、このエピソードを記しているのである。

◀上村松園筆「雪月花」(部分・宮内庁三の丸尚蔵館蔵)
定子の問いかけに対し、御簾を上げて外の雪が見えるように取りはからう清少納言。

中関白家《なかのかんぱくけ》の没落

『枕草子』の作風は明るく華やかである。中宮定子と清少納言を中心とした機知に富む会話、帝や貴族たちとの優雅な交流、自然や人間の細やかな観察と斬新な表現――。しかし、清少納言が『枕草子』の執筆を始めた頃、彼女が仕える中宮定子とその一家(中関白家)の運命が既に暗転しつつあったことは、意外に知られていない。

中宮定子は一条《いちじょう》天皇に深く愛されていたが、父で関白の道隆《みちたか》が亡くなると、政権は叔父の道兼《みちかね》、次いで道長《みちなが》へと移っていった。また、兄弟の伊周《これちか》と隆家《たかいえ》は、花山《かざん》法皇に矢を射かけるなどの不祥事を起こして左遷され、定子は衝撃のあまり出家してしまう。清少納言も対立する道長方に通じているという疑いをかけられて、里下がりを余儀なくされた。定子は一条天皇の希望で宮中に復帰し、清少納言も再出仕するが、世間の風当たりは強かった。定子は第二皇女の出産に際して二十四歳の若さで命を落とし、清少納言もほどなく宮仕えを退いたと考えられている。

このような激動の時期に執筆されたにも関わらず、『枕草子』からは中関白家の没落や定子の不運を思わせるような暗い雰囲気はほとんど読み取れない。定子と中関白家が最も輝いていた時代を記録と記憶に留めることこそが、清少納言の願いだったのであろう。

文学史問題:枕草子の作者と同じ時代を生きた文学者を次から一人選べ。(東京女子大)
①紀貫之　②藤原公任　③大伴家持　④在原業平　⑤西行

Close Up 『枕草子』の美意識

『枕草子』は、平安和歌の伝統を踏まえつつ、そこから逸脱する斬新な美意識を随所で示しており、それがこの作品の大きな魅力の一つにもなっている。それは、代々の歌人の家に生まれながら、和歌にはやや苦手意識を持っていたらしい清少納言が発見した、新たな美の世界であった。

春はあけぼの

春といえば桜や鶯《うぐいす》、夏といえば橘《たちばな》やホトトギス、秋といえば紅葉や雁《かり》、冬といえば雪、といったように、季節と風物との取り合わせには、『古今和歌集《こきんわかしゅう》』以来の伝統があり、それらは文学における規範となっていた。

『枕草子』はそれにとらわれることなく、冒頭から「春はあけぼの。やうやう白くなりゆく、山ぎはすこしあかりて、紫だちたる雲の細くたなびきたる」と**新たな季節美**を打ち出す。これは『枕草子』の野心的な試みであり、当時の読者には新鮮な驚きをもって受け止められたことであろう。

とりわけ、「秋は夕暮れ。夕日のさして山の端《は》いと近うなりたるに……」に始まる**秋の美の描写**は、人々の深い共感を呼び、後世の文学に大きな影響を及ぼすこととなった。

すさまじきもの

この章段で「興ざめなもの」としてあげられているものには、一つの傾向がある。たとえば、「昼ほゆる犬」には、犬は番犬として夜ほえてこそ役立つものなのに、という思いが、「三、四月の紅梅の衣《きぬ》」には、紅梅の衣は本来であれば十一月から二月にかけて着るべきものなのに、という思いが、それぞれ込められている。つまり、**期待はずれであったり、季節はずれであったりするもの**に対して、清少納言は不快感をあらわにしているのである。そこには、斬新さを求めながらも、バランスを欠くものには厳しい目を向け、調和を大切にする清少納言の美意識が表れている。

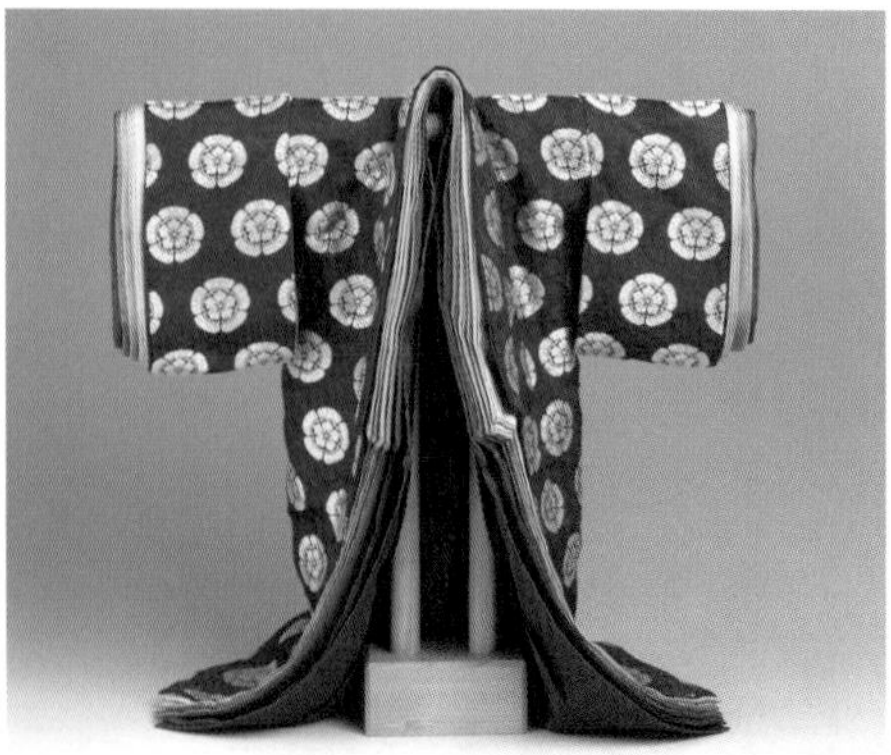

紅梅の衣

九月《ながつき》ばかり

庭の植え込みにこぼれるほどに濡《ぬ》れかかった露、軒の上の蜘蛛《くも》の巣にまるで真珠のように降りかかった雨——。**晩秋の雨上がりの清らかな美しさ**を印象深く描き取った、『枕草子』の中でも屈指の名章段である。露は古くから和歌によく詠まれる景物であり、蜘蛛の巣にかかった雨を真珠に見立てる歌も『古今和歌集』に既にある。その点では目新しさはないが、それらを自らの目と心でとらえ、鮮やかに描き出すところに、清少納言の非凡な感性と文才が遺憾なく発揮されている。

水滴のついた蜘蛛の巣

『はなとゆめ』
(KADOKAWA／角川文庫)
『枕草子』を素材にした冲方丁の小説。

『枕草子』は「随筆」か？

『枕草子』は、現在では随筆文学の祖として知られている。しかし、平安時代には「随筆」というジャンルはいまだ存在していなかった。『枕草子』の内容は、類聚《るいじゅう》的章段・日記的章段・随想的章段に分類されるが、これは後世の研究者による区分である。清少納言は中宮定子の女房としての立場を意識しつつ、形式にこだわらず筆を走らせた。こうして生まれた『枕草子』は、「日記」「物語」「和歌」といった既存のジャンルの枠を超えた、きわめて独創的な作品になったのである。

日本で「随筆」が文学のジャンルとして明確に意識され、大いに流行するようになったのは、はるか後の江戸時代のことである。ここに至って、『枕草子』は中世の『方丈記《ほうじょうき》』(➡一六七頁)や『徒《つれ》然草《づれぐさ》』(➡一六八頁)へと連なってゆく「随筆」の系譜に、その祖として位置づけられることになった。

『枕草子』が「随筆」と見なされるようになった要因の一つに、早くから古典としての権威ある地位を確立していた『徒然草』が、内容・形式の両面で『枕草子』から多大な影響を受けていたことがあげられる。また、『枕草子』の随想的章段が、後世の目には「随筆」としか映らない、型にはまらない自由な文章であったことも、『枕草子』を「随筆」とする見方に大きく影響したのである。

清少納言略年譜・『枕草子』年表

西暦	和暦	清少納言関連事項	『枕草子』関連章段（※は推定）
九六六	康保《こうほう》三	この年、誕生か。	
九六七	康保四	村上《むらかみ》天皇、崩御。	村上の先帝《せんだい》の御時に（※）
九八一	天元《てんげん》四	この年、橘則光《たちばなののりみつ》と結婚か。	
九八六	寛和《かんな》二	一条《いちじょう》天皇即位。	小白川《こしらかわ》といふ所は
九九〇	正暦《しょうりゃく》元	父元輔《もとすけ》、死去。定子、中宮となる。	あはれなるもの
九九二	正暦三		円融院《えんゆういん》の御果ての年
九九三	正暦四	この年、則光と離別か。 定子に初出仕。	宮に初めて参りたるころ 宮の五節《ごせち》出ださせ給ふに
九九四	正暦五	道隆《みちたか》、積善寺《しゃくぜんじ》供養。 定子、積善寺に行啓。 伊周《これちか》、内大臣となる。	関白殿、二月二十一日に 三月ばかり物忌《ものいみ》しにとて 御仏名《みぶつみょう》のまたの日
九九五	長徳《ちょうとく》元	定子の妹原子《げんし》、東宮女御《とうぐうにょうご》となる。 道隆死去。	淑景舎《しげいさ》、東宮へ参り給ふ 頭中将《とうのちゅうじょう》のすずろなるそら言を聞きて
九九六	長徳二	伊周、大宰権帥《だざいのごんのそち》に左遷。 隆家、出雲権守《いずものごんのかみ》に左遷。	御前にて人々とも 殿などのおはしまさで後 殿上《てんじょう》の名対面《なだいめん》こそ（※）
九九七	長徳三	伊周・隆家、許されて帰京。 定子、職《しき》の御曹司《みぞうし》に移る。	職の御曹司におはしますころ、木立など 里にまかでたるに 頭《とう》の弁《べん》の、職に参り給ひて（※）
九九八	長徳四	定子、職の御曹司を在所とする。	五月の御精進《みそうじ》のほど 職の御曹司におはしますころ、西の廂《ひさし》に
九九九	長保《ちょうほう》元	彰子《しょうし》、入内。 定子、敦康《あつやす》親王を生む。	五月ばかり、月もなう 大進生昌《だいじんなりまさ》が家に
一〇〇〇	長保二	定子、媄子《びし》内親王を生んで崩御。 宮仕えを退いたか。	上にさぶらふ御猫は 今内裏《いまだいり》の東をば 三条の宮におはしますころ

『枕草子』の風物

空寒み花にまがへて散る雪に
（二月つごもりごろに）

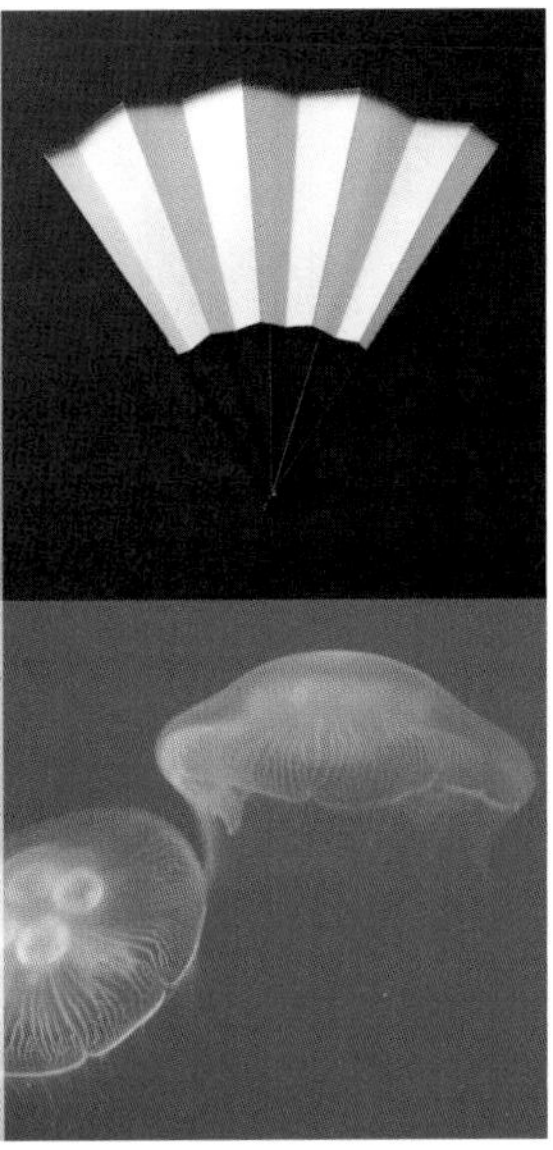
さては、扇の（骨）にはあらで、海月《くらげ》の（骨）なり。
（中納言参り給ひて）

梨《なし》の花…花びらの端に、をかしきにほひこそ、心もとなうつきためれ。
（木の花は）

かたはらいたきもの。…下衆《げす》どものざれゐたる。
（かたはらいたきもの）

五月ばかりなどに山里にありく、いとをかし。
（五月ばかりなどに山里にありく）

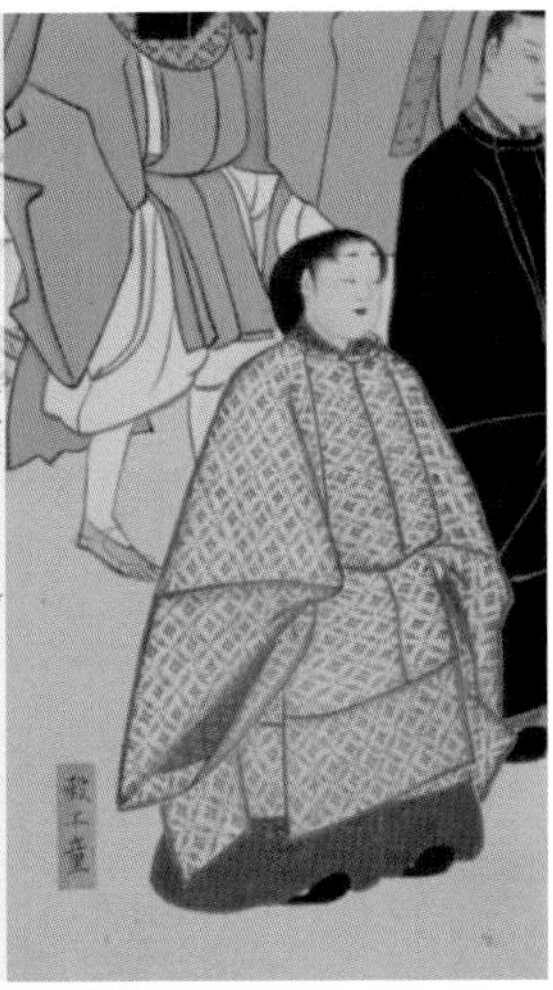

大きにはあらぬ殿上童《てんじょうわらは》の、装束《さうぞ》きたてられてありくもうつくし。
（うつくしきもの）

文学史問題：枕草子とは異なるジャンルの作品を次から一つ選べ。（静岡大）
①方丈記　②花月草紙　③十訓抄　④折たく柴の記　⑤徒然草

比べてみよう

女性文学者の比較

人物	生没年・出仕期間	家系	仕えた人物	作品	特徴
清少納言《せいしょうなごん》 	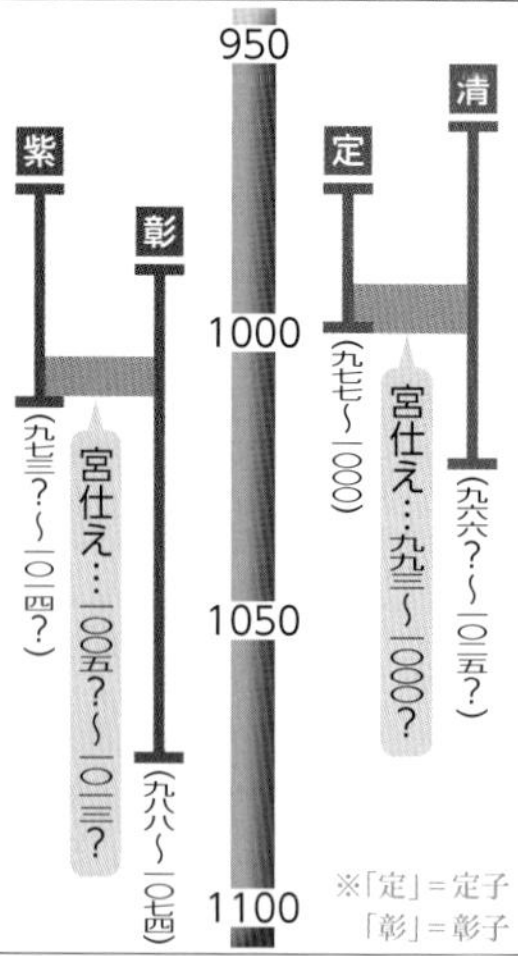	父清原元輔《きよはらのもとすけ》は歌人。『後撰和歌集《ごせんわかしゅう》』の撰者の一人。『古今和歌集《こきんわかしゅう》』時代の歌人清原深養父《ふかやぶ》は曾祖父。	藤原定子《ていし》（藤原道隆《みちたか》の娘、一条《いちじょう》天皇の中宮・皇后）	『枕草子《まくらのそうし》』『清少納言集《せいしょうなごんしゅう》』	鋭い観察眼と豊かな感性で、対象を理知的・批評的にとらえる「をかし」の美を表現。才気に富む簡潔な文章。
紫式部《むらさきしきぶ》 		父藤原為時《ふじわらのためとき》は漢学者・漢詩人。伯父の為頼《ためより》は歌人。『古今和歌集』時代の歌人藤原兼輔《かねすけ》は母方の曽祖父。	藤原彰子《しょうし》（藤原道長《みちなが》の娘、一条天皇の中宮）	『源氏物語《げんじものがたり》』『紫式部《むらさきしきぶ》集《しゅう》』『紫式部日記《むらさきしきぶにっき》』	内省と他者への共感によって、深い感動を呼ぶ「あはれ」の美を表現。和歌的表現を生かした流麗な文章。

人物	生没年	家系	仕えた人物	作品	特徴
藤原道綱母《ふじわらのみちつなのはは》 	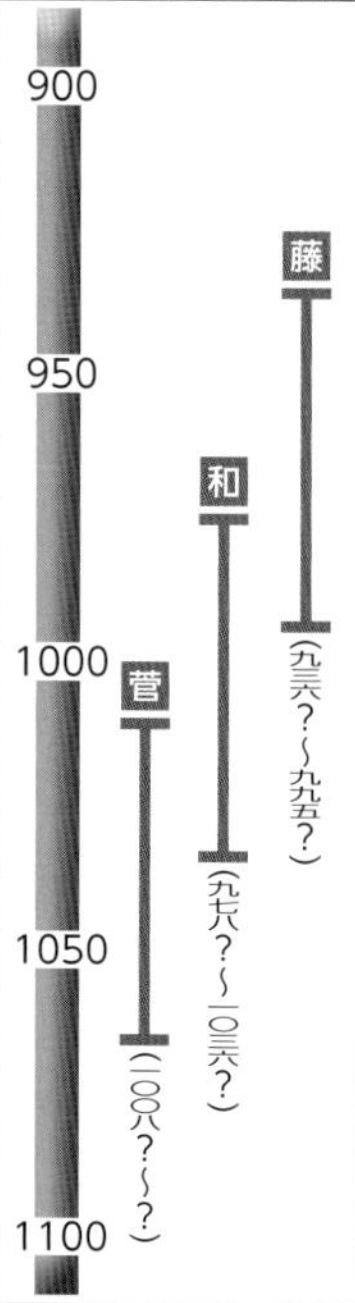	父藤原倫寧《ともやす》は受領《ずりょう》（任地に赴く国司）。	宮仕えの経験なし。藤原兼家《かねいえ》の妻。	『蜻蛉日記《かげろうにっき》』『傅大納言殿母上集《ふのだいなごんどののははうえしゅう》』	結婚生活の苦悩を内省的に綴《つづ》り、女性による自伝的な日記文学の先駆けとなる。和歌や自然描写にも優れる。
和泉式部《いずみしきぶ》 		父大江雅致《おおえのまさむね》は受領。大江家は学者の家柄。	藤原彰子（藤原道長の娘、一条天皇の中宮）	『和泉式部日記《いずみしきぶにっき》』『和泉式部集《いずみしきぶしゅう》』	平安中期を代表する女性歌人で、情熱的な恋歌に秀歌が多い。『和泉式部日記』も敦《あつ》道《みち》親王との贈答歌を軸に構成。
菅原孝標女《すがわらのたかすえのむすめ》 		菅原道真《すがわらのみちざね》の子孫で学者の家柄。父孝標は受領。	祐子《ゆうし》内親王（後朱雀《ごすざく》天皇の皇女）	『更級日記《さらしなにっき》』『夜の寝覚《よるのねざめ》』『浜松中納言物語《はままつちゅうなごんものがたり》』（後の二つは推定）	少女期から晩年までの半生を、夢見がちな感性で綴る。浪漫的・夢幻的な想像力は、物語創作にも生かされている。

＊五人とも「受領の娘あるいは妻」という共通点を持つ。平安時代中期からはこのような中流階級の女性たちが文学の重要な担い手となった。

＊藤原道綱母は菅原孝標女の伯母にあたる。（⬇下段人物関係図）

人物関係図

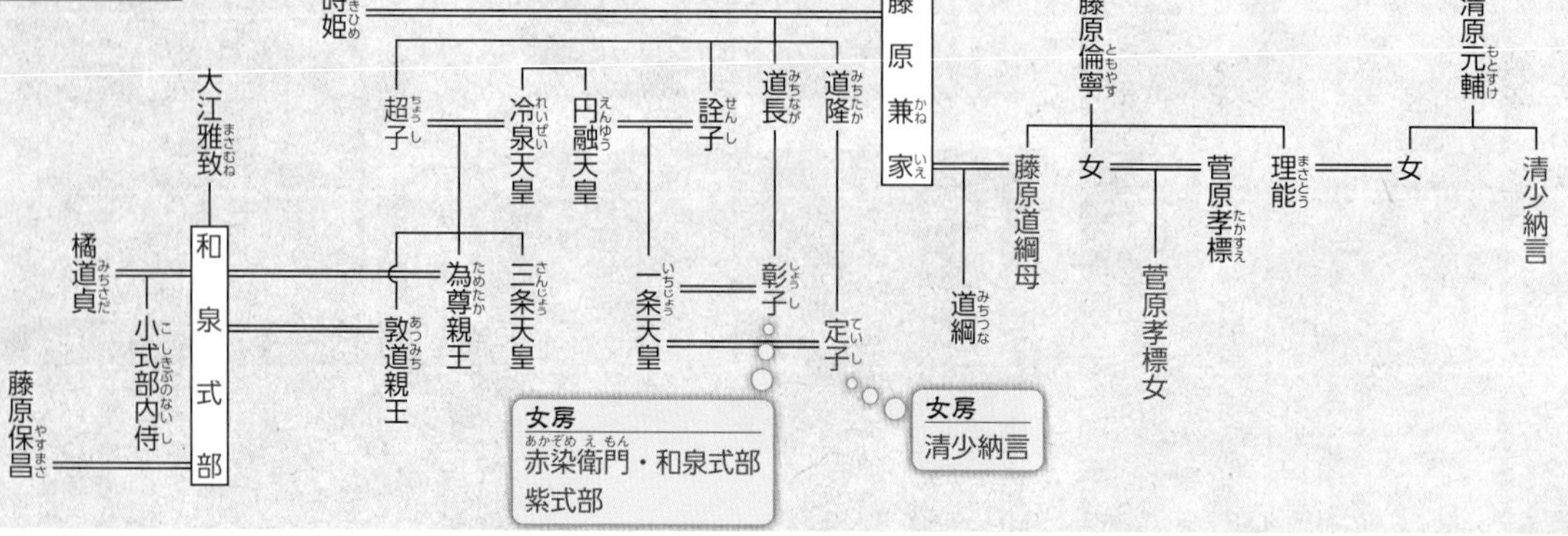

方《ほう》丈《じょう》記《き》

無常の世と自己を記す

上代　794　中古　1185～1192　中世　1603　近世　1867

随筆／鴨長明《かものちょうめい》作／鎌倉時代初期成立

#日本三大随筆　#隠者文学　#無常観

作品への招待

「古京はすでに荒れて、新都はいまだならず」。これは福原遷都の混乱の中、わざわざ福原に出かけた、鴨長明の言葉である。この遷都に限らず、『方丈記』には、王朝時代から乱世への転換期を生き、移り変わる世の中を見つめた、リアルな言葉が詰まっている。その根底に流れているのは、作品冒頭の「ゆく河の流れは絶えずして、しかももとの水にあらず」に象徴される「無常観」であった。

日野に閑居した鴨長明(下鴨神社蔵)

作者

鴨長明《かものちょうめい》。俗名としては「かものながあきら」と読む。法名は蓮胤《れんいん》。賀茂御祖《かもみおや》神社(下鴨《しもがも》神社)末社の禰宜《ねぎ》(神職)鴨長継《かものながつぐ》の次男として生まれた。若くして父と死別し、琵琶《びわ》や和歌の芸道に邁進《まいしん》した。後鳥《ごと》羽院《ばいん》の復興した和歌所の寄人《よりうど》に抜擢《ばってき》されるなど、歌人として活躍したが、家職の禰宜職を得られなかったことから出家。京都郊外の日野《ひの》に方丈の庵《いおり》を結んで隠遁《いんとん》し、『方丈記』を記した。ほかに説話集『**発心集**《ほっしんしゅう》』(⬇一五五頁)、歌論書『**無名抄**《むみょうしょう》』(⬇一〇〇頁)が知られる。

成立

奥書《おくがき》から、一二一二(建暦《けんりゃく》二)年三月末成立であることがわかる。

内容

隠遁した一丈四方(方丈)の庵において、自身の心情を綴《つづ》ったもの。構成や文辞のうえで慶滋保胤《よししげのやすたね》の漢文作品『池亭記《ちていき》』に強く影響を受けている。

人の命と、その命をゆだねる住居とが、ともに**無常**であることを述べる冒頭に続き、自身も実際に経験した、大火・辻風《つじかぜ》(竜巻)・遷都・飢饉《ききん》・地震の惨状を記す。そして、方丈の庵に隠遁するまでの自己について述べ、日野の山奥の草庵での暮らしと、そこで得た安静な心境とを自賛する。しかし、最末尾ではその草庵の暮らしへの愛着さえも妄執ではないかと自問して作品を終えている。

鴨長明が方丈の庵を建てたとされる石

評価

世の中の転変と自己の運命とを重ね、**仏教的無常観を強く表出させながら自己を凝視した文学**として評価が高い。

漢文訓読調で対句表現や比喩表現が多用された中に、歌語・仏教語などが積極的に織り交ぜられており、**和漢混淆《こんこう》文で書かれた最も優れた文芸作品の一つ**とされる。総文字数八千字程度の小編のほとんどを災害の描写が占めるが、繰り返される天変地異が精彩ある文章で著され、その詳《つまび》らかな描写は記録文学と呼ぶこともできる。

『平家物語《へいけものがたり》』(⬇一七六頁)に影響を与えるなど、早くから知られ、読み継がれた。

鴨長明略年譜

西暦	年齢	事項
一一五五	1	出生か。
一一七二	18	父長継《ながつぐ》死去。
一一七七	23	京都大火(安元《あんげん》の大火)。
一一八〇	26	京都辻風《つじかぜ》(治承《じしょう》の辻風)。福原遷都。
一一八一	27	京都大飢饉(養和《ようわ》の飢饉《ききん》)。
		私家集『鴨長明集《かものちょうめいしゅう》』編む。
一一八五	31	平氏滅亡。大地震(元暦《げんりゃく》の地震)。
一一八七	33	『千載和歌集《せんざいわかしゅう》』に一首採録。
一二〇一	47	和歌所の寄人《よりうど》になる。
一二〇四	50	河合《かわい》社の禰宜《ねぎ》職を得られず出家。
		大原の庵室に隠遁《いんとん》(のち日野へ)。
一二〇五	51	『新古今和歌集《しんこきんわかしゅう》』に十首採録。
一二一一	57	鎌倉下向、将軍源実朝《みなもとのさねとも》に謁する。
		『無名抄《むみょうしょう》』著す。
一二一二	58	『方丈記《ほうじょうき》』成立。
		この頃『発心集《ほっしんしゅう》』成立か。
一二一六	62	死去。

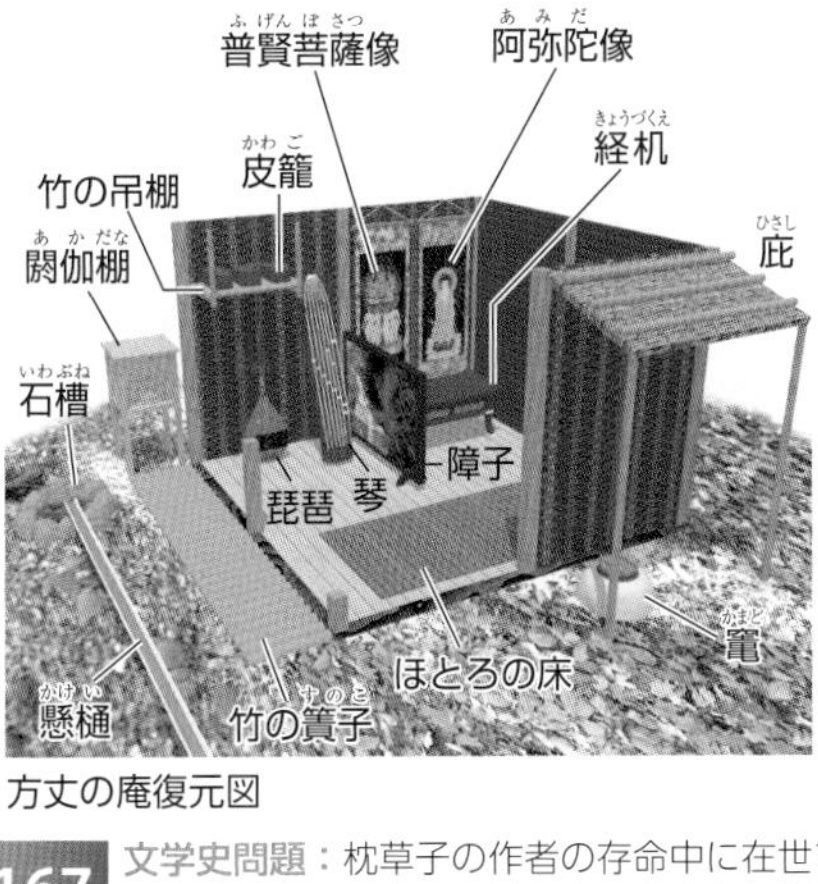

方丈の庵復元図

文学史問題：枕草子の作者の存命中に在世であった人物を次から三つ選べ。(熊本県立大)
①大伴家持　②醍醐天皇　③中宮定子　④藤原定家　⑤藤原道長　⑥紫式部

徒《つれ》然《づれ》草《ぐさ》

時代を超える深い人生論

#日本三大随筆 #隠者文学 #無常観 #処世訓 #多彩なテーマ

随筆／兼好法師《けんこうほうし》作／鎌倉時代末期成立

上代 794 中古 1185〜1192 中世 1603 近世 1867

作品への招待

『徒然草』は「つれづれなるままに」「心にうつりゆくよしなし事を」「そこはかとなく」書いたものだという。まさに「随筆」だが、緊張感に欠けているわけではない。例えば「吉凶は人によりて、日によらず」など、物事の核心をつく言葉が非常に多い。兼好法師は鋭い観察力で世相を見つめていた。『徒然草』の一つ一つの章段は、その深い思索の結晶なのである。

徒然草図屏風（部分・米沢市蔵）

作者

兼好法師《けんこうほうし》。本姓卜部兼好《うらべかねよし》で、法名は俗名を音読みしたもの。生没年不詳。若い頃は下級の廷臣であったが、三十歳前後で出家した。その後も、歌人・能書家・知識人として武家や貴族との交遊は続けられたらしい。一三五二（正平《しょうへい》七）年までは生存が確認できる。

和歌を二条為世《にじょうためよ》に学び、浄弁《じょうべん》・頓阿《とんあ》・慶運《けいうん》とともに**二条派歌人の「和歌四天王」の一人**に数えられ、勅撰集《ちょくせんしゅう》にも入集している。私家集に『兼好法師集《けんこうほうししゅう》』がある。

兼好法師の実人生にはまだ謎が多い（⬇一六九頁）が、『徒然草』の普及に伴ってその人生も伝説化し、近世には兼好法師を主人公とする物語類も作られるようになった。

成立

一三三〇（元徳《げんとく》二）年以降、数段階にわたって執筆が続けられ、整理が行われたらしいが、正確な成立年次などは不明。南北朝時代の成立とする説もある。

内容

執筆動機を記した序と、二百四十三段の長短さまざまな章段からなる。

「古き世のみぞ慕はしき」（22段）と優雅な王朝文化への追慕と憧れを示しつつ、「折節の移り変はるこそ、ものごとにあはれなれ」（19段）と、変化していく景物にも美を見出すなど、**王朝時代追慕と仏教的無常観を基調としつつ、幅広い話題が展開される。**おおよそ以下のような種類の章段がある。

①仏教的無常観を述べる章段
②仏道修行に関する章段
③自然の情趣に関する章段
④生活論・趣味論・恋愛論・芸道論などの章段
⑤人間観察に基づく説話的な章段
⑥巷談《こうだん》俗説に関する章段
⑦有職故実《ゆうそくこじつ》に関する章段
⑧思い出や自賛を述べる章段

内容に応じて、**和文と和漢混淆《こんこう》文が自在に使い分けられ、平易かつ明快で理知的な文章**となっている。一部、同種の話題が連続する箇所もあるが、基本的に各章段は独立している。

評価

春夏秋冬・花鳥風月・人事・仏教などあらゆる事柄に対して、鋭い批評眼を発揮した本書は、**中世の隠者文学を代表するもの**である。中世的美意識・求道者としての真摯《しんし》な姿勢・人間への深い洞察などが抑制のきいた文章で記され、多くの読者を獲得してきた。

しかし、成立直後の評価についてはほとんど情報がなく、室町時代の歌人正徹《しょうてつ》が『正徹物語《しょうてつものがたり》』（⬇一〇二頁）で「兼好法師のような考え方の者は世間にただ彼一人しかいない」と称賛して以来、歌人や連歌師に尊重されるようになった。

近世になると、版本としても繰り返し刊行されて多くの読者を獲得したほか、絵巻や絵入り本も作られて、幅広い層に親しまれた。仮名草子《かなぞうし》・浮世草子《うきよぞうし》・人形浄瑠璃《じょうるり》・俳諧《はいかい》など、『徒然草』の影響の及んだ文学作品は数多い。

その評価は、近現代に入っても衰えることはなく、**小林秀雄《こばやしひでお》「無常《むじょう》といふ事《こと》」**（⬇三四六頁）をはじめとして、多くの小説家・思想家に影響を与え、今もなお教養書として親しまれている。

「丹波に出雲といふ所あり」（236段）の舞台、出雲大神宮（京都府亀岡市）

Close Up 現代にも通じる教訓

『徒然草』の中には、状況や時代を超えて現代にも通用する教訓が多数含まれている。そのいくつかを紹介しよう。（算用数字は章段数を表す。）

亀山殿《かめやまどの》の御池《みいけ》に（51）

よろづに、その道を知れる者は、やんごとなきものなり。

後嵯峨《ごさが》天皇が亀山殿（今の天龍寺《てんりゅうじ》）の池に水車を作ろうとしたが、何度やってもうまくいかない。そこで宇治から水車に詳しい人を呼んできた。するとあっという間に水車が回り始めた。

どんなことでもその道に通じたプロがいる。それでこそ世の中は水車のように回っていくのだ。

天龍寺曹源池《そうげんち》庭園

ある人、弓射ることを習ふに（92）

何ぞただ今の一念において、ただちにすることの甚だかたき。

矢を二本持って的に向かった人に師匠が言った。「初心者は二本の矢を持ってはいけない。二本目をあてにして、最初の弓をおろそかにする思いが生じる」。

この言葉を兼好法師は次のようにとらえる。「師匠の前で一本の矢もおろそかに思うわけがない。怠けようとする心は、自分では気づいていなくても、師匠は知っているから戒めたのだ」と。

ほんの一瞬の間にも怠けおこたる心は存在する。だから、なすべきことはすぐ真剣に実行しなければならない。兼好法師はこのことを指摘しているのである。

徒然草画帖（東京国立博物館蔵）

高名の木登り（109）

誤ちはやすき所になりて、必ずつかまつることに候ふ。

有名な木登り名人が、人に枝を切らせたとき、明らかに危険な高所では何も言わず、軒くらいの高さに降りてきたところで、「けがをするな。注意して降りろ」と言葉をかけた。それを見ていた兼好法師が理由を問うと、名人はこのように答えた。

「高くて危ない間は、自分で用心するので何も申しません。**失敗は安全な所になってから必ずしてしまうものでございます**」と。

あなたも名人の言葉が思い当たる体験をしたことがあるのでは？

徒然草図屏風（部分・米沢市蔵）

兼好伝記の偽作

長らく兼好法師は、京都吉田神社の神官卜部《うらべ》氏の出自と考えられ、「吉田兼好」という通称も用いられてきた。

しかし、近年、兼好法師を神祇《じんぎ》系の卜部氏と結びつけるのではなく、鎌倉幕府北条氏の一門金沢貞顕《かねさわさだあき》の家臣であったとする新説が発表された。実際、兼好法師は、私家集『兼好法師集』に武蔵国《むさしのくに》金沢の地を「ふるさと」と歌っている。『徒然草』の中でも、関東に下り金沢氏の関係者に面会しており、関東や武家の故実に詳しいこともその出自から裏付けられる。

この説が正しいとすれば、兼好法師は、卜部兼好ではあっても、決して吉田兼好ではありえない。今後、兼好法師の伝記の見直しと、それに伴う『徒然草』解釈の再検証が始まるだろう。

では、そもそもなぜ吉田家（卜部氏）の出自と考えられていたのか。

それは、戦国時代の神道家で吉田神道を創始した吉田（卜部）兼倶《かねとも》が、有名な兼好法師が同姓の「卜部氏」の出自であることを知り、自身の系図に箔《はく》を付けるため、兼好を書き加えたためと推定されている。

兼倶にそうした捏造《ねつぞう》行為をさせたのも、『徒然草』の評価あってのことであろう。室町中期以降の急速な評価の高まりは、自身の出自を偽作させてしまうほどの影響を及ぼしたのである。

文学史問題：徒然草より後に成立した作品を次から一つ選べ。（法政大）
①宇治拾遺物語　②新古今和歌集　③太平記　④保元物語　⑤方丈記

『徒然草』名場面集
―サントリー美術館蔵『徒然草絵巻』の世界―

神無月のころ(11)

十月頃に京都郊外を訪ねたところ、とても趣深いしつらえの家があった。しかし、たわわに実った庭のみかんの木が盗難防止のために囲われていて、その俗物性にがっかりした。

九月二十日のころ(32)

九月二十日のころ、誘われて月見に出たところ、誰に見せるわけでもないのに風流なたたずまいを守る、理想的な家と女主人を見た。

公世の二位のせうとに(45)

良覚僧正《りょうがくそうじょう》は、近くに榎《えのき》の木があったために「榎木僧正《えのきのそうじょう》」とあだ名されたのに腹を立てて木を切ったが、今度は「切杭《きりくい》の僧正」と呼ばれ、それにも腹を立てて切り株を掘り返したところ、「堀池《ほりけの》僧正」とあだ名されてしまった。

『徒然草』の無常観

「無常」とは、この世で我々が目にするすべては移ろいゆくものであり、一瞬たりとも留まることがない、という仏教思想に基づく考えである。この思想は古くから日本文化に定着しており、平安時代の文学にも無常を嘆くものは多く見られた。

この「無常」は、特に中世文学の基本的思想として顕著になっていく。その代表は、「行く川の流れは絶えずして」と語り始める鴨長明《かものちょうめい》『方丈記《ほうじょうき》』(⇩一六七頁)であり、「諸行無常の響き」を紡ぐ『平家物語《へいけものがたり》』(⇩一六六頁)である。そして、兼好法師『徒然草』もその系列に加えることができる。

『徒然草』の無常観を最もよく表す言葉の一つに、次のものがある。

あだし野の露消ゆるときなく、鳥部《とりべ》山《やま》の煙立ち去らでのみ住み果つるならひならば、いかにもののあはれもなからん。世は定めなきこそいみじけれ。　(7段)

ここで、兼好は世の無常を説きつつ、「世は定めなきこそいみじけれ」と、その無常を肯定的にとらえている。住居論においても、「家居《いへゐ》のつきづきしく、あらまほしきこそ、仮の宿りとは思へど興あるものなれ」(10段)と、かりそめの宿であればこその理想を述べていく。単なる感傷的な詠嘆に留まらないところに『徒然草』の新しさがあった。

しかし、兼好法師にとっても、無常の世は例外なく厳しいものであった。

人はただ、無常の身に迫りぬることを心にひしと懸けて、束《つか》の間も忘るまじきなり。　(49段)

一時の懈怠《けたい》、すなはち一生の懈怠となる、これを恐るべし。　(188段)

といった言葉の数々は、その厳しい現実認識から生まれたものである。

また、同時に「風も吹きあへずうつろふ人の心の花」(26段)、「人の心はなほうたておぼゆれ」(30段)、「人の心不定なり」(91段)などは、人の心もまた定めなきものであることを見つめていたゆえの言葉であろう。

無常な現世を見捨てて来世に期待するのではなく、無常な現世であるからこその生き方を求めたのが『徒然草』の無常観なのである。

無縁仏を供養する化野《あだしの》念仏寺

仁和寺にある法師（52）

石清水八幡宮（本社）

仁和寺《にんなじ》の老法師が念願の石清水八幡宮《いわしみずはちまんぐう》参詣に出かけたが、勘違いで麓《ふもと》の摂社や神宮寺に参詣しただけで満足して帰ってきてしまった。

奥山に猫またといふものありて（89）

ある法師は、妖怪「猫また」を恐れるあまり疑心暗鬼になり、自分の飼い犬が飛びついてきたのに驚いて、川に転落してしまった。

花は盛りに（137）

花は満開、月は曇りない状態だけを観賞するものだろうか。物事の外面だけをとらえるのではなく、無常の中に見出される中世的な新たな美の発見として、後世に大きな影響を与えた章段。

比べてみよう　日本三大随筆

『枕草子』『方丈記』『徒然草』をまとめて「日本三大随筆」と呼ぶことがある。各作品の特徴と違いをここでおさえておこう。

	作者	成立	内容	文体	評価
枕草子（⇩一六二頁）	清少納言《せいしょうなごん》	平安時代中期	約三百段。事物を列挙する類聚《るいじゅう》的章段、宮仕えの体験談などを記した日記的章段、自然と人事について自由な感想を述べる随想的章段からなる。	和文体。類聚的章段では体言止めや省略の多い簡潔な文体が用いられ、日記的章段では長文で精細な描写を行う。	中宮定子《ていし》周辺の華やかな宮廷文化を女房の視点から綴った王朝文化の最盛期の記録。「をかし」の文学。
方丈記（⇩一六七頁）	鴨長明《かものちょうめい》	鎌倉時代初期	前半では自らが体験した五つの事件（辻風《つじかぜ》・遷都・飢饉《ききん》・地震・大火）を描く。後半ではそうした俗世間を離れて方丈の草庵に住む自身の心の内面を綴《つづ》る。	対句や比喩を用いた漢文訓読調の格調高い文体の中に、和語や仏教語なども用いられた和漢混淆《こんこう》文。	仏教的無常観で一貫し、災害や戦乱の経験に由来する厭世《えんせい》思想が顕著である。
徒然草（⇩一六八頁）	兼好法師《けんこうほうし》	鎌倉時代末期	序と二百四十三段からなる。全編にわたって、無常観を背景とする人生論や、自然の情趣、芸道、有職故実《ゆうそくこじつ》、逸話や回想など多様な事柄を述べる。	章段の内容に応じて、伝統的な和文体と和漢混淆文が巧みに使い分けられている。平易かつ抑制のきいた文章。	仏教的無常観と王朝時代追慕を基調に、自然・人事を問わず、人間の関わる事柄を鋭く観察し批評する。

春はあけほ（ぼ）の

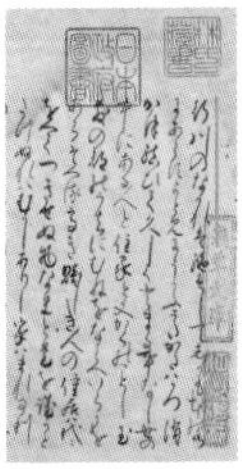
行川のなかれ（が）は

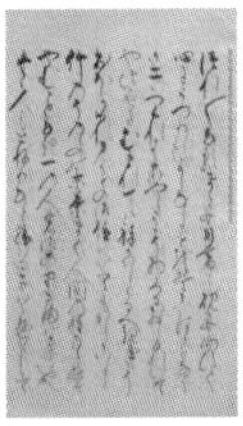
つれ〳〵（づれ）なるまゝ（ま）に

文学史問題：徒然草以前に成立した、同じジャンルに属する作品名とその作者を、成立順に二つ漢字で記せ。（香川大）

日本最大の説話集

今昔物語集《こんじゃくものがたりしゅう》

\# 三国世界観　# 仏教説話と世俗説話　# 近現代文学の素材

説話集／編者未詳／平安時代末期成立

上代 794 中古 1185〜1192 中世 1603 近世 1867

作品への招待

『今昔物語集』は、千話以上を収める、説話集の金字塔である。そのボリュームはもちろん、内容も非常にスケールが大きい。地理的には日本・中国・インドを網羅し、ジャンル的には仏教説話・世俗説話の両方をカバーする。さらに、人間・動物ばかりか妖怪まで登場し、人語を操るのだから驚きだ。当時の人々の「世界」に対する興味を、生き生きと、生々しく伝える作品である。

百鬼夜行絵巻（京都市立芸術大学芸術資料館蔵）
動物や妖怪が大路に繰り出そうとしている。

編者

未詳。仏教的世界観や文体などから、南都《なんと》（興福寺《こうふくじ》）や北嶺《ほくれい》（延暦寺《えんりゃくじ》）の僧侶とする説などもあるが、確証はない。

成立

登場人物の生没年、編纂《へんさん》に用いられた資料などが集中する**十二世紀前半**の成立と考えられるが、中世にはほとんど読まれなかったため詳細は不明である。

内容

全三十一巻（八・十八・二十一の三巻は欠）に千話以上の説話を収録する、**現存最大の説話集**。

全体の構成は緻密《ちみつ》で、巻一〜五が天竺《てんじく》（インド）の仏教説話、巻六〜九が震旦《しんたん》（中国）の仏教説話、巻十が震旦の世俗説話、巻十一〜二十が本朝《ほんちょう》（日本）の仏教説話、巻二十二〜三十一が本朝の世俗説話を収める。当時の人々にとって、**天竺・震旦・本朝の三つは全世界を意味した。**

中でも注目すべきは、**本朝の世俗説話**である。日本全国を舞台とし、皇族・僧侶・武士・一般庶民にいたるまで、さまざまな階層の人物の言動が記録され、果ては動物・妖怪も登場し、実に多彩である。市井《しせい》の噂《うわさ》話からお伽《とぎ》話に類するものまでも集めていて、編者が世俗の話材に深い関心を寄せていたことがわかる。

文体は、和漢混淆《こんこう》文の源流となる**漢文訓読調**。「**今ハ昔**」で始まり、「**トナム語リ伝ヘタルトヤ**」で結ぶ形が定型である。書名の由来もこの語り方による。

評価

登場人物の性情や生きざまが、漢語・俗語・仏教語を織り交ぜた生き生きとした文章で描かれ、文学的興趣に富んでいる。整然と配置されたその内容は、人間世界の一大パノラマとも言うべきものであり、中世の説話文学はもちろん、『平《へ》家物語《けものがたり》』（⬇一七六頁）などの軍記物語にもその影響を及ぼした。

摂関家の権威がゆらぎ、上皇の支配が強まって、武士の勢力が伸長するなど、社会が変化する中で、**人間の生き方・世界の多様性を活写**しており、優れた文学性を保っている。

男衾三郎絵巻（模本）・東京国立博物館蔵（ColBase）
『今昔物語集』には、当時社会的な力を増していた武士に関する説話も多い。

近代作家と『今昔物語集』

『今昔物語集』は、江戸時代に刊行されたほか、国学者らによって注目されてはいたが、その読者はきわめて限られており、実質的には近代に入って「発見」された作品である。

中でも『今昔物語集』を最も愛した作家は、芥川龍之介《あくたがわりゅうのすけ》（⬇二六〇頁）である。本書に取材した彼の作品は、『羅生門《らしょうもん》』『鼻《はな》』『芋粥《いもがゆ》』『運《うん》』『偸盗《ちゅうとう》』『藪《やぶ》の中《なか》』『六《ろく》の宮《みや》の姫君《ひめぎみ》』など十作品以上に及び、作家生活の全時期にわたっている。

彼は『今昔物語集』の本朝世俗部を「最も三面記事に近い部」と呼んだ。そこにある「生《な》まなましさ」「野生の美しさ」に芸術的価値を見出し、作品として再構成したのである。芥川以外にも、数多くの作家が『今昔物語集』を下敷きにして名作を生み出してきた。

近代作家たちは『今昔物語集』が時に見せる暴力性、悪辣《あくらつ》さ、エロチシズムの野生の魅力に大いに刺激され、そこに人間の真実の姿を見たのであろう。

■『今昔物語集』に取材した近代文学作品

幸田露伴《こうだろはん》	『連環記《れんかんき》』
菊池寛《きくちかん》	『新今昔物語《しんこんじゃくものがたり》』
谷崎潤一郎《たにざきじゅんいちろう》	『少将滋幹《しょうしょうしげもと》の母《はは》』
堀辰雄《ほりたつお》	『曠野《あらの》』
福永武彦《ふくながたけひこ》	『風《かぜ》のかたみ』
室生犀星《むろうさいせい》	『笛吹《ふえふ》く人《ひと》』

ユーモアあふれる説話集

宇治拾遺物語《うじしゅういものがたり》

＃世俗説話　＃庶民感覚　＃笑いの文学　＃民話・昔話

説話集／編者未詳／鎌倉時代前期成立

上代 794 中古 1185〜1192 ▶中世 1603 近世 186

作品への招待

『今昔物語集』が「世界」を見ようとするのに対して、『宇治拾遺物語』はその世界で生きる「人間」を描こうとする。例えば「児《ちご》のそら寝」。舞台は比叡山《ひえいざん》、登場人物は僧たちと稚児《ちご》である。しかし、その主眼はあくまで世間的で日常的な「笑い」にある。編者が拾い集めずにはいられなかった数々の物語の中に、今の私たちと変わらない人々の姿が収められている。

僧と稚児（慕帰絵絵詞／模本・国立国会図書館蔵）

編者

序文には、宇治大納言と呼ばれた源《みなもとの》隆国《たかくに》の編んだ『宇治大納言物語《うじだいなごんものがたり》』をもとに、増補改訂をして成立したと書かれているが、その編者は不明。書名の由来についても、『宇治大納言物語』に「遺《のこ》ったものを拾った」とも、『宇治大納言物語』が侍《じ》従俊貞《じゅうとしさだ》という人物のもとにあったことから「侍従」の唐名「拾遺」とつけたとも言う。しかし、序文をいつ誰が書いたのかも、その信憑性《しんぴょう》も不明である。

成立

後鳥羽院《ごとばいん》時代（一一八〇〜一二三九）の話が最も新しいこと、十三世紀前半に成立した『古事談《こじだん》』（⇩一七五頁）を出典とする箇所があることなどから、**十三世紀前半**の成立と考えられる。

内容

十五巻、百九十七話を収める。特に巻ごとの分類はなされていないが、並べられた説話がある程度連想的につながるような配慮がなされている。

収録話のうち約八十話が『今昔物語集《こんじゃくものがたりしゅう》』と共通するほか、『古本説話集《こほんせつわしゅう》』（⇩一七五頁）『古事談』などとも多くの共通話が見られる。舞台は一部、中国・インドにも及び、仏教説話も約八十話ほど含まれる。しかし、法師や僧の失敗談など、仏教的宗教性から離れた**庶民的な心情・関心に沿った説話が多い**。説話末尾に教訓や啓蒙《けいもう》的な言葉を付すこともほとんどない。

文章はこなれた**和文体**で記され、平易で素朴な語り口である。「鬼に瘤取《こぶと》らるる事」に代表されるような、**民間から採収したと思われる話**も含まれている。

宇治拾遺物語絵巻（陽明文庫蔵）　「雀《すずめ》報恩の事」の一場面。

評価

『今昔物語集』とともに**説話文学の代表作**であり、中世以降よく読まれ、幾度も刊行された。いつの時代も変わらない人間のおかしさ、あわれさが表現された、おおらかで健康的な笑いの世界が、独特の文学性を作り上げている。

「昔話」と『宇治拾遺物語』のあいだ

『宇治拾遺物語』の中には、いわゆる「昔話」の原形が含まれている。特に、瘤《こぶ》取り爺さん、舌切り雀《すずめ》、わらしべ長者などが有名である。しかし、その内容は昔話と同じではない。

一般に知られる昔話「舌切り雀」は、欲張りなお婆さんが、裕福になった正直なお爺さんをうらやんで、同じような手段で財宝を得ようとして失敗する物語である。一方、『宇治拾遺物語』「雀報恩の事」はこんな話だ。ケガをした雀の世話をして子どもに馬鹿にされていたあるお婆さんが、雀の恩返しによって裕福になり、子どもに褒められる。それを見た隣の子どもが「うちの母は何もできない」と不満をもらす。母親は「隣人のように子どもに褒められたい」と思い、同様のことを試みて失敗する——。

欲深を戒める昔話「舌切り雀」に対し、『宇治拾遺物語』では、子どもからの評価をめぐる二人の老女の心理が軽妙に描かれており、おかしみの中に人間性の真実が浮かび上がってくる。

他の昔話についても、『宇治拾遺物語』との共通点・違いを調べてみよう。

▼瘤取り爺さん
→巻一の三「鬼に瘤取らるる事」
▼わらしべ長者
→巻七の五「長谷寺《はせでら》参籠の男、利生《りしょう》にあづかる事」

文学史問題：今昔物語集より古い時代に成立した説話集を次から一つ選べ。（神戸大）
①宇治拾遺物語　②古今著聞集　③沙石集　④発心集　⑤日本霊異記

幼年者への教訓説話集

十《じっ》訓《きん》抄《しょう》

#世俗説話　#十の教訓を伝える書　#王朝文化への懐古

説話集／編者未詳／鎌倉時代中期成立

時代	
上代	794
中古	1185〜1192
中世	1603
近世	1867

作品への招待

歌合《うたあわせ》に出ることになった小式部《こしきぶの》内侍《ないし》に、藤原定頼《ふじわらのさだより》が、「（母で高名な歌人の）和泉式部《いずみしきぶ》に代作を頼む使者は出したか」とからかって問うた。すると、小式部内侍は「大江山いくのの道も…」という優れた歌で返した——。小式部内侍の、母譲りの当意即妙の機知を示す話として知られるが、『十訓抄』はこれを「人を侮ってはいけないこと」という教訓話の一つとして扱っている。

定頼の袖をとらえて歌を返す小式部内侍
（十訓抄／版本・国文学研究資料館蔵）

編者

編者は六波羅二臈左衛門入道《ろくはらじろうざえもんにゅうどう》とも言われるが、確証は乏しく未詳。また、この人物が誰であるかも不明。

成立

序文から、一二五二（建長《けんちょう》四）年成立であることがわかる。

内容

世俗説話集。三巻十編構成で、約二百八十話を収録する。序文によれば、少年に善を勧め、悪を戒めるために古今の物語を集めたといい、教訓的な啓蒙《けいもう》意識が強い。

各巻の冒頭には**徳目**《とくもく》（「第一　人に恵《めぐみ》を施すべき事」など）とその主旨が述べてあり、その具体例として説話を集めて示し、教訓を伝えるという形式をとっている。王朝貴族文化を懐古する姿勢も見られ、王朝時代の例話が多く含まれるのも特徴である。

評価

さまざまな書籍からの説話引用が見られるが、簡潔にまとめられている。具体的で実際的な処世訓を中心とする啓蒙書として広く読まれ、**その後の教訓書の先駆けとなった。**

百科事典的な説話集

古今著聞集《こ こんちょもんじゅう》

説話集
鎌倉時代中期成立

編者

摂関家に随身《ずいじん》として仕えていたと言われる**橘 成季**《たちばなのなりすえ》（生没年未詳）の編。

成立

一二五四（建長《けんちょう》六）年成立。序文によれば『宇治大納言物語《うじだいなごんものがたり》』や『江談抄《ごうだんしょう》』の跡を継いだものという。

内容

二十巻に七百話以上を収録し、『今昔《こんじゃく》物語集《ものがたりしゅう》』に次ぐ規模を誇る。序文と跋文《ばつぶん》を持ち、「神祇《じんぎ》／釈教《しゃっきょう》／政道忠臣／公事《くじ》／文学／和歌／管絃歌舞／能書／術道／孝行恩愛／好色／武勇／弓箭《きゅうせん》／馬芸／相撲強力《すもうごうりき》／画図／蹴鞠《けまり》／博奕《ばくえき》／偸盗《ちゅうとう》／祝《しゅう》言《げん》／哀傷／遊覧／宿執《しゅくしゅう》／闘諍《とうじょう》／興言利口／怪異／変化《へんげ》／飲食／草木／魚虫禽獣《きんじゅう》」という三十の編目に分類される。各編目内も年代順に配列され、隣接する説話にも関連がある、という極めて整った構成をとる。こうした構成は勅撰集《ちょくせんしゅう》にならったものである。

評価

当時の貴族の意識や関心を反映した、王朝懐古的な説話のみならず、鎌倉時代の卑俗猥雑《わいざつ》な話も含まれる。編目の幅広さが示すように、**さまざまな説話を集大成しようとしている。**近世期まで広く読まれ、多くの後続作品を生み出した。

啓蒙的な仏教説話集

沙石集《しゃせきしゅう》

説話集
鎌倉時代後期成立

編者

無住道暁《むじゅうどうぎょう》（一二二六〜一三一二）。東国に生まれ、京・奈良で修学したのちに東海の尾張《おわり》で後半生を送った僧侶。ほかに説話集『**雑談集**《ぞうたんしゅう》』なども編纂《へんさん》した。

成立

序や識語《しきご》によれば、一二七九（弘安《こうあん》二）年に起筆し、一二八三（弘安六）年に脱稿したというが、成立後も繰り返し改稿がなされたらしい。

内容

仏教説話集。十巻からなり、巻別におおむね分類されている。書名は「沙（砂《いさご》）」から金を取り出し、「石」から玉を磨き出すという意味であり、さまざまな説話を例に引きながら、仏教の要点や処世訓などを説いている。各説話は、仏教に関する叙述の中に効果的に織り込まれ、啓蒙《けいもう》的意図に沿うように配されている。

評価

世俗的な話の中から寓意《ぐうい》性をよくつかみ出しており、その語り口の巧みさは他書の追随を許さないものがある。

内容も幅広く、**当時の社会を映した説話や編者自身が取材した地方の説話が多数含まれる。**説教の種本としておおいに利用されたほか、笑話や滑稽譚《こっけいたん》は、後世の狂言・落語に多大な影響を与えた。

日本最古の仏教説話集

日本霊異記《にほんりょういき》

説話集 平安時代前期成立

仏教説話集。編者は**景戒**《きょうかい》（薬師寺の僧）。平安時代前期成立。漢文体。三巻百十六条からなる。

日本最古の仏教説話集で、正式名称は『日本国現報善悪霊異記《にほんこくげんほうぜんあくりょういき》』という。その書名の通り、仏教の因果応報、特に今生のうちに現れる現報の恐ろしさを説き、さまざまな霊異譚《れいいたん》を収録している

中国の志怪説話などからの影響が濃く、『三宝絵詞《さんぼうえことば》』『今昔物語集《こんじゃくものがたりしゅう》』に多大な影響を与えた。

和文化された中国故事の世界

唐物語《からものがたり》

説話集 平安時代後期成立

編者は藤原成範《ふじわらのしげのり》（一一三五～一一八七）か。平安時代後期成立。**古代中国の歴史上の人物や故事**を取り上げ、原典を翻訳・翻案した短編説話二十七話からなる。

『白氏文集《はくしぶんしゅう》』『史記《しき》』『蒙求《もうぎゅう》』などを原拠とし、王子猷《おうしゆう》・李夫人《りふじん》・呂后《りょごう》・楊貴妃《ようきひ》・朱買臣《しゅばいしん》・上陽人《じょうようじん》・王昭君《おうしょうくん》など日本でもよく知られた人物にまつわる故事を中心とするが、一部に典拠未詳話も含む。

ほぼ全話に和歌を挿入しており、歌物語的な要素も見られる。中国故事が日本でどのように受容され、変容したかを知ることができる作品。

書名・編者不明の謎の説話集

古本説話集《こほんせつわしゅう》

説話集 鎌倉時代初期成立か

編者未詳。鎌倉時代初期成立か（平安末期説もある）。現存する伝本は一本しかなく、本来の書名は不明。前半四十六話には紫式部《むらさきしきぶ》・和泉式部《いずみしきぶ》・赤染衛門《あかぞめえもん》・藤原公任《きんとう》ら**王朝時代の歌人・和歌に関する説話**を集め、後半二十四話には、縁起や霊験譚《れいげんたん》などの**仏教説話**を収める。

『宇治拾遺物語《うじしゅういものがたり》』や『今昔物語集《こんじゃくものがたりしゅう》』、『世《よ》継物語《つぎものがたり》』と多くの共通話があり、失われた『宇治大納言物語《うじだいなごんものがたり》』関連作品の一つと目されている。

王朝文化の備忘録的な説話集

古事談《こじだん》

説話集 鎌倉時代初期成立

世俗説話集。編者は**源顕兼**《みなもとのあきかね》（一一六〇～一二一五）。鎌倉時代初期の一二一二～一二一五年に成立。

「王道后宮《こうきゅう》／臣節／僧行／勇士／神社仏寺／亭宅諸道」の六部に分けて、王朝時代の貴族社会を中心とした約四百六十話もの説話を収録する。話末評語のようなものはなく、全般的に主観を排した姿勢で編まれている。

前代の『江談抄《ごうだんしょう》』などの**貴族説話の世界を後代に媒介した意義は大きい。**成立後まもなく『**続古事談**《ぞくこじだん》』という後継作品を生んだ。

『方丈記』の鴨長明が編んだ説話集

発心集《ほっしんしゅう》

説話集 鎌倉時代初期成立

仏教説話集。編者は**鴨長明**《かものちょうめい》（⇩一六七頁）。鎌倉時代初期成立。八巻百二話からなる。話末には長めの評語が付されている。啓《けい》蒙《もう》や教化を目的とする一般の仏教説話集に比べて、**人間の内面「心」への考察など自照性が強い。**

鴨長明の思想をうかがわせるものとしては「数寄《すき》」と仏道との関連に触れた箇所が注目され、『方丈記《ほうじょうき》』とも密接な関係にある。後続の仏教説話集『閑居友《かんきょのとも》』『撰集《せんじゅう》抄《しょう》』に大きな影響を及ぼした。

新出説話中心の仏教説話集

閑居友《かんきょのとも》

説話集 鎌倉時代前期成立

仏教説話集。編者は**慶政**《けいせい》（一一八九～一二六八）。一二二二（承久四《じょうきゅう》）年成立。二巻三十二話で、発心・出家・遁世《とんせい》・往生《おうじょう》譚《たん》を集めている。収録話数は多くないが、**他の説話集にない説話を集めるという姿勢で編まれていることが特徴。**また、下巻のほとんどが女性を主人公としており、中には高貴な女性への訓戒が見られることから、そうした女性に献呈されたと推定されている。

各話末に付された作者の評語の部分が他の説話集に比べて豊富で、その随想・評論的内容が注目される。

貴族社会の「今」を集めた説話集

今物語《いまものがたり》

説話集 鎌倉時代前期成立

世俗説話集。編者は藤原信実《のぶざね》か。一二三九～一二四〇年に成立。一巻五十三話で、短い話が多い。『今物語』の名前にふさわしく、その話題は成立期に近い平安時代後期から鎌倉時代初期に集中する。

文体は、和歌などを含む和文体で、王朝的な風雅な話題を中心とするが、後半になると卑俗な話題も出現する。

藤原頼長《よりなが》・西行《さいぎょう》・文覚《もんがく》・平忠度《たいらのただのり》といった歴史上の著名人のエピソードが含まれる点が興味深い。

漂泊の歌人・西行仮託の説話集

撰集抄《せんじゅうしょう》

説話集 鎌倉時代後期成立

仏教説話集。編者未詳。鎌倉時代後期、十三世紀後半頃に成立か。九巻百二十一話を収録する。あたかも**西行**《さいぎょう》（⇩九九頁）**が諸国を旅しながら綴《つづ》ったように仮託し、**長くそう信じられていたが、虚構であることが明らかになっている。

『閑居友《かんきょのとも》』との関連が深く、出家遁世《とんせい》した高僧らの姿が描かれ、発心・修行・往生にまつわる仏教説話を中心とする。また、和歌・芸能譚《げいのうたん》や伝説化された西行の逸話も集めており、西行が人の骨を集めて人造人間を作ろうとした話などがよく知られる。

文学史問題：日本霊異記と同じジャンルの作品を次から一つ選べ。（広島修道大）
①宇治拾遺物語　②大鏡　③曽我物語　④方丈記　⑤無名抄　⑥愚管抄

軍記物語の最高傑作

平家物語《へいけものがたり》

#源平の争い #諸行無常 #琵琶法師による語り #和漢混淆文

軍記物語／作者未詳／鎌倉時代前期成立

上代 794 中古 1185〜1192 中世 1603 近世 1867

玄奘三蔵絵(藤田美術館蔵)　荒廃した祇園精舎。祇園精舎自体も諸行無常の道理から逃れられない。

作品への招待

「祇園精舎《ぎおんしょうじゃ》の鐘」とは、祇園精舎(インドの寺院)の無常堂という、死を迎えた僧を収容する施設の四隅にあった鐘を意味する。この鐘の音は「諸行無常」の道理を死者に悟らせ、その苦しみを和らげるものであった。その鐘の声に導かれて『平家物語』は始まる。『平家物語』の序文には、滅亡した平家の鎮魂を願う、深い思いも込められているのだ。

作者

未詳。後鳥羽《ごとば》上皇の頃、信濃前司行長《しなののぜんじゆきなが》を作者とし、生仏《しょうぶつ》という盲目の法師に語らせたとする記述が『徒然草《つれづれぐさ》』(⇩一六八頁)にあるが、確証はない。このほか、作者に関しては多くの説がある。

特定の個人の作ではなく、さまざまな見聞、日記・記録、伝承などがまとめられ、増補改訂される中で、現在の形が作られていったと考えられる。

成立

平信範《たいらののぶのり》の日記『兵範記《へいはんき》』の一二四〇(仁《にん》治《じ》元)年の記事に「治承物語《じしょうものがたり》六巻、平家と号す」とあり、承久《じょうきゅう》の乱以降、**十三世紀中頃までに原形となるものが成立していた**と考えられる。非常に多くの異本があり、**琵琶《びわ》法師によって「平曲《へいきょく》」として語られた「語り本」**と、**読み物としての「読み本」**に大別される。『源平盛衰記《げんぺいじょうすいき》』は読み本の一系統である。

内容

書名の通り、治承《じしょう》・寿永《じゅえい》の乱(いわゆる源平合戦)前後での**平家一門の栄華と没落**を描く。前半部では、**平清盛《きよもり》**を中心にした平家の栄華の様が、その横暴さを示す事件とともに描かれる。ところが、清盛の嫡男重盛《しげもり》の死以降、平家の没落が始まり、以仁王《もちひとおう》と源頼政《みなもとのよりまさ》の挙兵・**源義仲《よしなか》**の挙兵・福原《ふくはら》遷都・**源頼朝《よりとも》**の挙兵などの動乱期に突入し、清盛も死去する(巻六)。

平清盛

(宮内庁三の丸尚蔵館蔵)

後半部では、源義仲の入京によって都落ちした平家一門の運命が描かれる。その後義仲に代わって追討軍の大将となった**源義経《よしつね》**の活躍とともに、一《いち》の谷《たに》・屋島《やしま》の合戦を経て、壇《だん》の浦《うら》の合戦をもって、平家は滅亡する(巻十二)。

語り本ではさらに、後日談として「灌頂巻《かんじょうのまき》」が置かれ、平家一門で唯一生き残った建礼門院《けんれいもんいん》の、大原《おおはら》での隠棲《いんせい》と往生の様子とが描かれる(この巻を独立させないものもある)。

このような時系列的に歴史の流れを追う筋に、登場人物のさまざまなエピソードが組み合わせられている。また、**和漢の説話が豊富に引用されている**ことも特徴的である。

文体は**和漢混淆《こんこう》文**。合戦場面などでは、音便形・擬態語・擬音語などを多用して力強い印象を与える。一方、悲劇的な場面では、叙情性豊かな和文体を用いるなど、巧みな使い分けがなされている。

評価

貴族に代わって武士が時代を築いていく中世のありさまを、「**諸行無常《しょぎょうむじょう》**」「**盛者必衰《じょうしゃひっすい》**」を主題に描き出しており、軍記物語の代表作として、今なおその価値を失っていない。

源平交替史を平家の視点から描くことに主眼があるが、戦乱の中で翻弄《ほんろう》される公家《くげ》や、悲劇的な女性たちの姿も描かれるなど、源平合戦に関わる社会の変動が見事に表現されている。

『平家物語』はそれ自体でも人気を集めたが、能・幸若舞《こうわかまい》・人形浄瑠璃《じょうるり》・歌舞伎《かぶき》など**後世の種々の芸能にも素材を提供した**。こうした芸能を通しても、『平家物語』の世界は、広く民衆へ浸透していったのである。

武士と琵琶法師

平曲音声

能「敦盛」(©公益社団法人能楽協会)

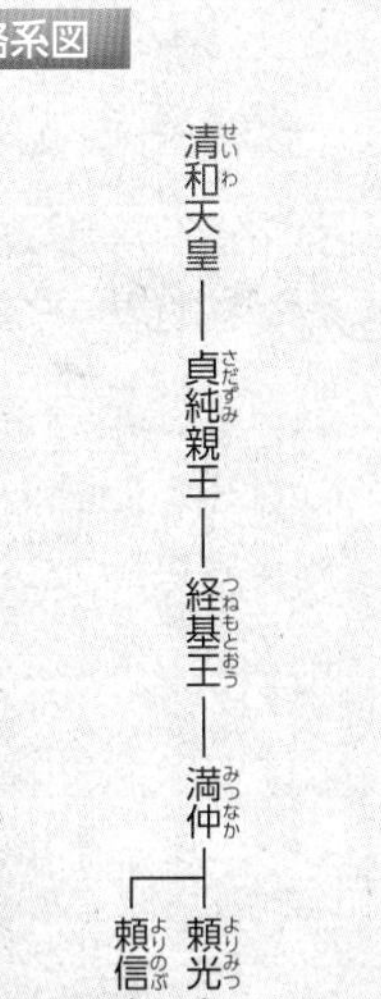
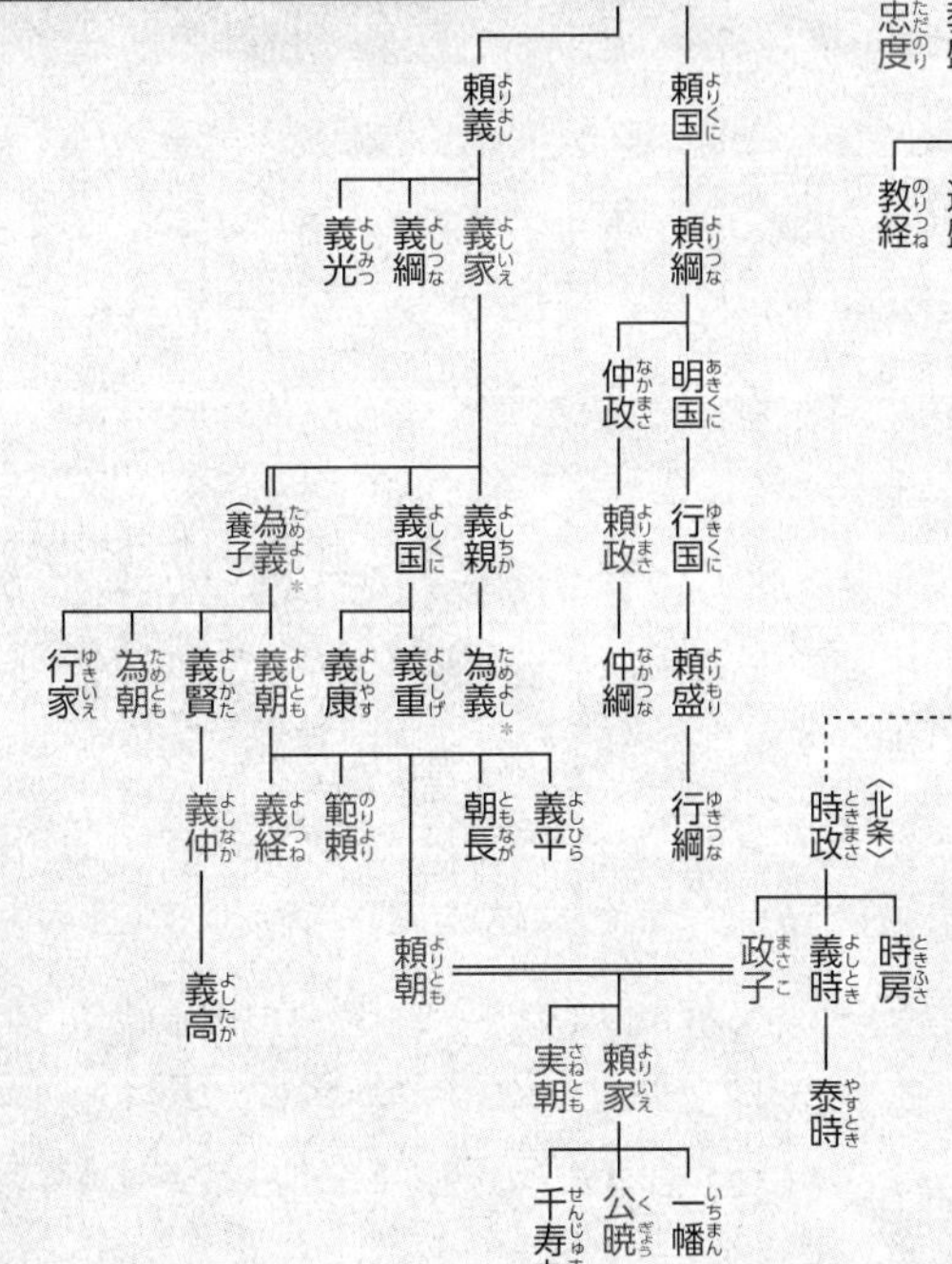

現在の壇の浦(関門海峡)

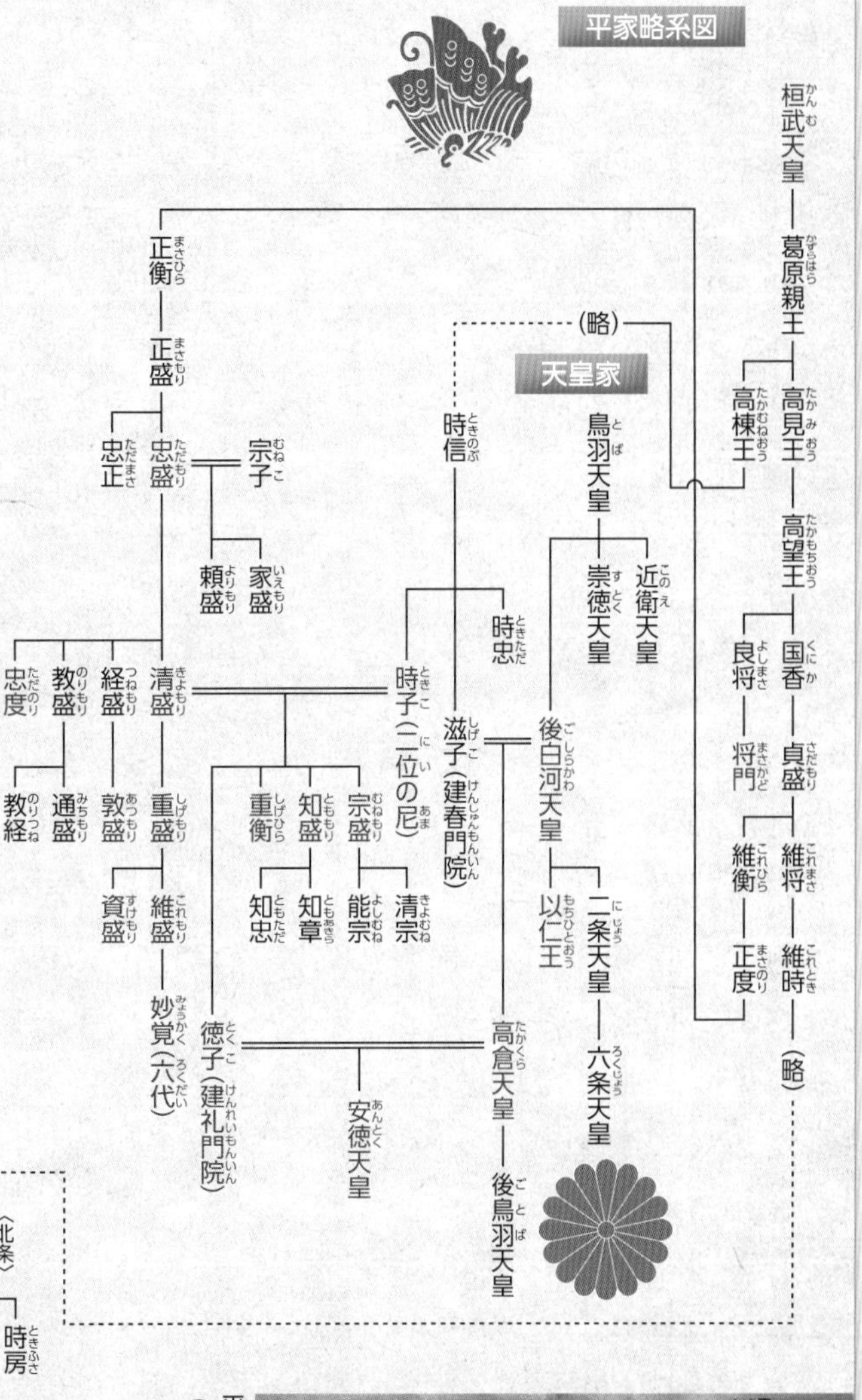

平家軍の赤旗と源氏軍の白旗(明星大学図書館蔵)

＊の「為義」は同一人物。

紅白の由来と源平合戦

今でも、二つの組に分かれて行う試合を紅白戦・紅白試合と呼ぶことがある。二つの対照的な色の組み合わせとして、なぜこの二色が選ばれ、定着したのか。実は、この呼び方は、源平の両軍の旗色に由来している。

例えば、『平家物語』の異本の一つである『源平盛衰記』には、

（富士川の）西の耳《はた》には平家赤旗を捧げて固め、東の川原には源氏白旗を捧げたり。

と、戦いの様子が描かれている。また、『平家物語』を扱う多くの絵画に描かれるように、源氏軍は白地の旗を、平家軍は紅地の旗を掲げて戦ったという。(⬇上図の写真参照)

百人一首を用いたカルタ遊びの一つに、二つのチームに分かれて行う源平戦があるように、日本人にとって、並び立つ二つ勢力の対抗戦と言えば、真っ先に源平合戦が思い出された。そこから、その旗印の色が対抗戦の名称として用いられるようになったのだ。

日本最初の全国規模の内乱を、源氏と平家の対立構図で描き切った『平家物語』の影響力は、赤白に組み分けられた運動会や、大晦日《おおみそか》の風物詩的番組である「NHK紅白歌合戦」など、現在も私たちの身近に残っている。

文学史問題：平家物語の属するジャンル(種類)として適当なものを次から一つ選べ。(岐阜大)
①浮世草子　②歴史物語　③軍記物語　④歌物語　⑤御伽草子

西暦	事項	平家章段
一一一八	平清盛《きよもり》、誕生。	6 祇園女御《ぎおんにょうご》
一一三二	平忠盛《ただもり》、昇殿を許される。	1 殿上闇討《てんじょうのやみうち》
一一四六	平清盛、安芸守《あきのかみ》となる。	1 鱸《すずき》
一一五六	保元《ほうげん》の乱。	1 鱸
一一五九	平治《へいじ》の乱。	1 鱸
一一六七	平清盛、太政大臣《だいじょうだいじん》となる。	1 鱸
一一六八	平清盛、出家。	1 禿髪《かぶろ》
	建礼門院徳子《けんれいもんいんとくこ》、入内。	1 吾身栄花《わがみのえいが》
一一七〇	①殿下乗合《てんがののりあい》事件。	1 殿下乗合
一一七七	延暦寺強訴《えんりゃくじごうそ》。	1 神輿振《みこしぶり》
	安元《あんげん》の大火。	1 内裏《だいり》炎上
	鹿《しし》ケ谷《たに》の陰謀事件。	1 鹿谷《ししのたに》
	西光《さいこう》、処刑される。	2 西光被斬《さいこうきられ》
	藤原成親《ふじわらのなりちか》、流罪。	2 大納言《だいなごん》流罪
一一七八	俊寛《しゅんかん》、鬼界《きかい》ケ島《しま》に取り残される。	3 足摺《あしずり》
	安徳《あんとく》天皇、誕生。	3 御産《ごさん》
一一七九	平重盛《しげもり》、死去。	3 医師問答
	清盛、後白河院《ごしらかわいん》を鳥羽《とば》に幽閉。	3 法皇被流《ながされ》
一一八〇	安徳天皇、即位。	4 厳島御幸《いつくしまごこう》
	以仁王《もちひとおう》の乱。	4 源氏揃《ぞろえ》
	②橋合戦《はしがっせん》。	4 橋合戦
	福原《ふくはら》へ遷都。	5 都遷《みやこうつり》
	③源頼朝《よりとも》、関東で挙兵。	5 早馬《はやうま》
	源義仲《よしなか》、信濃《しなの》で挙兵。	5 廻文《めぐらしぶみ》
	④富士川《ふじがわ》の戦い。	5 富士川
	平重衡《しげひら》の南都焼き討ち。	5 奈良炎上
一一八一	高倉院《たかくらいん》、崩御。	6 新院崩御
	⑤平清盛、死去。	6 入道死去
一一八三	⑥倶利伽羅《くりから》が谷《たに》の戦い。	7 倶利伽羅落《おとし》

『平家物語』合戦地図・名場面集

「大原御幸」のみ東京国立近代美術館蔵。
その他は明星大学蔵「奈良絵本平家物語」より掲載。

平清盛《きよもり》の孫資盛《すけもり》が摂政藤原基房《せっしょうふじわらのもとふさ》の車と遭遇しトラブルになった。清盛はそれに怒り、基房に対して報復を行った。「世の乱れそめける根本」とされる事件。

以仁王《もちひとおう》と源頼政《よりまさ》が反平家の軍をあげ、宇治川《うじがわ》で戦った。筒井浄妙《つついじょうみょう》や一来法師《いちらいほうし》が宇治橋の上で印象的な戦いを見せるが、頼政は敗れ宇治平等院《びょうどういん》で死ぬ。

③石橋山《いしばしやま》の戦い(巻五)

源頼朝《よりとも》が伊豆《いず》で挙兵した一報が清盛のもとへ届く。しかし、頼朝は石橋山で大敗し、少人数で逃れる。

平家の棟梁《とうりょう》清盛が熱病に冒され、危篤に陥る。清盛は灼熱《しゃくねつ》地獄の中にいるかのような苦しみの中、頼朝の首を墓前に供えるように遺言し、ついに死去する。

石橋山の戦いでの敗戦後、再度挙兵した源頼朝と迎え撃つ平維盛《これもり》が富士川を隔てて対陣。水鳥の羽音を源氏軍の襲来と勘違いした平家軍が敗走。

	平家、安徳天皇とともに都落ち。	7 一門都落《みやこおち》
	頼朝、征夷大将軍《せいいたいしょうぐん》の院宣《いんぜん》を得る。	8 征夷将軍院宣
	平家、水島《みずしま》の戦いで義仲に勝利。	8 水島合戦
	義仲、後白河院を幽閉。	8 法住寺《ほうじゅうじ》合戦
一一八四	⑦宇治川《うじがわ》の戦い。	9 宇治川先陣
	義仲、源義経《よしつね》に敗れ戦死。	9 木曽最期《きそのさいご》
	⑧一《いち》の谷《たに》の戦い。	9 坂落《さかおとし》
	平重衡、生け捕り。	9 重衡生捕《いけどり》
	⑨平敦盛《あつもり》、戦死。	9 敦盛最期
	平重衡、鎌倉《かまくら》へ送られる。	10 海道下《かいどうくだり》
	平維盛《これもり》、熊野《くまの》沖で入水《じゅすい》。	10 維盛入水
一一八五	屋島《やしま》の戦い。	11 逆櫓《さかろ》
	⑩那須与一《なすのよいち》の活躍。	11 那須与一・弓流《ゆみながし》
	志度《しど》合戦。	11 志度合戦
	壇《だん》の浦《うら》の戦い。	11 壇浦合戦《だんのうらかっせん》
	⑪安徳天皇、入水。	11 先帝身投《みなげ》
	平宗盛親子《むねもり》、生け捕り。	11 能登殿最期《のとどの》
	⑫平教経《のりつね》、入水。	11 能登殿最期
	平知盛《とももり》、入水。	11 内侍所都入《ないしどころのみやこいり》
	源義経、鎌倉入りを許されず。	11 腰越《こしごえ》
	平宗盛親子、処刑される。	11 大臣殿被斬《おおいどの》
	平重衡、処刑される。	11 重衡被斬
	義経、離京。	12 判官都落《ほうがん》
一一八六	⑬後白河院、大原《おおはら》に建礼門院訪問。	灌 大原御幸《ごこう》
一一九一	建礼門院、死去か。	灌 女院死去
?	六代《ろくだい》が処刑され平家断絶。	12 六代被斬

※章段数・章段名は覚一本による。

⑩扇の的(巻十一)

平家が揺れる船の上に立てた扇の的を、源氏方の那須与一《なすのよいち》が見事に射落とし、両軍から喝采《かっさい》を浴びる。屋島《やしま》の戦いのハイライトシーン。

⑥倶利伽羅《くりから》が谷《たに》の戦い(巻七)

信濃《しなの》で挙兵した源義仲《よしなか》が、大軍で迎え撃つ平家に夜襲をかけて勝利。身動きのとりにくい険しい谷に落ち重なった平家軍の遺骸《いがい》で谷が埋まったという。

⑪安徳《あんとく》天皇の入水《じゅすい》(巻十一)

源氏軍の手にはかかるまいと、二位の尼(時子《ときこ》)は幼い孫の安徳天皇を抱いて入水する。建礼門院《けんれいもんいん》(徳子《とくこ》)も後を追って海に飛び込むが、源氏軍に助け出される。

⑦宇治川《うじがわ》の戦い(巻九)

入京し狼藉《ろうぜき》を働く源義仲と、それを攻める源義経《よしつね》の戦い。源頼朝からそれぞれ名馬を与えられた佐々木高綱《ささきたかつな》と梶原景季《かじわらかげすえ》の先陣争いが繰り広げられた。

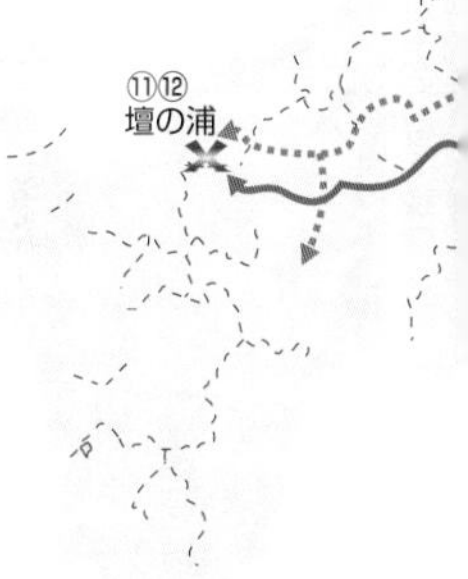

⑧一《いち》の谷《たに》の戦い(巻九)

源義経が山を背に布陣する平家の背後から「鵯越《ひよどりごえ》」を駆け下りて急襲。平家は大損害を被り、海へと逃れた。

⑫壇《だん》の浦《うら》の戦い(巻十一)

平家の猛将・平教経《のりつね》は、源氏の大将・源義経の乗る船に飛び掛かるが、義経は他の船に逃げてしまう。教経は存分に戦った後、敵二人を両脇に抱えて入水する。

⑨平敦盛《あつもり》の最期(巻九)

一の谷の戦いで逃げ遅れた平敦盛はまだ十代の容姿端麗な若者。その若者を敦盛とは知らず涙ながらに討ったのは、奇《く》しくも敦盛と同年代の子を持つ熊谷直実《くまがいなおざね》だった。

⑬大原御幸《おおはらごこう》(灌頂巻)

壇の浦の戦いの後、建礼門院は出家し、京都大原に隠棲《いんせい》していた。そこに後白河《ごしらかわ》院《いん》が訪れる。

文学史問題:平家一門の盛衰を女性の視点から描いた作品を次から一つ選べ。(立命館大)
①平家物語 ②源平盛衰記 ③明月記 ④建礼門院右京大夫集 ⑤閑居友 ⑥後鳥羽院御口伝

Close Up 源義仲と平忠度

木曽《きそ》の最期（巻九）

母親に代わり貴人の子を養育する女性を乳母《めのと》といい、乳母の実子を乳母子《めのとご》という。当然、養君と乳母子とは幼い頃から一緒に育つこととなり、特に親しい関係となる。主従関係としても心から信頼し合える相手であった。

源（木曽）義仲《よしなか》は自らの敗戦を悟ったとき、乳母子今井四郎兼平《いまいしろうかねひら》とともに死ぬことを望み、兼平は主君に立派な最期を遂げさせるべく、戦い抜くことを選んだ。しかし、義仲は兼平の行方を気にして振り返ってしまったがために、矢に当たって討ち取られる。乳母子と「一所《いっしょ》で死なん」との願いは結局果たせずに終わった。

では、『平家物語』の中で、乳母子との約束を果たし、同じ場所で最期を迎えた人物はいるのだろうか？

それは唯一、壇の浦の戦いにおける平知盛《とももり》だけである。知盛は、入水《じゅすい》するに際して乳母子の平（伊賀）家長《いえなが》を呼んで、「いかに約束はたがふまじきか」と確認し合い、ともに自害を果たしている。

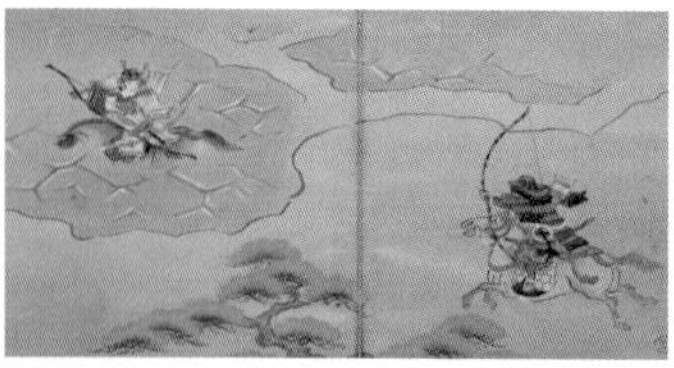

深田にはまって討ち取られる源義仲
（明星大学図書館蔵）

源義仲（木曽古文書館蔵）

忠度《ただのり》の都落ち（巻七）

平家滅亡を自覚した忠度は、都落ちの際に自作の和歌を手にして、和歌の師藤《ふじ》原俊成《わらのとしなり》の屋敷を訪れた。最後に勅撰集《ちょくせんしゅう》入集を願ったのである。平家一門の勝利でも、自身の存命でもなく…。当時の歌人にとっての、勅撰集に入集することの意味の大きさを知ることができる。

さて、平家滅亡後、「詠み人知らず」として『千載和歌集《せんざいわかしゅう》』に入れられたのは、「故郷の花」と題された次の一首であった。

さざなみや志賀《しが》の都は荒れにしを
　昔ながらの山桜かな

「かつて栄えた大津京《おおつきょう》の姿は跡形もない。しかし、山桜だけが変わらずそこに咲き続けるよ」という歌である。

古代の壬申《じんしん》の乱で荒れた大津京に、源平の動乱で混乱に陥る京都の姿が重ねられていることは言うまでもない。平家が去り、動乱が終わった後の京で、この歌を選んだ俊成の思いは、どのようなものだったのだろうか。

薩摩守平忠度桜下詠歌之図

比べてみよう 「読み本」と「語り本」

『平家物語』には数多くの異本が存在し、それぞれが独自の物語世界を作り上げている。例えば、有名な平重衡《しげひら》による南都（奈良）焼き打ち事件の描き方も、本によって大きく異なる。

■読み本（延慶本《えんぎょうぼん》）
重衡朝臣《あそん》は法花寺《ほっけじ》の鳥居の前に打ち立ちて、次第に南都を焼き払ふ。

■語り本（覚一本《かくいちぼん》）
風は激しし、火元は一つなりけれども、吹き迷ふ風に、多くの伽藍《がらん》（寺院）に吹きかけたり。

延慶本が意図的に南都を焼いたとするのに対し、覚一本では、夜間の戦での明かりとして一軒の家に点《つ》けた火が南都の寺院へと燃え広がってしまった不慮の事故としている。

さらに、覚一本での重衡は、一の谷の戦いで捕虜になってからも、「まったく愚意（私自身）の発起にあらず」と、何度も弁明を行い、自身の罪を嘆き続けながら斬首される。

覚一本は、重衡に南都炎上の直接責任を負わせなかった。そうすることで、「牡丹《ぼたん》の花」にも形容され、華やかな平家の公達《きんだち》を代表する平重衡の哀しい最期を描いたのである。

武者の世の幕開けを語る

保元物語《ほうげんものがたり》

軍記物語　鎌倉時代前期成立

三巻。作者未詳。鎌倉時代前期成立。一一五六(保元《ほうげん》元)年に起こった**保元の乱の顚末《てんまつ》を描いた軍記物語**。

崇徳院《すとくいん》は、後白河《ごしらかわ》天皇の皇位を奪おうと、藤原頼長《ふじわらのよりなが》・源為義《みなもとのためよし》・平忠正《たいらのただまさ》らを味方につけて反乱を企てるも、藤原忠通《ただみち》・源義朝《よしとも》・平清盛《きよもり》ら後白河天皇方に敗れる。

讃岐《さぬき》に配流され、恨みを残して死んだ崇徳院の姿や、馬上で流れ矢に討たれる藤原頼長、英雄的活躍を見せるも敗れて流罪となった源為朝など、**敗者の側を印象的に描いている**。

平家全盛時代の到来を描く

平治物語《へいじものがたり》

軍記物語　鎌倉時代前期成立

三巻。作者未詳。鎌倉時代前期成立。一一五九(平治《へいじ》元)年に起こった**平治の乱の顚末《てんまつ》を描いた軍記物語**。

源義朝《よしとも》は、藤原信頼《のぶより》とともに京で謀反を起こすも、熊野《くまの》詣でから引き返した平清盛《きよもり》の勢力に敗れ、家臣に裏切られて非業の最期を遂げる。義朝の子義平《よしひら》の活躍、妻常盤《ときわ》の献身的な姿、子朝長《ともなが》・頼朝《よりとも》らの悲劇的な運命が描かれる。

この出来事によって、平氏政権の基盤が形成された。**『平家物語《へいけものがたり》』**(⬇一七六頁)**の前日譚《ぜんじつたん》となる物語である**。

中世最大の軍記物語

太平記《たいへいき》

軍記物語　室町時代前期成立

作者

作者未詳。

成立

室町時代前期成立。

内容

鎌倉時代末期から室町時代初期までを扱う軍記物語。鎌倉幕府の滅亡・建武《けんむ》の新政・南北朝の動乱・室町幕府の成立など、**四十年以上に及ぶ全国規模の未曽有《みぞう》の動乱が、全四十巻という壮大なスケールで描かれている**。

前半では、後醍醐《ごだいご》天皇・楠木正成《くすのきまさしげ》・新田義貞《にったよしさだ》・足利尊氏《あしかがたかうじ》といった個性的な英雄の活躍が印象的に描かれる。後半では、下剋上《げこくじょう》の時代を反映して、従来の権威や秩序に従わない、バサラ(派手で奔放)な守護大名たちの行動や、動乱で疲弊していく公家《くげ》社会の有様が赤裸々に描写されていく。

評価

情緒的な雰囲気の強い『平家物語《へいけものがたり》』とは異なった軍記物語の到達点である。江戸時代には人気を得て、広く読まれたほか、**「太平記読み」**という講釈を通じても広がった。軍書や読本《よみほん》など文学作品のみならず、歌舞伎《かぶき》・人形浄瑠璃《じょうるり》など近世文芸に及ぼした影響は大きく、その影響力は近代にまで及ぶ。

曽我兄弟の仇討ち物語

曽我物語《そがものがたり》

軍記物語　室町時代前期成立か

軍記物語。作者未詳。仮名本は室町時代前期成立か。真名《まな》本(十巻)と仮名本(十二巻)があり、真名本が先行して東国で編纂《へんさん》されたらしい。

所領をめぐる争いから父河津祐泰《かわづすけやす》を工《く》藤祐経《どうすけつね》に殺された曽我十郎祐成《そがじゅうろうすけなり》・曽我五郎時致《ときむね》兄弟が、成長した後、源頼朝《よりとも》の主催した富士裾野《すその》での巻狩《まきがり》の場で工藤祐経を殺し、仇討《あだう》ちを果たすまでの顚末《てんまつ》を描いている。

後世、さまざまな芸能・文芸の題材となり、**「曽我物《そがもの》」**というジャンルを築いた。

源義経の英雄一代記

義経記《ぎけいき》

軍記物語　室町時代前期成立か

軍記物語。作者未詳。八巻。室町時代前期成立か。

源氏の武将である源義経《よしつね》の幼少期から、挙兵・平家打倒・兄頼朝《よりとも》との確執・奥州での死までを伝記的に描く。多くの説話や伝説を集大成しながら、義経のみならず、弁慶《べんけい》・静御前《しずかごぜん》など、主従の運命が丁寧に描き出されている。

いわゆる「判官《ほうがん》びいき」の出発点であり、『曽我物語《そがものがたり》』と同様、後世の芸能、文学に大きな影響を及ぼし、**「判官物《ほうがんもの》」**というジャンルを築いた。

三条殿焼き討ち(平治物語絵巻／国立国会図書館蔵)

文学史問題：平治物語と同じジャンルの作品を次から一つ選べ。(神戸大)
①太平記　②明月記　③方丈記　④神皇正統記　⑤古事記

風雅の追求者

松《まつ》尾《お》芭《ば》蕉《しょう》

\# 元禄の三大文豪 # 漂泊の詩人 # 風雅の誠 # 短詞型文学 # 俳句の源流

一六四四(正保《しょうほう》元)年〜一六九四(元禄《げんろく》七)年　俳諧

上代　794　中古　1185〜1192　中世　1603　近世　1867

作品への招待

芭蕉の代表作『おくのほそ道』は、実際の東北行脚《あんぎゃ》に基づく紀行文であるが、旅に同行した曽良《そら》の日記と比べてみると、現実の旅とは異なる、いわばフィクションの記述が散りばめられている。『おくのほそ道』は単なる旅の記録ではなく、芭蕉が一言一句に工夫を凝らした芸術作品なのだ。推敲《すいこう》を重ね、死の数ケ月前に至ってようやく完成した本書には、芭蕉の追求した風雅の世界が凝縮されている。

松尾芭蕉肖像(早稲田大学図書館蔵)

経歴

貞門《ていもん》・談林《だんりん》俳諧への傾倒——若き日

一六四四(正保《しょうほう》元)年、伊賀上野《いがうえの》(三重県)に生まれる。本名は松尾忠右衛門宗房《まつおちゅうえもんむねふさ》。藤堂《とうどう》家に出仕し、二歳年上の藤堂良忠《よしただ》(俳号蟬吟《せんぎん》)のもとで**貞門俳諧**に親しんだ。この時期の俳号は「宗房」。

良忠が若くして亡くなると、藤堂家を辞し、二十九歳から三十二歳の間に江戸に移住、俳号を「桃青《とうせい》」と改め、**談林俳諧**に熱中した。三十四歳で俳諧宗匠として独立し、江戸俳壇で活躍する。

俳人「芭蕉」の誕生——深川への退隠

三十七歳で深川(東京都江東区)に隠棲《いんせい》、職業的な俳人として生きることをやめ、新風の模索に専念する。また、この頃より「芭蕉」の号を用いるようになる。当時の作風を象徴するのが、一六八三(天和《てんな》三)年の『**虚栗**《みなしぐり》』で、漢詩文調の俳諧によって談林俳諧の超克を目指した。

蕉風の確立——旅に生き、旅に死す

四十一歳のとき、『野《の》ざらし紀行《きこう》』の旅に出発。この頃、漢詩文調を脱却して蕉風を確立する。以後『鹿島紀行《かしまきこう》』『笈《おい》の小文《こぶみ》』『更科紀行《さらしなきこう》』の旅にも赴いた。

四十六歳の春から秋にかけて、『**おくのほそ道**《みち》』の旅(⬇一八四頁)を敢行した。この旅によって句境を深化させ、「**不易流行**《ふえきりゅうこう》」(⬇一七六頁)の理念に到達する。一六九一(元禄《げんろく》四)年には、芭蕉の監督下で『**猿蓑**《さるみの》』が編集刊行される。同書は円熟期の蕉風俳諧の特徴である「**さび**」「**しほり**」「**細**《ほそ》**み**」(⬇一七六頁)の境地を具現化した書で、蕉風俳諧の到達点を示した。

その年の冬、江戸に帰り、門人とともに「**軽**《かる》**み**」(⬇一七六頁)の風体を追求し、その成果は一六九四(元禄七)年刊行の『**炭俵**《すみだわら》』に結晶する。同年五月、西上の旅へ出発し、同年十月、大坂滞在中に五十一歳で病死。亡骸《なきがら》は遺言により膳所《ぜぜ》(滋賀県)の義仲寺《ぎちゅうじ》に埋葬された。

病床の芭蕉と門人たち(芭蕉翁絵詞伝／義仲寺蔵)

評価

言語遊戯として発生・展開した俳諧を、漂泊生活の実践と厳しい内省を経て、伝統的な詩歌と肩を並べる芸術に高めた。生涯をかけて俳風の革新に努め、「**風雅の誠**」を追い求める生き方そのものが、俳諧という文芸のあり方を一変させた。同時代から現代に至るまで、その影響力は甚大である。

松尾芭蕉略年譜

西暦	年齢	事項
一六四四	1	伊賀上野《いがうえの》に出生。
一六六二	19	この頃、藤堂良忠《とうどうよしただ》(蟬吟《せんぎん》)に出仕。貞門《ていもん》俳諧をたしなむ。同年作の発句が現存最古の作(初号「宗房」)。
一六七二	29	『貝《かい》おほひ』成立。
一六七五	32	この年までに江戸に移住。俳号を「桃青《とうせい》」と改める。江戸下向中の西山《にしやま》宗因《そういん》と接し、談林《だんりん》俳諧に親しむ。
一六七七	34	宗匠として独立。
一六八〇	37	深川芭蕉庵《ばしょうあん》に隠棲《いんせい》。
一六八二	39	この頃より「芭蕉」の号を使用。
一六八四	41	『野《の》ざらし紀行《きこう》』の旅。
一六八七	44	『鹿島紀行《かしまきこう》』『笈《おい》の小文《こぶみ》』の旅。
一六八八	45	『更科紀行《さらしなきこう》』の旅。
一六八九	46	『おくのほそ道《みち》』の旅。以後約二年間は上方に滞在。
一六九〇	47	『幻住庵記《げんじゅうあんのき》』成立。
一六九一	48	『嵯峨日記《さがにっき》』成立。『猿蓑《さるみの》』刊。江戸へ帰る。
一六九四	51	『炭俵《すみだわら》』刊。大坂で病没。

作品

野《の》ざらし紀行《きこう》

一六八四(貞享元《じょうきょう》)年八月、江戸を出立。門人千里《ちり》とともに故郷伊賀上野へ赴き母の遺髪に対面した後、ひとり吉野《よしの》・美濃《みの》・尾張《おわり》・近畿地方を巡り、甲斐国《かいのくに》山中を経て、翌年四月末に深川に帰着するまでの紀行文。客死の覚悟が明示される。

鹿島紀行《かしまきこう》

一六八七(貞享四)年八月、曽良《そら》・宗波《そうは》と常陸国《ひたちのくに》鹿島神宮に詣で、鹿島根本寺《こんぽんじ》の前住職仏頂和尚《ぶっちょうおしょう》を訪ね、ともに仲秋の名月を賞した際の短い紀行文。和漢の古典を踏まえた情趣あふれる俳文。

笈《おい》の小文《こぶみ》

一六八七(貞享四)年十月、江戸を出立。尾張・三河《みかわ》を経て歳末に伊賀上野に至り越年、翌春、伊勢《いせ》・大和《やまと》・紀伊《きい》などを経て、同年四月に須磨《すま》・明石《あかし》へ至るまでの紀行文。冒頭に芭蕉の俳諧観・人生観が示される。芭蕉の原稿を乙州《おとくに》が編集し、一七〇七(宝永《ほうえい》四)年に刊行された。

『笈の小文』の旅で訪れた伊良湖岬

更科紀行《さらしなきこう》

一六八八(貞享五)年八月、越人《えつじん》らとともに尾張から美濃を経て信濃国《しなののくに》更科の姨《おば》捨山《すてやま》の月を賞し、善光寺《ぜんこうじ》に参詣、碓氷峠《うすいとうげ》を経て江戸へ帰るまでの短い紀行文。門人のいない未知の土地への旅を描く。

幻住庵記《げんじゅうあんのき》

一六九〇(元禄三)年四月より同年七月まで、近江国国分山《おうみのくにこくぶやま》の幻住庵での閑居生活について記した俳文。自身の半生を振り返る記述がある。『猿蓑《さるみの》』に収録。

嵯峨日記《さがにっき》

一六九一(元禄四)年四月から五月にかけて、去来の別荘である嵯峨の落柿舎《らくししゃ》に滞在した際の出来事を、日記風に記した俳文。門人の句や漢詩をも収録する。

おくのほそ道《みち》

(➡一八四頁)

一六八九(元禄二)年三月に江戸を出立。曽良《そら》とともに奥羽《おうう》・北陸を行脚《あんぎゃ》し、同年八月下旬に美濃国大垣に至り、九月六日に伊勢へ旅立つまでの紀行文。推敲《すいこう》を経て、一六九四(元禄七)年四月に門人素龍《そりょう》による清書本が完成、芭蕉は最後の旅にこの本を携行した。

落柿舎

俳諧七部集《はいかいしちぶしゅう》

佐久間柳居《さくまりゅうきょ》編。蕉風の代表的な撰集七点を集めた叢書《そうしょ》。

冬《ふゆ》の日《ひ》 一六八四刊	山本荷兮《やまもとかけい》編。『野ざらし紀行』の旅中、尾張国名古屋で興行された歌仙五巻と追加の表六句からなる。漢詩文調からの脱却を図り、蕉風開眼の書とされる。
春《はる》の日《ひ》 一六八六刊	山本荷兮編。平明で穏やかな俳風を示す。
曠野《あらの》 一六八九刊	山本荷兮編。蕉風俳諧の指針となるべき書として芭蕉が序を寄せている。
ひさご 一六九〇刊	浜田珍碩《はまだちんせき》編。「軽み」への志向が垣間見える。
猿蓑《さるみの》 一六九一刊	向井去来《むかいきょらい》・野沢凡兆《のざわぼんちょう》編。『おくのほそ道』の旅を経て芭蕉が到達した新風を示す。「俳諧の古今集」と評され、尊ばれた。
炭俵《すみだわら》 一六九四刊	志太野坡《しだやば》・小泉孤屋《こいずみこおく》・池田利牛《いけだりぎゅう》編。芭蕉晩年の俳風「軽み」を具現化した代表的撰集。
続猿蓑《ぞくさるみの》 一六九八刊	服部沾圃《はっとりせんぽ》編。芭蕉・各務支考《かがみしこう》補撰。『炭俵』に続き、「軽み」の風を示す。

芭蕉直筆の短冊(柿衛文庫蔵)
ふる池や蛙《かはつ》飛込《とびこむ》水のおと　はせを《芭蕉》

主要な門人とその著作

宝井《たからい》(榎本《えのもと》)其角《きかく》(一六六一〜一七〇七)

延宝《えんぽう》(一六七三〜一六八一)の初めに十四、五歳で入門した古参門人。都会的な俳風を志向し、江戸俳壇の中心をなす。『虚栗《みなしぐり》』の編者。

服部嵐雪《はっとりらんせつ》(一六五四〜一七〇七)

一六七五(延宝三)年頃の入門。其角とともに江戸蕉門の双璧をなす。

向井去来《むかいきょらい》(一六五一〜一七〇四)

肥前国《ひぜんのくに》長崎の儒医の家に生まれる。芭蕉の信頼厚く、凡兆《ぼんちょう》と『猿蓑《さるみの》』を共編。上方蕉門の重鎮。

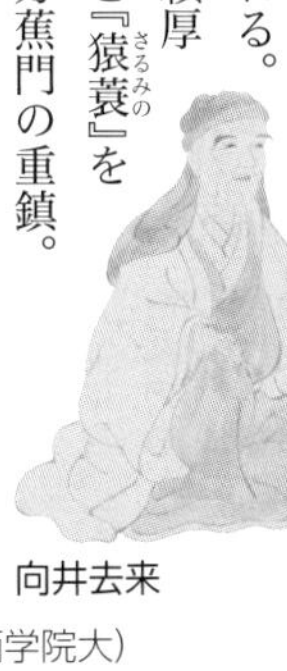
向井去来

▼『去来抄《きょらいしょう》』…一七〇四(宝永元)年頃成立。自身の見聞をもとに、芭蕉と門人の俳論を集成した書。「先師評」「同門評」「故実」「修行」の四編からなる。

服部土芳《はっとりどほう》(一六五七〜一七三〇)

伊賀国藤堂藩士であったが三十二歳で家督を辞し、俳諧に専心した。伊賀蕉門の中心的人物。

▼『三冊子《さんぞうし》』…一七〇二(元禄一五)年成立。「白冊子」「赤冊子」「忘水《わすれみず》」の三部からなる。自身の見聞と諸書の記述により、蕉風の理念や作句法を説く。

森川許六《もりかわきょりく》(一六五六〜一七一五)

近江国彦根《ひこね》藩士。芭蕉晩年の門人。芭蕉の絵画の師でもある。芭蕉の没後も彦根俳壇の中心として活躍した。

文学史問題：芭蕉の作品ではないものを次から一つ選べ。(関西学院大)
①海道記　②笈の小文　③おくのほそ道　④更科紀行　⑤野ざらし紀行

Close Up

『おくのほそ道』の旅と風物と句

❶千住《せんじゅ》

行く春や鳥啼《な》き魚《うを》の目は涙

旅立つ芭蕉・曽良《そら》と、それを見送る人々。別れの感慨をこの句に込めた。

❷日光《にっこう》

あらたうと青葉若葉の日の光

徳川家康《とくがわいえやす》をまつる日光東照宮《にっこうとうしょうぐう》（陽明門）

❸信夫《しのぶ》の里

早苗《さなへ》とる手もとや昔しのぶ摺《ずり》

芭蕉は田植えをする早乙女《さおとめ》の手つきに、古代のおもかげを見た。

『おくのほそ道』の随行者

『おくのほそ道』には、旅の同行者として曽良《そら》が登場するが、当初は別の人物が予定されていた。それは、作品末尾に登場する路通《ろつう》（本文では露通）という俳人である。

漂泊の日々を送っていた路通は『野ざらし紀行』の旅中にあった芭蕉と出会い、入門。その後、芭蕉庵の近くに住み、芭蕉に教えを受けた。芭蕉は、風雅を追求する同志として路通を絶賛し、彼との雅交を「予が楽《たのしみ》も爰《ここ》に極《きはま》り候《さうらふ》」（其角《きかく》宛書簡）と評した。また、『おくのほそ道』の旅を目前に控えた頃の手紙には、路通という良き同行者を得たことを喜び、出立を待ちわびる心情が記されている。

ところが、出発の二か月前になって、路通は突如上方へ発《た》ち、芭蕉のもとから去ってしまう。芭蕉はこのことを門人へ報じる手紙の中で、突然の出来事に茫然《ぼうぜん》とし、路通との別れを「千歳《せんざい》の愁《うれひ》」と記して嘆き悲しんでいる。こうした事情により、急遽《きゅうきょ》随行者として選ばれたのが曽良であった。なお、路通はその後、風雅の道から遠ざかり、芭蕉は失望と怒りをあらわにしている。

芭蕉の手紙は、二百通以上が現存しており、近年新たに発見されたものも少なくない。これらは、作品のみからはわからない、芭蕉の実像やその心情の機微を教えてくれるのである。

写真：①＝逸翁美術館蔵／184頁上 松尾芭蕉像・④＝中尊寺許可済

❹平泉《ひらいずみ》

五月雨《さみだれ》の降り残してや光堂

奥州藤原氏三代をまつる中尊寺金色堂《ちゅうそんじこんじきどう》（内陣）。毎年降り注いで物を腐らせてきた梅雨も、光堂にだけは降らなかったかのようだ。

❺尿前《しとまえ》の関《せき》

蚤虱《のみしらみ》馬の尿《ばり》する枕もと

芭蕉と曽良が宿泊したとされる旧有路家住宅《きゅうありじけじゅうたく》（通称「封人《ほうじん》の家」）。旅の苦労を侘《わ》びつつ、それを客観的にとらえて興じた句。

❻尾花沢《おばなざわ》

まゆはきを俤《おもかげ》にして紅粉《べに》の花

「まゆはき」は白粉《おしろい》を塗った後に眉毛を払う小さな刷毛《はけ》のこと。紅花《べにばな》は化粧に使う紅粉《べにこ》の原料で、最上川流域の特産品だった。

❼立石寺《りっしゃくじ》

閑《しづ》かさや岩にしみ入る蟬《せみ》の声

険しい山上に建つ立石寺は、平安初期に開かれた古刹《こさつ》。「山寺《やまでら》」と称された。本句は初案「山寺や岩にしみつく蟬の声」を改作したもの。

❽最上川《もがみがわ》

五月雨を集めて早し最上川

最上川は日本三代急流の一つ。江戸期に水運が発達した。

❾象潟《きさかた》

象潟《きさかた》や雨に西施《せいし》がねぶの花

▼ネムの花

かつては潟湖《せきこ》に大小の島々が点在する景勝地で、松島と並び称された。現在は陸地化している。ネムの花を、中国古代の有名な美人・西施と重ね合わせた句。

❿市振《いちぶり》

一家《ひとつや》に遊女も寝たり萩《はぎ》と月

身の上を語り涙する同宿の遊女たち。

⓫小松《こまつ》

むざんやな甲《かぶと》の下のきりぎりす

源平合戦で奮闘した斎藤実盛《さいとうさねもり》の兜《かぶと》。

⓬大垣《おおがき》

蛤《はまぐり》のふたみに別れ行く秋ぞ

作中最後の句。大垣から舟で伊勢へ向かう際の餞別吟《せんべつぎん》。

写真：⑨＝にかほ市象潟郷土資料館蔵／⑩＝国立国会図書館蔵

文学史問題：芭蕉の俳諧観を論じた書物として、向井去来の去来抄とならんで著名な服部土芳の著書を、漢字で書け。（九州大）

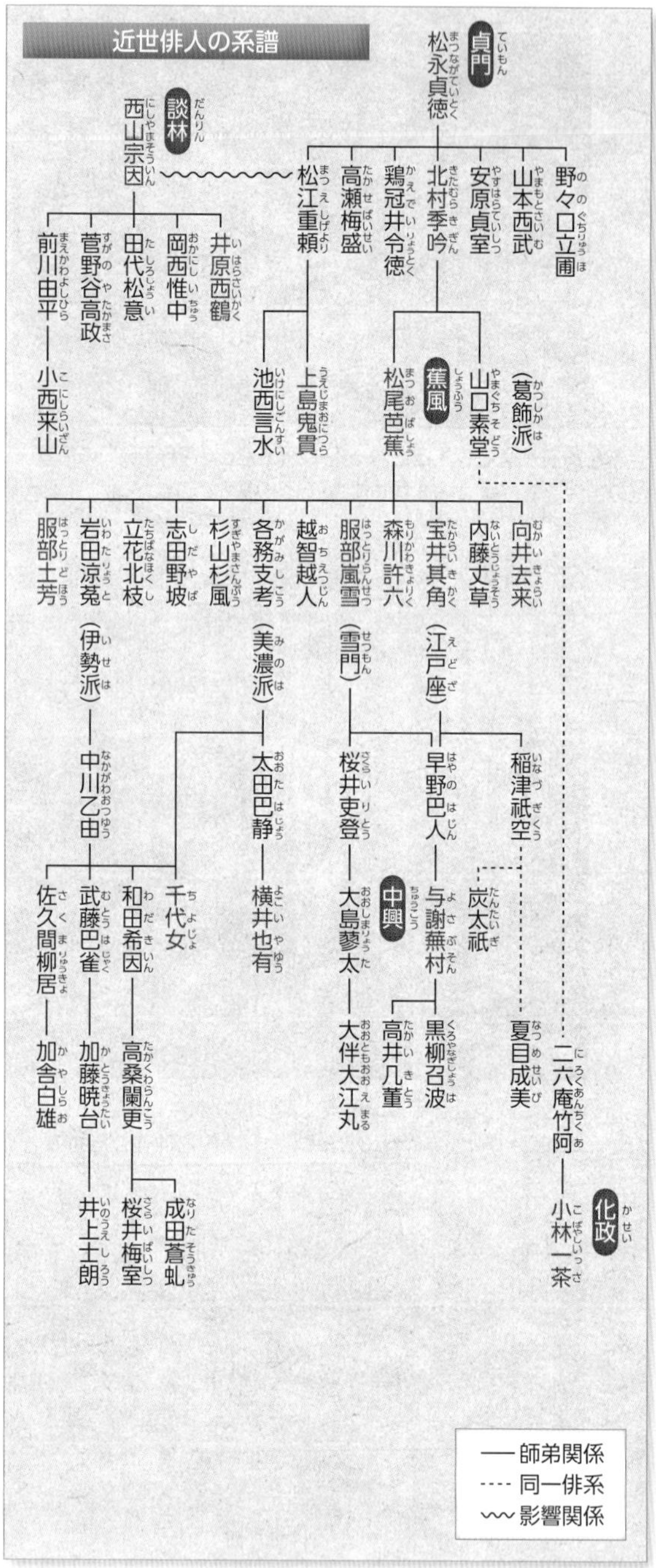

近世俳風比較表

貞門俳諧	談林俳諧	蕉風俳諧	中興俳諧	化政俳諧
寛永《かんえい》～延宝《えんぽう》（一六二四～一六八一）	延宝・天和《てんな》（一六七三～一六八四）	貞享《じょうきょう》・元禄《げんろく》（一六八四～一七〇四）	安永《あんえい》・天明《てんめい》（一七七二～一七八九）	文化《ぶんか》・文政《ぶんせい》（一八〇四～一八三〇）
松永貞徳とその門人一派を中心として、身分・階層を超えて全国的に流行した。「俳言《はいごん》」（俗語や漢語など雅文芸に用いない言葉）を必須とし、縁語・掛詞を軸とした微温的滑稽を主とする。	西山宗因を盟主として三都を中心に流行した。貞門古風を脱却すべく素材を拡大し、奇抜な表現・趣向を用いた。滑稽卑俗な題材や破格調も多い。貞門俳人からは「阿蘭陀《おらんだ》流」と批判された。	松尾芭蕉が樹立した俳風。「風雅の誠」を追求する精神のもとに、さび・しほり・ほそみなど言葉の深いニュアンスを追求し、俳諧を高度の庶民詩へ発展させた。後に「正風」と呼ばれて尊ばれた。	与謝蕪村・加藤暁台・大島蓼太らが当時の俳諧の俗化を嘆き、蕉風復興を唱えて開いた新風。文人趣味を背景に、清新な叙情性・浪漫性を重んじた。天明俳諧・天明調とも呼ばれる。	中興期の高踏的な精神が後退すると俳諧は大衆化し、俳壇全体が平俗調に傾いた。その中にあって、小林一茶は、素朴な表現を用いつつ、人間味あふれる生活詩を多数生み出し、異彩を放った。

主要な俳人

松永貞徳《まつながていとく》（一五七一～一六五三）
京都の人。歌学・古典学に通じた近世前期の代表的文化人。**俳諧式目《しきもく》を制定**するなど、草創期の俳壇において指導的役割を果たした。古典注釈書・辞書などの啓蒙《けいもう》的著述も多く残した。一派は貞門と呼ばれた。

北村季吟《きたむらきぎん》（一六二四～一七〇五）
貞門七俳仙の一人。歌学者としても活躍した。著述に俳諧季寄《きよせ》『山《やま》の井《い》』『増山《ぞうやま》井《のい》』など。『源氏物語湖月抄《げんじものがたりこげつしょう》』をはじめ古典注釈書も多い。

西山宗因《にしやまそういん》（一六〇五～一六八二）
大阪天満宮連歌所の宗匠。軽快・斬新な作風から**談林俳諧の盟主**として仰がれ、芭蕉に「宗因は此道《このみち》（俳諧の道）の中興開山也《なり》」と評された。

上島鬼貫《うえじまおにつら》（一六六一～一七三八）
伊丹《いたみ》の人。はじめ奇抜な伊丹風の俳諧に遊んだが、のち「**誠の俳諧**」を提唱する。口語や俗語を効果的に用いた淡泊洒脱《しゃだつ》な俳風。『独《ひとり》ごと』はその俳諧観を知る上で貴重である。

千代女《ちよじょ》（一七〇三～一七七五）
加賀国松任《かがのくにまっとう》の表具師福増屋《ふくますや》の娘に生まれる。平明で情緒的な作風。句集に『千《ち》代尼句集《よにくしゅう》』『松《まつ》の声《こえ》』がある。

横井也有《よこいやゆう》（一七〇二～一七八三）
尾張《おわり》の人。俳諧のほかに漢詩・和歌・狂歌・書画・音曲などにも巧みであった。軽妙自在な俳文は評価が高く、生涯の俳文を集めた『**鶉衣《うずらごろも》**』が著名。

俳仙群会図（与謝蕪村筆・柿衛文庫蔵）

詩中の画、画中の詩

与謝蕪村《よさぶそん》

一七一六(享保元《きょうほう》)年～一七八三(天明三《てんめい》)年　俳諧

#中興俳諧　#離俗論　#俳画・南画

上代 794 中古 1185～1192 中世 1603 近世 1867

与謝蕪村(国立国会図書館蔵)

経歴

一七一六(享保元《きょうほう》)年、摂津国毛馬村《せっつのくにけまむら》に生まれる。二十七歳で俳諧の師、早野巴人《はやのはじん》(夜半亭宋阿《やはんていそうあ》)と死別し、十年にわたり北関東を放浪。以後、京都で絵画修行に励み、**南画《なんが》を大成**、傑作を多数生み出した。五十五歳で夜半亭を継承して宗匠となり、**中興期俳壇の中心的存在**として活躍した。一七八三(天明三《てんめい》)年、六十八歳で没。

作品

夜半楽《やはんらく》

一七七七(安永六《あんえい》)年刊。同年の春興帖《しゅんきょうじょう》。「春風馬堤曲《しゅんぷうばていのきょく》」は発句と漢詩とを融合させつつ郷愁をうたった独創的な作品。

新花摘《しんはなつみ》

一七八四(天明四)年跋《ばつ》、一七九七(寛政九《かんせい》)年刊。蕪村の発句と回想記を収める。亡母追善のために編まれたとされる。

評価

俳諧は、俗語を用いながら俗を離れ、俗を離れながらも俗を用いなければならないと説き(**離俗論**)、文人趣味的な美意識と教養に基づく**浪漫的俳風**によって、中興期の俳壇を牽引《けんいん》した。その絵画的な作風は、正岡子規《まさおかしき》(➡三三六頁)ら近代俳人によって高く評価された。

与謝蕪村略年譜

西暦	年齢	事項
一七一六	1	摂津国《せっつのくに》(大阪府)に生まれる。
一七三五	20	この前後、江戸に出る。
一七三八	23	この年までに早野巴人《はやのはじん》に入門。
一七四二	27	巴人没。以後十年間、北関東を遊歴する。
一七四四	29	初めて蕪村の号を用いる。
一七五一	36	上京。
一七五四	39	丹後国宮津《たんごのくにみやづ》で画作に励む。
一七五七	42	帰京。姓を与謝氏とする。
一七六六	51	炭太祇《たんたいぎ》・黒柳召波《くろやなぎしょうは》らと三菓社《さんかしゃ》を結成。以後、讃岐《さぬき》と京都を往来。
一七七〇	55	夜半亭《やはんてい》を継ぎ宗匠となる。
一七七七	62	『夜半楽《やはんらく》』刊。『新花摘《しんはなつみ》』成立(刊行は後年)。
一七八三	68	京都で病没。

生活の表現者

小林一茶《こばやしいっさ》

一七六三(宝暦一三《ほうれき》)年～一八二七(文政一〇《ぶんせい》)年　俳諧

#化政俳諧　#生活詩　#弱者へのまなざし

上代 794 中古 1185～1192 中世 1603 近世 1867

小林一茶(一茶記念館蔵)

経歴

一七六三(宝暦一三《ほうれき》)年、信濃国柏原村《しなののくにかしわばらむら》の農家に生まれる。江戸で葛飾派《かつしかは》の新進俳人として活躍するものの、宗匠としては成功せず、苦しい生活を強いられた。五十一歳のとき故郷に移住し、以後は信濃で活動した。結婚して三男一女をもうけたが、みな早世し、妻とも死別した。六十五歳のとき、大火で家を失う。同年、焼け残った土蔵の中で病没した。

作品

父の終焉日記《ちちのしゅうえんにっき》

一八〇一(享和元《きょうわ》)年、帰省中の一茶が父の発病に遭い、看病の末に臨終を迎え、初七日《しょなのか》に至るまでの日記。

おらが春《はる》

一八一九(文政二《ぶんせい》)年の発句・文章をまとめた書。同年亡くなった長女への哀惜が著しい。刊行は一茶没後の一八五二(嘉永五《かえい》)年で、書名はその際つけられた。

評価

都市や農村の現実を直視し、**素朴な言葉を用いて生活感情を吐露するような俳風**は、通俗化した化政《かせい》期の俳壇において異彩を放った。**子どもや弱者の視点に寄り添った句**も多く、今なお人気が高い。

小林一茶略年譜

西暦	年齢	事項
一七六三	1	信濃国《しなののくに》(長野県)に生まれる。
一七七七	15	江戸に奉公に出る。
一七八七	25	この頃二六庵竹阿《にろくあんちくあ》に入門。
一七九〇	28	竹阿没。素丸《そまる》に入門。
一七九二	30	この年より七年間、京阪・四国・九州へ俳諧行脚。
一七九九	37	江戸で二六庵を継承。
一八〇一	39	『父の終焉日記《ちちのしゅうえんにっき》』成立。
一八一三	51	郷里信濃国柏原《かしわばら》に移住。以後、信濃俳壇で活躍。
一八一四	52	最初の妻、菊《きく》と結婚。
一八一九	57	長女没。この一年の句と文章が『おらが春《はる》』に収録される。
一八二七	65	柏原大火。病没。

文学史問題：与謝蕪村とほぼ同時代の人物を次から一つ選べ。(学習院大)
①為永春水　②上田秋成　③井原西鶴　④飯尾宗祇

俳諧の歴史と修辞

俳諧の歴史

室町時代、連歌《れんが》の余技として「俳諧連歌《はいかいれんが》」が発生した。当時は滑稽を旨とする座興の言い捨てであったが、江戸時代に入ると、これが連歌から独立し、「俳諧」という新たな文学ジャンルとして確立する。明治時代には俳諧の第一句（発句＝五七五）が「俳句」として独立した。

俳諧は、五七五の長句と七七の短句とを複数の詠み手（連衆《れんじゅ》）が連ねてゆく連句形式の文芸で、一定のルール（式目《しきもく》）のもと、隣り合う二句が生み出す世界の変化を楽しむ。合計百句からなるものを百韻《ひゃくいん》、三十六句からなるものを歌仙《かせん》という。

連歌・俳諧の作品は「懐紙《かいし》」に記録される。正式な興行では紙を横二つに折った折紙に記され、書き方や畳み方にはきまりがあった。（下図参照）

◉俳諧のルールと用語

■季語《きご》…**季節感を表すために句に詠み込む言葉。** 江戸時代には「四季の詞《ことば》」「季の詞」などと呼ばれ、「季語」は近代に入ってからの称。

■切れ字《きれじ》…発句が独立性を持つために、**句中で切れる働きをする語（字）**のこと。**「や・かな・けり」**が特に頻繁に用いられる。

例 梅が香にのつと日の出る山路かな（『炭俵《すみだわら》』）
（季語（春）：梅が香　切れ字：かな）

◉歌仙の例（『猿蓑《さるみの》』巻之五より）

	句順	例句	作者	式目（季詞）	定座
初折の表	発句	①市中《いちなか》は物のにほひや夏の月	凡兆	夏（夏の月）	
	脇句	②あつしあつしと門々《かどかど》の声	芭蕉	夏（あつし）	
	第三	③二番草取りも果《はた》さず穂に出《いで》て	去来	夏（二番草）	
	四句目	④灰うちたたくうるめ一枚	兆	雑	
	五句目	⑤此筋《このすぢ》は銀も見しらず不自由さよ	蕉	雑	月の定座
	六句目（折端）	⑥ただとひやうしに長き脇指《わきざし》	来	雑	
初折の裏	初句（折立）	⑦草村《くさむら》に蛙こはがる夕まぐれ	兆	春（蛙）	
	二句目	⑧蕗《ふき》の芽とりに行灯《あんど》ゆりけす	蕉	春（蕗の芽）	
	三句目	⑨道心のおこりは花のつぼむ時	来	春（花）	
	四句目	⑩能登《のと》の七尾《ななを》の冬は住《すみ》うき	兆	冬（冬）	
	五句目	⑪魚《うを》の骨しはぶる迄《まで》の老《おい》を見て	蕉	雑	
	六句目	⑫待人《まちびと》入《いれ》し小御門《こみかど》の鎰《かぎ》	来	雑（恋〈待人〉）	
	七句目	⑬立《たち》かかり屏風《びやうぶ》を倒す女子共《をなごども》	兆	雑	
	八句目	⑭湯殿《ゆどの》は竹の簀子《すのこ》侘《わび》しき	蕉	雑	月の定座
	九句目	⑮茴香《うゐきやう》の実を吹落《ふきおと》す夕嵐《ゆふあらし》	来	秋（茴香の実）	
	十句目	⑯僧ややさむく寺にかへるか	兆	秋（ややさむ）	
	十一句目	⑰さる引《ひき》の猿と世を経る秋の月	蕉	秋（秋の月）	花の定座
	十二句目（折端）	⑱年に一斗の地子《ぢし》はかるなり	来	雑	
名残の表	初句（折立）	⑲五六本生木《なまき》つけたる潴《みづたまり》	兆	雑	
	二句目	⑳足袋《たび》ふみよごす黒ぼこの道	蕉	雑	
	三句目	㉑追たてて早き御馬の刀持《かたなもち》	来	雑	
	四句目	㉒でつちが荷《にな》ふ水こぼしたり	兆	雑	
	五句目	㉓戸障子《としやうじ》もむしろがこひの売屋敷《うりやしき》	蕉	雑	
	六句目	㉔てんじやうまもりいつか色づく	来	秋（てんじやうまもり）	
	七句目	㉕こそこそと草鞋《わらぢ》を作る月夜さし	兆	秋（月）	
	八句目	㉖蚤《のみ》をふるひに起《おき》し初秋《はつあき》	蕉	秋（初秋）	
	九句目	㉗そのままにころび落《おち》たる舛落《ますおとし》	来	雑	
	十句目	㉘ゆがみて蓋《ふた》のあはぬ半櫃《はんびつ》	兆	雑	
	十一句目	㉙草庵《さうあん》に暫《しばら》く居ては打《うち》やぶり	蕉	雑	月の定座
	十二句目（折端）	㉚いのち嬉《うれ》しき撰集《せんじふ》のさた	来	雑	
名残の裏	初句（折立）	㉛さまざまに品《しな》かはりたる恋をして	兆	雑（恋〈恋〉）	
	二句目	㉜浮世の果《はて》は皆小町《こまち》なり	蕉	雑（恋〈句意〉）	
	三句目	㉝なに故ぞ粥《かゆ》すするにも涙ぐみ	来	雑	
	四句目	㉞御留主《おるす》となれば広き板敷《いたじき》	兆	雑	
	五句目	㉟手のひらに虱《しらみ》這《は》はする花のかげ	蕉	春（花）	花の定座
	挙句	㊱かすみうごかぬ昼のねむたさ	来	春（かすみ）	

定座より前に月・花を詠むことを「引き上げる」といい、定座より後に月・花を詠むことを「こぼす」という。

懐紙

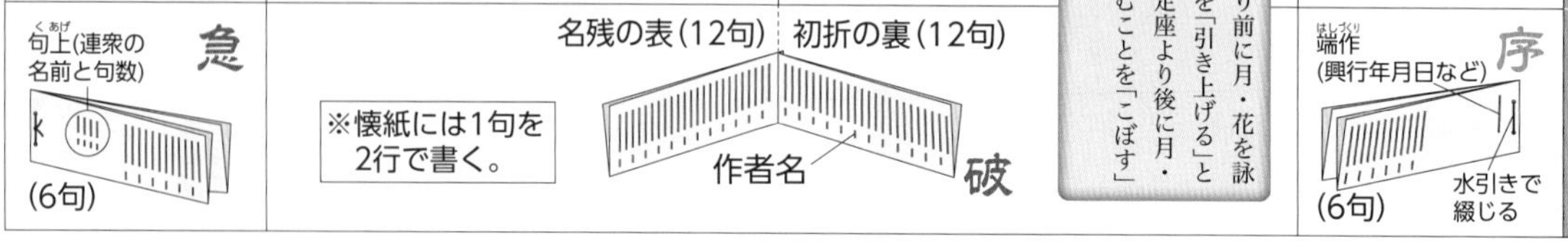

連句の魅力

連句は「座の文芸」と呼ばれる。一句ごとに世界を転じ、その工夫を一座でともに楽しむところに醍醐味《だいごみ》がある。ここでは、一六九〇（元禄《げんろく》三）年、芭蕉《ばしょう》らが京都の凡兆《ぼんちょう》宅で巻いたとされる「市中は」歌仙（上表）の冒頭三句を見てみよう。

発句の「市中は物のにほひや夏の月」は京都市街の夏の景。蒸し暑い町中に漂うさまざまな匂いと、月の清涼さとを鮮やかに対比した句で、興行時の実景と思《おぼ》しい。芭蕉の脇句「あつしあつしと門々の声」は、近隣の家々から「暑い、暑い」と声が聞こえるさまを詠み、嗅覚《きゅうかく》と視覚とで描いた前句を、聴覚的表現で受ける。月を眺めて涼をとる人々の姿を描くことで、発句の月を賞美する気持ちを表現した。注目すべきは、一句の中に声の主を明示しない点で、前句に付いて初めて発話の主体が浮かび上がる構造となっている。

第三「二番草取りも果さず穂に出て」は、草取りに励む農夫の姿を詠む。「あつし」を農民の声に取りなして、都の夜から日中の農村へと景を転じた。前句の余白を的確にとらえて展開した句であり、座を沸かせたことであろう。

このように、連句は一貫した筋こそないものの、作品を丁寧に読むことで、連衆の心に迫り、一座の雰囲気を追体験できる、魅力的な文芸なのである。

■**発句《ほっく》**…第一句目の長句（五七五）。**季語・切れ字を必須とする。**客人が担当することが多く、挨拶の心を込める。

■**脇句《わきく》**…第二句目の短句（七七）。**発句と同季で余情を受ける。**句末は体言で留《と》める。亭主が担当することが多い。

■**第三《だいさん》**…第三句目の長句。**発句・脇句の世界から転換することが求められる。**句末を「て」「らん」などで留めることが多い。

■**挙句《あげく》**…末尾の短句。**祝言《しゅうげん》の心を込める。**「挙句の果て」の語源。

■**月《つき》の定座《じょうざ》・花《はな》の定座**…**一巻の中で月・花を詠むべき場。**歌仙では花の句を二度、月の句を三度詠む（二花三月《にかさんげつ》）。場所は原則的なものであり、しばしば前後する。

■**付合《つけあい》**…長句に短句を、あるいは短句に長句を詠み合わせること。また、その方法。先の句を**前句《まえく》**、後の句を**付句《つけく》**という。付句の契機となる語を指す場合や、前句と付句とを合わせて呼ぶ際にも用いる。

■**親句《しんく》**…**前句に詠まれた言葉の縁によって句を付けること。**物付《ものづけ》（詞付《ことばづけ》）とも。貞門・談林俳諧で重んじられた。

■**疎句《そく》**…言葉の縁によらず、**前句の雰囲気や余情によって句を付けること。**蕉風俳諧で重視された。匂付《においづけ》（前句の余情に調和するように付ける）・俤付《おもかげづけ》（故事や古歌をほのめかして付ける）など。

◉主要季語一覧

	新年	春（旧暦1～3月）	夏（旧暦4～6月）	秋（旧暦7～9月）	冬（旧暦10～12月）
時候	新年・初春・去年今《こぞこ》年《とし》・元日・元朝《がんちょう》・松の内・太郎月	寒明《かんあけ》・立春・春浅し・冴返《さえかえ》る・余寒・雨水《うすい》・彼岸・暖か・麗《うら》らか・花冷《はなびえ》・日永《ひなが》・長閑《のどか》・遅日《ちじつ》・啓蟄《けいちつ》・春昼・春暁・八十八夜・行く春・夏近し	立夏・夏めく・薄暑・麦秋・田《た》植《うえ》時《どき》・短《みじか》夜《よ》・暑し・夏至《げし》・半《はん》夏《げ》生《しょう》・小暑・大暑・土用・三伏《さんぷく》・涼し・夏の果《はて》・秋を待つ・秋近し・夜の秋	立秋・残暑・八朔《はっさく》・夜長・冷《ひや》やか・身にしむ・やや寒《さむ》・肌寒《はださむ》・朝寒《あささむ》・夜寒《よさむ》・秋深し・行く秋・秋涼・二百《にひゃく》十日《とおか》・白露・すさまじ・秋の暮《くれ》	小春・年の暮《くれ》・行く年・大晦日・寒の入《いり》・寒の内・短日《たんじつ》・霜《しも》夜《よ》・冷たし・寒し・春近し・節分・年内立春・冬至・唐の正月・大寒
天文・地理	初日《はつひ》・初空《はつぞら》・初凪《はつなぎ》・初東風《はつこち》・初霞《はつがすみ》・御降《おさがり》・初富士・若菜野	朧月夜《おぼろづきよ》・東風《こち》・風光る・春雨・斑《はだれ》雪《ゆき》・雪の果《はて》・忘れ霜・別霜《わかれじも》・霞・初雷・陽炎《かげろう》・花曇《はなぐもり》・山笑う・焼野《やけの》・水温《みずぬる》む・潮干潟・苗代《なわしろ》・残雪・雪崩・雪解《ゆきどけ》・薄氷《うすらい》	南風・青嵐《あおあらし》・涼風・朝凪《あさなぎ》・夕凪・梅雨・五月雨《さみだれ》・夕立・虎が雨・五月闇《さつきやみ》・日盛《ひざかり》・炎天・旱《ひでり》・雲の峰・風薫る・青田・泉・清水・夏野・夏山	月・名月・十六夜《いざよい》・後《のち》の月・天の川・初《はつ》嵐《あらし》・雁渡《かりわたし》・露時雨・洒涙雨《さいるいう》・野分《のわき》・稲妻・霧・露・鰯雲《いわしぐも》・花野・刈田《かりた》・落とし水・初《はつ》潮《しお》・秋の水	凩《こがらし》・北風・風花・空《から》風《かぜ》・初時雨《はつしぐれ》・時雨・寒の雨・北《きた》雨吹《しぶき》・液雨・霰《あられ》・霙《みぞれ》・初霜・霜・霜柱・雪・山眠る・枯野《かれの》・氷・氷柱《つらら》
生活・行事	屠蘇《とそ》・年酒《ねんしゅ》・雑煮・門松・注《し》連《め》飾り・鏡《かがみ》餅《もち》・初夢・書初《かきぞめ》	菱餅《ひしもち》・野焼《のやき》・山焼《やまやき》・田打《たうち》・畑打《はたうち》・種蒔《たねまき》・茶摘《ちゃつみ》・潮干狩・摘草《つみくさ》・花見・花衣《はなごろも》・紙鳶《いかのぼり》・鞦韆《しゅうせん》・初午《はつうま》・雛祭《ひなまつり》・涅槃会《ねはんえ》・御水取《おみずとり》・針《はり》供養《くよう》・曲水宴	更衣《ころもがえ》・袷《あわせ》・単衣《ひとえ》・羅《うすもの》・鮨《すし》・干飯《ほしいい》・粽《ちまき》・新茶・青簾《あおすだれ》・蚊帳《かや》・蚊遣火《かやりび》・扇・団扇《うちわ》・虫干《むしぼし》・田《た》植《うえ》・鵜飼《うかい》・端午《たんご》・汗・簟《たかむしろ》・祇園会《ぎおんえ》・夏越《なごし》	柚味噌《ゆみそ》・新蕎麦《しんそば》・新米・新酒・灯籠《とうろう》・案山《かか》子《し》・鳴子《なるこ》・稲刈《いねかり》・新《しん》藁《わら》・砧《きぬた》・若煙草《わかたばこ》・綿《わた》取《とり》・薬掘る・相撲《すもう》・重陽《ちょうよう》・月見・七夕《たなばた》・盆・墓参《はかまいり》・踊《おどり》	口切《くちきり》・衾《ふすま》・紙衣《かみこ》・頭《ず》巾《きん》・足袋《たび》・餅《もち》つき・納豆汁・薬喰《くすりぐい》・炭・埋火《うずみび》・炉・火鉢・炬《こ》燵《たつ》・網代《あじろ》・焚火《たきび》・煤《すす》払《はらい》・年忘《としわすれ》・年の市
動物	嫁が君・初雀《はつすずめ》・初鴉《はつがらす》・初鶏《はつとり》・初鶴・初鳩《はつばと》・押鮎《おしあゆ》・伊勢海老《いせえび》	若駒・猫の恋・蛙子《かえるこ》・蛙・百千鳥《ももちどり》・鶯《うぐいす》・雉《きじ》・雲雀《ひばり》・燕《つばめ》・帰雁・引《ひき》鴨《がも》・雀《すずめ》の子・桜鯛《さくらだい》・白魚《しらうお》・若鮎《わかあゆ》・蝶《ちょう》・蜂《はち》の巣・蚕《かいこ》・蛇穴を出る	鹿《か》の子・袋角《ふくろづの》・蝙蝠《こうもり》・時鳥《ほととぎす》・老鶯《おいうぐいす》・水鶏《くいな》・鮎《あゆ》・初鰹《はつがつお》・水鱧《みずばも》・鯖《さば》・海月《くらげ》・毛虫・蛍・水馬《あめんぼ》・棒振虫《ぼうふりむし》・蟬《せみ》・空蟬《うつせみ》・蠅《はえ》・蚊《か》・蚤《のみ》・蝸牛《かたつむり》	鹿・渡り鳥・稲雀《いなすずめ》・鵙《もず》・鶺鴒《せきれい》・鶉《うずら》・鴫《しぎ》・雁《かり》・落鮎《おちあゆ》・鱸《すずき》・小鰯《こいわし》引く・鈴虫・松虫・蟷螂《とうろう》・蜻蛉《とんぼ》・虫・蟋蟀《こおろぎ》・螽蟖《きりぎりす》・蝗《いなご》・蓑虫《みのむし》鳴く・蛇穴に入る	鷹《たか》・鷦鷯《みそさざい》・寒鴉《かんがらす》・水鳥・鴨《かも》・鴛鴦・千鳥・ふくら雀《すずめ》・都鳥・鱈《たら》・鰤《ぶり》・鮟鱇《あんこう》・河豚《ふぐ》・寒《かん》鯉《ごい》・海鼠《なまこ》・牡蠣《かき》・初鯨・初鰤《はつぶり》・氷魚《ひお》
植物	若菜・歯朶《しだ》・楪《ゆずりは》・穂《ほ》俵《だわら》・福寿草《ふくじゅそう》・薺《なずな》・御《ご》行《ぎょう》・仏《ほとけ》の座《ざ》	梅・椿《つばき》・初花《はつはな》・桜・躑躅《つつじ》・藤・山吹・桃の花・梨の花・木《こ》の芽・若緑・竹の秋・菜の花・大根の花・下萌《したもえ》・菫《すみれ》・土筆《つくし》・蒲公英《たんぽぽ》・芹《せり》・蓬《よもぎ》・海棠《かいどう》・辛夷《こぶし》	余花《よか》・葉桜・青葉・牡丹《ぼたん》・紫陽花《あじさい》・薔薇・花橘《はなたちばな》・若葉・早苗・木下闇《このしたやみ》・合歓《ねむ》の花・卯《う》の花・杜若《かきつばた》・菖《しょう》蒲《ぶ》・撫子《なでしこ》・百合《ゆり》・夕顔・筍《たけのこ》・茄子《なす》・瓜《うり》	木槿《むくげ》・柿・葡萄《ぶどう》・栗・紅葉《もみじ》・柳散る・椎《しい》の実・竹の春・桐一葉《きりひとは》・芭《ば》蕉《しょう》・蘭《らん》・朝顔・鶏頭《けいとう》・芋・鬼灯《ほおずき》・菊・西瓜《すいか》・唐辛子・萩《はぎ》・薄《すすき》・桔梗《ききょう》・女郎花《おみなえし》	寒梅・寒椿《かんつばき》・帰り花・山茶花《さざんか》・茶の花・枇《び》杷《わ》の花・散紅葉《ちりもみじ》・落《おち》葉《ば》・枯木《かれき》・水仙《すいせん》・葱《ねぎ》・枯蘆《かれあし》・枯尾花《かれおばな》・寒菊・早梅・寒牡丹

火鉢

天の川

鮎

朧月夜

福寿草

文学史問題：貞門の祖は誰か、答えよ。（埼玉大）

俳諧師にして作家

井原《いはら》西鶴《さいかく》

#元禄の三大文豪 #談林俳諧 #浮世草子の創始者

俳諧・浮世草子

一六四二(寛永《かんえい》一九)年～一六九三(元禄《げんろく》六)年

上代 794 中古 1185～1192 中世 1603 近世 1867

作品への招待

西鶴の作品は、一言一句きちんと解釈しようとすると、とても読みづらい。破格の表現や論理の飛躍があちこちにあるからだ。しかし、それは文章が下手だからではない。独吟俳諧の達人だった西鶴は、読者に想像力でスキマを埋めさせる文章を意図的に書いている。独特のスピード感とリズム感に身を任せて読むことが、西鶴作品を楽しむ秘訣《ひけつ》なのである。

井原西鶴の銅像

経歴

一六四二(寛永《かんえい》一九)年、大坂難波《なにわ》の生まれ。本名は平山藤五《ひらやまとうご》とされる。

十五歳の頃に俳諧の道に入り、はじめ貞門《ていもん》に親しんだ。二十一歳で点者《てんじゃ》(俳諧の優劣を判定して報酬を得る職)となるが、その後、**西山宗因《にしやまそういん》の門下となり、談《だん》林《りん》俳諧に傾倒**。その自由奔放な作風から「阿蘭陀《おらんだ》西鶴」(阿蘭陀は「奇妙なもの」のたとえ)と揶揄《やゆ》されることもあった。一昼夜にどれだけ多くの句を詠めるか競う**矢数《やかず》俳諧の名手**として知られ、三十四歳で妻を亡くした際には追善供養のため一日独吟千句を敢行した。一六八四(貞享《じょうきょう》元)年の住吉神社での興行では、一昼夜で二万三千五百句の独吟に成功している。

師匠の宗因が没した一六八二(天和《てんな》二)年、『**好色一代男《こうしょくいちだいおとこ》**』を刊行。以降、俳諧から小説に活躍の場を移していった。『好色一代男』は大坂で人気を博し、江戸でも出版された。西鶴はジャンルを**好色物《こうしょくもの》**から**武家物《ぶけもの》**、**町人物《ちょうにんもの》**へと広げ、次々に評判作を上梓《じょうし》していく。

十年余りの間に二十作ほどの作品を送り出し、一六九三(元禄《げんろく》六)年に五十二歳で病没。亡骸《なきがら》は誓願寺《せいがんじ》に葬られた。

評価

西鶴は、男女の愛欲や武士の生き様、貨幣経済が発達した社会に生きる町人の姿などを、**俳諧的な発想に基づく独特の文体**で活写した。それまでの仮名草子《かなぞうし》とは一線を画すその作品群は、後に「**浮世《うきよ》草子《ぞうし》**」と呼ばれる新ジャンルを生み出すことになる。

江戸時代後期になると西鶴は一時忘れられた存在になってしまうが、明治時代に入ってから、幸田露伴《こうだろはん》・尾崎紅葉《おざきこうよう》・樋口一葉《ひぐちいちよう》ら近代作家によって見出され、再評価された。俳諧の**松尾芭蕉《まつおばしょう》**(⬇一八二頁)、人形浄瑠璃《じょうるり》の**近松門左衛門《ちかまつもんざえもん》**(⬇一九六頁)とともに、**元禄の三大文豪**の一人として今も名高い。

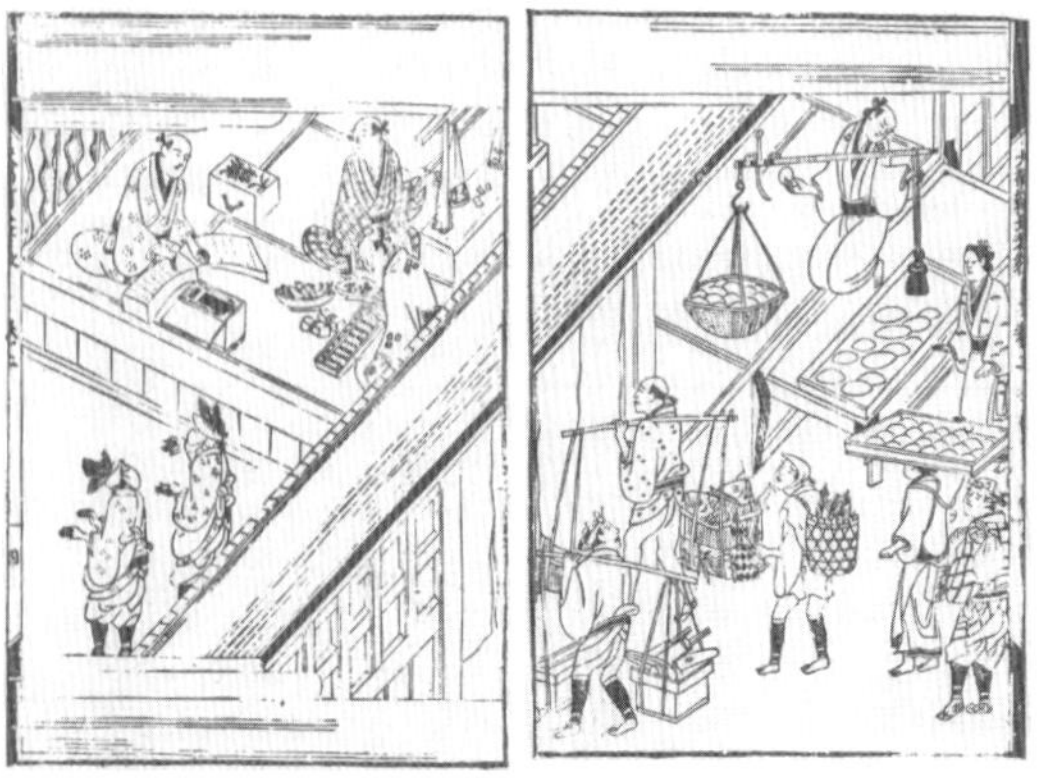

年末に賑わう商家の店頭(『日本永代蔵』挿絵)

井原西鶴の浮世草子作品

好色物 **男女の色恋を主題とする作品群。**

『好色一代男《こうしょくいちだいおとこ》』(一六八二年刊)
『源氏物語《げんじものがたり》』や『伊勢物語《いせものがたり》』をパロディ化し、主人公世之介《よのすけ》の生涯と恋愛遍歴を描く。

『好色五人女《こうしょくごにんおんな》』(一六八六年刊)
封建制度の中で生きる五人の女性の道ならぬ恋と、その悲劇的な結末を描く。

武家物 **武士の生き様と美意識を主題とする作品群。**

『武道伝来記《ぶどうでんらいき》』(一六八七年刊)
実際の事件をモデルに、諸国で起こった三十二の敵討ちを描く。

『武家義理物語《ぶけぎりものがたり》』(一六八八年刊)
武士が命より大切にした「義理」にまつわる二十七のエピソードを描く。

町人物 **貨幣経済を生きる町人の姿を主題とする作品群。**

『日本永代蔵《にっぽんえいたいぐら》』(一六八八年刊)
商人が勤労・倹約によって財をなし、放蕩《ほうとう》・油断によって没落するさまを描く。

『世間胸算用《せけんむねさんよう》』(一六九二年刊)
一年の決算日であった大晦日《おおみそか》に繰り広げられる、貸し手と借り手の駆け引きを描く。

雑話物 **諸国に伝わる奇談や逸話を素材とする作品群。**

『西鶴諸国《さいかくしょこく》ばなし』(一六八五年刊)
日本各地の怪奇談三十五話を集成する。

『本朝桜蔭比事《ほんちょうおういんひじ》』(一六八九年刊)
奉行《ぶぎょう》の名裁きを集めた裁判小説。

実証的古典研究の巨人

本《もと》居《おり》宣《のり》長《なが》

#やまとごころ　#もののあはれ　#賀茂真淵　#古事記伝

一七三〇(享保《きょうほう》一五)年～一八〇一(享和《きょうわ》元)年
国学・和歌

上代 794 中古 1185～1192 中世 1603 近世 1867

本居宣長(本居宣長記念館蔵)

経歴

一七三〇(享保《きょうほう》一五)年、伊勢《いせ》国松坂《まつさか》の生まれ。鈴のコレクターであったことから、号は**鈴屋《すずのや》**。若い頃から学問に熱中し、二十二歳で医学修行のため京都に上った。そこで荻生徂徠《おぎゅうそらい》や契沖《けいちゅう》の著作に触発され、伊勢に戻って小児科医として働くかたわら、『源氏物語《げんじものがたり》』や和歌の研究に勤しんだ。

三十三歳のとき、私淑していた**賀茂真淵《かものまぶち》**と運命的な出会いを果たして門人となり、『古事記《こじき》』(⬇九二頁)の研究に着手する。三十五年がかりで完成した『**古事記伝《こじきでん》**』は、それまで読み方さえわかっていなかった『古事記』を実証的に解読し、古代の精神を明らかにした偉大な業績であり、**国学研究の最高峰**である。

語学研究の分野でも、係り結びの法則を立証した『詞《ことば》の玉緒《たまのお》』や、漢字音の表記を体系的に整理した『字音仮字用格《じおんかなづかい》』など、現代にも通用する水準の成果を残した。新古今調の和歌にも優れており、私家集に『鈴屋集《すずのやしゅう》』がある。国学の普及に尽力し、多くの弟子を育てたが、一八〇一(享和《きょうわ》元)年、七十二歳で没した。

作品

源氏物語玉《げんじものがたりたま》の小櫛《おぐし》

一七九九(寛政《かんせい》一一)年刊。『源氏物語』の注釈書。物語の本質は「**もののあはれ**」を描くことにあると主張し、それまでの儒教的・道義的な読みから『源氏物語』を解放した。

玉勝間《たまかつま》

一七九五(寛政七)年～一八一二(文化《ぶんか》九)年刊。随筆。宣長の人生観や学問観などをまとめた書。

評価

古典研究を通じて日本固有の精神を明らかにする「国学」を賀茂真淵から継承し、大成した。中国由来の物の考え方(漢意《からごころ》)を批判し、日本古来の素直な精神(大和《やまと》心《ごころ》)を重んじたその思想は、尊皇攘夷《そんのうじょうい》運動と結びつき、幕末以降の歴史をも動かしていった。

博学多才な奇人

上《う》田《え》秋《だ》成

上《うえ》田《だ》秋《あき》成《なり》

#雨月物語　#前期読本の集大成　#翻案の天才　#煎茶道

一七三四(享保《きょうほう》一九)年～一八〇九(文化《ぶんか》六)年
読本・国学・和歌

上代 794 中古 1185～1192 中世 1603 近世 1867

上田秋成

経歴

一七三四(享保《きょうほう》一九)年、大坂生まれ。四歳で紙油商嶋屋《しまや》に養子に出される。若い頃から俳諧に親しみ、大坂町人が合同で出資した学校・懐徳堂《かいとくどう》に学んだという。いくつかの浮世草子《うきよぞうし》を刊行した後、三十五歳で読本《よみほん》『**雨月物語《うげつものがたり》**』を執筆する。

三十八歳で国学者加藤宇万伎《かとううまき》に入門。同年、火災で家と商売を失うが、後に医師として開業した。国学の研究に勤しみ、天照大御神《あまてらすおおみかみ》をめぐって本居宣長《もとおりのりなが》と論争を繰り広げたこともある。煎茶道《せんちゃどう》の趣味もあった。六十歳で大坂から京都に移住。晩年には目を患い、妻にも先立たれるが、読本『**春雨物語《はるさめものがたり》**』や随筆『**胆大小心録《たんだいしょうしんろく》**』などを精力的に執筆した。一八〇九(文化《ぶんか》六)年、七十六歳で没した。

作品

雨月物語《うげつものがたり》

一七七六(安永《あんえい》五)年刊。読本。中国白《はく》話《わ》小説(口語体の小説)や日本古典に取材した「夢応《むおう》の鯉魚《りぎょ》」「浅茅《あさじ》が宿《やど》」などの怪異《かいい》譚《たん》九編を収める。

藤簍冊子《つづらぶみ》

一八〇五(文化二)年～一八〇六(文化三)年刊。和歌・紀行・文集からなり、秋成の内面を知るうえで貴重な書。

『漫画訳 雨月物語』
武富健治によるコミカライズ作品。

評価

江戸時代には歌人・国学者として知られたが、現在は**読本作家としての評価がきわめて高い**。和漢の古典を自在に取り込み、怪異の物語として構成してみせた。単なる怖さだけではなく、**人間の性《さが》や悲しみをも描き出す筆力は群を抜いている。**江戸の曲亭馬琴《きょくていばきん》(⬇一九三頁)や山東京伝《さんとうきょうでん》(⬇一九三頁)、近代の三島由紀夫《みしまゆきお》(⬇二八頁)らにも大きな影響を与えた。

文学史問題：本居宣長が注釈をつけた、日本の古代神話を伝える書物の名を答えよ。(熊本県立大)

『イソップ物語』の日本語訳

伊曽保物語《いそほものがたり》

仮名草子
江戸時代初期成立

『イソップ物語』を翻訳した仮名草子《かなぞうし》。訳者未詳。三巻。慶長《けいちょう》・寛永期《かんえいき》(一五九六〜一六四四)の刊で、後には挿絵入りのものも出版された。

『イソップ物語』については、安土桃山時代の一五九三(文禄《ぶんろく》二)年に天草《あまくさ》のキリシタン学寮でローマ字訳されたもの(『天草本伊曽保物語《あまくさぼんいそほものがたり》』)があるが、これと直接的な関係はない。

全九十四話のうち六十四話を動物の寓話《ぐうわ》が占めており、**教訓的な物語**として広く読まれた。

国学を開いた実証的古典研究

万葉代匠記《まんようだいしょうき》

注釈書
江戸時代前期成立

作者は**契沖**《けいちゅう》。『万葉集《まんようしゅう》』(⬇一九三頁)の注釈書。二十巻。一六九〇(元禄《げんろく》三)年に完成。徳川光圀《とくがわみつくに》が下河辺長流《しもこうべちょうりゅう》に依頼したものだったが、長流が病になったため、友人の契沖が引き継ぐことになった。

契沖はあいまいだった『万葉集』の本文訓読を厳密に実施し、一首一首に細密な注釈を加えた。今でも契沖の読みが定説となっている部分は数多い。私情や主観を排除し、**徹底して文献に根拠を求める実証主義的研究**は、古典注釈史上前例のない画期的なものである。

新井白石の人生をたどる記録

折たく柴の記《おりたくしばのき》

随筆
江戸時代中期成立

作者は**新井白石**《あらいはくせき》。江戸幕府六代将軍の徳川家宣《いえのぶ》、七代将軍家継《いえつぐ》に仕えて政治改革を主導した人物。三巻。一七一六(享保《きょうほう》元)年に執筆開始。

祖先と自らの事績を子孫に正しく伝えるために書かれた自叙伝的な随筆。上巻では祖父・父母・白石自身の経歴を記し、中巻では家宣将軍時代を、下巻では家継将軍時代の出来事を綴《つづ》る。

わかりやすく力強い調子の和漢混淆文《こんこうぶん》で、**自伝文学の傑作**とされる。**近世政治史の史料としても貴重な作品である。**

松平定信の風雅なエッセイ

花月草紙《かげつそうし》

随筆
江戸時代後期成立

作者は**松平定信**《まつだいらさだのぶ》。奥州白河《しらかわ》藩主として天明《てんめい》の大飢饉《だいききん》を乗り切った手腕を評価されて江戸幕府老中《ろうじゅう》に取り立てられ、寛政《かんせい》の改革を断行した人物。六巻。老中を退任後、一八一八(文政《ぶんせい》元)年の成立。

自然・学問・人生・社会など、さまざまなテーマについて自由な所感を述べた全百五十六段の随筆。風流を愛した作者の美意識と教養の深さがうかがえる。

文体も、内容とあいまった格調高い雅文調(擬古文)であり、**近世の文学的な随筆の代表作**と言える。

近世怪異小説のさきがけ

伽婢子《おとぎぼうこ》

仮名草子
江戸時代前期成立

作者は**浅井了意**《あさいりょうい》。一六六六(寛文《かんぶん》六)年刊。十三巻六十八話からなる仮名草子《かなぞうし》。序には、児童を正しい道へ導くための戒めとなる本として書かれたとある。

中国明《みん》代の怪異小説『剪灯新話《せんとうしんわ》』と『剪《せん》灯余話《とうよわ》』を主要な素材とした怪異譚《かいいたん》だが、舞台設定や登場人物はすべて日本に置き換えられており、非常に自然で優れた翻案がなされている。

続編の『狗張子《いぬはりこ》』とともに**近世怪異小説の祖**として位置づけられ、上田秋成《うえだあきなり》(⬇一九二頁)にも影響を与えた。

独創的な『万葉集』研究

万葉考《まんようこう》

注釈書
江戸時代中期成立

『万葉集』の注釈書。二十巻。巻一から巻六までの作者は**賀茂真淵**《かものまぶち》。残りは狛諸成《こまもろなり》の編。一七六八(明和《めいわ》五)年より刊。

真淵は『万葉集』は巻一・二・十一〜十四にその原形があると考え、これらの歌に独自の注釈を施した。『万葉集』の本質を「**ますらをぶり**」(⬇一七六頁)とするその見方は、後世の『万葉集』観にも受け継がれていくことになる。

賀茂真淵
(本居宣長記念館蔵)

朱子学者の易しいエッセイ

駿台雑話《すんだいざつわ》

随筆
江戸時代中期成立

作者は**室鳩巣**《むろきゅうそう》。はじめ加賀《かが》藩主の前田《まえだ》綱紀《つなのり》に仕え、後には江戸幕府八代将軍の徳川吉宗《よしむね》の侍講《じこう》となった儒者。五巻。一七三二(享保《きょうほう》一七)年に成立、一七五〇(寛《かん》延《えん》三)年刊。

晩年の作者が江戸駿河台《するがだい》の自宅で門下生に語るという体裁をとった教訓的な随筆。話題は古今和漢に及び、作者の学問観や道徳観が幅広く展開される。

朱子学的な立場から書かれた平易な語り口の文章で、戦前の教科書には定番の題材として掲載されていた。

新井白石肖像
(早稲田大学図書館蔵)

松平定信像(福島県立博物館蔵)

「一炊の夢」をテーマにした黄表紙

金々先生栄花夢《きんきんせんせいえいがのゆめ》

黄表紙
江戸時代後期成立

作者は**恋川春町《こいかわはるまち》**。黄表紙《きびょうし》。二巻二冊。一七七五(安永四《あんえい》)年刊。

田舎から江戸に出てきた金村屋金兵衛《かなむらやきんびょうえ》が、粟餅屋《あわもちや》で休息中にうたた寝する。その夢の中で裕福な商家の婿養子となるが、色里での遊びが過ぎて勘当されてしまう。金兵衛は、人生の快楽とは粟餅ができる間のはかない夢にすぎないと悟る。

色里を舞台とし、洒落《しゃれ》のきいた文章と大胆な挿絵を組み合わせており、**大人向けの絵本「黄表紙」の元祖として位置づけられる作品である。**

モテない男、モテようと必死

江戸生艶気樺焼《えどうまれうわきのかばやき》

黄表紙
江戸時代後期成立

作者は**山東京伝《さんとうきょうでん》**。黄表紙《きびょうし》。三冊。一七八五(天明五《てんめい》)年刊。

仇気屋《あだきや》の一人息子艶二郎《えんじろう》は、醜男《ぶおとこ》なのにうぬぼれが強く、役者のようにもてて世間で色男の評判をとりたいと願う。親の金にものを言わせてさまざまな芝居を打つが、すべて失敗し、最後は心を入れ替えて真人間になる。

享楽的で見栄張りな江戸の青年像を、艶二郎というキャラクターで具現化して描いており、「艶二郎」はうぬぼれ屋の代名詞となった。

抱腹絶倒の東海道旅行記

東海道中膝栗毛《とうかいどうちゅうひざくりげ》

滑稽本
江戸時代後期成立

作者は**十返舎一九《じっぺんしゃいっく》**。滑稽本《こっけいぼん》。一八〇二(享和二《きょうわ》)年～一八〇九(文化六《ぶんか》)年刊。八編十八冊。

弥次郎兵衛《やじろべえ》と喜多八《きたはち》の二人が江戸を出発し、伊勢《いせ》参宮を経て、京大坂に至るまでの道中を綴る。二人は狂歌を詠み散らしながら旅をし、行く先々でいたずらをしては時に痛い目に遭う。風刺や毒のない無邪気な笑いをその特質としており、**滑稽本の典型を完成させた。**

地方の文化や言葉を巧みに取り入れていることも特徴であり、江戸のみならず**全国的なベストセラー**となった。続編の『続膝栗毛《ぞくひざくりげ》』まで合わせると二十一年の長きにわたり刊行され続けている。

銭湯の会話から見る江戸庶民像

浮世風呂《うきよぶろ》

滑稽本
江戸時代後期成立

作者は**式亭三馬《しきていさんば》**。滑稽本《こっけいぼん》。四編九冊。一八〇九(文化六《ぶんか》)年～一八一三(文化一〇)年刊。

江戸庶民の社交場であった**銭湯で交わされる会話**から、人々の姿をユーモラスかつ精細に描写した作品。江戸語の研究資料として活用されることも多い。

好評を受けて、後には髪結床《かみゆいどこ》を舞台とした姉妹編『**浮世床《うきよどこ》**』も刊行された。

馬琴が人生をかけたスペクタクル小説

南総里見八犬伝《なんそうさとみはっけんでん》

読本
江戸時代後期成立

作者は**曲亭馬琴《きょくていばきん》**。読本《よみほん》。一八一四(文《ぶん》化《か》一一)年～一八四二(天保《てんぽう》一三)年刊。九十八巻・百六冊の大作。

話は室町時代、安房《あわ》の里見家を主な舞台として展開する。妖犬《ようけん》の力を受け継ぎ、仁・義・礼・智・忠・信・孝・悌《てい》の玉を持つ八犬士が集まり、巨悪に立ち向かう壮大な物語である。『水滸伝《すいこでん》』などの中国の口語体小説(白話《はくわ》小説)の強い影響を受けた和漢混淆《こんこう》文で、**勧善懲悪主義と武士道の精神が色濃い。**馬琴は晩年に視力を失っても口述筆記で執筆を続けた。

日本文学史上まれに見るスケールと完成度の長編伝奇小説で、明治以降も高い人気を誇った。

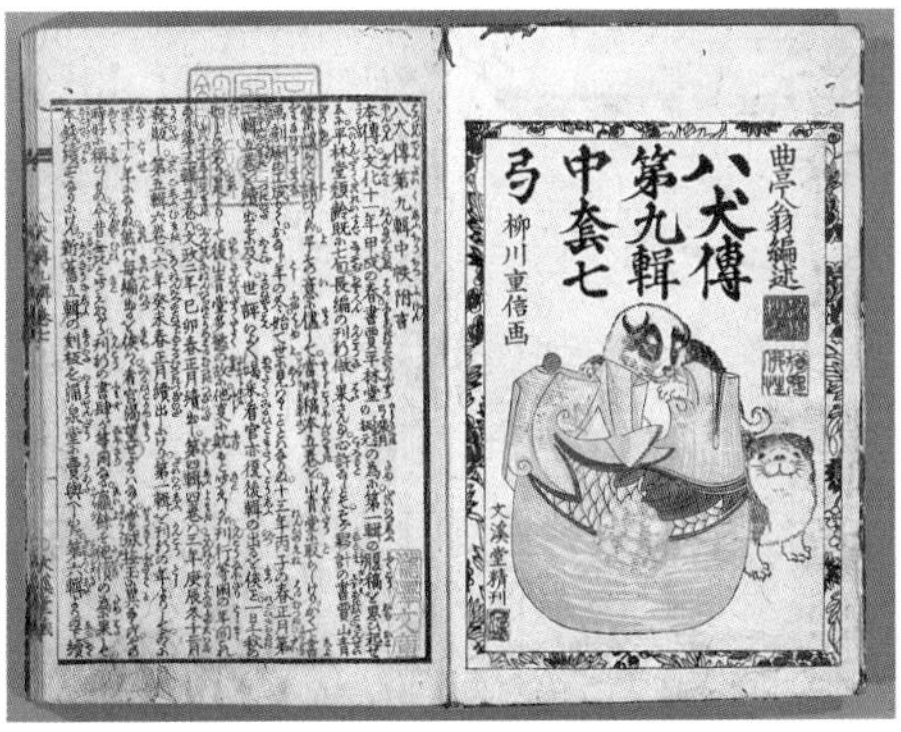

犬をあしらった『南総里見八犬伝』の見返しと序
馬琴は見返しのデザインにも非常にこだわった。

『源氏物語』のパロディ戯作

偐紫田舎源氏《にせむらさきいなかげんじ》

合巻
江戸時代後期成立

作者は**柳亭種彦《りゅうていたねひこ》**。合巻《ごうかん》(数巻の黄表紙を合冊して一冊にしたもの)。全四十編。三十八編までが一八二九(文政《ぶんせい》一二)年～一八四二(天保《てんぽう》一三)年に刊行され、残り二編は草稿のみが残る。

『源氏物語《げんじものがたり》』(⇩一三一頁)**のパロディ小説**であり、室町時代の足利《あしかが》将軍家を舞台に、光源氏《ひかるげんじ》をモデルにした才色兼備の貴公子光氏《みつうじ》の好色ぶりと活躍を描く。

艶美《えんび》な挿絵も相まって人気を博したが、江戸城の大奥《おおおく》を揶揄《やゆ》していると疑われ、天保の改革で絶版処分を受けた。

江戸の婦女子を魅了したメロドラマ

春色梅児誉美《しゅんしょくうめごよみ》

人情本
江戸時代後期成立

作者は**為永春水《ためながしゅんすい》**。人情本《にんじょうぼん》。四編十二冊。一八三二(天保《てんぽう》三)年～一八三三(天保四)年刊。

鎌倉の遊女屋の養子夏目丹次郎《なつめたんじろう》をめぐり、許嫁《いいなずけ》のお長《ちょう》、芸者の米八《よねはち》と仇吉《あだきち》という三人の女性が、お互いを意識しながら丹次郎に尽くすという恋愛小説。

草双紙《くさぞうし》や合巻《ごうかん》の伝奇的要素と、洒落本《しゃれぼん》や滑稽本《こっけいぼん》の写実的要素を融合し、**「人情本」という新たなジャンルを確立した。**

江戸の婦女子を熱狂させ、色男の代名詞が「丹次郎」となるほど流行した。

文学史問題：江戸時代の作品ではないものを次から一つ選べ。(関西学院大・改)
①世間胸算用　②笈の小文　③方丈記　④雨月物語　⑤玉勝間

能《のう》・狂言《きょうげん》

世阿弥座像(正法寺蔵)

能とは

能は室町時代に大成され、現在まで途絶えることなく上演されてきた、日本独自の演劇である。簡素な構造を持つ**能舞台**の上で演じられ、舞台装置や背景はほとんど用いない。**能面**と豪奢《ごうしゃ》な**能装束**を着用し、演技は舞踊的な要素が強い。その世界は「**幽玄《ゆうげん》の美**」と称される。

能の多くは、**世阿弥《ぜあみ》**など室町時代の能役者によって作られた。『**伊勢物語《いせものがたり》**』『**平《へい》家物語《けものがたり》**』**といった古典を題材とし、文学作品として高い価値を持つ**。舞台で演じる際には、台詞《せりふ》を独特な節まわしで謡《うた》いあげるため、**謡曲《ようきょく》**(**謡《うたい》**)と呼ぶ。

能は歌と舞を中心とする音楽劇であり、主役は特に大きな役割を担う。能の用語で、**主役をシテ**、その**相手役をワキ**という。また、そのほか伴奏の楽器演奏(笛・小鼓《こつづみ》・大鼓《おおつづみ》・太鼓《たいこ》)や、情景描写のための合唱を行う地謡《じうたい》などの役がある。

能の歴史

能は、鎌倉時代に流行した**猿楽《さるがく》**や**田楽《でんがく》**といった芸能に源を持つ。猿楽から写実的な演技を、田楽から歌や舞を受け継ぎ、融合して大成したのが**観阿弥《かんあみ》**(一三三三～一三八四)である。奈良で活動する大和猿楽《やまとさるがく》の役者だった観阿弥は、京都に上って将軍・足利義満《あしかがよしみつ》の庇護《ひご》を受け、その子**世阿弥**も人気役者となった。以後、能の世界では大和猿楽が中心を占め、現在に伝わる五つの流派(**観世《かんぜ》・宝生《ほうしょう》・金春《こんぱる》・金《こん》剛《ごう》・喜多《きた》**)はすべてその系譜に連なる。

世阿弥以後も、子の観世元雅《かんぜもとまさ》、甥《おい》の音《おん》阿弥《あみ》、娘婿の金春禅竹《こんぱるぜんちく》などが活躍し、演技・脚本の両面で能はより深みを増した。一方、室町時代後期には、観世信光《のぶみつ》らのわかりやすく派手な作品が人気を集めた。

戦国時代の一時期、能は衰えたが、江戸時代には武士の芸能として尊ばれた。

世阿弥について

生没年未詳。足利義満や関白・二条良《にじょうよし》基《もと》の庇護を受け、美貌《びぼう》によって人気役者となったが、晩年は将軍・足利義教《よしのり》に疎まれ、佐渡《さど》に流された。『井筒《いづつ》』『砧《きぬた》』など数多くの能を作ったほか、能楽論『**風姿《ふうし》花伝《かでん》**』『**花鏡《かきょう》**』などを残している。

風姿花伝《ふうしかでん》(十五世紀初め)

能楽論。七巻。能役者の教育方法・演技論・能の歴史のほか、**観客の心をつかむ舞台の美を「花」「幽玄」と名づけ、細かく分析する**。日本最古の演劇論。

能の種類

内容面から、能は「**夢幻能《むげんのう》**」と「**現在能《げんざいのう》**」に分けられる。夢幻能は、死者などの霊が姿を変えて現れ、供養を求めるもの。成仏できた喜びを舞によって表現する。現在能は現実の人間世界を描いた作品で、話の内容は多様である。

また、シテの種類(「神《しん》・男《なん》・女《にょ》・狂《きょう》・鬼《き》」と通称する)によって以下のように分類することもある。(＊は世阿弥作)

翁《おきな》	五穀豊穣を祈る儀式的演目。	
初番目物(脇能《わきのう》)神物《かみもの》	神をシテとし、天下太平などを祈るめでたい能。	高砂《たかさご》＊ 老松《おいまつ》＊ 鶴亀《つるかめ》
二番目物 修羅物《しゅらもの》	討ち死にした武将がシテとなり、供養を求める、勇壮な能。	田村《たむら》 敦盛《あつもり》＊ 実盛《さねもり》＊ 清経《きよつね》＊
三番目物 鬘物《かずらもの》	女性の亡霊や草木の精がシテとなり、供養を求める、優美な能。	羽衣《はごろも》 井筒《いづつ》＊ 野宮《ののみや》 西行桜《さいぎょうざくら》＊
四番目物 雑物《ざつもの》	他に属さないものすべて。現在能が多く、ドラマ性に富む。	安宅《あたか》 隅田川《すみだがわ》 自然居士《じねんこじ》 道成寺《どうじょうじ》
五番目物(切能《きりのう》)鬼畜物《きちくもの》	鬼や天狗《てんぐ》をシテとする、活発で華やかな能。	土蜘蛛《つちぐも》 紅葉狩《もみじがり》 船弁慶《ふなべんけい》

能面と楽器

小鼓《こつづみ》

大鼓《おおつづみ》

太鼓《たいこ》

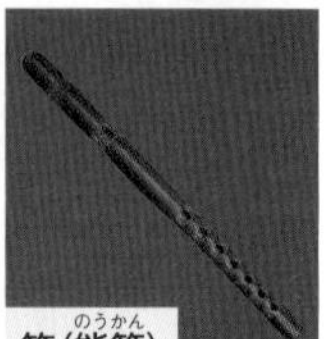

笛(能管《のうかん》)

能の楽器

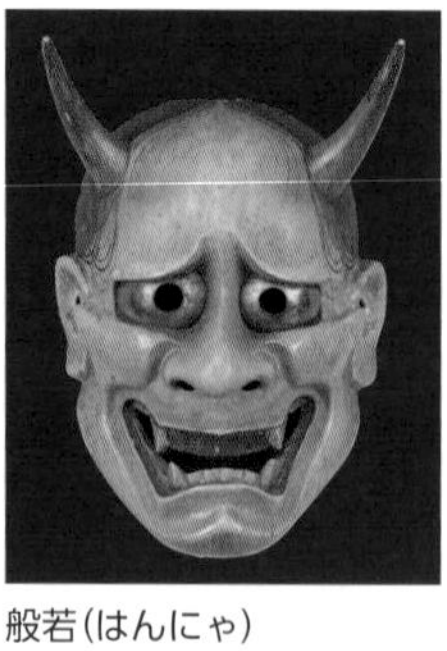

般若(はんにゃ)
嫉妬のあまり鬼となった女性の面。怒りだけではなく悲しみが表れている。

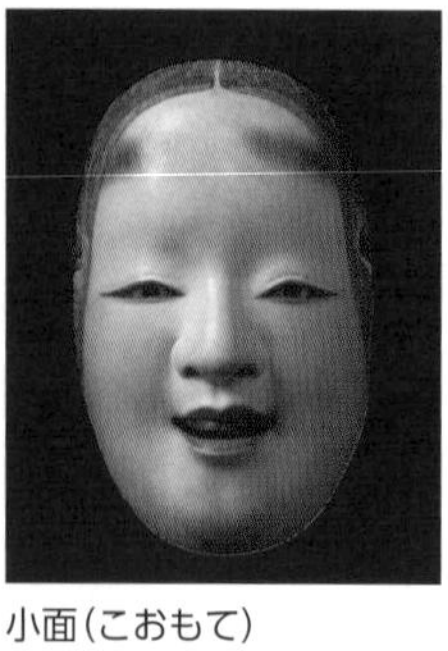

小面(こおもて)
若く可憐な女性の面。写真は豊臣秀吉が愛用したとされる「雪の小面」(金剛家蔵)。

翁(おきな)
『翁』にのみ用いる神々しい老人の面。眉やひげに特徴がある。

能の演目

▼**高砂**《たかさご》…住吉明神《すみよしみょうじん》が高砂の松のいわれを説き、和歌の徳を賛美する。世阿弥作。

▼**井筒**《いづつ》…『伊勢物語』「筒井筒《つついづつ》」の段（⬇三一三頁）を題材に、二人の恋の後日談を描く。世阿弥作。

▼**隅田川**《すみだがわ》…さらわれた子どもを尋ねて旅する母の悲劇を描く。観世元雅作。

▼**船弁慶**《ふなべんけい》…復讐《ふくしゅう》のため、源義経《みなもとのよしつね》を襲う平氏の怨霊が活躍する。観世信光作。

能舞台

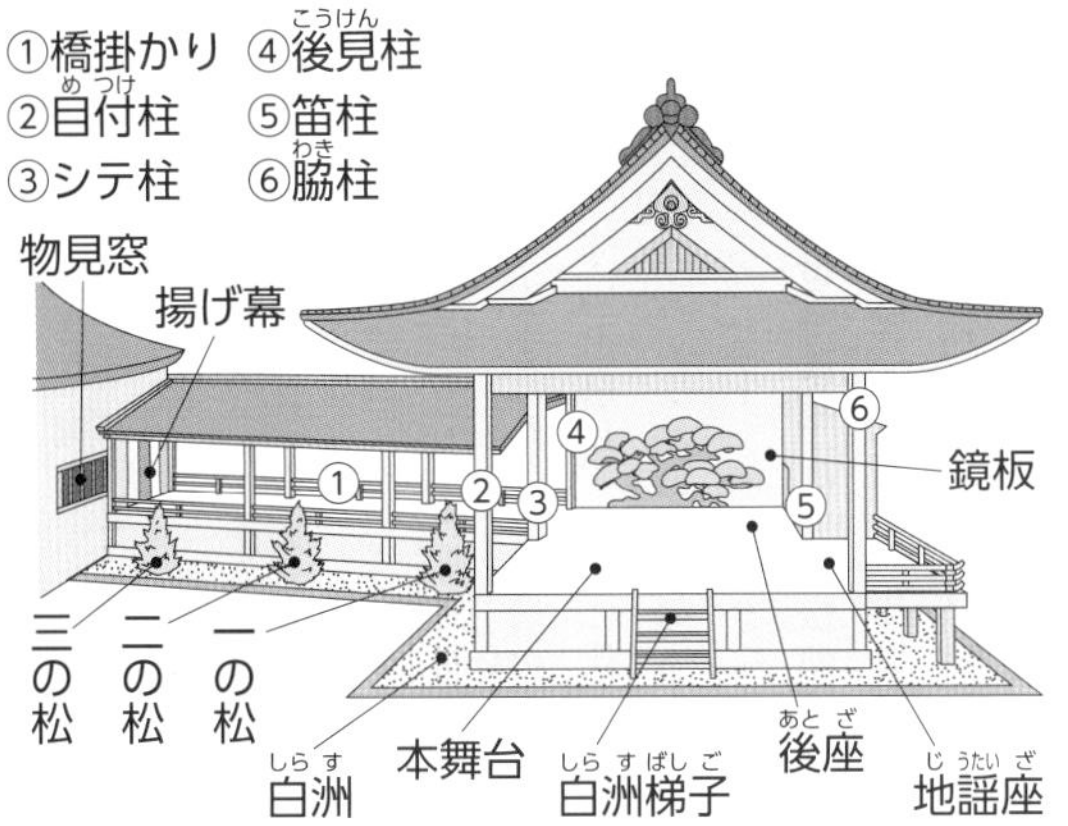

狂言とは

狂言は、能と同じく猿楽から発達した芸能で、世阿弥の頃には既に存在したらしい。当初は特に台本もなく、自由に演じていたようだが、江戸時代になると内容が固定し、社会的地位を高めた。現在、**大蔵流**《おおくらりゅう》・**和泉流**《いずみりゅう》という二つの流派がある。

能が優美な音楽劇であるのに対し、狂言は**台詞と仕草で笑わせる喜劇**である。主人公は多くの場合、**平凡な庶民**であり、歴史上の人物や高貴な人を描く能とは大きく異なる。主に夫婦喧嘩《げんか》や縁談といった日常生活を題材とし、中でも、抜け目のない召使い「**太郎冠者**《たろうかじゃ》」は狂言を代表するキャラクターとして知られる。

狂言役者は狂言に出演するだけでなく、能の中で**アイ**と呼ばれる役も演じる。能と狂言はきわめて近い関係にある。

棒縛 主人の留守中、手を縛られながら何とか酒を飲もうとする家来たちの喜劇。

狂言の種類

脇《わき》狂言	めでたい内容の狂言。	末広《すえひろ》がり 福の神
大名《だいみょう》狂言 小名《しょうみょう》狂言	大名（地主）とその召使《めしつか》いのやりとりを描く狂言。	素袍落《すおうおとし》 棒縛《ぼうしばり》 附子《ぶす》 萩大名《はぎだいみょう》
聟《むこ》・女狂言	結婚・夫婦関係を描く狂言。	二人袴《ふたりばかま》 花子《はなご》
鬼《おに》・山伏《やまぶし》狂言	鬼や山伏が登場する狂言。	柿山伏《かきやまぶし》 蝸牛《かぎゅう》
出家《しゅつけ》・座頭《ざとう》狂言	僧や目の見えない人が登場する狂言。	宗論《しゅうろん》 川上《かわかみ》 月見座頭《つきみざとう》
集《あつめ》狂言	他に属さないものすべて。	瓜盗人《うりぬすびと》 磁石《じしゃく》

柿山伏 柿を盗み食いする山伏を懲らしめようと、無理難題で苦しめる。

写真：翁・般若＝東京国立博物館蔵（ColBase）／柿山伏＝萬狂言提供
能の楽器・井筒・隅田川・船弁慶・棒縛＝©公益社団法人能楽協会

日本一の劇脚本家

近松門左衛門《ちかまつもんざえもん》

#元禄の三大文豪 #人形浄瑠璃 #竹本義太夫 #世話物の創始者

人形浄瑠璃《にんぎょうじょうるり》・歌舞伎《かぶき》

一六五三(承応《じょうおう》二)年～一七二四(享保《きょうほう》九)年

上代 794 中古 1185～1192 中世 1603 近世 1867

作品への招待

テレビもスマホもインターネットもなかった江戸時代、最大の娯楽はお芝居だった。人々は身分を問わず、みなこぞって劇場に足を運び、人形浄瑠璃《じょうるり》や歌舞伎《かぶき》に熱中したのである。町人文化が花開いた元禄期、敏腕プロデューサー竹《たけ》本《もと》義《ぎ》太《だ》夫《ゆう》と竹《たけ》田《だ》出《いず》雲《も》のもとで、町人社会の義理人情を描いた斬新な作品を次々と発表して観衆の涙を誘った人気脚本家がいた。――その名は、近松門左衛門。

近松門左衛門肖像(早稲田大学演劇博物館蔵)
[00287]

経歴

一六五三(承応《じょうおう》二)年、越前国《えちぜんのくに》福井に武士の子として生まれた。本名は杉森信盛《すぎもりのぶもり》。父の浪人に伴い上京し、公家《くげ》に仕えた後、古浄瑠璃の太夫《たゆう》・宇治加賀掾《うじかがのじょう》のもとで修行生活に入る。三十一歳のとき宇治座で上演された『**世継曽我**《よつぎそが》』は、近松の出世作となった。一六八五(貞享《じょうきょう》二)年には新進の**竹本義太夫**《たけもとぎだゆう》のために『**出世景清**《しゅっせかげきよ》』を書き下ろし、好評を博した。

元禄《げんろく》期には歌舞伎《かぶき》に活躍の場を広げ、和事《わごと》の名手坂田藤十郎《さかたとうじゅうろう》と提携。都万太夫《みやこまんだゆう》座《ざ》の専属作家となり、脚本を執筆した。

藤十郎の引退後は再び竹本義太夫と組んで浄瑠璃界に復帰。一七〇三(元禄一六)年初演の『**曽根崎心中**《そねざきしんじゅう》』は大ヒットし、経営難にあえいでいた竹本座を救うことになる。その後は大坂に居を移し、竹本座の専属作家として『**国性爺合戦**《こくせんやかっせん》』『**心中天の網島**《しんじゅうてんのあみじま》』などの傑作を次々と手がけた。一七二四(享保《きょうほう》九)年、七十二歳で没。

竹本義太夫

作品

近松の作品には、**時代物**(➡一九七頁)約七十編と**世話物**(➡一九七頁)約二十編がある。作品の多くは人形浄瑠璃と歌舞伎の両方で上演されている。

▼『**国性爺合戦**《こくせんやかっせん》』(時代物)
明《みん》の臣下鄭芝龍《ていしりゅう》と日本人女性の間に生まれた子和藤内《わとうない》が、中国に渡って明を再興するまでを描く。十七ヶ月にわたるロングラン公演を達成した。

▼『**曽根崎心中**《そねざきしんじゅう》』(世話物)
醤油《しょうゆ》商平野屋の手代徳兵衛《とくべえ》が、悪友九《く》平次《へいじ》に金をだまし取られ、曽根崎天神の森で遊女お初《はつ》と心中するまでを描く。「世話物」の第一作。

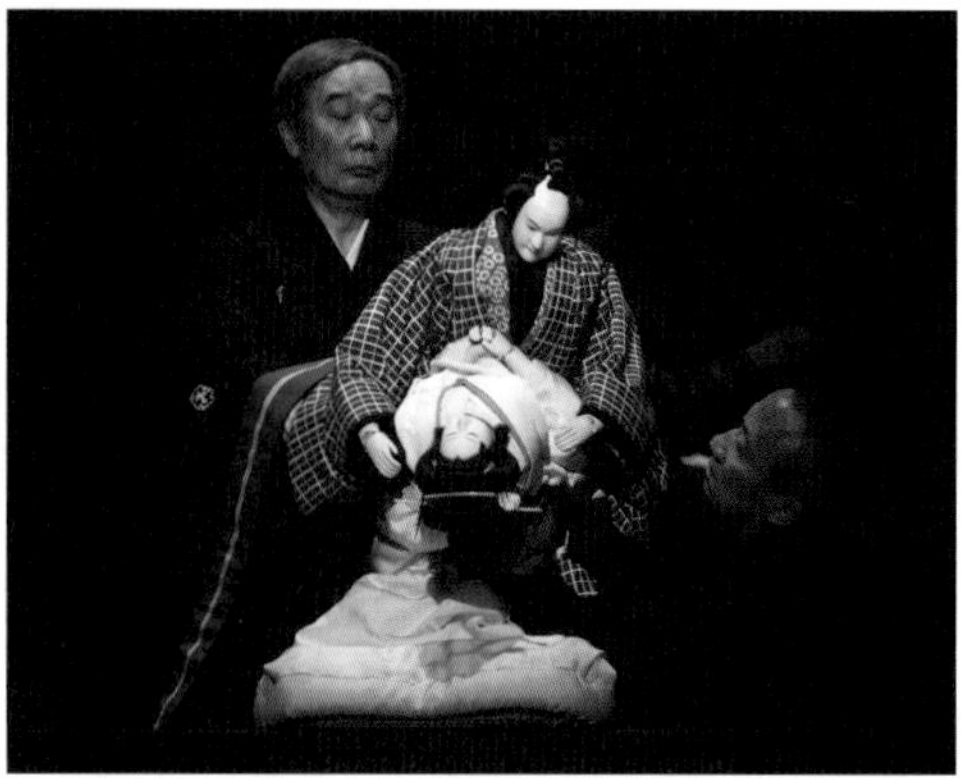

二人は互いの体を帯でしっかりと結びつけ、心中を果たす。

▼『**冥途の飛脚**《めいどのひきゃく》』(世話物)
飛脚問屋亀屋忠兵衛《かめやちゅうべえ》が公金を使い込み、遊女梅川《うめかわ》と駆け落ちして捕らえられるまでを描く。

追っ手から逃れる二人

評価

町人社会を描いた「世話物」を創始し、中でも**実在の男女の心中事件に取材した作品**で人気を博した。義理と人情の間で揺れ動く人間心理を情緒豊かに描き、人形浄瑠璃に新境地を開いたことから、「**日本のシェイクスピア**」とも称される。

脚本の詞章もさることながら、舞台演出やからくりにも工夫を凝らし、後世の演劇に多大な影響を及ぼしている。

理論面では、「**真の芸とは実**《まこと》**と虚**《うそ》**の間に成り立つものだ**」**と説いた**「**虚実皮膜**《きょじつひにく》**の論**」が注目される(『難波土産《なにわみやげ》』に近松からの聞き書きとして収録)。

江戸時代の大人気エンタメ
人形浄瑠璃《にんぎょうじょうるり》・歌舞伎《かぶき》

人形浄瑠璃とは

人形浄瑠璃(文楽《ぶんらく》)は、江戸期に発展した日本独自の人形劇である。**太夫《たゆう》**と呼ばれる語り手が、**三味線《しゃみせん》**の伴奏によって台詞《せりふ》や情景描写を語り、それに合わせて**人形遣い**が人形を操ることで舞台が構成される。歴史的に大阪と深い関わりを持ち、**上方《かみがた》文化を代表する芸能**である。

浄瑠璃の歴史

室町期に流行した浄瑠璃節《じょうるりぶし》という語り物が、琉球《りゅうきゅう》から渡来した三味線と結びつき、さらに人形が加わることで、江戸初期に人形浄瑠璃が成立した。後に竹本座《たけもとざ》の太夫だった**竹本義太夫《たけもとぎだゆう》**(一六五一～一七一四)によって大成された語りの技術が、**「義太夫節《ぎだゆうぶし》」**として現在に伝わっている。**近松門左衛門《ちかまつもんざえもん》**(⬇一九六頁)と組み、大坂道頓堀《どうとんぼり》で数多くの名作を初演した義太夫の没後は、門弟が**竹本座《たけもとざ》**と**豊竹座《とよたけざ》**に分かれ芸を競った。ほかにもさまざまな座(興行団体)があったが、江戸後期にできた文楽《ぶんらく》座《ざ》以外は滅んだため、**今日では「文楽」が人形浄瑠璃の別名となっている。**

人形について

人形浄瑠璃の人形は三人で操り、主遣《おもづか》いが頭部(「首《かしら》」と呼ぶ)と右手、左遣いが左手、足遣いが足を担当する。

語りを担当する太夫(左)と、その伴奏をする三味線(右)

「時代物」と「世話物」

人形浄瑠璃や歌舞伎の中で、江戸期よりも前の時代を舞台とし、**歴史上の人物を描いた作品を「時代物」**、**江戸期の町人社会を描いた作品を「世話物」**という。

▶『国性爺合戦《こくせんやかっせん》』(時代物)
近松門左衛門の代表作(⬇一九六頁)。素手で虎を捕まえる主人公・和藤内《わとうない》。

歌舞伎とは

歌舞伎は、江戸期に成立した日本の古典演劇である。**隈取《くまどり》**をはじめとする化粧法や、舞台上の動きを一瞬静止させる**見得《みえ》**の演技、男が女を演じる**女形《おんながた》**の存在など、きわめて独自の様式を持つ。

歌舞伎の歴史

江戸初期に**出雲《いずも》の阿国《おくに》**が京都で演じた念仏踊りが起源とされる。奇抜な衣装から「傾《かぶ》き踊り」(常識はずれの踊り)と呼ばれた。その後、女歌舞伎や若衆《わかしゅ》歌舞伎の流行・禁制を経て、成年の役者が演じる**野郎《やろう》歌舞伎**が登場する。

元禄期には、**和事《わごと》**(恋愛物などの柔らかな演技)を得意とした上方の初代**坂田《さかた》藤十郎《とうじゅうろう》**(一六四七～一七〇九)、**荒事《あらごと》**(英雄などの力強い演技)を得意とした江戸の初代**市《いち》川団十郎《かわだんじゅうろう》**(一六六〇～一七〇四)などの役者が人気を集め、歌舞伎は次第に演劇として洗練されていった。

江戸後期から幕末にかけては、庶民生活を写実的に描いた作品(生世話物《きぜわもの》)が好まれ、四世**鶴屋南北《つるやなんぼく》**(一七五五～一八二九)の**『東《とう》海道四谷怪談《かいどうよつやかいだん》』**、**河竹黙阿弥《かわたけもくあみ》**(一八一六～一八九三)の**『三人吉三廓初買《さんにんきちさくるわのはつがい》』**など、優れた脚本が執筆された。

なお、歌舞伎には人形浄瑠璃から取り入れられた演目も数多くあり、**「丸本《まるほん》歌舞伎」**と呼ばれる。その中でも**『菅原伝授《すがわらでんじゅ》手習鑑《てならいかがみ》』『義経千本桜《よしつねせんぼんざくら》』『仮名手本忠臣蔵《かなでほんちゅうしんぐら》』**は三大名作として有名である。

▼『菅原伝授手習鑑《すがわらでんじゅてならいかがみ》』(時代物)
荒事の代表的演目。顔には隈取をし、力強く見得をする。
Ⓒ松竹株式会社

▼『三人吉三廓初買《さんにんきちさくるわのはつがい》(巴白浪《ともえのしらなみ》)』(世話物)
江戸の町に生きる悪党たちを描く。
Ⓒ松竹株式会社

写真：竹本義太夫＝東京大学駒場図書館蔵／人形浄瑠璃の写真４点＝国立劇場蔵(協力：人形浄瑠璃文楽座)

【付録】4コマ漫画で学ぶ！ 重要古典常識

40〜43頁「平安貴族の一生」とあわせて読もう！

恋のはじまり

平安時代、貴族女性はほとんど男性に顔を見せませんでした。恋は顔もわからない状態から始まったのです。男性が意中の女性と逢うためには、その家に仕える女房を味方につける必要がありました。

恋の成就

めでたく契りを結んだ後、男性は他人に見つからないよう夜明け前に帰ります。帰宅後はすぐ女性に手紙(和歌)を贈ることがマナーとされていました。これを「後朝《きぬぎぬ》の文《ふみ》」と呼びます。

和歌を詠む

昔の人々にとって、和歌は生活に欠かせないコミュニケーションツールでした。感動したとき、恋をしたとき、不幸なとき、人々はいつでも和歌を詠み、その出来映えが社会的評価につながったのです。

物忌み・方違え

「物忌み」は、けがれに触れた後や凶日に身を清めて人に会わないようにすること。「方違え」は、災いを避けるため別の方角を経由して目的地に向かうこと。ともに中国伝来の「陰陽道《おんようどう》」による風習です。

現代文編

文学散歩 ―東日本―

■：散文
■：韻文

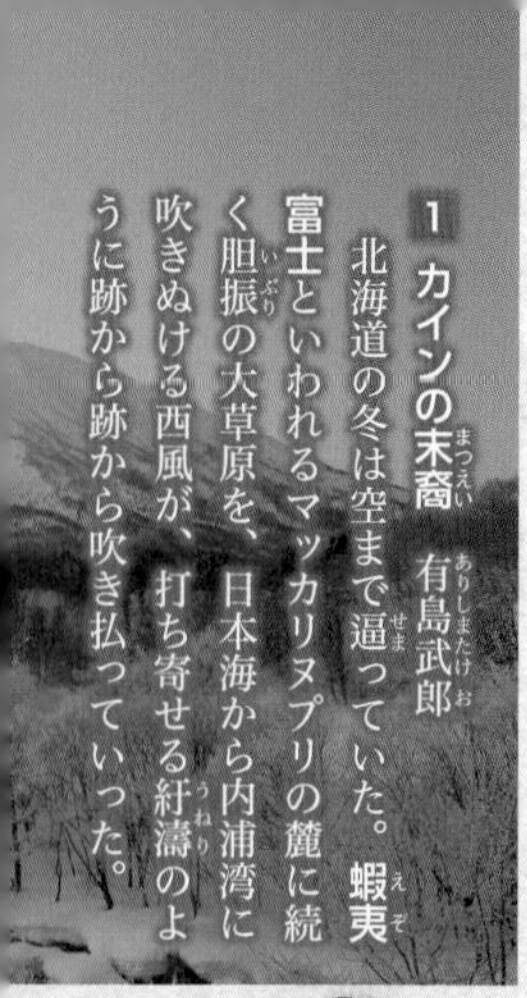

1 カインの末裔《まつえい》　有島武郎《ありしまたけお》

北海道の冬は空まで逼《せま》っていた。**蝦夷《えぞ》富士**といわれるマッカリヌプリの麓に続く胆振《いぶり》の大草原を、日本海から内浦湾に吹きぬける西風が、打ち寄せる紆濤《うねり》のように跡から跡から吹き払っていった。

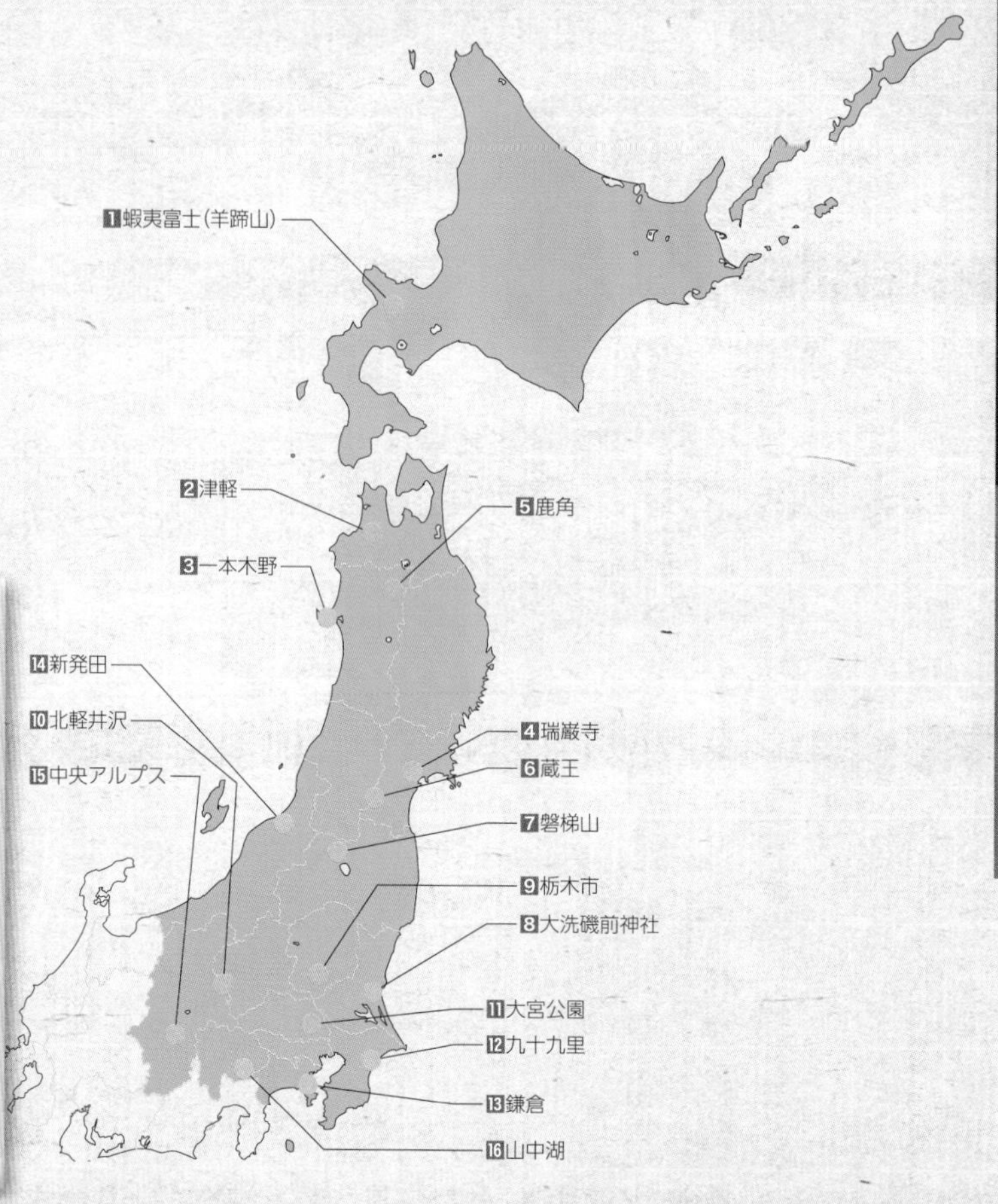

6 蔵王

2 津軽《つがる》　太宰治《だざいおさむ》

けれども、見よ、お城のすぐ下に、私のいままで見た事もない古雅な町が、何百年も昔のままの姿で小さい軒を並べ、息をひそめてひっそりうずくまっていたのだ。**（弘前城《ひろさきじょう》）**

3 一本木野《いっぽんぎの》　宮澤賢治《みやざわけんじ》

松がいきなり明るくなつて
のはらがぱつとひらければ
かぎりなくかぎりなくかれくさは日に燃え
電信ばしらはやさしく白い碍子《がいし》をつらね
ベーリング市までつづくとおもはれる

4 松島瑞巌寺《まつしまずいがんじ》に遊《あそ》び葡萄栗鼠《ぶどうきねずみ》の木彫《きぼり》を見《み》て　島崎藤村《しまざきとうそん》

舟路も遠し**瑞巌寺**
冬逍遥のこゝろなく
古き扉に身をよせて
飛驒《ひだ》の名匠《たくみ》の浮彫《うきぼり》の
葡萄のかげにきて見れば
菩提《ぼだい》の寺の冬の日に
刀悲しみ鑿《のみ》愁ふ

5 鹿角《かづの》の国《くに》を憶《おも》ふ歌《うた》　石川啄木《いしかわたくぼく》

青垣山《あをがきやま》を繞《めぐ》らせる
天さかる**鹿角**の国をしのぶれば、
涙し流る。

6 錦繡《きんしゅう》　宮本輝《みやもとてる》

蔵王《ざおう》のダリア園から、ドッコ沼へ登るゴンドラ・リフトの中で、まさかあなたと再会するなんて、本当に想像すら出来ないことでした。

7 遠《とお》き落日《らくじつ》　渡辺淳一《わたなべじゅんいち》

八月の末の会津盆地《あいづぼんち》は、すでに初秋の気配である。そそり立つ**磐梯《ばんだい》**のうしろを行く雲も、猪苗代《いなわしろ》まで拡がる稲田も明るく陽《ひ》に輝いているが、夏のような逞《たくま》しさはない。

8 巨人《きょじん》の磯《いそ》　松本清張《まつもとせいちょう》

大洗磯前神社《おおあらいいそさきじんじゃ》の大鳥居前を過ぎ町を抜けると磯の匂いが強くなり、すぐに海辺になる。……波に囲まれた岩礁《がんしょう》の上に小さな鳥居が立っていた。

4 松島瑞巌寺五大堂

9　路傍《ろぼう》の石《いし》　山本有三《やまもとゆうぞう》　（栃木）

彼は夢中で母を呼んだ。もう恥も外聞もなかった。彼はいっそ、ひと思いに、起きあがって、鉄橋から逃げ出してしまおうと思った。

その時、レールを伝わって、ゴーッという地ひびきがしてきた。

10　狐《きつね》　野上弥生子《のがみやえこ》　（北軽井沢）

今に見ておいで。……この高原を躑躅《つつじ》がまっ赤にするのもやがてだし、落葉松《からまつ》はみずみずと緑になり、桜草が咲いて、かっこうやうぐいすが早くもうたいだす。きみが地べたに咲いているところを一遍見たいといっていた鈴蘭《すずらん》が、あの白い、つつましやかな花をつけるのもその頃だ。

10　北軽井沢高原の秋

11　青年《せいねん》　森鷗外《もりおうがい》

二人は公園の門を這入《はい》った。常磐木《ときわぎ》の間に、葉の黄ばんだ雑木の交っている茂みを見込む、二本柱の門に、稍《やや》古びたのが掛かっているのである。**大宮公園**と大字で書いた木札の、稍古びたのが掛かっているのである。

12　千鳥《ちどり》と遊《あそ》ぶ智恵子《ちえこ》　高村光太郎《たかむらこうたろう》

人つ子ひとり居ない**九十九里《くじゅうくり》**の砂浜の
砂にすわつて智恵子は遊ぶ。
無数の友だちが智恵子の名をよぶ。
ちい、ちい、ちい、ちい、ちい——

13　**鎌倉**や御仏《みほとけ》なれど釈迦牟尼《しゃかむに》は
美男におはす夏木立かな　与謝野晶子《よさのあきこ》

7　会津盆地から望む磐梯山

14　蔵《くら》　宮尾登美子《みやおとみこ》

自分は、荷を満載して加治川《かじかわ》を上り下りする船影……など、景気のいいのを見るのが好きな元気者だけれど、**新発田《しばた》**は本来、しっとりと落ち着きのある城下町ではある。

15　美《うつく》しい村《むら》　堀辰雄《ほりたつお》

高原の尽きるあたりから、又、他のいくつもの丘が私に直面しながら緩やかに起伏していた。それらの丘のさらに向こうには、遠くの**中央アルプス**らしい山脈が青空に幽《かす》かに爪でつけたような線を引いていた。

16　五《いつ》つの湖《みずうみ》　金子光晴《かねこみつはる》

山中湖は鶺鴒《せきれい》。
霧のなかの
かるい尾羽。

額ぶち風な河口湖。
樹海のふところからとりだした珠。
明眸《めいぼう》の精進よ。
嫉《ねた》みぶかさうな、秘《ひめ》やかな西湖。
そして、無の湖、本栖湖《もとすこ》よ。

■…散文
■…韻文

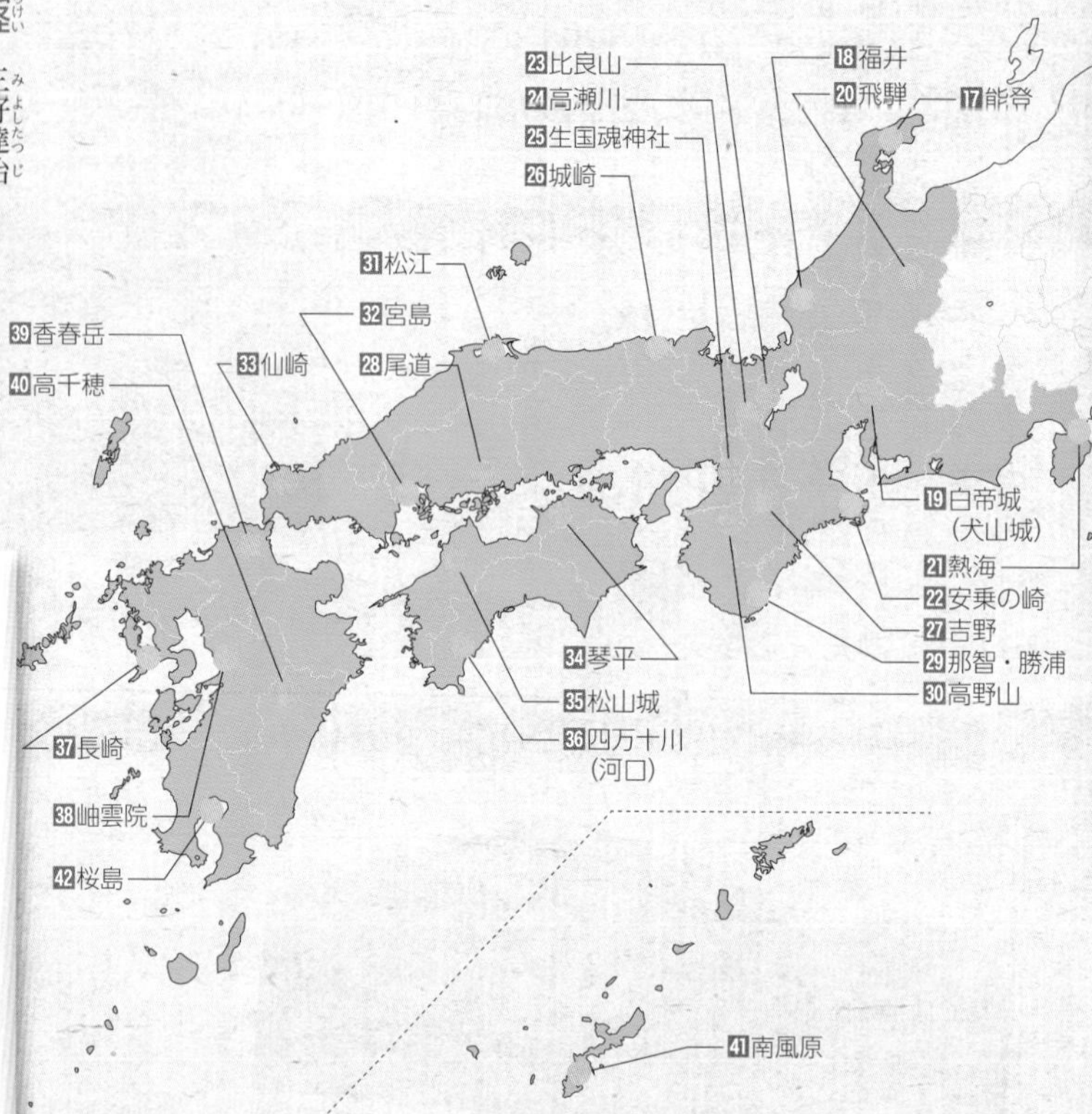

17 **松径**《しょうけい》　三好達治《みよしたつじ》

彼方なる**能登**《のと》の岬は
こゑありて波のはたてに
日もすがら呼ばへるごとし
彼方なる能登の岬は

18 **右は東京**《みぎはとうきょう》　俵万智《たわらまち》

おそばがおいしくて、雪が降って、水仙が咲く。**足羽山**《あすわやま》の茶店、**足羽河原**の桜並木、二両編成の路面電車。**福井**はあまりにも「ふるさと」だ。

21 熱海・貫一お宮の像

19 **白帝城**《はくていじょう》**(犬山城)**　北原白秋《きたはらはくしゅう》

この**白帝城**は美しい。その綜合的《そうごうてき》美観はその位置と丘陵の高さとが、明らかにして洋々たる河川の大景と相俟《あいま》って、よく調和し映照しているにある。

20 **高野聖**《こうやひじり》　泉鏡花《いずみきょうか》

飛騨《ひだ》から**信州**へ越える深山《みやま》の間道で、丁度立休らおうという一本の樹立《こだち》も無い、右も左も山ばかりじゃ、……

21 **金色夜叉**《こんじきやしゃ》　尾崎紅葉《おざきこうよう》

熱海《あたみ》は東京に比して温きこと十余度なれば、今日漸《やうや》く一月の半ばを過ぎぬるに、梅林の花は二千本の梢《こずゑ》に咲乱れて……路《みち》を埋づむる幾《いく》斗《と》の清香《せいこう》は凝《こ》りて掬《むす》ぶに堪へたり。

22 たびごころもろくなり来ぬ。志摩《しま》のはて**安乗の崎**《あのり》に、燈《ひ》の明《あか》り見ゆ　釈迢空《しゃくちょうくう》

23 **比良の暮雪**《ひらのぼせつ》　白洲正子《しらすまさこ》

下界には桜が咲いていても、**比良山**にはまだ雪が積もっており、夏になっても消えないことがある。

24 **高瀬舟**《たかせぶね》　森鷗外《もりおうがい》

高瀬舟は京都の**高瀬川**《たかせがわ》を上下する小舟である。徳川時代に京都の罪人が遠島《えんとう》を申し渡されると、本人の親類が牢屋敷《ろうやしき》へ呼び出されて、そこで暇乞《いとまごい》をすることを許された。それから罪人は高瀬舟に載せられて、大阪へ廻《まわ》されることであった。

25 **春琴抄**《しゅんきんしょう》　谷崎潤一郎《たにざきじゅんいちろう》

下寺町の東側のうしろには**生国魂神社**《いくくにたまじんじゃ》のある高台が聳《そび》えているので今いう急な坂路は寺の境内からその高台へつづく斜面なのであるが、……

26 **城の崎にて**《きのさき》　志賀直哉《しがなおや》

ある午前、自分は円山川《まるやまがわ》、それからそれの流れ出る日本海などの見える東山公園へ行くつもりで宿を出た。

27 **さくら咲《さ》く日《ひ》にまうできて**　馬場あき子《ばばあきこ》

吉野の花をたずねて東南院に一泊した朝の、おそい寝ざめの枕にひびいてきたのは、石走《いわばし》るせせらぎの音ならぬ、妖《あや》しくおどろおどろしい太鼓の、遠波の寄せくるようなひびきであった。

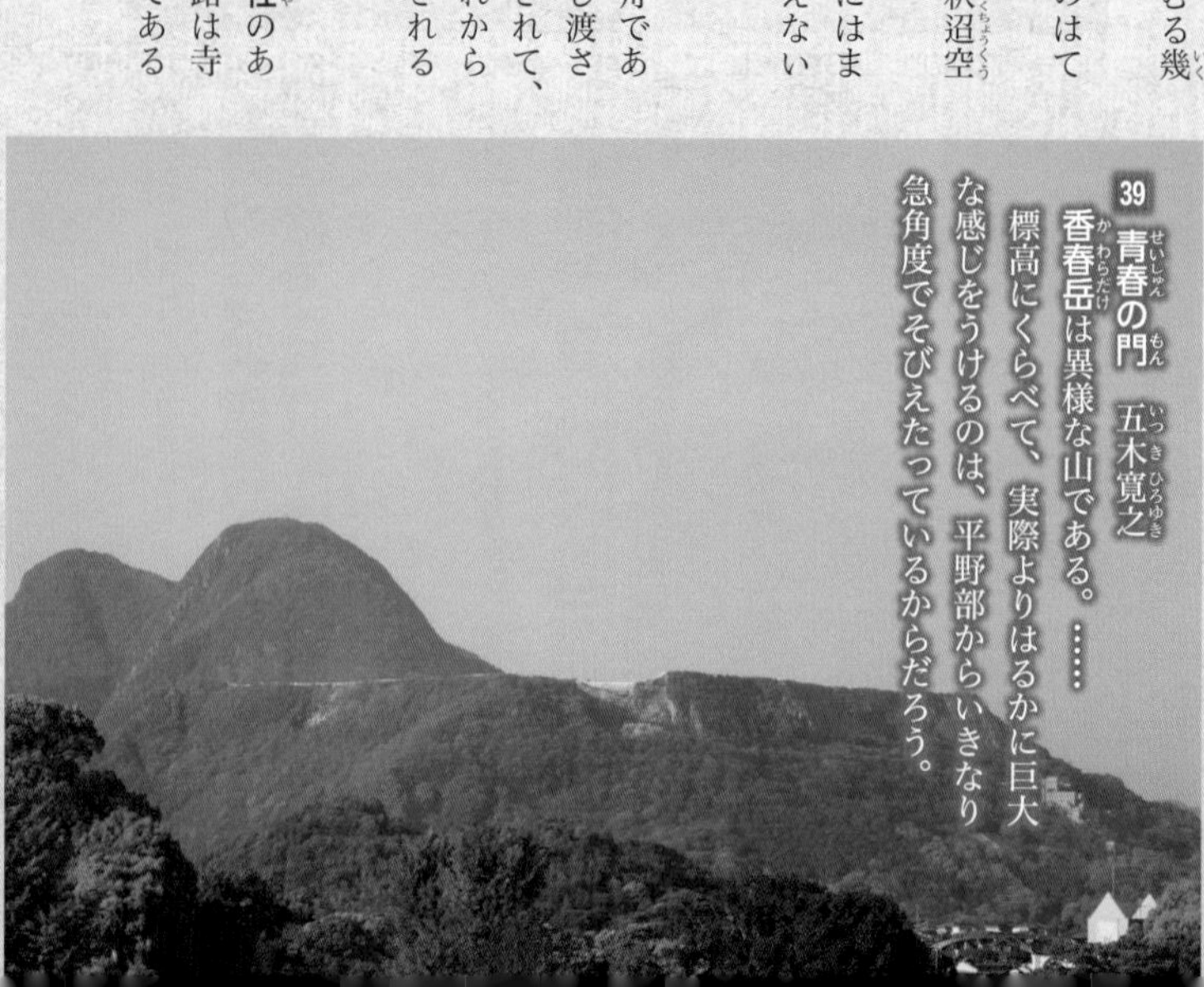

39 **青春の門**《せいしゅんのもん》　五木寛之《いつきひろゆき》

香春岳《かわらだけ》は異様な山である。……標高にくらべて、実際よりはるかに巨大な感じをうけるのは、平野部からいきなり急角度でそびえたっているからだろう。

28 **放浪記《ほうろうき》**　林芙美子《はやしふみこ》

海が見えた。海が見える。五年振りに見る、**尾道《おのみち》**の海はなつかしい。

29 **遍路《へんろ》**　斎藤茂吉《さいとうもきち》

那智《なち》には**勝浦《かつうら》**から馬車に乗って行った。昇り口のところに著《つ》いたときに豪雨が降って来たので、そこでしばらく休み、すっかり雨装束に準備して滝の方へ上って行った。

30 炎天の空美しや**高野山《こうやさん》**　高浜虚子《たかはまきょし》

31 **思《おも》ひ出《で》の町《まち》**　岡本《おかもと》かの子

山陰道の水都**松江市**は私にとって忘れがたく懐かしい町である。

32 **宮島**の神殿はしる小鹿かな　正岡子規《まさおかしき》

33 **大漁《たいれふ》**　金子《かねこ》みすゞ　**(仙崎《せんざき》)**

朝焼小焼だ
大漁だ
大羽鰮《おほばいわし》の
大漁だ。

34 **琴平《ことひら》**　宮本百合子《みやもとゆりこ》

遙《はる》かむこうに、もっくりと、この地方独特に孤立した山が一つ見えていてその前景は柿が色づき、女郎花《おみなえし》が咲く細かい街裏の情景である。

35 **坂《さか》の上《うえ》の雲《くも》**　司馬遼太郎《しばりょうたろう》　**(松山城)**

市街の中央に釜《かま》を伏せたような丘があり、丘は赤松でおおわれ、その赤松の樹間《このま》がくれに高さ十丈の石垣が天にのび、さらに瀬戸内の天を背景に三層の天守閣がすわっている。

35 松山城

36 **四万十川《しまんとがわ》**――**あつよしの夏《なつ》**　笹山久三《ささやまきゅうぞう》

四万十川は、蛇行川である。(国鉄)予土線に乗り、四万十川流域に差しかかると、トンネルと鉄橋を交互に通過して行く場所が続く。

37 **一枚《いちまい》の踏絵《ふみえ》から**　遠藤周作《えんどうしゅうさく》

はじめて**長崎**に行ったのはもう七、八年前の初夏だった。

38 **阿部一族《あべいちぞく》**　森鷗外《もりおうがい》

鷹《たか》は殿様の御寵愛《ごちょうあい》なされたもので、それが茶毘《だび》の当日に、しかもお茶毘所の**岫雲院《しゅううんいん》**の井戸に這入《はい》って死んだというだけの事実を見て、鷹が殉死したのだという判断をするには十分であった。

40 天安河原

40 **安吾新日本風土記《あんごしんにほんふどき》**　坂口安吾《さかぐちあんご》

阿蘇《あそ》から日向《ひゅうが》に入る古い道筋に**高千穂《たかちほ》**の町がある。ここには岩戸村があったり、天の岩戸があったり、高天原《たかまがはら》も天安河原《あまのやすかわら》もみんな揃いすぎるほど揃っている。

41 **ひめゆりの塔《とう》**　石野径一郎《いしのけいいちろう》

南風原《はえばる》付近の丘や低地には艦砲が太鼓を連打するように打ちこまれ、つづいて迫撃砲の猛撃が折り重なってきた。

42 **桜島《さくらじま》**　梅崎春生《うめざきはるお》

海のかなたに、薄茶色に煙りながら、**桜島岳**が荒涼としてそそり立った。あの麓に行くのだと思った。

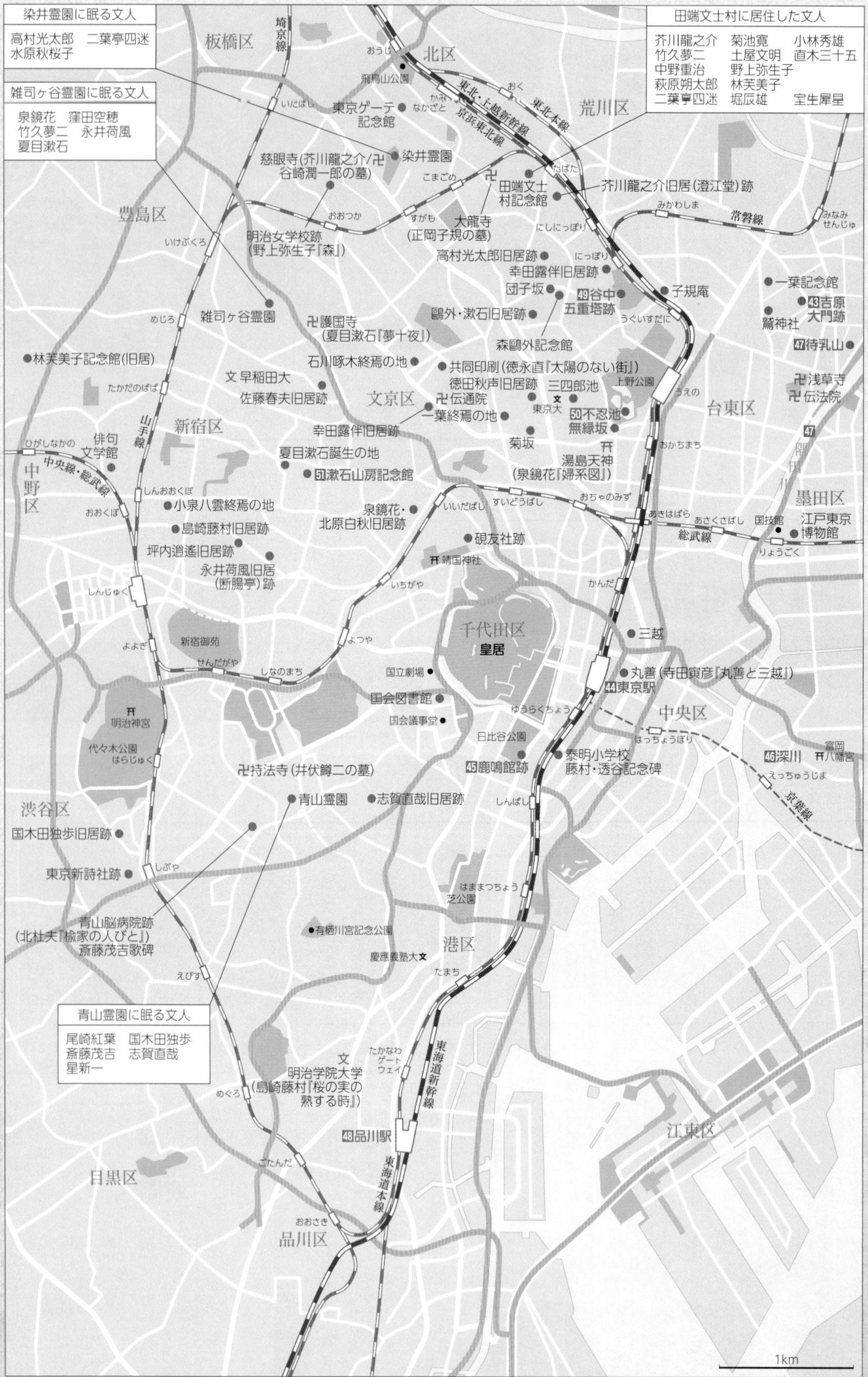

文士村…おもに大正から昭和にかけて当時の文筆家や芸術家が多く暮らしていた土地を指して呼ぶ。地図中にある田《た》端《ばた》文士村《ぶんしむら》のほか、東京都大田区にあった馬込文士村《まごめぶんしむら》には川端康成《かわばたやすなり》、萩原朔太郎《はぎわらさくたろう》、三島由紀夫《みしまゆきお》らが住んでいた。また、東京都杉並区《すぎなみ》阿佐ヶ谷《あさがや》周辺には井伏鱒二《いぶせますじ》を中心に太宰治《だざいおさむ》らが集まっていた。

■…散文
■…韻文

43 たけくらべ　樋口一葉《ひぐちいちよう》

廻《まわ》れば大門《おおもん》の見返り柳いと長けれど、お歯ぐろ溝《どぶ》に燈火《ともしび》うつる三階の騒ぎも手に取る如《ごと》く、明けくれなしの車の行来《ゆきき》にはかり知られぬ全盛をうらなひて、大音寺前と名は仏くさけれど、さりとは陽気の町と住みたる人の申《もうし》き、……

43 見返り柳の碑

44 坊《ぼ》っちゃん　夏目漱石《なつめそうせき》　（東京駅）

車を並べて停車場へ着いて、プラットフォームの上へ出た時、車へ乗り込んだおれの顔を眤《じっ》と見て「もう御別れになるかも知れません。存分ご機嫌よう」と小さな声で云った。

45 舞踏会《ぶとうかい》　芥川龍之介《あくたがわりゅうのすけ》

明治十九年十一月三日の夜であった。当時十七歳だった――家の令嬢明子《あきこ》は、頭の禿《は》げた父親と一しょに、今夜の舞踏会が催さるべき鹿鳴館《ろくめいかん》の階段を上って行った。

46 刺青《しせい》　谷崎潤一郎《たにざきじゅんいちろう》

丁度四年目の夏のとあるゆうべ、深川《ふかがわ》の料理屋平清《ひらせい》の前を通りかかった時、彼はふと門口に待って居る駕籠《かご》の簾《すだれ》のかげから、真っ白な女の素足のこぼれて居るのに気がついた。

47 すみだ川《がわ》　永井荷風《ながいかふう》

まだ店をしまわずにいる休茶屋《やすみぢゃや》を見付けて慌忙《あわて》て立寄り、「おかみさん、冷《ひや》で一杯。」と腰を下ろした。正面に待乳山《まつちやま》を見渡す隅田川には夕風を孕《はら》んだ帆かけ船が頻《しき》りに動いて行く。水の面の黄昏《たそが》れるにつれて鴎《かもめ》の羽の色が際立って白く見える。

47 隅田川

48 桜《さくら》の実《み》の熟《じゅく》する時《とき》　島崎藤村《しまざきとうそん》

日蔭に成った坂に添うて、岸本捨吉《きしもとすてきち》は品川《しながわ》の停車場手前から高輪《たかなわ》へ通う抜け道を上って行った。客を載せた一台の俥《くるま》が坂の下の方から同じように上って来る気勢《けはい》がした。石塊《いしころ》に触れる車輪の音をさせて。

49 五重塔《ごじゅうのとう》　幸田露伴《こうだろはん》

類の少ない仕事だけに是非為《し》て見《み》たい受け合って見たい欲得は何《どう》でも関《かま》わぬ、谷中感応《やなかかんのう》寺《じ》の五重塔《ごじゅうのとう》は川越《かわごえ》の源太《げんた》が作り居った、鳴呼《あ》よく出来《でか》した感心なと言われて見たいと面白がって、何日《いつ》になく職業《しょうばい》に気のはずみを打って居らるるに……

50 不忍池

50 雁《がん》　森鷗外《もりおうがい》

寂しい無縁坂《むえんざか》を降りて、藍染川《あいそめがわ》のお歯黒のような水の流れ込む不忍《しのばず》の池《いけ》の北側を廻《まわ》って、上野の山をぶらつく。それから松源や雁鍋《がんなべ》のある広小路、狭い賑《にぎ》やかな仲町《なかちょう》を通って、湯《ゆ》島天神《しまてんじん》の社内に這入《はい》って、陰気な臭橘寺《からたちでら》の角を曲がって帰る。しかし仲町を右へ折れて、無縁坂から帰ることもある。これが一つの道筋である。

51 文鳥《ぶんちょう》　夏目漱石《なつめそうせき》

十月早稲田《わせだ》に移る。伽藍《がらん》のような書斎に只一人、片附《かたづ》けた顔を頬杖《ほおづえ》で支えていると、三《み》重吉《えきち》が来て、鳥を御飼いなさいと言う。

51 漱石公園（漱石山房記念館・夏目漱石住居跡地）

昭和期の家庭では、江戸時代以来の伝統的な道具と、明治期以降西洋から取り入れられたものが混在しており、また徐々に電化製品などの新しい道具も登場した。それらの中には、現在では見られなくなったもの、姿を変えて今も存在しているものがある。

衣

足踏みミシン

行李《こうり》　旅行の際の荷物入れや、衣服の収納に用いた籠。竹や柳を編んで作った。

糸車

火のし　中に炭を入れ、熱で服のしわを伸ばす道具。

食

おひつ　炊きあがったごはんを移し入れておく木製の器。(金沢くらしの博物館蔵)

箱膳　食器を収納する箱。食事のときは蓋を裏返して使った。

住

煙草盆《たばこぼん》　喫煙具を入れる箱。煙管《きせる》に煙草を入れ、炭火で火をつけた。

長火鉢　木炭を使った暖房具。湯を沸かしたりもした。引き出しなどの収納もついており、茶の間に置かれた。

ちゃぶ台

丸火鉢・火箸

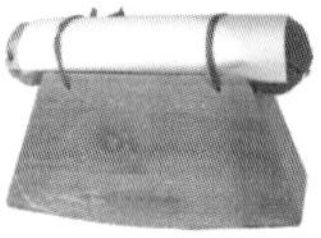

箱枕　箱型の台の上に括《くく》り枕をつけたもの。髷《まげ》が崩れないよう、首筋に当てて使用した。「船枕」ともいう。

茶の間

行灯《あんどん》

カンテラ

「行灯」は据え置きまたは持ち運びで使用する灯火具。「カンテラ」は持ち運び用の灯火具。(金沢くらしの博物館蔵)

憧れの「三種の神器」

高度経済成長期になると、テレビ・洗濯機・冷蔵庫の「三種の神器」が、豊かさの象徴として一般家庭の憧れの的となった。大卒の初任給が五千円から一万円の時代、これらはそれぞれ五万円前後と大変高額であった。

店頭に並んだ三種の神器 1955(昭和30)年

電気洗濯機

電気冷蔵庫

氷冷蔵庫　上段に氷を入れて下段を冷やす。

写真：足踏みミシン・ちゃぶ台・氷冷蔵庫＝杉並区立郷土博物館蔵

日本の伝統的な木造住宅は、豊かな四季の自然を感じながら機能的に暮らすためのさまざまな工夫がなされてきた。明治期以降、洋風建築の文化を受け入れてからも、それを日本風にアレンジしつつ、現在の住宅へと引き継いでいる。

森鷗外《もりおうがい》・夏目《なつめ》漱石《そうせき》が住んだ家　東京都文京区にあったこの家は、鷗外が約１年、その後10数年を経て漱石が約３年、借家として住んでいた。『吾輩《わがはい》は猫《ねこ》である』の舞台にもなり、ここで多くの作品が生み出された。（博物館 明治村）

鎌倉文学館（旧前田侯爵家別邸）　1936（昭和 11）年建造。大正末期から昭和初期にかけて、和洋折衷の住宅が大流行した。三島由紀夫《みしまゆきお》の小説『春《はる》の雪《ゆき》』に登場する松枝侯爵家《まつがえこうしゃくけ》の別荘は、この建物をモデルとしている。

和室

土間　家の中で、地面と同じ高さの部分。履き物を脱ぐ場所や作業場、台所などがあった。（次大夫堀公園民家園）

囲炉裏《いろり》　家族が集まった囲炉裏端。座る位置は厳密に決められていて、囲炉裏奥の正面は「横座《よこざ》」と呼ばれ、家長の座る上座だった。（次大夫堀公園民家園）

開化好男子 官吏、医師、若旦那、学生など、明治期のさまざまな職業の男性を描いたもの。身分によって服装も多彩である。8 人のうち 4 人が洋装を身に着けている。
(水野年方《みずのとしかた》筆)(Image：東京都歴史文化財団イメージアーカイブ)

和洋折衷の服装の男性(明治〜大正) 山高帽に二重廻《まわ》し(トンビ)と呼ばれるマントを着た、和洋折衷の服装の男性。マントはポルトガルから十六世紀にもたらされたコートで、明治期に和服用に改良を加えたものが広まった。

モボとモガ 大正末期から昭和期にかけて、西洋の新しいファッションを身に着けた男女が街に現れた。彼らはモダンボーイ(モボ)、モダンガール(モガ)と呼ばれた。

鹿鳴館《ろくめいかん》時代の女性の洋装
(明治初期)

日本初のセーラー制服
平安女学院(大正 9 年)

大正時代の大学生

明治期になると、西洋のポンパドゥールヘアを日本風にアレンジした束髪《そくはつ》が流行し、やがて髪全体を大きく膨らませた庇髪へと発展した。

庇髪《ひさしがみ》の女性

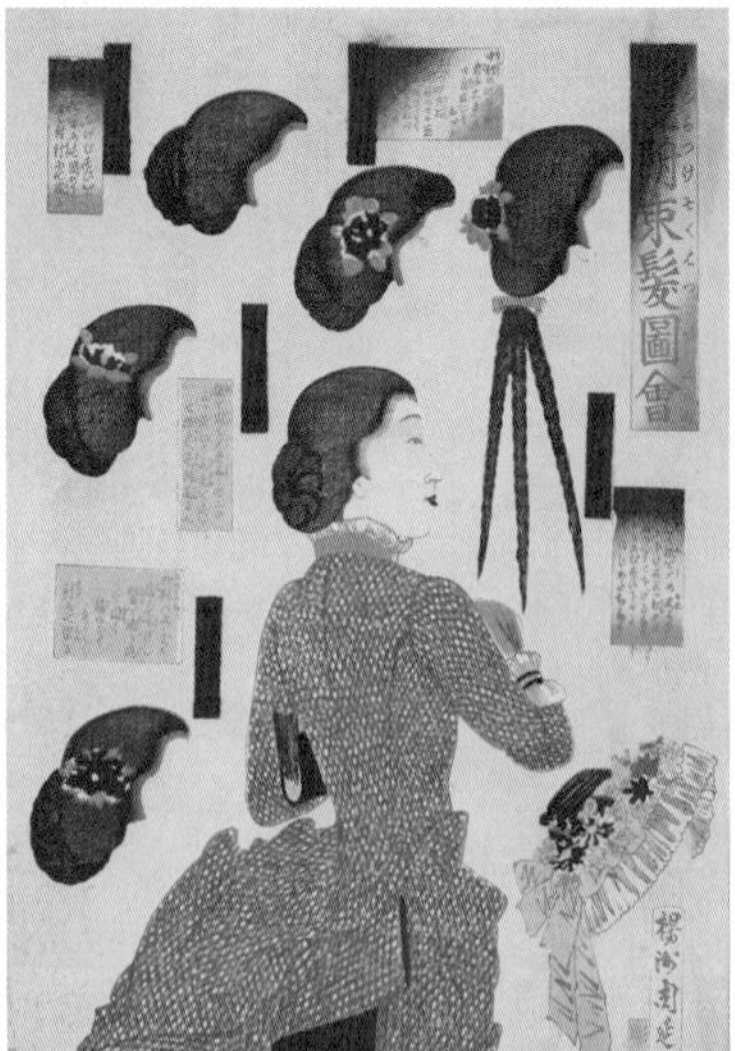

束髪《そくはつ》の図解 明治期に発行された図録。洋風に結ったさまざまな髪型を着せ替え人形のようにして婦人の頭にかぶせられる。
(「鬘附束髪図会」「渡辺巻」「英吉利結」「三ツ割」「和寄結」「同変形」都立中央図書館特別文庫室所蔵)

通学する女学生(大正) 洋服姿の女性と、袴《はかま》に靴をあわせている女性。

東京名所之内銀座通煉瓦造鉄道馬車往復図（早稲田大学図書館蔵）

一八八二（明治十五）年、新橋と日本橋を結ぶ鉄道馬車が営業を開始した。起点と終点だけが決まっていて、好きなところで乗り降りできるものだった。人力車やガス灯、道行く洋装の人々など、華やかな文明開化の様子が描かれている。

地下鉄のプラットフォーム（昭和初期）　日本最初の地下鉄は、1927（昭和２）年に上野〜浅草間で開通した。

１号機関車（明治４年）　日本で初めての蒸気機関車。車体はイギリスから輸入された。（鉄道博物館蔵）

ダイハツ・ミゼット・DKA 型
1957（昭和32）年に登場した三輪自動車。楽に荷物を輸送でき、絶大な人気を誇った。（トヨタ博物館蔵）

円太郎バス（模型）　11人乗りの東京市営バス。関東大震災（大正12年）後人々の生活の足となり、親しみを込めて「円太郎バス」と呼ばれた。（トヨタ博物館蔵）

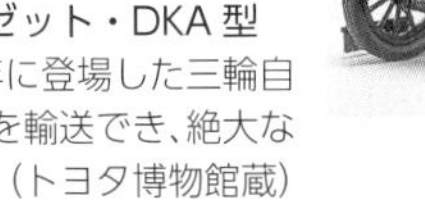

大八車　大量の荷物を運ぶための荷車。2〜4人で引いた。

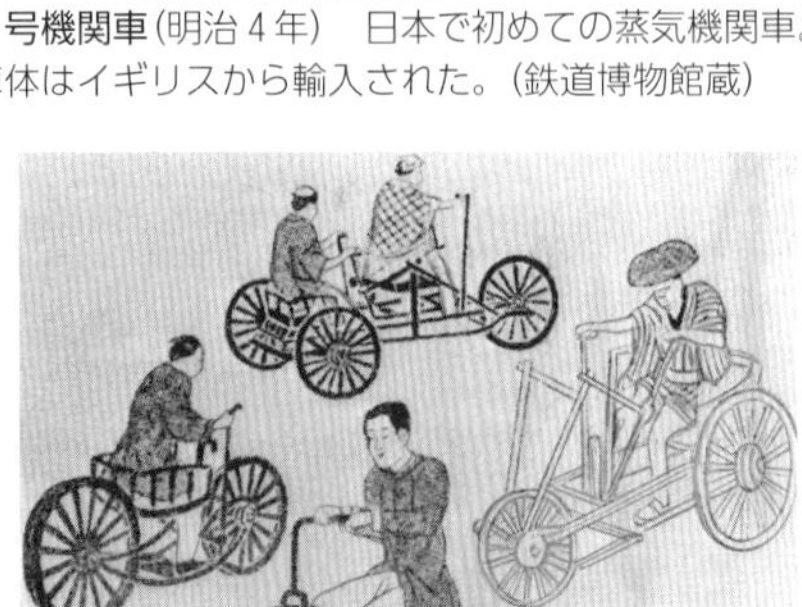

明治時代に流行した木製自転車

円タク

大阪駅前で客待ちをする円タク（1927年）

タクシーが出現したのは一九一二（明治四五）年。六台で東京から始まったタクシーは好評を得、すぐに全国に広がり、一九二七（昭和二）年には東京市内だけで五千台を超えるタクシーが走るようになった。ところが昭和恐慌によって景気が停滞すると、需要過多になったタクシー業界は、急激に価格競争へと向かっていく。こうして大正末期から昭和にかけて登場したのが、市内を一円均一で走る「円タク」である。ガソリン価格の下落とあいまって価格競争はとどまるところを知らず、ついには市内を五十銭で走るようになり、中には二十銭という最低料金を打ち出すタクシーも現れた。

表

裏

一銭青銅貨（1916年～）

百円券（1891年～）　絵柄は藤原鎌足《ふじわらのかまたり》。

日本銀行兌換《だかん》銀券（1885年～）　最初の日本銀行券で、保有者の要求に応じて正貨である銀貨と引き換えることができた。大黒天が描かれていることから「大黒札」と呼ばれた。

十銭アルミニウム青銅貨（1938年～）

五十銭券（1942年～）　絵柄は靖国《やすくに》神社。

十円券（1899年～）　絵柄は和気清麻呂《わけのきよまろ》・護王《ごおう》神社。

十銭陶貨（1945年～）

■写真：日本銀行貨幣博物館蔵

物価の変遷

	大日本帝国憲法（1889）	日清戦争（1894）	日露戦争（1904）	一次大戦終結（1918）	日中戦争（1937）	インフレ	高度経済成長	バブル景気	コロナ禍
	明治 20（1887）年頃	明治 30（1897）年頃	明治 40（1907）年頃	大正 10（1921）年頃	昭和 10（1935）年頃	昭和 25（1950）年頃	昭和 40（1965）年頃	昭和 60（1985）年頃	令和 2（2020）年頃
ラーメン	データなし	データなし	データなし	データなし	16銭（昭和15年）	25円	75円	450円	601円
あんパン	5厘（明治7年）	データなし	1銭	2銭5厘	5銭	10円	15円	90円	87円
コーヒー	1銭5厘	2銭	3銭	10銭	15銭	30円	80円	330円	422円
週刊誌	データなし	データなし	データなし	10銭	13銭	25円	50円	240円	370円
新聞購読料	28銭	データなし	45銭	1円20銭	90銭（昭和5年）	53円	580円	2,800円	4,344円
プロ野球観覧料（後楽園球場・内野）	データなし	データなし	データなし	データなし	50銭	80円	220円	700円	5,600円
映画館入場料	データなし	20銭	15銭	30銭	50銭	80円	500円	1,500円	1,834円
都立高校授業料 昭和10年までは旧制中学（府立）	18円	24円（明治35年）	30円	54円	66円	3,600円	9,600円	82,800円	118,800円
東京大学授業料	25円	25円	50円	75円	120円（昭和17年）	6,000円	12,000円	252,000円	535,800円
砂糖　1kg	データなし	14銭	26銭	49銭	40銭	120円	130円	262円	199円
総理大臣の給料 大正10年以降月額	9,600円／年	データなし	12,000円／年	1,000円	800円	60,000円	550,000円	1,632,000円	2,010,000円
銀座の地価 三愛付近1坪	50円	300円	500円（大正2年）	1,000円	10,000円	400,000円	4,500,000円	60,000,000円	1億9千万円（4丁目付近）

※銀座4丁目の「三愛ビル」は2023年に建て替えになった。

夏目漱石の給料

一八九三（明治二六）年、帝国大学（現東京大学）を卒業した漱石《そうせき》は、東京高等師範学校（現 筑波《つくば》大学《だいがく》）の英語講師となる。月給は三十七円五十銭。当時の物価からすれば、これでも十分高給なのだが、一八九五（明治二八）年に愛媛県尋常中学校に赴任すると、月給は八十円に跳ね上がった。これは校長よりも高額だったというから、いかに破格の待遇だったかがわかる。当時、帝国大学を出て学士の称号を得た人は少数で、漱石のような人材は貴重だったのだ。それほどの高給を得ていた漱石なので、松山で一時漱石と共同生活をしていた正岡子規《まさおかしき》は、漱石から小遣いをもらうばかりか、「俺は病人だから精をつけねば」と言って、漱石の金でいろんなごちそうを食べていたという。そして一八九六（明治二九）年、熊本第五高等学校に赴任すると月給は百円となり、イギリス留学を経て帰国後、第一高等学校と東京帝国大学の講師になると月給は百二十五円になった。しかし、漱石は経済的な安定を捨てて、朝日新聞社の専属作家になることを決意する。すでに四十歳を過ぎていた漱石にとって、この決断には大きな不安もあったに違いない。しかし、そこは漱石も抜かりはなかった。入社にあたっては月給二百円とさらに年二回の賞与を得るという契約を取り付けていたのだった。

「物価の変遷」昭和60年頃までのデータは、アカデミー編『日本の物価と風俗135年のうつり変わり』（同盟出版サービス）に、最新のデータは、総務省統計局 小売物価統計調査（https://www.stat.go.jp/data/kouri/）国土交通省 地価公示・都道府県地価調査（https://www.land.mlit.go.jp/webland/）による。

現在と約百年前の貨幣価値を単純に比べることは難しい。また、約百年前には円のさらに下位の銭《せん》、厘《りん》単位の硬貨や紙幣も存在していた。〈1円=100銭　1銭=10厘〉

インターネットやスマートフォンのない時代、人々はどのように余暇を過ごしていたのだろうか。

紙芝居を見る子供たち

ラジオで野球中継を聞く人々　テレビが普及していなかった時代、ラジオは貴重な情報源であり娯楽でもあった。

ままごとをする子供たち

竹馬に乗る少年

お手玉　中にはあずきや貝殻など、地域によってさまざまなものが入れられた。

ベーゴマ　大正から昭和の高度成長期に流行した金属製のこま。

こま

けん玉

ほおずき　中身をくりぬき笛のように鳴らして遊ぶ。

ビードロ　筒の先端から息を吹き込むと「ポッペン」「ポピン」と音が鳴る。

めんこ

▲二眼レフカメラ

女学校生活双六　大正時代の双六。振り出しが「入学試験」で「バザー」「遠足」「学芸会」などを経て上がりは「卒業式」になっている。（東京都立中央図書館蔵）

ブリキのロボット▶

▼セルロイドのおもちゃ

おもちゃや日用品はセルロイド製やブリキ製のものが多かった。セルロイドは昭和初期に日本で多く生産されたプラスチックの一種で、引火しやすく現在ではほとんど使われていない。

　写真：こま・お手玉・めんこ＝恵庭市郷土資料館蔵

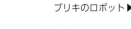

学校系統図

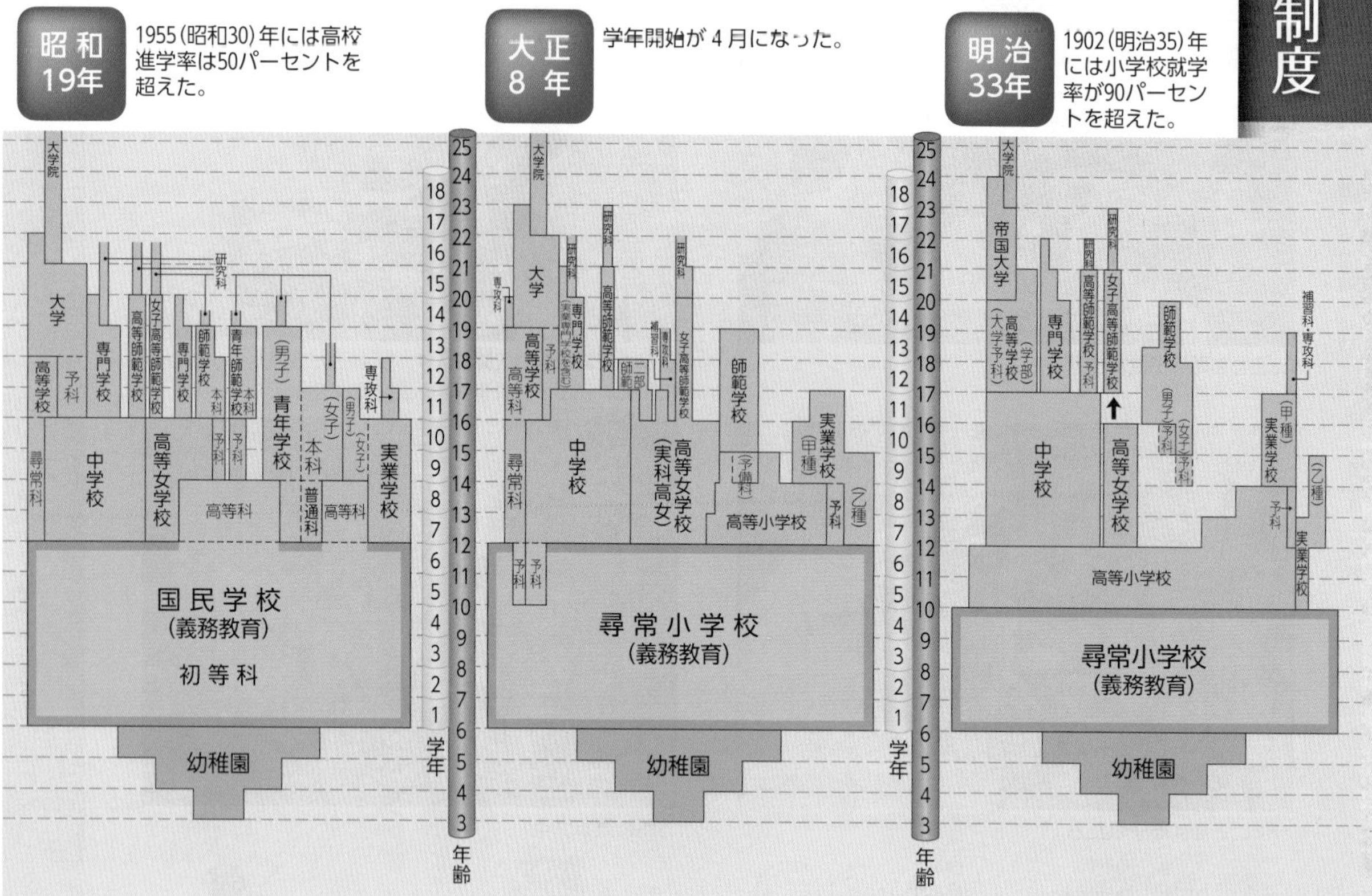

1955(昭和30)年には高校進学率は50パーセントを超えた。

学年開始が4月になった。

1902(明治35)年には小学校就学率が90パーセントを超えた。

ナンバースクール

一八九四(明治二七)年の高等学校令の公布に伴い、それまであった官立の高等中学校は三年制の高等学校へと改組され、一九〇〇(明治三三)年には学制がほぼ整備された。

高等学校のうち最初の八校は、一から八までの番号を冠した名前がつけられ、「ナンバースクール」と称される。これらの学校は帝国大学に進学するための教育機関であり、卒業した者にはエリートとしての前途が保証されていたため、競争率は非常に高かった。「高等学校」という名称ではあるが、勉学の内容は現在の大学程度であった。現代の高等学校と区別して「旧制高校」と呼ばれることも多い。

旧制の高等学校は一九五〇(昭和二五)年に廃止され、新制大学に吸収された。

なお、これ以前には、高等中学校、大学予備門(当初は東京大学のみ)がその役割を担い、大学予備門を経ることが大学入学条件となる学部もあった。

ナンバースクール一覧

一高(第一高等学校)…………	東京大学
二高(第二高等学校)…………	東北大学
三高(第三高等学校)…………	京都大学
四高(第四高等学校)…………	金沢大学
五高(第五高等学校)…………	熊本大学
六高(第六高等学校)…………	岡山大学
七高(第七高等学校)………	鹿児島大学
八高(第八高等学校)………	名古屋大学

比べてみよう 名称が変わったおもな学校

- ■札幌《さっぽろ》農学校
  → 北海道大学
- ■盛岡高等農林学校
  → 岩手大学
- ■高等師範学校
  → 東京高等師範学校
  → 東京教育大学 → 筑波《つくば》大学
- ■東京女子師範学校
  → 東京女子高等師範学校
  → お茶の水女子大学
- ■東京商業学校
  → 東京商科大学
  → 一橋《ひとつばし》大学
- ■東京専門学校
  → 早稲田《わせだ》大学
- ■東京物理学校
  → 東京理科大学
- ■明治法律学校
  → 明治大学

メディア

東京オリンピックは、新聞などの紙媒体中心だったメディアをテレビ中心へと変化させ、人々は映像に熱狂した。近年では、インターネットの普及によって、情報は一方的に受け取るものから双方向のやり取りへと変わりつつある。

NHK 東京テレビのテスト放送を受信する街頭テレビを見つめる群衆（1952年）

1945 年 1 月 25 日の朝日新聞

1879 年 1 月 25 日の朝日新聞

テレビ第 1 号機（1952年 松下電器）　日本で最初のテレビ放送が始まる 1 年前に発売された白黒テレビは、29万円。当時の初任給の50倍以上と考えられる。

国産第 1 号鉱石ラジオ（1925年）
簡易なつくりのラジオ。早川金属工業研究所（現 シャープ）製

蓄音機

デルビル磁石式壁掛電話機（1896年）（N T T技術史料館蔵）

日本初のトランジスタラジオ（1955年 ソニーグループ（株））

NEC 初の本格パソコン（1979年）

4 号自動式卓上電話機（1950年）（N T T技術史料館蔵）

カラーテレビ第 1 号機（1960年 松下電器）

再現された無声映画　明治・大正期には、映画は「活動写真」「活動」と呼ばれた。当時は音声がなく映像のみで、上映に合わせて楽団が演奏し、弁士による解説が行われた。昭和以後は音声つきの映画「トーキー」が増えていった。

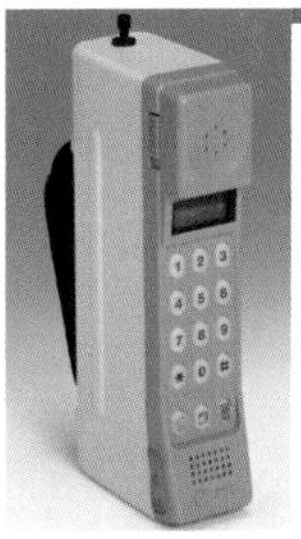

携帯電話一号機（一九八七年）
重さ約九百グラム。

職業

電話交換手たち　電話局が電話のかけ手と受け手を取り次いでいた。（1954年）

カフェの女給たち（1924年）

女給の君江《きみえ》は午後三時からその日は銀座通のカッフエーへ出ればよいので、市ケ谷本村町《いちがやほんむらちょう》の貸間からぶらぶら堀端を歩み見附《みつけ》外から乗った乗合《のりあい》自動車を日比《ひび》谷《や》で下りた。（永井荷風《ながいかふう》『つゆのあとさき』）

粗末な稽古三味線を買い求めると番頭に見咎《みとが》められぬように……独り稽古をしたのである。しかし当初は、父祖の業を継ぐ目的で丁稚奉公に住み込んだ身の将来これを本職にしようという覚悟も自信もあったのではなかった。（谷崎潤一郎《たにざきじゅんいちろう》『春琴抄《しゅんきんしょう》』）

商家の丁稚《でっち》　奉公先の雑用をこなした。

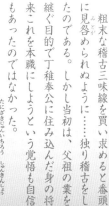

戦時下の生活

満州事変から太平洋戦争終結までの十五年間にわたる長期の戦争の中で、国民は政府の統制下に置かれ、不自由な生活を強いられた。物資や食糧の深刻な不足とたび重なる空襲などで国民は困窮したが、言論も思想も厳しく弾圧され、異を唱えることは許されなかった。

もんぺ姿

国民服（昭和館　提供）

「贅沢《ぜいたく》は敵だ」「欲《ほ》しがりません、勝つまでは」などの戦時標語が掲げられた。パーマネントは禁止され、男性は国民服が、女性はもんぺ姿が推奨された。

野菜の配給を待つ人々　戦時中、海外からの物資が不足すると、穀物・野菜・衣料など多くの生活必需品が配給制となった。

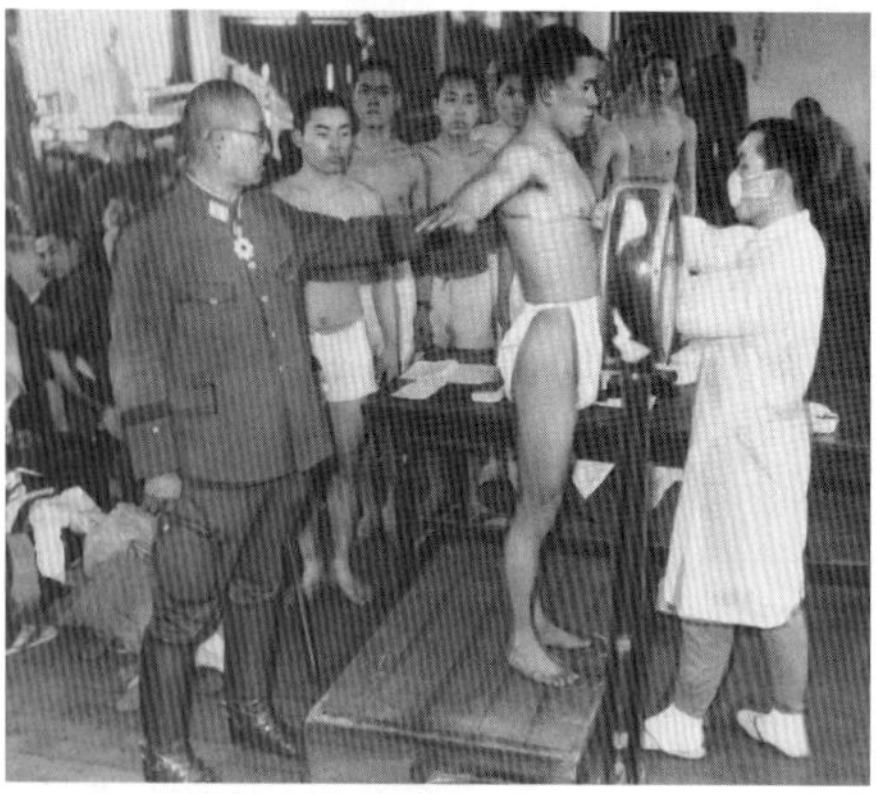

徴兵検査の様子　赤紙が送られてきた者は徴兵検査後、各軍に配属され、戦線へ出発した。

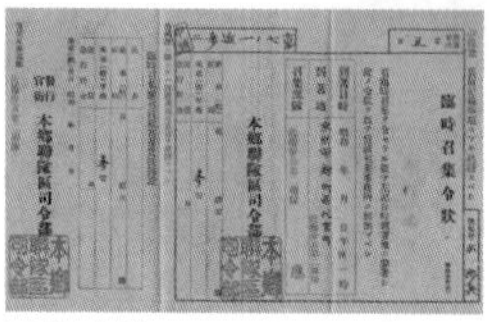

召集令状　その色から「赤紙」と呼ばれた。

疎開先でカボチャを収穫する子供たち　空襲が続いた東京・大阪などの大都市部では、児童を比較的安全な山間部や農村に避難させた。

軍需工場で働く児童

国防婦人会の軍事教練　本土決戦に備え、婦人会や国民学校でも頻繁に軍事訓練が行われた。

戦時年表

西暦	年号	戦争関連事項　●は国民生活に関する事項
一九三一	昭和六	満州事変
一九三二	昭和七	五・一五事件
一九三三	昭和八	国際連盟脱退
一九三六	昭和一一	二・二六事件
一九三七	昭和一二	盧溝橋《ろこうきょう》事件／日中戦争勃発
一九三八	昭和一三	国家総動員法公布 ●配給制始まる
一九三九	昭和一四	●髪型の規制 国民徴用令公布 価格等統制令公布
一九四〇	昭和一五	●砂糖などが切符制に 日独伊三国同盟に調印 大政翼賛会結成
一九四一	昭和一六	国民学校令公布 ●米穀配給通帳制 日ソ中立条約に調印 真珠湾攻撃／太平洋戦争勃発
一九四二	昭和一七	マニラ・シンガポール占領 ミッドウェー海戦敗退 南太平洋海戦
一九四三	昭和一八	ガダルカナル島撤退 ●非必需品製造中止 学徒出陣
一九四四	昭和一九	B29による初の空襲 ●学童集団疎開始まる 学徒勤労令公布 サイパン島守備隊全滅 神風特攻隊が初出動
一九四五	昭和二〇	東京大空襲 米軍、沖縄本島上陸 広島・長崎に原爆投下 ポツダム宣言受諾／玉音放送

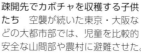

東京大空襲後の浜町・大橋方面　1944年11月以降、焼夷弾《しょういだん》を用いた大規模な爆撃が東京に対して繰り返し行われ、街は焼き尽くされた。被害規模は広島・長崎と並ぶほどで、死者数は十万を超すともいわれている。

アメリカ軍によって空からまかれたビラ　空襲を予告し、降伏を呼びかける内容。政府は「伝染病菌が塗ってある」などとしてビラを拾わないよう呼びかけた。

防空壕《ぼうくうごう》の内部　ガスマスクや提灯《ちょうちん》が用意されている。

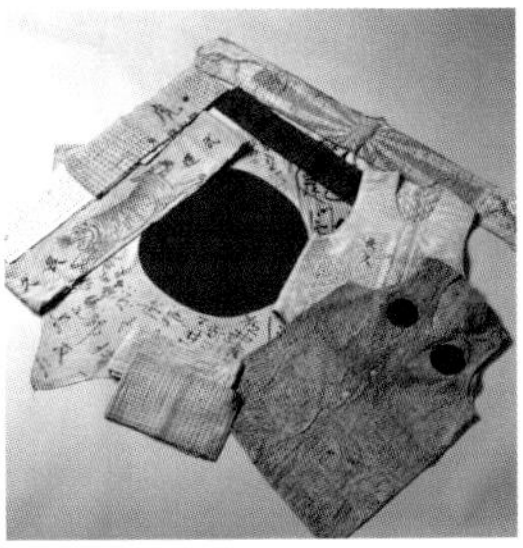

千人針　腹巻きやチョッキに千人の女性が１個ずつ結び目をつけたもの。身に着けると弾に当たらないといわれ、出征が決まると家族は街頭に立って通行人の協力を求め、完成させた。

玄関のすぐ横に作られた防空壕《ぼうくうごう》　空襲に備えて多くの防空壕が作られていたが、防空壕に避難しても、熱風や酸欠によって命を落とした人が多かった。

鯉《こい》のぼりを贈られ飛び立つ神風特攻隊員　爆弾を搭載した航空機で機体ごと敵に突っ込む神風特別攻撃隊は、戦死を前提とした絶望的な戦いを強いられた。

灯火管制下の室内　爆風でガラスが散乱することを防ぐため窓に紙が貼られ、明かりが漏れないように電灯が覆われた。（Image：東京都歴史文化財団イメージアーカイブ）

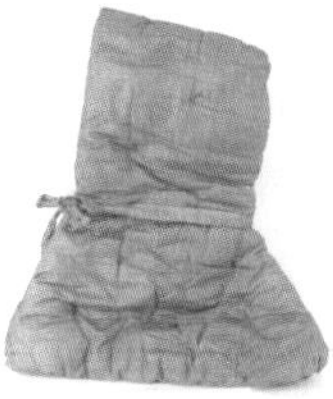

防空頭巾（金沢くらしの博物館蔵）

敗戦を告げる「玉音放送」を聞く国民

陸軍編制表

	編制単位	指揮官の職名（主に担当した階級）
	総軍	総司令官（大将）
	方面軍	軍司令官（大将・中将）
	軍	軍司令官（中将）
	師団（一万人程度）	師団長（中将）
	旅団	旅団長（少将）
部	連隊（二千人程度）	連隊長（大佐・中佐）
隊	大隊（八百人程度）	大隊長（少佐・大尉）
隊	中隊（二百人程度）	中隊長（大尉・中尉）
	小隊（五十人程度）	小隊長（中尉・少尉）
	分隊（十六人程度）	分隊長（曹長・軍曹）

軍隊階級表

	陸軍	海軍
将官	大将	大将
	中将	中将
	少将	少将
佐官	大佐	大佐
	中佐	中佐
	少佐	少佐
尉官	大尉	大尉
	中尉	中尉
	少尉	少尉
准士官	准尉	兵曹長
下士官	曹長	上等兵曹
	軍曹	一等兵曹
	伍長	二等兵曹
兵	兵長	水兵長
	上等兵	上等水兵
	一等兵	一等水兵
	二等兵	二等水兵

戦争と文学

長きに渡る戦争による被害は甚大であり、二度の原爆投下をはじめとする大規模な破壊と殺戮《さつりく》によって、多くの尊い命が奪われた。終戦後、表現の自由が認められると、多くの文学者が戦争の悲惨さや非人間性を作品に描き、社会や人間の本質を追究し、平和への思いを訴えようとした。

広島と戦争文学

一九四五(昭和二〇)年八月六日、広島市に原子爆弾が投下された。その被害者の数は、年内だけで約十四万人といわれ、その後も後遺症によって多くの人が亡くなった。戦後、原爆の悲惨さを後世に伝え、二度と同じ過ちを繰り返さないために、被爆の経験や取材をもとにした文学作品が多数発表された。

夏《なつ》の花《はな》　原民喜《はらたみき》

原題は「原子爆弾」。原は四十歳のとき疎開していた広島市内で被爆。被爆直後の地獄絵図を目の当たりにして執筆を強く決意し、当時の手帳をもとに、終戦の数ヶ月後に執筆した短編小説である。

原爆詩集《げんばくししゅう》　峠三吉《とうげさんきち》

峠は二十八歳のとき、広島市内で被爆。「ちちをかえせ　ははをかえせ……にんげんをかえせ」という悲痛な叫びの「序」で始まる『原爆詩集』は、あまりの生々しさに出版社が出版拒否したため、当初は自費出版によって発表された。

生《う》ましめんかな　栗原貞子《くりはらさだこ》

代表的な原爆詩の一つ。爆心地付近の地下室で原爆直後に赤ん坊が産まれた実話を元に創作された。

屍《しかばね》の街《まち》　大田洋子《おおたようこ》

広島市内で被爆した大田が、原爆投下による広島の街の惨状を、克明に描いた記録文学。

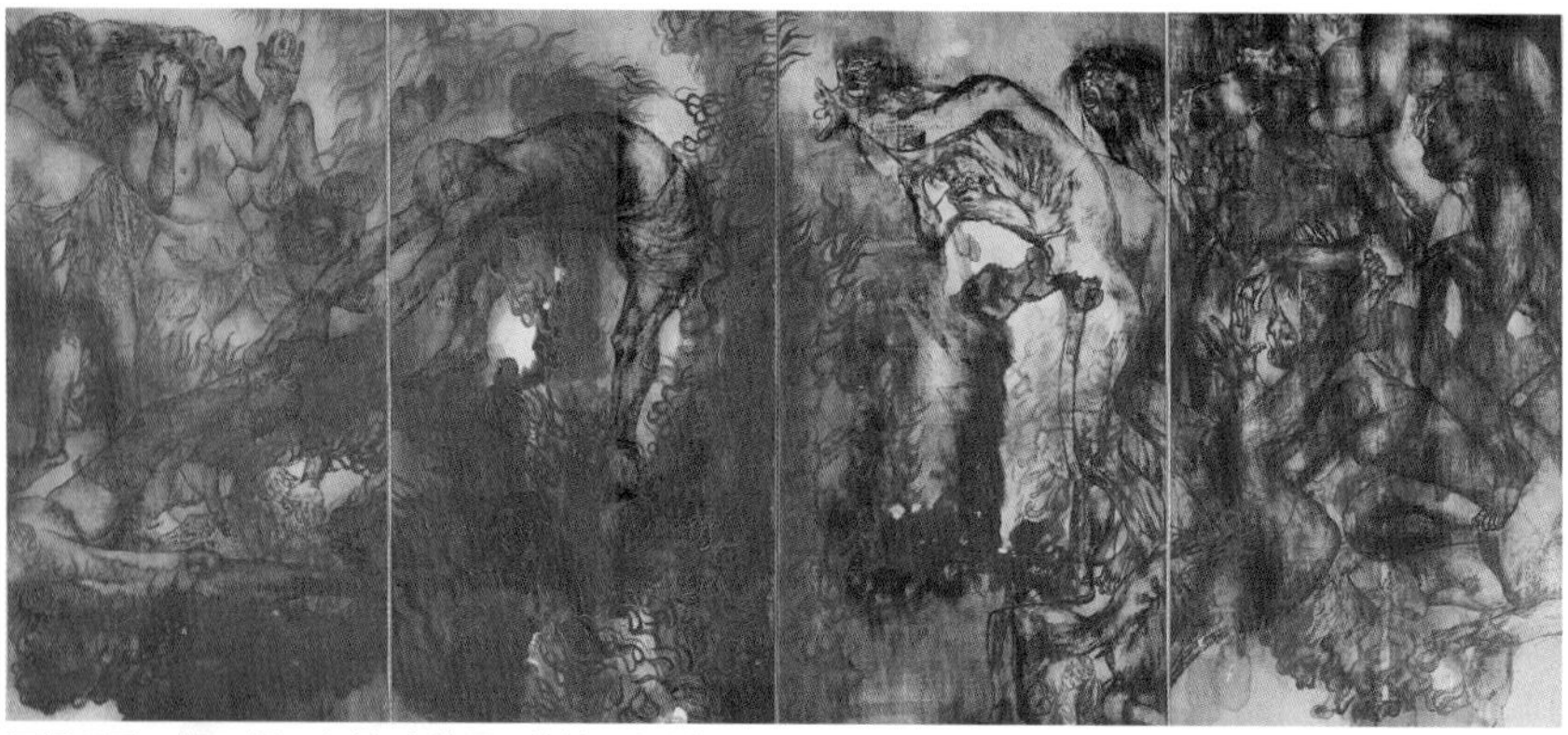

原爆の図　第二部　火(丸木位里／俊筆・部分)

少女《しょうじょ》たちの「ひろしま」　梯久美子《かけはしくみこ》

梯は熊本県出身のノンフィクション作家。戦争を題材にした著書多数。本作品は、筆者が被爆死した少女の洋服を目にしたことをきっかけとした随想。『猫《ねこ》を抱《だ》いた父《ちち》』所収。

■黒《くろ》い雨《あめ》　井伏鱒二《いぶせますじ》　(⬇二七二頁)

■管絃祭《かんげんさい》　竹西寛子《たけにしひろこ》　(⬇二九〇頁)

長崎と戦争文学

広島の原爆投下からわずか三日後の一九四五(昭和二〇)年八月九日、再び悲劇は繰り返された。長崎市に投下された原子爆弾は、約七万四千人の生命を奪った。その後核拡散防止条約が締結され、核廃絶が訴えられているが、今も核兵器保有国は多く、各国で核実験が繰り返されている。

空缶《あきかん》／友《とも》よ　林京子《はやしきょうこ》

林は高等女学校に在校していた当時、長崎市内の兵器工場で級友らとともに被爆。一九七五(昭和五〇)年、自らの被爆体験を綴《つづ》った『祭《まつ》りの場《ば》』で芥川賞を受賞した。『空缶』『友よ』は、被爆から三十数年後の現在と、当時の回想を抑制された筆致で描いた十二の連作『ギヤマン　ビードロ』の中の作品である。

被爆《ひばく》のマリア　田口《たぐち》ランディ

「被爆のマリア」とは、原爆投下によって損壊して、頭部だけが戦後発見された、長崎市のカトリック教会、浦上天主堂のマリア像のこと。本作は、戦後六十年の日本を舞台に、被爆者ではない人々の視点からヒロシマ・ナガサキの闇を見つめ直そうとする短編集。

被爆直後の浦上天主堂
(撮影・林重男／長崎原爆資料館所蔵)

現在の浦上天主堂

沖縄と戦争文学

一九四五（昭和二〇）年四月一日、アメリカ軍は沖縄本島中部西岸に上陸、北部と南部に分かれて激しい戦闘が行われた。六月二十五日、組織的な戦闘の終了が発表されたが、その後も住民を巻き込んだゲリラ戦や集団自決によってさらに多くの命が失われた。最終的に、沖縄戦における戦没者は十二万人を超えたといわれている。

武器を持たない女性や老人、子供まで、多くの尊い命を奪った悲惨さ、理不尽さは、戦後、多くの作品の中で描かれている。

空襲で炎上する那覇港一帯（提供：沖縄タイムス）

沖縄《おきなわ》の手記《しゅき》から　田宮虎彦《たみやとらひこ》

戦争末期の沖縄。南西諸島海軍航空隊の医務科分隊長である「私」は、かいがいしく負傷兵の看護をする一人の少女と出会う。極限状態においても尊厳を失わない人々と、彼らの命を容赦なく奪う戦争の悲惨さを描く。

ひめゆりの塔《とう》　石野径一郎《いしのけいいちろう》

第一高等女学校と女子師範学校の女学生で結成された「ひめゆり部隊」は、南風《はえ》原《ばる》野戦病院に看護要員として従軍する。彼女たちの九十日間を描いた作品。

ひめゆりの塔

生贄《いけにえ》の島《しま》——沖縄女生徒《おきなわじょせいと》の記録《きろく》　曽野綾子《そのあやこ》

沖縄の女学生の生存者を中心に、日米の関係者など二百人近い証言を集め、沖縄戦を描いた作品。

水滴《すいてき》　目取真俊《めどるましゅん》

突然右足が腫れ、親指の先から水が噴き出すようになった男のもとに、毎夜謎の男が現れ、水を飲んでいく。それは、太平洋戦争で亡くなった沖縄の兵士の亡霊であった。

その他の戦争文学

戦争を題材にした文学は小説・詩・ノンフィクションなど多岐に渡る。また、中心に描かれるのも極限状態に置かれた兵士、彼らを日本で待ちながら自らも命の危険にさらされる人々、戦後、彼らの足跡を追う世代など、さまざまである。絶対の善悪や正義などなく、それぞれの立場から戦争を顧みることによって平和のあり方を模索していくことの大切さを訴えている。

女《おんな》の一生《いっしょう》　二部《にぶ》・サチ子《こ》の場合《ばあい》　遠藤周作《えんどうしゅうさく》

長崎に住むサチ子の物語と、アウシュビッツ強制収容所に収容され、他人の身代わりとなって自ら餓死刑に服したカトリック司祭、コルベ神父の物語が交錯する。

アウシュビッツ正門

きけ　わだつみのこえ——日本戦没学生《にほんせんぼつがくせい》の手記《しゅき》　日本戦没学生記念会 編

戦地で命を落とした若き学徒兵たちの遺書を集めた遺稿集。残された家族を思う気持ち、祖国への愛情と憂い、学問半ばで終わることへの無念などが、切々と綴《つづ》られている。

大地《だいち》の子《こ》　山崎豊子《やまさきとよこ》

終戦時に旧満州で親と別れ、中国に残された子供たちを中国残留孤児と呼ぶ。満州の開拓団にいた勝男《かつお》は祖父と母を失い、中国人の教師に引き取られる。優秀な青年に成長するが文化大革命中スパイの疑惑をかけられる。二つの祖国の間で揺れ動く中国残留孤児の姿を描く。

硫黄島《いおうじま》に死《し》す　城山三郎《しろやまさぶろう》

馬術のロサンゼルス五輪金メダリストであった西《にし》中尉は、小笠原《おがさわら》列島の硫黄島に配属される。闘いの末に日本軍は敗れ、西を知るアメリカ軍は投降を呼びかけるが…。日米の激戦地の一つであり、両国合わせて二万七千人もの戦死者を出した硫黄島を舞台とした短編小説。

硫黄島

小説と映像

小説を原作とした映画・ドラマなどの映像作品は数多く作られており、映像独自の面白みや、小説とは異なる趣を見せるものもある。ここでは、近代（明治期〜戦前）と現代（戦後〜）の小説に分けて、いくつかの映画化作品を紹介する。

近代の小説

映画「破戒《はかい》」（2022年）　原作：島崎藤村《しまざきとうそん》
ⓒ全国水平社創立100周年記念映画製作委員会

新潮文庫
新潮文庫
新潮文庫
手に取りやすい文庫も出版されている。

近代小説はなんとなく読みにくい、敬遠してしまうという人もいるかもしれない。そこで、小説の映画化作品だけではなく、翻案の作品も紹介したい。翻案とは、元の作品の主題や人物などを活かしながら、新しく生み出される別の作品のことである。

映画「半透明なふたり」
原案は芥川龍之介の短編小説「鼻」。大きな鼻に悩む主人公（永山瑛太）を中心に、生きづらさや悩みに向き合う葛藤を描く。YouTubeで視聴できる。
ⓒ半透明なふたり製作委員会

■その他の映画化作品　＊（　）内は原作名、西暦は映画の公開年を示す。

「吾輩《わがはい》は猫《ねこ》である」夏目漱石《なつめそうせき》　一九七五
「坊《ぼ》っちゃん」夏目漱石　一九七七
「それから」夏目漱石　一九八五
「羅生門《らしょうもん》」芥川龍之介《あくたかわりゅうのすけ》
（『藪《やぶ》の中《なか》』『羅生門』）　一九五〇
「TAJOMARU《タジョーマル》」芥川龍之介
（『藪の中』）　二〇〇九
「地獄変《じごくへん》」芥川龍之介　一九六九
「伊豆《いず》の踊子《おどりこ》」川端康成《かわばたやすなり》　一九七四
「掌《てのひら》の小説《しょうせつ》」川端康成　二〇一〇
「人間失格《にんげんしっかく》」太宰治《だざいおさむ》　二〇一〇
「女生徒《じょせいと》・1936」太宰治
（『女生徒』）　二〇一三

広がる作品世界

上では映画化された小説を紹介したが、映画だけでなく、テレビドラマや漫画、アニメなどの原作となる小説もあり、一つの小説から、バラエティに富んだ作品が生まれることもある。例えば、一九六七（昭和四二）年に発行された『時《とき》をかける少女《しょうじょ》』（筒井康隆《つついやすたか》）は、一九八三（昭和五八）年から二〇一〇（平成二二）年の間にアニメ映画も含めて四度映画化され、その時々の人々を楽しませてきた作品だ。それだけでなく舞台化・漫画化もされた。

筒井康隆
『時をかける少女〈新装版〉』
（KADOKAWA／角川文庫）

著者：ツガノガク
原作：筒井康隆
『時をかける少女(1)』
（KADOKAWA／角川コミックス・エース）

近頃では、全国の書店員が選んだ「いちばん売りたい本」に贈られる「本《ほん》屋大賞《やたいしょう》」は注目度も高く、受賞作品がベストセラーとなって、映画化されたり、テレビドラマ化されたりすることも多い。二〇一二（平成二四）年に本屋大賞を受賞し、その後映画化、アニメ化がなされた『舟《ふね》を編《あ》む』（三浦《みうら》しをん）などがその例である。

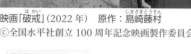

映画「ハケンアニメ！」(2022 年)
© 2022 映画「ハケンアニメ！」製作委員会　原作：辻村深月《つじむらみづき》

映画「何者《なにもの》」 © 2016 映画「何者」製作委員会
原作：朝井《あさい》リョウ

映画「蜜蜂《みつばち》と遠雷《えんらい》」 © 2019 映画「蜜蜂と遠雷」製作委員会
原作：恩田陸《おんだりく》

映画「花《はな》のあと」　監督：中西健二
原作：藤沢周平「花のあと」「海坂藩大全《うなさかはんたいぜん》」(文藝春秋刊)
©「花のあと」製作委員会

■その他の映画化作品

- 「春《はる》の雪《ゆき》」三島由紀夫《みしまゆきお》　二〇〇五
- 「夜《よる》のピクニック」恩田陸《おんだりく》　二〇〇六
- 「ノルウェイの森《もり》」村上春樹《むらかみはるき》　二〇一〇
- 「草原《そうげん》の椅子《いす》」宮本輝《みやもとてる》　二〇一三
- 「紙《かみ》の月《つき》」角田光代《かくたみつよ》　二〇一四
- 「ソロモンの偽証《ぎしょう》」宮部《みやべ》みゆき　二〇一五
- 「野火《のび》」大岡昇平《おおおかしょうへい》　二〇一五
- 「疾風《しっぷう》ロンド」東野圭吾《ひがしのけいご》　二〇一六
- 「羊《ひつじ》と鋼《はがね》の森《もり》」宮下奈都《みやしたなつ》　二〇一八
- 「旅猫《たびねこ》リポート」有川《ありかわ》ひろ　二〇一八

映画「夜《よる》は短《みじか》し歩《ある》けよ乙女《おとめ》」 ©森見登美彦《もりみとみひこ》・KADOKAWA／ナカメの会

またその逆で、テレビドラマや漫画やアニメが元になって、小説が生まれるパターンもある。

表現手法を変えることによって、原作と違った味わいが生まれるだけでなく、露出が増え、作品がより多くの受け手に届く。

小説も映画も、漫画もアニメもライトノベルも、多様で豊かな世界が広がっている。自分の心に響くものを探してみよう。

武田綾乃《たけだあやの》
『響《ひび》け！ ユーフォニアム 北宇《きたう》治高校吹奏楽部《じこうこうすいそうがくぶ》へようこそ』
(宝島社文庫)

辻村深月《つじむらみづき》
『かがみの孤城《こじょう》』(上・下巻)
(ポプラ社)

米澤穂信《よねざわほのぶ》『氷菓《ひょうか》』
(KADOKAWA／角川文庫)

文芸雑誌一覧

近代に入って以降、数々の文芸雑誌が創刊され、日本の近現代文学史を形作ってきた。ここでは、特に代表的な雑誌について紹介する。その足跡をたどれば、近現代の文学の潮流が見えてくるだろう。

我楽多文庫《がらくたぶんこ》

一八八五(明治一八)〜一八八九(明治二二)

硯友社《けんゆうしゃ》(擬古典主義)の機関誌。近代日本で最初の文芸雑誌、同人誌。尾崎紅葉《おざきこうよう》・山田美妙《やまだびみょう》らが創刊。他に、石橋思案《いしばししあん》・川上眉山《かわかみびざん》など。

しがらみ草紙《ぞうし》

一八八九(明治二二)〜一八九四(明治二七)

日本で最初の文芸・評論雑誌。浪漫主義。森鷗外《もりおうがい》主宰。坪内逍遥《つぼうちしょうよう》との「没理想《ぼつりそう》論争《ろんそう》」が掲載されたことでも有名。他に、幸田露伴《こうだろはん》・落合直文《おちあいなおぶみ》など。

早稲田文学《わせだぶんがく》

一八九一(明治二四)〜一八九八(明治三一)(第一次)

早稲田大学関係の文芸雑誌。自然主義。第一次は坪内逍遥《つぼうちしょうよう》が主宰。島村抱月《しまむらほうげつ》が再刊して以降、断続的に刊行している。他に、正宗白鳥《まさむねはくちょう》・田山花袋《たやまかたい》など。

文學界《ぶんがくかい》

一八九三(明治二六)〜一八九八(明治三一)

初期浪漫主義を代表する文芸雑誌。女性啓蒙誌「女学雑誌《じょがくざっし》」の文学部門が独立して創刊された。星野天知《ほしのてんち》主宰。他に、北《きた》村透谷《むらとうこく》・樋口一葉《ひぐちいちよう》・島崎藤村《しまざきとうそん》など。

新思潮《しんしちょう》

一九〇七(明治四〇)〜

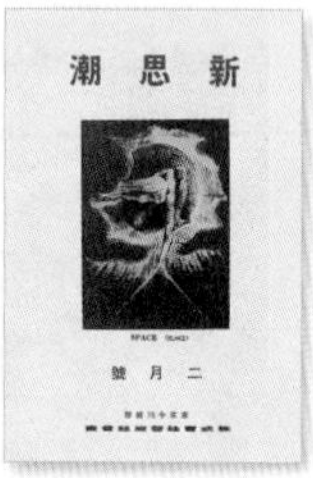

小山内薫《おさないかおる》が個人誌として創刊。第二次以降は東大文科系の文芸雑誌として刊行。芥川龍之介《あくたがわりゅうのすけ》・菊池寛《きくちかん》らが活躍した第三・四次の同人たちを新思潮派《しんしちょうは》と呼ぶ。

白樺《しらかば》

一九一〇(明治四三)〜一九二三(大正一二)

学習院出身者による文学・美術雑誌。有島武郎《ありしまたけお》・武者小路実篤《むしゃのこうじさねあつ》・志賀直哉《しがなおや》などのほか、岸田劉生《きしだりゅうせい》ら美術家も参加。自然主義に批判的で、新理想主義を掲げた。

三田文学《みたぶんがく》

一九一〇(明治四三)〜一九二五(大正一四)(第一次)

慶應義塾大学《けいおうぎじゅくだいがく》文科の機関誌。反自然主義・耽美《たんび》主義《しゅぎ》。主幹は永《なが》井荷風《いかふう》で、森鷗外《もりおうがい》・上田敏《うえだびん》が顧問を務めた。久保田万太郎《くぼたまんたろう》・佐藤春夫《さとうはるお》・堀口大学《ほりぐちだいがく》などが活躍した。

文芸時代《ぶんげいじだい》

一九二四(大正一三)〜一九二七(昭和二)

ヨーロッパのダダイズムやアヴァンギャルド運動に触発されて創刊された文芸雑誌。横光利一《よこみつりいち》・川端康成《かわばたやすなり》などの新進作家が活躍し、新感覚派《しんかんかくは》の拠点となった。

文芸戦線《ぶんげいせんせん》

一九二四(大正一三)〜一九三二(昭和七)

プロレタリア文学の文芸雑誌。「種蒔く人《たねまくひと》」の後を受けて、青野季吉《あおのすえきち》らが創刊。プロレタリア文学運動の指導的役割を担った。葉山嘉樹《はやまよしき》・平林《ひらばやし》たい子《こ》などが活躍。

戦旗《せんき》

一九二八(昭和三)〜一九三一(昭和六)

全日本無産者芸術連盟(ナップ)の機関誌。「文芸戦線《ぶんげいせんせん》」と対立しながら、プロレタリア文学運動の拠点となった。小林多喜二《こばやしたきじ》・徳永直《とくながすなお》・中野重治《なかのしげはる》などが活躍。

近代文学《きんだいぶんがく》

一九四六(昭和二一)〜一九六四(昭和三九)

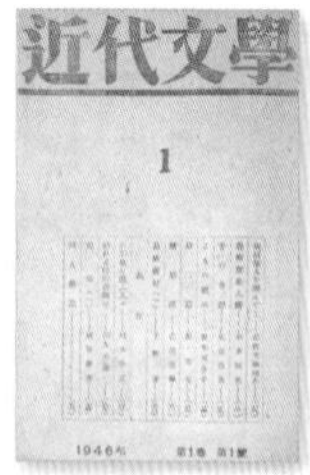

第二次大戦後に創刊された文芸雑誌。政治に対する文学の自律や近代的自我の確立を主張し、戦後派文学の拠点となった。埴谷雄高《はにやゆたか》・野間宏《のまひろし》・安部公房《あべこうぼう》などが活躍。

新日本文学《しんにほんぶんがく》

一九四六(昭和二一)〜二〇〇四(平成一六)

宮本百合子《みやもとゆりこ》・中《なか》野重治《のしげはる》らが結成した新日本文学会の機関誌。民主主義文学の創造と普及を掲げ、戦後民主主義文学運動の拠点となった。他に、壺井栄《つぼいさかえ》・徳永直《とくながすなお》など。

ホトトギス
一八九七（明治三〇）〜

正岡子規《まさおかしき》の支援で柳原極堂《やなぎはらきょくどう》が創刊した俳誌。「写《しゃ》生主義《せいしゅぎ》」「花鳥諷《かちょうふう》詠《えい》」などを提唱し、高浜虚子《たかはまきょし》・河東碧梧桐《かわひがしへきごとう》らが活躍。

心の花《こころのはな》
一八九八（明治三一）〜

佐佐木信綱《ささきのぶつな》主宰の竹柏会《ちくはくかい》の機関誌。歌壇最古の歌誌。木下利玄《きのしたりげん》・九条武子《くじょうたけこ》・俵万《たわらま》智《ち》ら、すぐれた歌人を輩出している。

明星《みょうじょう》
一九〇〇（明治三三）〜一九〇八（明治四一）〈第一次〉

与謝野鉄幹《よさのてっかん》主宰の東京新詩社《とうきょうしんししゃ》の機関誌。詩歌雑誌。浪漫主義。与謝野晶子《よさのあきこ》・石《いし》川啄木《かわたくぼく》のほか、上田敏《うえだびん》・北原白秋《きたはらはくしゅう》らも参加。

アララギ
一九〇八（明治四一）〜一九九七（平成九）

正岡子規《まさおかしき》の「写《しゃ》生主義《せいしゅぎ》」を受け継いで、伊藤左《いとうさ》千夫《ちお》らが創刊した歌誌。島木赤《しまきあか》彦《ひこ》・斎藤茂吉《さいとうもきち》・土屋文明《つちやぶんめい》などが参加した。

スバル
一九〇九（明治四二）〜一九一三（大正二）

「明星《みょうじょう》」廃刊後、森鷗外《もりおうがい》を指導者に創刊された文芸雑誌。耽美主《たんびしゅ》義《ぎ》。高村光太郎《たかむらこうたろう》・木下杢太郎《きのしたもくたろう》・石川啄木《いしかわたくぼく》らが活躍した。

日光《にっこう》
一九二四（大正一三）〜一九二七（昭和二）

「アララギ」中心だった歌壇の状況に対抗して創刊された歌誌。北原白秋《きたはらはくしゅう》・釈迢《しゃくちょう》空《くう》・前田夕暮《まえだゆうぐれ》などが参加した。

詩と詩論《しとしろん》
一九二八（昭和三）〜一九三三（昭和八）

旧来の詩を批判して創刊された詩誌。超現実主義・芸術至上主義。西脇順三郎《にしわきじゅんざぶろう》・安西冬衛《あんざいふゆえ》・春山行夫《はるやまゆきお》らが活躍した。

馬酔木《あしび》
一九二八（昭和三）〜

水原秋桜子《みずはらしゅうおうし》主宰の俳誌。「客観写《きゃっかんしゃ》生」に対して主観を尊重。加藤《かとう》楸邨《しゅうそん》・石田波郷《いしだはきょう》らを輩出し、新興俳句運動《しんこうはいくうんどう》の拠点となった。

四季《しき》
一九三三（昭和八）〜一九四四（昭和一九）〈第一次・二次〉

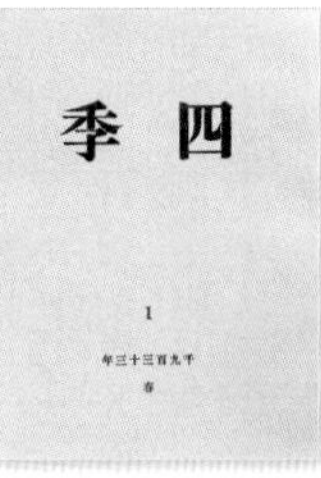

堀辰雄《ほりたつお》・三好達《みよしたつ》治《じ》・丸山薫《まるやまかおる》が創刊した詩誌。西洋的な叙情詩を中心とする。立《たち》原道造《はらみちぞう》・室生犀星《むろうさいせい》・中原中也《なかはらちゅうや》などが参加。

歴程《れきてい》
一九三五（昭和一〇）〜

逸見猶吉《へんみゆうきち》・草野《くさの》心平《しんぺい》らが創刊した詩誌。戦時中に休刊するが、戦後、谷川俊太《たにかわしゅんた》郎《ろう》・田村隆一《たむらりゅういち》・石垣《いしがき》りんなどが参加した。

多磨《たま》
一九三五（昭和一〇）〜一九五二（昭和二七）

北原白秋《きたはらはくしゅう》主宰の多磨短歌会《たまたんかかい》の機関誌。歌誌。木《き》俣修《またおさむ》・宮柊二《みやしゅうじ》などが活躍。浪漫主義の復興・象徴主義を唱えた。

寒雷《かんらい》
一九四〇（昭和一五）〜二〇一八（平成三〇）

「人間探求派《にんげんたんきゅうは》」と呼ばれた加藤楸《かとうしゅう》邨《そん》主宰の俳誌。誌名は楸邨の第一句集によった。金子兜太《かねことうた》など、多くの俳人を輩出した。

荒地《あれち》
一九四七（昭和二二）〜一九四八（昭和二三）〈第二次〉

鮎川信夫《あゆかわのぶお》・田村《たむら》隆一《りゅういち》らが創刊した詩誌。破滅からの脱出を求め、戦後詩の再出発を目指した。他に黒田三郎《くろださぶろう》・吉本隆明《よしもとたかあき》など。

天狼《てんろう》
一九四八（昭和二三）〜一九九四（平成六）

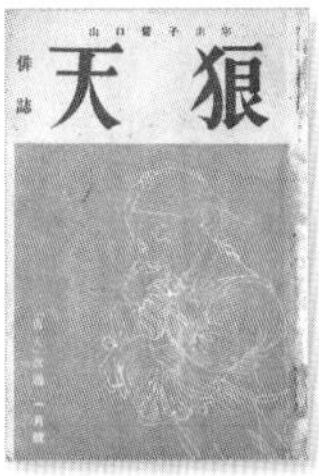

山口誓子《やまぐちせいし》を中心に橋本多佳子《はしもとたかこ》・西東三鬼《さいとうさんき》らが創刊した俳誌。「根《こん》源俳句《げんはいく》」を提唱し、戦後の俳壇再興の中心となった。

櫂《かい》
一九五三（昭和二八）〜一九五五（昭和三〇）〈第一次〉

茨木のり子《いばらぎのりこ》・川《かわ》崎洋《さきひろし》が創刊した詩誌。谷川俊太《たにかわしゅんた》郎《ろう》・吉野弘《よしのひろし》など、戦後第二世代の詩人を数多く輩出した。

鰐《わに》
一九五九（昭和三四）〜一九六二（昭和三七）

大岡信《おおおかまこと》・清岡卓《きよおかたか》行《ゆき》らが創刊した詩誌。シュールレアリスム運動を牽引《けんいん》。他に、飯島耕一《いいじまこういち》・吉岡実《よしおかみのる》などが参加した。

文学賞

文学賞とは、小説や詩歌などのすぐれた文学作品・文学者に贈られる賞であり、歴史のあるものや新しいもの、公募型や非公募型など、多種多様である。そうした文学賞によって、有名無名を問わず、数多くの作家が世に送り出されてきた。

芥川賞と直木賞

一九三五(昭和一〇)年、「文藝春秋《ぶんげいしゅんじゅう》」の創刊者・菊池寛《きくちかん》によって同時に創設された、日本を代表する文学賞。現在は日本文学振興会が主催している。

両賞ともに、年に二回、上半期と下半期に分けて授賞。受賞作品は、その時代の文学の潮流や世相を映し出すものとして、例年話題をさらっている。

■芥川龍之介賞《あくたがわりゅうのすけしょう》

菊池寛が、友人であった芥川龍之介の名を記念して創設。新人および新進作家を対象とし、最もすぐれた純文学の中・短編に贈られる。新人作家の登竜門ともされる。

第153回(2015・上)芥川賞の受賞会見(又吉直樹《またよしなおき》)

■直木三十五賞《なおきさんじゅうごしょう》

菊池寛が、友人であった直木三十五の名を記念して創設。新進および中堅作家を対象とし、最もすぐれた大衆文学(エンターテインメント作品)の単行本に贈られる。

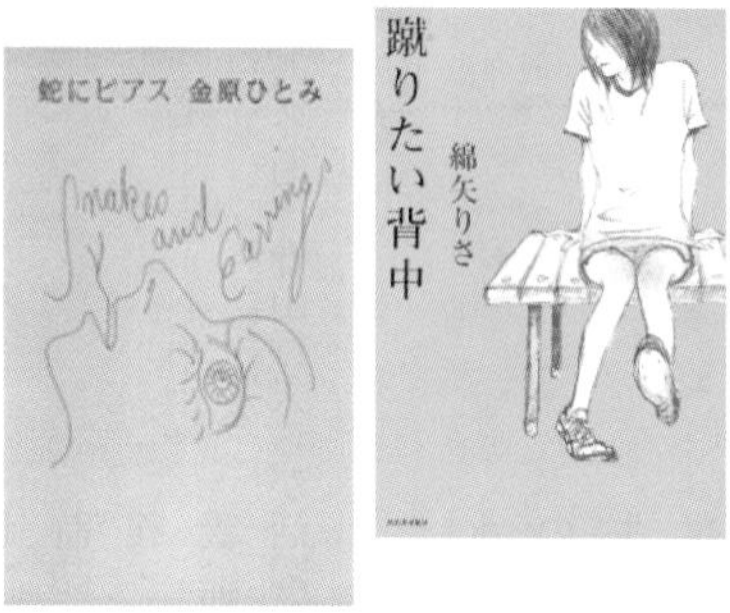

第130回(2003・下)芥川賞、史上最年少で綿矢《わたや》りさと金原《かねはら》ひとみがダブル受賞。
(右)綿矢りさ『蹴りたい背中』(河出書房新社)
(左)金原ひとみ『蛇にピアス』(集英社)

第164回(2020・下)芥川賞・直木賞の贈呈式
(左：西條奈加《さいじょうなか》〈直木賞〉、右：宇佐見りん〈芥川賞〉)

芥川賞の主な受賞作品

井上靖《いのうえやすし》『闘牛《とうぎゅう》』(一九四九・下)
石原慎太郎《いしはらしんたろう》『太陽《たいよう》の季節《きせつ》』(一九五五・下)
三浦哲郎《みうらてつお》『忍《しの》ぶ川《かわ》』(一九六〇・下)
田辺聖子《たなべせいこ》『感傷旅行《センチメンタル・ジャーニィ》』(一九六三・下)
林京子《はやしきょうこ》『祭《まつ》りの場《ば》』(一九七五・上)
村田喜代子《むらたきよこ》『鍋《なべ》の中《なか》』(一九八七・上)
川上弘美《かわかみひろみ》『蛇《へび》を踏《ふ》む』(一九九六・上)
平野啓一郎《ひらのけいいちろう》『日蝕《にっしょく》』(一九九八・下)
吉田修一《よしだしゅういち》『パーク・ライフ』(二〇〇二・上)
村田沙耶香《むらたさやか》『コンビニ人間《にんげん》』(二〇一六・上)
宇佐見《うさみ》りん『推《お》し、燃《も》ゆ』(二〇二〇・下)
市川沙央《いちかわさおう》『ハンチバック』(二〇二三・上)

直木賞の主な受賞作品

山崎豊子《やまさきとよこ》『花《はな》のれん』(一九五八・上)
司馬遼太郎《しばりょうたろう》『梟《ふくろう》の城《しろ》』(一九五九・下)
井上《いのうえ》ひさし『手鎖心中《てぐさりしんじゅう》』(一九七二・上)
連城三紀彦《れんじょうみきひこ》『恋文《こいぶみ》』(一九八四・上)
髙村薫《たかむらかおる》『マークスの山《やま》』(一九九三・上)
宮部《みやべ》みゆき『理由《りゆう》』(一九九八・下)
石田衣良《いしだいら》『4TEEN《フォーティーン》』(二〇〇三・上)
東野圭吾《ひがしのけいご》『容疑者《ようぎしゃ》X《エックス》の献身《けんしん》』(二〇〇五・下)
池井戸潤《いけいどじゅん》『下町《したまち》ロケット』(二〇一一・上)
恩田陸《おんだりく》『蜜蜂《みつばち》と遠雷《えんらい》』(二〇一六・下)
島本理生《しまもとりお》『ファーストラヴ』(二〇一八・上)
馳星周《はせせいしゅう》『少年《しょうねん》と犬《いぬ》』(二〇二〇・上)

高校生直木賞

「高校生直木賞」は、全国の高校生が討議して、直近一年間の直木賞候補作の中から「自分たちなりの今年の一作」を選ぶというもの。フランスの「高校生ゴンクール賞」*を目指して、二〇一四(平成二六)年に始まった。二〇二三(令和五)年には第十回選考会が開催され、全国から四十三の高校が参加している。

高校生たちが、プロの作家とは異なる視点で選び抜いた「一作」を、本家の受賞作と読み比べてみるのも、おもしろいだろう。

(上)第一回　伊東潤《いとうじゅん》『巨鯨《きょげい》の海《うみ》』(光文社)
(下)第四回　須賀《すが》しのぶ『また、桜《さくら》の国《くに》で』(祥伝社)

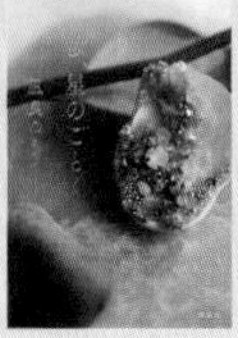

(上)第六回　森見登美彦《もりみとみひこ》『熱帯《ねったい》』(文藝春秋)
(下)第十回　凪良《なぎら》ゆう『汝《なんじ》、星《ほし》のごとく』(講談社)

*高校生ゴンクール賞…フランスで、約二千人の高校生が参加し、最も権威ある文学賞の一つ「ゴンクール賞」の第一次候補作の中から一作を選ぶ。

その他の主な文学賞

芥川賞・直木賞以外にも、数多くの文学賞が設けられている。

■野間文芸賞《のまぶんげいしょう》

一九四一(昭和一六)年〜。講談社の初代社長・野間清治《のませいじ》を記念して創設。野間文化財団主催。小説・戯曲・評論を問わず、その年のすぐれた文芸作品に贈られる。小林秀雄《こばやしひでお》『近代絵画《きんだいかいが》』、村上龍《むらかみりゅう》『半島《はんとう》を出《で》よ』、堀江敏幸《ほりえとしゆき》『その姿《すがた》の消《け》し方《かた》』など。

■文學界新人賞《ぶんがくかいしんじんしょう》

一九五五(昭和三〇)年〜。文藝春秋《ぶんげいしゅんじゅう》主催。雑誌「文學界《ぶんがくかい》」で新人の未発表小説を公募し、すぐれた作品を選ぶ。阿部昭《あべあきら》『子供《こども》部屋《べや》』、鷺沢萠《さぎさわめぐむ》『川《かわ》べりの道《みち》』、楊逸《ヤンイー》『ワンちゃん』など。

■文藝賞《ぶんげいしょう》

一九六二(昭和三七)年〜。河出書房新社主催。新人の未発表小説を公募し、すぐれた作品を選ぶ。山田詠美《やまだえいみ》『ベッドタイムアイズ』、羽田圭介《はだけいすけ》『黒冷水《こくれいすい》』、青山七恵《あおやまななえ》『窓《まど》の灯《あかり》』など。

■谷崎潤一郎賞《たにざきじゅんいちろうしょう》

一九六五(昭和四〇)年〜。中央公論新社主催。時代を代表するすぐれた小説・戯曲に贈られる。遠藤周作《えんどうしゅうさく》『沈黙《ちんもく》』、村上春樹《むらかみはるき》『世界《せかい》の終《おわ》りとハードボイルド・ワンダーランド』、小川洋子《おがわようこ》『ミーナの行進《こうしん》』など。

■本屋大賞《ほんやたいしょう》(↓二二八頁)

地方の主な文学賞

出版社ではなく、地方の自治体や団体が主催する文学賞も、独自の広がりを見せている。

■泉鏡花文学賞《いずみきょうかぶんがくしょう》

一九七三(昭和四八)年〜。金沢市主催。地方自治体が主催する全国規模の文学賞の先駆け。「泉鏡花の文学世界に通ずるロマンの薫り高い作品」に贈られる。筒井康隆《つついやすたか》『虚人《きょじん》たち』、京極夏彦《きょうごくなつひこ》『嗤《わら》う伊右衛門《いえもん》』、角田光代《かくたみつよ》『かなたの子《こ》』など。

■坪田譲治文学賞《つぼたじょうじぶんがくしょう》

一九八四(昭和五九)年〜。岡山市主催。「大人も子どもも共有できる世界を描いたすぐれた作品」に贈られる。江國香織《えくにかおり》『こうばしい日々《ひび》』、重松清《しげまつきよし》『ナイフ』、まはら三桃《みと》『鉄《てつ》のしぶきがはねる』など。

■紫式部文学賞《むらさきしきぶぶんがくしょう》

一九九一(平成三)年〜。宇治市・宇治市教育委員会主催。女性作者のすぐれた文学作品に贈られる。石牟礼道子《いしむれみちこ》『十六夜《いざよい》橋《ばし》』、吉本《よしもと》ばなな『アムリタ』、梨木香歩《なしきかほ》『沼地《ぬまち》のある森《もり》を抜《ぬ》けて』など。

■太宰治賞《だざいおさむしょう》

一九六五(昭和四〇)年〜。一九七九(昭和五四)年〜一九九八(平成一〇)年は中断。三鷹市《みたかし》・筑摩書房《ちくましょぼう》主催。未発表小説を公募する。宮尾登美子《みやおとみこ》『櫂《かい》』、宮本輝《みやもとてる》『泥《どろ》の河《かわ》』、津村記久子《つむらきくこ》『マンイーター』など。

詩歌の主な文学賞

小説だけでなく、詩・短歌・俳句に贈られる賞も、さまざまに設けられている。

■H氏賞《エイチししょう》

一九五一(昭和二六)年〜。詩人・平澤貞《ひらさわてい》二郎《じろう》の基金により創設。日本現代詩人会主催。各年度の新人のすぐれた詩集に贈られる。「現代詩の芥川賞」と称される。

■中原中也賞《なかはらちゅうやしょう》

一九九六(平成八)年〜。山口市主催。「新鮮な感覚を備えた優れた現代詩の詩集」に贈られる。

■角川短歌賞《かどかわたんかしょう》

一九五五(昭和三〇)年〜。角川文化振興財団主催。新人の登竜門として、未発表の短歌五十首を公募し、すぐれた作品を選ぶ。

■現代歌人協会賞《げんだいかじんきょうかいしょう》

一九五七(昭和三二)年〜。現代歌人協会主催。前年度に刊行された新人のすぐれた歌集に贈られる。

■現代俳句協会賞《げんだいはいくきょうかいしょう》

一九四七(昭和二二)年〜。現代俳句協会主催。協会会員のすぐれた句集に贈られる。

■角川俳句賞《かどかわはいくしょう》

一九五五(昭和三〇)年〜。角川文化振興財団主催。未発表の俳句五十句を公募し、すぐれた作品を選ぶ。「俳壇の芥川賞」と称される。

ノーベル文学賞(海外)

一九〇一(明治三四)年、スウェーデンの化学者・実業家アルフレッド・ノーベルの遺産と遺言によって創設された世界的な賞。国籍や年齢、性別などは問わず、年に一回、「物理学」「化学」「生理学・医学」「文学」「平和」「経済学(スウェーデン国立銀行によって一九六八年に新設)」の六つの分野において「人類に最大の貢献をした者」に贈られる。毎年、ノーベルの命日である十二月十日に授賞式が行われる。

日本人でも、経済学賞を除く各分野で受賞者が出ており、文学賞では一九六八(昭和四三)年に川端康成《かわばたやすなり》(↓二六七頁)が、一九九四(平成六)年に大江健三郎《おおえけんざぶろう》(↓二九三頁)が、それぞれ受賞している。また、二〇一七(平成二九)年には日系イギリス人の**カズオ・イシグロ**が文学賞を受賞し、日本でも話題となった。

ノーベル賞授賞式の際、晩さん会に出席する川端康成

近現代ベストセラー比較

「本が売れない時代」といわれる近年。ベストセラーとなるためには、本の内容だけでなく、その戦略や仕掛けも重要になってきているが、過去にはどうだったのだろうか。これまでのベストセラーを時代背景とともに紹介する。

明治30(1897)年〜

金色夜叉《こんじきやしゃ》 尾崎紅葉《おざきこうよう》(明治31年)★

不如帰《ほととぎす》 徳冨蘆花《とくとみろか》(明治33年)

みだれ髪《がみ》 与謝野晶子《よさのあきこ》(明治34年)

五重塔《ごじゅうのとう》・血紅星《けっこうせい》 幸田露伴《こうだろはん》(明治36年)

吾輩《わがはい》は猫《ねこ》である 夏目漱石《なつめそうせき》(明治38年)

明治期を代表する小説。「金剛石」を「ダイアモンド」と読ませた。

大正元(1912)年〜

千曲川《ちくまがわ》のスケッチ 島崎藤村《しまざきとうそん》(大正元年)

啄木歌集《たくぼくかしゅう》 石川啄木《いしかわたくぼく》(大正2年)

(本書は『一握《いちあく》の砂《すな》』『悲《かな》しき玩具《がんぐ》』の合冊)

坊《ぼ》っちゃん 夏目漱石《なつめそうせき》(大正3年)

小《ちい》さき者《もの》へ 有島武郎《ありしまたけお》(大正7年)

痴人《ちじん》の愛《あい》 谷崎潤一郎《たにざきじゅんいちろう》(大正14年)★

谷崎は戦前・戦後に渡るベストセラー作家。

昭和2(1927)年〜

太陽《たいよう》のない街《まち》 徳永直《とくながすなお》(昭和4年)

蟹工船《かにこうせん》 小林多喜二《こばやしたきじ》(昭和4年)

放浪記《ほうろうき》 林芙美子《はやしふみこ》(昭和5年)★

夜明《よあ》け前《まえ》 島崎藤村《しまざきとうそん》(昭和7年)

春琴抄《しゅんきんしょう》 谷崎潤一郎《たにざきじゅんいちろう》(昭和8年)

貧しい労働階級の女性の生き方を描き、共感を得た。

昭和10(1935)年〜

宮本武蔵《みやもとむさし》 吉川英治《よしかわえいじ》(昭和11年)

怪人二十面相《かいじんにじゅうめんそう》 江戸川乱歩《えどがわらんぽ》(昭和11年)

大地《だいち》 パール・バック(昭和12年)

雪国《ゆきぐに》 川端康成《かわばたやすなり》(昭和12年)★

智恵子抄《ちえこしょう》 高村光太郎《たかむらこうたろう》(昭和16年)

川端康成の代表作。ノーベル文学賞受賞はこの31年後。

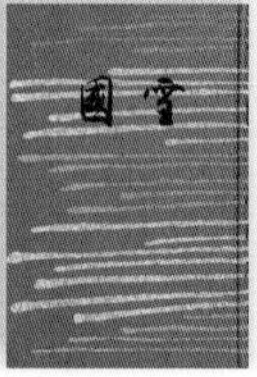

明治三〇年〜

日清戦争後、政権が目まぐるしく入れ替わり、政治は混乱を極めた。文学では不幸な女性の一生を描き涙を誘うような「家庭小説《かていしょうせつ》」が、女性を中心に好んで読まれた。家庭小説のスタイルを踏襲した樋口一葉《ひぐちいちよう》に対し、与謝野《よさの》晶子《あきこ》は自身の若さを誇り、大胆に愛を語るなど、新しい女性のあり方を示し衝撃を与えた。

大正元年〜

明治から大正へと変わり、社会はさらに混迷を深める。不穏な兆しは日本にとどまらず、第一次世界大戦へと向かっていく。そんな中、文壇には多くの文学者が登場し、現代まで読み継がれるすぐれた小説が数多く書かれた。

昭和二年〜

富国強兵・殖産興業の名のもとに行われた急速な工業化の陰で、労働者は不遇を強いられていた。だが、社会主義思想の高まりと結びつき、プロレタリア文学の雑誌や小説が発表され、広く読まれた。

昭和一〇年〜

第二次世界大戦前。海外文化がどんどん制限され、人々が閉塞感を感じていた時代に、『大地《だいち》』などを読むことは欧米文化に触れられる貴重な機会であった。戦局の悪化とともに、こうした小説を読むことが難しくなっていく。

昭和二〇年〜

戦後、検閲と物資不足によって活字に飢えていた人々は、ようやく入手できるようになった本をむさぼるように読んだ。多くの出版社が生まれ、飛ぶように本が売れた。特に『斜陽《しゃよう》』は社会現象となるほどの人気を呼び、『風《かぜ》と共《とも》に去《さ》りぬ』などの海外文学も再び人気を博した。

※昭和10年代までは順位不明。昭和20年以降の順位は『出版指標年報 2017年版』により、実用書・評論・全集等を除いたものとした。
※( )はベストセラーになった年を示す。 ※★マークの作品は書影を掲載しているもの。

昭和20(1945)年～

斜陽《しゃよう》　太宰治《だざいおさむ》(昭和23年 1位)★

風《かぜ》と共《とも》に去《さ》りぬ　マーガレット・ミッチェル(昭和24年 1位)

細雪《ささめゆき》　谷崎潤一郎《たにざきじゅんいちろう》(昭和25年 1位)

潤一郎新訳源氏物語《じゅんいちろうしんやくげんじものがたり》　谷崎潤一郎《たにざきじゅんいちろう》(昭和26年 1位)

君《きみ》の名《な》は　菊田一夫《きくたかずお》(昭和28年 1位)

没落した上流階級を意味する「斜陽族」という言葉も生まれた。

昭和30(1955)年～

太陽《たいよう》の季節《きせつ》　石原慎太郎《いしはらしんたろう》(昭和31年 1位)★

挽歌《ばんか》　原田康子《はらだやすこ》(昭和32年 1位)

人間《にんげん》の條件《じょうけん》　五味川純平《ごみかわじゅんぺい》(昭和33年 1位)

どくとるマンボウ航海記《こうかいき》　北杜夫《きたもりお》(昭和35年 1位)

砂《すな》の器《うつわ》　松本清張《まつもとせいちょう》(昭和36年 1位)

後に東京都知事となる23歳の石原慎太郎が芥川賞を受賞。

昭和40(1965)年～

恍惚《こうこつ》の人《ひと》　有吉佐和子《ありよしさわこ》(昭和47年 1位)

日本沈没《にっぽんちんぼつ》　小松左京《こまつさきょう》(昭和48年 1位)

限《かぎ》りなく透明《とうめい》に近《ちか》いブルー　村上龍《むらかみりゅう》(昭和51年 1位)

項羽《こうう》と劉邦《りゅうほう》　司馬遼太郎《しばりょうたろう》(昭和55年 1位)

窓《まど》ぎわのトットちゃん　黒柳徹子《くろやなぎてつこ》(昭和56年 1位)★

二年間に渡りベストセラー上位にランクイン。

講談社

昭和60(1985)年～

サラダ記念日《きねんび》　俵万智《たわらまち》(昭和62年 1位)

ノルウェイの森《もり》　村上春樹《むらかみはるき》(昭和63年 1位)

TUGUMI《つぐみ》　吉本《よしもと》ばなな(平成元年 1位)★

ハリー・ポッターと賢者《けんじゃ》の石《いし》
ハリー・ポッターと秘密《ひみつ》の部屋《へや》　J.K. ローリング(平成12年 1位)

1Q84《イチキューハチヨン》　村上春樹《むらかみはるき》(平成21年 1位)

平成元年のベストセラー上位を吉本作品が独占。

中央公論新社

昭和三〇年～

日本の経済はこの頃から驚くべきスピードで成長を遂げ、昭和三一年の経済白書には「もはや戦後ではない」と記述された。実用書や評論が読まれる一方で、これまでの倫理や価値観を打ち破る『太陽《たいよう》の季節《きせつ》』は、文壇に大きな衝撃を与えた。

昭和四〇年～

昭和五〇年頃には戦後生まれが人口の過半数を超え、文壇にも新しい風がもたらされる。実用書や評論中心であったベストセラーに、新しい世代の小説が増え、『窓《まど》ぎわのトットちゃん』の大ヒットにつながっていく。

昭和六〇年～

日本はまさにバブル期。昭和天皇崩御によって元号が変わるまでの数年、出版業界には新たな作家がきら星のごとく現れ、次々と大ヒット作が生み出された。

世代を超える漫画

二〇一五(平成二七)年、『ONE PIECE』(尾田栄一郎《おだえいいちろう》)は最も多く発行された同一作者によるコミックシリーズとしてギネスに認定された。シリーズ累計三億部以上という凄まじい数字である。このほか、次のような作品も一億部以上の発行部数を誇る。いずれも長寿シリーズで世代を超えて読者を獲得している。

『こちら葛飾区亀有公園前派出所《かつしかくかめありこうえんまえはしゅつしょ》』秋本治《あきもとおさむ》
『名探偵《めいたんてい》コナン』青山剛昌《あおやまごうしょう》
『DRAGON BALL』鳥山明《とりやまあきら》
『ドラえもん』藤子《ふじこ》・F・不二雄《ふじお》
『美味《おい》しんぼ』作：雁屋哲《かりやてつ》／画：花咲《はなさき》アキラ

©尾田栄一郎／集英社

参考資料：出口一雄『出版を学ぶ人のために』(第一書店)／塩澤実信『定本ベストセラー昭和史』(展望社)
『出版指標年報　2011年版』『同　2017年版』(全国出版協会・出版科学研究所)

近現代作家比較
—現代文作家をタテにながめよう—

ここでは著名な文家や教科書によく作品が掲載される作家を取り上げて、誰と誰が同時代の作家かなど、少し違った切り口で眺めてみよう。並べて見ることで、共通点や違い、関係性を見つけることができるのではないだろうか。

下の表は作家の生没年、作家としての活動期間などを一覧にまとめたものである。夏目漱石《なつめそうせき》『坊っちゃん』が発表されたのは一九〇六（明治三九）年で、この頃十代〜二十代だったのは志賀直哉《しがなおや》、谷崎潤一郎《たにざきじゅんいちろう》、芥川龍之介《あくたがわりゅうのすけ》などであることがわかる。同時代に書かれた名作は彼らにどのような影響を与えたのだろう。

じつは同級生

夏目漱石と正岡子規《まさおかしき》が同年の生まれであり、ふたりとも第一高等中学校・帝国大学に進み、交流があったのは有名な話だが、そのほかにも同級生の組み合わせがある。

太宰治《だざいおさむ》と中島敦《なかじまあつし》と大岡昇平《おおおかしょうへい》も同年の生まれ。しかも、太宰と中島は同時期に東京帝国大学に在学していた。しかし、このふたりにはほとんど交流はなかったらしい。

島崎藤村《しまざきとうそん》と樋口一葉《ひぐちいちよう》も同年の生まれだが、藤村が七十一歳まで生きたのに対し、一葉はわずか二十四歳で生涯を閉じた。藤村のデビュー作発表が、一葉の死後であったから、一葉は同世代の作品をあまり目にすることはなかっただろう。

C 1917年、森鷗外が萩原朔太郎の『月《つき》に吠《ほ》える』に注目。

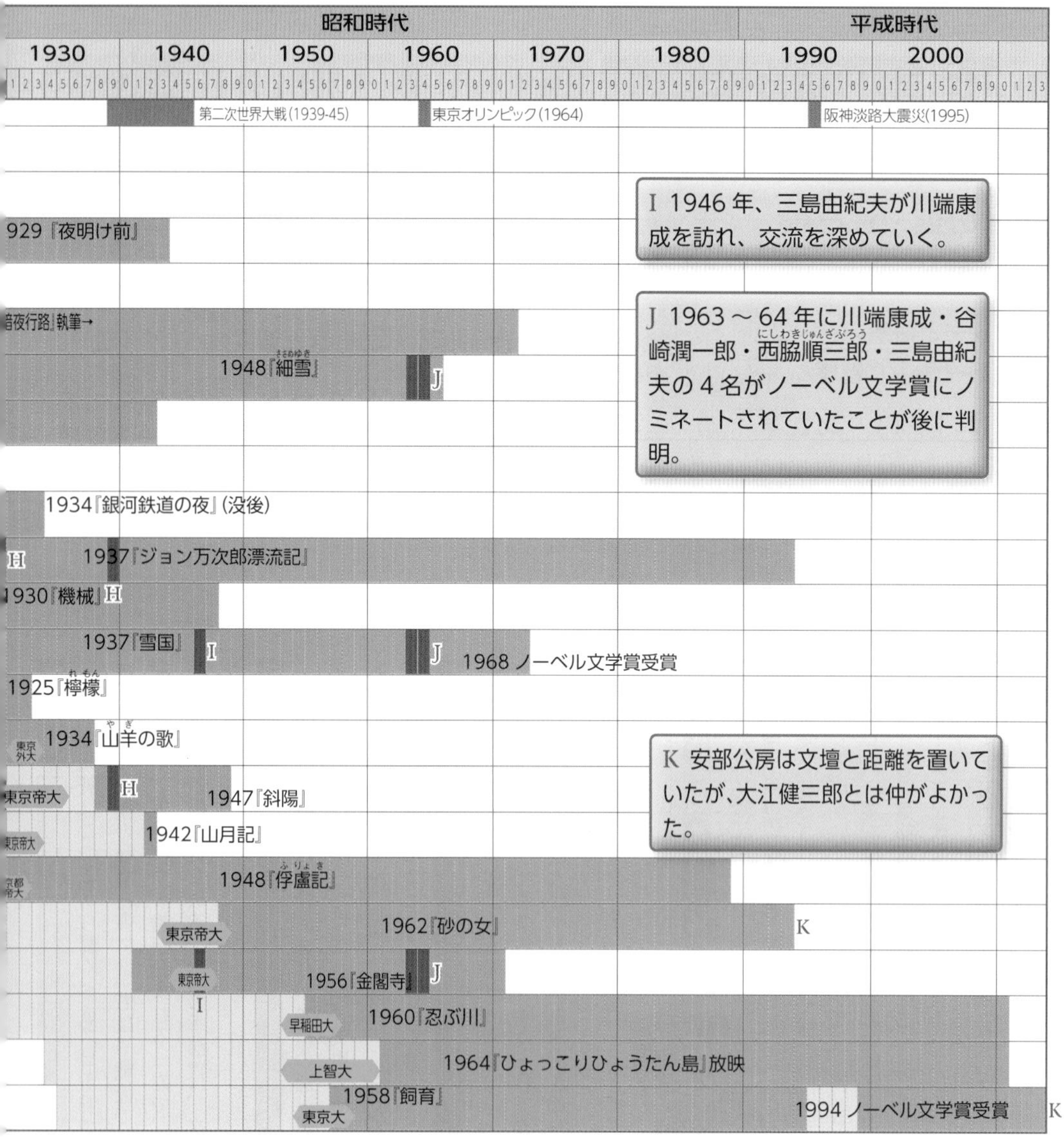

H 1930年、太宰治が井伏鱒二に弟子入りする。1939年、太宰治『富嶽百景《ふがくひゃっけい》』発表。同じ頃、作中の「娘さん」のモデルである石原美知子との結婚式が井伏鱒二宅で執り行われる。

短い作家活動期間

樋口一葉のように夭折《ようせつ》が惜しまれる作家はほかにもいる。中原中也《なかはらちゅうや》や梶井基次郎《かじいもとじろう》・中島敦などである。特に、中島敦のデビュー作は一九四二(昭和一七)年で、この年のうちに亡くなってしまう。志賀直哉や井伏鱒二《いぶせますじ》、現代では三浦哲郎《みうらてつお》や大江健三郎《おおえけんざぶろう》のように、息の長い活動を続ける作家もいれば、短い生涯のうちに今に伝わる名作を残した作家もいる。発表時期や年齢などを考えながら作品を読んでみるのもおもしろいだろう。

作家の身長

太宰治の身長は一七五センチメートル。当時の平均身長は現在よりも低かったので、他人と比べて高身長だっただろう。左の太宰の文章からは、高すぎる身長を好ましく思わない心情が伝わってくる。

けれども私の身長は五尺六寸五分(五尺七寸以上と測定される事もあるが、私はそれを信用しない。)であるから、街を普通に歩いていても、少し目立つらしいのである。大学の頃にも、私は普通の服装のつもりでいたのに、それでも、友人に忠告された。ゴム長靴が、どうにも異様だと言うのである。

(『服装《ふくそう》に就《つ》いて』)

存命の期間
作家活動期
大学在学期

A 1896年、樋口一葉『たけくらべ』を森鷗外が評価する。

B 1915年、芥川龍之介が夏目漱石の門下生になる。翌1916年、芥川の『鼻《はな》』を漱石が激賞。

作家名	生	没	身長
森鷗外《もりおうがい》	1862	1922	161
夏目漱石《なつめそうせき》	1867	1916	159
島崎藤村《しまざきとうそん》	1872	1943	不明
樋口一葉《ひぐちいちよう》	1872	1896	143
志賀直哉《しがなおや》	1883	1971	不明
谷崎潤一郎《たにざきじゅんいちろう》	1886	1965	157
萩原朔太郎《はぎわらさくたろう》	1886	1942	不明
芥川龍之介《あくたがわりゅうのすけ》	1892	1927	165
宮澤賢治《みやざわけんじ》	1896	1933	165
井伏鱒二《いぶせますじ》	1898	1993	不明
横光利一《よこみつりいち》	1898	1947	不明
川端康成《かわばたやすなり》	1899	1972	不明
梶井基次郎《かじいもとじろう》	1901	1932	163
中原中也《なかはらちゅうや》	1907	1937	141
太宰治《だざいおさむ》	1909	1948	175
中島敦《なかじまあつし》	1909	1942	159
大岡昇平《おおおかしょうへい》	1909	1988	不明
安部公房《あべこうぼう》	1924	1993	不明
三島由紀夫《みしまゆきお》	1925	1970	163
三浦哲郎《みうらてつお》	1931	2010	不明
井上《いのうえ》ひさし	1934	2010	不明
大江健三郎《おおえけんざぶろう》	1935	2023	172

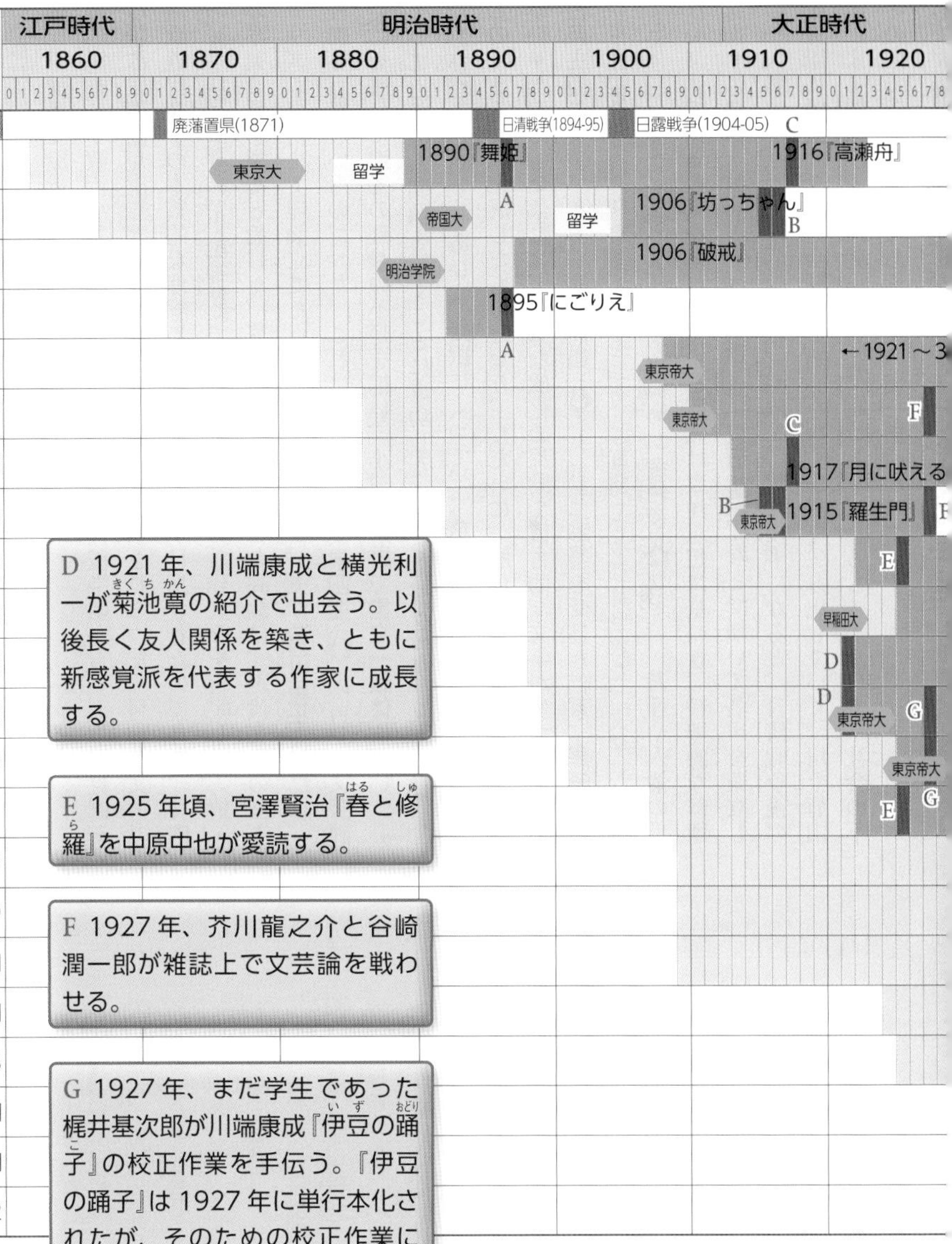

D 1921年、川端康成と横光利一が菊池寛《きくちかん》の紹介で出会う。以後長く友人関係を築き、ともに新感覚派を代表する作家に成長する。

E 1925年頃、宮澤賢治『春《はる》と修羅《しゅら》』を中原中也が愛読する。

F 1927年、芥川龍之介と谷崎潤一郎が雑誌上で文芸論を戦わせる。

G 1927年、まだ学生であった梶井基次郎が川端康成『伊豆《いず》の踊子《おどりこ》』の校正作業を手伝う。『伊豆の踊子』は1927年に単行本化されたが、そのための校正作業にあたった。

※大学名は入学時のもの。入学年は本科入学年。在学期間が2年以下のものは省いた。
※身長はおよその数値。

明治文学の流れ

言文一致

中世以降、書き言葉と話し言葉は区別され、口語は文章語にはならなかった。しかし、明治維新後、口語で文章を書こうとする運動がおこる。これを「言文一致運動《げんぶんいっちうんどう》」と呼ぶ。二葉亭四迷《ふたばていしめい》は落語家の三遊亭円朝《さんゆうていえんちょう》の落語口演筆記を参考に『浮雲《うきぐも》』で「だ」調で終わる文体を考案し、山田美妙《やまだびみょう》は『蝴蝶《こちょう》』で「です」調を、尾崎紅葉《おざきこうよう》は『二人女房《ににんにょうぼう》』で「である」調を試みた。

文末	作者	作品
「だ」	二葉亭四迷	『浮雲』
「です」	山田美妙	『蝴蝶』
「である」	尾崎紅葉	『二人女房』

▶『浮雲』表紙　右の写真からもわかるように、『浮雲』の表紙には坪内雄蔵《つぼうちゆうぞう》(逍遙《しょうよう》の本名)著と記載されている。当時、二葉亭四迷は無名であったことから、『浮雲』は坪内逍遙の名前で発表され、二葉亭四迷の名前は内表紙に合作者として記された。しかし、逍遙は序文において、本当の作者は二葉亭四迷であることを明かしている。

■**黎明期《れいめいき》の文学**▼明治維新の全国的な戦乱が治まると、西欧文明が流入して社会のあらゆる面で近代化が推し進められた。しかし、明治一〇年頃までの小説はまだ、江戸時代からの**戯作文学《げさくぶんがく》**が中心だった。戯作者仮名垣魯文《かながきろぶん》は『西洋道中膝栗毛《せいようどうちゅうひざくりげ》』『安愚楽鍋《あぐらなべ》』で、新旧雑多なものが入り混じった文明開化の風俗を滑稽に描いた。同じく戯作者の成島柳北《なるしまりゅうほく》は『柳橋新誌《りゅうきょうしんし》』で花柳界の模様を通して世相の変化を書き、新政府を風刺した。

明治一〇年代に入るとようやく新鮮な文学が登場する。まず、西欧への憧れや関心から**翻訳小説《ほんやくしょうせつ》**が流行し、ジュール・ヴェルヌ『八十日間世界一周《はちじゅうにちかんせかいいっしゅう》』やリットン『花柳春話《かりゅうしゅんわ》』などが人気を呼んだ。また、自由民権運動の高まりから**政治小説《せいじしょうせつ》**も盛んとなる。矢野《やの》龍渓《りゅうけい》『経国美談《けいこくびだん》』、東海散士《とうかいさんし》『佳人之奇遇《かじんのきぐう》』、末広鉄腸《すえひろてっちょう》『雪中梅《せっちゅうばい》』などである。しかし、政府による弾圧を受けて流行は長くは続かなかった。

■**近代小説の始まり**▼政治小説の流行と同じ明治一〇年代後半頃から、文学を見直そうという**小説改良運動《しょうせつかいりょううんどう》**が出てきた。それまでのような啓蒙《けいもう》をねらった功利的な文学ではない、西欧近代文学の本質的な理解に基づいた新文学が目指されたのである。**坪内《つぼうち》逍遙《しょうよう》**(⬇二四〇頁)は文芸評論『**小説神髄《しょうせつしんずい》**』で勧善懲悪一辺倒の戯作文学を否定し、人情・世態風俗の写実こそ小説だと論じた。**写実主義《しゃじつしゅぎ》**を唱えたこの評論は、近代文学の基本であるリアリズムを初めて理論立てた点で意義深い。だが、実作『**当世書生気質《とうせいしょせいかたぎ》**』は、文体も心理描写も貧しいものだった。これに対して、**二葉亭四迷《ふたばていしめい》**(⬇二四〇頁)は文芸評論『**小説総論《しょうせつそうろん》**』を書いて逍遙の理論の不足を補い、小説『**浮雲《うきぐも》**』で**言文一致体《げんぶんいっちたい》**を用いた心理描写によって近代の人間像を描くことに成功した。さらに、ツルゲーネフ(⬇三六一頁)の小説『あひびき』『めぐりあひ』の翻訳によって、二葉亭の口語文体は人間の内面を写すことのできるより完成したものとなり、しだいに一般化していった。

■**欧化の反動**▼明治二〇年代には、急激な欧化の反動で復古的な文学が生まれた。いわゆる**擬古典主義《ぎこてんしゅぎ》**の文学である。井原西鶴《いはらさいかく》(⬇一九〇頁)に影響を受けた作家、**尾崎紅葉《おざきこうよう》**(⬇二四〇頁)と**幸田露伴《こうだろはん》**(⬇二四〇頁)が人気を二分し「紅露《こうろ》」と並び称された。文学結社「**硯友社《けんゆうしゃ》**」の中心だった紅葉は、『二人比丘尼色懺悔《ににんびくにいろざんげ》』『**金色夜叉《こんじきやしゃ》**』などで、義理や人情の世界を華麗な美文体で描き人気を博した。また露伴は東洋思想に基づき、精神的な修練や芸道に邁進《まいしん》する理想主義的人間像を『風流仏《ふうりゅうぶつ》』『**五重塔《ごじゅうのとう》**』などで描いて名声を確立した。文壇の一大勢力となった「硯友社」は、明治二〇年代後半になると、日清戦争後の社会情勢を背景に労働問題や社会問題に関心を置く小説を生み出していく。川上眉山《かわかみびざん》や広津柳浪《ひろつりゅうろう》による**観念小説《かんねんしょうせつ》**・**深刻小説《しんこくしょうせつ》**(**悲惨小説《ひさんしょうせつ》**)と呼ばれるものがそれで、社会の不合理や、その中で深刻な境遇にある人々の姿を描いた。

西暦	和暦	事項
一八六八	明治元	《明治維新》
一八七一	4	小 安愚楽鍋《あぐらなべ》(仮名垣魯文《かながきろぶん》)
一八七二	5	評 学問《がくもん》のすすめ(福沢諭吉《ふくざわゆきち》)
一八八二	15	詩 新体詩抄《しんたいししょう》(外山正一《とやままさかず》ら)
一八八三	16	小 経国美談《けいこくびだん》(矢野龍渓《やのりゅうけい》)
一八八五	18	小 佳人之奇遇《かじんのきぐう》(東海散士《とうかいさんし》)
		評 小説神髄《しょうせつしんずい》(坪内逍遙《つぼうちしょうよう》)
		小 当世書生気質《とうせいしょせいかたぎ》(坪内逍遙《つぼうちしょうよう》)
一八八六	19	評 小説総論《しょうせつそうろん》(二葉亭四迷《ふたばていしめい》)
一八八七	20	小 浮雲《うきぐも》(二葉亭四迷《ふたばていしめい》)
一八八九	22	《大日本帝国憲法発布》
		小 風流仏《ふうりゅうぶつ》(幸田露伴《こうだろはん》)
		詩 於母影《おもかげ》(森鷗外《もりおうがい》ら訳)
一八九〇	23	小 舞姫《まいひめ》(森鷗外《もりおうがい》)
		小 うたかたの記《き》(森鷗外《もりおうがい》)
一八九一	24	小 五重塔《ごじゅうのとう》(幸田露伴《こうだろはん》)
一八九二	25	小 即興詩人《そっきょうしじん》(アンデルセン/森鷗外《もりおうがい》訳)
一八九三	26	評 人生《じんせい》に相渉《あいわた》るとは何《なん》の謂《い》ぞ(北村透谷《きたむらとうこく》)
		評 内部生命論《ないぶせいめいろん》(北村透谷《きたむらとうこく》)
一八九四	27	《日清戦争》
一八九五	28	小 たけくらべ(樋口一葉《ひぐちいちよう》)
		小 にごりえ(樋口一葉《ひぐちいちよう》)
一八九七	30	小 金色夜叉《こんじきやしゃ》(尾崎紅葉《おざきこうよう》)
		詩 若菜集《わかなしゅう》(島崎藤村《しまざきとうそん》)
一八九八	31	小 武蔵野《むさしの》(国木田独歩《くにきだどっぽ》)
		小 不如帰《ほととぎす》(徳冨蘆花《とくとみろか》)
		評 歌《うた》よみに与《あた》ふる書《しょ》(正岡子規《まさおかしき》)
一八九九	32	詩 天地有情《てんちうじょう》(土井晩翠《どいばんすい》)
		小 高野聖《こうやひじり》(泉鏡花《いずみきょうか》)
一九〇〇	33	句 寒玉集《かんぎょくしゅう》(高浜虚子《たかはまきょし》編)

豆知識：「観念小説」とは、「深刻小説(悲惨小説)」とともに日清戦争後に流行した、社会のひずみに目を向け、社会のあり方を糾弾した小説を指す。川上眉山『書記官』・泉鏡花『外科室』などがその代表作。

田山花袋（右）と徳田秋声（左）

硯友社同人　前列右から尾崎紅葉・石橋思案。後列中央が川上眉山。

硯友社　一八八五（明治一八）年に結成された日本最初の文学結社。尾崎紅葉《おざきこうよう》・山田美妙《やまだびみょう》・石橋思案《いしばししあん》らによって結成され、機関誌「我楽多文庫《がらくたぶんこ》」を創刊した。

■**浪漫精神《ろうまんせいしん》の目覚め**▼日清戦争は初の対外戦争で、近代化が急速に進む契機となった。社会の矛盾が浮き彫りになる一方で、人々に自我意識の目覚めと、個としての解放、夢や自由を求める精神がもたらされた。文学においても、「硯友社」を中心とした写実主義の潮流に対して、西欧浪漫主義やキリスト教の影響を受けた人々を中心に**浪漫主義《ろうまんしゅぎ》思潮**が生まれた。この潮流のさきがけは**森鷗外《もりおうがい》**（⬇二四二頁）である。『**舞姫《まいひめ》**』はドイツ留学の経験をもとに近代知識人の自我の芽生えを典雅な文体で描いた、浪漫的な青春性あふれる作品である。その後、雑誌「文學界《ぶんがくかい》」が拠点となり、浪漫主義は文学運動として大きなうねりとなった。詩歌と評論が主だったが、小説では**徳冨蘆花《とくとみろか》**（⬇二四一頁）・**国木田独歩《くにきだどっぽ》**（⬇二四一頁）・**樋口一葉《ひぐちいちよう》**（⬇二四一頁）・**泉鏡花《いずみきょうか》**（⬇二四一頁）などに濃厚な浪漫的気風をたたえた作品が見られた。

■**自然主義文学の勃興**▼フランスを中心に起こった自然主義文学が明治三〇年代の初め頃から日本にも流入したが、当初は皮相的な理解にとどまった。日本における**自然主義文学《しぜんしゅぎぶんがく》**の第一作となったのは**島崎藤村《しまざきとうそん》**（⬇二五四頁）の『**破戒《はかい》**』で、被差別部落出身の主人公の苦悩と自己解放への希求を描いた本格的なリアリズム小説であった。つづいて**田山花袋《たやまかたい》**（⬇二五四頁）が、自身の女弟子に対する恋心を赤裸々に告白した『**蒲団《ふとん》**』を発表すると、自己告白を柱とした人生の真実の追究が日本の自然主義文学の方向性として決定づけられ、大きな運動に成長する。他に『新世帯《あらじょたい》』『足迹《あしあと》』『黴《かび》』を書いた**徳田秋声《とくだしゅうせい》**（⬇二六三頁）や、『何処へ《どこ》』の**正宗白鳥《まさむねはくちょう》**（⬇二六二頁）などが自然主義の作家としてあげられる。一九一〇（明治四三）年前後に最盛期を迎えた後、しだいに私生活の告白と人生の暗黒・醜悪な面の強調に傾いて後の私小説の誕生を促した。

■**自然主義に与《くみ》しない文学**▼明治四〇年代の自然主義隆盛期において、独自の文学を推し進めたのが**夏目漱石《なつめそうせき》**（⬇二四六頁）と**森鷗外《もりおうがい》**である。深い教養と広い視野を持ち、虚構性を重視しつつ近代における個人と社会の問題を追究した。漱石は猫の目を借りてユーモラスに文明を批評した『**吾輩《わがはい》は猫《ねこ》である**』で人気作家となり、対象への余裕ある態度から**余裕派《よゆうは》**（**高踏派《こうとうは》**）と呼ばれた。さらに『**三四郎《さんしろう》**』『**それから**』『**門《もん》**』で個とエゴイズムの問題に取り組むようになる。これに刺激を受けた鷗外は、浪漫主義の傾向を保持した『**青年《せいねん》**』『**雁《がん》**』などで本能に対する理性の優位性や愛の目覚めを叙情的に描いた。また、反自然主義の文学として美を至上のものとして追究する**耽美派《たんびは》**の作家が登場した。**永井荷風《ながいかふう》**（⬇二五五頁）は、米仏留学の経験を『あめりか物語《ものがたり》』『ふらんす物語《ものがたり》』に書いた後、明治の形ばかりの西欧文明を嫌悪して『すみだ川《がわ》』などに艶美な江戸情緒を描いた。また**谷崎潤一郎《たにざきじゅんいちろう》**（⬇二六五頁）も女性の官能美を『刺青《しせい》』『麒麟《きりん》』に描いた。

年	明治	作品・事項
一九〇一	34	小 牛肉《ぎゅうにく》と馬鈴薯《じゃがいも》（国木田独歩《くにきだどっぽ》） 歌 みだれ髪《がみ》（与謝野晶子《よさのあきこ》） 詩 落梅集《らくばいしゅう》（島崎藤村《しまざきとうそん》）
一九〇二	35	小 はやり唄《うた》（小杉天外《こすぎてんがい》）
一九〇四	37	《日露戦争》
一九〇五	38	小 吾輩《わがはい》は猫《ねこ》である（夏目漱石《なつめそうせき》） 詩 海潮音《かいちょうおん》（上田敏《うえだびん》訳）
一九〇六	39	小 野菊《のぎく》の墓《はか》（伊藤左千夫《いとうさちお》） 小 破戒《はかい》（島崎藤村《しまざきとうそん》） 小 坊《ぼ》っちゃん（夏目漱石《なつめそうせき》） 小 草枕《くさまくら》（夏目漱石《なつめそうせき》）
一九〇七	40	詩 白羊宮《はくようきゅう》（薄田泣菫《すすきだきゅうきん》） 小 婦系図《おんなけいず》（泉鏡花《いずみきょうか》） 小 蒲団《ふとん》（田山花袋《たやまかたい》）
一九〇八	41	小 何処《どこ》へ（正宗白鳥《まさむねはくちょう》） 小 三四郎《さんしろう》（夏目漱石《なつめそうせき》） 詩 有明集《ありあけしゅう》（蒲原有明《かんばらありあけ》）
一九〇九	42	小 それから（夏目漱石《なつめそうせき》） 小 田舎教師《いなかきょうし》（田山花袋《たやまかたい》） 詩 邪宗門《じゃしゅうもん》（北原白秋《きたはらはくしゅう》）
一九一〇	43	《大逆事件《たいぎゃくじけん》》 小 門《もん》（夏目漱石《なつめそうせき》） 小 土《つち》（長塚節《ながつかたかし》） 小 刺青《しせい》（谷崎潤一郎《たにざきじゅんいちろう》） 歌 一握《いちあく》の砂《すな》（石川啄木《いしかわたくぼく》）
一九一一	44	小 或《あ》る女《おんな》（有島武郎《ありしまたけお》） 小 お目出《めで》たき人《ひと》（武者小路実篤《むしゃのこうじさねあつ》） 小 雁《がん》（森鷗外《もりおうがい》） 評 善《ぜん》の研究《けんきゅう》（西田幾多郎《にしだきたろう》） 詩 思《おも》ひ出《で》（北原白秋《きたはらはくしゅう》）

小…小説　詩…詩集　歌…歌集　句…句集　戯…戯曲　評…評論

豆知識：「深刻小説（悲惨小説）」とは、社会や人間の暗部を強調して描いた小説を指す。広津柳浪『黒蜥蜴』などがその代表作。

大正文学の流れ

「新しき村」の入り口　宮崎県木城村《きじょうそん》に建設された「新しき村」は、1939年、ダム建設のためにその一部が埼玉県毛呂山町《もろやままち》に移転され、現在もその活動が続けられている。

乃木希典　明治期の陸軍大将で、日露戦争では第三軍司令官として旅順を攻略。明治天皇の大葬の日に妻とともに殉死した。

明治天皇の崩御を伝える新聞

■**大正文学を導いた鷗外と漱石**▼明治天皇の崩御と乃木希典《のぎまれすけ》の殉死は、時代と人との関わりや近代人の個のあり方を問題にしてきた**森鷗外**《もりおうがい》(⬇二四三頁)・**夏目漱石**《なつめそうせき》(⬇二四六頁)に大きな衝撃を与えた。鷗外はこれ以降、『**興津弥五右衛門の遺書**《おきつやごえもんのいしょ》』『**阿部一族**《あべいちぞく》』をはじめとする歴史小説に向かい、晩年には『**渋江抽斎**《しぶえちゅうさい》』などの史伝を手掛けるようになった。漱石もまた自我とエゴイズムの相克を掘り下げた『**こころ**』の後半に明治天皇の崩御と乃木の殉死を書き込んだ。そして以降も、『**道草**《みちくさ》』『**明暗**《めいあん》』で近代人がいかに我執と孤独を超えて生き得るかを模索し続けた。大正期は、社会にデモクラシーや自由主義の気風が広がり、文学においても個性を尊重する**市民文学**《しみんぶんがく》が成立する。なかでも、鷗外・漱石の影響を受け、ありのままの現実を暴露するという自然主義のリアリズムに反対の立場をとる人々が、多様な文学を開花させていく。二人は近代文学の確立者であると同時に、大正時代の文学を導く文壇の大きな存在となった。

■**反自然主義の潮流①耽美派**《たんびは》▼**耽美派**《たんびは》は、明治四〇年代に森鷗外・与謝野鉄幹《よさのてっかん》らの協力により創刊された雑誌「スバル」においてグループの姿を現した。さらに永井荷風《ながいかふう》(⬇二五五頁)が雑誌「三田文学《みたぶんがく》」を創刊したことで、一つの大きな勢力に育った。大正期の耽美派は、**永井荷風**《ながいかふう》・**谷崎潤一郎**《たにざきじゅんいちろう》(⬇二五五頁)が牽引役《けんいんやく》となり、しだいに享楽的・退廃的傾向を濃厚にしていった。荷風は社会主義者数名が処刑された大逆事件《たいぎゃくじけん》に接して文学者の無力を痛感し、花柳界に耽溺《たんでき》するようになる。『腕《うで》くらべ』『おかめ笹《ざさ》』などにその日常とは隔絶した美に享楽する世界を描いた。谷崎は『お艶殺《つやごろ》し』『**痴人の愛**《ちじんのあい》』などで、倫理をも度外視するような倒錯した女性美への崇拝を描き、**悪魔主義**《あくましゅぎ》とも呼ばれた。他に**佐藤春夫**《さとうはるお》(⬇二五五頁)や**久保田万太郎**《くぼたまんたろう》(⬇二六二頁)が耽美派作家としてあげられる。佐藤は深い倦怠《けんたい》の感覚を『**田園の憂鬱**《でんえんのゆううつ》』に描き、注目された。

■**反自然主義の潮流②白樺派**《しらかばは》▼自然主義にも耽美派にも不満な作家たちが雑誌「白樺《しらかば》」に集った。**武者小路実篤**《むしゃのこうじさねあつ》(⬇二五八頁)・**志賀直哉**《しがなおや》(⬇二五六頁)・**有島武郎**《ありしまたけお》(⬇二五九頁)らである。いずれも上流階級の出身者だった彼らの作風は、トルストイ(⬇三六一頁)の影響を受け、理想主義・人道主義の立場から大胆に自我や個性を伸ばして生きることを主張するものであった。武者小路は**白樺派**《しらかばは》の思想的支柱で、理念の実践として理想郷「**新**《あたら》**しき村**《むら》」を建設した。代表作『**友情**《ゆうじょう》』では、友情と愛情のはざまで苦悩する青年のエゴイズムを肯定的に描いた。志賀は『**清兵衛と瓢箪**《せいべえとひょうたん》』『**和解**《わかい》』『**暗夜行路**《あんやこうろ》』などに強烈な自我と潔癖な倫理観を簡潔かつ的確な文体で表し、高度な芸術性を見せた。異色だったのは、社会への関心が深く白樺派の内部批判者としての側面もあった有島である。『**カインの末裔**《まつえい》』『**生**《うま》**れ出**《い》**づる悩**《なや》**み**』などの代表作がある。

西暦	和暦	事項
一九一二	大正元	小 行人《こうじん》(夏目漱石《なつめそうせき》) 歌 悲《かな》しき玩具《がんぐ》(石川啄木《いしかわたくぼく》) 歌 陰影《いんえい》(前田夕暮《まえだゆうぐれ》)
一九一三	2	小 清兵衛《せいべえ》と瓢箪《ひょうたん》(志賀直哉《しがなおや》) 小 阿部一族《あべいちぞく》(森鷗外《もりおうがい》) 小 大菩薩峠《だいぼさつとうげ》(中里介山《なかざとかいざん》) 歌 桐《きり》の花《はな》(北原白秋《きたはらはくしゅう》) 歌 赤光《しゃっこう》(斎藤茂吉《さいとうもきち》)
一九一四	3	《第一次世界大戦》 小 こころ(夏目漱石《なつめそうせき》) 詩 道程《どうてい》(高村光太郎《たかむらこうたろう》) 戯 牛乳屋《ぎゅうにゅうや》の兄弟《きょうだい》(久米正雄《くめまさお》)
一九一五	4	小 山椒大夫《さんしょうだゆう》(森鷗外《もりおうがい》) 小 羅生門《らしょうもん》(芥川龍之介《あくたがわりゅうのすけ》) 歌 切火《きりび》(島木赤彦《しまきあかひこ》) 歌 雲母集《きららしゅう》(北原白秋《きたはらはくしゅう》)
一九一六	5	小 高瀬舟《たかせぶね》(森鷗外《もりおうがい》) 小 渋江抽斎《しぶえちゅうさい》(森鷗外《もりおうがい》) 小 鼻《はな》(芥川龍之介《あくたがわりゅうのすけ》) 小 芋粥《いもがゆ》(芥川龍之介《あくたがわりゅうのすけ》) 小 明暗《めいあん》(夏目漱石《なつめそうせき》) 戯 出家《しゅっけ》とその弟子《でし》(倉田百三《くらたひゃくぞう》)
一九一七	6	小 城《き》の崎《さき》にて(志賀直哉《しがなおや》) 小 和解《わかい》(志賀直哉《しがなおや》) 小 カインの末裔《まつえい》(有島武郎《ありしまたけお》) 戯 父帰《ちちかえ》る(菊池寛《きくちかん》) 詩 月《つき》に吠《ほ》える(萩原朔太郎《はぎわらさくたろう》)
一九一八	7	小 小《ちい》さき者《もの》へ(有島武郎《ありしまたけお》) 小 生《うま》れ出《い》づる悩《なや》み(有島武郎《ありしまたけお》) 小 地獄変《じごくへん》(芥川龍之介《あくたがわりゅうのすけ》)

豆知識：永井荷風は慶應義塾大学の教授も務めたが、それを推薦したのは森鷗外と上田敏であった。

芥川龍之介の中国視察旅行送別会　前列左から久米正雄・芥川龍之介・里見弴・与謝野晶子・菊池寛。

白樺派の三兄弟

有島家の長男有島武郎《ありしまたけお》・次男有島生馬《ありしまいくま》・四男里見弴《さとみとん》は、いずれも雑誌「白《しら》樺《かば》」の同人として活躍。有島武郎・里見弴は作家として「白樺」に小説を発表し、有島生馬は画家として「白樺」にセザンヌなどの後期印象派の画家を日本にいち早く紹介した。

有島武郎(左)と有島生馬(右)

■**反自然主義の潮流③新現実主義**▼白樺派が大正前期の市民文学の担い手であったのに対し、中期から後期にかけての担い手は**新現実主義《しんげんじつしゅぎ》**の作家たちである。雑誌「新思《しんし》潮《ちょう》」「奇蹟《きせき》」から出た彼らは、白樺派のような強い自己肯定や観念的な理想主義によってではなく、合理主義と理知で人生や現実をとらえようとした。**新思潮派《しんしちょうは》**の代表作家**芥川龍之介《あくたがわりゅうのすけ》**(⬇二六〇頁)は、『**鼻《はな》**』で夏目漱石の激賞を受けて文壇に登場した。古典に題材を求めた作品の他、『**地獄変《じごくへん》**』などの芸術家の理想像を描いた作品、『**奉教人の死《ほうきょうにんのし》**』をはじめとする切支丹物《キリシタンもの》など、虚構として周到に構想され、かつまた豊かな叙情性も備えた優れた短編小説を多く書いた。また、**菊池寛《きくちかん》**(⬇二六三頁)も『**恩讐の彼方に《おんしゅうのかなた》**』など明快なテーマ性と心理描写を持った作品で人気作家となった。一方、**奇蹟派《きせきは》**(**新早稲田《しんわせだ》派《は》**)は、私小説の手法をとって自然主義の流れをくみながらも、惨憺《さんたん》たる自らの現実や心理を理知でもって説明しようとするところに明確な新傾向を示した作家たちである。『神経病時代《しんけいびょうじだい》』『死児《しじ》を抱《だ》いて』など性格破産者物と言われる作品を書いた**広津和郎《ひろつかずお》**(⬇二八二頁)や、『哀《かな》しき父《ちち》』『子《こ》をつれて』に自身の極限まで困窮した生活を書いた**葛西《かさい》善蔵《ぜんぞう》**(⬇二八二頁)、また「奇蹟」の同人ではなかったが独特の饒舌体《じょうぜつたい》でユーモアと悲哀をたたえて日常を語った『蔵《くら》の中《なか》』の**宇野浩二《うのこうじ》**(⬇二八三頁)らがいる。

■**脈々と続く自然主義**▼反自然主義を標榜して多彩な作家が登場し、大正の文壇をにぎわしたその傍らで、**自然主義《しぜんしゅぎ》**も命脈を保ち続け、それぞれの作家が代表作を書いた。**徳田秋声《とくだしゅうせい》**(⬇二八二頁)は『爛《ただれ》』『あらくれ』などの作品で市井の女性の愛欲と流転の半生を描き、人生観照の作家態度を完成させた。また、**田山花袋《たやまかたい》**(⬇二五四頁)は実際の事件に取材して脱営兵の心理を克明に描いた『一兵卒《いっぺいそつ》の銃殺《じゅうさつ》』を発表し、新局面を開いた。そして、**島崎藤村《しまざきとうそん》**(⬇二五四頁)は『**新生《しんせい》**』で姪《めい》との不義の関係を告白し、どん底からの起死回生を希求した。これは自然主義文学最大の告白小説である。

■**新時代への動き**▼大正末と昭和の初めに、作家活動の行き詰まりから有島武郎と芥川龍之介が自殺した。これは文学における新しい時代への転換を象徴する事件であった。時代転換の契機となったのは、一九二三(大正一二)年の関東大震災である。大正半ばからの社会主義運動に加え、震災により経済不況が深刻化して社会不安が高まったことで**プロレタリア文学《ぶんがく》**が生まれた。雑誌「文芸戦線《ぶんげいせんせん》」が創刊され、**葉山嘉樹《はやまよしき》**(⬇二八〇頁)の『**セメント樽《だる》の中《なか》の手紙《てがみ》**』などが発表された。一方で、震災後には大衆消費文化が勃興し、新世代による**モダニズム文学《ぶんがく》**が始まる。雑誌「文芸時代《ぶんげいじだい》」が創刊されると多くの若手作家が集まった。**横光利一《よこみつりいち》**(⬇二六六頁)や**川端康成《かわばたやすなり》**(⬇二六七頁)などの鋭敏で新しい感覚表現が人々を驚かせ、**新感覚派《しんかんかくは》**と呼ばれた。

小　田園《でんえん》の憂鬱《ゆううつ》(佐藤春夫《さとうはるお》)
評　古寺巡礼《こじじゅんれい》(和辻哲郎《わつじてつろう》)
戯　俊寛《しゅんかん》(倉田百三《くらたひゃくぞう》)
詩　愛《あい》の詩集《ししゅう》(室生犀星《むろうさいせい》)
詩　抒情小曲集《じょじょうしょうきょくしゅう》(室生犀星《むろうさいせい》)

一九一九　8
小　恩讐《おんしゅう》の彼方《かなた》に(菊池寛《きくちかん》)
小　友情《ゆうじょう》(武者小路実篤《むしゃのこうじさねあつ》)
歌　紅玉《こうぎょく》(木下利玄《きのしたりげん》)

一九二一　10
小　暗夜行路《あんやこうろ》(志賀直哉《しがなおや》)
評　愛《あい》と認識《にんしき》との出発《しゅっぱつ》(倉田百三《くらたひゃくぞう》)
歌　あらたま(斎藤茂吉《さいとうもきち》)
詩　殉情詩集《じゅんじょうししゅう》(佐藤春夫《さとうはるお》)

一九二二　11
小　多情仏心《たじょうぶっしん》(里見弴《さとみとん》)
小　トロッコ(芥川龍之介《あくたがわりゅうのすけ》)

一九二三　12
《関東大震災》
小　日輪《にちりん》(横光利一《よこみつりいち》)
小　蠅《はえ》(横光利一《よこみつりいち》)
小　幽閉《ゆうへい》(井伏鱒二《いぶせますじ》)
詩　青猫《あおねこ》(萩原朔太郎《はぎわらさくたろう》)

一九二四　13
小　痴人《ちじん》の愛《あい》(谷崎潤一郎《たにざきじゅんいちろう》)
小　頭《あたま》ならびに腹《はら》(横光利一《よこみつりいち》)
詩　春《はる》と修羅《しゅら》(宮澤賢治《みやざわけんじ》)

一九二五　14
《治安維持法》《普通選挙法》
小　檸檬《れもん》(梶井基次郎《かじいもとじろう》)
評　女工哀史《じょこうあいし》(細井和喜蔵《ほそいわきぞう》)
詩　月下《げっか》の一群《いちぐん》(堀口大学《ほりぐちだいがく》訳)
歌　海《うみ》やまのあひだ(釈迢空《しゃくちょうくう》)

一九二六　15
小　セメント樽《だる》の中《なか》の手紙《てがみ》(葉山嘉樹《はやまよしき》)
小　伊豆《いず》の踊子《おどりこ》(川端康成《かわばたやすなり》)
句　大空《たいくう》(尾崎放哉《おざきほうさい》)

文学史問題：永井荷風に関係の深いものを次から二つ選べ。(武庫川女子大・改)
①新感覚派　②高踏派　③耽美派　④新心理主義　⑤地獄変　⑥痴人の愛　⑦行人　⑧濹東綺譚

昭和文学(前期)の流れ

左から林芙美子・宇野千代・吉屋信子・佐多稲子

左から菊池寛・川端康成・片岡鉄兵・横光利一

■プロレタリア文学の席巻▼昭和初頭の数年間は、**プロレタリア文学《ぶんがく》**が文壇を席巻した。労働者の意識向上と権利闘争のため、そして究極的には社会改革のための革命の文学で、労働者の実態や闘争を描いて労働者・農民・知識人などの幅広い階層に支持された。政治運動と密接につながった組織が分裂や統合を繰り返したが、やがて「全《ぜん》日本無産者芸術連盟《にほんむさんしゃげいじゅつれんめい》(ナップ)」が成立して機関誌「戦旗《せんき》」が創刊されると、それまでの「文芸戦線《ぶんげいせんせん》」から主導権が移り、政治を文学より優位とする理念のもとに強大な勢力となる。労働搾取する企業の実態と労働者の反抗を『**蟹工船《かにこうせん》**』に書いた**小林多喜二《こばやしたきじ》**(⬇二八一頁)、自身が参加した争議を『**太陽《たいよう》のない街《まち》**』に書いた**徳永直《とくながすなお》**(⬇二八三頁)が代表作家であった。また、弱体化した「文芸戦線」においても、**佐多稲子《さたいねこ》**(⬇二八三頁)『**キャラメル工場《こうじょう》から**』や平林《ひらばやし》たい子《こ》『施療室《せりょうしつ》にて』などが注目された。

■反プロレタリア文学①新感覚派▼大正末期に生まれた**新感覚派《しんかんかくは》**は、自然主義以来の文学に対する抵抗であり、また新しく一大勢力となっていたプロレタリア文学に対抗する運動でもあった。時代の変化を強く意識し、従来の人間中心主義(ヒューマニズム)の観点からではなく、機械化された社会に生きる人間の姿や、巨大な大衆の存在をとらえて文学に描いた。また、表現上の特色にもきわだったものがあった。奇抜な比喩や視点の大胆な変換などがもたらす新鮮な現実性が、驚きをもって受け止められた。**横光利一《よこみつりいち》**(⬇二六六頁)の『**頭《あたま》ならびに腹《はら》**』はその代表的な一作である。また、**川端康成《かわばたやすなり》**(⬇二六七頁)も『**伊豆《いず》の踊子《おどりこ》**』で鋭い感覚的感性の表れた象徴的文体を見せ、横光とともに新感覚派の双璧とみなされた。片岡鉄兵《かたおかてっぺい》・稲垣足穂《いながきたるほ》もこれに連なる作家である。

■反プロレタリア文学②新興芸術派▼さらに、新感覚派の流れをくんだ若手作家たちが、芸術は政治ではなく美に立脚すると唱え、反プロレタリア文学を共通項として集った。彼らは新興勢力という意味から**新興芸術派《しんこうげいじゅつは》**と呼ばれた。『女百貨店《おんなひゃっかてん》』の吉行《よしゆき》エイスケや『街《まち》のナンセンス』を書いた龍胆寺雄《りゅうたんじゆう》が中心となり、モダンガール・モダンボーイが織りなす都会生活と最新の風俗を小説の題材とした。しかし、奇抜さやデカダンスの雰囲気が一時もてはやされただけにとどまり、文学理論として深まることのないまま退潮した。むしろ新興芸術派の中でも傍流だった作家の中から、個性的な文学が生まれた。**井伏鱒二《いぶせますじ》**(⬇二七〇頁)や**林芙美子《はやしふみこ》**(⬇二八三頁)・嘉村礒多《かむらいそた》・阿部知二《あべともじ》らである。

■反プロレタリア文学③新心理主義▼昭和の初頭はまた、同時代の西欧に学んだ文学が登場した時期でもある。新感覚派・新興芸術派の中から、人間の心理を新しい手法で明確に書き表そうとする**新心理主義《しんしんりしゅぎ》**の文学が現れる。彼らは二十世紀西欧文学の心理主義の手法を学ぶことでその作風を深めた。**伊藤整《いとうせい》**(⬇二八一頁)は、無意識をも含め

西暦	和暦	事項
一九二七	昭和2	小 河童《かっぱ》(芥川龍之介《あくたがわりゅうのすけ》) 小 施療室《せりょうしつ》にて(平林《ひらばやし》たい子《こ》)
一九二八	3	小 キャラメル工場《こうじょう》から(佐多稲子《さたいねこ》) 小 冬《ふゆ》の蠅《はえ》(梶井基次郎《かじいもとじろう》) 小 真知子《まちこ》(野上弥生子《のがみやえこ》) 小 放浪記《ほうろうき》(林芙美子《はやしふみこ》)
一九二九	4	小 夜明《よあ》け前《まえ》(島崎藤村《しまざきとうそん》) 小 蟹工船《かにこうせん》(小林多喜二《こばやしたきじ》) 小 山椒魚《さんしょうお》(井伏鱒二《いぶせますじ》) 小 太陽《たいよう》のない街《まち》(徳永直《とくながすなお》) 評 様々《さまざま》なる意匠《いしょう》(小林秀雄《こばやしひでお》)
一九三〇	5	小 機械《きかい》(横光利一《よこみつりいち》) 小 聖家族《せいかぞく》(堀辰雄《ほりたつお》) 詩 測量船《そくりょうせん》(三好達治《みよしたつじ》)
一九三一	6	《満州事変》
一九三二	7	小 女《おんな》の一生《いっしょう》(山本有三《やまもとゆうぞう》) 評 新心理主義文学《しんしんりしゅぎぶんがく》(伊藤整《いとうせい》) 句 山廬集《さんろしゅう》(飯田蛇笏《いいだだこつ》)
一九三三	8	《国際連盟脱退》 小 春琴抄《しゅんきんしょう》(谷崎潤一郎《たにざきじゅんいちろう》) 詩 Ambarvalia《アンバルワリア》(西脇順三郎《にしわきじゅんざぶろう》)
一九三四	9	詩 山羊《やぎ》の歌《うた》(中原中也《なかはらちゅうや》)
一九三五	10	小 雪国《ゆきぐに》(川端康成《かわばたやすなり》) 小 蒼氓《そうぼう》(石川達三《いしかわたつぞう》) 小 村《むら》の家《いえ》(中野重治《なかのしげはる》) 評 純粋小説論《じゅんすいしょうせつろん》(横光利一《よこみつりいち》) 評 私小説論《わたくししょうせつろん》(小林秀雄《こばやしひでお》)
一九三六	11	小 風立《かぜた》ちぬ(堀辰雄《ほりたつお》)
一九三七	12	《日中戦争》 小 路傍《ろぼう》の石《いし》(山本有三《やまもとゆうぞう》)

日本文学報国会

日中戦争勃発後の一九三八(昭和一三)年、内閣情報局は文学者の戦地への従軍を要請し、菊池寛《きくちかん》・佐藤春夫《さとうはるお》・吉川《よしかわ》英治《えいじ》など多くの作家たちが戦地に赴いた。彼らは「ペン部隊」と呼ばれ、そこでの見聞記を新聞・雑誌に掲載し、国内の人々に戦地での状況を伝えた。そして、戦局が日中戦争から太平洋戦争に発展すると、内閣情報局の指導のもと、「日本文学報国会《にほんぶんがくほうこくかい》」が結成される。会長の徳富蘇峰《とくとみそほう》の他、久米正雄《くめまさお》・菊池寛・水原秋桜子《みずはらしゅうおうし》らが理事を務めた同会は、戦争協力・戦意高揚・国策宣伝を目的とし、文学者の交流会である大東亜文学者大会の開催や、収益を建艦などの軍への献金にすることを目的とした小説集の発行などをおこなった。当初は参加をためらった作家も、作品発表の場を失うことを恐れて、そのほとんどが会員となり、その数は三千人以上にも上ったが、中里介山《なかざとかいざん》・内田百閒《うちだひゃっけん》は最後まで入会を拒否したとされる。

中央のスーツ姿が菊池寛。その右隣が吉川英治、左奥が佐藤春夫。

た人間の精神活動を「意識の流れ」として描き出すことを試みたジョイスを評論『新心理主義文学《しんしんりしゅぎぶんがく》』で紹介し、実作として『蕾《つぼみ》の中《なか》のキリ子《こ》』『幽鬼《ゆうき》の街《まち》』などを発表した。**堀辰雄**《ほりたつお》(⬇二八二頁)もまた、『**聖家族**《せいかぞく》』『**美しい村**《うつくしいむら》』『**風立ちぬ**《かぜたちぬ》』でこの手法と自身の資質を合わせた秀麗な作品を発表した。さらに**横光利一**《よこみつりいち》は同じくジョイスやプルースト(⬇二五九頁)の影響を受け、実験作『**機械**《きかい》』で工場で働く主人公の自意識と自己喪失を克明に描き、注目を集めた。

■**プロレタリア文学の崩壊**▼一九三一(昭和六)年の満州事変以降、プロレタリア文学運動への弾圧は激化し、小林多喜二は逮捕され拷問によって獄死した。このようなことから、一九三四(昭和九)年には組織運動としてのプロレタリア文学は崩壊する。その後、転向(弾圧によりマルクス主義を放棄すること)の苦悩を主題とした**転向文学**《てんこうぶんがく》が書かれるようになった。**島木健作**《しまきけんさく》(⬇二八〇頁)『癩《らい》』、**中野重治**《なかのしげはる》(⬇二八〇頁)『村《むら》の家《いえ》』などがそれである。

■**文芸復興の機運**▼昭和一〇年前後の社会は、ファシズムの脅威がもたらす不安や危機感に対してこれを打開しようと行動主義やヒューマニズムが提唱された。文学においても新たな精神の高揚が見られ、昭和文学を代表する名作が多く世に出た。この時期を**文芸復興期**《ぶんげいふっこうき》と呼ぶ。機運はまず、プロレタリア文学の隆盛期に沈黙がちだった既成作家たちの再活躍によって起きた。**永井荷風**《ながいかふう》(⬇二五五頁)『**濹東綺譚**《ぼくとうきだん》』、**谷崎潤一郎**《たにざきじゅんいちろう》(⬇二五五頁)『**春琴抄**《しゅんきんしょう》』、**島崎藤村**《しまざきとうそん》(⬇二四四頁)『**夜明け前**《よあけまえ》』完結、**志賀直哉**《しがなおや》(⬇二五六頁)『**暗夜行路**《あんやこうろ》』完結など、円熟した筆による重厚な作品が次々と発表された。中堅作家の**川端康成**《かわばたやすなり》もまた、戦前の代表作『**雪国**《ゆきぐに》』を発表している。さらには芥川賞が創設され、才能ある新人作家が登場した。『蒼氓《そうぼう》』で第一回の受賞者となった**石川達三**《いしかわたつぞう》(⬇二九六頁)や、受賞は逃したものの、**丹羽文雄**《にわふみお》(⬇二八三頁)・**高見順**《たかみじゅん》(⬇二九六頁)・**石川淳**《いしかわじゅん》(⬇二七五頁)らである。**太宰治**《だざいおさむ》(⬇二七二頁)も注目された。

■**戦時下の文学**▼一九三七(昭和一二)年に日中戦争が始まると、ファシズム体制が厳しい言論統制をおこなった。**火野葦平**《ひのあしへい》(⬇二九六頁)『**麦と兵隊**《むぎとへいたい》』が流行した他、従軍作家による**戦争文学**《せんそうぶんがく》や国の政策に沿う内容の**国策文学**《こくさくぶんがく》が氾濫した。しかし、そのような中でも**石川淳**《いしかわじゅん》は『マルスの歌《うた》』で戦争批判を試み、自らの芸術を貫いた。また、**太宰治**《だざいおさむ》は『右大臣実朝《うだいじんさねとも》』『お伽草紙《とぎぞうし》』などで、史実や伝説のパロディにおいて抵抗を示した。『**菜穂子**《なおこ》』を書いた**堀辰雄**《ほりたつお》、『**山月記**《さんげつき》』『**李陵**《りりょう》』を書き病に倒れた**中島敦**《なかじまあつし》(⬇二七六頁)もまた、時流に流されずに個性的で質の高い作品を書いた作家である。あるいは**谷崎潤一郎**《たにざきじゅんいちろう》のように、掲載禁止処分を受けながらもひそかに書き続け、戦後の発表を待った作家もいた。

- [小] 濹東綺譚《ぼくとうきだん》(永井荷風《ながいかふう》)
- [詩] 厄除《やくよ》け詩集《ししゅう》(井伏鱒二《いぶせますじ》)
- [詩] 萱草《わすれぐさ》に寄《よ》す(立原道造《たちはらみちぞう》)
- [句] 五百句《ごひゃっく》(高浜虚子《たかはまきょし》)

一九三八　13
- [小] 麦《むぎ》と兵隊《へいたい》(火野葦平《ひのあしへい》)
- [小] 老妓抄《ろうぎしょう》(岡本《おかもと》かの子《こ》)
- [詩] 在《あ》りし日《ひ》の歌《うた》(中原中也《なかはらちゅうや》)

一九三九　14
- [小] 富嶽百景《ふがくひゃっけい》(太宰治《だざいおさむ》)
- [評] 木綿以前《もめんいぜん》の事《こと》(柳田国男《やなぎたくにお》)
- [句] 寒雷《かんらい》(加藤楸邨《かとうしゅうそん》)
- [句] 鶴《つる》の眼《め》(石田波郷《いしだはきょう》)

一九四〇　15
- [小] 夫婦善哉《めおとぜんざい》(織田作之助《おださくのすけ》)
- [小] 走《はし》れメロス(太宰治《だざいおさむ》)
- [句] 草木塔《そうもくとう》(種田山頭火《たねださんとうか》)

一九四一　16
- 《太平洋戦争》
- [小] 菜穂子《なおこ》(堀辰雄《ほりたつお》)
- [評] 人生論《じんせいろん》ノート(三木清《みききよし》)
- [評] 文学《ぶんがく》のふるさと(坂口安吾《さかぐちあんご》)
- [句] 万緑《ばんりょく》(中村草田男《なかむらくさたお》)
- [詩] 智恵子抄《ちえこしょう》(高村光太郎《たかむらこうたろう》)

一九四二　17
- [小] 山月記《さんげつき》(中島敦《なかじまあつし》)
- [評] 日本文化私観《にほんぶんかしかん》(坂口安吾《さかぐちあんご》)
- [評] 無常《むじょう》といふ事《こと》(小林秀雄《こばやしひでお》)

一九四三　18
- [小] 細雪《ささめゆき》(谷崎潤一郎《たにざきじゅんいちろう》)
- [小] 李陵《りりょう》(中島敦《なかじまあつし》)
- [詩] 富士山《ふじさん》(草野心平《くさのしんぺい》)

一九四四　19
- [小] 津軽《つがる》(太宰治《だざいおさむ》)
- [句] 汀女句集《ていじょくしゅう》(中村汀女《なかむらていじょ》)

一九四五　20
- 《太平洋戦争終結》
- [小] 黒猫《くろねこ》(島木健作《しまきけんさく》)

文学史問題：終戦の少し前の年に書かれた作品を次から一つ選べ。（立命館大・改）
①野火　②二十四の瞳　③檸檬　④おとうと　⑤津軽　⑥風媒花

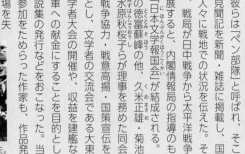

昭和文学（後期）の流れ

左から武田泰淳・徳永直・田宮虎彦・椎名麟三

坂口安吾（右）と檀一雄（左）

■**雑誌ジャーナリズムの復興**▼第二次世界大戦後、言論の自由が復活すると、人々の知的渇望に応えるようにして数年間は雑誌の創刊・復刊があいついだ。未曽有の雑誌ジャーナリズムの繁栄期である。そしてこれら諸雑誌の求めに応じて既成作家が活動を再開し、小説を次々と掲載していく。戦後の文学はこのような経緯で始まり、**正宗**《まさむね》**白鳥**《はくちょう》（⬇二六二頁）『戦災者《せんさいしゃ》の悲《かな》しみ』、**志賀直哉**《しがなおや》（⬇二六六頁）『灰色《はいいろ》の月《つき》』などが発表された。

■**敗戦によるデカダンス**▼つづいて戦後に活躍が見られたのは**無頼派**《ぶらいは》（**新戯作派**《しんげさくは》）の作家たちである。彼らは昭和一〇年代に文壇に登場した中堅作家で、敗戦後の混乱した社会と自己を見つめ、既成の道徳への反抗と時流に迎合する世相への痛烈な批判を示した。**石川淳**《いしかわじゅん》（⬇二七五頁）『焼跡《やけあと》のイエス』、**太宰治**《だざいおさむ》（⬇二七二頁）『斜陽《しゃよう》』、**織田作之助**《おださくのすけ》（⬇二七四頁）『土曜夫人《どようふじん》』、**坂口安吾**《さかぐちあんご》（⬇二八一頁）『白痴《はくち》』など優れた作品が生まれた。太宰が実生活においても退廃的・破滅的になって入水自殺を遂げたのに対し、安吾は評論『堕《だ》落論《らくろん》』で荒廃を味わい尽くして新たな生への道を開けと書いて反響を呼んだ。

■**民主主義を求めて**▼かつてのプロレタリア作家たちは、民主主義文学の創造と普及を目標とした文学活動をおこなった。「新日本文学会《しんにほんぶんがくかい》」を設立し、その機関誌名から**新**《しん》**日本文学派**《にほんぶんがくは》と呼ばれた。**宮本百合子**《みやもとゆりこ》（⬇二八三頁）が『播州平野《ばんしゅうへいや》』『道標《どうひょう》』などの力作を発表して活躍した他、**徳永直**《とくながすなお》（⬇二八三頁）『妻《つま》よねむれ』、**佐多稲子**《さたいねこ》（⬇二八三頁）『私《わたし》の東京地《とうきょうち》図《ず》』などが出たものの、しだいに内部分裂を起こすなどして勢いが振るわなくなった。

■**戦争体験を描く**▼戦後十年間の主流となったのは、**戦後派**《せんごは》（第一次・第二次）と呼ばれる作家たちである。彼らの文学は、自らの過酷な戦争体験を内面化し、根源的かつ哲学的に追究することが最大の特色となっている。戦地における極限状況での人間の姿や軍隊内部の腐敗について描いたのは、**野間宏**《のまひろし》（⬇二九六頁）・**武田泰淳**《たけだたいじゅん》（⬇二九六頁）・**梅崎春生**《うめざきはるお》（⬇二八五頁）などで、野間は『真空地帯《しんくうちたい》』で非人間的な軍隊生活を描いた。これらの作家にやや遅れて、**大岡昇平**《おおおかしょうへい》（⬇二八四頁）や**安部公房**《あべこうぼう》（⬇二八六頁）・**島尾敏雄**《しまおとしお》（⬇二九六頁）・**三島由紀夫**《みしまゆきお》（⬇二八八頁）らが登場し、大岡は戦線での飢餓と孤独を『野火《のび》』に描いた。

■**戦後の新風**▼戦後の混乱が治まった昭和二〇年代後半になると、戦後派とは異質な新人作家が登場した。**小島信夫**《こじまのぶお》（⬇二九六頁）・**安岡章太郎**《やすおかしょうたろう》（⬇二八九頁）・**阿川弘之**《あがわひろゆき》（⬇二九七頁）・**吉行淳之介**《よしゆきじゅんのすけ》（⬇二九七頁）・**庄野潤三**《しょうのじゅんぞう》（⬇二九七頁）・**遠藤周作**《えんどうしゅうさく》（⬇二八九頁）らで、第一次戦後派・第二次戦後派の後に現れたことから**第三の新人**《だいさんのしんじん》と命名された。彼らの主題や作風はさまざまだが、共通して戦後派とは距離を置き、戦前の私小説的な手法で日常生活の中にある不安や危機を見つめ、人間の卑小なありようを冷静かつ感覚的に描写する傾向を持っていた。吉行は『驟雨《しゅうう》』で男女の微妙な関係を繊細な筆致で描き、庄野は

西暦	和暦	事項
一九四六	昭和21	《日本国憲法公布》
		小 死霊《しれい》（埴谷雄高《はにやゆたか》）
		小 踊子《おどりこ》（永井荷風《ながいかふう》）
		小 戦災者《せんさいしゃ》の悲《かな》しみ（正宗白鳥《まさむねはくちょう》）
		小 灰色《はいいろ》の月《つき》（志賀直哉《しがなおや》）
		小 焼跡《やけあと》のイエス（石川淳《いしかわじゅん》）
		小 土曜夫人《どようふじん》（織田作之助《おださくのすけ》）
		小 白痴《はくち》（坂口安吾《さかぐちあんご》）
		小 妻《つま》よねむれ（徳永直《とくながすなお》）
		小 私《わたし》の東京地図《とうきょうちず》（佐多稲子《さたいねこ》）
		小 播州平野《ばんしゅうへいや》（宮本百合子《みやもとゆりこ》）
		評 堕落論《だらくろん》（坂口安吾《さかぐちあんご》）
一九四七	22	小 斜陽《しゃよう》（太宰治《だざいおさむ》）
		小 桜《さくら》の森《もり》の満開《まんかい》の下《した》（坂口安吾《さかぐちあんご》）
		小 夏《なつ》の花《はな》（原民喜《はらたみき》）
一九四八	23	小 俘虜記《ふりょき》（大岡昇平《おおおかしょうへい》）
		小 人間失格《にんげんしっかく》（太宰治《だざいおさむ》）
		小 永遠《えいえん》なる序章《じょしょう》（椎名麟三《しいなりんぞう》）
		小 野火《のび》（大岡昇平《おおおかしょうへい》）
		詩 落下傘《らっかさん》（金子光晴《かねこみつはる》）
一九四九	24	小 仮面《かめん》の告白《こくはく》（三島由紀夫《みしまゆきお》）
		小 山《やま》の音《おと》（川端康成《かわばたやすなり》）
		小 足摺岬《あしずりみさき》（田宮虎彦《たみやとらひこ》）
		戯 夕鶴《ゆうづる》（木下順二《きのしたじゅんじ》）
一九五〇	25	評 風俗小説論《ふうぞくしょうせつろん》（中村光夫《なかむらみつお》）
一九五二	27	小 真空地帯《しんくうちたい》（野間宏《のまひろし》）
一九五四	29	小 アメリカン・スクール（小島信夫《こじまのぶお》）
		小 プールサイド小景《しょうけい》（庄野潤三《しょうのじゅんぞう》）
一九五五	30	小 太陽《たいよう》の季節《きせつ》（石原慎太郎《いしはらしんたろう》）
一九五六	31	《国際連合加盟》

六〇年安保闘争で国会に押し寄せるデモ隊

安保闘争
一九五一（昭和二六）年に締結した日米安全保障条約が、一九六〇（昭和三五）年に改定された。これに反対する人々による戦後最大規模の国民運動。また、一九七〇（昭和四五）年にも条約の延長をめぐって反対運動が起こり、前者を「六〇年安保闘争《あんぽとうそう》」、後者を「七〇年安保闘争」と呼ぶ。

『プールサイド小景《しょうけい》』で家庭にひそむ危うさを描いた。また、カトリック信者の遠藤は、その立場から人間の弱さや罪意識を問題にする作品『**海《うみ》と毒薬《どくやく》**』『**沈黙《ちんもく》**』などを書いた。

■**昭和三〇年代の文学**▼昭和三〇年代に入ると「もはや戦後ではない」が流行語となる。文学においても戦場を知らない世代の作家が登場し、世代交代の様相を呈した。とはいえ、少年時代に戦後の混乱期を経験したことを背景に、またこの頃安保闘争など政治運動が盛んになったこととも関係して、彼らの問題意識は政治や社会に向けられ戦後派の流れに連なるところがあった。活躍が目覚ましかったのは**大江健三郎《おおえけんざぶろう》**（⬇二九三頁）と**開高健《かいこうたけし》**（⬇二九八頁）である。大江は『**死者《ししゃ》の奢《おご》り**』『**飼育《しいく》**』で特殊な舞台設定において時代の閉塞感や精神の監禁状態を表現し、批評家から大いに称賛された。また、開高は『パニック』『日本三文《にほんさんもん》オペラ』で社会の混乱や大阪の下層庶民の姿を描いて注目され、その後は社会活動に参加するようになる。その他、**高橋和巳《たかはしかずみ》**（⬇二九九頁）・**有吉佐和子《ありよしさわこ》**（⬇二九八頁）・**倉橋由美子《くらはしゆみこ》**（⬇二九九頁）らもこの世代の新人として注目された。

■**高度経済成長期の文学**▼昭和四〇年代半ばになると日本は高度経済成長の熟成期を迎え、文学も出版界の発展とともに大衆消費文化の中に定着する。週刊誌や文庫本の急増とも関わって、娯楽的な文学が多く求められ、純文学と通俗小説の間に位置する**中間小説《ちゅうかんしょうせつ》**が読者を増やした。**井上靖《いのうえやすし》**（⬇二九四頁）・**松本清張《まつもとせいちょう》**（⬇二九六頁）・**司馬遼太郎《しばりょうたろう》**（⬇二九四頁）・**井上《いのうえ》ひさし**（⬇二九二頁）などである。一方で文学運動・文学グループは解体が進み、共通の思想や立場で文学活動をおこなうことは少なくなった。そうした状況は、政治や社会に対して疎外感をいだき、内面に沈潜して自己の存在を確認しようとする小説を書く作家たちの登場とも連動している。『杳子《ようこ》』の**古井由吉《ふるいよしきち》**（⬇二九九頁）、『司令《しれい》の休暇《きゅうか》』の**阿部昭《あべあきら》**（⬇二九五頁）、『時間《じかん》』の**黒井千次《くろいせんじ》**（⬇二九五頁）、『アポロンの島《しま》』の**小川国夫《おがわくにお》**（⬇二九八頁）などで、彼らは**内向《ないこう》の世代《せだい》**と呼ばれた。

■**新しい個性の登場**▼昭和四〇年代末に高度経済成長期が終わり、昭和末のバブル期にかけて戦後の価値観はいっそう希薄化した。文学界にも現実を新しい価値観と感性でとらえる作家たちが登場する。とりわけ**村上龍《むらかみりゅう》**（⬇三〇六頁）・**村上春樹《むらかみはるき》**（⬇三〇〇頁）のデビューは鮮烈だった。作風は大きく異なるが、ともにアメリカ文化に親和性を持ち、豊かさの中で姿の見えない空虚感や孤独感を抱えた若者の風俗と姿を独特の語り口で描いた。龍の『限《かぎ》りなく透明《とうめい》に近《ちか》いブルー』、春樹の『風《かぜ》の歌《うた》を聴《き》け』はその新鮮さが読者を驚かせ、ふたりは**W村上《ダブルむらかみ》**と称された。その他、**宮本輝《みやもとてる》**（⬇三〇六頁）・**島田雅彦《しまだまさひこ》**（⬇三一二頁）・**吉本《よしもと》ばなな**（⬇三〇八頁）・**山田詠美《やまだえいみ》**（⬇三〇二頁）らが個性を輝かせた。

年	昭和	作品
		小 金閣寺《きんかくじ》（三島由紀夫《みしまゆきお》）
		評 雑種文化《ざっしゅぶんか》（加藤周一《かとうしゅういち》）
一九五七	32	小 海《うみ》と毒薬《どくやく》（遠藤周作《えんどうしゅうさく》）
		小 アポロンの島《しま》（小川国夫《おがわくにお》）
		小 死者《ししゃ》の奢《おご》り（大江健三郎《おおえけんざぶろう》）
		小 裸《はだか》の王様《おうさま》（開高健《かいこうたけし》）
		小 天平《てんぴょう》の甍《いらか》（井上靖《いのうえやすし》）
一九五八	33	小 飼育《しいく》（大江健三郎《おおえけんざぶろう》）
一九五九	34	小 海辺《かいへん》の光景《こうけい》（安岡章太郎《やすおかしょうたろう》）
		小 日本三文《にほんさんもん》オペラ（開高健《かいこうたけし》）
一九六二	37	小 楡家《にれけ》の人《ひと》びと（北杜夫《きたもりお》）
		小 砂《すな》の女《おんな》（安部公房《あべこうぼう》）
		小 悲《ひ》の器《うつわ》（高橋和巳《たかはしかずみ》）
一九六四	39	《東京オリンピック》
		評 考《かんが》へるヒント（小林秀雄《こばやしひでお》）
一九六五	40	小 黒《くろ》い雨《あめ》（井伏鱒二《いぶせますじ》）
一九六六	41	小 沈黙《ちんもく》（遠藤周作《えんどうしゅうさく》）
		評 共同幻想論《きょうどうげんそうろん》（吉本隆明《よしもとたかあき》）
一九六七	42	小 万延元年《まんえんがんねん》のフットボール（大江健三郎《おおえけんざぶろう》）
一九六九	44	小 時間《じかん》（黒井千次《くろいせんじ》）
一九七〇	45	小 司令《しれい》の休暇《きゅうか》（阿部昭《あべあきら》）
		小 杳子《ようこ》（古井由吉《ふるいよしきち》）
一九七三	48	小 吉里吉里人《きりきりじん》（井上《いのうえ》ひさし）
一九七六	51	小 限《かぎ》りなく透明《とうめい》に近《ちか》いブルー（村上龍《むらかみりゅう》）
		小 枯木灘《かれきなだ》（中上健次《なかがみけんじ》）
一九七七	52	小 螢川《ほたるがわ》（宮本輝《みやもとてる》）
一九七九	54	小 風《かぜ》の歌《うた》を聴《き》け（村上春樹《むらかみはるき》）
一九八〇	55	小 なんとなく、クリスタル（田中康夫《たなかやすお》）
一九八七	62	小 ノルウェイの森《もり》（村上春樹《むらかみはるき》）
		歌 サラダ記念日《きねんび》（俵万智《たわらまち》）

文学史問題：第二次世界大戦後、「第三の新人」より早く現れた戦後文学を次から一つ選べ。（聖心女子大）
①新感覚派　②新思潮派　③白樺派　④無頼派（新戯作派）　⑤プロレタリア文学

ノーベル文学賞の選考をおこなうスウェーデン・アカデミー

書店に積まれた村上春樹の小説

平成・令和文学の流れ

■**日本と外国を越境する作家たち**▼昭和末から平成の初頭にかけてバブル経済が崩壊し、長期にわたる不況と社会不安の時代となった。出版界も打撃を受けて小説の売れない時代が到来した。そのような平成の幕開けにおいて例外的だったのは、**村上春樹**《むらかみはるき》（⬇三〇〇頁）と**吉本**《よしもと》**ばなな**（⬇三〇八頁）である。春樹の『**ノルウェイの森**《もり》』、ばななの『**キッチン**』などがベストセラーとなった。現在に至るまで、文壇から距離をとるスタンスで小説を書き続けている彼らは、一方で多数の外国語に翻訳されており、今や世界文学としての姿を現している。さらに現代日本文学のグローバル化の象徴であり、また平成の文学における大きな出来事は、**大江健三郎**《おおえけんざぶろう》（⬇二九三頁）のノーベル文学賞受賞である。デビュー以来着実に作品を発表していた彼は、一九九四（平成六）年に同賞を受賞する。一九六八（昭和四三）年の**川端康成**《かわばたやすなり》（⬇二六七頁）以来の、日本人二人目の受賞であった。またグローバル化は、日本語を母語としない作家や、海外に居住して複数の言語で書く作家たちの登場にも鮮明に表れている。『星条旗《せいじょうき》の聞《き》こえない部屋《へや》』の**リービ英雄**《ひでお》（⬇三一〇頁）、『犬婿《いぬむこ》入《い》り』の**多和田葉子**《たわだようこ》（⬇三〇三頁）らである。二〇一七（平成二九）年には英語で創作をする日系イギリス人の**カズオ・イシグロ**がノーベル文学賞を受賞した。

■**多様な新作家の登場**▼一九九八（平成一〇）年頃までに、平成を彩る多様な作家たちが登場した。『村《むら》の名前《なまえ》』の辻原登《つじはらのぼる》、『プレーンソング』の保坂和志《ほさかかずし》、『アメリカの夜《よる》』の阿《あ》部和重《べかずしげ》、『妊娠《にんしん》カレンダー』の**小川洋子**《おがわようこ》（⬇三〇四頁）の他、**川上弘美**《かわかみひろみ》（⬇三一一頁）・奥泉光《おくいずみひかる》らである。さらに平成一〇年代になると、若くして高い評価を受けてデビューする作家が目立った。二十三歳の**平野啓一郎**《ひらのけいいちろう》（⬇三〇九頁）が中世のフランスを舞台に神学僧の神秘的体験を描いた『日蝕《にっしょく》』で芥川賞を受賞すると、その博覧強記ぶりと擬古文的文体で注目を浴びた。さらに、**綿矢**《わたや》**りさ**（⬇三一三頁）と金原《かねはら》ひとみがそれぞれ十九歳と二十歳で芥川賞を同時受賞する。綿矢は『蹴《け》りたい背中《せなか》』に豊かな比喩表現と若者言葉で異質な高校生二人の微妙な関係性を描き、金原は『蛇《へび》にピアス』に過激でエキセントリックな身体改造を題材としつつ居場所のない若者の痛みを繊細に表現して、確かな実力を示した。他にも島本理生《しまもとりお》・鹿島田真希《かしまだまき》など、十代・二十代の若い才能が多く登場した。

■**周縁からの問いかけ**▼沖縄や在日朝鮮人といった日本社会の周縁からそれぞれの問題を提起し、それを通じて国や社会、人間のあり方をとらえ直そうとする文学にも、豊かな成果が見られる。**沖縄文学**《おきなわぶんがく》においては、又吉栄喜《またよしえいき》『豚《ぶた》の報《むく》い』、目取真俊《めどるましゅん》『水滴《すいてき》』『魂込《まぶいぐ》め』が、沖縄の言葉や風俗を濃厚に描き出しながら、現在の沖縄が抱える問題を提起して注目された。また、平成の**在日文学**《ざいにちぶんがく》は、第一世代に続く二世・三世の作家が日本社会で生きるうえでの葛藤や、世代間のギャップ、アイデンティティーの不明性

西暦	和暦	事項
一九八九	平成元	小 トラッシュ（山田詠美《やまだえいみ》）
		評 モードの迷宮《めいきゅう》（鷲田清一《わしだきよかず》）
		歌 びあんか（水原紫苑《みずはらしおん》）
一九九〇	2	小 村《むら》の名前《なまえ》（辻原登《つじはらのぼる》）
		小 プレーンソング（保坂和志《ほさかかずし》）
		小 妊娠《にんしん》カレンダー（小川洋子《おがわようこ》）
		小 葉桜《はざくら》の日《ひ》（鷺沢萠《さぎさわめぐむ》）
一九九一	3	小 西行花伝《さいぎょうかでん》（辻邦生《つじくにお》）
		評 環境倫理学《かんきょうりんりがく》のすすめ（加藤尚武《かとうひさたけ》）
一九九二	4	小 犬婿《いぬむこ》入《い》り（多和田葉子《たわだようこ》）
		小 星条旗《せいじょうき》の聞《き》こえない部屋《へや》（リービ英雄《ひでお》）
一九九三	5	小 とかげ（吉本《よしもと》ばなな）
		小 石《いし》の来歴《らいれき》（奥泉光《おくいずみひかる》）
一九九四	6	小 アメリカの夜《よる》（阿部和重《あべかずしげ》）
一九九五	7	《阪神・淡路大震災》
		小 模倣犯《もほうはん》（宮部《みやべ》みゆき）
		小 豚《ぶた》の報《むく》い（又吉栄喜《またよしえいき》）
		評 臨床教育学入門《りんしょうきょういくがくにゅうもん》（河合隼雄《かわいはやお》）
		句 両神《りょうがみ》（金子兜太《かねことうた》）
一九九六	8	小 家族《かぞく》シネマ（柳美里《ゆうみり》）
		小 海峡《かいきょう》の光《ひかり》（辻仁成《つじひとなり》）
一九九七	9	小 水滴《すいてき》（目取真俊《めどるましゅん》）
		小 君《きみ》はこの国《くに》を好《す》きか（鷺沢萠《さぎさわめぐむ》）
		小 鉄道員《ぽっぽや》（浅田次郎《あさだじろう》）
		小 くっすん大黒《だいこく》（町田康《まちだこう》）
		評 シジフォスの笑《わら》い（多木浩二《たきこうじ》）
一九九八	10	小 日蝕《にっしょく》（平野啓一郎《ひらのけいいちろう》）
		歌 体力《たいりょく》（河野裕子《かわのゆうこ》）
		評 顔《かお》の現象学《げんしょうがく》（鷲田清一《わしだきよかず》）
一九九九	11	小 プラナリア（山本文緒《やまもとふみお》）

書店に並ぶ又吉直樹の小説

又吉直樹

の問題を追究した。李良枝『由熙《ユヒ》』、金石範《きんせきはん》『火山島《かざんとう》』完結などの他、若い世代の作品として、**鷺沢萠**《さぎさわめぐむ》(⇩三二二頁)『葉桜《はざくら》の日《ひ》』『君《きみ》はこの国《くに》を好《す》きか』、金城一紀《かねしろかずき》『GO《ゴウ》』がある。鷺沢は等身大の三世の在日像を描き、金城もまた高校生を主人公にコリアンジャパニーズという呼称を用いつつ自らのアイデンティティーの問題に取り組んだ。他に**柳美里**《ゆうみり》(⇩三二二頁)・玄月《げんげつ》・梁石日《ヤンソギル》らがいる。

■**異業種作家の活躍**▼平成の文学は、他のカルチャーとの結びつきの中で新しい世界を創造しようとする作家が多く登場したことも大きな特色である。その体現者としてあげられるのが、別のクリエイティブな職業に身を置きながら小説家としてデビューした**異業種作家**《いぎょうしゅさっか》たちである。劇作家・演出家の**柳美里**《ゆうみり》は『家族《かぞく》シネマ』で、ロックミュージシャンの**辻仁成**《つじひとなり》(⇩三二一頁)は『海峡《かいきょう》の光《ひかり》』で芥川賞を受賞した。同じくミュージシャンであり俳優でもあった**町田康**《まちだこう》(⇩三二二頁)は『くっすん大黒《だいこく》』『きれぎれ』で注目された。近年では、劇団を主宰する劇作家の本谷有希子《もとやゆきこ》や、お笑いタレントの又吉直樹《またよしなおき》らの活躍が見られる。

■**情報技術やサブカルチャーとの結びつき**▼情報技術の高度化や、漫画・アニメなどのいわゆるサブカルチャーとの結びつきにおいても、新たな文学の形が生み出された。その一つが、携帯電話で執筆され携帯電話の画面で読む**ケータイ小説**《しょうせつ》である。書き手の多くは一般の若者で、同世代を読者とした。書籍化されると一時はベストセラーの上位を占めるようになり、美嘉《みか》の『恋空《こいぞら》』など映画化されるものもあったが、ブームは数年で終息した。もう一つは、昭和末に流行した少女小説の流れをくむ**ライトノベル**である。漫画やアニメ風のイラストが表紙や挿絵に使われ、際立ったキャラクターが登場する。時雨沢恵一《しぐさわけいいち》『キノの旅《たび》』、谷川流《たにがわながる》『涼宮《すずみや》ハルヒの憂鬱《ゆううつ》』など、若い読者に熱心に支持され、映像作品化されたものも多い。

■**女性作家の活躍**▼平成文学のもう一つの特色は、**女性作家**《じょせいさっか》の活躍が目覚ましいことである。平成の間に芥川賞を受賞した女性作家は、李良枝・**小川洋子**《おがわようこ》・笙野頼子・**川上弘美**・絲山秋子《いとやまあきこ》・**川上未映子**《かわかみみえこ》(⇩三〇九頁)・津村記久子《つむらきくこ》・鹿島田真希・**村田沙耶香**《むらたさやか》(⇩三二三頁)ら二十八人に上る。他に推理小説から出発し、時代小説・ファンタジー・児童文学まで幅広く手掛け、多くの読者を獲得している女性作家として、**宮部みゆき**《みやべ》(⇩三一一頁)があげられる。

■**令和の文学**▼令和の大きな出来事として、新型コロナウイルスの世界的な流行があげられる。これは文学にも影響を与え、**俵万智**《たわらまち》(⇩三三二頁)の歌集『未来《みらい》のサイズ』や、**綿矢りさ**のエッセイ『あのころなにしてた?』などにそれが見られる。

西暦	年		作品
		小	魂込《まぶいぐみ》め(目取真俊《めどるましゅん》)
		評	日本語練習帳《にほんごれんしゅうちょう》(大野晋《おおのすすむ》)
		詩	倚《よ》りかからず(茨木《いばらぎ》のり子《こ》)
二〇〇〇	12	小	GO《ゴウ》(金城一紀《かねしろかずき》)
		小	きれぎれ(町田康《まちだこう》)
		小	キノの旅《たび》(時雨沢恵一《しぐさわけいいち》)
二〇〇一	13	小	センセイの鞄《かばん》(川上弘美《かわかみひろみ》)
二〇〇三	15	小	蹴《け》りたい背中《せなか》(綿矢《わたや》りさ)
		小	蛇《へび》にピアス(金原《かねはら》ひとみ)
		小	涼宮《すずみや》ハルヒの憂鬱《ゆううつ》(谷川流《たにがわながる》)
		評	バカの壁《かべ》(養老孟司《ようろうたけし》)
二〇〇四	16	小	グランド・フィナーレ(阿部和重《あべかずしげ》)
二〇〇五	17	小	土《つち》の中《なか》の子供《こども》(中村文則《なかむらふみのり》)
二〇〇六	18	小	恋空《こいぞら》(美嘉《みか》)
二〇〇八	20	小	時《とき》が滲《にじ》む朝《あさ》(揚逸《ヤンイー》)
二〇〇九	21	小	1Q84《イチキューハチヨン》(村上春樹《むらかみはるき》)
		小	ヘヴン(川上未映子《かわかみみえこ》)
		評	日本辺境論《にほんへんきょうろん》(内田樹《うちだたつる》)
二〇一一	23		《東日本大震災》
二〇一二	24	評	考《かんが》えるとはどういうことか(外山滋比古《とやましげひこ》)
二〇一五	27	小	火花《ひばな》(又吉直樹《またよしなおき》)
二〇一六	28	小	異類婚姻譚《いるいこんいんたん》(本谷有希子《もとやゆきこ》)
二〇一七	29	小	騎士団長殺《きしだんちょうごろ》し(村上春樹《むらかみはるき》)
二〇一九	31	小	むらさきのスカートの女《おんな》(今村夏子《いまむらなつこ》)
二〇二〇	令和2		《新型コロナウイルスの世界的流行》
		小	推《お》し、燃《も》ゆ(宇佐見《うさみ》りん)
		歌	未来《みらい》のサイズ(俵万智《たわらまち》)
		評	人新世《ひとしんせい》の「資本論《しほんろん》」(斎藤幸平《さいとうこうへい》)
二〇二一	3		《東京オリンピック》
二〇二二	4	評	現代思想入門《げんだいしそうにゅうもん》(千葉雅也《ちばまさや》)
二〇二三	5	小	ハンチバック(市川沙央《いちかわさおう》)

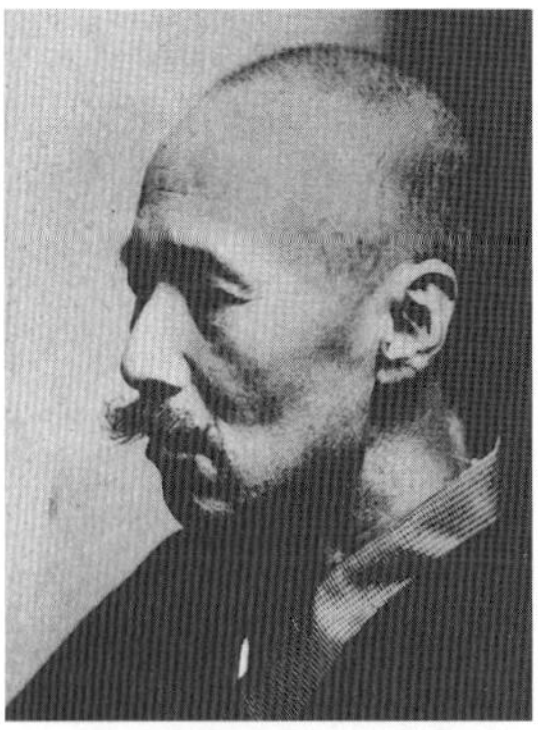

余裕派の二人――鷗外(左)と漱石(右)　ずば抜けた学識を持ち、西欧留学も経験した二人は、世代的にも近代日本文学の先駆的立場であり、後の作家たちに絶大な影響を与えた。

擬古典主義の作家たち　尾崎紅葉(右)と幸田露伴(左)

時代		思潮	解説	主な作家
明治	黎明期	戯作文学《げさくぶんがく》	近世の戯作を受け継ぐ小説。開化の風俗を滑稽に描いたものや、急激な欧化を批判する作品などがある。	仮名垣魯文《かながきろぶん》
明治	黎明期	翻訳小説《ほんやくしょうせつ》	欧化熱の高まりを背景に、西欧の社会・政治・思想・風俗を紹介するために翻訳された小説。	織田《おだ》(丹羽《にわ》)純一郎《じゅんいちろう》
明治	黎明期	政治小説《せいじしょうせつ》	新政府への反発から生まれた自由民権運動を背景に、政治的理想を民衆に伝える目的で書かれた小説。	矢野龍渓《やのりゅうけい》
明治		写実主義《しゃじつしゅぎ》	文学は功利的なものであるべきではなく、社会の実情や人間の内面を写実的に描くことを目指すべきとした思潮。	坪内逍遙《つぼうちしょうよう》 二葉亭四迷《ふたばていしめい》
明治	擬古典主義	硯友社《けんゆうしゃ》	尾崎紅葉《おざきこうよう》・山田美妙《やまだびみょう》らによって結成された文学結社。欧化主義の反動で旧来の日本文化を懐古する風潮の中、西鶴《さいかく》らの江戸文学の影響のもと、新時代の風俗を写実的に描くことを目指した。「我楽多文庫《がらくたぶんこ》」	尾崎紅葉《おざきこうよう》 山田美妙《やまだびみょう》
明治	擬古典主義	理想主義《りそうしゅぎ》	江戸文学に影響を受けつつ、硯友社の写実的な作風に対して、理想を描くことを目指した思潮。	幸田露伴《こうだろはん》
明治		浪漫主義《ろうまんしゅぎ》	西欧の浪漫主義運動に影響を受け、封建的な因習や倫理を否定して内面の真実を重んじ、理想や恋愛に自我を解放しようとした思潮。「文學界《ぶんがくかい》」	森鷗外《もりおうがい》 北村透谷《きたむらとうこく》
明治		自然主義《しぜんしゅぎ》	西欧自然主義の影響を受け、人間や社会の現実を科学的・実証的にとらえようとする思潮。しだいに自身の醜悪な面を赤裸々に告白する方向に進んだ。	島崎藤村《しまざきとうそん》 田山花袋《たやまかたい》
明治	反自然主義	余裕派《よゆうは》(高踏派《こうとうは》)	森鷗外《もりおうがい》・夏目漱石《なつめそうせき》を指す。広い視野と教養によって人間や人生を描き出した。西欧文学や古典についての深い教養と文明批判精神に二人の共通性がある。	森鷗外《もりおうがい》 夏目漱石《なつめそうせき》
明治	反自然主義	耽美派《たんびは》	美を至上のものとし、女性崇拝・官能美の世界を描いた一派。しだいに享楽的・退廃的な傾向を強めた。「三田文学《みたぶんがく》」	永井荷風《ながいかふう》 谷崎潤一郎《たにざきじゅんいちろう》
明治	反自然主義	白樺派《しらかばは》	理想主義的・人道主義的な立場で、自我や個性を伸ばして生きることを肯定した、上流階級出身者から成る一派。「白樺《しらかば》」	武者小路実篤《むしゃのこうじさねあつ》 志賀直哉《しがなおや》
大正	新現実主義	新思潮派《しんしちょうは》	赤裸々な内面告白や理想主義的なヒューマニズムではなく、また耽美的《たんびてき》なあり方でもなく、理知的な態度と技巧によって現実を描写しようとした一派。「新思潮《しんしちょう》」(第三次・第四次)	芥川龍之介《あくたがわりゅうのすけ》 菊池寛《きくちかん》
大正	新現実主義	奇蹟派《きせきは》(新早稲田派《しんわせだは》)	自らの過酷で悲惨な生活や人生・心理を、飄逸味《ひょういつみ》の漂う文体で描いた一派。「奇蹟《きせき》」	広津和郎《ひろつかずお》 葛西善蔵《かさいぜんぞう》
大正		プロレタリア文学《ぶんがく》	社会主義革命を目指すマルクス主義の立場から書かれた革命のための文学。労働者の過酷な実態を描き、労働者の意識向上と権利闘争に役立たせることをねらいとした。「種蒔く人《たねまくひと》」「文芸戦線《ぶんげいせんせん》」「戦旗《せんき》」	小林多喜二《こばやしたきじ》 徳永直《とくながすなお》
	モダニズム	新感覚派《しんかんかくは》	奇抜な比喩や擬人法を用いた特徴ある文体で、感覚的かつ象徴的に現実を描写した一派。社会の機械化や大衆の巨大化を問題とした点にも特徴がある。「文芸時代《ぶんげいじだい》」	横光利一《よこみつりいち》 川端康成《かわばたやすなり》

＊「解説」中の太字は、各思潮の拠り所となった雑誌名。

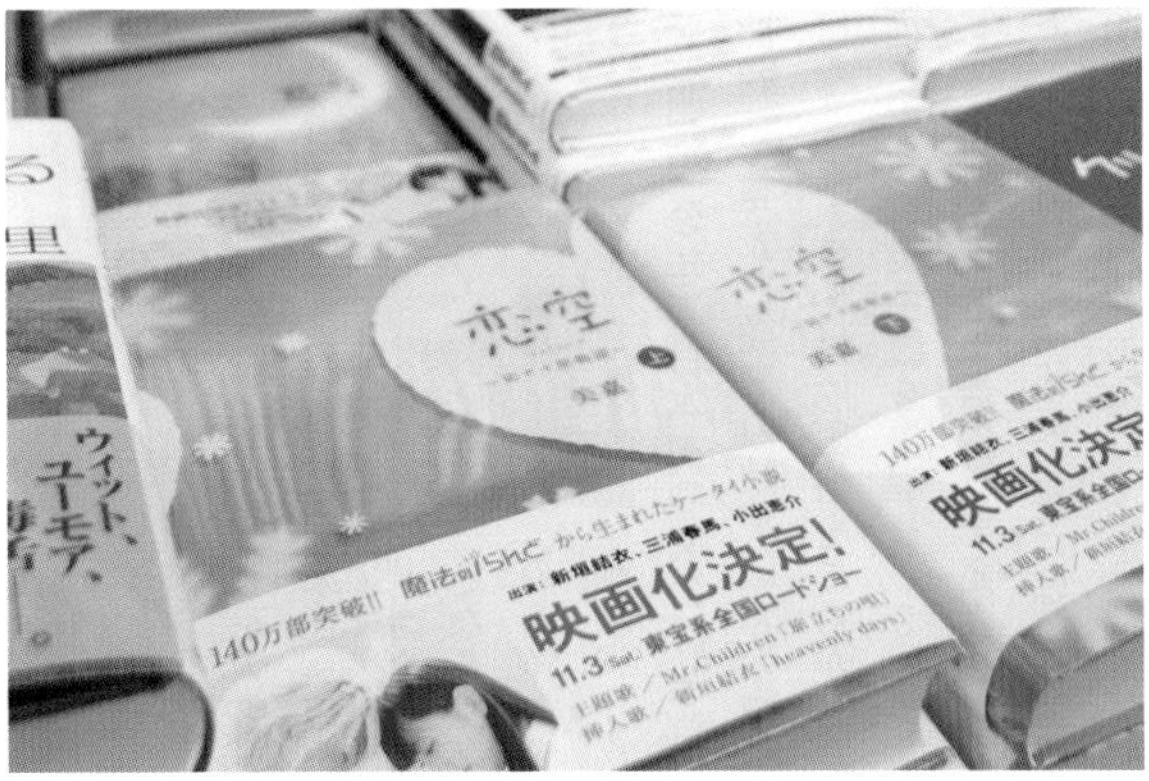

書籍化されたケータイ小説

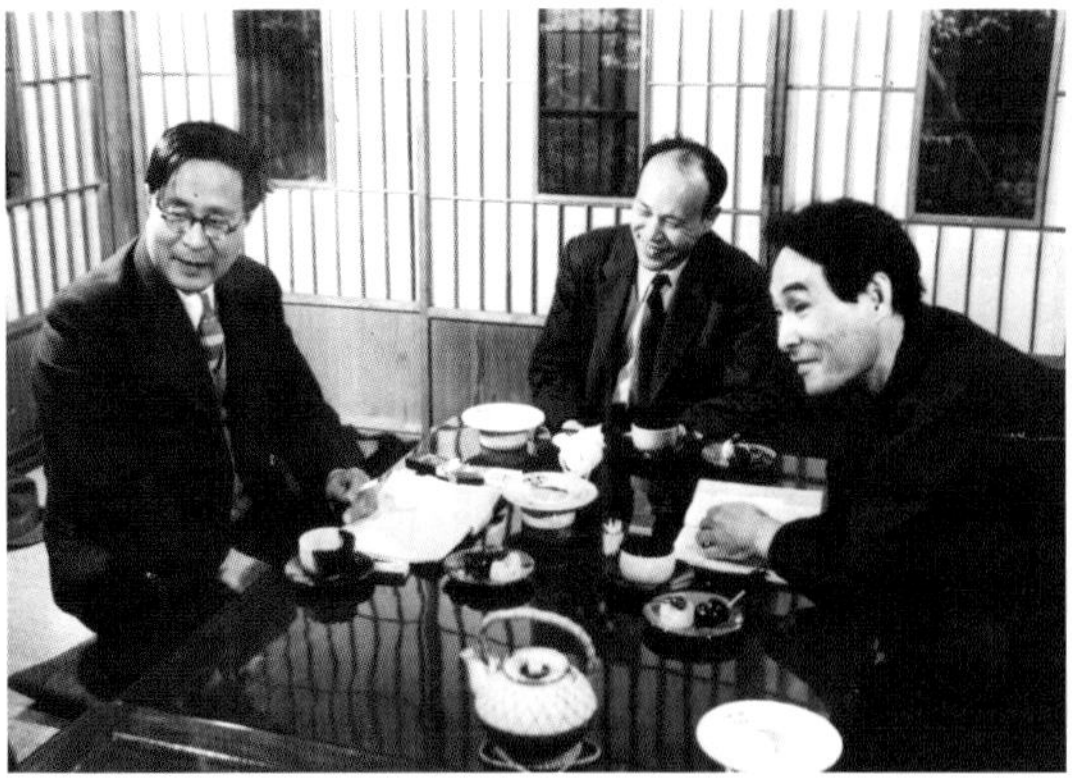
戦後派の作家たち　左から武田泰淳・椎名麟三・埴谷雄高。

時代	区分	名称	内容	主な作家
昭和	モダニズム	新興芸術派《しんこうげいじゅつは》	芸術は政治ではなく美に立脚すると唱え、反プロレタリア文学を旗印に大同団結して集まった一派。	井伏鱒二《いぶせますじ》
昭和	モダニズム	新心理主義《しんしんりしゅぎ》	ジョイスやプルーストなど西欧文学で試みられていた「意識の流れ」の手法を取り入れ、人間の心理を克明にとらえて描こうとした一派。	堀辰雄《ほりたつお》 伊藤整《いとうせい》
昭和	戦時下の文学	転向文学《てんこうぶんがく》	弾圧によってマルクス主義を放棄した元プロレタリア文学作家が、自身の転向に至るまでの経緯と苦悩を描いた文学。	島木健作《しまきけんさく》 中野重治《なかのしげはる》
昭和	戦時下の文学	日本浪曼派《にほんろうまんは》	戦時下の思想的な混乱の中、詩精神の高揚と伝統文化への回帰を主張して文学活動をおこなった一派。	保田與重郎《やすだよじゅうろう》
昭和	戦後文学	無頼派《ぶらいは》（新戯作派《しんげさくは》）	敗戦後の荒廃した現実と自己を見つめ、既成の道徳や安易に時流に便乗する世相に対して批判の目を向けた一派。退廃と虚無感が漂う作品を描いた。	太宰治《だざいおさむ》 坂口安吾《さかぐちあんご》
昭和	戦後文学	戦後派《せんごは》（第一次・第二次）	戦争体験を持つ世代で、戦後になって本格的に文学活動をおこなうようになった作家を指す。自身の体験を内面化した点に共通性があるが、表現形式は多様。「近代文学《きんだいぶんがく》」	大岡昇平《おおおかしょうへい》 安部公房《あべこうぼう》
昭和	戦後文学	新日本文学派《しんにほんぶんがくは》	かつてのプロレタリア文学の作家が中心となって、民主主義文学を目指した一派。「新日本文学《しんにほんぶんがく》」	宮本百合子《みやもとゆりこ》
昭和		第三《だいさん》の新人《しんじん》	昭和二〇年代後半になって登場した、戦後派とは異質な新人作家たちを指す。思想・政治への関心は薄く、日常生活にひそむ不安や危機を感覚的なリアリズムで描いた。	安岡章太郎《やすおかしょうたろう》 遠藤周作《えんどうしゅうさく》
昭和		中間小説《ちゅうかんしょうせつ》	純文学と大衆文学の中間に位置する文学。	井上靖《いのうえやすし》
昭和		内向《ないこう》の世代《せだい》	昭和三〇年代後半から四〇年代頃に活躍した作家たち。自身を取り巻く個人的な状況に目を向け、自己の内面を深く見つめる作品を描いた。	阿部昭《あべあきら》 古井由吉《ふるいよしきち》
平成・令和		現代沖縄文学《げんだいおきなわぶんがく》	戦後のアメリカ支配下の時代から現在に至るまでの沖縄が抱える問題を題材とした文学。沖縄の文化・風俗が色濃く描き出されている。	又吉栄喜《またよしえいき》 目取真俊《めどるましゅん》
平成・令和		現代在日文学《げんだいざいにちぶんがく》	現代の在日朝鮮人作家による文学。戦前戦後の日本を生きた第一世代に始まり、二世・三世それぞれが日本社会で生きる葛藤やアイデンティティーの問題を追究。	李良枝《イヤンジ》 鷺沢萠《さぎさわめぐむ》
平成・令和		ケータイ小説《しょうせつ》	携帯電話で執筆され、携帯電話の画面で読まれる小説。横書きの短い文と改行の多い形式で書かれ、会話文を中心に物語が飛躍的に展開する。若年層を読者とする。	美嘉《みか》 Yoshi
平成・令和		ライトノベル	アニメやマンガ風のイラストを表紙や挿絵に多用し、登場人物のイメージ（キャラクター設定）が固定化されて物語が展開する。若年層を読者に持つ。	時雨沢恵一《しぐさわけいいち》 谷川流《たにがわながる》
平成・令和		異業種作家《いぎょうしゅさっか》	ミュージシャン・劇団を主宰する脚本家・お笑いタレントなど、異なる職業に身を置きながら文学賞を受賞するなどして小説界に登場した作家たちを指す。	町田康《まちだこう》 又吉直樹《またよしなおき》

写実主義の提唱者

坪内逍遥《つぼうちしょうよう》

一八五九（安政六）～一九三五（昭和一〇）
岐阜県生まれ

東京大学を卒業後、東京専門学校の講師となる。多くの西洋文学に触れ、一八八五（明治一八）年、日本初の文芸評論『**小説神髄**《しょうせつしんずい》』を発表。従来の勧善懲悪《かんぜんちょうあく》の物語ではなく、人情・世態風俗をあるがままに描き出す**写実主義**《しゃじつしゅぎ》を提唱し、この実践として小説『**当世書生気質**《とうせいしょせいかたぎ》』を発表した。また、一八九一（明治二四）年には雑誌「早稲《わせ》田文学《だぶんがく》」を創刊し、同誌上で森鷗外《もりおうがい》（⬇二四三頁）と「**没理想論争**《ぼつりそうろんそう》」を展開。逍遥の写実的な立場に対し、鷗外は理想を重視する浪漫的立場をとった。後年は演劇を中心に活動。戯曲『桐一葉《きりひとは》』を著した他、島《しま》村抱月《むらほうげつ》らと「文芸協会《ぶんげいきょうかい》」を設立して、「新劇運動《しんげきうんどう》」を展開した。

自作朗読

当世書生気質《とうせいしょせいかたぎ》

一八八五（明治一八）年

岩波文庫

逍遥自身の体験をもとに、当時の学生社会の心理や風俗を写実的に描写した中編小説。日本近代文学の写実主義小説の第一作として知られる。

言文一致体の先駆け

二葉亭四迷《ふたばていしめい》

一八六四（元治元）～一九〇九（明治四二）
東京都生まれ

東京外国語学校でロシア文学に傾倒し、その後、坪内《つぼうち》逍遥《しょうよう》を訪ねたことをきっかけに文学者を志す。逍遥の『小説神髄《しょうせつしんずい》』写実主義《しゃじつしゅぎ》による文芸評論『当世書生気質《とうせいしょせいかたぎ》』に対して、小説『**浮雲**《うきぐも》』を『**小説総論**《しょうせつそうろん》』と、発表。小説の文体として初めて「**だ**」**調**の口語文を採用（**言文一致体**《げんぶんいっちたい》）した。一方、堪能なロシア語を生かし、ロシア文学の翻訳も手がけ、ツルゲーネフ（⬇三六一頁）の小説『あひびき』における自然描写と洗練された口語体の文章は、後の文学者たちに大きな影響を与えた。一九〇八（明治四一）年、朝日新聞特派員としてロシアに赴任するが、肺結核に冒され翌年帰国。途上のベンガル湾上で死去した。

浮雲《うきぐも》

一八八七（明治二〇）年

新潮文庫

文明開化の日本を背景に、職と恋人を失った男の苦悶《くもん》を、細やかな心理描写で描いた長編小説。日本で初めて言文一致体によって書かれた小説。

理想主義を格調高く描いた作家

幸田露伴《こうだろはん》

一八六七（慶応三）～一九四七（昭和二二）
東京都生まれ

給費生として電信修技学校を卒業後、電信技師として北海道に赴任。そこで読んだ坪内逍遥《つぼうちしょうよう》の『小説神髄《しょうせつしんずい》』に感銘を受け、文学者を志す。東京へ戻り、一八八九（明治二二）年、雑誌「都の花《みやこのはな》」に『露団々《つゆだんだん》』を連載。続く『**風流仏**《ふうりゅうぶつ》』で人気作家となり、尾《お》崎紅葉《ざきこうよう》とともに「**紅露時代**《こうろじだい》」と呼ばれる一時代を築いた。写実的で心理描写に重きを置く紅葉に対し、露伴は漢語調の格調高い文体で理想を描く作風が高く評価され、『一口剣《いっこうけん》』『**五重塔**《ごじゅうのとう》』などの代表作を残した。また、史伝や古典の評釈にも意欲的であり、一九四七（昭和二二）年には『評釈芭蕉七部集《ひょうしゃくばしょうしちぶしゅう》』を完成させた。なお、娘は小説家の幸田文《こうだあや》（⬇二九〇頁）。

五重塔《ごじゅうのとう》

一八九一（明治二四）年

岩波文庫

腕はよいが無愛想で世渡りが下手な十兵衛《じゅうべえ》は、五重塔を自分一人で建設したいと一途《いちず》に願う。心に決めたことを妥協せず貫こうとする男性の理想像を描く。

明治の人気人情作家

尾崎紅葉《おざきこうよう》

一八六七（慶応三）～一九〇三（明治三六）
東京都生まれ

帝国大学中退。一八八五（明治一八）年、山《やま》田美妙《だびみょう》（⬇二六三頁）らと日本最初の文学結社「**硯友社**《けんゆうしゃ》」を結成して、機関誌「**我楽多**《がらくた》**文庫**《ぶんこ》」を創刊。写実的手法と擬古典主義《ぎこてんしゅぎ》による『二人比丘尼色懺悔《ににんびくにいろざんげ》』を刊行した。流麗な地の文と口語体の会話文が入り交じる雅俗折衷《がぞくせっちゅう》の文章によって戦国時代を情緒豊かに描く手法は、新鮮な作品として広く文壇に受け入れられ、続く『伽羅《きゃら》枕《まくら》』『三人妻《さんにんづま》』も好評を博した。さらに、『**多情多恨**《たじょうたこん》』では、言文一致体《げんぶんいっちたい》として「**である**」**調**を採用。当代の人気作家となったが、明治最大のベストセラー『**金色夜**《こんじきや》**叉**《しゃ》』の連載中、未完のまま胃がんのため三十六歳の若さで死去した。

多情多恨《たじょうたこん》

一八九六（明治二九）年

岩波文庫

妻を亡くして悲嘆する物理学院教授の鷲《す》見《み》は、親友の葉山《はやま》と同居を始めるが、やがて彼の妻に惹《ひ》かれるようになる。心理描写と人物設定に力点を置いた写実小説。

豆知識：徳冨蘆花の兄は「民友社」を設立し、雑誌「国民之友」を発行したジャーナリストの徳富蘇峰。「民友社」には弟の蘆花の他に、国木田独歩も記者として入社した。

破天荒な問題作家

徳冨蘆花《とくとみろか》

一八六八（明治元）～一九二七（昭和二）
熊本県生まれ

キリスト教に傾倒し、明治プロテスタントの源流の一つ「熊本バンド」の一人として、一八七八（明治一一）年、同志社英学校に進学。学長の新島襄《にいじまじょう》と対立し、中退後は兄の徳富蘇峰《とくとみそほう》が設立した出版社「民友社《みんゆうしゃ》」で記者をしながら創作活動を開始。一八九八（明治三一）年発表の『**不如帰**《ほととぎす》』が大ベストセラーとなった。同作は、大正時代に入ると新派の演劇や映画として頻繁に上演されて好評を博し、日本のメディアミックスの先駆とも言える作品となった。私生活では恋愛騒動や『不如帰《ほととぎす》』のモデルとなった女性とのトラブルなど問題も多かったが、晩年は北多摩郡に転居。キリスト教者として田園生活を送った。

自然文学の至高

国木田独歩《くにきだどっぽ》

一八七一（明治四）～一九〇八（明治四一）
千葉県生まれ

東京専門学校中退。政治家を志すが、徳《とく》富蘇峰《とみそほう》と出会い、文学に興味の対象を移す。イギリスの詩人ワーズワース（⬇三五八頁）の自然観に傾倒し、当時の内省的な日々を書いた『欺《あざむ》かざるの記《き》』は、独歩の没後に出版された。その後、新聞記者として日清戦争に従軍。弟との書簡形式で書かれた『愛弟通信《あいていつうしん》』が人気を博した。帰国後、佐々城信子《ささきのぶこ》と結婚するが貧困の末に離婚。傷心のまま武蔵野《むさしの》へ転居し、新体詩「独歩吟《どっぽぎん》」を一八九七（明治三〇）年に発表。その後は小説に創作の中心を移し、『**武蔵野**《むさしの》』『忘《わす》れえぬ人々《ひとびと》』などの浪漫小説を発表した。他に『**牛肉**《ぎゅうにく》**と馬鈴薯**《じゃがいも》』『竹《たけ》の木戸《きど》』などがある。

薄幸の明治文学の華

樋口一葉《ひぐちいちよう》

一八七二（明治五）～一八九六（明治二九）
東京都生まれ

青海学校小学高等科中退。十四歳で中島《なかじま》歌子《うたこ》の歌塾「萩の舎《はぎのや》」に入門し、古典の素養を培った。十七歳のとき、父が多額の負債を抱えて死去。内職をして生計を立てるようになる。同門の三宅花圃《みやけかほ》の小説に刺激を受けて小説家を志し、一八九二（明治二五）年、『闇桜《やみざくら》』を発表。小説記者の半井桃水《なからいとうすい》に師事するが、二人の間にあらぬ噂《うわさ》が立ち絶交。しかし、「文學界《ぶんがくかい》」の同人と交流し、才能を開花させる。その後、『大《おお》つごもり』を転機に『**たけくらべ**』『**にごりえ**』などの優れた短編小説を次々発表。森鷗外《もりおうがい》（⬇二四二頁）ら多くの文学者たちから激賞されたが、貧困の中、肺結核のため二十四歳の若さで死去した。

幻想的な美的世界

泉《いずみ》 鏡花《きょうか》

一八七三（明治六）～一九三九（昭和一四）
石川県生まれ

北陸英和学校中退。尾崎紅《おざきこう》葉《よう》（⬇二四〇頁）の『二人比丘尼色懺悔《ににんびくにいろざんげ》』に衝撃を受け、一八八九（明治二二）年に上京し、紅葉の門下に入った。一八九三（明治二六）年、紅葉の斡旋《あっせん》により『冠弥左衛門《かんむりやざえもん》』を「京都日出新聞《きょうとひのでしんぶん》」に発表して、小説家デビュー。その後、『夜行巡査《やこうじゅんさ》』『**外科室**《げかしつ》』などが注目され、主題を明確に示した「**観念小説**《かんねんしょうせつ》」作家としての地位を確立した。一方、一九〇〇（明治三三）年の『**高野聖**《こうやひじり》』では、浪漫主義的な独自の美的世界を幻想的に描く手法を打ち出し、後の耽美派《たんびは》の作家たちに大きな影響を与えた。他に『婦系図《おんなけいず》』『歌行燈《うたあんどん》』など、三百を超える作品を残しており、多作の作家として知られる。

不如帰《ほととぎす》

一八九八（明治三一）年

岩波文庫

「国民新聞《こくみんしんぶん》」に連載され、社会現象にもなった大ベストセラー。作中人物のモデルが風評被害に遭い、表現の自由とプライバシーの問題の始まりともなった。

武蔵野《むさしの》

一八九八（明治三一）年

新潮文庫

発表時の題名は『今《いま》の武蔵野《むさしの》』。武蔵野の自然の美しさを、自身の日記と照らし合わせながら素朴にみずみずしく描写した詩的散文。

たけくらべ

一八九五（明治二八）年

岩波文庫

吉原《よしわら》の遊女を姉に持つ勝ち気な少女美登利《みどり》と、内向的な寺の息子信如《しんにょ》を中心に、花街界隈《はなまちかいわい》の下町で生きる思春期の少年少女の心理を繊細に描いた小説。

外科室《げかしつ》

一八九五（明治二八）年

岩波文庫

ある病院の外科室でこれから手術を受ける夫人は、眠っている間に秘密を口走ることを恐れ、麻酔を拒否する。鏡花の美意識が光る初期の短編小説。

文学史問題：二葉亭四迷が関わった明治期の文学史上の改革運動は何か。（福井県立大）

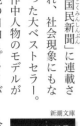

近代文学を牽引した知性

森《もり》鷗《おう》外《がい》

西暦	年号	歳	事項	区分
一八六二	文久二	0	島根県に誕生。	ドイツ留学まで
一八七二	明治五	10	上京し、西周《にしあまね》の家に寄宿。	
一八七四	明治七	12	東京医学校予科入学。	
一八八一	明治一四	19	東京大学医学部卒業。 陸軍軍医となる。	
一八八四	明治一七	22	ドイツに留学。	
一八八八	明治二一	26	ドイツから帰国。	
一八八九	明治二二	27	赤松登志子《あかまつとしこ》と結婚。 訳詩集『於母影《おもかげ》』 雑誌「しがらみ草紙《ぞうし》」創刊。	作家活動前期
一八九〇	明治二三	28	『舞姫《まいひめ》』『うたかたの記《き》』 登志子と離婚。	
一八九一	明治二四	29	『文《ふみ》づかひ』 坪内逍遙《つぼうちしょうよう》と没理想《ぼつりそう》論争《ろんそう》。	

19歳

浪漫主義 # 反自然主義 # 陸軍軍医

一八六二(文久二)年～一九二二(大正一一)年

島根県生まれ

1868	明治
1912	大正
1926	昭和(戦前)
1945	昭和(戦後)
1989	平成・令和

一族の期待を背負って

一八六二(文久二)年、石見国鹿足郡津《いわみのくにかのあしぐんつ》和野町《わのちょう》(現 島根県鹿足郡津和野町)に生まれる。本名林太郎《りんたろう》。森家は津和野藩主亀井家《かめいけ》の典医《てんい》(主治医)を務める家柄であり、その長男として生まれた鷗外には大きな期待がかけられ、幼少期から厳しい教育を受けて育った。一八七二(明治五)年に上京し、同郷の親戚である哲学者で啓蒙家《けいもうか》の西周《にしあまね》の家に寄宿して、医学部に必須の教養であるドイツ語を学ぶ。そして一八七四(明治七)年、東京医学校予科に入学。このとき鷗外は規定の年齢には達しておらず、生年を一八六〇(万延元)年とし、年齢を二歳偽っての入学であった。一八七七(明治一〇)年、東京医学校は東京大学医学部と改称され、鷗外はその本科生となる。こうして一八八一(明治一四)年、鷗外は十九歳という開校以来最年少で東京大学医学部を卒業。卒業後は、文部省の留学生になることを望んだが果たせず、陸軍軍医となった。

西周

ドイツ留学

陸軍軍医となった鷗外は、一八八四(明治一七)年、陸軍省からの命を受け、念願であったドイツ留学を果たす。ドイツでは近代細菌学の開祖とされるコッホらに師事して衛生学を学んだ。鷗外がドイツで影響を受けたものは、医学だけではない。ドイツ社会に溶け込み、芸術鑑賞やパーティーを楽しむ中で、その文学・哲学・思想からも大きな影響を受けた。とはいえ、留学時代の鷗外は、ドイツ文化に迎合するばかりではなく、日本の近代化について否定的な発言をした地質学者ナウマンに対して、新聞紙上で公開論争を挑むような面も見せている。こうした出来事からも、後の論争好きの素地をうかがうことができる。

文学活動のスタート

帰国後、鷗外は陸軍軍医として勤務する傍ら、文学活動もスタートさせた。当時の鷗外の文学活動は、大きく三つの分野に分けることができる。その一つめが小説である。**ドイツ土産三部作**と呼ばれる**『舞姫《まいひめ》』『うたかたの記《き》』『文《ふみ》づかひ』**をあいついで発表。**雅文《がぶん》による流れるような格調高い文章**と、ドイツでの恋の経験に基づく**浪漫的な作風**によって近代人の葛藤を描き出し、近代文学の礎を築いた。二つめは翻訳活動で、数々の海外文学を翻訳して日本に紹介した。特にアンデルセン(⬇三六二頁)**『即興詩人《そっきょうしじん》』**の翻訳は原作

鷗外の家族

最初の妻である登志子《としこ》とは結婚生活がうまくゆかず、わずか一年で離婚した鷗外だが、二度目の妻志《し》げはその美貌を「美術品」と称するほど惚《ほ》れ込み、さまざまな問題を抱えながらも彼女と生涯を添い遂げた。

鷗外は、最初の妻との間に一人、志げとの間に四人の子をもうけたが、その子供たちの名前は非常にユニークなことで知られる。彼がドイツに留学しているとき、本名である「林太郎」がドイツ人にとって発音しづらく、なかなか呼んでもらうことができず苦労した。そのため、自身の子供たちには「海外でも通用する名前を」ということで、現在の我々から見ても、かなり奇抜な名前がつけられた。

長男　於菟《おと》(Otto)
長女　茉莉《まり》(Marie)
次女　杏奴《あんぬ》(Anne)
次男　不律《ふりつ》(Fritz)
三男　類《るい》(Louis・Luis)

このように、子供たちの名前は、すべてアルファベットで書き表すことができるドイツ語圏(「類」はフランス語圏)の名前となっている。

さらに、この名づけについての鷗外の思いは、

志げ夫人

一八九二	明治二五	30	家を本郷に定め、自宅を「観《かん》潮楼《ちょうろう》」と命名する。翻訳小説『即興《そっきょう》詩人《しじん》』
一八九四	明治二七	32	日清戦争に従軍。
一八九六	明治二九	34	雑誌「めさまし草《ぐさ》」創刊。
一八九九	明治三二	37	小倉第十二師団軍医部長となり、小倉に赴任。
一九〇二	明治三五	40	荒木《あらき》志《し》げと再婚。東京第一師団軍医部長として帰京。
一九〇四	明治三七	42	日露戦争に従軍。
一九〇七	明治四〇	45	陸軍軍医総監に就任。
一九〇九	明治四二	47	雑誌「スバル」創刊。『ヰタ《ウィタ》・セクスアリス』
一九一〇	明治四三	48	『青年《せいねん》』
一九一一	明治四四	49	『妄想《もうそう》』『雁《がん》』
一九一二	大正元	50	『興津《おきつ》弥五右衛門《やごえもん》の遺書《いしょ》』
一九一三	大正二	51	『阿部一族《あべいちぞく》』『護持院原《ごじいんがはら》の敵討《かたきうち》』
一九一四	大正三	52	『大塩平八郎《おおしおへいはちろう》』『安井夫人《やすいふじん》』
一九一五	大正四	53	『山椒大夫《さんしょうだゆう》』『最後《さいご》の一句《いっく》』
一九一六	大正五	54	『高瀬舟《たかせぶね》』『渋江抽斎《しぶえちゅうさい》』
一九一七	大正六	55	帝室博物館総長兼図書頭《ずしょのかみ》に就任。
一九一九	大正八	57	帝国美術院初代院長に就任。
一九二二	大正一一	60	肺結核・萎縮腎《いしゅくじん》のため死去。

37歳

53歳

作家活動中期　作家活動後期

をしのぐ名訳として高い評価を得た。そして三つめが評論活動である。当時の鷗外は戦闘的な文芸啓蒙活動をおこなう攻撃的な評論家としての顔を持っていた。特に坪内逍遙《つぼうちしょうよう》(➡二四〇頁)との「**没理想論争**《ぼつりそうろんそう》」は話題となり、人情・世態風俗をあるがままに描き出す写実主義《しゃじつしゅぎ》を提唱した逍遙に対し、鷗外は理想を重視する浪漫的立場をとって、写実主義を批判した。

小倉左遷

ところが、こうした攻撃的な文学活動は周囲や上司の反感を買ってしまい、一八九九(明治三二)年、鷗外は九州の小倉に左遷される。しかし、この小倉での三年間は、鷗外に人間的な成熟をもたらした。当時を振り返った随筆『二人《ふたり》の友《とも》』には、小倉で出会った二人の友人と、その後も長く親交を結んだことが綴《つづ》られている。また、小倉での経験により、それまでの論争好きで攻撃的な面は影を潜めた他、その後の作品にも大きな変化がもたらされた。一九〇七(明治四〇)年、鷗外は軍医としての最高位である陸軍軍医総監に就任。中央に返り咲いた鷗外は意欲的な文学活動を再開する。雑誌「スバル」では反自然主義の立場から、『**ヰタ《ウィタ》・セクスアリス**』

陸軍軍医総監時代の鷗外

『**青年**《せいねん》』『**雁**《がん》』などを立て続けに発表。一方、「観潮楼《かんちょうろう》」と命名した自宅を文学サロンとして定期的に開放し、多くの文学者と親交を結んだ。

歴史小説と史伝

一九一二(明治四五)年、明治天皇が崩御し、それに続いて陸軍大将の乃木希典《のぎまれすけ》が殉死する。以前から乃木と親交を結んでいた鷗外は、彼の告別式の当日、主君への殉死を描いた『**興津《おきつ》弥五右衛門《やごえもん》の遺書《いしょ》**』の草稿を出版社に寄せた。続く『**阿部一族《あべいちぞく》**』も殉死が題材となっており、封建的な行為である殉死と、近代人としての自我との間で複雑に揺れる鷗外の心情が垣《かい》間見《まみ》える。これ以降、鷗外は『**山椒大夫《さんしょうだゆう》**』『**高瀬舟《たかせぶね》**』など、**歴史小説**を次々発表するようになる。さらに、鷗外の関心は史料を観照的に眺め、ありのままに描くことへと向かった。評論『**歴史其儘《れきしそのまま》と歴史離《れきしばな》れ**』では、「史料を調べて見て、其中《そのなか》に窺《うかが》われる『自然』を尊重する念を発した」「現在がありの儘《まま》に書いて好《よ》いなら、過去も書いて好い筈《はず》だ」と述べ、『**渋江抽斎《しぶえちゅうさい》**』『**北条霞亭《ほうじょうかてい》**』などの**史伝**を書き上げた。陸軍退官後は帝室博物館総長兼図書頭《ずしょのかみ》・帝国美術院初代院長などを歴任し、一九二二(大正一一)年に死去。死の三日前に記した遺言には「余《よ》ハ石見人《いはみのひと》森林太郎トシテ死セント欲ス」とあり、墓標には「森林太郎墓」とのみ刻まれた。

孫たちにも受け継がれている。於菟の子供は、真章《まくす》・富《とむ》・礼於《れお》・樊須《はんす》・常治《じょうじ》。茉莉の子供は、爵《じゃく》・亨《とおる》。一方、類の子供は、五百《いほ》・佐代《さよ》・りよ・哲太郎《てつたろう》。兄や姉の子供たちに比べると一見平凡な名前に見えるが、五百は『渋江抽斎《しぶえちゅうさい》』の主人公の妻の名、佐代・りよは、それぞれ『安井夫人《やすいふじん》』『護持院原《ごじいんがはら》の敵討《かたきうち》』のヒロインの名。哲太郎は鷗外の本名である林太郎にちなんで名づけられた。いずれも、父鷗外に対する強い思いがうかがえる。

さて、医学と文学に優れた偉大な父の血を受け継いだ子供や孫たちは、その両方の分野で華々しく活躍した。於菟は医学者として活躍する一方、『耄碌寸前《もうろくすんぜん》』など、自制の効いた筆致でユーモラスに自身の周辺を描いた随筆を発表。その子供たちも、医学博士や研究者となった。また、茉莉は小説家・随筆家として活躍。杏奴も随筆家となった。類も小説家・随筆家として活躍し、その作品は芥川賞の予選候補作品に推されたこともある。

いずれも父に関する回想記を著しているので、読み比べてみるのもおもしろいだろう。

森於菟　鷗外の長男於菟は医学者として東邦大学医学部教授などを歴任した。

文学史問題：A森鷗外・B夏目漱石の作品を次から二つずつ選べ。(釧路公立大)
①暗夜行路　②三四郎　③阿部一族　④細雪　⑤羅生門　⑥草枕　⑦舞姫　⑧人間失格

ヰ《ウィ》タ《タ》・セクスアリス　一九〇九（明治四二）年

題名はラテン語で「性欲的生活」を意味する。主人公の哲学者金井湛《かないしずか》が、六歳から二十一歳までの自身の性について述懐する形をとった鷗外の自伝的小説。当時の文壇の主流であった自然主義文学において、性はありのままに描くべき対象であったが、鷗外はそれとは一線を画し、性を理知的に考察しようとした。当時、あまりにもセンセーショナルに受け止められ、発禁処分となった作品。

雁《がん》　一九一一（明治四四）年

高利貸しの妾《めかけ》であったお玉《たま》は、医学生の岡田《おかだ》と出会う。だまされるように妾になり、自分を不幸な境遇から救ってくれる人を切望していたお玉は、岡田への思慕の情を募らせていく。しかし、岡田はドイツ留学へと旅立ってしまう。不幸な女性が恋を知り、自我に目覚める過程と、偶然によって翻弄される人生への諦念が描かれた現代小説の代表作。

『雁』の舞台（東京都無縁坂）

阿部一族《あべいちぞく》　一九一三（大正二）年

阿部弥一右衛門《あべやいちえもん》は、君主の肥後藩主細川忠利《ひごはんしゅほそかわただとし》の死に際し、ただ一人殉死することが許されなかった。主君の死後も勤務を続けていた弥一右衛門だが、周囲から白眼視され、一族を集めて彼らの前で切腹する。君主の遺命に背いた彼の死は他の殉死者と区別され、遺族も冷遇を受ける。乃木希典《のぎまれすけ》の殉死を契機とした鷗外の殉死に対する考察と、武家社会の意地を主題とした「歴史其儘《れきしそのまま》」の歴史小説。

山椒大夫《さんしょうだゆう》　一九一五（大正四）年

父に会うため母と旅をしていた姉の安《あん》寿《じゅ》と弟の厨子王《ずしおう》は、人買いにだまされて母と離ればなれになり、山椒大夫に売られる。安寿は厨子王を逃がしてやるため、自らの命を犠牲にするのだった。江戸時代の説経節『さんせう太夫《だゆう》』をもとに、鷗外が創作を加えた「歴史離れ」の歴史小説。原作の残虐性は薄れ、安寿の献身と親子の情に焦点が当てられている。

原話となった『さんせう太夫』の挿絵

高瀬舟《たかせぶね》　一九一六（大正五）年

同心羽田庄兵衛《はねだしょうべえ》は、高瀬舟で護送中の弟殺しの罪人喜助《きすけ》が晴れやかな様子なのを不審に思う。聞くと、喜助の弟殺しは、病を苦に自殺を図るも死にきれなかった弟の頼みを聞いてのことだった。また、京での苦しい暮らしに比べ、遠島のためにお上《かみ》から二百文《にひゃくもん》までもらってありがたいと喜助は語る。「知足《ちそく》」と「安楽死」を描き、現在でも安楽死の是非を問うときしばしば引例される「歴史離れ」の歴史小説。

『高瀬舟』の舞台（京都府高瀬川）

渋江抽斎《しぶえちゅうさい》　一九一六（大正五）年

弘前藩《ひろさきはん》の侍医・考証学者で、哲学・文芸などさまざまな学問に通じ、自身と同じく武鑑の収集も好んだ渋江抽斎に、鷗外は自己との相似を見、親愛の情をいだいていた。抽斎の三男である保《たもつ》に巡り会い、資料を譲り受けると、生き生きとした抽斎の造型に挑んで、思想・業績・趣味・人柄について、没後の家族の動向も含め、克明に描き出そうとした。『伊沢《いざわ》蘭軒《らんけん》』『北条霞亭《ほうじょうかてい》』とともに、鷗外の史伝三部作の一つとされる作品。

比べてみよう

森鷗外と夏目漱石の海外留学

	森鷗外	夏目漱石
年	一八八四（明治一七）年	一九〇〇（明治三三）年
年齢	二十二歳 独身	三十三歳 妻子あり
場所	ドイツ	イギリス
目的	陸軍省の命令により衛生学を学ぶため。	文部省の命令により英語に関連する研究をするため。
生活	現地女性と恋に落ち、ベルリンの芸術や社交を楽しむ。	ロンドンでの生活になじめず、神経衰弱になる。

ドイツ留学を謳歌《おうか》した若い鷗外に対し、漱石にとってのイギリス留学はつらい経験だった。

鷗外
（留学時代）

漱石
（40歳のとき）

石炭をばはや積み果てつ。

舞姫《まいひめ》

一八九〇（明治二三）年

将来を嘱望され、ドイツへの官費留学を命じられた太田豊太郎《おおたとよたろう》は、ドイツ人の少女エリスと恋に落ちる。しかし、これが同郷の人々に知られ、豊太郎の立場は危ういものとなった。貧しいながらも楽しく生活をしていた頃、友人相沢謙吉《あいざわけんきち》を介して天方《あまがた》大臣と対面し、豊太郎は再燃した望郷の念や出世欲と、エリスへの愛情の狭間《はざま》で苦しむ。やがて、天方大臣に付き従って故郷へ帰ろうとしていたことがエリスに知られることとなる。平安時代の文体を模した「雅文《がぶん》」と呼ばれる流麗な文章で描き出される、ドイツにおける鷗外の自伝的小説。

1900年頃のウンテル・デン・リンデン

▲菩提樹下《ぼだいじゅか》と訳するときは、幽静なる境なるべく思はるれど、この大道髪のごときウンテル・デン・リンデンに来て両辺なる石だたみの人道を行く隊々《くみぐみ》の士女を見よ。

まっすぐに道が伸びる様子を「大道髪のごとし」と表現した鷗外。荘厳な街の風景に息をのむ豊太郎の姿は、そのままドイツの街に心躍らせる鷗外自身にも重なる。

サンクトペテルブルクにあるエカテリーナ宮殿

▶ペエテルブルクに在りし間に余を囲繞《ゐねう》せしは、巴里《パリ》絶頂の驕奢《けうしや》を、氷雪のうちに移したる王城の粧飾、ことさらに黄蠟《わうらふ》の燭《しよく》を幾つともなくともしたるに……。

天方大臣に随行してペエテルブルクへと赴いた豊太郎は、宮殿の絢爛《けんらん》たる姿に心を奪われる。天方大臣に通訳として重用され、自身の能力への矜持《きょうじ》を取り戻す一方、エリスのことは片時も頭を離れず、豊太郎を苦しめる。

留学時代の鷗外

▶思えばエリスも気の毒な人でした。留学生達が富豪だなどというのに欺かれて、単身はるばる訪ねて来て、得るところもなくて帰るのは、知恵が足りないといえばそれまでながら、哀れなことと思われます。（小金井喜美子《こがねいきみこ》『兄《あに》の帰朝《きちょう》』）

父を埠頭に迎えた故国の祖父母達は、自分等の今までの生涯の力の全部をかけ全精神を注ぎかつ一家の運命を託したはずの息子が手を離したら再び異郷に飛び去っていくように感じた。（森於菟《もりおと》『父親《ちちおや》としての森鷗外《もりおうがい》』）

エリスのモデルとなった女性は実際に来日を果たしている。鷗外の妹喜美子は随筆『兄の帰朝』で、エリスを欲に目のくらんだ知恵が足りない女として描いているが、実際の喜美子は当時この件に関与しておらず本人にも会っていない。また、この随筆は鷗外没の数十年後、喜美子の晩年に書かれたものである。そのことからエリス来日が森家にとっていかに重要な出来事であったかがうかがえる。一方、鷗外の長男於菟は『父親としての森鷗外』に、日露戦争出征時の詩「釦鈕《ぼたん》」を引用し、エリスは「父にとっては永遠の恋人ではなかったかと思う」と記している。六草《ろくそう》いちか『鷗外《おうがい》の恋《こい》 舞姫《まいひめ》エリスの真実《しんじつ》』『それからのエリス』では、綿密な調査によりエリスのモデルとなった女性を突き止め、これまで謎に包まれていた鷗外とエリスの真実の関係を解き明かしている。

舞姫論争

一八九〇（明治二三）年、『舞姫《まいひめ》』が雑誌「国民之友《こくみんのとも》」に発表されると、その一ケ月後、当時帝国大学の学生だった石橋忍月《いしばしにんげつ》が「気取半之丞《きどりはんのじょう》」という筆名を用いて『舞姫』を論じ、その人物設定や物語の矛盾などを指摘して、『舞姫』を痛烈に批判した。これに対し、鷗外も黙ってはいない。『舞姫』の登場人物である豊太郎の友人「相沢謙吉《あいざわけんきち》」の筆名を用いて『舞姫《まいひめ》に就《つ》きて気取半之丞《きどりはんのじょう》に与《あた》ふる書《しょ》』という文章を発表。自らを相沢謙吉に擬して主人公太田豊太郎を論ずる形で反論したのである。そして、この論争はその後も数度にわたっておこなわれた。こうした森鷗外と石橋忍月による一連の文学論争は「舞姫論争」と呼ばれる。

豆知識：『舞姫』における天方大臣のモデルは山県有朋であり、相沢謙吉のモデルは鷗外の友人で日本に耳鼻咽喉科学をもたらした賀古鶴所であるとされる。

近代人の生き方を追究した文豪

夏目《なつめ》漱石《そうせき》

明治	大正	昭和（戦前）	昭和（戦後）	平成・令和
1868	1912	1926	1945	1989

一八六七（慶応三）年〜一九一六（大正五）年
東京都生まれ

#余裕派（高踏派） #修善寺の大患 #則天去私

区分	西暦	年号	歳	事項
少年・青年時代	一八六七	慶応三	0	東京都に誕生。
	一八六八	明治元	1	塩原《しおばら》家の養子になる。
	一八七九	明治一二	12	東京府立第一中学校入学。
	一八八一	明治一四	14	漢文を学ぶため、二松学舎《にしょうがくしゃ》に転校。
	一八八三	明治一六	16	大学予備門受験のため、成立学舎に入学。
	一八八四	明治一七	17	大学予備門予科入学。
	一八八八	明治二一	21	夏目家に復籍。第一高等中学校本科第一部（文科）入学。
	一八八九	明治二二	22	正岡子規《まさおかしき》と出会う。
	一八九〇	明治二三	23	帝国大学文科大学英文科入学。
	一八九五	明治二八	28	愛媛県尋常中学校に赴任。

25歳

翻弄された幼少期

一八六七（慶応三）年、江戸牛込《うしごめ》（現 東京都新宿区）に生まれる。本名金之助《きんのすけ》。夏目家は江戸町奉行支配下の町方名主であった。五男三女の末子で、生後すぐ四《よつ》谷《や》の古道具屋に里子に出され、やがて連れ戻された。一歳で塩原昌之助《しおばらまさのすけ》の養子となるが、八歳のときに養父母が不和となり、塩原家に籍をおいたまま生家に戻った。そして二十一歳のときに夏目家に復籍する。物品のようにやりとりされ、温かな家庭生活とは無縁だった幼少期の境遇は、やがて人間の寄る辺なさや孤独感として、数々の小説に描かれることになる。また、その後も続いた養家との関係は、自伝的長編『道草《みちくさ》』で描かれている。

文学の道を選択

少年時代の漱石は、漢籍や小説に親しみ、文学で身を立てようと考えていたが、長兄から文学は職業にはならないと止められた。そして、大学予備門予科の卒業時には、将来は建築家にとも考えたが、結局は友人の助言で文学の道に進むことを決心する。漱石の方向性をさらにはっきりと文学に決定づけたのは、一八八八（明治二一）年、第一高等中学校本科第一部（文科）に入学し、翌年に同級の正岡子規《まさおかしき》（⬇三六頁）と知り合ったことである。子規の詩文集『七艸集《しちそうしゅう》』に対して「漱石」の号を用いて漢文で評し、また漱石が漢文で書いた紀行文『木屑録《ぼくせつろく》』の批評を子規に求めたことが親交を深めるきっかけとなった。やがて二人は文章論や文学論を戦わせるようになる。

煩悶と参禅

一八九〇（明治二三）年、帝国大学文科大学英文科に入学。大学では文部省の貸費生に、さらに翌年には特待生になっている。また大学・大学院在学中から東京専門学校や東京高等師範学校で英語の教師を務めた。しかし、漱石自身は後に、「卒業したときには、これでも学士かと思うような馬鹿が出来上った」と自嘲している。卒業前後の漱石は学問や人生の意味を見失って憂鬱な日々を送っていた。各地を旅行し、鎌倉の円覚《えんがく》寺《じ》に参禅もして悩みを克服しようとしていたのである。このときの経験は十六年後に『門《もん》』に描かれることになる。

円覚寺山門

松山・熊本での教師生活

一八九五（明治二八）年、漱石はとにかく東京を離れようと愛媛県尋常中学校の英語教師として松山に赴任する。そこで子規と再会し、高浜虚子《たかはまきょし》（⬇三七頁）とも知り合うことになる。こうした環境にあって、この時代の漱石は句作に熱中していたが、松山での生活は一年で終わりを迎える。一八九六（明治二九）年、漱石は熊本の第五高等学校に赴任。間もなく貴族院書記官長の長女であった中根鏡子《なかねきょうこ》と結婚したが、その新婚生活は夫人の流産や自殺未遂などがあり、非常に困難なものだった。漱石はしだいに東京に戻りたい気持ちを募らせるようになる。そのような頃、文部省より英語に関連する研究のためにイギリスに留学するよう辞令が下る。

鏡子夫人

イギリスへの留学

一九〇〇（明治三三）年、漱石は文部省の第一回給費留学生としてイギリスに出発。ロンドンでの漱石は、西欧の近代化を目の当たりにし、より広い学識の必要性を痛感する。そして単なる英語や英文学の研究をするのではなく、そもそも文学とはいかなるものかを問おうと『文学論《ぶんがくろん》』執筆の構想を練り始める。しかし、こうし

豆知識：漱石は1910年に療養先の修善寺温泉で大吐血し、危篤に陥った。この出来事を「修善寺の大患」と呼ぶ。

一八九六	明治二九	29	熊本第五高等学校に赴任。中根鏡子《なかねきょうこ》と結婚。	教員時代
一九〇〇	明治三三	33	イギリスに留学。	
一九〇二	明治三五	35	正岡子規が肺結核のため死去。	
一九〇三	明治三六	36	イギリスから帰国。第一高等学校と東京帝国大学の講師となる。神経衰弱に悩む。	
一九〇五	明治三八	38	『吾輩《わがはい》は猫《ねこ》である』	職業作家として
一九〇六	明治三九	39	『坊《ぼ》っちゃん』『草枕《くさまくら》』	
一九〇七	明治四〇	40	『野分《のわき》』朝日新聞社に入社。『虞美人草《ぐびじんそう》』	
一九〇八	明治四一	41	『坑夫《こうふ》』『文鳥《ぶんちょう》』『夢十夜《ゆめじゅうや》』『三四郎《さんしろう》』	
一九〇九	明治四二	42	『永日小品《えいじつしょうひん》』『それから』	
一九一〇	明治四三	43	『門《もん》』胃潰瘍のために入院。修善寺《しゅぜんじ》の大患《たいかん》。	
一九一一	明治四四	44	文学博士号を辞退。	「修善寺の大患」以降
一九一二	明治四五	45	『彼岸過迄《ひがんすぎまで》』『行人《こうじん》』	
一九一三	大正二	46	神経衰弱と胃潰瘍が再発。	
一九一四	大正三	47	『こころ』講演『私《わたし》の個人主義《こじんしゅぎ》』	
一九一五	大正四	48	『硝子戸《ガラスど》の中《うち》』『道草《みちくさ》』	
一九一六	大正五	49	『明暗《めいあん》』執筆の途中で、胃潰瘍のため死去。	

た学問に対する厳しい姿勢と、経済的な困窮、孤独によって、しだいに漱石は追い詰められていく。二年の留学期間の終わり頃には、周囲の留学生が「夏目を保護して帰朝せらるべし」と文部省に知らせるほどの精神状態であった。

小説家への転身

一九〇三(明治三六)年、イギリスから帰国した漱石は、第一高等学校と東京帝国大学の教師となり、英文学を講じた。講義は学生に人気だったが、一方で漱石は学生の不勉強に不満を感じ、また日常生活でもロンドン以来の神経衰弱や、鏡子夫人との不仲に悩まされていた。そんな中、一九〇五(明治三八)年、漱石は虚子の勧めで書いた**『吾輩《わがはい》は猫《ねこ》である』**を雑誌「ホトトギス」に発表する。猫の目を借りてユーモラスに文明を批評したこの作品は予想外の大評判となり、これを機に漱石は旺盛な創作活動を開始するようになった。当時の文壇は自然主義が主流だったが、余裕をもって人生を眺める態度で書かれた漱石の作品は、「**余裕派《よゆうは》**(**高踏《こうとう》派《は》**)」と呼ばれた。**『坊《ぼ》っちゃん』『草枕《くさまくら》』**などを次々に発表し、新進作家としての評価が高まるにつれ、漱石のもとには鈴木《すずき》三重吉《みえきち》・小宮豊隆《こみやとよたか》・森田草平《もりたそうへい》といった東京帝国大学の学生たちが多く集まるようになる。そうした訪問者を受け入れる日は毎週木曜日の午後三時以降と定められ、「**木曜会《もくようかい》**」と呼ばれた漱石宅での会合には、漱石を慕う多くの人々が訪れた。こうして人気作家となった漱石は、教師生活を辞める決断をし、一九〇七(明治四〇)年、朝日新聞社に入社して専属作家になった。

修善寺の大患

一九一〇(明治四三)年、かねてより胃の不調を抱えていた漱石は、入院の後、療養のために伊豆《いず》の修善寺温泉《しゅぜんじおんせん》に滞在する。このとき大吐血をして三十分間の仮死状態に陥ったが、奇跡的に回復した。この経験は漱石の人間観や死生観に大きな影響を与え、作品にも変化が生じた。それまでに書かれた**前期三部作**と呼ばれる**『三四郎《さんしろう》』『それから』『門《もん》』**では、自我の確立と挫折の問題に重点を置いていたのに対し、この体験以後の**後期三部作『彼岸《ひがん》過迄《すぎまで》』『行人《こうじん》』『こころ』**では、人間のエゴイズムや罪の追究、近代的知性への懐疑、宗教による救いについて深く問うようになっている。修善寺の大患以降の漱石はまた、身辺の出来事に心を煩わされた。一九一一(明治四四)年、文部省より文学博士号授与の連絡が届くが、肩書きを嫌う漱石はそれを辞退。世間ではその賛否をめぐって議論が紛糾した。また、信頼する友人であり、朝日新聞社へ漱石を招き入れた池辺三山《いけべさんざん》の辞職と死、さらに五女ひな子の急死が、漱石に打撃と悲哀をもたらした。

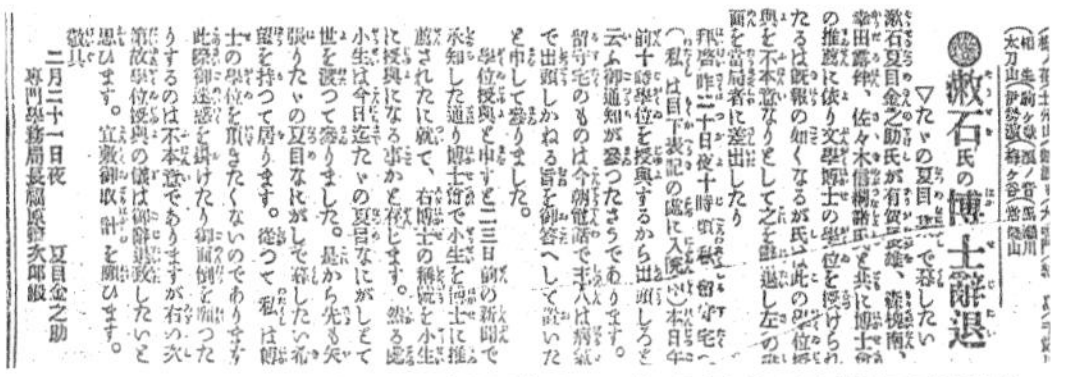

漱石夏目金之助氏が有賀長雄、森槐南、幸田露伴、佐々木信綱諸氏と共に文學博士の學位を授けられたるは既報の如くなるが氏は此の學位授與を不本意なりとして之を辭退し左の如き書面を當局者に差出したり

漱石氏の博士辭退

▽たゞの夏目　　で暮したい

拜啓昨二十日夜十時頃私留守宅へ(私は目下表記の處に入院中)本日午前十時學位を授與するから出頭しろと云ふ御通知が參つたさうであります。留守宅のものは今朝電話で主人は病氣で出頭しかねる旨を御答へして置いたと申して參りました。

學位授與と申すと二三日前の新聞で承知した通り博士會で小生を博士に推薦されたに就て、右博士の稱號を小生に授與になる事かと存じます。然る處小生は今日迄たゞの夏目なにがしとして世を渡つて參りました。是から先も矢張りたゞの夏目なにがしで暮したい希望を持つて居ります。從つて私は博士の學位を頂きたくないのであります。此際御迷惑を掛けたり御面倒を願つたりするのは不本意でありますが右の次第故學位授與の儀は御辭退致したいと思ひます。宜敷御取計を願ひます。敬具

二月二十一日夜　夏目金之助

專門學務局長福原鐐次郎殿

漱石の博士号辞退を報じる新聞(1911年2月24日「朝日新聞」)

「則天去私」を目指して

晩年の漱石は、神経衰弱・胃潰瘍・痔《じ》疾《しつ》に苦しみながらも重厚な作品を発表した。**『道草《みちくさ》』**は、唯一漱石自身の実生活を素材とした作品で、他者との関わりを通して、絶対だった自己が揺らいでいく人間の姿を描いた。漱石は、イギリス留学の経験から、「自己本位」こそ重要であると唱えてきた。しかし、しだいに「**則天《そくてん》去私《きょし》**」(小さな〈私〉を捨てて大きな天に身を委ねる境地)を理想とするようになる。最後の作品**『明暗《めいあん》』**には、その理想を目指して、エゴイズムを捨てられない男女の姿が書かれつつあったが未完に終わった。一九一六(大正五)年十一月、胃潰瘍の再発で絶対安静となり、十二月九日、大勢の弟子たちに見守られながら四十九歳で没した。

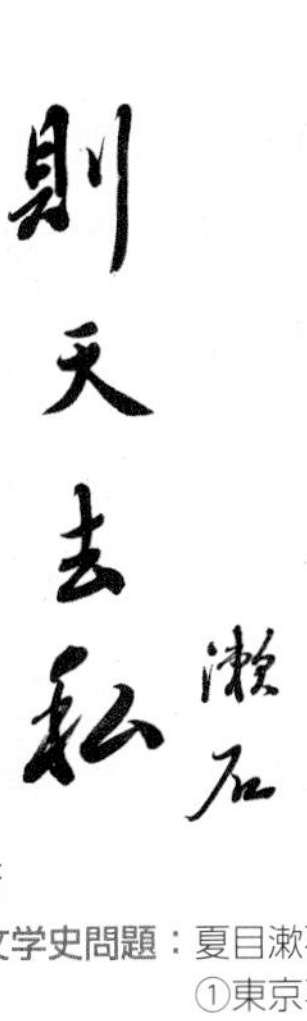

漱石の書

文学史問題：夏目漱石が朝日新聞社に入社する直前に教職についていた教育機関を次から一つ選べ。(防衛医科大・改)
①東京専門学校　②愛媛県尋常中学校　③高等師範学校　④東京帝国大学　⑤第五高等学校

夏目漱石作品紹介

夏目漱石は一九〇五(明治三八)年の『吾《わが》輩《はい》は猫《ねこ》である』以降、一九一六(大正五)年に亡くなるまで、実に多くの作品を世に送り出した。ここでは、そうした漱石作品を可能な限り網羅して紹介している。興味を持った作品があれば、ぜひ読んでみてほしい。

なお、夏目漱石の代表作は、「修善寺《しゅぜんじ》の大患《たいかん》」以前と以降とで、次のように分類されることが多いので、覚えておこう。

夏目漱石作品分類	
前期三部作	『三四郎《さんしろう》』『それから』『門《もん》』
後期三部作	『彼岸過迄《ひがんすぎまで》』『行人《こうじん》』『こころ』

吾輩《わがはい》は猫《ねこ》である　一九〇五(明治三八)年

小説家漱石の誕生をうながした作品。高浜虚子《たかはまきょし》(➡三一七頁)に勧められ、一回限りの短編で終わる予定で書いたものだったが、好評を博したために長編化した。猫の飼い主である苦沙《くしゃ》弥先生《みせんせい》とそこに集まる知識人たちの様子や考え方が、猫の目を通して風刺的に描かれている。

坊《ぼ》っちゃん　一九〇六(明治三九)年

松山の中学校で英語教師として勤めた漱石自身の経験がもとになった中編小説。「親譲りの無鉄砲で小供の時から損ばかりしている」という、単純で正義感の強い江戸っ子の主人公が、四国の中学校に数学教師として赴任し、ずるがしこい生徒や教師たちと闘う痛快な青春物語。

漾虚集《ようきょしゅう》　一九〇六(明治三九)年

『倫敦塔《ロンドンとう》』『カーライル博物館《はくぶつかん》』『幻影《まぼろし》の盾《たて》』『琴《こと》のそら音《ね》』『一夜《いちや》』『薤露行《かいろこう》』『趣味《しゅみ》の遺伝《いでん》』を収めた短編小説集。『吾輩《わがはい》は猫《ねこ》である』と同時期に書かれているが、作風は全く異なる。中世が現在の時空に呼び起こされるなど、夢と現実が交錯する幻想的な作品集となっている。

草枕《くさまくら》　一九〇六(明治三九)年

「余裕派《よゆうは》(高踏派《こうとうは》)」「低徊趣味《ていかいしゅみ》」と評されていた初期の漱石が、自らの芸術観を具体化した中編小説。俗世間を煩わしく思い、「非人情」の世界を求めて人里離れた温泉場にやってきた画家が、美しい女性那美《なみ》に出会い、その顔に「憐《あわ》れ」の表情が浮かぶのを見て、ついに思いどおりの絵が完成することを確信する。

二百十日《にひゃくとおか》　一九〇六(明治三九)年

全体が会話文によって構成された短編小説。境遇も人生態度も違う二人の青年が、二百十日(九月初旬)の嵐に見舞われながらも阿蘇《あそ》登山に挑戦しようとする。卑俗な近代文明社会に対してともに批判的でありながら対照的な姿勢を取る二人の様子が描かれる。

野分《のわき》　一九〇七(明治四〇)年

現代の青年へのメッセージとして書かれた中編小説。元中学教師で貧乏な文学者白井道也《しらいどうや》が、不正と欺瞞《ぎまん》に満ちた社会の中で、理想を持って愚直かつ不屈の精神で生きよと語りかける。『二百十日《にひゃくとおか》』の思想を深化させた作品で、「野分」とは、二百十日(九月初旬)頃に吹く暴風のこと。

文学論《ぶんがくろん》　一九〇七(明治四〇)年

漱石がイギリス留学から帰国した後、東京帝国大学でおこなった講義「英文学概説」の内容をまとめたもの。もともとはイギリス留学中に構想されたもので、イギリス留学の研究成果をまとめたものともいえる評論。心理学・社会学をも取り入れつつ「文学とは何か」を根本的に追究している。

虞美人草《ぐびじんそう》　一九〇七(明治四〇)年

朝日新聞社に入社後、最初に書かれた中編の新聞小説。功利ではなく道義を優先すべきとする漱石の文明批評が、結婚や財産をめぐる男女関係のドラマの中に描かれている。

坑夫《こうふ》　一九〇八(明治四一)年

見知らぬ青年が訪ねてきて漱石に話した体験談をもとに書かれた長編小説。東京の家を飛び出し自滅を求めて炭坑に行き着いた青年の、坑道の「どん底」で生死の瀬戸際に立たされた経験が回想形式で描かれている。小説的な構成をあえて排除して描かれたルポルタージュ的作品。

三四郎《さんしろう》　一九〇八(明治四一)年

青年の自我形成の問題が描かれた中編の青春小説。大学入学のために九州から上京した三四郎は、聡明で近代的な女性である美禰子《みねこ》と出会い、心を惹《ひ》かれるが、美禰子は「迷える羊《ストレイ・シープ》」という謎めいた言葉を残して他の男と結婚してしまう。『それから』『門《もん》』とともに前期三部作の一つとされる作品。

文学評論《ぶんがくひょうろん》　一九〇九（明治四二）年

一九〇五（明治三八）年から一九〇七（明治四〇）年まで、東京帝国大学でおこなわれた「十八世紀英文学」の講義をまとめたもの。『文学論《ぶんがくろん》』が「文学とは何か」という根本的な問題を追究しているのに対し、『文学評論《ぶんがくひょうろん》』は、十八世紀のイギリスの社会と作家に絞って論じている。

それから　一九〇九（明治四二）年

代助《だいすけ》とその友人平岡《ひらおか》、平岡の妻三千代《みちよ》との三角関係を軸に、社会の掟《おきて》に対立することで生じた自我の覚醒と生の不安を描いた長編小説。父の経済力に依存して生活する「高等遊民《こうとうゆうみん》」の代助は、悩んだ末にすべてを捨てて三千代に告白し、己の自然の感情に従う道を選ぶ。

門《もん》　一九一〇（明治四三）年

友人の妻を奪った『それから』の主人公代助《だいすけ》のその後を描いたともとれる内容の長編小説。宗助《そうすけ》と御米《およね》は、親友の安井《やすい》を裏切って結婚した過去の負い目を抱え、社会の片隅で静かな暮らしを営んでいる。しかし、あるとき安井の消息を聞いて、不安になった宗助は、悩んだ末に救いを求めて参禅へと向かう。

四篇《しへん》　一九一〇（明治四三）年

『文鳥《ぶんちょう》』『夢十夜《ゆめじゅうや》』『永日小品《えいじつしょうひん》』『満韓《まんかん》ところどころ』の四編が収録された小品集。短編小説と随筆、その中間的な文章が含まれている。一見すると何気ない日常を描いたもののようだが、漱石の内奥にある不安や恐怖、虚無感が表現された奥行きある作品。

切抜帖《きりぬきちょう》より　一九一一（明治四四）年

小品・随筆・評論を収録。胃潰瘍の療養のために訪れていた伊豆の修善寺温泉で大吐血し、生死をさまよったときの思索を綴《つづ》った随筆『思《おも》ひ出《だ》す事《こと》など』を収録。他に、文学博士号辞退問題の経緯を語った『博士問題《はかせもんだい》の成行《なりゆき》』なども収められている。

彼岸過迄《ひがんすぎまで》　一九一二（明治四五）年

短編が合わさって一つの長編になるよう考えられた実験的な構成を持つ作品。形式上の主人公敬太郎《けいたろう》が聞き手として他の登場人物たちの語る話を束ねており、須永《すなが》と千代子《ちよこ》という幼なじみ二人の関係や、須永の出生の秘密を抱えた深い悩みが明かされていく。『行人《こうじん》』『こころ』とともに後期三部作を成す。

行人《こうじん》　一九一二（大正元）年

胃潰瘍再発により、一時中断しつつ書き継がれた長編小説。主人公一郎《いちろう》は妻直《なお》との関係に苦しみ、弟二郎《じろう》に猜疑《さいぎ》の目を向ける。一郎と周囲の人々との関わりの中に、近代知識人の自意識と孤独、いかに人と結びつくことができるかという問いが示されている。

社会《しゃかい》と自分《じぶん》　一九一三（大正二）年

講演集。『創作家《そうさくか》の態度《たいど》』『文芸《ぶんげい》の哲学《てつがく》的基礎《てききそ》』という本格的な小説論の他、一九一一（明治四四）年に大阪朝日新聞社が企画した関西地方での四講演も収録。そのうちの一つ『現代日本《げんだいにほん》の開化《かいか》』は、日本の外発的開化を問題視した後世に残る鋭い文明批評。

こころ（Close Up）　一九一四（大正三）年

「先生と私」「両親と私」「先生と遺書」の三章から成る長編小説。愛とエゴイズムの相克による苦悩が、明治という時代とともに生きた近代知識人「先生」から、新しい時代の青年「私」に人生の糧とするよう伝えられる。

硝子戸《ガラスど》の中《うち》　一九一五（大正四）年

『こころ』脱稿後、体調不良で自宅に籠もりがちだったときに書かれた漱石最後の随筆集。書斎の内側から外を見るという意味でこのタイトルが付けられた。三十九編の随筆から成り、身辺雑記に加え、肉親にまつわる幼少期の思い出などが淡々と綴《つづ》られている。

道草《みちくさ》　一九一五（大正四）年

自伝的な長編小説。イギリス留学から帰国し、創作活動を開始した頃までの出来事を素材としている。西欧の個人主義を身につけ、自己を絶対的なものと考えるようになって帰国した健三《けんぞう》は、養父母や妻お住《すみ》ら他者との関係に煩わされ、自己についての考えを揺るがされていく。

明暗《めいあん》　一九一六（大正五）年

未完となった最後の長編小説。エゴイズムをいかに克服するかが模索されようとした作品。結婚間もない津田《つだ》とお延《のぶ》と、かつて津田を捨てて友人と結婚した女性清子《きよこ》を軸として、相互の利害や感情のもつれが息詰まる心理の劇として展開されている。

文学史問題： A夏目漱石『三四郎』・B森鷗外『高瀬舟』の舞台である現在の都府県名をそれぞれ次から選べ。（名城大・改）
①青森県　②東京都　③大分県　④大阪府　⑤京都府　⑥静岡県　⑦千葉県　⑧愛媛県　⑨岐阜県　⑩兵庫県

木曜会の出席者たち

漱石が教職を辞して朝日新聞社に入社する一九〇七（明治四〇）年から、没するまでの約十年間を過ごした早稲田南町の旧居は、「漱石山房《そうせきさんぼう》」と呼ばれた。漱石山房には彼を慕って多くの人々が訪れるようになり、やがて漱石が面会日として定めた木曜日にちなんで、この会合は「木曜会《もくようかい》」と呼ばれるようになる。木曜会には森田草平《もりたそうへい》・鈴木三重吉《すずきみえきち》・芥川龍之介《あくたがわりゅうのすけ》（↓三六〇頁）といった小説家だけでなく、寺田寅彦《てらだとらひこ》・和辻哲郎《わつじてつろう》といった後に学者として活躍することになる人々も参加していた。

森田草平《もりたそうへい》
一八八一（明治一四）年～一九四九（昭和二四）年
岐阜県生まれ

東京帝国大学英文科では漱石の講義に出ていた。一九〇八（明治四一）年、森田は自身が務める文学講座の聴講生だった平塚明《ひらつかはる》（平塚らいてう《らいちょう》）と心中未遂事件を起こす。大スキャンダルとなって行き場を失った森田を漱石は自宅にしばらくかくまい、事件を小説『**煤煙**《ばいえん》』として発表させた。後に森田は「朝日《あさひ》新聞《しんぶん》」文芸欄の編集を担当して漱石を助けたが、掲載した『煤煙』の続編小説が物議を醸し、それが文芸欄廃止につながった。

寺田寅彦《てらだとらひこ》
一八七八（明治一一）年～一九三五（昭和一〇）年
東京都生まれ

漱石の第五高等学校時代の教え子で、最古参の門下生。東京帝国大学物理学科を出て、後に科学者となったが、「ホトトギス」に写生文や随筆を発表した。漱石との関係は、師弟というよりも親しい友人同士のような親密な付き合いだった。『吾輩《わがはい》は猫《ねこ》である』の水島寒月《みずしまかんげつ》のモデルで、『三四郎《さんしろう》』の野々宮宗八《ののみやそうはち》のモデルも彼とされる。代表作として、小説『**団栗**《どんぐり》』『**やもり物語**《ものがたり》』、随筆『**万華鏡**《まんげきょう》』『**科学者**《かがくしゃ》**とあたま**』などがある。

鈴木三重吉《すずきみえきち》
一八八二（明治一五）年～一九三六（昭和一一）年
広島県生まれ

一九〇四（明治三七）年、東京帝国大学英文科に入学。漱石の講義を聴いて以来、熱烈な漱石崇拝者となった。小品『**千鳥**《ちどり》』を漱石が褒め、「ホトトギス」に推薦したことで門下生となる。彼の漱石への敬慕のあり方はひときわ情熱的で、約五メートルに及ぶ長さの手紙に漱石への思いをしたためて送っている。一九一八（大正七）年、童話童謡雑誌「赤《あか》い鳥《とり》」を創刊し、主に童話作家として活躍した。

正岡子規との関係

漱石と子規（↓三六頁）の文学を介した友情は、子規が大学を中退して新聞社に入社、漱石はそのまま大学院に進学と、進路が分かれてからも変わらなかった。

一八九五（明治二八）年、漱石が教師として子規の故郷である松山にいた頃、子規は記者として日清戦争に従軍し、その帰りの船上で喀血《かっけつ》する。一時は命も危ぶまれた子規に宛てて、漱石は「自分も俳句をやりたいから教えてほしい」と手紙を書いて励まし、彼が療養のために松山に戻ると、自身の下宿に引き取った。その子規のもとに毎日のように俳句仲間が集まって盛んに句会が開かれるようになると、漱石は「うるさくて本を読むこともできない」などとぼやきながらも仲間に入って句作にふけった。

子規はここでの創作と批評の経験をもとに俳論を書き、またこの句会に集っていたメンバーを母体として雑誌「ホトトギス」を創刊し、俳句にとどまらず短歌や写生文も盛り上がりを見せていく。つまり、子規にとっては、漱石の励ましと同居生活が、再起の弾みとなったのだ。

同じく作家漱石にとっての子規の意味も重い。「ホトトギス」に『吾輩《わがはい》は猫《ねこ》である』が掲載されて漱石の作家デビューが果たされたわけだが、その際の漱石には子規への格別な思いがあった。『吾輩は猫である』中編の序文には、「子規がいきていたら『猫』を読んで何と言うか知らないが、「余《よ》を有名にした第一の作物」を彼の「霊前に献上する」と書かれている。

一九〇一（明治三四）年、イギリス留学中の漱石から届く便りを子規は、「これほどおもしろいものはない」と喜び、「もう一通送ってくれないか」と頼んだ。結核から脊椎カリエスに進行した子規の病状はこのときすでに重く、子規からのこの手紙は「僕はもーだめになってしまった」と痛切な言葉で始まっていた。そして、漱石が頼みに応じることができないうちに、子規は亡くなってしまったのだ。すまないという気持ちを抱えた漱石は、子規との友情の証《あかし》として、また自分のデビューを報告せんとして、作品を彼に捧《ささ》げたのである。

漱石から子規に宛てたイギリスからのクリスマス葉書

野上弥生子《のがみやえこ》

一八八五(明治一八)年〜一九八五(昭和六〇)年
大分県生まれ

明治女学校を卒業後、東京帝国大学英文科に学んだ野上豊一郎《のがみとよいちろう》と結婚。先に漱石の門下生となっていた豊一郎に励まされつつ創作に励んだ。一九〇七(明治四〇)年、『縁《えにし》』が漱石の推薦で「ホトトギス」に掲載され、文壇デビューを果たす。その後も作品を書くたびに夫が木曜会に届け、また会の模様を弥生子に知らせた。『**真知子**《まちこ》』『**迷路**《めいろ》』『秀吉《ひでよし》と利休《りきゅう》』など、数多くの秀作を発表し、長期にわたり活躍した。

中《なか》 勘助《かんすけ》

一八八五(明治一八)年〜一九六五(昭和四〇)年
東京都生まれ

第一高等学校・東京帝国大学在学中に、夏目漱石の講義を受ける。父の死と兄の急病により若くして家族を背負うことになり、その重圧から放浪生活を送った時期もある。処女作『**銀の匙**《ぎんのさじ》』を、一九一三(大正二)年より東京朝日新聞で連載。幼少期の伯母との生活を回想した自伝的小説であり、その誰にも似ない美しい文章は漱石から激賞された。代表作に『犬《いぬ》』『提婆達多《でーばだった》』などがある。

和辻哲郎《わつじてつろう》

一八八九(明治二二)年〜一九六〇(昭和三五)年
兵庫県生まれ

第一高等学校時代、教師だった漱石に私淑。東京帝国大学哲学科に入学し、第二次「新思潮《しんしちょう》」の同人として活動した。卒業後は哲学や文化史の研究に打ち込み、『ニイチェ研究《けんきゅう》』『**古寺巡礼**《こじじゅんれい》』『**風土**《ふうど》』『**面《めん》とペルソナ**』などの著書を刊行。京都帝国大学・東京帝国大学で教鞭《きょうべん》を執った。二十五歳のとき、漱石の家の郵便箱に一高時代からの敬愛の念を綴《つづ》った手紙を投げ入れ、漱石のもとを訪れるようになった。

内田百閒《うちだひゃっけん》

一八八九(明治二二)年〜一九七一(昭和四六)年
岡山県生まれ

一九一〇(明治四三)年、東京帝国大学独文科に入学し、木曜会に出るようになる。大学卒業後、仕事がなく困窮した百閒は、漱石に多額の金を借りている。漱石の著書の校正作業に携わり、没後の全集編纂にも尽力した。一九二一(大正一〇)年、『**冥途**《めいど》』で文壇に登場。また、漱石や芥川との交流などを綴《つづ》った随筆が注目され、多くの読者を得た。猫のその後を描いた『贋作吾輩《がんさくわがはい》は猫《ねこ》である』などの小説もある。

比べてみよう

作家のヒゲ

漱石の肖像といえば、知的で物憂げな表情に印象的な形のよいヒゲを生やした顔が思い浮かぶ。漱石だけではない。森鷗外《もりおうがい》(⬇二四二頁)・国木田独歩《くにきだどっぽ》(⬇二四三頁)・田山花袋《たやまかたい》(⬇二五四頁)・有島武郎《ありしまたけお》(⬇二五九頁)……。明治を代表する多くの作家の口元にはいかにも丁寧に整えられたヒゲが生えている。それでは大正・昭和の作家はどうだろう。芥川《あくたがわ》龍之介《りゅうのすけ》(⬇二六〇頁)・横光利一《よこみつりいち》(⬇二六六頁)・川端康成《かわばたやすなり》(⬇二六七頁)・太宰治《だざいおさむ》(⬇二七二頁)……。みなヒゲはない。

もちろんこれは文壇の流行ではなく、その時々の社会においてヒゲのとらえ方が異なっていることを表している。明治の文明開化期には、西洋人にならって洋装・断髪とともにヒゲがたくわえられるようになり、特に社会的地位の高い人がこぞって生やすようになったのだ。いわばステイタスシンボルである。そして知識人として明治国家を牽引《けんいん》する役割を担う作家たちもまた、おのずとヒゲを取り入れるようになった。その後の大正デモクラシーの新時代には、必然的にヒゲで風采を整えて威容を表すようなことは下火になっていったのだろう。

明治期の作家たち

森鷗外《もりおうがい》

夏目漱石《なつめそうせき》

大正・昭和期の作家たち

芥川龍之介《あくたがわりゅうのすけ》

太宰治《だざいおさむ》

文学史問題：夏目漱石に師事していない作家を次から一人選べ。(防衛医科大)
①和辻哲郎　②芥川龍之介　③中勘助　④太宰治　⑤野上弥生子

記憶してください。私はこんなふうにして生きてきたのです。

こころ

一九一四(大正三)年

後期三部作の第三作にあたる長編小説。「朝日新聞《あさひしんぶん》」に百十回にわたって連載され、連載時には「先生の遺書」という題が付されていた。もともとはこれを短編とし、数編合わせて『こころ』とする予定だったためである。しかし、書き進めるうちに長くなり、結局は長編小説として完成をみた。単行本刊行時に新たに「上　先生と私」(三十六回)・「中　両親と私」(十八回)・「下　先生と遺書」(五十六回)と章立てされた。「先生」は、自分を慕う新しい時代の青年「私」に対して自らの秘密を告白し、「記憶してください。私はこんなふうにして生きてきたのです」「下　先生と遺書　五五」と書き残して自殺する。内部に矛盾を抱えた寂しい近代人のあり方と、その苦悩が他者に受け止められることへの願いが描かれている。

鎌倉《かまくら》由比《ゆい》ケ浜《がはま》海岸《かいがん》

▲私はその人を常に先生と呼んでいた。だから此所《ここ》でもただ先生と書くだけで本名は打ち明けない。
［上　先生と私　一］

主人公の「私」は鎌倉の海水浴場で、西洋人と一緒にいる「先生」と偶然知り合う。東京に帰ってからも、仕事を持たず「何もしていない」この人物を、「私」は「先生」と呼んで頻繁に訪ねるようになった。

雑司《ぞうし》ケ谷《がや》の墓地

▶私はあなたに話すことのできないある理由があって、人と一緒にあすこへ墓参りには行きたくないのです。自分の妻《さい》さえまだ連れていったことがないのです。［上　先生と私　六］

自分が友人のKを自殺に追い込んだと考える「先生」は、Kが眠る雑司《ぞうし》ヶ谷《がや》の墓地へ毎月墓参りに行くことを習慣にしていた。ちなみに、漱石自身もこの地に眠っており、写真に大きく写っているのは漱石の墓。他にもこの雑司ヶ谷の墓地(都立雑司ヶ谷霊園)には、小泉《こいずみ》八雲《やくも》・泉鏡花《いずみきょうか》(⬇二四二頁)・永井荷風《ながいかふう》(⬇二五五頁)など、多くの文学者たちが眠っている。

大塚楠緒子《おおつかくすおこ》

▶恋の満足を味わっている人はもっと暖かい声を出すものです。しかし……しかし君、恋は罪悪ですよ。解《わか》っていますか。
［上　先生と私　一二］

漱石のひそかな恋の相手だったとされる、小説家・詩人の大塚楠緒子《おおつかくすおこ》。病で早世し、漱石は「有る程の菊抛《な》げ入れよ棺の中」という句を詠んで、その死を哀惜した。なお、大塚楠緒子もまた、雑司ヶ谷の墓地に眠っている。

漱石(左)と養父の塩原昌之助《しおばらまさのすけ》(右)

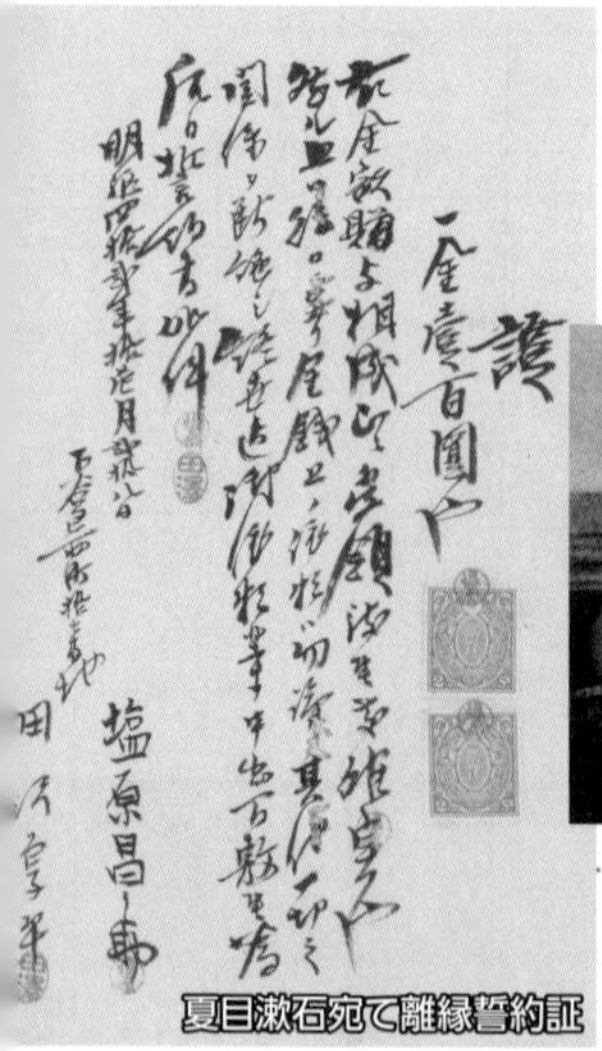

夏目漱石宛て離縁誓約証

▲一口でいうと、叔父は私の財産を胡魔化《ごまか》したのです。事は私が東京へ出ている三年の間にたやすく行われたのです。
［下　先生と遺書　九］

1907年、流行作家となった漱石に対して養父が金の要求をする。漱石は百円を渡して絶縁した。養父母の不合理で不徳義な仕打ちが漱石を憤慨させ、また人間不信の念を強めさせた。

殉死当日の乃木《のぎ》大将夫妻

▶私は思わず指を折って、乃木《のぎ》さんが死ぬ覚悟をしながら生きながらえてきた年月《としつき》を勘定してみました。［下　先生と遺書　五六］

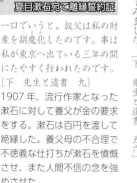

「先生」とKの道程

「先生」とKの散歩コース

二人は別に行く所もなかったので、龍《たつ》岡町《おかちょう》から池《いけ》の端《はた》へ出て、上野の公園の中へ入りました。［下　先生と遺書　四〇］

図書館を出発　地点①

当時の帝国大学図書館（東京大学総合図書館蔵）

東京大学総合図書館

龍岡町《たつおかちょう》から池《いけ》の端《はた》へ出る　地点②

東京大学龍岡門

上野公園　地点③

不忍池《しのばずのいけ》

東京最新全図（明治38年）

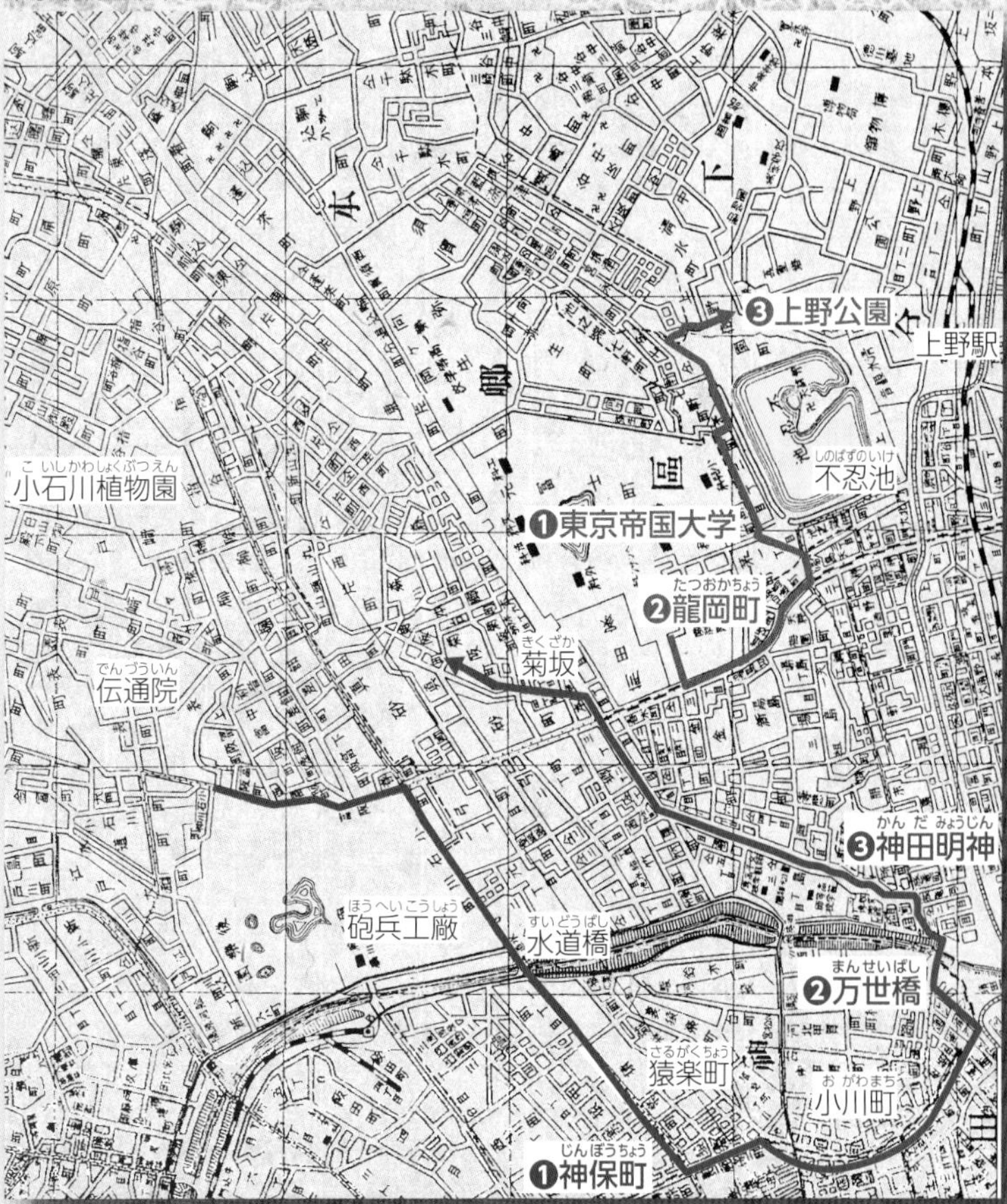

「先生」の散歩コース

私の歩いた距離はこの三区に跨《また》って、いびつな円を描いたとも言われるでしょうが、私はこの長い散歩の間ほとんどKのことを考えなかったのです。［下　先生と遺書　四六］

猿楽町《さるがくちょう》から神保町《じんぼうちょう》の通りへ　地点①

神保町の古書店街

万世橋《まんせいばし》を渡る　地点②

万世橋

明神《みょうじん》の坂を上がる　地点③

神田明神

菊坂《きくざか》を下りて小石川《こいしかわ》の下宿へ

文学史問題：「宗助はさっきから縁側へ座ぶとんを持ち出して」から始まる作品名を次から選べ。（鎌倉女子大・改）
①三四郎　②坊つちやん　③それから　④浮雲　⑤彼岸過迄　⑥武蔵野　⑦門

自己と時代を見つめた作家

島崎藤村《しまざきとうそん》

\# 浪漫詩人 # 自然主義文学の旗手 # 歴史小説

一八七二(明治五)年～一九四三(昭和一八)年
岐阜県生まれ

年	時代
1868	明治
1912	大正
1926	昭和(戦前)
1945	昭和(戦後)
1989	平成・令和

西暦	年号	歳	事項	区分
一八七二	明治五	0	岐阜県に誕生。	浪漫詩人として
一八八七	明治二〇	15	明治学院普通部本科入学。	浪漫詩人として
一八八八	明治二一	16	キリスト教の洗礼を受ける。	浪漫詩人として
一八九二	明治二五	20	明治女学校の教師となる。北村透谷《きたむらとうこく》と出会う。	浪漫詩人として
一八九三	明治二六	21	雑誌「文學界《ぶんがくかい》」創刊に参加。教え子への恋心に悩み、明治女学校を退職。	浪漫詩人として
一八九四	明治二七	22	北村透谷の自殺に衝撃を受ける。	浪漫詩人として
一八九七	明治三〇	25	『若菜集《わかなしゅう》』	浪漫詩人として
一八九九	明治三二	27	小諸義塾《こもろぎじゅく》の教師となる。	
一九〇六	明治三九	34	『破戒《はかい》』	自然主義文学の旗手
一九〇八	明治四一	36	『春《はる》』	自然主義文学の旗手
一九一〇	明治四三	38	『家《いえ》』	自然主義文学の旗手
一九一三	大正二	41	姪《めい》のこま子《こ》との不義により渡仏。	自然主義文学の旗手
一九一八	大正七	46	『新生《しんせい》』	自然主義文学の旗手
一九二九	昭和四	57	『夜明《よあ》け前《まえ》』	歴史小説
一九四三	昭和一八	71	脳溢血《のういっけつ》のため死去。	歴史小説

浪漫詩人藤村の誕生

本名春樹《はるき》。島崎家は馬籠宿《まごめじゅく》の本陣・問屋・庄屋を兼ねた旧家であった。明治学院在学中に文学熱を高めた藤村は、一八九三(明治二六)年創刊の雑誌「文學界《ぶんがくかい》」に同人として参加し、**浪漫主義運動《ろうまんしゅぎうんどう》**を推進。こうして生まれたのが浪漫的叙情詩集『**若菜集《わかなしゅう》**』である。これは、近代詩の新しい幕開けとして多くの青年読者に共感をもって迎えられた。

自然主義文学の旗手

詩から小説への転向を図った藤村は、一九〇六(明治三九)年、長編『**破戒《はかい》**』を発表する。被差別部落に生まれた主人公丑松《うしまつ》の自我の目覚めと苦悩を描いたこの作品が、夏目漱石《なつめそうせき》(↓二四六頁)に「明治の最初の小説」と激賞され、藤村は**自然主義文学《しぜんしゅぎぶんがく》の旗手**となった。だが、自然主義は翌年、田山花袋《たやまかたい》の『蒲団《ふとん》』が評判を呼ぶと、社会的な要素を捨てて作者自身の体験を小説化する方向へと進んだ。そして藤村もまた、「文學界」同人たちの青春群像を描いた『春《はる》』、家の没落と血の問題を描いた『家《いえ》』など、自伝的作品を発表した。

〈新生〉への希求

妻の死後、姪《めい》のこま子《こ》と不義とされる関係に陥った藤村は、一九一三(大正二)年、煩悶《はんもん》の末にフランスへ渡る。そして帰国後、どん底からの回生の道としてその一部始終を『**新生《しんせい》**』に表した。この自然主義文学最大の告白小説は、作者の真意が十分に汲《く》まれることなくセンセーションに受け止められ、芥川龍之介《あくたがわりゅうのすけ》(↓二六〇頁)は主人公を指して「老獪《ろうかい》な偽善者」と呼んだ。

藤村の子供たちと次兄広助の家族　右端が藤村、左端が姪のこま子。

近代日本へのまなざし

晩年の藤村は、日本の近代や、東洋と西欧との関係を見つめ、長編歴史小説に挑んだ。一九三五(昭和一〇)年、七年を費やして完成した『**夜明《よあ》け前《まえ》**』には、明治維新前後の動乱期を生きた主人公の悲劇を軸として、近代日本の黎明期《れいめいき》が描かれている。

若菜集《わかなしゅう》　一八九七(明治三〇)年

五十一編を収録した第一詩集。七五調を基調とし、恋愛や青春の哀感を歌った詩を多く収録する。日本近代における浪漫詩の記念碑的詩集。

島崎藤村の周辺人物

前列左端が藤村・後列左端が田山花袋

北村透谷《きたむらとうこく》

一八六八(明治元)年～一八九四(明治二七)年
神奈川県生まれ

透谷の評論『**厭世詩家と女性《えんせいしかとじょせい》**』を読んで、藤村は彼の芸術・恋愛・人生についての崇高で浪漫的な思想と鋭い批評精神とに強く心を動かされた。以後、精神的にも文学的にも多大な影響を受け、藤村は透谷についてや、透谷をモデルとした人物を繰り返し書いている。

田山花袋《たやまかたい》

一八七一(明治四)年～一九三〇(昭和五)年
群馬県生まれ

藤村が生涯を通じて親しく付き合った人物。藤村の詩から小説への展開は、花袋との交わりによって促されたところが大きい。花袋もまた、『破戒《はかい》』で喝采を博した藤村によって刺激と焦燥を感じて『**蒲団《ふとん》**』執筆に向かい、自然主義文学を代表する作家となった。

谷崎潤一郎《たにざきじゅんいちろう》

女性の美の崇拝者

一八八六（明治一九）年～一九六五（昭和四〇）年
東京都生まれ

明治　1868　大正　1912　昭和（戦前）　1926　昭和（戦後）　1945　平成・令和　1989

#耽美派　#悪魔主義　#古典回帰

西暦	年号	歳	事項	区分
一八八六	明治一九	0	東京都に誕生。	文壇登場
一九〇八	明治四一	22	東京帝国大学国文科入学。	
一九一〇	明治四三	24	第二次「新思潮《しんしちょう》」創刊。『刺青《しせい》』『麒麟《きりん》』	
一九一一	明治四四	25	授業料未納で大学を退学処分となる。	
一九一九	大正八	33	『母《はは》を恋ふる記《き》』	
一九二三	大正一二	37	関東大震災を機に関西へ移住。	関西移住と古典回帰
一九二四	大正一三	38	『痴人《ちじん》の愛《あい》』	
一九二八	昭和三	42	『卍《まんじ》』『蓼喰《たでく》ふ虫《むし》』	
一九三〇	昭和五	44	妻の千代《ちよ》と離婚。千代は佐藤《さとう》春夫《はるお》と再婚（細君譲渡事件）。	
一九三三	昭和八	47	『春琴抄《しゅんきんしょう》』	
一九三九	昭和一四	53	『潤一郎訳源氏物語《じゅんいちろうやくげんじものがたり》』	
一九四八	昭和二三	62	『細雪《ささめゆき》』完結。	戦後
一九五一	昭和二六	65	『潤一郎新訳源氏物語』	
一九六四	昭和三九	78	『新々訳源氏物語』	
一九六五	昭和四〇	79	腎不全・心不全のため死去。	

華々しく文壇に登場

一九一〇（明治四三）年、東京帝国大学在学中に第二次「新思潮《しんしちょう》」に発表した『**刺青《しせい》**』『麒麟《きりん》』などで永井荷風《ながいかふう》の激賞を受け、作家としての地位を確立。**反自然主義《はんしぜんしゅぎ》の立場をとり、女性の美に跪《ひざまず》く世界を描いて耽美派《たんびは》の作家と称された。**さらに『お艶殺《つやごろ》し』『異端者《いたんしゃ》の悲《かな》しみ』などを書き、倫理をも超えたその徹底した官能美崇拝は**悪魔主義《あくましゅぎ》**とも呼ばれた。また、谷崎文学のもう一つの重要なモチーフである母への思慕も、初期から『母《はは》を恋《こ》ふる記《き》』などの作品に表されている。

谷崎潤一郎（左）と弟の精二《せいじ》　弟の精二も後に作家として作品を発表する。その傍ら、英文学者として早稲田大学《わせだだいがく》教授を務めた。

関西移住と古典回帰

一九二三（大正一二）年、関東大震災を契機に関西へ移住。作風に大きな変化が生じる。『**痴人《ちじん》の愛《あい》**』『**蓼喰《たでく》ふ虫《むし》**』『**吉野葛《よしのくず》**』『**春琴抄《しゅんきんしょう》**』など、女性崇拝は一貫しているものの、上方《かみがた》の風俗を取り込みながら古典的な美の世界を描くようになった。随筆『**陰翳礼讃《いんえいらいさん》**』では、障子紙をとおして生まれる陰影などに日本的美があると説いた。一九四三（昭和一八）年、大阪商家の美しい四人姉妹を描いた『**細雪《ささめゆき》**』の連載を開始。絵巻物のような華やかさが時局に反するとして掲載禁止処分を受けたが、秘かに執筆を続けて戦後に刊行し、人気を博した。その後も創作意欲は衰えず、口述筆記で創作し、『少将滋幹《しょうしょうしげもと》の母《はは》』などを発表。晩年には中高年の倒錯した愛欲の心理を『鍵《かぎ》』『瘋癲老人日記《ふうてんろうじんにっき》』に描いた。

『源氏物語』の訳

谷崎は『源氏物語《げんじものがたり》』を最高の古典として尊び、生涯に三度も現代語訳を発表した。作家によるさまざまな『源氏物語』訳（⬇二三五頁）の中で、谷崎訳は原文が持つ平安文学の優雅さを最も忠実に再現したものとして評価が高い。

中公文庫

春琴抄《しゅんきんしょう》

一九三三（昭和八）年

関西移住後の中編作品。大阪の薬種問屋《やくしゅどいや》の娘で盲目の美少女春琴《しゅんきん》と、彼女に虐げられながら献身的に仕える奉公人佐助《さすけ》との物語。上方文化を取り入れた古典的情緒の中に女性崇拝が表されている。

耽美派の作家たち

谷崎潤一郎（右）と佐藤春夫（左）

森鷗外《もりおうがい》（⬇二四三頁）らの影響を受け、美を至上のものとして美的世界を追究した作家たちを「耽美派《たんびは》」と呼ぶ。

永井荷風《ながいかふう》

一八七九（明治一二）年～一九五九（昭和三四）年
東京都生まれ

雑誌「三田文学《みたぶんがく》」を主宰。自然主義全盛の時代に耽美派の文学を打ち立て、谷崎の才能を見いだした。代表作に『**あめりか物語《ものがたり》**』『**ふらんす物語《ものがたり》**』『**濹東綺譚《ぼくとうきだん》**』などがある。

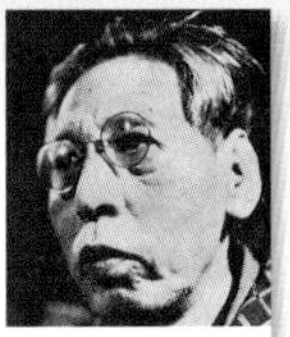

佐藤春夫《さとうはるお》

一八九二（明治二五）年～一九六四（昭和三九）年
和歌山県生まれ

谷崎が文壇登場に導き、『**田園《でんえん》の憂鬱《ゆううつ》**』で耽美派作家として認められた。一九三〇（昭和五）年、谷崎が妻千代《ちよ》と離婚。かねて千代に同情を寄せていた佐藤が千代と結婚し、「細君譲渡事件」としてセンセーショナルに報じられた。

自作朗読

文学史問題：谷崎潤一郎の作品を次から一つ選べ。（大阪医科薬科大）
①斜陽　②山椒魚　③田舎教師　④あめりか物語　⑤細雪

志《し》賀《が》直《なお》哉《や》

強烈な自我と潔癖な倫理観

明治 1868 / 大正 1912 / 昭和（戦前） 1926 / 昭和（戦後） 1945 / 平成・令和 1989

一八八三（明治一六）年～一九七一（昭和四六）年
宮城県生まれ

#白樺派 #小説の神様 #父との対立

西暦	年号	歳	事項	区分
一八八三	明治一六	0	宮城県に誕生。	少年・青年時代
一八八五	明治一八	2	一家で上京。	
一八九五	明治二八	12	学習院中等科入学。	
一九〇〇	明治三三	17	内村鑑三《うちむらかんぞう》に出会い、師事する。	
一九〇一	明治三四	18	足尾銅山問題で父との確執が始まる。	
一九〇二	明治三五	19	武者小路実篤《むしゃのこうじさねあつ》と出会う。	
一九〇六	明治三九	23	東京帝国大学英文科入学。	白樺派の出発
一九〇八	明治四一	25	国文科に転科。	
一九一〇	明治四三	27	雑誌「白樺《しらかば》」創刊。『網走《あばしり》まで』	
一九一二	大正元	29	東京帝国大学を中退。父との不和から尾道《おのみち》に転居。	

20歳

潔癖な青年

一八八三（明治一六）年、宮城県石巻町《いしのまきちょう》（現 石巻市）に生まれる。二歳のときに一家で上京し、旧藩主相馬家《そうまけ》の家令を務める祖父母の家に移った。兄が夭折《ようせつ》したため跡取りであった直哉は、祖父母に溺愛されて育ち、潔癖な性格の健康的なスポーツ青年であった。学業はあまり好きではなく、陸上・ボート・水泳・自転車を得意としていた。また、十七歳のときに**内村鑑三《うちむらかんぞう》と出会い、その風貌と人格にひかれ、七年間師事**した。洗礼こそ受けなかったが、「正しきものを憧れ、不正虚偽を憎む気持《きもち》」が育まれた。一九〇一（明治三四）年、足尾銅山の鉱毒が社会問題になると、志賀は友人とともに被害地視察を計画。しかし、足尾銅山の開発に祖父直道《なおみち》が関わっていたため、実業家であった父直温《なおはる》に強く反対され、激しく対立。これが長きにわたる父との不和のきっかけとなった。

内村鑑三

「白樺」創刊

一九〇二（明治三五）年、学習院中等科の卒業時に二度目の落第をしたことによって、武者小路実篤《むしゃのこうじさねあつ》・木下利玄《きのしたりげん》らと同級になり、後に里見弴《さとみとん》・有島武郎《ありしまたけお》らも交え、自分たちで「友達耽溺《ともだちたんでき》」と呼ぶような濃密な友達付き合いをするようになる。一九〇六（明治三九）年に東京帝国大学に進学すると、やがて回覧雑誌を作って小説をさかんに執筆するようになり、一九一〇（明治四三）年、学習院の仲間と雑誌「白樺《しらかば》」を創刊。志賀はこの創刊号に、短編**『網《あ》走《ばしり》まで』**を掲載した。上流階級の子弟である同人たちによる「白樺」は、自分たちの階級の特権性を否定し、人間の可能性を信じ個性を尊重する**理想主義的・人道主義的な立場をとって「白樺派《しらかばは》」と呼ばれ**、大正リベラリズムの世相の中で多くの読者を獲得した。またこの雑誌は、文学雑誌であると同時に美術雑誌でもあり、ロダン・セザンヌ・ゴッホ・ゴーギャンを日本に紹介するなど、美術界にも大きな影響を与える雑誌となった。

父との不和

一九一二（大正元）年、志賀は『大津《おおつ》順吉《じゅんきち》』によってはじめて原稿料を得る。**『清《せい》兵衛《べえ》と瓢簞《ひょうたん》』**などの優れた短編小説を発表した大正の初めは、初期志賀文学において特に実りの多い時期であった。しかし一方で父との関係が悪化し、苦しい心情を抱えていた時期でもあった。背景に

太宰治との対立

一九四七（昭和二二）年、「現代文学《げんだいぶんがく》を語《かた》る」と題する座談会で、志賀は太宰《だざい》治《おさむ》（➡二七三頁）について問われ、「僕は嫌いだ。とぼけて居るね。あのポーズが好きになれない」と答えた。これを知った太宰は、連載評論『如是我聞《にょぜがもん》』の中で、志賀を「老大家」と呼んで、権威を振りかざす態度だと猛烈に反発。「その『老大家』の作品は、何だ。正直を誇っているのか。何を誇っているのか。（中略）まるで無神経な人だと思った」と書いた。志賀と太宰の応酬は三度繰り返される。志賀は太宰の作品を「実につまらない」「大衆小説」と批判。太宰は、「成金」「薄化粧したスポーツマン」「古くさい文学観」「自惚《うぬぼ》れ」「殆《ほと》んど、悪人」と悪口雑言を連ねた。自身の快・不快をそのまま物事の価値として我が道を行く志賀の強さは、「ポーズ」を取って読者へのサービスに心を砕く太宰から見れば、恥じらいを知らぬ「無神経」と見えたわけである。しかしこれもまた、志賀の影響力の大きさを物語るエピソードである。太宰は新たな文学を切りひらく者にならんとして志賀に立ち向かったのだともいえる。

太宰との応酬を繰り広げた頃
当時の志賀は大家としてその発言は大きな影響力を持っていた。

志賀直哉旧居(奈良県高畑町《たかばたけちょう》) 志賀直哉は1929年から十年間をここで過ごした。

一九一三	大正二	30	『清兵衛《せいべえ》と瓢簞《ひょうたん》』『范《はん》の犯罪《はんざい》』山手線の電車にはねられ、養生のため城崎《きのさき》へ赴く。
一九一四	大正三	31	勘解由小路康《かでのこうじさだ》と結婚。
一九一七	大正六	34	父との不和が解消する。『城《き》の崎《さき》にて』『和解《わかい》』
一九二〇	大正九	37	『小僧《こぞう》の神様《かみさま》』『焚火《たきび》』
一九二一	大正一〇	38	『暗夜行路《あんやこうろ》』前編連載開始。
一九二三	大正一二	40	「白樺」廃刊。
一九二七	昭和二	44	『沓掛《くつかけ》にて』『邦子《くにこ》』
一九三七	昭和一二	54	『暗夜行路』完結。
一九七一	昭和四六	88	肺炎と全身衰弱のため死去。

小説の神様として

文壇の大家

は、女中との結婚を反対されたこと、大学を中退したこと、そして父が志賀の小説執筆を快く思っていなかったことなどがある。同年には、志賀は家を出て、広島県の尾道《おのみち》に移り住んでいる。一九一四(大正三)年、武者小路の従妹《いとこ》、勘解由小路康《かでのこうじさだ》と結婚するが、これも父に反対され、翌年、ついに志賀は実家から離籍する。

志賀文学の転機

一九一三(大正二)年、志賀は山手線の電車にはねられて重傷を負う。大森・松江・京都・鎌倉・赤城《あかぎ》・我孫子《あびこ》と転々と居を移しつつ約三年間執筆活動を休止した後、一九一七(大正六)年五月、代表作の一つとなる短編**『城《き》の崎《さき》にて』**を発表。ここには、それまでの志賀作品にはない、内的観照と調和的な心境が表されている。また、同年八月、志賀は父と和解し、十月に**『和解《わかい》』**を発表した。長年のわだかまりが解けたいきさつと喜びが、主人公の自然な感情の動きとして綴《つづ》られた感動的な一作であり、『城の崎にて』とともに志賀の転機を示す重要な作品といえる。また、これらの作品によって作家として確たる地位を得ることともなった。安定期に入った志賀は、**『赤西蠣太《あかにしかきた》』『小僧《こぞう》の神《かみ》様《さま》』『焚火《たきび》』**などの作品を続々と発表し、**短編小説の名手として「小説《しょうせつ》の神様《かみさま》」とも呼ばれる**ようになった。

『暗夜行路』の完成

その頃、志賀は、父との対立を描いた『大津順吉』の続編『時任謙作《ときとうけんさく》』を構想していた。これはまた、夏目漱石《なつめそうせき》(⬇二四六頁)から「朝日新聞《あさひしんぶん》」への連載を依頼されたのに応えようとしたものでもあった。しかし、父との和解によってそのモチーフは失われる。そこで、私小説からフィクションを軸とする作品へ方向転換をしたうえで、十七年をかけて一九三七(昭和一二)年に長編小説**『暗夜行路《あんやこうろ》』**を完成させた。これにより名声はさらに高まり、同時代の作家たちに強い影響を及ぼした。特にその強烈な自我意識と正確かつ簡潔清浄な表現とによって、人格を含めた崇敬の対象となる一方、太宰治《だざいおさむ》(⬇二七二頁)らからはその権威に対する強い反発があった。

「転居二十三回」

志賀直哉は宮城県に生まれ、二歳で上京し、東京都で育った。少年期に東京都内でも数回引っ越しをしている。そして、一九一二(大正元)年には父との不和が原因で東京都を出て広島県に移った。以後、生涯に何度も引っ越しをしており、「転居二十三回」という談話も残している。累積で最も長くいたのは東京だが、次いで、奈良に13年、千葉に8年、静岡に7年、京都に3年、広島に1年ほど住んでいたことがあり、他に数ヶ月だけ住んだような土地もある。このため、志賀ゆかりの旧跡が全国各地に見られるのである。

比べてみよう

まぐろの鮨《すし》

『小僧《こぞう》の神様《かみさま》』の中で、秤屋《はかりや》の小僧仙《せん》吉《きち》は渡された電車賃八銭のうち片道分を歩いて浮かせ、かねがね食べたかった鮨を四銭分食べようと考える。しかし、意を決して屋台の暖簾《のれん》をくぐり、まぐろの鮨一つに手をのばすと、店の主人に「一つ六銭だよ」と言われてしまう。この鮨一つの値段・価値・大きさは現在と比べてどのようなものだったのだろう。

一九二〇(大正九)年当時、簡易食堂の定食が朝食十銭、夕食十五銭であったから、屋台の鮨店とはいえ、一つ六銭の鮨は安くはない。現在の喫茶店のモーニング五百円に対し、回転ずしのまぐろ一貫が二、三百円だとすると、値段の感覚は大差ないといえそうだ。

一方、大きさとまぐろ自体の価値は現在と大きく異なる。現在は米一合で握りを十六、七貫作るのに対し、戦前までは一合で五、六貫が通常だったという。また、当時まぐろは「下魚」扱いされていた。格式ある店では、大正末頃からようやく鮨種として用いられたほどである。さらに、現在とは違い、当時は赤身の方が好まれ、脂身いわゆるトロの方が安かった。つまり、仙吉が手をのばした鮨一つは、現在の三倍ほどの大きさで、まぐろは赤身ではなくトロだったのかもしれない。

網走《あばしり》まで　一九一〇（明治四三）年

志賀直哉の文壇登場作。「自分」は汽車内で網走まで行くという母子と乗り合わせる。苦労の多いらしい若い母親の様子を見ながら、彼女の境遇や運命を想像する。志賀文学の特徴の一つであるリアリズムに徹した観察と、それを簡潔かつ正確に写す文体がすでに表れている。

清兵衛《せいべえ》と瓢簞《ひょうたん》　一九一三（大正二）年

初期短編の代表作。瓢簞を収集し、爺《じい》さんの禿《は》げ頭もそれと見間違えるほど夢中になっている少年清兵衛と、それを理解しない父や教員との対立を描く。子供の主観的で伸びやかな美に対する情熱のありようと、大人の権威的なあり方、偏狭な価値観を対照的に浮かび上がらせている。ここには、志賀の父との芸術上あるいは人生上の対立も映し出されている。

志賀直哉旧居（広島県尾道市）　1912年に移り住み、『清兵衛と瓢簞』はこの地が舞台となっている。

范《はん》の犯罪《はんざい》　一九一三（大正二）年

初期志賀文学の頂点ともいえる作品。妻を奇術の演芸中にナイフで殺してしまった奇術師の范が、犯罪に至るまでの心理を裁判官の前で語る。ただ「本統《ほんとう》の生活に生きたい」という人間として自然な欲望を率直に語る態度が、密度の濃い心理描写で描かれる。

和解《わかい》　一九一七（大正六）年

中期の中編小説。志賀直哉自身の父との不和と、その解消の経緯を描いた私小説。「自分」と父親とは長年激しく対立してきたが、ついに実母の二十三回忌に和解する。葛藤から自然な融和へ導かれ、喜びがあふれていく心情が描かれている。

父 直温《なおはる》

小僧《こぞう》の神様《かみさま》　一九二〇（大正九）年

志賀直哉が「小説の神様」と呼ばれるきっかけになった作品。鮨《すし》をごちそうした若い貴族院議員Aの「変に寂しい気持ち」と、秤屋《はかりや》の小僧仙吉《せんきち》の、Aをお稲荷様《いなりさま》ではないかと思う気持ちが対照的に描かれる。

焚火《たきび》　一九二〇（大正九）年

群馬県赤城《あかぎ》での暮らしの一幕を描写した心境小説。「自分」と妻は、画家のSさん・宿の主人のKさんと小船で夜の湖に漕《こ》ぎ出す。向こう岸には焚火が見えている。東洋的な静寂と神秘性がただよい、芥川龍之介《あくたがわりゅうのすけ》（⇩二六〇頁）が「小説中、最も詩に近い小説」と評した作品。

暗夜行路《あんやこうろ》　一九二一（大正一〇）年

長い年月をかけて完成した志賀直哉の唯一の長編小説。時任謙作《ときとうけんさく》は、祖父と母の子という運命を背負い、また妻が従兄と過失を犯したことを知り、苦悩しながらも自我を貫徹しようと葛藤する。最後には、大山《だいせん》に籠もり、大自然との調和の中で、精神の救いと他者との融和の心境に至る。自伝的色合いが濃い作品。

『暗夜行路』の舞台（鳥取県大山《だいせん》）

白樺派の作家たち

「白樺」編集室にて
武者小路実篤（左）と里見弴（右）

理想主義的・人道主義的な立場をとり、個の尊厳を主張した作家たちを「白樺派《しらかばは》」と呼ぶ。志賀直哉・武者小路《むしゃのこうじ》実篤《さねあつ》といった作家の他、梅原龍三郎《うめはらりゅうざぶろう》・岸田劉生《きしだりゅうせい》などの画家たちも加わった。

武者小路実篤《むしゃのこうじさねあつ》
一八八五（明治一八）年～一九七六（昭和五一）年
東京都生まれ

白樺派の思想的リーダーであり、志賀との親交は特に厚かった。志賀は実篤の従妹《いとこ》康《さだ》と結婚し、康の連れ子を実篤夫妻が養女とした。一九一八（大正七）年に実篤が理想郷の実現を目指して、「新《あたら》しき村《むら》」を設立すると、多くの人が夢想的と評す中、志賀は終始彼の情熱を認め、友情を持って励ました。代表作に『**お目出《めで》たき人《ひと》**』『**友情《ゆうじょう》**』などがある。

豆知識：芥川龍之介が夏目漱石に志賀のような文章はどうしたら書けるのかを尋ねたところ、漱石は「文章を書こうと思わずに、思うまま書くからああいう風に書けるんだろう。俺もああいうのは書けない」と答えたという。

Close Up

生きていることと死んでしまっていることと、それは両極ではなかった。

城《き》の崎《さき》にて

一九一七（大正六）年

心境小説の代表作であり、志賀文学の転機となった作品。一九一三（大正二）年、志賀は山手線の電車にはねられて重傷を負った。この作品は、その後の療養のため城崎温泉《きのさきおんせん》に滞在したときの体験を、「事実ありのまま」に書いたものだという。「自分」は、蜂の死骸、魚串に刺されてもがく鼠《ねずみ》、殺すつもりもなく殺してしまったいもりを見て、生と死についての思念を深め、死の世界に引き寄せられるような気分になる。ここに描かれた内的観照と調和的な心境は、事故の他に、結婚と実家からの離籍、諸所に転居を重ねたこと、長女の誕生と死などを経たためと考えられている。

当時の山手線電車

▲山の手線の電車に跳ね飛ばされてけがをした、その後養生《あとようじょう》に、一人で但馬《たじま》の城崎温泉へ出かけた。背中の傷が脊椎カリエスになれば致命傷になりかねないが、そんなことはあるまいと医者に言われた。

1913年、里見弴《さとみとん》と芝浦の埋立地へ行き、水泳や素人相撲を見て帰る途中、志賀は山手線電車にはねられ、重傷を負った。『城の崎にて』は「いのち」という題で草稿が練られていたが、そこでは当時の様子が次のように描かれている。

「昨年の八月十五日の夜、一人の友と芝浦の涼みにいった帰り、線路のワキを歩いていて不注意から自分は山の手線の電車に背後から二間半《にけんはん》程ハネ飛ばされた。背骨をひどく打った。頭を石に打ちつけて切った。切口は六分程だったが、それがザクロのように口を開いて、下に骨が見えていたという事である」。

志賀が城崎で滞在した旅館（三木屋・当時の様子）

▶自分の部屋は二階で、隣のない、割に静かな座敷だった。読み書きに疲れるとよく縁の椅子に出た。

城崎温泉周辺図

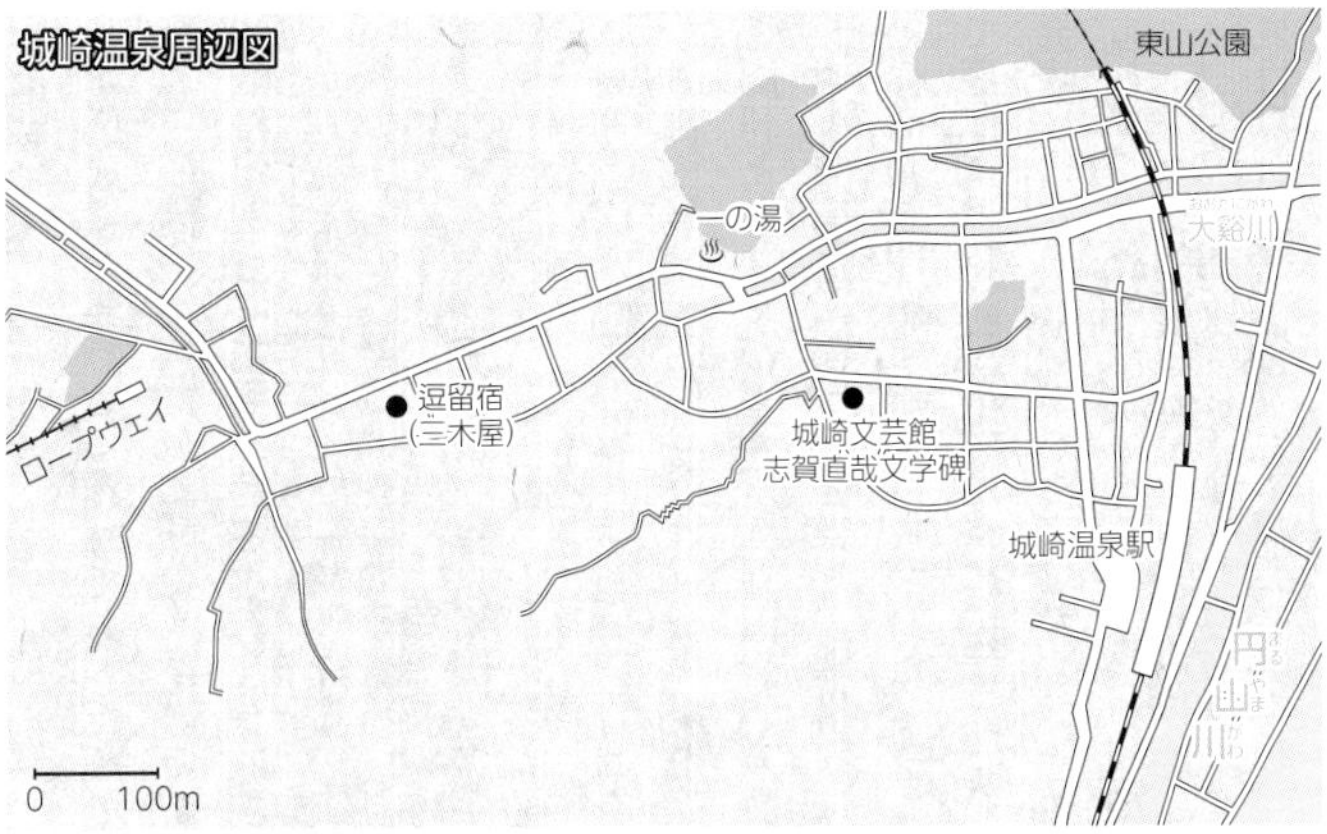

城崎温泉

有島武郎《ありしまたけお》

一八七八（明治一一）年～一九二三（大正一二）年
東京都生まれ

弟の有島生馬《ありしまいくま》を通じて志賀直哉や武者小路実篤と出会い、「白樺」の中心人物として活躍。一方で有島には、白樺派においては特異な、労働者階級へのまなざしと、それに参加できないことについての強い虚無感があり、やがてその矛盾と絶望は自死へとつながった。代表作に**『カインの末裔《まつえい》』『生《う》れ出《い》づる悩《なや》み』『或《あ》る女《おんな》』**などがある。

里見《さとみ》　弴《とん》

一八八八（明治二一）年～一九八三（昭和五八）年
神奈川県生まれ

有島家の四男で、兄二人（有島武郎・生馬）とともに「白樺」に参加。志賀に傾倒するが、やがて反発するようになった。それは彼が白樺派の方向性から徐々にずれ、志賀らの自我肯定にあるエゴイズムに批判的になっていったことによるものでもあった。志賀が山手線の電車にはねられたとき、そばにいた里見は、当時のことを自身の小説**『善心悪心《ぜんしんあくしん》』**の中で露骨に描き、これに激怒した志賀は、苛烈な葉書を書き送って長く絶交した。代表作に**『多情仏心《たじょうぶっしん》』『恋《こい》ごころ』**などがある。

繊細な芸術至上主義者

芥川龍之介《あくたがわりゅうのすけ》

生前動画

#新思潮派（新技巧派・新理知派・新現実主義）　#芸術至上主義　#エゴイズム

一八九二（明治二五）年～一九二七（昭和二）年
東京都生まれ

1868 明治	1912 大正	1926 昭和（戦前）	1945 昭和（戦後）	1989 平成・令和

西暦	年号	歳	事項	区分
一八九二	明治二五	0	東京都に誕生。母が病気のため、母の実家の芥川家に預けられる。	少年・青年時代
一九〇四	明治三七	12	芥川家と正式に養子縁組を結ぶ。	少年・青年時代
一九〇五	明治三八	13	東京府立第三中学校入学。	少年・青年時代
一九一〇	明治四三	18	第一高等学校入学。	少年・青年時代
一九一三	大正二	21	東京帝国大学英文科入学。	作家活動前期
一九一四	大正三	22	第三次「新思潮《しんしちょう》」創刊。	作家活動前期
一九一五	大正四	23	『羅生門《らしょうもん》』夏目漱石《なつめそうせき》の木曜会に出席し、漱石の門下となる。	作家活動前期
一九一六	大正五	24	第四次「新思潮」創刊。創刊号に『鼻《はな》』を発表し、漱石に激賞される。	作家活動前期

幼少時代

一八九二（明治二五）年、東京市京橋区（現 東京都中央区）に生まれる。芥川が生まれた一八九二（明治二五）年三月一日は、辰年辰月辰日にあたり、その時刻も辰刻《たつのとき》（午前八時頃）であったため、龍之介と命名された。父の新原敏三《にいはらとしぞう》は牛乳販売業を営み、一時はかなりの成功を収めた人物であった。母のふくが精神を病んだため、生後七ヶ月で龍之介は母の実家の芥川家に引き取られる。龍之介が預けられた芥川家は、代々江戸城のお数寄屋坊主《すきやぼうず》（茶道に関することを取り仕切る役）を務めた由緒ある家柄であり、江戸文化を色濃く保っていた。そのため、龍之介はその影響を強く受けて育つ。また、古今東西の書物にも関心を示し、さまざまな文学作品に親しみ、さらには本を読むだけでは飽き足らず、同級生たちと回覧雑誌を作り、表紙画やカットまで自ら描くほどの文学少年として育った。

養父の芥川道章《あくたがわどうしょう》（左）と実父の新原敏三（右）

文壇登場

学業成績がきわめて優秀であった芥川は、第一高等学校に無試験で入学。ここで、後年ともに文壇で活躍することになる菊池寛《きくちかん》・久米正雄《くめまさお》・松岡譲《まつおかゆずる》・山本有三《やまもとゆうぞう》（⬇二八二頁）・土屋文明《つちやぶんめい》らと同級になり、親交を結んだ。その後、東京帝国大学英文科に進むと、一九一四（大正三）年、第一高等学校の同級生らと第三次「新思潮《しんしちょう》」を創刊。第三次「新思潮」は、わずか半年で廃刊となったが、芥川は外国文学の翻訳や小説『老年《ろうねん》』などを発表し、本格的に創作活動を開始するようになった。そして翌年には雑誌「帝国文学《ていこくぶんがく》」に『**羅生門**《らしょうもん》』を発表。しかし、いずれも文壇からは認められず、世評にものぼることはなかった。

一方、この年の暮れには、友人の紹介で夏目漱石《なつめそうせき》（⬇二四六頁）の木曜会に出席し、漱石の門下となっている。こうした中、一躍芥川の名を文壇に轟《とどろ》かせたのは、一九一六（大正五）年に創刊された第四次「新思潮」に発表した『**鼻**《はな》』であった。この作品が漱石に激賞されたことにより、芥川は文壇に華々しく登場すること

芥川龍之介（右）と菊池寛（左）

芥川の書簡

芥川は多くの書簡を残している。例えば、『羅生門』の成立と関わらせて読まれることが多い、次のような書簡がある。

イゴイズムをはなれた愛があるかどうか。イゴイズムのある愛には人と人との間の障壁をわたる事は出来ない。人の上に落ちてくる生存苦の寂莫《せきばく》を癒《いや》す事は出来ない。イゴイズムのない愛がないとすれば人の一生程苦しいものはない。

［一九一五（大正四）年三月九日　井《い》川恭《がわきょう》宛書簡］

当時、芥川は吉田弥生《よしだやよい》という女性を愛していた。しかし、家柄の違いなどを理由に養父母と叔母からの激しい反対にあい、結局芥川はその女性との結婚を諦める。自らの気持ちよりも「家」の論理を優先させる家族に深く失望した芥川は、この出来事によって人間のエゴイズムを痛感することになった。

また、後に芥川の妻となる塚本文《つかもとふみ》への書簡も見てみよう。八歳も年下の文に対し、時にいたわるように、時に深い愛情で優しく語りかける書簡からは芥川の新たな一面がうかがえる。次にあげたのは、婚約もすませ二人の仲が打ち解けてきた頃に送った書簡の一節である。

この頃ボクは文ちゃんがお菓子なら頭から食べてしまいたい位《くらい》可愛《かわ》

豆知識：芥川が志賀直哉に小説が書けないでいることを相談したところ、志賀は「一年でも二年でも書かずにいたらどうか」と答えたという。しかし、芥川は小説で家族を養う必要があり、裕福な家系に生まれた志賀とは境遇が違っていた。

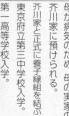

一九一七	大正六	25	横須賀海軍機関学校の嘱託教官となる。『偸盗《ちゅうとう》』『或日《あるひ》の大石内蔵助《おおいしくらのすけ》』『戯作三昧《げさくざんまい》』
一九一八	大正七	26	塚本文《つかもとふみ》と結婚。大阪毎日新聞社社友となる。『地獄変《じごくへん》』『蜘蛛《くも》の糸《いと》』『奉教人《ほうきょうにん》の死《し》』『枯野抄《かれのしょう》』
一九一九	大正八	27	海軍機関学校を辞し、大阪毎日新聞社に入社。田端の自宅の書斎を「我鬼《がき》窟《くつ》」と名づけ、室生犀星《むろうさいせい》などが集まるようになる。
一九二〇	大正九	28	『舞踏会《ぶとうかい》』『秋《あき》』『南京《ナンキン》の基督《キリスト》』『杜子春《とししゅん》』
一九二一	大正一〇	29	大阪毎日新聞社の海外視察員として中国に赴く。
一九二二	大正一一	30	神経衰弱を訴えるようになる。書斎を「澄江堂《ちょうこうどう》」と改める。『藪《やぶ》の中《なか》』『将軍《しょうぐん》』『トロッコ』
一九二三	大正一二	31	菊池寛《きくちかん》が創刊した「文藝春秋《ぶんげいしゅんじゅう》」に『侏儒《しゅじゅ》の言葉《ことば》』を連載。
一九二五	大正一四	33	『大導寺信輔《だいどうじしんすけ》の半生《はんせい》』
一九二六	大正一五	34	健康状態が悪化し、湯河原で静養。『玄鶴山房《げんかくさんぼう》』『河童《かっぱ》』
一九二七	昭和二	35	田端の自宅で服毒自殺。遺稿『西方《せいほう》の人《ひと》』『歯車《はぐるま》』

25歳

32歳

作家活動中期　作家活動後期

になったのである。こうして文壇デビューを果たした芥川は、続いて『芋粥《いもがゆ》』『手巾《ハンケチ》』などを発表し、新進作家として認められていくようになる。

芸術至上主義

すでに新進作家として活躍していた芥川であったが、大学卒業後は海軍機関学校の嘱託教官として就職。同校で英語を教える傍ら、創作活動を継続し、**『戯作《げさく》三昧《ざんまい》』『地獄変《じごくへん》』『奉教人《ほうきょうにん》の死《し》』『枯野抄《かれのしょう》』**などの作品を次々と発表した。第三次・第四次「新思潮」から出発した作家たちは「**新思潮派《しんしちょうは》**」と呼ばれ、中でも芥川は芸術を現実の人生を超えた価値あるものとする**芸術至上主義《げいじゅつしじょうしゅぎ》**を示し、その巧みな構成と表現による作風から「**新技巧派《しんぎこうは》**」、また現実を明晰《めいせき》な理知によってとらえるところから「**新理知派《しんりちは》**」「**新現実主義《しんげんじつしゅぎ》**」などと称された。また、こうした旺盛な創作活動を展開する一方、私生活においては塚本《つかもと》文《ふみ》と結婚するなど、大学卒業後からの数年間は創作活動・私生活の両面において充実した時期となった。

時代との対峙

一九一九（大正八）年、海軍機関学校を辞した芥川は、大阪毎日新聞社に入社。出社の義務はなく、年に何編かの小説を書くという契約であった。当時の芥川は、執筆活動がマンネリ化していることに危機感を覚え、古典に材をとったこれまでの作品群からの転換を図った『**秋《あき》**』など、しだいに現代小説を手がけていくようになっていた。また、一九二一（大正一〇）年の新聞社による中国視察旅行以来、心身に不調をきたすようになったことから、彼自身の文学観や生き方を見つめ直すようになり、自身の体験を作品化し始める。自伝的小説『**大導寺信輔《だいどうじしんすけ》の半生《はんせい》**』を発表し、さらには肉親の死を回想した『**点鬼簿《てんきぼ》**』を発表。しかし、もともと芸術志向の強かった芥川は、告白小説にはなじめず、創作活動も停滞するようになっていく。

ぼんやりした不安

中国視察旅行以降、たびたび神経衰弱を訴えるようになっていた芥川だったが、一九二六（大正一五）年、病状が悪化し、湯河原で療養することになる。しかし、翌年には義兄の自殺や、友人の宇野浩二《うのこうじ》（➡二六三頁）が精神に変調をきたしたことなど、芥川を心身ともに追い詰める事件があいついだ。そして、自殺の理由を「何か僕の将来に対する唯《ただ》ぼんやりした不安である」と記した遺書を残し、一九二七（昭和二）年七月二十四日に服毒自殺を遂げた。

芥川の自殺を報じる新聞

い気がします。［一九一七（大正六）年十一月十七日　塚本文宛書簡］

さらに、結婚が迫ってきた頃には、次のような書簡も送っている。

今、これを書きながら、小さな声で「文ちゃん」と云《い》って見ました。学校の教官室で大ぜい外《ほか》の先生がいるのですが、小さな声だからわかりません。それから又小さな声で「文子」と云って見ました。文ちゃんを貰《もら》ったら、そう云って呼ぼうと思っているのです。［一九一八（大正七）年一月二十三日　塚本文宛書簡］

愛する文の前だけで見せる芥川の温かな書簡からは、芸術至上主義作家としての芥川龍之介とは異なる、生涯を誠実に生きた一人の人間としての顔を垣《かい》間見《まみ》ることができるだろう。

左から芥川・長男比呂志《ひろし》・三男也寸志《やすし》・文夫人　比呂志は菊池寛の本名「寛（ひろし）」、也寸志は一高時代の親友井川恭の「恭」の訓読みから名づけられた。後年、比呂志は俳優として、也寸志は作曲家として活躍した。

文学史問題：芥川龍之介の作品を次から三つ選べ。（山梨大）
①走れメロス　②山椒大夫　③羅生門　④鼻　⑤人間失格　⑥暗夜行路　⑦蜘蛛の糸　⑧春と修羅　⑨坊つちやん

芥川文学の分類

芥川龍之介は第三次「新思潮《しんしちょう》」を創刊した頃から本格的に創作活動を始めた。その数多い芥川の作品群は、次のように分類されることが多い。

王朝物	『羅生門《らしょうもん》』『鼻《はな》』『芋粥《いもがゆ》』『地獄変《じごくへん》』『藪《やぶ》の中《なか》』『六《ろく》の宮《みや》の姫君《ひめぎみ》』など。
切支丹物《キリシタンもの》	『奉教人《ほうきょうにん》の死《し》』『きりしとほろ上人伝《しょうにんでん》』『南京《ナンキン》の基督《キリスト》』など。
江戸物	『戯作三昧《げさくざんまい》』『或日《あるひ》の大石内蔵助《おおいしくらのすけ》』『枯野抄《かれのしょう》』など。
開化物	『舞踏会《ぶとうかい》』『開化《かいか》の殺人《さつじん》』など。
現代小説	『蜜柑《みかん》』『秋《あき》』『蜃気楼《しんきろう》』『歯車《はぐるま》』など。
保吉物《やすきちもの》	『保吉《やすきち》の手帳《てちょう》から』『あばばばば』『少年《しょうねん》』など。
童話	『蜘蛛《くも》の糸《いと》』『杜子春《とししゅん》』『犬《いぬ》と笛《ふえ》』『白《しろ》』など。
エッセイ	『西方《せいほう》の人《ひと》』『続西方《ぞくせいほう》の人《ひと》』『文芸的《ぶんげいてき》な、余《あま》りに文芸的《ぶんげいてき》な』など。
警句(箴言《しんげん》)集	『侏儒《しゅじゅ》の言葉《ことば》』

鼻《はな》　一九一六(大正五)年

『今昔物語集《こんじゃくものがたりしゅう》』(⬇一七三頁)と『宇治拾遺《うじしゅうい》物語《ものがたり》』(⬇一七三頁)に材をとった王朝物。高僧の禅智内供《ぜんちないぐ》は、顎の下まである長い鼻に悩まされていた。そんなとき、彼の弟子がある医者から、長い鼻を短くする方法を教わってきた。この方法で鼻を短くすることに成功した禅智内供だったが、人々の反応は意外なものだった。夏目漱《なつめそう》石《せき》(⬇二四六頁)の称賛を受けたことで、芥川にとっての出世作となった作品。

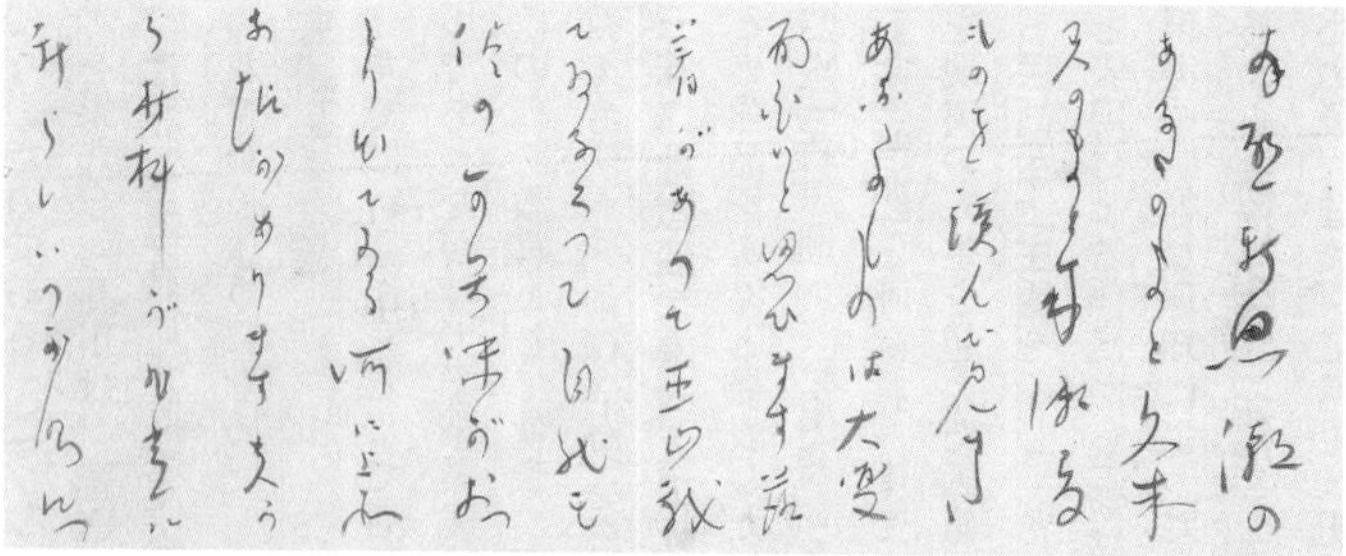

『鼻』を称賛した漱石の手紙(部分)　「(前略)あなたのものは大変面白いと思います。落ち着きがあってふざけていなくって自然そのままのおかしみがおっとり出ている所に上品な趣があります。それから材料が非常に新しいのが目につきます。文章が要領を得てよく整っています。敬服しました。ああいうものをこれから二三十並べてご覧なさい。文壇で類のない作家になれます。(後略)」

奉教人《ほうきょうにん》の死《し》　一九一八(大正七)年

切支丹物の代表作で、「奉教人」とは、キリスト教徒のこと。信仰心の厚い美少年ろおれんぞは、ある娘を懐妊させたという噂《うわさ》によって、教会から追放されてしまった。一年後、その娘の家が火事になり、娘の赤ん坊を助けるために火の中へ飛び込んだろおれんぞは、赤ん坊を救出する代わりに絶命する。このとき、ろおれんぞの秘密が明らかになる。

枯野抄《かれのしょう》　一九一八(大正七)年

松尾芭蕉《まつおばしょう》(⬇一八二頁)は、弟子たちに見守られながら死を迎えようとしていた。しかし、沈痛な面持ちに見える弟子たちも、その内面はさまざまで、誰一人として心の底から悲しんでいる者はいなかった。人間の自己中心的なエゴイズムを描き出した江戸物の代表作。

河童《かっぱ》　一九二七(昭和二)年

河童の国に転げ落ちた「僕」は、そこで見た人間社会とはまるで逆の、河童社会について作者に語る。その国では、出産は胎児の意志が尊重され、恋愛では雌が雄を捕らえるためには手段を選ばない。死を前にした芥川の心象風景が描かれた作品。

比べてみよう　昔話の『桃太郎』と芥川の『桃太郎』

『桃太郎』物語の起源は古代にまで遡ることができるが、現在私たちに親しまれている桃太郎の話は、室町末期から江戸初期にかけて成立したと言われている。出典によって場面ごとの違いはあるものの、物語後半で桃太郎が鬼退治にいくという展開はおおむね共通している。つまり、村人を苦しめる鬼ヶ島の鬼を桃太郎が成敗しにいくという、桃太郎の視点に立った勧善懲悪のストーリーとして『桃太郎』物語は存在してきた。

その一方で、芥川が創作した『桃太郎』は設定が大きく異なる。一九二四(大正一三)年に発表されたこの作品は、鬼ヶ島で平和に暮らしていた鬼たちを桃太郎が利己的な理由により成敗しにいくという話である。

桃から生《うま》れた桃太郎は鬼が島の征伐を思い立った。思い立った訳《わけ》はなぜかというと、彼はお爺《じい》さんやお婆《ばあ》さんのように、山だの川だの畑だのへ仕事に出るのがいやだったせいである。

このように現実の世界で地道に生きることを拒んだ桃太郎は、犬・猿・雉《きじ》を連れて、罪のない鬼たちを退治しにいく。鬼ヶ島であらゆる罪悪を犯した桃太郎は鬼たちを降参させた後、人質に取った鬼の子供に宝物の車を引かせな

新思潮派の作家たち

左から久米正雄・松岡譲・芥川龍之介・成瀬正一《なるせせいいち》

一九〇七（明治四〇）年に小山内薫《おさないかおる》が創刊した雑誌「新思潮《しんしちょう》」は、第二次から東京帝国大学に通う学生たちの同人雑誌となった。中でも第三次・第四次の同人であった芥川龍之介・菊池寛《きくちかん》・久米《くめ》正雄《まさお》・松岡譲《まつおかゆずる》らは「新思潮派《しんしちょうは》」と呼ばれる。彼らは自然主義の内面告白や、白《しら》樺派《かばは》の理想主義ではなく、理知的な態度と技巧によって現実を描写したことから「新技巧派《しんぎこうは》」「新理知派《しんりちは》」「新現実主義《しんげんじつしゅぎ》」などとも呼ばれた。

菊池《きくち》　寛《かん》

一八八八（明治二一）年〜一九四八（昭和二三）年
香川県生まれ

一九一〇（明治四三）年、第一高等学校に入学し、芥川龍之介・久米正雄・松岡譲らと同級になる。当時の菊池は、中学卒業後、一度は東京高等師範学校に進学したものの、授業をさぼったことが原因で除籍処分になっており、その後、明治大学などを経て第一高等学校に入学したため、芥川よりも四歳年上であった。こうして一高生として新生活を始めた菊池だったが、卒業を三ヶ月後に控えた一九一三（大正二）年、友人の窃盗の罪をかぶって一高を退学。そのため、芥川らが東京帝国大学に進学したのとは異なり、菊池は京都帝国大学英文科に進学した。京都帝国大学在学中は、芥川らとともに第三次・第四次「新思潮《しんしちょう》」創刊に参加。戯曲『**父帰《ちちかえ》る**』などを発表した。その後、『**無名作家《むめいさっか》の日記《にっき》**』『**忠直卿行状記《ただなおきょうぎょうじょうき》**』で脚光を浴び、『**恩讐《おんしゅう》の彼方《かなた》に**』で文壇での地位を確立する。一九二三（大正一二）年には、文藝春秋社《ぶんげいしゅんじゅうしゃ》を創設して、雑誌「文藝春秋《ぶんげいしゅんじゅう》」を創刊。同誌は順調に発行部数を伸ばして大成功を収めた。この成功で得た資産によって、友人の芥川龍之介と直木三十五《なおきさんじゅうご》の名を冠した芥川龍之介賞・直木三十五賞を設立するなど、後進作家の育成にも尽力した。

久米正雄《くめまさお》

一八九一（明治二四）年〜一九五二（昭和二七）年
長野県生まれ

芥川と同様、無試験で第一高等学校に入学。東京帝国大学在学中、第三次「新思潮《しんしちょう》」に発表した戯曲『牛乳屋《ぎゅうにゅうや》の兄《きょう》弟《だい》』で脚光を浴びた。一九一五（大正四）年には、芥川とともに夏目漱石《なつめそうせき》の木曜会に出席し、漱石門下となる。木曜会に出席するうちに漱石の長女筆子《ふでこ》に恋をした久米だったが、筆子は松岡譲と結婚してしまう。その失恋事件をもとに半自伝的小説『**破船《はせん》**』を発表した。他に『受験生《じゅけんせい》の手記《しゅき》』『蛍草《ほたるぐさ》』などがある。

松岡《まつおか》　譲《ゆずる》

一八九一（明治二四）年〜一九六九（昭和四四）年
新潟県生まれ

東京帝国大学在学中に漱石の門下となり、漱石没後の一九一八（大正七）年に漱石の長女筆子《ふでこ》と結婚。この結婚により、筆子に恋心をいだいていた久米正雄との間に確執が生じて、一時筆を断ったが、『**法城《ほうじょう》を護《まも》る人々《ひとびと》**』で復帰し、同作はベストセラーともなって、作家としての地位を確立した。他に、筆子との結婚に至る経緯を記した『憂鬱《ゆううつ》な愛人《あいじん》』、『漱石先生《そうせきせんせい》』『ああ漱石山房《そうせきさんぼう》』などの漱石に関する随筆・評論がある。

がら故郷へ帰ってくるが、鬼ヶ島で生き残った鬼たちによって、今度は復讐《ふくしゅう》を繰り返されるのである。

この芥川版『桃太郎』の成立には、一九二一（大正一〇）年の中国視察旅行の影響が大きい。芥川は上海《シャンハイ》で三人の中国知識人と面会するが、その中の一人、章炳麟《しょうへいりん》が語った「予の最も嫌悪する日本人は鬼が島を征伐した桃太郎である。桃太郎を愛する日本国民にも多少の反感を抱かざるを得ない」という言葉が心に残った。彼は侵略者の桃太郎を批判することによって、当時の日本が帝国主義のもとに侵略政策をとっていたことを批判していたのである。芥川はそれから三年後、侵略者桃太郎を描くことで章炳麟に応えたのだった。

中国視察旅行記念写真

大同の石仏の前

中国服を着る芥川（左）

文学史問題：日本の古典文学を題材とした小説作品を次から一つ選べ。（防衛医科大）
①志賀直哉『和解』　②井伏鱒二『山椒魚』　③森鷗外『舞姫』　④芥川龍之介『地獄変』　⑤中島敦『李陵』

Close Up

ある日の暮れ方のことである。一人の下人が、羅生門の下で雨やみを待っていた。

羅生門《らしょうもん》

一九一五(大正四)年

平安末期のある日の暮れ方、荒廃した羅生門の下で、主人から暇を出されたために、盗人になるか、飢え死にするかの間で途方に暮れていた「下人」は、その決心がつかないまま羅生門に上る。そこで女の死骸から髪を抜き取る老婆を見つけると、「下人」は正義感にかられてその老婆をねじ伏せた。しかし、自分の行為を正当化する老婆の言葉を聞くと、「下人」は、その老婆の言葉を逆手にとって、老婆の着物を剝ぎ取り、真っ暗な夜の中に走り去ってしまう。

『今昔物語集《こんじゃくものがたりしゅう》』(⬇一七三頁)の巻二十九第十八「羅城門《らせいもん》の上層《うはこし》に登りて死人を見る盗人《ぬすびと》の語《こと》」と巻三十一第三十一「太刀帯《たてはき》の陣《ぢん》に魚《いを》を売《う》る嫗《おうな》の語《こと》」から材をとった王朝物で、東京帝国大学在学中の一九一五(大正四)年、雑誌「帝国文学《ていこくぶんがく》」に「柳川隆之介《やながわりゅうのすけ》」の筆名で発表された。人間の持つエゴイズムを描き出した初期の傑作で、発表順からすると芥川の第四作にあたる作品。ちなみに、「柳川隆之介」の筆名は、芥川が尊敬していた北原白秋《きたはらはくしゅう》(⬇三三〇頁)の出身地(福岡県柳川市)からとられている。

明日の京都 文化遺産プラットフォーム 蔵

▶ある日の暮れ方のことである。一人の下人が、羅生門の下で雨やみを待っていた。

正しくは「羅城門《らじょうもん》」。朱雀大路の南端にあった平安京の正門。高さが約二十一メートル、幅が約三十二メートルという壮大な建造物であった。羅城門は洛中《らくちゅう》と洛外《らくがい》の境界に位置しており、羅城門の内側が「洛中」、外側が「洛外」となる。

小説『羅生門』では、この羅生門の下に「下人」がたどり着いたという設定をめぐってさまざまな解釈が成り立つ。つまり、「下人」は境界をまたいで新たな世界へと足を踏み出したと見るか、あるいは境界を超えることができなかったと見るか、そもそも下人は洛中の人間なのか洛外の人間なのか、境界としての羅生門は多くの謎を提起している。さらに言えば、羅生門は梯子《はしご》をはさんで楼上と楼下という二つの空間をもあわせ持つ。このような地理的観点・空間的観点の両側面から立ち上げられた羅生門のイメージ化こそ、小説の豊かな読みと不可分である。

▶広い門の下には、この男のほかに誰もいない。ただ、所々丹塗《にぬ》りの剝げた、大きな円柱《まるばしら》に、蟋蟀《きりぎりす》が一匹とまっている。
「蟋蟀」はコオロギのこと。「こおろぎ」は上代と近世以降の語で、平安時代から中世にかけては「きりぎりす」と呼ばれていたため、「きりぎりす」とルビが振られている。

▶羅生門が、朱雀大路《すざくおおじ》にある以上は、この男のほかにも、雨やみをする市女笠《いちめがさ》や揉烏帽子《もみえぼし》が、もう二、三人はありそうなものである。それが、この男のほかには誰もいない。
「市女笠」とは、中央が高くなった漆塗りの笠で、ここではそれをかぶった女のこと。「揉烏帽子」とは、揉んで柔らかくした烏帽子で、ここでは、それをかぶった男を指す。このように、ある物を言い表す場合に、その物の属性や、それに関連の深い物に言い換えて、その本体そのものを表す方法を「換喩法」(➡四五四頁)という。

映画「羅生門」

(「羅生門」ⓒ KADOKAWA1950)

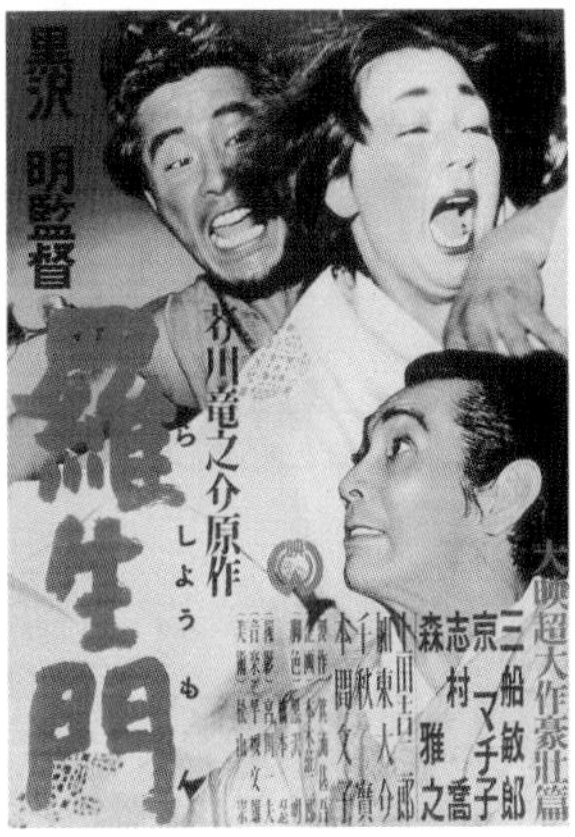

荒廃した羅城門のロケセット

映画「羅生門」は、1950年、黒澤明《くろさわあきら》が監督を務め、三船敏郎《みふねとしろう》・京《きょう》マチ子《こ》・森雅之《もりまさゆき》・志村喬《しむらたかし》らが出演した。『藪《やぶ》の中《なか》』と『羅生門』を原作としており、日本映画として初めてベネチア国際映画祭金獅子賞《きんじししょう》を受賞し、黒澤明が世界的に評価されるきっかけとなった。

末尾の改稿

『羅生門』において、末尾の一文は、次のように改稿がなされてきた。

■**初出「帝国文学」**〔一九一五(大正四)年〕
下人は、すでに、雨を冒して、京都の町へ強盗を働きに急ぎつつあった。

■**作品集『羅生門』**〔一九一七(大正六)年〕
下人は、すでに、雨を冒して、京都の町へ強盗を働きに急いでいた。

■**作品集『鼻』**〔一九一八(大正七)年〕
下人の行方は、誰も知らない。

初出では「下人」が明確な意志を持って強盗になったことが明らかであるのに対して、定稿の末尾は没主体的な造型になっていることが読み取れる。

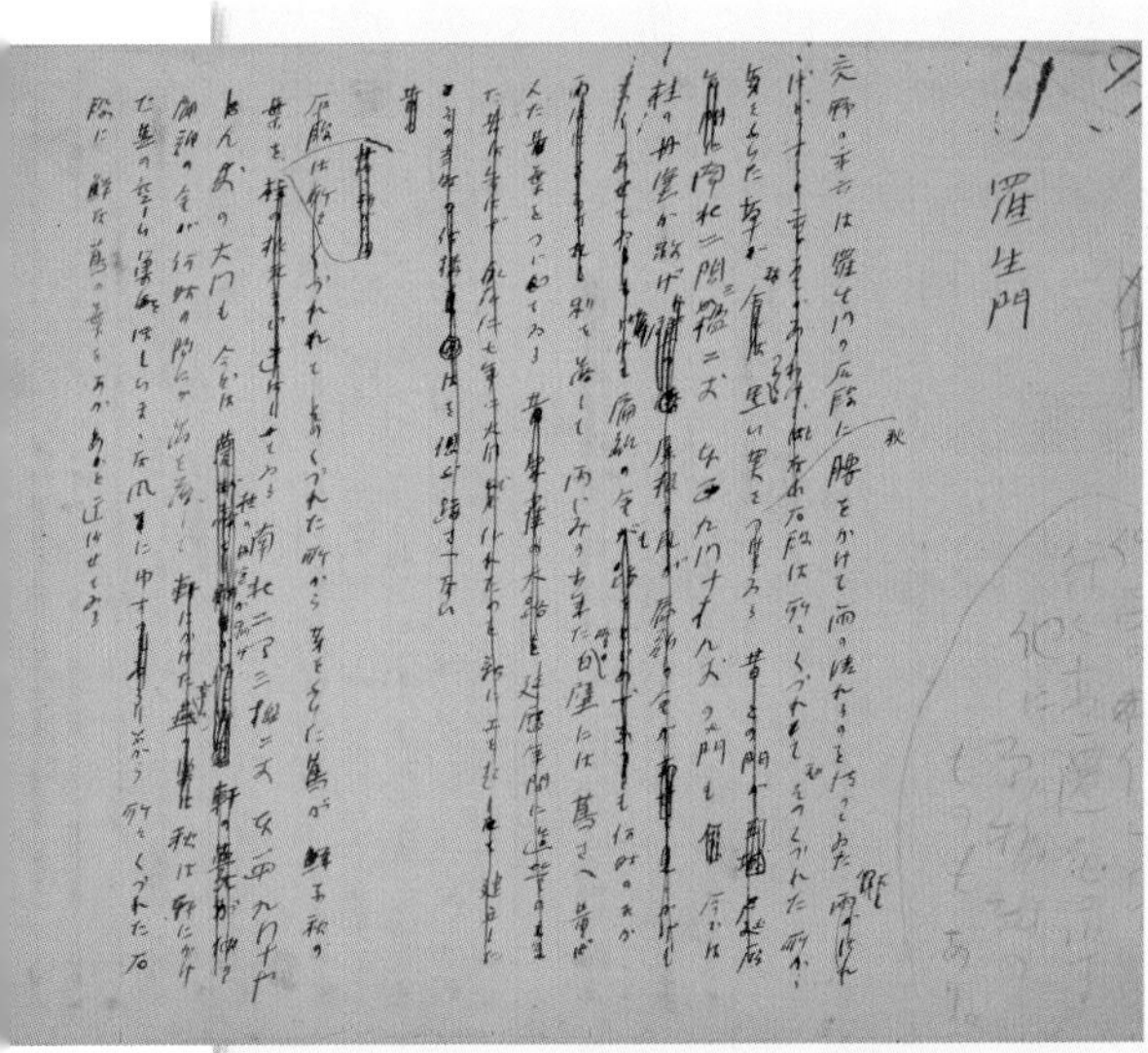

『羅生門』関連ノート(山梨県立文学館蔵) 『羅生門』の草稿段階では主人公に「交野五郎」「交野平六」などの名前が与えられていた。

文学史問題:芥川龍之介が、キリシタンについて触れた作品名を次から一つ選べ。(金城学院大)
①羅生門 ②鼻 ③芋粥 ④地獄変 ⑤奉教人の死

横《よこ》光《みつ》利《り》一《いち》

新しい表現への果敢な挑戦者

西暦	年号	歳	事項
一八九八	明治三一	0	福島県に誕生。
一九一六	大正五	18	早稲田大学高等予科入学《わせだだいがく》。
一九二〇	大正九	22	菊池寛《きくちかん》と出会い生涯師事する。
一九二一	大正一〇	23	川端康成《かわばたやすなり》と出会う。
一九二三	大正一二	25	『蠅《はえ》』『日輪《にちりん》』で文壇デビュー。
一九二四	大正一三	26	川端康成・片岡鉄兵《かたおかてっぺい》らと雑誌「文芸時代《ぶんげいじだい》」を創刊。『頭《あたま》ならびに腹《はら》』
一九二六	大正一五	28	『春《はる》は馬車《ばしゃ》に乗《の》って』
一九三〇	昭和五	32	『機械《きかい》』『寝園《しんえん》』
一九三四	昭和九	36	『紋章《もんしょう》』
一九三五	昭和一〇	37	この年に新設された芥川賞の選考委員になる。評論『純粋小説論《じゅんすいしょうせつろん》』
一九三六	昭和一一	38	半年間の欧州旅行へ出帆。
一九三七	昭和一二	39	『旅愁《りょしゅう》』連載開始(未完)。
一九四二	昭和一七	44	大東亜文学者大会に出席。
一九四七	昭和二二	49	胃潰瘍と腹膜炎のため死去。
区分			新感覚派の旗手／新心理主義への傾倒／戦中・戦後

1868 明治 1912 大正 1926 昭和(戦前) 1945 昭和(戦後) 1989 平成・令和

一八九八(明治三一)年〜一九四七(昭和二二)年
福島県生まれ

#新感覚派 #新心理主義的手法 #純粋小説論

〈ふるさと〉への憧れ

本名利一《としかず》。父の仕事の関係で、千葉・東京・山梨・三重・広島・滋賀を移り住んだ。故郷への憧れは、横光文学の一つの原点になっている。中学ではスポーツや勉強に励み、文学にも興味を持つようになった。

習作時代

一九一六(大正五)年、早稲田大学《わせだだいがく》高等予科に入学。しかし都会での共同生活にストレスを感じて休学。いったん復学するも、長期欠席と学費未納のため一九二一(大正一〇)年に除籍されてしまう。だがその間、小説『神馬《しんば》』が佳作となり、雑誌「文章世界《ぶんしょうせかい》」に掲載されるなど、文章修行に励み着実な成果を積んだ。

新感覚派の旗手

一九二三(大正一二)年、雑誌「文藝春秋《ぶんげいしゅんじゅう》」に『**蠅《はえ》**』、雑誌「新小説《しんしょうせつ》」に『**日輪《にちりん》**』を発表して文壇に登場した横光は、新進作家として川端康成《かわばたやすなり》(⬇ 二六七頁)と並び称された。一九二四(大正一三)年、川端康成・片岡鉄《かたおかてっ》兵《ぺい》らと雑誌「文芸時代《ぶんげいじだい》」を創刊すると、「新らしい、語彙と詩とリズムの感覚」として驚きをもって迎えられ、「**新感覚派《しんかんかくは》**」と呼ばれた。横光の『**頭《あたま》ならびに腹《はら》**』はその象徴的な一作とされている。**短く簡潔な文、奇抜な比喩や視点の大胆な変換、人と物を等価にとらえる客観描写**などがもたらす現実性は、自然主義やその流れをくむ私小説にはないものであった。

新しい表現への挑戦

しだいに内面を重視し始めた横光は、**人間の心理をつぶさに描く表現方法**を試み、『**機械《きかい》**』を発表。それは堀辰雄《ほりたつお》(⬇ 二八一頁)や伊藤整《いとうせい》(⬇ 二八一頁)らの新心理主義《しんしんりしゅぎ》に通じるものだった。また、一九三五(昭和一〇)年には『**純粋小説論《じゅんすいしょうせつろん》**』で純文学と通俗小説の融合を主張し、『紋章《もんしょう》』でそれを実践。さらに、一九三六(昭和一一)年に半年間の欧州旅行をした後は、西欧至上主義に疑問をいだき、東洋の精神による近代を追究し、十年にわたって『旅《りょ》愁《しゅう》』を書きついだが未完に終わった。第二次大戦後に、戦争協力の姿勢が非難され、失意のうちに没した。

将棋をさす横光(右)と川端(左)

機械《きかい》

一九三〇(昭和五)年

ネームプレート工場の住み込み工員である「私」は、製法の秘密をめぐって他の工員と苛烈な心理戦を繰り広げる。新心理主義的手法の代表作とされる短編小説。

川端康成の弔辞

一九二一(大正一〇)年、横光二十三歳、川端二十二歳の時、二人は菊池寛《きくちかん》(⬇ 二六三頁)を介して出会い、変わらぬ友情を保ち続けた。川端は横光の挑戦を理解し、個性的な考えや性格の美しさを愛した。早世した横光への弔辞は、哀惜にあふれたものであった。

君の名に傍《そ》えて僕の名の呼ばれる習わしも、かえりみればすでに二十五年を越えた。君の作家生涯のほとんど最初から最後まで続いた。その年月、君は常に僕の心の無二の友人であったばかりでなく、菊池さんと共に僕の二人の恩人であった。恩人としての顔を君は見せたためしは無かったが、喜びにつけ悲しみにつけ、君の徳が僕を霑《うるお》すのをひそかに僕は感じた。(中略)

横光君　僕は日本の山河を魂として君の後を生きてゆく。幸い君の遺族に後の憂えはない。

横光の告別式で弔辞を読む川端

日本初のノーベル文学賞作家

川《かわ》端《ばた》康《やす》成《なり》

一八九九(明治三二)年～一九七二(昭和四七)年
大阪府生まれ

1868 明治 1912 大正 1926 昭和(戦前) 1945 昭和(戦後) 1989 平成・令和

#新感覚派 #日本の伝統美 #ノーベル文学賞

西暦	年号	歳	事項	区分
一八九九	明治三二	0	大阪府に誕生。	少年・青年期
一九一四	大正三	15	祖父が亡くなり、孤児となる。	
一九一七	大正六	18	第一高等学校入学。	
一九二〇	大正九	21	東京帝国大学英文科入学。	
一九二一	大正一〇	22	横光利一《よこみつりいち》と出会う。	
一九二四	大正一三	25	横光利一・片岡鉄兵《かたおかてっぺい》らと雑誌「文芸時代《ぶんげいじだい》」を創刊。	
一九二六	大正一五	27	『伊豆《いず》の踊子《おどりこ》』	新感覚派として
一九三三	昭和八	34	『禽獣《きんじゅう》』	
一九三五	昭和一〇	36	この年に新設された芥川賞の選考委員になる。	
一九三七	昭和一二	38	『雪国《ゆきぐに》』	
一九四三	昭和一八	44	『故園《こえん》』『夕日《ゆうひ》』	戦後
一九四九	昭和二四	50	『千羽鶴《せんばづる》』『山《やま》の音《おと》』	
一九六〇	昭和三五	61	『眠《ねむ》れる美女《びじょ》』	
一九六一	昭和三六	62	『古都《こと》』	
一九六八	昭和四三	69	ノーベル文学賞受賞。	
一九七二	昭和四七	72	ガス自殺。	

寂しい少年時代

川端は二歳までに父母と死別して祖父母に引き取られたが、七歳のときに祖母が、十五歳のときに祖父が亡くなり、天涯孤独の孤児となった。この体験は川端に底知れない孤独感と虚無感、そしてそれを携えて生きる強靭《きょうじん》な精神をもたらした。『十六歳《じゅうろくさい》の日記《にっき》』には、病床の祖父の痛ましい様子や寂しい二人の生活が、透徹した観察眼によって記されている。

新感覚派の中心作家

一九二一(大正一〇)年、東京帝国大学在学中の川端は第六次「新思潮《しんしちょう》」に掲載した『招魂祭一景《しょうこんさいいっけい》』が好評を得、文壇デビューを果たす。卒業後に横光利一《よこみつりいち》(➡二六六頁)らとともに「文芸時代《ぶんげいじだい》」を創刊すると、以後その**鋭い感覚的感性の表れた象徴的文体**によって「**新感覚派《しんかんかくは》**」の中心作家と位置付けられた。初期・中期の川端は、『**伊《い》豆《ず》の踊子《おどりこ》**』『**浅草紅団《あさくさくれないだん》**』『**禽獣《きんじゅう》**』などの代表作の他、叙情詩のような小品〈掌《たなごころ》の小説〉を多く書いた。また、文芸時評にも定評があり、三島由紀夫《みしまゆきお》(➡二八八頁)をいち早く見いだしたのも彼であった。

〈日本の作家〉の自覚

一九三七(昭和一二)年、『雪国《ゆきぐに》』を刊行。越後湯沢の温泉地の風物と哀《かな》しい女性の姿とが調和した、日本的叙情にあふれたこの作品によって、川端は〈日本の作家〉としての自覚を深め、彼の作家的地位は不動のものとなった。

戦後の活動とノーベル文学賞

戦後の川端は、日本の伝統美への思い入れを強め、『**山《やま》の音《おと》**』などを発表。一九六一(昭和三六)年には、「日本の『ふるさと』をたずねるような小説を書きたい」として長編『**古都《こと》**』の連載を開始する。そして一九六八(昭和四三)年、**日本人として初のノーベル文学賞を受賞**。授賞式では「美《うつく》しい日本《にほん》の私《わたし》」と題した講演をおこない、世界に向けて日本の美をアピールした。

しかし、一九七二(昭和四七)年、川端は自ら命を絶つ。この唐突な自死は、内外に大きな衝撃を与えた。

川端と愛鳥　川端は小鳥を飼うのが趣味だった。

伊《い》豆《ず》の踊子《おどりこ》

一九二六(大正一五)年

伊豆を旅する一高生の「私」は、旅芸人の一行と道連れになる。あどけなく純真な踊子に惹《ひ》かれ、また一座の人々の人情に触れるうちに、「孤児根性」から解放されていく。川端自身の体験をもとにした青春小説。

ノーベル文学賞授与式

川端の眼

一九二八(昭和三)年、熱海の別荘に滞在する川端の寝室に泥棒が入り込むという事件があった。川端の枕元に近づいた泥棒は、川端と目が合ったとたん「だめですか」と言って逃げ去ったという。秀子《ひでこ》夫人は、「彼の性格を最もよく表現しているものは、彼の、あの鋭い眼《め》です」と語る。また、川端の応接室では彼の眼に射すくめられた訪問者との間に長い沈黙が流れるのが常だったことも有名である(川端当人は、そうした相手の反応を意にも介さなかった)。冷徹《れいてつ》に事実を見据え、美を見極めんとする猛禽《もうきん》のごときぎょろ目は、さもしいコソ泥など手もなく追い返せたのである。

文学史問題：川端康成の作品でないものを次から一つ選べ。(防衛医科大)
①伊豆の踊子　②潮騒　③古都　④雪国　⑤山の音

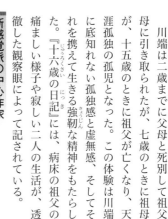

梶《かじ》井《い》基《もと》次《じ》郎《ろう》

詩的感性で孤独を描く

明治 1868 / 大正 1912 / 昭和（戦前） 1926 / 昭和（戦後） 1945 / 平成・令和 1989

一九〇一（明治三四）年〜一九三二（昭和七）年
大阪府生まれ

#私小説 #結核と早世 #死を見つめる目

西暦	年号	歳	事項	区分
一九〇一	明治三四	0	大阪府に誕生。	青年時代と発病
一九一九	大正八	18	第三高等学校入学。	
一九二〇	大正九	19	肺結核のため高校を休学。	
一九二四	大正一三	23	東京帝国大学英文科入学。異母妹の八重子《やえこ》の死後、三重県松阪町の姉宅に滞在。	
一九二五	大正一四	24	同人誌「青空《あおぞら》」創刊。『檸檬《れもん》』『城《しろ》のある町《まち》にて』	
一九二六	大正一五	25	病状が悪化し、静岡県伊豆湯ヶ島温泉で療養。川端康成《かわばたやすなり》と出会う。	作家として
一九二七	昭和二	26	『冬《ふゆ》の日《ひ》』	
一九二八	昭和三	27	大学を除籍となる。大阪に帰郷。『冬《ふゆ》の蠅《はえ》』『桜《さくら》の樹《き》の下《した》には』	
一九二九	昭和四	28	父の宗太郎《そうたろう》が死去。	病状の悪化と旺盛な創作活動
一九三〇	昭和五	29	『愛撫《あいぶ》』『闇《やみ》の絵巻《えまき》』	
一九三一	昭和六	30	『交尾《こうび》』	
一九三二	昭和七	31	『のんきな患者《かんじゃ》』肺結核のため死去。	

三高時代の梶井（左）・中谷（中央）・外村（右）

青春時代と宿痾

一九〇一（明治三四）年、大阪府に生まれる。父宗太郎《そうたろう》は貿易会社に勤務していたが、酒に溺れ、家庭を顧みない人であり、五人兄弟の他に異母弟と異母妹がいた。母ひさは教育熱心で、梶井は子供の頃から古典や物語に親しむ病弱な少年であった。第三高等学校理科甲類に進学した梶井は、後に小説家となる中谷孝雄《なかたにたかお》・外村繁《とのむらしげる》ら文科の学生と交わり、文学的な素養を深めていく。一方、梶井家では祖母・弟・異母妹があいついで結核性の病気で亡くなった。自身も何度か肺に起因する発熱を繰り返し、療養生活を送りながら、五年をかけて第三高等学校を卒業。その後も、**肺病と闘いながら生涯を送る。**

病苦の中で

東京帝国大学英文科に入学後は、中谷らとともに同人誌「青空《あおぞら》」を創刊。『**檸檬《れもん》**』『**城《しろ》のある町《まち》にて**』などを発表した。さらに、伊豆湯ヶ島で療養生活を送り、川端《かわばた》康成《やすなり》（⬇二六七頁）らと交流する傍ら『**冬《ふゆ》の日《ひ》**』『**冬《ふゆ》の蠅《はえ》**』『蒼穹《そうきゅう》』『ある崖上《がけうえ》の感情《かんじょう》』など、自分の病と生のあり方を見つめる作品を発表する。その後上京するも結核が悪化し、一九二八（昭和三）年に大阪の実家へと戻った。翌年父が死去し、兄の家や借家など、居を移しながらも、病床で読書をし、『桜《さくら》の樹《き》の下《した》には』『**闇《やみ》の絵巻《えまき》**』『交尾《こうび》』など、創作活動を続けた。

死後の評価

死の前年、『檸檬《れもん》』と題した作品集が刊行され、『交尾《こうび》』が井伏鱒二《いぶせますじ》（⬇二七〇頁）によって「神わざの小説」と絶賛されるなど、文壇で注目される。病とともに衰弱は進んでいたが、死の直前の作品『**のんきな患者《かんじゃ》**』では、死におびえ、あらがおうとする人々の姿と、それでもいやおうなく死が訪れる現実を平明な筆致で描き、それまでの作品の主題であった孤独や絶望の色は薄れている。その後まもなく、容態が悪化し、三十一歳の若さで死去。梶井の命日である三月二十四日は、「檸檬《れもん》忌《き》」と呼ばれている。死後も、小林秀雄《こばやしひでお》（⬇三四六頁）や三島由紀夫《みしまゆきお》（⬇二八八頁）ら多くの文学者によって、梶井の作品は高く評価された。

湯ヶ島での出会い

梶井が湯ヶ島温泉の湯川屋に滞在していたとき、同じく湯ヶ島に来ていたのが川端康成《かわばたやすなり》（⬇二六七頁）であった。二歳上の川端は当時雑誌「文芸時代《ぶんげいじだい》」を創刊し、新感覚派《しんかんかくは》の旗手として活躍しており、梶井にとっては憧れの存在であった。一九二六（大正一五）年には川端が発表した『心中《しんじゅう》』に触発され、『川端康成第四短篇集《かわばたやすなりだいよんたんぺんしゅう》『心中《しんじゅう》』を主題《しゅだい》とせるヴァリエイション』という文章を発表している。彼はしばしば川端のもとを訪ね、碁の相手をしたり、『伊豆《いず》の踊子《おどりこ》』の校正を手伝ったりするなど、川端に心酔していた。川端も自身の文章の中で、梶井のことを「底知れない程人のいい親切さと、懐《なつ》しく深い人柄を持っている」と評している。また、湯ヶ島では川端を介して、萩原朔太郎《はぎわらさくたろう》（⬇三一七頁）・広津和郎《ひろつかずお》（⬇二八二頁）・尾崎士郎《おざきしろう》・宇野千代《うのちよ》ら多くの文学者の知遇を得、それが後の創作活動に影響を与えた。このうち宇野千代とは一種の恋愛関係に陥り、宇野と尾崎士郎の離婚の原因の一つともなった。

宇野千代　湯ヶ島で梶井と出会った頃、宇野は尾崎士郎と婚姻関係にあった。

Close Up

えたいの知れない不吉な塊が私の心を始終おさえつけていた。

檸檬《れもん》

一九二五（大正一四）年

「私」は、京都に住む学生である。肺を病み、金銭に苦労し、終始「えたいの知れない不吉な塊」に心をおさえつけられて何にも喜びを見いだせない状況に逼塞《ひっそく》感《かん》を覚えていた。ある日、お気に入りの果物屋に立ち寄った「私」は、そこに檸檬が売られているのを目にして、その形・色・匂い・感触に惹《ひ》かれて自分が幸福であると感じ、最近は避けていた丸善《まるぜん》に入ってみる。しかし丸善で再び憂鬱な気持ちに陥り、積み上げた画本《えほん》の上に檸檬を置いて爆弾に見立てることを思いつくのだった……。清澄な文章表現と作者自身の分身である「私」の心の鬱屈、そこから蘇生する生のみずみずしさなど、梶井基次郎という作家の特質が存分に発揮された代表作であり、小林秀雄《こばやしひでお》（⬇三四六頁）以降、多くの小説家や文芸評論家によって称賛され続けている。

梶井基次郎文学碑（静岡県伊豆市）

当時の丸善京都店（丸善雄松堂株式会社蔵）

▶生活がまだ蝕《むしば》まれていなかった以前私の好きであった所は、例えば丸善であった。赤や黄のオードコロンやオードキニン。洒落《しゃれ》た切子《きりこ》細工《ざいく》や典雅なロココ趣味の浮き模様を持った琥珀色《こはくいろ》や翡翠色《ひすいいろ》の香水壜《こうすいびん》。煙管《きせる》、小刀、石鹸《せっけん》、煙草《たばこ》。私はそんなものを見るのに小一時間も費やすことがあった。

丸善の京都店は、当時、三条通麩屋町《ふやちょう》にあった。従来の商店とはまったく違う形態の新しい店舗で、書店としてだけでなく商店としても舶来の商品を多く扱っていた丸善は、当時の文化人たちから広く愛されていた。

果物屋のモデルとなった「八百卯《やおう》」（京都市中京区）

▶その果物屋は私の知っていた範囲で最も好きな店であった。そこは決して立派な店ではなかったのだが、果物屋固有の美しさが最も露骨に感ぜられた。果物はかなり勾配の急な台の上に並べてあって、その台というのも古びた黒い漆塗りの板だったように思える。

梶井が「眼深《まぶか》にかぶった帽子の廂《ひさし》のよう」と表現した果物屋の廂。夜には店頭の周囲が真っ暗になり、その暗闇と、店内の「幾つもの電灯が驟雨《しゅうう》のように浴びせかける絢爛《けんらん》」とが対照的に描写されている。その店に、檸檬が置かれていたのである。モデルとなった「八百卯《やおう》」はその後、約八十年にわたって「檸檬の店」として親しまれ、常に店先には数種のレモンがディスプレイされていたが、二〇〇九（平成二一）年、惜しまれながらその歴史に幕を下ろした。

城《しろ》のある町《まち》にて

一九二五（大正一四）年

都会から松阪へやって来た青年が、そこで過ごす八月末の数日の出来事を、「ある午後《ごご》」「手品《てじな》と花火《はなび》」「病気《びょうき》」「勝子《かつこ》」「昼《ひる》と夜《よる》」「雨《あめ》」の六つの断章に綴《つづ》った作品。中谷孝雄《なかたにたかお》が、暗く孤独を感じさせる梶井の作品の中で「最も明るい外光に充《み》ちた作」と評した作品であり、都会での生活に疲れた青年が松阪の自然や素朴な人々の感情に触れて、心を安らがせる様子が描かれている。

冬《ふゆ》の蠅《はえ》

一九二八（昭和三）年

伊豆の温泉街に療養に来ている「私」は、衰弱した冬の蠅が日光の中で交尾する姿を見て、「なんという『生きんとする意志』であろう！」と感嘆する。一方で「私」は「うっとりした生の幻影」で自分をだまそうとする太陽を憎み、ひたすら「酷寒のなかの自由」を欲する。気まぐれに温泉街を出てさまよい歩き、三日ほどたって自分の部屋に戻ってきたときには、蠅は一匹も残っていなかったのだった……。倦怠《けんたい》よりも戦慄、生よりも死に惹《ひ》かれる筆者の、強い孤独感と鋭い感受性が冴《さ》える作品。

文学史問題：宇野千代の作品を次から一つ選べ。（聖心女子大）
①或る女　②伊豆の踊子　③おはん　④智恵子抄　⑤舞姫

井《い》伏《ぶせ》鱒《ます》二《じ》

滋味あふれる健全な生活人

#新興芸術派　#ユーモアとペーソス　#市井の弱者への同情

一八九八(明治三一)年～一九九三(平成五)年
広島県生まれ

明治 1868 / 大正 1912 / 昭和(戦前) 1926 / 昭和(戦後) 1945 / 平成・令和 1989

西暦	年号	歳	事項	区分
一八九八	明治三一	0	広島県に誕生。	青年時代
一九一九	大正八	21	早稲田大学《わせだだいがく》文学部仏文科入学。	
一九二一	大正一〇	23	早稲田大学に籍を置きながら、日本美術学校別格科にも入学。	
一九二二	大正一一	24	早稲田大学と日本美術学校を退学。	
一九二三	大正一二	25	『幽閉《ゆうへい》』	無名作家時代
一九二九	昭和四	31	『幽閉』を改作し、『山椒魚《さんしょううお》』として発表。『屋根《やね》の上《うえ》のサワン』	
一九三〇	昭和五	32	太宰治《だざいおさむ》が訪れ、以後、師事される。	
一九三八	昭和一三	40	『ジョン万次郎漂流記《まんじろうひょうりゅうき》』で直木賞受賞。	文壇登場以降
一九三九	昭和一四	41	『多甚古村《たじんこむら》』	
一九四一	昭和一六	43	陸軍徴用を受け入隊(翌年に徴用解除)。	
一九六五	昭和四〇	67	『黒《くろ》い雨《あめ》』	
一九九三	平成五	95	肺炎のため死去。	

画家志望から文学志望へ

一八九八(明治三一)年、広島県に生まれる。本名満寿二《ますじ》。早くに父を亡くし、祖父と母とによって溺愛されて育った。中学三年生の頃から画家を志し、日本画家の橋本関雪《はしもとかんせつ》に入門を申し込んだが断られた。兄の勧めもあって文学に志望を変更。一九一九(大正八)年に早稲田大学《わせだだいがく》文学部仏文科に入学すると、一日一作短編を書き、谷崎精二《たにざきせいじ》に見てもらうようになる。しかし、大学三年生のとき、一人の教員と衝突して早稲田大学を退学してしまう。また、日本美術学校の別格科にも週に一、二度通っていたが、これも退学した。

谷崎精二　谷崎潤一郎《たにざきじゅんいちろう》の弟で早稲田大学教授を務めた。

長い無名作家時代

一九二三(大正一二)年の関東大震災以降は、マルクス主義全盛の時代であり、文壇はプロレタリア文学が主流であった。井伏は反プロレタリア文学のグループ「**新興芸術派**《しんこうげいじゅつは》」に参加。時流に乗らなかったことで長い不遇の期間を過ごすが、その間も決して生活を荒廃させることはなかった。**創作意欲に裏打ちされた健全かつノーマルな一生活人としての態度**は、晩年に至るまで続く、彼の作家スタイルであり思想そのものであった。

文壇登場

プロレタリア文学が下火になると、ようやく井伏の作品は日の目を見るようになる。一九二九(昭和四)年に『**屋根**《やね》**の上**《うえ》**のサワン**』を発表。さらに翌年『**山椒魚**《さんしょううお》』を収めた初の短編集『夜《よ》ふけと梅《うめ》の花《はな》』を刊行すると、小林秀雄《こばやしひでお》(⬇三四六頁)から高い評価を受けて作家としての地位を確立し、『**ジョン万次郎漂流記**《まんじろうひょうりゅうき》』『多甚古村《たじんこむら》』など、庶民の生き様を多く描いた。また、一九二七(昭和二)年頃から、阿佐ヶ谷界隈《あさがやかいわい》に多くの文学者が住んだが、井伏もその一人であった。その阿佐ヶ谷文士村の中でもとくに「阿佐ヶ谷会《あさがやかい》」と呼ばれるグループの中心的存在となり、将棋・文学・美術を愛好する文学者たちと交流した。

戦後の活躍

一九四一(昭和一六)年、井伏は陸軍に徴用され、日本の占領地マレーに一年間赴く。そこでの経験が井伏の戦争観を形作り、また鋭く事実を観察する作風への変化にもつながっている。一貫して軍国主義の風潮に流されず、平常心を失わなかった井伏は、戦後、『本日休診《ほんじつきゅうしん》』『遙拝隊長《ようはいたいちょう》』『**黒**《くろ》**い雨**《あめ》』などの作品で、庶民にとっての戦争や原爆投下後の悲劇を描いた。

太宰治との師弟関係

青森中学一年生だった太宰治《だざいおさむ》(⬇二七三頁)は、『山椒魚《さんしょううお》』の前身『幽閉《ゆうへい》』を読んで、「私は埋もれたる無名不遇の天才を発見したと思って興奮した」という。何度も井伏に手紙を送ったあげく、会ってくれなければ自殺すると迫り、一九三〇(昭和五)年に初対面する。以来、井伏は太宰の生活に深く関わることになった。薬物中毒に陥った太宰を説得して入院させ、見合いと結婚の世話もした。郷里からの送金は、無軌道な太宰がお金を使い果たさぬよう、井伏宅で月三回、受け渡されていた。何か太宰に問題が生じれば、すぐに会って話し合うようにしていたという。これほどの面倒をかけ、甘えてもいた太宰だが、井伏の健全なる常識人としての応対に不満や哀《かな》しみをいだいていたふしもある。遺書には、「井伏さんは悪人です」という、愛憎の入り交じった心情をうかがわせる言葉が記されていた。一方、井伏の側には、太宰を迷惑がったり突き放そうとしたりした様子はない。同じ「阿佐《あさ》ヶ谷会《やかい》」にいた作家小沼丹《おぬまたん》によれば、太宰が現れると自然と井伏の頬は緩んだという。弟子ではあっても一貫して「太宰君」「友人」と書き記し、その早世を悼んだ。

井伏鱒二(右)と太宰治(左)

Close Up　山椒魚は悲しんだ。

山椒魚《さんしょううお》　一九二九(昭和四)年

一九二三(大正一二)年の『幽閉《ゆうへい》』に加筆・改題して発表し、文壇に認められた作品。『幽閉』から『山椒魚』までの年月は、ちょうど井伏の無名作家時代に重なる。作品には、渓流の岩屋から体が大きくなりすぎて出られなくなった山椒魚が登場する。そこには、目まぐるしく動く文壇の様子を見て自意識に囚《とら》われ、身動きがとれなくなっていた当時の井伏の姿が彷彿《ほうふつ》される。また、作中、岩屋に入り込んだ一匹の蛙《かえる》と口論を繰り返したあげく、互いに黙り込んで息をひそめる展開は、井伏の内面の葛藤を表すものとも見える。しかし、その山椒魚の葛藤、蛙との辛辣なやりとりには、えも言われぬ滑稽味がある。井伏は、自身の哀《かな》しみをユーモアで包み、突き放して描くことによって、作家として出発したのである。

▶山椒魚は岩屋の外に出ていくべく頭が肥大しすぎていたことを、すでに相手に見抜かれてしまっていた。

▶ああ神様、どうして私だけがこんなにやくざな身の上でなければならないのです?
一九二八(昭和三)年、当時自宅のあった荻窪の駅での写真。この頃の井伏は作家としての芽が出ず、不遇の期間を過ごしていた。

▶井伏の釣り好きは幼少期からの筋金入りで、特に川釣りが好きだった。筆名に「鱒」の字を使ったのも、そのためである。旅行の際には必ず釣竿《つりざお》を携え、一時は「ヤマメの密漁にさえも行きかねないほど」だったという。

度重なる改変

一九二三(大正一二)年の『幽閉《ゆうへい》』を改変し、一九二九(昭和四)年に発表された『山椒《さんしょう》魚《うお》』だが、実はこの作品、それから五十数年を経た一九八五(昭和六〇)年発行の『井《い》伏鱒二《ぶせますじ》自選全集《じせんぜんしゅう》』に収録された際にも、大幅な改変がおこなわれている。そこでは、「そしてお互いに自分の嘆息が相手に聞こえないように注意していたのである」で終わっており、以降の山椒魚と蛙《かえる》が和解する場面はすべて削除されたのである。この改変は世の読者を驚かせ、さまざまな議論を呼んだ。この改変によって作品の印象は大きく変わるはずだ。どちらがよいかを議論してみてもおもしろい。

ジョン万次郎漂流記《まんじろうひょうりゅうき》　一九三七(昭和一二)年

幕末期、難破して漂流した実在の漁師中浜万次郎《なかはままんじろう》の運命を描いた直木賞受賞作。仲間とともに土佐沖で遭難した十四歳の万次郎は無人島に漂着。アメリカの捕鯨船に救助されて渡米した後、読み書きを身につけ生き抜いていく。やがて帰国した彼は、時代の大きな変動期にある日本社会で活躍するようになる。鎖国から開国へという時代を背景に、自由な精神でたくましく生きた人の姿を活写している。

中浜万次郎(ジョン万次郎)

黒《くろ》い雨《あめ》　一九六五(昭和四〇)年

実在の若い女性がモデルとなった長編小説。叔父にあたる人物の日記と取材をもとに、当初は『姪《めい》の結婚《けっこん》』というタイトルで書き出され、連載の途中で改題された。良縁にようやく巡り会えたかと見えた矢須子《やすこ》は、原子爆弾投下後に降る「黒い雨」によって、原爆症に倒れる。戦争や原爆の恐ろしさと、翻弄される庶民の姿が描かれている。野間文芸賞《のまぶんげいしょう》を受賞し、一九八九(平成元)年には映画化され、話題となった。

文学史問題：井伏鱒二による作品に該当するものを次から一つ選べ。(山梨学院大)
①点と線　②人間失格　③青い山脈　④本日休診

道化の文学者
太宰治《だざいおさむ》

#繰り返される自殺　#無頼派（新戯作派）　#反俗・反権威

明治	大正	昭和（戦前）	昭和（戦後）	平成・令和
1868	1912	1926	1945	1989

一九〇九（明治四二）年～一九四八（昭和二三）年
青森県生まれ

西暦	年号	歳	事項	区分
一九〇九	明治四二	0	青森県に誕生。	少年・青年時代
一九二七	昭和二	18	弘前高等学校《ひろさきこうとうがっこう》文科入学。	
一九二九	昭和四	20	薬物による自殺未遂。	
一九三〇	昭和五	21	東京帝国大学仏文科入学。井伏鱒二《いぶせますじ》に師事する。バーで出会った女性と心中を図り、女性だけが亡くなる。	
一九三二	昭和六	22	小山初代《おやまはつよ》と同棲《どうせい》。	
一九三五	昭和一〇	26	縊死《いし》を図るも未遂。大学除籍。	
一九三六	昭和一一	27	パビナール中毒治療のため入院。	

20歳

26歳

県内屈指の大地主

一九〇九（明治四二）年、青森県北津軽郡《きたつがるぐん》金木村《かなぎむら》（現　五所川原市《ごしょがわらし》）に生まれる。本名津島修治《つしましゅうじ》。津島家は金融業などによって財を成し、「金木《かなぎ》の殿様《とのさま》」と呼ばれるほどの大地主で、父の源右衛門《げんえもん》は多額納税者にその資格が与えられる貴族院議員にもなった人物であった。父は多忙、母のたねは病弱であったため、太宰はもっぱら乳母や叔母によって養育される。こうした**「大地主の子」「乳母・叔母による養育」**という出自は、以後の太宰の文学に大きな影響を与えることになった。

津島源右衛門

退廃的な日々

小中学校での学業成績はきわめて優秀で、この頃より芥川龍之介《あくたがわりゅうのすけ》（⬇二六〇頁）や志賀直哉《しがなおや》（⬇二五六頁）の小説にも親しんでいた。しかし、弘前高校《ひろさきこうこう》文科に入学した直後、敬愛していた芥川が自殺する。芥川の死に衝撃を受けた太宰は学業を放棄するようになり、生活面も急激に変化していった。当時は非合法であった左翼運動に関わり、零細農民からの搾取によって成り上がった津島家の出自に負い目を感じ、自殺未遂を図るようにまでなっていった。高校卒業後、東京帝国大学に入学した太宰は、高校時代より交際していた小山初代《おやまはつよ》を東京に呼び寄せ、生家に結婚の承諾を迫る。しかし、結婚は生家との分家除籍が条件だった。その苦悩から、太宰はバーで出会った女性と心中を図り、女性だけが亡くなるという事件を引き起こす。この事件は太宰の人生に暗い影を落とすこととなった。以後、左翼運動から離れ、死を意識した遺書として小説を書き始める。

実生活の破綻と創作開始

一九三五（昭和一〇）年、大学を卒業できないことが決定。都新聞社《みやこしんぶんしゃ》の入社試験を受けるも不合格となり、太宰はまたも自殺を図り、やはり失敗に終わった。その直後、急性盲腸炎で入院。手術後腹膜炎を併発したため、鎮静のために使用したパビナール（麻薬性鎮痛剤）の中毒に陥ってしまう。さらに追い打ちをかけるように、パビナール中毒治療のための入院中、同棲を続け、内縁の妻となっていた小山初代が太宰の知人と過ちを犯していたことが発覚。太宰は初代とともにまたも心中を図るが未

小山初代

芥川賞事件

一九三五（昭和一〇）年に創設された第一回芥川賞の選考では、石川達三《いしかわたつぞう》（⬇二九六頁）『蒼氓《そうぼう》』、外村繁《とのむらしげる》『草筏《くさいかだ》』、高見順《たかみじゅん》（⬇二九六頁）『故旧忘れ得べき《こきゅうわすれうべき》』、衣巻省三《きぬまきせいぞう》『けしかけられた男《おとこ》』、太宰治『逆行《ぎゃっこう》』が最終選考に残った。

当時、パビナール中毒に冒され、そのために経済的にも困窮していた太宰は芥川賞によって得られる賞金五百円を喉から手が出るほど望んでいた。しかし、最終的には石川達三『蒼氓』が受賞。これに落胆した太宰は、当時の芥川賞選考委員であった川端康成《かわばたやすなり》（⬇二六七頁）の「私見によれば、作者目下の生活に厭《いや》な雲ありて」という選評に激怒する。作品を評価せず、人物を評価している点に怒ったのだ。太宰はすぐさま『川端康成《かわばたやすなり》へ』という文章を発表し、「私は憤怒に燃えた。幾夜も寝苦しい思いをした。小鳥を飼い、舞踏を見るのがそんなに立派な生活なのか。刺す。そうも思った。大悪党だと思った」と、川端を罵った（小鳥を飼い、浅草で踊りを見るのが川端の趣味だった）。

一方、川端と同じく芥川賞の選考委員を務め、太宰の作品を評価していた佐藤春夫《さとうはるお》（⬇二五五頁）には、「第二回の芥川賞は、私に下さいまするよう、伏して懇願申しあげます」「佐藤さん、私を見殺しにしないで下さい。私を忘れないで下さ

太宰の生家　1996 年までは旅館として使用され、現在は太宰治記念館「斜陽館」として一般開放されている。

西暦	和暦	年齢	事項	時期
一九三七	昭和一二	28	初代と薬物心中を図るも未遂。初代と離別。	作家活動前期
一九三九	昭和一四	30	石原美知子《いしはらみちこ》と結婚。『富嶽百景《ふがくひゃっけい》』『女生徒《じょせいと》』	作家活動中期
一九四〇	昭和一五	31	『駈込み訴へ《かけこみうったえ》』『走《はし》れメロス』	作家活動中期
一九四二	昭和一七	33	『正義と微笑《せいぎとびしょう》』	作家活動中期
一九四三	昭和一八	34	『右大臣実朝《うだいじんさねとも》』	作家活動中期
一九四四	昭和一九	35	『津軽《つがる》』	作家活動中期
一九四五	昭和二〇	36	『パンドラの匣《はこ》』	作家活動後期
一九四七	昭和二二	38	『ヴィヨンの妻《つま》』『斜陽《しゃよう》』	作家活動後期
一九四八	昭和二三	39	『人間失格《にんげんしっかく》』『グッド・バイ』山崎富栄《やまざきとみえ》と玉川上水で入水自殺。	作家活動後期

38歳

遂に終わり、初代とは離別する。しかし、このような実生活が破綻した中でも、創作活動は続けており、これまでに発表した『魚服記《ぎょふくき》』『思《おも》ひ出《で》』『道化《どうけ》の華《はな》』『雀《すずめ》こ』『猿ケ島《さるがしま》』などの短編小説をまとめて、一九三六(昭和一一)年に第一創作集『晩年《ばんねん》』を出版した。

心身の回復

初代と離別した太宰は、一九三八(昭和一三)年、心身の回復を図るため、**師と仰いでいた井伏鱒二《いぶせますじ》**(⬇二七〇頁)の勧めもあって、山梨県御坂峠《みさかとうげ》に滞在しながら小説を書き始める。また、御坂峠に滞在中、甲府市に住む石原美知子《いしはらみちこ》と見合いをし、井伏鱒二夫妻が仲人となって結婚。これを機に太宰は心身の健康を取り戻し、旺盛な創作活動を開始するようになった。この時期に書かれた『満願《まんがん》』『**富嶽百景《ふがくひゃっけい》**』『**女生徒《じょせいと》**』『**走《はし》れメロス**』といった作品群はいずれも人間の善意に目を向けた明るく希望に満ちた作品であり、退廃的な生活を続けていた時期に書かれた『晩年』所収の作品群とは作風も異なり、発表する作品数も飛躍的に多くなっていった。一九四一(昭和一六)年、太平洋戦争勃発後、戦時統制が強化され、自由な発言が許されなくなった時代にあっても創作意欲は衰えず、『**正義と微笑《せいぎとびしょう》**』『右大臣実朝《うだいじんさねとも》』『**津軽《つがる》**』『新釈諸国噺《しんしゃくしょこくばなし》』などの作品を発表。まさに、文学面でも身体面でも充実した時期であった。

無頼派として

一九四五(昭和二〇)年、太平洋戦争が終結。戦時中は当局の意に添うように戦争賛美を謳《うた》っていたジャーナリズムや文壇が、戦争終結とともに戦争批判へとその主張を変える様子に太宰は失望し、「新型便乗」「民主主義踊り」といった言葉で、そうした風潮を批判する。そして自らは**反俗・反権威**という立場をとり、作風も『**トカトントン**』『**ヴィヨンの妻《つま》**』といった作品に代表される退廃的なものへと再び変化していった。そして一九四七(昭和二二)年、『**斜陽《しゃよう》**』を発表。この作品は戦後の急激な変化により没落した上流階級を指す「斜陽族《しゃようぞく》」という言葉を生み出すほどのベストセラーとなり、太宰は「**無頼派《ぶらいは》**(**新《しん》戯作派《げさくは》**)」作家として時代の寵児《ちょうじ》となった。しかし、この頃より結核を患い、一九四八(昭和二三)年に喀血《かっけつ》。こうした状況の中で自伝的小説『**人間失格《にんげんしっかく》**』を執筆し、同年六月十三日、当時太宰の愛人であった山《やま》崎富栄《ざきとみえ》とともに玉川上水で入水自殺を遂げた。遺体が発見されたのは六日後の六月十九日で、奇《く》しくも太宰の誕生日であった。そのため、東京都三鷹《みたか》の禅林寺《ぜんりんじ》にある太宰の墓では、毎年六月十九日に「**桜桃忌《おうとうき》**」と呼ばれる太宰を偲《しの》ぶ催しがおこなわれ、現在でも多くの人々が訪れている。

津島縣議の令弟修治氏
鎌倉で心中を圖る
女は遂に絶命
修治氏も目下重
津島家から急行

太宰が大学時代に引き起こした心中事件を報じる新聞(1930 年 11 月 28 日「東奥日報」)

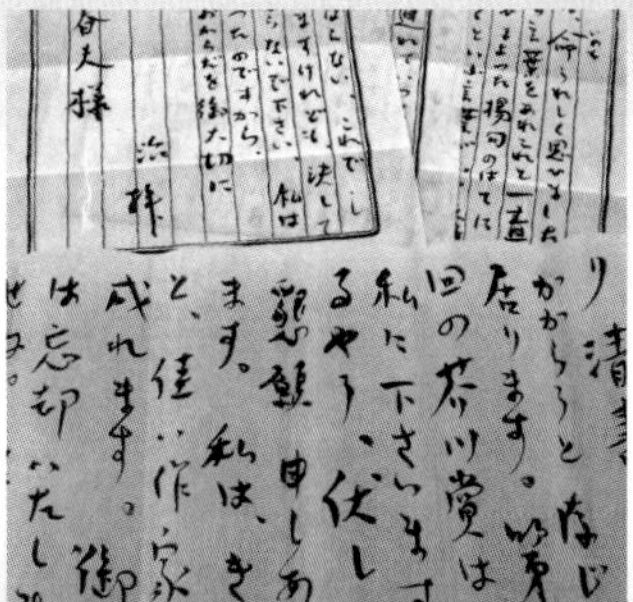

太宰が送った佐藤春夫宛の手紙

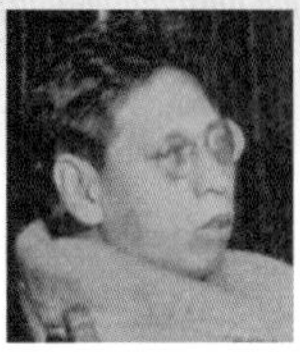

当時の佐藤春夫

い」といった手紙を幾度となく書き送っている。ちなみに、太宰は第二回芥川賞も逃し、第三回芥川賞選考前には、かつて罵倒したはずの川端康成にまで、「何卒《なにとぞ》私に与えて下さい」との手紙を書き送ったものの、とうとう芥川賞の受賞はかなわなかった。当時の太宰がいかに芥川賞に執着していたかがうかがえるエピソードである。

文学史問題：「朝、食堂でスウプを一さじ、すっと吸って」から始まる太宰治の作品名を次から選べ。(大阪体育大・改)
①正義と微笑　②津軽　③右大臣実朝　④斜陽　⑤人間失格

晩年《ばんねん》

一九三六（昭和一一）年

初期に書かれた小説群をまとめた短編集。津軽に住む十五歳の少女スワの死を民話風に描いた『魚服記《ぎょふくき》』、幼少期の淡い追想を綴《つづ》った自伝的小説『思《おも》ひ出《で》』、自身の心中事件を素材に描いた『道化《どうけ》の華《はな》』など、十五編を収める。太宰にとって初めての創作集であるにもかかわらず、その書名を『晩年』としたところに、遺書のつもりで小説を書き始めたという当時の太宰の心境がうかがえる。

女生徒《じょせいと》

一九三九（昭和一四）年

「私」という女生徒の五月一日の起床から就寝までが描かれた短編小説。太宰が得意としていた女性の独白体で書かれており、少女から大人に移り変わりつつある「私」の揺れ動く心情が丁寧に描かれている。芥川賞選考をめぐって対立した川《かわ》端康成《ばたやすなり》（➡二六七頁）からも「『女生徒』のような作品に出会えることは、時評家の偶然の幸運なのである」と絶賛された作品。

正義《せいぎ》と微笑《びしょう》

一九四二（昭和一七）年

十六歳の「僕」は聖書のマタイ六章十六節にある言葉にヒントを得て、「微笑もて正義を為せ！」をモットーに生きていくことを決意する。太宰の弟子にあたる堤重《つつみしげ》久《ひさ》の弟で俳優の堤康久《つつみやすひさ》の日記を素材にして書かれた長編の青春小説。

太宰治（右）と堤重久（左）

津軽《つがる》

一九四四（昭和一九）年

小山初代《おやまはつよ》との結婚の承諾を迫った際に生家から分家除籍されて以来遠ざかっていた故郷の津軽を旅行し、そこでの出来事を綴《つづ》った紀行文風小説。幼少時の太宰は病弱な母に代わり乳母や叔母によって養育されており、当時は母とも思い慕っていた子守役のタケとの三十年ぶりの再会などが描かれる。

太宰治と越野《こしの》タケの像（青森県中泊町《なかどまりまち》）

パンドラの匣《はこ》

一九四五（昭和二〇）年

「健康道場」という結核療養施設で闘病生活を送っている二十歳の「僕」（小柴利《こしばり》助《すけ》）と彼の友人との書簡形式で綴《つづ》られた長編小説。太宰の読者であった木村庄助《きむらしょうすけ》という人物の病床日記をもとにしており、一九四五（昭和二〇）年八月十五日の終戦以来、理想の社会や人間について思索を巡らせる「僕」の姿が描かれる。太宰が思い描いていた戦後社会の理想像をうかがい知ることができる作品。

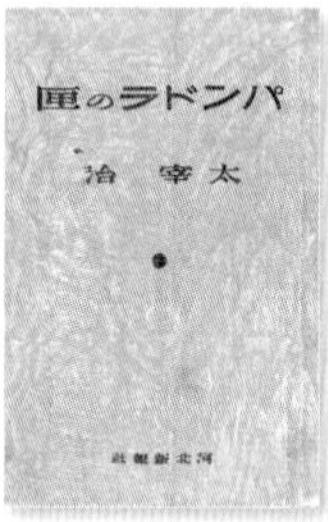

人間失格《にんげんしっかく》

一九四八（昭和二三）年

二十七歳の大庭葉蔵《おおばようぞう》という人物の手記と、それを読む小説家による「はしがき」「あとがき」から成る中編小説。世間を恐れるために道化を演じた幼少期、退廃的な生活を送った青年期といった大庭葉蔵の人生が手記の形で綴《つづ》られる。太宰自身の生涯とも重なる部分が多く、自伝的小説としても読まれてきた。『グッド・バイ』が未完絶筆となったため、完結作としては太宰最後の作品。

無頼派の作家たち

前列左から檀一雄・太宰治

退廃的・虚無的な視点から、戦後の混乱した社会を描き出した作家たちを「無頼派《ぶらいは》（新戯作派《しんげさくは》）」と呼ぶ。太宰治・坂口安吾《さかぐちあんご》（➡二六二頁）・織田作之助《おださくのすけ》・石《いし》川淳《かわじゅん》・檀一雄《だんかずお》などがその代表的作家。

織田作之助《おださくのすけ》

一九一三（大正二）年〜一九四七（昭和二二）年
大阪府生まれ

現在の京都大学の前身にあたる第三高等学校を中退した後から創作活動を開始。第一小説『雨《あめ》』で注目され、『夫婦《めおと》善哉《ぜんざい》』で作家としての地位を確立する。太宰とは二度面会しただけで深い付き合いはなかったものの、太宰は織田作之助を高く評価しており、織田作之助が亡くなった際には、『織田君《おだくん》の死《し》』という文章を発表している。

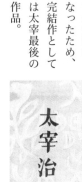

御坂峠の天下茶屋

▲御坂峠、海抜千三百メートル。この峠の頂上に、天下茶屋という、小さい茶店があって、井伏鱒二氏が初夏のころから、ここの二階に、こもって仕事をしておられる。私は、それを知ってここへ来た。井伏氏のお仕事の邪魔にならないようなら、隣室でも借りて、私も、しばらくそこで仙遊しようと思っていた。

Close Up

富士には、月見草がよく似合う。

富嶽百景《ふがくひゃっけい》

一九三九(昭和一四)年

中学生時代に井伏鱒二《いぶせますじ》(⬇二七〇頁)の作品を読んで感銘を受けた太宰は大学に入学した一九三〇(昭和五)年に井伏を訪ね、以後、長く師事することになる。井伏には公私にわたって世話になっており、度重なる自殺未遂やパビナール中毒によって心身ともに疲弊していた太宰を、当時自身が滞在していた山梨県御坂峠《みさかとうげ》に呼び寄せ、静かな環境で小説執筆することを勧めたのも井伏であった。『富嶽百景』は、この御坂峠での日々を描いた短編小説。さまざまな姿を見せる富士山の姿を通して、再生していく「私」の姿を描く。

御坂峠から見た富士山と月見草(マツヨイグサ)

▶三千七百七十八メートルの富士の山と、立派に相対峙《あいたいじ》し、みじんもゆるがず、なんと言うのか、金剛力草とでも言いたいくらい、けなげにすっくと立っていたあの月見草は、よかった。富士には、月見草がよく似合う。

井伏鱒二(右)と太宰治(左)

▲井伏氏は、濃い霧の底、岩に腰をおろし、ゆっくり煙草《たばこ》を吸いながら、放屁《ほうひ》なされた。いかにも、つまらなそうであった。

後年、「放屁なされた」と書かれた井伏鱒二が、事実無根であると抗議すると、太宰は「いや、たしかになさいました」と言い、さらに「一つだけでなく、二つなさいました」と言い張って聞かなかったという。

結婚式の記念写真　前列右から井伏鱒二・太宰治・石原美知子・井伏夫人

▶私の結婚の話も、だんだん好転していって、ある先輩に、すべてお世話になってしまった。結婚式も、ほんの身内の二、三のひとにだけ立ち会ってもらって、まずしくとも厳粛に、その先輩の宅で、していただけるようになって、私は人の情に、少年のごとく感奮していた。

太宰治は一九三九(昭和一四)年、山梨県都留高等女学校《つるこうとうじょがっこう》の教員をしていた石原美知子《いしはらみちこ》と結婚。仲人を務めたのは井伏鱒二夫妻だった。

石川淳《いしかわじゅん》

一八九九(明治三二)年～一九八七(昭和六二)年
東京都生まれ

一九三七(昭和一二)年、『普賢《ふげん》』で芥川賞を受賞。一九三八(昭和一三)年に発表した『マルスの歌《うた》』が発禁処分を受けたこともあり、戦時中は評論や江戸文学の研究をおこなう。戦後、作家活動を再開し、太宰治や織田作之助らとともに無頼派の代表的作家と呼ばれるようになった。作品に『佳人《かじん》』『焼跡《やけあと》のイエス』『処女懐胎《しょじょかいたい》』『至福千年《しふくせんねん》』『狂風記《きょうふうき》』などがある。

檀一雄《だんかずお》

一九一二(明治四五)年～一九七六(昭和五一)年
山梨県生まれ

死別した妻律子《りつこ》を描いた『リツ子《こ》 その愛《あい》』『リツ子《こ》 その死《し》』などの代表作があり、一九五一年(昭和二六)年『真説石川五右衛門《しんせついしかわごえもん》』で直木賞を受賞。晩年には大作『火宅《かたく》の人《ひと》』を刊行した。太宰とも深い親交があり、太宰の代表作『走《はし》れメロス』は、熱海《あたみ》の宿で太宰と檀が金を使い切ってしまい、太宰が井伏鱒二《いぶせますじ》(⬇二七〇頁)に金を借りに行っている間、檀を熱海の宿で待たせた出来事が創作のきっかけになったとも言われている。なお、女優の檀ふみは檀一雄の長女。

文学史問題：次のうち太宰治の作品には○を、太宰治の作品でないものには×をつけよ。(昭和女子大)
①春琴抄　②ヴィヨンの妻　③斜陽　④夜明け前　⑤津軽

夭折した俊英作家

中《なか》島《じま》敦《あつし》

一九〇九（明治四二）年〜一九四二（昭和一七）年

東京都生まれ

＃深い学識と格調高い文体　＃近代人の自意識　＃病魔との闘い

区分	西暦	年号	歳	事項
少年・青年時代	一九〇九	明治四二	0	東京都に誕生。
	一九二〇	大正九	11	父の転勤により京城《けいじょう》の小学校に転入。
	一九二六	大正一五	17	第一高等学校入学。
	一九二七	昭和二	18	肋膜炎にかかり、一年間休学。
	一九二八	昭和三	19	喘息《ぜんそく》を発病。
	一九三〇	昭和五	21	東京帝国大学国文科入学。
	一九三一	昭和六	22	橋本《はしもと》タカと結婚。
	一九三三	昭和八	24	東京帝国大学国文科卒業。横浜高等女学校に就職。

17歳

21歳

漢学者の家系

一九〇九（明治四二）年、東京都に生まれる。家は祖父の代からの儒家で、中島は幼少時から漢学の教育を受けて育った。そのような基礎を持つ彼の学識は、やがて西洋の文学・哲学にまで広がり、またそれを自在に駆使して自己を表現できる深いものとなった。**古典作品を題材に格調高い文体で近代人の内面を描いた**中島の作品は、こうした筋金入りの教養によって生み出されているのである。

優秀な少年時代

二歳のときに両親が離婚し、中島は中学の漢文科教員だった父の転勤に従って各地を転々とする。一九二〇（大正九）年には、京城《けいじょう》（現 ソウル）に移った。継母との折り合いが悪く、家庭での寂しさはあったが、京城中学校ではその秀才ぶりから級友の尊敬を集め、中島の質問や指摘に教師が舌を巻くこともしばしばだったという。

喘息の発病

一九二六（大正一五）年、第一高等学校入学のために帰国。しかし、二年生のときに肋膜炎《ろくまくえん》により一年間の休学を余儀なくされる。その療養期間に文学熱を高めた中島は、第一高等学校の「校友会雑誌《こうゆうかいざっし》」に習作を発表するようになる。ところがこの頃から、生涯の持病となる喘息《ぜんそく》に苦しめられ始める。発作が起こると参り切った様子になったが、ひとたび回復するとエネルギッシュに活動する青年であった。東京帝国大学在学中は、特に耽美派《たんびは》の文学に親しみ、流行のダンスやマージャンにも熱中した。

ヨットに乗る中島敦

八年間の教員生活

一九三三（昭和八）年、東京帝国大学を卒業した中島は横浜高等女学校に就職。英語と国語を担当し、熱心で快活な教師として生徒や同僚から親しまれた。そして、同年には結婚生活も始まる。一方で、文学への思いは断ちがたく、内面では焦りや鬱屈を抱えていた。一九三四（昭和九）年、京城中学時代に出会った少年を題材にした『虎狩《とらがり》』を雑誌「中央公論《ちゅうおうこうろん》」の新人募集の懸賞小説に応募し、選外佳作となる。これを皮切りに中島は、**『かめれおん日記《にっき》』『狼疾記《ろうしつき》』**などの作品で鋭い自己省察を書き表した。また、中国の古典に取材した作品にも挑戦する。一九三九

パラオでの生活

パラオの気候は中島の身体にこたえた。八ヶ月間の滞在期間のうち、はじめの二ヶ月は喘息の発作と風土病で床から離れられなかった。ようやく立て直すと、残りの日々はほとんど離島めぐりに費やされた。

諸島の公学校を視察して教科書作成の準備調査をするというこの旅には、以前からパラオに住んでいた美術家の土方久功《ひじかたひさかつ》が一緒だった。土方の日記には、次のような中島の姿が書き留められている。

私が敦《とん》ちゃんに、此《こ》の砂の中には無数のソコル貝があることを教えると、敦ちゃんは直《ただ》ちにしゃがんで砂をかきまわしはじめた。（中略）それから二人は同じ様な高さの所を、貝を掘り掘り移動して行ったが、敦ちゃんはそれを面白い、面白いと面白がって、どこまでも先《さ》きへゆく。

旅が好きで自然を愛する中島が、南洋の浜辺で無邪気に遊ぶ様子が彷彿《ほうふつ》される。また彼は、寂しさをこらえ日本に残る家族におびただしい数の絵葉書を送ったが、そこにはいつも諸島の花や動物の珍しさ、海や月の美しさが綴《つづ》られていた。

一方で中島は、視察をするうちにめばえた疑問も手紙に綴《つづ》っている。教科書編纂《へんさん》という仕事の、無意

前頁の答：①×　②○　③○　④×　⑤○

パラオの風景　中島敦は1941年から八ヶ月間、国語教科書編修書記としてパラオに赴任した。

教員時代

西暦	和暦	年齢	事項
一九三四	昭和九	25	『虎狩《とらがり》』が雑誌「中央公論《ちゅうおうこうろん》」の選外佳作になる。
一九三六	昭和一一	27	中国各地を旅行する。

29歳

パラオへの赴任と作家デビュー

西暦	和暦	年齢	事項
一九三九	昭和一四	30	喘息の発作が激しくなる。
一九四一	昭和一六	32	南洋庁国語教科書編修書記としてパラオに赴任。
一九四二	昭和一七	33	パラオから帰国。『山月記《さんげつき》』『文字禍《もじか》』を雑誌「文學界《ぶんがくかい》」に発表。『光《ひかり》と風《かぜ》と夢《ゆめ》』が芥川賞候補となる。気管支喘息のため死去。
一九四三	昭和一八		遺稿から『弟子《でし》』『李陵《りりょう》』が発表される。

(昭和一四)年には『悟浄歎異《ごじょうたんに》』を、一九四〇(昭和一五)年には『山月記《さんげつき》』を書いた。

雑誌部の新年会(前列右が中島)　教員時代の中島は雑誌部部長として学友会誌などの編集も手がけていた。

南洋の島パラオに赴任

一九四一(昭和一六)年になると、喘息により勤務に支障が出るようになった。そのため、中島は転地療養を考え、横浜高等女学校を退職。七月より南洋庁の教科書編修書記としてパラオに単身で赴任した。仕事内容は、当時日本の統治下にあったパラオ諸島の公学校の教科書作成である。しかし、しだいにその意義に疑問をいだき、また喘息や風土病にも苦しんで、翌年三月に帰国した。

作家デビューと早すぎる死

パラオから帰国する直前の一九四二(昭和一七)年二月、先輩作家である深田久弥《ふかだきゅうや》が中島の書きためた原稿のうち『山月記《さんげつき》』『**文字禍**《もじか》』を雑誌「文學界《ぶんがくかい》」に掲載する。これにより、ようやく文壇への道が開けた。帰国後つづいて、小説家スティーヴンソン(➡三五八頁)の南洋生活を描いた『**光**《ひかり》**と風**《かぜ》**と夢**《ゆめ》』が発表されると一躍注目を浴び、芥川賞の候補にもなるようになった。同年の十月には、喘息の発作が激しく起こるようになったが、気力を振り絞って執筆し、作品集『光《ひかり》と風《かぜ》と夢《ゆめ》』やパラオでの見聞をもとにした作品を収める『南島譚《なんとうたん》』を刊行。しかし、『**名人伝**《めいじんでん》』発表後力尽き、十二月四日、入院先で息を引き取った。三十三歳という若さであった。その後、闘病中に書いていた『**弟子**《でし》』『**李陵**《りりょう》』が遺稿として発表され、没後中島の評価は高まった。

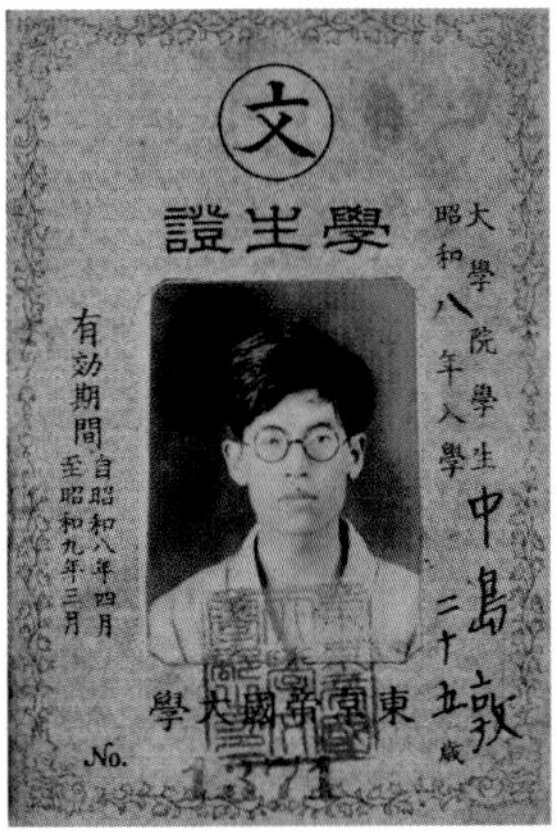

▶**東京帝国大学大学院学生証**　大学卒業後は横浜高等女学校の教員になった中島だが、大学院にも籍を置き、森鷗外《もりおうがい》(➡二四二頁)を研究していた(一年後に中退)。

味さがはっきり判《わか》ってきた。(中略)今の南洋の事情では、彼等《かれら》に住居と食物とを十分与えることが、段々出来なくなって行くんだ。そういう時に、今更、教科書などを、ホンノ少し上等にして見た所で始まらないじゃないか。

戦時下の植民地の現実と文化の異なる人々を、冷静かつ柔軟な姿勢でとらえていたことがわかる。

中島は、創作に打ち込もうと多くの原稿用紙を携えていたが、結局現地では一作も書かなかった。体の不調や仕事に手を取られていたという事情はあるが、彼にとってパラオでの生活、特に島々での見聞が新鮮で刺激に満ち、創作する落ち着きを持てなかった面もあるだろう。帰国後、南洋体験は九編の作品として矢継ぎ早に実ることになる。

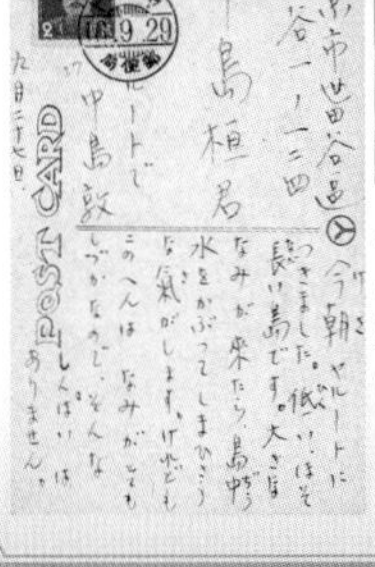

パラオから送った長男桓《たけし》宛ての絵葉書
パラオ赴任中の中島は妻・息子・父に宛てて、こうした絵葉書や手紙を毎日のように書いていた。

文学史問題：中島敦の作品を次から一つ選べ。(防衛医科大)
①李陵　②天平の甍　③巴里に死す　④杜子春　⑤春琴抄

悟浄歎異《ごじょうたんに》

一九四二（昭和一七）年

『西遊記《さいゆうき》』を素材にした短編小説。『悟《ご》浄出世《じょうしゅっせ》』との連作で、没後に『悟浄出世』とともに『わが西遊記《さいゆうき》』と題して発表された。沙悟浄《さごじょう》の手記の形式で書かれている。孫悟空《そんごくう》・猪八戒《ちょはっかい》とともに三蔵法師《さんぞうほうし》に従って旅に出た沙悟浄は、三人のあり方に心惹《ひ》かれ、観念の囚《とら》われから救われるのを感じる。中国の古典を題材にしながら近代人の自意識の痛みを描いた作品。

中島の自筆戯画「西遊記」　孫悟空と猪八戒を描いている。

光《ひかり》と風《かぜ》と夢《ゆめ》

一九四二（昭和一七）年

イギリス人作家スティーヴンソン（⬇三六八頁）を主人公として、彼の南の島での暮らしを日記形式で書いた長編小説で、芥川賞候補にもなった作品。作家の内面と異文化との交流が生き生きと綴《つづ》られている。パラオ赴任以前に書かれたもので、南洋への憧れもうかがえる。

斗南先生《となんせんせい》

一九四二（昭和一七）年

私記として書いた習作を十年後に修正して発表した作品。中島自身の伯父（中《なか》島端蔵《じまたんぞう》）をモデルにした漢学者斗南先生の精神と気質が、甥《おい》の三造《さんぞう》の視点から語られている。自身に備わったものを見つめ受容する内容で、中島文学の原点を見ることができる。

中島端蔵

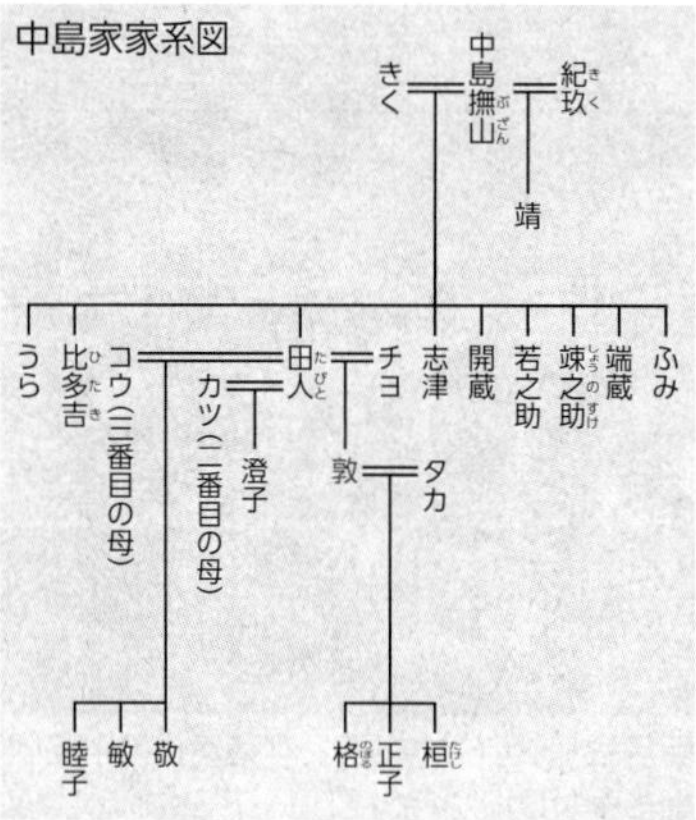

名人伝《めいじんでん》

一九四二（昭和一七）年

『列子《れっし》』（⬇三八八頁）をもとにした短編小説。天下一の弓名人を志した趙《ちょう》の紀昌《きしょう》が、修行の果てに「不射之射《ふしゃのしゃ》」の境地を会得し、ついには弓の用途すら忘れたという寓話《ぐうわ》。ユーモアある語り口で求道の果てに放心の境地に至った人の姿が描かれている。

弟子《でし》

一九四三（昭和一八）年

『春秋左氏伝《しゅんじゅうさしでん》』（⬇四二二頁）、『史記《しき》』（⬇三九二頁）などをもとにした短編小説。弟子の子路《しろ》が政争に巻き込まれて死に、塩漬けにされたと知った孔子《こうし》（⬇三八二頁）は、嘆き悲しみ、以後塩漬けを一切食べなかった。師弟の交情を描いた作品。

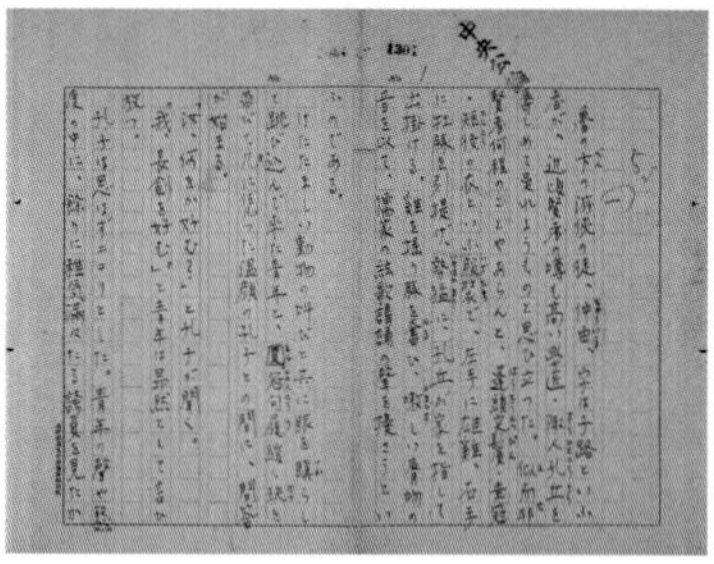

『弟子』原稿

李陵《りりょう》

一九四三（昭和一八）年

『漢書《かんじょ》』（⬇三九八頁）などを素材にした中編小説。匈奴《きょうど》に敗れて捕虜となり、敵地にとどまりそこで没した李陵。彼を弁護したために宮刑に処せられ、後に『史記《しき》』（⬇三九二頁）を書き上げる司馬遷《しばせん》。捕虜となるも降伏を拒み続け苦難の末に帰国する蘇武《そぶ》。三人の運命と生き様が描かれた作品。

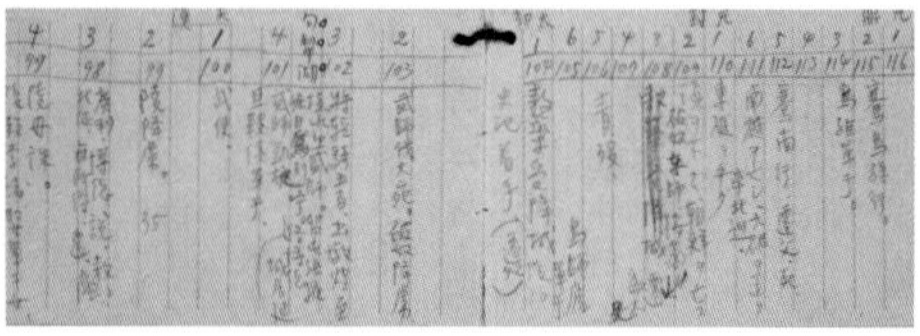

自筆の『李陵』年表

比べてみよう

変人の先生を描く

近代文学には、「〇〇先生」と題して一人の先生を取り上げた作品がたくさんある。中島敦『斗南先生《となんせんせい》』、夏目漱石《なつめそうせき》（⬇二四六頁）『ケーベル先生《せんせい》』、武者小路《むしゃのこうじ》実篤《さねあつ》（⬇二五八頁）『真理先生《しんりせんせい》』、芥川龍之介《あくたがわりゅうのすけ》（⬇二六〇頁）『毛利先生《もうりせんせい》』、太宰治《だざいおさむ》（⬇二七二頁）『黄村先生言行録《おうそんせんせいげんこうろく》』、魯迅《ろじん》（⬇三六二頁）『藤野先生《ふじのせんせい》』など。

読み比べてみると、おもしろい。描かれた先生たちはみな魅力的な変人である。斗南先生は放浪癖のある独身の漢学者で、経済力は全くなく、世の中と人を罵り死んでいく。ケーベル先生は十八年間故郷を慕う様子もなく、日本を嫌う気色もなく、目の前の出来事はすべて別世界のことであるがごとき態度で教え続けている。毛利先生は駝《だ》鳥《ちょう》の卵を思わせる頭髪に古びた上衣、派手な紫のネクタイという姿で教壇に立ち、金切り声で「諸君」と呼びかけ、授業はしどろもどろである。これら名前のあがった先生たちは、不思議がられ、ときには侮られ非難される。しかしいずれも、またの日には、かつてそのように見た教え子たちに自分自身を問い直させる特別な「先生」なのである。

内田百閒《うちだひゃっけん》（⬇二五二頁）には『百鬼園先《ひゃっきえんせん》生言行録《せいげんこうろく》』という作品があるが、こちらは変人による変人自身についての作品で、別格である。

Close Up

嗤《わら》ってくれ。詩人に成りそこなって虎になった哀れな男を。

山月記《さんげつき》

一九四二（昭和一七）年

中島は書きためた作品を先輩作家の深《ふか》田久弥《だきゅうや》に預けて南洋に赴く。『山月記』は帰国前、深田によって雑誌「文學界《ぶんがくかい》」に発表された。『山月記』は、『古譚《こたん》』という総題が付された四編のうちの一編（他の三編は『狐憑《きつねつき》』『木乃伊《みいら》』『文字禍《もじか》』）である。中国の唐代から伝わる『人虎伝《じんこでん》』という伝奇小説を素材として書かれた。『人虎伝』が因果応報の物語であったのに対し、『山月記』は近代人の自意識や芸術家の苦悩を描いた作品となっている。

深田久弥

親子四人と義妹の貞《てい》（子供を抱いているのがタカ夫人）　中島は『山月記』を書き上げたとき、それまで一度も妻のタカに作品について話をしたことがなかったのに、台所にいるタカのもとまで来て、「人間が虎になった小説を書いたよ」と言ったという。後にタカは「『山月記』を読む度に、本当にあの虎にこそ主人の思いがこめられていると感じ、あの虎の叫びが主人の叫びに聞こえてなりません」と語っている。

唐代の科挙試験風景

▶隴西《ろうせい》の李徴《りちょう》は博学才穎《はくがくさいえい》、天宝の末年、若くして名を虎榜《こぼう》に連ね、ついで江南尉《こうなんのい》に補せられたが、性、狷介《けんかい》、自ら恃《たの》むところすこぶる厚く、賤吏《せんり》に甘んずるを潔しとしなかった。

「虎榜」とは、科挙（官吏登用試験）の科目の一つ「進士科」の合格者の氏名を掲げる札のこと。超難関で知られる進士試験に「若くして」合格した李徴は、非常に優秀であったことになる。（➡三六八頁）

隴西

▶隴西は現在の甘粛省《かんしゅくしょう》東南部にあたる。

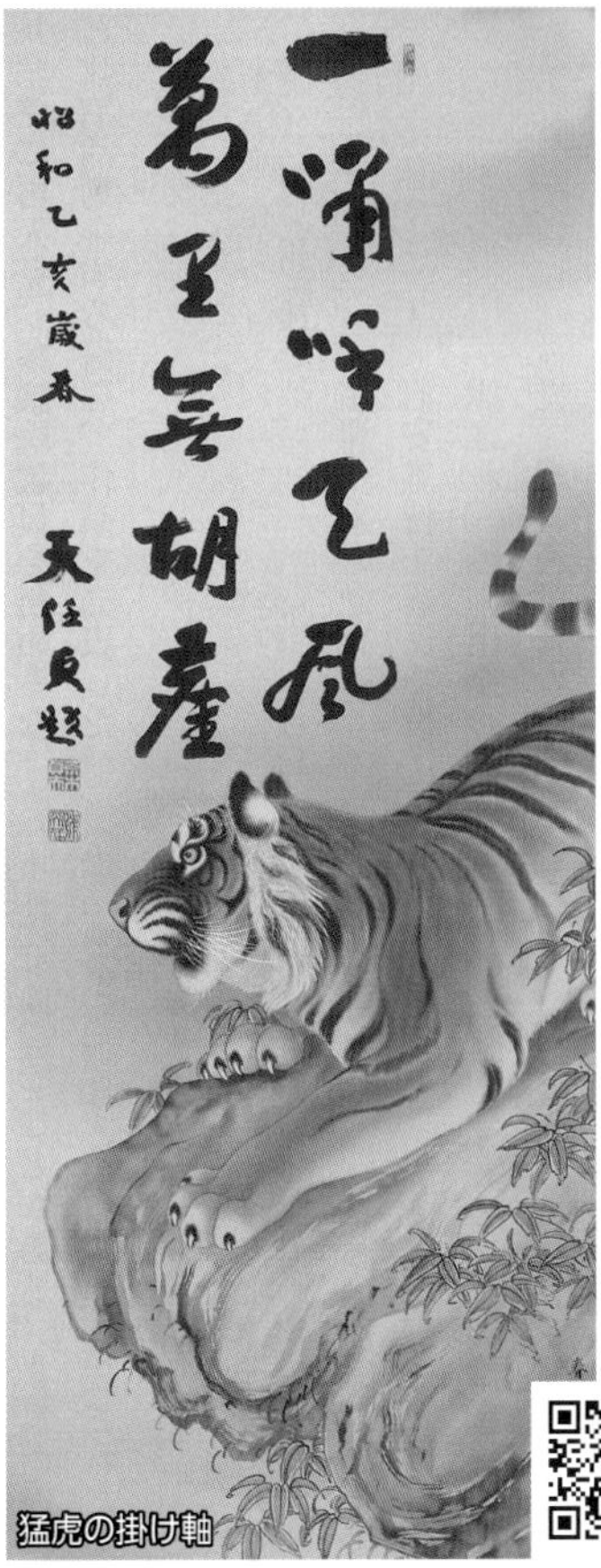

猛虎の掛け軸

▶たちまち、一匹の虎が草の茂みから道の上に躍り出たのを彼らは見た。虎は、既に白く光を失った月を仰いで、二声三声咆哮《ほうこう》したかと思うと、また、もとの叢《くさむら》に躍り入って、再びその姿を見なかった。

満州に赴任していた叔父の比多吉《ひたき》から贈られた猛虎の掛け軸。中島はこの虎を見て、『山月記』を着想したとされる。

自画像

▶我が臆病な自尊心と、尊大な羞恥心とのせいである。

一九三八（昭和一三）年頃に描かれた自画像。当時の中島は、教員生活を送りながら、文学の道に踏み出せずに鬱屈した内面をかかえていた。

文学史問題：中島敦と同年生まれで『斜陽』『人間失格』の作者を次から選べ。（椙山女学園大・改）
①芥川龍之介　②山本有三　③太宰治　④三島由紀夫　⑤夏目漱石　⑥川端康成

人間味豊かな歴史小説

吉川英治《よしかわえいじ》

一八九二（明治二五）～一九六二（昭和三七）
神奈川県生まれ

父が牧場経営に失敗して、小学校を中退。一九二三（大正一二）年の関東大震災で職を失ったことをきっかけに、本格的に作家を志すようになった。伝奇時代小説を得意とし、一九二六（大正一五）年から連載された『鳴門秘帖《なるとひちょう》』で人気を不動のものとする。さらに、一九三五（昭和一〇）年から連載された『**宮本武蔵《みやもとむさし》**』は国民的な人気を呼び、何度も映像化され、漫画の原作にもなっている。歴史を素材にして自由に想像力を駆使し、魅力的な人物造形をおこない、人間味あふれるドラマに仕立てる手腕には定評があり、今なお広く読まれ続けている。他に『三国志《さんごくし》』『新《しん》・平家《へいけ》物語《ものがたり》』『私本太平記《しほんたいへいき》』などがある。

宮本武蔵《みやもとむさし》

一九三五（昭和一〇）年

新潮文庫

四年間にわたって「朝日新聞《あさひしんぶん》」に連載された長編小説。剣豪宮本武蔵と、彼を取り巻く人々の人生を描き、多くの読者から熱狂的に支持された。

労働者の視点で描いた作家

葉山嘉樹《はやまよしき》

一八九四（明治二七）～一九四五（昭和二〇）
福岡県生まれ

一九一三（大正二）年、早稲《わせ》田大学《だだいがく》に入学するが、学費を滞納して除籍処分となる。船員・新聞記者・セメント工場での勤務など、職を転々としながら労働運動に参加。一九二三（大正一二）年、治安警察法違反などで検挙され、投獄される。獄中で『淫売婦《いんばいふ》』『海《うみ》に生《い》くる人々《ひとびと》』などを執筆。出所後には、『**セメント樽《だる》の中《なか》の手紙《てがみ》**』を発表し、それまでのプロレタリア文学にはなかった叙情性と細やかな人間描写が高く評価され、一躍文壇の注目を浴びた。左翼への弾圧が強くなると信州に移住し、農業をしながら創作活動を続けた。戦争末期、満州へ渡るが敗戦にともない帰国。途上、脳溢血《のういっけつ》により死去した。

セメント樽《だる》の中《なか》の手紙《てがみ》

一九二六（大正一五）年

KADOKAWA／角川文庫

セメント工場で働く与三《よぞう》は、恋人を破砕機で失った女工の手紙をセメント樽の中に発見する。労働の過酷さを伝え、労働者間の連帯を訴える短編小説。

「転向」の痛みを抱えた作家

中野重治《なかのしげはる》

一九〇二（明治三五）～一九七九（昭和五四）
福井県生まれ

東京帝国大学卒。高校在学中、室生犀星《むろうさいせい》（⬇三三二頁）に師事し、短歌や詩を発表したが、大学入学後は詩歌と決別。後にこの時の決意を自伝的小説『歌《うた》のわかれ』で描いた。また、大学在学中に堀辰雄《ほりたつお》（⬇二八一頁）らと同人誌「驢馬《ろば》」を創刊。さらに、プロレタリア文学運動に参加し、評論『芸術《げいじゅつ》に関《かん》する走《はし》り書的覚《がきてきおぼ》え書《がき》』や小説『鉄《てつ》の話《はなし》』などを発表した。一九三二（昭和七）年に検挙され、**転向**（⬇三三一頁）して出獄。しかし、その後も基本的な立場は変えず、『**村《むら》の家《いえ》**』など「転向五部作」と呼ばれる転向文学《てんこうぶんがく》を発表した。戦後、日本共産党に再入党。参議院議員を務めるなど政治活動をする傍ら、作品を発表した。

村《むら》の家《いえ》

一九三五（昭和一〇）年

講談社文芸文庫

左翼作家の勉次《べんじ》は、治安維持法違反で投獄され、転向出獄した。父は百姓になることを進めるが、勉次は筆を折ることを拒む。転向文学の代表的短編小説。

転向文学の代表的作家

島木健作《しまきけんさく》

一九〇三（明治三六）～一九四五（昭和二〇）
北海道生まれ

東北帝国大学中退。大学在学中より東北学連や労働組合に参加。大学中退後は共産党に入党し、左翼運動を続けたが、一九二八（昭和三）年に検挙され、翌年**転向**。釈放後の一九三四（昭和九）年、転向に至る経緯を描いた小説『癩《らい》』でデビュー。さらに『盲目《もうもく》』などで小説家としての地位を確立した。一九三七（昭和一二）年、『再建《さいけん》』が発売禁止となるが、同年発表の農村での生活を模索する青年の姿を描く『**生活《せいかつ》の探求《たんきゅう》**』がベストセラーとなる。他に、満州旅行の記録である『満州紀行《まんしゅうきこう》』、北海道開拓の歴史を描いた『嵐《あらし》のなか』（後に『土地《とち》』と改題）などがある。また、没後『赤蛙《あかがえる》』『黒猫《くろねこ》』などの短編が発表された。

生活《せいかつ》の探求《たんきゅう》

一九三七（昭和一二）年

新潮文庫

貧しい農家の出身である杉野駿介《すぎのしゅんすけ》は葛藤の末、大学を辞めて農民として生きることを選択する。青年層から大きな支持を集めた長編小説。

労働者とともに闘う作家
小林多喜二《こばやしたきじ》
一九〇三(明治三六)〜一九三三(昭和八)　秋田県生まれ

小樽高等商業学校《おたるこうとうしょうぎょうがっこう》卒。卒業後は、北海道拓殖銀行に勤務。志賀直哉《しがなおや》(⬇二五六頁)やドストエフスキー(⬇三六一頁)に傾倒していたが、葉山嘉樹《はやまよしき》(⬇二八〇頁)やゴーリキー(⬇三六一頁)の作品に触れ、プロレタリア文学に開眼して労働運動に参加。一九二八(昭和三)年、三・一五事件を題材にする『一九二八年三月十五日』を雑誌「戦旗《せんき》」に発表。さらに翌年の『**蟹工船**《かにこうせん》』によって、プロレタリア文学作家としての地位を確立した。続く『不在地主《ふざいじぬし》』において小作争議を取り上げたことが原因で銀行を解雇され、共産党員として革命運動に身を捧《ささ》げるが、一九三三(昭和八)年に検挙。警察署内の拷問によって獄死した。

蟹工船《かにこうせん》
一九二九(昭和四)年

新潮文庫

北洋の蟹工船で過酷な労働を強いられる船員たちが、階級意識に目覚め、立ち上がる姿を描いた中編小説。プロレタリア文学の最高峰と言われる作品。

「死・生・愛」を追究した作家
堀《ほり》　辰雄《たつお》
一九〇四(明治三七)〜一九五三(昭和二八)　東京都生まれ

東京帝国大学卒。大学入学後、中野重治《なかのしげはる》(⬇二八〇頁)らと同人誌「驢《ろ》馬《ば》」を創刊し、一九三三(昭和八)年には、三好達治《みよしたつじ》(⬇三三三頁)らと詩誌「四季《しき》」を創刊した。一九三〇(昭和五)年、芥川龍之介《あくたがわりゅうのすけ》(⬇二六〇頁)の死をモチーフに、小説『聖家族《せいかぞく》』を発表。意識の流れに目を向け、深層心理を描写する**新心理主義**《しんしんりしゅぎ》の手法で高く評価された。しかし、この頃、肺結核に罹患《りかん》。病床で読んだプルースト(⬇三五九頁)やリルケ(⬇三六〇頁)の影響を受けた『美しい村《むら》』を発表し、また、婚約者の死を描いた『**風**《かぜ》**立**《た》**ちぬ**』では、「死・生・愛」のテーマを描いた。他に、小説『菜穂子《なおこ》』、紀行文『大和路《やまとじ》・信濃路《しなのじ》』などがある。

風立《かぜた》ちぬ
一九三六(昭和一一)年

集英社文庫

軽井沢で出会った恋人の矢野綾子《やのあやこ》の死を契機に書かれた長編小説。富士見高原のサナトリウムを舞台に、死を静かに受け入れる彼女の姿を描く。

新心理主義の提唱者
伊藤《いとう》　整《せい》
一九〇五(明治三八)〜一九六九(昭和四四)　北海道生まれ

東京商科大学中退。高校卒業後に詩集『雪明《ゆきあか》りの路《みち》』を自費出版。大学中退後は、意識の流れを追い、心に浮かぶイメージや言葉をありのままに描写するフロイトやジョイスらの**新心理主義**《しんしんりしゅぎ》の方法を日本に紹介。ジョイス『ユリシーズ』の翻訳をおこない、自らもその実践として『幽鬼《ゆうき》の街《まち》』『得能五郎《とくのうごろう》の生活《せいかつ》と意見《いけん》』などの小説を発表した。戦後は社会風刺や芸術論などを述べた実験的小説『鳴海仙吉《なるみせんきち》』や、自伝的長編『**若**《わか》**い詩人**《しじん》**の肖像**《しょうぞう》』などを著す。また、ローレンス(⬇三五八頁)『チャタレイ夫人《ふじん》の恋人《こいびと》』の翻訳を発表したが、猥《わい》褻《せつ》表現が問題となって起訴され絶版となり、後に修正版が出るなどの物議を醸した。

若《わか》い詩人《しじん》の肖像《しょうぞう》
一九五六(昭和三一)年

新潮文庫

小樽高等商業学校《おたるこうとうしょうぎょうがっこう》時代の自身を晩年に振り返った長編小説。大きな夢や野望を持ち、性や恋の問題に苦悩しつつも、やがて詩や文学に目覚めていくまでを描く。

博学の「偉大なる落伍者」
坂口安吾《さかぐちあんご》
一九〇六(明治三九)〜一九五五(昭和三〇)　新潟県生まれ

東洋大学卒。一九三一(昭和六)年発表の『風博士《かぜはかせ》』が評価され、新進作家として注目を浴び、続いて『黒谷村《くろたにむら》』『海《うみ》の霧《きり》』などの作品を発表。しかし、一九三四(昭和九)年に二人の友人があいついで夭折《ようせつ》したことに衝撃を受け、放浪生活を送るようになる。この頃の挫折と孤独の経験が、後の作品に影響を及ぼした。戦時下の一九四二(昭和一七)年、伝統的な美意識を批判し、健康な生活によってこそ日本文化は守られるとする評論『日本文化私観《にほんぶんかしかん》』を発表。戦後は**無頼派**《ぶらいは》(**新戯作派**《しんげさくは》)の作家として評論『堕落論《だらくろん》』を発表し、人間存在の本質を発見するには堕落が必要であると説き、続く『**白痴**《はくち》』でそれを小説化した。

白痴《はくち》
一九四六(昭和二一)年

新潮文庫

敗戦間近の日本。伊《い》沢《ざわ》は、「白痴」の女性と出会い、空襲の中を逃げ惑う。評論『堕落論《だらくろん》』の実践として書かれ、安吾の評価を不動のものとした短編小説。

文学史問題：プロレタリア文学の作家を次から二人選べ。(立命館大)
①有島武郎　②佐多稲子　③佐藤春夫　④里見弴　⑤島崎藤村　⑥田山花袋　⑦徳永直　⑧林芙美子

山田美妙《やまだびみょう》

一八六八(慶応四)～一九一〇(明治四三) 東京都生まれ

大学予備門在学中に尾《お》崎紅葉《ざきこうよう》(⬇二四〇頁)らと文学結社「硯友社《けんゆうしゃ》」を結成。雑誌「我楽多文庫《がらくたぶんこ》」を刊行し、小説を発表する。一八八七(明治二〇)年、「読売新聞《よみうりしんぶん》」に『武蔵野《むさしの》』を連載。新聞に掲載された初の言文《げんぶん》一致体《いっちたい》の小説として大きな反響を呼び、翌年この作品を含む短編集『夏木立《なつこだち》』を発表した。

徳田秋声《とくだしゅうせい》

一八七一(明治四)～一九四三(昭和一八) 石川県生まれ

第四高等学校を中退し、上京して尾崎紅葉《おざきこうよう》(⬇二四〇頁)に師事する。紅葉の死後、自然主義に転じ、『新世帯《あらじょたい》』で作家としての地位を確立。私生活を題材に、ありのままを感傷や理想を交えず徹底的に客観視して描く、自然主義作家の旗手となる。他に『黴《かび》』『縮図《しゅくず》』などがある。

正宗白鳥《まさむねはくちょう》

一八七九(明治一二)～一九六二(昭和三七) 岡山県生まれ

東京専門学校卒。内村鑑三《うちむらかんぞう》に傾倒し、キリスト教に入信。新聞社に入社して文芸時評を書いた後、『塵埃《じんあい》』『何処《どこ》へ』で、自然主義作家の代表となる。否定的人生観によって書かれた小説の他、『自然主義盛衰史《しぜんしゅぎせいすいし》』などの評論でも知られる。また、劇作家として『最後《さいご》の女《おんな》』などの戯曲も残した。

中里介山《なかざとかいざん》

一八八五(明治一八)～一九四四(昭和一九) 東京都生まれ

西多摩尋常高等小学校を卒業後、小学校教員となる。その後、都新聞社《みやこしんぶんしゃ》に入社して小説を連載。幕末を舞台に剣士机龍之助《つくえりゅうのすけ》の彷徨《ほうこう》を描く『大菩薩峠《だいぼさつとうげ》』は、一九一三(大正二)年から一九四一(昭和一六)年まで連載された一大長編で、大衆文学の先駆けとされるが、作者の死により未完に終わった。

葛西善蔵《かさいぜんぞう》

一八八七(明治二〇)～一九二八(昭和三) 青森県生まれ

文学を志して上京。哲学館大学や早稲田大学《わせだだいがく》の聴講生となる。徳田秋声《とくだしゅうせい》に師事し、雑誌「奇蹟《きせき》」に参加。青森に妻子を残し、文筆活動を続ける孤独な父を描いた『哀《かな》しき父《ちち》』や『子《こ》をつれて』で作家的地位を確立するも、実生活は困窮を極めた。自身の窮状を描く破滅型私小説の代表的作家。

山本有三《やまもとゆうぞう》

一八八七(明治二〇)～一九七四(昭和四九) 栃木県生まれ

東京帝国大学卒。芥川龍之介《あくたがわりゅうのすけ》(⬇二六〇頁)らと第三次「新思潮《しんしちょう》」に参加。劇作家としてスタートし、戯曲『嬰児殺《えいじごろ》し』『坂崎出羽守《さかざきでわのかみ》』などで頭角を現す。後に小説に転じ、女医の生涯を描く『女《おんな》の一生《いっしょう》』や、逆境に生きる少年が主人公の『路傍《ろぼう》の石《いし》』などを発表。戦後は政治家として国会議員も務めた。

長与善郎《ながよよしろう》

一八八八(明治二一)～一九六一(昭和三六) 東京都生まれ

東京帝国大学中退。武《む》者小路実篤《しゃのこうじさねあつ》(⬇二五八頁)の勧めで雑誌「白樺《しらかば》」に参加。一九一六(大正五)年、項羽《こうう》と虞美人《ぐびじん》の悲劇をドラマチックに描いた戯曲『項羽《こうう》と劉《りゅう》邦《ほう》』で注目される。他に、キリスト教迫害時代の芸術家の悲劇を描く『青銅《せいどう》の基督《キリスト》』、自伝的小説『わが心《こころ》の遍歴《へんれき》』などがある。

岡本《おかもと》かの子《こ》

一八八九(明治二二)～一九三九(昭和一四) 東京都生まれ

跡見女学校《あとみじょがっこう》卒。与謝野《よさの》晶子《あきこ》(⬇三一八頁)に師事し、雑誌「明星《みょうじょう》」に短歌を発表。外遊後、小説に転じて一九三六(昭和一一)年、芥川龍之介《あくたがわりゅうのすけ》(⬇二六〇頁)をモデルにした『鶴《つる》は病《や》みき』で小説家としてデビュー。死までの三年間に精力的に作品を発表した。息子は芸術家の岡本太郎《おかもとたろう》。

左から岡本かの子・長男の太郎・夫の一平《いっぺい》

夫の一平は漫画に解説文を添えた「漫画漫文」という独自のスタイルで人気を博した漫画家。その一平との間に生まれた太郎は後に「太陽の塔」の設計者として知られる芸術家となる。

久保田万太郎《くぼたまんたろう》

一八八九(明治二二)～一九六三(昭和三八) 東京都生まれ

慶應義塾大学《けいおうぎじゅくだいがく》卒。三田《みた》派《は》の中心として、戯曲『暮《く》れがた』、小説『朝顔《あさがお》』『春泥《しゅんでい》』などの下町情緒にあふれる作品を数多く発表。泉鏡花《いずみきょうか》(⬇二四一頁)や谷崎潤一郎《たにざきじゅんいちろう》(⬇二五五頁)の小説の戯曲化にも携わった。文学座の創始者の一人でもある。戦後は俳句や紀行文も発表した。

広津和郎《ひろつかずお》

一八九一(明治二四)～一九六八(昭和四三) 東京都生まれ

早稲田大学《わせだだいがく》在学中に雑誌「奇蹟《きせき》」を創刊。一九一七(大正六)年、知識層の精神的な脆《もろ》さを時代が持つ病理と糾弾する『神経病時代《しんけいびょうじだい》』で注目される。他に、プロレタリア的観点の小説『風雨強《ふううつよ》かるべし』や論説『松川裁判《まつかわさいばん》』などがある。父は小説家の広津柳浪《ひろつりゅうろう》。

広津柳浪

広津和郎の父柳浪は、社会や人間の暗部を強調して描く深刻小説《しんこくしょうせつ》(悲惨小説《ひさんしょうせつ》)の代表的作家として活躍。代表作に『変目伝《へめでん》』『黒蜥蜴《くろとかげ》』などがある。

右から広津和郎・宇野浩二・長与善郎

宇野浩二《うのこうじ》

一八九一(明治二四)～一九六一(昭和三六)　福岡県生まれ

早稲田《わせ》大学《だいがく》中退。一九一九(大正八)年、饒舌《じょうぜつ》体《たい》のユーモラスな語り口を生かした短編小説『蔵《くら》の中《なか》』で注目される。その後、神経衰弱に陥り、療養を経て一九三三(昭和八)年、『枯木《かれき》のある風景《ふうけい》』で再起。がらりと作風を変え、抑制された簡潔な文体による冷静な観察眼が高く評価された。

江戸川乱歩《えどがわらんぽ》

一八九四(明治二七)～一九六五(昭和四〇)　三重県生まれ

早稲田《わせだ》大学《だいがく》卒。一九二三(大正一二)年、『二銭《にせん》銅貨《どうか》』で文壇に登場。明智《あけち》小五郎《こごろう》や少年探偵団が活躍する探偵推理小説を多く発表し、日本の推理小説の基礎を築いた。『人間《にんげん》椅子《いす》』『陰獣《いんじゅう》』など、幻想的な雰囲気の漂う怪奇小説でも知られる。筆名はエドガー・アラン・ポー(⬇三六二頁)に由来。

大佛次郎《おさらぎじろう》

一八九七(明治三〇)～一九七三(昭和四八)　神奈川県生まれ

東京帝国大学卒。外務省の嘱託勤務などの傍ら二十近いペンネームを使って小説や翻訳を書き、「大佛次郎」名義で一九二四(大正一三)年に連載を開始した『鞍《くら》馬天狗《まてんぐ》』シリーズで人気作家となる。一方、現代小説の長編『帰郷《ききょう》』を書き、ノンフィクションや児童文学・戯曲まで幅広く活躍した。

徳永《とくなが》　直《すなお》

一八九九(明治三二)～一九五八(昭和三三)　熊本県生まれ

錦城学館中退。貧しい小作人の家に生まれ、幼い頃からさまざまな職に就く。労働運動に参加し、共同印刷争議の体験をもとに一九二九(昭和四)年、『太陽《たいよう》のない街《まち》』を発表。以降、プロレタリア文学作家として活躍した。他に『光《ひかり》をかかぐる人々《ひとびと》』『妻《つま》よねむれ』などがある。

宮本百合子《みやもとゆりこ》

一八九九(明治三二)～一九五一(昭和二六)　東京都生まれ

日本女子大学中退。一九一六(大正五)年、『貧《まず》しき人々《ひとびと》の群《むれ》』を発表。その後、渡米し結婚するも離婚。その挫折を『伸子《のぶこ》』にまとめた。ソ連への外遊後、共産党に入党し、宮本顕治《みやもとけんじ》と再婚。その間、プロレタリア文学運動に参加した。戦後は『播州《ばんしゅう》平野《へいや》』『風知草《ふうちそう》』などを発表した。

壺井《つぼい》　栄《さかえ》

一八九九(明治三二)～一九六七(昭和四二)　香川県生まれ

内海高等小学校卒。小《しょう》豆島《どしま》の郵便局に勤めた後、上京して詩人の壺《つぼ》井繁治《いしげじ》と結婚。夫の関係で多くの文学者と交流を持つようになり、プロレタリア文学を経て児童文学を執筆するようになる。代表作に故郷小豆島を舞台に戦時下の先生と教え子たちの交流を描いた『二十四《にじゅうし》の瞳《ひとみ》』などがある。

山本周五郎《やまもとしゅうごろう》

一九〇三(明治三六)～一九六七(昭和四二)　山梨県生まれ

横浜市立尋常西前小学校卒業後、質屋の奉公や会社勤務を経て一九二六(大正一五)年、『須《す》磨寺附近《までらふきん》』で注目される。以後は時代小説に転じ、江戸の町に生きる庶民を多く描いた。一九四三(昭和一八)年、『日本婦道記《にほんふどうき》』が直木賞に選ばれるが辞退。他に『樅ノ木《もみのき》は残《のこ》った』『さぶ』などがある。

林芙美子《はやしふみこ》

一九〇三(明治三六)～一九五一(昭和二六)　山口県生まれ

尾道市立高等女学校卒。複雑な家庭に育ち、養父母のもとを転々とする。尾道高女時代は詩や短歌に親しむが、その後は度重なる転職など不遇が続いた。一九二八(昭和三)年、当時の日記をもとに、自らの半生を描いた『放浪記《ほうろうき》』が好評を博し、人気作家となった。他に『めし』『晩菊《ばんぎく》』などがある。

永井龍男《ながいたつお》

一九〇四(明治三七)～一九九〇(平成二)　東京都生まれ

一ツ橋高等小学校卒。一九二〇(大正九)年、十六歳のときに書いた『活版屋《かっぱんや》の話《はなし》』が懸賞小説に当選。その後、文《ぶん》藝春秋社《げいしゅんじゅうしゃ》に入社し、芥川賞・直木賞の常任理事などを務めた。名文家として知られ、庶民の生活を確かな観察眼で切り取った作品が多い。他に『コチャバンバ行《ゆ》き』などがある。

丹羽文雄《にわふみお》

一九〇四(明治三七)～二〇〇五(平成一七)　三重県生まれ

早稲田《わせだ》大学《だいがく》卒。浄土真宗の寺に生まれ、僧侶をしつつ執筆を続ける。一九三二(昭和七)年、幼少期に出奔した母をモデルとした『鮎《あゆ》』が文壇で評価されたのを機に、上京し専業作家となる。戦後は『厭《いや》がらせの年齢《ねんれい》』などの風俗小説の他、『親鸞《しんらん》』など宗教者を主人公とした小説も発表した。

佐多稲子《さたいねこ》

一九〇四(明治三七)～一九九八(平成一〇)　長崎県生まれ

牛込小学校中退。貧困家庭に生まれ、子供の頃からキャラメル工場で働いて生活を支えた。その後プロレタリア文学運動に参加し、自らの経験をもとに一九二八(昭和三)年、『キャラメル工場《こうじょう》から』を発表。その後も転職・結婚・離婚など波乱の中で、『くれなゐ』『私《わたし》の東京地図《とうきょうちず》』などの作品を残した。

全日本無産者芸術連盟(ナップ)同人
前列右から宮本百合子・佐多稲子・徳永直

ナップは機関誌「戦旗《せんき》」を発行し、昭和初期のプロレタリア文学運動の中心となった。

文学史問題：学校教育を主な題材とした作品を次から一つ選べ。(立命館大)
①潮騒　②夜明け前　③二十四の瞳　④太陽の季節　⑤青年　⑥伊豆の踊子

大《おお》岡《おか》昇《しょう》平《へい》

戦場での極限心理を描く

明治 1868 / 大正 1912 / 昭和（戦前） 1926 / 昭和（戦後） 1945 / 平成・令和 1989

一九〇九（明治四二）年～一九八八（昭和六三）年
東京都生まれ

第二次戦後派 # 精緻な心理描写 # 戦争小説

西暦	年号	歳	事項
一九〇九	明治四二	0	東京都に誕生。
一九二六	大正一五	17	成城高等学校進学。
一九二八	昭和三	19	小《こ》林秀雄《ばやしひでお》・中原中也《なかはらちゅうや》と出会う。
一九二九	昭和四	20	京都帝国大学文学部仏文科入学。
			中原中也らと同人誌「白痴群《はくちぐん》」創刊。
一九四四	昭和一九	35	召集されフィリピンに赴く。
一九四五	昭和二〇	36	一月にアメリカ軍の捕虜となり、十二月に帰国。
一九四八	昭和二三	39	『俘虜記《ふりょき》』『野火《のび》』
一九五〇	昭和二五	41	『武蔵野夫人《むさしのふじん》』
一九五八	昭和三三	49	『花影《かえい》』
一九六七	昭和四二	58	『レイテ戦記《せんき》』
一九七四	昭和四九	65	『中原中也《なかはらちゅうや》』
一九七七	昭和五二	68	『事件《じけん》』
一九八四	昭和五九	75	『堺港攘夷始末《さかいこうじょういしまつ》』
一九八八	昭和六三	79	脳梗塞のため死去。

区分：青春時代　戦争の傷跡　旺盛な創作活動

文学への目覚め

一九〇九（明治四二）年、東京都に生まれる。父は和歌山県の農家出身であったが、株の相場師をしていた。成城高等学校に進学するとフランス語に興味を持ち、小《こ》林秀雄《ばやしひでお》（⬇三四六頁）の個人授業を受けるようになる。その縁で中原中也《なかはらちゅうや》（⬇三二一頁）や文芸評論家の河上徹太郎《かわかみてつたろう》らと交流し、文学への興味を深める契機となった。京都帝国大学に進学した後は、フランス文学を専攻し、スタンダール（⬇三五八頁）に傾倒。スタンダールの小説に見られる**詳細な人間観察と心理分析**は、後の大岡自身の作風にも強くその影響が見られる。大学卒業後も、新聞社での仕事の傍ら、スタンダールの研究を続けた。

河上徹太郎

戦争の傷跡

一九四四（昭和一九）年、教育召集によって太平洋戦争の東部第二部隊に入営。暗号手の教育を受けた後、臨時召集によって出征。フィリピンに渡るが、そこでアメリカ軍の捕虜となり、レイテ島タクロバンの俘虜収容施設《ふりょしゅうようしせつ》に収容された。終戦後、帰国すると、このときの経験をもとにした『**俘虜記《ふりょき》**』で小説家としてデビューする。その後も、『**野火《のび》**』『**レイテ戦記《せんき》**』など、戦時下という極限の状況における人間の心理と行動を、感傷を交えず明晰《めいせき》な視点からとらえ、そこに人間の本質を描き出そうとする作品を多く発表し、**第二《だいに》次戦後派《じせんごは》**作家として活躍した。

多岐にわたる創作活動

大岡の小説は戦争小説にとどまらない。スタンダールをはじめとするフランス心理小説の手法を取り入れた『**武蔵野夫人《むさしのふじん》**』や『花影《かえい》』の他、裁判を題材とした推理小説『事件《じけん》』、歴史小説『将門記《しょうもんき》』など、さまざまなジャンルの小説に挑戦し、ベストセラー作家となった。また、生涯にわたって中原中也を尊敬し、『朝《あさ》の歌《うた》―中原《なかはら》中也伝《ちゅうやでん》』『中原中也《なかはらちゅうや》』といった評伝も残した。一方で好戦的な論客としても知られ、一九七三（昭和四八）年の『作家《さっか》と作品《さくひん》の間《あいだ》』では井上靖《いのうえやすし》（⬇二九四頁）・志賀直哉《しがなおや》（⬇二五六頁）らを批判した他、一九七四（昭和四九）年の『歴史小説《れきししょうせつ》の問題《もんだい》』では森鷗外《もりおうがい》（⬇二四二頁）の歴史小説を事実の捏造《ねつぞう》であると断じ、自らの『堺港攘夷始末《さかいこうじょういしまつ》』でそれを証明しようとした。しかし、作品の完成を待たず、一九八八（昭和六三）年の年末に脳梗塞のため死去。昭和が終焉《しゅうえん》を迎える、わずか半月前のことであった。

戦争を描いた文学者たち

太平洋戦争の敗戦によって、それまでの秩序と価値観が崩壊し、生き方の変換を迫られる中、多くの作家が戦争を題材に作品を発表した。そして、この戦争が結局何であったのかをそれぞれに咀嚼《そしゃく》して振り返り、これからの生き方を模索していこうとした。

原《はら》 民喜《たみき》

一九〇五（明治三八）年～一九五一（昭和二六）年
広島県生まれ

慶應義塾大学《けいおうぎじゅくだいがく》卒業後、疎開先の広島で被爆。一命は取りとめたものの、生涯後遺症に苦しめられた。当時の様子をメモした手帳をもとに、『**夏《なつ》の花《はな》**』を執筆。その後も小説『廃墟《はいきょ》から』『壊滅《かいめつ》の序曲《じょきょく》』、九編の詩から成る「原爆小景《けい》」などを発表した。

田宮虎彦《たみやとらひこ》

一九一一（明治四四）年～一九八八（昭和六三）年
東京都生まれ

太平洋戦争において、唯一日本での

俘虜記《ふりょき》

一九四八(昭和二三)年

召集されフィリピンに配属された「私」は、ミンドロ島の山中で米軍の捕虜となり、収容所へ送られる。国際法で守られ、身の安全と食料を保障された捕虜たちが、「日本的精神」を手放し、堕落していく様子を冷静な筆致で描いた連作小説。

武蔵野夫人《むさしのふじん》

一九五〇(昭和二五)年

武蔵野を舞台に、貞淑で無垢《むく》な人妻道子《みちこ》と年下の従弟勉《いとこつとむ》との悲恋を描く。大岡がスタンダール(⇩三五八頁)から学んだフランス心理小説の手法を、日本の文学風土の中で試みた初期の代表作。

レイテ戦記《せんき》

一九六七(昭和四二)年

一九四四(昭和一九)年から終戦までおこなわれたレイテ島の戦いで、日本兵は八万四千もの戦死者を出した。この戦闘の模様を膨大な資料をもとに構築し、客観的な視点からとらえ直した戦記文学。

中原中也《なかはらちゅうや》

一九七四(昭和四九)年

生涯中原中也(⇩三二一頁)に対して深い友情と尊敬の念をいだいていた大岡が、中原中也の文学とは何かに迫った晩年期の評伝。

Close Up

私は頰を打たれた。

野火《のび》

一九四八(昭和二三)年

結核のため、わずかな食糧を持たされて分隊を追い出された「私」は、原野に迷い込む。飢えのため朦朧《もうろう》とする中、路傍に散乱する兵士の死体が臀部《でんぶ》の肉を失っていることに気づく……。死を目前にしてなお生きようとする極限の人間心理を描いた、戦争文学の代表作。

映画「野火」　© SHINYA TSUKAMOTO／KAIJYU THEATER

▶二〇一五(平成二七)年、塚本晋也《つかもとしんや》の主演・監督によって公開された映画で、自主制作映画ながら、ヴェネチア国際映画祭コンペティション部門にも出品された作品。「野火」は一九五九(昭和三四)年にも、市川崑《いちかわこん》監督によって映画化されている。

レイテ島の山中

▶比島《ひとう》の熱帯の風物は私の感覚を快く揺すった。マニラ城外の柔らかい芝の感覚、スコールに洗われた火炎樹の、眼《め》が覚めるような朱の梢《こずえ》、原色の朝焼けと夕焼け、紫に翳《かげ》る火山、白浪《しらなみ》をめぐらした珊瑚礁《さんごしょう》、水際に陰を含む叢《くさむら》等々、すべて私の心を恍惚《こうこつ》に近い歓喜の状態においた。こうして自然の中で絶えず増大していく快感は、私の死が近づいた確実なしるしであると思われた。

「私」が彷徨《ほうこう》したレイテ島の山中。レイテ決戦の雌雄が決した時点で、一万人前後の日本兵が生き残っていたが、大半の者が島から脱出できないまま取り残され、飢えと病によって命を落とした。

本土決戦の場となった沖縄について、当時海軍軍医であった人物の手記をもとにした長編小説『**沖縄《おきなわ》の手記《しゅき》から**』を発表。沖縄戦の悲惨さと、それに巻き込まれた現地の人々の姿を克明に描き出そうとした。

梅崎春生《うめざきはるお》

一九一五(大正四)年～一九六五(昭和四〇)年
福岡県生まれ

東京帝国大学卒業後に徴兵され、暗号兵として鹿児島の坊津《ぼうのつ》に配属される。戦争が終わると、坊津を舞台にして、敗戦前夜の兵士の心理を描いた『**桜島《さくらじま》**』を発表。その後も、自身の戦争体験をもとにした『日《ひ》の果《は》て』『幻化《げんか》』などによって戦争をとらえ直そうとした。

林《はやし》 京子《きょうこ》

一九三〇(昭和五)年～二〇一七(平成二九)年
長崎県生まれ

十五歳のとき、長崎市内の兵器工場へ学徒動員中に被爆。その後も原爆症に苦しめられた。ともに被爆した同級生が三十代・四十代で次々と亡くなっていく現実を前に、被爆から三十年後の一九七五(昭和五〇)年、自らの体験をもとにした『**祭《まつ》りの場《ば》**』でデビュー。他に、『ギヤマン ビードロ』など被爆体験をもとにした作品を多数発表した。

文学史問題：日本における被爆体験を記したA『黒い雨』・B『夏の花』の作者をそれぞれ次から選べ。(東京理科大)
①原民喜　②遠藤周作　③井伏鱒二　④永井隆　⑤大江健三郎

安《あ》部《べ》公《こう》房《ぼう》

現実と虚構の境を描く

\#第二次戦後派 #シュールレアリスム #演劇と脚本

一九二四(大正一三)年〜一九九三(平成五)年
東京都生まれ

1868 明治 1912 大正 1926 昭和(戦前) 1945 昭和(戦後) 1989 平成・令和

西暦	年号	歳	事項
一九二四	大正一三	0	東京都に誕生。
一九二五	大正一四	1	一家で満州に移住。
一九四〇	昭和一五	16	帰国。旧制成城高等学校入学。
一九四三	昭和一八	19	東京帝国大学医学部入学。
一九四五	昭和二〇	21	父が発疹《はっしん》チフスのため死去。
一九四七	昭和二二	23	『無名詩集《むめいししゅう》』を自費出版。
一九四八	昭和二三	24	東京大学医学部を卒業するも、医師国家試験は受験せず、医師の道を放棄。
一九五〇	昭和二五	26	『赤《あか》い繭《まゆ》』
一九五一	昭和二六	27	『壁《かべ》―S《エス》・カルマ氏《し》の犯罪《はんざい》』で芥川賞受賞。
一九五八	昭和三三	34	戯曲『幽霊《ゆうれい》はここにいる』
一九六二	昭和三七	38	『砂《すな》の女《おんな》』
一九六七	昭和四二	43	『燃《も》えつきた地図《ちず》』
一九七三	昭和四八	49	『箱男《はこおとこ》』対談『反劇的人間《はんげきてきにんげん》』
一九九三	平成五	68	急性心不全のため死去。

区分：敗戦と父の死／作家としての出発／広範な活動

深い虚無感

一九二四(大正一三)年、東京都に生まれる。本名公房《きみふさ》。生まれてまもなく、満州医科大学の医師であった父や家族とともに満州に渡り、高校入学時に帰国。その後も、満州と日本を行き来した。東京帝国大学医学部の学生であった戦時中、実家の父の病院を手伝う中で終戦を迎えるが、同年の冬、父が発疹《はっしん》チフスのために死去。敗戦と父の死という二つの出来事は安部に衝撃を与え、「現実の絶対性」への懐疑をいだかせた。この経験が、その後、安部を文学の道へと導くこととなった。大学卒業後は医師になることを拒絶し、貧困生活を送りながら創作活動に専念するようになる。

作家としての出発

一九五一(昭和二六)年に発表した短編小説**『壁《かべ》―S《エス》・カルマ氏《し》の犯罪《はんざい》』**が芥川賞を受賞。この作品とともに、**『赤《あか》い繭《まゆ》』**などを収めた最初の短編集『壁《かべ》』が出版され、作家としての地位を確かなものとした。さらに、**『棒《ぼう》』『砂《すな》の女《おんな》』**『燃《も》えつきた地図《ちず》』**『鞄《かばん》』『箱男《はこおとこ》』**などの話題作を次々と発表。人気作家となり、**第二次戦後派《だいにじせんごは》**作家として活躍した。

前衛芸術家として

一方、安部はその頃から前衛芸術に関心を持つようになった。活動の場も小説にとどまらず、戯曲・評論・映画・ラジオ・テレビドラマなど多岐にわたり、彼の作品は「**アヴァンギャルド**(**超現実主義《ちょうげんじつしゅぎ》**)(**前衛《ぜんえい》**)」「**シュールレアリスム**」と評された。非現実的な世界を描くことによって、逆に現実の不条理を浮き彫りにするものであり、共同体の中での人間の実存を問うものである。こうした独自の作風によって、安部は文学史上、どこにも属さない唯一無二の地位を築き、海外でも翻訳・上演され、国際的にも高く評価されるようになった。

晩年

一九八二(昭和五七)年、自身の健康不良を理由に活動を中止。その後、『方舟《はこぶね》さくら丸《まる》』などの数作を除き、新作はほぼ発表されなかった。一九九二(平成四)年、脳内出血で倒れ、翌年、急性心不全で死去。その後、一九八七(昭和六二)年に前立腺癌《ぜんりつせんがん》を発症していたことが明らかになった。死後、ワープロに残されていた遺稿『飛《と》ぶ男《おとこ》』、戦後まもなくの作品と思われる『天使《てんし》』などの未発表作品が発表された。

1990年、安部公房(左)と大江健三郎(右)の対談

安部公房とノーベル文学賞

安部公房は非常に多くの賞に恵まれた作家である。デビューまもなく戦後文学賞を受賞、翌年に芥川賞。さらに、読売文学賞・谷崎潤一郎賞《たにざきじゅんいちろうしょう》・フランス最優秀外国文学賞・芸術選奨など、名だたる多くの賞を受賞している。そんな彼が惜しくも逃したのが、ノーベル文学賞である。同賞の選考委員長であるペール・ベストベリーは、二〇一二(平成二四)年の読売新聞社の取材に対し、安部について「急死しなければ、ノーベル文学賞を受けていたでしょう。非常に、非常に近かった」と述べた。ノーベル文学賞は、川端康成《かわばたやすなり》(➡二六七頁)が一九六八(昭和四三)年に受賞して以来、谷崎潤一郎《たにざきじゅんいちろう》(➡二五五頁)・三島由紀夫《みしまゆきお》(➡二六八頁)らが候補としてあがるも、一九九四(平成六)年の大江健三郎《おおえけんざぶろう》(➡二九三頁)まで、受賞には至らなかった。ノーベル賞の候補者や選考過程については絶対的な守秘義務があり、この発言の真偽のほどは定かではない。しかし、急逝した安部がもう少し長生きしていれば、大江健三郎よりも前に、あるいは、彼に続いてまもなく、日本人のノーベル文学賞受賞者が誕生していた可能性も完全には否定できないのである。

Close Up

後に大きな空っぽの繭が残った。

赤《あか》い繭《まゆ》

一九五〇(昭和二五)年

「洪水《こうずい》」「魔法《まほう》のチョーク」とともに、「三つの寓話《ぐうわ》」と題されたうちの一つとして発表された短編小説。翌年発行の短編集『壁《かべ》』では、「第三部 赤い繭」として収められている。

帰る家を持たない「おれ」は、ぼんやりと死を意識しながらも、どこかに自分の家があるのではないかと、町をさまよい続ける。やがて日が暮れ始めたとき、「おれ」は、自分の左足がほぐれて絹糸になっていることに気づく。自分の体はさらにほぐれていき、やがて自分を包む赤い繭となった……。生々しい現実に直面していたはずの主人公が、いつの間にか非現実の中に迷い込み、そこに安息を見いだす。共同体からの脱出というテーマが表現された初期の作品。

◀さまよえるユダヤ人とは、すると、おれのことであったのか?
日が暮れかかる。おれは歩きつづける。

刑場へ向かうキリストを嘲笑したために、死ぬことを許されず、キリスト再臨の日まで永久に世界中をさまようという罰を科せられたユダヤ人。ヨーロッパに伝わるキリスト教の伝説であり、ユダヤ人に対する憎悪や差別が背景にある。主人公の「おれ」は、あてもなく町をさまよわなければならない自分の身の上の理不尽さを、このユダヤ人に重ね合わせて嘆いているのである。

なお、芥川龍之介《あくたがわりゅうのすけ》(➡ 260頁)には、「さまよえるユダヤ人」に関する新発見の学説を紹介する体裁をとった『さまよえる猶太人《ユダヤじん》』という短編小説がある。『赤い繭』における「おれ」との共通点と相違点を確認してみるのもおもしろいだろう。

棒《ぼう》

一九五五(昭和三〇)年

デパートの屋上で子供とともに町を見下ろしていた「私」は、気がつくと自分が一本の棒となって落下していた。棒を拾った先生と二人の学生が、棒の分析と処罰について語り始めた。実直に生きる人を理不尽に襲う不幸と、絶対者すら完全でないということの矛盾を、ユーモアを交えて描いた短編小説で、後に『棒《ぼう》になった男《おとこ》』の第三景として戯曲化されている。

砂《すな》の女《おんな》

一九六二(昭和三七)年

海辺の砂丘へ昆虫採集にやってきた中学教師は、砂の中にある集落の、蟻地獄《ありじごく》のような穴の底に閉じ込められ、そこに住んでいた女とともに砂を運び出す生活を強いられる。なんとか脱出しようと試みる男だが、やがて集落の人々との間に奇妙な連帯感が生まれ……。架空の設定だが、毎日の砂との闘いがあたかもドキュメンタリーのような生々しい現実味を持って描写され、「日常社会からの失踪」という安部の代表的テーマが取り扱われている長編小説。

砂丘

鞄《かばん》

一九七二(昭和四七)年

「私」の事務所に求人の応募にやってきた青年は、大きな鞄を持っていた。鞄のために選ぶことのできる道がおのずから制約されてしまうと語る青年を雇うと決めた「私」は、何気なく彼の置いていった鞄を手にする……。不自由さによってもたらされる自由の本質を鋭く描いた短編小説で、戯曲『棒《ぼう》になった男《おとこ》』の第一景にもなっている。

箱男《はこおとこ》

一九七三(昭和四八)年

元カメラマンの「箱男」は、段ボール箱に入って徘徊《はいかい》し、その中から社会をのぞき見ることによって、社会の中にあってもすべてからの帰属を捨て去ることのできる安寧を得ていた。そんな「箱男」のもとに、五万円で箱を買い取りたいという看護婦が現れ、やがてさまざまな事件を経て、「箱男」は「偽箱男」「少年D」へと変わっていき……。「箱男」の手記に、新聞記事や写真など、さまざまなモチーフが挿入されるという意欲的な試みがなされた安部の代表的長編小説。

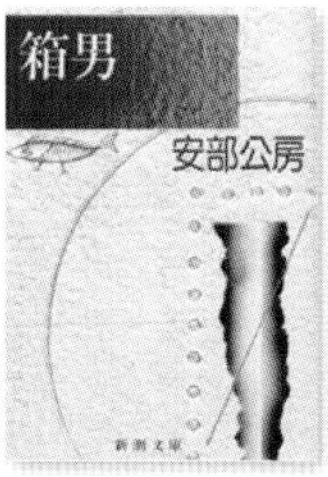

新潮文庫

文学史問題：ノーベル文学賞を受賞した作家を次から一人選べ。(愛知学院大)
①安部公房 ②川端康成 ③谷崎潤一郎 ④三島由紀夫 ⑤森鷗外

「滅びの美学」を追究
三島《みしま》由紀夫《ゆきお》

一九二五（大正一四）年～一九七〇（昭和四五）年
東京都生まれ

明治 1868／大正 1912／昭和（戦前） 1926／昭和（戦後） 1945／平成・令和 1989

#第二次戦後派 #絢爛な美意識 #滅びの美学

西暦	年号	歳	事項
一九二五	大正一四	0	東京都に誕生。
一九四一	昭和一六	16	『花《はな》ざかりの森《もり》』
一九四四	昭和一九	19	東京帝国大学法学部入学。
一九四六	昭和二一	21	川端康成《かわばたやすなり》と出会う。
一九四七	昭和二二	22	大蔵省入省。
一九四八	昭和二三	23	大蔵省を退職し、作家に専念。
一九四九	昭和二四	24	『仮面《かめん》の告白《こくはく》』
一九五一	昭和二六	26	半年間の世界一周旅行に出帆。
一九五四	昭和二九	29	『潮騒《しおさい》』
一九五五	昭和三〇	30	『沈《しず》める滝《たき》』
一九五六	昭和三一	31	『金閣寺《きんかくじ》』『永《なが》すぎた春《はる》』 戯曲集『近代能楽集《きんだいのうがくしゅう》』
一九五九	昭和三四	34	戯曲『鹿鳴館《ろくめいかん》』 『鏡子《きょうこ》の家《いえ》』
一九六一	昭和三六	36	『憂国《ゆうこく》』
一九六五	昭和四〇	40	『豊饒《ほうじょう》の海《うみ》』連載開始。
一九六八	昭和四三	43	「楯《たて》の会《かい》」結成。
一九七〇	昭和四五	45	自衛隊市《いち》ケ谷《がや》駐屯地《ちゅうとんち》で割腹自殺。

区分：文学への目覚め／人気作家として／憂国と自刃

才能の開花

本名平岡公威《ひらおかきみたけ》。幼少期から読書を好み、学習院初等科の低学年の頃から詩や俳句を学校の機関誌に発表していた。十六歳で執筆した短編小説『花《はな》ざかりの森《もり》』が雑誌「文藝文化《ぶんげいぶんか》」に掲載されると、「早熟の天才現る」との称賛を集めた。

敗戦と作家活動の開始

第二次世界大戦中は、日本の高貴な精神の勝利を信じ続けていた三島だったが、一九四五（昭和二〇）年の**原爆投下と敗戦は、三島に強い衝撃と喪失感をもたらし、彼自身の「滅びの美学」にも大きな影響を与えた。**東京大学卒業後、大蔵省に入省するも、勤務と執筆との両立が難しくなり、一年で退職。その後、創作活動に専念するようになり、自伝的小説**『仮面《かめん》の告白《こくはく》』**や、能の謡曲を近代劇に翻案した戯曲集『近代能楽集《きんだいのうがくしゅう》』など、多彩な作品を発表。新進作家としての地位を確立した。

肉体美への憧れ

一九五一（昭和二六）年、朝日新聞社の特別通信員として半年間の世界一周旅行へと出発。以前からパルテノン神殿に特別な憧れをいだいていた三島は、実際に目にする古代ギリシャ文化に感銘を受けた。これを機に、肉体と知性の均衡の中にこそ理想的な人間の姿があると考え、自身も帰国後にボディビルを始めるなど、鍛錬に打ち込むようになる。そして、**『潮騒《しおさい》』『金閣寺《きんかくじ》』**など、独自の美意識を追究した作品を次々に発表した。

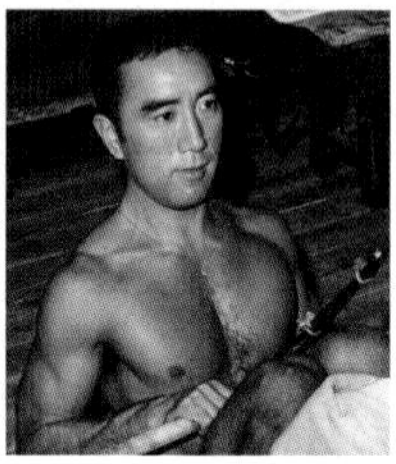
体を鍛える三島由紀夫

憂国の思い

一九六〇（昭和三五）年の安保闘争の頃から日本の物質文化偏重に危機感を覚えた三島は『憂国《ゆうこく》』を発表し、一九六八（昭和四三）年には、私兵部隊である「楯《たて》の会《かい》」を結成。一九七〇（昭和四五）年、四部作『豊饒《ほうじょう》の海《うみ》』を書き上げると、「楯の会」の四名のメンバーとともに陸上自衛隊市《いち》ケ谷《がや》駐屯地《ちゅうとんち》に立てこもり、法改正のため自衛隊の決起を呼びかけた後、割腹自殺した。

川端康成・太宰治との関係

一九四六（昭和二一）年、三島は川端康成《かわばたやすなり》（⬇二六七頁）と出会う。当時大学生だった三島に助言を与えて三島が戦後文壇に登場するきっかけを作り、三島の結婚では媒酌人まで務めた川端は、三島にとっての大恩人であった。一方、芥川賞をめぐって川端と対立した太宰治《だざいおさむ》（⬇二七三頁）に対しては、嫌悪感を持っていたと告白している。大学生の頃、太宰と面会する機会を得た三島は、面と向かって「僕は太宰さんの文学はきらいなんです」と言い放ったという。しかし、後年、「自分の根底に太宰と触れるところがある」とも発言しているように、三島の太宰嫌いは近親憎悪に近いものであったのかもしれない。

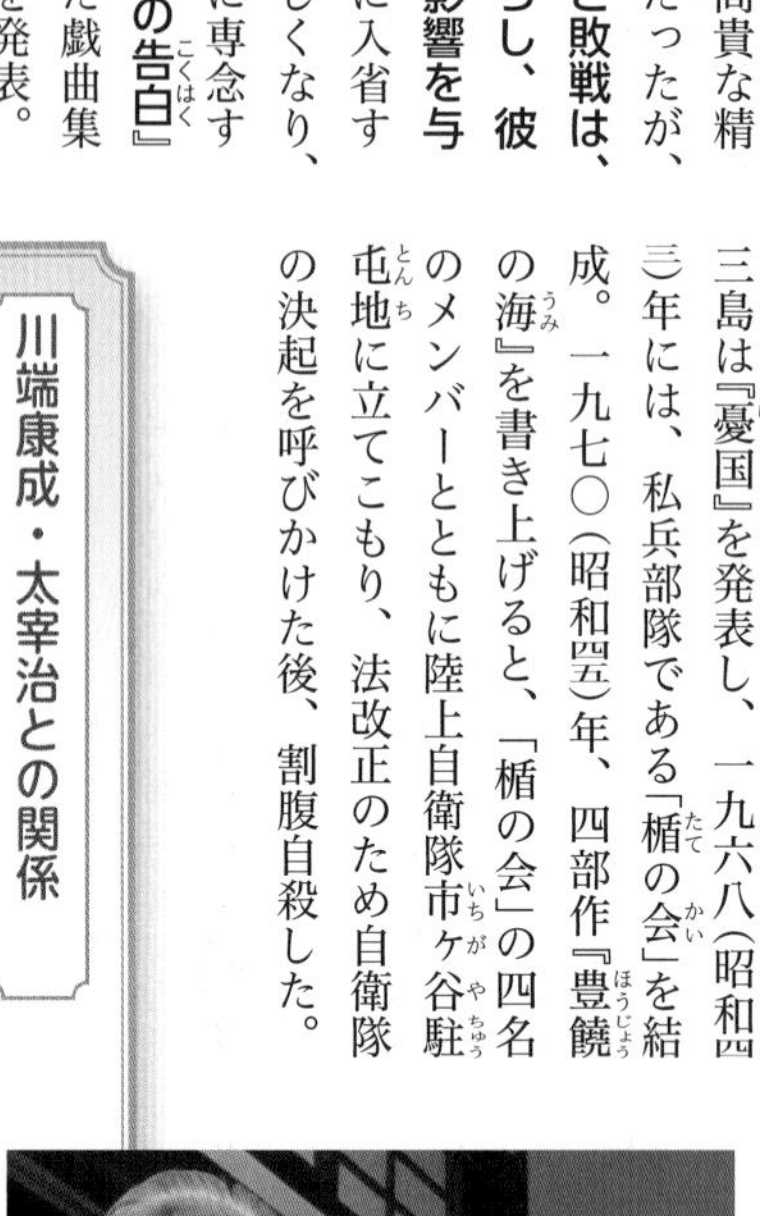
川端康成（左）のノーベル文学賞受賞を祝福する三島由紀夫（右）

潮騒《しおさい》
一九五四（昭和二九）年

伊勢湾の若い漁師新治《しんじ》と、網元の娘初江《はつえ》の牧歌的で健康的な恋愛物語。古代ギリシャの恋物語『ダフニスとクロエ』に着想を得て描かれた中編小説。

金閣寺《きんかくじ》
一九五六（昭和三一）年

金閣寺に魅せられた無口で貧しい青年溝口《みぞぐち》は、その美を独占するために金閣に火を放つ。実際の金閣寺放火事件に基づき、「美は滅びによって永遠となる」という三島の美学を主題に描いた長編小説。

「敗者の視点」で日常を描く
安岡章太郎《やすおかしょうたろう》

一九二〇（大正九）年〜二〇一三（平成二五）年
高知県生まれ

明治 1868／大正 1912／昭和（戦前）1926／昭和（戦後）1945／平成・令和 1989

第三の新人　# 私小説　# 日常への眼

度重なる挫折

父の仕事の関係で転校を繰り返したため学校になじめず、小学生の頃から劣等生としての意識を強く持っていた。旧制高校受験に三度失敗した後、慶應義塾大学《けいおうぎじゅくだいがく》予科に入学。在学中に従軍するも、肺結核のため除隊。帰国後は脊椎カリエスを発症し、療養生活を送った。こうした度重なる精神的・肉体的な苦痛が、安岡の創作の原動力となった。

「第三の新人」として

療養中の一九五一（昭和二六）年に書いた『ガラスの靴《くつ》』が芥川賞候補となり、文壇の注目を浴びる。二年後、『**陰気《いんき》な愉《たの》しみ**』『**悪《わる》い仲間《なかま》**』で芥川賞を受賞。遠藤周作《えんどうしゅうさく》・吉行淳之介《よしゆきじゅんのすけ》（⬇二九七頁）らとともに、「**第三《だいさん》の新人《しんじん》**」と呼ばれ、私小説への回帰を図った短編小説を発表。あくまでも**日常生活を描く**ことに尽力し、**内面の弱さ、敗北感を見つめ直した。**

その他の活動

一九六二（昭和三七）年、半年間のアメリカ留学の経験をもとに『アメリカ感情旅行《かんじょうりょこう》』を発表。日記のスタイルで、アメリカの文明批評をおこなった。他に『**海辺《かいへん》の光景《こうけい》**』『幕《まく》が下《お》りてから』『走《はし》れトマホーク』などがある。

ガラスの靴《くつ》　一九五一（昭和二六）年

大学生の「僕」と米軍軍医のメイドとして働く悦子《えつこ》との恋愛を清新に描く。当時文壇の主流であった戦後派作家たちの小説とは一線を画す短編小説。

海辺《かいへん》の光景《こうけい》　一九五九（昭和三四）年

殺伐とした高知の海辺の病院で危篤の母を看取るまでの九日間を、回想を交えて描く。家族の崩壊を主題とした中編小説。

高知の海辺（桂浜）

神の愛を追究した作家
遠藤周作《えんどうしゅうさく》

一九二三（大正一二）年〜一九九六（平成八）年
東京都生まれ

明治 1868／大正 1912／昭和（戦前）1926／昭和（戦後）1945／平成・令和 1989

第三の新人　# キリスト教　# エッセイ

少年期の受洗

幼少期に父の転勤にともない満州に移るが、両親の離婚により帰国。帰国後、母とともにカトリックに入信し、十二歳で洗礼を受ける。**神への信仰心と原罪の意識**は、遠藤に生涯強い影響を与えた。一九四三（昭和一八）年、慶應義塾大学《けいおうぎじゅくだいがく》予科に入学。学生時代から評論を書き始め、一九四七（昭和二二）年、『神々《かみがみ》と神《かみ》と』を発表。卒業後、「三田文学《みたぶんがく》」の同人となり、カトリックに関する評論を発表し続けた。

小説家デビュー

一九五〇（昭和二五）年、南フランスのリヨンに留学し、現代カトリック文学を研究。帰国後の一九五五（昭和三〇）年、リヨンを舞台に西洋人の原罪的宿命を描いた『**白《しろ》い人《ひと》**』で小説家デビューし、同作で芥川賞を受賞した。『**海《うみ》と毒薬《どくやく》**』『**沈黙《ちんもく》**』などで、キリスト教の土壌を持たない日本人の倫理的な脆《もろ》さを描き、人がいかに神の愛を受け止め、魂の救済を図るかを問い続け、「**第三《だいさん》の新人《しんじん》**」として活躍した。

軽やかな活動

一方、自らを「狐狸庵山人《こりあんさんじん》」と号し、小説とは一転してユーモアあふれる軽妙なエッセイを数多く発表。「狐狸庵先生《こりあんせんせい》」として、多くの読者に親しまれた。その他、ホラー小説の執筆など、活動は多岐にわたった。

遠藤が洗礼を受けたカトリック夙川教会《しゅくがわきょうかい》（兵庫県西宮市）

沈黙《ちんもく》　一九六六（昭和四一）年

切支丹《キリシタン》禁制下の日本で迫害される宣教師ロドリゴを主人公として、「神の沈黙」と「神の愛」を描いた長編小説。

深い河《ディープ・リバー》　一九九三（平成五）年

それぞれの業《ごう》を抱えた人々が流浪の果てにガンジス河にたどり着き、魂の救済を得る姿を描く。神と人間の関係を問い続けた遠藤周作の最後の長編小説。

文学史問題：遠藤周作の作品ではないものを次から一つ選べ。（阪南大）
①沈黙　②死海のほとり　③白い人　④潮騒　⑤黄色い人

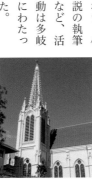

引き継がれる文学者の血

幸田《こう》田《だ》文《あや》

一九〇四(明治三七)年〜一九九〇(平成二)年
東京都生まれ

1868	明治
1912	大正
1926	昭和(戦前)
1945	昭和(戦後)
1989	平成・令和

#幸田露伴 #随筆 #戦後女流文学

父の教えと随筆

父は作家の**幸田露伴《こうだろはん》**(⇩二四〇頁)。五歳のときに母が亡くなり、父から家事全般についての厳しいしつけを受けて育った。女子学院を卒業後、一九二八(昭和三)年、清酒問屋に嫁ぎ、娘の玉《たま》をもうけるも、一九三八(昭和一三)年に離婚。娘の玉を連れて幸田家に戻り、父の晩年を看取る。一九四七(昭和二二)年、父が死去すると、父の思い出や看取りの記録を記した随筆『終焉《しゅうえん》』『葬送《そうそう》の記《き》』で文壇デビュー。簡潔で歯切れよい文章と細やかな観察眼が高く評価された。

左から文・父露伴・弟成豊

小説家としての再出発

一九五〇(昭和二五)年、断筆宣言をし、芸者置屋の女中として働くが、病のため二ヶ月で帰宅。そのときの経験をもとに書かれたのが初めての小説『**流《なが》れる**』である。一九五六(昭和三一)年には、若くして肺結核で亡くなった弟の成豊《しげとよ》をモデルに、姉弟の関係を繊細に描いた『**おとうと**』を発表した。娘の青木玉《あおきたま》、さらにその娘の青木《あおき》奈《な》緒《お》も作家である。

左から娘玉・文・父露伴

流《なが》れる 一九五五(昭和三〇)年

教養ある中年女性の梨花《りか》は、芸者置屋で女中として働く。一見華やかに見える花柳界の零落や芸妓《げいぎ》たちの哀《かな》しみを詩情豊かに描いた中編小説。

おとうと 一九五六(昭和三一)年

仕事一筋の父と、冷徹な継母の間で、身を持ち崩し、若くして結核で亡くなる弟の哀切を、姉の目から情感豊かに描いた自伝的長編小説。

被爆体験と平和への祈り

竹《たけ》西《にし》寛《ひろ》子《こ》

一九二九(昭和四)年〜
広島県生まれ

1868	明治
1912	大正
1926	昭和(戦前)
1945	昭和(戦後)
1989	平成・令和

#原爆小説 #古典研究 #評論

経験の蓄積

第二次世界大戦中は県立広島女子専門学校に在学。学徒動員をしていた際に被爆し、多くの級友を失った。この被爆体験が、その後の創作活動に大きな影響を与えることになる。早稲田大学《わせだだいがく》を卒業後、河出書房《かわでしょぼう》に勤め(後に筑摩書房《ちくましょぼう》に転職)、編集者として文学全集の編集に携わる。ここで多くの古典に触れ、素養を磨いたことも、後の創作活動の基盤となった。

軍需工場で弾薬の検査をする女子挺身隊

評論から小説へ

編集者として勤務する傍ら、同人誌「現代叢書《げんだいそうしょ》」に参加し、評論を発表していたが、一九六二(昭和三七)年に退社。以後、執筆活動に専念する。一九六四(昭和三九)年、過去と現在を自在に行き来しながら古典を論じた『**往還《おうかん》の記《き》―日本《にほん》の古典《こてん》に思《おも》う**』で田村俊子賞《たむらとしこしょう》を受賞。一方、自らの被爆体験をもとに、戦争の悲惨さを精緻な描写で記録した小説『**儀式《ぎしき》**』『**管絃祭《かんげんさい》**』『**兵隊宿《へいたいやど》**』などを発表した。『式子内親王《しょくしないしんのう》・永福門院《えいふくもんいん》』『日本《にほん》の恋歌《こいうた》』など、和歌をテーマにした評論も多い。

管絃祭《かんげんさい》 一九七八(昭和五三)年

女学校時代に広島で被爆し、家族や友人を失った女性たちの「その時」と「その後」を描いた連作小説。主人公の有紀子《ゆきこ》に作者自身を重ね合わせ、亡くなった友への鎮魂の思いを込めた作品。

管絃祭　管絃祭は旧暦6月17日におこなわれる厳島神社の祭礼行事。

言葉《ことば》を恃《たの》む 二〇〇八(平成二〇)年

松尾芭蕉《まつおばしょう》(⇩一八二頁)、与謝野晶子《よさのあきこ》(⇩三二八頁)、川端康成《かわばたやすなり》(⇩二六七頁)などさまざまな時代の先達を取り上げ、それらと精神の交歓をし、魅力を追究することによって自身のあり方を探ろうとした講演録。

三浦哲郎《みうらてつお》

自らの「血」への鎮魂と再生

明治	1868
大正	1912
昭和（戦前）	1926
昭和（戦後）	1945
平成・令和	1989

一九三一（昭和六）年～二〇一〇（平成二二）年
青森県生まれ

#短編の名手　#私小説　#ロマン文学

西暦	年号	歳	事項	区分
一九三一	昭和六	0	青森県に誕生。	不幸な血からの再生
一九三七	昭和一二	6	次姉が自殺。長兄が失踪。	
一九三八	昭和一三	7	長姉が自殺。	
一九四九	昭和二四	18	早稲田大学《わせだだいがく》第二政治経済学部入学。	
一九五〇	昭和二五	19	次兄が失踪。大学を中退。	
一九五三	昭和二八	22	早稲田大学第一文学部へ再入学。小説を書き始める。	
一九六一	昭和三六	30	『忍《しの》ぶ川《かわ》』で芥川賞受賞。『初夜《しょや》』	私小説
一九六三	昭和三八	32	『繭子《まゆこ》ひとり』	
一九六七	昭和四二	36	『海《うみ》の道《みち》』	活動の広がり
一九七一	昭和四六	40	『ユタと不思議《ふしぎ》な仲間《なかま》たち』	
一九七五	昭和五〇	44	『少年讃歌《しょうねんさんか》』	
一九七六	昭和五一	45	『拳銃《けんじゅう》と十五《じゅうご》の短篇《たんぺん》』	
一九八一	昭和五六	50	『白夜《びゃくや》を旅《たび》する人々《ひとびと》』	
一九八二	昭和五七	51	『おろおろ草紙《ぞうし》』	
二〇一〇	平成二二	79	鬱血性心不全《うっけつせいしんふぜん》のため死去。	

「滅びの血筋」への苦悩

六人兄姉の末っ子として生まれ、高校時代はバスケットボールに熱中するスポーツ少年だった。しかし、幼年期から青年期にかけて二人の姉が自殺し、二人の兄が失踪するという悲劇に見舞われる。自らの「滅びの血」に絶望するが、私小説の形で**「血」の問題に真正面から取り組むことでそれを乗り越えようと決意**し、文学に近づいた。井伏鱒二《いぶせますじ》（⬇二七〇頁）に師事し、一九六一（昭和三六）年、自らの暗い半生を見つめた私小説**『忍《しの》ぶ川《かわ》』**で芥川賞を受賞。つづいて『恥《はじ》の譜《ふ》』『初夜《しょや》』『帰郷《ききょう》』など、故郷青森の厳しくも美しい自然の中で、自らの運命に屈することなく力強く生きようとする人々を描く私小説を次々に発表した。こうした私小説の系譜は、亡くなった家族への痛切な思いを綴《つづ》った一九八一（昭和五六）年発表の『白夜《びゃくや》を旅《たび》する人々《ひとびと》』へとつながっていく。

多方面での活動

三浦の創作活動は私小説にとどまらない。みちのくの豊かな風土を背景に、座《ざ》敷童《しきわらし》との関わりの中でたくましく成長していくユタ少年を描く**『ユタと不思議《ふしぎ》な仲間《なかま》たち』**を発表。NHKでテレビドラマ化された他、劇団四季によるミュージカルは現在までたびたび再演されている。

一方、名文家として知られた三浦は、千字程度の優れた短編小説を多く発表し、**「短編の名手」**と呼ばれた。また、歴史小説でも注目を浴び、故郷青森を舞台に東北の大飢饉《だいききん》を題材とした**『おろおろ草紙《ぞうし》』**、天正遣欧少年使節《てんしょうけんおうしょうねんしせつ》を描いた**『少年讃歌《しょうねんさんか》』**などを発表。一九八四（昭和五九）年から二〇〇三（平成一五）年まで芥川賞選考委員を務めた他、やまなし文学賞の選考委員も務めるなど、後進作家の育成にも積極的であった。

三浦哲郎文学碑（青森県三八城公園《みやぎこうえん》）

忍《しの》ぶ川《かわ》　一九六〇（昭和三五）年

大学生の「私」は、料亭「忍ぶ川」で働く志乃《しの》と出会う。お互いの不幸な境遇を打ち明け合い、互いに傷を癒やしながら、二人はひたむきに愛し合うようになる。愛による魂の再生を情緒的に描いた芥川賞受賞作。

少年讃歌《しょうねんさんか》　一九七五（昭和五〇）年

舞台は十六世紀末。天正遣欧少年使節として九州を旅立った少年たちは、異国ローマの地で信仰に支えられて多くの困難を乗り越えていく。歴史長編小説。

伊東《いとう》マンショ像　天正遣欧少年使節として派遣された少年は四人。伊東マンショは主席正使であった。

母への思い

兄弟や父親をあいついで亡くした三浦にとって、残された家族への思いは格別だった。自らも視覚障害者であった母いとは、我が子たちが自分より先に消えていく非情な運命を受け止めながら生きていた。三浦は多くの随筆や短編で母を題材にしているが、母の晩年を描いた『母《はは》の微笑《びしょう》』では、母の笑顔を「いかにも、無学ながらひたすら母親の道を貫き通した生涯に充足し切っているような、穏やかで控え目ながら自信に満ちた微笑」と形容している。ここからは、母に対する深い慈しみが感じられる。

文学史問題：幸田文の父は、小説『五重塔』などで著名な明治期を代表する作家である。その人名を漢字で書け。（大阪総合保育大）

社会風刺とユーモア

井上《いのうえ》ひさし

一九三四(昭和九)年〜二〇一〇(平成二二)年
山形県生まれ

明治	大正	昭和(戦前)	昭和(戦後)	平成・令和
1868	1912	1926	1945	1989

#放送作家 #戯曲と台本 #言葉遊びとパロディ

区分	西暦	年号	歳	事項
少年・青年時代	一九三四	昭和九	0	山形県に誕生。
	一九三九	昭和一四	5	父と死別。
	一九五〇	昭和二五	16	仙台第一高等学校入学。
	一九五三	昭和二八	19	上智大学文学部独文科に入学するも、ほどなくして休学。
	一九五六	昭和三一	22	上智大学外国語学部仏語科に復学。
創作活動開始	一九六四	昭和三九	30	テレビ人形劇『ひょっこりひょうたん島《じま》』
	一九六九	昭和四四	35	戯曲『日本人《にほんじん》のへそ』
	一九七〇	昭和四五	36	『ブンとフン』
小説家・戯曲家として	一九七二	昭和四七	38	戯曲『表裏源内蛙合戦《おもてうらげんないかえるがっせん》』・『手鎖心中《てぐさりしんじゅう》』で直木賞受賞。
	一九七三	昭和四八	39	『吉里吉里人《きりきりじん》』
	一九八三	昭和五八	49	『ナイン』
	一九八七	昭和六二	53	「遅筆堂文庫《ちひつどうぶんこ》」を開設。
	一九九四	平成六	60	戯曲『父《ちち》と暮《くら》せば』
	二〇一〇	平成二二	75	肺がんのため死去。

不遇の少年時代

本名廈《ひさし》。五歳の年に父と死別し、仙台のカトリック系養護施設で高校時代を過ごした。彼が暮らした養護施設の修道士たちの献身的な態度に感銘を受けた井上は、十代で洗礼を受け、後年、**『青葉繁《あおばしげ》れる』『握手《あくしゅ》』**などの作品でそこでの日々を綴《つづ》っている。上智大学文学部独文科に入学するも、ドイツ語になじめず、生活費にも困り休学して就職。二年後、同大学仏語科に復学した。

放送作家としての成功

大学卒業後は、放送作家として活動し、一九六四(昭和三九)年にＮＨＫ総合テレビで放送開始となった人形劇**『ひょっこりひょうたん島《じま》』**が大ヒット。五年間にわたって人気を博した。一方、戯曲『表裏《おもてうら》源内蛙合戦《げんないかえるがっせん》』『道元《どうげん》の冒険《ぼうけん》』『天保十二年《てんぽうじゅうにねん》のシェイクスピア』などを次々と発表。作品は多くの劇団で上演され、劇作家としての地位を不動のものにした。

小説家デビュー

また、**『ブンとフン』**で小説家としても活動をスタート。**『手鎖心中《てぐさりしんじゅう》』**で直木賞を受賞し、その後も小説や随筆を多数著す傍ら、新しい戯曲も毎年のように発表、上演された。井上の作品は、**言葉遊びやパロディ**をふんだんに用いた喜劇の体裁をとりながら、その中に**現代社会への鋭い風刺**を含むものが多い。卓越した日本語の感覚を生かして、『自家製文章読本《じかせいぶんしょうとくほん》』『私家版日本語文法《しかばんにほんごぶんぽう》』などの日本語に関する評論も発表した。晩年も創作意欲は衰えることがなく、生涯に残した作品数は、実に四百作品に上った。命日である四月九日は、一九七三(昭和四八)年発表の長編**『吉里吉里人《きりきりじん》』**にちなんで「吉《き》里吉里忌《りきりき》」と呼ばれている。

遅筆堂文庫(山形県川西町)

青葉繁《あおばしげ》れる

一九七三(昭和四八)年

東北一の名門校仙台一高に通う落ちこぼれ四人組は、東京からやってきた転校生俊介《しゅんすけ》と仲良くなり、さまざまな事件を巻き起こす……。井上の青春時代をもとにユーモラスに描かれた自伝的小説。

文春文庫

吉里吉里人《きりきりじん》

一九七三(昭和四八)年

三文小説家《さんもんしょうせつか》、古橋健二《ふるはしけんじ》は、取材旅行の途中で「吉里吉里国」の独立騒動に巻き込まれる。日本政府の弾圧から解放された吉里吉里人だが、独立体制はたった二日で瓦解して……。日本社会への強烈な風刺が込められた長編小説。

遅筆堂

非常に多作の作家であった井上だが、意外なことに自ら「遅筆堂《ちひつどう》」と名乗るほど、執筆には時間がかかった。その原因は、井上の膨大な取材量にある。元来非常な読書家だった井上は、執筆に際しておびただしい数の本を読み、丹念な取材を欠かさなかった。そんな井上の蔵書二十二万冊を所蔵したのが、彼の故郷山形県川西町にある「遅筆堂文庫」である。館内に並べられた本には、井上がつけた付箋やメモがそのまま残されている。

自宅から蔵書を運び出す井上ひさし

再生と癒やしを描く

大江《おおえ》健《けん》三《ざぶ》郎《ろう》

一九三五（昭和一〇）年～二〇二三（令和五）年
愛媛県生まれ

#ノーベル文学賞　#戦後世代作家の旗手　#共生の思想

1868 明治　1912 大正　1926 昭和（戦前）　1945 昭和（戦後）　1989 平成・令和

西暦	年号	歳	事項
一九三五	昭和一〇	0	愛媛県に誕生。
一九五一	昭和二六	16	松山東高等学校入学。
一九五四	昭和二九	19	東京大学文科二類入学。
一九五七	昭和三二	22	『奇妙《きみょう》な仕事《しごと》』『死者《ししゃ》の奢《おご》り』
一九五八	昭和三三	23	『飼育《しいく》』で芥川賞受賞。
一九六〇	昭和三五	25	伊丹《いたみ》ゆかりと結婚。
一九六三	昭和三八	28	長男の光《ひかり》が誕生。
一九六四	昭和三九	29	『個人的《こじんてき》な体験《たいけん》』『ヒロシマ・ノート』
一九六七	昭和四二	32	『万延元年《まんえんがんねん》のフットボール』
一九七九	昭和五四	44	『同時代《どうじだい》ゲーム』
一九八三	昭和五八	48	『新《あたら》しい人《ひと》よ眼《め》ざめよ』
一九九四	平成六	59	ノーベル文学賞受賞。
一九九五	平成七	60	『燃《も》えあがる緑《みどり》の木《き》』完結。
一九九九	平成一一	64	『宙返《ちゅうがえ》り』
二〇一三	平成二五	78	『晩年様式集《イン・レイト・スタイル》』
二〇二三	令和五	88	老衰のため死去。

区分：学生作家として　戦後世代作家の旗手　ノーベル文学賞以降

学生作家デビューまで

九歳で父を亡くし、まもなく敗戦を迎えるが、当時過ごした愛媛県内子町《うちこちょう》の自然は、後の創作活動においても彼の原風景となった。東京大学では仏文学を学び、特にサルトル（➡三六〇頁）に傾倒する。一九五七（昭和三二）年、大学在学中に発表した『奇妙《きみょう》な仕事《しごと》』が平野謙《ひらのけん》の激賞を受け、その後、**『死者《ししゃ》の奢《おご》り』**で商業誌へのデビューを果たした。翌年、**『飼育《しいく》』**で芥川賞を受賞し、石原慎太郎《いしはらしんたろう》（➡二九九頁）、開高健《かいこうたけし》（➡二九八頁）らに次ぐ新世代の作家として注目を集めた。

息子の誕生と作風の変化

一九六〇（昭和三五）年に結婚、三年後に長男の光《ひかり》が誕生した。知的障害を持って生まれた光との共生は、社会に対する絶望や不安を実存的に描くというこれまでの大江の主題を根本的に覆す契機となった。**『個人的《こじんてき》な体験《たいけん》』**では、重い障害を持って生まれた息子の父が一度は息子の死を願いながら、やがて障害を受け入れ、現実の中で生きることを決意するまでを描いた。これ以降、息子との共生は大江の主要な主題の一つとして、**『新《あたら》しい人《ひと》よ眼《め》ざめよ』**をはじめとする多くの小説に描かれることになる。一方、広島や沖縄を訪問した体験から「核時代」の認識を深めた大江は、一九六四（昭和三九）年にノンフィクション**『ヒロシマ・ノート』**を発表し、戦争の悲惨さを訴えた。

ノーベル文学賞

一九六七（昭和四二）年、故郷四国を舞台とする**『万延元年《まんえんがんねん》のフットボール』**を発表し、戦後文学の最高傑作と激賞される。一九九四（平成六）年には、**日本人として二人目となるノーベル文学賞を受賞**した。翌年、自身の最後の小説とした『燃《も》えあがる緑《みどり》の木《き》』が完結。作家活動の終了宣言をするも、一九九九（平成一一）年に『宙返《ちゅうがえ》り』で執筆活動を再開。さらに、二〇〇六（平成一八）年から八年間にわたり大江健三郎賞を設立するなど、若い世代の作家の発掘にも寄与した。

死者《ししゃ》の奢《おご》り

一九五七（昭和三二）年

死体運びのアルバイトをする大学生の「僕」の目を通して、戦後世代の閉塞感を寓話的《ぐうわてき》に描いたデビュー作。

静《しず》かな生活《せいかつ》

一九九〇（平成二）年

障害を持つ兄イーヨーと、妹マーちゃんの穏やかな日常を描く短編連作。一九九五（平成七）年、大江の義兄である伊丹《いたみ》十三《じゅうぞう》監督によって映画化された。

伊丹十三　大江の妻ゆかりは伊丹十三の妹。

ノーベル文学賞授与式

大江光の音楽

後頭部に大きな瘤《こぶ》を持って生まれた大江の長男光《ひかり》は、重い知的障害を抱える一方、幼い頃から鳥の鳴き声を正確に聞き分けるなど、音楽においては希有《けう》な才能を発揮した。やがてクラシック音楽に興味を示すようになった光はピアノと出会い、作曲を始める。映画「静《しず》かな生活《せいかつ》」では劇中音楽を担当し、日本アカデミー賞優秀音楽賞を受賞した。その後も「大江光《おおえひかり》の音楽《おんがく》」と題した作品集のCDを発表するなど、作曲家として活動している。

中原中也の詩につけた楽譜を見る大江光（左）

文学史問題：大江健三郎が受賞した賞を次から二つ選べ。（日本福祉大）
①ノーベル文学賞　②芥川賞　③直木賞　④三島由紀夫賞　⑤日本エッセイスト・クラブ賞

壮大な歴史小説

井上《いのうえ》 靖《やすし》

一九〇七(明治四〇)～一九九一(平成三)
北海道生まれ

生後まもなくして、両親の郷里である静岡県伊豆湯ヶ島へ移転し、妹の誕生を契機に祖母に育てられる。この経験が、後の孤独の情と傍観者的視点に見られる井上の作風につながった。一九三六(昭和一一)年、京都帝国大学を卒業し、毎日新聞社の記者となったが、一九五〇(昭和二五)年、『**闘牛**《とうぎゅう》』で芥川賞を受賞すると、新聞社を退社して文筆活動に専念するようになる。四十歳を過ぎてからの遅いスタートであったが、『風林火山《ふうりんかざん》』『**氷壁**《ひょうへき》』などの作品を次々と発表。中国の歴史に材をとった『天平《てんぴょう》の甍《いらか》』『敦煌《とんこう》』などの壮大な歴史小説の他、『しろばんば』『あすなろ物語《ものがたり》』などの自伝的小説がある。

氷壁《ひょうへき》 一九五六(昭和三一)年

新潮文庫

小坂《こさか》と魚津《うおづ》は冬の穂高に登攀《とうはん》中、ザイルが切れ、小坂が転落死する。残された魚津は周囲の疑惑の目に苦しむ。実際の事件に取材した山岳長編小説。

妻の回想を叙情的に描く

清岡卓行《きよおかたかゆき》

一九二二(大正一一)～二〇〇六(平成一八)
中国・大連生まれ

東京大学に進学後、満州へと渡り、結婚。満州から帰国後は、シュールレアリスム系の詩人として活動した。一九五九(昭和三四)年、妻との出会いの意味を問う詩集『氷《こお》った焔《ほのお》』を発表。また、ミロのヴィーナスの不完全さゆえの美の普遍性を述べた評論『ミロのヴィーナス』を含む評論集『**手《て》の変幻《へんげん》**』など、評論でも叙情的な文章と深い思索の統合を見せている。妻の死を契機に書いた小説『**アカシヤの大連《だいれん》**』が一九七〇(昭和四五)年、芥川賞を受賞。その後も、詩作と並行して「大連もの」と呼ばれる一連の小説の他、『海《うみ》の瞳《ひとみ》』『萌黄《もえぎ》の時間《じかん》』など、詩人らしい清澄な文章で書かれた小説を発表した。

アカシヤの大連《だいれん》 一九六九(昭和四四)年

講談社文芸文庫

親友が自殺し、自らも自殺の衝動に駆られていた「彼」は、ある女性と出会う。妻の死の悲しみを客観化するために書かれた短編小説。

歴史小説の大家

司馬遼太郎《しばりょうたろう》

一九二三(大正一二)～一九九六(平成八)
大阪府生まれ

「司馬遼太郎」の筆名は「司《し》馬遷《ばせん》には遼《はる》か及ばない」という意味でつけられた。一九四三(昭和一八)年、大阪外国語学校を仮卒業して学徒出陣。戦後は新聞記者として勤務しつつ、一九六〇(昭和三五)年、『**梟《ふくろう》の城《しろ》**』で直木賞を受賞した。その後、作家活動に専念し、『竜馬《りょうま》がゆく』『国盗《くにと》り物語《ものがたり》』『**坂《さか》の上《うえ》の雲《くも》**』など、数々の歴史小説を発表。膨大な資料をもとに歴史を再構築し、「**司馬史観《しばしかん》**」と呼ばれる独自の観点から現代的な解釈を加えて歴史を描く手法を確立した。一九七七(昭和五二)年に発表した『項羽《こうう》と劉邦《りゅうほう》』など、中国に材をとった作品も多い。他に『燃《も》えよ剣《けん》』『殉死《じゅんし》』『翔《と》ぶが如《ごと》く』などがある。

坂《さか》の上《うえ》の雲《くも》 一九六八(昭和四三)年

文春文庫

明治維新から日露戦争にいたる日本を舞台に、陸海軍の軍人秋山《あきやま》兄弟と、現代俳句の創始者正岡子規《まさおかしき》(↓三二六頁)の友情を描いた長編小説。

人情味豊かな時代小説

藤沢周平《ふじさわしゅうへい》

一九二七(昭和二)～一九九七(平成九)
山形県生まれ

山形師範学校を卒業後、中学校教員となるが、肺結核のため休職。新聞記者を経て、一九七一(昭和四六)年、『溟《くら》い海《うみ》』でオール讀物新人賞《よみものしんじんしょう》を受賞して作家デビュー。二年後、『**暗殺《あんさつ》の年輪《ねんりん》**』で直木賞を受賞した。江戸下町に生きる人々を主人公にした人情味あふれる時代娯楽小説が広く親しまれた。また、『暗殺の年輪』をはじめ、『**たそがれ清兵衛《せいべえ》**』『蟬《せみ》しぐれ』『山桜《やまざくら》』など、故郷鶴岡の庄内藩をモチーフにしたと考えられる架空の小藩「海坂藩《うなさかはん》」を舞台に、下級藩士を主人公とする作品も多く、後に『海坂藩大全《うなさかはんたいぜん》』としてまとめられた。テレビや映画などで映像化された作品も数多い。

たそがれ清兵衛《せいべえ》 一九八三(昭和五八)年

新潮文庫

下級藩士清兵衛は、夕方になるといそいそと帰宅し、仲間から馬鹿にされていたが、実は凄腕《すごうで》の剣士であった。映画化もされた娯楽時代小説。

都会の若者たちを描く

山川方夫《やまかわまさお》

一九三〇(昭和五)～一九六五(昭和四〇)　東京都生まれ

一九三六(昭和一一)年に慶應義塾幼稚舎《けいおうぎじゅくようちしゃ》に入学。以降、一九五二(昭和二七)年に慶應義塾大学を卒業するまで、十六年間を慶應義塾で過ごす。第三次「三田文学《みたぶんがく》」の編集に携わり、曽野綾子《そのあやこ》(⇩二九九頁)や江藤淳《えとうじゅん》などの才能を見いだした。一方、自らも小説を書き、一九五八(昭和三三)年、『演技《えんぎ》の果《は》て』が芥川賞候補となる。都会の若者が抱える不安感を洗練された叙情性豊かな筆致で描き、『日々《ひび》の死《し》』『**愛《あい》のごとく**』などを発表したが、一九六五(昭和四〇)年、不慮の交通事故で早世した。他に『画廊《がろう》にて』『海岸公園《かいがんこうえん》』『夏《なつ》の葬列《そうれつ》』などがある。父は日本画家の山川秀峰《やまかわしゅうほう》である。

講談社文芸文庫

愛《あい》のごとく　一九六四(昭和三九)年

死の前年に書かれた短編小説。主人公の青年の下宿に、かつての恋人が土曜ごとに現れ、異様な情事を重ねる。独特の美学によって書かれた再生の物語。

心の最奥をのぞく作風

黒井千次《くろいせんじ》

一九三二(昭和七)～　東京都生まれ

一九五五(昭和三〇)年、東京大学を卒業し、富士重工業に入社。十五年にわたる勤務の傍ら、雑誌「新日本文学《しんにほんぶんがく》」に作品を発表して、一九五八(昭和三三)年に『青《あお》い工場《こうじょう》』で注目を浴びる。自身の会社員としての経験をもとに、社会に生きる者の不安や葛藤といった内面を細やかに描写した作風の『穴《あな》と空《そら》』『**時間《じかん》**』などで広く認知された。一九七〇(昭和四五)年に会社を退社後、作家活動に専念してからは、より大きな視点によって現代をとらえ、日常の不安と、そこからの回復を希求する人々を描いた『五月巡歴《ごがつじゅんれき》』、高校生が主人公の『春《はる》の道標《どうひょう》』などを発表。「**内向《ないこう》の世《せ》代《だい》**」を代表する作家の一人とされる。

講談社文芸文庫

時間《じかん》　一九六九(昭和四四)年

十数年前に学生運動家だった「彼」は、会社に就職し、エリートとして勤めている。過去と現在を凝視し、自己の充実を模索する「彼」の姿を描いた中編小説。

短編小説の名手

阿部《あべ》　昭《あきら》

一九三四(昭和九)～一九八九(平成元)　広島県生まれ

幼くして神奈川県に転居。軍人の父が敗戦で職を失い、貧困の中で育つ。湘南高校《しょうなんこうこう》では石原慎太郎《いしはらしんたろう》(⇩二九九頁)や江藤淳《えとうじゅん》、東京大学では大江健三郎《おおえけんざぶろう》(⇩二九三頁)と同世代だった。大学卒業後、ラジオ東京(現TBS)に入社。テレビ・ラジオ番組の制作に従事する傍ら、小説を書き、一九六二(昭和三七)年、『子供部屋《こどもべや》』で文學界新人賞《ぶんがくかいしんじんしょう》を受賞。当初は自らの幼少期を題材にした短編が多かったが、父の死を契機として、『大《おお》いなる日《ひ》』『**司令《しれい》の休暇《きゅうか》**』など父と子の関係を描いた私小説的作品を発表し、個人の内面を見つめて不安や家族への哀悼を描く「**内向《ないこう》の世代《せだい》**」を代表する小説家として、高い評価を得た。

講談社文芸文庫

司令《しれい》の休暇《きゅうか》　一九七〇(昭和四五)年

元海軍軍人の父は、敗戦で職を失い、失意の日々の末、長い休暇を終えたように永眠した。反発し続けた父に対する、作者の哀悼の思いを描いた中編小説。

庶民の日常をしみじみと描く

内海隆一郎《うつみりゅういちろう》

一九三七(昭和一二)～二〇一五(平成二七)　愛知県生まれ

立教大学を卒業後、出版社に編集者として勤務する傍ら、小説を書き始める。一九六九(昭和四四)年、『雪洞《せつどう》にて』が文學界《ぶんがくかい》新人賞《しんじんしょう》を受賞。翌年には『蟹《かに》の町《まち》』が芥川賞候補となるも落選。三島由紀夫《みしまゆきお》(⇩二八八頁)や井上靖《いのうえやすし》(⇩二九四頁)ら当時の選考委員に言及もされないという結果にショックを受け、その後十五年間断筆し、編集業に専念する。一九八四(昭和五九)年、市井に生きる人々の姿を描いた短編連作『人《ひと》びとの忘《わす》れもの』の連載を開始。「ハートウォーミング」と呼ばれる温かく味わい深い文章が評価され、再び執筆に専念し、『**欅通《けやきどお》りの人《ひと》びと**』など、「人びと」シリーズで庶民の姿を描き続けた。

講談社文庫

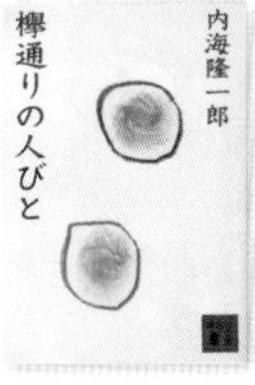

欅通《けやきどお》りの人《ひと》びと　一九九一(平成三)年

欅並木のある大通りで起こるさまざまな心温まる出来事。平凡に生きる人々のささやかな幸福と愛情を美しい四季のうつろいの中に描いた短編集。

文学史問題：「内向の世代」と呼ばれる作家を次から一人選べ。(立命館大)
①遠藤周作　②開高健　③大江健三郎　④古井由吉　⑤中上健次　⑥村上春樹

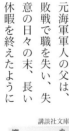

石川達三《いしかわたつぞう》

一九〇五（明治三八）～一九八五（昭和六〇）　秋田県生まれ

早稲田大学《わせだだいがく》中退。一九三五（昭和一〇）年、移民の管理者としてブラジルへ渡った経験を題材とした『蒼氓《そうぼう》』で、第一回芥川賞を受賞。一九三八（昭和一三）年、『生《い》きてゐる兵隊《へいたい》』を発表するも発禁処分となる。社会的な題材を取り上げた作品を多く発表した。他に『人間《にんげん》の壁《かべ》』『青春《せいしゅん》の蹉跌《さてつ》』などがある。

火野葦平《ひのあしへい》

一九〇七（明治四〇）～一九六〇（昭和三五）　福岡県生まれ

早稲田大学《わせだだいがく》中退。出征中の一九三八（昭和一三）年、『糞尿譚《ふんにょうたん》』で芥川賞を受賞。『麦《むぎ》と兵隊《へいたい》』に始まる従軍記録「兵隊三部作」などの戦争文学で人気を博す。戦後は『河童会議《かっぱかいぎ》』など、河童をモチーフとした小説や、庶民の日常を描いた作品を多く発表した。他に自伝的小説『花《はな》と龍《りゅう》』などがある。

高見《たかみ》　順《じゅん》

一九〇七（明治四〇）～一九六五（昭和四〇）　福井県生まれ

東京帝国大学卒。左翼活動に参加するが、検挙され転向。一九三五（昭和一〇）年、この経験を描いた『故旧《こきゅう》忘《わす》れ得《う》べき』を発表し、第一回芥川賞候補となる。他に、高見が愛した昭和初期の浅草を舞台とした『如何《いか》なる星《ほし》の下《もと》に』などがある。詩人・評論家としても高く評価された。

松本清張《まつもとせいちょう》

一九〇九（明治四二）～一九九二（平成四）　福岡県生まれ

板櫃尋常高等小学校《いたびつじんじょうこうとうしょうがっこう》卒。四十歳を過ぎて小説を書き始め、一九五三（昭和二八）年、『或《あ》る「小《こ》倉日記《くらにっき》」伝《でん》』で芥川賞を受賞。犯罪の動機に重点を置いた社会派推理小説の先駆者として、『点《てん》と線《せん》』『砂《すな》の器《うつわ》』『黒革《くろかわ》の手帖《てちょう》』などを発表。『乱灯《らんとう》 江戸影絵《えどかげえ》』などの時代小説でも知られる。

埴谷雄高《はにやゆたか》

一九一〇（明治四三）～一九九七（平成九）　台湾・新竹生まれ

日本大学中退。在学中に日本共産党に入党、検挙される。獄中で読んだカントに衝撃を受け、転向後はドストエフスキー（⬇三六二頁）に傾倒。意識と存在を追究する作風を確立させた。死により未完となった『死霊《しれい》』では、観念的な議論の応酬によって人間の実存の本質を探ろうとした。

椎名麟三《しいなりんぞう》

一九一一（明治四四）～一九七三（昭和四八）　兵庫県生まれ

姫路中学校中退。多難の少年時代を経て共産党に入党するが、検挙され転向。戦後はキリスト教に入信し、ニーチェやドストエフスキー（⬇三六二頁）の作品に傾倒して、一九四七（昭和二二）年、戦後世代の虚無感を描いた『深夜《しんや》の酒宴《しゅえん》』を発表。他に『重《おも》き流《なが》れのなかに』『美《うつく》しい女《おんな》』などがある。

武田泰淳《たけだたいじゅん》

一九一二（明治四五）～一九七六（昭和五一）　東京都生まれ

東京帝国大学中退。在学中に左翼運動に関わり、逮捕され転向。その後は「中国文学研究会《ちゅうごくぶんがくけんきゅうかい》」を設立し、『司馬遷《しばせん》』を刊行する。戦後は第一次戦後派作家として『蝮《まむし》のすゑ』『ひかりごけ』など、社会問題を見据え、人間が持つ罪の深さを追究する作品を多く発表。他に『風媒花《ふうばいか》』『快楽《かいらく》』などがある。

野間《のま》　宏《ひろし》

一九一五（大正四）～一九九一（平成三）　兵庫県生まれ

京都帝国大学卒。大学在学中、反戦運動に参加。市役所職員時代に出征、帰国後思想犯として投獄された。この経験をもとに戦後の一九四六（昭和二一）年、『暗《くら》い絵《え》』を発表、第一次戦後派を牽引《けんいん》する。また、人間を総合的にとらえる「全体小説《ぜんたいしょうせつ》」を提唱し、『青年《せいねん》の環《わ》』などを発表した。

小島信夫《こじまのぶお》

一九一五（大正四）～二〇〇六（平成一八）　岐阜県生まれ

東京帝国大学卒。一九五五（昭和三〇）年、戦後の日米関係を風刺した『アメリカン・スクール』で芥川賞を受賞。シニカルかつユーモラスな文体が持ち味で、安岡章太郎《やすおかしょうたろう》（⬇二九九頁）・吉行淳之介《よしゆきじゅんのすけ》（⬇二九七頁）らとともに「第三《だいさん》の新人《しんじん》」の一人とされる。他に『抱擁家族《ほうようかぞく》』『別《わか》れる理由《りゆう》』などがある。

島尾敏雄《しまおとしお》

一九一七（大正六）～一九八六（昭和六一）　神奈川県生まれ

九州帝国大学卒。海軍の特攻隊員として待機中に敗戦を迎える。この経験をもとに、一九四八（昭和二三）年『単独旅行者《たんどくりょこうしゃ》』を発表。こうした戦時体験をもとにした作品の他、精神を病んだ妻との関係を描く『われ深《ふか》きふちより』『死《し》の棘《とげ》』など「病妻もの」を著した。第二次戦後派作家の一人。

中村真一郎《なかむらしんいちろう》

一九一八（大正七）～一九九七（平成九）　東京都生まれ

東京帝国大学卒。大学在学時より堀辰雄《ほりたつお》（⬇二六一頁）に師事。また、加藤周一《かとうしゅういち》（⬇三四六頁）・福永武彦《ふくながたけひこ》らと「マチネ・ポエティク」を結成し、共著『1946　文学的考察《ぶんがくてきこうさつ》』を発表。一九四七（昭和二二）年、『死《し》の影《かげ》の下《した》に』で戦後派作家としての地位を確立した。他に『四季《しき》』四部作などがある。

福永武彦《ふくながたけひこ》

一九一八（大正七）～一九七九（昭和五四）　福岡県生まれ

東京帝国大学卒。加藤《かとう》周一《しゅういち》（⬇三四六頁）・中村《なかむら》真一郎《しんいちろう》らと「マチネ・ポエティク」を結成。押韻定型詩による叙情詩の革命を試み、『1946　文学的考察《ぶんがくてきこうさつ》』を発表。一九五四（昭和二九）年、『草《くさ》の花《はな》』が高く評価される。その後も『風土《ふうど》』など、愛や死を追究する作品を残した。

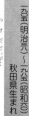

堀田善衛《ほったよしえ》
一九一八（大正七）～一九九八（平成一〇）　富山県生まれ

慶應義塾大学《けいおうぎじゅくだいがく》卒。詩誌「荒地《あれち》」などで詩や評論を発表。軍部での情報調査部の経験が、卓越した国際感覚の洗練に貢献した。一九五二（昭和二七）年、朝鮮戦争時の知識人の苦悩を描く『広場《ひろば》の孤独《こどく》』で芥川賞を受賞。他に『歴史《れきし》』など、国際的な視野から社会と政治を見つめる作品を多く発表した。

水上《みずかみ》　勉《つとむ》
一九一九（大正八）～二〇〇四（平成一六）　福井県生まれ

立命館大学中退。一九四八（昭和二三）年に『フライパンの歌《うた》』でデビュー後、十年のブランクを経て推理小説『霧《きり》と影《かげ》』で再出発。一九六一（昭和三六）年、自らの少年時代を描いた『雁《がん》の寺《てら》』で直木賞を受賞した。推理小説と並び、人々の哀感や宿業を主題とした作品を多く残した。

阿川弘之《あがわひろゆき》
一九二〇（大正九）～二〇一五（平成二七）　広島県生まれ

東京帝国大学卒。志賀《しが》直哉《なおや》（⬇二五六頁）に師事する。一九四六（昭和二一）年、『年年歳歳《ねんねんさいさい》』でデビュー。自身の学徒従軍の体験をもとにした『春《はる》の城《しろ》』『雲《くも》の墓標《ぼひょう》』などで文壇での地位を築き、「第三《だいさん》の新人《しんじん》」の一人とされた。タレントでエッセイストの阿川《あがわ》佐和子《さわこ》は長女。

庄野潤三《しょうのじゅんぞう》
一九二一（大正一〇）～二〇〇九（平成二一）　大阪府生まれ

九州帝国大学卒。庄野の中学時代の国語教師だった伊東静雄《いとうしずお》、大学の先輩島尾敏雄《しまおとしお》（⬇二九六頁）らの影響で文学を志す。一九五五（昭和三〇）年、平凡な幸福の崩壊を描く『プールサイド小景《しょうけい》』で芥川賞を受賞。吉行淳之介《よしゆきじゅんのすけ》らとともに「第三《だいさん》の新人《しんじん》」と称された。他に『静物《せいぶつ》』『夕《ゆう》べの雲《くも》』などがある。

瀬戸内寂聴《せとうちじゃくちょう》
一九二二（大正一一）～二〇二一（令和三）　徳島県生まれ

東京女子大学卒。自身の恋愛体験を描いた私小説『夏《なつ》の終《おわ》り』で女流文学賞を受賞し、作家としての地位を確立。『田村俊子《たむらとしこ》』『かの子撩乱《こりょうらん》』などでさまざまな女性の生き方を描く他、『源氏物語《げんじものがたり》』の現代語訳も手がける。一九七三（昭和四八）年に出家し、法名寂聴（旧名晴美《はるみ》）となった。

山崎豊子《やまさきとよこ》
一九二四（大正一三）～二〇一三（平成二五）　大阪府生まれ

京都女子専門学校卒。毎日新聞社に入社し、井上靖《いのうえやすし》（⬇二九四頁）のもとで働く。この頃より執筆を始め、一九五七（昭和三二）年、『暖簾《のれん》』を発表。翌年『花《はな》のれん』で直木賞を受賞した。『白《しろ》い巨塔《きょとう》』『大地《だいち》の子《こ》』『沈《しず》まぬ太陽《たいよう》』など、社会問題を扱った作品を多数発表し、映像化された作品も数多い。

吉行淳之介《よしゆきじゅんのすけ》
一九二四（大正一三）～一九九四（平成六）　岡山県生まれ

東京大学中退。雑誌編集者を経て一九五四（昭和二九）年、娼婦《しょうふ》に想《おも》いを寄せる青年の葛藤を描いた『驟雨《しゅうう》』で芥川賞を受賞し、「第三《だいさん》の新人《しんじん》」の代表作家として活躍した。男女の関係を中心として、人間心理を繊細に表現した作品が多い。他に『砂《すな》の上《うえ》の植物群《しょくぶつぐん》』『夕暮《ゆうぐれ》まで』などがある。

丸谷才一《まるやさいいち》
一九二五（大正一四）～二〇一二（平成二四）　山形県生まれ

東京大学大学院修士課程修了。イギリス文学から大きな影響を受ける。従来の日本の私小説に批判的な姿勢を貫き、一九六八（昭和四三）年、『年《とし》の残《のこ》り』で芥川賞を受賞。英文学の素養と和歌の伝統の深い理解に基づき、『笹《ささ》まくら』『たった一人《ひとり》の反《はん》乱《らん》』などを発表した。

辻《つじ》　邦生《くにお》
一九二五（大正一四）～一九九九（平成一一）　東京都生まれ

東京大学大学院修士課程修了。一九五七（昭和三二）年からパリに留学。帰国後の一九六三（昭和三八）年、画家のフランス人女性を主人公に、芸術家の悲劇的な生き方を描く『廻廊《かいろう》にて』で近代文学賞を受賞し、文壇で注目を集めた。他に『夏《なつ》の砦《とりで》』『安《あ》土往還記《づちおうかんき》』『背教者《はいきょうしゃ》ユリアヌス』などがある。

河野多恵子《こうのたえこ》
一九二六（大正一五）～二〇一五（平成二七）　大阪府生まれ

大阪府女子専門学校卒。小説家を志し、肺結核を押して上京。男児に異常な執着を示す女性を描いた『幼児狩《ようじが》り』で注目を浴び、一九六三（昭和三八）年、『蟹《かに》』で芥川賞を受賞。谷崎潤一郎《たにざきじゅんいちろう》（⬇二五五頁）の影響を色濃く受け、倒錯した愛情を幻想的に描いた。他に『不意《ふい》の声《こえ》』『一年《いちねん》の牧歌《ぼっか》』などがある。

石牟礼道子《いしむれみちこ》
一九二七（昭和二）～二〇一八（平成三〇）　熊本県生まれ

水俣実務学校《みなまたじつむがっこう》卒。主婦業をしつつ短歌を発表していたが、水俣病についての熊本大研究班の発表に衝撃を受け、一九六九（昭和四四）年、患者の聞き込みをもとにした長編『苦海浄土《くがいじょうど》―わが水俣病《みなまたびょう》』を発表。水俣病問題が社会的に注目される契機となった。他に『十六夜橋《いざよいばし》』『葭《よし》の渚《なぎさ》』などがある。

「水俣病を告発する会」によるデモ　石牟礼道子自身もこうした集会に参加し、水俣病の現実を訴え続けた。

文学史問題：病院を舞台とした福永武彦の作品を次から一つ選べ。（日本福祉大）
①白い巨塔　②風立ちぬ　③満潮の時刻　④草の花　⑤神様のカルテ

北《きた》 杜《もり》夫《お》

一九二七(昭和二)～二〇一一(平成二三)　東京都生まれ

東北大学卒。父は歌人の斎藤茂吉《さいとうもきち》(⬇三九頁)。医師の傍ら小説を執筆。一九五八(昭和三三)年、船医の経験をもとに描いたユーモラスな随筆『どくとるマンボウ航《こう》海記《かいき》』がベストセラーとなる。一九六〇(昭和三五)年には、『夜《よる》と霧《きり》の隅《すみ》で』で芥川賞を受賞した。他に『楡家《にれけ》の人《ひと》びと』などがある。

吉村《よしむら》 昭《あきら》

一九二七(昭和二)～二〇〇六(平成一八)　東京都生まれ

学習院大学中退。働きながら同人誌に作品を発表し、一九五八(昭和三三)年、『密会《みっかい》』でデビュー。衝動的に集団自殺を企てる少年を描いた『星《ほし》への旅《たび》』で太宰《だざい》治賞《おさむしょう》を受賞した。その後、歴史小説に転じ、『戦艦武蔵《せんかんむさし》』『桜田門外《さくらだもんがい》ノ変《へん》』など、緻密な取材に基づく長編作品を多数発表した。

小川国夫《おがわくにお》

一九二七(昭和二)～二〇〇八(平成二〇)　静岡県生まれ

東京大学中退。大学在学中にフランスへ留学し、一九五七(昭和三二)年、この経験をもとに『アポロンの島《しま》』を自費出版。長く無名だったが島尾敏雄《しまおとしお》(⬇二九六頁)に見いだされる。カトリック作家として、人間の苦悩や神の存在を描き、「内向《ないこう》の世代《せだい》」の一人として活躍した。他に『逸民《いつみん》』などがある。

田辺聖子《たなべせいこ》

一九二八(昭和三)～二〇一九(令和元)　大阪府生まれ

樟蔭女子専門学校《しょういんじょしせんもんがっこう》卒。幼少期から古典に親しみ、「文芸首都《ぶんげいしゅと》」「大阪《おおさか》文学《ぶんがく》」などの同人誌に参加。一九六四(昭和三九)年、『感傷旅行《センチメンタル・ジャーニィ》』で芥川賞を受賞。大阪弁を駆使して、男女の機微を軽妙な筆致で描く。『源氏物語《げんじものがたり》』など古典の現代語訳も多い。二〇〇八(平成二〇)年、文化勲章受章。

加賀乙彦《かがおとひこ》

一九二九(昭和四)～二〇二三(令和五)　東京都生まれ

東京大学卒。精神科医として勤務する傍ら創作活動をおこない、一九七三(昭和四八)年に、敗戦で自決を決意する青年の苦悩を描いた『帰《かえ》らざる夏《なつ》』で谷崎潤一郎賞《たにざきじゅんいちろうしょう》を受賞。拘置所の医務官を務めた経験に基づく『宣告《せんこく》』などの死刑制度を描いた作品や、戦争の時代を描いた『永遠《えいえん》の都《みやこ》』などがある。

日野啓三《ひのけいぞう》

一九二九(昭和四)～二〇〇二(平成一四)　東京都生まれ

東京大学卒。幼少期から中学までを朝鮮で過ごす。大学在学中、大《おお》岡信《おかまこと》(⬇三四頁)らと同人誌「現代文学《げんだいぶんがく》」を創刊。卒業後、読売新聞社に勤務し、韓国やベトナムに赴任した経験が後の創作の礎となった。一九七五(昭和五〇)年、『あの夕陽《ゆうひ》』で芥川賞を受賞。他に『砂丘《さきゅう》が動《うご》くように』などがある。

向田邦子《むこうだくにこ》

一九二九(昭和四)～一九八一(昭和五六)　東京都生まれ

実践女子専門学校卒。放送作家としてテレビドラマの脚本を多く手がけ、「時間《じかん》ですよ」「寺《てら》内貫太郎一家《うちかんたろういっか》」などのホームドラマで人気作家となる。後に小説に転じ、一九八〇(昭和五五)年、『思《おも》い出《で》トランプ』中の短編小説で直木賞を受賞したが、翌年、取材旅行中に航空機事故により急逝した。

野坂昭如《のさかあきゆき》

一九三〇(昭和五)～二〇一五(平成二七)　神奈川県生まれ

早稲田大学《わせだだいがく》中退。十代の頃、戦争で養父母や妹を失い、自分だけが生き延びたという過酷な経験が、後の『アメリカひじき』『火垂《ほた》るの墓《はか》』などにつながり、一九六七(昭和四二)年、これらの作品で直木賞を受賞。自らを「焼跡闇市派《やけあとやみいちは》」と称した。他に『とむらい師《し》たち』などがある。

大庭《おおば》みな子《こ》

一九三〇(昭和五)～二〇〇七(平成一九)　東京都生まれ

津田塾大学卒。海軍軍医の父に従い各地を転々とし、敗戦を広島で迎える。結婚後、アラスカに移住。一九六八(昭和四三)年、アメリカに住む主婦の寂寥感《せきりょうかん》を冷静な筆致で描いた『三匹《さんびき》の蟹《かに》』で芥川賞を受賞。他に『寂兮寥兮《かたちもなく》』『啼《な》く鳥《とり》の』などがある。女性として初の芥川賞選考委員も務めた。

開高《かいこう》 健《たけし》

一九三〇(昭和五)～一九八九(平成元)　大阪府生まれ

大阪市立大学卒。大学卒業後、寿屋(現サントリー)に入社し、コピーライターとして活躍。ネズミの大量繁殖をモチーフに社会を風刺した『パニック』で注目を集め、一九五八(昭和三三)年、『裸《はだか》の王様《おうさま》』で芥川賞を受賞。現代の不条理を批判し、人間の尊厳を訴えた。他に『輝《かがや》ける闇《やみ》』などがある。

有吉佐和子《ありよしさわこ》

一九三一(昭和六)～一九八四(昭和五九)　和歌山県生まれ

東京女子大学短期大学部卒。一九五六(昭和三一)年、『地唄《じうた》』でデビュー。同作が芥川賞候補となり、注目される。『華岡青洲《はなおかせいしゅう》の妻《つま》』『複合汚染《ふくごうおせん》』など、女性の生き方を描いたものや、社会的なテーマを扱ったものが多い。他に『紀《き》ノ川《かわ》』『恍惚《こうこつ》の人《ひと》』などがある。娘の有吉玉青《ありよしたまお》も小説家。

小松左京《こまつさきょう》

一九三一(昭和六)～二〇一一(平成二三)　大阪府生まれ

京都大学卒。星新一《ほししんいち》・筒井康隆《つついやすたか》(⬇二九九頁)とともに日本のSF界を牽引《けんいん》した。地殻変動により日本が海中に没する架空世界で人類がどう生きるかを描いた一九七三(昭和四八)年発表の『日本沈没《にっぽんちんぼつ》』は大ベストセラーとなり、映画・ドラマ・漫画にもなった。他に『復活《ふっかつ》の日《ひ》』『首都消失《しゅとしょうしつ》』などがある。

高橋《たかはし》和巳《かずみ》

一九三一(昭和六)～一九七一(昭和四六)
大阪府生まれ

京都大学大学院博士課程単位取得退学。京都大学で教鞭《きょうべん》を執り、中国文学を研究する一方、一九六二(昭和三七)年、知識階級の苦悩と挫折を描く『悲《ひ》の器《うつわ》』で作家デビュー。『邪宗門《じゃしゅうもん》』『憂鬱《ゆううつ》なる党派《とうは》』など、自己否定の精神に基づき知識人の責任を追及する作品を残した。他に『わが解体《かいたい》』などがある。

曽野《その》綾子《あやこ》

一九三一(昭和六)～
東京都生まれ

聖心女子大学卒。十七歳でキリスト教の洗礼を受ける。第十五次「新思潮《しんしちょう》」同人となり、後に夫となる作家の三浦朱門《みうらしゅもん》と出会った。一九五四(昭和二九)年、山川方夫《やまかわまさお》(⇩二九五頁)の紹介によって「三田文学《みたぶんがく》」に発表した『遠来《えんらい》の客《きゃく》たち』で文壇に登場。他に『木枯《こがら》しの庭《にわ》』『神《かみ》の汚《よご》れた手《て》』などがある。

五木《いつき》寛之《ひろゆき》

一九三二(昭和七)～
福岡県生まれ

早稲田大学《わせだだいがく》中退。一九六六(昭和四一)年、旧ソ連や北欧を旅した経験をもとにした『さらばモスクワ愚連隊《ぐれんたい》』で小説現代新人賞を受賞し、作家活動に入る。翌年、『蒼《あお》ざめた馬《うま》を見《み》よ』で同年の直木賞を受賞し、流行作家となった。他に小説『青春《せいしゅん》の門《もん》』『親鸞《しんらん》』、随筆『大河《たいが》の一滴《いってき》』などがある。

石原《いしはら》慎太郎《しんたろう》

一九三二(昭和七)～二〇二二(令和四)
兵庫県生まれ

一橋大学《ひとつばしだいがく》卒。一九五六(昭和三一)年、『太陽《たいよう》の季節《きせつ》』で芥川賞を受賞。刹那的な快楽に身を任せる若者を描き、「太陽族《たいようぞく》」という流行語を生んだ。他に、弟の俳優裕次郎《ゆうじろう》を描いた『弟《おとうと》』、裕次郎主演で映画化された『狂《くる》った果実《かじつ》』などがある。政治家として国会議員・東京都知事も務めた。

渡辺《わたなべ》淳一《じゅんいち》

一九三三(昭和八)～二〇一四(平成二六)
北海道生まれ

札幌医科大学《さっぽろいかだいがく》卒。同医大で整形外科講師として働く傍ら同人誌で作品を発表し、一九七〇(昭和四五)年、『光《ひかり》と影《かげ》』で直木賞を受賞する。初期の作品には医学を題材としたものが多いが、その後、歴史小説・恋愛小説など、多彩な作品を発表した。他に『遠《とお》き落日《らくじつ》』『失楽園《しつらくえん》』などがある。

筒井《つつい》康隆《やすたか》

一九三四(昭和九)～
大阪府生まれ

同志社大学卒。一九六〇(昭和三五)年、父と三人の弟とともにSF同人誌「NULL」を創刊。そこで書いた『お助《たす》け』が江戸川乱歩《えどがわらんぽ》(⇩二八三頁)の目に留まり、作家デビュー。ブラックユーモアと風刺に満ちた実験的な作風が特徴。他に『時《とき》をかける少女《しょうじょ》』『文学部唯野教授《ぶんがくぶただのきょうじゅ》』などがある。

岩波現代文庫

倉橋《くらはし》由美子《ゆみこ》

一九三五(昭和一〇)～二〇〇五(平成一七)
高知県生まれ

明治大学卒。大学在学中の一九六〇(昭和三五)年、左翼党員との不毛な恋の末、党を離脱する女子学生を描いた『パルタイ』を発表し、平野謙《ひらのけん》に認められる。巧みなメタファーを用いて現実を再構成した虚構世界を描く。一九八四(昭和五九)年発表の『大人《おとな》のための残酷童話《ざんこくどうわ》』はベストセラーになった。

古井《ふるい》由吉《よしきち》

一九三七(昭和一二)～二〇二〇(令和二)
東京都生まれ

東京大学大学院修士課程修了。大学教員の傍ら創作をおこなう。退職後の一九七一(昭和四六)年、狂気と正気の境にある女性との愛を幻想的に描く『杳子《ようこ》』で芥川賞を受賞。黒井千次《くろいせんじ》(⇩二九五頁)らとともに「内向《ないこう》の世代《せだい》」として日常の描写から人間の本質を追究した。他に『行隠《ゆきがく》れ』などがある。

干刈《ひかり》あがた

一九四三(昭和一八)～一九九二(平成四)
東京都生まれ

早稲田大学《わせだだいがく》中退。コピーライターや雑誌ライターを経て、一九八二(昭和五七)年、平凡な主婦の不安と孤独に焦点をあてた『樹下《じゅか》の家族《かぞく》』で作家デビュー。主な作品に、新しい家族のあり方を模索する人々の姿をユーモラスに描く『ウホッホ探険隊《たんけんたい》』などがある。

丸山《まるやま》健二《けんじ》

一九四三(昭和一八)～
長野県生まれ

国立仙台電波高校卒。通信士として勤務する傍ら創作を始め、一九六七(昭和四二)年、死刑囚の看守の目を通して生と死を見つめる『夏《なつ》の流《なが》れ』で芥川賞を受賞。心理描写を極力排した簡潔な文体が高く評価された。他に『正午《まひる》なり』『朝日《あさひ》のあたる家《いえ》』などがある。

講談社文芸文庫

椎名《しいな》 誠《まこと》

一九四四(昭和一九)～
東京都生まれ

東京写真大学中退。一九七六(昭和五一)年、書評誌「本《ほん》の雑誌《ざっし》」を創刊。独特な編集手法で人気を博した。『さらば国《こく》分寺書店《ぶんじしょてん》のオババ』でエッセイストとしてデビュー。擬態語を駆使した話し言葉文体は「昭和軽薄体《しょうわけいはくたい》」と呼ばれた。代表作に小説『哀愁《あいしゅう》の町《まち》に霧《きり》が降《ふ》るのだ』『岳物語《がくものがたり》』などがある。

辺見《へんみ》 庸《よう》

一九四四(昭和一九)～
宮城県生まれ

早稲田大学《わせだだいがく》卒。共同通信社の記者として北京《ペキン》特派員、ハノイ支局長などを務め、新聞協会賞を受賞。帰国後の一九九一(平成三)年、『自動起床装置《じどうきしょうそうち》』で芥川賞を受賞。ルポルタージュ『もの食《く》う人《ひと》びと』では、社会の底辺で生きる人々の「食」にまつわる壮絶な記録をまとめた。

文春文庫

現代文学の旗手 村上春樹《むらかみはるき》

#アメリカ文学の影響 #翻訳家 #国際的活躍

一九四九(昭和二四)年〜
京都府生まれ

1868 明治 1912 大正 1926 昭和(戦前) 1945 昭和(戦後) 1989 平成・令和

西暦	年号	歳	事項	区分
一九四九	昭和二四	0	京都府に誕生。	活動初期
一九六四	昭和三九	15	兵庫県立神戸高等学校入学。	
一九六八	昭和四三	19	早稲田大学《わせだだいがく》第一文学部入学。	
一九七九	昭和五四	30	『風《かぜ》の歌《うた》を聴《き》け』	
一九八〇	昭和五五	31	『1973年《ねん》のピンボール』	
一九八一	昭和五六	32	翻訳『マイ・ロスト・シティー』	
一九八二	昭和五七	33	『羊《ひつじ》をめぐる冒険《ぼうけん》』	
一九八七	昭和六二	38	『ノルウェイの森《もり》』	ベストセラー作家
一九九二	平成四	43	『ねじまき鳥《どり》クロニクル』	
二〇〇三	平成一五	54	翻訳『キャッチャー・イン・ザ・ライ』	
二〇〇六	平成一八	57	フランツ・カフカ賞受賞。	
二〇〇九	平成二一	60	エルサレム賞受賞。『1Q84《イチキューハチヨン》』	
二〇一四	平成二六	65	ウェルト文学賞受賞。	活動の広がり
二〇一六	平成二八	67	アンデルセン文学賞受賞。	
二〇一七	平成二九	68	『騎士団長殺《きしだんちょうごろ》し』	
二〇二〇	令和二	71	『一人称単数《いちにんしょうたんすう》』	
二〇二三	令和五	74	『街《まち》とその不確《ふたし》かな壁《かべ》』	

初期作品

両親がいずれも国語教師だった影響で多くの本、特にアメリカ文学を読んで育った。早稲田大学《わせだだいがく》第一文学部演劇科に進学後、学生結婚をし、妻とジャズ喫茶を経営していたが、二十九歳のときに小説を書こうと突然思い立ち、一九七九(昭和五四)年に『風《かぜ》の歌《うた》を聴《き》け』で作家デビュー。同作は、群像新人文学賞を受賞した他、芥川賞や野間文芸新人賞の候補にもなり、一躍文壇の注目を集めた。続いて『1973年《ねん》のピンボール』『羊《ひつじ》をめぐる冒険《ぼうけん》』を発表。これら三作は「青春三部作《せいしゅんさんぶさく》(鼠三部作《ねずみさんぶさく》)」と呼ばれ、自らの経験をもとに、七十年代の都会の学生が抱える倦怠感《けんたいかん》や喪失感を描いたものであった。

ベストセラー作家

一九八七(昭和六二)年、**『ノルウェイの森《もり》』**を発表。同作は、記録的なベストセラーとなり、世界各国で翻訳されると、村上春樹は国際的な人気作家となる。特に若い世代からは圧倒的な支持を受け、「ハルキスト」と呼ばれる熱狂的なファンが生まれ、文学だけでなく趣味や生活スタイルにまで影響を与えた。その後も、『ねじまき鳥《どり》クロニクル』『海辺《うみべ》のカフカ』『1Q84《イチキューハチヨン》』などの話題作を次々と発表。いずれもベストセラーとなった。

世界中で翻訳される『ノルウェイの森』

翻訳家としての顔

村上春樹の活動の軸としてもう一つ忘れてはならないのが、翻訳家としての側面である。スコット・フィッツジェラルドやレイモンド・カーヴァーなどのアメリカ文学作品を多く翻訳している。一方で、サリンジャーの名作『ライ麦畑《むぎばたけ》でつかまえて』を『キャッチャー・イン・ザ・ライ』としてあらたに翻訳するなど、古典的な作品の新訳にも意欲的に取り組んでいる。

社会問題への取り組み

一九九一(平成三)年から一九九五(平成七)年までアメリカで生活していたが、帰国後は社会との**「コミットメント」**(かかわり)を強く意識するようになり、地下鉄サリン事件を題材にしたノンフィクション『アンダーグラウンド』、阪神・淡路大震災を題材にした連作集『神《かみ》の子《こ》どもたちはみな踊《おど》る』などを発表。それまでの個人的・内面的な作風とは異なり、社会的な問題を題材として取り上げている。

村上春樹の作中音楽

小説『ノルウェイの森《もり》』のタイトルのもとになっているのは、イギリスのロックバンドのビートルズが一九六五(昭和四〇)年に発表した曲名である(原題は「Norwegian Wood」)。主人公「僕」は飛行機の中でこの曲を聞いて、学生時代の記憶がよみがえる。作中では、この曲が一九六〇年代後半の「僕」の学生時代の象徴として用いられている。

他にも、村上春樹の小説にはさまざまな音楽が実際のアーティスト名や曲名とともに多く登場する。例えば、『羊《ひつじ》をめぐる冒険《ぼうけん》』ではジョニー・リヴァーズ「シークレット・エージェン・マン」、『世界《せかい》の終《おわ》りとハードボイルド・ワンダーランド』ではボブ・ディラン「激《はげ》しい雨《あめ》」、『ダンス・ダンス・ダンス』ではローリング・ストーンズ「ブラウン・シュガー」などの楽曲が紹介されている。自身もジャズ喫茶を経営するほど音楽好きだった村上春樹が選曲した楽曲の数々を聴きながら、春樹作品を楽しむのもおもしろいだろう。

ウェルト文学賞授賞式

風《かぜ》の歌《うた》を聴《き》け　一九七九（昭和五四）年

講談社文庫

二十代最後の年を迎えた「僕」は、二十歳だった一九七〇年の夏を回想する。群像新人文学賞を受賞したデビュー作。

1973年《ねん》のピンボール　一九八〇（昭和五五）年

講談社文庫

『風《かぜ》の歌《うた》を聴《き》け』から三年後。東京で双子の女の子と共同生活を始めた「僕」の物語と、故郷の街で暮らす「鼠《ねずみ》」の物語を並行して描く「青春三部作《せいしゅんさんぶさく》」の二作目。

羊《ひつじ》をめぐる冒険《ぼうけん》　一九八二（昭和五七）年

講談社文庫

『1973年《ねん》のピンボール』から五年後。「鼠《ねずみ》」からの手紙に同封された写真に写った羊を探す依頼を受けた「僕」は、北海道へ渡る。「青春三部作《せいしゅんさんぶさく》」の三作目。

世界《せかい》の終《お》りとハードボイルド・ワンダーランド　一九八五（昭和六〇）年

新潮文庫

夢を読む仕事をする「僕」の物語（世界の終り）と、「計算士」として働く「私」の物語（ハードボイルド・ワンダーランド）が交互に描かれ、やがて交わる物語。

ノルウェイの森《もり》　一九八七（昭和六二）年

講談社文庫

「ノルウェイの森」を聴いた「僕」の脳裏に、ある記憶がよみがえる。青年期の喪失と再生を描く、ベストセラー小説。

ダンス・ダンス・ダンス　一九八八（昭和六三）年

講談社文庫

『羊《ひつじ》をめぐる冒険《ぼうけん》』から四年後。フリーライターの「僕」は、疲労と恐怖を感じながらも複雑なステップを踏んで踊り続ける。空虚な八十年代を描いた長編小説。

国境《こっきょう》の南《みなみ》、太陽《たいよう》の西《にし》　一九九二（平成四）年

講談社文庫

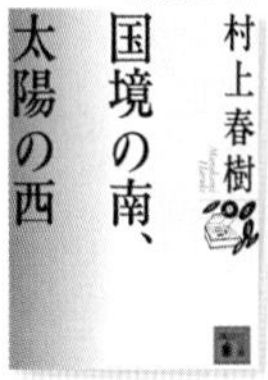

ジャズバーを経営する「僕」は、わずかな違和感を覚えながらも、めぐまれた生活を送っていた。そんな「僕」の前に、小学校時代の同級生島本《しまもと》さんが現れる。

ねじまき鳥《どり》クロニクル　一九九二（平成四）年

新潮文庫

飼い猫の失踪に続き、妻のクミコが姿を消した。ノモンハン事件に関する挿入話があり、村上春樹が社会的な暴力に焦点を当てる転機ともなったとされる作品。

アンダーグラウンド　一九九七（平成九）年

講談社文庫

一九九五（平成七）年の地下鉄サリン事件の被害者や関係者に対するインタビューをもとにしたノンフィクション。

スプートニクの恋人《こいびと》　一九九九（平成一一）年

講談社文庫

二十二歳のすみれは、十七歳年上で同性のミュウと初めての恋に落ちる。村上春樹がこれまでの文体の集大成として書いた、奇妙なラブストーリー。

神《かみ》の子《こ》どもたちはみな踊《おど》る　一九九九（平成一一）年

新潮文庫

一九九五（平成七）年の阪神・淡路大震災を題材にした六つの短編連作。社会との「コミットメント」（かかわり）を強く意識するようになったことがうかがえる作品。

海辺《うみべ》のカフカ　二〇〇二（平成一四）年

新潮文庫

中学生の「僕」（カフカ）は、父を殺すという呪いから逃れるため、家出して四国の図書館で暮らし始める。ギリシャ悲劇と日本の古典を下敷きにした長編小説。

アフターダーク　二〇〇四（平成一六）年

講談社文庫

真夜中から夜明けまでの都会が舞台。大学生の高橋《たかはし》と浅井《あさい》マリを軸に、視点の主が変化しながら物語は進行する。

1Q84《イチキューハチヨン》　二〇〇九（平成二一）年

新潮文庫

スポーツクラブのインストラクター青豆《あおまめ》と、予備校の数学講師天吾《てんご》。幼い頃に別れた二人が、現実の1984年のパラレルワールドである1Q84年に再会する。

色彩《しきさい》を持《も》たない多崎《たざき》つくると、彼《かれ》の巡礼《じゅんれい》の年《とし》　二〇一三（平成二五）年

文春文庫

多崎《たざき》つくるは、学生時代に四人の親友から理由も告げられず、突然絶縁を言い渡された。その真相を確かめるため、つくるはかつての親友たちのもとを訪ねる。

騎《き》士《し》団長《だんちょう》殺《ごろ》し　二〇一七（平成二九）年

新潮社

画家の「私」は、突然妻から離婚話を切り出され、「騎士団長殺し」を描いた高名な日本画家のアトリエに間借りする。妻とやり直すまでの九ヶ月間の物語。

文学史問題：村上春樹の作品でないものを次から一つ選べ。（愛知教育大）
①海辺のカフカ　②ノルウェイの森　③羊をめぐる冒険　④キッチン　⑤風の歌を聴け

広範な執筆活動

橋《はし》本《もと》治《おさむ》

イラストレーター # 古典の現代語訳・翻案 # 評論

1868	1912	1926	1945	1989
明治	大正	昭和（戦前）	昭和（戦後）	平成・令和

一九四八（昭和二三）年～二〇一九（平成三一）年
東京都生まれ

写真：小暮誠

イラストレーターからの転身

東京大学に在学中の一九六八（昭和四三）年、当時大学闘争の真っ最中にあった東大駒場祭で、橋本が考案した「とめてくれるな おっかさん 背中《せな》のいちょうが泣いている 男東大どこへ行く」というコピーを打ったポスターが注目を浴び、大学卒業後はイラストレーターとして活躍した。一九七七（昭和五二）年、『**桃尻娘**《ももじりむすめ》』で小説現代新人賞佳作を受賞し、作家として出発する。『桃尻娘』は後にシリーズ化され、『その後《ご》の仁義《じんぎ》なき桃尻娘《ももじりむすめ》』の他、全六作品が発表された。また、同作は一九七八（昭和五三）年に映画化され、全三作品が公開されている。

古文の新解釈

その後、小説をはじめとして戯曲・時評・エッセイなど、ジャンルにとらわれず、さまざまな分野での執筆活動を開始する。中でも高く評価されているのが**古典名作の現代語訳・翻案**である。一九八七（昭和六二）年に発表された『**桃尻**《ももじり》**語訳**《ごやく》**枕草子**《まくらのそうし》』は、「春って曙《あけぼの》よ！」から始まり、当時の最先端を走る女性であった清少納《せいしょうな》言《ごん》の感覚を現代に置き換えたのびのびとした訳で、大きな話題を呼んだ。その後も『窯変《ようへん》 源氏物語《げんじものがたり》』『双調《そうじょう》 平家物語《へいけものがたり》』など、豊かな古典の素養を基盤に、独自の現代語訳・翻案を多く発表している。

窯変《ようへん》 源氏物語《げんじものがたり》　一九九一（平成三）年

『源氏物語』を現代小説ととらえ、光源《ひかるげん》氏《じ》を語り手とするなど大胆な新解釈を加えた翻案。全十四巻。「窯変」とは、陶磁器を焼く際、予期しない色を呈したり、器形が変形したりすること。

蝶《ちょう》のゆくえ　二〇〇四（平成一六）年

児童虐待、若者の理不尽な暴力など、荒廃した現代の世相を緻密な心理描写で淡々と描いた短編集。

集英社文庫

女性の心理と性愛を描く

山《やま》田《だ》詠《えい》美《み》

大胆な性描写 # 直木賞 # 青春小説

1868	1912	1926	1945	1989
明治	大正	昭和（戦前）	昭和（戦後）	平成・令和

一九五九（昭和三四）年～
東京都生まれ

異色のスタート

父の仕事の関係で、幼少期は全国を転々とする生活を送った。栃木県立鹿沼《かぬま》高校《こうこう》を卒業後、明治大学に進学。大学在学中に漫画家としてデビューし、中退後も漫画家を続けていたが、しだいに漫画という表現方法に限界を感じるようになり、小説へと転向する。

衝撃のデビュー

一九八五（昭和六〇）年、黒人男性との自らの恋愛をもとに、大胆に愛と性を描いた『ベッドタイムアイズ』で文藝賞《ぶんげいしょう》を受賞し、作家としてデビュー。同作は芥川賞候補にもなり、奔放な性描写にもかかわらず清潔さを失わない才気と筆力が高く評価され、続けて発表した『ジェシーの背骨《せぼね》』『蝶々《ちょうちょう》の纏足《てんそく》』も芥川賞候補となった。その後、一九八七（昭和六二）年、『**ソウル・ミュージック・ラバーズ・オンリー**』で直木賞を受賞した。

青春小説の名手

一方で、**思春期の少年少女を描く巧みさにも定評**があり、転校生の少女を主人公に、作者自身を投影した『風葬《ふうそう》の教室《きょうしつ》』、同じく少女を主人公にした短編集『**晩年**《ばんねん》**の子供**《こども》』など、十代の少年少女を描いた作品も多く発表している。他の作品に『風味絶佳《ふうみぜっか》』『ジェントルマン』などがある。

蝶々《ちょうちょう》の纏足《てんそく》　一九八六（昭和六一）年

無邪気で愛らしい少女が、一方では親友を支配し束縛しようとする残酷さ。少女から女へと変容する年代を巧みに描き、芥川賞候補となった短編小説。

風味絶佳《ふうみぜっか》　二〇〇五（平成一七）年

作者が「肉体の技術をなりわいとする人々」と呼ぶ、体を使って働く男たちの、とろけるように甘い愛の形を描いた短編小説集。

文春文庫

詩からスタートした作家
小池《こいけ》昌代《まさよ》

明治 1868　大正 1912　昭和(戦前) 1926　1945　昭和(戦後)　1989　平成・令和

一九五九(昭和三四)年〜
東京都生まれ

#詩　#随筆　#翻訳

音楽と文学

少女時代はピアノ・ビオラなどの楽器に親しみながら、中学生時代から小説を書き始める。一九七八(昭和五三)年、津田塾大学に進学。大学卒業後は法律雑誌の編集に携わる傍ら、「詩《し》とメルヘン」「抒《じょ》情文芸《じょうぶんげい》」「ラ・メール」などの雑誌への投稿を始めるようになった。

詩人として

一九八八(昭和六三)年、第一詩集『水《みず》の町《まち》から歩《ある》きだして』を刊行。詩人としてデビューする。翌年から詩誌「Mignon」に参加。一九九七(平成九)年、『永遠《えいえん》に来《こ》ないバス』で現代詩《げんだいし》花椿賞《はなつばきしょう》を受賞し、さらに三年後には『**もっとも官能的《かんのうてき》な部屋《へや》**』で高見順賞《たかみじゅんしょう》を受賞するなど、順調に詩人としてのキャリアを重ねた。

活動の広がり

その後、二〇〇七(平成一九)年に発表した小説『タタド』で川端康成文学賞《かわばたやすなりぶんがくしょう》を受賞。また、**小説家としても高い評価**を得る。詩集・小説の他、エッセイ・書評・詩と言葉に関する評論・絵本の翻訳・大学での詩の講義など、幅広く活動している。他に萩原朔太郎賞《はぎわらさくたろうしょう》を受賞した詩集『コルカタ』、小説『ことば汁《じる》』『たまもの』などがある。

タタド　二〇〇七(平成一九)年

川端康成文学賞を受賞した表題作の他、三つの短編を収録。五十代のある夫婦とその友人たちが海辺のセカンドハウスで過ごす官能的な日常を描く。

新潮文庫

ことば汁《じる》　二〇〇八(平成二〇)年

独り身の中高年女性を主人公に据え、嫉妬や黒い欲望など、どろどろとした感情の奥にある官能的な幻想世界を描いた短編集。

日本語とドイツ語の間で
多和田《たわだ》葉子《ようこ》

明治 1868　大正 1912　昭和(戦前) 1926　1945　昭和(戦後)　1989　平成・令和

一九六〇(昭和三五)年〜
東京都生まれ

#ドイツ　#クライスト賞　#芥川賞

ドイツでデビュー

早稲田大学《わせだだいがく》卒。大学では、ロシア文学を専攻しつつドイツ語も学んだ。一九八二(昭和五七)年の卒業後、日本語を外部から相対化して見てみたいという思いをいだきドイツへ移住。ドイツの書籍取次会社で働く。一方で、ハンブルク大学の修士課程も修了。一九八七(昭和六二)年に、ドイツ語と日本語の両方を用いた詩集『あなたのいるところだけ何《なに》もない』でデビューした。

言語の枠を超えて

その後もドイツに拠点を置きつつ、次々と作品を発表する。一九九一(平成三)年に『かかとを失《な》くして』で群像新人文学賞《ぐんぞうしんじんぶんがくしょう》、一九九三(平成五)年に『**犬婿入《いぬむこい》り**』で芥川賞を受賞するなど、文学賞の受賞も数多く、ドイツ語を媒介することによって日本語を異化した独特の文体が高く評価されている。創作の傍ら、二〇〇〇(平成一二)年にはチューリッヒ大学の博士課程を修了している。また、ドイツ語での著作も二十冊以上に及び、ドイツでの受賞も多く、二〇一六(平成二八)年にはドイツで最も権威ある文学賞の一つである**クライスト賞**を受賞した。作品はフランス語・英語・イタリア語・中国語などさまざまな言語に翻訳され、世界中で読まれている。

犬婿入《いぬむこい》り　一九九二(平成四)年

「犬婿入り」の昔話をした学習塾のみつこ先生のもとに、本当に「犬男」が押しかけてきた。異類婚姻譚《いるいこんいんたん》の形をとり、ゆったりとした文体で紡がれる短編小説。

講談社文庫

容疑者《ようぎしゃ》の夜行列車《やこうれっしゃ》　二〇〇二(平成一四)年

十三章からなり、ハンブルクから国境を越えて奇妙な乗客たちと旅する「あなた」を二人称で描く、謎めいた斬新な小説。

文学史問題：山田詠美は 1987 年に直木賞を受賞した。直木賞に記念されている作家の名前を次から選べ。(聖心女子大・改)
①直木赤彦　②直木健作　③直木三十五　④直木三重吉　⑤直木露風

静謐な世界観を描く
小《お》川《がわ》洋《よう》子《こ》

一九六二(昭和三七)年～
岡山県生まれ

#メディアミックス #随筆 #芥川賞

宗教と読書

祖父は金光教《こんこうきょう》の教師で、両親とも金光教の信者という環境で育つ。幼い頃から図書館に入り浸り、図鑑や世界文学全集を読みあさる少女だったという。早稲田《わせだ》大学《だいがく》に入学後、文学サークルに所属して創作活動を始める。卒業後は、岡山の川崎医科大学の秘書室勤務を経て結婚を機に退職。再び小説の執筆を開始するようになった。

主婦から人気作家に

一九八八(昭和六三)年、卒業制作を書き直した『揚羽蝶《あげはちょう》が壊《こわ》れる時《とき》』が海燕新人文学賞《かいえんしんじんぶんがくしょう》を受賞し、作家デビュー。この後、三度の芥川賞候補を経て、一九九一(平成三)年、自らの出産体験をもとに姉妹の葛藤を鋭敏な感性で描いた『**妊娠《にんしん》カレンダー**』で同賞を受賞した。また、二〇〇四(平成一六)年には、『**博士《はかせ》の愛《あい》した数式《すうしき》**』で読売文学賞・第一回本屋大賞を受賞。同作は二百万部を超える大ベストセラーとなり、映画・漫画・ラジオドラマ・舞台などにもなった。さらに一九九二(平成四)年発表の『**薬指《くすりゆび》の標本《ひょうほん》**』は、二〇〇五(平成一七)年にフランスで映画化されている。その他、幼い頃からの**豊かな読書経験をもとにした随筆**も多い。

博士《はかせ》の愛《あい》した数式《すうしき》 二〇〇三(平成一五)年

交通事故によって記憶力を失った数学博士と、彼から数式の美しさを学ぶ家政婦の母子との静かな心の交流の物語。

新潮文庫

ブラフマンの埋葬《まいそう》 二〇〇四(平成一六)年

芸術家に仕事場を提供する「創作者の家」で働く「僕」のもとに、「ブラフマン」という謎の生き物がやってくる。不思議なひと夏の出来事を幻想的に描いた長編小説。

平明な表現で物語を紡ぐ
角《かく》田《た》光《みつ》代《よ》

一九六七(昭和四二)年～
神奈川県生まれ

#メディアミックス #ストーリーテラー #直木賞

デビューまで

子供時代から多くの本を読んで育ち、早稲田《わせだ》大学《だいがく》在学中より、小説を書き始める。一九九〇(平成二)年、『幸福《こうふく》な遊戯《ゆうぎ》』で海燕新人文学賞《かいえんしんじんぶんがくしょう》を受賞し、作家デビュー。『ゆうべの神様《かみさま》』『ピンク・バス』などで数度芥川賞の候補にあがるが、文体に重きを置いた純文学の形での小説に不自由さを感じるようになり、物語重視の小説へと移行。二〇〇五(平成一七)年には、『**対岸《たいがん》の彼女《かのじょ》**』で直木賞を受賞した。

メディアミックス

角田の小説の特徴として、非常に物語性が高いこと、映像的であることがあげられる。そのため、**角田の作品にはドラマ・映画などで実写化されたものが多い。**『**八日目《ようかめ》の蟬《せみ》**』は二〇一〇(平成二二)年にNHKでテレビドラマ化、二〇一一(平成二三)年には映画化もされ、大きな話題を呼んだ。その他にも、『空中庭園《くうちゅうていえん》』『対岸の彼女』『紙《かみ》の月《つき》』『キッドナップ・ツアー』などの作品が、テレビドラマや映画となっている。

『八日目の蟬』の舞台(香川県小豆島《しょうどしま》)

対岸《たいがん》の彼女《かのじょ》 二〇〇三(平成一五)年

ベンチャー企業の女社長として活躍する葵《あおい》。いじめられっ子だった彼女を大きく変えたのは、高校時代の親友ナナコの存在だった。違う人生を生き、「対岸」にいた二人が再び寄り添う姿を描く。

八日目《ようかめ》の蟬《せみ》 二〇〇五(平成一七)年

不倫相手の赤ん坊を誘拐し逃避行する女と、さらわれた娘のその後を描く。「母性とは何か」を問いかけるサスペンス。

中公文庫

ユニークな題材をユーモラスに

三浦《みう》しをん《ら》

明治	1868
大正	1912
昭和（戦前）	1926
昭和（戦後）	1945
平成・令和	1989

一九七六（昭和五一）年～ 東京都生まれ

#職業小説 #メディアミックス #直木賞

撮影：松藤浩之

・林業従事者…『神去《かむさり》なあなあ日常《にちじょう》』
・辞書編集者…『舟《ふね》を編《あ》む』
・植物学者…『愛《あい》なき世界《せかい》』

こうした人々に焦点を当て、それをユーモアに満ちた筆致で描き出している。映画化された作品なども多く、広く親しまれている他、エッセイも数多く発表し、それらもみな人気を博している。

就職活動の挫折から小説家へ

早稲田大学《わせだだいがく》第一文学部在学中、編集者を目指し就職活動をおこなう。その際、出版社の入社試験の作文で才能を見いだされ、オンラインでエッセイの連載を始める。就職活動は全滅し、古本屋でアルバイトをしながら、二〇〇〇（平成一二年）、**自身の就職活動の経験をもとにした小説『格闘《かくとう》する者《もの》に○《まる》』**でデビュー。二〇〇六（平成一八）年には『**まほろ駅前多田便利軒《えきまえただべんりけん》**』で直木賞を受賞した。

ユニークな題材

三浦の小説は、主人公の職業や打ち込むことが多岐にわたるのが大きな特徴の一つで、たとえば次のようなものがある。

・便利屋…『まほろ駅前多田便利軒』
・駅伝ランナー…『風《かぜ》が強《つよ》く吹《ふ》いている』
・文楽《ぶんらく》の太夫《たゆう》…『仏果《ぶっか》を得《え》ず』

風《かぜ》が強《つよ》く吹《ふ》いている　二〇〇六（平成一八）年

優れた才能を持ちながら、それぞれの事情で一度はマラソンの道を閉ざされた二人の大学生ランナーを中心に、一風変わったチームが箱根駅伝を目指して進んでゆく様子を描く。

舟《ふね》を編《あ》む　二〇一一（平成二三）年

光文社文庫

辞書は言葉の海を渡る舟――新しい辞書の編集者となった若い「変人」編集者が個性的なメンバーたちとともにその舟を作り上げる姿を描き出す。本屋大賞を受賞。

芥川賞を逃した作家たち

新人作家の登竜門とされる芥川賞。過去の受賞者を振り返ると、安部公房《あべこうぼう》（↓二八六頁）・松本清張《まつもとせいちょう》（↓二九六頁）・遠藤周作《えんどうしゅうさく》（↓二八九頁）・大江健三郎《おおえけんざぶろう》（↓二九三頁）・宮本輝《みやもとてる》（↓三〇六頁）・小川洋子《おがわようこ》（↓三〇四頁）など、現在でも多くの読者を持つ、名だたる作家たちの名前が見える。そして、彼らの多くが、芥川賞の受賞を足がかりにして、活躍の場を広げていった。数ある文学賞の中でも、とりわけ注目度の高い芥川賞は、受賞をすると、その受賞作がベストセラーになることも少なくない。石原慎太郎《いしはらしんたろう》（↓二九九頁）『太陽の季節《たいようのきせつ》』・村上龍《むらかみりゅう》（↓三〇六頁）『限《かぎ》りなく透明《とうめい》に近《ちか》いブルー』・又吉直樹《またよしなおき》『火花《ひばな》』などは、芥川賞を受賞すると、たちまちベストセラーになった。

しかしその一方で、有名作家でありながら、未受賞のままベテランになってしまった作家たちもいる。例えば、山田詠美《やまだえいみ》（↓三〇二頁）は、第九十四回から第九十六回まで、三回連続して芥川賞候補に選出されながらも、結局受賞にはいたらなかった。角田光代《かくたみつよ》（↓三〇四頁）も同じく三度の芥川賞候補となっているが、やはり受賞を逃している。島田雅彦《しまだまさひこ》（↓三一二頁）にいたっては、デビュー作以来、六度も候補に選出されながら、すべて落選し、『島田雅彦芥川賞落選作全集《しまだまさひこあくたがわしょうらくせんさくぜんしゅう》』なる本まで発行している。意外なところでは、村上春樹《むらかみはるき》（↓三〇〇頁）と吉本《よしもと》ばなな（↓三〇八頁）。

彼らは国内のみならず、海外でも高い評価を受け、さまざまな国で文学賞を受賞しているが、芥川賞には縁がなかった。

しかし、こうした芥川賞を逃した作家たちも、その後の活躍は周知の通り。地道に作品を発表し続けることで評価され、いずれの作家たちも、今や日本を代表する小説家となっている。しかも、自身も受賞を逃した山田詠美や島田雅彦は、芥川賞の選考委員を務めるまでになった。

第一回芥川賞・直木賞受賞作品を掲載する雑誌「文藝春秋」

第一回芥川賞を受賞した石川達三

文学史問題：次の中から芥川賞を受賞していない作家を一人選べ。（京都外国語大）
①大江健三郎　②石原慎太郎　③川端康成　④遠藤周作　⑤安岡章太郎

叙情的な物語性

宮本《みやもと》 輝《てる》

一九四七（昭和二二）～ 兵庫県生まれ

追手門学院大学卒。一九七七（昭和五二）年、『泥《どろ》の河《かわ》』でデビュー。翌年、『螢川《ほたるがわ》』で芥川賞を受賞した。これらの作品は、その後の『道頓堀川《どうとんぼりがわ》』と合わせて「川三部作」と呼ばれる。『青《あお》が散《ち》る』『優駿《ゆうしゅん》』といった青春小説、『ドナウの旅人《たびびと》』『草原《そうげん》の椅子《いす》』といった海外を舞台にした作品など、多岐にわたる小説を発表。過酷な運命の中にあっても前を見つめ、真摯に生きる人々と、それを取り巻く人々との深い愛情を叙情的に描き、ストーリーテラーとしての評価が高い。また、自身の父をモデルとした「松坂熊吾《まつざかくまご》」を主人公に、その波乱の人生を描いた長編連作『流転《るてん》の海《うみ》』を、ライフワークとして書き続け、完成させた。

優駿《ゆうしゅん》 一九八二（昭和五七）年

新潮文庫

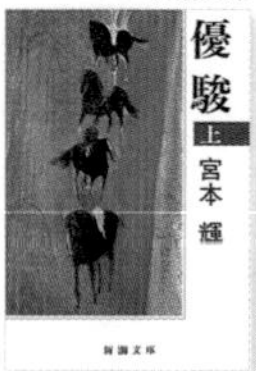

風のように速く、嵐のように激しい牡馬《ぼば》が産まれますように、という祈りに応え、産まれたオフシオンは、やがてダービーの舞台に立つ。映画化もされた青春小説。

医師としての視点

南木佳士《なぎけいし》

一九五一（昭和二六）～ 群馬県生まれ

三歳のときに母を結核で亡くし、祖母に育てられる。この体験は、死や病気についての不安や恐怖を幼い南木に強く植え付け、その後の作品にも大きな影響を与えた。秋田大学医学部を卒業後、内科医となる。その傍ら創作活動を続け、一九八一（昭和五六）年、『破水《はすい》』で文學界新人賞《ぶんがくかいしんじんしょう》を受賞し、作家デビュー。芥川賞の候補に四度選出された後、五度目の一九八九（平成元）年、『**ダイヤモンドダスト**』で芥川賞を受賞した。医師の立場から生と死を見つめ、愛や生命の尊さを訴える作品を発表し続けている。他に『医学生《いがくせい》』『阿《あ》弥陀堂《みだどう》だより』などがあり、エッセイも多数発表している。

阿弥陀堂《あみだどう》だより 一九九五（平成七）年

文春文庫

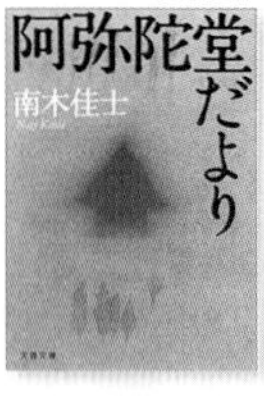

作家の孝夫《たかお》は自身の才能に行き詰まりを感じ、妻の美智子《みちこ》がパニック障害を発症したことを機に故郷へと戻る。心の再生を描いた長編小説で映画化もされた。

多才なヒットメーカー

浅田次郎《あさだじろう》

一九五一（昭和二六）～ 東京都生まれ

©講談社／森　清

『地下鉄《メトロ》に乗《の》って』で吉川《よしかわ》英治文学新人《えいじぶんがくしんじん》賞《しょう》、『**鉄道員《ぽっぽや》**』で直木賞を受賞するなど、数々の作品で文学賞を受賞。『壬生義士《みぶぎし》伝《でん》』『お腹召《はらめ》しませ』『一路《いちろ》』などの時代物、『蒼穹《そうきゅう》の昴《すばる》』『中原《ちゅうげん》の虹《にじ》』などの中国を舞台としたもの、『終《お》わらざる夏《なつ》』『帰郷《ききょう》』などの戦争をテーマとしたもの、『霞町物語《かすみちょうものがたり》』『天国《てんごく》までの百《ひゃく》マイル』などの現代物など、創作は多岐にわたる。人間性への深い洞察に裏打ちされた作風は多くの読者を魅了。『プリズンホテル』『蒼穹の昴』『天切《てんき》り松《まつ》 闇《やみ》がたり』などはシリーズ化され、長く読まれ続けている。また、二〇一一（平成二三）年からは日本ペンクラブ会長を務めた。

蒼穹《そうきゅう》の昴《すばる》 一九九六（平成八）年

講談社文庫

舞台は清代の中国。西太后《せいたいこう》に仕える宦官《かんがん》を主人公に、壮大なスケールで描いた歴史小説。日中合同でテレビドラマ化され、日本でも放映された。

現代人の閉塞感を描く

村上《むらかみ》 龍《りゅう》

一九五二（昭和二七）～ 長崎県生まれ

武蔵野美術大《むさしのびじゅつだい》学《がく》中退。画家志望だったが、大学在学中の一九七六（昭和五一）年、『**限《かぎ》りなく透明《とうめい》に近《ちか》いブルー**』で群像新人文学賞と芥川賞を受賞して華々しくデビュー。基地の町、福生《ふっさ》を舞台に、麻薬とセックスとロックに冒された若者たちの危うい性と破壊衝動を詩的な表現で描き、文壇に衝撃を与えた。その後は、引きこもりの青年を主人公とした『共生虫《きょうせいちゅう》』など、現代社会の暗部に目を向けた作品を発表。小説の他、エッセイ・映画シナリオなど、表現の幅は広く、さまざまな職業を紹介した『13歳《さい》のハローワーク』はベストセラーとなった。他に『コインロッカー・ベイビーズ』『半島《はんとう》を出《で》よ』などがある。

コインロッカー・ベイビーズ 一九八〇（昭和五五）年

講談社文庫

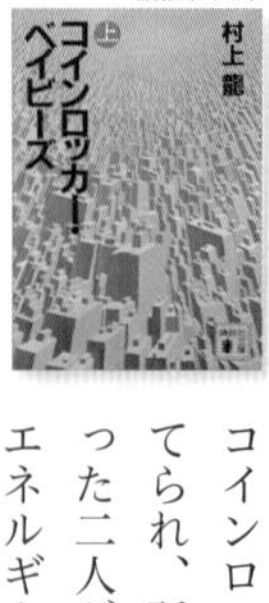

コインロッカーに捨てられ、孤児院で育った二人が、強大なエネルギーを秘めて成長し、それぞれに破壊へと向かう。現代の閉塞感を打ち破る近未来小説。

現代のリアルを生々しく描く

石田《いしだ》衣良《いら》

一九六〇(昭和三五)～ 東京都生まれ

成蹊大学《せいけいだいがく》卒。一九九七(平成九)年、『池袋《いけぶくろ》ウエストゲートパーク』でオール讀物《よみもの》推理小説新人賞《すいりしょうせつしんじんしょう》を受賞し、作家デビュー。同作は後にシリーズ化され、テレビドラマにもなった。二〇〇三(平成一五)年、『4TEEN《フォーティーン》』で直木賞を受賞。『うつくしい子《こ》ども』『約束《やくそく》』など、社会問題や実際の事件を題材とした作品が多く、特に現代の青少年の生々しい姿を鋭く描き出すことに定評がある。別名義で電子書籍限定のライトノベルを発表したり、個人のウエブサイトや有料のメルマガで小説やエッセイを発表したりするなど、ネット社会に対応した新しい創作活動のあり方を模索する実験的な試みも多い。

池袋西口公園の噴水

池袋《いけぶくろ》ウエストゲートパーク 一九九七(平成九)年

文春文庫

池袋西口公園近くに暮らすマコトを中心に、社会のダークサイドで生きる若者たちの姿をリアルに描いた長編小説。十二冊の本編の他、外伝も発表されている。

キュレーター兼小説家

原田《はらだ》マハ

一九六二(昭和三七)～ 東京都生まれ

撮影：ZIGEN

関西学院大学卒。広告プロダクションや美術館勤務などを経て、キュレーターを志し、学芸員の資格を取得。ニューヨーク近代美術館などで勤務した後、二〇〇二(平成一四)年にフリーのキュレーターとして独立。並行して執筆活動もおこない、二〇〇五(平成一七)年、『カフーを待《ま》ちわびて』が日本ラブストーリー大賞を受賞し、作家デビュー。キュレーターの経験を生かした二〇一〇(平成二二)年発表のアートミステリー『楽園《らくえん》のカンヴァス』は山《やま》本周五郎賞《もとしゅうごろうしょう》を受賞し、ベストセラーとなった。「maha」名義でケータイ小説を発表している他、自身のブログにも小説を掲載している。兄は作家の原田宗典《はらだむねのり》。

楽園《らくえん》のカンヴァス 二〇一〇(平成二二)年

新潮文庫

ニューヨーク近代美術館のキュレーターを主人公に、ピカソとルソーの名画に隠された謎を探るアートミステリー。山本周五郎賞を受賞した長編小説。

青春・家族への温かい眼差し

重松《しげまつ》 清《きよし》

一九六三(昭和三八)～ 岡山県生まれ

ⓒ新潮社

早稲田大学《わせだだいがく》を卒業後、出版社勤務を経て一九九一(平成三)年、『ビフォア・ラン』で作家デビュー。二〇〇一(平成一三)年、『ビタミンF《エフ》』で直木賞を受賞した他、山《やま》本周五郎賞《もとしゅうごろうしょう》(『エイジ』)、吉川英治文学賞《よしかわえいじぶんがくしょう》(『十字架《じゅうじか》』)など、多数の文学賞を受賞。巧みな物語運びによって、『きよしこ』など、ひたむきに生きる人々の家族・友人関係を温かくユーモラスに描き、そこに「現代」を浮かび上がらせる手法に定評がある。また、『流星《りゅうせい》ワゴン』『とんび』など、父と息子の関係を描いた作品が映像化されて話題を呼んだ。別名義の「田村章《たむらあきら》」ではドラマや映画のノベライズなどもこなす、非常に多作の作家としても知られる。

きよしこ 二〇〇二(平成一四)年

新潮文庫

吃音《きつおん》に悩む少年が、苦しみながらも周囲に支えられ、それを乗り越えていく姿を描く。重松自身の少年時代をモデルにした短編小説集。

日常を描く静謐な文章

堀江敏幸《ほりえとしゆき》

一九六四(昭和三九)～ 岐阜県生まれ

ⓒ新潮社

東京大学大学院博士課程中退。専門分野は二十世紀のフランス文学。大学で教鞭《きょうべん》を執る傍ら、一九九四(平成六)年、パリ留学の体験をもとにした『郊外《こうがい》へ』で作家デビュー。二〇〇一(平成一三)年には、「ヨーロッパ人の思考法の精髄をさりげなく取り出した」と高く評価された。『熊《くま》の敷石《しきいし》』で芥川賞を受賞し、日常生活の哀感を切り取る、端正で静かな筆致に定評がある。フランス文学研究者として、多くのフランス人作家の作品を翻訳している他、短歌にも造詣が深く、早稲田大学短《わせだだいがくたん》歌会《かかい》の会長も務める。他に『おぱらばん』『雪沼《ゆきぬま》とその周辺《しゅうへん》』『その姿《すがた》の消《け》し方《かた》』などがある。

熊《くま》の敷石《しきいし》 二〇〇〇(平成一二)年

講談社文庫

フランスを舞台に、日本人の「私」と、ユダヤ人の友人という異なる歴史を持つ二人の、違和と理解を描く。二〇〇一(平成一三)年に芥川賞を受賞した短編小説。

文学史問題：宮本輝の作品を次から一つ選べ。(畿央大)
①火宅の人 ②日輪の翼 ③壁 ④優駿

恋愛を甘く軽やかに描く

江國香織《えくにかおり》

一九六四（昭和三九）〜 東京都生まれ

目白学園女子短期大学を卒業後、出版社勤務を経て、アメリカのデラウェア大学に留学。帰国後の一九八九（平成元）年、留学体験をもとにした『409ラドクリフ』でフェミナ賞を受賞した。一九九一（平成三）年、一風変わった夫婦の愛情を繊細に描いた『きらきらひかる』を発表。映画化もされてヒットし、一躍人気作家となる。また、辻仁成《つじひとなり》（⬇三二一頁）との交互連載による共作『冷静《れいせい》と情熱《じょうねつ》のあいだ』は、赤と青の美しい装丁も話題を呼び、大ベストセラーとなった。二〇〇四（平成一六）年、『**号泣《ごうきゅう》する準備《じゅんび》はできていた**』で直木賞を受賞。若い女性を中心に絶大な人気を誇っている。父は随筆家の江國滋《えくにしげる》。

KADOKAWA／角川文庫

きらきらひかる　一九九一（平成三）年

新潮文庫

アルコール依存症の笑子《しょうこ》は医者の睦月《むつき》と結婚するが、彼は同性愛者であった。睦月の恋人紺《こん》を含めた三人の不思議な愛の形を描いた長編小説。

八〇年代のカリスマ作家

吉本《よしもと》ばなな

一九六四（昭和三九）〜 東京都生まれ

日本大学藝術学部卒。一九八七（昭和六二）年、『**キッチン**』でデビュー。同作は映画化されベストセラーとなった。続いて発表した『うたかた／サンクチュアリ』『哀《かな》しい予感《よかん》』『TUGUMI《つぐみ》』もベストセラーとなり、特に若い女性ファンを多く獲得した。「死」に近しい作品が多く、細やかな情景描写と、詩的で魅力的な会話のやりとりは非常に映像的であり、多数の作品が映画化されている。また、海外での評価も高く、多くの小説が英語・フランス語・ドイツ語・イタリア語などに翻訳され、世界中で読まれている。日常をユーモラスに綴《つづ》ったエッセイも多い。父は評論家の吉本隆明《よしもとたかあき》（⬇三五四頁）。

キッチン　一九八七（昭和六二）年

新潮文庫

祖母を亡くして天涯孤独となったみかげにとって、どこよりも愛する場所はキッチンだった。周囲の優しさに包まれ、心が再生する過程を描いた短編小説。

幅広いジャンルで活躍

恩田《おんだ》　陸《りく》

一九六四（昭和三九）〜 宮城県生まれ

早稲田大学《わせだだいがく》卒。自らの高校生活を題材にした『六番目《ろくばんめ》の小夜子《さよこ》』が日本ファンタジーノベル大賞の最終候補となり、翌年の一九九二（平成四）年に同書が出版され、作家デビュー。その後、『ネバーランド』『ライオンハート』などを発表。さらに、『夜《よる》のピクニック』で吉川英治文学新人賞《よしかわえいじぶんがくしんじんしょう》を、『中庭《なかにわ》の出来事《できごと》』で山本周五郎賞《やまもとしゅうごろうしょう》を受賞し、二〇一七（平成二九）年には、『**蜜蜂《みつばち》と遠雷《えんらい》**』で直木賞を受賞した。デビュー作のファンタジー小説という枠にとらわれず、SF・ホラー・ミステリーなど、幅広いジャンルの作品を発表し続けている。また、『木曜組曲《もくようくみきょく》』『夢違《ゆめちがい》』など、映画化やテレビドラマ化された作品も多い。

ライオンハート　一九九九（平成一一）年

新潮文庫

時や国を変え、何度も生まれ変わって出会いと別れを繰り返す男女を、絵画をモチーフにして描いた壮大なラブストーリー長編小説。

緻密な心理描写

宮下奈都《みやしたなつ》

一九六七（昭和四二）〜 福井県生まれ

上智大学卒。二〇〇四（平成一六）年、『静《しず》かな雨《あめ》』が文學界新人賞《ぶんがくかいしんじんしょう》佳作に入選し、作家デビュー。二〇〇七（平成一九）年、四つの学校を通して一人の女性が成長していく過程を描いた『スコーレNo.4』を発表し、繊細な心理描写が高く評価された。二〇一六（平成二八）年には、『**羊《ひつじ》と鋼《はがね》の森《もり》**』が本屋大賞を受賞。同作は直木賞候補にもなった。他に、声楽を志す少女を主人公とした『よろこびの歌《うた》』、一軒のレストランをめぐる人々を描いた『誰《だれ》かが足《た》りない』などがある。十代から二十代の女性の心理をみずみずしい感性で描くことに定評があり、『神《かみ》さまたちの遊《あそ》ぶ庭《にわ》』などのエッセイも発表している。

羊《ひつじ》と鋼《はがね》の森《もり》　二〇一三（平成二五）年

文春文庫

ピアノ調律師である外村《とむら》の成長を描いた長編小説。ピアノの音を実際に喚起させるような繊細な表現力が絶賛され、書店員から火が付きベストセラーとなった。

若者の心理を鮮やかに描く

森《もり》 絵《え》都《と》

一九六八(昭和四三)〜 東京都生まれ

早稲田大学《わせだだいがく》卒。一九九一(平成三)年、『リズム』で講談社児童文学新人賞を受賞し、作家デビュー。二〇〇〇(平成一二)年、『DIVE!!《ダイブ》』を発表。同作は映画化もされ、人気を呼んだ。児童文学から出発したため、初期は『永遠《えいえん》の出口《でぐち》』など、少年少女を主人公とした作品が多かったが、二〇〇五(平成一七)年の『いつかパラソルの下《した》で』では、父親に対する思いを大人たちの視点で描き、同作は直木賞候補ともなった。二〇〇六(平成一八)年、『**風《かぜ》に舞《ま》いあがるビニールシート**』で直木賞を受賞。さまざまな職業やスポーツに打ち込む人々を描き、緻密な取材に基づくリアリティあふれる人物造形に定評がある。

永遠《えいえん》の出口《でぐち》 一九九九(平成一一)年

集英社文庫

平凡な少女である紀《のり》子《こ》の、小学三年から高校三年までの九年間を描く。女性読者の共感を呼び、ベストセラーとなった長編小説。

格調高い筆致

平野啓一郎《ひらのけいいちろう》

一九七五(昭和五〇)〜 愛知県生まれ

京都大学卒。大学在学中の一九九八(平成一〇)年、『**日蝕《にっしょく》**』を雑誌「新潮《しんちょう》」に投稿。十五世紀のフランスを舞台に、神学僧の神秘体験を流麗な擬古文で描き、「三島《みしま》由紀夫《ゆきお》の再来」と絶賛され、大きな話題を呼んだ。翌年、同作品で芥川賞を受賞。『一月物語《いちげつものがたり》』『葬送《そうそう》』の「ロマンティック三部作」を経て現代小説へと転じ、二〇〇三(平成一五)年、『高瀬川《たかせがわ》』を発表。二〇〇五(平成一七)年からは、文化庁の文化大使として一年間フランスに滞在。帰国後は「個人主義」の次の概念として「分人主義」を提唱し、これに基づく『決壊《けっかい》』などを発表。『私《わたし》とは何《なに》か』『「生命力《せいめいりょく》」の行方《ゆくえ》』など、評論も多数発表している。

『一月物語』の舞台(奈良県十津川村)

一月物語《いちげつものがたり》 一九九八(平成一〇)年

新潮文庫

デビュー作『日蝕《にっしょく》』に続く作品。明治時代の奈良県十津川村《とつかわむら》を舞台に、山中に迷い込んだ若者と、夢の世界で出会った運命の女性との愛を描いた幻想的長編小説。

小説と音楽の融合

川上未映子《かわかみみえこ》

一九七六(昭和五一)〜 大阪府生まれ

大阪市立工芸高校卒業後、二〇〇二(平成一四)年に「川上三枝子」名義で歌手としてデビューし、後に「未映子」と改名。アルバム『うちにかえろう〜Free Flowers〜』などを発表。歌手活動の傍ら詩や小説の執筆を続け、二〇〇七(平成一九)年に発表した『わたくし率《りつ》 イン 歯《は》ー、または世界《せかい》』が芥川賞候補となり注目される。翌年、『**乳《ち》と卵《らん》**』で芥川賞を受賞。大阪弁の饒舌《じょうぜつ》な口語体で描かれる独特の文章が高く評価された。二〇〇九(平成二一)年、詩集『先端《せんたん》で、さすわ さされるわ そらええわ』で中原中也賞《なかはらちゅうやしょう》を受賞。小説・詩・音楽という表現方法を自在に行き来する活動を続け、女優としても舞台や映画に出演している。他の作品に小説『ヘヴン』、詩集『水瓶《みずがめ》』、村上春樹《むらかみはるき》(⬇三〇〇頁)へのインタビューを収めた『みみずくは黄昏《たそがれ》に飛《と》びたつ』などがある。

乳《ち》と卵《らん》 二〇〇七(平成一九)年

文春文庫

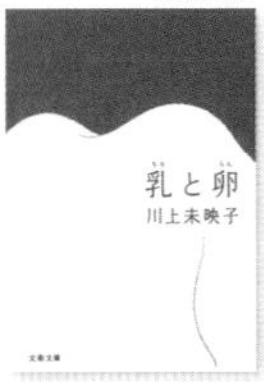

母と娘が衝突を経て、カタルシス(精神の浄化)に至るまでを描いた中編小説。改行を用いず読点によって区切られており、関西弁を交えた文体に特徴がある。

軽妙な文体と滑稽で幻想的な世界

森《もり》見《み》登《と》美《み》彦《ひこ》

一九七九(昭和五四)〜 奈良県生まれ

京都大学大学院修士課程修了。二〇〇三(平成一五)年、大学在学中に執筆した『**太《たい》陽《よう》の塔《とう》**』で日本ファンタジーノベル大賞を受賞し作家デビュー。卒業後に五年間、国立国会図書館で勤務した経験も持つ。自身が大学時代を過ごした京都を舞台とした小説が多いが、それは必ずしも現実の京都と同じではない、幻想的な世界としても描かれる。「読者の期待に応えない」をモットーに多彩な作品を書き、知的・古風で軽妙な文体や、滑稽でありながら緻密に構成された意外性に富む物語で読者を魅了している。『四畳半神話大系《よじょうはんしんわたいけい》』や『有頂天家族《うちょうてんかぞく》』のアニメ化などでも幅広く知られている。

夜《よる》は短《みじか》し歩《ある》けよ乙女《おとめ》 二〇〇六(平成一八)年

KADOKAWA／角川文庫

京都を舞台に、さえない男子大学生「私」と、彼の想いに一向に気づかない天真爛《てんしんらん》漫《まん》な後輩「黒髪の乙女」らが巻き起こす不思議な出来事を、ユーモラスに描く。

文学史問題：A『限りなく透明に近いブルー』・B『乳と卵』の作者をそれぞれ次から選べ。(酪農学園大・改)
①村上龍　②吉本ばなな　③川上未映子　④堀江敏幸　⑤恩田陸

高樹《たかぎ》のぶ子《こ》

一九四六(昭和二一)～
山口県生まれ

東京女子大学短期大学部卒。同人誌「らむぷ」に参加して創作を開始。一九八〇(昭和五五)年、『揺《ゆ》れる髪《かみ》』で作家デビュー。一九八四(昭和五九)年、『光抱《ひかりいだ》く友《とも》よ』で芥川賞を受賞。人間関係や恋愛における女性の心の揺れ動きを柔軟に描く。他に『透光《とうこう》の樹《き》』『マイマイ新子《しんこ》』『トモスイ』などがある。

中上健次《なかがみけんじ》

一九四六(昭和二一)～一九九二(平成四)
和歌山県生まれ

県立新宮高校卒。在学中からサドやジュネに傾倒。高校卒業後に上京し、同人誌「文芸首都《ぶんげいしゅと》」に参加。一九七六(昭和五一)年、郷里を舞台に血縁に縛られた主人公の閉塞感を描いた『岬《みさき》』で、戦後生まれとして初の芥川賞を受賞した。他に『枯木灘《かれきなだ》』『鳳仙花《ほうせんか》』『地《ち》の果《は》て 至上《しじょう》の時《とき》』などがある。

『枯木灘』の舞台(和歌山県枯木灘)

津島佑子《つしまゆうこ》

一九四七(昭和二二)～二〇一六(平成二八)
東京都生まれ

明治大学大学院中退。同人誌「文芸首都《ぶんげいしゅと》」で活動し、一九七一(昭和四六)年、第一作品集『謝肉祭《しゃにくさい》』を発表。父・兄・長男の喪失の経験と、残された者たちを描いた。女としての自らの痛みを見つめた『光《ひかり》の領分《りょうぶん》』などで、国際的にも高く評価されている。父は作家の太宰治《だざいおさむ》(➡二七二頁)。

立松和平《たてまつわへい》

一九四七(昭和二二)～二〇一〇(平成二二)
栃木県生まれ

早稲田大学《わせだだいがく》卒。大学在学中は全共闘運動に参加し、国内外を放浪した。一九七〇(昭和四五)年、この経験をもとにした『途方《とほう》にくれて』を発表。その後は宇都宮市役所に勤務しながら執筆を続けた。市役所退職後は、文筆活動に専念し、『遠雷《えんらい》』『道元禅師《どうげんぜんじ》』など多数の作品を発表した。

沢木耕太郎《さわきこうたろう》

一九四七(昭和二二)～
東京都生まれ

横浜国立大学卒。一九七〇(昭和四五)年、『防人《さきもり》のブルース』でルポライターとしてデビュー。スポーツや旅をテーマにしたルポルタージュを発表する。社会党委員長暗殺犯の少年を追った『テロルの決算《けっさん》』で大宅壮一《おおやそういち》ノンフィクション賞を受賞。他に小説『一瞬《いっしゅん》の夏《なつ》』『深夜特急《しんやとっきゅう》』などがある。

高橋三千綱《たかはしみちつな》

一九四八(昭和二三)～二〇二一(令和三)
大阪府生まれ

早稲田大学《わせだだいがく》中退。一九七四(昭和四九)年、高校卒業後アメリカで過ごした三年をまとめた『退屈《たいくつ》しのぎ』で群像新人文学賞を受賞。一九七八(昭和五三)年には、剣道に打ち込む若者の青春をみずみずしく描く『九月《くがつ》の空《そら》』で芥川賞を受賞した。他に『あの時《とき》好《す》きだと言《い》えなかったオレ』などがある。

赤川次郎《あかがわじろう》

一九四八(昭和二三)～
福岡県生まれ

桐朋高校《とうほうこうこう》卒。会社員として働く傍ら小説を執筆し、一九七六(昭和五一)年、『幽霊列車《ゆうれいれっしゃ》』でデビュー。その後、「三毛猫《みけねこ》ホームズ」シリーズをはじめとして、ユーモアを感じさせる推理小説を多数発表。若い世代を中心に人気を博し、一時代を築く。他に『ふたり』『東京零年《とうきょうぜろねん》』などがある。

北村《きたむら》　薫《かおる》

一九四九(昭和二四)～
埼玉県生まれ

早稲田大学《わせだだいがく》卒。高校の国語教師をする傍ら、一九八九(平成元)年に『空飛《そらと》ぶ馬《うま》』で覆面作家としてデビュー。「日常の謎」と絡めて、人と人との心の交流を温かく描く。二〇〇九(平成二一)年、『鷺《さぎ》と雪《ゆき》』で直木賞を受賞。他に『スキップ』『ターン』などがある。

伊集院静《いじゅういんしずか》

一九五〇(昭和二五)～二〇二三(令和五)
山口県生まれ

立教大学卒。一九八一(昭和五六)年、『皐月《さつき》』で作家デビュー。一九九一(平成三)年、『乳房《ちぶさ》』で吉川英治文学新人賞《よしかわえいじぶんがくしんじんしょう》を受賞し、翌年に『受《う》け月《づき》』で直木賞を受賞した。他に柴田錬三郎賞《しばたれんざぶろうしょう》受賞作の『機関車先生《きかんしゃせんせい》』、司馬遼太郎賞《しばりょうたろうしょう》受賞作の『ノボさん』などがある。二〇一六(平成二八)年、紫綬褒章《しじゅほうしょう》を受章。

米原万里《よねはらまり》

一九五〇(昭和二五)～二〇〇六(平成一八)
東京都生まれ

東京大学大学院修士課程修了。ロシア語通訳の第一人者として、要人の同時通訳などで活躍。一方、随筆『不実《ふじつ》な美女《びじょ》か貞淑《ていしゅく》な醜女《ブス》か』、長編小説『オリガ・モリソヴナの反語法《はんごほう》』などで、エッセイスト・小説家としても活躍した。他に随筆『魔女《まじょ》の1ダース』などがある。

リービ英雄《ひでお》

一九五〇(昭和二五)～
アメリカ・カリフォルニア州生まれ

プリンストン大学大学院博士課程修了。西洋人として初めての日本文学作家。一九八二(昭和五七)年、『万葉集《まんようしゅう》』の英訳を発表。その後日本に定住して小説を書くようになり、『星条旗《せいじょうき》の聞《き》こえない部屋《へや》』で野間文芸新人賞《のまぶんげいしんじんしょう》を受賞。母語ではない日本語で創作をおこなう。

高橋源一郎《たかはしげんいちろう》
一九五一(昭和二六)～　広島県生まれ

横浜国立大学中退。大学在学中、学生運動で逮捕・抑留の経験をする。一九八一(昭和五六)年、『さようなら、ギャングたち』で作家デビュー。ポップでアバンギャルドな作風は、文壇に衝撃を与えた。代表作に『優雅《ゆうが》で感《かん》傷的《しょうてき》な日本野球《にほんやきゅう》』『日《に》本文学盛衰史《ほんぶんがくせいすいし》』などがある。

講談社文庫

桐野夏生《きりのなつお》
一九五一(昭和二六)～　石川県生まれ

成蹊大学《せいけいだいがく》卒。一九九三(平成五)年、『顔《かお》に降《ふ》りかかる雨《あめ》』で江戸川乱歩賞《えどがわらんぽしょう》を受賞。一九九九(平成一一)年には、『柔《やわ》らかな頬《ほほ》』で直木賞を受賞した。人間の悪意など負の部分を冷徹に見つめ、淡々と描写したハードボイルド小説を得意とする。代表作に『OUT《アウト》』『グロテスク』などがある。

講談社文庫

水村美苗《みずむらみなえ》
一九五一(昭和二六)～　東京都生まれ

イエール大学大学院博士課程修了。アメリカの各大学で教鞭《きょうべん》を執る傍ら日本語で小説を書き、夏目漱石《なつめそうせき》の未完の大作『明暗《めいあん》』の続きを描いた『續明暗《ぞくめいあん》』で芸術選奨新人賞を受賞。他に小説『私小説《ししょうせつ》 from left to right』『本格小説《ほんかくしょうせつ》』、評論『日本語《にほんご》が亡《ほろ》びるとき―英語《えいご》の世紀《せいき》の中《なか》で』などがある。

髙村薫《たかむらかおる》
一九五三(昭和二八)～　大阪府生まれ

国際基督教大学《こくさいキリストきょうだいがく》卒。貿易会社に勤務後、一九九〇(平成二)年、『黄金《おうごん》を抱《だ》いて翔《と》べ』で日本推理サスペンス大賞を受賞しデビュー。一九九三(平成五)年、連続殺人事件を追う刑事を描いた社会派サスペンス『マークスの山《やま》』で直木賞を受賞。他に『レディ・ジョーカー』『太陽《たいよう》を曳《ひ》く馬《うま》』などがある。

松浦寿輝《まつうらひさき》
一九五四(昭和二九)～　東京都生まれ

東京大学大学院博士課程単位取得退学。同大学で仏文学を教える傍ら詩を発表し、一九八八(昭和六三)年、『冬《ふゆ》の本《ほん》』で高見順賞《たかみじゅんしょう》を受賞。『折口信夫論《おりくちしのぶろん》』などの評論を経て小説に転じ、二〇〇〇(平成一二)年、若くして恋人を亡くした中年男性の孤独を幻想的に描いた『花腐《はなくた》し』で芥川賞を受賞した。

あさのあつこ
一九五四(昭和二九)～　岡山県生まれ

青山学院大学卒。在学中は児童文学サークルに所属。卒業後、小学校の臨時教員を経て結婚。一九九一(平成三)年、『ほたる館物語《かんものがたり》』で作家デビュー。中学野球に打ち込む少年の成長を描いた『バッテリー』は累計一千万部を超える大ベストセラーになった。他に『No.6《ナンバー・シックス》』などがある。

森博嗣《もりひろし》
一九五七(昭和三二)～　愛知県生まれ

名古屋大学大学院修了後、三重大学での勤務を経て一九八八(昭和六三)年に名古屋大学助教授となる。一九九六(平成八)年、『すべてがF《エフ》になる』で第一回メフィスト賞を受賞し作家デビュー。多作の理系作家として知られる。二〇〇五(平成一七)年には若くして大学を退官した。

東野圭吾《ひがしのけいご》
一九五八(昭和三三)～　大阪府生まれ

大阪府立大学卒。一九八五(昭和六〇)年、『放《ほう》課後《かご》』で作家デビュー。亡き妻の魂が宿った娘との共同生活を描く『秘密《ひみつ》』はベストセラーとなり、映画化・テレビドラマ化された。二〇〇六(平成一八)年、『容疑者《ようぎしゃ》X《エックス》の献身《けんしん》』で直木賞を受賞。他に『白夜行《びゃくやこう》』『流星《りゅうせい》の絆《きずな》』などがある。

文春文庫

川上弘美《かわかみひろみ》
一九五八(昭和三三)～　東京都生まれ

お茶の水女子大学卒業。中学・高校の理科教員を経て、一九九四(平成六)年に『神様《かみさま》』で小説家デビュー。一九九六(平成八)年に『蛇《へび》を踏《ふ》む』で芥川賞受賞。主な著書に『溺《おぼ》レる』『センセイの鞄《かばん》』『大《おお》きな鳥《とり》にさらわれないよう』などがある。二〇一九(令和元)年、紫綬褒章《しじゅほうしょう》を受章。

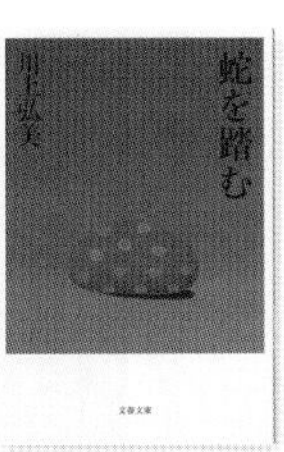

文春文庫

辻仁成《つじひとなり》
一九五九(昭和三四)～　東京都生まれ

成城大学中退。一九八一(昭和五六)年、ロックバンド「ECHOES《エコーズ》」を結成。音楽とは別の自己表現の手段として書いた『ピアニシモ』で作家デビュー。一九九七(平成九)年、『海峡《かいきょう》の光《ひかり》』で芥川賞を受賞。他に『白仏《はくぶつ》』や、江國《えくに》香織《かおり》(➡三〇八頁)との共作『冷静《れいせい》と情熱《じょうねつ》のあいだ』などがある。

集英社文庫

奥田英朗《おくだひでお》
一九五九(昭和三四)～　岐阜県生まれ

県立岐山高校《ぎざんこうこう》卒。一九九七(平成九)年、『ウランバーナの森《もり》』でデビュー。二〇〇四(平成一六)年、精神科医の伊良部《いらぶ》を主人公としたシリーズ二作目『空中《くうちゅう》ブランコ』で直木賞を受賞。一見荒唐無稽なようで、緻密に計算されたユーモアに定評がある。他に『邪魔《じゃま》』『家日和《いえびより》』などがある。

文春文庫

宮部みゆき《みやべ》
一九六〇(昭和三五)～　東京都生まれ

都立墨田川高校卒。弁護士事務所で勤務の後、一九八七(昭和六二)年、『我《われ》らが隣人《りんじん》の犯罪《はんざい》』で作家デビュー。一九九九(平成一一)年、『理由《りゆう》』で直木賞を受賞した。ミステリー・時代小説・ファンタジー・SFなど、多彩な作品を発表し続けている。他に『火車《かしゃ》』『模倣犯《もほうはん》』などがある。

文学史問題：都市近郊農村青年の生きざまを描いた立松和平の作品を次から一つ選べ。(名古屋経済大・改)
①太陽の季節　②枯木灘　③キッチン　④遠雷　⑤死霊　⑥ノルウェイの森　⑦ウホッホ探険隊

島田雅彦《しまだまさひこ》

一九六一（昭和三六）～
東京都生まれ

東京外国語大学卒。大学在学中の一九八三（昭和五八）年、『優《やさ》しいサヨクのための嬉遊曲《きゆうきょく》』で作家デビュー。同作は芥川賞候補にもなり、鋭い言語感覚と多彩なパロディによって紡ぎ出される作風で注目を浴びた。他に『退廃姉妹《たいはいしまい》』『虚人《きょじん》の星《ほし》』などがある。

森谷明子《もりやあきこ》

一九六一（昭和三六）～
神奈川県生まれ

早稲田大学《わせだだいがく》卒業。二〇〇三（平成一五）年、紫式部《むらさきしきぶ》を探偵とするミステリー『千年《せんねん》の黙《しじま》―異本源氏物語《いほんげんじものがたり》』で鮎川哲也《あゆかわてつや》賞を受賞してデビュー。主な著書に、自身の図書館司書の経験を生かした『花野《はなの》に眠《ねむ》る―秋葉図書館《あきばとしょかん》の四季《しき》』や、俳句を題材にした『春《はる》や春《はる》』『南風《みなみ》吹《ふ》く』などがある。

光文社文庫

海堂《かいどう》尊《たける》

一九六一（昭和三六）～
千葉県生まれ

千葉大学卒。病理医として働く傍ら、二〇〇六（平成一八）年、医学界の人間関係や医局の闇を描いた『チーム・バチスタの栄光《えいこう》』で作家デビュー。現役の医師を続けつつ、医療をテーマとした小説を発表している。他に『ジェネラル・ルージュの凱旋《がいせん》』『ジーン・ワルツ』などがある。

町田《まちだ》康《こう》

一九六二（昭和三七）～
大阪府生まれ

府立今宮高校卒。一九八一（昭和五六）年、ロックバンド「INU《イヌ》」のボーカリストとして歌手デビュー。解散後、歌詞をもとにした詩集『供花《くうげ》』、小説『くっすん大黒《だいこく》』を発表し、二〇〇〇（平成一二）年、『きれぎれ』で芥川賞を受賞した。他に『告白《こくはく》』『宿屋《やどや》めぐり』などがある。

上橋菜穂子《うえはしなほこ》

一九六二（昭和三七）～
東京都生まれ

立教大学大学院博士課程単位取得退学。一九八九（平成元）年、『精霊《せいれい》の木《き》』で作家デビュー。二〇一四（平成二六）年、国際アンデルセン賞作家賞受賞。『精霊の守《も》り人《びと》』『獣《けもの》の奏者《そうじゃ》』など壮大な世界観を持つ物語を発表し、世界各地で翻訳出版されている。他に『狐笛《こてき》のかなた』『鹿《しか》の王《おう》』などがある。

山本文緒《やまもとふみお》

一九六二（昭和三七）～二〇二一（令和三）
神奈川県生まれ

神奈川大学卒。会社勤務を経て一九八七（昭和六二）年、少女向け小説でデビュー後、一般の小説に移行した。二〇〇一（平成一三）年、『プラナリア』で直木賞を受賞。恋愛をテーマにした作品を得意とし、女性からの圧倒的な支持を得る。他に『絶対《ぜったい》泣《な》かない』『恋愛中毒《れんあいちゅうどく》』などがある。

池井戸潤《いけいどじゅん》

一九六三（昭和三八）～
岐阜県生まれ

慶應義塾大学《けいおうぎじゅくだいがく》卒。一九九八（平成一〇）年、『果《は》つる底《そこ》なき』で江戸川《えどがわ》乱歩《らんぽ》賞を受賞し作家デビュー。二〇一一（平成二三）年、『下町《したまち》ロケット』で直木賞を受賞。「半沢直樹《はんざわなおき》」シリーズはドラマ化され一大ブームを引き起こした。他に『空飛《そらと》ぶタイヤ』『民王《たみおう》』『陸王《りくおう》』『ハヤブサ消防団《しょうぼうだん》』などがある。

中島京子《なかじまきょうこ》

一九六四（昭和三九）～
東京都生まれ

東京女子大学卒業。出版社勤務などを経て、二〇〇三（平成一五）年に『FUTON《フートン》』で小説家デビュー。二〇一〇（平成二二）年、昭和前期の東京の家庭を舞台にした『小《ちい》さいおうち』で直木賞を受賞。主な著書に『夢見《ゆめみ》る帝国図書館《ていこくとしょかん》』『やさしい猫《ねこ》』などがある。

いしいしんじ

一九六六（昭和四一）～
大阪府生まれ

京都大学卒。コモロ諸島を旅した折の絵日記が注目され、一九九四（平成六）年、オランダの旅をもとにした『アムステルダムの犬《いぬ》』で作家デビュー。無国籍の寓話風《ぐうわふう》の語り口でひたむきに生きる人々を淡々と描く小説や、エッセイも多数発表している。他に『ぶらんこ乗《の》り』『悪声《あくせい》』などがある。

鷺沢《さぎさわ》萠《めぐむ》

一九六八（昭和四三）～二〇〇四（平成一六）
東京都生まれ

上智大学《じょうちだいがく》在学中の一九八七（昭和六二）年、『川《かわ》べりの道《みち》』で文學界新人賞《ぶんがくかいしんじんしょう》を受賞。韓国留学を経て、一九九七（平成九）年には、『君《きみ》はこの国《くに》を好《す》きか』で、自身と同じ「在日三世」の揺れ動く心情を表現した。他に、泉鏡花文学賞《いずみきょうかぶんがくしょう》を受賞した『駆《か》ける少年《しょうねん》』などの作品がある。

柳《ゆう》美里《みり》

一九六八（昭和四三）～
茨城県生まれ

横浜共立学園高校を中退後、劇団「青春五月党《せいしゅんごがつとう》」を結成。一九九三（平成五）年、戯曲『魚《うお》の祭《まつり》』で岸田國士戯曲賞《きしだくにおぎきょくしょう》を史上最年少で受賞。一九九六（平成八）年、『フルハウス』で泉鏡花賞《いずみきょうかしょう》を受賞し注目される。翌年、家族の崩壊と再生を描いた『家族シネマ』で芥川賞を受賞。他に『命《いのち》』などがある。

吉田修一《よしだしゅういち》

一九六八（昭和四三）～
長崎県生まれ

法政大学卒。一九九七（平成九）年、『最後《さいご》の息子《むすこ》』で文學界新人賞《ぶんがくかいしんじんしょう》を受賞し作家デビュー。二〇〇二（平成一四）年、『パレード』で山本周五郎賞《やまもとしゅうごろうしょう》を、『パーク・ライフ』で芥川賞を受賞。大衆文学と純文学の文学賞を同時受賞したことで、一躍文壇の注目を集める。他に『悪人《あくにん》』『怒《いか》り』などがある。

三《み》崎《さき》亜《あ》記《き》

一九七〇(昭和四五)〜 福岡県生まれ

熊本大学卒。二〇〇四(平成一六)年、公共事業として隣接の町と戦争が始まるという斬新な着想の『となり町戦争《まちせんそう》』で小説すばる新人賞を受賞し作家デビュー。同作は三島由紀夫賞《みしまゆきおしょう》と直木賞の候補にもなり、映画化もされている。他に『失《うしな》われた町《まち》』『鼓笛隊《こてきたい》の襲《しゅう》来《らい》』などがある。

集英社文庫

伊《い》坂《さか》幸《こう》太《た》郎《ろう》

一九七一(昭和四六)〜 千葉県生まれ

東北大学卒。二〇〇〇(平成一二)年、『オーデュボンの祈《いの》り』で作家デビュー。作品間の登場人物がリンクし、時系列を自在に行き来する緻密な構成と、洗練された文体で人気作家となる。『重力《じゅうりょく》ピエロ』『ゴールデンスランバー』『グラスホッパー』など映像化された作品も多い。

新潮文庫

湊《みなと》かなえ

一九七三(昭和四八)〜 広島県生まれ

武庫川女子大学《むこがわじょしだいがく》卒。二〇〇八(平成二〇)年、小説推理新人賞を受賞した『聖職者《せいしょくしゃ》』を含む連作長編『告白《こくはく》』でデビュー。同作は翌年の本屋大賞も受賞した。その後も、『望郷《ぼうきょう》、海《うみ》の星《ほし》』で日本推理作家協会賞短編部門、『ユートピア』で山本周五郎賞《やまもとしゅうごろうしょう》を受賞。他に『未来《みらい》』『落日《らくじつ》』など。

万《ま》城《き》目《め》学《まなぶ》

一九七六(昭和五一)〜 大阪府生まれ

京都大学卒。二〇〇六(平成一八)年、オニを操る競技に巻き込まれる京大生を描いた『鴨川《かもがわ》ホルモー』でデビュー。『プリンセス・トヨトミ』では現代の大阪を舞台に豊臣家の末裔《まつえい》のドラマを描くなど、意表を突く設定が持ち味。他に『鹿男《しかおとこ》あをによし』『偉大《いだい》なる、しゅららぼん』などがある。

西《に》加《し》奈《か》子《な》

一九七七(昭和五二)〜 イラン・テヘラン生まれ

関西大学卒。イランで生まれ大阪で育つ。二〇〇四(平成一六)年、世界との関わりを模索する現在の若者たちの生き方を鮮烈に切り取った『あおい』で作家デビュー。二〇一五(平成二七)年には、『サラバ!』で直木賞を受賞した。他に、ベストセラーとなった『さくら』など多数の著作がある。

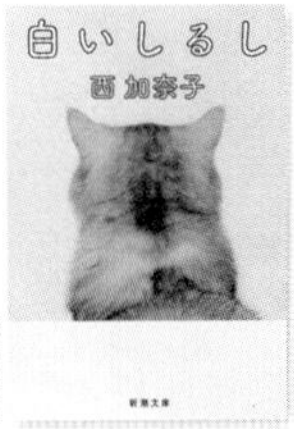

新潮文庫

村《むら》田《た》沙《さ》耶《や》香《か》

一九七九(昭和五四)〜 千葉県生まれ

玉川大学卒業。二〇〇三(平成一五)年、『授乳《じゅにゅう》』でデビュー。その後も作品を発表し文学賞の受賞も複数あったが、コンビニエンスストアでのアルバイトも続けた。その経験を元に二〇一六(平成二八)年に発表した『コンビニ人間《にんげん》』が大きな反響を呼び、芥川賞を受賞した。

文春文庫

辻《つじ》村《むら》深《み》月《づき》

一九八〇(昭和五五)〜 山梨県生まれ

千葉大学卒。二〇〇四(平成一六)年、『冷《つめ》たい校舎《こうしゃ》の時《とき》は止《と》まる』で作家デビュー。ミステリーを中心として、透明感のある文体で、青春期の揺れ動く感情を繊細に描き、二〇一一(平成二三)年、『ツナグ』で吉川英治文学《よしかわえいじぶんがく》新人賞《しんじんしょう》を、翌年『鍵《かぎ》のない夢《ゆめ》を見《み》る』で直木賞を受賞した。

文春文庫

青《あお》山《やま》七《なな》恵《え》

一九八三(昭和五八)〜 埼玉県生まれ

筑波大学《つくばだいがく》を卒業した二〇〇五(平成一七)年、『窓《まど》の灯《あかり》』でデビュー。卒業後は旅行会社で働きつつ、二〇〇七(平成一九)年に『ひとり日和《びより》』で芥川賞を受賞した。二〇〇九(平成二一)年には『かけら』で川端康《かわばたやす》成文学賞《なりぶんがくしょう》を受賞。主な著書に『めぐり糸《いと》』『私《わたし》の家《いえ》』などがある。

新潮文庫

綿《わ》矢《た》りさ

一九八四(昭和五九)〜 京都府生まれ

早稲田大学《わせだだいがく》卒。高校生だった二〇〇一(平成一三)年、『インストール』でデビュー。大学在学中の二〇〇四(平成一六)年、『蹴《け》りたい背中《せなか》』で芥川賞を受賞した。十九歳での同賞受賞は丸山健二《まるやまけんじ》(⬇二九九頁)が持つ当時の最年少記録を大幅に更新するものだった。他に『夢《ゆめ》を与《あた》える』『憤死《ふんし》』などがある。

朝《あさ》井《い》リョウ

一九八九(平成元)〜 岐阜県生まれ

早稲田大学《わせだだいがく》卒。大学在学中の二〇〇九(平成二一)年、『桐島《きりしま》、部活《ぶかつ》やめるってよ』で小説すばる新人賞を受賞し作家デビュー。二〇一三(平成二五)年、『何者《なにもの》』で直木賞、二〇一四(平成二六)年、『世界地図《せかいちず》の下書《したが》き』で坪田譲治文学賞《つぼたじょうじぶんがくしょう》、二〇二一(令和三)年、『正欲《せいよく》』で柴田錬三郎賞《しばたれんざぶろうしょう》を受賞。

武《たけ》田《だ》綾《あや》乃《の》

一九九二(平成四)〜 京都府生まれ

同志社大学卒業。二〇一三(平成二五)年、自身の吹奏楽部での体験を生かした『響《ひび》け! ユーフォニアム』を発表。同作はテレビアニメ化もされて大ヒットし、続編も多数ある。他に、高校カヌー部を題材にした『君《きみ》と漕《こ》ぐ』シリーズや、随筆『なんやかんや日記《にっき》』などの著書がある。

有《あり》川《かわ》ひろ

高知県生まれ

デビュー作『塩《しお》の街《まち》』から続く「自衛隊三部作」で注目を集める。二〇〇六(平成一八)年、『図《と》書館戦争《しょかんせんそう》』を発表。アニメ・ドラマ・映画などさまざまなメディアミックスがなされ、大ヒットした。恋愛要素を含むミリタリーやSFを得意とし、若い層に絶大な人気を誇る。

KADOKAWA/角川文庫

豆知識:小説や漫画などを原作として、映画化・ドラマ化・ゲーム化など別のメディアに展開することを「メディアミックス」という。近年では話題を呼んだ人気小説が別種のメディアでも制作されることが多くなっている。

近代詩の流れ

象徴詩の大成者たち

上田敏《うえだびん》によってフランスの象徴詩が紹介され、薄田《すすきだ》泣菫《きゅうきん》・蒲原有明《かんばらありあけ》によって日本の象徴詩は大成した。

蒲原有明

薄田泣菫

上田敏

新声社

一八八九(明治二二)年、森鷗外《もりおうがい》を中心に落合直文《おちあいなおぶみ》・井上通泰《いのうえみちやす》・市村瓚次郎《いちむらさんじろう》・小金井喜美子《こがねいきみこ》らによって結成された文学結社。「新声社《しんせいしゃ》」の頭文字から「S.S.S.」とも略称され、訳詩集『於母影《おもかげ》』を共同制作した。なお、小金井喜美子は森鷗外の妹。

於母影

■**近代詩の始まり**▼明治時代初期まで、日本において「詩」といえば漢詩を指していた。そうした中、「日本の詩」を求めて一八八二(明治一五)年、東京大学の教授であった外山《とやま》正一《まさかず》・矢田部良吉《やたべりょうきち》・井上哲次郎《いのうえてつじろう》の共著によって西洋詩の翻訳と創作詩を収めた『**新体《しんたい》詩抄《ししょう》**』が刊行される。三名とも学者であったため、文学としては未成熟な面はあったが、日本の韻文の改良を目指し、新たな詩のあり方を示したという点で、その役割は大きく、新しい詩である**新体詩《しんたいし》**への動きが高まることになった。

■**浪漫詩《ろうまんし》**▼一八八九(明治二二)年、**森鷗外《もりおうがい》**(⬇二四二頁)ら「**新声社《しんせいしゃ》**」の同人が、訳詩集『**於《お》母影《もかげ》**』を刊行。和文・漢文を巧みに用いた洗練された訳文によって芸術性を高めた同作品は、続く**北村透谷《きたむらとうこく》**(⬇二五四頁)・**島崎藤村《しまざきとうそん》**(⬇二五四頁)らの「文學界《ぶんがくかい》」同人たちに大きな影響を与えた。一八九七(明治三〇)年、島崎藤村は第一詩集『**若菜集《わかなしゅう》**』を発表する。七五調を基調とし、若者の自我の目覚めの喜びと苦悩をみずみずしく歌い上げ、『若菜集』と以降の『一葉舟《ひとはぶね》』『夏草《なつくさ》』『落梅集《らくばいしゅう》』によって、**浪漫詩《ろうまんし》**を確立した。対して、**土井晩翠《どいばんすい》**(⬇三二五頁)は『**天地有情《てんちうじょう》**』などで男性的で勇壮な詩を残し、藤村と並び称された。これ以降、与謝野鉄幹《よさのてっかん》らの「明星《みょうじょう》」、河井酔茗《かわいすいめい》らの「文庫《ぶんこ》」など、多くの浪漫派の雑誌が刊行されていくことになる。

■**象徴詩**▼一九〇五(明治三八)年、**上田敏《うえだびん》**が訳詩集『**海潮音《かいちょうおん》**』を刊行。カール・ブッセやヴェルレーヌ(⬇三五九頁)など、フランスの象徴派・高踏派の詩を初めて紹介した。これにより、思想や感情を直接的に表現するのではなく、内面的な世界を象徴的に表現する**象徴詩《しょうちょうし》**という新しい詩風が生まれる。この影響を受け、明治三〇年代終わりから四〇年代にかけては、**薄田泣菫《すすきだきゅうきん》**が『**白羊宮《はくようきゅう》**』を、**蒲原有明《かんばらありあけ》**が『**有明集《ありあけしゅう》**』を発表し、日本の象徴詩は一つの到達点を見ることになった。そして、これに続いて登場したのが**北原《きたはら》白秋《はくしゅう》**(⬇三三〇頁)と**三木露風《みきろふう》**(⬇三二五頁)である。北原白秋は『**邪宗門《じゃしゅうもん》**』『**思ひ出《おもひで》**』で、三木露風は『**廃園《はいえん》**』『**白《しろ》き手《て》の猟人《かりゅうど》**』で象徴詩を試み、「**白露時代《はくろじだい》**」と呼ばれる一時代を築いた。

■**口語自由詩《こうごじゆうし》**▼明治末期になると、自然主義の影響を受けて、相馬御風《そうまぎょふう》・川路柳虹《かわじりゅうこう》らによって口語自由詩が試みられるようになった。こうした流れを受け、退廃的な作風から理想主義・人道主義的な白樺派《しらかばは》に接近していた**高村光太郎《たかむらこうたろう》**(⬇三二六頁)が一九一四(大正三)年に『**道程《どうてい》**』を刊行。これまでの定型に縛られず、自由な音律で理想主義の詩を作り、口語自由詩の完成に大きく貢献した。他に、理想主義的な詩風の詩人としては、**山村暮鳥《やまむらぼちょう》**(⬇三二五頁)・**室生犀星《むろうさいせい》**(⬇三二二頁)・千家元麿《せんげもとまろ》らがいる。また、白鳥省《しろとりせい》吾《ご》・百田宗治《ももたそうじ》らは、雑誌「民衆《みんしゅう》」によって口語自由詩運動を展開して「民衆詩派《みんしゅうしは》」と呼ばれた。

明治 1880 1890 1900 1910 / 大正 1920

新体詩
外山正一《とやままさかず》・矢田部良吉《やたべりょうきち》・井上哲次郎《いのうえてつじろう》『新体詩抄《しんたいししょう》』(明治一五年)

→ 浪漫詩

『於母影《おもかげ》』(明治二二年)
森鷗外《もりおうがい》・落合直文《おちあいなおぶみ》・井上通泰《いのうえみちやす》
市村瓚次郎《いちむらさんじろう》・小金井喜美子《こがねいきみこ》

「文學界《ぶんがくかい》」(明治二六年)
北村透谷《きたむらとうこく》・島崎藤村《しまざきとうそん》・上田敏《うえだびん》

「文庫《ぶんこ》」(明治二八年)
河井酔茗《かわいすいめい》・伊良子清白《いらこせいはく》・横瀬夜雨《よこせやう》

「帝国文学《ていこくぶんがく》」(明治二八年)
大町桂月《おおまちけいげつ》・土井晩翠《どいばんすい》

「抒情詩《じょじょうし》」(明治三〇年)
国木田独歩《くにきだどっぽ》・田山花袋《たやまかたい》・宮崎湖処子《みやざきこしょし》

「明星《みょうじょう》」(明治三三年)
与謝野鉄幹《よさのてっかん》・石川啄木《いしかわたくぼく》・北原白秋《きたはらはくしゅう》
薄田泣菫《すすきだきゅうきん》・木下杢太郎《きのしたもくたろう》

→ 象徴詩
上田敏《うえだびん》・薄田泣菫《すすきだきゅうきん》・蒲原有明《かんばらありあけ》
三木露風《みきろふう》・北原白秋《きたはらはくしゅう》

→ 耽美派
北原白秋《きたはらはくしゅう》
木下杢太郎《きのしたもくたろう》

口語自由詩
相馬御風《そうまぎょふう》
川路柳虹《かわじりゅうこう》
石川啄木《いしかわたくぼく》

→ 理想主義
高村光太郎《たかむらこうたろう》
室生犀星《むろうさいせい》
山村暮鳥《やまむらぼちょう》
千家元麿《せんげもとまろ》

→ 民衆詩
白鳥省吾《しろとりせいご》
百田宗治《ももたそうじ》

→ 理知派(反民衆詩)
萩原朔太郎《はぎわらさくたろう》・西条八十《さいじょうやそ》
堀口大学《ほりぐちだいがく》・佐藤春夫《さとうはるお》

豆知識:「新声社」のメンバーの一人である落合直文は歌人であり、1893 年に近代短歌結社の草分けとなる「浅香社」(➡ 326 頁)を結成。与謝野鉄幹・金子薫園・尾上柴舟らを輩出した。

立原道造《たちはらみちぞう》
『萱草《わすれぐさ》に寄《よ》す』
四季派の詩人たちは詩における音楽性を追求した。立原道造の『萱草に寄す』は楽譜仕立ての装丁で、そうした「四季派」が目指した詩のあり方を端的に示している。

北原白秋（右）と萩原朔太郎（左）

新体詩と近代詩
それまでの「詩＝漢詩」という概念を脱し、西洋の詩の影響のもとで生まれた明治期の詩を、「新体詩《しんたいし》」と呼ぶ。新体詩も含めた明治・大正・昭和前期頃の詩を「近代詩《きんだいし》」という。

■**近代詩の確立**▼口語自由詩を真に近代詩として完成させたのは、**萩原朔太郎《はぎわらさくたろう》**（⬇三一七頁）であった。与謝野鉄幹《よさのてっかん》の「明星《みょうじょう》」同人から出発した萩原朔太郎は、一九一七（大正六）年に『**月《つき》に吠《ほ》える**』を、一九二三（大正一二）年には『**青猫《あおねこ》**』を発表し、近代人の孤独や憂愁を幻想的なイメージの中でとらえ、日本近代詩の確立者として評価された。同時代の詩人としては、他に**宮澤賢治《みやざわけんじ》**（⬇三一八頁）・**堀口大学《ほりぐちだいがく》**らがいる。

■**前衛詩**▼大正末期になると、平戸廉吉《ひらとれんきち》・萩原恭次郎《はぎわらきょうじろう》らが、西欧の前衛芸術運動の影響を受けた**前衛詩《ぜんえいし》**を試みるようになる。前衛詩は、思想的には体制への反逆を志向し、詩形式においては詩の中に大きさの異なった文字や記号などの視覚的要素を導入するなど、従来の詩概念の革新を目指すものであった。中でも**高橋新吉《たかはししんきち》『ダダイスト新吉《しんきち》の詩《し》』**は、当時の詩壇で高く評価された。そして、こうした前衛詩は、**中野重治《なかのしげはる》**（⬇二八〇頁）らのプロレタリア詩や、**西脇順三郎《にしわきじゅんざぶろう》**（⬇三二五頁）らのモダニズム詩へと発展していくことになった。

■**モダニズム**▼一九二八（昭和三）年、西脇順三郎など前衛派《ぜんえいは》の洗礼を受け、反伝統主義の立場をとるモダニズムの若手詩人らによって、詩誌「**詩《し》と詩論《しろん》**」が創刊される。伝統的な美意識から脱し、もっぱら知的に詩を構築する主知詩《しゅちし》を目指した「詩と詩論」には**三好達治《みよしたつじ》**（⬇三二二頁）・**村野四郎《むらのしろう》**（⬇三二五頁）・**安西冬衛《あんざいふゆえ》**・**北川冬彦《きたがわふゆひこ》**などの詩人が集まり、新しい詩のあり方が模索された。こうした流れは、やがて四季派《しきは》へと引き継がれていくことになる。

■**四季派《しきは》**▼一九三三（昭和八）年、**堀辰雄《ほりたつお》**（⬇二八一頁）が中心となって詩誌「**四季《しき》**」が創刊される。「詩と詩論」の流れを汲みつつも、詩の叙情性と音楽性の回復を目指した「四季」の創刊号には堀辰雄の他、**三好達治《みよしたつじ》**・**立原道造《たちはらみちぞう》**（⬇三二二頁）・**丸山薫《まるやまかおる》**らが同人として名を連ね、後には**萩原朔太郎《はぎわらさくたろう》**・**中原中也《なかはらちゅうや》**（⬇三二二頁）・**伊東静雄《いとうしずお》**らも加わり、一九四四（昭和一九）年の終刊に至るまで、詩壇の中心的な存在となった。

■**歴程派《れきていは》**▼「四季」の創刊から二年後の一九三五（昭和一〇）年には、**草野心平《くさのしんぺい》**（⬇三二二頁）らが中心となって詩誌「**歴程《れきてい》**」が創刊され、**小野十三郎《おのとおざぶろう》**（⬇三二五頁）・**金子光晴《かねこみつはる》**らがこれに参加した。「歴程」では、草野心平の同人誌「銅鑼《どら》」に参加していた**宮澤賢治《みやざわけんじ》**・**八木重吉《やぎじゅうきち》**といった故人の詩も掲載し、彼らの再評価にもつながった。

■**戦後〜現代**▼戦後、戦争の意味を問い、人間性の回復を訴える**鮎川信夫《あゆかわのぶお》**（⬇三二五頁）・**黒田三郎《くろださぶろう》**（⬇三二三頁）・**田村隆一《たむらりゅういち》**（⬇三二三頁）らの戦後詩人が登場した。「荒地《あれち》」に始まり、「列島《れっとう》」「櫂《かい》」「鰐《わに》」など、多くの詩誌が編まれ、**石垣りん《いしがき》**（⬇三二三頁）・**茨木のり子《いばらぎこ》**（⬇三二四頁）・**吉野弘《よしのひろし》**（⬇三二三頁）・**谷川俊太郎《たにかわしゅんたろう》**（⬇三二四頁）など、優れた詩人が多数登場した。

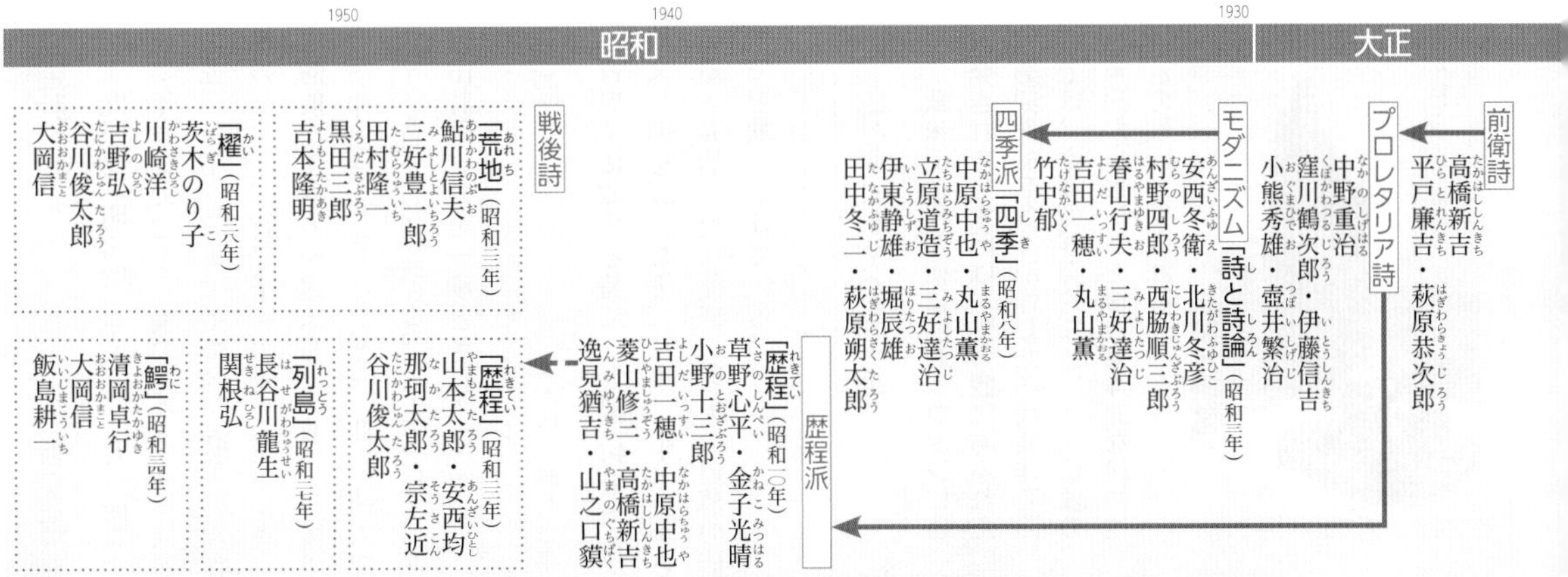

文学史問題：作者と作品の組み合わせとして正しくないものを次から一つ選べ。（神奈川工科大・改）
①石川啄木『一握の砂』　②高村光太郎『智恵子抄』　③三好達治『測量船』　④上田敏『山羊の歌』

高村光太郎《たかむらこうたろう》

耽美と退廃から理想と愛情へ

口語自由詩 # 智恵子への愛 # 戦後の内省

一八八三（明治一六）年～一九五六（昭和三一）年
東京都生まれ

1868	1912	1926	1945	1989
明治	大正	昭和（戦前）	昭和（戦後）	平成・令和

西暦	年号	歳	事項
一八八三	明治一六	0	東京都に誕生。
一八九七	明治三〇	14	東京美術学校予科入学。
一九〇〇	明治三三	17	「新詩社《しんししゃ》」に入る。
一九〇三	明治三六	20	ロダンの彫刻を初めて見る。
一九〇六	明治三九	23	三年間の欧米遊学に出発。
一九〇九	明治四二	26	欧米遊学から帰国。「パンの会《かい》」「スバル」に参加。
一九一四	大正三	31	『道程《どうてい》』長沼智恵子《ながぬまちえこ》と結婚。
一九一六	大正五	33	翻訳『ロダンの言葉《ことば》』
一九三四	昭和九	51	智恵子の統合失調症が悪化。
一九三八	昭和一三	55	智恵子が肺結核のため死去。
一九四一	昭和一六	58	『智恵子抄《ちえこしょう》』
一九四二	昭和一七	59	『大《おお》いなる日《ひ》に』
一九四五	昭和二〇	62	戦災でアトリエが全焼したため、岩手県花巻町に疎開。
一九五〇	昭和二五	67	『典型《てんけい》』
一九五六	昭和三一	73	肺結核のため死去。

区分：退廃と反逆／智恵子との生活／戦中・戦後

留学と帰国

父は高名な彫刻家高村光雲《たかむらこううん》で、幼い頃から父の後継者として彫刻刀を握り、十四歳で東京美術学校予科に入学。一方、与謝野鉄幹《よさのてっかん》が結成した「新詩社《しんししゃ》」に十七歳から参加するなど、文学にも深い関心を寄せていた。欧米を外遊して西洋の芸術に触れ、ロダンに心酔した光太郎は、近代的な人間としての自覚を獲得する。しかし、帰国後の彼を待っていたのは、旧弊で封建的な日本の芸術界と家族制度であった。理想と現実の乖離《かいり》に苦しむ光太郎は、「パンの会《かい》」や雑誌「スバル」に参加し、退廃的な生活を送るようになる。

高村光雲

智恵子との出会い

そんな光太郎を大きく変えたのが、新進の女流画家だった長沼智恵子《ながぬまちえこ》の存在であった。彼女との出会いと恋愛によって、光太郎はそれまでの苦悩から解放され、**退廃的な作風から一転、理想主義・人道主義的な白樺派《しらかばは》へと接近**する。こうした経緯で生み出されたのが、表題作「道程《どうてい》」を含む詩集『**道程《どうてい》**』であった。しかし、実家の没落などをきっかけとして、智恵子の精神はしだいに病に冒され始める。光太郎の献身的な看病のかいもなく、智恵子の病状は悪化し、一九三八（昭和一三）年、肺結核のため死去。光太郎は亡くなった妻への思いを述べた詩集『**智恵子抄《ちえこしょう》**』を上梓《じょうし》し、その死を悼んだ。

戦争と戦後

戦争が始まると、光太郎はこの戦いを「聖戦」と賛美し、疎開先であった岩手県花巻町の地から、詩集『大《おお》いなる日《ひ》に』など、戦意高揚を目的とした詩を多く発表。しかし、敗戦後、こうした自身の行為を厳しく批判し、花巻町の山小屋に移り住んで、自耕自炊の生活を送るようになる。さらに、戦時中の自らの過ちを断罪した連作詩「暗愚小伝《あんぐしょうでん》」を含む詩集『典型《てんけい》』を発表した。一九五六（昭和三一）年、七十三歳で死去。死因は妻の智恵子と同じ肺結核であった。光太郎の命日である四月二日は、レンギョウの花を好んだ光太郎にちなみ、「連翹忌《れんぎょうき》」と呼ばれる。光太郎と智恵子は、東京都内の霊園の同じ墓に、二人一緒に葬られている。

高村智恵子

道程《どうてい》

一九一四（大正三）年

一九一〇（明治四三）年から一九一四（大正三）年までの七十六編の詩をほぼ年代順に並べた第一詩集。退廃的・耽美的《たんびてき》な作風の前半と、智恵子への愛の喜びに満ち、理想的な生き方を追求しようとする後半とで作風は大きく異なる。萩原朔太郎《はぎわらさくたろう》（➡三一七頁）『月《つき》に吠《ほ》える』とともに、口語自由詩確立の第一歩とされる作品。

智恵子抄《ちえこしょう》

一九四一（昭和一六）年

智恵子に関する詩二十九編・短歌六首・散文三編を収めた第二詩集。出会いから結婚・発病・死・死後の切実な追慕の情までを歌い上げている。

彫刻家としての光太郎

高村光太郎の彫刻「手」

欧米で近代美術に触れ、ロダンに啓発された光太郎は、生命観にあふれた彫刻作品を多く制作した。代表作「手」では、西洋の写実的な造形と、仏像の手印からヒントを得た東洋的な精神性との融和が見られる。

口語自由詩の完成者

萩原朔太郎《はぎわらさくたろう》

西暦	年号	歳	事項	区分
一八八六	明治一九	0	群馬県に誕生。	迷走の時代
一九〇三	明治三六	17	「明星《みょうじょう》」に短歌を発表。	
一九一一	明治四四	25	慶應義塾大学《けいおうぎじゅくだいがく》予科に入学するも、ほどなくして退学。	
一九一三	大正二	27	雑誌「朱欒《ザンボア》」に詩を発表。室生犀星《むろうさいせい》を知る。	詩壇デビュー
一九一四	大正三	28	室生犀星・山村暮鳥《やまむらぼちょう》とともに「人魚詩社《にんぎょししゃ》」を設立。	
一九一六	大正五	30	室生犀星とともに詩誌「感《かん》情《じょう》」を創刊。	
一九一七	大正六	31	『月《つき》に吠《ほ》える』	日本近代詩の旗手として
一九一九	大正八	33	上田稲子《うえだいねこ》と結婚。	
一九二三	大正一二	37	『青猫《あおねこ》』『蝶《ちょう》を夢《ゆめ》む』	
一九二五	大正一四	39	『純情小曲集《じゅんじょうしょうきょくしゅう》』	
一九二八	昭和三	42	詩論『詩《し》の原理《げんり》』	
一九三四	昭和九	48	『氷島《ひょうとう》』	
一九三八	昭和一三	52	大谷美津子《おおたにみつこ》と結婚。	
一九四二	昭和一七	55	肺炎のため死去。	

1868	1912	1926	1945	1989
明治	大正	昭和（戦前）	昭和（戦後）	平成・令和

一八八六（明治一九）年〜一九四二（昭和一七）年
群馬県生まれ

#口語自由詩 #詩論の体系化 #芸術派

〈孤独癖〉にとらわれて

裕福な医師の家庭に生まれた朔太郎は、両親や祖父母から溺愛されて育った。しかし、生来神経質な性格で、病弱でもあったため、学校にはなじめず、中学・高校・大学で落第と退学を繰り返した。一方、中学在学中から雑誌「文庫《ぶんこ》」「明星《みょうじょう》」に短歌を投稿。音楽家を志してマンドリンにも熱中するなど、芸術には造詣が深かった。しかし、こうした文学・音楽への傾倒は、朔太郎の「孤独癖」をさらに増長させた。

ギターを弾く朔太郎

詩壇デビュー

一九一三（大正二）年、二十七歳のときに北原白秋《きたはらはくしゅう》（⬇三三〇頁）が主宰する雑誌「朱欒《ザンボア》」に詩を発表。詩人としてやや遅いデビューを飾った。また、同誌に掲載されていた室生犀星《むろうさいせい》（⬇三三三頁）の「小景異情《しょうけいいじょう》」に感動し、手紙を送ったことから、生涯続く犀星との交流も始まる。さらに、翌年には室生犀星・山村暮鳥《やまむらぼちょう》（⬇三三五頁）とともに「人魚詩社《にんぎょししゃ》」を設立。彼らの影響を受け、朔太郎は詩の才能を急速に開花させ、一九一七（大正六）年、第一詩集**『月《つき》に吠《ほ》える』**を刊行。病的なまでに繊細な感受性で、自身の孤独感を象徴的に表現した。さらに、**『青猫《あおねこ》』**『蝶《ちょう》を夢《ゆめ》む』などの詩集を世に送り出す。これによって**口語自由詩を確立**した朔太郎は、日本近代詩の旗手として、詩壇で高く評価されるようになった。

萩原朔太郎（右）と室生犀星（左）

波乱の人生

しかし、詩人としての朔太郎の活躍は、実生活の不遇と背中合わせのものであった。一九一九（大正八）年に上田稲子《うえだいねこ》と結婚するが、実家の家族との軋轢《あつれき》の末、稲子が若い学生と駆け落ちし、離婚。一九三八（昭和一三）年には、大谷美津子《おおたにみつこ》と結婚するも、一年で結婚生活は破綻した。「わが生活は荒寥《こうりょう》たる山野に住めり」（「新年《しんねん》」）と述べる朔太郎の憂鬱と倦怠感《けんたいかん》は詩作に昇華され、詩集『氷島《ひょうとう》』においては、おのれの寂寥感《せきりょうかん》を漢文調の硬質な表現で綴《つづ》った。また、晩年は評論活動をおこない、詩論『詩《し》の原理《げんり》』や評論集『日本《にほん》への回帰《かいき》』などを発表。さらに、明治大学の講師を務め、座談会・講演を数多くこなすなど、詩壇における指導的役割を果たした。

月《つき》に吠《ほ》える

一九一七（大正六）年

叙情詩五十五編と長編詩二編を収録した第一詩集。「詩はただ、病める魂の所有者と孤独者との寂しいなぐさめである」と序文で述べているとおり、自身の孤独感が、緊迫したリズムと病的なまでに鋭敏な神経で描き出されている。この詩集によって、朔太郎は近代詩の第一人者としての評価を不動のものとした。

氷島《ひょうとう》

一九三四（昭和九）年

二十五編の詩に自詩の解説十一編を添えた最後の詩集。これまでの柔軟な口語体からは一変し、漢文調の文語体を用いて、暗澹《あんたん》たる実生活の苦渋や寂寥感が怒りをもって述べられている。

引き継がれた孤独

朔太郎の長女萩原葉子《はぎわらようこ》は、八歳のときに両親が離婚したため、祖母のもとで育った。十代で望まぬ妊娠と死産。結婚と離婚を経て、三十七歳で執筆を開始する。自伝的小説『蕁麻《いらくさ》の家《いえ》』で父や祖母のことを描いた彼女もまた、父と同じく書くことで自身の孤独を癒やそうとしたのかもしれない。

萩原葉子

豆知識：「パンの会」とは、明治末期の耽美派運動の拠点となった懇談会の名称。雑誌「スバル」の詩人や美術同人誌「方寸」の画家らが月に数回、隅田河畔の西洋料理店に集まり、美と酒との饗宴を繰り広げた。

独自の詩的宇宙を創造

宮《み》澤《ざわ》賢《けん》治《じ》

明治	大正	昭和（戦前）	昭和（戦後）	平成・令和
1868	1912	1926	1945	1989

一八九六（明治二九）年～一九三三（昭和八）年
岩手県生まれ

#信仰と農業 #詩と童話 #イーハトーブ

西暦	年号	歳	事項
一八九六	明治二九	0	岩手県に誕生。
一九〇九	明治四二	13	県立盛岡中学校入学。
一九一五	大正四	19	盛岡高等農林学校入学。
一九一七	大正六	21	同人誌「アザリア」創刊。短編や短歌を発表する。
一九一八	大正七	22	盛岡高等農林学校卒業。同校の研究生となる。
一九二〇	大正九	24	盛岡高等農林学校研究生修了。日蓮宗《にちれんしゅう》の国柱会《こくちゅうかい》に入会。

区分：少年・青年時代

13歳

22歳

厳しい自然の中で

一八九六（明治二九）年、岩手県稗貫郡《ひえぬきぐん》花巻町（現 花巻市）に裕福な商家の長男として生まれる。「石《いし》っこ賢《けん》さん」と呼ばれるほど石集めに熱中し、成績優秀で作文に特に優れ、童話を好む少年であった。

当時、岩手には大きな苦難が重なった。賢治誕生の二ヶ月前に明治三陸地震が、誕生後すぐには陸羽地震《りくうじしん》が発生。県内に大きな被害をもたらした。さらに、一九〇三（明治三六）年頃から数年間、東北地方は記録的大凶作となり、飢饉も発生。東北地方は江戸時代からたびたび冷害による凶作に見舞われてきたが、このときも雪害・冷害・風水害が重なり、稲作は壊滅的な被害を受け、農家は困窮し、女子の身売りが横行した。実家が質屋を営んでいた賢治は、家財を売り払いに来る農民の姿を目の当たりにし、裕福な家で守られて生きる自分自身の境遇との違いにやましさを感じていた。故郷の農業をどうにかしなければという、賢治の生涯を貫いた使命感の萌芽《ほうが》は、この頃生まれたと考えられる。

信仰の目覚め

賢治の父は浄土真宗の熱心な門徒であり、賢治自身も幼い頃から父とともに仏教講和に参加。『歎異抄《たんにしょう》』を読むなど、宗教との関わりの深い少年期を送ってきた。十八歳で法華経《ほけきょう》を読み、深い感銘を受けた賢治は、一九二〇（大正九）年、浄土真宗から日蓮宗《にちれんしゅう》に改宗し、純正日蓮主義を奉じる教団国柱会《こくちゅうかい》に入信する。この改宗によって、賢治と父は激しく対立することになったが、賢治の宗教への思いは強く、翌年一月、布教活動のため、家族に無断で上京。上京後、賢治は奉仕活動をおこなう傍ら、周囲の勧めもあって布教のために童話を書き始めた。この頃に書かれた『**月夜《つきよ》のでんしんばしら**』『**どんぐりと山猫《やまねこ》**』などの作品には、幼少期の故郷での経験とこうした宗教観がもとになった贖罪《しょくざい》と自己犠牲の精神が色濃く見える。

帰郷と詩作

一九二一（大正一〇）年九月、賢治のよき理解者であった妹トシが喀血《かっけつ》したとの報を受けた賢治は、帰郷し、稗貫農学校の教員として働き始める。学校では英語・代数・化学の他、土壌や肥料など、幅広い科目を担当し、賢治自身にとっても最も充実した期間であった。しかし翌年、妹トシが闘病の末に死去。賢治は妹の死に激しい衝撃を受け、悲しみを綴《つづ》った「**永訣《えいけつ》の朝《あさ》**」「**松《まつ》の針《はり》**」「**無声慟哭《むせいどうこく》**」を詩作。これらを収めた第一詩集『**春《はる》と修羅《しゅら》**』が、一九二四（大正一三）年に刊行された。

イーハトーブ～賢治の愛した理想郷

「イーハトーブ」とは、賢治による造語で、諸説あるものの、故郷の「岩手（いはて）」をロシアの地名風にもじったものであるといわれる。母語の異なる人々の間で意思伝達ができるように考案された人工言語であるエスペラント語を学んでいた賢治は、「東京」を「トキオ」、「花巻」を「ハナムーキャ」など、なじみ深い土地の名前をエスペラント語風に呼んだ。

この言葉が初めて登場したのは童話集『注文《ちゅうもん》の多《おお》い料理店《りょうりてん》』の広告葉書であった。ここには「イエハトブ童話 注文の多い料理店」との文字があり、実際出版されるときに「イーハトヴ」に変化した。宣伝用チラシで、賢治は「イーハトーブ」について次のように述べている。

イーハトヴは一つの地名である。（中略）それは、大小クラウスたちの耕していた、野原や、少女アリスが辿《たど》った鏡の国と同じ世界の中、（中略）実にこれは著者の心象中にこの様な状景をもって実在したドリームランドとしての日本岩手県である。そこでは、あらゆる事が可能である。（中略）罪や、かなしみでさえそこでは聖《きよ》くきれいにかがやいている。

このように、「イーハトーブ」とは、賢治の心の中にある理想郷のことであ

豆知識：宮澤賢治は草野心平を通じて、後に高村光太郎とも知り合っている。光太郎が戦時中に花巻に疎開したのは、賢治の実弟である清六が便宜を図ったためであった。

一九二一	大正一〇	25	上京して国柱会の奉仕活動。トシ喀血《かっけつ》の報を受けて帰郷。
			稗貫農学校《ひえぬきのうがっこう》の教員になる。
一九二二	大正一一	26	トシが肺結核のため死去。「永訣《えいけつ》の朝《あさ》」「松《まつ》の針《はり》」「無声慟哭《むせいどうこく》」
一九二四	大正一三	28	詩集『春《はる》と修羅《しゅら》』童話集『注文《ちゅうもん》の多《おお》い料理店《りょうりてん》』
一九二五	大正一四	29	草野心平《くさのしんぺい》と知り合い、詩誌「銅鑼《どら》」に参加。
一九二六	大正一五	30	農学校を退職。「羅須地人協会《らすちじんきょうかい》」を設立。
一九三一	昭和六	35	東北砕石工場の技師となる。「雨《あめ》ニモマケズ」を手帳に記す。
一九三三	昭和八	37	急性肺炎のため死去。

35歳

宗教と創作活動　献身の時代　闘病

農業教育資料館　賢治が学んだ盛岡高等農林学校は岩手大学農学部の前身にあたる。盛岡高等農林学校の本館は、現在「農業教育資料館」として、岩手大学内に残されている。

故郷の農業のために

『春と修羅』は一般にはほとんど反響がなかったが、草野心平《くさのしんぺい》（⇩三二三頁）の目にとまったことで、草野との文通が始まり、草野の紹介で高村光太郎《たかむらこうたろう》（⇩三二六頁）の知遇も得た。そして、草野が発起人となった詩誌「銅鑼《どら》」にも参加するようになる。

しかし、賢治は生前、文壇と積極的に関わることはなく、あくまでも活動の中心は故郷への献身にあった。一九二六（大正一五）年に農学校を退職後は、自炊と農耕の生活を始め、**「羅須地人協会《らすちじんきょうかい》」**という私塾を設立。この活動を通じて農業技術を高め、農業と芸術との結び付きを図ろうとした。しかし、活動は思うようにいかず、過労により賢治が病に倒れ、肺浸潤の診断を受けたこともあって、協会は七ヶ月で幕を閉じる。一九三一（昭和六）年、小康状態を得ると、東北砕石工場の嘱託技師として石灰肥料の宣伝販売を担当。賢治は岩手県内外の各地を、販売促進活動のため飛び回るようになる。しかし、この活動で無理がたたり、床に伏すことが増えていく。こうした中、手帳に書きしたためられたのが、代表作の一つ、詩**「雨《あめ》ニモマケズ」**であった。

花巻農業高校内に復元された「羅須地人協会」の建物

死後の評価

『風《かぜ》の又三郎《またさぶろう》』や**『銀河鉄道《ぎんがてつどう》の夜《よる》』**の推敲《すいこう》をする傍ら、できる範囲で砕石工場の仕事もおこなっていた賢治であったが、一九三三（昭和八）年、病状が悪化し、その短い生涯を閉じた。死の直後、草野心平によって『宮澤賢治追悼《みやざわけんじついとう》』が上梓《じょうし》され、その才能が激賞されると、賢治の作品は大きな注目を集め、多くの作品が刊行され、英語やフランス語にも翻訳された。賢治の作品のほとんどは死後に発見された草稿であり、成立年代が特定できないものが多い。しかも、何度も推敲が重ねられたため、どれを最終稿とするかはいまだに議論が分かれるところである。とはいえ、賢治の豊かなイメージに満ちた詩的宇宙は、その後も多くの人々に愛され、高く評価され続けている。

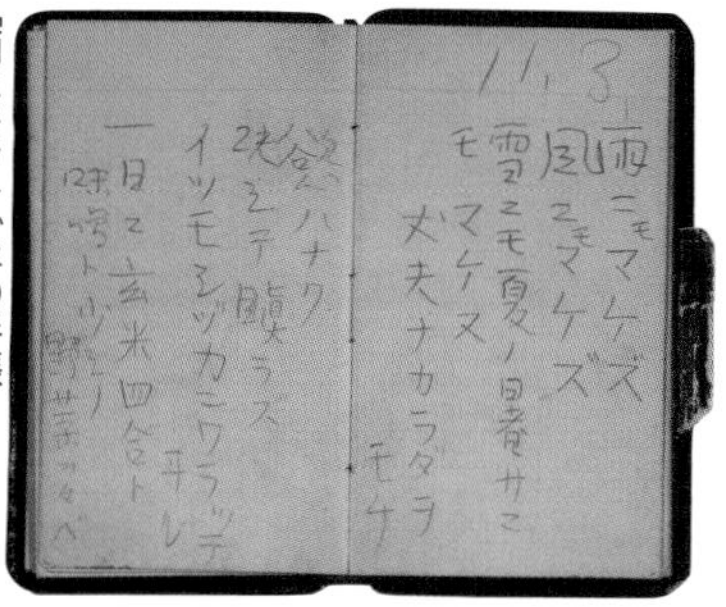

「雨ニモマケズ」の手帳

り、その後も賢治の作品に形を変えながらしばしば登場した。賢治の死後に発表された童話『ポラーノの広場《ひろば》』には、次のような一節がある。

あのイーハトーヴォのすきとおった風、夏でも底に冷たさをもつ青いそら、うつくしい森で飾られたモリーオ市、郊外のぎらぎらひかる草の波。

＊「モリーオ市」は、盛岡市がもとになったもの。

実際の故郷である岩手は、冬は雪に閉ざされ、何年も凶作が続き、人々が飢餓と貧困にあえぐ過酷な土地であった。しかし賢治はそこに、自分の理想の夢の国を重ね合わせ、故郷を「イーハトーブ」へと変えていくことを望んだのである。

花巻市にある宮沢賢治童話村　宮沢賢治童話村の周辺には、宮沢賢治記念館・宮沢賢治イーハトーブ館など宮澤賢治に関する資料館が数多くある。

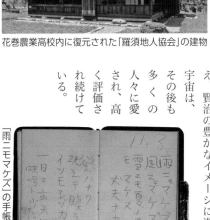

Close Up

あめゆじゆとてちてけんじや

注文《ちゆうもん》の多《おお》い料理店《りようりてん》 一九二四（大正一三）年

山に狩りに出かけた二人の紳士が山中で道に迷い、「山猫軒《やまねこけん》」という西洋料理店にたどり着き、やがて実は料理されるのは自分たちであることに気づく。都会の文明と上流階級の傲慢さへの痛烈な風刺が込められた表題作をはじめとする賢治唯一の生前の童話集で、他に『どんぐりと山猫《やまねこ》』『烏《からす》の北斗七星《ほくとしちせい》』などが収録されている。

銀河鉄道《ぎんがてつどう》の夜《よる》 一九三四（昭和九）年

ジョバンニは天空を翔《か》ける汽車に乗り、友人のカムパネルラと夜空を旅する。幻想的で美しいさまざまな出来事と遭遇し、現実の世界へと戻ったとき、ジョバンニは友人の死を知るのだった。賢治が何度も改稿を重ね、未完成のうちに死後発表された作品。自然と人間との共生、自己犠牲と献身、少年性への回帰など、賢治の作品のテーマが色濃く表れた彼の代表作の一つで、何度も映画化・舞台化されている。

『銀河鉄道の夜』の着想を得た岩手軽便鉄道（現 釜石線）に架かる橋

永訣《えいけつ》の朝《あさ》 一九二二（大正一一）年

最大の理解者であり、最愛の妹であったトシ（詩中ではとし子）が喀血《かつけつ》したと聞いて、賢治は東京での布教活動を中断し、すぐさま故郷へと戻った。しかし、賢治の献身的な看病もむなしく、トシの容態は悪化の一途をたどり、ついに死を迎える。妹の死が賢治に与えた衝撃は大きく、賢治は「永訣《えいけつ》の朝《あさ》」「松《まつ》の針《はり》」「無声慟哭《むせいどうこく》」をはじめとして、彼女の死を悼む詩を多く残した。

蓴菜の花

▶青い蓴菜《じゆんさい》のもやうのついた／これらふたつのかけた陶椀《たうわん》に

とし子が求めたのは「雪のひとわん」であったのに、賢治は「ふたつのかけた陶椀」を持って飛び出した。「かけた陶椀」という表現から、兄妹が幼い頃からおそろいで使っていた、思い入れのあるものだったと考えられる。賢治にとっては、それは二つで一つであったのだろう。

宮澤トシ

▶うまれでくるたて／こんどはこたにわりやのごとばかりで／くるしまなあよにうまれてくる

成績優秀で、穏やかで人望があったとされるトシを、賢治は非常に愛していた。宮澤家の親戚の関徳弥《せきとくや》の覚え書には、次のようにある。「病院で賢治がとし子さんを看病する有様をおぼろげにはいまも知っておりますが、便のしまつから服薬、またいちいちその日の状態を医師に問い合わせたり、青年のできないようなことを、実に克明にやられるのでした」。

松の針

さつきのみぞれをとつてきた
あのきれいな松のえだだよ
おお　おまへはまるでとびつくやうに
そのみどりの葉にあつい頬をあてる
そんな植物性の青い針のなかに
はげしく頬を刺させることは
むさぼるやうにさへすることは
どんなにわたくしたちをおどろかすことか
そんなにまでもおまへは林へ行きたかつたのだ
おまへがあんなにねつに燃され
あせやいたみでもだえてゐるとき
わたくしは日のてるとこでたのしくはたらいたり
ほかのひとのことをかんがへながら森をあるいてゐた
《ああいい　さつぱりした
まるで林のながさ来たよだ》
鳥のやうに栗鼠《りす》のやうに
おまへは林をしたつてゐた
どんなにわたくしがうらやましかつたらう
ああけふのうちにとほくへさらうとするいもうとよ
ほんたうにおまへはひとりでいかうとするか
わたくしにいつしよに行けとたのんでくれ
泣いてわたくしにさう言つてくれ
おまへの頬の　けれども
なんといふけふのうつくしさよ
わたくしは緑のかやのうへにも
この新鮮な松のえだをおかう
いまに雫《しづく》もおちるだらうし
そら
さわやかな
terpentine《ターペンテイン》の匂《にほひ》もするだらう

＊terpentine　マツ科の樹木から採れる精油。

中原中也《なかはらちゅうや》

没後評価された夭折の詩人

一九〇七（明治四〇）年～一九三七（昭和一二）年
山口県生まれ

明治	大正	昭和（戦前）	昭和（戦後）	平成・令和
1868	1912	1926	1945	1989

#ダダイズム　#自在な韻律　#生の倦怠

西暦	年号	歳	事項	区分
一九〇七	明治四〇	0	山口県に誕生。	詩作への目覚め
一九二三	大正一二	16	山口中学に落第し、立命館中学に転校。	
一九二四	大正一三	17	長谷川泰子《はせがわやすこ》と同棲を始める。	
一九二五	大正一四	18	長谷川泰子とともに上京。泰子が小林秀雄《こばやしひでお》のもとへ去る。	
一九二九	昭和四	22	大岡昇平《おおおかしょうへい》らとともに同人誌「白痴群《はくちぐん》」創刊。	
一九三一	昭和六	24	東京外国語学校専修科入学。	
一九三三	昭和八	26	東京外国語学校専修科卒業。上野孝子《うえのたかこ》と結婚。	詩人としての活躍
一九三四	昭和九	27	長男文也《ふみや》が誕生。『山羊《やぎ》の歌《うた》』	
一九三五	昭和一〇	28	詩誌「四季《しき》」「歴程《れきてい》」の同人となる。	
一九三六	昭和一一	29	長男文也が死去。	早すぎる死
一九三七	昭和一二	30	結核性脳膜炎のため死去。	
一九三八	昭和一三		『在《あ》りし日《ひ》の歌《うた》』	

詩作への目覚め

結婚後なかなか子供に恵まれなかった両親は、中也の誕生を喜んだが、過干渉とも言える両親の愛情と厳格な教育に反発した中也は、しだいに文学に傾倒。**ダダイズムの影響を受けてランボー**（⇩三五九頁）**やヴェルレーヌ**（⇩三五九頁）**に熱中**し、中学を落第してしまう。周囲の目を気にした両親によって京都の立命館中学に転校するが、ここで三歳年上の女優長谷川《はせがわ》泰子《やすこ》と同棲《どうせい》を始める。中学を卒業して上京した中也は、小林秀雄《こばやしひでお》（⇩三四六頁）や大《おお》岡昇平《おかしょうへい》（⇩二六四頁）と交流し、詩作に打ち込むようになった。しかし、その頃、泰子が小林のもとに走るという事件が起こる。中也は失意のうちに「朝《あさ》の歌」を書き、これが詩人としての中也の方向性を決定づけた。

小林秀雄（右）と大岡昇平（左）

詩人としての出発

一九三三（昭和八）年、母の勧めで遠縁の上野孝子《うえのたかこ》と結婚。並行して第一詩集『**山羊《やぎ》の歌《うた》**』の出版準備を進めるが、資金難のために思うように進まず、構想から二年後の一九三四（昭和九）年、ようやく出版され、好評を得た。同じ年、長男文也《ふみや》が誕生。翌年から詩誌「四季《しき》」「歴程《れきてい》」の同人としても活動するなど、公私ともに順調に見えた矢先、中也を大きな不幸が襲う。

息子の死

一九三六（昭和一一）年、長男文也が小児結核のためにわずか二歳で死去。文也を溺愛していた中也は葬儀中も息子の遺体を抱いて離さないほど嘆き悲しみ、心身ともに激しく衰弱する。入院して療養するが回復せず、文也の思い出の残る東京を離れ、鎌倉町（現 鎌倉市）に転居。中也は「愛するものが死んだ時には、／自殺しなきゃあなりません」（「春日狂想《しゅんじつきょうそう》」）と、血を吐くような喪失感を詩に残している。一九三七（昭和一二）年、息子の後を追うようにして、わずか三十歳の若さで結核性脳膜炎のため死去。小林秀雄の手によって、中也の死から一年後、第二詩集『**在《あ》りし日《ひ》の歌《うた》**』が刊行された。

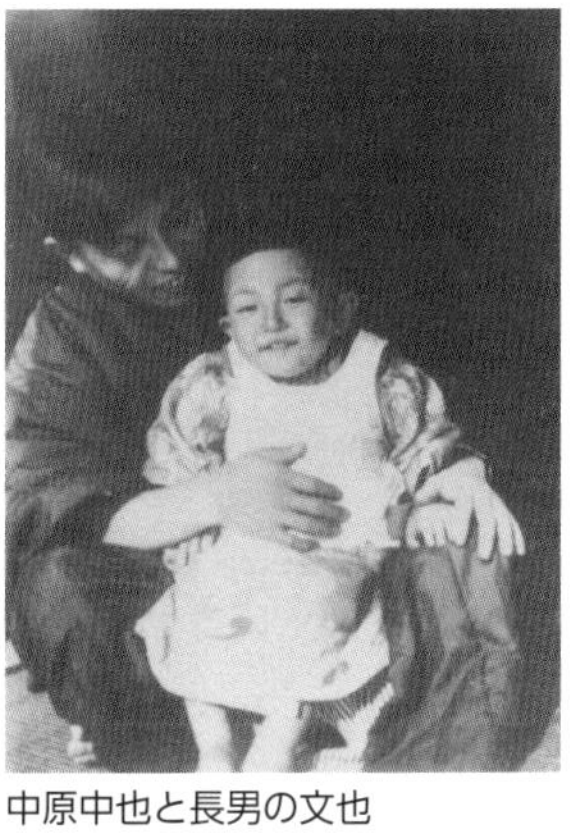

中原中也と長男の文也

山羊《やぎ》の歌《うた》

一九三四（昭和九）年

生前に出版された唯一の詩集。「朝《あさ》の歌《うた》」「サーカス」「汚《よご》れつちまつた悲《かな》しみに……」など、十七歳から二十三歳までの中也の青春時代の憂鬱と倦怠《けんたい》を歌った作品四十四編を収録。

在《あ》りし日《ひ》の歌《うた》

一九三八（昭和一三）年

死後、小林秀雄の尽力で刊行された第二詩集。「一《ひと》つのメルヘン」など五十八編を収録。「亡《な》き児文也《こふみや》の霊《れい》に捧《ささ》ぐ」の献辞が付されており、息子に対する切実な哀悼が大きなテーマとなっている。

奇妙な三角関係

恋人の長谷川泰子を友人の小林秀雄に奪われたことについて、中也は随筆『我《わ》が生活《せいかつ》』の中で、「友に裏切られたことは、見も知らぬ男に裏切られたより悲しい」とする一方で、「立ち去った女が、自分の知ってる男の所にいるという方が、知らぬ所に行ったということよりよかったと思う」とも述べている。小林との友情は生涯続き、また、小林と別れた泰子が出産したときには、中也が子の名付け親になっている。

長谷川泰子

豆知識：「ダダイズム」とは、第一次世界大戦中から西欧で展開された芸術運動で、伝統的な権威や形式に反抗し、芸術の自由な発想と表現を目指した。

新しい叙情詩の開拓者

室生犀星《むろうさいせい》

一八八九（明治二二）〜一九六二（昭和三七）　石川県生まれ

生後すぐに寺の住職の家に養子に出され、不遇の幼少期を送る。高等小学校を中退後、裁判所の給仕をしながら俳句を習う。一九一〇（明治四三）年に上京し、その後金沢と東京を行き来しながら詩作を続け、「小景異情《しょうけいいじょう》」の絶唱が生まれた。北原白秋《きたはらはくしゅう》（⬇三三〇頁）や萩原朔太郎《はぎわらさくたろう》（⬇三一七頁）と知り合い、詩誌「感情《かんじょう》」を創刊。一九一八（大正七）年には、『愛《あい》の詩集《ししゅう》』『**抒情小曲集**《じょじょうしょうきょくしゅう》』を刊行。文語を使用し、青年期の感傷を歌った詩は大きな反響を呼んだ。一九一九（大正八）年からは小説に転じ、叙情詩的な『幼年時代《ようねんじだい》』『性《せい》に眼覚《めざ》める頃《ころ》』などを発表。その他の小説に『あにいもうと』『杏《あんず》っ子《こ》』などがある。

自作朗読

抒情小曲集《じょじょうしょうきょくしゅう》　一九一八（大正七）年

室生犀星文学の原点である、「小景異《しょうけいい》情《じょう》」を含む二十歳から二十四歳までのみずみずしい感性で歌った詩九十四編を収録。近代叙情詩の先鋒《せんぽう》となった第二詩集。

昭和の代表的叙情詩人

三好達治《みよしたつじ》

一九〇〇（明治三三）〜一九六四（昭和三九）　大阪府生まれ

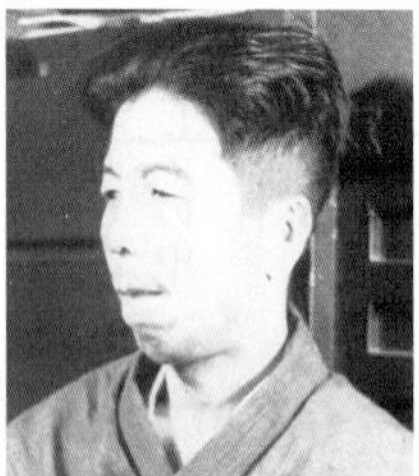

第三高等学校を経て、一九二五（大正一四）年、東京帝国大学に入学。高校では桑原《くわばら》武夫《たけお》（⬇三五四頁）や丸山薫《まるやまかおる》、大学では小林《こばやし》秀雄《ひでお》（⬇三二六頁）や堀辰雄《ほりたつお》（⬇二八一頁）らと知り合った。大学在学中、梶井基次郎《かじいもとじろう》（⬇二六八頁）らが創刊した同人誌「青空《あおぞら》」に参加。また、萩原朔太郎《はぎわらさくたろう》（⬇三一七頁）に師事し、詩誌「詩《し》と詩論《しろん》」の創刊にも携わった。一九三〇（昭和五）年、第一詩集『**測量船**《そくりょうせん》』を刊行。一九三二（昭和七）年には『南窗集《なんそうしゅう》』で四行詩形式を試みたが、一九三九（昭和一四）年刊行の『艸千里《くさせんり》』以降は文語的な定型を守った。現代叙情詩の立場から、西欧詩の素養を生かした知的で典雅な詩で詩壇を牽引《けんいん》する存在となった。

測量船《そくりょうせん》　一九三〇（昭和五）年

初期の作品三十八編を収めた第一詩集。西欧の象徴詩の影響を受けた散文詩が中心。古典調の典雅な表現によって郷愁を歌った詩が多い。

原始的な生命の躍動

草野心平《くさのしんぺい》

一九〇三（明治三六）〜一九八八（昭和六三）　福島県生まれ

中国広州の嶺《れい》南大学《なんだいがく》に進学するが、排日運動のために中退して帰国。一九二八（昭和三）年、第一詩集『**第百階級**《だいひゃくかいきゅう》』を刊行。オノマトペを多用し、大きなスケールで原始的な生命感を歌った詩は、当時の政府への痛烈な批判も含んでいた。一九三五（昭和一〇）年には、中原中也《なかはらちゅうや》（⬇三二一頁）らと詩誌「歴程《れきてい》」を創刊。以後、「歴程」の中心メンバーとして活躍した。『蛙《かえる》』『定本《ていほん》蛙《かえる》』など、蛙を題材にした詩が多く、「蛙《かえる》の詩人《しじん》」と呼ばれるが、『富士山《ふじさん》』などの山をモチーフにした詩も多い。また、当時無名だった宮澤賢治《みやざわけんじ》（⬇三一八頁）を紹介し、彼の死後、未発表作品の刊行と再評価に努めたことでも知られる。

第百階級《だいひゃくかいきゅう》　一九二八（昭和三）年

当時、無産階級を「第四階級」と呼んだが、それよりはるか下の「第百階級」である蛙を題材とし、アナーキズム詩人としての本領を発揮した第一詩集。

青春の感傷を叙情的に

立原道造《たちはらみちぞう》

一九一四（大正三）〜一九三九（昭和一四）　東京都生まれ

高校入学後に三好達治《みよしたつじ》の詩集に感銘を受け、四行詩を作り始め、堀《ほり》辰雄《たつお》（⬇二八一頁）に師事した。一九三四（昭和九）年、東京帝国大学に入学。詩誌「四季《しき》」（第二次）の創刊に参加し、同人として詩を発表。四・四・三・三の十四行からなるソネット形式の詩作を始め、『**萱草**《わすれぐさ》**に寄**《よ》**す**』（⬇三三五頁）『暁《あかつき》と夕《ゆうべ》の詩《うた》』を発表。恋愛や青年の孤独感を感傷的に歌った繊細な詩風が高く評価された。一方、一九三七（昭和一二）年に銀座の石本建築事務所に就職し、建築家としても将来を嘱望されていたが、翌年、肺尖《はいせん》カタルを発病し、休職。一九三九（昭和一四）年、中原中也賞《なかはらちゅうやしょう》を受賞した直後、二十四歳の若さで死去した。

萱草《わすれぐさ》に寄《よ》す　一九三七（昭和一二）年

「はじめてのものに」など十編のソネット形式の詩を収めた第一詩集。大学入学後の信州でのはかない恋愛が、出会いから別れまで叙情的に綴《つづ》られている。

豆知識：三好達治は師事していた萩原朔太郎の妹アイに一目惚れするが、その恋はかなわなかった。しかし後年、アイの夫が死去すると、達治は妻と離婚してアイと結婚する。だが、その結婚生活も長くは続かなかった。

日常生活を叙情的に歌う

黒田三郎《くろださぶろう》

一九一九（大正八）～一九八〇（昭和五五）　広島県生まれ

東京帝国大学卒。高校時代からモダニズム系の詩誌「VOU《バウ》」に参加。戦時中は商社員としてジャワ島に赴任し、戦後はNHKに入局。一九四七（昭和二二）年、鮎《あゆ》川信夫《かわのぶお》（⬇三二五頁）・田村隆一《たむらりゅういち》らと詩誌「荒地《あれち》」を創刊。一九五五（昭和三〇）年、妻との関係をモチーフにした恋愛詩集『**ひとりの女《おんな》に**』でH氏賞を受賞。一九六六（昭和四一）年、清岡卓行《きよおかたかゆき》（⬇二九四頁）・長田《おさだ》弘《ひろし》（⬇三二四頁）らと雑誌「詩《し》と批評《ひひょう》」を創刊。難しい言葉を用いず、誰にもわかりやすい言葉で書かれた叙情的な詩を特徴とするが、その根底には鋭い批評精神と人間の残酷さへの洞察がある。他の詩集に『小《ちい》さなユリと』『時代《じだい》の囚人《しゅうじん》』などがある。

ひとりの女《おんな》に　一九五四（昭和二九）年

妻との恋愛体験を描いた十一編の連作詩から成る。終戦後の極貧生活の中で、妻への愛が「愛」という言葉を一切用いず、みずみずしく歌われている。

生活をリアルに表現

石垣《いしがき》りん

一九二〇（大正九）～二〇〇四（平成一六）　東京都生まれ

複雑な家庭環境に育ち、十四歳で日本興業銀行に就職。銀行員として勤める傍ら、生活に根ざした詩を書き続け、一九三八（昭和一三）年、詩誌「断層《だんそう》」を創刊。その後、組合連合会による年刊の詩誌「銀行員《ぎんこういん》の詩集《ししゅう》」にしばしば詩が掲載され、激賞される。一九五九（昭和三四）年に第一詩集『私《わたし》の前《まえ》にある鍋《なべ》とお釜《かま》と燃《も》える火《ひ》と』を刊行。働く女性の等身大の姿を歌った作品として注目される。一九六八（昭和四三）年、第二詩集『**表札《ひょうさつ》など**』を刊行。翌年、同作でH氏賞を受賞した。一九七五（昭和五〇）年に四十年余り勤めた銀行を定年退職。その後も創作活動を続け、『略歴《りゃくれき》』『やさしい言葉《ことば》』などを刊行した。

表札《ひょうさつ》など　一九六八（昭和四三）年

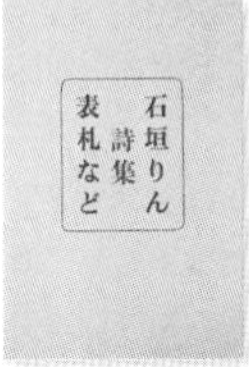

思潮社

日常を平明な言葉で綴《つづ》った生活の詩、「シジミ」「子供《こども》」など三十七編が収められた第二詩集。二〇〇〇（平成一二）年に再刊され、異例の売れゆきとなった。

文明批評詩で戦後を牽引

田村隆一《たむらりゅういち》

一九二三（大正一二）～一九九八（平成一〇）　東京都生まれ

明治大学卒。一九四七（昭和二二）年、鮎《あゆ》川信夫《かわのぶお》（⬇三二五頁）・黒田三郎《くろださぶろう》らとともに詩誌「荒地《あれち》」を創刊し、続いて年刊「荒地《あれち》詩集《ししゅう》」を創刊。以降、これらに叙情的かつ理知的な独自の感性の詩を発表した。一九五六（昭和三一）年、第一詩集『**四千《よんせん》の日《ひ》と夜《よる》**』を刊行。一九六三（昭和三八）年には、『言葉《ことば》のない世界《せかい》』で高村光太郎賞《たかむらこうたろうしょう》を受賞した。一九六七（昭和四二）年、客員詩人としてアメリカのアイオワ州立大学に招かれ、一年間滞在する。帰国後も多くの詩集を発表する傍ら、アガサ・クリスティやエラリー・クイーンのミステリー小説の翻訳なども数多く手がけた。『若《わか》い荒地《あれち》』などのエッセイ集も多い。

四千《よんせん》の日《ひ》と夜《よる》　一九五六（昭和三一）年

東京創元社

大量殺戮《さつりく》をおこなった戦争を厳しい言葉で批判し、新たな言葉の回復を模索する表題作を含む第一詩集。その他、文明批判的な詩を多く収録する。

現代叙情詩人の雄

吉野《よしの》　弘《ひろし》

一九二六（大正一五）～二〇一四（平成二六）　山形県生まれ

酒田市立酒田商業学校卒。石油会社に就職するが、一九四九（昭和二四）年、過労で倒れ、三年間の療養生活を送る。療養中から詩作を始め、散文詩「I was born《アイ・ワズ・ボーン》」を詩誌「詩学《しがく》」に投稿して絶賛された。一九五三（昭和二八）年、詩誌「櫂《かい》」に参加。一九五七（昭和三二）年、第一詩集『**消息《しょうそく》**』を自費出版。一九七二（昭和四七）年には、『感《かん》傷旅行《しょうりょこう》』で読売文学賞を受賞した。荒涼とした社会で疎外されて生きる人々を優しく見つめる詩風は、読者の心に勇気とうるおいを与えた。その後、混声合唱曲の作詩、詩論『現代詩入門《げんだいしにゅうもん》』、随筆『花木《かぼく》人語《じんご》』などの著書の他、投稿詩の選者も多く務めるなど、活動の幅を広げた。

消息《しょうそく》　一九五七（昭和三二）年

ガリ版刷りで自費出版した第一詩集。誕生の喜びと悲しみをはかない蜉蝣《かげろう》の姿に重ねて表現した名作「I was born」を含む二十四編を収録。

文学史問題：「ふるさとは遠きにありて思ふもの」の書き出しで始まる詩の作者は誰か。（大阪体育大・改）

日常に鋭い目を向けて

茨木《いばらぎ》のり子

一九二六（大正一五）～二〇〇六（平成一八）
大阪府生まれ

帝国女子薬学専門学校卒。在学中は戦争の動乱期で、空襲や学徒動員を経験し、敗戦後、繰り上げ卒業する。戦時中の飢餓や死の恐怖の記憶は、その後の詩作にも大きな影響を及ぼした。劇作家を志す一方、詩作を始め、一九五三（昭和二八）年、後に多くの戦後派詩人を輩出する詩誌「櫂《かい》」を川崎洋《かわさきひろし》とともに創刊。一九五五（昭和三〇）年には、第一詩集『対話《たいわ》』を刊行し、その後も、明るく平明な言葉にのせて、現代社会への鋭い批評をおこなう詩を次々と発表した。また、一九九九（平成一一）年刊行の『**倚《よ》りかからず**』は、詩集としては異例のベストセラーとなった。他の詩集に『見《み》えない配達夫《はいたつふ》』などがある。

倚《よ》りかからず　一九九九（平成一一）年

ちくま文庫

表題作を含む茨木のり子晩年の詩集。「いかなる権威にも倚りかからない」という高らかな宣言で、自身の生き方への強烈な自負心を表現している。

戦後詩の先頭を疾走

谷《たに》川《かわ》俊《しゅん》太《た》郎《ろう》

一九三一（昭和六）～
東京都生まれ

東京都立豊多摩高校卒。父は哲学者の谷《たに》川徹三《かわてつぞう》。高校生の頃から詩作を始め、三《み》好達治《よしたつじ》（⬇三三三頁）の紹介で一九五〇（昭和二五）年、雑誌「文學界《ぶんがくかい》」に「ネロ他五篇《へん》」が掲載される。一九五二（昭和二七）年の第一詩集『**二十億光年の孤独**《にじゅうおくこうねんのこどく》』は、青春特有の生命感と孤独感を宇宙感覚によって表現したものとして大きな注目を浴びた。翌年、詩誌「櫂《かい》」に参加。その後も、『六《ろく》十二《じゅうに》のソネット』など、多くの詩集を発表する傍ら、『スイミー』の翻訳、「鉄腕《てつわん》アトム」の主題歌の作詞、詩論集『世界《せかい》へ！』など、幅広い活動を展開。実験的な現代詩、子供向けのものなど、さまざまな表現方法に取り組んでいる。

二十億光年の孤独《にじゅうおくこうねんのこどく》　一九五二（昭和二七）年

集英社文庫

十代後半の頃の作品を中心に、五十編を収録。青年期の孤独と不安を、感傷的にならず、ユーモアを交えて清廉な感性で表現した第一詩集。

愛の痛みを知的に歌う

吉原《よしはら》幸子《さちこ》

一九三二（昭和七）～二〇〇二（平成一四）
東京都生まれ

東京大学卒。大学在学中は演劇・映画への関心を深め、「劇団四季《げきだんしき》」に入団。主役も務めたが、一年弱で退団した。一九六二（昭和三七）年、詩誌「歴程《れきてい》」の同人となる。旧仮名遣いと新仮名遣いを交えた独特の仮名遣いによって、愛の喪失の痛みを描き、生の本質を見いだそうとする詩風が特徴。一九六四（昭和三九）年、『**幼年連禱**《ようねんれんとう》』を刊行。『幼年連禱』で室生犀星《むろうさいせい》詩人賞《しじんしょう》を受賞した。同年、女性詩人八人による詩誌「ぅえが」を創刊。また、新川《しんかわ》和江《かずえ》（⬇三三五頁）と詩誌「現代詩《げんだいし》ラ・メール」を創刊し、新人賞を設けるなど、後進の詩人の発掘にも意欲的であった。他に『オンディーヌ』『昼顔《ひるがお》』などがある。

幼年連禱《ようねんれんとう》　一九六四（昭和三九）年

出産・離婚の後、自己の幼年期の喪失の悲しみを清算するため書かれた黒い装丁の第一詩集。同年刊行の『夏《なつ》の墓《はか》』は対照的に白い装丁であった。

新世代叙情詩の旗手

長《お》田《さだ》　弘《ひろし》

一九三九（昭和一四）～二〇一五（平成二七）
福島県生まれ

早稲田大学《わせだだいがく》卒。大学在学中から詩作を始め、詩誌「鳥」を創刊。その後、「罌粟《けし》」や「地《ち》球《きゅう》」などにも詩や詩論を発表し、雑誌「現《げん》代詩《だいし》」「詩《し》と批評《ひひょう》」の編集にも参加した。大学卒業後の一九六五（昭和四〇）年、詩論集『抒情《じょじょう》の変革《へんかく》』と第一詩集『**われら新鮮《しんせん》な旅人**《たびびと》』をあいついで発表。六十年代安保闘争時の青年の心情を同世代の視点でみずみずしく歌い、新しい時代の叙情詩を切りひらいた。その後、同人誌には属さず、詩集『メランコリックな怪物《かいぶつ》』『食《しょく》卓一期一会《たくいちごいちえ》』、詩論集『探究《たんきゅう》としての詩《し》』『困難《こんなん》な時代《じだい》の詩人《しじん》』、評論集『二重《にじゅう》の思《し》考《こう》』『単独者《たんどくしゃ》の言葉《ことば》』など、幅広い分野で精力的な活動を続けた。

われら新鮮《しんせん》な旅人《たびびと》　一九六五（昭和四〇）年

みすず書房

二十五編の詩を収録。安保闘争後の六十年代の若者たちの青春を、同世代の長田が「ぼくたち」として歌う。若さにあふれ、新世代の旗手として認められた第一詩集。

土井晩翠《どいばんすい》
一八七一（明治四）～一九五二（昭和二七）　宮城県生まれ

東京帝国大学卒。「帝国文学《ていこくぶんがく》」で詩を発表し、一八九九（明治三二）年、漢文調で格調高く綴《つづ》られた第一詩集『天地有情《てんちうじょう》』を発表。和語の島崎藤村《しまざきとうそん》（⬇三二四頁）と並び称された。「荒城の月《こうじょうのつき》」の作詞者としても知られている。他に『暁鐘《ぎょうしょう》』『東海遊子吟《とうかいゆうしぎん》』などがある。

山村暮鳥《やまむらぼちょう》
一八八四（明治一七）～一九二四（大正一三）　群馬県生まれ

聖三一神学校卒。複雑な家庭環境で育ち、キリスト教伝道師となって東北に赴任。「自由《じゆう》詩社《ししゃ》」に参加し、象徴詩を経て前衛詩、その後白樺派《しらかばは》の影響を受け人道主義的作風へ転じた。詩集に一九一五（大正四）年の『聖三稜玻璃《せいさんりょうはり》』や、『風《かぜ》は草木《くさき》にささやいた』などがある。童話や童謡も手がけた。

三木露風《みきろふう》
一八八九（明治二二）～一九六四（昭和三九）　兵庫県生まれ

早稲田大学《わせだだいがく》・慶應義塾《けいおうぎじゅく》大学《だいがく》中退。幼少期から詩歌に親しみ、十七歳で詩歌集『夏姫《なつひめ》』を自費出版。一九〇九（明治四二）年、『廃園《はいえん》』を刊行。この詩集が高く評価され、北原白秋《きたはらはくしゅう》（⬇三三〇頁）とともに「白露時代《はくろじだい》」を築いた。他に『白《しろ》き手《て》の猟人《かりゅうど》』などがあり、童謡「赤とんぼ」の作詞家としても知られる。

西脇順三郎《にしわきじゅんざぶろう》
一八九四（明治二七）～一九八二（昭和五七）　新潟県生まれ

慶應義塾大学《けいおうぎじゅくだいがく》卒。英文学研究のためイギリスに留学中の一九二五（大正一四）年、英文詩集『Spectrum《スペクトラム》』を刊行。帰国後は詩誌「詩《し》と詩論《しろん》」などに拠《よ》って超現実主義の詩論を展開し、評論『超現実主義詩論《ちょうげんじつしゅぎしろん》』を発表。一方で詩作も続け、一九三三（昭和八）年、『Ambarvalia《アンバルワリア》』を刊行した。

村野四郎《むらのしろう》
一九〇一（明治三四）～一九七五（昭和五〇）　東京都生まれ

慶應義塾大学《けいおうぎじゅくだいがく》卒。大学在学中に荻原井泉水《おぎわらせいせんすい》の「層雲《そううん》」に参加し、自由律俳句を作る。その後詩作に転じ、一九二六（大正一五）年、第一詩集『罠《わな》』を刊行。一九三九（昭和一四）年にはモダニズムの詩人として、スポーツを題材にした『体操詩集《たいそうししゅう》』を発表した。他に『実在《じつざい》の岸辺《きしべ》』『亡羊記《ぼうようき》』などがある。

小野十三郎《おのとおざぶろう》
一九〇三（明治三六）～一九九六（平成八）　大阪府生まれ

東洋大学中退。旧制中学時代から詩作を始め、大学中退後は詩誌「赤《あか》と黒《くろ》」に参加。一九三〇（昭和五）年、詩誌「弾《だん》道《どう》」を創刊。第一詩集『半分開《はんぶんひら》いた窓《まど》』はアナーキズム色の強いものであったが、後にマルキシズムへ転換し、戦後は「短歌的抒情《たんかてきじょじょう》」を否定する立場をとった。他に『大阪《おおさか》』などがある。

石原吉郎《いしはらよしろう》
一九一五（大正四）～一九七七（昭和五二）　静岡県生まれ

東京外国語学校卒。戦時中、北方情報要員となり、シベリアで抑留される。戦後は収容所での過酷な経験を題材に詩を発表し、詩誌「ロシナンテ」を創刊。一九六三（昭和三八）年には、第一詩集『サンチョ・パンサの帰郷《ききょう》』を刊行した。他に詩集『水準原点《すいじゅんげんてん》』、評論集『望郷《ぼうきょう》と海《うみ》』などがある。

鮎川信夫《あゆかわのぶお》
一九二〇（大正九）～一九八六（昭和六一）　東京都生まれ

早稲田大学《わせだだいがく》中退。一九四七（昭和二二）年、田村《たむら》隆一《りゅういち》（⬇三三三頁）らとともに詩誌「荒地《あれち》」を創刊。戦後詩壇の中心的な存在として活躍し、戦没した同世代の人々を悼んだ詩「死《し》んだ男《おとこ》」は、戦後詩の記念碑的作品となった。『鮎川信夫詩集《あゆかわのぶおししゅう》』などの他、『現代《げんだい》詩作法《しさほう》』などの詩論も数多く発表している。

新川和江《しんかわかずえ》
一九二九（昭和四）～　茨城県生まれ

結城高等女学校《ゆうきこうとうじょがっこう》卒。西《さい》条八十《じょうやそ》に師事する。一九五三（昭和二八）年、『睡《ねむ》り椅子《いす》』を刊行。柔らかな言葉と巧みな表現を用いて女性の生と愛の本質を歌った。一九八三（昭和五八）年、吉原幸子《よしはらさちこ》（⬇三三四頁）と詩誌「現代詩《げんだいし》ラ・メール」を創刊。他に『ローマの秋《あき》・その他《た》』『比喩《ひゆ》でなく』などがある。

入沢康夫《いりさわやすお》
一九三一（昭和六）～二〇一八（平成三〇）　島根県生まれ

東京大学大学院修士課程修了。大学在学中の一九五五（昭和三〇）年、『倖《しあわ》せ　それとも不倖《ふしあわ》せ』を刊行。詩論も多く手がけ、詩の構造について考察した『詩《し》の構造《こうぞう》についての覚え書《おぼえがき》』などを発表。『宮澤賢治全集《みやざわけんじぜんしゅう》』の編纂《へんさん》でも知られる。他に『季節《きせつ》についての試論《しろん》』『わが出雲《いづも》・わが鎮魂《ちんこん》』などがある。

蜂飼　耳《はちかいみみ》
一九七四（昭和四九）～　神奈川県生まれ

早稲田《わせだ》大学大学院修士課程修了。二〇〇〇（平成一二）年、『いまにもうるおっていく陣《じん》地《ち》』で中原中也賞《なかはらちゅうやしょう》を受賞。続く『食《く》うものは食《く》われる夜《よる》』では芸術選奨新人賞を受賞した。詩だけでなく、小説・エッセイなども多数発表。他に、小説『紅水《べにすい》晶《しょう》』、随筆『おいしそうな草《くさ》』などがある。

最果タヒ《さいはて》
一九八六（昭和六一）～　兵庫県生まれ

二〇〇七（平成一九）年、詩集『グッドモーニング』を刊行。同作で中原中也賞《なかはらちゅうやしょう》を受賞し、現代を代表する若手詩人となる。他に小説も発表している。作者の情報は作品の自由な解釈を妨げると考え、プロフィールの公開を控えている。詩集に『死《し》んでしまう系《けい》のぼくらに』などがある。

新潮文庫nex

文学史問題：茨木のり子の詩集を次から一つ選べ。（立命館大）
①新体詩抄　②鎮魂歌　③楚囚之詩　④於母影　⑤死刑宣告　⑥海潮音

近代短歌の流れ

新詩社同人　右から吉井勇・与謝野鉄幹、一人おいて北原白秋。

短歌革新運動の推進者たち

明治の短歌革新は落合直文《おちあいなおぶみ》が「浅香社《あさかしゃ》」を発足させたことで始まる。その後、佐佐木信綱《ささきのぶつな》が「竹柏会《ちくはくかい》」を、与謝野鉄幹《よさのてっかん》が「新詩社《しんししゃ》」を、正岡子規《まさおかしき》が「根岸短歌会《ねぎしたんかかい》」を立ち上げ、それぞれの歌風を提唱した。

正岡子規　与謝野鉄幹　佐佐木信綱　落合直文

■**短歌の革新**▼明治に入っても歌壇では、香川景樹《かがわかげき》(⬇一〇二頁)の桂園派《けいえんは》の和歌がおこなわれ、高崎正風《たかさきまさかぜ》らによってその伝統が守られていたが、明治二〇年代になると、こうした伝統和歌に対し、短歌革新の気運が高まるようになる。一八九三(明治二六)年には、**落合直文《おちあいなおぶみ》**が「**浅香社《あさかしゃ》**」を結成し、近代短歌結社の草分け的存在となった。浅香社の門下からは、後に歌壇の中心となる**与謝野鉄幹《よさのてっかん》**・金子薫園《かねこくんえん》・尾上柴舟《おのえさいしゅう》らが輩出された。

■**竹柏会《ちくはくかい》**▼落合直文の浅香社の短歌革新に対し、高崎正風の門下であった**佐佐木信綱《ささきのぶつな》**は、一八九九(明治三二)年に「**竹柏会《ちくはくかい》**」を結成し、歌誌「**心の花《こころのはな》**」を創刊する。門下に**木下利玄《きのしたりげん》**(⬇三三二頁)らを育てた。「心の花」は息子の治綱《はるつな》・孫の幸綱《ゆきつな》(⬇三三二頁)へと受け継がれ、現在も発刊が続く息の長い歌誌となっている。

■**新詩社《しんししゃ》**▼浅香社から出発した**与謝野鉄幹《よさのてっかん》**は、一八九九(明治三二)年に「**新詩社《しんししゃ》**」を結成。翌年には機関誌「**明星《みょうじょう》**」を創刊し、浪漫主義短歌を主張した。中でも新詩社の名を世に広めたのは、後に鉄幹の妻となる**鳳《ほう》(与謝野《よさの》)晶子《あきこ》**(⬇三二八頁)による第一歌集『**みだれ髪《がみ》**』である。従来の「忍ぶ恋」を歌う伝統的な美意識を打ち破り、若さと恋愛感情を奔放に歌い上げることで浪漫主義的歌風を打ち立てたという点で画期的な歌集となった。他に、新詩社からは**窪田空穂《くぼたうつぼ》**・**吉井勇《よしいいさむ》**・**北原白秋《きたはらはくしゅう》**(⬇三三〇頁)・**石川啄木《いしかわたくぼく》**(⬇三三〇頁)らの歌人が誕生し、「明星」の廃刊後は雑誌「スバル」へと受け継がれていくことになった。

■**根岸派《ねぎしは》**▼与謝野鉄幹による新詩社の結成と時を同じくして、**正岡子規《まさおかしき》**(⬇三二六頁)が歌論『**歌《うた》よみに与《あた》ふる書《しょ》**』を発表し、一八九九(明治三二)年に「**根岸短歌会《ねぎしたんかかい》**」を起こす。浪漫的な明星派に対し、感情を率直に歌う万葉調への回帰と「**写生《しゃせい》**」による客観的な歌を提唱した。根岸短歌会には**伊藤左千夫《いとうさちお》**(⬇三三三頁)・**長塚節《ながつかたかし》**(⬇三二九頁)らが集い、後のアララギ派へと発展していくことになる。

■**自然主義短歌《しぜんしゅぎたんか》**▼明治末期になると、主に小説において進められていた自然主義運動の影響が短歌にも及ぶようになってくる。事実の根拠を自己の主観に求め、〈個〉の告白を特徴とする自然主義文学の影響を受け、**若山牧水《わかやまぼくすい》**(⬇三三〇頁)は青春の苦悩と哀愁を自然を前に感傷的に歌い上げ、**前田夕暮《まえだゆうぐれ》**(⬇三三三頁)は自己の生活の真実を歌に詠み込んだ。また、**土岐哀果《ときあいか》(善麿《ぜんまろ》)**や**石川啄木《いしかわたくぼく》**も自然主義的な傾向を帯びた短歌を詠んだが、しだいに社会主義思想に近づき、創作の題材を日常生活の体験に求める生活派短歌の源流となった。

■**アララギ派**▼一九〇二(明治三五)年に正岡子規が死去すると、短歌における子規の後継者となったのは**伊藤左千夫《いとうさちお》**であった。一九〇八(明治四一)年に歌誌「アララギ」を創刊した伊藤左千夫は、正岡子規が提唱した万葉風の写生を追求する。「アララギ」は、中

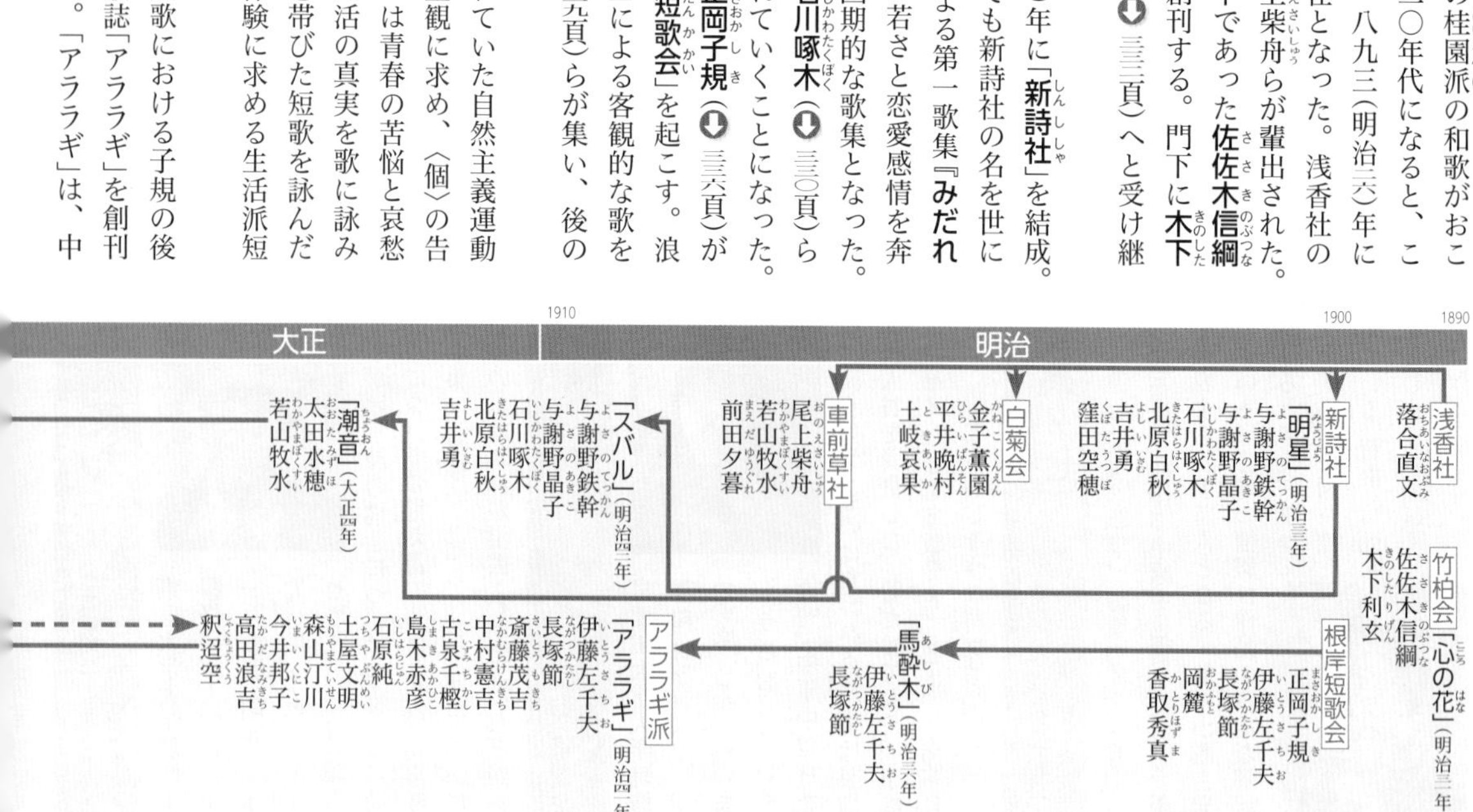

自然主義歌人とアララギ派歌人　前列右から若山牧水・土岐哀果。後列右から古泉千樫・前田夕暮・斎藤茂吉・中村憲吉。

早稲田の三水

尾上柴舟《おのえさいしゅう》の門下から自然主義短歌の代表的歌人となった若山牧水《わかやまぼくすい》と、与謝野鉄幹の「新詩社」から出発した北原白秋《きたはらはくしゅう》は、早稲田大学《わせだだいがく》の同級生であった。当時の白秋は「射水《しゃすい》」と号しており、同じく同級であった中村蘇水《なかむらそすい》とともに「早稲田《わせだ》の三水《さんすい》」と呼ばれた。

右から若山牧水・中村蘇水・北原白秋

心となった伊藤左千夫・長塚節の他、**島木赤彦《しまきあかひこ》**（⬇三二九頁）・**斎藤茂吉《さいとうもきち》**（⬇三二九頁）・**土屋文明《つちやぶんめい》**・古泉千樫《こいずみちかし》・中村憲吉《なかむらけんきち》といった多くの優れた歌人を輩出し、大正期における歌壇の中心となっていく。中でも斎藤茂吉は正岡子規の「写生」をさらに発展させた「**実相観入《じっそうかんにゅう》**」の写生説を唱え、歌作にとどまらず多くの歌論を発表し、アララギ派の目指す方向性を示した。

■**非アララギ派の歌人**▼一方、アララギ派に同調しない歌人たちもいた。竹柏会系の**木下利玄《きのしたりげん》**は、歌集『銀《ぎん》』『紅玉《こうぎょく》』を発表し、その口語を使用した平明な歌風は「利玄調《りげんちょう》」と呼ばれた。また、**会津八一《あいづやいち》**（⬇三三二頁）は、どこの流派にも属さず、平仮名書きによる独自の歌風を確立。さらに、結社同士が対立する閉鎖的な歌壇のあり方に疑問をいだいた**木下利玄《きのしたりげん》・北原白秋《きたはらはくしゅう》・前田夕暮《まえだゆうぐれ》**らは、「アララギ」から脱退した**釈迢空《しゃくちょうくう》**（⬇三三〇頁）・古泉千樫らを加えて一九二四（大正一三）年、反アララギ派の歌人たちが大同団結した歌誌「**日光《にっこう》**」を創刊。反アララギ派の一大勢力となった。超党派の歌人集団である「日光」は、昭和初年に解消したが、その多様な歌風から、以後の口語短歌や自由律短歌にも影響を与えた。

■**昭和初期の歌壇**▼大正末期から昭和にかけては、プロレタリア短歌や口語自由律短歌などが試みられたが、戦乱期の政治的弾圧もあり、大きなうねりになることなく収束する。歌壇の中心は、依然として、斎藤茂吉や土屋文明らを中心とするアララギ派にあった。一方、アララギ派に対抗する**北原白秋《きたはらはくしゅう》**は、一九三五（昭和一〇）年に「多磨短歌会《たまたんかかい》」を結成し、歌誌「**多磨《たま》**」を創刊する。明星派から出発した北原白秋は、浪漫精神の復興と『新古今和歌集』（⬇九八頁）の歌風をもとにした「近代幽玄体《きんだいゆうげんたい》」の確立を提唱した。この多磨短歌会からは、**木俣修《きまたおさむ》**や**宮柊二《みやしゅうじ》**（⬇三三二頁）らが輩出された。しかし、戦火の広がりとともに、戦争賛美の歌しか発表が許されなくなり、この時期の短歌は荒廃した。

■**戦後～現代**▼敗戦後、臼井吉見《うすいよしみ》の『短歌《たんか》への訣別《けつべつ》』、小野十三郎《おのとおざぶろう》（⬇三三五頁）の『短歌《たんか》的抒情《てきじょじょう》に抗《こう》して』など、芸術としての短歌の是非が問われ、歌壇に大きな衝撃を与えた。これに対抗する形で、**宮柊二《みやしゅうじ》・近藤芳美《こんどうよしみ》**（⬇三三二頁）らが戦後歌壇を牽引《けんいん》する。旧プロレタリア系の「人民短歌《じんみんたんか》」の他、「短歌《たんか》」「短歌研究《たんかけんきゅう》」など、多くの短歌雑誌が広く門戸を開けて新しい歌人を迎え入れるようになり、前衛短歌の**塚本邦雄《つかもとくにお》**（⬇三三一頁）・**岡井隆《おかいたかし》**（⬇三三一頁）・**寺山修司《てらやましゅうじ》**（⬇三三二頁）など、歌壇にも新しい風が起こった。その後、**河野裕子《かわのゆうこ》**（⬇三三二頁）・**穂村弘《ほむらひろし》**（⬇三三二頁）・**俵万智《たわらまち》**（⬇三三二頁）らへ続く現代短歌は、口語や外来語の活用などさまざまな試みをしつつ、新たな歌の可能性を探り続けている。

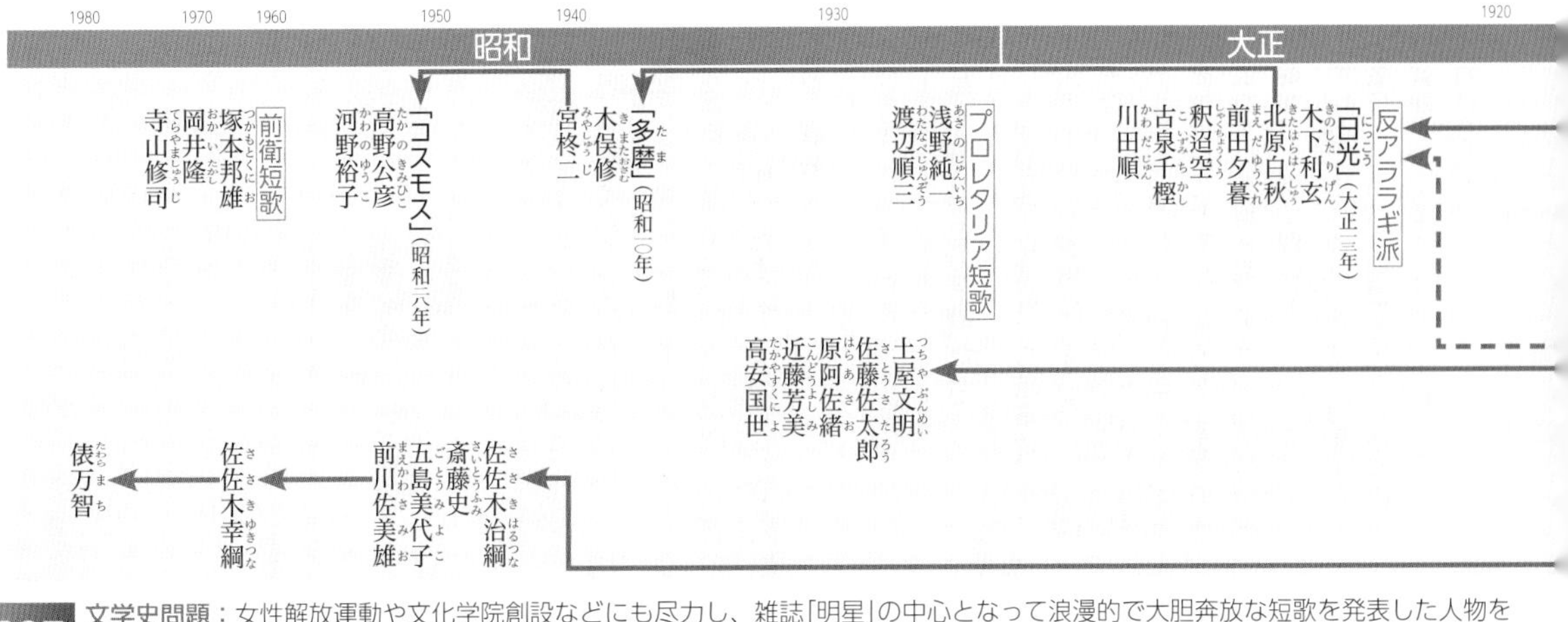

文学史問題：女性解放運動や文化学院創設などにも尽力し、雑誌「明星」の中心となって浪漫的で大胆奔放な短歌を発表した人物を漢字で書け。（中部大）

情熱的な愛を歌う
与謝野晶子《よさのあきこ》

自作朗読

\# 浪漫派 # 「明星」歌人 # 『源氏物語』の現代語訳

一八七八（明治一一）年～一九四二（昭和一七）年
大阪府生まれ

明治 1868	大正 1912	昭和（戦前）1926	昭和（戦後）1945	平成・令和 1989

西暦	年号	歳	事項	区分
一八七八	明治一一	0	大阪府に誕生。	少女時代
一八八八	明治二一	10	堺女学校入学。	
一八八九	明治二二	21	雑誌「よしあし草《ぐさ》」に詩を発表。	
一九〇〇	明治三三	22	与謝野鉄幹《よさのてっかん》と出会う。雑誌「明星《みょうじょう》」に短歌を発表。	鉄幹との出会い
一九〇一	明治三四	23	『みだれ髪《がみ》』 鉄幹と結婚。	
一九〇四	明治三七	26	『小扇《こおうぎ》』	
一九〇六	明治三九	28	『舞姫《まいひめ》』『夢之華《ゆめのはな》』	
一九一一	明治四四	33	『春泥集《しゅんでいしゅう》』	
一九一二	明治四五	34	現代語訳『新訳源氏物語《しんやくげんじものがたり》』 鉄幹に続いて渡欧。	多彩な活動
一九一四	大正三	36	『夏《なつ》より秋《あき》へ』	
一九一六	大正五	38	評論集『人及《ひとおよ》び女《おんな》として』	
一九二九	昭和四	51	詩集『晶子詩篇全集《あきこしへんぜんしゅう》』	
一九三五	昭和一〇	57	与謝野鉄幹が死去。	
一九四二	昭和一七	63	脳卒中のため死去。	

鉄幹との出会い

堺の老舗和菓子屋の鳳《ほう》家に生まれる。本名志《し》よう。堺女学校の学生時代から『源氏物語《げんじものがたり》』（⬇一三頁）などの古典に親しみ、卒業後は家業を手伝う傍ら、短歌の投稿を始めた。一九〇〇（明治三三）年、雑誌「明星《みょうじょう》」の主宰者である与謝野鉄幹《よさのてっかん》が歌会のため来阪。ここで晶子と鉄幹は出会った。当時、鉄幹には妻子があったが、晶子は翌年、鉄幹を頼って上京し、ともに暮らし始める。鉄幹との愛が、晶子に情熱と創作活動の成熟をもたらした。

与謝野鉄幹

女流歌人として

以後、晶子は「明星」の中心歌人として、毎号数十首の短歌を意欲的に発表するようになる。一九〇一（明治三四）年には、第一歌集『**みだれ髪《がみ》**』を刊行し、近代浪漫主義歌風を確立。**鉄幹との愛や、自身の若さを、高らかに官能的に歌い上げる**晶子の短歌は、当時の歌壇に大きな衝撃を与え、反響を呼んだ。同年、晶子は鉄幹と結婚し、以後、『小扇《こおうぎ》』『舞姫《まいひめ》』などの歌集を次々と発表。やがて、古典の素養を生かし、王朝趣味を織り交ぜた清澄で優雅な歌風へと変化していく。

多彩な活動

晶子の活動は短歌だけにとどまらない。一九〇四（明治三七）年、日露戦争出征中の弟に向け、「**君《きみ》死《し》にたまふこと勿《なか》れ**」の詩を発表。また、一九一二（明治四五）年には、パリへ渡った鉄幹の後を追って渡欧。ロンドン・ウィーンなどを歴訪した。欧州の先進的な思想に触れて創作意欲をかき立てられ、女性の自立や教育についての評論を著した。また、『源氏物語』の現代語訳（⬇三五頁）も、ライフワークとなった。一九一二（明治四五）年、『新訳源氏物語《しんやくげんじものがたり》』を刊行。しかし、完成度に納得のいかなかった晶子は、一九三八（昭和一三）年に『新新訳源氏物語《しんしんやくげんじものがたり》』を刊行。谷崎《たにざき》潤一郎《じゅんいちろう》（⬇二五五頁）の『潤一郎《じゅんいちろう》訳《やく》源氏物語《げんじものがたり》』とともに、今も『源氏物語』現代語訳のスタンダードとして広く親しまれている。

家族写真　子供を抱いているのが晶子と鉄幹。後列中央の甥を除いて全員夫妻の子供。

みだれ髪《がみ》
一九〇一（明治三四）年

旧姓の鳳晶子《ほうあきこ》の名で刊行された第一歌集。「臙脂紫《えんじむらさき》」「蓮《はす》の花船《はなぶね》」「白百合《しらゆり》」「はたち妻《づま》」「舞姫《まいひめ》」「春思《しゅんし》」の六章、三百九十九首から成る。鉄幹への恋心や自らの若さへの矜持《きょうじ》がおおらかに詠まれている。

恋衣《こいごろも》
一九〇五（明治三八）年

「明星」を代表する女流歌人であった山《やま》川登美子《かわとみこ》・増田《ますだ》（茅野《ちの》）雅子《まさこ》との共著による詩歌集。晶子は「曙染《あけぼのぞめ》」百四十八首の短歌と「君死《きみし》にたまふこと勿《なか》れ」など六編の詩を収めている。

与謝野晶子の子供たち

与謝野晶子は鉄幹との結婚後、十二人の子供たちを出産した（うち一人は生後二ヶ月で亡くなっている）。森鷗《もりおう》外《がい》（⬇二四三頁）は子供にユニークな名前を付けたことで知られるが、晶子の子供たちの名前も親交のあった鷗外の影響か、非常に個性的だった。双子の長女（八峰《やつお》）と次女（七瀬《ななせ》）の名は鷗外の命名によるもの。四男と五女は訪欧の影響か、「アウギュスト」「エレンヌ」と名付けられた。

近代写生短歌の大成者

斎藤茂吉《さいとうもきち》

自作朗読

1868 明治 1912 大正 1926 昭和（戦前） 1945 昭和（戦後） 1989 平成・令和

一八八二（明治一五）年～一九五三（昭和二八）年
山形県生まれ

＃アララギ派　＃実相観入　＃精神科医

歌人としての出発

開成中学校在学中から短歌を作り始め、東京帝国大学医科大学入学後、伊藤左千夫《いとうさちお》（↓三三頁）に入門。大学卒業後は医師として病院に勤務する傍ら、歌誌「アララギ」の編集に携わり、歌作や評論など、旺盛な創作活動を展開した。伊藤左千夫の死後は、「アララギ」の中心的歌人として活躍。一九一三（大正二）年に発表された第一歌集『赤光《しゃっこう》』は、歌壇のみならず、文壇全体に大きな反響を呼んだ。

歌壇の巨匠として

一方、与謝野鉄幹《よさのてっかん》や若山牧水《わかやまぼくすい》（↓三三〇頁）など他派の歌人とも積極的に交流した茂吉は、正岡子規《まさおかしき》（↓三三六頁）の唱えた「写生《しゃせい》」説をさらに深めた「**実相観入**《じっそうかんにゅう》」の写生説を提唱。単に対象を写生するだけでなく、そこに自己の内面を投影し、対象と一体化した強靱《きょうじん》な生命感を表現した。しかし、第二歌集『**あらたま**』ではこうした情熱的な作風は沈静化し、清澄な「生」の世界が落ち着いた態度で詠まれている。以降、ドイツ留学を経て歌論や歌集を発表し、生涯医師と歌人を両立した。長男斎藤茂太《さいとうしげた》・次男北杜夫《きたもりお》（↓二六六頁）も、ともに医師であり、文筆家である。

茂吉が1946年から約二年間住んだ聴禽書屋《ちょうきんしょおく》（山形県）

赤光《しゃっこう》　一九一三（大正二）年

母いくの死を歌った五十九首の連作「死《し》にたまふ母《はは》」など、八百三十四首を逆年代順に収録した第一歌集。写実性を基調に、哀愁や官能が情熱的かつ重厚に詠まれている。

あらたま　一九二一（大正一〇）年

七百四十六首を収録した第二歌集。『赤光《しゃっこう》』に見られる生々しい感情の表出は沈静化し、静かに自然と向き合う姿勢が感じ取れる。

自然と自我の融合

島木赤彦《しまきあかひこ》

一八七六（明治九）～一九二六（大正一五）
長野県生まれ

長野県尋常師範学校卒業後、小学校の教師となる。その傍ら写実主義の歌を作り、一九〇三（明治三六）年、歌誌「比牟呂《ひむろ》」を創刊。後に伊藤左千夫《いとうさちお》（↓三三頁）に師事し、一九〇九（明治四二）年、「比牟呂」は伊藤左千夫が主導していた「アララギ」と合併。それ以降は、アララギ派の有力歌人として活躍した。伊藤左千夫と長塚節《ながつかたかし》の死後は上京して、「アララギ」の編集も担当。歌作においては「写生道《しゃせいどう》」「鍛錬道《たんれんどう》」を提唱して、物事の表面をとらえるのではなく、内面の生命の描写にこそ写生の中核があると考え、その究極の境地が「寂寥相《せきりょうそう》」であるとした。歌集に『切火《きりび》』『**柹蔭集**《しいんしゅう》』、歌論に『歌道小見《かどうしょうけん》』などがある。

柹蔭集《しいんしゅう》　一九二六（大正一五）年

一九二四（大正一三）年の『太虚集《たいきょしゅう》』以降、死の直前までの三百九首を収めた遺作。病床での清澄な心境を詠んだ厳粛な歌を多く収録する。

「気品」と「冴え」による写生

長塚《ながつか》　節《たかし》

一八七九（明治一二）～一九一五（大正四）
茨城県生まれ

茨城尋常中学校中退。実家は豪農で、父は県会議員も務めた名家であった。『歌《うた》よみに与《あた》ふる書《しょ》』に感銘を受け、正岡子規《まさおかしき》（↓三三六頁）に入門。一九〇三（明治三六）年に伊藤左千夫《いとうさちお》（↓三三頁）らと歌誌「馬酔木《あしび》」を創刊し、子規短歌の継承者として、細部の描写にこだわった客観写生の短歌や歌論を発表した。その後、一時歌作を中断して小説に転じ、『佐渡が島《さどがしま》』『土《つち》』などを発表。一九一四（大正三）年からは喉頭結核を患って入退院を繰り返し、神社・仏閣を巡る旅をする一方、歌作を再開。「気品《きひん》」「冴《さ》え」を唱え、自らの生死を見据えた寂寥感《せきりょうかん》を詠んだ『**鍼の如く**《はりのごとく》』の短歌群は、傑作と称されている。

鍼《はり》の如《ごと》く　一九一四（大正三）年

一九一四（大正三）年～一九一五（大正四）年に「アララギ」誌上に掲載された二百三十一首の連作短歌。自然と人間の交感を歌い、「気品」「冴え」の実証となっている。

 文学史問題：斎藤茂吉の連作「死にたまふ母」が収められている歌集名を漢字で書け。（中部大）

言葉の魔術師

北原白秋《きたはらはくしゅう》

一八八五(明治一八)～一九四二(昭和一七)　福岡県生まれ

早稲田大学《わせだだいがく》中退。大学では同級の若山牧水《わかやまぼくすい》らと親交を結んだ。大学中退後は与謝野鉄幹《よさのてっかん》の「新詩社《しんししゃ》」に参加。一九〇八(明治四一)年には文学サロン「パンの会《かい》」を創設し、当時隆盛していた自然主義に対して、反自然主義・耽美主義《たんびしゅぎ》の運動を展開した。一九〇九(明治四二)年、雑誌「スバル」創刊に参加。同年には詩集『邪宗門《じゃしゅうもん》』を刊行し、耽美的な象徴詩で脚光を浴びた。詩人としての地位を確立する一方、一九一三(大正二)年には歌集『**桐の花**《きりのはな》』を刊行。エキゾチックな歌風で歌壇に新しい風を吹き込み、歌人としても名声は高まった。他に数多くの童謡も発表しており、その活動は多岐にわたった。

自作朗読

桐《きり》の花《はな》　一九一三(大正二)年

明治末期の作品を中心に四百四十六首の短歌と六編の随筆的歌論を収めた第一歌集。伝統的な短歌に近代的な都会情緒や異国趣味を盛り込み、歌人としての白秋の名声を確固たるものとした歌集。

旅と酒と桜を愛した彷徨歌人

若山牧水《わかやまぼくすい》

一八八五(明治一八)～一九二八(昭和三)　宮崎県生まれ

早稲田大学《わせだだいがく》卒。中学時代から歌作を始め、各種雑誌に投稿。一九〇五(明治三八)年、尾上柴舟《おのえさいしゅう》を中心に前田夕暮《まえだゆうぐれ》(↓三三三頁)らと「車前草社《しゃぜんそうしゃ》」を結成。人妻であった園田《そのだ》小枝子《さえこ》と恋に落ち、その心境を多く短歌に詠んだ。一九〇八(明治四一)年、第一歌集『**海の声**《うみのこえ》』を自費出版。その後、『独《ひと》り歌《うた》へる』『別離《べつり》』を刊行し、自然主義歌人として高く評価され、歌壇での地位を確立した。また、一九一二(大正元)年、父の死と実家の継承に際する経済苦や、芸術的苦悩を描いた破調の歌を多く含む『死《し》か芸術《げいじゅつ》か』を発表。旅と酒と桜を愛した歌人として知られ、『みなかみ紀行《きこう》』『木枯紀行《こがらしきこう》』などの紀行文も残している。

海《うみ》の声《こえ》　一九〇八(明治四一)年

初期の四百七十五首を収録した第一歌集。「秋立ちぬわれを泣かせて泣き死なす石とつれなき人恋しけれ」など、激しい恋愛の苦悩を詠んだ作品を多く収録する。

生活派歌人

石川啄木《いしかわたくぼく》

一八八六(明治一九)～一九一二(明治四五)　岩手県生まれ

盛岡尋常中学校中退。雑誌「明星《みょうじょう》」へ長詩を発表したことにより、浪漫派の天才詩人として名声を得て一九〇五(明治三八)年に詩集『あこがれ』を刊行。しかし、父の不祥事によって破綻した一家の生活を支えるため、地元で小学校教員となった。貧困と病苦の中で、浪漫的歌風から生活に根ざした歌風へと転じ、自然主義的な作品を発表するようになる。一九一〇(明治四三)年、郷愁の念や生活苦を三行分かち書きの手法で詠んだ歌集『**一握の砂**《いちあくのすな》』を発表。ようやく注目され始めた矢先の一九一二(明治四五)年、肺結核のため死去。第二歌集『悲《かな》しき玩具《がんぐ》』が刊行されたのは、啄木の死から二ヶ月後のことであった。

一握《いちあく》の砂《すな》　一九一〇(明治四三)年

東京生活の中で詠まれた短歌五百五十一首を、三行分かち書きの形式で収めた第一歌集。五章から成り、生活の苦しさや故郷への思いなど、自身の実感に即した心情が散文的に表現されている。

古代と現代を自在に行き交う歌人

釈《しゃく》 迢空《ちょうくう》

一八八七(明治二〇)～一九五三(昭和二八)　大阪府生まれ

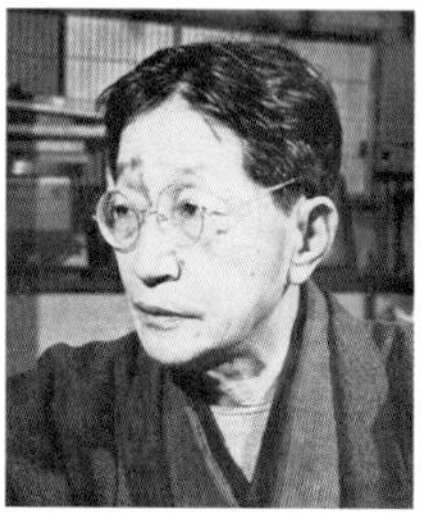

国学院大学卒。一九一三(大正二)年、柳田《やなぎた》国男《くにお》(↓三五六頁)と出会い、古代の国文学研究に没頭。国学院大学・慶應義塾大学《けいおうぎじゅくだいがく》の教授を歴任し、本名の「**折口信夫**《おりくちしのぶ》」で国文学者・民俗学者として活躍する傍ら、「釈迢空」名義で短歌を詠み、伊藤左千夫《いとうさちお》(↓三三三頁)、島木赤彦《しまきあかひこ》(↓三二九頁)らと交流。一九一七(大正六)年、歌誌「アララギ」の同人となる。しかし、島木赤彦らと対立し、一九二四(大正一三)年、北原白秋《きたはらはくしゅう》らの歌誌「日光《にっこう》」に加わった。一九二五(大正一四)年、『**海やまのあひだ**《うみ》』を刊行。民俗学者としての知識や素養を生かした独自の歌風を確立した。他に、詩集『古代感愛集《こだいかんないしゅう》』、小説『死者《ししゃ》の書《しょ》』などがある。

海《うみ》やまのあひだ　一九二五(大正一四)年

第一歌集。民俗学研究の旅の途上で詠まれた代表歌「葛の花　踏みしだかれて、色あたらし。この山道を行きし人あり」など、句読点や一字空きを用いた歌に特徴がある。

幻想性と土着性の融合
斎藤《さいとう》　史《ふみ》
一九〇九(明治四二)～二〇〇二(平成一四)
東京都生まれ

福岡県立小倉高等女学校卒。軍人で歌人であった父斎藤《さいとう》瀏《りゅう》の影響で歌作を始め、佐《さ》佐木信綱《さきのぶつな》に師事。歌誌「心《こころ》の花《はな》」などに投稿し、前川佐美雄《まえかわさみお》とともに新芸術運動を推進した。一九三六(昭和一一)年の二・二六事件に父が連座して禁固刑となった他、多くの知人も処刑された経験は斎藤に大きな影響を及ぼし、自己内部の苦悩を見つめる歌風を構築。一九四〇(昭和一五)年、第一歌集『**魚歌**《ぎょか》』を刊行し、反写実的なモダニズム短歌が高く評価された。一九七七(昭和五二)年、『ひたくれなゐ』で迢空賞《ちょうくうしょう》を受賞。一九九三(平成五)年、女性歌人として初の日本芸術院会員となり、宮中《きゅうちゅう》歌会始《うたかいはじめ》の召人《めしうど》も務めた。

魚歌《ぎょか》　一九四〇(昭和一五)年
二・二六事件の四年後に刊行された第一歌集。三百七十三首が採録されている。モダニズム的な象徴表現を用いた内省的な短歌が中心。

前衛短歌の開拓者
塚本邦雄《つかもとくにお》
一九二〇(大正九)～二〇〇五(平成一七)
滋賀県生まれ

滋賀県立神崎商業学校卒。一九四七(昭和二二)年、「日《に》本歌人《ほんかじん》」に入会し、前川佐《まえかわさ》美雄《みお》に師事する。一九四九(昭和二四)年、同人誌「メトード」を創刊。一九五一(昭和二六)年には、『**水葬物語**《すいそうものがたり》』を刊行した。反写実・反日常で斬新な歌風は当時の歌壇では異端視されたが、三島由紀夫《みしまゆきお》(⬇二八八頁)らに絶賛され、一部読者から熱狂的に支持された。一九五九(昭和三四)年、『日本人霊歌《にほんじんれいか》』で現代歌人協会賞を受賞。翌年には寺山修司《てらやましゅうじ》(⬇三三二頁)らと同人誌「極《きょく》」を創刊。定型の制約の中で韻律の変革を試み、隠喩を駆使して社会風刺を表現する前衛短歌の旗手として地位を確立した。他の歌集に『感幻楽《かんげんがく》』などがある。

水葬物語《すいそうものがたり》　一九五一(昭和二六)年
二十三歳で亡くなった親友の歌人杉原《すぎはら》一司《かずし》に献じられた第一歌集。前衛的な歌風は当時としては斬新だったため、歌壇からは黙殺された。高く評価したのは歌壇外の三島由紀夫ら少数だった。

前衛短歌運動の担い手
岡井《おかい》　隆《たかし》
一九二八(昭和三)～二〇二〇(令和二)
愛知県生まれ

慶應義塾大学《けいおうぎじゅくだいがく》卒。一九四六(昭和二一)年、歌誌「アララギ」に参加。大学卒業後は内科医の傍ら、歌人としての活動を続けた。一九五一(昭和二六)年、近藤芳美《こんどうよしみ》(⬇三三三頁)を中心とする歌誌「未来《みらい》」に参加。一九五五(昭和三〇)年頃より前衛短歌運動を始める。一九五六(昭和三一)年、『**斉唱**《せいしょう》』を刊行。叙情や写実を排し、現実を鋭く見つめる先鋭的な歌風は、歌壇に衝撃を与えた。一九六一(昭和三六)年には六〇年安保闘争を素材とした『土地《とち》よ、痛《いた》みを負《お》え』で、戦闘的な色合いを濃くしたが、その後、作風は柔和になり、自己内省へと移った。『海《うみ》への手紙《てがみ》』などの歌論集の他、短歌入門書も多く発表している。

斉唱《せいしょう》　一九五六(昭和三一)年
初期の写実的・浪漫的な歌風から、塚《つか》本邦雄《もとくにお》らとの関わりの中で前衛短歌に目覚めていく過程の短歌を収めた第一歌集。

古典と現代を結ぶ感性
馬場《ばば》あき子
一九二八(昭和三)～
東京都生まれ

日本女子高等学院卒。在学中から窪田章《くぼたしょう》一郎《いちろう》に師事。卒業後は中学校・高校の教員となり、一九五五(昭和三〇)年、『**早笛**《はやふえ》』を刊行。二十代の女性らしい、若々しく素直な歌風が評価された。翌年、「青年《せいねん》歌人会議《かじんかいぎ》」に、一九六一(昭和三六)年には「東京歌人集会《とうきょうかじんしゅうかい》」に参加。前衛短歌運動の中心メンバーの一人となる。一九七七(昭和五二)年、歌作に専念するため教職を辞し、翌年、歌誌「かりん」を創刊。朝日歌壇の選者も務めた。能に造詣が深く、自身も喜多流《きたりゅう》の舞手であり、古典の素養を生かした独自の歌風を確立。また、能・演劇論も多く発表するなど、多岐にわたる活動を続けている。

桜花伝承《おうかでんしょう》　一九七七(昭和五二)年
二百八十三首を収録した第五歌集。桜の華やかな美しさと、亡き母への思いを交錯させ、そこにこれから訪れようとしている自分自身の老いを重ね合わせている。

文学史問題：歌集『桐の花』、童謡「からたちの花」などの作品によって知られる作家を次から選べ。(昭和女子大・改)
①石川啄木　②島崎藤村　③北原白秋　④野口雨情　⑤山村暮鳥

早熟でマルチな才能

寺山修司《てらやましゅうじ》

一九三五（昭和一〇）〜一九八三（昭和五八）
青森県生まれ

早稲田大学《わせだだいがく》中退。青森高校在学中から詩や俳句に親しみ、全国的な句誌「牧羊神《ぼくようしん》」を高校生ながら主宰。大学入学後の一九五四（昭和二九）年、「チェホフ祭《さい》」五十首が「短歌研究《たんかけんきゅう》」の第二回新人賞を受賞し、鮮烈なデビューを飾る。一九五七（昭和三二）年に作品集『われに五月《ごがつ》を』、翌年に第一歌集『**空《そら》には本《ほん》**』を刊行。前衛歌人として不動の地位を築いた。その後、活動は詩・短歌にとどまらず、ラジオ・テレビ・演劇・映画など多方面で活躍。一九六七（昭和四二）年には横尾忠則《よこおただのり》らと劇団「天井桟敷《てんじょうさじき》」を結成。評論集『書《しょ》を捨《す》てよ、町《まち》へ出《で》よう』を演劇作品として上演するなど、過激で挑発的な活動をおこなった。

空《そら》には本《ほん》　一九五八（昭和三三）年

虚構を交えて自らの感情を詠む「チェホフ祭《さい》」など、十代の頃の作品をまとめた第一歌集。私的な告白ではなく、社会性を持つ開かれた短歌を目指した作品。

骨太の男性的な歌風

佐佐木幸綱《ささきゆきつな》

一九三八（昭和一三）〜
東京都生まれ

早稲田大学《わせだだいがく》大学院修士課程修了。佐佐木《ささき》信綱《のぶつな》の孫であり、父母も歌人であった。父が急逝したことを契機に歌作を始め、大学では「早稲田大学短歌会」に所属し、祖父が創刊主宰した歌誌「心《こころ》の花《はな》」に参加。大学院修了後は河出書房新社に入社し、雑誌「文藝《ぶんげい》」の編集長を務めた。一九七〇（昭和四五）年、『**群黎《ぐんれい》**』を刊行。男性的で骨太な独自の歌風が高く評価された。一九七四（昭和四九）年からは「心の花」の編集長を務め、一九八七（昭和六二）年には、早稲田大学の教授となった。朝日歌壇の選者を務める他、評論『極北《きょくほく》の声《こえ》』『詩《し》の此岸《しがん》』を発表するなど、多岐にわたる活動を精力的におこなっている。

群黎《ぐんれい》　一九七〇（昭和四五）年

五百十首から成る第一歌集。学生時代はラグビーやボクシングに熱中した佐佐木らしい、男性的・外向的で力強い歌風を特徴とする。

ニューウェーブ短歌の旗手

穂村《ほむら》　弘《ひろし》

一九六二（昭和三七）〜
北海道生まれ

上智大学《じょうちだいがく》卒。システムエンジニアとして勤務する傍ら歌誌「かばん」に参加し、一九九〇（平成二）年に歌集『**シンジケート**』でデビュー。巧みな言葉遊びと斬新な歌風で一躍注目され、現代短歌を代表する歌人の一人となった。しかしすぐに専業歌人とはならず、会社勤めも事務職への異動を経つつ十七年間にわたって続け、働くことと書くことの間での葛藤も経験。主な歌集に『ドライ　ドライ　アイス』『手紙魔《てがみま》まみ、夏《なつ》の引越《ひっこ》し（ウサギ連《づ》れ）』、主な歌論に『短歌《たんか》という爆弾《ばくだん》』『短歌《たんか》の友人《ゆうじん》』などがある。他に、エッセイや、絵本の翻訳、合唱曲の作詞など、活躍の場を広げている。

シンジケート　一九九〇（平成二）年

講談社

衝撃的なデビューを飾った、作者二十八歳の年の第一歌集。革新的な歌の中に、八〇年代後半の、危うさを内包した世相もほのめかされている。

等身大の自分をおおらかに歌う

俵《たわら》　万智《まち》

一九六二（昭和三七）〜
大阪府生まれ

早稲田大学《わせだだいがく》卒。在学中に佐佐《ささ》木幸綱《きゆきつな》と出会って歌作を始め、歌誌「心《こころ》の花《はな》」に参加。大学卒業後は、国語教員として高校で働きながら歌作を続けた。口語の会話調でのびのびと若い女性の心情を歌い上げ、歌壇の新星として注目される。一九八七（昭和六二）年、第一歌集『**サラダ記念日《きねんび》**』を刊行、歌集としては異例の大ベストセラーとなった。二〇〇三（平成一五）年に男の子を出産。デビュー当時は恋人との関係を詠んだ歌が中心であったが、近年は、母としての立場から詠んだ歌も多い。歌集の他、随筆『恋《こい》する伊勢物語《いせものがたり》』や、現代語訳『俵万智訳《たわらまちやく》　みだれ髪《がみ》』など、幅広い著書がある。

未来《みらい》のサイズ　二〇二〇（令和二）年

コロナ禍の生活、石垣島での暮らしと宮崎市への移住、そして全寮制の学校に進学し離れて暮らす息子のこと…日常を慈しみ、新たな歌の境地を切りひらく歌集。

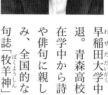

伊藤左千夫《いとうさちお》

一八六四(元治元)～一九一三(大正二)　千葉県生まれ

明治法律学校中退。正岡子規《まさおかしき》(⬇三二六頁)の『歌《うた》よみに与《あた》ふる書《しょ》』に感銘を受け、門人となる。子規の没後は「根岸短歌会《ねぎしたんかかい》」の代表歌人として歌誌「馬酔木《あしび》」「アララギ」を創刊。声調を重視して心情を表現する「叫《さけ》び」の説を唱えた。門人に島木赤彦《しまきあかひこ》(⬇三二九頁)・斎藤茂吉《さいとうもきち》(⬇三二九頁)らがいる。

会津八一《あいづやいち》

一八八一(明治一四)～一九五六(昭和三一)　新潟県生まれ

早稲田大学《わせだだいがく》卒。美術史家・書家としても知られ、「秋艸道人《しゅうそうどうじん》」の雅号を持つ。幼い頃から『万葉集《まんようしゅう》』や良寛《りょうかん》に傾倒し、奈良の仏像美術への造詣も深かった。美術史研究をおこなう傍ら、歌作をし、歌集『南京新唱《なんきょうしんしょう》』では仮名書きによる独自の歌風を確立した。他に『鹿鳴集《ろくめいしゅう》』『寒燈集《かんとうしゅう》』などがある。

前田夕暮《まえだゆうぐれ》

一八八三(明治一六)～一九五一(昭和二六)　神奈川県生まれ

中郡中学校中退。尾上《おのえ》柴舟《さいしゅう》に師事し、ともに「車前草社《しゃぜんそうしゃ》」を結成。一九一〇(明治四三)年に歌集『収穫《しゅうかく》』を刊行。自然主義歌人として認められ、若山牧水《わかやまぼくすい》(⬇三三〇頁)とともに一時代を築く。一九三二(昭和七)年の『水源地帯《すいげんちたい》』では口語自由律短歌を試みた。他に『生《い》くる日《ひ》に』『深林《しんりん》』などがある。

木下利玄《きのしたりげん》

一八八六(明治一九)～一九二五(大正一四)　岡山県生まれ

東京帝国大学卒。佐佐木信綱《ささきのぶつな》に師事し、歌誌「心の花《こころのはな》」の同人となる。一九一〇(明治四三)年、雑誌「白樺《しらかば》」の創刊に参加。以後は白樺派《しらかばは》として短歌や散文を発表した。四四の破調や口語的な言い回しなど、独特の歌風は「利玄調《りげんちょう》」と呼ばれる。主な歌集に『銀《ぎん》』『紅玉《こうぎょく》』などがある。

葛原妙子《くずはらたえこ》

一九〇七(明治四〇)～一九八五(昭和六〇)　東京都生まれ

東京府立第一高等女学校卒。結婚後の一九三九(昭和一四)年、歌誌「潮音《ちょうおん》」に参加。太田水穂《おおたみずほ》・四賀光子《しがみつこ》に師事する。一九四九(昭和二四)年、「女人短歌会《にょにんたんかかい》」を創立。前衛短歌の先駆者として幻想的・抽象的な歌風を確立し、「幻視の女王《じょおう》」と呼ばれた。主な歌集に『橙黄《とうおう》』『葡萄木立《ぶどうこだち》』などがある。

宮柊二《みやしゅうじ》

一九一二(大正元)～一九八六(昭和六一)　新潟県生まれ

新潟県立長岡中学校卒。一九四六(昭和二一)年、『群鶏《ぐんけい》』が釈迢空《しゃくちょうくう》(⬇三三〇頁)に称賛され注目を集めた。一九四九(昭和二四)年の『山西省《さんせいしょう》』では、戦争体験をもとに、恐怖や孤独に直面した人間の本質を詠み、地位を確立。他に、歌誌「コスモス」を創刊し後進の育成にも尽力した。

近藤芳美《こんどうよしみ》

一九一三(大正二)～二〇〇六(平成一八)　朝鮮・馬山生まれ

東京工業大学卒。一九四七(昭和二二)年、宮柊二《みやしゅうじ》らと「新歌人集団《しんかじんしゅうだん》」を結成。翌年『早春歌《そうしゅんか》』『埃吹く街《ほこりふくまち》』を刊行。中国での戦争体験を踏まえ、戦後の荒廃した状況の中でひたむきに生きる若者の姿を歌い、戦後短歌の旗手として注目された。他に歌論集『新《あたら》しき短歌《たんか》の規定《きてい》』などがある。

河野裕子《かわのゆうこ》

一九四六(昭和二一)～二〇一〇(平成二二)　熊本県生まれ

京都女子大学卒。歌誌「コスモス」に参加して宮柊二《みやしゅうじ》に師事する。一九七二(昭和四七)年、『森《もり》のやうに獣《けもの》のやうに』で若い女性の恋心をみずみずしく斬新な手法で歌い上げ、鮮烈なデビューを飾った。他に『ひるがほ』『桜森《さくらもり》』などがある。夫は歌人で細胞生物学者の永田和宏《ながたかずひろ》。

栗木京子《くりききょうこ》

一九五四(昭和二九)～　愛知県生まれ

京都大学卒。大学在学中に歌誌「コスモス」に参加。その後、歌誌「塔《とう》」に移る。一九八四(昭和五九)年、第一歌集『水惑星《みずわくせい》』を刊行し、文語の韻律の美しさを重んじつつ、みずみずしく青春の哀歓を歌い上げ、高く評価された。二〇〇七(平成一九)年には『けむり水晶《すいしょう》』で迢空賞《ちょうくうしょう》を受賞している。

水原紫苑《みずはらしおん》

一九五九(昭和三四)～　神奈川県生まれ

早稲田大学《わせだだいがく》大学院修士課程修了。春日井建《かすがいけん》に師事する。古典の豊かな素養を生かした、伝統的和歌の格調を受け継ぐ歌風で、「新古典派《しんこてんは》」と称される。現代歌人協会賞を受賞した第一歌集『びあんか』の他、主な歌集に『客人(まらうど)』『光儀(すがた)』などがある。

佐藤弓生《さとうゆみお》

一九六四(昭和三九)～　石川県生まれ

関西学院大学《かんせいがくいんだいがく》卒。歌誌「かばん」に参加。短歌と怪談を組み合わせた掌編集『うたう百物語《ひゃくものがたり》』に見られるように、怪異や幻想的なものを描くのが特徴。主な著書に、歌集『世界《せかい》が海《うみ》におおわれるまで』『モーヴ色《いろ》のあめふる』や、詩集『アクリリックサマー』などがある。

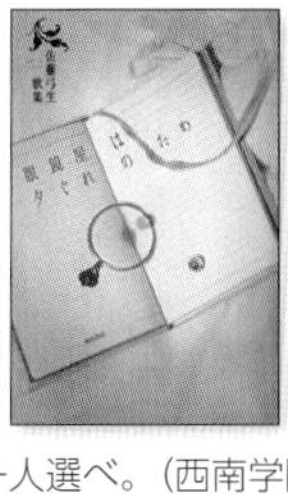

KADOKAWA

永田紅《ながたこう》

一九七五(昭和五〇)～　滋賀県生まれ

京都大学大学院博士課程修了。両親ともに歌人(永田和宏《ながたかずひろ》・河野裕子《かわのゆうこ》)であり、中学生の頃から歌作を始め、父の主宰する歌誌「塔《とう》」に参加する。若者特有の清新な心情をやわらかく詠む歌風。主な歌集に『日輪《にちりん》』『ぼんやりしているうちに』などがある。細胞生物学研究者としても知られている。

文学史問題：歌人でない人物を次から一人選べ。(西南学院大)
①石川啄木　②岡本かの子　③会津八一　④種田山頭火

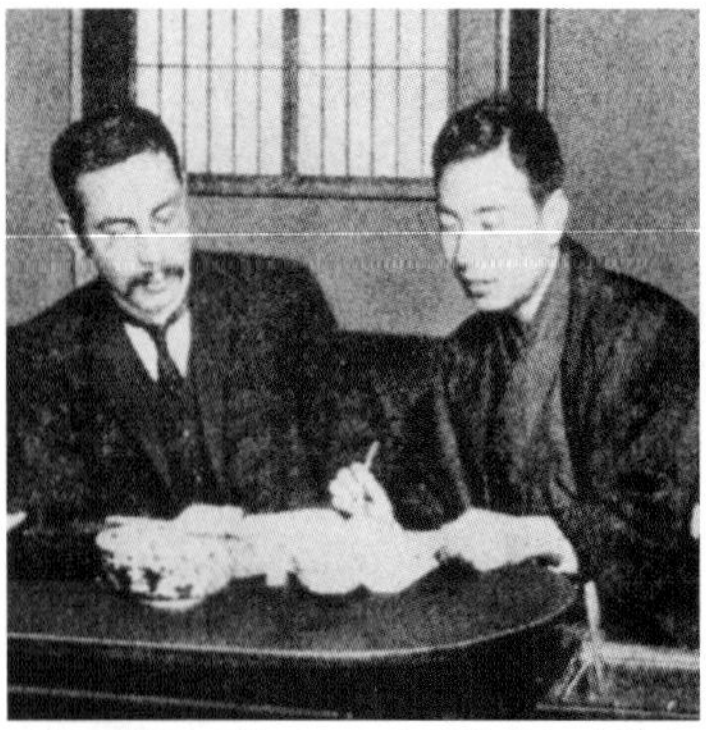
子規の没後に刊行された『子規句集』の編集をする高浜虚子(右)と河東碧梧桐(左)

日本派の俳人　前列右から高浜虚子、一人おいて正岡子規・内藤鳴雪。後列右端が河東碧梧桐。

■**俳句の革新**▼一八九二(明治二五)年、**正岡子規**《まさおかしき》(⬇三三六頁)は、『**獺祭書屋俳話**《だっさいしょおくはいわ》』を発表し、俳句革新に着手する。近世末期以来の俳諧は、個性がなく伝統にとらわれた平凡な月並俳諧《つきなみはいかい》であると徹底的にこれを批判した。さらに『芭蕉雑談《ばしょうざつだん》』『俳諧大要《はいかいたいよう》』では、伝統俳諧の偶像であった松尾芭蕉《まつおばしょう》(⬇一八二頁)を否定する一方、与謝蕪村《よさぶそん》(⬇一八七頁)を高く評価し、対象や感情を「**写生**《しゃせい》」によってありのままに表現する俳句を提唱した。彼のもとには、**河東碧梧桐**《かわひがしへきごとう》(⬇三三七頁)・**高浜虚子**《たかはまきょし》(⬇三三七頁)・**村上鬼城**《むらかみきじょう》(⬇三三九頁)・内藤《ないとう》鳴雪《めいせつ》など、多くの俳人が集まり、彼らは子規が俳論を発表した新聞「日本《にっぽん》」の名をとって「**日本派**《にほんは》」と呼ばれた。また、一八九七(明治三〇)年に柳原極堂《やなぎはらきょくどう》が創刊して、正岡子規が撰者《せんじゃ》を務めた雑誌「ホトトギス」は、当時の俳壇の主流となった。

■**俳壇の分裂**▼一九〇二(明治三五)年に正岡子規が没すると、彼の後継的な立場にあった門下の**高浜虚子**《たかはまきょし》と**河東碧梧桐**《かわひがしへきごとう》は対立し、俳壇は二つに分裂した。両者は等しく写生を旨としながらも、子規の後を受けて「ホトトギス」を主宰した高浜虚子が、季語と定型を重んじる伝統的な定型律俳句を守る立場をとったのに対し、子規から新聞「日本」の俳句欄の撰者を引き継いだ河東碧梧桐は、写生主義をさらに徹底させた「実感写生《じっかんしゃせい》」を主張し、旧来の季題や定型にとらわれない立場をとった。

■**新傾向俳句**▼季題や定型にとらわれず、写生を徹底することによる主観的な心理描写を重視した河東碧梧桐の俳句は**新傾向俳句**《しんけいこうはいく》と呼ばれ、彼の門下には大須賀乙字《おおすがおつじ》・荻原井泉水《おぎわらせいせんすい》・中塚一碧楼《なかつかいっぺきろう》らが集まった。そして、新傾向俳句をさらに押し進めた荻原井泉水は、季題の廃止を唱えて**自由律俳句**《じゆうりつはいく》を主張。荻原井泉水の門からは、**尾崎放哉**《おざきほうさい》(⬇三三九頁)や**種田山頭火**《たねださんとうか》(⬇三三七頁)、さらにプロレタリア俳句の栗林一石路《くりばやしいっせきろ》など、個性的な俳人が多く誕生した。

■**ホトトギス派**▼勢いを増す河東碧梧桐の新傾向俳句に対し、高浜虚子のもとには**村上鬼城**《むらかみきじょう》・**飯田蛇笏**《いいだだこつ》(⬇三三九頁)・原石鼎《はらせきてい》らが集まった。これらの虚子門下の俳人たちは、虚子が「ホトトギス」を主宰していたことから「**ホトトギス派**」と呼ばれる。正岡子規の死後、小説の創作に没頭するため、一時的に俳壇を離れていた虚子だったが、大正初期に俳壇に復帰。新傾向俳句の主観的な心理描写を重視する「実感写生」に対し、「**客観写生**《きゃっかんしゃせい》」「**花鳥諷詠**《かちょうふうえい》」を説き、日本の四季折々の美しい自然を繊細に句の中に詠み上げた。虚子の俳壇復帰によって、ホトトギス派は勢いを盛り返し、俳壇の主流となっていった。

■**新興俳句運動**▼ホトトギス派からは多くの優れた俳人が誕生したが、昭和に入ると高浜虚子の高い評価を受けた**水原秋桜子**《みずはらしゅうおうし》(⬇三三七頁)・**阿波野青畝**《あわのせいは》・**山口誓子**《やまぐちせいし》(⬇三三八

明治(1890–1910)　大正(1910–1920)　昭和

筑波会：大野洒竹《おおのしゃちく》、佐々醒雪《さっさせいせつ》、大町桂月《おおまちけいげつ》

秋声会：角田竹冷《つのだちくれい》、尾崎紅葉《おざきこうよう》、巌谷小波《いわやさざなみ》

日本派：「ホトトギス」(明治三〇年)　正岡子規《まさおかしき》、夏目漱石《なつめそうせき》、高浜虚子《たかはまきょし》、河東碧梧桐《かわひがしへきごとう》、村上鬼城《むらかみきじょう》、内藤鳴雪《ないとうめいせつ》

→ 定型律俳句：高浜虚子《たかはまきょし》

→ ホトトギス派：村上鬼城《むらかみきじょう》、飯田蛇笏《いいだだこつ》、内藤鳴雪《ないとうめいせつ》、原石鼎《はらせきてい》、吉岡禅寺洞《よしおかぜんじどう》

→ 四S：水原秋桜子《みずはらしゅうおうし》、阿波野青畝《あわのせいほ》、山口誓子《やまぐちせいし》、高野素十《たかのすじゅう》

→ 四T：橋本多佳子《はしもとたかこ》、三橋鷹女《みつはしたかじょ》、中村汀女《なかむらていじょ》、星野立子《ほしのたつこ》

→ 新傾向俳句：河東碧梧桐《かわひがしへきごとう》

→ 自由律俳句：荻原井泉水《おぎわらせいせんすい》、中塚一碧楼《なかつかいっぺきろう》、大須賀乙字《おおすがおつじ》

→ 尾崎放哉《おざきほうさい》、種田山頭火《たねださんとうか》

→ プロレタリア俳句：栗林一石路《くりばやしいっせきろ》、橋本夢道《はしもとむどう》

朝日俳壇の撰者を務める中村草田男(右)・星野立子(中央)・加藤楸邨(左)

四Sと四T

水原秋桜子《みずはらしゅうおうし》・阿波野青畝《あわのせいほ》・山口誓子《やまぐちせいし》・高野素十《たかのすじゅう》の四人は、昭和初期のホトトギス派を代表する俳人として「四《よん》S《エス》」と称されたが、同じく昭和初期に活躍した橋本多佳子《はしもとたかこ》・三橋鷹女《みつはしたかじょ》・中村《なかむら》汀女《ていじょ》・星野立子《ほしのたつこ》の四人の女性俳人たちはその頭文字から「四T《よんティ》」と呼ばれた。なお、星野立子は高浜虚子《たかはまきょし》の次女。

高浜虚子(左)と星野立子(右)

頁)・**高野素十《たかのすじゅう》**の四人が脚光を浴びるようになる。彼らは名前の頭文字を取って「**四《よん》S《エス》**」と呼ばれた。しかし、ホトトギス派の保守的な句風に飽き足らなかった水原秋桜子は、俳誌「馬酔木《あしび》」を創刊して論文『自然《しぜん》の真《しん》と文芸上《ぶんげいじょう》の真《しん》』を発表。虚子の「客観写生」に異を唱え、有季定型の伝統は守りつつも、より主観的に感情を描き出すことを主張した。これに端を発して俳句革新を求める**新興俳句運動《しんこうはいくうんどう》**が起こる。山口誓子も秋桜子に同調して都会的な季題や知的・即物的な句風を打ち出し、さらに**西東三鬼《さいとうさんき》**(⬇三三八頁)や**日野草城《ひのそうじょう》**らもこれに呼応した。しかし、こうした動きをさらに発展させて無季の俳句までをよしとする動きに反発した秋桜子が、新興俳句運動から距離を置くようになり、戦時中の俳句弾圧が強まると、新興俳句運動もしだいに勢いを失っていった。

■人間探求派▼昭和一〇年代になると、**中村草田男《なかむらくさたお》**(⬇三三八頁)・**加藤楸邨《かとうしゅうそん》**(⬇三三八頁)・**石田波郷《いしだはきょう》**(⬇三三九頁)ら「**人間探求派《にんげんたんきゅうは》**」と呼ばれる俳人が台頭する。彼らはより生活に根ざした描写によって、人間の内面を象徴的に描き出し、そこから自己の生き方を追究していこうとした。これは正岡子規以来の近代俳句の一つの到達点となり、戦後の俳句へとつながっていく分岐点ともなった。

■戦後俳句の発展▼敗戦後の一九四六(昭和二一)年、**桑原武夫《くわばらたけお》**(⬇三五四頁)の『**第二芸術《だいにげいじゅつ》―現代俳句《げんだいはいく》について**』によって俳句という形式の限界が指摘されると、中村草田男らがこれに激しく反発するなど、新しい俳句についての模索が始まる。山口誓子は桑原に対して「俳句は回顧に生きるよりも近代芸術として刻々新しく生きなければならぬ」と述べて「根源俳句《こんげんはいく》」を提唱。一九四八(昭和二三)年に俳誌「天狼《てんろう》」を創刊すると、西東三鬼らもそれに加わった。また、一九四七(昭和二二)年には、西東三鬼と石田波郷が中心となって「現代俳句協会《げんだいはいくきょうかい》」が結成されるなど、戦後俳壇は活気を帯びてきた。

■前衛俳句から現代俳句へ▼昭和三〇年代になると、前衛俳句が盛んになり、**金子兜太《かねことうた》**(⬇三三九頁)が「造型俳句論《ぞうけいはいくろん》」を打ち出し、主客の間に「創る自分」を置くことによって自身の内面を造型しようとした。また、これに対して叙情の回復を旨とするリアリズム俳句など、俳句は向かうべき道を求め、さまざまな広がりを見せた。こうした動きは現代俳句まで続いている。

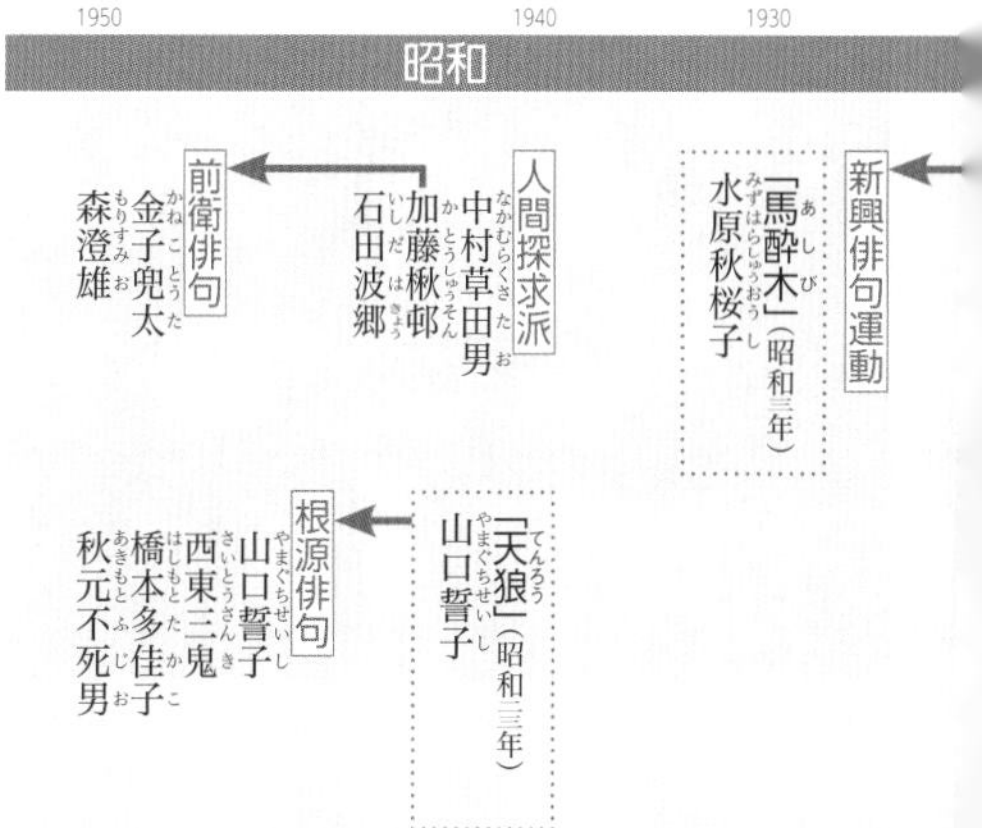

「第二芸術」論

一九四六(昭和二一)年、評論家の桑原《くわばら》武夫《たけお》は『第二芸術《だいにげいじゅつ》―現代俳句《げんだいはいく》について』という論文を発表。俳句という形式は、近代の思想や感情を表すには不向きであり、もし俳句を芸術というのであれば「第二芸術」というべきであると論じた。さらに、大家の作品と無名作家の作品の区別がつきにくく、作品の価値は作品自体によって決定されるのではなく、作品以外の人間関係・結社などの勢力・地位によって決定される、と俳壇の閉鎖性・封建制を批判したのである。この挑発的な論文は、俳人たちを刺激し、山口誓子《やまぐちせいし》・中村草田男《なかむらくさたお》・西《さい》東三鬼《とうさんき》・加藤楸邨《かとうしゅうそん》など、多くの俳人たちが、猛然とこれに反論した。

文学史問題：正岡子規の友人で、一時子規の故郷の松山に教師として赴任していた人物を次から一人選べ。(南山大)
①与謝野鉄幹　②斎藤茂吉　③森鷗外　④夏目漱石　⑤石川啄木

俳句・短歌の革新

正岡子規《まさおかしき》

一八六七（慶応三）年～一九〇二（明治三五）年
愛媛県生まれ

明治	大正	昭和（戦前）	昭和（戦後）	平成・令和
1868	1912	1926	1945	1989

＃客観写生　＃根岸短歌会　＃俳句革新運動

西暦	年号	歳	事項	区分
一八六七	慶応三	0	愛媛県に誕生。	句作への目覚め
一八八〇	明治一三	13	松山中学校入学。	
一八八三	明治一六	16	松山中学校を中退して上京。	
一八八四	明治一七	17	大学予備門入学。	
一八八九	明治二二	22	夏目漱石《なつめそうせき》と出会う。	
一八九〇	明治二三	23	帝国大学哲学科入学。後に国文科に転科。	
一八九二	明治二五	25	帝国大学を中退し、日本新聞社に入社。『獺祭書屋俳話《だっさいしょおくはいわ》』	俳句革新運動
一八九五	明治二八	28	記者として日清戦争に従軍。	
一八九七	明治三〇	30	柳原極堂《やなぎはらきょくどう》が俳誌「ホトトギス」を創刊。子規が撰者を務める。	
一八九八	明治三一	31	『歌《うた》よみに与《あた》ふる書《しょ》』	
一九〇〇	明治三三	33	多量の喀血《かっけつ》。	病床での活動
一九〇一	明治三四	34	『墨汁一滴《ぼくじゅういってき》』『仰臥漫録《ぎょうがまんろく》』	
一九〇二	明治三五	34	『病牀六尺《びょうしょうろくしゃく》』肺結核のため死去。	

漱石との出会い

本名常規《つねのり》。別号「獺祭書屋主人《だっさいしょおくしゅじん》」「竹《たけ》の里人《さとびと》」。母方の祖父は儒学者大原観山《おおはらかんざん》で、幼い頃から祖父に漢学を学んだ。松山中学校入学後、自由民権運動に感化され、中学を中退して上京。政治家を目指すも、やがて哲学に関心を持つようになり、その後、文学へと関心を移した。その大きな契機となったのが、大学予備門での夏《なつ》目《め》漱石《そうせき》（⬇二四六頁）との出会いであった。漱石と子規は交流を深め、生涯を通じての親友となる。二十二歳のときに初めて喀血《かっけつ》。「鳴いて血を吐く」と言われるホトトギスに自分をなぞらえ、ホトトギスの漢字表記である「子規」を号し、句作をするようになった。

俳句の革新

帝国大学に入学すると、子規は俳句分類や与謝蕪村《よさぶそん》（⬇一八七頁）の研究を始める。一八九二（明治二五）年、大学を中退して日本新聞社に入社すると、本格的に**俳句の革新運動に着手**し、獺祭書屋主人の名で**『獺祭書屋俳話《だっさいしょおくはいわ》』**を新聞に連載。芭蕉《ばしょう》を批判する一方、蕪村の句を高く評価し、**俳句における「写生《しゃせい》」の重要性を説いた。**また、同郷の高浜虚子《たかはまきょし》（⬇三三七頁）や河東碧梧桐《かわひがしへきごとう》（⬇三三七頁）に俳句の指南もおこなった。一八九五（明治二八）年、記者として日清戦争に従軍。しかし、その帰途で大喀血をする。帰国後は病床での生活となったが、句作への意欲は衰えず、『俳諧大要《はいかいたいよう》』を連載。自宅で句会を開き、一八九七（明治三〇）年からは、俳誌「ホトトギス」の撰者《せんじゃ》として、新人の育成に努めた。

旺盛な活動

一方、**『歌《うた》よみに与《あた》ふる書《しょ》』**では短歌の革新にも乗り出し、『万葉集《まんようしゅう》』（⬇九三頁）をほめたたえて写生主義を唱えた。子規が住んでいた根岸の子規庵では「**根岸短《ねぎしたん》歌会《かかい》**」が開かれ、「根岸派《ねぎしは》」と呼ばれる多くの歌人を輩出し、「アララギ派」へと発展した。しかし、病は確実に子規の体を蝕《むしば》んでいた。脊椎カリエスの痛みのため、最晩年の三年間はほぼ寝たきりだったが、その中でも『仰臥漫録《ぎょうがまんろく》』『病牀六尺《びょうしょうろくしゃく》』を著し、自身の提唱した「写生」に基づき、客観的に自分の死を描き出そうとした。一九〇二（明治三五）年、肺結核のため三十四歳の若さで死去した。

野球ユニフォーム姿の子規

子規は野球に熱中し、キャッチャーとして活躍していた。「バッター」「ランナー」などの外来語に対し、「打者」「走者」といった訳語を考案したのも子規であった。

獺祭書屋俳話《だっさいしょおくはいわ》　一八九二（明治二五）年

新聞「日本《にっぽん》」に連載した俳論。自らの俳句分類の研究に基づき俳諧の歴史を述べ、マンネリズムに陥った俳諧の現状を厳しく批判した。ここから子規の俳句革新運動が始まった。

歌《うた》よみに与《あた》ふる書《しょ》　一八九八（明治三一）年

新聞「日本」に十回にわたって連載された歌論。俳句に続き、短歌革新についての見解を表明し、近代短歌への足がかりとした。『古今和歌集《こきんわかしゅう》』（⬇九六頁）を否定して紀貫之《きのつらゆき》を酷評する一方、『万葉集《まんようしゅう》』（⬇九三頁）と源実朝《みなもとのさねとも》を高く評価し、率直で写実的な表現を尊重する立場をとった。

愚陀佛庵《ぐだぶつあん》　夏目漱石が愛媛県尋常中学校に赴任した際、子規は療養も兼ねて漱石の下宿に移り住む。「愚陀佛庵」と名づけた家の二階に漱石が、階下に子規が住むという共同生活であった。

新傾向俳句運動を展開

河東碧梧桐《かわひがしへきごとう》

一八七三(明治六)～一九三七(昭和一二)　愛媛県生まれ

第二高等学校中退。高浜虚《たかはまきょ》子《し》とは伊予尋常中学校の同級であり、ともに正岡子規《まさおかしき》(⬇三二六頁)に入門。子規門弟の双璧として俳句革新運動に加わった。当初は写生論を提唱したが、子規が死去すると、伝統的な諷詠俳句《ふうえいはいく》を推す虚子と対立。季題や定型に束縛されず、自由に個性を発揮して社会に問題提起する新傾向俳句《しんけいこうはいく》を提唱した。一九一五(大正四)年、俳誌「海紅《かいこう》」を創刊し、無季自由律俳句へと向かう。その後、漢語にルビを付ける「ルビ俳句」などを試みた。一九三三(昭和八)年に俳壇引退を表明してからは、新傾向俳句はしだいに衰微した。主な句集に『三千里《さんぜんり》』『**新傾向句集**《しんけいこうくしゅう》』などがある。

新傾向句集《しんけいこうくしゅう》　一九一五(大正四)年

新傾向俳句を提唱していた時代の句集。千九百八十一句と俳論、俳話より成り、「思はずもヒヨコ生まれぬ冬薔薇《ふゆさうび》」など、自由な感性で詠まれた俳句を収める。

伝統俳句の復興を提唱

高浜虚子《たかはまきょし》

一八七四(明治七)～一九五九(昭和三四)　愛媛県生まれ

第二高等学校中退。河東碧《かわひがしへき》梧桐《ごとう》とは中学時代の同窓であり、彼を介して正岡子規《まさおかしき》(⬇三二六頁)に入門。一九〇二(明治三五)年に子規が没すると、雑誌「ホトトギス」を継承した。子規の写生文の影響を受けて小説を志し、一九〇八(明治四一)年に小説『鶏頭《けいとう》』『俳諧師《はいかいし》』を発表。また、碧梧桐の新傾向俳句運動に対する反発から、自らを「守旧派《しゅきゅうは》」と称し、花鳥諷詠《かちょうふうえい》・有季定型の伝統俳句の復興を提唱し、客観写生による俳句を発表した。その後、新興俳句運動や「第二芸術論《だいにげいじゅつろん》」の提唱の中でも、「ホトトギス」は俳壇の絶対的主流であり、虚子はその中心に君臨し続けた。主な句集に『虚子句集《きょしくしゅう》』『**五百句**《ごひゃっく》』などがある。

五百句《ごひゃっく》　一九三七(昭和一二)年

雑誌「ホトトギス」の五百号を記念して刊行された自選句集。約三十年にわたる俳句を制作年代順に五百句並べ、制作事情についての説明文を添えている。

放浪の自由律俳人

種田山頭火《たねださんとうか》

一八八二(明治一五)～一九四〇(昭和一五)　山口県生まれ

早稲田大学《わせだだいがく》中退。実家は大地主だったが、十一歳の時に母が自殺するなど、複雑な家庭環境に育った。一九一三(大正二)年、俳誌「層雲《そううん》」に投句を始め、荻原井泉水《おぎわらせいせんすい》に師事する。一九一六(大正五)年、実家が破産したため妻子とともに熊本へ移り古書店を始めるが、経営は軌道に乗らず、一九一九(大正八)年に単身上京。しかし、一九二三(大正一二)年の関東大震災で被災し、熊本へ戻った。翌年、熊本の曹洞宗《そうとうしゅう》報恩寺《ほうおんじ》で出家し、さらに一年後には家々で食料を求めながらの修行の旅に出て、旅の中で句作を続けた。その後も放浪を重ね、一九四〇(昭和一五)年にこれまでの句作を集成した『**草木塔**《そうもくとう》』を刊行した。

草木塔《そうもくとう》　一九四〇(昭和一五)年

死の直前に刊行された自選句集。出家得度して以降の七冊の句集から、七百句余りを収める。自ら死を選んだ母への鎮魂集としての体裁をとっている。

主観的写生の提唱者

水原秋桜子《みずはらしゅうおうし》

一八九二(明治二五)～一九八一(昭和五六)　東京都生まれ

東京帝国大学卒。産婦人科医として働く傍ら、句作を始め、雑誌「ホトトギス」に投句。高浜虚子《たかはまきょし》の指導を受け、阿波野《あわの》青畝《せいほ》・山口誓子《やまぐちせいし》(⬇三二八頁)・高野素十《たかのすじゅう》とともに「四S《よんエス》」と称された。一九三一(昭和六)年、主宰する俳誌「馬酔木《あしび》」に論文『自然《しぜん》の真《しん》と文芸上《ぶんげいじょう》の真《しん》』を発表し、虚子の「客観写生《きゃっかんしゃせい》」に異を唱え、定型・有季・文語体は守りつつも、主観的に事象をとらえ、典雅な抒情俳句《じょじょうはいく》を回復させることを主張した。ここから新興俳句運動が活発化したが、秋桜子自身は無季自由律俳句には批判的であり、新興俳句運動からは距離を置いた。主な句集に『**葛飾**《かつしか》』『霜林《そうりん》』などがある。

葛飾《かつしか》　一九三〇(昭和五)年

反ホトトギス派を表明して発表された第一句集。五百三十九句を採録。秋桜子が好んだ葛飾の地を詠んだ句を多く収録している。

文学史問題：正岡子規の俳句を次から一つ選べ。(鎌倉女子大)
①春風や闘志いだきて丘に立つ　②松山や秋より高き天守閣　③蕎麦白き道すがらなり観音寺　④何か求むる心海へ放つ

新興俳句運動の旗手
西東三鬼《さいとうさんき》
一九〇〇(明治三三)～一九六二(昭和三七)　岡山県生まれ

日本歯科医学専門学校卒。卒業後にシンガポールで歯科医を開業し、帰国後の一九三三(昭和八)年に東京神田共立病院の歯科部長となる。患者の勧めで句作を始め、俳誌「走馬灯《そうまとう》」「旗艦《きかん》」などに俳句を発表。花鳥風月を描く伝統的な諷詠俳句《ふうえいはいく》を否定し、都会生活者の虚無感を表現した無季俳句によって新興俳句運動を推進した。一九四〇(昭和一五)年、第一句集『旗《はた》』を刊行。戦時中は俳句弾圧の中、検挙され一次句作を中断したが、戦後、活動を再開。石田波郷《いしだはきょう》(⬇三三九頁)らと「現代俳句協会《げんだいはいくきょうかい》」を設立し、山口誓子《やまぐちせいし》を擁して俳誌「天狼《てんろう》」を創刊。また、自らも俳誌「断崖《だんがい》」を創刊するなど、精力的な活動をおこなった。

旗《はた》
一九四〇(昭和一五)年

新興俳句運動を推進していた一九三五(昭和一〇)年～一九三九(昭和一四)年までの二百七句を採録した第一句集。「序」と「自伝」が付けられており、「水枕ガバリと寒い海がある」など、無季の句も多く収録する。

人間の内面を掘り下げた俳人
中村草田男《なかむらくさたお》
一九〇一(明治三四)～一九八三(昭和五八)　中国・福建省生まれ

東京帝国大学卒。大学在学中より句作を始め、「東大《とうだい》俳句会《はいくかい》」に入会。高浜虚子《たかはまきょし》(⬇三三七頁)に師事して「ホトトギス」同人となり、「四S《よんエス》」の次の世代の筆頭と目された。一九三六(昭和一一)年、第一句集『長子《ちょうし》』を刊行。新興俳句とも花鳥諷詠《かちょうふうえい》とも距離を置き、あくまでも有季定型の伝統俳句の枠の中で自己の内面を見つめ、人間性を写生することを提唱し、加藤楸邨《かとうしゅうそん》・石田波郷《いしだはきょう》(⬇三三九頁)とともに「人間探求派《にんげんたんきゅうは》」と称された。戦時中は一時投句を中断。戦後の一九四六(昭和二一)年、俳誌「万緑《ばんりょく》」を創刊・主宰。現代俳句の中心的存在として、俳人協会の初代会長などを務めた。他に『火の島《ひのしま》』などがある。

長子《ちょうし》
一九三六(昭和一一)年

初期の三百三十八句を四季別に収めた第一句集。一九七〇(昭和四五)年、大阪で開かれた日本万国博覧会のタイムカプセルに、昭和を代表する句集として収納された。

新興俳句運動の中心
山口誓子《やまぐちせいし》
一九〇一(明治三四)～一九九四(平成六)　京都府生まれ

東京帝国大学卒。大学では、水原秋桜子《みずはらしゅうおうし》(⬇三三七頁)らと「東大俳句会《とうだいはいくかい》」を復興。一九二九(昭和四)年、「ホトトギス」同人となり、「四S《よんエス》」(秋桜子・青畝《せいほ》・誓子・素十《すじゅう》)の一角として活躍した。一九三二(昭和七)年、第一句集『凍港《とうこう》』を刊行。一九三五(昭和一〇)年には秋桜子に共鳴して俳誌「馬酔木《あしび》」同人となり、新興俳句運動を牽引《けんいん》した。一九四八(昭和二三)年、西東《さいとう》三鬼《さんき》らと俳誌「天狼《てんろう》」を創刊。無季俳句容認の立場をとったため、秋桜子と対立、「馬酔木」を離れた。生命の根源を追究する「根源俳句《こんげんはいく》」を提唱し、新しい季語を積極的に取り入れるなど、独自の句風を確立した。他に『黄旗《こうき》』『遠星《えんせい》』などがある。

凍港《とうこう》
一九三二(昭和七)年

一九二四(大正一三)年以降の句、二百九十七句を年代順に配した第一句集。外来語の季語を多く詠み込み、斬新な句風で俳壇に新しい風をもたらした。

人間の内面に光を当てた俳人
加藤楸邨《かとうしゅうそん》
一九〇五(明治三八)～一九九三(平成五)　東京都生まれ

東京文理科大学卒。中学教師として勤務する傍ら、同僚の誘いで句作を始め、水《みず》原秋桜子《はらしゅうおうし》(⬇三三七頁)に師事して俳誌「馬《あ》酔木《しび》」同人となる。叙情的な自然諷詠《しぜんふうえい》から出発したが、新興俳句運動の高まりの中で、一九三九(昭和一四)年、第一句集『寒雷《かんらい》』を刊行。人間の内部へと目を向ける、生活に密着した句へと転じ、中村草《なかむらくさ》田男《たお》・石田波郷《いしだはきょう》(⬇三三九頁)とともに「人《にん》間探求派《げんたんきゅうは》」と称された。また、俳誌「寒雷」を創刊・主宰し、多くの俳人を輩出した。他に『穂高《ほたか》』『野哭《やこく》』などがある。また、松《まつ》尾芭蕉《おばしょう》(⬇一八二頁)の研究でも知られ、『奥の細道吟行《おくのほそみちぎんこう》』『芭蕉《ばしょう》の山河《さんが》』なども刊行している。

寒雷《かんらい》
一九三九(昭和一四)年

一九三一(昭和六)年以降の句を年代順に配列し、五百四十句を収めた第一句集。「古利根抄《ふるとねしょう》」「愛林抄《あいりんしょう》」「都塵抄《とじんしょう》」の三部から成る。

写真：杉田久女・橋本多佳子＝北九州市立文学館蔵

前頁の答：②

村上《むらかみ》鬼城《きじょう》
一八六五(慶応元)～一九三八(昭和一三)　東京都生まれ

明治義塾法律学校中退。軍人を志すが、難聴のために断念。正岡子規《まさおかしき》(⬇三三六頁)の俳論に感銘を受け、「ホトトギス」同人となり、俳句や写生文を投稿する。生活と病気の苦しみを率直に詠んだ「境涯《きょうがい》の句《く》」で飯田蛇笏《いいだだこつ》らとともに「ホトトギス」の黄金期を支えた。句集に『鬼城句集《きじょうくしゅう》』などがある。

尾崎《おざき》放哉《ほうさい》
一八八五(明治一八)～一九二六(大正一五)　鳥取県生まれ

東京帝国大学卒。旧制中学時代から句作を始め、荻原井泉水《おぎわらせいせんすい》の俳誌「層雲《そううん》」に自由律俳句を発表する。勤務先を飲酒による失敗から退職。すべてを捨てて各地を放浪しながら托鉢《たくはつ》生活をおこなう。晩年は小豆島《しょうどしま》の南郷庵《みなんごあん》に住み、虚無感に満ちた句を詠んだ。死後、句集『大空《たいくう》』が刊行された。

飯田《いいだ》蛇笏《だこつ》
一八八五(明治一八)～一九六二(昭和三七)　山梨県生まれ

早稲田大学《わせだだいがく》中退。高浜《たかはま》虚子《きょし》(⬇三三七頁)に師事し、格調高く明晰《めいせき》な「蛇笏調《だこつちょう》」と呼ばれる句風を確立し、村上鬼城《むらかみきじょう》らとともに「ホトトギス」の全盛期を支える一人となった。一九一七(大正六)年、俳誌「雲《うん》母《も》」を創刊・主宰。主な句集に『山廬集《さんろしゅう》』『霊芝《れいし》』『心像《しんしょう》』などがある。俳人飯田龍太《いいだりゅうた》は四男。

杉田《すぎた》久女《ひさじょ》
一八九〇(明治二三)～一九四六(昭和二一)　鹿児島県生まれ

東京女子高等師範学校附属高等女学校卒。画家の杉田宇内《すぎたうない》と結婚後、「ホトトギス」に投句を始め、浪漫的な句風で高浜虚子《たかはまきょし》(⬇三三七頁)に認められ頭角を現す。一九三二(昭和七)年、俳誌「花衣《はなごろも》」を創刊。その後、「ホトトギス」同人となるが虚子の不興を買って除名となり、失意のうちに病没した。

橋本《はしもと》多佳子《たかこ》
一八九九(明治三二)～一九六三(昭和三八)　東京都生まれ

菊坂女子美術学校中退。杉田久女《すぎたひさじょ》の指導を受けて句作を始め、「ホトトギス」へ投句。その後、高浜虚子《たかはまきょし》(⬇三三七頁)や山口誓子《やまぐちせいし》(⬇三三八頁)に師事した。女性の情感を格調高く詠み上げ、星野立子《ほしのたつこ》・中村《なかむら》汀女《ていじょ》・三橋鷹女《みつはしたかじょ》とともに「女流四T《よんティ》」時代を築いた。主な句集に『海燕《うみつばめ》』『信濃《しなの》』などがある。

中村《なかむら》汀女《ていじょ》
一九〇〇(明治三三)～一九八八(昭和六三)　熊本県生まれ

熊本県立高等女学校卒。十代後半で句作を始め、「ホトトギス」で高浜虚子《たかはまきょし》(⬇三三七頁)の指導を受ける。結婚後は句作を中断するが、一九三二(昭和七)年より再開。女性らしい細やかな視点で日常生活感情のひだを表現した。一九四七(昭和二二)年、俳誌「風花《かざはな》」を創刊。主な句集に『春雪《しゅんせつ》』などがある。

石田《いしだ》波郷《はきょう》
一九一三(大正二)～一九六九(昭和四四)　愛媛県生まれ

明治大学中退。水原秋《みずはらしゅう》桜子《おうし》(⬇三三七頁)に師事。二十歳で俳誌「馬酔木《あしび》」の同人となり、みずみずしい感性で青春の哀歓を詠んだ。一九三七(昭和一二)年、俳誌「鶴《つる》」を創刊。中村草田男《なかむらくさたお》(⬇三三八頁)・加藤楸邨《かとうしゅうそん》(⬇三三八頁)とともに「人間探求派《にんげんたんきゅうは》」と称されている。主な句集に『鶴《つる》の眼《め》』などがある。

金子《かねこ》兜太《とうた》
一九一九(大正八)～二〇一八(平成三〇)　埼玉県生まれ

東京帝国大学卒。高校時代から句作を始め、加藤楸邨《かとうしゅうそん》(⬇三三八頁)に私淑し、俳誌「寒雷《かんらい》」の同人となる。戦後は沢《さわ》木欣一《ききんいち》の俳誌「風《かぜ》」に参加し、社会性俳句を特徴とする前衛俳句運動の旗手として活躍。一九六二(昭和三七)年には俳誌「海程《かいてい》」を創刊した。主な句集に『少年《しょうねん》』『暗緑地誌《あんりょくちし》』などがある。

鷹羽《たかは》狩行《しゅぎょう》
一九三〇(昭和五)～　山形県生まれ

中央大学卒。高校在学中から校内の俳誌で俳句を作り始め、山口誓子《やまぐちせいし》(⬇三三八頁)に師事して俳誌「天狼《てんろう》」に参加。誓子の現代的な句風の影響を受けつつ、知的・感覚的な句を詠んだ。その後、俳誌「氷海《ひょうかい》」を経て、俳誌「狩《かり》」を創刊・主宰した。主な句集に『誕生《たんじょう》』『平遠《へいえん》』などがある。

坪内《つぼうち》稔典《ねんてん》
一九四四(昭和一九)～　愛媛県生まれ

立命館大学大学院修士課程修了。高校時代から俳誌「青玄《せいげん》」に投句を始め、主宰の伊丹三樹《いたみみき》彦《ひこ》に師事する。俳句の本質として「口誦性《こうしょうせい》」と「片言性《へんげんせい》」を提唱し、軽快で口ずさみやすく、ユーモラスな句を多く詠む。主な句集に『朝《あさ》の岸《きし》』『ヤツとオレ』、評論集に『俳句のユーモア』などがある。

長谷川《はせがわ》櫂《かい》
一九五四(昭和二九)～　熊本県生まれ

東京大学卒業後、新聞記者を経て俳句に専念。俳句結社「古志《こし》」を創設し、同名の句誌も創刊した。朝日俳壇《あさひはいだん》の選者や、インターネット上の歳時記「きごさい」の代表を務めるなど、俳句の裾野を広げる活動もおこなう。主な著書に俳論『俳句《はいく》の宇宙《うちゅう》』、句集『虚空《こくう》』などがある。

黛《まゆずみ》まどか
一九六二(昭和三七)～　神奈川県生まれ

フェリス女学院短期大学卒。俳誌「河《かわ》」新人賞、角川俳句賞奨励賞を受賞。有季定型を維持しつつ、現代的な俳句スタイルを確立する。女性だけの俳誌「月刊《げっかん》ヘップバーン」を創刊、新しい世代の俳句を牽《けん》引《いん》する存在となった(後に百号で終刊)。主な句集に『B面《ビーめん》の夏《なつ》』『てっぺんの星《ほし》』などがある。

文学史問題：正岡子規の一派が刊行した雑誌の誌名にちなむ呼び名を次から一つ選べ。(青山学院大)
①根岸派　②叙景派　③写生派　④アララギ派　⑤人生派

評論キーワード

評論とは、あるテーマについての調査・研究・思索の過程・結果を、文章で表現したもの。そのテーマはさまざまであり、例えば平安時代の文学の特徴を論じたものも、現在の世界の環境問題について論じたものも、みな評論である。それらに共通するのは、言葉で書かれているということである。そして、各分野に特有の言葉、専門用語がある。それらは、日常的には使わない言葉のこともあれば、「一見日常的な語彙だが専門的な文章の文脈の中では実は特殊な含みを持っている言葉」のこともある。ここでは、そうした専門用語の中で特に重要と考えられる「評論キーワード」をあげた。これらを身につければ、評論をより深く理解してさまざまな知見を得ることができるだろう。

以下、体系的な理解の助けとなるように「文学・芸術・言語」「思想・科学」など、いくつかのジャンルに分けて言葉を並べたが、多様なジャンルで使用されるものも多い。

なお、三四六頁からの評論家紹介もジャンル別の配列になっているが、これも絶対的なものではなく、ジャンルをまたいで活躍する人も多い。

文学・芸術・言語

文学は言語を用いた芸術とも言え、そうした点で文学・芸術・言語は相互に関係している。例えば、**ロマン主義**は文学にもその他の芸術にも見られる概念である。また、例えば、言語学の用語としても語られる**レトリック**は、同時に文学の欠かせない技法でもある。

ここでは、文学・芸術・言語に関わりの深い語彙をまとめた。

□**アイロニー**　皮肉。
□**アバンギャルド**　芸術上の革新運動。革新的な芸術や、それを作る人。前衛。
□**アフォリズム**　真理を巧みに簡潔に述べた短い言葉。箴言《しんげん》。
□**インスピレーション**　直観的に思い浮かぶひらめき。
□**エピゴーネン**　芸術などにおける模倣者。亜流。
□**諧謔**《かいぎゃく》　気の利いた冗談。ユーモア。
□**乖離**《かいり》　かけ離れていること。「乖」は「そむく・離れる」の意。
□**カテゴリー**　同じ性質のものが属する部類。種類。分類。範疇《はんちゅう》。
□**含蓄**《がんちく》　表現に含まれている深い意味。
□**記号**《きごう》　一定の内容を指し示すもの。言語・文字・交通信号・道路標識など。
□**詭弁**《きべん》　故意に、正しくない内容を正しいかのように述べる、いい加減な弁論。
□**逆説**《ぎゃくせつ》　真理にそむくことを述べているようで、よく考えると真理を述べている説。パラドックス。
□**逆説的**《ぎゃくせつてき》　逆説を使って説明する様子。通常と逆の方面から真理を述べる様子。
□**狭義**《きょうぎ》　狭い意味。例えば、「ごはん」という言葉における「米を炊いた物」という意味。↔広義
□**寓話**《ぐうわ》　ある物事に託して、何らかの教訓や道理などを述べた物語。
□**言文一致**《げんぶんいっち》　話し言葉(言)と文章の言葉(文)の一致。文章を話し言葉で書くこと。日本では明治時代以降に普及した。
□**語彙**《ごい》　一つの言語体系・分野・作品など、ある範囲で使われる単語の全体。ボキャブラリー。
□**広義**《こうぎ》　広い意味。例えば、「ごはん」という言葉における「朝昼夜に食べる物全般(食事)」という意味。↔狭義
□**口語**《こうご》　①話す際に使われる言葉。話し言葉。②現代語。↔文語
□**シニカル**　冷笑的な。皮肉的な。
□**シュールレアリスム**　超現実主義。実際にはありえない奇抜な構図で人間の深層心理や無意識といったものを感じさせるような芸術の形式。
□**象徴**《しょうちょう》　抽象的な思想・概念を、具体的なもので表すこと。また、表したもの。シンボル。
□**叙事詩**《じょじし》　神話・伝説・英雄の事績などを語る長編の詩。
□**抒情詩**《じょじょうし》　作者の感情を語る詩。叙情詩とも。「叙」も「抒」も「述べる」の意。
□**ターム**　専門用語。術語。
□**体系**《たいけい》　個々のものを一定の秩序のもとに関連付けてまとめた全体。
□**多義性**《たぎせい》　一つの言葉に多くの意味があること。また、多くの意味に解釈できること。
□**端的**《たんてき》　要点を簡潔に表しているさま。
□**直喩**《ちょくゆ》　「〜のようだ」といった表現を使った比喩。
□**テクスト**　本文。原文。原典。
□**デフォルメ**　絵画などで、対象を意図的に変形して表現すること。
□**同義反復**《どうぎはんぷく》　ある事柄の説明の中で、同じ意味の言葉を無意味に繰り返すこと。トートロジー。
□**ニュアンス**　色や音、意味や感情などの微妙な違い。
□**パロディー**　既存の作品を、鑑賞者にも元の作品が明らかにわかる前提で、風刺や諧謔《かいぎゃく》などの効果を狙って、作りかえたもの。
□**表意文字**《ひょういもじ》　単体で一定の意味を持つ文字。漢字など。
□**表音文字**《ひょうおんもじ》　単体では意味を持たず一定の音のみを表す文字。ひらがなやローマ字など。
□**フィクション**　虚構。虚構の作品。想像により作り上げられた作品。
□**風刺**《ふうし》　社会や人物の欠陥などを、直接的にではなく、他の事柄にかこつけて批判すること。

村上鬼城《むらかみきじょう》

一八六五(慶応元)～一九三八(昭和一三)　東京都生まれ

明治義塾法律学校中退。軍人を志すが、難聴のために断念。正岡子規《まさおかしき》(⬇三三六頁)の俳論に感銘を受け、「ホトトギス」同人となり、俳句や写生文を投稿する。生活と病気の苦しみを率直に詠んだ「境涯《きょうがい》の句《く》」で飯田蛇笏《いいだだこつ》らとともに「ホトトギス」の黄金期を支えた。句集に『鬼城句集《きじょうくしゅう》』などがある。

尾崎放哉《おざきほうさい》

一八八五(明治一八)～一九二六(大正一五)　鳥取県生まれ

東京帝国大学卒。旧制中学時代から句作を始め、荻原井泉水《おぎわらせいせんすい》の俳誌「層雲《そううん》」に自由律俳句を発表する。勤務先を飲酒による失敗から退職。すべてを捨てて各地を放浪しながら托鉢《たくはつ》生活をおこなう。晩年は小豆島《しょうどしま》の南郷庵《みなんごあん》に住み、虚無感に満ちた句を詠んだ。死後、句集『大空《たいくう》』が刊行された。

飯田蛇笏《いいだだこつ》

一八八五(明治一八)～一九六二(昭和三七)　山梨県生まれ

早稲田大学《わせだだいがく》中退。高浜《たかはま》虚子《きょし》(⬇三三七頁)に師事し、格調高く明晰《めいせき》な「蛇笏調《だこつちょう》」と呼ばれる句風を確立し、村上鬼城《むらかみきじょう》らとともに「ホトトギス」の全盛期を支える一人となった。一九一七(大正六)年、俳誌「雲母《うんも》」を創刊・主宰。主な句集に『山盧集《さんろしゅう》』『霊芝《れいし》』『心像《しんしょう》』などがある。俳人飯田龍太《いいだりゅうた》は四男。

杉田久女《すぎたひさじょ》

一八九〇(明治二三)～一九四六(昭和二一)　鹿児島県生まれ

東京女子高等師範学校附属高等女学校卒。画家の杉田宇内《すぎたうない》と結婚後、「ホトトギス」に投句を始め、浪漫的な句風で高浜虚子《たかはまきょし》(⬇三三七頁)に認められ頭角を現す。一九三二(昭和七)年、俳誌「花衣《はなごろも》」を創刊。その後、「ホトトギス」同人となるが虚子の不興を買って除名となり、失意のうちに病没した。

橋本多佳子《はしもとたかこ》

一八九九(明治三二)～一九六三(昭和三八)　東京都生まれ

菊坂女子美術学校中退。杉田久女《すぎたひさじょ》の指導を受けて句作を始め、「ホトトギス」へ投句。その後、高浜虚子《たかはまきょし》(⬇三三七頁)や山口誓子《やまぐちせいし》(⬇三三八頁)に師事した。女性の情感を格調高く詠み上げ、星野立子《ほしのたつこ》・中村《なかむら》汀女《ていじょ》・三橋鷹女《みつはしたかじょ》とともに「女流四T《よんティ》」時代を築いた。主な句集に『海燕《うみつばめ》』『信濃《しなの》』などがある。

中村汀女《なかむらていじょ》

一九〇〇(明治三三)～一九八八(昭和六三)　熊本県生まれ

熊本県立高等女学校卒。十代後半で句作を始め、「ホトトギス」で高浜虚《たかはまきょ》子《し》(⬇三三七頁)の指導を受ける。結婚後は句作を中断するが、一九三二(昭和七)年より再開。女性らしい細やかな視点で日常生活感情のひだを表現した。一九四七(昭和二二)年、俳誌「風花《かざはな》」を創刊。主な句集に『春雪《しゅんせつ》』などがある。

石田波郷《いしだはきょう》

一九一三(大正二)～一九六九(昭和四四)　愛媛県生まれ

明治大学中退。水原秋《みずはらしゅう》桜子《おうし》(⬇三三七頁)に師事。二十歳で俳誌「馬酔木《あしび》」の同人となり、みずみずしい感性で青春の哀歓を詠んだ。一九三七(昭和一二)年、俳誌「鶴《つる》」を創刊。中村草田男《なかむらくさたお》(⬇三三八頁)・加藤楸邨《かとうしゅうそん》(⬇三三八頁)とともに「人間探求派《にんげんたんきゅうは》」と称されている。主な句集に『鶴《つる》の眼《め》』などがある。

金子兜太《かねことうた》

一九一九(大正八)～二〇一八(平成三〇)　埼玉県生まれ

東京帝国大学卒。高校時代から句作を始め、加藤楸邨《かとうしゅうそん》(⬇三三八頁)に私淑し、俳誌「寒雷《かんらい》」の同人となる。戦後は沢《さわ》木欣一《きんいち》の俳誌「風《かぜ》」に参加し、社会性俳句を特徴とする前衛俳句運動の旗手として活躍。一九六二(昭和三七)年には俳誌「海程《かいてい》」を創刊した。主な句集に『少年《しょうねん》』『暗緑地誌《あんりょくちし》』などがある。

鷹羽狩行《たかはしゅぎょう》

一九三〇(昭和五)～　山形県生まれ

中央大学卒。高校在学中から校内の俳誌で俳句を作り始め、山口誓《やまぐちせい》子《し》(⬇三三八頁)に師事して俳誌「天狼《てんろう》」に参加。誓子の現代的な句風の影響を受けつつ、知的・感覚的な句を詠んだ。その後、俳誌「氷海《ひょうかい》」を経て、俳誌「狩《かり》」を創刊・主宰した。主な句集に『誕生《たんじょう》』『平遠《へいえん》』などがある。

坪内稔典《つぼうちねんてん》

一九四四(昭和一九)～　愛媛県生まれ

立命館大学大学院修士課程修了。高校時代から俳誌「青玄《せいげん》」に投句を始め、主宰の伊丹三樹《いたみみき》彦《ひこ》に師事する。俳句の本質として「口誦性《こうしょうせい》」と「片言性《へんげんせい》」を提唱し、軽快で口ずさみやすく、ユーモラスな句を多く詠む。主な句集に『朝《あさ》の岸《きし》』『ヤツとオレ』、評論集に『俳句のユーモア』などがある。

長谷川櫂《はせがわかい》

一九五四(昭和二九)～　熊本県生まれ

東京大学卒業後、新聞記者を経て俳句に専念。俳句結社「古志《こし》」を創設し、同名の句誌も創刊した。朝日俳壇《あさひはいだん》の選者や、インターネット上の歳時記「きごさい」の代表を務めるなど、俳句の裾野を広げる活動もおこなう。主な著書に俳論『俳句《はいく》の宇宙《うちゅう》』、句集『虚空《こくう》』などがある。

黛《まゆずみ》まどか

一九六二(昭和三七)～　神奈川県生まれ

フェリス女学院短期大学卒。俳誌「河《かわ》」新人賞、角川俳句賞奨励賞を受賞。有季定型を維持しつつ、現代的な俳句スタイルを確立する。女性だけの俳誌「月刊《げっかん》ヘップバーン」を創刊、新しい世代の俳句を牽《けん》引《いん》する存在となった(後に百号で終刊)。主な句集に『B面《ビーめん》の夏《なつ》』『てっぺんの星《ほし》』などがある。

文学史問題：正岡子規の一派が刊行した雑誌の誌名にちなむ呼び名を次から一つ選べ。(青山学院大)
①根岸派　②叙景派　③写生派　④アララギ派　⑤人生派

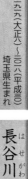

評論キーワード

評論とは、あるテーマについての調査・研究・思索の過程・結果を、文章で表現したもの。そのテーマはさまざまであり、例えば平安時代の文学の特徴を論じたものも、現在の世界の環境問題について論じたものも、みな評論である。それらに共通するのは、言葉で書かれているということである。そして、各分野に特有の言葉、専門用語がある。それらは、日常的には使わない言葉のこともあれば、「一見日常的な語彙だが専門的な文章の文脈の中では実は特殊な含みを持っている言葉」のこともある。ここでは、そうした専門用語の中で特に重要と考えられる「評論キーワード」をあげた。これらを身につければ、評論をより深く理解してさまざまな知見を得ることができるだろう。

以下、体系的な理解の助けとなるように「文学・芸術・言語」「思想・科学」など、いくつかのジャンルに分けて言葉を並べたが、多様なジャンルで使用されるものも多い。

なお、三四六頁からの評論家紹介もジャンル別の配列になっているが、これも絶対的なものではなく、ジャンルをまたいで活躍する人も多い。

文学・芸術・言語

文学は言語を用いた芸術とも言え、そうした点で文学・芸術・言語は相互に関係している。例えば、**ロマン主義**は文学にもその他の芸術にも見られる概念である。また、例えば、言語学の用語としても語られる**レトリック**は、同時に文学の欠かせない技法でもある。

ここでは、文学・芸術・言語に関わりの深い語彙をまとめた。

□**アイロニー**　皮肉。

□**アバンギャルド**　芸術上の革新運動。革新的な芸術や、それを作る人。前衛。

□**アフォリズム**　真理を巧みに簡潔に述べた短い言葉。箴言《しんげん》。

□**インスピレーション**　直観的に思い浮かぶひらめき。

□**エピゴーネン**　芸術などにおける模倣者。亜流。

□**諧謔**《かいぎゃく》　気の利いた冗談。ユーモア。

□**乖離**《かいり》　かけ離れていること。「乖」は「そむく・離れる」の意。

□**カテゴリー**　同じ性質のものが属する部類。種類。分類。範疇《はんちゅう》。

□**含蓄**《がんちく》　表現に含まれている深い意味。

□**記号**《きごう》　一定の内容を指し示すもの。言語・文字・交通信号・道路標識など。

□**詭弁**《きべん》　故意に、正しくない内容を正しいかのように述べる、いい加減な弁論。

□**逆説**《ぎゃくせつ》　真理にそむくことを述べているようで、よく考えると真理を述べている説。パラドックス。

□**逆説的**《ぎゃくせつてき》　逆説を使って説明する様子。通常と逆の方面から真理を述べる様子。

□**狭義**《きょうぎ》　狭い意味。例えば、「ごはん」という言葉における「米を炊いた物」という意味。↔広義

□**寓話**《ぐうわ》　ある物事に託して、何らかの教訓や道理などを述べた物語。

□**言文一致**《げんぶんいっち》　話し言葉(言)と文章の言葉(文)の一致。文章を話し言葉で書くこと。日本では明治時代以降に普及した。

□**語彙**《ごい》　一つの言語体系・分野・作品など、ある範囲で使われる単語の全体。ボキャブラリー。

□**広義**《こうぎ》　広い意味。例えば、「ごはん」という言葉における「朝昼夜に食べる物全般(食事)」という意味。↔狭義

□**口語**《こうご》　①話す際に使われる言葉。話し言葉。②現代語。↔文語

□**シニカル**　冷笑的な。皮肉的な。

□**シュールレアリスム**　超現実主義。実際にはありえない奇抜な構図で人間の深層心理や無意識といったものを感じさせるような芸術の形式。

□**象徴**《しょうちょう》　抽象的な思想・概念を、具体的なもので表すこと。また、表したもの。シンボル。

□**叙事詩**《じょじし》　神話・伝説・英雄の事績などを語る長編の詩。

□**抒情詩**《じょじょうし》　作者の感情を語る詩。叙情詩とも。「叙」も「抒」も「述べる」の意。

□**ターム**　専門用語。術語。

□**体系**《たいけい》　個々のものを一定の秩序のもとに関連付けてまとめた全体。

□**多義性**《たぎせい》　一つの言葉に多くの意味があること。また、多くの意味に解釈できること。

□**端的**《たんてき》　要点を簡潔に表しているさま。

□**直喩**《ちょくゆ》　「〜のようだ」といった表現を使った比喩。

□**テクスト**　本文。原文。原典。

□**デフォルメ**　絵画などで、対象を意図的に変形して表現すること。

□**同義反復**《どうぎはんぷく》　ある事柄の説明の中で、同じ意味の言葉を無意味に繰り返すこと。トートロジー。

□**ニュアンス**　色や音、意味や感情などの微妙な違い。

□**パロディー**　既存の作品を、鑑賞者にも元の作品が明らかにわかる前提で、風刺や諧謔《かいぎゃく》などの効果を狙って、作りかえたもの。

□**表意文字**《ひょういもじ》　単体で一定の意味を持つ文字。漢字など。

□**表音文字**《ひょうおんもじ》　単体では意味を持たず一定の音のみを表す文字。ひらがなやローマ字など。

□**フィクション**　虚構。虚構の作品。想像により作り上げられた作品。

□**風刺**《ふうし》　社会や人物の欠陥などを、直接的にではなく、他の事柄にかこつけて批判すること。

□**敷衍**《ふえん》 わかりやすく言い換えたり、詳しく説明したりすること。

□**プロット** 小説・演劇・映画などの筋。構想。

□**文語**《ぶんご》 ①文章を書く際に使われる言葉。②古典語。↔口語

□**分節**《ぶんせつ》 ひとつながりのものを、いくつかに区切ること。また、その区切り。

□**文脈**《ぶんみゃく》 ①文や文章における、語句や文どうしの意味のつながり方。②物事の背景。「コンテクスト」とも言う。

□**母語**《ぼご》 幼少期に、最初に・自然に覚える言語。

□**メタファー** 隠喩。暗喩。「〜のようだ」といった表現を使わない比喩。

□**モチーフ** 芸術作品を生み出す際の動機となった題材・テーマ。

□**模倣**《もほう》 まねをすること。

□**レトリック** 修辞法。言葉を巧みに使った効果的な表現方法。

□**ロマン主義**《しゅぎ》 理性・知性より空想や神秘的なもの、個人の感情を優位とする芸術上の立場。

評論家紹介

文学 **小林秀雄**《こばやしひでお》(⬇三四六頁)
日本の近代批評の確立者とも呼ばれ、近代日本の評論家として最も有名な人物の一人。中原中也《なかはらちゅうや》や大岡昇平《おおおかしょうへい》など、作家との交流も知られている。

芸術 **高階秀爾**《たかしなしゅうじ》(⬇三四八頁)
専門は西洋美術史だが日本美術にも造詣が深く、幅広い視野で西欧と日本の美術を論じ国際的に評価が高い。国立西洋美術館の館長などを歴任。

言語 **井筒俊彦**《いづつとしひこ》(⬇三五四頁)
言語学者・哲学者・イスラム学者として著名。三十以上の言語を操り、世界の言語・文化を見すえた壮大な学問体系を構築した。

思想・科学

「思想・哲学は文系、科学は理系」というイメージが持たれることもある。だが、観点次第で両者には密接なつながりがある。例えば、十七世紀フランスの哲学者デカルトが主張したことで知られる**物心二元論**は、自然を人間とは異なる単なる機械のような存在とみなすもので、それは自然を科学的な分析対象とする発想につながり、近代科学の基盤となった。科学史・科学哲学といった学問分野があることも、思想と科学の関連を示していると言えるだろう。

ここでは、主に思想・科学に関わりの深い語彙を、やや幅広くまとめた。

□**アイデンティティ** 帰属意識や自尊心によって形成される、自分が自分であることの証。

□**アウフヘーベン** 弁証法によって、対立する要素を統合し、より高度な状態に至ること。「止揚《しよう》」とも言う。

□**アナロジー** 類推。似ている要素に着目して他の物事のことを推測すること。

□**アプリオリ** 前提としてあり、証明の必要がないさま。

□**アポリア** 行き詰まり。解決できない難問。

□**アンチテーゼ** あるテーゼ(命題)を否定するテーゼ。

□**アンビヴァレント** 同じ対象に、二つの矛盾する感情・考えを持つ様子。

□**一元論**《いちげんろん》 すべての物事を一つの原理で説明する考え方。

□**イデア** 現実の事物の背後にある、感覚ではとらえられない、理想的・観念的な本体。

□**エゴイズム** 自分の利益だけを重んじて、他者の不利益を顧みない考え方。利己主義。

□**エビデンス** 証拠。

□**演繹**《えんえき》 前提になる仮説から論理的に新しい法則を導き出すこと。普遍から特殊を導き出すこと。↔帰納

□**蓋然性**《がいぜんせい》 可能性。

□**概念**《がいねん》 対象となるいくつかの事物から共通の要素を抜き出し、それらを総合して得た一般性のある事柄。

□**仮説**《かせつ》 ある物事を統一的・論理的に説明できるように仮定された説。

□**カタルシス** 精神の浄化。抑圧された感情を解放すること。

□**葛藤**《かっとう》 迷い。心の中に二つ以上の相異なる欲求や考えが同時に起こり、その選択に迷うこと。

□**還元**《かんげん》 元に戻すこと。

□**観念的**《かんねんてき》 具体的な事実から離れて、抽象的に頭の中で考える様子。

□**観念論**《かんねんろん》 (物質ではなく)観念的なもの(意識・主観・イデアなど)を根本的な存在とみなす考え方。「唯心論《ゆいしんろん》」も類義語。↔唯物論《ゆいぶつろん》

□**帰納**《きのう》 個別の具体的な事例・事実から一般的な法則を導き出すこと。特殊から普遍を導き出すこと。↔演繹《えんえき》

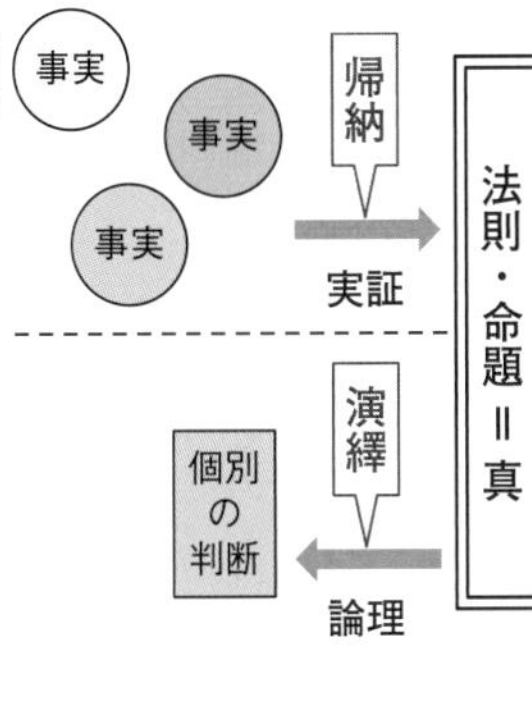

帰納と演繹

□**客体**《きゃくたい》 主体の働きかけの対象となるもの。↔主体

□**客観的**《きゃっかんてき》 特定の意見や観点に左右されずに物事をとらえる様子。↔主観的

□**具体的**《ぐたいてき》 ①実際に形や音などがあり、感覚でとらえられるさま。②他のものと区別される特殊な性質を持っているさま。↔抽象的

□**契機**《けいき》 物事の変化・発展・発生などを促す要因。きっかけ。

□**形而上学**《けいじじょうがく》 物事の根本原理や抽象的な事物(神や霊魂など)を対象とする学問。

□**検証**《けんしょう》 ある仮説の真偽を実験などによって確かめること。

□**構造主義**《こうぞうしゅぎ》　人間の活動の背後に一定の構造があるという考えに立脚して、さまざまな現象を考察する立場。
□**功利主義**《こうりしゅぎ》　現世的な功名や利得を最優先する考え方。
□**合理**《ごうり》　道理にかない正当であること。
□**合理的**《ごうりてき》　道理や論理にかなっている様子。
□**コンプレックス**　①抑圧されて無意識のうちに強まったさまざまな感情の全体。②劣等感。
□**恣意的**《しいてき》　自分勝手な考えである様子。「恣」は「ほしいまま」「自分勝手」の意。「恣意」は「自分勝手な考え」。
□**自家撞着**《じかどうちゃく》　自分の言動が前後でくいちがい、合理的な一貫性がないこと。自己矛盾。
□**自我**《じが》　思考や行動をつかさどる主体としての自分。他者と区別された自分の意識。
□**自己肯定感**《じここうていかん》　自分のあり方を認める感覚。自信。
□**自己目的化**《じこもくてきか》　本来の目的を見失い、もともと目的を達成するための手段だったことなどを、目的としてしまうこと。
□**事象**《じしょう》　できごとや事柄。
□**実証的**《じっしょうてき》　客観的な事実に基づいて証明されているさま。
□**実存主義**《じつぞんしゅぎ》　個人としての自己の存在に自覚的になり、自己のあり方を考察しようという思想。
□**捨象**《しゃしょう》　抽象において、問題としない不要な要素や性質を切り捨てること。
□**主観的**《しゅかんてき》　その人独自の思考や感情に基づいて物事をとらえる様子。↕客観的
□**主体**《しゅたい》　（意志を持って）ある行動をとり、他に作用を及ぼす人（や物）。他に対して働きかけるもの。↕客体
□**所与**《しょよ》　前提。思考の出発点（として与えられる事実）。「与える所（与えられたもの）」の意。
□**自律**《じりつ》　他からの干渉なしに、自分自身の考えに基づいて法則を立て、それに従って自分の行動を制御すること。
□**ジレンマ**　板挟み。二つの選択肢のどちらを選んでも何らかの問題があり、決めがたい状態。
□**絶対**《ぜったい》　他の何物とも比較されずに、同等に並ぶ物もなく、他と関係せずに、それ自体として存在すること。↕相対
□**先入観**《せんにゅうかん》　固定観念。前もって知ったことにとらわれること。
□**相克**《そうこく》　二つのものが対立すること。「相い克《か》つ（互いに勝とうとする）」の意。
□**相対**《そうたい》　物事が、他のあるものとの関係や比較によって成り立つこと。↕絶対
□**措定**《そてい》　あるものを対象として立てること。命題を設定すること。
□**対象**《たいしょう》　目標物。特に、人間の感情・意思などの精神的な活動が向けられる目標物を指すこともある。
□**多元的**《たげんてき》　複数の要素が存在し、それらが互いに並び立つさま。
□**脱構築**《だつこうちく》　考え方の枠組みを解体し、再構成する哲学的な考え方。ディコンストラクション。
□**抽象**《ちゅうしょう》　①観念的であり、感覚でとらえられないこと。②物事のある性質を抽出して（他の性質は度外視して）把握すること。
□**抽象的**《ちゅうしょうてき》　①観念的であり、感覚でとらえられないさま。②複数の物事から抽象して、それらの一般的な特徴をとらえるさま。↕具体的

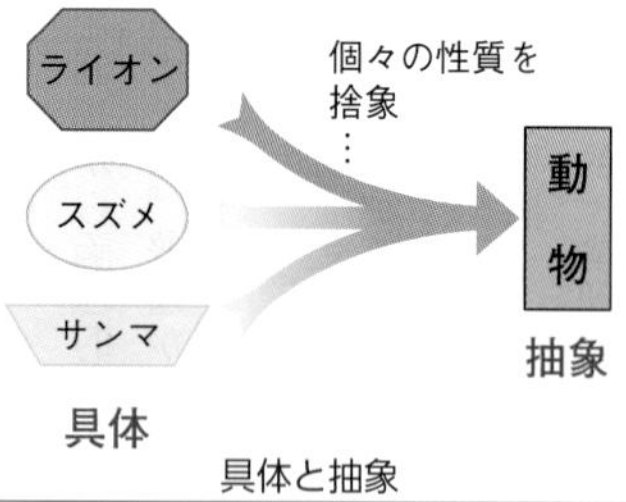

具体と抽象

□**テーゼ**　命題。「〜は…である」のような形で判断を述べたもの。
□**度外視**《どがいし》　問題にしないこと。気にしないこと。
□**特殊**《とくしゅ》　一部のものに当てはまるさま。↕普遍
□**ドグマ**　①教義。②独断。根拠のない定説。
□**二項対立**《にこうたいりつ》　二つの概念が対立した関係にあること。主観と客観、精神と肉体など。
□**ニヒリズム**　真理や価値の存在をことごとく否定する思想的立場。
□**認識**《にんしき》　物事の差を見分け、対象を知覚し理解すること。知り得た知識。理解。
□**パトス**　感情的・熱情的な一過性の精神。
□**パラダイム**　ある一つの時代に支配的なものの見方。
□**表象**《ひょうしょう》　心に思い浮かぶ具体的な形。イメージ。
□**不条理**《ふじょうり》　道理に合わないこと。論理的に説明できないこと。
□**物心二元論**《ぶっしんにげんろん》　物（身体）と心（精神）を区別する考え方。
□**普遍**《ふへん》　すべてのものに共通して当てはまるさま。一般。↕特殊
□**分析**《ぶんせき》　物事を要素や成分に分けて、その構成などを明らかにすること。
□**弁証法**《べんしょうほう》　対立する要素があるとき、対立を克服してそれらを統合し、より高度な状態に至る方法。また、その理論。
□**唯物論**《ゆいぶつろん》　（観念的なものではなく）物質を根本的な存在とみなす考え方。↕観念論
□**理性**《りせい》　論理的な思考を行う能力。物事の真理を認識する能力。
□**ロゴス**　理性。論理。言葉。知的認識の能力。

評論家紹介

思想　**大森荘蔵**《おおもりしょうぞう》（⬇三五五頁）
哲学者。物心二元論で世界を捉えることに疑問を示し、心を持つ人間の日常生活と科学的世界を、一元論的にとらえる理論体系を構築した。

科学　**村上陽一郎**《むらかみよういちろう》（⬇三五七頁）

科学史学者・科学哲学者。「文系」「理系」の区別にこだわらず、近代科学を一つの文化現象として相対化し、科学のあるべき姿を論じる。

文化・社会・政治・経済

政治と経済は関わりが深い。例えば、**社会主義**は、政治体制とも言えるし、経済体制とも言える。ここでは、政治・経済と同じく人間社会に関するジャンルである文化・社会も加えて、それらに関する語彙をやや幅広くまとめた。

□**アカデミズム**　学問・芸術上の権威主義。

□**イデオロギー**　ある集団や立場の考え方、行動の仕方の根底にある価値観や信条の体系。

□**LGBT**《エルジービーティ》　性的少数者。Lはレズビアン（女性の同性愛者）、Gはゲイ（男性の同性愛者）、Bはバイセクシュアル（両性愛者）、Tはトランスジェンダー（心の性と体の性が一致しない人）の頭文字。他に、Q＝クエスチョニング／クィア（性に関する自分の認識につき、明確でない・定義づけたくない人）を含めた「LGBTQ」などの言葉もある。

□**オリエンタリズム**　西洋の立場から東洋のものを珍しがり愛好すること。「oriental（東洋の）」「orient（東洋）」に基づく語。

□**格差**《かくさ》　資本主義経済のもとで生じる極端な貧富の差。経済的競争の勝者は莫大《ばくだい》な財産を得るが、敗者は貧困に陥る。

□**革命**《かくめい》　それまでの価値観や既成概念を根本的に覆すような、大きな変革。

□**価値観**《かちかん》　ある物事にどのような価値を認めるかということについての、それぞれの人や世代・社会の考え方。

□**軌範**《きはん》　行動・判断の際に基準とするべきもの。

□**共同体**《きょうどうたい》　血縁や地縁によりつながった人間たちが形作る集団。特定の目的のために作られた組織に対して言う。

□**近代**《きんだい》　①ヨーロッパでは、十六世紀の宗教改革の頃から二十世紀半ば頃までの時代。②日本では、十九世紀後半の明治維新から二十世紀半ばの第二次世界大戦終結頃までの時代。＊諸説ある。

□**クレオール**　植民地で生まれ育った、先住民族以外の人。

□**グローバリゼーション**　ものごとが国家の枠組みをこえて世界規模で拡大・発展すること。「global（地球規模の）」「globe（地球）」に基づく語。

□**ケ**　日常。「褻《け》」とも書く。↕ハレ

□**啓蒙**《けいもう》　無知な人々を導いて正しい知識を与えること。

□**個人**《こじん》　国家や共同体を構成する個々の人間。近代社会の、自由で独立した、意志を持つ主体としての個々の人間。

□**コスモポリタニズム**　一つの国・民族・文化などにとらわれず、世界的な視野でものを考えるような世界観。

□**サブカルチャー**　①伝統的で権威のあるものではないとされる文化。アニメ・漫画・アイドルなど。②社会の主流ではない、少数派の文化。

□**産業革命**《さんぎょうかくめい》　一七六〇年代のイギリスで始まった、産業における技術革新と、それに伴う社会・経済の変革。

□**ジェンダー**　社会的・文化的に形作られる性別。生物学的な性別と区別して言う。

□**自己責任**《じこせきにん》　自分の行動の責任は自分でとるということ。また、そうあるべきだとする思想。

□**市場経済**《しじょうけいざい》　各地で生産された商品などが売買され、物やサービスが流通するような経済のしくみ。

□**資本主義**《しほんしゅぎ》　自由な経済的競争のもと、資金や生産手段を持つ資本家が、労働者を雇って生産活動をさせ、利益を出そうとする社会・経済体制。

□**社会主義**《しゃかいしゅぎ》　資本家と労働者という階級の区分や経済的競争・格差を否定し、生産手段を社会的に共有して生産活動をする社会・経済体制。類義語に「共産主義」がある。

□**宗教改革**《しゅうきょうかいかく》　十五〜十六世紀のヨーロッパで展開された宗教運動。カトリック教会の堕落を批判し、信仰は聖書のみに基づくと主張してキリスト教を改革しようとした。この運動を通してプロテスタント教会が生まれた。

□**人権**《じんけん》　身分や性別を問わず全ての人間が持つ、自由で独立した個人として尊重される権利。

□**神話**《しんわ》　神々や英雄の話を中心とする民族発生的な説話。転じて、根拠もなく信じ込まれている事柄のたとえ。

□**スローガン**　団体や運動の主義・主張などを短い言葉で表したもの。標語。

□**世俗化**《せぞくか》　宗教的な価値観や世界観から解放されること。

□**専制**《せんせい》　政治などの物事を独断で思うままに処理すること。

□**全体主義**《ぜんたいしゅぎ》　個人の自由や権利よりも、国家や民族の方針や利益を重視する思想・体制。

□**疎外**《そがい》　①遠ざけ、仲間はずれにすること。②（資本主義の生産様式のもとで）人間が（単なる労働力として売買され）自身の人格や労働の充足感を見失う（奪われる）こと。

□**多文化主義**《たぶんかしゅぎ》　多様な文化を尊重し合い、共生していこうとする考え方。

□**中産階級**《ちゅうさんかいきゅう》　資本家階級と労働者階級の中間に位置する人々。中程度の財産の持ち主。

□**帝国主義**《ていこくしゅぎ》　他国を侵略し自国の利益や領土を拡大しようとする思想や政策。

□**ナショナリズム**　自分の民族や国家を至上のものとして、その発展を目指す思想。

□**人間中心主義**《にんげんちゅうしんしゅぎ》　近代ヨーロッパで発展した、人間が世界の中心だとする考え方。

□**排他主義**《はいたしゅぎ》　自分の仲間以外のものや、自分と異なる人種・民族・国籍の人を排除しようとする考え方。
□**バリアフリー**　障害者や高齢者などの生活において障壁となるものを取り除くこと。「barrier(バリア・障壁)-free(～がない・～を除去した)」の意。
□**ハレ**　祭り・儀式などの非日常。「晴れ」とも書く。↕ケ
□**ヒエラルキー**　階層・階級。ピラミッド型の階層組織。「ヒエラルヒー」とも言う。
□**ヒューマニズム**　人間を中心とし、人間を尊重する考え方。人間中心主義。
□**ファシスト**　ファシズムを信奉する人。
□**ファシズム**　全体主義・排外主義・軍国主義に基づく独裁的な政治体制。
□**フェミニズム**　女性の権利を主張する思想・運動。男性中心的な社会を批判し、男女平等を目指す。
□**フランス革命**《かくめい》　一七八九年、フランスで起こった革命。これに続く人権宣言によって、普遍的な人権の理念が明文化された。
□**ブルジョワジー**　資本家階級。↕プロレタリアート
□**プロパガンダ**　特定の政治的意図により大衆の行動を操作しようとする宣伝。
□**プロレタリアート**　労働者階級。↕ブルジョワジー
□**文化相対主義**《ぶんかそうたいしゅぎ》　あらゆる文化は等しく価値を持つとする考え方。
□**封建**《ほうけん》　主従関係を基本とする社会のしくみのこと。
□**保守**《ほしゅ》　古くからある価値観を守り、それらを変えることを嫌うこと。また、そうした人々。
□**ポストモダン**　近代の後の時代。近代の価値観を相対化し、新たな価値観を求める思想運動の総称。「post(～の後の)」と「modern(現代)」を組み合わせた語。
□**ポピュリズム**　極端な政策を主張するなど、大衆から人気を得ることばかりを目指す政治のあり方。「popular(人気のある、大衆受けする)」に基づく語。
□**マイノリティ**　少数派。社会的な多数派(マジョリティ)との比較で用いられる場合が多い。↕マジョリティ
□**マクロ**　非常に大きい。巨大。↕ミクロ
□**マジョリティ**　多数派。↕マイノリティ
□**ミクロ**　非常に小さい。微小。↕マクロ
□**モード**　主にファッションの流行。形式。様式。
□**ユートピア**　理想郷。理想的な世界。
□**ユニバーサルデザイン**　あらゆる人が使いやすい設計。年齢・性別・障害の有無などに関係なく、誰もが使いやすいように建物や道具などさまざまなものを設計すること。
□**リベラル**　自由な。自由な立場にあり、伝統・習慣にとらわれないさま。自由主義者。「リベラル(liberal)」は「liberty(自由)」の形容詞形。
□**ルネサンス**　「再生」の意味。十四世紀イタリアに始まり、全ヨーロッパに広がった、芸術・思想の革新。古代ギリシア・ローマ文化の復興や、人間の個性の重視を特徴とする。
□**ローカル**　規模がある一定の地域に限られること。ある地方に特有なさま。

評論家紹介

文化　**柳田国男**《やなぎたくにお》(⬇三五六頁)
民俗学者。民間伝承を担う農林業従事者などの生活の中に日本人の本質を見いだして、『遠野物語《とおのものがたり》』などの著書を残し、日本民俗学の礎を築いた。

社会　**見田宗介**《みたむねすけ》(⬇三五二頁)
日本と外国を比較して日本の社会構造を分析する文化論・社会論を展開。大学のゼミでは著名な社会学者を輩出し、彼らは「見田山脈」と呼ばれる。

政治　**丸山真男**《まるやままさお》(⬇三五二頁)
日本政治思想史を専門とし、政治思想史の第一人者とみなされる。後進の学者への影響も大きく、「丸山学派」と呼ばれる一大学派を形成した。

経済　**岩井克人**《いわいかつひと》(⬇三五三頁)
資本主義や経済学について身近な比喩を用いたりして一般向けにわかりやすく説明している。環境問題など社会問題に関する論説でも知られる。

生物・環境

環境問題は、**生物多様性**や、未来の人間の生存可能性といった観点とともに語られることが多い。そこで、ここでは、生物・環境に関する語彙をあわせてまとめた。なお、環境問題は関わる分野が多い。例えば、「資本主義経済における過剰な利潤追求が、資源の浪費・環境の破壊につながっている」という論点においては、経済分野と密接に結び付く。

□**安楽死**《あんらくし》　病気で耐えがたい苦しみを訴える人などを、本人の希望に沿って苦痛を与えずに死なせること。これを合法とするか否か、議論がなされている。
□**遺伝子工学**《いでんしこうがく》　遺伝子を人工的に操作する学問・技術。
□**インフォームド・コンセント**　医師が治療の前に病状・治療方針・治療のメリットとデメリットを患者に説明し、患者の合意を得ること。「情報を与えられた上での合意」(informed consent)の意。
□**エコロジー**　①生態学。生物と環境、あるいは生物同士の相互作用を扱う学問。②自然環境保護の考え方や運動。「エコ」と略した形で「環境に配慮している」といった意味になることもある。
□**SDGs**《エスディージーズ》　持続可能な開発目標。Sustainable Development Goals の頭文字を並べた語。二〇一五年の国連サミットで採択された国際目標。二〇

三〇年までに持続可能でよりよい世界を目指す、地球上の誰一人取り残さない、としたもの。「貧困をなくそう」「気候変動に具体的な対策を」など十七個の目標を掲げる。目標は多様だが、環境保全が重要な一角をなしている。

□**グリーンウォッシュ**　企業などが、本当は自然環境に良くない商品やサービスを、良いかのように見せかけること。

□**クローン**　遺伝的に同一である個体や細胞。生物の細胞から無性生殖により作られた、もとの生物と同じ遺伝子をもつ別の個体。

□**ゲノム**　ある生物が持つ遺伝情報の全体。

□**再生医療**《さいせいいりょう》　人工的に細胞を培養・移植して臓器・各種組織を修復するといった医療。

□**サステナビリティ**　持続可能性。環境保全の文脈で使われることが多い。「sustain（持続する）」と「able（〜できる）」を組み合わせた語。

□**自然淘汰**《しぜんとうた》　環境に適合したものが生き残り、そうでないものは滅ぶということ。自然選択とも。「淘」も「汰」も、「水で洗って不純物を取り除く」の意。

□**進化論**《しんかろん》　生物のそれぞれの種は、神がつくり出したのではなく、原始的な生物から進化してできたという説。進化に関する各種の議論のことも指す。

□**生態系**《せいたいけい》　ある地域の環境とそこに生きる生物の全体。

□**生物多様性**《せいぶつたようせい》　自然環境やそこに生きる生物の種類、さらに各生物種の個体が、多様であること。「環境破壊やそれによる生物の絶滅を避けるべきだ」といった環境保全の文脈でよく使われる。

□**生命倫理**《せいめいりんり》　クローン技術や医療の発達により、生物の生死への人為的な介入が可能になったことに伴う倫理。

□**世代間倫理**《せだいかんりんり》　現代に生きる世代が、未来の世代の生存・生活にも配慮して地球環境を守るべきだという考え方。

□**臓器移植**《ぞうきいしょく》　臓器が機能しなくなった場合などに、他人の臓器をそこに移植すること。

□**ターミナルケア**　終末期医療。死期の迫った患者に行う、延命措置ではない、苦痛を和らげ最後の時間を充実させる医療。

□**脳死**《のうし》　脳幹を含め脳が完全に機能停止した状態。その判断基準や、これを人の死とみなすかどうかについて、臓器移植との関連で議論がなされている。

□**ホスピス**　死期の迫った患者やその家族の、苦痛や不安を和らげることを主眼とする医療施設。

□**無機的**《むきてき》　①生命を持たないさま。②（比喩的に）感情がないさま。⇔有機的

□**有機的**《ゆうきてき》　①生命を持つさま。②多くの部分からなり、それらが相互に密接な関係を持っているさま。⇔無機的

評論家紹介

生物　**福岡伸一**《ふくおかしんいち》（⇩三五三頁）
分子生物学者。細胞や遺伝子といったミクロの視点から生物を研究し、生命は常に構成と分解を繰り返すとする「動的平衡《どうてきへいこう》」の考え方を提唱する。

環境　**鷲谷《わしたに》いづみ**（⇩三五七頁）
生態学者。保全生態学を専門とする。生物多様性について研究し、今後の持続可能な環境保護のあり方について提言する。

情報

情報は、インターネットやＡＩの発展にともない急速に注目度の高まってきた分野である。ここでは、そのような情報に関する語彙をまとめた。

□**ＡＩ**《エーアイ》　人工知能。Artificial Intelligenceの略。

□**ＡＲ**《エーアール》　拡張現実。Augmented Realityの略。例えば、スマートフォンのカメラを通してある場所を見ると、ディスプレイ上には、実際の景色に加えて、現実にはない人工的に作られた特定のものも表示されるといった技術を指す。

□**ＳＮＳ**《エスエヌエス》　インターネット上で利用者同士が交流できるサービス。Social Networking Serviceの略。社会的なつながりをつくるためのサービス。

□**ジャーナリズム**　ニュースや、時事問題の批評などを、マスメディアを通じて不特定多数に伝達すること。

□**シンギュラリティ**　ＡＩが人間の知能を超える時点。

□**バーチャル**　①仮想の。②事実上の。

□**ＶＲ**《ブイアール》　仮想現実。Virtual Realityの略。例えば、専用のゴーグルを装着して本物によく似た映像や音を視聴するなどの方法により、ある場所・状況に本当にいるかのような体験をする、といった技術を指す。

□**プライバシー**　個人の秘密。それを他人に知られない権利。

□**マスメディア**　不特定多数の相手に情報を伝達する媒体。テレビ、新聞、雑誌など。「マス（mass）」は「集団・大衆・大量」などの意。

□**メディア**　媒体。仲立ちとなるもの。特に、情報の媒体。

□**メディア・リテラシー**　メディア（情報の媒体）によって伝達される情報を使いこなす能力。

□**リテラシー**　①読み書きの能力。②情報を読み解き、活用する能力。

評論家紹介

情報　**松田雄馬**《まつだゆうま》（⇩三五三頁）
ＡＩや脳科学を専門とし、それに関する会社も設立。ＡＩの重要性を認めつつ限界も指摘し、ＡＩを過剰にもてはやす現代社会に警鐘を鳴らす。

日本の近代批評の確立者

小林《こばやし》秀《ひで》雄《お》

1868 明治 1912 大正 1926 昭和(戦前) 1945 昭和(戦後) 1989 平成・令和

一九〇二(明治三五)年〜一九八三(昭和五八)年
東京都生まれ

#近代批評 #文芸批評 #芸術評論

経歴・人物

評論家。東京帝国大学卒。在学中に**中《なか》原中也《はらちゅうや》**(⇩三二頁)と知り合い、彼の恋人と同棲する。この体験が、小林に内面的成長をもたらした。卒論では、心酔するフランスの詩人ランボー(⇩三五九頁)をテーマとして扱う。卒業後、雑誌「改造《かいぞう》」の懸賞論文で『様々《さまざま》なる意匠《いしょう》』が入選したのを皮切りに、評論家として出発。その後、文芸批評家・芸術評論家として長きにわたって活躍する。文芸批評を創造的文芸作品の域にまで高め、**日本の近代批評を確立**した。

研究テーマ

戦前は文芸批評家として活躍。プロレタリア文学を「概念の欺瞞《ぎまん》」と呼び、批判した。また、『私小説論《わたくししょうせつろん》』では、日本の私小説における「社会化された私」という概念の欠如を指摘した。戦時中は時事的発言を控え、古典についての評論を発表。小林の代表的評論『**無常《むじょう》といふ事《こと》**』は、この頃に書かれた。戦後は、音楽や絵画などの芸術についての批評が中心となり、『モオツアルト』『ゴッホの手紙《てがみ》』などを発表。以後も評論活動の意欲は衰えず、完成までに十年以上を要した大作『**本居宣長《もとおりのりなが》**』を著した。

無常《むじょう》といふ事《こと》　一九四二(昭和一七)年

戦時中に書かれた「当麻《たえま》」「無常といふ事」「平家物語《へいけものがたり》」「徒然草《つれづれぐさ》」「西行《さいぎょう》」「実朝《さねとも》」の六編の短評から成る連作集。「この世は無常である」とした中世の人々と、現代の知識人の精神の共通性を模索する。

本居宣長《もとおりのりなが》　一九六五(昭和四〇)年

『古事記《こじき》』の読み方を確立した江戸時代の国学者本居宣長(⇩一九一頁)をめぐる長編評論。多数の研究書を紐解《ひもと》きながら、その本質に迫った日本文学大賞受賞作。

新潮文庫

世界的視野で日本を論じる

加《か》藤《とう》周《しゅう》一《いち》

1868 明治 1912 大正 1926 昭和(戦前) 1945 昭和(戦後) 1989 平成・令和

一九一九(大正八)年〜二〇〇八(平成二〇)年
東京都生まれ

#マチネ・ポエティク #雑種文化 #日本文化論

経歴・人物

評論家・小説家。東京帝国大学卒。医学部在学中に中村真一郎《なかむらしんいちろう》(⇩二九六頁)・福《ふく》永武彦《ながたけひこ》(⇩二九六頁)らの知己を得て、一九四二(昭和一七)年、文学グループ「**マチネ・ポエティク**」を結成。押韻定型詩を試みるなどの活動をおこない、戦後、共著『1946　文学的考察《ぶんがくてきこうさつ》』を刊行して、当時の文壇を痛烈に批判した。また、毎年避暑に訪れていた信濃《しなの》で、堀辰雄《ほりたつお》(⇩二八二頁)や立原道造《たちはらみちぞう》(⇩三二頁)とも交流を深めている。医学生を主人公に戦時中の日々を描いた『ある晴《は》れた日《ひ》に』などを発表して、小説家としても活躍する一方、一九五一(昭和二六)年には、医学留学生としてフランスへと渡り、ヨーロッパの当時最先端の文化に触れて見聞を広め、帰国後は、文芸評論などを執筆した。

研究テーマ

パリ留学の経験から、西欧文学を規範として、旧弊な日本文化を批判する評論を数多く発表。『**雑種文化《ざっしゅぶんか》**』では、日本文化が、諸外国の文化を受け入れて変容してきた「雑種」であるとし、その雑種性を認めたうえで新たな可能性を模索していくことを示唆して注目を集めた。また、外国での講義をもとにした『日本文学史《にほんぶんがくし》序説《じょせつ》』では、**日本文学を世界史的な視点から俯瞰《ふかん》**して解説。本書は大佛次郎《おさらぎじろう》賞を受賞し、各国語に翻訳されている。その他の著書に、自伝的回想録『羊《ひつじ》の歌《うた》』、若い世代に学ぶことの意義を語る『学《まな》ぶこと　思《おも》うこと』などがある。

夕陽妄語《せきようもうご》　一九八四(昭和五九)年

一九八四(昭和五九)年から二十四年にわたる新聞連載のエッセイ集。さまざまな時事問題について自由に考察し、平易で明晰《めいせき》な言葉で語る。

日本文化《にほんぶんか》における時間《じかん》と空間《くうかん》　二〇〇七(平成一九)年

文学や絵画などのさまざまな作品例をあげ、時間と空間を軸に、「今＝ここ」に生きるという日本文化の特質を探る。

新たな知を提言し続ける

外山滋比古《とやましげひこ》

一九二三(大正一二)年～二〇二〇(令和二)年
愛知県生まれ

明治 1868 / 大正 1912 / 昭和(戦前) 1926 / 昭和(戦後) 1945 / 平成・令和 1989

#シェイクスピア #言語と人間 #読者論

経歴・人物

英文学者・評論家。東京文理科大学卒。専門は**シェイクスピア**(⬇三五八頁)をはじめとする英米文学や英米近代批評文学の研究だが、それ以外の分野でも広範な評論を発表している他、ユーモアあふれるエッセイも多数執筆している。また、雑誌「英語青年《えいごせいねん》」の編集長を長く務め、自身で個人編集誌「英語文学世界《えいごぶんがくせかい》」の発行も手がけた。

研究テーマ

専門の英文学をはじめ、言語学・修辞学・教育学・ジャーナリズム論など、幅広い領域に興味を持ち、精力的な評論活動をおこなった。特に**言語が人間に与える影響**について関心が深く、母親が子供の言葉の獲得に果たす役割や、読書によってもたらされる言語表現・伝達の原理については『省略《しょうりゃく》の文学《ぶんがく》』『日本語《にほんご》の個性《こせい》』などの著作において論じている。また、筆者の経験に則して、思考の方法論を軽やかにまとめた『**思考《しこう》の整理学《せいりがく》**』は、三十年を超えるロングセラーとなっている。他の主な著書に、『知的創造《ちてきそうぞう》のヒント』『「ことば」は「こころ」』などがある。

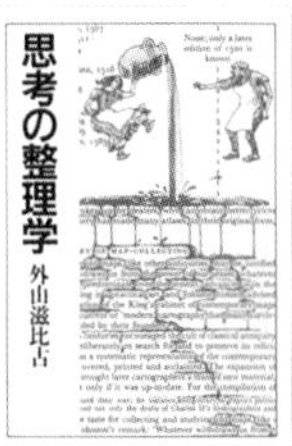

ちくま文庫

省略《しょうりゃく》の文学《ぶんがく》　一九七三(昭和四八)年

切れ切れのことばが点ではなく線となり、一つのまとまった文章を生み出すことを、外山は「修辞的残像」と呼んだ。俳句の切れ字に注目し、日本語の論理と構造について考える一冊。

日本語《にほんご》の個性《こせい》　一九七六(昭和五一)年

動詞に重心を置き、間接的な表現を多用する日本語の特徴について述べたうえで、翻訳文化がもたらす日本語の変化に警鐘を鳴らし、日本語の乱れについて考察する。

独自の視点による文明批評

山崎正和《やまざきまさかず》

一九三四(昭和九)年～二〇二〇(令和二)年
京都府生まれ

明治 1868 / 大正 1912 / 昭和(戦前) 1926 / 昭和(戦後) 1945 / 平成・令和 1989

#劇作家 #文明批評 #「不機嫌」の概念

経歴・人物

劇作家・評論家。京都大学大学院博士課程中退。父の仕事の関係で満州で育つが、現地で父を亡くして終戦後に帰国。京都大学文学部美学専攻から大学院へ進学し、この頃から劇作を試みる。第一作の『凍蝶《いてちょう》』を皮切りに、一九六二(昭和三七)年には『カルタの城《しろ》』を上演。翌年、俳優座が初演した『世阿彌《ぜあみ》』で岸田國士戯曲賞《きしだくにおぎきょくしょう》を受賞して**劇作家**としての地位を確立すると、『後白河法皇《ごしらかわほうおう》』『実朝出帆《さねともしゅっぱん》』などの話題作を次々と発表した。一九六四(昭和三九)年から翌年にかけて米国イェール大学演劇科に留学。帰国後は評論家としても活躍し、関西大学・大阪大学の教授や文部科学省中央教育審議会会長を歴任するなど、活動は多岐にわたった。

研究テーマ

情緒に傾きがちな日本の戯曲の中で、特にその論理の明晰《めいせき》さで異彩を放つ山崎だが、評論においても、**文明批評・芸術論・史論**などの分野で、幅広い見識と独自の着眼点に基づく精緻な分析を展開している。主な著書に、西欧とは異質な日本人の劇性を指摘した『劇的《げきてき》なる日本人《にほんじん》』、日本の近代文学を「**不機嫌**」**という概念**からとらえた『不機嫌《ふきげん》の時代《じだい》』、日本の時代性を十年ごとに追った『柔《やわ》らかい個人主義《こじんしゅぎ》の誕生《たんじょう》』などがある。

鷗外《おうがい》　闘《たたか》う家長《かちょう》　一九七二(昭和四七)年

近代日本の歪《ゆが》みの中で、「家長」としての宿命に苦しみながらも、その人生を闘い抜いた近代知識人としての森鷗外《もりおうがい》(⬇二四二頁)の生き方に脚光を当てる。エリート官僚としての従来の鷗外像を覆す、新しい鷗外論。

混沌《こんとん》からの表現《ひょうげん》　一九七七(昭和五二)年

情報化や国際化がめまぐるしく進んだ一九七〇年代にあって、来たるべき時代をどう生きるかについての展望を述べた文明評論集。

生活の本質を記号論で読み解く

多木浩二《たきこうじ》

一九二八(昭和三)～二〇一一(平成二三)
兵庫県生まれ

評論家・思想家。東京大学卒。専門は芸術学・記号論。広告代理店勤務を経て、編集デザイン事務所を設立。一九六八(昭和四三)年に日本の写真史に大きな影響を与えた写真雑誌「プロヴォーク」を創刊して、写真評を発表する。以後、さまざまな領域にわたって、**現象学**と**記号論**を用いた旺盛な評論活動を展開。美術・建築・身体・スポーツなど、具体的な生活に深く関わる分野において、多角的な考察をおこなった。一方、東京造形大学・千葉大学・神戸芸術工科大学の教授も歴任した。主な著書に、『眼《め》の隠喩《いんゆ》』『スポーツを考《かん》える』『絵《え》で見《み》るフランス革命《かくめい》』などがある。

都市《とし》の政治学《せいじがく》

一九九四(平成六)年

岩波新書

人々の欲望に合わせてめまぐるしい変貌を続けつつ均質化に向かう都市の現状について、その歴史的背景から考察し、人間との関わりの本質をさぐる都市論。

西欧と日本の美術を自在に論じる

高階秀爾《たかしなしゅうじ》

一九三二(昭和七)～
東京都生まれ

美術史家・美術評論家。東京大学大学院博士課程満期退学。大学院在学中にフランス政府の招聘《しょうへい》留学生としてフランスに渡り、パリ大学付属美術研究所で近代美術史を学ぶ。帰国後は国立西洋美術館の研究員を経て館長となり、美術評論を数多く発表する。専門は**西洋美術史**だが、**日本美術**にも造詣が深い。豊かな芸術的素養と親しみやすい語り口は、近代美術鑑賞において啓蒙《けいもう》的役割を果たし、国際的な文化交流に貢献したとして、イタリア・フランスでも高く評価されている。主な著書に、『ルネッサンスの光《ひかり》と闇《やみ》』『十二人《じゅうににん》の芸術家《げいじゅつか》』『日本美術《にほんびじゅつ》を見《み》る眼《め》』などがある。

西洋《せいよう》の眼《め》　日本《にほん》の眼《め》

二〇〇一(平成一三)年

青土社

「垂直」の文化である西洋に対し、日本は「平行」の文化である――西洋と日本の美術観・芸術観をさまざまに比較し、複眼的にその差異を考察する。

日常生活に根ざした新しいデザイン論

原《はら》　研哉《けんや》

一九五八(昭和三三)～
岡山県生まれ

グラフィックデザイナー。武蔵野美術大学大学院修士課程修了。デザインの領域を広く横断する視点で活動を展開し、「もの」の要素だけでなく、**「こと」の要素**も重視した**新たなデザインの可能性**を模索している。長野冬季オリンピックの開閉会式のプログラム、愛知万博の公式ポスターなど、日本の文化・産業を世界に紹介するうえで、大きな役割を担う仕事も多く、一連の活動によって多数のデザイン賞を受賞。二〇〇四(平成一六)年には、『デザインのデザイン』でサントリー学芸賞を受賞した。主な著書に、『白《しろ》』『日本《にほん》のデザイン』などがあり、アジアをはじめ、各国語に翻訳されている。

白《しろ》

二〇〇八(平成二〇)年

中央公論新社

色を超えた色である白を、単なる色ではなく日本文化を表す概念としてとらえ、美学的に考察する。タイトルにマッチした、シンプルな装丁も美しい一冊。

写真から時代を紐解く

港《みなと》　千尋《ちひろ》

一九六〇(昭和三五)～
神奈川県生まれ

写真家・評論家。早稲田大学《わせだだいがく》卒。在学中、国際交流基金を得て南米に長期滞在。卒業後はフランスに渡り、パリを拠点に写真家・写真評論家としての活動を開始する。評論のテーマは写真評の他、**芸術論・記憶と予兆・イメージと政治**など、多岐にわたる。帰国後は多摩美術大学の教授となり、一九九九(平成一一)年には情報デザイン学科の立ち上げに参加した。近年は、メディアアートや映像人類学の分野にも関心を持ち、精力的に評論活動をおこなっている。主な著書に、『記憶《きおく》―「創造《そうぞう》」と「想起《そうき》」の力《ちから》』『書物《しょもつ》の変《へん》―グーグルベルグの時代《じだい》』、写真集『波《なみ》と耳飾《みみかざ》り』などがある。

芸術回帰論《げいじゅつかいきろん》

二〇一二(平成二四)年

平凡社新書

東日本大震災で浮き彫りになった現代文明の問題を、文化とコミュニケーションという観点から論じ、科学的思考と芸術のつながりの必要性を説く。

身体について考察

伊藤亜紗《いとうあさ》

一九七九（昭和五四）～
東京都生まれ

美学者。東京大学大学院博士課程単位取得退学。専門は美学、現代アート。東京工業大学リベラルアーツ研究教育院教授、同大「未来の人類研究センター」初代センター長などを歴任。二〇一九（令和元）年にはマサチューセッツ工科大学の客員研究員も務めた。偶然によって生まれた身体、また、**障害を通して見える人間の身体のあり方**といった問題について考察している。視覚障害について斬新な角度から考察した『目《め》の見《み》えない人《ひと》は世界《せかい》をどう見《み》ているのか』などが大きな話題を呼んだ。他に『記憶《きおく》する体《からだ》』などの著書がある。

目《め》の見《み》えない人《ひと》は世界《せかい》をどう見《み》ているのか　二〇一五（平成二七）年

光文社新書

晴眼者の著者が、視覚障害者・関係者へのインタビューや彼らとのワークショップなどを通して把握した、著者にとっての「世界の別の顔」をまとめた一冊。

日本人としての日本語学

鈴木孝夫《すずきたかお》

一九二六（大正一五）～二〇二一（令和三）
東京都生まれ

言語学者。慶《けい》應義塾大学《おうぎじゅくだいがく》卒。卒業後、米国ミシガン大学などに留学。言語文化研究所を経て、国内外の大学教授を歴任。専門は言語社会学・言語生態学・意味論。留学当時、欧米で主流であった音声学的な言語学に批判的であり、**日本特有の言語理解の必要性**を唱え、文化・人間・社会構造との結びつきを踏まえて、日本語の構造や実態をとらえることに主眼を置いた研究を続けた。日本の外国語教育のあり方についての提言の他、自然保護や環境問題に関する著書も多く、野性鳥類保護活動もおこなう。主な著書に、『閉《とざ》された言語《げんご》・日本語《にほんご》の世界《せかい》』『日本人《にほんじん》はなぜ英語《えいご》ができないか』などがある。

ことばと文化《ぶんか》　一九七三（昭和四八）年

岩波新書

人称代名詞などを例にあげて欧米と日本を比較し、言葉が文化によって規制されることをわかりやすく説明した入門書的な評論集。

言語教育の未来を見通す

今井《いまい》むつみ

一九五九（昭和三四）～
東京都生まれ

認知科学者。慶應義塾大学《けいおうぎじゅくだいがく》およびノースウエスタン大学で博士課程を修了。専門は認知心理学・発達心理学・言語心理学で、**「言語はどのように獲得されるか」**が主な研究テーマ。母語を含めた言語獲得の基盤となる認知的能力について、乳幼児と大人の双方を対象とし、アメリカ、中国、ドイツなど世界各国の研究者とチームを組んで研究している。こうした研究成果をいかに教育に生かせるかも考え、現場の小中学校の教師とも積極的にワークショップをおこない、探究的学習実践のための支援をしている。主な著書に、『ことばの発達《はったつ》の謎《なぞ》を解《と》く』『言葉《ことば》をおぼえるしくみ』などがある。

ことばと思考《しこう》　二〇一〇（平成二二）年

岩波新書

認知心理学の立場から、言語が認識や思考に与える影響について、異なる言語を話す日本人と外国人を比較し、豊富な調査・実験をもとに考察する。

言葉から哲学を読み解く

若松英輔《わかまつえいすけ》

一九六八（昭和四三）～
新潟県生まれ

批評家、随筆家。慶應義塾《けいおうぎじゅく》大学《だいがく》卒業。慶應義塾大学の文芸雑誌「三《み》田文学《たぶんがく》」の編集長、読売新聞読書委員、東京工業大学リベラルアーツ研究教育院教授などを歴任。**小林秀雄《こばやしひでお》**、**井筒俊彦《いづつとしひこ》**らを中心に、宮《みや》澤賢治《ざわけんじ》、河合隼雄《かわいはやお》、リルケ、ユングなど、国境や時代を横断しながらさまざまな思想家・作家によって書かれた文章を取り上げ、その思想や人物像を読み解く評伝や批評文を発表している。主な著書に『悲《かな》しみの秘義《ひぎ》』『小林秀雄《こばやしひでお》　美《うつく》しい花《はな》』『藍色《あいいろ》の福音《ふくいん》』などがある。幼少期からの敬虔《けいけん》なカトリック信徒であり、『イエス伝《でん》』や『キリスト教講義《きょうこうぎ》』（共著）など、キリスト教関連の著作もある。

生《い》きる哲学《てつがく》　二〇一四（平成二六）年

文春新書

須賀敦子《すがあつこ》・孔子《こうし》・リルケ・ブッダなど古今東西の十四人を取り上げ、彼らが残した言葉や手紙の記録から、その生き方・哲学を読み解く。

フィールドワークによる哲学

鷲《わし》田《だ》清《きよ》一《かず》

一九四九（昭和二四）年〜
京都府生まれ

明治 1868 / 大正 1912 / 昭和（戦前） 1926 / 昭和（戦後） 1945 / 平成・令和 1989

#現象学 #ファッション学 #自己と他者

経歴・人物

哲学者。京都大学大学院博士課程単位取得退学。専門は臨床哲学・倫理学。関西大学・大阪大学・大谷大学の教授を歴任した他、大阪大学総長・京都市立芸術大学学長なども務めた。高等学校の倫理の教科書においては、監修・執筆をおこない、これまでの教科書とは一線を画す内容が話題を呼んだ。**ファッション研究**にも長年携わっており、服飾業界とも関係が深い。

研究テーマ

実社会の諸問題に哲学の思考をつなげる**臨床哲学**《りんしょうてつがく》を提唱。フッサールからメルロ・ポンティへ連なる**現象学**を基盤に、衣服や化粧などと身体との関係を哲学的にとらえ直し、『ちぐはぐな身体《からだ》』『顔《かお》の現象学《げんしょうがく》』などにおいて自己とは何であるかを突き詰め、それがどのように世界と関わるかといった問題について、独自の理論を展開している。また、ファッションやモードについての現象学的・精神分析学的考察の、日本における第一人者でもある。『じぶん・この不思議《ふしぎ》な存在《そんざい》』『悲鳴《ひめい》をあげる身体《しんたい》』など著書多数。

ちぐはぐな身体《からだ》

一九九五（平成七）年

人間は自分のイメージを勝手に作りあげ、その身体イメージを補強するために服を着る。ピアス・入れ墨・モードなど、人間が装うことの意味を、若者に向けて問いかけるファッション論。

ちくま文庫

顔《かお》の現象学《げんしょうがく》

一九九八（平成一〇）年

人と人との間の共同的な時間現象として出現する「顔」は、自分のものでありながら決して自分の意のままにはならない。そんなとらえどころのない「顔」について軽やかに思考し、随筆風にまとめた一冊。

現代の諸問題を思想する

内《うち》田《だ》樹《たつる》

一九五〇（昭和二五）年〜
東京都生まれ

明治 1868 / 大正 1912 / 昭和（戦前） 1926 / 昭和（戦後） 1945 / 平成・令和 1989

#フランス現代思想 #ブログ #武道

経歴・人物

思想家・翻訳家。高校を中退後、大学入学資格検定に合格して東京大学に入学。東京都立大学大学院博士課程単位取得退学。専門は**フランスの現代思想**・武道論など。映画や文学にも造詣が深い。神戸女学院大学助教授を経て、同大学名誉教授。京都精華大学客員教授なども務めた。二〇〇一（平成一三）年、初めての著書である『ためらいの倫理学《りんりがく》』を刊行し、以降、文筆活動を続ける。合気道・居合道・杖《じょう》道《どう》の有段者で、「『本業は武道家』です」と発言するほど。自宅に合気道道場「凱風《がいふう》館《かん》」を設立し、師範・館長を務める。

研究テーマ

哲学・教育・映画・文学など、現代社会を彩るさまざまな現象を自在に横切り、自身の考えを平明な言葉で綴《つづ》る。ブログなどでも自身の考えを発信しているが、自らを「パブリック・ドメインの住人」と呼び、ネット上のテキストは著作権を放棄し、自由に考えを共有することを認めるという独自の立場を表明している。『私家版《しかばん》・ユダヤ文化論《ぶんかろん》』『日本辺境論《にほんへんきょうろん》』の他、武道や映画についてなど、著書は多岐にわたる。

街場《まちば》の現代思想《げんだいしそう》

二〇〇四（平成一六）年

著者がさまざまな人生相談に答えるという仮想の形式で、現代の「新しい階層社会」の構造を読み解く。

文春文庫

下流志向《かりゅうしこう》

二〇〇七（平成一九）年

子供の学力低下、若者のニート化問題など、現代の格差社会における若い世代のさまざまな問題を取り上げ、その深層を探る。

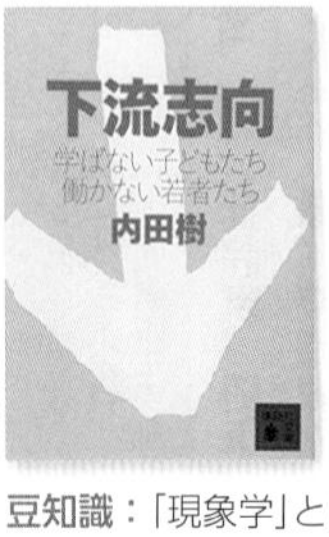

講談社文庫

豆知識：「現象学」とは、既成の哲学理論を分析するのではなく、意識に直接現れたものをもとにして新たに理論を構築することを目指す哲学のこと。

自然の中での真の自由を追求

内山《うちやま》 節《たかし》

一九五〇(昭和二五)〜 東京都生まれ

哲学者。東京都立新宿高校卒。大学進学はせず、独学で哲学を学ぶ。一九七〇年代から群馬県上野村と東京都を行き来する生活を送り、山村での自然との関わりを通して、生きること、働くことについて、独自に思索を深める。近代西欧思想に基づいた、現代社会の経済優先・合理主義的な生き方と、それがもたらす自然破壊を批判。「半農半X」のような、**自然と共生する生き方を提唱**し、新しい価値の創造を模索している。『「里《さと》」という思想《しそう》』『文明《ぶんめい》の災禍《さいか》』などの評論の他、『山里《やまざと》の釣《つ》りから』などのエッセイも多数執筆。NPO法人「森《もり》づくりフォーラム」の理事も務める。

岩波書店

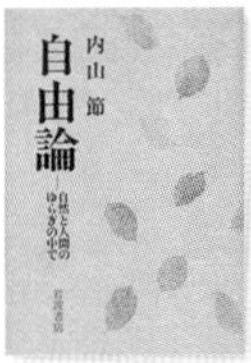

自由論《じゆうろん》 一九九八(平成一〇)年

西欧近代的自由の概念を批判し、自身の山村生活の経験から、自然と共生し、人と交わりながら新たな自由を創造していくことの必要性を説く。

哲学・論理学をわかりやすく解説

野矢茂樹《のやしげき》

一九五四(昭和二九)〜 東京都生まれ

哲学者。東京大学大学院博士課程修了。大森荘蔵《おおもりしょうぞう》(⬇三五五頁)に師事し、分析哲学を学ぶ。ウィトゲンシュタイン研究の第一人者であり、彼の唯一の哲学書である『論理哲学論考《ろんりてつがくろんこう》』を翻訳して日本に紹介した。言語・他者などの身近な問題を取り上げて、**「哲学的思考とは何か」を実践的に探究**し、一般の読者にもわかりやすく読み解いた入門書を多数執筆する。多くの場合、記号を用いて説明する論理学において、一切記号を用いず、あくまでも言語による説明を試みている。主な著書に、『論理《ろんり》トレーニング』『はじめて考えるときのように』『入門《にゅうもん》! 論理学《ろんりがく》』などがある。

講談社

語《かた》りえぬものを語《かた》る 二〇一一(平成二三)年

「語りえぬものについては、沈黙しなければならない」というウィトゲンシュタインの言葉に対し、語れば逆説に陥るような問題について論じる。

哲学をもとに現代の生き方を問う

國分功一郎《こくぶんこういちろう》

一九七四(昭和四九)〜 千葉県生まれ

哲学者。東京大学大学院博士課程修了。専門は現代フランス哲学。東京工業大学リベラルアーツ研究教育院教授、東京大学大学院教授などを歴任。スピノザ、デカルトらの十七世紀ヨーロッパ哲学や、ドゥルーズ、フーコーらの二十世紀フランス哲学の思想をわかりやすく紹介し、それを**現代の消費社会や民主主義が抱える問題の解決**への足がかりともする。動画配信など多様な活動を通して哲学の智《ち》を現代社会に還元している。二〇一七(平成二九)年、『中動態《ちゅうどうたい》の世界《せかい》』で小林秀雄《こばやしひでお》賞《しょう》を受賞。その他の著書に、『暇《ひま》と退屈《たいくつ》の倫理学《りんりがく》』『来《きた》るべき民主主義《みんしゅしゅぎ》』『民主主義《みんしゅしゅぎ》を直感《ちょっかん》するために』などがある。

新潮文庫

暇《ひま》と退屈《たいくつ》の倫理学《りんりがく》 二〇一一(平成二三)年

お金や時間に余裕ができたら好きなことをしよう? 本当に、内発的にやりたいことなどある? 人間の行動の本質を解き明かす、哲学書では異例のベストセラー。

リアルな「いま」を鋭く分析

宇野常寛《うのつねひろ》

一九七八(昭和五三)〜 青森県生まれ

評論家。立命館大学卒業。文化批評誌「PLANETS」を創刊し、編集長を務める。他に、各種トークイベントの開催、動画の配信、大学での講義、ラジオのパーソナリティーなど、幅広い分野で活動している。**サブカルチャーやソーシャルメディア**など、現代社会を象徴するようなさまざまな現象について、広く分析・批評しており、主宰する「PLANETS」は、気鋭の若手を中心に多くの論客が寄稿し、文芸やインターネットや社会問題など、さまざまな分野について鋭い批評を繰り広げる場となっている。主な著書に、『ゼロ年代《ねんだい》の想像力《そうぞうりょく》』『リトル・ピープルの時代《じだい》』『遅《おそ》いインターネット』などがある。

幻冬舎

遅《おそ》いインターネット 二〇二〇(令和二)年

情報があまりに速く、安易に空気を読んで「いいね」を獲得する空疎な場となったインターネット。それをあえて「遅くする」ことを提唱する、画期的な一冊。

政治思想史の第一人者

丸《まる》山《やま》真《まさ》男《お》

一九一四(大正三)年～一九九六(平成八)年
大阪府生まれ

明治 1868 | 大正 1912 | 昭和(戦前) 1926 | 昭和(戦後) 1945 | 平成・令和 1989

#政治学 #戦後民主主義 #丸山学派

経歴・人物

政治学者。東京帝国大学卒。一九四五(昭和二〇)年、徴兵・配属された広島市で被爆。被爆と敗戦の経験は丸山の思想に大きな影響をもたらした。戦後の一九四六(昭和二一)年、雑誌「世界《せかい》」に『超国家主義《ちょうこっかしゅぎ》の論理《ろんり》と心理《しんり》』を発表。以後、**戦後民主主義思想を主導**し、論壇で大きな影響力を持った。特に一九六〇年代の安保闘争においては、講演や論文発表を精力的におこない、若い世代のオピニオンリーダーとなった。教育者としての功績も大きく、「**丸山学派《まるやまがくは》**」と呼ばれる一大潮流を形成し、近代政治学において後進の研究者を多く輩出した。

研究テーマ

専門は**日本政治思想史**で、福沢諭吉《ふくざわゆきち》を高く評価し、『福沢諭吉《ふくざわゆきち》の哲学《てつがく》』を発表した。戦後は日本の近代主義の成立の過程と天皇制の精神構造について考察。戦時期のナショナリズムを「超国家主義」であると断罪し、戦後民主主義思想を牽引《けんいん》した。さらに、丸山の関心は現実政治に向かい、社会状況の批判を展開。安保改定阻止を訴える若者たちの精神的支柱となった。安保闘争以降は再び思想史研究が活動の中心となり、研究の対象を古代にまで広げた。他に『現代政治《げんだいせいじ》の思想《しそう》と行《こう》動《どう》』『日本《にほん》の思想《しそう》』などがある。

現代政治《げんだいせいじ》の思想《しそう》と行動《こうどう》 一九五六(昭和三一)年

丸山が戦後発表した論文を収めた評論集。戦時中の日本のファシズム・軍国主義について論じたうえで、知識人として今後担うべき役割を問う。現代の政治学を学ぶうえで必読の書とされる一冊。

日本《にほん》の思想《しそう》 一九六一(昭和三六)年

「思想のあり方について」「『である』ことと『する』こと」など、代表的な四つの論文を収めた評論集。日本には座標軸と呼べる思想的伝統がなかったことを指摘したうえで、今後の民主主義の展望を述べている。

時代を見つめる幅広い評論活動

見《み》田《た》宗《むね》介《すけ》

一九三七(昭和一二)～二〇二二(令和四)
東京都生まれ

社会学者。東京大学大学院博士課程単位取得退学。専門は現代社会論・比較社会学。海外諸国と日本とを比較して、日本の社会構造を分析する文化論・社会論を展開。教育者としても社会学の発展に大きく貢献しており、東京大学の見田ゼミは、大澤真幸《おおさわまさち》(➡三五六頁)、宮台真司《みやだいしんじ》ら多くの社会学者を輩出して「**見田山脈《みたさんみゃく》**」と呼ばれた。社会学者としては本名の「見田宗介」を名乗り、思想家として執筆するときには筆名である「**真木悠介《まきゆうすけ》**」を名乗る。前者名義の著書に『宮沢賢治《みやざわけんじ》―存在《そんざい》の祭《まつ》りの中《なか》へ』『現代社会《げんだいしゃかい》の理論《りろん》』『社会学入門《しゃかいがくにゅうもん》』、後者名義の著書に『気流《きりゅう》の鳴《な》る音《おと》』『自我《じが》の起原《きげん》』などがある。

時間《じかん》の比較社会学《ひかくしゃかいがく》 一九八一(昭和五六)年

岩波現代文庫

真木悠介名義の著書。《未来》に縛られ、疎外意識を感じさせるという近代社会の時間感覚のあり方を近代以前の「未開、古代の時間」と比較し、その形成の過程を追う。

多様な文化領域を自在に横断

吉《よし》見《み》俊《しゅん》哉《や》

一九五七(昭和三二)～
東京都生まれ

社会学者。東京大学大学院博士課程単位取得退学。東京大学教授、副学長、ハーバード大学客員教授などを歴任。主な専門分野は**都市文化・メディア文化**だが、幅広い分野を横断する研究が特色である。たとえば、万国博覧会やオリンピックといったイベントを演じられたものととらえ、その背後にある政治的意図をも考察した論考や、戦後日本におけるアメリカ文化の影響の研究、さらには、現代の大学が抱える諸問題についての提言などをおこなっている。主な著書に、『都市《とし》のドラマトゥルギー』『博覧会《はくらんかい》の政治学《せいじがく》』『アメリカの越《こ》え方《かた》』『「文系学部廃止《ぶんけいがくぶはいし》」の衝撃《しょうげき》』などがある。

大学《だいがく》は何処《どこ》へ 二〇二一(令和三)年

岩波新書

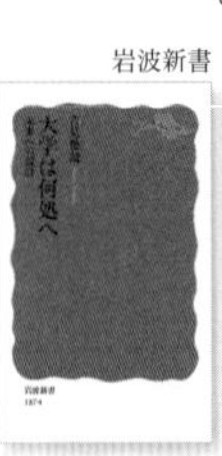

「大学はもう疲れ果てている」と述べ、その歴史的背景を考察し、また、新型コロナウイルスの流行に伴う授業のオンライン化や、少子化の問題にも言及する。

貨幣の逆説をわかりやすく解説

岩井克人《いわいかつひと》

一九四七（昭和二二）〜
東京都生まれ

経済学者。マサチューセッツ工科大学大学院博士課程修了。専門は不均衡動学と貨幣論。一九八二（昭和五七）年、それまで経済学の常識とされてきた**「見えざる手」を可視化**しようとする試みを経て、実際の経済においては不均衡の状況が続くと結論づける**『不均衡動学《ふきんこうどうがく》』**を発表し、日経・経済図書文化賞特賞を受賞した。資本主義や経済学について、身近な比喩を巧みに用いつつ、一般向けにわかりやすく説明した著書が多い。また、環境問題など社会問題についての論説や文学論なども高く評価されている。主な著書に、サントリー学芸賞を受賞した『貨幣論《かへいろん》』や、『二十一世紀《にじゅういっせいき》の資本主義論《しほんしゅぎろん》』などがある。

ヴェニスの商人《しょうにん》の資本論《しほんろん》　一九八五（昭和六〇）年

ちくま学芸文庫

資本主義の持つ逆説的な本質と貨幣について、シェイクスピア（➡三六八頁）の戯曲『ヴェニスの商人《しょうにん》』になぞらえてわかりやすく解説した評論集。

AIとの対比から人間を理解

松田雄馬《まつだゆうま》

一九八二（昭和五七）〜
徳島県生まれ

京都大学大学院修士課程修了。専門は**AI（人工知能）、脳科学**。IT関連の会社で勤務した後、大学との共同研究などを経て、独立して会社を設立。大手企業の新規技術開発や事業開発を支援している。現代社会におけるAIの重要性を認めた上で、その限界をも指摘し、AIを過剰にもてはやす現代社会に警鐘を鳴らし、あるべきIT社会のあり方について考察する。また、小中学生・高校生に向けてAIの現状と今後をわかりやすく説明する、キャリアスクール事業などもおこなっている。主な著書に、『人工知能《じんこうちのう》の哲学《てつがく》』『人工知能《じんこうちのう》に未来《みらい》を託《たく》せますか？』などがある。

人工知能《じんこうちのう》はなぜ椅子《いす》に座《すわ》れないのか　二〇一八（平成三〇）年

新潮選書

AIの進歩を前に揺れ動く現代社会に向けて、AIの歴史、人間の脳との比較、AIの限界と可能性、そして人間の知性や生命とは、といった問題を論じる。

宇宙と社会を見つめる科学者の目

池内《いけうち》了《さとる》

一九四四（昭和一九）年〜
兵庫県生まれ

宇宙物理学者。京都大学大学院博士課程修了。専門は宇宙物理学で、宇宙の構造を空洞の内面を持つ球形の「泡」であると見なす**「泡宇宙論《あわうちゅうろん》」を提唱**した。また、理系の科学知と文系の人間知を結びつける**「新しい博物学」を構想**し、物語として科学を語ることの重要性を主張している。科学と現代社会の結びつきについて広く考察し、一般の人々が科学の役割と問題への関心を深めるべく、平易で親しみやすい解説書や評論を数多く執筆。『親子《おやこ》で読《よ》もう　宇宙《うちゅう》の歴史《れきし》』などの子供向けの科学入門書や、科学エッセイもある。主な著書に、『科学《かがく》の考《かんが》え方《かた》・学《まな》び方《かた》』『疑似科学入門《ぎじかがくにゅうもん》』などがある。

科学《かがく》の落《お》し穴《あな》　二〇〇九（平成二一）年

晶文社

地球温暖化や太陽系の惑星についてなど、現代社会の科学情報を取り上げ、どう考えればよいかという科学的な物の見方を示すエッセイ。

生き物の小さな世界を愛情とともに

福岡伸一《ふくおかしんいち》

一九五九（昭和三四）〜
東京都生まれ

分子生物学者。京都大学大学院博士課程修了。ハーバード大学医学部研究員を経て、京都大学助教授・青山学院大学教授を歴任。専攻は分子生物学で、細胞や遺伝子といったミクロの視点から生物をとらえる研究を続けている。デカルト以来中心であった、生命を代替可能な機械の集まりと見なす機械論的な生命観を批判。生命は、相補性という一定の秩序を維持するため、常に構成と分解を繰り返すとする**「動的平衡」**の考え方を提唱する。こうした考えを一般の読者に対してわかりやすくまとめた**『生物《せいぶつ》と無生物《むせいぶつ》のあいだ』**と**『動的平衡《どうてきへいこう》』**は、このジャンルでは異例のベストセラーとなった。

世界《せかい》は分《わ》けてもわからない　二〇〇九（平成二一）年

講談社現代新書

「生命とは何か？」を問い、ベストセラーとなった『生物と無生物のあいだ』の続編にあたり、「生命はミクロな『部品』なのか？」という問いに答えた科学評論。

桑原《くわばら》武夫《たけお》

一九〇四（明治三七）～一九八八（昭和六三）　福井県生まれ

仏文学者・文芸評論家。京都帝国大学卒。フランス文学の研究から出発し、スタンダール（⬇三五八頁）の翻訳を手がける。戦後に『第二芸術《だいにげいじゅつ》』を発表。現代俳句は前近代的・遊戯的であるとして、その芸術性を否定し、第二芸術論争の引き金となった。主な著書に、『文学入門《ぶんがくにゅうもん》』などがある。

山本《やまもと》健吉《けんきち》

一九〇七（明治四〇）～一九八八（昭和六三）　長崎県生まれ

文芸評論家。慶應義塾《けいおうぎじゅく》大学《だいがく》卒。父は明治期の評論家石橋忍月《いしばしにんげつ》。折口《おりくち》信夫《しのぶ》（⬇三三〇頁）に師事し、民俗学を学ぶ。卒業後、評論誌「批評《ひひょう》」を創刊。俳句の本質を古典俳諧に見いだし、挨拶・滑稽・即興を旨とする俳句の方法論を提唱した。主な著書に、『私小説作家論《ししょうせつさっかろん》』『現代俳句《げんだいはいく》』などがある。

吉本《よしもと》隆明《たかあき》

一九二四（大正一三）～二〇一二（平成二四）　東京都生まれ

詩人・評論家。東京工業大学卒。戦後、詩人として出発。その後評論家に転じ、プロレタリア作家や民主主義作家の戦争責任を追及。以後も文学と社会思想の融合において若い世代の理論的支柱となる。主な著書に、『共同幻想論《きょうどうげんそうろん》』などがある。次女は作家の吉本《よしもと》ばなな（⬇三〇八頁）。

須賀《すが》敦子《あつこ》

一九二九（昭和四）～一九九八（平成一〇）　兵庫県生まれ

随筆家・翻訳家。慶應《けいおう》義塾大学《ぎじゅくだいがく》大学院中退。パリ・ローマに留学して、ミラノでイタリア人と結婚。イタリアに住み、漱石《そうせき》・鷗外《おうがい》をはじめとする多くの日本文学をイタリア語に翻訳する。夫の死後、帰国。イタリアでの生活を回想した『ミラノ霧《きり》の風景《ふうけい》』を発表し、話題となった。

大岡《おおおか》信《まこと》

一九三一（昭和六）～二〇一七（平成二九）　静岡県生まれ

詩人・評論家。東京大学卒業後、新聞社に勤めながら詩誌「櫂《かい》」の同人として活動。一九五六（昭和三一）年に第一詩集『記憶《きおく》と現在《げんざい》』を刊行。その後、大学で教鞭《きょうべん》をとる一方、『超現実《ちょうげんじつ》と抒情《じょじょう》』など評論を精力的に発表。三十年近く新聞連載された詩歌の短評コラム「折々《おりおり》のうた」が著名。

別役《べつやく》実《みのる》

一九三七（昭和一二）～二〇二〇（令和二）　旧満州生まれ

劇作家・評論家。早稲《わせ》田大学《だだいがく》中退。七歳のときに満州で父を亡くし、敗戦後、高知に引き上げる。大学在学中に学生劇団「自由舞台《じゆうぶたい》」を結成。劇団「早稲田小劇《わせだしょうげき》場《じょう》」を創設した後、原爆被害者を描いた『象《ぞう》』で注目される。戯曲に『マッチ売《う》りの少女《しょうじょ》』、評論に戯曲・演劇論『台詞《せりふ》の風景《ふうけい》』などがある。

柄谷《からたに》行人《こうじん》

一九四一（昭和一六）～　兵庫県生まれ

評論家。東京大学大学院修士課程修了。一九六九（昭和四四）年、『意識《いしき》と自然《しぜん》―漱石試論《そうせきしろん》』で群像新人文学賞を受賞。以来、日本近代文学に関する批評や世界史論など、多彩な批評活動をおこない、国際的な評価も高い。主な著書に、『畏怖《いふ》する人間《にんげん》』『世界史《せかいし》の構造《こうぞう》』などがある。

岩波現代文庫

安藤《あんどう》宏《ひろし》

一九五八（昭和三三）～　東京都生まれ

国文学者。東京大学大学院博士課程中退。専門は日本の近現代文学。太宰治《だざいおさむ》や、小説の文体などについて研究する。主な著書に、『近代小説《きんだいしょうせつ》の表現機構《ひょうげんきこう》』『太宰治《だざいおさむ》論《ろん》』などがある。他に共著『ことばの危機《きき》　大学入試《だいがくにゅうし》改革《かいかく》・教育政策《きょういくせいさく》を問《と》う』があり、国語教育に関する提言でも知られる。

椹木《さわらぎ》野衣《のい》

一九六二（昭和三七）～　埼玉県生まれ

美術評論家。同志社大学卒。「美術手帖《びじゅつてちょう》」編集部に在籍中から評論活動を始め、『シミュレーショニズム』で注目される。日本という「悪い場所」の内部にあった美術史を根底から解析し、再構築すべく、『日本《にほん》・現代《げんだい》・美術《びじゅつ》』などの美術批評を発表している。

齋藤《さいとう》亜矢《あや》

一九七八（昭和五三）～　茨城県生まれ

芸術認知科学者。東京《とうきょう》藝術大学《げいじゅつだいがく》大学院美術研究科修了。絵を描く心の起源は何か、人はなぜ生存に直接役立つわけではない芸術活動をおこなうのか、といった問題について、チンパンジーと人の比較などを通して研究する。主な著書に『ヒトはなぜ絵《え》を描《か》くのか』などがある。

金田一《きんだいち》春彦《はるひこ》

一九一三（大正二）～二〇〇四（平成一六）　東京都生まれ

国語学者。東京帝国大学卒。父の京助《きょうすけ》は、アイヌの言語研究で知られる言語学者。息子の真澄《ますみ》・秀穂《ひでほ》も言語学者である。日本語の押韻学を専門とし、日本語のアクセントの体系的変化について独自の理論を展開。音楽にも造詣が深く、『歌謡《かよう》の旋《せん》律《りつ》と歌詞《かし》のアクセント』などの論文もある。

井筒《いづつ》俊彦《としひこ》

一九一四（大正三）～一九九三（平成五）　東京都生まれ

言語学者、哲学者、イスラム学者。慶應義塾《けいおうぎじゅく》大学《だいがく》卒業。三十以上の言語を操り、イスラム思想の他、ギリシア哲学・仏教・老荘思想など幅広い分野に精通し、壮大な学問体系を構築した。著作の多くを英語で書いており、世界的に評価が高い。『コーラン』の日本語訳など、著作も数多い。

豆知識：小説家の村上春樹（➡ 300 頁）は心理学者の河合隼雄と幾度となく対談をしており、『村上春樹、河合隼雄に会いにいく』などの対談集を発表している。

大野《おおの》　晋《すすむ》

一九一九（大正八）～二〇〇八（平成二〇）　東京都生まれ

国語学者。東京帝国大学卒。古代日本語の音韻や語彙についての研究を専門とする。日本語の起源を南インドのタミル語に求め、その骨格を読み解こうと試みた。『日本語練習帳《にほんごれんしゅうちょう》』は、百九十万部を超えるベストセラーとなり、『岩波古語辞典《いわなみこごじてん》』の編《へん》纂《さん》などにも携わった。

佐藤信夫《さとうのぶお》

一九三二（昭和七）～一九九三（平成五）　東京都生まれ

言語哲学者。東京大学卒。専門はフランス思想と言語哲学。レトリックに関する著書が多く、西洋で議論・研究されてきたレトリックの型を、古典から現代までの日本文学にあてはめ、記号論と結びつけて体系立てた。主な著書に、『レトリック感覚《かんかく》』『レトリックの記号論《きごうろん》』などがある。

池上嘉彦《いけがみよしひこ》

一九三四（昭和九）～　京都府生まれ

言語学者。東京大学大学院博士課程修了。イェール大学に留学した後、各国で大学教授を歴任。文化記号論・認知言語論が専門。なぞなぞ・民話などに言語学的にアプローチし、「伝達」や「意味作用」について考察する。主な著書に、『記号論《きごうろん》への招待《しょうたい》』などがある。

岩波新書

三木《みき》　清《きよし》

一八九七（明治三〇）～一九四五（昭和二〇）　兵庫県生まれ

哲学者・評論家。京都帝国大学卒。西田幾多郎《にしだきたろう》の『善の研究《ぜんのけんきゅう》』に影響を受ける。卒業後は西欧に留学してハイデッガーに師事。マルクス主義を部分的に取り入れつつもヒューマニズムに主眼を置き、幸福を追求するうえでの哲学の有用性を説いた。主な著書に、『人生論《じんせいろん》ノート』などがある。

大森荘蔵《おおもりしょうぞう》

一九二一（大正一〇）～一九九七（平成九）　岡山県生まれ

哲学者。東京大学卒。二元論的な世界の把握を否定し、「立ち現われ」をキーワードとして「私」を含む日常生活と科学的世界を一元論によってとらえ、認識論の立場から科学と哲学を結びつけるという独自の理論体系を構築した。主な著書に、『流《なが》れとよどみ』などがある。

梅原《うめはら》　猛《たけし》

写真：伊ケ崎忍

一九二五（大正一四）～二〇一九（平成三一）　宮城県生まれ

哲学者。京都大学卒。実存主義哲学から出発したが、研究対象を日本の芸能や笑いに移し、これまでの文献学的な史観と一線を画す大胆な日本文化論を展開。古代史研究にも関心を向け、「梅原日本学《うめはらにほんがく》」と称される新たな視点を構築した。主な著書に、『隠《かく》された十字架《じゅうじか》』などがある。

中村雄二郎《なかむらゆうじろう》

一九二五（大正一四）～二〇一七（平成二九）　東京都生まれ

哲学者。東京大学卒。パスカル・デカルトを出発点として研究を始め、フランスの構造主義を足がかりに言語・感覚について論じる。考察の対象は多岐にわたり、現代社会が抱えるさまざまな問題について鋭い論評をわかりやすい文章で綴《つづ》っている。主な著書に、『術語集《じゅつごしゅう》』などがある。

河合隼雄《かわいはやお》

一九二八（昭和三）～二〇〇七（平成一九）　兵庫県生まれ

心理学者。京都大学卒。高校の数学教師を務めた後、スイスのユング研究所で深層心理学を学ぶ。帰国後は箱庭療法やカウンセリングを普及させ、精神病の治療に貢献。『こころの処方箋《しょほうせん》』など、著書も多い。古典作品の深層心理を考察した『とりかへばや、男《おとこ》と女《おんな》』のような著作も特徴。

西谷《にしたに》　修《おさむ》

一九五〇（昭和二五）～　愛知県生まれ

哲学者。東京都立大学大学院修士課程修了。その後、パリ第八大学に留学。専門はフランス現代思想で、バタイユやブランショを研究。世界戦争や臓器移植など、現代社会が抱える問題を取り上げ、人間の狂気や不死性を問う。主な著書に、『不《ふ》死《し》のワンダーランド』などがある。

中沢新一《なかざわしんいち》

一九五〇（昭和二五）～　山梨県生まれ

人類学者・宗教学者。東京大学大学院博士課程満期退学。ネパールでのチベット密教の修行体験をもとに、人類の思考全域を視野にいれた研究分野を構想・開拓する。主な著書に、『アースダイバー』『野生《やせい》の科学《かがく》』『カイエ・ソバージュ』『熊楠《くまぐす》の星《ほし》の時間《じかん》』などがある。

黒崎政男《くろさきまさお》

一九五四（昭和二九）～　宮城県生まれ

哲学者。東京大学大学院博士課程単位取得満期退学。専門はカント哲学・認知科学。伝統的な認識論を基盤に、デジタルテクノロジーや電子メディアを取り上げて、先端技術と人間の関わりや、人工知能・生命倫理といった問題を論じる。主な著書に、『デジタルを哲学《てつがく》する』などがある。

森岡正博《もりおかまさひろ》

一九五八（昭和三三）～　高知県生まれ

哲学者。東京大学大学院博士課程単位取得退学。専門は現代哲学・生命倫理学で、人間の生命や人間の存在を哲学的に分析。文献学的な哲学のあり方を否定し、脳死臓器移植やジェンダー、環境問題などの現代社会の問題を取り上げて考察する。主な著書に、『無痛文明論《むつうぶんめいろん》』などがある。

文学史問題：大岡信の作品を次から一つ選べ。（畿央大・改）　①室生犀星　②本居宣長　③世阿弥　④紀貫之

豆知識：『草食系男子の恋愛学』を刊行した森岡正博は、「草食系男子」という言葉の流行の火付け役としても知られる。

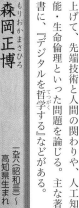

河野哲也《こうのてつや》

一九六三（昭和三八）〜 東京都生まれ

哲学者。慶應義塾大学《けいおうぎじゅくだいがく》大学院博士課程修了。教育哲学を中心的なテーマとし、教育の本質や、哲学的対話による道徳教育について考察する。他に、環境問題と哲学の関係という問題にも取り組んでいる。主な著書に『意識《いしき》は実在《じつざい》しない』『問《と》う方法《ほうほう》・考《かんが》える方法《ほうほう》』などがある。

東　浩紀《あずまひろき》

一九七一（昭和四六）〜 東京都生まれ

哲学者、小説家。東京大学大学院博士課程修了。専門は表象文化論、情報社会論。株式会社ゲンロンの創設、イベントスペースの運営やウェブ上での情報発信など、独自の活動で哲学を社会に還元する。主な著書に哲学書『存在論的《そんざいろんてき》、郵便的《ゆうびんてき》』や小説『クォンタム・ファミリーズ』などがある。

千葉雅也《ちばまさや》

一九七八（昭和五三）〜 栃木県生まれ

©新潮社

哲学者、小説家。東京大学大学院博士課程修了。二十世紀フランス哲学の大家ジル・ドゥルーズや、それ以後の新時代の哲学について考察する。『現代思想《げんだいしそう》入門《にゅうもん》』（二〇二二年）で新書大賞を受賞したほか、小説『デッドライン』（二〇一九年）で野間《のま》文芸新人賞《ぶんげいしんじんしょう》を受賞している。

柳田国男《やなぎたくにお》

一八七五（明治八）〜一九六二（昭和三七） 兵庫県生まれ

民俗学者。東京帝国大学卒業後、農政官僚として全国の村落を回った経験から民俗学に興味を持つ。一九一九（大正八）年に辞職し研究に専念。民間伝承を担う農林業従事者などの生活の中に日本人の本質を見いだし、日本民俗学の礎を築いた。著書に『遠野物語《とおのものがたり》』『海上《かいじょう》の道《みち》』などがある。

阿部謹也《あべきんや》

一九三五（昭和一〇）〜二〇〇六（平成一八） 東京都生まれ

歴史学者。一橋大学《ひとつばしだいがく》大学院博士課程修了。東京経済大学・一橋大学などの教授を歴任。専門はドイツの中世史で、被差別階級や民衆の立場から東西の歴史を比較し、独特の日本人論を展開した。主な著書に、『ハーメルンの笛吹《ふえふ》き男《おとこ》』『「世間《せけん》」とは何《なに》か』などがある。

今福龍太《いまふくりゅうた》

一九五五（昭和三〇）〜 東京都生まれ

文化人類学者・評論家。東京大学卒。メキシコやブラジルなど中南米のフィールドワークをもとに、従来の学問の枠にはまらない独自の研究を続ける。映像文化論やコミュニケーション論などにも造詣が深い。主な著書に、『荒野《こうや》のロマネスク』『クレオール主義《しゅぎ》』『群島《ぐんとう》‐世界論《せかいろん》』などがある。

岡　真理《おかまり》

一九六〇（昭和三五）〜 東京都生まれ

現代アラブ文学研究者。東京外国語大学大学院修士課程修了。専門は現代アラブ文学・第三世界のフェミニズム思想。従来の学問における西洋・男性中心主義の内在を指摘。克服には民族とジェンダーへの批判的視点が必要であると説く。主な著書に、『アラブ、祈《いの》りとしての文学《ぶんがく》』などがある。

松村圭一郎《まつむらけいいちろう》

一九七五（昭和五〇）〜 熊本県生まれ

文化人類学者。京都大学大学院博士課程修了。二十年以上にわたりエチオピアの村に通ってフィールドワークをおこない、所有と分配、民族間の関係、ローカル社会と世界市場の関係といった問題について研究している。主な著書に『うしろめたさの人類学《じんるいがく》』『これからの大学《だいがく》』などがある。

藤原辰史《ふじはらたつし》

一九七六（昭和五一）〜 北海道生まれ

歴史学者。京都大学大学院博士課程中退。農業と食を取り巻くさまざまな問題について歴史学の立場から考察しており、テーマは戦争・ナチズム・農業機械・給食など多岐にわたる。主な著書に『ナチスのキッチン』『食《た》べるとはどういうことか』『給食《きゅうしょく》の歴史《れきし》』『分解《ぶんかい》の哲学《てつがく》』などがある。

小浜逸郎《こはまいつお》

一九四七（昭和二二）〜二〇二三（令和五） 神奈川県生まれ

評論家。横浜国立大学卒。学習塾を経営する一方、同人誌「ておりあ」を主宰して評論を発表する。社会現象学の見地から、家族や学校などについての問題提起を続けている。主な著書に、『正《ただ》しく悩《なや》むための哲学《てつがく》』『人《ひと》はなぜ働《はたら》かなくてはならないのか』などがある。

大澤真幸《おおさわまさち》

一九五八（昭和三三）〜 長野県生まれ

社会学者。東京大学大学院博士課程単位取得満期退学。専門は数理社会学・理論社会学だが、研究対象はオウム真理教事件・湾岸戦争・オタク文化などの多岐に渡り、社会問題についての提言をリアルタイムで発信し続けている。主な著書に、『不可能性《ふかのうせい》の時代《じだい》』などがある。

若林幹夫《わかばやしみきお》

一九六二（昭和三七）〜 東京都生まれ

社会学者。東京大学大学院博士課程中退。専門は都市論・メディア論など。商業施設・電話などの身近なものから、「時間」や「空間」が社会に与える影響について考察し、社会の成り立ちを多角的に分析する。主な著書に、『熱《あつ》い都市《とし》　冷《つめ》たい都市《とし》』『地図《ちず》の想像力《そうぞうりょく》』などがある。

豆知識：ベストセラーとなった養老孟司の『バカの壁』は、そのタイトルが2003年の流行語にもノミネートされた。

佐伯啓思《さえきけいし》

一九四九(昭和二四)～
奈良県生まれ

経済学者、思想家。東京大学大学院博士課程単位取得退学。京都大学教授などを歴任。現代の社会・文明について政治・経済を中心に幅広く考察。二〇一九(令和元)年には現代の諸問題を幅広い分野の執筆陣が論じる批評誌『ひらく』を創刊した。主な著書に『自由《じゆう》とは何《なに》か』などがある。

新潮選書

斎藤幸平《さいとうこうへい》

一九八七(昭和六二)～
東京都生まれ

©島本絵梨佳

経済学者。フンボルト大学博士課程修了。専門は経済思想・マルクス主義経済学。環境問題の背後にある資本主義経済の欠点を指摘し、マルクス思想に立脚した新たな社会像を描く新書『人新世《ひとしんせい》の「資本《しほん》論《ろん》」』(二〇二〇年)は、広く称賛されベストセラーとなり、新書大賞も受賞した。

鷲谷いづみ《わしたに》

一九五〇(昭和二五)～
東京都生まれ

生態学者。東京大学大学院博士課程修了。専門は保全生態学で、絶滅危惧種の植物の調査をおこなうなど、生物多様性について研究。今後の持続可能な環境保護のあり方について、農業や教育などの分野で具体的な提言をおこなっている。主な著書に、『自然再生《しぜんさいせい》』などがある。

日高敏隆《ひだかとしたか》

一九三〇(昭和五)～二〇〇九(平成二一)
東京都生まれ

動物行動学者。東京大学卒。専門は昆虫生理学で、特に蛾《が》のフェロモンについての研究で知られる。しだいに興味の対象を哺乳類にまで広げ、動物全般について幅広く考察を展開した。動物・昆虫学の翻訳も多い。主な著書に、『チョウはなぜ飛《と》ぶか』『春《はる》の数《かぞ》えかた』などがある。

中村桂子《なかむらけいこ》

一九三六(昭和一一)～
東京都生まれ

生命誌研究者。東京大学大学院博士課程修了。DNAの解析をもとに生命の本質をとらえ、人間と他生物との関係を長い歴史物語としてとらえようとする「生《せい》命誌《めいし》」の考え方を提唱している。主な著書に、『科学技術時代《かがくぎじゅつじだい》の子《こ》どもたち』『科学者《かがくしゃ》が人間《にんげん》であること』などがある。

柳澤桂子《やなぎさわけいこ》

一九三八(昭和一三)～
東京都生まれ

生命科学者・サイエンスライター。お茶の水女子大学卒。コロンビア大学大学院修了(Ph.D)。慶應義塾大学医学部《けいおうぎじゅくだいがく》助手を経て三菱化成《みつびしかせい》生命科学研究所主任研究員。一九七八(昭和五三)年、原因不明の病に倒れ、激痛のなか啓蒙書を書き続け『二重《にじゅう》らせんの私《わたし》』など数多くの出版文化賞を受賞した。

村上陽一郎《むらかみよういちろう》

一九三六(昭和一一)～
東京都生まれ

科学史学者・科学哲学者。東京大学大学院博士課程修了。従来の文系・理系の分類にこだわらず、近代科学を一つの文化現象として相対化することを主張。科学が果たす役割や、科学者のあるべき姿について論じる。主な著書に、『近代科学《きんだいかがく》を超《こ》えて』『生《せい》と死《し》への眼差《まなざ》し』などがある。

養老孟司《ようろうたけし》

一九三七(昭和一二)～
神奈川県生まれ

解剖学者。東京大学大学院博士課程修了。「脳」の働きという観点から人間の精神構造をとらえ、一般向けにわかりやすく解説した著書を数多く執筆。二〇〇三(平成一五)年に発行した『バカの壁《かべ》』は、四百万部を超えるベストセラーになった。主な著書に、『唯脳論《ゆいのうろん》』『死《し》の壁《かべ》』などがある。

山極寿一《やまぎわじゅいち》

一九五二(昭和二七)～
東京都生まれ

人類学者・霊長類学者。京都大学大学院博士課程退学。理学博士。専攻は人類進化学で、ゴリラをはじめとする霊長類の生態についてのフィールドワークをもとにして、生物としてのヒトの行動や文化の起源を考察し、自然と人間の共生の可能性を探る。主な著書に、『家族進化論《かぞくしんかろん》』などがある。

長谷川眞理子《はせがわまりこ》

一九五二(昭和二七)～
東京都生まれ

自然人類学者。東京大学大学院博士課程修了。類人猿研究から進化生物学・行動生態学に興味を持ち、人間の進化と適応までテーマを広げている。主な著書に、『進化《しんか》とはなんだろうか』、科学的な物の見方を早くから身につけることの重要性を説いた『科学《かがく》の目《め》　科学《かがく》のこころ』などがある。

茂木健一郎《もぎけんいちろう》

一九六二(昭和三七)～
東京都生まれ

脳科学者。東京大学大学院博士課程修了。「クオリア」(主観的体験に伴う微妙な質感)をキーワードとして取り上げ、主観的体験をも自然科学の記述の対象として扱うことを模索し、脳と心の関係について研究。二〇〇五(平成一七)年、『脳《のう》と仮想《かそう》』で小林秀雄賞《こばやしひでおしょう》を受賞。

森田真生《もりたまさお》

一九八五(昭和六〇)～
東京都生まれ

数学を専門とする、大学に所属しない独立研究者。東京大学卒業。研究・執筆の傍ら、「数学の演奏会」「数学ブックトーク」といった数学をテーマとする独創的な活動をおこない、数学の魅力を広く伝えている。二〇一五(平成二七)年発表の『数学《すうがく》する身体《しんたい》』で小林秀雄賞《こばやしひでおしょう》を受賞。

文学史問題：「民俗文化」研究の初期における記念碑的な成果とされる『遠野物語』を著した人物を次から選べ。(立命館大)
①宮本常一　②田山花袋　③石牟礼道子　④柳田国男　⑤和辻哲郎　⑥宮澤賢治

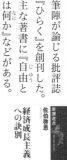

イギリス文学

教会の奇跡劇に出発した演劇は、シェイクスピアをはじめとする優れた劇作家を生み出した。その後は小説が盛んになり、ジャンルの広がりを見せた。日本でも、『ハムレット』を翻訳した坪内逍遙《つぼうちしょうよう》(⇩二四〇頁)や、イギリスに留学した夏目漱石《なつめそうせき》(⇩二四六頁)など、多くの作家がイギリス文学の影響を受けた他、日本の散文文学の基礎を築くうえで大きな役割を担った。

シェイクスピア

William Shakespeare 一五六四〜一六一六

ルネサンス文学を代表する劇作家。四大悲劇『ハムレット』『オセロ』『マクベス』『リア王《おう》』の他、『ロミオとジュリエット』『真夏《まなつ》の夜《よ》の夢《ゆめ》』『ヴェニスの商人《しょうにん》』など、悲劇・喜劇を問わず多くの名作を生み出した。豊かな語彙と魅力的な人間観察に彩られた作品は、今も世界中で上演されている。

ワーズワース

William Wordsworth 一七七〇〜一八五〇

ロマン派の代表的詩人。故郷であるイギリス北部の湖水地帯の自然をこよなく愛し、自然賛美の詩を多く残した。「自然詩人《しぜんしじん》」「湖畔詩人《こはんしじん》」と称される。代表作に、自伝詩『序曲《じょきょく》』、共著『抒情歌謡集《じょじょうかようしゅう》』などがある。一八四三年には、王家が当代一の優れた詩人に贈る「桂冠詩人《けいかんしじん》」の称号を与えられた。

ディケンズ

Charles Dickens 一八一二〜一八七〇

小説家。貧しい家庭に育ち、少年時代から靴墨工場で働く。新聞記者を経て『オリヴァー・トゥイスト』で小説家としての地位を確立し、風刺と人間愛に満ちた作品を発表した。代表作に少年時代の自伝的小説『デイヴィッド・コパフィールド』の他、『クリスマス・キャロル』などがある。

ルイス・キャロル

Lewis Carroll 一八三二〜一八九八

童話作家・数学者。オックスフォード大学で数学講師を務める。知人の娘アリス・リデルに語って聞かせるため、彼女をモデルとして生み出された童話が、『不思議《ふしぎ》の国《くに》のアリス』『鏡《かがみ》の国《くに》のアリス』である。作品は風刺とユーモア・パロディに満ち、世界各国で翻訳され、親しまれている。

スティーヴンソン

Robert Louis Stevenson 一八五〇〜一八九四

小説家・詩人。幼い頃から病弱で、結核を病み、各地で転地療法を試みつつ、創作をおこなった。冒険小説『宝《たから》島《じま》』で一躍脚光を浴び、二重人格をテーマにした『ジキル博士《はかせ》とハイド氏《し》』など、寓意的《ぐういてき》・幻想的な作品を発表。晩年は南太平洋のサモア島に定住し、多くの作品を生み出した。

ワイルド

Oscar Wilde 一八五四〜一九〇〇

唯美主義・芸術至上主義の詩人・小説家・劇作家。息子たちのために書いた童話集『幸福《こうふく》な王子《おうじ》』、小説『ドリアン・グレイの肖像《しょうぞう》』、戯曲『サロメ』などがある。欧米を旅し、多くの芸術家と交流・恋愛を重ねた彼の奔放な生き方は、谷崎潤一郎《たにざきじゅんいちろう》(⇩二三五頁)ら日本の作家にも大きな影響を与えた。

モーム

William Somerset Maugham 一八七四〜一九六五

小説家・劇作家。フランスで生まれるが、幼少期に両親があいついで他界。イングランドの叔父のもとに引き取られる。医学校を卒業するも小説家を志し、戯曲で評価される。その後、自伝的小説『人《にん》間《げん》の絆《きずな》』、画家ゴーギャンの生涯をもとにした『月《つき》と六《ろく》ペンス』などを発表した。

ローレンス

David Herbert Lawrence 一八八五〜一九三〇

小説家・詩人・評論家。小学校の教師をしながら創作する。人間の本質を恋愛と性に求め、『チャタレイ夫人《ふじん》の恋《こい》人《びと》』を発表。露骨な性描写もあったため、日本では伊藤整《いとうせい》(⇩二八一頁)の翻訳で芸術か猥褻《わいせつ》かをめぐって「チャタレイ事件《じけん》」が法廷で争われた。他に『息子《むすこ》と恋人《こいびと》』などがある。

フランス文学

十九世紀フランスでは、ロマン主義や象徴主義などさまざまな文学が生まれた。日本でも東京帝国大学に仏文科が設置され、ユゴーなどが翻訳されて人気を博した。また、モーパッサンらの自然主義小説をもとに、日本でも島崎藤村《しまざきとうそん》(⇩二五四頁)らが自然主義小説を発表。現代でも大江健三郎《おおえけんざぶろう》(⇩二九三頁)や平野啓一郎《ひらのけいいちろう》(⇩三〇九頁)など、フランス文学に影響を受けた作家は多い。

スタンダール

Stendhal 一七八三〜一八四二

近代小説の先駆者とされる小説家。代表作『赤《あか》と黒《くろ》』では、ナポレオンに憧れる野心家の青年が、軍人(赤)や聖職者(黒)としての出世を追い求めるが挫折し、死を迎えるまでを描いて、人間の幸福とは何かを問いかけた。スタンダールの墓碑には「生きた、書いた、恋した」と刻まれている。

バルザック

Honoré de Balzac 一七九九〜一八五〇

十九世紀フランス写実派の代表的作家。非常に多作の作家として知られ、『ゴリオ爺《じい》さん』『谷間《たにま》の百合《ゆり》』など約九十編の小説を書き、これらの作品を「人間喜《にんげんき》劇《げき》」と総称した。登場人物は二千人にのぼり、あらゆる階級・社会が描かれ、当時のフランス社会の縮図となっている。

豆知識：アナトール・フランスは、芥川龍之介が傾倒した作家として知られる。東京帝国大学在学中に第三次「新思潮」を創刊した芥川は、その創刊号にアナトール・フランスの「バルタザアル」の翻訳を発表した。

前頁の答：④

ユゴー
Victor Marie Hugo　一八〇二〜一八八五

小説家・詩人・劇作家。フランスを代表する詩人として『静観詩集《せいかんししゅう》』などを発表。また、革命期のフランスを舞台に、ジャン・ヴァルジャンの波乱の人生を描いた『レ・ミゼラブル』は日本でもよく知られている。他に戯曲『エルナニ』、小説『ノートルダム・ド・パリ』などがある。

ボードレール
Charles Baudelaire　一八二一〜一八六七

詩人・評論家。複雑な家庭で育ち、退廃的な生活を送りながらも、ドラクロアなどの美術評論から創作活動を出発させる。詩集『悪《あく》の華《はな》』によって出版当時、公衆道徳良俗侵害の罪で起訴されたが、近代象徴主義詩の黎明《れいめい》として、多くの詩人が彼に続いた。他に散文詩『パリの憂鬱《ゆううつ》』などがある。

フロベール
Gustave Flaubert　一八二一〜一八八〇

小説家。写実主義の確立者として知られており、ゾラやモーパッサンなど自然主義の小説家に多大な影響を与えた。科学的な観察に基づく客観的な描写が特徴。代表作『ボヴァリー夫人《ふじん》』は、不道徳であるとして告訴された。他に『サランボー』『感《かん》情教育《じょうきょういく》』などがある。

ゾラ
Émile Zola　一八四〇〜一九〇二

小説家。自然科学領域の科学的・実証主義的な方法論の小説への転用を試み、自然主義を提唱。理論の実践の場として、『ルーゴン・マッカール叢書《そうしょ》』を発表し、二十作の作品群を収めた。作品には貧しい階級で懸命に生きる大衆が描かれ、『居酒《いざか》屋《や》』『ナナ』などが含まれている。

ヴェルレーヌ
Paul Marie Verlaine　一八四四〜一八九六

象徴派の代表的詩人。十代から才能を開花させ、十四歳のときにユゴーへ自作の詩を送る。ランボーとの出会いと別れ、傷害事件による投獄など、退廃的な人生の中で詩作を続けた。代表作に詩集『言葉《ことば》なき恋歌《こいうた》』などがある。上田敏《うえだびん》が日本語訳した「落葉《おちば》(秋《あき》の日《ひ》)」がよく知られている。

アナトール・フランス
Anatole France　一八四四〜一九二四

小説家・詩人・評論家。軽妙な皮肉と辛辣な風刺の利いた懐疑的・逆説的な作風が特徴。主な作品に『シルヴェストル・ボナールの罪《つみ》』『赤《あか》い百合《ゆり》』『神々《かみがみ》は渇《かわ》く』などがある。詩・批評など幅広く活躍し、芥川龍之介《あくたがわりゅうのすけ》(⬇二六〇頁)も大きな影響を受けた。一九二一年、ノーベル文学賞を受賞。

モーパッサン
Guy de Maupassant　一八五〇〜一八九三

フランス自然主義の代表的作家。普仏戦争《ふふつせんそう》の敗戦後、従軍体験をもとにした『脂肪《しぼう》の塊《かたまり》』を発表。代表作に一人の女性の悲劇的な生涯を描いた『女《おんな》の一生《いっしょう》』などがある。短編の名手として知られ、生涯に約二百六十編の短編小説を残した。神経症や不眠症に悩み、精神病院で生涯を終えた。

ランボー
Arthur Rimbaud　一八五四〜一八九一

象徴主義の代表的詩人であり、「早熟《そうじゅく》の天才《てんさい》」と称される。十七歳でヴェルレーヌと出会い、『イリュミナシオン』『酔《よ》いどれ船《ぶね》』などを記す。二十歳のとき、『地獄《じごく》の季節《きせつ》』を脱稿したのを最後に詩作をやめ、世界中を放浪。死後、作品が高く評価され、二十世紀の芸術家に大きな影響を与えた。

ルナール
Jules Renard　一八六四〜一九一〇

反自然主義の小説家・詩人・劇作家。貧困の中で詩や小説を発表する。文学的誇張を排した簡明な筆致で日常における心理を描いた。自身の少年時代をもとにした小説・戯曲『にんじん』の他、死後発表された二十三年にわたる日記も知られている。他に『博物誌《はくぶつし》』などがある

ロマン・ロラン
Romain Rolland　一八六六〜一九四四

小説家・評論家。音楽史の講師を務め、ベートーベンをモデルにした小説『ジャン・クリストフ』を発表。自由と尊厳、世界平和のために断固戦うという戦闘的ヒューマニズムを標榜《ひょうぼう》し、生涯を反戦運動に捧《ささ》げた。他に『魅《み》せられたる魂《たましい》』などがある。一九一五年、ノーベル文学賞を受賞。

ジッド
André Gide　一八六九〜一九五一

小説家・評論家。厳格なプロテスタントの家庭で育つ。象徴主義的な作品から、テーマは人間の生、自由の意味の追究へと移行した。代表作に、愛と信仰の相克を描いた『狭《せま》き門《もん》』、自己の贖罪《しょくざい》のために書いたとする『一粒《ひとつぶ》の麦《むぎ》もし死なずば』などがある。一九四七年、ノーベル文学賞を受賞。

プルースト
Marcel Proust　一八七一〜一九二二

小説家。幼少期から病弱で、喘息《ぜんそく》に苦しんだ。社交界の花形であったが、あいつぐ両親の死と自らの健康状態の悪化を機に距離を置き、創作活動に専念。自伝的長編小説『失《うしな》われた時《とき》を求《もと》めて』は、半生をかけて執筆した大作で、重層的な時間構造を持ち、後世の作家に大きな影響を与えた。

文学史問題：『ロミオとジュリエット』を著したイギリスの著名な劇作家を次から選べ。（関西外国語大）
①シェイクスピア　②ゲーテ　③ダンテ　④ドストエフスキー　⑤モーパッサン

サン・テグジュペリ
Antoine de Saint-Exupéry 一九〇〇～一九四四

小説家。飛行機パイロットの経験をもとに、空や飛行機をモチーフにした詩情あふれる作品を発表。極力心理描写を排し、行動に人間の本質を求める行動主義文学の代表的作家となった。代表作に小説『夜間飛行《やかんひこう》』、童話『星《ほし》の王子《おうじ》さま』などがある。対独戦で飛行中に、消息を絶った。

サルトル
Jean-Paul Sartre 一九〇五～一九八〇

哲学者・小説家。第二次大戦後、「実存は本質に先立つ」とする無神論的実存主義を提唱。この見地に立ち、『嘔《おう》吐《と》』『壁《かべ》』などの小説を発表した。評論・哲学書『存在《そんざい》と無《む》』、戯曲『出口《でぐち》なし』などがある。一九六四年にノーベル文学賞を授与されるが辞退した。妻は哲学者のボーヴォワール。

カミュ
Albert Camus 一九一三～一九六〇

小説家・劇作家。フランス領アルジェリアで生まれ、本国に渡る。世界の不条理を見つめ、あらがい続けることに生の意味を見いだそうとし、社会から逸脱した行動をするムルソーを主人公として人間の根源的な不条理を描いた『異邦人《いほうじん》』を発表した。一九五七年、ノーベル文学賞を受賞。

ドイツ文学

ドイツだけでなく、オーストリアやスイスにおいてドイツ語で書かれた作品も総じて「ドイツ文学」と称する。学術書や哲学書などとの関わりが深いのもドイツ文学の特徴である。日本ではドイツ留学経験のある森鷗外《もりおうがい》(⬇二四二頁)が、ゲーテなど多くのドイツ文学作品を翻訳した。第二次世界大戦後にもカフカなどのドイツ文学が優れたドイツ語翻訳家たちによって翻訳された。

ゲーテ
Johann Wolfgang von Goethe 一七四九～一八三二

詩人・小説家・劇作家。十八世紀後半、文学の革新を目指す疾風怒濤《しっぷうどとう》運動の寵児《ちょうじ》として、ギリシャやローマを理想とする古典主義を標榜《ひょうぼう》。小説『若《わか》きウェルテルの悩《なや》み』では感情のままに行動する近代的な人物像を提示し、後のロマン主義へとつながった。他に戯曲『ファウスト』などがある。

シラー
Johann Christoph Friedrich von Schiller 一七五九～一八〇五

詩人・劇作家。ゲーテの親友であり、ともにドイツ古典主義時代を牽引《けんいん》した。肉体的・身体的自由を不屈の精神で追い求めようとする作風から、「自由《じゆう》の詩《し》人《じん》」と呼ばれる。戯曲に『群盗《ぐんとう》』『ウィルヘルム・テル』などがある。シューベルトやベートーベンの歌曲の作詞者としても知られる。

ハイネ
Heinrich Heine 一七九七～一八五六

ロマン派の詩人。ユダヤ人としての出自による迫害に苦しむが、フランス革命に思想的影響を受けて人類解放と自由を求めるようになり、ドイツの旧体制を批判する革命詩人となる。前期の代表詩集『歌《うた》の本《ほん》』の詩からは多くの歌曲が生まれた。他に『ロマンツェーロ』などがある。

トーマス・マン
Thomas Mann 一八七五～一九五五

小説家。ナチズムに抵抗し、スイスに亡命。その後、アメリカに渡った。市民階級と芸術家、理性と情熱の相克は作品を貫く大きなテーマ。代表作に『ブッデンブローク家《け》の人々《ひとびと》』『トニオ・クレーゲル』『ヴェニスに死《し》す』『魔《ま》の山《やま》』などがある。一九二九年、ノーベル文学賞を受賞。

リルケ
Rainer Maria Rilke 一八七五～一九二六

オーストリア出身の詩人・小説家。学生時代から恋愛叙情詩を多く発表するが、パリでの生活、彫刻家ロダンとの出会いなどを経て文学的成長を遂げ、表現の幅を広げる。代表作に詩集『形象詩集《けいしょうししゅう》』『ドゥイノの悲歌《ひか》』、小説『マルテの手記《しゅき》』などがある。晩年はスイスに居を移した。

ヘルマン・ヘッセ
Hermann Hesse 一八七七～一九六二

詩人・小説家。名門の神学校に入学するが、まもなく退学。書店員として働きながら創作を続けた。自らの挫折経験をもとにした『車輪《しゃりん》の下《した》』を発表。その後スイスに移住して帰化し、当地で反ナチ運動をおこなった。他に『デミアン』『知《ち》と愛《あい》』などがある。一九四六年、ノーベル文学賞を受賞。

カフカ
Franz Kafka 一八八三～一九二四

チェコのプラハ出身のユダヤ系ドイツ語作家。ある朝目覚めると自分の身体が巨大な毒虫になっていたという不条理な世界を描いた小説『変身《へんしん》』は、生前はほとんど注目されなかった。しかし、彼の死後、実存主義文学として高く評価され、『審判《しんぱん》』『城《しろ》』などの遺作も次々出版された。

レマルク
Erich Maria Remarque 一八九八～一九七〇

小説家。第一次世界大戦に志願して従軍。戦場での過酷な経験をもとに、戦後、長編小説『西部戦線異状《せいぶせんせんいじょう》なし』を発表、ベストセラーとなる。しかし、作品が反戦的であるとしてナチスの弾圧を受け、スイスへ亡命。後にアメリカへ移住した。他に『凱旋門《がいせんもん》』『愛《あい》する時《とき》と死《し》する時《とき》』などがある。

ロシア文学

十九世紀後半、ツルゲーネフ・ドストエフスキー・トルストイら世界的文豪が現れ、ロシア文学の黄金時代を築いた。貧困にあえぐ民衆の姿に社会改革の重要性を感じた彼らは、小説という手法で民衆に生きる意味を問いかけた。日本でも明治以降、内田《うちだ》魯庵《ろあん》が英語からの重訳で『罪《つみ》と罰《ばつ》』を翻訳するなど、優れたロシア文学が広く日本に紹介された。

ゴーゴリ　Nikolai V. Gogol　一八〇九～一八五二

小説家・劇作家。ロシアリアリズム文学の開祖。ドイツロマン派の流れをくむユーモアと風刺に満ちた作風で、喜劇『検察官《けんさつかん》』、小説『死《し》せる魂《たましい》』『外套《がいとう》』などを発表。腐敗した役人制度や農奴制社会の現実をリアルに描き、ドストエフスキーら、後進のロシア人作家に大きな影響を与えた。

ツルゲーネフ　Ivan S. Turgenev　一八一八～一八八三

小説家。地主の裕福な家に生まれる。自身が見た農民たちをもとに、農奴制下の悲惨な生活をリアルに描いた『猟《りょう》人日記《じんにっき》』が政府批判ととらえられ、逮捕・投獄される。しかし、この作品は、その後の農奴解放に大きな影響を与えた。他に『ルージン』『父《ちち》と子《こ》』『初恋《はつこい》』などがある。

ドストエフスキー　Fyodor M. Dostoevskii　一八二一～一八八一

小説家。ロシアリアリズム文学を代表する作家。人間の内面の苦悩を描き、近代小説の先駆者となった。独自の理論によって老婆を殺害した主人公が、良心の呵責《かしゃく》に苦しみ、やがて魂の救済を得るまでを描く『罪《つみ》と罰《ばつ》』が代表作。他に『貧《まず》しき人々《ひとびと》』『白痴《はくち》』『カラマーゾフの兄弟《きょうだい》』などがある。

トルストイ　Lev N. Tolstoi　一八二八～一九一〇

小説家・劇作家。ドストエフスキーと並び、十九世紀ロシア文学の代表作家であり、ルソーの影響を色濃く受けた非暴力・人道主義者でもある。小説『戦争《せんそう》と平和《へいわ》』『アンナ・カレーニナ』『復活《ふっかつ》』、戯曲『生《い》ける屍《しかばね》』、民話『イワンの馬鹿《ばか》』など、数々の作品は、世界で広く親しまれている。

チェーホフ　Anton P. Chekhov　一八六〇～一九〇四

ウクライナ出身の劇作家・小説家。短編の名手として知られ、鋭い人間観察にもとづき、『カメレオン』『かわいい女《おんな》』など、ユーモアあふれる作品を多く残した。劇作家としては、『かもめ』『ワーニャ伯父《おじ》さん』『三人姉妹《さんにんしまい》』『桜《さくら》の園《その》』が四大戯曲とされ、近代演劇の完成に大きく貢献した。

ゴーリキー　Maksim Gorkii　一八六八～一九三六

小説家・劇作家。ソビエト社会主義リアリズム文学の創始者。貧困の中、さまざまな職業を転々としながら創作を続け、小説『母《はは》』、戯曲『小市民《しょうしみん》』『どん底《ぞこ》』など、社会の底辺であえぐ人々の姿を描いた作品を発表。一時イタリアに移住するが、晩年はスターリンの要請に応じ、ロシアに戻った。

ショーロホフ　Mikhail A. Sholokhov　一九〇五～一九八四

小説家。トルストイからつながるロシア文学の伝統と、社会主義リアリズムをあわせ持った作風が特徴。コサックの生活に取材し、彼らの運命を追った長編小説『静《しず》かなるドン』が代表作であり、日本でも多くの翻訳家によって邦訳されている。一九六五年、ノーベル文学賞を受賞。

ソルジェニーツィン　Aleksandr I. Solzhenitsin　一九一八～二〇〇八

小説家。旧ソビエト連邦の体制を批判し、政治犯として強制収容所に収監される。この体験をもとにした『イワン・デニーソヴィチの一日《いちにち》』が大きな反響を巻き起こすが、発売禁止となり、国外追放された。他に『ガン病棟《びょうとう》』『収容所群島《しゅうようじょぐんとう》』などがある。一九七〇年、ノーベル文学賞を受賞。

アメリカ文学

アメリカ文学の本格的な展開は十八世紀末の独立以降であり、イギリス・フランスとは趣を異にする写実主義・自然主義の文学が誕生した。第一次世界大戦後のフォークナー・ヘミングウェイら「ロスト・ジェネレーション（失われた世代）」の作家たちも、独自の地位を築いた。また、日本に現代アメリカ作家の作品を多く紹介した村上春樹《むらかみはるき》（⬇三〇〇頁）の作品も彼らの影響が色濃い。

エドガー・アラン・ポー　Edgar Allan Poe　一八〇九～一八四九

小説家・詩人・評論家。『アッシャー家《け》の崩壊《ほうかい》』『モルグ街《がい》の殺人《さつじん》』など、本格推理小説の祖であり、幻想的・怪奇的な短編の名手としても知られる。他に詩「大鴉《おおがらす》」、短編小説『黄金虫《こがねむし》』『黒猫《くろねこ》』などがある。日本の小説家江戸川乱歩《えどがわらんぽ》（⬇二六三頁）の筆名は、彼の名をもじったもの。

マーク・トウェイン　Mark Twain　一八三五～一九一〇

小説家。代表作『トム・ソーヤーの冒険《ぼうけん》』『ハックルベリー・フィンの冒険《ぼうけん》』は、作者の故郷ミシシッピ河畔地方が舞台。そこには自由を求めてさまざまな冒険を繰り返すトムたちの姿が生き生きと描かれ、世界を代表する少年少女小説として親しまれている。他に『王子《おうじ》と乞食《こじき》』などがある。

文学史問題：ロシア文学者とその代表的作品の組み合わせとして正しいものを次から一つ選べ。（椙山女学園大・改）
①チェーホフ『かもめ』・カフカ『変身』　②ツルゲーネフ『初恋』・カミュ『異邦人』　③ドストエフスキー『罪と罰』・トルストイ『戦争と平和』

オー・ヘンリー
O. Henry 一八六二～一九一〇

小説家。銀行員であったが公金横領罪により逮捕され、服役生活を送る。刑務所の中で短編小説を書き始め、出所後『キャベツと王様《おうさま》』で小説家としてデビュー。『賢者《けんじゃ》の贈《おく》り物《もの》』『最後《さいご》の一葉《ひとは》』など、風刺と教訓の中にユーモアを含んだ作品の数々は、現在も広く世界で愛されている。

パール・バック
Pearl Buck 一八九二～一九七三

小説家。宣教師の父とともに生後まもなく中国に渡り、少女期を中国で過ごす。帰国後、『東《ひがし》の風《かぜ》・西《にし》の風《かぜ》』に続いて発表した『大地《だいち》』では貧しい中国人家庭の姿を克明に描き、ピューリッツァー賞を受賞。『息子《むすこ》たち』『分裂《ぶんれつ》せる家《いえ》』と合わせて三部作とした。一九二八年、ノーベル文学賞受賞。

フォークナー
William Cuthbert Faulkner 一八九七～一九六二

小説家。第一次大戦の痛みを経験した「ロスト・ジェネレーション（失われた世代）」の作家の一人。アメリカ南部のミシシッピ州北部に設定した架空の土地を舞台として、『響《ひび》きと怒《いか》り』『サンクチュアリ』『アブサロム、アブサロム!』などの作品を発表。一九四九年、ノーベル文学賞を受賞。

ヘミングウェイ
Ernest Hemingway 一八九九～一九六一

小説家。「ロスト・ジェネレーション（失われた世代）」の代表的作家。作風は「ハードボイルド」と言われ、感情を排した客観的で硬質な文体が特徴。第一次大戦の体験に基づく『武器《ぶき》よさらば』の他、『日《ひ》はまた昇《のぼ》る』『誰《た》がために鐘《かね》は鳴《な》る』などがある。一九五四年、ノーベル文学賞を受賞。

マーガレット・ミッチェル
Margaret Mitchell 一九〇〇～一九四九

小説家。南北戦争期の南部を舞台に、地主の娘スカーレット・オハラの波乱の半生を描いた長編小説『風《かぜ》と共《とも》に去《さ》りぬ』は、ベストセラーとなり、ピューリッツァー賞を受賞。映画化された作品も、世界中で人気を博した。続編が待ち望まれていたが、交通事故により不慮の死を遂げた。

スタインベック
John Steinbeck 一九〇二～一九六八

小説家。二十世紀のアメリカ文学を代表する小説家。小作農民の悲惨な状況を描いた『怒《いか》りの葡萄《ぶどう》』や、旧約聖書をモチーフとして兄弟と父との葛藤を描いた『エデンの東《ひがし》』の他、『二十日鼠《はつかねずみ》と人間《にんげん》』『われらが不満《ふまん》の冬《ふゆ》』などの小説がある。一九六二年、ノーベル文学賞を受賞。

その他の国の文学

その他の国々でも、多くの優れた作家が誕生した。明治時代にアンデルセン童話が翻訳され、子供たちに親しまれた他、北欧の文学も広く日本に紹介された。小説だけでなく、戯曲も日本で繰り返し上演されている。また、日本で医学を学んだ魯迅《ろじん》は、そこで出会った日本人教師を主人公とした『藤野先生《ふじのせんせい》』を執筆するなど、日本との関わりが深い作家である。

アンデルセン
Hans Christian Andersen 一八〇五～一八七五

デンマークの小説家・童話作家。オペラ歌手を志すが挫折し、大学で文献学と哲学を学びながら創作に打ち込む。卒業後、ヨーロッパを旅し、イタリアで書いた『即興詩人《そっきょうしじん》』が世界的に認められ、その後、童話作家としての地位を確立する。他に『マッチ売《う》りの少女《しょうじょ》』『人魚姫《にんぎょひめ》』などがある。

イプセン
Henrik Ibsen 一八二八～一九〇六

ノルウェーの劇作家・詩人。劇場の舞台監督兼作家として、多くの戯曲を発表。詩人としての豊かな韻律による口語劇によって、「近代演劇《きんだいえんげき》の父《ちち》」と称される。代表作『人形《にんぎょう》の家《いえ》』では、自立的な生き方を求める新しい女性像を描いた。他に『ペール・ギュント』『民衆《みんしゅう》の敵《てき》』『野鴨《のがも》』などがある。

メーテルリンク
Maurice Maeterlinck 一八六二～一九四九

ベルギーの詩人・劇作家。母語はフランス語。象徴主義の影響を受け、戯曲『マレーヌ姫《ひめ》』を発表。代表作にチルチルとミチルの幼い兄妹が幸福の青い鳥を追い求めて各地を旅するが、最後にそれをごく身近で見つけるという児童劇『青《あお》い鳥《とり》』などがある。一九一一年、ノーベル文学賞を受賞。

魯迅《ろじん》
ルーシュン 一八八一～一九三六

中国の小説家で、中国近代文学の確立者。日本で医学を学ぶが、中国人の精神改造の必要性を痛感し、東京で小説家としての活動を始める。帰国後、反封建・反帝国主義の立場から、国民の意識改革を訴えた。代表作に『阿Q正伝《あきゅうせいでん》』『故郷《こきょう》』『狂人日記《きょうじんにっき》』『藤野先生《ふじのせんせい》』などがある。

藤野厳九郎《ふじのげんくろう》記念館と藤野・魯迅の像（福井県あわら市）

仙台医学専門学校（現 東北大学医学部）に留学生として入学した魯迅は、当校の教授であった藤野厳九郎に師事する。その恩師との思い出は小説『藤野先生』に描かれている。

漢文編

服装

衣《い》と裳《しょう》 上半身に着ける上着を衣といい、下半身に着けるスカート状の服を裳という。
皇帝の冕服には、玄衣纁《げんいくん》裳《しょう》(黒い衣と赤い裳)が多く用いられた。

冕冠《べんかん》 上部の板を延《えん》といい、延から垂れる玉飾りを旒《りゅう》という。

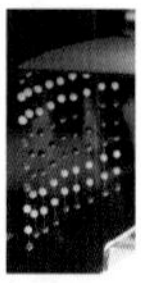

旒《りゅう》 身分が高いほど数が多く、皇帝の冕冠では前後に 12 本ずつとされた。

黈纊《とうこう》 皇帝の冕冠で、耳元にかかる綿の玉。耳をふさぐことにより、讒言《ざんげん》を聞かない意志を表す。

冕服《べんぷく》(蜀《しょく》の劉備《りゅうび》)
皇帝や貴族の正装。頭に冕冠《べんかん》を戴く。

襦《じゅ》と裙《くん》(唐三彩女俑《じょよう》)
隋・唐の女性の服装。襦は短い上衣。裙は長いスカート。

丸衿《まるえり》の袍衫《ほうさん》(唐の太宗《たいそう》・李世民《りせいみん》)
隋・唐の平服。皇帝から一般庶民まで着用した。

甲衣《こうい》(秦始皇帝陵兵馬俑《しんしこうていりょうへいばよう》)
秦の兵士の服装。金属やサイの革を鎧に用いた。

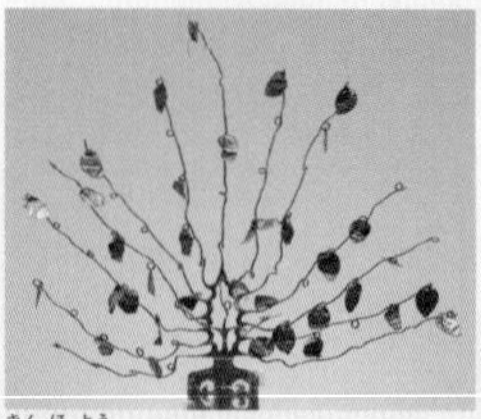

金歩揺《きんほよう》 髪飾り。
歩くと揺れるので歩揺という。

簪《しん》(笄《けい》) かんざし。
男女とも髪をまとめるのに用いた。また、男子は冠(右)を髪に固定するのに用いた。
女子は十五歳で笄を差し、男子は二十歳で冠を着けることが、それぞれ成人の証とされた。

冠《かん》 男子が正装する際にかぶった。時代や身分によってさまざまな形状がある。

釵《さい》
二またのかんざし。

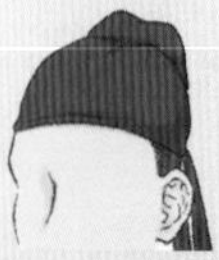

幞頭《ぼくとう》 隋・唐に流行し、官吏や庶民が身につけた帽子。律令制の衣装として日本にも伝えられた。

狐裘《こきゅう》 キツネの毛皮で作った防寒服。腋《わき》の下の白い部位を用いた特に高価なものを狐白裘《こはくきゅう》ということもあった。

帯鉤《たいこう》
帯をとめる金具。

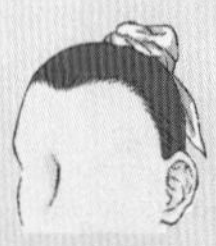

巾《きん》 頭巾。冠を着用しない庶民が用いた。

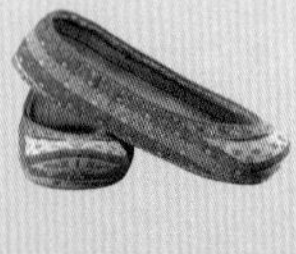

履《り》 くつ。

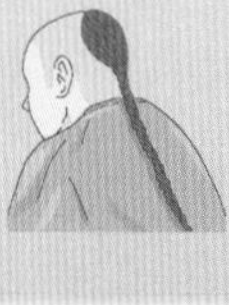

辮髪《べんぱつ》 清朝を開いた満州族の伝統的な髪型。

漢文が根ざす文化は、古文の世界とはまた異なるものだ。ここでは漢文学に見える器物などを紹介する。作品を読みながら、漢文の世界をイメージしてほしい。

武器・防具

弩《ど》
いしゆみ。おおゆみ。
機械式の弓。

匕首《ひしゅ》
あいくち。
小型の短刀。

剣《けん》
両刃のつるぎ。
写真は越王勾践《えつおうこうせん》の剣。

①**矛**《ぼう》
突き刺す
形状のほこ。

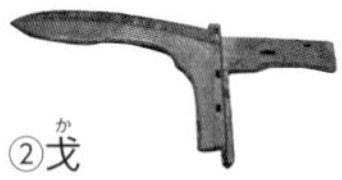

②**戈**《か》
ひっかける形状のほこ。

③**戟**《げき》
矛と戈の形
を組み合わ
せたもの。

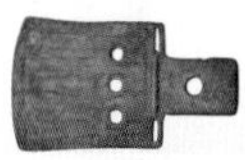

④**斧**《ふ》・**鉞**《えつ》
おの。大き
いものを鉞
という。

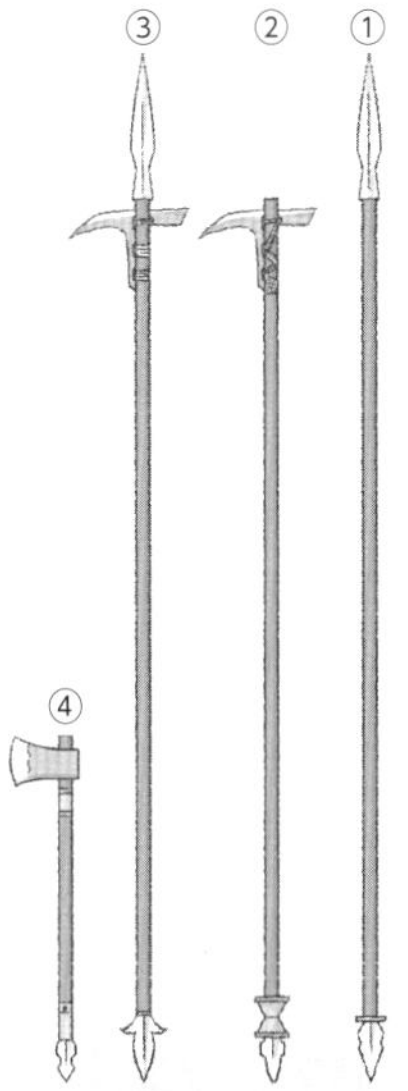

弓

鏃《ぞく》 やじり。

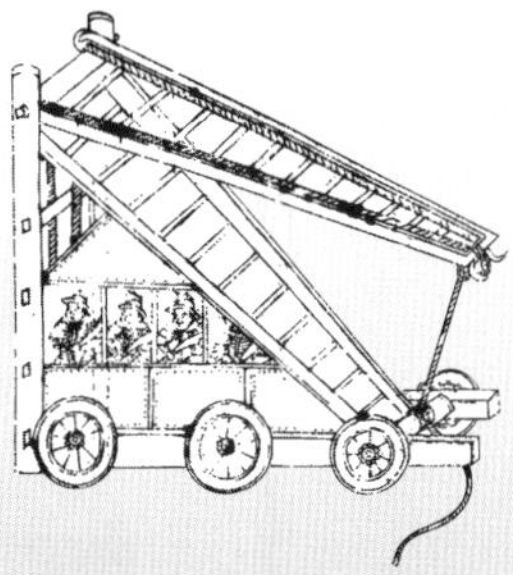

雲梯《うんてい》 はしごをかけて城壁を
乗り越えるための攻城兵器。

銅盔《どうかい》 かぶと。

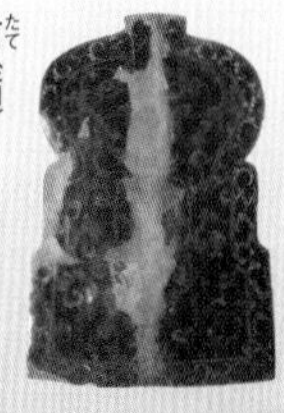

盾《たて》**(楯)**
写真は漆塗りの楚《そ》の盾。

飲食の器

卮《し》 円筒状の酒杯。
大きいものは一斗
(約2リットル)入る。

夜光杯《やこうはい》 玉でできた酒杯。

耳杯《じはい》 耳のような装飾の
ついた酒杯。「羽觴《うしょう》」とも。

箪《たん》 飯を入れる竹製の容器。

青銅器

鼎《てい》 煮炊きの器。円形で三足の円鼎《えんてい》(右)
と、四角形で四足の方鼎《ほうてい》(左)がある。

缶《ふ》 酒を入れる器。

尊《そん》 酒を入れる器。

觚《こ》 酒を飲む
ための器。

爵《しゃく》 酒を入れたり
温めたりする器。

玉器

璧《へき》 環状の玉器。璧のうち、穴の直
径が周囲の幅より大きいものを「瑗《えん》」、
穴の直径が周囲の幅と等しいものを
「環《かん》」という。

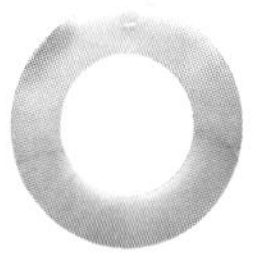

瑗《えん》

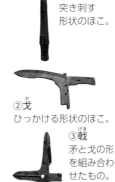

環《かん》

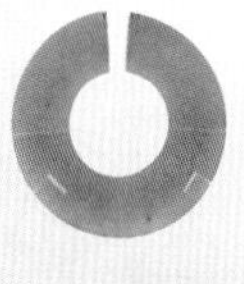

玦《けつ》 切れ目のある
佩《お》び玉。決断や決
別の意志を表すの
に用いた。

玉佩《ぎょくはい》 腰から
下げる装飾品。

十二律	対応する音
黄鐘《こうしょう》	ハ
大呂《たいりょ》	嬰《えい》ハ
太簇《たいそう》	ニ
夾鐘《きょうしょう》	嬰ニ
姑洗《こせん》	ホ
仲呂《ちゅうりょ》	ヘ
蕤賓《すいひん》	嬰ヘ
林鐘《りんしょう》	ト
夷則《いそく》	嬰ト
南呂《なんりょ》	イ
無射《ぶえき》	嬰イ
応鐘《おうしょう》	ロ

十二律　音名を表す。

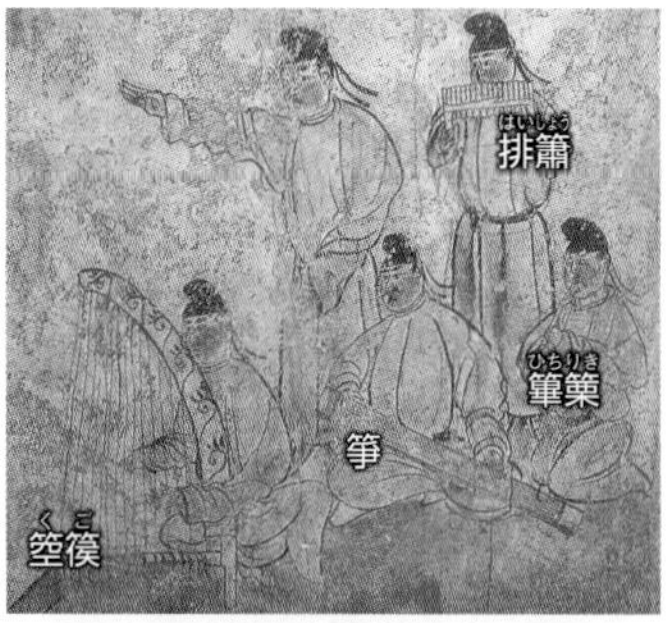

楽舞図（唐）

阮咸《げんかん》

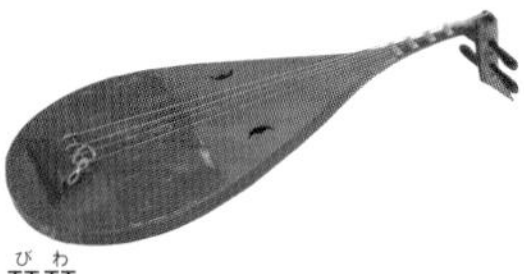
琵琶《びわ》

編鐘《へんしょう》（右）と編磬《へんけい》（左）

琴《きん》　主に七弦。柱《じ》がない。

箏《そう》　十三弦以上。柱がある。

瑟《しつ》　十五弦以上。大型の楽器。

五声《ごせい》・七声《しちせい》
階名を表す。上図は仮に黄鐘（ハ）を宮音とした場合。
それぞれの音から始まる旋法は特有の雰囲気を表し、たとえば羽の旋法（ラドレミソの音階）は怒りを表すなどとされた。

洞簫《どうしょう》

胡笳《こか》

笙《しょう》

竽《う》

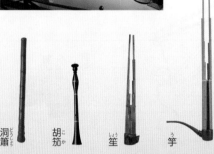

筑《ちく》

車馬出行図（後漢）
御者は主人の左に乗る。さらに護衛として三人目の乗り手が主人の右に乗ることがあり、これを車右《しゃゆう》あるいは参乗《さんじょう》という。

金文《きんぶん》に見える「車」の字
馬車を上から見た形を表す。

駟《し》（秦）　四頭立ての馬車

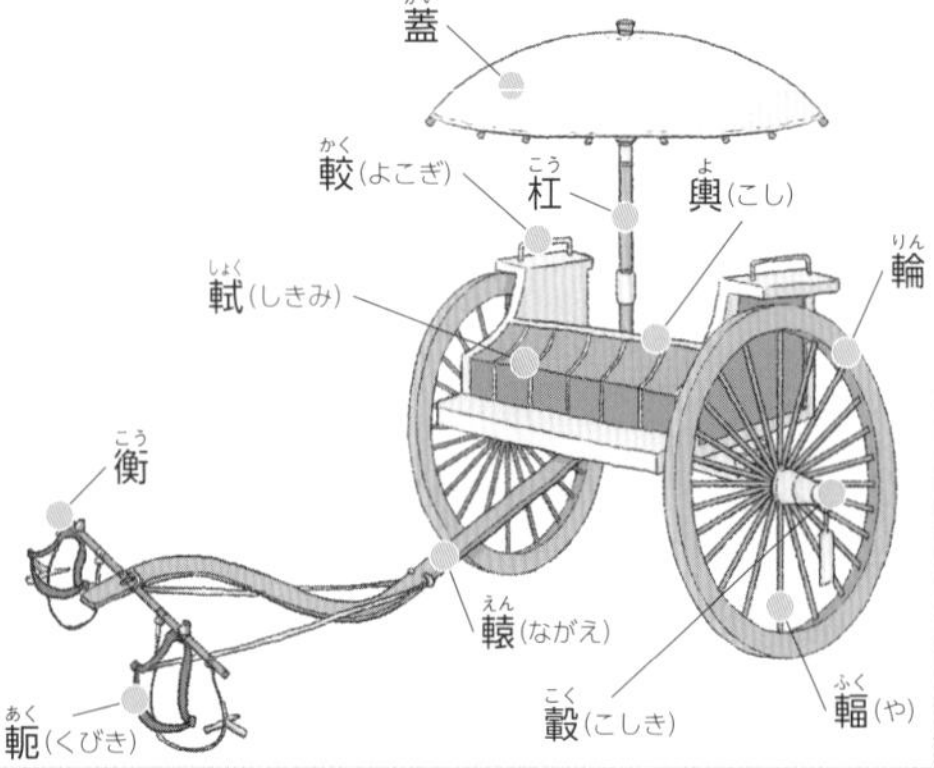

各部の名称

軺車《ようしゃ》（後漢）（広島県立美術館蔵）　小型の馬車

写真：琵琶、阮咸、笙、竽＝正倉院宝物

貨幣

布銭《ふせん》(戦国時代)
韓《かん》・魏《ぎ》・趙《ちょう》などで用いられた。

貝貨《ばいか》(殷)

蟻鼻銭《ぎびせん》(戦国時代)
楚《そ》で用いられた。

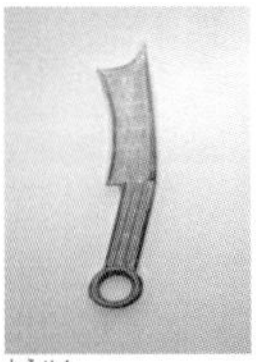

刀銭《とうせん》(戦国時代)
斉《せい》・燕《えん》などで用いられた。

半両銭《はんりょうせん》(秦)

戦国時代までは国によってさまざまな形の銅貨が用いられていたが、秦《しん》の始皇帝《しこうてい》が半両銭以外の発行を禁じることにより、貨幣を統一した。

船

闘艦《とうかん》
船室を守るための防壁を備えた軍船。

蒙衝《もうしょう》
上部を牛の革で防護した軍船。

走舸《そうか》
動きの速い軍船。

度量衡

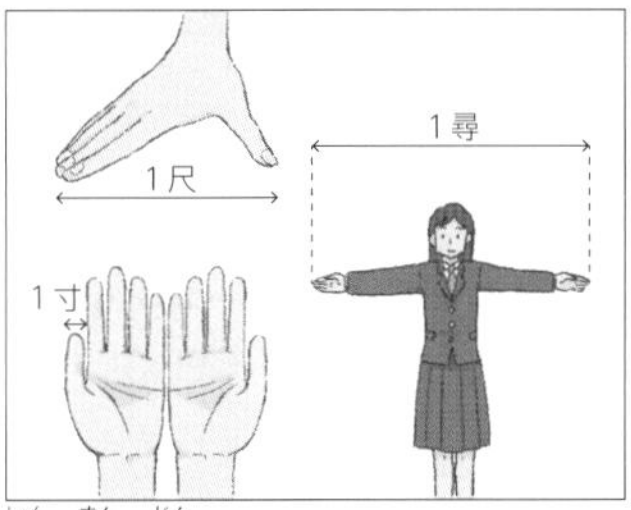

尺《しゃく》・寸《すん》・尋《じん》　指の幅が1寸、手の親指とそれ以外の4本の指の間を広げた幅が1尺、両腕を伸ばした幅が1尋(＝8尺)にあたるという。

度量衡《どりょうこう》・面積換算表

面積	衡(めかた)	量(かさ)	度(長さ)
前漢まで：	唐まで：	唐まで：	1丈＝10尺
1畝《ほ》＝100平方歩	1石＝4鈞《きん》	1斛《こく》＝10斗	1尺＝10寸
1頃《けい》＝100畝	1鈞＝30斤	1斗＝10升	1寸＝10分
後漢以後：	1斤＝16両	1升＝10合	隋まで：
1畝＝240平方歩	1両＝24銖《しゅ》	宋以後：	1歩＝6尺
1頃＝100畝	宋以後：	1石＝2斛	1里＝300歩
	1石＝120斤	1斛＝5斗	唐以後：
	1斤＝16両	1斗＝10升	1歩＝5尺
	1両＝10銭	1升＝10合	1里＝360歩
	1銭＝10分		布の長さ：
			1匹＝5丈

跬《き》・歩《ほ》　片足を踏み出した距離を1跬といい、両足を踏み出した距離を1歩という。

銅尺

歴代度量衡表

時代	面積	衡	量	度		
	畝(a)	斤(g)	升(L)	尺(cm)	歩(m)	里(m)
周〜前漢	1.82	256	0.194	22.5	1.35	405
後漢	4.59	222.73	0.198	23.04	1.38	414.72
魏	5.03	222.73	0.202	24.12	1.45	434.16
唐	5.80	596.82	0.594	31.1	1.56	559.8
宋・元	5.66	596.82	0.949	30.72	1.54	552.96
明	5.80	596.82	1.704	31.1	1.56	559.8
清	6.14	596.82	1.036	32	1.6	576
現代中国	6.67	500	1	33.3	1.67	500
日本(明治)	0.99	600	1.8	30.3	—	3927

科挙 ―超難関の就職試験―

科挙とは?

科挙とは、隋から清まで行われた官吏登用試験で、貴族の世襲にたよらず、中国全土から広く人材を求めるために設けられた制度である。時代によって内容は少しずつ変わったが、千年以上の長きに渡って行われた。

科挙には多くの試験科目があり、科挙という名称は、「科目による選挙(官吏登用)」を意味する。当初は、明経《めいけい》・進士《しんし》・秀才《しゅうさい》・明法《めいほう》・明書《めいしょ》・明算《めいさん》の六科目があったが、進士科が特に重んじられるようになり、宋代に進士科のみに統一された。

科挙に合格すれば地位と名声を得られたため、受験者はいつも多数で試験は超難関であった。

数字で見る 科挙

合格率…10%に満たない

四書五経《ししょごきょう》の暗記

四書と五経の九つの書籍の合計字数は

約四三万字〈内容が重複する書籍を除く〉

文庫本に換算すると約七百ページ!

科挙受験まで

科挙は服喪中に受験できないなどの例外を除き、大多数の人に開かれた制度であった。ただし、解答に四書五経の暗記が大前提になるといった事情から、受験者は教育に時間やお金をかけられる層に偏りがちになるのが実情であった。膨大な知識が求められたため、何年も合格できず老人になっても受験する者もいた。

試験の実情

清代の科挙

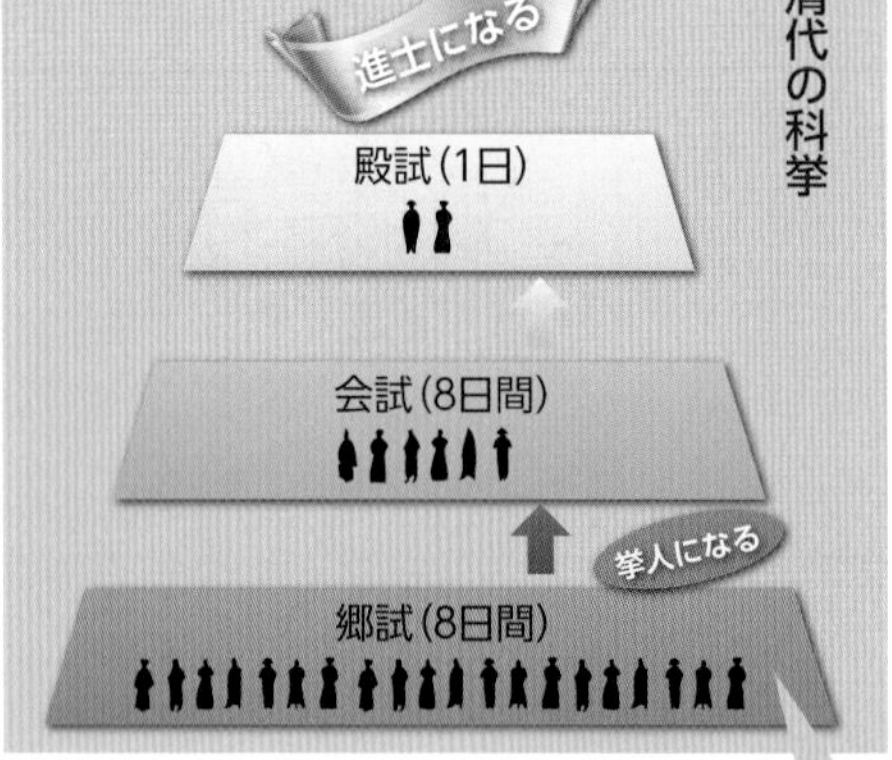

科挙は時代によって試験制度が異なっているが、宋になると皇帝自らが行う殿《でん》試《し》が始められ、明・清代には、地方試験である郷試《きょうし》、中央で行われる会試《かいし》、皇帝が行う殿試の三段階が基本だった。

郷試は三年に一度行われ、翌年、中央で会試と殿試が行われた。

すさまじい試験

夜	夕方	昼	朝	未明		
		入場		集合	1日目	一回目
		答案作成		試験開始	2日目	
		試験終了			3日目	
		入場		集合	4日目	二回目
		答案作成		試験開始	5日目	
		試験終了			6日目	
		入場		集合	7日目	三回目
		この日のうちに提出・終了		試験開始	8日目	

1回目の試験:四書(『論語』『大学』『中庸』『孟子』)からの出題、詩の出題
2回目の試験:五経(『易経』『詩経』『書経』『礼記』『春秋』)からの出題
3回目の試験:策(政治についての評論)

郷試は省ごとに貢院《こういん》という試験場で実施された。二泊三日の試験が二回と一泊二日の試験が一回、連続して八日ほどかけて行われる。

千人規模の受験者に対して一人一人、本人確認・身体検査をするため、入場は一日がかりだった。

二日目の早朝に試験問題が発表される。答案作成は墨と筆で行い、書き間違いは許されないので、まず解答の構想を練り、慎重に清書する必要があった。

三日目の朝には試験終了の合図がある。答案ができたら提出し解散となるが、翌日の早朝には、再び入場が控えていた。

不正行為

試験会場には書籍などは持ち込めず、入場時には複数回の身体検査がある。それにもかかわらず、小さな文字を埋め尽くした豆本やカンニングペーパー代わりに文字を書き込んだ下着などを持ち込んだ者もいたようだ。また、替え玉受験や官吏の口利きによる裏口入学も横行していた。

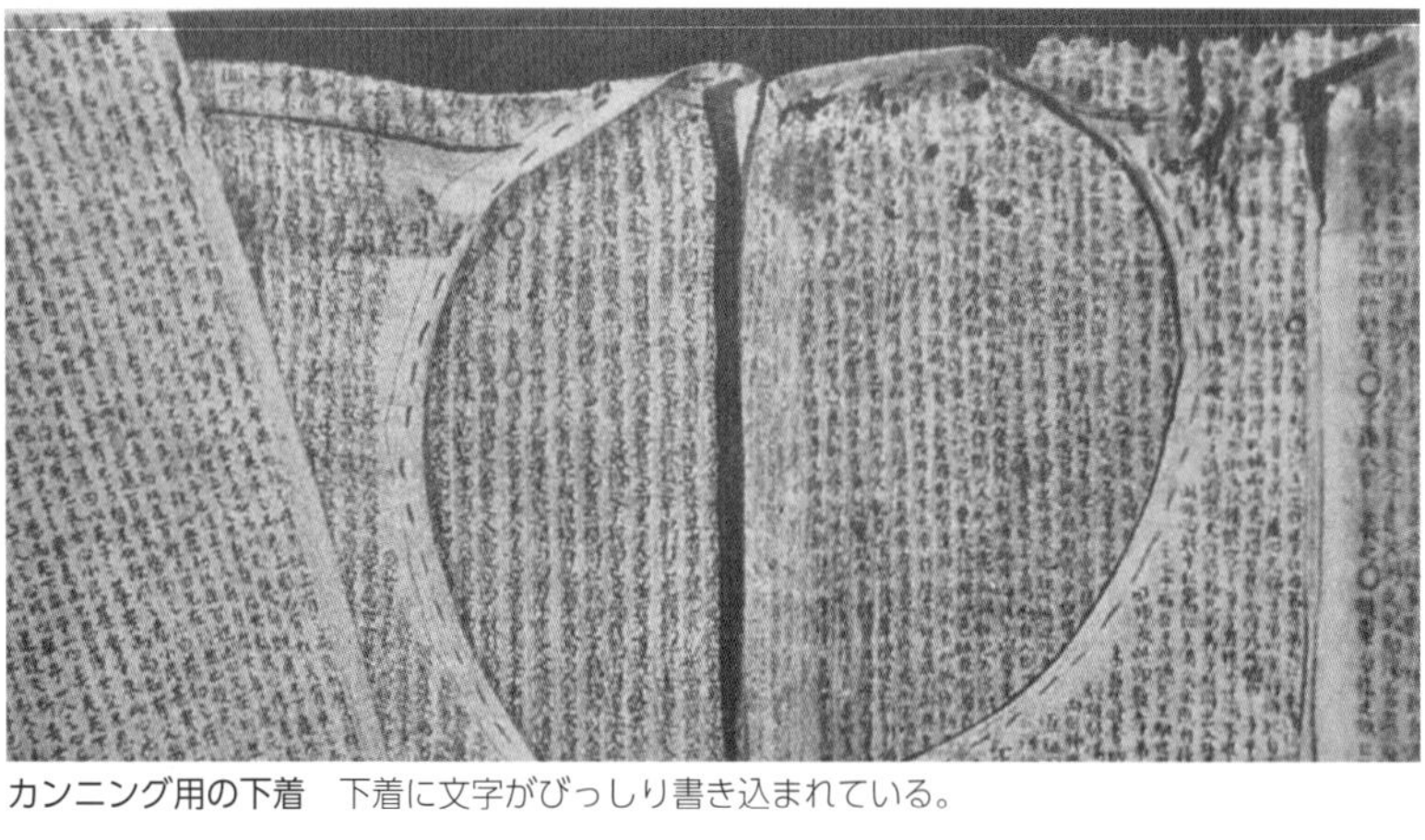

カンニング用の下着　下着に文字がびっしり書き込まれている。

持ち物

一般的な持ち物は、筆記用具のほか食料品やふとんなど。試験場では小さな部屋が与えられるだけなので、受験者は二泊三日に必要なものを自分で持っていった。

郷試合格後

郷試に合格すると、会試の受験資格が得られる。この資格を持つ者を「挙人《きょじん》」という。会試は首都の会場で行われるが、試験の流れはほぼ同じである。

会試に合格すると、殿試の受験資格が得られる。殿試は皇帝自らが行う試験で、通常全員が合格した。殿試に合格すると「**進士**《しんし》」の資格が得られた。このうち上位三名は「**状元**《じょうげん》」「**榜眼**《ぼうがん》」「**探花**《たんか》」と呼ばれ、特別栄誉ある称号であった。

ごく狭い空間に、椅子と机がわりになる板を渡しただけの部屋。ここで試験の解答を作成した。

科挙の受験部屋

殿試の様子

科挙と文学

科挙の試験に詩作が課されることや、四書五経が重視されていることからもわかるように、中国では文学的素養が重んじられていた。文学史に名を残した詩人や文章家の多くは、役人として務めながら、優れた詩文を残した。

一方で、唐詩を代表する詩人、李白《りはく》（⬇四〇六頁）と杜甫《とほ》（⬇四〇七頁）は科挙に合格していない。杜甫は科挙に挑戦するも不合格となったのだが、李白については、受験をしていないと考えられている。親が商人で受験が許可されなかったためだろうなどといわれるが、実際のところは不明である。

科挙に合格した文学者
王維《おうい》、白居易《はくきょい》、韓愈《かんゆ》、柳宗元《りゅうそうげん》、欧陽脩《おうようしゅう》、蘇軾《そしょく》など
科挙に合格しなかった文学者
李白、杜甫など

白居易と科挙

白居易《はくきょい》（⬇四〇八頁）は科挙に優秀な成績で合格し、左遷に遭いながらも、出世コースを歩んだ。

年齢	歩み
6歳頃	詩作を学ぶ
15歳頃	進士科受験を意識し学ぶ
20歳頃	寸暇を惜しんで勉学に励む
23歳	父死去（数年は受験できない）
28歳	郷試に合格
29歳	進士科に合格
32歳	秘書省校書郎《こうしょろう》になる
35歳	盩厔《ちゅうちつ》県尉になる
36歳	翰林《かんりん》学士（詔勅を起草する官）になる
37歳	左拾遺《さしゅうい》（天子を諫める官）になる
44歳	江州司馬《こうしゅうしば》に左遷
49歳	長安に召還。尚書《しょうしょ》主客郎中《ろうちゅう》になる
57歳	刑部侍郎《けいぶじろう》（次官）になる
71歳	退官。最後の肩書は刑部尚書（長官）

（6歳頃〜23歳：受験勉強）

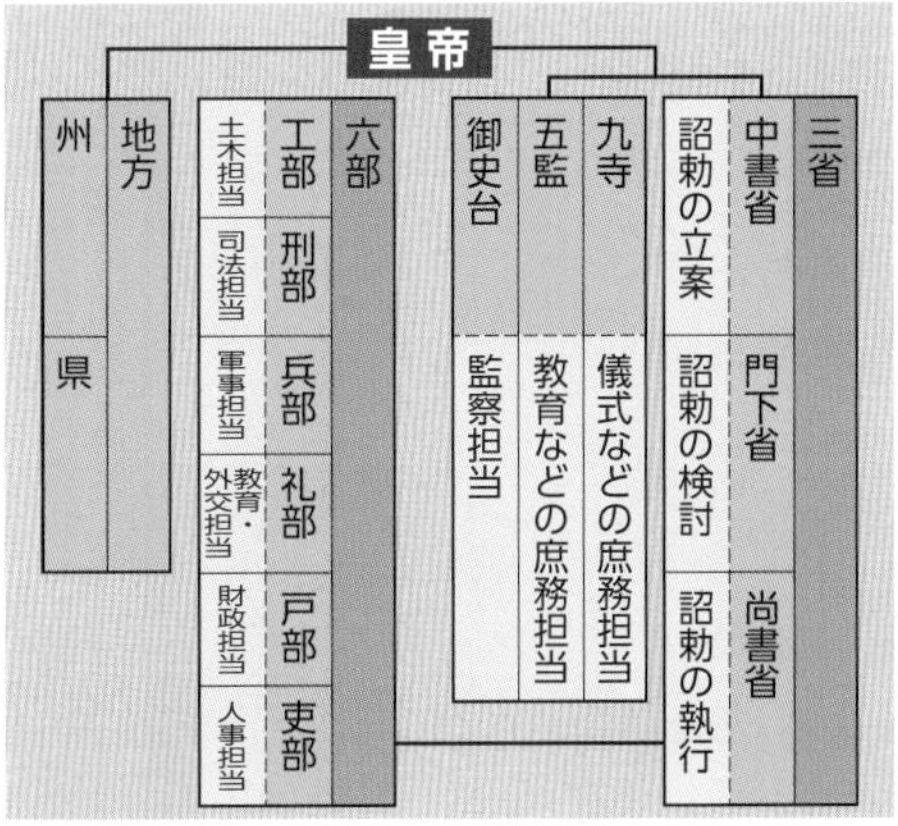

唐代の官制

山月記のなかの科挙

——隴西《ろうせい》の李徴《りちょう》は博学才穎《はくがくさいえい》、天宝の末年、若くして名を虎榜《こぼう》に連ね、ついで江南尉《こうなんのい》に補せられたが、性、狷介《けんかい》、自ら恃《たの》むところすこぶる厚く、賤吏に甘んずるを潔しとしなかった。

これは中島敦《なかじまあつし》の小説『山月記《さんげつき》』の冒頭である。優れた才能を持っていた李徴は、唐の玄宗《げんそう》皇帝の時代、若くして進士に合格して江南の役人に任ぜられた。しかし、頑固で自尊心の高かった彼は、それに満足できず、詩作を志す…。

その後、詩人として大成せず、再度官職についた李徴は現状に耐えきれず発狂する。若いうちに進士に合格した李徴には相当な力量があったことになるが、都から遠い江南へ着任したり、自分より能力が劣ると思われる人物の指示を仰いだりしなければならなかったのだ。

一方、虎になった李徴と出会う袁傪《えんさん》は、順調に出世して監察御史《かんさつぎょし》になっている。彼は、李徴と同年に科挙に合格していた友人だった。なお、袁傪という人物は実在し、兵部侍郎《へいぶじろう》を務めたとされる。

厳しい試験を突破した李徴と袁傪。科挙の内実を踏まえると、彼らの心情をより深く理解できるのではないだろうか。

参考資料：宮崎市定『科挙　中国の試験地獄』（中公文庫）／村上哲見『科挙の話―試験制度と文人官僚』（講談社学術文庫）

日本の年中行事には、中国の年中行事が輸入され、定着したものも多い。中には現在まで伝わっているものもある。ここでは主に漢詩に見える年中行事を紹介する。

乞巧節《きっこうせつ》（七夕《しちせき》）　七月七日

牽牛《けんぎゅう》星と織女《しょくじょ》星を祀《まつ》り、女性が裁縫の上達を願う行事。この日は普段は天の川に隔てられた牽牛（彦星《ひこぼし》）と織女（織り姫）が年に一度、カササギがつくる橋を渡って出会う日だという伝説がある。左の図は女性たちが裁縫の上達を占う様子。

乞巧節（七夕）（東北大学附属図書館蔵）

迢迢《てうてう》たる牽牛星《けんぎうせい》／皎皎《けうけう》たる河漢《かかん》の女《ぢよ》／纖纖《せんせん》として素手《そしゆ》を擢《あ》げ／札札《さつさつ》として機杼《きちよ》を弄《ろう》す

迢迢たる牽牛星（『文選《もんぜん》』古詩十九首《こしじふきうしゆ》　其十《そのじふ》）

意 はるか彼方の牽牛星／白く光り輝く織女星／ほっそりとした白く美しい手をあげ／サッサッという音をさせて機杼（機織りの道具）をあやつる

中秋節《ちゅうしゅうせつ》　八月十五日

家に祭壇を設けて月を祀《まつ》る行事。その際は月餅《げっぺい》や枝豆、鶏頭花《けいとうか》などを供える。古くは高い所で名月を鑑賞し、また、それとともに食事や酒を楽しむものだったという。

中秋節（東北大学附属図書館蔵）

銀台金闕《ぎんだいきんけつ》　夕《ゆふべ》に沈沈《ちんちん》たり
独《ひと》り宿《しゆく》し相思《あひおも》ひて翰林《かんりん》に在《あ》り
三五夜中《さんごやちゆう》　新月《しんげつ》の色《いろ》
二千里外《にせんりぐわい》　故人《こじん》の心《こころ》

八月十五日夜《はちがつじふごにちよる》、禁中《きんちゆう》に独《ひと》り直《ちよく》し、月《つき》に対《たい》して元九《げんきう》を憶《おも》う（白居易《はくきよい》）

意 宮中にそびえる宮殿や門は夕方にひっそり静まり／一人で宿直し君を思いながら翰林院にいる／十五夜の上り始めた月の色／はるか遠くにいる友人の心

重陽節《ちょうようせつ》　九月九日

家族や親しい人と近隣の小高い丘や山に登って（これを「登高《とうこう》」という）、菊の花を浮かべた酒を飲み、茱萸《しゅゆ》（カワハジカミ）を髪に挿して、長寿を願い邪気を払う。

重陽節（東北大学附属図書館蔵）

万里《ばんり》悲秋《ひしう》常《つね》に客《かく》と作《な》り／百年《ひやくねん》多病《たびやう》独《ひと》り台《だい》に登《のぼ》る

登高《とうこう》（杜甫《とほ》）

意 故郷から遠く離れ悲しい秋を常に旅人として迎え／生涯病気がちで今年も一人で高台に登る

遥《はる》かに知《し》る兄弟《けいてい》高《たか》きに登《のぼ》る処《ところ》／遍《あまね》く茱萸《しゆゆ》を挿して一人《いちにん》を少《か》くを

九月九日《くがつここのか》山東《さんとう》の兄弟を憶《おも》う（王維《おうい》）

意 遠くで知る、兄弟たちが高いところに登り／みなカワハジカミを髪に挿して私一人を欠くことを

比べてみよう　七夕伝説

七夕伝説は中国のほか、韓国など世界各地に見られる。中国の七夕伝説が乞巧節の行事とともに日本に伝来した。

いま日本で知られている七夕伝説では、一年に一度牽牛が天の川を渡って織女に会いに行く。しかし、『万葉集《まんようしゅう》』では牽牛が織女に会いに行く歌、織女が牽牛に会いに行く歌、両方を見ることができる。中国では相手に会いに行くのは織女のほうなのだ。日本文化に溶け込む過程で、牽牛が会いに行く話に変化したのだろうと考えられる。

牽牛が織女に会いに行く歌

彦星《ひこほし》の川瀬《かはせ》を渡《わた》るさ小舟《をぶね》のえ行《ゆ》きて泊《は》てむ川津《かはづ》し思《おも》ほゆ

読み人しらず（万葉集10・二〇九一）

――彦星が川の瀬を渡る舟が無事に行き停泊するだろう船着き場が思われる。

織女が牽牛に会いに行く歌

天《あま》の川棚橋渡《がはたなはしわた》せ織女《たなばた》のい渡らさむに棚橋渡せ

読み人しらず（万葉集10・二〇八一）

――天の川に棚橋（簡易な橋）を渡せ、織女が渡ろうとしているところに棚橋を渡せ。

中国文学史

中国の文学はおおよそ紀元前一〇〇〇年前後に始まる。対句・平仄《ひょうそく》を重視する詩を中心に発展し、小説・戯曲などの面でもさまざまなジャンルを開拓していった。

西暦	時代	文学関連事項　＊人名の（　）は没年を表す	その頃の日本
	伝説時代	堯《ぎょう》・舜《しゅん》	縄文時代
	夏《か》	禹《う》・桀王《けつおう》	
前一六世紀	殷《いん》	湯王《とうおう》が商《しょう》(殷)王朝を開く	
前一一世紀	西周《せいしゅう》	武王《ぶおう》が周王朝を開く	
		文王《ぶんのう》・武王・周公《しゅうこう》	
		伯夷《はくい》・叔斉《しゅくせい》	
前七七〇	東周《とうしゅう》　春秋時代《しゅんじゅうじだい》	周が洛邑《らくゆう》に遷都(前七七〇)	
		斉《せい》の桓公《かんこう》が天下の覇者となる　(前六五一)	
		管仲《かんちゅう》(前六四五)・鮑叔《ほうしゅく》	
		老子《ろうし》	
		晋《しん》の文公《ぶんこう》が天下の覇者となる　(前六三二)	
		呉《ご》・越《えつ》の戦い	
		孔子《こうし》(前四七九)	
		『春秋《しゅんじゅう》』『詩経《しきょう》』『書経《しょきょう》』	
		顔回《がんかい》(前四八二)	
		子路《しろ》(前四八〇)	
		『論語《ろんご》』	
		墨子《ぼくし》	弥生時代
		孫子《そんし》	

伝説時代〜秦

歴史的背景

神話として伝わる三皇《さんこう》(伏羲《ふっき》・神農《しんのう》・女媧《じょか》)五帝《ごてい》(黄帝《こうてい》・顓頊《せんぎょく》・帝嚳《ていこく》・堯《ぎょう》・舜《しゅん》)の時代、それに続く夏《か》王朝は**先史時代**と呼ばれる。五帝の堯や舜は王位を有徳者に譲る**禅譲《ぜんじょう》**を行った。治水工事の功績により舜から譲位された**禹《う》**は**夏《か》王朝**を開いた。夏の最後の君主である桀王《けつおう》は暴虐のために**殷《いん》**の湯王《とうおう》に武力によって倒され、殷の最後の君主である紂王《ちゅうおう》もまた同様の経緯で武王《ぶおう》に滅ぼされた(**放伐《ほうばつ》**)。殷では亀の甲や牛の骨に刻まれた**甲骨文字《こうこつもじ》**を用いて占いが行われた。

武王は周王朝(**西周**)を開き、功臣たちに封土《ほうど》を与えて治めさせる**封建制度《ほうけんせいど》**を整備した。周は前七七〇年に鎬京《こうけい》から東の洛邑《らくゆう》に遷都し、以後を**東周**と呼ぶ。

東周前期の**春秋時代**には周王朝の力は衰え、諸侯の有力者は覇権を争うようになった。中でも強大であった**斉《せい》の桓公《かんこう》・晋《しん》の文公《ぶんこう》・宋《そう》の襄公《じょうこう》・秦《しん》の穆公《ぼくこう》・楚《そ》の荘王《そうおう》**は**春秋の五覇《ごは》**と呼ばれ(桓公・文公以外は諸説ある)、互いに覇権を争い抗争を繰り広げた。

周代において、前四〇三年に晋が韓《かん》・魏《ぎ》・趙《ちょう》に分裂した後を**戦国時代**と呼ぶ。春秋時代にも増して周王朝は有名無実化し、諸国は国力の増大を図り度々衝突した。中でも斉・楚・秦・燕・韓・魏・趙は**戦国の七雄《しちゆう》**と呼ばれた。その中で**合従《がっしょう》策**を唱えた**蘇秦《そしん》**、**連衡《れんこう》策**を唱えた**張儀《ちょうぎ》**などの**縦横家《じゅうおうか》**が各国間の交渉に活躍した。前二二一年に**秦《しん》**の**始皇帝《しこうてい》**が初めて天下を統一した。始皇帝は郡県制《ぐんけんせい》を整え中央集権制度を完成させ、辺境の防備のために万里《ばんり》の長城《ちょうじょう》を築いた。

比べてみよう　中国文献のなかの日本

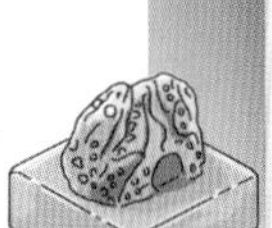

中国で周王朝の権力が衰え、諸侯が勢力拡大に明け暮れていた春秋時代末期は、日本では弥生時代にあたる。弥生時代は水稲《すいとう》耕作を基礎とする時代であり、やがて集団の対立により小国が形成され始めるが、それら小国と中国とのつながりが見えるのは漢以後のことである。『漢《かん》書《じょ》』の地理志や『後漢書《ごかんじょ》』の東夷伝《とういでん》には日本に関する記述が見え、倭《わ》(日本)が当時百あまりの国に分かれていたことや、倭の奴国《なこく》の王の使者が後漢の初代皇帝の光武帝《こうぶてい》に印綬《いんじゅ》を授かったことなどが記される。また、『三国志《さんごくし》』の魏志倭人伝には「邪馬台国《やまたいこく》」の名が見られる(➡三九六頁)。

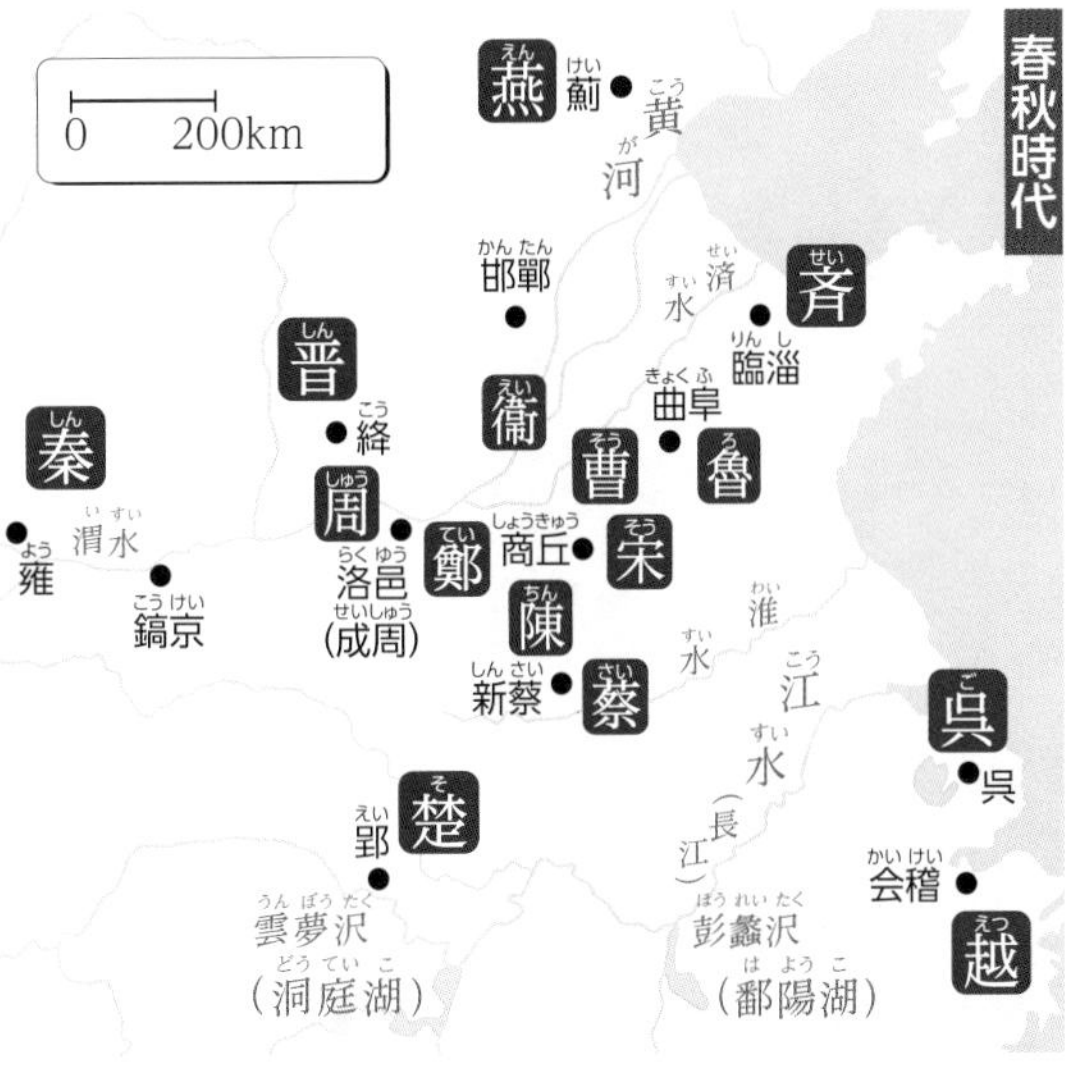

※人物の没年には諸説ある。

西暦	時代	文学関連事項 ＊人名の（ ）は没年を表す	その頃の日本
	東周《とうしゅう》	晋《しん》が韓《かん》・魏《ぎ》・趙《ちょう》に分裂	
		列子《れっし》	
		蘇秦《そしん》が六国を合従《がっしょう》させる（前三三六）	
		張儀《ちょうぎ》が秦《しん》の宰相となる（前三一八）	
		孟子《もうし》が梁《りょう》の恵王《けいおう》に教えを説く（前三二〇？）	
	戦国時代《せんごくじだい》	屈原《くつげん》（前二七八？）	
		『楚辞《そじ》』	
		孟子《もうし》（前二八九？）	
		荘子《そうし》	
前二五六		秦が周を滅ぼす（前二五六）	
		呂不韋《りょふい》（前二三五）『呂氏春秋《りょししゅんじゅう》』	
		荀子《じゅんし》（前二三八？）	
		韓非《かんぴ》（前二三三）	
		荊軻《けいか》、始皇帝《しこうてい》暗殺失敗（前二二七）	
前二二一	秦《しん》	始皇帝天下統一（前二二一）	小国に分かれ始める
		焚書坑儒《ふんしょこうじゅ》	
		万里《ばんり》の長城構築《ちょうじょう》（前二一四？）①	
		陳勝《ちんしょう》・呉広《ごこう》の乱（前二〇九）	
前二〇二	前漢《ぜんかん》	項羽《こうう》（前二〇二）「垓下《がいか》の歌《うた》」	
		劉邦《りゅうほう》（前一九五）	
		呉楚七国《ごそしちこく》の乱（前一五四）	
		初めて五経博士《ごきょうはかせ》を置き、儒教が国教となる（前一三六）	
			弥生時代

思想と文学

春秋時代末期は孔子《こうし》（↓三六二頁）の「仁」や老子《ろうし》（↓三六六頁）の「無為《むい》」、墨子《ぼくし》（↓三六八頁）の「兼愛《けんあい》」など多くの思想が説かれ、有力な思想家を中心に学派（儒家《じゅか》・道家《どうか》・墨家《ぼっか》など）が形成され諸子百家《しょしひゃっか》（↓三九〇頁）と呼ばれた。孔子の言行は『論語《ろんご》』として現在に伝わる。彼らは自らの思想を各国の諸侯に説く遊説《ゆうぜい》を盛んに行った。孔子はまた中国最古の詩集『詩経《しきょう》』（↓四〇〇頁）の編者とされる。『詩経』は北方の黄河流域諸国の歌を集めたもので四言詩《しごんし》を中心とする。内容は素朴な恋愛の歌が多い。他に帝王の言行録『書経《しょきょう》』や孔子が編んだとされる魯《ろ》中心の歴史書『春秋《しゅんじゅう》』がある。

戦国時代には諸子百家が全盛期を迎え、孟子《もうし》（↓三八四頁）の性善説《せいぜんせつ》、荀子《じゅんし》（↓三八五頁）の性悪説《せいあくせつ》など同じ学派の中でも思想に差異が見られるようになる。道家では老子につづいて万物斉同《ばんぶつせいどう》を説く荘子《そうし》（↓三八七頁）や列子《れっし》（↓三八八頁）、法家《ほうか》では刑名参同《けいめいさんどう》を説く韓非《かんぴ》（↓三八五頁）などが出た。しかし秦《しん》になると焚書坑儒《ふんしょこうじゅ》といわれる思想弾圧が行われ、儒教は衰退した。文学では楚の屈原《くつげん》を代表的作者とする詩集『楚辞《そじ》』（↓四〇〇頁）が生まれた。『楚辞』は南方文学の源流を形成する。史書では春秋時代の各国の歴史を記した『国語《こくご》』などが編纂《へんさん》された。

前漢〜後漢

歴史的背景

秦を滅ぼした劉邦《りゅうほう》は項羽《こうう》との戦いに勝利し、前二〇二年に漢（前漢）を建国した。前漢は当初郡県制《ぐんけんせい》の上に封建制《ほうけんせい》を加えた政策を採っていたが、徐々に中央集権体制を強め、武帝《ぶてい》に至ってそれが確立される。

① 万里の長城

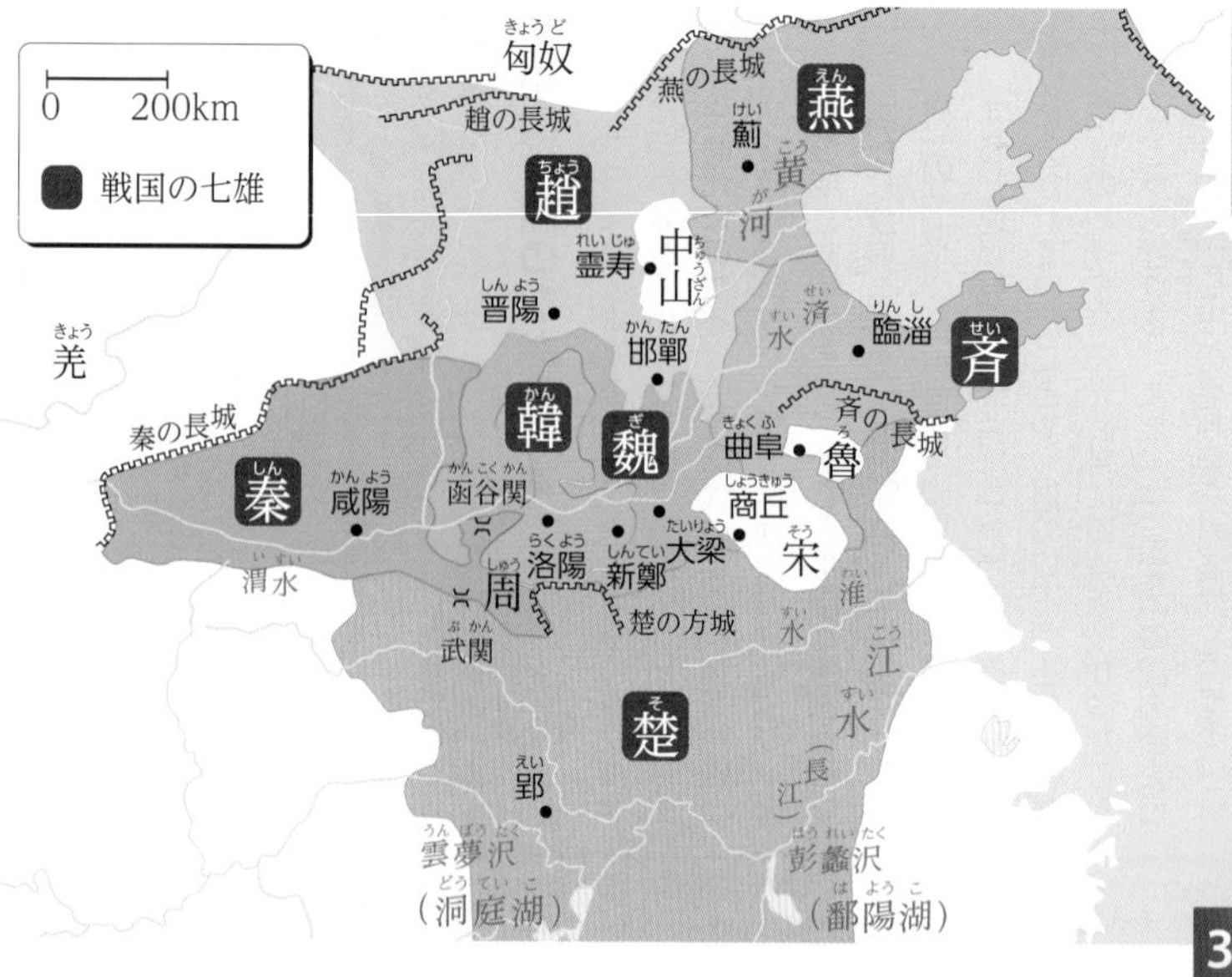

戦国時代

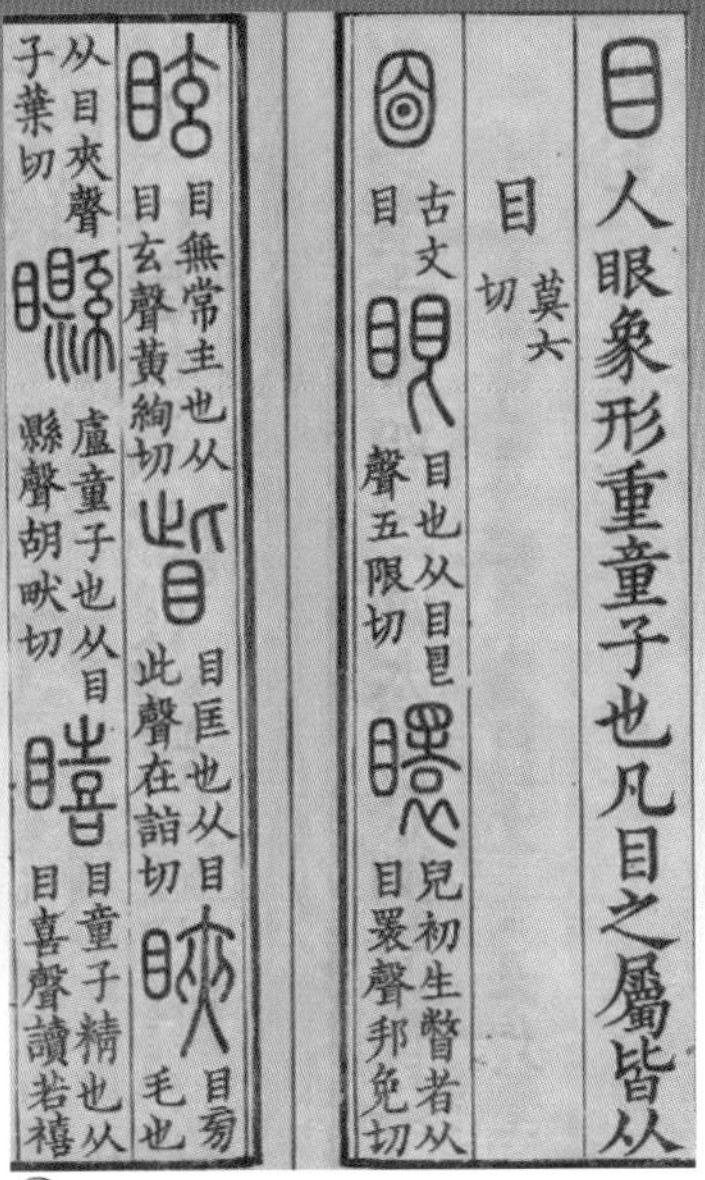
目人眼象形重童子也凡目之屬皆从
目莫六切
古文目
目也从目艮聲五限切
兒初生瞥者从目瞏聲邦免切
目無常主也从目玄聲黄絢切
目匡也从目此聲在詣切
目旁毛也
盧童子也从目縣聲胡畎切
目童子精也从目喜聲讀若禧
从目夾聲子葉切

②『説文解字』
（江戸時代の刊本・国立公文書館蔵）

前漢《ぜんかん》	八	新《しん》	二五	後漢《ごかん》
淮南王劉安《わいなんおうりゅうあん》（前一二二）『淮南子《えなんじ》』 司馬相如《しばしょうじょ》（前一一七） 董仲舒《とうちゅうじょ》（前一〇四？） 司馬遷《しばせん》『史記《しき》』完成（前八九？） 武帝《ぶてい》（前八七）「秋風《しゅうふう》の辞《じ》」 蘇武《そぶ》（前六〇）・李陵《りりょう》（前七四） 劉向《りゅうきょう》（前六）『戦国策《せんごくさく》』『説苑《ぜいえん》』		揚雄《ようゆう》（一八）		この頃仏教伝来 光武帝《こうぶてい》（五七） 班固《はんこ》（九二）『漢書《かんじょ》』 許慎《きょしん》『説文解字《せつもんかいじ》』② 張衡《ちょうこう》（一三九） 党錮《とうこ》の禁《きん》 黄巾《こうきん》の乱（一八四） 鄭玄《じょうげん》（二〇〇）
				奴国《なこく》の王の使者が光武《こうぶ》帝《てい》より印綬《いんじゅ》を受ける（五七） 倭王《わおう》が生口《せいこう》（戦いの捕虜）を後漢の安帝《あんてい》に献上（一〇七）
弥生時代				

武帝は外征を盛んに行い勢力の拡大に努めた。その後王莽《おうもう》の簒奪《さんだつ》により**新**《しん》が建国されるが長くは続かず、劉秀《りゅうしゅう》が二五年に漢王朝を復興し**後漢**を建国、光武帝《こうぶてい》となる。後漢は中期頃までは皇帝が権力を保っていたが、外戚が政治に参与するようになり、末期には宦官《かんがん》（➡三九二頁）が政権を握り政治は腐敗する。その後**黄巾《こうきん》の乱**に呼応するように**曹操**《そうそう》ら各地の有力者が兵を挙げ、三国時代の幕開けにつながっていく。

思想と文学

前漢は思想面では、当初は法家、道家思想が主流であったが、武帝が**董仲舒**《とうちゅうじょ》の献策に従って儒教を国教としてからは儒教が主流となる。それに伴い儒家の経典である五経《ごきょう》（**詩経**《しきょう》・**書経**《しょきょう》・**易経**《えききょう》・**礼記**《らいき》・**春秋**《しゅんじゅう》）を講義するための**五経博士**《ごきょうはかせ》が置かれた。後漢では経書の字句を厳密に解釈する**訓詁学**《くんこがく》が盛んになった。中でも鄭玄《じょうげん》は訓詁学を大成した学者として名高い。その他の思想書として、淮南王劉安《わいなんおうりゅうあん》によって編纂された道家的な内容を主とする『**淮南子**《えなんじ》』がある。

文学では**辞賦**《じふ》が中心となる。辞は『楚辞』の流れを汲《く》むもので、**武帝**の「**秋風《しゅうふう》の辞《じ》**」、**項羽**の「**垓下《がいか》の歌《うた》**」が有名である。賦は言葉を尽くして対象を表現する遊戯的作品で、司馬相如《しばしょうじょ》・揚雄《ようゆう》・張衡《ちょうこう》などの宮廷文人が名高い。また音楽を司《つかさど》る役所も置かれ、歌謡詩である**楽府**《がふ》も盛んになった。詩は四言詩から**五言詩**《ごごんし》へと移行し、「**古詩十九首**《こしじゅうきゅうしゅ》」など別れの悲哀や世の無常をうたった作品が見られる。史書では前漢に**司馬遷**《しばせん》の『**史記**《しき》』（➡三九二頁）、後漢に**班固**《はんこ》の『**漢書**《かんじょ》』が**紀伝体**《きでんたい》で著された。特に『史記』は複雑な人間模様を描く文学としての評価も高い。そのほか、戦国時代の縦《じゅう》横家《おうか》の活躍を描いた**劉向**《りゅうきょう》の『**戦国策**《せんごくさく》』（➡三九九頁）などがある。

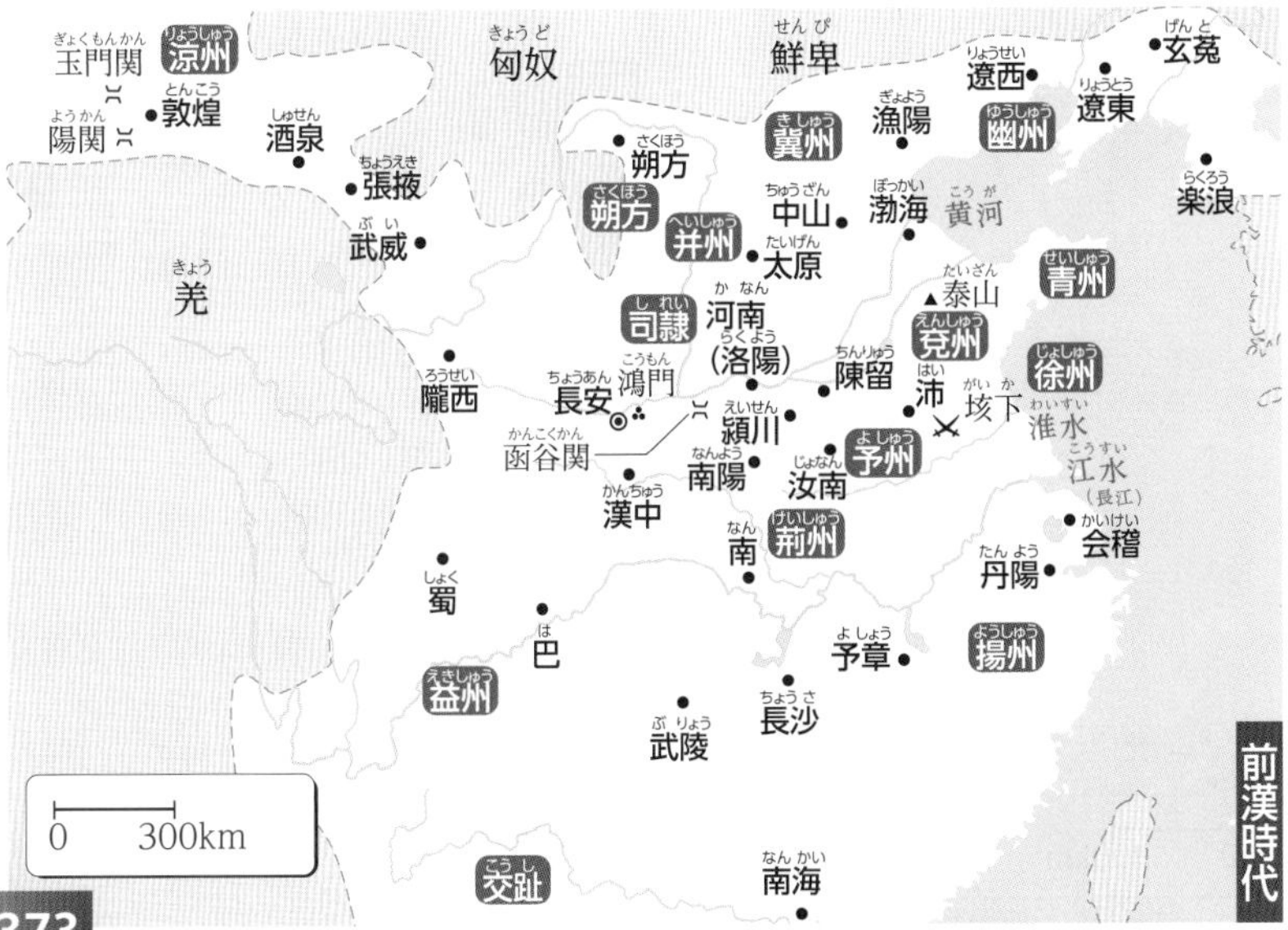

三国・晋

西暦	時代	文学関連事項 ＊人名の（　）は没年を表す	その頃の日本
	後漢《ごかん》	曹操《そうそう》が政治の実権を握る 赤壁《せきへき》の戦い（二〇八）① 後漢滅亡、魏《ぎ》建国（二二〇）	
二二〇	三国《さんごく》（魏《ぎ》・蜀《しょく》・呉《ご》）	曹操（二二〇）「短歌行《たんかこう》」 曹丕《そうひ》（二二六）・曹植《そうしょく》（二三二） 五丈原《ごじょうげん》の戦い（二三四）② 諸葛亮《しょかつりょう》（二三四）「出師《すいし》の表《ひょう》」 清談《せいだん》が流行する 嵆康《けいこう》（二六二） 阮籍《げんせき》（二六三） 蜀《しょく》滅亡（二六三）	邪馬台国《やまたいこく》の卑弥呼《ひみこ》が魏に使者を送り「親魏倭《しんぎわ》王《おう》」の称号を得る（二三九）
二六五	西晋《せいしん》	晋《しん》（西晋）建国（二六五） 呉《ご》滅亡、三国時代が終わる（二八〇） 陳寿《ちんじゅ》（二九七）『三国志《さんごくし》』 潘岳《はんがく》（三〇〇） 陸機《りくき》（三〇三） 五胡十六国《ごこじゅうろっこく》の乱が始まる（三〇四） 左思《さし》（三〇五？） 晋が南方に遷都、以後東晋（三一七）	弥生時代
三〇四	東晋《とうしん》／北魏《ほくぎ》 十六国《じゅうろっこく》	王羲之《おうぎし》（三六五？）「蘭亭序《らんていじょ》」 干宝《かんぽう》『捜神記《そうじんき》』 陶淵明《とうえんめい》（四二七）「桃花源記《とうかげんき》」 謝霊運《しゃれいうん》（四三三）	古墳時代

■歴史的背景■

後漢末の反乱の中で勢力を拡大した曹操《そうそう》の子、曹丕《そうひ》は二二〇年**魏**《ぎ》を建国する。後漢最後の皇帝の献帝《けんてい》は廃され後漢は滅亡した。**蜀**《しょく》では**劉備**《りゅうび》、**呉**《ご》では**孫権**《そんけん》がそれぞれ帝位につき、三国が鼎立《ていりつ》する時代となる。二六三年に蜀が滅亡し、魏でも部将の司馬《しば》氏が権力を掌握し二六五年に**西晋**《せいしん》を建国する。その後二八〇年の呉の滅亡で三国時代は終わる。西晋は北方民族に都を奪われ、司馬睿《しばえい》が三一七年に江南の建業《けんぎょう》に遷都し帝位につく。それ以後を**東晋**《とうしん》と呼ぶ。その後東晋では軍人の**劉裕**《りゅうゆう》が軍権を掌握し、晋を滅ぼして**南朝宋**《そう》を建国した。

■思想と文学■

漢代に国教として隆盛を迎えた儒学は後漢末には衰退し、不安定な時代を象徴するように**老荘思想**《ろうそう》が流行した。魏の**阮籍**《げんせき》・**嵆康**《けいこう》らを中心とする**竹林**《ちくりん》**の七**《しち》**賢**《けん》は、儒教道徳から逸脱し哲学的な空論に耽《ふけ》る**清談**《せいだん》を行った。また仏教も流行し、東晋の支遁《しとん》や慧遠《えおん》などの仏僧が盛んに貴族達に教えを説いた。

詩文では魏の**曹操・曹丕・曹植**《そうしょく》父子が名高く、彼らの下に集った文人達によって五言詩が盛んにうたわれた。曹操の作品では「短歌行《たんかこう》」が有名であり、また曹丕は文学についての考えを述べた「**典論**《てんろん》」を著した。西晋の詩人としては陸機《りくき》、潘岳《はんがく》、左思《さし》などがおり、特に左思の「三都賦《さんとふ》」は当時大いにもてはやされた。東晋の**干宝**《かんぽう》は民間の不可思議な話を収集して『**捜神記**《そうじんき》』（⬇四二六頁）を編んだ。これらの民間説話は志怪小説《しかいしょうせつ》と呼ばれて流行した。史書では西晋の**陳寿**《ちんじゅ》

赤壁

三国時代

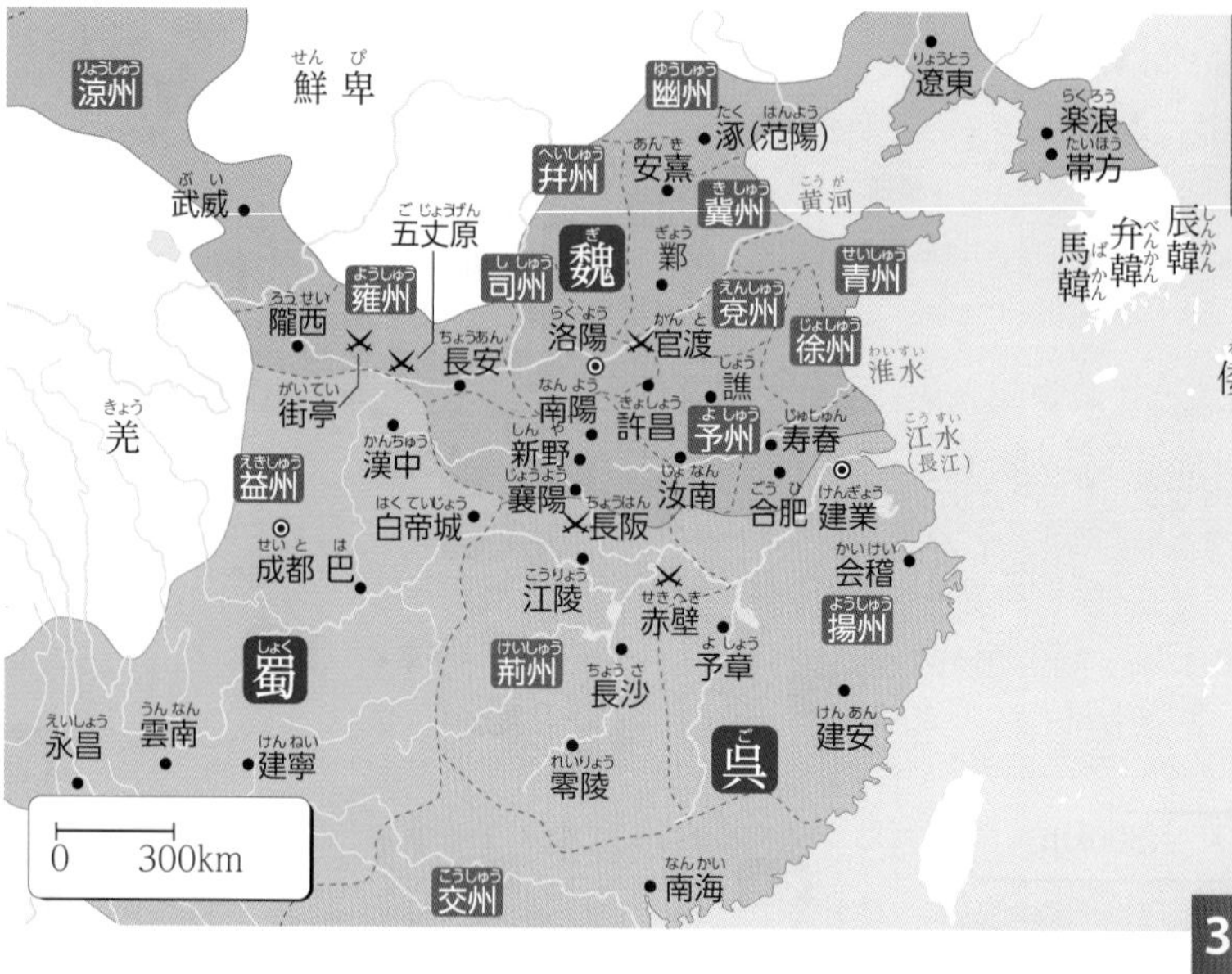

② 五丈原

宋《そう》	斉《せい》	梁《りょう》	陳《ちん》
劉義慶《りゅうぎけい》（四四四）『世説新語《せせつしんご》』 范曄《はんよう》（四四五）『後漢書《ごかんじょ》』		沈約《しんやく》（五一三）『宋書《そうじょ》』 劉勰《りゅうきょう》（五二〇？）『文心雕竜《ぶんしんちょうりゅう》』 昭明太子《しょうめいたいし》（五三一）『文選《もんぜん》』	
		仏教伝来（五三八）	

北周《ほくしゅう》など

が三国鼎立の時代状況を記した『**三国志**《さんごくし》』（⇩三九六頁）を著し、南朝宋《そう》の裴松之《はいしょうし》がそれに詳細な注をつけた。

南北朝

歴史的背景

南朝宋が建国された後、南方では斉《せい》・梁《りょう》・陳《ちん》と次々に王朝が入れ替わっていった。北方でも同様に異民族の王朝が短い期間に乱立し、中国は南北に分かれてそれぞれ王朝が興亡する状況となる。この動乱の時代を**南北朝時代**と呼ぶ。その後**隋**《ずい》が南北を統一し、南北朝時代は終わる。

思想と文学

南朝では貴族文化が花開き、文化芸術が爛熟《らんじゅく》する。晋の流れを受けて、老荘《ろうそう》的な詩が流行していたが、次第に山水の美しさを嘆美する詩に傾いていく。詩人としては東晋の**陶淵明**《とうえんめい》（**陶潜**《とうせん》）（⇩四〇三頁）、南朝宋の**謝霊運**《しゃれいうん》などが代表的である。陶淵明は田園生活の中で達観した境地を詠んだ詩を、謝霊運は難解な表現で山水の美を表現した詩を残した。陶淵明はまた人里離れた理想郷を描いた「**桃花源記**《とうかげんき》」の著者としても知られる。文学の隆盛をうけて、梁の**昭明太子**《しょうめいたいし》は春秋時代から南北朝にかけての詩文のアンソロジーである『**文選**《もんぜん》』（⇩四〇二頁）を編纂《へんさん》した。さらに詩人を上・中・下のランクに分けて品評する鍾嶸《しょうこう》の『詩品《しひん》』、文学を体系的に論じた劉勰《りゅうきょう》の『文心雕竜《ぶんしんちょうりゅう》』などの文学理論書も成立した。

史書では南朝宋の**范曄**《はんよう》『**後漢書**《ごかんじょ》』、沈約《しんやく》『宋書《そうじょ》』などが著された。また当時の貴族社会の名士の逸話を多く集めた『**世説新語**《せせつしんご》』（⇩四一八頁）が劉義慶《りゅうぎけい》によって編纂された。文章では**四六駢儷文**《しろくべんれいぶん》と呼ばれる、対句などの形式美を重視する文章が流行した。書画も大きな発展を見せ、特に書では**王羲之**《おうぎし》の「**蘭亭序**《らんていじょ》」が有名である。

①

比べてみよう

三国志の日本での流行

『三国志』は明代に『三国志演義《さんごくしえんぎ》』として小説となり、民間に広く浸透した。その『三国志演義』が日本で最初に翻訳されたのは江戸時代、一六八九（元禄《げんろく》二）〜一六九二（元禄五）年にかけて、湖南《こなん》文山《ぶんざん》の手によってである。この訳本は『通俗《つうぞく》三国志』と呼ばれ、知識人の間に流行し、さらに一八三六（天保七）〜一八四一（天保一二）年にかけて刊行された、それに挿絵を加えた葛飾戴斗《かつしかたいと》の『絵本通俗三国志』はベストセラーとなる。昭和になって吉川英治《よしかわえいじ》の『三国志』が三国志ブームに火をつけ、NHKで制作された川本喜八郎《かわもときはちろう》の人形劇、「鉄人二八号《てつじんにじゅうはちごう》」などで知られる横山光輝《よこやまみつてる》が描いた漫画などによって広く社会に浸透していく。近年でも歌舞伎《かぶき》やゲームなどに翻案され、さまざまな形でメディア展開されている。

吉川英治が昭和14〜18年に発表した『三国志』は今もなお愛されている。

西暦	時代	文学関連事項 ＊人名の（ ）は没年を表す	その頃の日本
五八九	隋《ずい》	科挙制度が創設される	小野妹子《おののいもこ》が遣隋使《けんずいし》として派遣される（六〇七）
六一八	唐《とう》・初唐	太宗《たいそう》即位（六二六）	第一回遣唐使《けんとうし》（六三〇）
		玄奘《げんじょう》がインドに旅立つ（六二九）	乙巳《いっし》の変（六四五）
		貞観《じょうがん》律令が定められる（六三七）	
		孔穎達《くようだつ》《こうえい》（六四八）『五経正義《ごきょうせいぎ》』	
		王勃《おうぼつ》（六七六？）	
		劉希夷《りゅうきい》（六七九？）	
		駱賓王《らくひんのう》（六八四？）	
		盧照鄰《ろしょうりん》（六八九？）	
		則天武后《そくてんぶこう》が帝位につく（六九〇）	
		楊炯《ようけい》（六九二？）	
		陳子昂《ちんすごう》（七〇〇？）	平城京遷都（七一〇）
	盛唐	玄宗《げんそう》即位（七一二）	『古事記《こじき》』（七一二）
		孟浩然《もうこうねん》（七四〇）・張九齢《ちょうきゅうれい》（七四〇）	阿倍仲麻呂《あべのなかまろ》が遣唐使として派遣される（七一七）
		崔顥《さいこう》（七五四）	
		安史《あんし》の乱が起こる（七五五）	
		玄宗が蜀《しょく》に亡命する（七五六）	
		王維《おうい》（七六一）	
		李白《りはく》（七六二）	
		杜甫《とほ》（七七〇）	
		王之渙《おうしかん》（七四二）・岑参《しんじん》（七七〇）	
	中唐	韋応物《いおうぶつ》（七九三？）	平安京遷都（七九四）
		柳宗元《りゅうそうげん》（八一九）	

漢詩

（飛鳥時代／奈良時代／平安時代）

隋・唐

歴史的背景

五八九年に南北朝を統一した**隋**《ずい》の楊堅《ようけん》（文帝《ぶんてい》）は、**科挙**《かきょ》（⇩三六八頁）を実施し、個人の学問や才能によって官吏を登用し、中央集権的な国家制度の基礎を築いた。二代皇帝の煬帝《ようだい》は、大運河工事や外征を盛んに行ったが、そのせいで国力は衰えた。六一八年に隋末の反乱を収めた李淵《りえん》（高祖《こうそ》）は**唐**を建国した。二代皇帝の太宗《たいそう》は優秀な臣下にも支えられ、経済面で良好な政策を行い、**貞観の治**《じょうがんのち》と称えられた。その後六九〇年に則天武后《そくてんぶこう》が皇帝に代わって帝位につき国号を周《しゅう》とした。**玄宗**《げんそう》（七一二年即位）も**開元の治**《かいげんのち》と称される善政を行い、文化面でも最高潮を迎えたが、晩年には**楊貴妃**《ようきひ》に溺れるなど政治に対する意欲を失い、安史《あんし》の乱を招いた。末期になると、辺境の防備を担当していた節度使《せつどし》が権力を持つようになり、唐の国力はますます衰退していき、九〇七年に節度使の朱全忠《しゅぜんちゅう》によって滅ぼされることになった。

思想と文学

唐代でも中央集権体制を維持するための思想統一の手段として儒教が中心に置かれた。太宗は**孔穎達**《くようだつ》《こうえい》に命じて『**五経正義**《ごきょうせいぎ》』を作らせた。これは儒家の経典の注釈の決定版ともいえるもので、科挙の教科書となった。また南北朝時代に続いて仏教も盛んであり、玄奘《げんじょう》は仏典を求めてインドへ渡り『大唐西域記《だいとうさいいきき》』を著した。道教も手厚く保護され、『老子《ろうし》』『荘子《そうじ》』『列子《れっし》』の三書が重要視された。

文学では、近体詩は唐代において形式面（**絶句**・**律詩**）、声律面（**平仄**《ひょうそく》・**押韻**《おういん》）で完成の域に達した。

唐代は、初唐・盛唐・中唐・晩唐に区分される。初唐の詩人には**王勃**《おうぼつ》・**楊炯**《ようけい》・**盧照鄰**《ろしょうりん》・**駱賓王**《らくひんのう》（初唐の四傑《しけつ》）や**陳子昂**《ちんすごう》・**張九齢**《ちょうきゅうれい》らがいる。初唐の四傑の詩にはまだ南北朝時代の余韻が見られるが、陳子昂は漢や魏の詩風に回帰することを重視した。盛唐は詩の全盛期であり、**孟浩然**《もうこうねん》（⇩四〇四頁）や**王維**《おうい》（⇩四〇五頁）の自然詩、**王之渙**《おうしかん》や**岑参**《しんじん》の**辺塞詩**《へんさいし》などのジャンルが開拓された。そして盛唐の詩人の頂点に立つのが**李白**《りはく》（⇩四〇六頁）と**杜甫**《とほ》（⇩四〇七頁）である。ロマンチックで壮大な詩風で知られる李白が**詩仙**《しせん》と呼ばれるのに対し、社会の現実を直視した詩を多く残した杜甫は**詩聖**《しせい》と呼ばれる。中唐になると**白居易**《はくきょい》（⇩四〇八頁）や元稹《げんじん》、賈島《かとう》といった詩人が登場する。「**長恨歌**《ちょうごんか》」などで知られる白居易は、平易な表現で大衆的な詩を作り、その詩は多くの人々に親しまれた。**韓愈**《かんゆ》（⇩四一〇頁）と**柳宗元**《りゅうそうげん》（⇩四一一頁）も中唐の代表的な詩人である。韓愈は「文を以《もっ》て詩を為《な》す」と称されるように、議論的な詩を作った。柳宗元は陶淵明《とうえんめい》の流れを汲《く》み、自然詩の佳作を多く残した。韓愈・柳宗元は**古文復興**《こぶん》を提唱した人物として知られる。古文復興とは、六朝《りくちょう》以来流行した形式面を重視する四六駢儷文《べんれいぶん》に反対し、先秦《せんしん》・漢代の散文を模範とした簡潔な文を目指すものである。また**李賀**《りが》は幼少の頃から幻想的で鬼気迫る詩を作り、鬼才《きさい》と称された。晩唐の代表的な詩人には**杜牧**《とぼく》（⇩四一二頁）や**李商隠**《りしょういん》がいる。杜牧は小杜《しょうと》と称され、鋭敏な感覚で艶麗《えんれい》な詩を作った。李商隠は故事を多用し哀愁を帯びた耽美《たんび》的な作風で知られる。

小説では、南北朝時代の志怪小説《しかいしょうせつ》の流れを引き継いで、**伝奇小説**《でんきしょうせつ》が新しい分野として流行した。書では初唐の三大家の欧陽詢《おうようじゅん》、虞世南《ぐせいなん》、褚遂良《ちょすいりょう》が王羲之《おうぎし》の書風を継承し発展させ、盛唐の顔真卿《がんしんけい》が新たな書風を開いた。

比べてみよう

遣隋使《けんずいし》・遣唐使《けんとうし》

初めて遣隋使が派遣されたのは六〇〇年、推古《すいこ》天皇の頃である。遣隋使は元々南北朝を統一した隋の勢力を恐れて派遣されたものとされる。

唐になっても遣唐使として留学生や仏僧が派遣され、彼らは現地の学問や文化を学んで日本に帰国した。中でも阿倍仲《あべのなか》麻呂《まろ》は七一七年に入唐した後、現地で高官に上り、玄宗に気に入られるまでになった。王維や李白と交流があったという。仲麻呂は日本への帰国を試みたが、船が難破し、最後まで日本に帰ることはなかった。百人一首にも収められる「天《あま》の原《はら》ふりさけ見れば春日《かすが》なる三《み》笠《かさ》の山《やま》に出《い》でし月《つき》かも」（➡二二頁）という歌には彼の望郷の念が込められている。

時代	中国	日本
中唐	韓愈《かんゆ》（八二四） 道教以外の諸宗教が禁じられる（八四五）	
晩唐	白居易《はくきょい》（八四六）『白氏文集《はくしぶんしゅう》《もんじゅう》』 杜牧《とぼく》（八五二）・于武陵《うぶりょう》 李商隠《りしょういん》（八五八） 張彦遠《ちょうげんえん》『歴代名画記《れきだいめいがき》』 孟棨《もうけい》『本事詩《ほんじし》』 黄巣《こうそう》の乱が起こる（八七五）	遣唐使廃止（八九四）
五代《ごだい》　九〇七		
		平安時代

長安周辺図

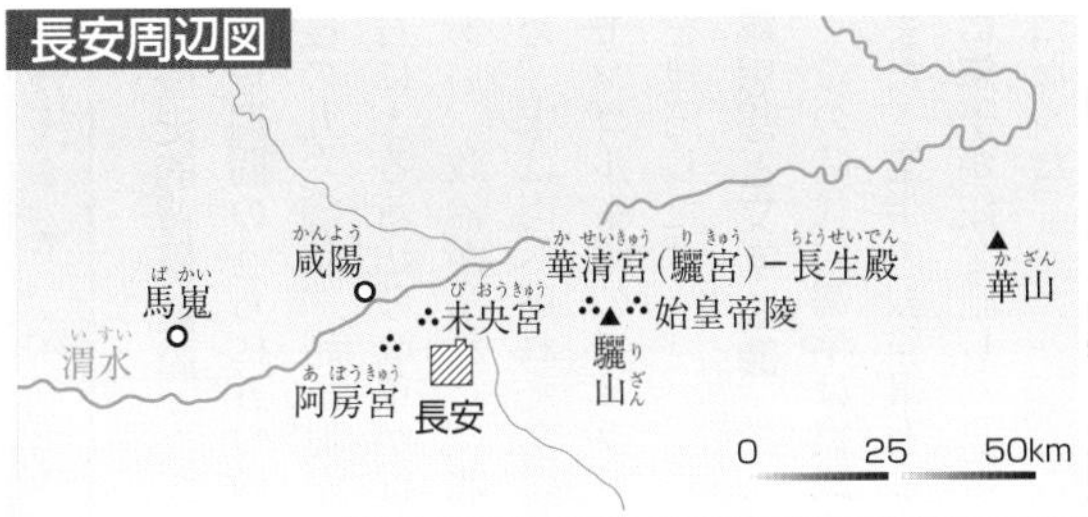

華清池

唐代

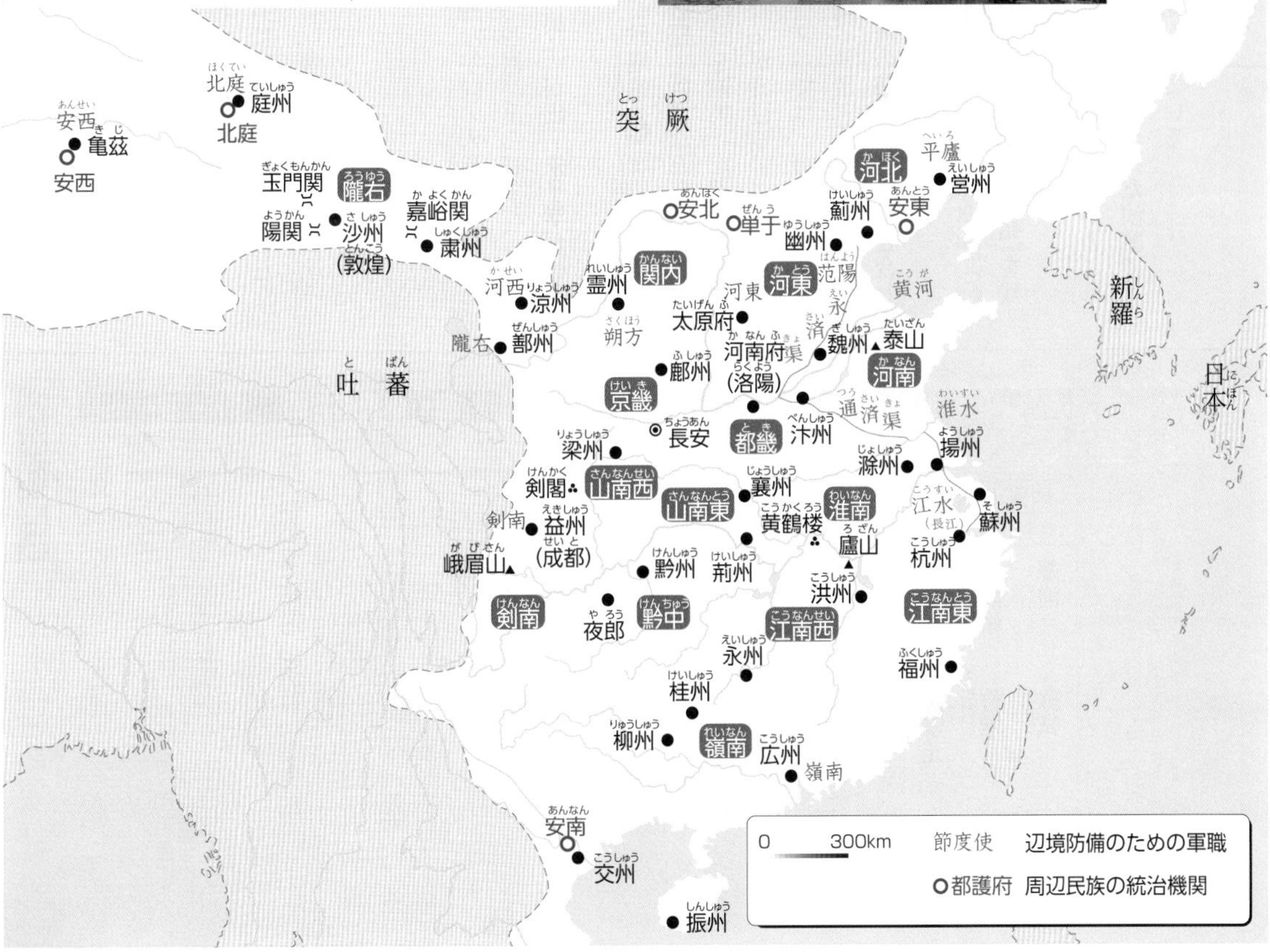

西暦	時代	文学関連事項 *人名の( )は没年を表す	その頃の日本
九六〇	北宋《ほくそう》 契丹《きったん》(遼《りょう》)	欧陽脩《おうようしゅう》(一〇七二)『帰田録《きでんろく》』 司馬光《しばこう》(一〇八六)『資治通鑑《しじつがん》』 王安石《おうあんせき》(一〇八六) 蘇軾《そしょく》(一一〇一)・黄庭堅《こうていけん》(一一〇五)	紫式部《むらさきしきぶ》『源氏物語《げんじものがたり》』 (一〇〇八?) 保元《ほうげん》の乱(一一五六) 平治《へいじ》の乱(一一五九)
一一二七	南宋《なんそう》 金《きん》	朱子《しゅし》(一二〇〇)『四書集注《ししょしっちゅう》』 朱子学が盛んになる 陸游《りくゆう》(一二〇九) チンギス=ハン(一二二七) 周弼《しゅうひつ》『三体詩《さんたいし》』	鴨長明《かものちょうめい》『方丈記《ほうじょうき》』 (一二一二) 承久《じょうきゅう》の乱(一二二一)
一二七九	元《げん》	モンゴルが国号を元とする 『古文真宝《こぶんしんぽう》』 フビライ=ハン(一二九四) 曽先之《そうせんし》『十八史略《じゅうはっしりゃく》』 元曲《げんきょく》が流行する	兼好法師《けんこうほうし》『徒然草《つれづれぐさ》』 (一三三一?)
一三六八	明《みん》	『水滸伝《すいこでん》』 『三国志演義《さんごくしえんぎ》』 高啓《こうけい》(一三七四) 劉基《りゅうき》(一三七五)『郁離子《いくりし》』 楊慎《ようしん》(一五五九)『升庵詩話《しょうあんしわ》』 陽明学《ようめいがく》が盛んになる 『唐詩選《とうしせん》』 『西遊記《さいゆうき》』 『金瓶梅《きんぺいばい》』	応仁《おうにん》の乱(一四六七) キリスト教伝来 (一五四九)

平安時代 | 鎌倉時代 | 安土桃山時代・室町時代 | 江戸時代

五代・宋・元

■歴史的背景■

短期間のうちに五つの王朝が入れ替わった五代の後の九六〇年、趙匡胤《ちょうきょういん》が宋《そう》を建国した。宋では王安石《おうあんせき》による新法《しんぽう》の改革が行われたが、旧法党《きゅうほうとう》の反対にあい、政治が乱れた。北方に興《おこ》った金《きん》が南下したため、宋は南へ逃れた(南宋)。その後、一二七九年、モンゴル帝国のフビライ=ハンが南宋を滅ぼし、元を建国した。

■思想と文学■

この時代、儒学は実践的な学問の宋学《そうがく》へ発展した。また、儒学の教科書として**四書**《ししょ》が重んじられ、これに**朱子**《しゅし》が注を施した『四書集注《ししょしっちゅう》』が出、**朱子学**が盛んになった。

宋代の詩では、梅尭臣《ばいぎょうしん》、**欧陽脩**《おうようしゅう》(⬇四二二頁)、**王安石**、**蘇軾**《そしょく》(⬇四二三頁)、**黄庭堅**《こうていけん》、**陸游**《りくゆう》などが活躍した。周弼《しゅうひつ》は唐詩を集めた『三体詩《さんたいし》』を編集した。また、詞という長短句の混在する韻文が流行し、この分野では、**蘇軾**らが有名である。文章では、唐代の古文《こぶん》復興の流れを継いで、**欧陽脩**、曾鞏《そうきょう》、**王安石**、蘇洵《そじゅん》、**蘇軾**、蘇轍《そてつ》らが活躍した。唐の**韓愈**《かんゆ》、**柳宗元**《りゅうそうげん》と合わせて**唐宋八大家**《とうそうはちたいか》と呼ぶ。

史伝では、宋の司馬光《しばこう》が編年体で『**資治通鑑**《しじつがん》』(⬇三九九頁)を著し、宋末元初の曽先之《そうせんし》が『**十八史略**《じゅうはっしりゃく》』を残した。

また、元代には**元曲**《げんきょく》が流行し優れた作品が著された。元曲は民衆の間で発展した歌を交えた演劇で、『西廂記《せいしょうき》』『漢宮秋《かんきゅうしゅう》』などが知られている。

文章の流れ

漢← | 唐←魏晋南北朝 | 宋←唐

古文《こぶん》 → **四六駢儷文《しろくべんれいぶん》(駢文)の流行** → **古文復興**

古文:『孟子《もうし》』などの諸子百家《しょしひゃっか》の書や司馬遷《しばせん》による『史記《しき》』などが書かれた。

四六駢儷文(駢文)の流行:対句や故事からの引用を多用する美文、四六駢儷文(駢文)が流行。簡潔な文章よりも、修辞を用いた形式美を持つ文章がもてはやされた。

古文復興:中唐の韓愈《かんゆ》、柳宗元《りゅうそうげん》らが、技巧的な四六駢儷文から、それより前の時代の文章に立ち返る古文復興を提唱。諸子百家の文章や、『史記』などを模範とした。この古文復興運動は宋代にも継承され、欧陽脩《おうようしゅう》や王安石《おうあんせき》らが出た。古文復興運動を中心的に担った八人の文人を唐宋八大家《とうそうはちたいか》という。

唐宋八大家		
唐	宋	
韓愈《かんゆ》	欧陽脩《おうようしゅう》	蘇洵《そじゅん》
柳宗元《りゅうそうげん》	曾鞏《そうきょう》	蘇軾《そしょく》
	王安石《おうあんせき》	蘇轍《そてつ》

『西遊記』（明代の刊本・国立公文書館蔵）

年	中国	日本
一六四四		
清《しん》	顧炎武《こえんぶ》（一六八二）『日知録《にっちろく》』 考証学《こうしょうがく》が盛んになる 蒲松齢《ほしょうれい》（一七一五）『聊斎志異《りょうさいしい》』 『康熙字典《こうきじてん》』（一七一六） 孫洙《そんしゅ》『唐詩三百首《とうしさんびゃくしゅ》』 『紅楼夢《こうろうむ》』 『四庫全書《しこぜんしょ》』 紀昀《きいん》（一八〇五）『閲微草堂筆記《えつびそうどうひっき》』 アヘン戦争（一八四〇） 日清戦争（一八九四） 中華民国建国（一九一二）	江戸時代 井原西鶴《いはらさいかく》『日本永代蔵《にっぽんえいたいぐら》』（一六八八） 松尾芭蕉《まつおばしょう》『おくの細道《ほそみち》』（一七〇二） 享保《きょうほう》の改革（一七一六） 寛政《かんせい》の改革（一七八七） 天保《てんぽう》の改革（一八四一） ペリー来航（一八五三） 大政奉還（一八六七）
一九一二		
現代	孫文《そんぶん》（一九二五） 魯迅《ろじん》（一九三六）『故郷《こきょう》』『阿Q正伝《あきゅうせいでん》』 中華人民共和国建国（一九四九） 文化大革命が始まる（一九六六） 毛沢東《もうたくとう》（一九七六）	近現代

明・清以降

歴史的背景

紅巾《こうきん》の乱によって元は滅亡し、朱元璋《しゅげんしょう》が明を興した。その後、女真《じょしん》族が南下して、清を建国。清の康《こう》熙《き》帝は南方を平定し、中国を統一した。一八世紀末には世界最大の帝国となったが、アヘン戦争や太平天国の乱で疲弊した。その後、一九一一年に辛亥《しんがい》革命が起こり、中華民国が建国され、一九四九年には中華人民共和国が成立し、現在まで続いている。

思想と文学

朱子学に批判的であった宋の陸九淵《りくきゅうえん》の陸学を継承・発展させた明の王陽明《おうようめい》が**陽明学**を大成し、**知行《ちこう》合一《ごういつ》**を説いた。それに対して、顧炎武《こえんぶ》は実証的な**考《こう》証学《しょうがく》**を唱え、『日知録《にっちろく》』を著した。

明・清代には文学は民衆へ広がり、白話（口語）で書かれた通俗小説が人気であった。明代には、『**水滸《すいこ》伝《でん》**』、『**三国志演義《さんごくしえんぎ》**』、『**西遊記《さいゆうき》**』、『**金瓶梅《きんぺいばい》**』の**四大奇《しだいき》書《しょ》**などが、清代には、『**聊斎志異《りょうさいしい》**』（蒲松齢《ほしょうれい》）、『**紅楼《こうろう》夢《む》**』（曹雪芹《そうせっきん》）、『儒林外史《じゅりんがいし》』（呉敬梓《ごけいし》）などが親しまれた。

詩では明の高啓《こうけい》などが活躍するが、以前ほどの隆盛を見ず、一方で唐詩のアンソロジー『**唐詩選《とうしせん》**』や孫《そん》洙《しゅ》（蘅塘退士《こうとうたいし》）による『**唐詩三百首《とうしさんびゃくしゅ》**』など広く普及した選集が編まれた。

また、清代の康熙《こうき》帝、乾隆《けんりゅう》帝の時代には学問も奨励され、勅命による大規模な編集事業が行われ、『**康熙字典《こうきじてん》**』や、膨大な書物を整理した『**四庫全書《しこぜんしょ》**』が編纂《へんさん》された。

中華民国になると、胡適《こてき》によって口語文の使用が提唱され、文学革命が起こった。現代文学の代表的な作家に、**魯迅《ろじん》**（➡三六三頁）・郭沫若《かくまつじゃく》・老舎《ろうしゃ》などがいる。

比べてみよう

中国と日本の古典文学

上の年表を見てわかるとおり、宋は十世紀後半に建国されたが、この後まもなく日本では紫式部《むらさきしきぶ》によって『源氏物語《げんじものがたり》』が著される。主だった日本の古典文学が、この時代以降に集中している一方、私たちが学ぶ漢文学は、これ以前の時代に著されたもののほうが多い傾向にある。

日本の知識人たちはみな、中国文化や漢詩文を学び、文化を発展させてきた。そのため、日本の古典文学にも中国の影響が大きい。また、中国の朱子学は江戸時代の為政者にも思想的影響を与えたといわれている。日本文化を考えるうえで、中国文化を知ることは欠かせない。

江戸時代の政治家新井白石は朱子学を学んだ学者でもあった。

❻黄河《こうが》　中国二大河川の一つ。

❶寒山寺《かんざんじ》　張継《ちょうけい》の詩「楓橋夜泊《ふうきょうやはく》」にうたわれている。寒《かん》山拾得《ざんじっとく》の伝承もある。

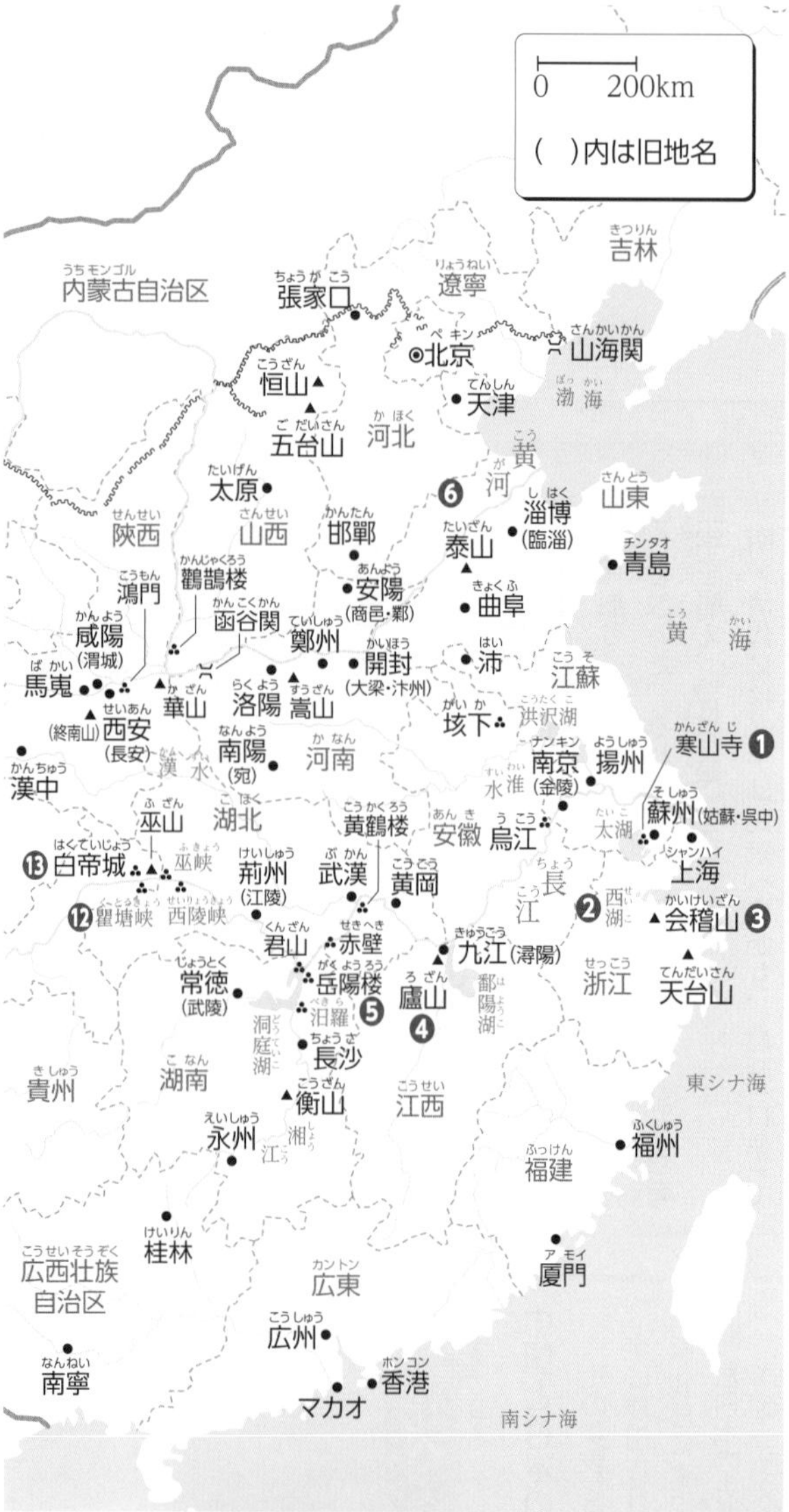

❷西湖《せいこ》　蘇軾《そしょく》が漢詩に詠んだ。

❸会稽山《かいけいざん》　ここで越王勾践《えつおうこうせん》が呉王夫《ごおうふ》差《さ》に敗北した。

▶❹廬山《ろざん》　李白《りはく》の詩「廬山の瀑布《ばくふ》を望《のぞ》む」が有名。香炉峰《こうろほう》があるのもこの山。

◀⑫長江《ちょうこう》　中国二大河川の一つ。写真は長江三峡《さんきょう》のうちの瞿唐峡《くとうきょう》。

❺岳陽楼《がくようろう》(右)と洞庭湖《どうていこ》(左)　岳陽楼から洞庭湖が見下ろせる。黄庭堅《こうていけん》の詩「雨中《うちゅう》岳陽楼に登《のぼ》り君山《くんざん》を望《のぞ》む」や杜甫《とほ》の詩「岳陽楼に登る」の舞台。

❽玉門関《ぎょくもんかん》　西域との境にあった関所。

❾陽関《ようかん》　西域との境にあった関所。漢代に設置された。王維《おうい》の詩「元二《げんじ》の安西《あんせい》に使《つか》いするを送《おく》る」などに見られる。

❿青海《せいかい》　唐代に異民族との戦が頻繁に行われた湖。杜甫《とほ》の詩「兵車行《へいしゃこう》」に歌われる。

◀⓫峨眉《がび》（嵋）山《ざん》　白居易《はくきょい》の詩「長恨歌《ちょうごんか》」に「峨嵋山下　人の行くこと少《まれ》に　旌旗《せいき》光無く日色薄し」と歌われる。

❼渭水《いすい》　長安の北を流れる川。

⓭白帝城《はくていじょう》　蜀《しょく》の劉備《りゅうび》が没した地。

孔《こう》子《し》

中国思想史上最大の巨人

殷
西周
春秋
戦国
秦
漢
三国
晋
南北朝
隋
唐
五代
宋
元
明
清

前五五一年～前四七九年

#儒家の祖 #聖人 #仁 #『論語』

西暦	歳	事項
前五五一	1	魯《ろ》の昌平郷陬邑《しょうへいきょうすうゆう》(山東省曲阜市《きょくふ》)に生まれる。
?	?	周《しゅう》に行き、礼を学ぶ。
前五一七	35	魯の内乱により斉《せい》へ移動。
前五一〇	42	魯に帰る。
前五〇一	51	魯で官職につく。
前五〇〇	52	夾谷《きょうこく》の会(魯と斉の会談)で活躍。
前四九八	54	政治の刷新を図ったが失敗。
前四九六	56	魯を去って衛《えい》に行く。以後、曹《そう》、鄭《てい》、陳《ちん》、蔡《さい》などの国を巡る。
前四八四	68	魯に帰る。
前四八二	70	弟子の顔淵《がんえん》(顔回《かい》)が死去。
前四八〇	72	弟子の子路《しろ》が衛の内乱で死去。
前四七九	73	死去。

略歴

姓は孔《こう》、名は丘《きゅう》、字は仲尼《ちゅうじ》。「子」は敬称で、「孔子」は「孔先生」の意味。貧しい少年期を過ごした後、下級の官職につくなどしつつ、学問を深めた。そして、次第に名声が高まり、多くの弟子をとった。

政治家となって仁《じん》に基づく理想の社会を実現するべく、各地を遊説《ゆうぜい》したが、採用されず、不遇であった。五十歳をこえてから故郷の魯《ろ》に仕官し、大司寇《だいしこう》(刑罰を司《つかさど》る官職)となって、政治の改革に着手した。しかし、既得権益を守ろうとする勢力の反対にあい、失敗に終わった。その後、魯を去り、弟子たちとともに各国を旅したが、結局、政治的な理想は実現できなかった。

晩年、故郷の魯に帰ってからは、弟子の教育と、『**詩経**《しきょう》』『**書経**《しょきょう》』などの古典の整理に力を注ぎ、七十三歳で死去した。孔子の弟子は、主な人物だけでも七十人余りおり、全部で三千人に及ぶと言われる。

教えを説く孔子

思想

孔子は**周公**《しゅうこう》(名は旦《たん》。周の王族)を尊敬し、周の政治を理想として、復古を目指した。そして、**仁**《じん》(他人への思いやり・愛情)を最重要視し、仁の実現のためには礼《れい》(社会秩序を保つための行動の規範)の実践が必要であるとした。また、仁・礼を広く社会に及ぼして、道徳で統治する政治を理想とした。この政治に対する考え方は、法律による統治をよしとする法治主義《ほうちしゅぎ》に対して、**徳治主義**《とくちしゅぎ》と呼ばれる。

孔子の死後、その思想は弟子たちに受け継がれ、戦国時代の**孟子**《もうし》(⬇三八四頁)につながるなど、後世に非常に大きな影響を与えた。そして、漢の武帝《ぶてい》の時代に、儒学が国家の正統な学問とされたことで、孔子の思想史上の地位はより強固になり、孔子は長らく中国の思想・文化において最高の「**聖人**《せいじん》」として敬われた。

『論語《ろんご》』

孔子の死後に、弟子たちが孔子の言葉や行いを記録したもの。全二十篇《へん》。

宋の朱子《しゅし》(⬇四三三頁)が『論語』『孟子《もうし》』『大学《だいがく》』『中庸《ちゅうよう》』の四つに注釈を施してから、これらは「**四書**《ししょ》」と呼ばれ、儒学の入門書として重視された。『論語』は、応神天皇《おうじん》の時代(四世紀頃)に、朝鮮半島の百済《くだら》から渡来した王仁《わに》が日本に伝えたと言われ、以後、日本文化に大きな影響を与えた。

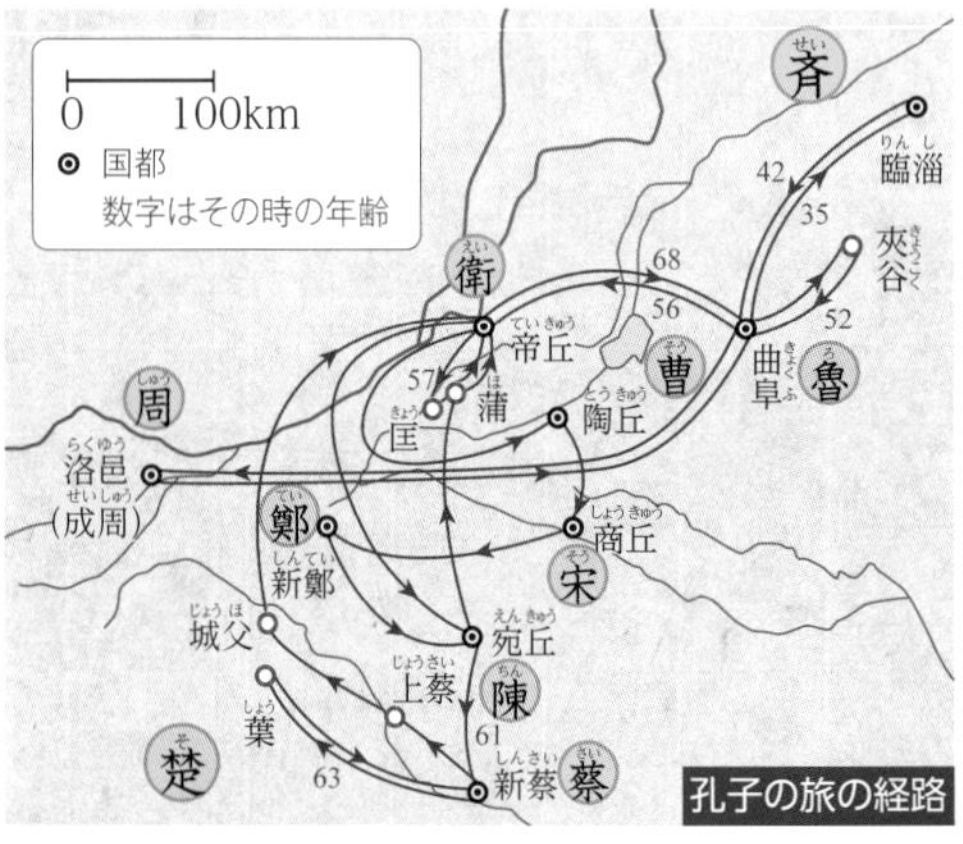

孔子の旅の経路

比べてみよう

『論語』の注釈

『論語』は歴史上、多くの学者に研究され、さまざまな解釈を生んでいる。たとえば、「孝行とは?」と尋ねられた孔子はこう答えた。

父母唯其疾之憂。

(『論語』「為政《いせい》」)

これについて三人の説を比較しよう。

❶中国　後漢　馬融《ばゆう》(七九年～一六六年)

父母ヲシテ唯ダ其ノ疾ヲノミ之レ憂ヘシム。

読 父母《ふぼ》をして唯《た》だ其《そ》の疾《やまひ》をのみ之《こ》れ憂《うれ》へ

Close Up 「平凡な聖人」孔子

聖人とたたえられる孔子。しかし、『論語』に記録されたその行動に人知をこえた奇跡の類はほとんどなく、その言葉にも奇抜なものは稀《まれ》である。そもそも孔子は、次のような態度であった。

子不レ語二怪《ラ》力乱神一。《ヲ》（『論語《ろんご》』「述而《じゅつじ》」）

読 子《し》怪力乱神《かいりきらんしん》を語《かた》らず。

意 先生は怪異、暴力、無秩序、霊的存在については語らなかった。

孔子の行動としては、例えば次のようなものが記録されている。

廏焚《ケタリ》。子退《キテ》レ朝《ヨリ》日《ハク》、「傷《ヘル》レ人《ヲ》乎《ト》。」不レ問《ハ》レ馬《ヲ》。（『論語』「郷党《きょうとう》」）

読 廏《うまや》焚《や》けたり。子《し》朝《てう》より退《しりぞ》きて曰《い》はく、「人《ひと》を傷《そこな》へるか。」と。馬《うま》を問《と》はず。

意 馬小屋が焼けた。先生は朝廷から帰ってきて「けが人はいないか。」と言った。馬のことは尋ねなかった。

これは、当時貴重な財産だった馬のことではなく、人の命を気にかける、孔子の姿勢を示している。人命重視と言えば当然のことで、内容そのものはごく平凡だが、人間を重んじる孔子の態度をよく伝えていると言えるだろう。

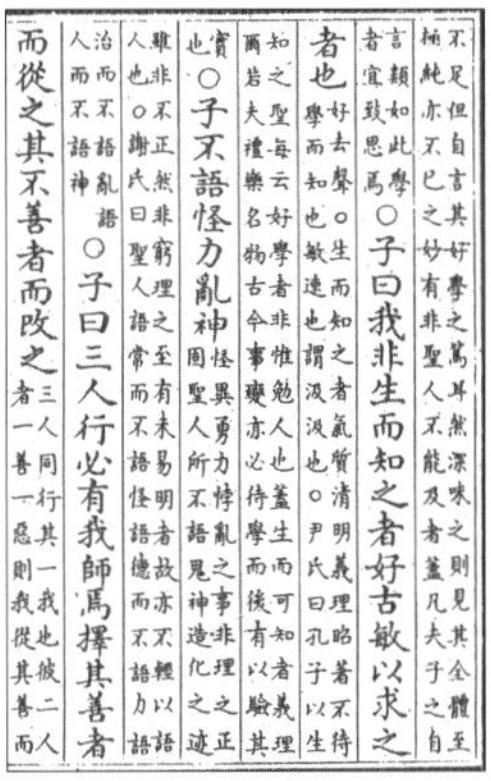

不足但自言其好學之篤耳然深味之則見其全體至極純亦不已之妙有非聖人不能及者蓋凡夫子之自言類如此學者宜致思焉○子曰我非生而知之者好古敏以求之者也好去聲○生而知之者氣質清明義理昭著不待學而知也敏速也謂汲汲也○尹氏曰孔子以生知之聖每云好學者非惟勉人也蓋生而可知者義理爾若夫禮樂名物古今事變亦必待學而後有以驗其實也○子不語怪力亂神怪異勇力悖亂之事非理之正固聖人所不語鬼神造化之迹雖非不正然非窮理之至有未易明者故亦不輕以語人也○謝氏曰聖人語常而不語怪語德而不語力語治而不語亂語人而不語神○子曰三人行必有我師焉擇其善者而從之其不善者而改之三人同行其一我也彼二人者一善一惡則我從其善而

子不語怪力乱神（『論語集注』）

このように、『論語』に見える孔子の様子には、それ自体はいたって平凡なものが多い。超自然のものではなく、あくまでも現世の人間に目を向けるのが、孔子の思想の特徴だと言えるだろう。孔子は、「平凡」な事を着実に積み重ね、ついには「聖人」とたたえられるに至ったのである。

孔子像（北京 国子監）
威厳に満ちた端正な姿が「聖人」孔子に対する人々のイメージを物語る。

文豪が描いた孔子

孔子の豊かな人間性は、近代日本の文豪の創作意欲もかき立てた。その例を二つ紹介しよう。

谷崎潤一郎《たにざきじゅんいちろう》『麒麟《きりん》』（➡二五五頁）

孔子が衛《えい》の霊公《れいこう》の夫人、南子《なんし》に会ったことを題材とした短編小説。孔子の教えを受けた霊公は、退廃的な政治を改め、正しい道に目覚めてゆく。しかし、南子は、その美貌で霊公を誘惑し、再び堕落の道へ引きずり込もうとする…。発表当時二十四歳、新進気鋭の谷崎潤一郎。その学識の豊かさと、独特の視点で女性美を描き出そうとするあり方が、よく表れている。

中島敦《なかじまあつし》『弟子《でし》』（➡二七六頁）

孔子の愛弟子《まなでし》、子路《しろ》について描いた短編小説。賢者として有名な孔子に一泡吹かせてやろうと、子路は孔子のもとへ乗り込む。だが、逆に孔子の人間の大きさに圧倒され、心酔し即刻弟子となる。孔子も、純粋で一途《いちず》な子路に深い愛情を注ぎ、師弟は長年苦楽をともにして生きてゆく。中島敦の漢文知識の豊富さ、古典を再構成する観点の鋭さ、そして思索の真剣さを感じさせる作品である。

子路

しむ。

意 父母には、ただ自分（子）の病気だけを心配させる。（病気は避けられないから仕方がないが、他のことでは両親に心配をかけないのが孝行だ。）

❷中国　宋　朱子（➡四三頁）（一一三〇年～一二〇〇年）

父母唯《ダ》其《ノ》疾《ヲノミ》之《レ》憂《フ》。

読 父母は唯だ其の疾をのみ之れ憂ふ。

意 父母は子の病気（子が病気にならないか）ばかりを心配している。（そのような愛情に報いるのが孝行だ。）

❸日本　江戸時代　伊藤仁斎《いとうじんさい》（➡四〇頁）（一六二七年～一七〇五年）

父母唯《ニハダ》其《ノ》疾《ヲ》之《レ》憂《フ》。

読 父母には唯だ其の疾を之れ憂ふ。

意 父母に対してはその病気ばかりを心配する。（両親の健康を気にかけるのこそが孝行だ。）

このように、時代も場所も違う学者たちが、異なる解釈をしている。『論語』が持つ、奥深さや魅力の表れと言えるだろう。

学者	病の人	心配する人	孝行とは
①馬融	子	父母	父母に心配をかけないこと
②朱子	子	父母	父母の愛情に報いること
③仁斎	父母	子	父母の健康を気にすること

写真：孔子の肖像＝田原市博物館蔵・渡辺崋山筆「孔子像」／教えを説く孔子＝呉彬筆「孔子杏壇講学図」（部分）／子不語怪力乱神（『論語集注』）＝『四庫全書』より／子路＝『聖賢像賛』

孟子《もうし》

仁の実践を説いた「亜聖」

前三七二年頃〜前二八九年頃

#儒家 #性善説 #四端 #王道政治

殷 / 西周 / 春秋 / **戦国** / 秦 / 漢 / 三国 / 晋 / 南北朝 / 隋 / 唐 / 五代 / 宋 / 元 / 明 / 清

西暦	歳	事項
前三七二頃	1	鄒《すう》(山東省)に生まれる。
前三二〇頃	53	梁《りょう》の恵王《けいおう》に会う。
前三一四頃	59	斉《せい》の宣王《せんおう》に教えを説く。
前三〇八頃	65	滕《とう》の文公《ぶんこう》に教えを説く。
前二八九頃	84	死去。

略歴

姓は孟《もう》、名は軻《か》、字は子車《ししゃ》(子輿《しよ》)。孔子《こうし》の出身地である魯《ろ》の近くの鄒《すう》という国に生まれる。若い頃に父親を亡くし、教育熱心な母親の手で育てられた。その後孔子の孫にあたる子思《しし》の門人の下で学び、各地を遊説《ゆうぜい》し、梁《りょう》の恵王《けいおう》、斉《せい》の宣王《せんおう》、滕《とう》の文《ぶん》公《こう》らに仕え、その思想を説いた。晩年は故郷の鄒に帰り、弟子たちの教育、著述活動に専念したという。「聖人(孔子)に亜《つ》ぐ偉大な人」の意味で「**亜聖**《あせい》」と呼ばれる。

思想

孟子の思想の根幹をなすのは**仁義**《じんぎ》である。仁は内面的な道徳のこと、義はその道徳を押し広めるために人が踏み行うべき道のことである。孟子は孔子が説いた仁の思想を受け継ぎ、それを内面的な修養に止《とど》まらず、政治・経済における具体的な実践へと発展させた思想家である。

性善説《せいぜんせつ》

孟子は人の本来的な性質を善とする**性善説**を主張した。人には皆、「人に忍《しの》びざるの心」(人の不幸を見過ごせない心)がある。例えば子どもが井戸に落ちそうになっているのを見れば、はっと驚き、かわいそうに思って助けてしまうのがそれである。このように人には善なる心の萌芽《ほうが》があり、それは四つに分けられる(**四端**《したん》)。

- 惻隠《そくいん》の心(かわいそうに思う心)
- 羞悪《しゅうお》の心(悪を憎む心)
- 辞譲の心(人に譲る心)
- 是非の心(物事の是非を判断する心)

この四つはそれぞれ**仁・義・礼**《れい》**・智**《ち》という四つの徳へと発展するものであり、これらを大切にして拡充すれば、世界全体をも安らかに保てるだろうと孟子は説く。

王道政治《おうどうせいじ》

政治的な面では、当時の諸侯が目先の利ばかりにとらわれて戦争をしているのを批判し、武力によらず、「人に忍びざるの心」によって人民を手厚く保護し、王者の徳で政治を行う**王道政治**を強調した。

経済的な面では、人民は安定した生活が望めないと心が乱れ、悪事を働くものであるという考えのもと、人民に恒産《こうさん》(一定の職業)を与え、恒心《こうしん》(安定した心)を維持させることを説いた。

『孟子《もうし》』

孟子の思想を弟子がまとめた書。後漢の趙岐《ちょうき》が注を付け十四巻七篇《へん》構成にした。

比べてみよう

孟子と墨子《ぼくし》・楊朱《ようしゅ》

孟子は墨子(➡三八八頁)の兼愛《けんあい》(平等愛)と楊朱の唯我主義《ゆいがしゅぎ》(自分のことだけを考える)の両方を否定した。墨子と楊朱は当時大流行していた思想家で、両極端の存在だったが、孟子は両者のどのような点を否定したのだろうか。

×**墨子の兼愛**…自分の父親も他人の父親も平等に愛するようになるので、自分の父親のことを蔑《ないがし》ろにするようになる。→**孝**《こう》**(親を敬うこと)に反する**

×**楊朱の唯我主義**…自分のことだけを考えるようになるので、君主のことを蔑ろにするようになる。

→**忠**《ちゅう》**(君主を敬うこと)に反する**

孟子は儒家の忠孝の考え方に基づき、両者を平等に否定したのである。

最古の?教育ママ

孟子の母親は非常に教育熱心であったことで知られる。それを伝えるエピソードとして次の二つがある。

孟母三遷《もうぼさんせん》

孟子が子どもの頃、家は墓場の近くにあった。すると孟子が葬式の真似事《まねごと》をして遊ぶので、母親は教育によくないと思い市場の近くに引っ越した。しかしそこでも孟子は商人の真似事をして遊んだので、母親は学校の近くに引っ越した。すると孟子は祭祀《さいし》における礼儀や作法の真似をして遊ぶようになり、母親は安心した。

孟母断機《もうぼだんき》

母親が機《はた》を織っていたとき、孟子が学校から帰ってきた。母親が孟子に、「学問はどうだい」と尋ねると、孟子は、「変わりはありません」と答えた。すると母親は織っている織物を断ち切って、「学問を中途半端で投げ出すのは、私がこのように機織りを途中で投げ出してしまうのと同じ、きちんとやり遂げなさい」と諭《さと》した。

孟母断機(『列女伝』)

写真：孟子・荀子の肖像＝国立故宮博物院蔵『至聖先賢半身像』

荀子《じゅんし》

礼を重視し性悪説を提唱

前三一三年頃〜前二三八年頃

殷 西周 春秋 **戦国** 秦 漢 三国 晋 南北朝 隋 唐 五代 宋 元 明 清

#儒家 #性悪説 #礼 #学問の重視

西暦	歳	事項
前三一三頃	1	趙《ちょう》に生まれる。
?	?	斉《せい》に遊学する。
前二五五頃	59	楚《そ》に赴き春申君《しゅんしんくん》に仕える。
前二三八	76	春申君が殺される。その後ほどなくして死去。

略歴

姓は荀《じゅん》、名は況《きょう》。戦国時代中頃の人。経歴には不明な点が多い。趙《ちょう》の国に生まれ、五十歳頃斉《せい》に遊学した。斉では**稷下《しょっか》の学**(学者の集団)で三度祭酒《さいしゅ》(主導的役割)に選ばれた。その後斉を離れ楚《そ》に行く。楚では春申君《しゅんしんくん》に仕え、蘭陵《らんりょう》(山東省)の長官に任命され、その地で没した。

思想

性悪説《せいあくせつ》

礼《れい》を重視し、**性悪説**を提唱した。人は生まれながらにして利や快楽を好み、嫉妬深いものである。それを放置していては争いごとの種になる。ゆえに教育や礼によって矯正しなければならない。性悪説は、このように人間の「性」は悪であり、善の要素は「偽《ぎ》」(人為《い》)によって後天的につけ加えられるものだとする。外面的な規範である「礼」を重視する荀子の説は、弟子の韓非《かんぴ》や李斯《りし》に受け継がれ、**法家思想《ほうかしそう》**へとつながっていく。

学問の重要性

荀子は学問の重要性を指摘したことでも有名である。例えば、『荀子』勧学篇《かんがくへん》には君子の言葉として、「学問は途中でやめてはいけない。青い色は藍《あい》という植物から抽出されるが、その元の藍よりも青い色をしている」という一節が引かれる。これは「青は藍より出《い》でて藍より青し(弟子が師匠より優れること)」という言葉の出典で、学問によって本来の性質がより優れたものになる例である。このように後天的な努力によって人間の性を変えられるという考えは、礼によって性を変えられるという性悪説に通じる。

藍の花

『荀子《じゅんし》』

荀子の著作を後の学者が整理した書。唐の楊倞《ようりょう》が校訂したテキストが伝わる。二十巻三十二篇《へん》。

韓非《かんぴ》

法家思想の大成者

前二八〇年頃〜前二三三年

殷 西周 春秋 **戦国** 秦 漢 三国 晋 南北朝 隋 唐 五代 宋 元 明 清

#法家 #法治主義 #刑名参同

西暦	歳	事項
前二八〇頃	1	韓《かん》の公子として生まれる。
前二三三	48	使者として秦《しん》に赴く。李斯《りし》に中傷され獄中で死去。

略歴

姓は韓《かん》、名は非《ひ》。戦国時代、韓《かん》の公子。後に秦《しん》の宰相となる李斯《りし》とともに、荀子《じゅんし》に学んだ。韓では王をしばしば諫《いさ》めたが、用いられることは少なかった。秦が韓を攻めたとき、秦へ使者として赴く。秦王(後の始皇帝)は以前、韓非の書を読んでたいへん感銘を受けており、韓非を秦にそのまま留めた。しかし彼の才能によって地位を脅かされると恐れた李斯の中傷により、投獄され獄中で死去。

思想

法治主義《ほうちしゅぎ》

荀子の性悪説、商鞅《しょうおう》の「法」や申不害《しんふがい》の「術」の思想に影響を受け、法律による統治(**法治《ほうち》**)を体系化し、**法家思想《ほうかしそう》**を大成した。韓非は君主が臣下や民衆を統治するために必要なものは「**法《ほう》**」と「**術《じゅつ》**」だとする。「法」とは刑罰と褒賞を明文化したもので、臣下や民衆はそれに従い行動する。「術」とは君主が臣下の能力に応じて官職を授ける技術のことである。韓非は人間を欲深い存在ととらえていた。だからこそ君主は欲深い臣下や民衆がつけ上がらぬよう、「法」と「術」を巧みに用いて彼らを統御する必要があると説いたのである。

「刑《けい》」と「名《めい》」の一致

韓の昭侯《しょうこう》が酔って寝ていたとき、典冠《てんかん》(冠をつかさどる係)が寒くないようにと昭侯に衣を掛けた。しかしそれは本来、典衣《てんい》(衣をつかさどる係)の仕事であった。典冠と典衣は後に両方とも罰せられた。

韓非は「刑」(「形」ともいう。実際に行ったこと)と「名」(口にした言葉、それにより与えられる官職)の一致を重視した(刑《けい》名参同《めいさんどう》)。右の逸話で典衣と典冠が罰せられたのは、両者とも「刑」と「名」が一致していなかったためである。

『韓非子《かんぴし》』

韓非の思想をまとめた書。二十巻五十五篇《へん》。「矛盾」などの寓話《ぐうわ》が見られる。

文学史問題：孟子はどの学派に属する思想家か。次から一つ選べ。(愛知教育大・改)
①道家　②法家　③墨家　④兵家　⑤儒家

老子《ろうし》

万物を貫く道を重視

殷
西周
春秋
戦国
秦
漢
三国
晋
南北朝
隋
唐
五代
宋
元
明
清

#道家 #道 #無為自然

略歴

生没年や経歴は未詳。『史記《しき》』によると姓は李《り》、名は耳《じ》、字は耼《たん》。楚《そ》の苦県厲郷《こけんらいきょう》曲仁里《きょくじんり》の出身で、周《しゅう》の守蔵室(書物を収蔵する部屋)の史《し》(記録官)であった。その後、周が衰えたのを見て国を去ろうとしたとき、関所の役人の求めに応じて上下二篇《へん》の書物(後に『**老子**《ろうし》』と呼ばれる)を著したという。

楚の老莱子《ろうらいし》や周の太史儋《たいしたん》という人物を老子とする説もあるなど、謎が多い。

思想

道《みち》

道家の祖であり、**道**《みち》を重視したことで知られる。儒家では、仁《じん》や礼《れい》といった徳目を実践するために、人が踏み行うべきものを「道」と呼ぶ。一方、老子が主張する道とは、世の中のあらゆる事象の根底にあって、万物を貫く存在である。

『老子』において道は「玄《げん》」という言葉で表される。「玄」とは奥深くて把握しがたいという意味であり、道が人間の感覚では容易にとらえられないことを示す。ゆえに『老子』の中では、道は具体的に説明されることはない。第一章の冒頭の言葉、「道の道とすべきは常の道に非《あら》ず(これが道だと言うことのできる道は本当の道ではない)」という言葉に集約されるように、あくまでも名状しがたいものであるということが強調される。とらえどころがないが、万物の根元として確かに存在しているもの、それが老子の言う道である。

無為自然《むいしぜん》

老子は道に従った生き方として、**無為自然**を主張する。**無為**とは何もしないことではなく、作為やわざとらしさが無いということである。**自然**とは無為を言い換えたもので、自《おの》ずから然《しか》る、つまりありのままであるということである。「道《みち》の常《つね》は無為《むゐ》にして而《しか》も為《な》さざる無《な》し(本当の道にはわざとらしさがないが、それでいてやり残すということもない)」という言葉は道のあり方、ひいては人としての理想のあり方を説明したものである。

さらに老子は無為自然を個人の生き方のみならず、政治にも応用した。「無為《むゐ》を為《な》せば則《すなは》ち治《をさ》まらざること無《な》し(無為であれば、治まらないものはない)」という言葉は、君主が賢人や財宝を貴ばなければ、民衆もそれに感化されて無欲になり、結果として君主は自然に民衆を治めることができる、ということを述べたものである。儒家は仁義によって、法家は法によって国を治めることを説いたが、老子は無為によって国を治めることを説いたのである。これを**無為の治**《ち》という。

小国寡民《しょうこくかみん》

無為の治、つまり君主が余計な作為をやめ、民衆に過度に干渉しない状態が理想的に実現されたのが「**小国寡民**」という社会である。

「小国寡民」とは、「国が小さく民が少ない」状態の社会であり、そこでは民衆は質素ではあるが満ち足りた生活をしている。民衆が生命を大事にして遠くに移動しないようにさせれば、船や車に乗ろうとせず、武器を並べ立てることもない。また民衆が自分たちの食事・服装・住居・習俗を楽しむようにさせれば、満足して他の国に行くことはなくなる。

このように不必要な事(乗物や武器)から離れて、ただ目の前の生活(衣・食・住)に満足して暮らす無欲な民衆のいる小さな共同体、これこそが老子の目指した理想郷であった。

『老子《ろうし》』

老子が著したとされる書物。八十一章。散文だが、四字句や対句的表現が多用され、韻を踏む部分もあり、技巧的な文章になっている。

老子

『老子』における比喩

老子の思想は道や無為自然に代表されるようにつかみどころがなく難解であるが、それを比喩を用いて効果的に説明している。いくつか見てみよう。

①「輻《や》」と「轂《こしき》」(車輪の中心部から放射状に出ている棒と、中心部の空間 ➡三六六頁)・「器」・「室(住居)」…形のあるものが役に立つのは、中に空間(無)があるためだ。万物の背後にあるとらえがたい道を説明した比喩。

②「大国を治むるは小鮮《せうせん》を烹《に》るがごとし(大国を統治するのは小魚を煮るようなものである)」…小魚は煮る時に箸でつつくと崩れてしまう。大国を治める時も箸でつつくような余計な干渉をせず、無為に治めるのがよい。無為の治を説明した比喩。

荘子《そうし》

対立概念は変化の一側面

殷 / 西周 / 春秋 / 戦国 / 秦 / 漢 / 三国 / 晋 / 南北朝 / 隋 / 唐 / 五代 / 宋 / 元 / 明 / 清

#道家 #万物斉同 #寓話の多用

略歴

生没年未詳。『史記《しき》』によると、名は**周《しゅう》**、宋《そう》国の蒙《もう》(河南省)の出身であったという。孟子と同時代の人とされ、蒙の漆園《しつえん》(うるし畑)の役人を務めていた。楚《そ》の威王《いおう》が彼を宰相に迎えようとしたが、高い地位にあって不自由な生活を強いられるよりは、「汚瀆《をとく》の中に游戯《いうぎ》(どぶの中で遊ぶ)」していたいと答えて断ったという。

思想

老子の思想を継承し、「**老荘《ろうそう》**」と並称される。荘子の思想は、**寓話《ぐうわ》**を多く用いて常識的な考え方を超越するところにその特徴がある。その中心にあるのが**万物斉同**の思想である。

万物斉同《ばんぶつせいどう》

万物斉同とは、万物(世の中におけるすべての物事)は斉同(等しい)であるとする思想である。世間には善悪・真偽・是非・美醜などさまざまな対立する概念が満ちあふれている。しかしそれらはすべて人間の認識が作り出した架空の概念であって、表面的な対立にすぎない。例えば世の中では儒家と墨家が互いの説を批判しあって論争をしているが、それぞれが置かれた立場で言説が異なるのは当然であり、お互いを言い負かそうとするのは意味がない。また、そうした態度から善悪や真偽といった対立が生じるのである。本当の聖人は対立の根本にある**道《どう》枢《すう》**(中心にある道)に立って物事を見ている。道枢に立って物事を見れば、すべての対立概念は窮《きわ》まりない変化の一側面でしかないことが理解できるのである。

すべての対立概念が変化の一側面でしかないことが理解できれば、価値の対立に心を悩ませることなく、物事をあるがままに受け入れて生きることができる。小賢《こざか》しい世間の価値基準にとらわれず、自然に心をゆだねて生きること、これが荘子の主張した生き方であった。

胡蝶《こちょう》の夢《ゆめ》

荘子の万物斉同の思想を象徴する有名な寓話に「**胡蝶の夢**」という話がある。

――昔、荘周は自分が蝶になった夢を見た。夢の中では蝶として楽しく羽ばたいていて、自分が荘周であることをすっかり忘れていた。しかしはっと目が覚めてみるとやはり自分は荘周である。そうすると、荘周が夢の中で蝶となったのか、それとも蝶が今夢の中で荘周となっているのか、わからなくなった。――

夢が現実なのか、それとも今いる現実が夢であるのか。自分は荘周であるのか、はたまた蝶であるのか。ここでは、どちらが正しいのかは問題ではない。重要なのは、荘周と蝶、その両者に確かに区別はあるが、その両者ともが**物化《ぶっか》**(物の変化)の一つの側面にすぎず、荘周から蝶に、蝶から荘周へと自在に変化しうるということである。

胡蝶の夢

『荘子《そうじ》』

荘子の思想を記した書。三十三篇《へん》。内篇・外篇・雑篇に分かれる。そのうち、内篇の七篇が、荘子の思想を最もよく伝えると言われる。

泥棒に罵倒される孔子

『荘子』雑篇の盗跖《とうせき》篇には、孔子が盗跖という大泥棒に罵倒されるというおもしろい話がある。

――孔子は各地で悪事の限りを尽くす大泥棒の盗跖を説得しに出かけるが、まず出会いがしらに「此《こ》れ夫《か》の魯国《ろこく》の巧偽《こうぎ》の人孔丘《ひとこうきゅう》に非《あら》ざるや(おまえはあの魯の国の詐欺師の孔丘ではないか)」と痛罵される。それでも何とか孔子は盗跖をおだて上げ、説き伏せようとするのであるが、盗跖はそれに全く耳を貸さない。逆に聖人賢者とされる古《いにしえ》の人物たちをこきおろし、孔子の教えを一つ一つ完膚なきまでに叩き潰していく。最後に盗跖は、孔子の教えは「詐巧虚偽《さこうきょぎ》(でたらめで嘘っぱち)」であると結論づけ、孔子は何の反論もできずにほうほうの体《てい》で逃げ帰る。――

盗跖篇は成立がかなり遅く、荘子自身の手によるものとは考えにくい。聖人君子として知られる孔子が泥棒に痛快なまでにこきおろされるというエピソードは独特であり、後世に説話として伝えられていくことになる。

荘子は他にも説話の中に孔子を登場させ、説話中の登場人物の口を借りて**孔子を批判**している。荘子は孔子の主張する礼《れい》や仁《じん》といったものは、人間の本性を束縛するものでしかないと考えていたようである。

写真：老子の肖像(386頁右上)＝国立故宮博物院蔵・張路筆「老子騎牛」(部分)／老子(386頁左下)＝京都大学文学研究科図書館蔵『仙仏奇踪』／荘子の肖像＝国立故宮博物院蔵・沈周筆「荘周夢蝶」(部分)／胡蝶の夢＝『馬駘画宝』

列《れっ》子《し》

多くの寓話を残した思想家

略歴

列子は『荘子《そうじ》』の中にその名前が見え、そこでは**列禦寇**《れつぎょこう》という名前になっている。他、『戦国策《せんごくさく》』『呂氏春秋《りょししゅんじゅう》』といった書物にも名前が見え、戦国時代の人物とされるが、実在した人物かどうかは疑わしい。

思想

老子《ろうし》・荘子《そうし》と同じ**道家**の思想家。『**列子**《れっし》』の中には、宇宙の原理や万物の変化、流転《るてん》について述べた章、世俗的な価値観が変化の中の一つの相にすぎないことを説いた章、人間の知覚や精神の状態について述べた章などがあり、形而上的《けいじじょうてき》で難解な摂理が、古代の聖人や思想家が登場する**寓話**《ぐうわ》を用いて説明される。寓話を多用するという点は、荘子と共通している。

朝三暮四《ちょうさんぼし》

——宋《そう》の国に猿を飼っている者がいた。貧乏になってしまったので、猿の餌を減らそうとした。猿飼いは最初猿に対してこのように言った。「お前たちに与えるトチの実を、朝三つ、夜四つにしよう」。すると猿たちは怒って不満を述べた。そこで猿飼いはこう言い換えた。「では朝四つ、夜三つならどうかね」。すると猿たちは皆喜び満足した。——

この寓話は知能を持っている者が持たない者を騙《だま》す話である。猿たちは猿飼いの発言の前と後で、餌の合計が全く変わっていないのに気づかずに、目先の利益に目がくらんで騙されてしまった。列子は聖人の教えもこれと同じようなもので、いかに立派なことを述べていても、それは結局知能によって愚かな者を言いくるめているにすぎないのだとする。

『荘子』の中にも同様の話が見えるが、『荘子』では万物斉同《ばんぶつせいどう》の説を主張するために使われており、猿飼いが用いた知能については言及していない。

『列子《れっし》』

道家思想の書。八巻。列子の作ともされるが不明。魏晋《ぎしん》の頃にまとまったとも言われる。寓話を多用する。

殷
西周
春秋
戦国
秦
漢
三国
晋
南北朝
隋
唐
五代
宋
元
明
清

#道家 #寓話の多用

墨《ぼく》子《し》

平等愛と戦争否定

略歴

『史記《しき》』によると、名は翟《てき》、宋《そう》の大夫《たいふ》であり、孔子《こうし》と同時代かそれよりも少し後の人だったという。墨子について記した書物は少なく、経歴には不明な点が多い。

思想

兼愛《けんあい》

「兼愛」とは、自己と他者を平等に愛するということである。人は皆自分の利益のことばかり考えて他人の事を思いやらない。これを個人から国家の事までに広げて考えるならば、ここに戦争の原因があるのだと言えよう。自分を愛するように他人を愛すれば、争いごとはなくなり、ひいては戦争もなくなるであろう。

非攻《ひこう》

「非攻」は戦争を否定したものである。墨子は戦争を非とし、戦争がもたらす数々の不利益の例をあげて戦争を否定する。人の物を盗むことが非であるとされて、他国を攻めて奪い取ることが非とされないのはおかしい。また戦争は一時的には国力を増大させるが、結局は兵士や民衆を疲弊させるものであり、その結果として滅亡した強国もある。そのような意味で戦争はまことに天下の大いなる害であると言える。

兼愛と非攻は、互いに補強しあう説であり、墨家思想の根幹である。

節用《せつよう》**の重視**

墨子は基本的には「民徳を労さない（民衆を疲弊させない）」ことを主張した。そのために重視したのが「**節用**（節約）」である。贅沢《ぜいたく》を好む君主は、衣服や装飾品に金《かね》をかけ、無駄な戦車や武器を作りたがる。それでは民衆は疲弊する一方で、人口が少なくなる。すると、君主は税金の不足を補うために他国へ出兵する。そのような悪循環を防ぐためにも、君主は節用に努め、民衆の負担を減らし、人口を増やすべきである。このように節用の考えも、結果として戦争を否定する非攻の考えにつながっているのである。

『墨子《ぼくし》』

墨子などによる著作。十五巻五十三篇《へん》。漢以後注目されず清代に再評価された。

殷
西周
春秋
戦国
秦
漢
三国
晋
南北朝
隋
唐
五代
宋
元
明
清

#墨家 #兼愛 #非攻

写真：列子＝東京国立博物館蔵（ColBase）・森川許六筆「列子・布袋図」より（部分）

孫《そん》子《し》

戦争を体系的に論じた

殷
西周
春秋
戦国
秦
漢
三国
晋
南北朝
隋
唐
五代
宋
元
明
清

#兵家　#戦わずして勝つ　#彼を知り己を知る

略歴

『史記《しき》』によると、名は武《ぶ》。斉《せい》の人とされる。呉《ご》王闔廬《こうりょ》（前六世紀後半頃）は孫子の書を読みいたく感動して、目の前で兵の動かし方を実演させたという。後、将軍に登用され、西方の楚を破り、北方の斉や晋《しん》にも威風をとどろかせたという。現存する『孫子《そんし》』の主な作者を戦国時代の孫臏《そんびん》とする説もある。

思想

戦わずして勝つ

戦争を国家の大事ととらえ、戦争について、理論・作戦・状況の変化・地理的な条件・スパイの活用法などの面から体系的に論じた。ただ孫子は戦略の重要性を説きながらも、**「戦わずして勝つ」**ことを強調しており、敵を破ることを重視してはいなかった。戦争はやむを得ない場合に行うものであり、そうなった場合、できるだけ自国の兵士・民衆の損害を少なくして勝たねばならない。そのためには、敵国を戦わぬまま降伏させてしまうような勝ち方が必要だとしている。

彼を知り己を知る

「戦わずして勝つ」ことが理想ではあるが、戦った場合には勝たなければならない。そのために孫子は、

彼《かれ》を知《し》り己《おのれ》を知《し》れば、
百戦《ひゃくせん》して殆《あや》ふからず。
（相手を知り自分を知っていれば、
百回戦っても危なげないであろう。）

――相手を知るだけ、自分を知るだけではだめで、その双方を知っていないと本当に危なげない戦いはできないという。孫子の兵法の奥深さが表れた一節である。

風林火山

「風林火山」という言葉は『孫子』軍争篇《ぐんそうへん》の「其《そ》の疾《はや》きこと風《かぜ》のごとく、其《そ》の徐《しず》かなること林《はやし》のごとく、侵掠《しんりゃく》すること火《ひ》のごとく、動《うご》かざること山《やま》のごとし」の略である。武田信玄《たけだしんげん》の軍旗にはこの『孫子』の言葉が記されていたとされる。

『孫子《そんし》』

孫子らの作とされる兵書。十三篇《へん》。思想書としての側面も持つ。曹操《そうそう》の注が有名。

多様な肖像　多様な印象

同じ人物の写真でも、撮影時期や表情が違えば受ける印象は変わる。絵画などの場合は、どのように描かれているかによって千差万別の印象が生まれると言ってもよい。たとえば、ここに老子《ろうし》の姿をいくつか掲げてみよう。

①の牛に乗る老子は大らかな雰囲気と言えるだろう。②は同じく牛に乗っているが、その横顔にはやや何かに向かう意志のようなものが感じられるだろうか。③の立ち姿は迫力のある容貌と言えそうである。老子を表現する形式は絵画に限らず、④のような銅像もある。④はやわらかい印象の作品と言ってよいだろう。

そもそも老子のような謎に満ちた古代人の「客観的な本当の容貌」はわからない。老子が歴史的にどのようにイメージされてきたかを味わえばよい。たとえば、①・②に加えて老子（➡三六六頁）の頁の肖像画も牛に乗った老子を描いていた。これは、「老子と言えば牛に乗った姿」というイメージが伝統的に一つの画題として確立しているので、同様の構図の絵が多いのである。

①国立故宮博物院蔵・晁補之筆「老子騎牛図」
②国立故宮博物院蔵・王震筆「老子騎牛」（部分）
③東京国立博物館蔵（ColBase）・狩野雅楽助筆・狩野晴川院模「老子孔子図」より
④東京国立博物館蔵・「三聖人立像」より

①

②

③

④

文学史問題：諸子百家に含まれる春秋戦国時代の思想家を、次から三人選べ。（九州大・改）
①王維　②王羲之　③韓非　④荀況　⑤諸葛亮　⑥西施　⑦荘周　⑧曹植　⑨羅貫中

諸子百家
—学問や思想の黄金時代—

諸子百家とは？

諸子百家とは春秋戦国時代に活躍したさまざまな思想家たちのことである。諸子は孔子《こうし》や孟子《もうし》などの代表的な人物のこと、百家とはそれらの人物の下に生まれたさまざまな学派のことである。

下の表にあげたものから兵家《へいか》を除いた九つの学派を九流《きゅうりゅう》といい、九流に小説家《しょうせつか》(「小説」は「世間話・噂《うわさ》などの小さな説」の意)を加えて十家《じゅっか》と呼ぶ。

時代背景

諸子百家は、周《しゅう》王朝の権威が名目上のものとなり、各地の諸侯が力をつけ、活発に争うようになった戦国時代に最盛期を迎えた。特定の師の教えを学ぶ学派は春秋時代末期には既に形成されていたが、富国強兵を目指す諸侯がさまざまな思想・政策を積極的に取り入れたことにより、それらの学派は自らの思想を宣伝する機会を得た。学派同士の衝突もあったが、議論を通して彼らの思想は深められた。しかしその後、秦《しん》が中国を統一し、各地の諸侯が消滅し、思想統制が行われた結果、諸子百家は急速に衰退した。

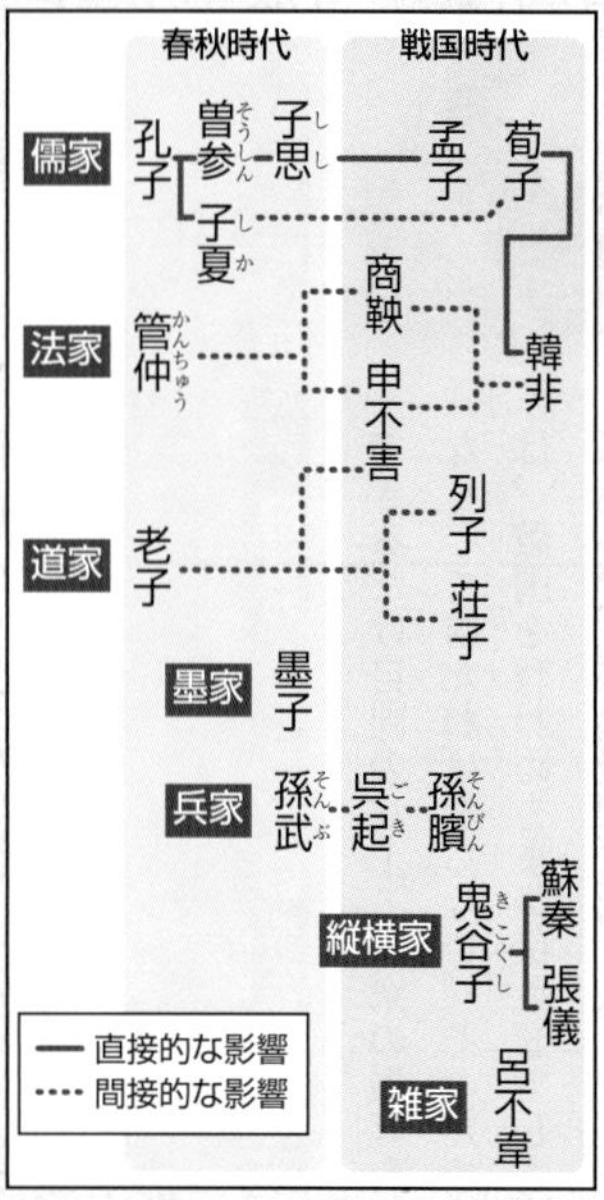

[諸子百家系統図]

学派名	思想家	思想内容
儒家《じゅか》	孔子《こうし》 孟子《もうし》 荀子《じゅんし》	仁《じん》・徳治主義《とくちしゅぎ》・性善説《せいぜんせつ》(孟子)・性悪説《せいあくせつ》(荀子)
法家《ほうか》	商鞅《しょうおう》 申不害《しんふがい》 韓非《かんぴ》	法治主義《ほうちしゅぎ》・刑名参同《けいめいさんどう》
道家《どうか》	老子《ろうし》 荘子《そうし》 列子《れっし》	無為自然《むいしぜん》
墨家《ぼっか》	墨子《ぼくし》	兼愛《けんあい》・非攻《ひこう》
兵家《へいか》	孫子《そんし》 呉子《ごし》	兵法の重視
縦横家《じゅうおうか／しょうおうか》	蘇秦《そしん》 張儀《ちょうぎ》	合従《がっしょう》(蘇秦)・連衡《れんこう》(張儀)
陰陽家《いんようか》	鄒衍《すうえん》	陰陽五行説《いんようごぎょうせつ》
名家《めいか》	恵施《けいし》 公孫竜《こうそんりゅう》	名《めい》(名称)と実《じつ》(実体)の関係を考察
農家《のうか》	許行《きょこう》	農業の重視
雑家《ざっか》	呂不韋《りょふい》	さまざまな学説の特徴を兼ねる

儒家と道家

諸子百家の中で、中国の文化に最も大きな影響を与えてきたのは儒家の思想である。特に、前漢《ぜんかん》の武帝《ぶてい》の時代に儒教が国家の正式な教えとされたことでその地位は揺るぎないものとなり、以後約二千年にわたって中国思想の中心にあった。

儒家と並んで重要なのは、儒家とは対照的な面をもつ道家の思想であり、これも中国文化全般に強い影響を与えている。道家の道の思想は民間信仰と結びつき、神仙思想なども吸収して道教へと発展した。

孔子(車の中)を批判する二人の隠者(道家的人物・左端)　(子路問津図)

さまざまな思想

□**兵家**　戦争の技術や心構えを説いた学派。

□**縦横家**　諸侯に外交戦術や富国強兵策を説いた学派。「合従《がっしょう》」「連衡《れんこう》」(「従」は「縦」、「衡」は「横」の意)から名付けられた。

＊**合従**…韓《かん》・魏《ぎ》・趙《ちょう》・燕《えん》・斉《せい》・楚《そ》の六国が同盟して秦《しん》に対抗すること。

＊**連衡**…六国がそれぞれ秦と同盟を結ぶこと。

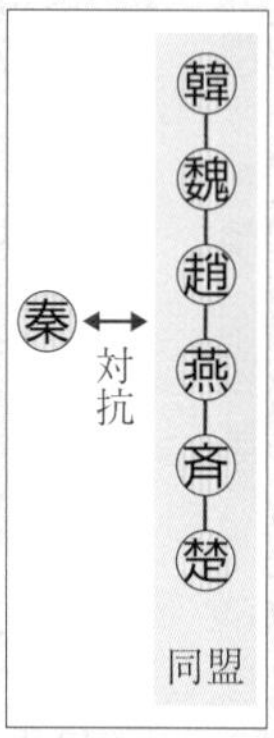

合従

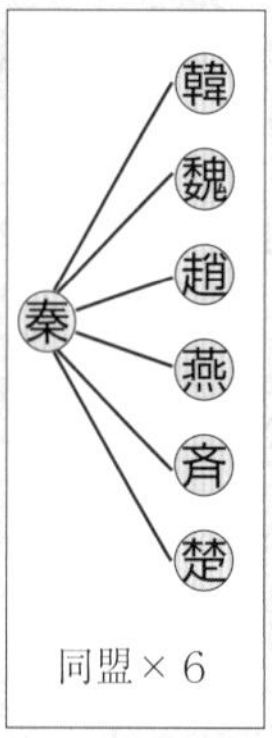

連衡

□**陰陽家**　万物は陰と陽という二つの要素からなるとする陰陽説《いんようせつ》と、万物は木《もく》・火《か》・土《ど》・金《ごん》・水《すい》の五つの要素からなるとする五行説《ごぎょうせつ》を組み合わせ、物事の原理を解釈し、天文・暦・方位などによって吉凶を占う学派。

□**名家**　名《めい》(名称)と実《じつ》(実体)の関係を考察した学派。たとえば「白馬は馬ではない」といった難解な議論を展開した。

□**農家**　農業を重視し、君主も人民も耕作をすべきだとした学派。

□**雑家**　諸子百家の学説を折衷した学派。

主要思想関係図

道家《どうか》

道を重んじ、無為自然を貴ぶ。

老子《ろうし》

道家の祖。道・無為自然の思想を凝縮された短い言葉で語る。

荘子《そうし》

万物斉同を説く。言葉で説明しがたい道を語る寓話が特徴。

↓ 仁・礼を作為・偽善として批判

儒家《じゅか》

仁・礼を重んじ、学問や礼によって人間性を高めることを大切にする。徳治主義の政治を提唱。

孔子《こうし》

儒家の祖。仁を最重要視。文学や礼や音楽を大切にした。

← 仁の思想の継承が特徴

孟子《もうし》

仁を具体的な実践に発展させる義を重視。性善説を提唱した。

↕ 性善説と性悪説が対照的な思想

← 礼の思想の継承が特徴

荀子《じゅんし》

礼を重視し、学問の重要さを説く。性悪説を提唱した。

↓ 孔子の直接の弟子たち（一部）

子路《しろ》

率直で武勇を好み、孔子にたしなめられることも多かったが愛された。孔子より九歳下。

顔淵《がんえん》

学問を好み徳行に優れ、孔子から最も期待をかけられたが早死にした。孔子より三〇歳下。

曽参《そうしん》

孝行で知られ、弟子に子思《しし》（孔子の孫。孟子の師とされる）がいる。孔子より四六歳下。

↕ 徳治主義と法治主義が対照的な思想

↘ 荀子の弟子

法家《ほうか》

厳格な法を定めて信賞必罰の方針で人々を統治しようとする、法治主義の政治を提唱。

韓非《かんぴ》

法家思想の大成者。性悪説を前提に、法による統治を体系化。

↑ 礼を節用に反すると批判。忠・孝を兼愛に反すると批判

墨家《ぼっか》

兼愛・非攻・節用を唱えた墨子の学派。

墨子《ぼくし》

■諸子百家　用語集

用語	学派	意味
仁《じん》	儒	他人への思いやり、愛情。
礼《れい》	儒	社会秩序を守るための行動規範。
義《ぎ》	儒	仁に基づき、悪をしりぞけ正しいことを好む心。
性善説《せいぜんせつ》	儒	人の本性は善だという説。（孟子）
性悪説《せいあくせつ》	儒	人の本性は悪だという説。（荀子）
徳治主義《とくちしゅぎ》	儒	王者の徳による感化で人々を統治しようとすること。
信賞必罰《しんしょうひつばつ》	法	良いことは賞め、悪いことは必ず罰すること。

用語	学派	意味
法治主義《ほうちしゅぎ》	法	厳格な法により人々を統治しようとすること。
道《みち》	道	世の中のあらゆる事象の根底にある存在。
無為自然《むいしぜん》	道	作為がなく、自然のままであること。
万物斉同《ばんぶつせいどう》	道	善悪・真偽などの対立は恣意的で、本来すべては等しいという思想。
兼愛《けんあい》	墨	自己とあらゆる他者を平等に愛すること。
非攻《ひこう》	墨	戦争を否定すること。
節用《せつよう》	墨	節約をすること。

写真：子路・顔淵・曽参＝国立故宮博物院蔵『至聖先賢半身像』

正史の祖
史《し》記《き》

殷
西周
春秋
戦国
秦
漢
三国
晋
南北朝
隋
唐
五代
宋
元
明
清

司《し》馬《ば》遷《せん》

#紀伝体　#文学的記述　#日本文学への影響

概要

黄帝《こうてい》(伝説上の皇帝)の時代から前漢までの事柄を記した歴史書。作者は司馬遷《しばせん》。前八九年頃成立。百三十巻。司馬遷自らの記録によると、五十二万六千五百字。

構成

『史記』は、左記の五つの部分から成る。

・**本紀《ほんぎ》**…帝王の伝記　十二巻
・**表《ひょう》**……王侯や大臣の変遷　十巻
・**書《しょ》**……諸制度の記録　八巻
・**世家《せいか》**…諸侯の伝記　三十巻
・**列伝《れつでん》**…個人の伝記　七十巻

このように個々の人物を中心にして項目立てする歴史叙述の形式は、本紀と列伝の名をとって**紀伝体《きでんたい》**と呼ばれる。これに対して、できごとを年代順に記述していく書き方は編年体《へんねんたい》と呼ばれる。紀伝体は、『史記』以後約二千年にわたって、**正《せい》史《し》**(⬇三六八頁)の形式として用いられた。

記述の特徴

『史記』は歴史書であるが、単にできごとを記録するだけではなく、人物の生き方や心情も生き生きと描き出している所に特徴がある。そのため、歴史書であると同時に、一つの文学作品としても注目されてきた。また、人物やできごとに対する司馬遷の批評も記されており、司馬遷の執筆意図や思想も読み取れる。

名称

司馬遷は『太史公書《たいしこうしょ》』と称していたが、後漢末頃から『史記』と呼ばれた。

作者

司馬遷。姓は司馬、名は遷、字は子長《しちょう》。太史令《たいしれい》(天文・暦・歴史・儀式を司《つかさど》る官職)司馬談《たん》の子として、夏陽《かよう》(陝西省)で育った。青年期に各地を旅して見聞を広め、後の『史記』執筆の材料を得た。前一一〇年、父司馬談が、自分の後を継いで歴史を書くよう遺言して死去。その後、父の後を継いで太史令となった。しかし前九八年、『史記』の執筆を進めていた司馬遷は、思いがけず宮刑《きゅうけい》(去勢する刑)の辱《はずかし》めを受けることとなった。経緯は以下の通り。――前九九年、外征に熱心な武帝《ぶてい》(⬇四三三頁)は、北方の民族匈奴《きょうど》への遠征に武将李陵《りりょう》を参加させた。李陵は奮戦したが、もともと兵が少なく不利であったため敗れ、やむを得ず匈奴に降伏した。これを聞いた武帝は怒り、李陵の一族に厳しい処分を下した。この処分を見ても、官吏たちは武帝の怒りを買うことを恐れて何も言わない。司馬遷だけが、これまで国に貢献してきた李陵に対して処分が不当ではないかと、武帝に再考をうながす。しかし、これが武帝の怒りを買い、司馬遷は宮刑《きゅうけい》を受けた。――理不尽な刑を受けた司馬遷は、悲しみ・怒りの中で執筆に力を注ぎ続け、『史記』を完成させた。

司馬遷(『三才図会』)

司馬遷の蠟人形

司馬遷年表

西暦	歳	事項
前一四五	1	生まれる。
前一四一	5	武帝《ぶてい》が即位。
前一二六	20	中国各地を旅する。以後、数回の旅行を経験。
前一一〇	36	父司馬談《たん》死去。
前一〇八	38	父の後を継ぎ太史令《たいしれい》となる。
前一〇三	43	この頃執筆に専念。
前九八	48	宮刑《きゅうけい》を受ける。
前八九	57	この頃『史記』完成。
前八六	60	この頃死去。

宦官《かんがん》

宦官とは、去勢された男性官吏である。司馬遷は刑罰を受けて宦官になったが、官吏になるために自ら志願して宦官になる者もいた。

宦官は主に、後宮《こうきゅう》に仕え、皇帝や后《きさき》の身辺の世話を担当した。そのため、重用されて権力を握り、政治を乱す者もいた。秦の始皇帝《しこうてい》に仕えた趙高《ちょうこう》がその代表である。趙高は、始皇帝が死去した際、その死を隠し、遺言を書き替えて、本来始皇帝の後を継ぐはずだった太子の扶蘇《ふそ》を自殺に追い込んだ。そして、末子の胡亥《こがい》を即位させ、胡亥を意のままに操り、自ら実権を握って暴政を敷いた。

宦官には、趙高のように欲にまみれた者もいた一方、優れた業績を残した者もいる。司馬遷の他にも、優れた製紙法を編み出した後漢の蔡倫《さいりん》や、七度にわたる大航海でアフリカ東岸にまで到達した明の鄭和《ていわ》などがあげられる。

宦官は、清代以前の中国においては珍しくなく、歴史にさまざまな影響を及ぼしてきたのであった。

宦官は去勢にともないヒゲが生えなくなったり声が高くなったりすると言われ、十七・十八世紀頃を中心にヨーロッパに存在したカストラート(少年期に去勢して声変わりをなくした男性歌手)と比較されることもある。

Close Up 司馬遷が注目した高士・豪傑たち

首陽山で暮らす伯夷と叔斉(采薇図/李唐筆・部分)

伯夷《はくい》・叔斉《しゅくせい》

伯夷・叔斉の兄弟は孤竹国《こちくこく》の君主の子。父は叔斉を後継ぎにしようと思っていた。父の死後、弟叔斉は兄弟の序列を守るため兄伯夷に位を譲ったが、伯夷は父の意思を重んじて辞退した。結局どちらも継がず周《しゅう》に去った。その後、彼らにとって孝行・忠義に反するやり方で周が殷《いん》を滅ぼすと、周の食物を食べることを拒否して首陽山《しゅようざん》に隠れ住み、餓死した。「高潔な二人が餓死の憂き目を見る」というできごとを記した後に、司馬遷は**「天道是《てんどうぜ》か非《ひ》か」**(天の道は正しいのか、正しくないのか)と述べる。言うべきことを言って李陵を弁護したためにかえって刑罰を受けた、司馬遷自身の悲憤を感じさせる言葉である。これを記した「伯夷列伝」が、史記の列伝七十巻の中の最初に置かれていることにも意味があるだろう。『史記』は単なる事実の記録ではなく、作者の思想も多分に表現した歴史書である。

藺相如(『東周列国志』)

藺相如《りんしょうじょ》

戦国時代後期、秦王は、趙《ちょう》の宝「和氏《かし》の璧《たま》《へき》(➡三五五頁)」と、秦の十五の都市を交換しようと趙王に持ちかけた。趙王は困惑する。秦が約束を守るはずはない。しかし拒否すればそれを口実に攻めてくる。そこで趙王は、藺相如に璧を持たせ秦に派遣した。藺相如は璧を差し出したが、案の定、秦王は約束を守る気がない。そこで藺相如は璧を取り返し、激しい怒りを露《あら》わにして、「秦王が無礼を改め約束を守らなければ、私は自らの頭を璧もろとも柱にぶつけて、璧を砕き自殺する」と言い、気迫で秦王を圧倒し、結局は無事に璧を趙に持ち帰った。これが**「完《かん》璧《ぺき》(璧《たま》を完《まっと》うす)」**という語の由来である。司馬遷は藺相如を智勇兼備とたたえた。

丹に見送られる荊軻
(『馬駘画宝』)

荊軻《けいか》

『史記』には多様な人物の記録があるが、その中には刺客《しかく》、つまり暗殺者も含まれる。刺客荊軻は、燕《えん》の太子丹《たん》から、私怨《しえん》を晴らすため、また、燕の国の将来のため、秦王(後の始皇帝)暗殺を依頼される。仮に成功しても自身も殺されるに違いない危険な企てだが、義侠《ぎきょう》心の強い荊軻はこれを受け入れる。そして降伏の使者のふりをして秦王に近づき刺そうとするが、後一歩の所で取り逃がし、殺されてしまう。司馬遷は「刺客列伝」で五人の暗殺者をとりあげ、その心意気をたたえている。

日本人と『史記』

『史記』は古来、日本人にも愛読された書物である。

『**枕草子**』には「文《ふみ》は文集《ぶんしふ》、文選《もんぜん》、新《しん》賦《ぶ》、史記、五帝本紀《ごていほんぎ》……」とあり、『史記』とその冒頭の巻「五帝本紀」の名があげられている。

また、**徳川家康《とくがわいえやす》**は、『史記』についての講義をまとめた『史記抄《しきしょう》』を愛読した。

家康旧蔵の『史記抄』
(国立公文書館蔵)

近代では、中国文学者**滝川亀太郎《たきがわかめたろう》**(一八六五年〜一九四六年)が、古来『史記』に付けられてきた多くの注釈を集大成した『史記会注考証《しきかいちゅうこうしょう》』を編纂《へんさん》し、中国の学会にも影響を与えている。

さらに、現代使われる「完璧」「背水の陣」「四面楚歌《しめんそか》」といった言葉は『史記』に由来するものであり、『史記』の日本への影響は脈々と受け継がれてきていると言える。

滝川亀太郎
(東北大学史料館蔵)

文学史問題:『史記』の著者を次から一人選べ。(九州大・改)
①諸葛亮 ②司馬遷 ③陶淵明 ④老子 ⑤韓非 ⑥孟子 ⑦孫子

楚漢戦争――項羽と劉邦の戦い

鴻門の会での剣舞

鴻門《こうもん》の会《かい》

始皇帝《しこうてい》の死後、各地で秦《しん》への反乱が起こり、**項羽《こうう》**と**劉邦《りゅうほう》**が二大勢力となった。二人は秦の都咸陽《かんよう》に別々の経路で進撃したが、劉邦が先に到達し、**函谷関《かんこくかん》**を閉ざして項羽の進入を妨げ、怒りを買った。大勢力項羽を怒らせては、生き延びる道はない。そこで劉邦は、項羽の陣地**鴻門**に自ら出向いて項羽に直接謝罪し、怒りを解こうとする（**鴻門の会**）。和解はひとまず成り、酒宴が始まった。項羽の参謀**范《はん》増《ぞう》**は、あとあと脅威になるであろう劉邦をこの機会に殺すよう項羽に勧める。だが項羽は応じない。業を煮やした范増は、武将項荘《こうそう》に剣舞にかこつけて劉邦を殺すよう命じる。すると項羽配下ながら劉邦を生かしたく思っている項伯《こうはく》も、剣を抜いて舞い、劉邦をかばう。この危険極まりない状況を見て、同席していた劉邦の参謀**張良《ちょうりょう》**は、外に出て味方の勇士**樊噲《はんかい》**を呼ぶ。主君の窮状を知った樊噲は矢も盾もたまらず、衛兵を突き倒して項羽・劉邦の会見の場へ突入する。そして大酒を飲み生肉を食らい大演説をぶって一座を圧倒し、劉邦を無事脱出させたのだった。

范増

樊噲

四面楚歌《しめんそか》

鴻門の会で劉邦を逃がした項羽は、范増の予言どおり、劉邦の勢力の前に次第に形勢を損ね、垓下《がいか》に追い詰められた。兵は減り食料も尽きた夜、項羽は劉邦の陣から、自分の故郷である楚《そ》の歌を聞く。今や味方も敵に寝返ったと考えた項羽は、別れの宴《うたげ》を開き、寵愛《ちょうあい》する**虞美人《ぐびじん》**を前に、のちに「**垓下《がいか》の歌《うた》**」と呼ばれる慨嘆の詩を作って歌った。虞美人もそれに応えて歌い、二人は涙を流した。

この後項羽は少数の兵とともに囲みを破って脱出し、大軍を相手に奮戦し烏江《うこう》にたどりつくが、最後は自殺して壮絶な死を遂げる。こうして、項羽と劉邦の戦いは幕を閉じたのであった。

中島敦《なかじまあつし》（⬇二七六頁）は小説『李陵《りりょう》』で、『史記』「項羽本紀」の「四面楚歌」の場面を引用し、それを「異常な想像的視覚を有《も》った者でなければ到底不能な記述」と評して、次のように述べている。――「これでいいのか？　と司馬遷は疑う。こんな熱に浮かされた様な書きっぷりでいいものだろうか？」しかしこの書き方をやめると「項羽が項羽でなくなるではないか。項羽も始皇帝も楚の荘王《そうおう》もみんな同じ人間になって了《しま》う」。そして「元通りに直して、さて一読して見て、彼はやっと落ちつく。いや、彼ばかりではない。そこにかかれた史上の人物が、項羽や樊噲や范増が、みんな漸《ようや》く安心してそれぞれの場所に落ちつくように思われる」――小説の登場人物としての司馬遷の言葉に託して、『史記』の文学的な性質をよく表した記述と言えるだろう。

『史記』の項羽と虞美人の別れは広く人々に共感され、京劇《きょうげき》『**覇王別姫《はおうべっき》**』など、後世の創作の素材となった。また、「虞美人は『垓下の歌』に応えて歌った後自殺し、そこにヒナゲシが生えた」という伝説が生まれ、ヒナゲシを虞美人（**虞美人草**）とも呼ぶようになった。

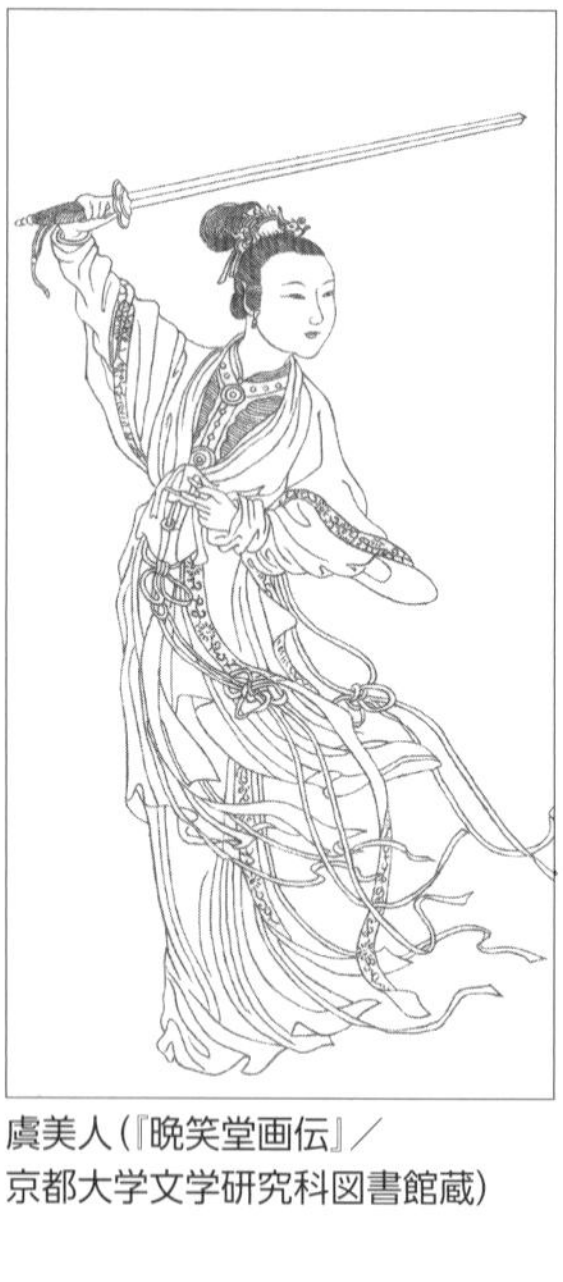
虞美人（『晩笑堂画伝』／京都大学文学研究科図書館蔵）

虞美人草（ヒナゲシ）

項羽《こうう》と劉邦《りゅうほう》

『史記』に描かれた人物の中でも、**項羽と劉邦**の二人は際だった対比を示している。年齢差の大きい二人だが、並び立つ英雄として一時代を築いた。

『史記』には、両者の対比を意識したであろう逸話も見える。

「項羽本紀」によると、始皇帝の巡幸を見た項羽は「奴に取って代わってやる」と豪語し、一緒にいた叔父を慌てさせたという。

一方、「高祖本紀」によると、労役に服していた際に始皇帝を見た劉邦は、ため息をつき、「ああ、男たるものあのようにならなければ」と言ったという。

自信に満ちあふれ、思ったままに激しい言葉を吐く項羽と、志はあるが、どこか受動的で静かな所のある劉邦。二人が出会う前のこの逸話が、既にその後の戦いの行方を暗示するかのようである。

劉邦

前256？年～前195年。字は季《き》。漢の初代皇帝として、死後、高祖《こうそ》と呼ばれた。農民の出身。素行が悪く粗暴だったが、人をひきつける魅力があり、有能な部下を得て項羽に勝ち、漢王朝をうちたてた。

項羽

前232年～前202年。姓は項、名は籍《せき》、字は羽。楚《そ》の将軍の家系。身長8尺(184cm)以上、怪力があり優れた才能を持っていたが、自信が強すぎ、部下の忠告を聞き入れなかったことから劉邦に敗れ、31歳の若さで死去した。

項羽・劉邦…『晩笑堂画伝』／京都大学文学研究科図書館蔵

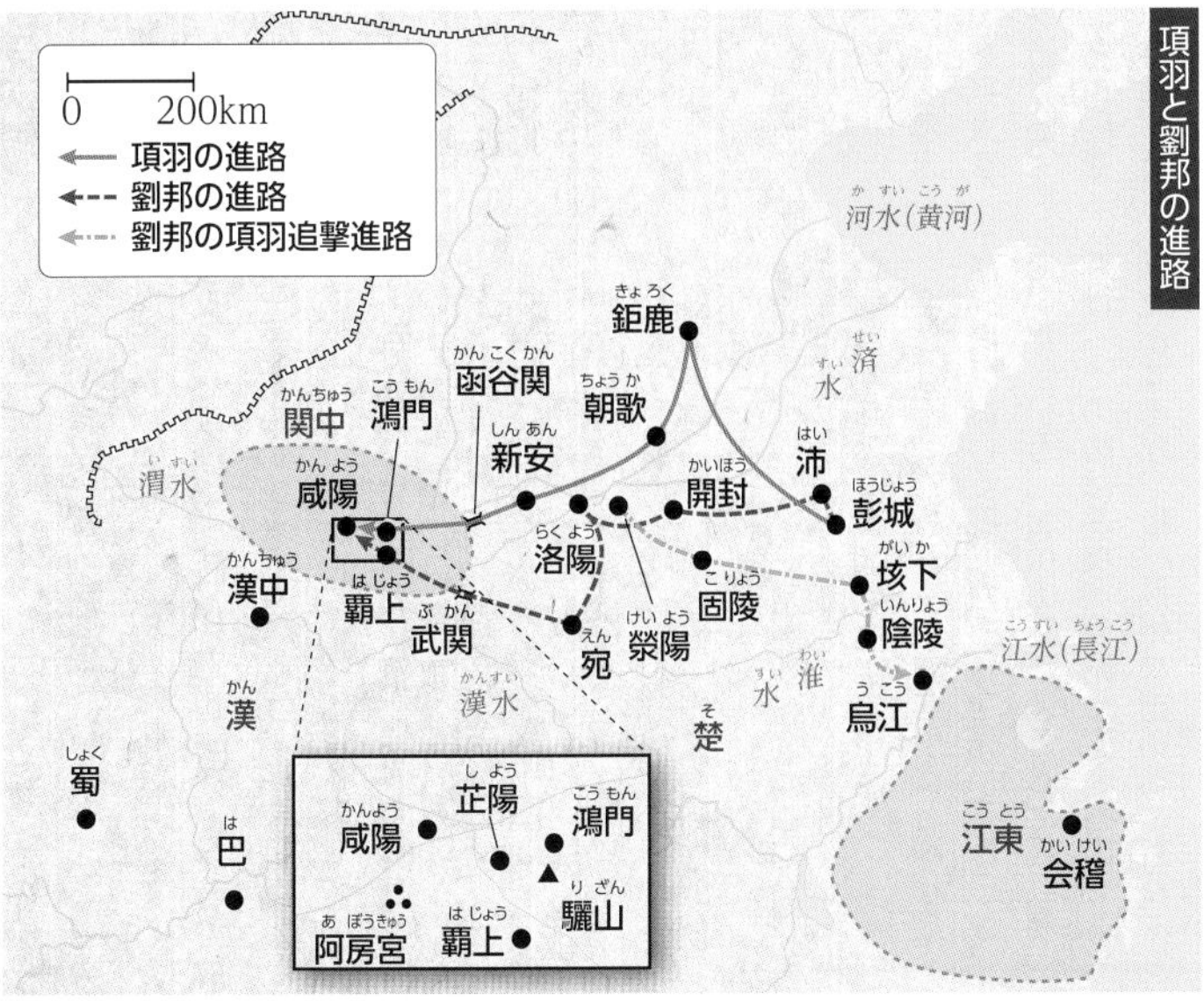

◀鴻門の会跡地

◀函谷関

豆知識：孔子(➡382頁)は文化的な偉人ではあるが諸侯ではない。しかし『史記』は孔子を列伝でなく世家に入れている。孔子を「至聖(最高の聖人)」として敬う司馬遷の態度の表れと言えるだろう。

三国時代を記した歴史書

三《さん》国《ごく》志《し》

陳寿《ちんじゅ》

#紀伝体 #魏・呉・蜀 #裴松之 #三国志演義

殷
西周
春秋
戦国
秦
漢
三国
晋
南北朝
隋
唐
五代
宋
元
明
清

西暦	事項
一八四	黄巾《こうきん》の乱が起こる。漢の衰退が加速し、本格的な乱世が始まる。
二〇八	赤壁《せきへき》の戦い。
二二〇	曹操《そうそう》が死ぬ。献帝《けんてい》が曹丕《そうひ》に禅譲《ぜんじょう》する形で後漢が滅亡する(魏《ぎ》の建国)。
二二一	蜀《しょく》の劉備《りゅうび》が皇帝の位につく。
二二九	呉《ご》の孫権《そんけん》が皇帝の位につく。
二三三	陳寿《ちんじゅ》が生まれる。
二六三	劉禅《りゅうぜん》が魏に降伏、蜀が滅亡する。
二六五	魏の曹奐《そうかん》が司馬炎《しばえん》に禅譲し、魏が滅亡する。西晋《せいしん》が成立する。
二八〇	呉が滅亡し、西晋が中国を統一、三国時代が終焉《しゅうえん》する。
二九七	陳寿が死ぬ。

成立・内容

後漢末期から、**魏《ぎ》・呉《ご》・蜀《しょく》**が争っていた**三国時代《さんごくじだい》**の歴史を**紀伝体《きでんたい》**で記す書。作者は**陳寿《ちんじゅ》**。六十五巻。三国のうち、魏の歴史を記した「魏書《ぎしょ》」にのみ本紀《ほんぎ》(皇帝の伝記)を置く構成から、魏を正統とする歴史書であるとされる。魏書の最後には、「倭《わ》」(日本)についての記述があり(**魏志《ぎし》倭人伝《わじんでん》**と呼ばれる)、「邪馬台国《やまたいこく》」や「卑弥呼《ひみこ》」の名が見られる。

陳寿による本文が事実のみを簡明に記すのに対して、南朝宋《そう》の**裴松之《はいしょうし》**の注は、現在では失われてしまった多くの書物を引用し、陳寿の簡明な記述を補うような形で書かれている。

作者

『晋書《しんじょ》』によると、作者の陳寿は、字は承祚《しょうそ》、蜀の出身。父は馬謖《ばしょく》(Close Up)の参軍《さんぐん》(幕僚)だったという。蜀に仕え、蜀が滅びた後は晋の重鎮張華《ちょうか》に重用された。『三国志』は高く評価され、世の人は陳寿のことを評して「良史之《の》才(優れた歴史家の才能)」があると言った。

『三国志演義《さんごくしえんぎ》』

『三国志』の世界を舞台にした長編白話《はくわ》(口語)小説。作者は元末明初の**羅貫中《らかんちゅう》**とされる。演義とは史実や伝説に基づいて作った物語のこと。『三国志』やその裴松之注、また『資治通鑑《しじつがん》』(三九九頁)などの歴史書の記述と、民間で伝えられていたさまざまな三国時代の物語が融合して成立したものとされる。全百二十回。

『三国志』が名目上魏を正統とするのとは異なり、『三国志演義』は蜀の**劉備《りゅうび》**を主人公に据え、魏の**曹操《そうそう》**を悪役という形で配置している。劉備の義兄弟**関羽《かんう》・張飛《ちょうひ》**や軍師**諸葛亮《しょかつりょう》**(字《あざな》は**孔明《こうめい》**)の性格が大きく膨らまされている所も特徴である。

比べてみよう

魏・呉・蜀の祖

●**曹操《そうそう》(一五五年〜二二〇年)**

字は孟徳《もうとく》。文武両面に優れ(四三頁)、若い頃から官僚として出世街道を歩む。後漢末の動乱においては、献帝《けんてい》を擁し、呂布《りょふ》や袁紹《えんしょう》といった実力者たちを破り、天下の覇権を手中に収めかける。しかし赤壁《せきへき》の戦いにおいて劉備と孫権《そんけん》の連合軍の前に大敗を喫したことにより、南方への進出の望みが絶たれ、北方を支配するに止《とど》まった。

陳寿の評語では、策略に優れ、「非常之《の》人(並外れた人物)」、「超世之《の》傑(時代を超えた英傑)」と称される。

●**孫権《そんけん》(一八二年〜二五二年)**

字は仲謀《ちゅうぼう》。父の孫堅《そんけん》、兄の孫策《そんさく》は後漢末の戦乱に乗じて、江南地方で勢力を拡大するが、共に戦乱の中で不慮の死を遂げる。孫権は父と兄から受け継いだ地盤と軍団を武器に、赤壁の戦いで曹操に大勝する。その後も西では劉備、北では曹操と争い、版《はん》図《と》を縮小することなく呉を建国するに至る。

陳寿の評語では、呉の基礎を作った人物として評価されるが、「性多《シ》二嫌忌一(疑い深い性格)」で、「果《カナリ》二於殺《さつ》戮《りく》一(殺戮を容赦なく行った)」と批判されてもいる。

●**劉備《りゅうび》(一六一年〜二二三年)**

字は玄徳《げんとく》。漢の王室の血を引くと称したが、家は貧しく母とわらじを売って暮らしていたという。黄巾《こうきん》の乱が起こると義兵を挙げ、その後は曹操、袁紹ら実力者の下を転々とするが、後、荊州《けいしゅう》を根拠地とするようになる。赤壁の戦いの後、漢中《かんちゅう》にて曹操軍を破り、蜀(蜀漢《しょくかん》)を建国する。

陳寿の評語では、権謀では曹操に及ばないが、「弘毅《こうき》寛厚(意志が強く度量が広い)」で、「知《リ》レ人《ヲ》待《たいス》レ士《ヲ》(人を見る目があり士人を待遇した)」人物とされる。

Close Up 『三国志』を彩る戦い

官渡《かんと》の戦い（二〇〇年）

後漢末、宮廷で専横を極めた董卓《とうたく》の死後、天下の趨勢《すうせい》は**曹操**と**袁紹**《えんしょう》に二分された。その二人が**官渡**で激突した戦い。戦況は膠着《こうちゃく》したが、曹操が袁紹軍の食糧輸送隊を急襲して破ったことが契機となり、袁紹は破れた。二年後に袁紹は死去し、曹操は河北地方での優位を確固たるものにする。

赤壁《せきへき》の戦い（二〇八年）

まだ確固たる基盤を持たない**劉備**《りゅうび》は、荊州の劉表《りゅうひょう》の下に身を寄せていたが、そこに**曹操**《そうそう》が侵攻してくる。劉備はひとまず撤退する。そして、**三顧《さんこ》の礼**《れい》（⬇四三五頁）をもって迎えた軍師**諸葛亮**《しょかつりょう》を**孫**《そん》**権**《けん》の下に派遣し、協力して曹操を**赤壁**（⬇三七四頁）で迎え撃つ作戦を立てる。

曹操の軍勢は、北方から率いてきた兵に荊州の水軍を加えて数十万人とされ、兵力では圧倒的に優勢であった。しかし、遠征で兵士は疲弊し、疫病にも悩まされていた。そこで周瑜《しゅうゆ》（呉の将軍）の部下黄蓋《こうがい》は短期決戦を進言し、降伏するふりをして突撃し、曹操の船団に火を放ち焼き払う作戦を立てる。作戦は見事に成功し、密集して身動きの取れなかった曹操の船団は炎上し、曹操は命からがら北方へと逃げ帰った。

赤壁付近地図

赤壁の戦い

夷陵《いりょう》の戦い（二二二年）

赤壁の戦いの後、呉と蜀は荊州の利権を争った。蜀側では関羽《かんう》が荊州の防備に当たっていたが、呉の呂蒙《りょもう》の計略にはまり、捕らえられて殺される（二一九年）。

その後、漢中を平定した**劉備**は関羽の敵《かたき》を討つべく、荊州へと大軍を差し向ける。劉備は**夷陵**に陣取り、呉の武将**陸遜**《りくそん》と対峙《たいじ》したが、戦略を見破られ、火攻めを受け敗北する。この後、呉と蜀は和睦するが、翌年、劉備は敗戦のショックを引きずったまま諸葛亮に後事を託して白《はく》帝城《ていじょう》（⬇三八一頁）で病死する。

街亭《がいてい》の戦い（二二八年）

劉備の死後、蜀では諸葛亮が丞相《じょうしょう》の立場で政務を取り仕切った。諸葛亮は南方の民族を平定した後、漢中に駐屯し、劉備の子劉禅《りゅうぜん》に「**出師《すいし》の表**《ひょう》（出陣にあたっての上奏文）」を奉り、北伐《ほくばつ》（魏との戦い）を開始する。まず祁山《きざん》を攻撃し、さらに部下の**馬謖**《ばしょく》を先鋒として、**街亭**で魏の武将**張郃**《ちょうこう》と戦わせた。しかし馬謖は命令に背いて作戦を誤り、大敗する。諸葛亮は馬謖を重用していたが、軍規を守るため泣く泣く処刑した。このことから、「**泣いて馬謖を斬る**（優秀な者であっても、失敗をした場合には責任を負わせなければならない）」ということわざが生まれた。

五丈原《ごじょうげん》の戦い（二三四年）

街亭での敗北の後も、**諸葛亮**は諦めずに北伐を続け、二三四年、**五丈原**（⬇三七五頁）で魏の将軍**司**《し》**馬**《ば》**懿**《い》（字は仲《ちゅう》達《たつ》）と相対した。諸葛亮は長期戦に耐えられるよう、食料供給の手段を調えて戦いに臨んだ。しかし司馬懿とにらみ合うこと百日余りにして、陣中で病没する。

『三国志』裴松之《はいしょうし》注によると、このとき司馬懿は蜀軍を追撃した。しかし、これを予期していた諸葛亮の指示により、蜀軍が軍旗を翻《ひるがえ》し、陣太鼓を打ち鳴らしたため、司馬懿は、諸葛亮が実はまだ生きていたと思い込んで慌てて退却した。ここから、ことわざ「死せる諸葛（孔明）、生ける（司馬）仲達を走らす」が生まれた。

蜀の桟道《さんどう》　成都と漢中を結ぶ道。北伐には、このような険しい道を通る必要があった。

三国志の戦場

車に乗る諸葛亮

写真：曹操・孫権・劉備の人形＝人形美術家 川本喜八郎 作・『三国志』人形劇の人形・Ⓒ川本プロダクション／車に乗る諸葛亮＝豊田市美術館蔵・今村紫紅筆「秋風五丈原」（部分）

二十四史《にじゅうしし》

二十四の代表的な歴史書

#紀伝体 #正史 #断代史

成立・内容

　中国の歴史書のうち、**紀伝体**《きでんたい》（⬇三九二頁）で書かれ、正統と認められたものを**正史**《せいし》と言う。そのうち、清の乾隆《けんりゅう》年間に定められた、『史記《しき》』から『明史《みんし》』までの代表的な二十四の正史を**二十四史**と言う。

　ほとんどが一つの王朝の歴史を記した**断代史**《だんだいし》である。勅《ちょく》撰《せん》（皇帝の命令で編纂《へんさん》する）のものが大部分を占めるが、中には私撰《しせん》（皇帝の命令によらず、個人が編纂する）のものもある。『史記』や『漢書《かんじょ》』など初期の正史は、一人の歴史家が自らの歴史観に基づいて記したものであったが、唐以後になると、歴史書編纂所において複数の学者が協力して執筆するものとなり、次第に長大なものとなっていった。また同時に、現王朝の正当性を示すために書かれるものともなっていった。

二十四史一覧表

	書名	編者	成立	記述対象
1	史記《しき》	司馬遷《しばせん》	前漢	黄帝《こうてい》～前漢武帝《ぶてい》
2	漢書《かんじょ》	班固《はんこ》	後漢	前漢
3	後漢書《ごかんじょ》	范曄《はんよう》	南朝宋《そう》	後漢
4	三国志《さんごくし》	陳寿《ちんじゅ》	晋	三国（魏《ぎ》・呉《ご》・蜀《しょく》）
5	晋書《しんじょ》	房玄齢《ぼうげんれい》 他	唐	西晋・東晋
6	宋書《そうじょ》	沈約《しんやく》	梁《りょう》	南朝宋
7	南斉書《なんせいしょ》	蕭子顕《しょうしけん》	梁	斉《せい》
8	梁書《りょうしょ》	姚思廉《ようしれん》	唐	梁
9	陳書《ちんしょ》	姚思廉	唐	陳
10	魏書《ぎしょ》	魏収《ぎしゅう》	北斉《ほくせい》	北魏《ほくぎ》・東魏《とうぎ》
11	北斉書《ほくせいしょ》	李百薬《りひゃくやく》	唐	東魏・北斉
12	周書《しゅうしょ》	令狐徳棻《れいことくふん》 他	唐	西魏《せいぎ》・北周《ほくしゅう》
13	隋書《ずいしょ》	魏徴《ぎちょう》 他	唐	隋
14	南史《なんし》	李延寿《りえんじゅ》	唐	南朝宋・斉・梁・陳
15	北史《ほくし》	李延寿	唐	北魏・北斉・北周・隋
16	旧唐書《くとうじょ》	劉昫《りゅうく》 他	後晋《こうしん》	唐
17	新唐書《しんとうじょ》	欧陽脩《おうようしゅう》 他	北宋	唐
18	旧五代史《きゅうごだいし》	薛居正《せっきょせい》 他	北宋	五代
19	新五代史《しんごだいし》	欧陽脩	北宋	五代
20	宋史《そうし》	脱脱《トクト》 他	元	北宋・南宋
21	遼史《りょうし》	脱脱 他	元	遼
22	金史《きんし》	脱脱 他	元	金
23	元史《げんし》	宋濂《そうれん》 他	明	元
24	明史《みんし》	張廷玉《ちょうていぎょく》 他	清	明

『十八史略《じゅうはっしりゃく》』――子ども用の歴史教材

　中国の歴史書は、正史の筆頭『史記』だけでも百三十巻、五十万字以上ある。全時代の分を合わせると膨大な量になり、読破するのは難しい。そこで『十八史略』が生まれた。

　『十八史略』は、伝説上の皇帝の時代から南宋にいたるまでの歴史を簡略化してまとめた書物。**編年体**《へんねんたい》で書かれている。書名にある「十八」とは、『史記』や『漢書』など、十八の歴史書のこと。編者は宋末元初の**曽先之**《そうせんし》。

　従来の歴史書から有名なエピソードを抜き出してまとめた書という性格上、歴史書としての価値は低い。ただ、歴史上の名場面を概観し、そこから生まれた故事成語を学習できることから、教材としての価値は高く、日本でも江戸時代から明治時代にかけて教育に用いられた。

比べてみよう　『史記《しき》』と『漢書《かんじょ》』

　二十四史の中で、『史記』と『漢書』は代表的な傑作とされ、古来比較されてきた。

書名	史記	漢書
作者	司馬遷	班固
巻数	百三十	百
形式	紀伝体	紀伝体
対象時代	通史	断代史
特徴	作者の感情を反映	理知的な記述

　両者に共通して書かれる前漢初期頃については、『漢書』は『史記』の記述を踏襲する。しかし、異なる点もある。例えば、劉邦《りゅうほう》と戦い敗れた項《こう》羽《う》を、『史記』は帝王の事跡を記す「本紀《ほんぎ》」に置くが、『漢書』は一般の個人の事跡を記す「列伝《れつでん》」に置く。つまり、『漢書』は『史記』と違い、項羽を特別扱いしていない。また、『史記』は荊軻《けいか》のような暗殺者にも共感を寄せるが、『漢書』はこうした人物を社会的不穏分子として否定する。

　こうした好対照を見せる二つの正史が、以後の正史の模範となったのであった。

班固（『晩笑堂画伝』／京都大学文学研究科図書館蔵）

戦国から五代までの通史

資《し》治《じ》通《つ》鑑《がん》

殷
西周
春秋
戦国
秦
漢
三国
晋
南北朝
隋
唐
五代
宋
元
明
清

#編年体　#通史　#政治の参考

司馬《しば》光《こう》

成立・内容

作者は北宋の**司馬光《しばこう》**。戦国時代の開始(前四〇三年)から五代の後周《こうしゅう》の顕徳《けんとく》六年(九五九年)までの千三百六十二年間の歴史を記した書物。二百九十四巻。

中国の歴史書は基本的に前の王朝の歴史を振り返る断代史《だんだいし》であり、紀伝体《きでんたい》で書かれることが多いが、『**資治通鑑**』は王朝をまたいだ長期間にわたる**通史《つうし》**であり、できごとを年代順に記す**編年体《へんねんたい》**で書かれている。書名には「為政者の政治を資《たす》ける歴史の鑑《かがみ》」の意味があり、皇帝が政治を行う際に参考とする書でもあった。

作者

作者の**司馬光**(一〇一九年〜一〇八六年)は北宋の政治家。旧法党《きゅうほうとう》の代表的人物として知られる。私撰《しせん》の歴史書を皇帝に献上したことから『資治通鑑』の編纂《へんさん》を命じられる。その後王安石《おうあんせき》(⬇四二五頁)の新法《しんぽう》に反対したことにより都を離れ、地方にて執筆に専念する。十五年以上の歳月をかけて『資治通鑑』を完成させた後、都に呼び戻されるが、ほどなくして死去。

司馬光(国立故宮博物院蔵)

司馬光の人間観

『資治通鑑』は年代順に事件を記すだけではなく、所々に司馬光の考え方を述べた部分(論賛《ろんさん》)がある。以下、事件と論賛の一例を見てみよう。

——春秋時代末期、諸侯の一つであった晋《しん》の国は実質的には四人の大臣(智《ち》・韓《かん》・魏《ぎ》・趙《ちょう》)に支配されていた。その中の智家の当主、智瑶《ちよう》は文武両面において優れた人物であったが、欲深く不遜なところがあった。智瑶はその権力を笠《かさ》に着て韓と魏を従え、さらに従わなかった趙をも攻め滅ぼそうとしたが、後に自分たちも滅ぼされるのではないかと恐れた韓と魏に裏切られ殺された。——

この事件について司馬光は次のように述べる。智瑶が滅びたのは「才が徳に勝《まさ》った」ためである。どんなに才能を持った優れた人物であっても、その才能が徳性を上回ってしまうと自滅してしまう。

司馬光はこのように歴史上の人物を観察することによってさまざまな教訓を学び、論賛の部分で述べているのである。

戦国時代の遊説の士の記録

戦《せん》国《ごく》策《さく》

殷
西周
春秋
戦国
秦
漢
三国
晋
南北朝
隋
唐
五代
宋
元
明
清

#蘇秦　#張儀　#合従　#連衡

劉向《りゅうきょう》

成立・内容

作者は前漢の**劉向《りゅうきょう》**(⬇四一八頁)。劉向は宮中の蔵書の校訂・整理の任にあたっていた。その際に、さまざまな書物の中から遊説《ゆうぜい》の士《し》についての話を集め、整理してまとめたのが『**戦国策**』である。三十三巻。国別に分類されている。**戦国時代《せんごくじだい》**(前四〇三年〜前二二一年)の名称はこの書物からつけられたものである。

遊説《ゆうぜい》の士

戦国時代においては、名目上の中央政府である周《しゅう》王朝の権威はほぼないに等しく、各地で諸侯の国々が群雄割拠する状態となっていた。これらの国々は、他の国々を滅ぼし中国を統一しようとする野心を持ち、富国強兵に努めた。その中でも特に強大な国々を**戦国《せんごく》の七雄《しちゆう》**(斉《せい》・楚《そ》・秦《しん》・燕《えん》・韓《かん》・魏《ぎ》・趙《ちょう》)と言った。

遊説の士とは、これらの国々に弁舌をもって仕え、政治・外交上の策謀を王に授けた人々を指す。彼らは当時の戦乱の世を利用して、弁舌によって自身の栄達を図ったのである。諸子百家(⬇三九〇頁)の分類では**縦横家《じゅうおうか/しょうおうか》**に分類される。

蘇《そ》秦《しん》・張《ちょう》儀《ぎ》

『戦国策』に登場する遊説の士の中で、有名な人物に、**蘇秦・張儀**がいる。

蘇秦は洛陽《らくよう》(河南省)の人。張儀とともに鬼谷子《きこくし》という人物に学んだ。諸国で**合従《がっしょう》**(南北の縦の同盟。強国秦に対抗して他の六国が同盟を結ぶこと)を説き用いられ、六国の宰相を兼ねた。

蘇秦(『絵本故事談』／国文学研究資料館蔵)

張儀は魏の人で、蘇秦が活躍するのに遅れて秦に仕えた。秦では**連衡《れんこう》**(秦と他の六国が個別に同盟を結ぶこと。「衡」は「横」の意)を説き、六国の間を行き来し、蘇秦が作り上げた合従の同盟を切り崩した。

蘇秦と張儀が国々を訪れ、その弁舌によって巧みに国々を同盟・離反させる経緯は『戦国策』の各国の条に詳細に記されている。最終的に戦国時代は秦の統一によって幕を閉じるが、その裏側には、蘇秦や張儀のような遊説の士たちによる駆け引きがあったのである。

張儀

文学史問題：蘇秦・張儀は、諸子百家のある一つに属するものとされる。その諸子百家の一つとは何か、次から一つ選べ。(関西大・改)
①儒家　②墨家　③道家　④兵家　⑤法家　⑥縦横家　⑦名家

中国最古の詩集
詩《し》経《きょう》

#中国最古の詩集 #四言詩 #詩の六義 #五経

殷 西周 春秋 戦国 秦 漢 三国 晋 南北朝 隋 唐 五代 宋 元 明 清

成立・内容

成立時期は不明。孔子（⬇三六二頁）が編纂《さん》したとされる。中国古代、黄河流域で栄えた周《しゅう》王朝と地方の国々の歌を集めた**中国最古の詩集**である。全部で**三百五篇《へん》**の詩を収録し、形式としては四字句を一まとまりとする**四言詩《しごんし》**を中心とする。

『詩経』の詩は内容によって**風《ふう》・雅《が》・頌《しょう》**の三つに分けられる。風は国風《こくふう》とも言い、各地で歌われていた民謡である。雅は周王朝の儀式の際に用いられる音楽であり、頌は祖先を祀《まつ》る時に歌われる祭祀歌《さいしか》である。また表現上からは**賦《ふ》**（事柄をそのまま述べた部分）、**比《ひ》**（直接的な比喩）、**興《きょう》**（自然を象徴的に歌い、それに導かれる事柄を連想させる手法）の三つに分けられる。この六つを詩の**六義《りくぎ》**と言う。

儒家の経典《けいてん》

『詩経』は詩集であるが、孔子が教育における詩の効能を重視したこともあり、儒家の経典として重んじられた。漢代には『易経《えききょう》』『書経《しょきょう》』『礼記《らいき》』『春秋《しゅんじゅう》』と並んで**五《ご》経《きょう》**（⬇四三二頁）の一つとなった。また古代から近代に至るまで、多くの学者《がくしゃ》が注釈をつけ、さまざまな解釈を提示してきた。

恋愛・結婚の歌

『詩経』の国風には恋愛や結婚のことを素朴に歌った歌が多い。次に一部をあげる「桃夭《とうよう》」は、嫁いでいく女性を桃の花になぞらえて表現した歌である。

桃《もも》の夭夭《えうえう》たる
灼灼《しやくしやく》たり其《そ》の華《はな》
之《こ》の子《こ》于《ゆ》き帰《とつ》がば
其《そ》の室家《しつか》に宜《よろ》しからん

意 桃の木は若々しく、その花は輝かしく美しい。この子が嫁いでいけば、嫁ぎ先にふさわしいだろう。

ここには上に述べた詩の六義のうち、興の手法が用いられている。最初の二句で若々しい桃の木、輝かしい花が象徴的に表現され、そこから若く美しい女性の姿が自然と連想される。そして女性が嫁いでいくことを述べる後半の二句へつながっていく。

桃の花

中国南方を代表する文学
楚《そ》辞《じ》

#中国南方を代表する詩集 #屈原 #「離騒」

殷 西周 春秋 戦国 秦 漢 三国 晋 南北朝 隋 唐 五代 宋 元 明 清

成立・内容

中国南方の**楚《そ》**の歌を集めた詩集。代表的な詩人には**屈原《くつげん》**、**宋玉《そうぎょく》**がいる。成立は『詩経《しきょう》』より少し遅れる。『詩経』が中国北方の黄河流域を代表する文学であるのに対し、『楚辞』は南方の長江流域を代表する文学である。

作品としては、故国から放逐された主人公が空想世界をさまよう「**離騒《りそう》**」、楚の祭祀歌《さいしか》であったと考えられる「**九歌《きゅうか》**」、天に対して壮大な問いかけをする「**天問《てんもん》**」などがあり、幻想的で壮大な趣の作品が多い。形式的には六字、七字を基調とし「兮《けい》」の字を多用する**辞《じ》**と呼ばれる文体を用いる。

屈原と「離騒」

「離騒」の作者として知られる屈原（前三三九年頃～前二七八年頃）は楚の王族で、その学識と文才から王に重用されたが、彼の才能を妬んだ同僚からの中傷により国を追われ放浪し、最後は失意の中で**汨羅江《べきらこう》**（湖南省）に身を投げて死んだ。

屈原（屈子行吟図／陳洪綬筆）

「離騒」は屈原がそのような自分の憂憤を激しくも格調高い表現で吐露した長編叙事詩である。

「離騒」の特徴

帝高陽《ていかうやう》の苗裔《べうえい》にして
朕《わ》が皇考《くわうかう》を伯庸《はくよう》と曰《い》ふ

意 私は帝高陽（伝説上の五帝の一人）の末裔であり、私の亡き父の名前は伯庸と言う。

「離騒」の冒頭は右のように自分の出自を述べるところから始まる。自分の先祖を伝説上の皇帝であるとする言葉は自信に満ちており、その後に続く部分でも、自分の高潔さや愛国心について述べる。そして国から放逐されたことを不当であると訴え、自分を中傷した同僚たちの欲深さを非難し、国の将来に対して憂いを抱く。

「離騒」において表現された懐才不遇《かいさいふぐう》（才能を抱きつつも報われない）や憂国《ゆうこく》といったテーマは、後の中国文学にも脈々と受け継がれていく。「離騒」を始めとする屈原の作品は、後世の文学に大きな影響を与えた。

南北朝時代までの美文集

文《もん》選《ぜん》

殷
西周
春秋
戦国
秦
漢
三国
晋
南北朝
隋
唐
五代
宋
元
明
清

#昭明太子 #五言詩 #日本文学への影響

成立・内容

六世紀の初め、梁《りょう》の皇太子の**昭明太子《しょうめいたいし》蕭統《しょうとう》**(五〇一年～五三一年)が編纂《さん》した、先秦《せんしん》から南北朝時代までの代表的な詩文を集めた選集。古くは『**詩経《しきょう》**』の序文や『**楚辞《そじ》**』の「離騒《りそう》」、魏晋《ぎしん》南北朝時代では**曹《そう》操《そう》・曹植《そうしょく》**父子の詩文、**諸葛亮《しょかつりょう》**の「出師《すいし》の表《ひょう》」、**陶淵明《とうえんめい》**の詩文などを収める。六十巻。

収録される詩文は八百篇《へん》近くにも及び、ジャンルによって賦《ふ》・詩《し》・騒《そう》など三十七種類の文体に分けられる。中でも**賦**(韻文の一種)・**詩**が半数を占め、詩は**五言《ごごん》詩《し》**が大部分を占める。

このような文学の選集は魏晋の頃から次第に編まれ始めていたが、『文選』はその代表的なもので、後世の詩人に大きな影響を与えた。また唐代以降、科挙(➡三六八頁)で詩文の教養が重視されたことにより、『文選』は受験生に必須の書となった。注釈は唐初の**李善《りぜん》**のものが名高い。

昭明太子(『三才図会』)

時代背景

『文選』のような美文集が生まれた時代背景として、いわゆる今日的な意味での文学が人々に意識され始めたことがある。『詩経』の中に各地で歌い継がれる民謡が入っているように、その始まりにおいて、文学はまだ個人のものではなかった。『楚辞』において文学は個人の心の叫びとして発されるようになり、三国の戦乱や魏晋の貴族社会を経て、文人の数は増加し、さまざまな文体の下に個人の思いを述べる詩文が生み出されるようになった。また南朝では文学についての理論書も著されるようになり、文学そのものを体系的に考えようとする気風も高まっていた。『文選』はそのような時代背景の下、昭明太子蕭統の鑑識眼によって選定された美文集なのである。

漢の武帝《ぶてい》の歌

歓楽《くわんらく》極《きは》まりて哀情《あいじやう》多《おほ》し
少壮《せうさう》幾時《いくとき》ぞ　老《お》いを奈何《いかん》せん

意 楽しみが極まると次には悲しみがやって来る。若くて盛んな時は長く続かず、老いがやって来るのはどうすることもできない。

右は『文選』に漢の武帝(➡四三頁)の歌として収録される「**秋風《しゅうふう》の辞《じ》**」の結びである。この歌は武帝が部下たちとともに船上で宴をしていたときに詠まれたものとされる。宴席の歓楽の絶頂の中で、武帝はその次にやって来る悲しみを予測し、防ぐことのできない老いを嘆く。

『文選』にはこのような、時の移ろいや老いに対する悲しみを詠んだ歌が多く、これは後の中国文学にもテーマとして脈々と受け継がれていく。

五言詩の祖

相去《あひさ》ること日《ひ》びに已《すで》に遠《とほ》く
衣帯《いたい》は日《ひ》びに已《すで》に緩《ゆる》む
浮雲《ふうん》　白日《はくじつ》を蔽《おほ》ひ
遊子《いうし》　顧反《こはん》せず

意 あなたは日に日に遠い場所に行き、私の帯は日に日に緩んでいく。浮雲が太陽を遮り、あなたは帰ってこない。

『文選』には詠み人知らずの「**古《こ》詩十九首《しじゅうきゅうしゅ》**」という五言詩が集録され、古くから五言詩の祖とされ後世に大きな影響を与えてきた。

右にあげたのは一首目の後半部である。最初の二句では、帰ってこない夫を待ち続ける妻の気持ちが切々と表現される。夫を思う余り、妻は痩せ細り、衣服の帯は日に日に緩んでいく。そして後半二句では、雲が太陽を遮るのを見て、夫の気持ちに曇りが生じたのかもしれないと疑っている。

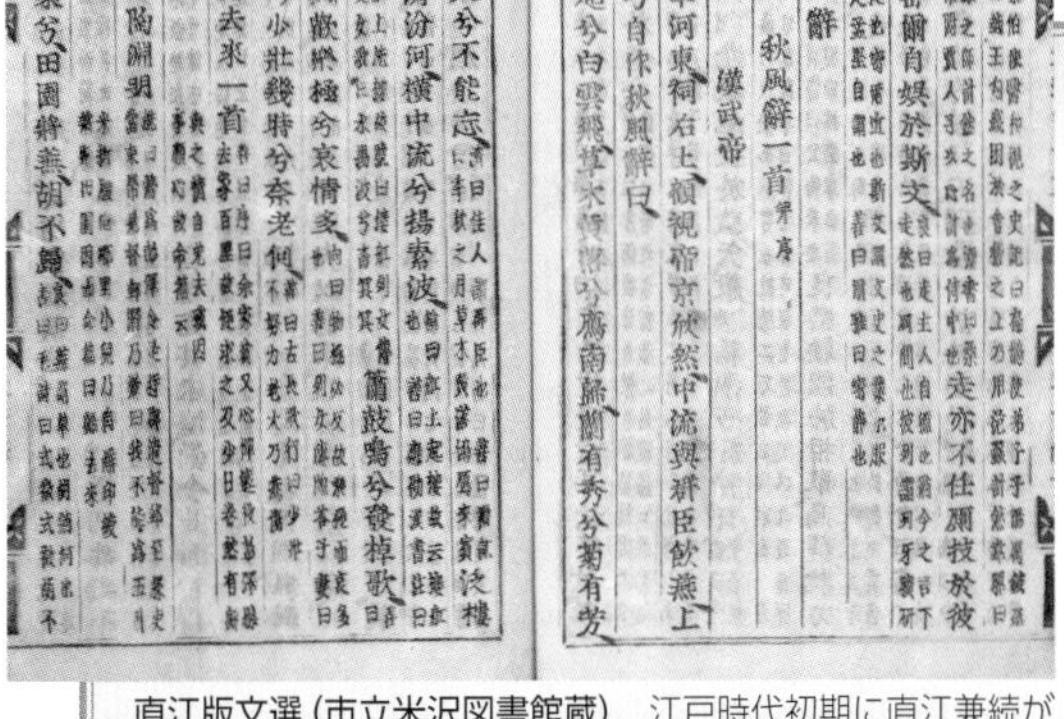

直江版文選(市立米沢図書館蔵)　江戸時代初期に直江兼続が刊行した『文選』。「秋風の辞」と「帰去来の辞」(➡402頁)の部分。

『文選』と日本の関わり

『文選』は奈良時代頃には日本に伝来し、平安時代には貴族の教養のための書となっていた。それは清少納言《せいしょうなごん》の『枕草子《まくらのそうし》』の一節に、「文《ふみ》は文集《ぶんしふ》、文《もん》選《ぜん》」と、文章の手本として『白氏文集《はくしぶんしゅう》』(唐の白居易《はくきょい》の文集➡四八八頁)と『文選《もんじゅう》』をあげていることからもわかる。『文選』は貴族の学習のために盛んに書き写され、中には日本独自の写本もある。

また今日我々が普通に使用している言葉の中にも、「経営」「国家」など『文選』の普及に従って日常に浸透していったと考えられる言葉もあり、そのような意味でも『文選』が日本の文化に与えた影響は大きいと言えるだろう。

文学史問題：平安時代の日本でもよく読まれ、『枕草子』にも書名の見える、梁の時代の昭明太子によって編纂された詩文集の名称を漢字で書け。(長崎大・改)

日常を詠じた田園詩人

陶《とう》淵《えん》明《めい》

三六五年～四二七年

殷 / 西周 / 春秋 / 戦国 / 秦 / 漢 / 三国 / **晋** / **南北朝** / 隋 / 唐 / 五代 / 宋 / 元 / 明 / 清

#隠逸詩人 #田園詩人 #酒 #「桃花源記」

西暦	歳	事項
三六五	1	生まれる。
三九三	29	江州の祭酒《さいしゅ》となる。間もなく辞職。
四〇五	41	彭沢《ほうたく》の令《れい》となるが、間もなく辞職。故郷に帰る。
四二七	63	尋陽《じんよう》にて死去。

略歴

『宋書《そうじょ》』によれば、名が**潜**《せん》、字は**淵明**《えんめい》。一説には名が淵明、字が**元亮**《げんりょう》。名家の出身であったが、東晋末期の政治の混乱の中、生活は苦しかったようである。二十九歳のときに生活苦から初めて仕官し、江州(江西省)の祭酒《さいしゅ》(教育長)となるが、職になじめずに辞職する。その後は将軍の幕僚となり、各地を転々とする。四十一歳の時に彭沢《ほうたく》(江西省)の令《れい》(知事)となるが、これも八十日余りで辞職し、故郷の尋陽《じんよう》(江西省)に帰る。以後は故郷の田園で農作業をしながら詩を作り、隠逸生活を楽しんだ。その後官職に召されることもあったが、就くことはなく、六十三歳で生涯を終えた。

作風

陶淵明は**隠逸詩人**《いんいつしじん》、**田園詩人**《でんえんしじん》と称されるように、官職を離れた穏やかな田園生活の中で生まれた感情を、平易な言葉で素直に表現した詩人である。

朝早く出かけてのんびりと畑を耕し、夜遅くに鋤《すき》を背負って帰ってくる。農作業の合間には琴《きん》を奏で読書にふける――俗世間から離れた農耕生活の中で味わうささやかな楽しみ、それこそが自分の求めているものであり、それによって生きているという実感を味わうことができるのだ、と陶淵明は述べる。代表作「**飲酒**《いんしゅ》」其五《そのご》は、そうした生き方とその趣をうたう。

酔った陶淵明(左端)

また「**篇篇酒有り**《へんぺんさけあ》」(一篇一篇に酒が登場する)と評されるように、**酒**を愛した詩人としても知られる。陶淵明は日常生活の中で感じた憂い(例えば老いや死)を詩中にうたうが、結局は、悩んでも仕方がないので酒でも飲んで忘れよう、と結ぶことが多い。陶淵明にとって酒は「**忘憂**《ぼうゆう》**の物**」(憂いを忘れさせる物)であった。

ただ、田園生活に入る前は、官職とそれになじめない自分との間で葛藤もあったらしく、生き方を曲げられないことに悩み、それに伴う貧困の苦しみなども詠じている。先に述べたような穏やかな境地の詩は、そのような葛藤を経て生み出されたものと言えるだろう。

帰去来《ききょらい》の辞《じ》

帰《かへ》りなんいざ
田園《でんゑん》 将《まさ》に蕪《あ》れんとす
胡《なん》ぞ帰《かへ》らざる

意 さあ帰ろう。田園は今にも荒れ果てようとしている。どうして帰らないのか。

「帰去来の辞」は陶淵明が彭沢の令を辞職して、故郷に帰る時に作った作品とされる。辞は『楚辞《そじ》』の流れを汲《く》む六字、七字を基調とした韻文のことである。

『宋書』では、陶淵明が辞職したのは、役人が査察にやって来たときに頭を下げるのが嫌だったためとされる。

右にあげた「帰去来の辞」の冒頭からは、官職との葛藤を断ち切って、故郷に帰って自分の生きたいように生きようという強い決意が、ひしひしと伝わってくる。

陶淵明の息子たちへの愚痴《ぐち》

陶淵明には五人の息子がおり、息子たちの出来の悪さを嘆いた「子を責《せ》む」という詩(左はその一部)がある。作品では愚痴を言いながらも子どもへの愛情がにじみ、陶淵明の父親としての一面をかいま見られる。そして、ここにも「忘憂の物」、酒が現れている。

阿舒《あじよ》は已《すで》に二八《にはち》なるも
懶惰《らんだ》なること故《もと》より匹《たぐひ》無《な》し
阿宣《あせん》は行《ゆくゆく》志学ならんとするも
而《しか》も文術《ぶんじゆつ》を愛《あい》さず
雍《よう》と端《たん》とは年十三《としじふさん》なるも
六《ろく》と七《しち》とを識《し》らず
通子《つうし》は九齢《きうれい》に垂《なんな》んとするも
但《た》だ梨《なし》と栗《くり》とを覓《もと》むるのみ
天運《てんうん》 苟《いやし》くも此《か》くのごとくんば
且《しばら》く杯中《はいちゆう》の物《もの》を進《すす》めん

意 長男の舒は十六歳なのに、もともとこの上ない怠け者。次男の宣はもうすぐ十五歳だが、文章や学問が嫌いである。三男の雍と四男の端は十三歳だが、六と七との区別がつかない。五男の通は九歳になろうとするのに、梨と栗を欲しがるばかりである。これも私の運命ならば、とりあえず酒でも飲むとしよう。

Close Up　理想郷を描いた「桃花源記」

――晋《しん》の太元《たいげん》年間、武陵《ぶりょう》という所に一人の漁師がいた。ある日漁師が渓流に沿って船で進んで行くと、突然桃の花が咲き乱れる林に出た。先へ進むと山があり、ふもとには洞窟があった。洞窟の向こうには小さな村が広がっており、人々は皆楽しそうに生活していた。彼らは漁師を見てひどく驚いたが手厚くもてなしてくれた。人々の話によれば、彼らの先祖は秦《しん》の時代に戦乱を避けてここに逃れてきて、それ以降、外界との交わりを絶ってきたのだという。

漁師は武陵に帰ってくると、太守《たいしゅ》(長官)の所へ行って事のあらましを報告した。太守は部下を派遣して漁師とともにその村に行かせようとしたが、結局道に迷ってしまいたどり着くことはできなかった。――

以上は、陶淵明の「**桃花源記**《とうかげんき》」のあらすじである。今日、世間から離れた理想郷のことを**桃源郷**《とうげんきょう》というのは、この「桃花源記」に基づく。「桃花源記」の村は現実世界から空間的に遠く離れた所にある。漁師は偶然迷いこんだだけで、再び行こうとしてもたどり着けなかった。また、時間的にも隔離されている。村は秦の時に戦乱を逃れた人々が作った村であり、それ以降外の世界と交わることなく、今の人々も世間で起こった王朝の交代のことを知らない。政治や戦乱から遠く離れて、幸福な生活を送る人々、それが村の神秘性を一層際立たせている。

志怪小説《しかいしょうせつ》

「桃花源記」は当時流行していた**志怪小説**(⬇四一六頁)という説話の形式に沿って書かれている。志怪小説の中には、歴史上の有名な人物の不思議なエピソードを記したものもあれば、「桃花源記」の漁師のように、一般の人が不思議な事に遭遇するという形のものもある。そして話の中には、実在する地名や年号が用いられることが多い。「桃花源記」においては、太元年間(東晋の年号)や武陵(現在の湖南省のあたり)がそれにあたる。これは、当時の人々が世間で起こった不思議なできごとを完全な架空のこととととらえるのではなく、現実世界と何らかのつながりがあることとしてとらえていた表れである。

桃源仙境図　「桃花源記」をモチーフとする。

中国における理想郷

「桃花源記」は理想郷を描いた文学の代表作であるが、中国にはこの他にも理想郷を描いた作品がいくつかある。

例えば『**老子**《ろうし》』の「**小国寡民**《しょうこくかみん》」(⬇三六六頁)は、小さな村の中で必要最低限のものに満足して幸福に生活する人々を描いたもので、「桃花源記」と共通する点がある。また、『**列子**《れっし》』の黄帝篇《こうていへん》に登場する**華胥氏**《かしょし》の国には、長というものがおらず、人々は何の欲望も持たず、あらゆる苦悩から解放された平穏な生活を送っている。

中国の理想郷では、決して物質的に恵まれているわけではないが、日々の生活に精神的に充足して生きる人々が描かれることが多い。このような生き方は、現実世界の苛酷な政治や繰り返される戦乱に悩まされた人々にとっての一つの理想であったのかもしれない。

写真：陶淵明の肖像＝京都大学文学研究科図書館蔵『晩笑堂画伝』／酔った陶淵明＝銭選筆「扶酔図」／桃源仙境図＝仇英筆

山水・田園に遊んだ詩人

孟《もう》浩《こう》然《ねん》

六八九年〜七四〇年

殷
西周
春秋
戦国
秦
漢
三国
晋
南北朝
隋
唐
五代
宋
元
明
清

#盛唐の詩人 #山水・田園詩 #「春暁」

西暦	歳	事項
六八九	1	襄陽《じょうよう》に生まれる。
七二八	40	この頃長安に出る。科挙を受けるも落第。
七三七	49	張九齢《ちょうきゅうれい》の下で従事《じゅうじ》となる。
七四〇	52	死去。

略歴

字も浩然《こうねん》。襄陽《じょうよう》(湖北省)の人。若い頃は襄陽の近くの鹿門山《ろくもんざん》に隠遁《いんとん》した。三十代の頃、求職活動を行《おこな》ったが報われず、四十歳の頃長安に出る。科挙を受験するが落第。この時、王維《おうい》・王昌齢《おうしょうれい》、さらに当時の有力者である張九齢《ちょうきゅうれい》と交遊する。

四十九歳の頃、張九齢の招きによって荊州《けいしゅう》(湖北省)で従事《じゅうじ》(地方長官が独自に採用する官)となる。

その後故郷に戻る。背中にできものができる病にかかり、癒えた頃友人の王昌齢がやってきた。喜んでもてなしたが、これが災いして病がぶりかえし、亡くなったという。

生涯のほとんどを仕官せずに「隠者」として過ごした。盛唐詩人では先輩格にあたり、その人柄と詩風は、多くの後輩詩人に慕われた。

作風

山水・田園詩の代表的作者。特に五言詩に優れる。田園詩は東晋の詩人陶淵明《とうえんめい》(⬇四〇二頁)の流れを汲《く》む。

その詩はしばしば「**清**《せい》」という語で評される。清らかさ、高潔さを言うこの語は、孟浩然の人柄・生き方をも含めた評価であろう。唐代までの詩の成果を継承しつつ、盛唐詩らしいスケールの大きな詩を詠んだ。「**洞庭《どうてい》に臨《のぞ》む**」の「気《き》は蒸《む》す 雲夢《うんぼう》の沢《たく》、波《なみ》は撼《ゆるが》す 岳陽城《がくようじょう》」、「**建徳江《けんとくこう》に宿《やど》る**」の「野《の》曠《ひろ》くして天《てん》は樹《き》に低《た》れ、江清《かうきよ》くして月《つき》は人《ひと》に近《ちか》し」、「**夏日南亭《かじつなんてい》にて辛大《しんだい》を懐《おも》う**」の「荷風《かふう》 香気《かうき》を送《おく》り、竹露《ちくろ》 清響《せいきやう》滴《したた》る」などは佳句として有名である。

春暁《しゅんぎょう》

春眠《しゅんみん》 暁《あかつき》を覚《おぼ》えず
処処《しょしょ》 啼鳥《ていてう》を聞《き》く
夜来《やらい》 風雨《ふうう》の声《こゑ》
花落《はなお》つること 知《し》る 多少《たせう》ぞ

人口《じんこう》に膾炙《かいしゃ》した孟浩然の代表作。春のまどろみの心地よさは、誰しも経験したことがあるだろう。寝台に寝そべっていると、あちらこちらから聞こえる鳥の声。そこでふと、昨晩の風雨の音を思い出す。さて、花はどれほど散っただろうか——作品は、詩人の聴覚—回想—想像をたどりながら、のどかな春の情景を描き出す。

この詩には多くの日本語訳がある。有名な井伏鱒二《いぶせますじ》(⬇二七〇頁)訳(『厄除《やくよ》け詩集《ししゅう》』)を紹介しよう。

ハルノネザメノウツツデ聞ケバ
トリノナクネデ目ガサメマシタ
ヨルノアラシニ雨マジリ
散ツタ木ノ花イカホドバカリ

日本語の七五調のリズムを活かした井伏訳は、訓読とはまた違った味わいの作品に仕上がっている。

春の風景

ファンの多い孟浩然

孟浩然の生き様、詩風は、多くの後輩詩人たちを引きつけた。李白《りはく》もその一人。孟浩然との別れをうたった「黄《こう》鶴楼《かくろう》にて孟浩然の広陵《こうりょう》に之《ゆ》くを送《おく》る」は有名だが、孟浩然を賛美する次のような作品もある。

贈ル二孟浩然ニ一

吾《われ》ハ愛ス孟夫《ふう》子《し》、
風流天下ニ聞コユ。
紅顔棄テ二軒《けん》冕《べん》ヲ一、
白首臥《ふ》ス二松雲ニ一。
酔ヒテレ月ニ頻《しき》リニ中《あた》リ二聖ニ一、
迷ヒテレ花ニ不レ事《つか》ヘレ君《きみ》ニ。
高山安《いづ》クンゾ可《べ》ケンヤレ仰《あふ》グ、
徒《いたづら》ニ此《ここ》ニ揖《いふ》ス二清《せい》芬《ふん》ヲ一。

意 孟浩然に贈る

私は孟先生が好きだ。風流な人柄は天下に聞こえている。若い時に出世競争に背を向け、白髪頭になっても松や雲の下に寝そべっている。月に酔いしれ、しばしば酒を飲み、花の中に迷いこんでしまい、君主に仕えない。高くそびえ立つ山は、仰ぐこともかなわない。ただそのすがしい香りを手にすくい取ってみる。

李白のような自由人にも、孟浩然は理想の人物として目に映ったようだ。

豆知識：南画(南宗画)…文人が趣味で描いた絵。専門の画家の絵「北宗画」に対して言う。
陽関三畳…最後の句「西のかた陽関を出づれば故人無からん」を繰り返して歌うこと。

山水美の追求者
王《おう》維《い》

殷／西周／春秋／戦国／秦／漢／三国／晋／南北朝／隋／唐／五代／宋／元／明／清

七〇一年～七六一年

#盛唐の詩人　#詩仏　#山水・田園詩

西暦	歳	事項
七〇一	1	太原《たいげん》に生まれる。
七二一	21	進士科に合格。
七三五	35	右拾遺《うしゅうい》に抜擢《ばってき》される。
七五五	55	安史《あんし》の乱が起こる。
七五六	56	長安で安禄山《あんろくざん》軍に捕らえられ、偽官を授けられる。
七五八	58	偽官を授かったことが罪に問われ、降格される。
七五九	59	尚書右丞《しょうしょゆうじょう》となる。
七六一	61	死去。

略歴

字は**摩詰**《まきつ》、太原《たいげん》(山西省)の人。尚書右《しょうしょゆう》丞《じょう》になったため「王右丞《おうゆうじょう》」とも呼ばれる。父は地方官に終わる。弟の王縉《おうしん》は宰相にまでなった。**仏教**を厚く信奉し、名の「維《い》」と字の「摩詰《まきつ》」を合わせると「維摩詰《ゆいまきつ》」という在家《ざいけ》の仏教者の名となる。科挙受験のために十代で長安に出る。

詩文のみならず、書画・音楽の才に恵まれ、眉目秀麗であった王維は、貴人たちのサロンの寵児《ちょうじ》となった。王維には当時の詩人としては珍しく、十代の詩作が複数残っている。二十一歳で進士科に合格。三十五歳のとき、天子の側近である右拾《うしゅう》遺《い》に抜擢《ばってき》される。四十代の頃、長安近郊に**輞川荘**《もうせんそう》という別荘を手に入れる。官職の休暇に輞川荘に通い、「半官半隠《はんかんはんいん》」と呼ばれる生活の中で多くの美しい山水詩を作った。

順調に官位を昇っていたが、安史《あんし》の乱の際、安禄山《あんろくざん》軍に捕らえられ、偽官に就くことを強要される。乱の収束後これが重罪に問われたが、弟の王縉が自身の官位をなげうって兄を救うよう嘆願したため、降格に止《とど》められた。その後官界に復帰し、六十一歳で亡くなった。晩年は殊《こと》に仏教に傾倒し、輞川荘も寺院として喜《き》捨《しゃ》している。

作風

山水《さんすい》・田園《でんえん》詩の代表的作者として孟浩《もうこう》然《ねん》と並び称される。王維の山水詩は、世俗を離れた清らかで静かな境地をうたう。仏教的な境地を風景に織り込むこともあり、「**詩仏**《しぶつ》」と称される。

「**竹里館**《ちくりかん》」や「**鹿柴**《ろくさい》」によく表れているように、作品は自然の美を深く追求する一方で、生々しい人間の生活・社会に対する関心は薄い。北宋の蘇軾《そしょく》(⇩四一三頁)は王維の詩と画を「摩詰の詩を味はへば、詩中に画有《があ》り。摩詰の画を観《み》れば、画中に詩有り」(「摩詰《まきつ》が藍田煙雨図《らんでんえんうず》に書《しょ》す」)と評した。まるで静止した絵画のように鮮やかな視覚的印象を残す王維詩を、的確にとらえた評価である。王維は**南画**《なんが》の**祖**として、絵画史にも名前を残している。

宮廷詩人としても活躍し、「陽関三畳《ようかんさんじょう》」で有名な「**元二**《げんじ》**の安西**《あんせい》**に使**《つか》**いするを送**《おく》**る**」(⇩三八一頁)など、多くの送別詩を作った。

輞川荘と「輞川集《もうせんしゅう》」——孤独と友情と、芸術の場

「竹里館」「鹿柴」が収められる王維の代表作「輞川集」は、輞川荘の二十の景観を取り上げて五言《ごごん》絶句の連作にしたもので、友人裴迪《はいてき》の唱和が付される。作品は、五言絶句の芸術性を高めたものとして、後世の高い評価を得た。「竹里館」は夏目漱石『草枕《くさまくら》』(⇩二六八頁)の冒頭にも引かれ、「ただ二十字のうちに優《ゆう》に別乾坤《べつけんこん》(別天地)を建立《こんりゅう》している」と評されている。

王維にとって輞川は、官僚生活に倦《う》んだ心を癒やし、孤独と静寂の中で自己を見つめる場であった。王維が輞川で友人たちと交流した形跡は少ないが、例外が年若い友人裴迪であった。

王維が輞川で裴迪に宛てて書いた手紙(「山中《さんちゅう》　裴迪《はいてき》に与《あた》うる書《しょ》」)には、輞川の美しい風景を描写して、「あなたのように清らかで美を解する者でなければ、どうしてこのような不急のこと(輞川荘への誘い)を申し上げましょうか」と言う。手紙には、裴迪に対する深い信頼と親しみが表れている。

王維はこの輞川荘の絵画も描いている。作品は残念ながら残っていないが、後世の模写ならば残っている。左の「臨王維《りんおうい》輞川図《もうせんず》」はその一つである。

写真：王維の肖像＝国立公文書館蔵『古聖賢像伝略』／臨王維輞川図(部分)＝国立故宮博物院蔵・伝 郭忠恕筆

文学史問題：盛唐期の詩人を次から一人選べ。(二松学舎大・改)　①杜牧　②白居易　③王維　④柳宗元

旅を愛した自由の詩人

李《り》 白《はく》

#盛唐の詩人 #詩仙 #絶句・古詩を得意とする

七〇一年～七六二年

殷
西周
春秋
戦国
秦
漢
三国
晋
南北朝
隋
唐
五代
宋
元
明
清

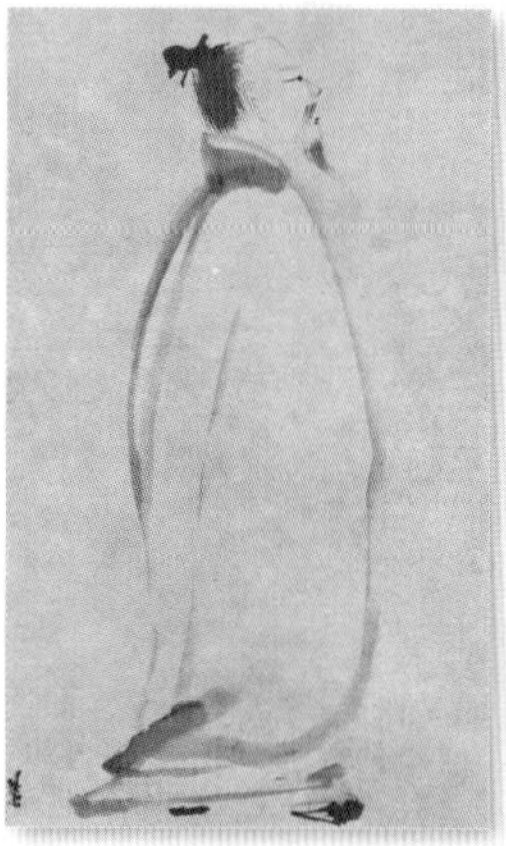

西暦	歳	事項
七〇一	1	生まれる。少年時代を蜀《しょく》で過ごす。
七四二	42	翰林供奉《かんりんきょうほう》に任ぜられる。
七四四	44	讒言《ざんげん》により長安を追放される。この頃杜甫《とほ》と知り合う。
七五六	56	安史《あんし》の乱に際し、永王李璘《りりん》の挙兵に参加する。
七五八	58	挙兵に参加したことが大逆罪に問われ、夜郎《やろう》に流罪《るざい》となる。
七五九	59	流罪の途中、恩赦にあう。
七六二	62	死去。

略歴

字は**太白**《たいはく》。太白は金星の意。青蓮居士《せいれんこじ》と号す。確かな出生地はわからないが、西域《さいいき》で生まれたとされる。父親は商人で、幼少の頃蜀《しょく》(四川省)に移住する。若い頃は、詩書とともに剣術も好み、血気盛んな一面もあった。出自のせいか、科挙を受けた形跡はない。二十代、三十代の頃は、各地を旅し、また就職活動も行った。孟浩然《もうこうねん》と交友を結んだのはこの頃である。

四十二歳の時、詩人賀知章《がちしょう》(⬇四一二頁)の知遇を得、翰林供奉《かんりんきょうほう》(天子の遊興の場で詩文を作る)に任ぜられる。翰林供奉は正式な役職とは言えないが、天子の側近くに仕える栄誉ある身分であった。李白得意の時代であったが、朝廷は李白の長くいられる場所ではなかった。飲酒にふけり、側近の宦官《かんがん》(⬇三九二頁)に讒言《ざんげん》されて、わずか二年にも満たずして長安を追放される。その後は再び四方を遊歴する。この頃杜甫《とほ》・高適《こうてき》《せき》(⬇四一二頁)と知り合い、一時期ともに旅をする。

安史《あんし》の乱の時、玄宗《げんそう》の皇子の一人永王李璘《りりん》が挙兵し、李白をその幕下に迎えた。この挙兵は朝廷に対する反逆と見なされ、李白も大逆罪に問われた。僻地《へきち》の夜郎《やろう》に流罪となるが、途中恩赦にあい、再び旅暮らしに戻る。

最後は当塗《とうと》の李陽冰《りようひょう》という人物の家で亡くなる。死に関しては、酔って水に映った月をつかまえようとして溺れ死んだという伝説も残っている。

滝を見る李白

作風

「詩仙」《しせん》と称される。奔放な想像力、スケールの大きな作風、さらには自由な生きざまが、このような呼称を生んだのであろう。李白自身も神仙趣味を持ち、道教の修行に励んだ時期もあった。賀知章は李白を見て「天上の謫仙人《たくせんにん》(罪を得て地上に落とされた仙人)」と賛美したという。

絶句と**古詩**を得意とし、思いきった比喩や誇張を用いた。「飛流直下三千尺《ひりゅうちょくかさんぜんじゃく》、疑《うたが》ふらくは是《こ》れ銀河《ぎんが》の九天《きゅうてん》より落《お》つるかと」(「**廬山《ろざん》の瀑布《ばくふ》を望《のぞ》む**」⬇三八〇頁)、「朝《あした》に辞《じ》す白帝彩雲《はくていさいうん》の間《かん》、千里《せんり》の江陵《こうりょう》一日《いちじつ》にして還《かへ》る」(「**早《つと》に白帝城《はくていじょう》を発《はっ》す**」)などは殊《こと》に有名である。一方で、「**静夜思《せいやし》**」のように、平明でありながら深い余情を残す名作もある。「李白の詩は学んでできるものではない」と言われるゆえんである。

詩の題材として、月と酒を好んだ。月と影とともに酒を酌み交わすという詩**「月下《げっか》の独酌《どくしゃく》」**は有名で、李白の敬愛する陶淵明《とうえんめい》(⬇四〇二頁)の作品を踏まえる。

比べてみよう

李白と杜甫、その詩風と人生

「詩仙」李白と「詩聖」杜甫。盛唐を代表する詩人として並び称される二人は、さまざまな面で対照的だった。

詩風

李白は、絶句と古詩という比較的自由なスタイルを得意とする。一方の杜甫は、古詩の他、規則を厳格に守る律詩にも優れた作品を多く残す。「李絶《りぜつ》杜律《とりつ》」という言葉もある。

想像力の飛翔に真価を発揮し、明るく率直な内容をうたう李白に対し、杜甫の詩には憂愁の色合いが濃い。また杜甫は、社会や自然を真摯《しんし》に、丹念に見つめて詩を作った。

出自

李白は商人の家の出とされる。杜甫は下級官僚の家に生まれたが、先祖には有名な詩人・文人がおり、それが杜甫の文学・政治への自負にもつながっていた。

しかし、李白も杜甫も、中央への仕官を願いながらも挫折し、その望みがついに叶《かな》わなかった点は共通する。

家族

李白は人生で四度結婚したと言われているが、杜甫はただ一度きりである。また、李白はしばしば妻や子をおいて一人で旅をしたのに対し、杜甫は困難な旅程でも常に家族を連れていた。

杜《と》甫《ほ》

人の世と真摯に向き合う

殷
西周
春秋
戦国
秦
漢
三国
晋
南北朝
隋
唐
五代
宋
元
明
清

七一二年～七七〇年

#盛唐の詩人 #詩聖 #律詩を得意とする

西暦	歳	事項
七一二	1	河南《かなん》に生まれる。
七三五	24	進士科を受験するも落第。
七四四	33	洛陽《らくよう》で李白《りはく》と出会う。
七五五	44	安史《あんし》の乱おこる。
七五六	45	賊軍に捕まり、長安に軟禁される。
七五七	46	粛宗《しゅくそう》朝で左拾遺《さしゅうい》となる。
七五九	48	秦州《しんしゅう》へ。その後成都《せいと》へ移る。
七六五	54	成都を離れ長江《ちょうこう》を下る。
七七〇	59	旅先で死去。

略歴

字は**子美**《しび》、先祖のいた地によって「杜《と》少陵《しょうりょう》」とも呼ばれる。河南《かなん》に生まれる。父は地方官に終わる。祖先に学者杜預《どよ》、祖父に詩人杜審言《としんげん》がいる。

二十代の頃は旅に過ごし、また進士科の試験を受けたが落第。三十三歳の時に李白《りはく》と出会う。その後長安に出て就職活動を行い、皇帝主催の特別試験を受験したが、いずれもうまくいかなかった。

安史《あんし》の乱がおこり、杜甫は地方に置かれた粛宗《しゅくそう》の臨時政府に向かった。その途上捕まり、逆賊の支配下にあった長安に軟禁される。「**月夜**《げつや》」「**春望**《しゅんぼう》」はこの頃の作品。のち脱出して臨時政府にたどり着き、左拾遺《さしゅうい》に取り立てられる。官位は低くとも、天子の政治の過失を指摘する名誉ある職であった。ところが就任直後に、降職された高官をかばう上書を行い、粛宗の怒りを買う。

その後長安を離れ秦州《しんしゅう》・成都《せいと》などを転々とする。成都では束《つか》の間平穏な生活を手に入れ、浣花草堂《かんかそうどう》を作り、そこで暮らした。杜甫の支援者であった厳武《げんぶ》が成都の長官となった際は、節度参謀《せつどさんぼう》・検校《けんこう》工部員外郎《こうぶいんがいろう》という官職を得た。その後成都を離れ、長江《ちょうこう》を下りながら旅を続け、最後は旅先で亡くなった。

ロバに乗る杜甫

作風

「**詩聖**《しせい》」と呼ばれる。「聖人」とは中国古典における最高の評価である。

杜甫は、常に広く天下社会を見すえて詩を作った。当時の詩人たちは、官僚を目指し、政治に参与する意志を持ちつつ詩作を行うのが常であった。杜甫は政治への熱意が生涯報われなかったにも関わらず、社会に対して深い関心を持ち続け、使命感を持って世の矛盾を描いた。安史の乱の際の役人の横暴や民の悲哀を描いた「**石壕の吏**《せきごうのり》」を始めとする一連の作品（「三吏三別《さんりさんべつ》」）が名高い。

また、それまで発達してきた詩の技巧を踏まえた上で、題材や表現の面で新たな境地を切り開いた。自然を見つめる透徹した眼差《まなざ》し、家族への温かな感情と細やかな描写などは、これまでの文学を受け継ぎながら杜甫が発展させた、漢詩の新たな一面である。

登高《とうこう》

七言律詩《しちごんりっし》。中国には、九月九日の重陽《ちょうよう》の節句（➡三七〇頁）の際、友人や家族と高い山に登り（登高）菊酒を飲むという習慣があった。作品は一人で過ごす「登高」の情景と、不如意な人生への嘆きをうたう。

七言律詩は、杜甫が生涯をかけて熟練していった詩形である。全句対《つい》で構成されるこの詩は、「対句《ついく》の名人」といわれる杜甫の最高傑作とされ、風景や感情の描写と技巧とが融《と》け合い、荘厳な響きを持っている。

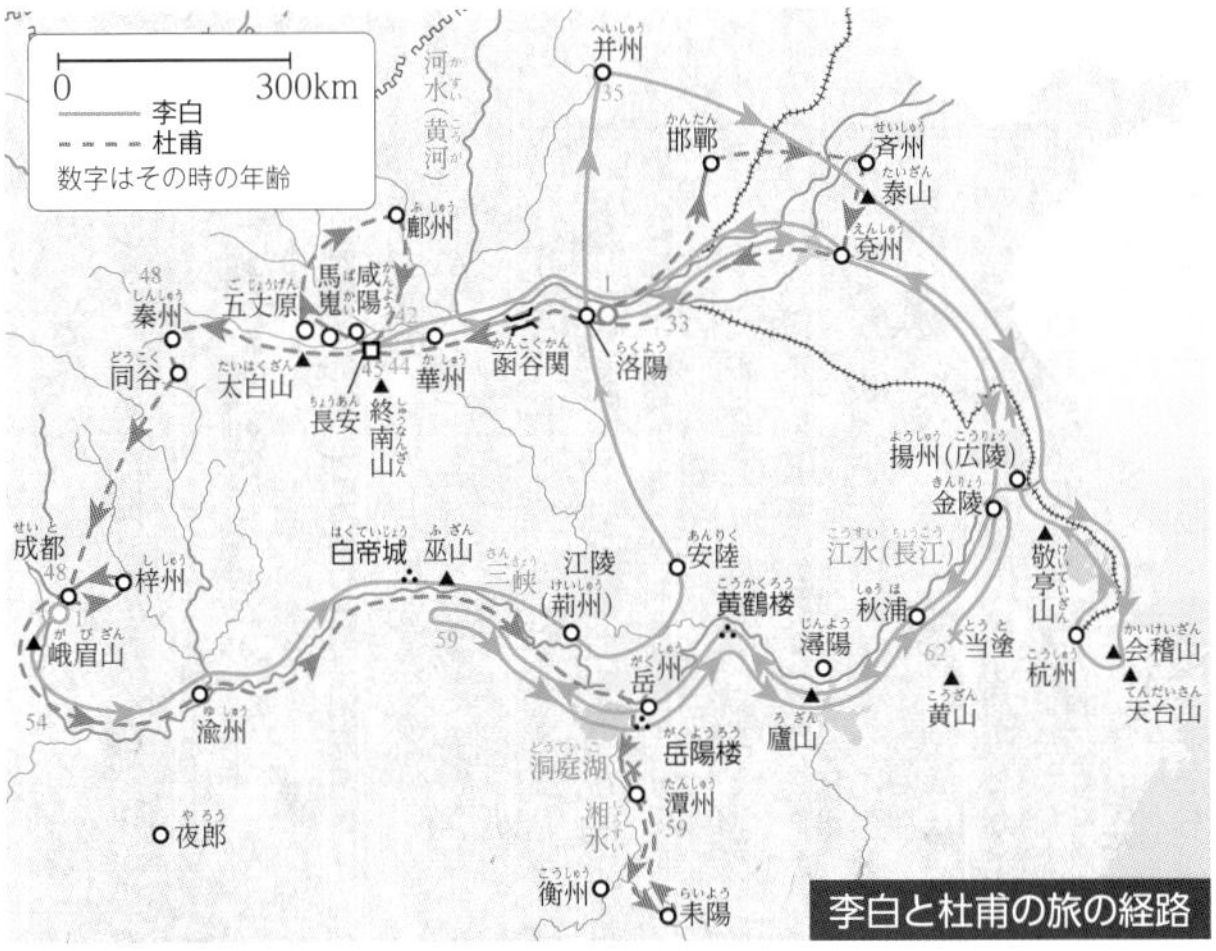

李白と杜甫の旅の経路

李杜の交遊

李白と杜甫が出会った時、李白は四十四歳、杜甫は三十三歳。李白にはすでに詩人としての名声があり、朝廷での仕官と挫折とを経験していた。一方の杜甫は、まだ無名であった。

対照的な二人ではあったが、だからこそ気が合ったのだろうか。杜甫は李白の人柄を慕い、またその才能をたたえた。李白もともに旅をしていた時に、心のこもった詩を杜甫に贈っている。

杜甫は、李白と別れた後、折に触れ李白を思う詩を詠んだ。一方の李白は、ひとたび別れてから後、杜甫に詩を贈った形跡はない。このような点でも、対照的な二人であった。

写真：李白の肖像＝東京国立博物館蔵（ColBase）・梁楷筆「李白吟行図」（部分）／滝を見る李白＝静岡県立美術館蔵・福田半香筆「李白観瀑図」／杜甫の肖像＝傅抱石筆「杜甫像」（部分）／ロバに乗る杜甫＝東京国立博物館蔵（ColBase）・一休宗純筆「杜甫騎驢図賛」（部分）

「国際的」大流行作家

白《はく》居《きょ》易《い》

＃中唐の詩人　＃白楽天　＃「長恨歌」　＃日本文学への影響

七七二年〜八四六年

西暦	歳	事項
七七二	1	鄭州新鄭県《ていしゅうしんていけん》(河南省)に生まれる。
八〇〇	29	進士科に合格する。
八〇六	35	「長恨歌《ちょうごんか》」を作る。
八一五	44	江州司馬《こうしゅうしば》に左遷される。自らの詩集十五巻を編纂《へんさん》する。
八一七	46	江州の廬山《ろざん》に草堂を築く。
八二〇	49	長安に召還され官に就《つ》く。
八二九	58	洛陽《らくよう》に移る。
八四二	71	退官する。
八四五	74	『白氏文集《はくしぶんしゅう／もんじゅう》』七十五巻成る。
八四六	75	洛陽の自宅で死去。

略歴

字は**楽天《らくてん》**。香山居士《こうざんこじ》・酔吟先生《すいぎんせんせい》と号す。祖父、父ともに地方官で終わる。幼い頃から聡明《そうめい》であった白居易は、周囲の期待を受けて体を壊すほど勉学に励んだ。

二十三歳の時に父を亡くす。その後二十九歳で進士科に合格。三年後に吏部《りぶ》(官吏の任用を司《つかさど》る)の試験に、さらにその三年後、制科《せいか》(天子が主催する特別試験)に合格。三つの試験に続けざまに合格するのは異例のことであった。翰林学士《かんりんがくし》(詔勅を起草する官)、左拾遺《さしゅうい》(天子を諫《いさ》める官)など天子の側近を務め、この頃「**売炭翁**《ばいたんおう》」を始めとする「**新楽府**《しんがふ》」と「**秦中吟**《しんちゅうぎん》」を作る。

八一五年、長安街中で宰相が殺される事件が起こる。白居易は真犯人究明を求める上書を行い、これが越権行為と咎《とが》められ江州《こうしゅう》(江西省)に左遷される。左遷という挫折の中でも、江州では風光明媚《めいび》の廬山《ろざん》(⬇三八〇頁)に草堂を築き、初めての文集十五巻を編纂《へんさん》した。「香炉峰《こうろほう》の雪」を詠んだ有名な作品はこのときのもの。白居易の文学と人生にとって、この左遷は重要な転機となった。

香炉峰の雪

のち長安に復帰し、順調に官途を歩む。杭州刺史《こうしゅうしし》・蘇州刺史《そしゅうしし》などを経て、五十代後半からは、自ら望んで副都洛陽《らくよう》勤務に移る。長安での出世争いや政争を避け、趣味や友人との交流に没頭し、満たされた晩年を過ごして一生を終えた。

作風

白居易の詩は、同時代に爆発的に流行し、その影響は朝鮮半島や日本にまで及んだ。流行の要因は、「詩ができるたび老婆にわかるかどうか尋ねた」とされるほどの平易さ、試験の成功者であったこと、誰をも引きつける巧みな物語詩……など、さまざま考えられる。

初めて編纂した十五巻の文集には、「**諷諭**《ふうゆ》」「**閑適**《かんてき》」「**感傷**《かんしょう》」「**律詩**《りっし》」の四分類を立てた。白居易自身が重視したのは、社会の矛盾を物語風に描き批判する「諷諭」、私生活の充実をうたう「閑適」であった。また「感傷」に分類される「**長恨歌**《ちょうごんか》」「**琵琶**《びわ》**行**《こう》」は、白居易の詩名を大いに高めた。

「諷諭」詩が、三十代、左拾遺の頃に集中的に作られたのに対し、「閑適」詩は生涯を通して作り続けられた。日常生活の充足を平易な言葉で綴《つづ》る「閑適」詩は、白居易が切り開いた新たなジャンルといえる。

白居易は自らの作品を何度も文集に編纂し、保存にも熱心だった。『**白氏文集**《はくしぶんしゅう／もんじゅう》』七十一巻が今に伝わり、詩およそ二千八百首、文およそ八百篇《へん》が現存する。これは唐代の詩人の作品数としては抜きん出て多い。

白詩《はくし》の大流行

白居易の詩(「白詩」)は、階層と国を問わず、幅広く受け入れられた。白居易が江州で親友の元稹《げんじん》(⬇四三頁)に送った手紙(「元九《げんきゅう》に与《あた》うる書《しょ》」)には、

▼科挙の受験者たちが、白居易が書いた賦《ふ》や判《はん》(賦は韻文の一種。判は訴訟への判決文。いずれも試験で課される文体)を伝えて手本としていた。

▼妓女《ぎじょ》が「長恨歌」を朗誦《ろうしょう》できることを誇った。

▼江州に至る途上で、白居易の詩が学校・仏寺・旅館・船中に書き付けてあった。

▼士族・庶民・僧侶・寡婦・娘たちが白居易の詩を口ずさんでいた。

などと記されている。

さらに、元稹の書いた「白詩長慶集《はくしちょうけいしゅう》序《じょ》」では、新羅《しらぎ》(朝鮮半島)の商人が白居易の詩を高値で購入したことも記されている。

白居易の文集は、平安朝の九世紀前半には日本に伝えられ、大流行した。『枕草子《まくらのそうし》』の「文《ふみ》は文集《ぶんしふ》(白氏文集《もん》)、文選《ぜん》……」という言葉を始め、菅原道真《すがわらのみちざね》の漢詩や『源氏物語《げんじものがたり》』の中にも、白居易への傾倒を読み取ることができる。

流行作家としての評価は、時に中傷に傾くこともあったが、ここまでの「ブーム」を巻き起こすのは、やはり未曽有のことであった。

写真：白居易の肖像＝国文学研究資料館蔵・狩野益信筆「詩歌仙」(部分)／李夫人＝国立故宮博物院蔵『麗珠萃秀』

Close Up 天子の恋愛を描いた「長恨歌」

唐の玄宗《げんそう》皇帝と楊貴妃《ようきひ》との悲恋を描いた長編の物語詩「長恨歌《ちょうごんか》」。作品はまず、玄宗皇帝が絶世の美女、楊貴妃を見出《みいだ》す場面から始まる。

楊貴妃（華清出浴図／康濤筆）

楊貴妃との歓楽に溺れて玄宗は政務を忘れる。楊貴妃の一族はみな栄達し、数多《あまた》の後宮の美女たちは顧みられなくなった。
永遠に続くかのような二人の蜜月を突然打ち破り、戦太鼓《いくさだいこ》が鳴り響く。安史《あんし》の乱の勃発である。玄宗と楊貴妃はお供を

玄宗皇帝楊貴妃図（鈴木春信筆・MOA美術館蔵）

連れて首都長安から逃れる。その途上、兵らの楊貴妃への不満を抑えきれず、やむなく玄宗は楊貴妃に死を賜る。

楊貴妃の死（魂系馬嵬／何家英・高雲筆）

乱の収束後、玄宗は長安へ戻る。以前は二人で眺めた景色を一人で眺め、ひたすら悲しみに暮れる。そこへ一人の「道士」が現れ、楊貴妃の魂の捜索が始まった。あちこち捜した末、仙界に楊太真《たいしん》（死後仙女となった楊貴妃の名）を見出す。楊太真は道士に思い出の品とかつての誓いの言葉をことづけ、永遠の愛を確かめるのであった。
七言《しちごん》百二十句にも及ぶこの作品を執筆したのは八〇六年、時に白居易は三十五歳。長安近郊の県の役人をしていた。勤務地は、楊貴妃が命を落とした場所、馬《ば》嵬《かい》（⬇三七七頁「長安周辺図」）にほど近かった。

友人たちと仙遊寺《せんゆうじ》という寺に遊んだ時、楊貴妃の死へと話が及び、そこで「長恨歌」を作ったという。

玄宗の治世は七一二年から七五六年。ごく近い時代の天子の恋愛を作品に描くのは、大胆な試みであった。ましてや、中国古典文学では、恋愛を正面から描くこと自体が珍しかった。

白居易は、作品の中にさまざまな仕掛けを施している。冒頭、玄宗を「漢皇《かんこう》」（漢の皇帝）と呼びなすのもその一つ。

直接「唐の玄宗皇帝」と呼ばないのは、やはり近い時代の天子をはばかったのだ、との指摘もある。しかし、ここで白居易は、ただ消極的な態度で「漢皇」を用いたわけではなさそうだ。

「長恨歌」の中で、玄宗皇帝は寵愛《ちょうあい》する楊貴妃を失い、失意の中「道士」に頼んで天の上、地の果てまでその姿を捜し求める。実は、皇帝が美女を愛し、早すぎる死を惜しんで死後もその姿を追い求めるという話の型は、既に漢代にあったのだ。それが、漢の武帝《ぶてい》と李夫人《りふじん》との恋物語。

寵愛していた李夫人の死後、武帝は方術使いに頼んで「反魂香《はんごんこう》」なる霊薬を作らせ、その魂を呼び寄せたという。白居易は、冒頭に「漢皇」とおくことで、有名な武帝と李夫人との悲恋を重ね、物語に奥行きを与える工夫を施しているのである。

比べてみよう

「長恨歌《ちょうごんか》」と「李夫人《りふじん》」

白居易には、漢の武帝《ぶてい》と李夫人《りふじん》の悲恋を取り上げた「李夫人」という作品がある。こちらは「諷諭」詩の「新楽府」として描かれ、皇帝が女色に惑うのを戒める内容となっている。作品は、周の穆王《ぼくおう》・唐の玄宗など美人を愛した権力者の例をあげながら、こう結ばれる。

縦令《たと》ひ妍姿《けんし》艶質《えんしつ》 化《か》して土《ど》に為《な》るも
此《こ》の恨《うら》み長《とこし》へに在《あ》りて銷《き》ゆる期《とき》無《な》からん
生《せい》にも亦《また》惑《まど》ひ死《し》にも亦《また》惑《まど》ふ
尤物《いうぶつ》 人《ひと》を惑《まど》はして忘《わす》れ得《え》ず
人《ひと》は木石《ぼくせき》に非《あら》ず 皆《みな》 情《じやう》有《あ》り
如《し》かず 傾城《けいせい》の色《いろ》に遇《あ》はざらんには

意 美人のあで姿が死んで土くれとなってしまっても、愛する人を失った恨みは永遠に残って忘れる時はないだろう。生きていても惑い、死んでもまた惑う。美人は人を惑わせて忘れることを許さない。人間は木や石とは違い、みな感情を持っている。そうであるからには、傾城の美人には出くわさない方がよい。

皇帝の悲恋という同じテーマを扱いながら、叙情豊かな美しい物語に仕上げた「長恨歌」と、女色を戒める「李夫人」。二つの作品を比べると、白居易がいかに明確な意志と確かな構成力を持って作品を組み立てていたかが、よくわかる。

李夫人

文学史問題：『枕草子』と関わりのある「香炉峰雪撥簾看」の句や、『源氏物語』の内容に影響を与えた詩「長恨歌」などで知られる、中唐期の詩人の姓名を漢字で答えよ。（琉球大・改）

韓《かん》愈《ゆ》

古文運動・儒教復興を提唱

#中唐の詩人・文章家　#古文運動の旗手　#唐宋八大家　#儒教復興

殷｜西周｜春秋｜戦国｜秦｜漢｜三国｜晋｜南北朝｜隋｜**唐**｜五代｜宋｜元｜明｜清

七六八年〜八二四年

西暦	歳	事項
七六八	1	生まれる。
七九二	25	進士科に合格。
八〇三	36	長安で監察御史《かんさつぎょし》となる。十二月、陽《よう》山《ざん》に左遷される。
八〇六	39	長安に復帰。
八一七	50	刑部侍郎《けいぶじろう》となる。
八一九	52	「仏骨《ぶっこつ》を論《ろん》ずる表《ひょう》」を奏上し、潮州刺《ちょうしゅうし》史《し》に左遷される。
八二〇	53	長安に帰還。
八二四	57	吏部《りぶ》侍郎を辞職し、長安の自宅にて死去。

略歴

字は退之《たいし》、自称した本籍が昌黎《しょうれい》（河北省）であったので、韓昌黎《かんしょうれい》とも呼ばれる。諡《おくりな》は文公《ぶんこう》。

幼くして両親を亡くし、兄の韓会《かんかい》に養われる。その兄も十二歳のときに亡くなる。二十五歳のとき、四度目の受験にして、ようやく進士科に合格する。

三十六歳のとき、監察御史《かんさつぎょし》（官吏の不正を監督する官）となるが、同年、上奏した文章がきっかけで陽山《ようざん》（広東省）県令に左遷される。のち長安に復帰し、国子《こくし》博士《はくし》（国立学校の教官）となったが、すぐに願い出て洛陽《らくよう》勤務となる。何らかの舌《ぜっ》禍《か》（筆禍《ひっか》）事件が背景にあったと考えられる。その後は長安に戻り、浮沈はありつつも刑部侍郎《けいぶじろう》（司法を司る役所の次官）となる。五十二歳のとき、仏教を指弾する**「仏骨《ぶっこつ》を論《ろん》ずる表《ひょう》」**を奉ったことが憲宗《けんそう》の怒りに触れ、死罪は免れたものの南方の僻地《へきち》潮州《ちょうしゅう》（広東省）へ左遷される。その後長安に戻り、吏部《りぶ》侍郎（官吏の任免を司る役所の次官）となる。五十七歳で職を辞し、長安の自宅にて亡くなる。

過激に傾きがちな言動で周囲と摩擦を起こし、世渡りに失敗することも多かった。一方で、張籍《ちょうせき》・孟郊《もうこう》・賈島《かとう》（⬇四二三頁）ら多くの優れた門人（「韓門弟子《かんもんていし》」）を引き立て育てる、面倒見のよい面もあった。

作風

韓愈と柳宗元《りゅうそうげん》は、唐代の**「古文運動《こぶんうんどう》」**の中心的人物であり、いわゆる**「唐宋八大《とうそうはちたい》家《か》」**に数えられる。

それまで文体の主流をなしていた「四《し》六駢儷体《ろくべんれいたい》（駢文《べんぶん》）」は、対句《ついく》・平仄《ひょうそく》といった形式や修辞を極端に重視し、内容が空疎になりがちであった。対して古文運動は、先秦《せんしん》から漢代の古文（『孟子《もうし》』『史記《しき》』など）を範とし、達意《たつい》（自分の考えを相手によくわかるように伝える）の文章を書くことを主張した。

古文運動の背景には、科挙によって力を得た新興官僚層の台頭があった。貴族社会で流行した駢文ではなく、新しい階層の思想を盛り込む新しい文体として、**「古文《こぶん》」**が構想されたのである。また、古文の提唱は一種の復古思想、**儒教回帰**の主張でもあった。唐代には老荘思想や仏教が広く流行していた。韓愈はこれに反発して儒教回帰を唱え、**「原道《げんどう》」「原性《げんせい》」**などの古文を著した。韓愈・柳宗元らが提唱した古文は、宋代以降、標準的な文体となってゆく。

詩人としては、白居易《はくきょい》とともに**中唐**を代表し、「韓白《かんぱく》」と併称される。白居易が「平易」を宗《むね》として詩を作ったのに対し、韓愈は「奇《き》」、すなわち奇抜で難渋な表現を追求し、「言い古された表現は排除する」という態度をもって、独自の詩風を作り上げた。

韓愈と「韓門弟子」

韓愈と弟子たちの間には、いろいろなエピソードが伝わっている。有名な「推《すい》敲《こう》」（⬇四二五頁）の故事もその一つ。

——賈島《かとう》は科挙に応じるために上京した。ある日、驢馬《ろば》に乗って詩を作っていると「僧《そう》は推《お》す月下《げっか》の門《もん》」の句を思いついた。「推す」を「敲《たた》く」に変えるかどうかを決めあぐね、手で推したり敲いたりの仕草をしていたところ、当時長安の長官をしていた韓愈にぶつかってしまった。賈島が事情を話したところ、韓愈は「敲くがよかろう」とアドバイスした。そこで二人は轡《くつわ》を並べてともに詩を論じた。——

賈島と韓愈のなれそめを記したこの話は、実話ではないとされる。史書には、洛陽の僧であった賈島の詩才を韓愈が認め、還俗《げんぞく》（僧が俗世に戻る）して科挙を受けるように勧めたと記される。いずれにせよ、詩作に対する賈島のこだわりと、才能のある者とは身分の隔てなく文学を論じた韓愈の懐の深さを表すエピソードである。

推敲（呉友如筆）

柳《りゅう》宗《そう》元《げん》

孤独の中で山水美を追求

＃中唐の詩人・文章家　＃唐宋八大家　＃山水詩の代表的作家

殷｜西周｜春秋｜戦国｜秦｜漢｜三国｜晋｜南北朝｜隋｜**唐**｜五代｜宋｜元｜明｜清

七七三年～八一九年

西暦	歳	事項
七七三	1	長安に生まれる。
七九三	21	進士科に合格。父を亡くす。
七九六	24	秘書省校書郎《ひしょしょうこうしょろう》となる。
八〇五	33	永州司馬《えいしゅうしば》に左遷される。
八一五	43	長安に召還される。同年、柳州刺史《りゅうしゅうしし》に左遷される。
八一九	47	柳州にて死去。

略歴

字は子厚《しこう》、本籍地が河東《かとう》(山西省)だったので、柳河東《りゅうかとう》とも呼ばれる。長安に生まれる。祖先に高位高官を輩出したが、柳宗元の代には没落していた。幼い頃から学問に優れ、二十一歳の若さで進士科に合格。新進のエリート官僚として活躍し、韓愈《かんゆ》、劉禹錫《りゅううしゃく》(⬇四一四頁)らと交遊した。

当時、宦官《かんがん》(⬇三九二頁)や旧貴族の勢力が朝廷を牛耳《ぎゅうじ》っていた。これに対抗して政治の刷新を行おうとする動きがあり、柳宗元はその一派に加えられる。順宗《じゅんそう》の即位とともに急進的な改革を推し進めたが、既存勢力の抵抗などによってわずか数ヶ月であっさりと頓挫する。順宗の次の憲宗《けんそう》の即位後、改革に参加した者はすべて流罪《るざい》となった(二王八司馬《におうはちしば》事件)。柳宗元は永州《えいしゅう》(湖南省)司馬《しば》に左遷され、その後十年の長きにわたって配流先《はいるさき》に留まることとなる。

ようやく長安帰還を許され喜んだのも束《つか》の間、同年再び僻地《へきち》の柳州《りゅうしゅう》(広西壮族自治区)へ左遷される。最後は柳州で四十七歳という短い生涯を閉じた。

若くして進士に合格し前途洋々と思われたが、二度の僻地への左遷で報われないまま亡くなった、悲劇的な人生であった。

作風

山水詩《さんすいし》の代表的作者として「王孟韋柳《おうもういりゅう》(王維《おうい》・孟浩然《もうこうねん》・韋応物《いおうぶつ》・柳宗元)」と併称される。柳宗元の山水詩は、左遷先の不遇の中で磨かれたものであった。孤独と憂愁が柳宗元を山水に向かわせた。誰にも顧みられない僻地の山水に心を寄せ、詩だけでなく山水遊記の名文を多く残した。有名な絶句「**江雪**《こうせつ》」は、五言《ごごん》二十文字の中に絶対的な静寂と孤独な世界を描き出す。

散文では、韓愈とともに**古文復興**《こぶん》につとめ、「**唐宋八大家**《とうそうはちたいか》」に名前を連ねる。文章は理知的で、巧みな比喩を用いて社会の矛盾を指弾し、政治を鋭く批判する。猛毒の蛇を捕る村人の言を借りて重税を非難する「捕蛇者《ほだしゃ》の説《せつ》」、官僚のあるべき姿を厳しく説いた「薛存義《せつそんぎ》を送《おく》る序《じょ》」などが名高い。

寒江独釣図　絶句「江雪」をモチーフとする。

漢詩のアレンジ、異文化との交流

柳宗元の代表作の一つ「漁翁《ぎょおう》」は、年老いた漁師の暮らしと清らかな山水を描く。第二聯《れん》の「煙《けむり》銷《き》え日出《ひい》でて人《ひと》を見《み》ず、欸乃一声《あいだいいっせい》 山水緑《さんすいみどり》なり」という句が殊《こと》に印象的である。

この詩をモチーフにした絵本が、ユリー・シュルヴィッツ作の「よあけ」(瀬田《せた》貞二《ていじ》訳)である。朝の静かな時間がゆっくりと描かれ、絵本の最後では第二聯にうたわれる情景が、鮮やかに視覚化される。

福音館書店

このように、漢詩とは遠く離れていると思われる文化圏・ジャンルにも、漢詩の美しさは認められている。グスタフ・マーラー「大地の歌」が、李白《りはく》を始めとする唐代詩人の作品の翻訳・翻案(ハンス・ベートゲ『中国の笛』)によることはよく知られている。これも漢詩のもつ普遍性の一つの表れと言えるかもしれない。

マーラー

写真：寒江独釣図＝東京国立博物館蔵・伝 馬遠筆／『よあけ』＝ユリー・シュルヴィッツ作・画、瀬田貞二訳、福音館書店刊

杜《と》牧《ぼく》

晩唐を代表する抒情詩人

殷 / 西周 / 春秋 / 戦国 / 秦 / 漢 / 三国 / 晋 / 南北朝 / 隋 / **唐** / 五代 / 宋 / 元 / 明 / 清

八〇三年〜八五二年

#晩唐の詩人 #七言絶句 #江南

西暦	歳	事項
八〇三	1	生まれる。
八二八	26	進士科に合格する。
八三三	31	揚州《ようしゅう》にて牛僧孺《ぎゅうそうじゅ》の書記となる。
八三七	35	弟の病を理由に一旦職を辞す。
八四二	40	黄州《こうしゅう》(湖北省)の刺史《しし》となる。
		その後池州《ちしゅう》・睦州《ぼくしゅう》の刺史を歴任。
八五二	50	中書舎人《ちゅうしょしゃじん》となる。死去。

略歴

字は牧之《ぼくし》。晩唐の詩人。杜甫と区別して小杜《しょうと》と呼ばれる。祖父は宰相を務め、『通典《つてん》』(玄宗までの歴代の制度を記す)の作者としても有名な杜佑《とゆう》。若い頃、時の権力者牛僧孺《ぎゅうそうじゅ》の書記となり揚州《ようしゅう》(江蘇省)に赴任。その後弟の病のために一旦職を辞す。復帰した後は地方の刺史《しし》(州の長官)を歴任し、晩年は中央に戻り中書舎人《ちゅうしょしゃじん》(詔勅を起草する官)となるが、ほどなくして死去。

作風

李商隠《りしょういん》(⬇四三三頁)とともに晩唐を代表する詩人で、七言《しちごん》絶句に優れる。詩風は主として洒脱《しゃだつ》で艶《なま》めかしい。その一方、軍事に関する文章が多く残され兵法にも詳しかったといい、『孫子《そんし》』(⬇三六九頁)に対する注がある。江南地方で任官生活を送ったことから、南方の風景や歴史的名所を題材とし、歴史上の英雄の盛衰を感傷的に詠んだ抒情詩《じょじょうし》が多い。

江南《こうなん》の春《はる》

千里《せんり》　鶯《うぐひす》啼《な》いて緑紅《みどりくれなゐ》に映《えい》ず
水村《すいそん》　山郭《さんくわく》　酒旗《しゅき》の風《かぜ》
南朝《なんてう》　四百八十寺《しひやくはつしんじ》
多少《たせう》の楼台《ろうだい》　煙雨《えんう》の中《うち》

鶯(高麗鶯)

意 見渡す限り鶯が鳴いて緑の木々が赤い花に照り映《は》える。水辺や山際の村々では酒屋の旗が風になびいている。南朝時代からある多くの古寺の、建物が春雨の中に霞《かす》んでいる。

江南地方の春の情景を詠んだこの詩は前半と後半で趣が異なる。色彩の対比や印象的な風物を用いて春の情景を明るく鮮やかに描く前半に対し、後半では春雨の中にたたずむ古寺という、憂いを帯びた情景を描いている。

欧《おう》陽《よう》脩《しゅう》

宋代詩文の基礎を築く

殷 / 西周 / 春秋 / 戦国 / 秦 / 漢 / 三国 / 晋 / 南北朝 / 隋 / 唐 / 五代 / **宋** / 元 / 明 / 清

一〇〇七年〜一〇七二年

#宋詩 #唐宋八大家 #正史の編纂

西暦	歳	事項
一〇〇七	1	綿州《めんしゅう》(四川省)に生まれる。
一〇一〇	4	父の観《かん》が死去。
一〇三〇	24	進士科に合格する。
一〇六一	55	参知政事《さんちせいじ》(副宰相)となる。
一〇七二	66	潁州《えいしゅう》で死去。

略歴

姓は**欧陽**、名は**脩**、字は永叔《えいしゅく》、**六一居士《りくいつこじ》**と号す。父を早くに亡くし母親に育てられる。家は貧乏だったが、幼い頃から経書《けいしょ》に親しみ詩文を制作していたという。科挙に合格し進士となった後は洛陽《らくよう》に赴任し、その後二度の左遷にあうが、都に呼び戻され最終的には宰相に次ぐ地位にまで上りつめる。晩年は地方官に転出し、政治家を引退した後は潁州《えいしゅう》(安徽省《あんきしょう》)で隠《いん》遁《とん》生活を送り、その地で死去。

作風

詩・文章の双方に優れ、当時新しいジャンルであった**詞《し》**も多く残している。また金石学《きんせきがく》(青銅器や石碑などに刻まれた文を研究する学問)の先駆者としても有名であり、『新唐書《しんとうじょ》』・『新五代史《しんごだいし》』という正史(⬇三六八頁)も編纂《へんさん》している。

詩では唐詩の風格を引き継ぎながらも、それまでになかった新しい題材を詠みこんだり、論理的な風格の詩を作ったりと宋詩の基礎を築いた。文章では韓愈《かんゆ》の影響を受け**古文運動《こぶんうんどう》**を推し進め、平易な言葉で詳細な議論を尽くす文章を著しており、**唐宋八大家《とうそうはちたいか》**に数えられる。

六一居士

欧陽脩はさほど政治的地位には執着せず、晩年は文人らしい隠遁生活を好んだことで知られる。それは彼の六一居士という号にもよく表れている。

六一とは「蔵書一万巻」「金石遺文一千巻」「琴《きん》一張」「棋一局(碁盤一つ)」「酒一壺《こ》」「吾《われ》一翁《おう》(一人の老人＝私)」という六つの一を指している(「六一居士伝《りくいつこじでん》」)。琴や囲碁は文人の嗜《たしな》みとして代表的なものであり、欧陽脩が書物に囲まれた典雅な生活を志向していたことがうかがわれる。

北宋最大の文人

蘇軾《そしょく》

一〇三六年〜一一〇一年

殷
西周
春秋
戦国
秦
漢
三国
晋
南北朝
隋
唐
五代
宋
元
明
清

#宋詩 #唐宋八大家 #三蘇 #旧法党

西暦	歳	事項
一〇三六	1	眉州《びしゅう》(四川省)に生まれる。
一〇五七	22	進士科に合格する。
一〇七一	36	杭州《こうしゅう》(浙江省)に赴任する。
一〇七九	44	黄州《こうしゅう》に流罪《るざい》となる。
一〇八五	50	都に召し還《かえ》される。
一〇九七	62	儋州《たんしゅう》(海南島)に左遷される。
一一〇一	66	常州《じょうしゅう》で死去。

略歴

字は子瞻《しせん》、**東坡居士**《とうばこじ》と号す。父は**蘇洵**《そじゅん》・弟は**蘇轍**《そてつ》(⬇四一五頁)。**唐宋八大家**《とうそうはちたいか》に数えられる文人。弟の蘇轍とともに進士科に合格するが、ほどなくして母が死去し喪に服す。喪が明けた後は官界に戻るが、王安石《おうあんせき》(⬇四一五頁)の新法《しんぽう》に反対したことで地方官の職を転々とする生活を余儀なくされる。その後、詩の中に朝廷を批判した内容があるとして、黄州《こうしゅう》(湖北省)に流罪《るざい》となる。その後**旧法党**《きゅうほうとう》の復権に伴い都に復帰するが、哲宗《てっそう》が親政し、再び新法党《しんぽうとう》が政権を握ると、晩年には中国最南端の海南島《かいなんとう》にまで左遷される。徽宗《きそう》が即位すると罪を軽減されるが、都に帰る途中常州《じょうしゅう》(江蘇省)にて死去。

作風

蘇軾は政局に左右される波乱万丈の人生を送ったが、それに反して詩の内容はユーモアに富んだものが多い。自らの人生を達観し、苛酷な現実に直面していても、どこか楽観的な態度が見て取れる。宋詩の例に漏れず、日々の生活を細かく詠んだ詩、理知的な詩が多いのも特徴である。弟の蘇轍とは生涯仲むつまじく、二人での唱和詩も数多い。

文章では唐宋八大家に数えられ、欧陽《おうよう》脩《しゅう》とともに北宋を代表する古文家であった。他、詞・書・画などにおいてもその才能をいかんなく発揮した。

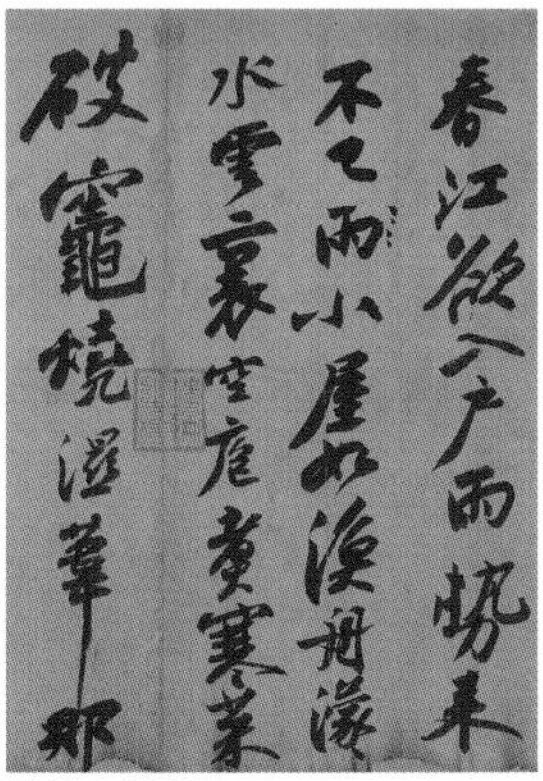

蘇軾の筆跡

澄邁駅《ちょうまいえき》の通潮閣《つうちょうかく》 其二《そのに》

余生《よせい》 老《お》いんと欲《ほっ》す海南《かいなん》の村《むら》
帝《てい》は巫陽《ふやう》をして我《わ》が魂《たましひ》を招《まね》かしむ
杳杳《えうえう》として天低《てんひく》く 鶻《こつ》の没《ぼっ》する処《ところ》
青山一髪《せいざんいっぱつ》 是《こ》れ中原《ちゅうげん》

意 私は余生をこの海南の村で過ごそうとしていたのだが、帝(徽宗を指す)は巫陽(巫《み》女《こ》の名)に命じて私の魂を本土へと呼び戻された。遥《はる》か彼方、天と地が重なりハヤブサが消えて行く所に、一筋の髪の毛のようにかぼそい青山が見える、あれが中原(中国)の地だ。

蘇軾は一〇九七年から一一〇〇年までの三年間を海南島で過ごす。徽宗が即位した後、海南島から離れることを許され、島の北岸の澄邁駅までやって来た。そこで通潮閣という楼閣に登って対岸の中国大陸を眺めやり、中原の地へと帰る感慨を述べたのがこの詩である。

当時の人々にとって地の果てとも目される海南島にあっても、蘇軾は絶望にとらわれることなく、農業を営み、陶淵明《とうえんめい》(⬇四〇二頁)の詩などを読んで過ごしていた。結句のかぼそく見える青山には、年老いた蘇軾の希望が凝縮されているように感じられる。しかしこの後ほどなくして蘇軾は死ぬことになる。蘇軾が再び都の地を踏むことはなかったのである。

比べてみよう

蘇軾と松尾芭蕉《まつおばしょう》

蘇軾は杭州《こうしゅう》の知事を務めた際、杭州の西湖《せいこ》(⬇三八〇頁)の美しさをたたえて「湖上《こじょう》に飲《の》みて初《はじ》め晴《は》れて後《のち》に雨《あめ》ふる」という詩を作った(左はその一部)。

西湖を把《も》って西子《せいし》に比《ひ》せんと欲《ほっ》せば、
淡粧《たんしゃう》 濃抹《のうまつ》 総《す》べて相《あひ》 宜《よろ》し。

意 この美しい西湖を古《いにしえ》の美女の西施《せいし》にたとえるならば、(晴れの日は)薄化粧、(雨の日は)濃い化粧で、どちらもよく似合う。

「西子」は春秋時代の伝説の美女である西施で、蘇軾は西湖の美しさをその西施にたとえている。

また**松尾芭蕉**には、蘇軾のこの詩を踏まえたと思われる俳句がある。

象潟《きさかた》や雨に西施がねぶの花

意 象潟で雨にぬれているネムの花は西施のようにしっとりと美しい。

象潟は今の秋田県にかつてあった潟《せき》湖《こ》で、この句は芭蕉がそこを訪れた時に詠んだものである(⬇一八五頁)。

蘇軾が西湖の晴れた日と雨の日の両方の美しさを西施にたとえているのに対し、芭蕉は雨にしっとりとぬれたネムの花の美しさを西施にたとえている。ここに日本と中国の美意識の違いを見ることができるだろう。

写真：杜牧・欧陽脩の肖像＝京都大学文学研究科図書館蔵『晩笑堂画伝』／蘇軾の肖像＝国立故宮博物院蔵・趙孟頫「行書赤壁二賦」より／蘇軾の筆跡＝国立故宮博物院蔵「黄州寒食詩巻」(部分)

早世の才子

劉希夷《りゅうきい》

六五一年～六七九?年
初唐の詩人

字は廷芝《ていし》。音楽に優れ酒を好み奔放に生きたが、若くして死去した。代表作に、老いの悲しみをうたう七《しち》言《ごん》古詩「**白頭《はくとう》を悲《かな》しむ翁《おきな》に代《か》わる**」があり、その中の「年年歳歳《ねんねんさいさい》花相似《はなあひに》たり、歳歳年年人同《さいさいねんねんひとおな》じからず」（毎年花は同じよう（に咲くの）だが、毎年（花を愛《め》でる）人は同じではない）の句が著名である。

豪快な辺塞詩人

王翰《おうかん》

六八七?年～七二六?年
盛唐の詩人

字は子羽《しう》。豪快な性格で、酒や狩猟を好んだ。辺境へ赴く兵士の悲哀を異国情緒をちりばめてうたった七《しち》言《ごん》絶句「**涼州詞《りょうしゅうし》**」が名高い。こうした作品があることから、同じく辺境を詠んだ詩で知られる高適《こうてき》《せき》（↓四二三頁）や岑参《しんじん》などとともに「辺塞詩人《へんさいしじん》」と呼ばれる。

「鸛鵲楼に登る」で不滅の名声

王之渙《おうしかん》

六八八年～七四二年
盛唐の詩人

字は季陵《きりょう》。鸛鵲楼《かんじゃくろう》（山西省）から黄河を見下ろす様子をうたった五言《ごごん》絶句「**鸛鵲楼に登《のぼ》る**」や、辺塞の風景をうたった七言《しちごん》絶句「**涼州詞《りょうしゅうし》**」が著名。王之渙の詩は六首しか現存しないが、これらの傑作により彼は詩人として不朽の名声を得た。

鸛鵲楼

李白を感嘆させた伝説を持つ詩人

崔顥《さいこう》

七〇四?年～七五四年
盛唐の詩人

若い頃の詩は軽薄だったが、年をとってから力強い気風を持ったと言われる。仙人が壁に黄色い鶴を描きそれに乗って飛んでいった、という伝説をとりあげた七言《しちごん》律詩「**黄《こう》鶴楼《かくろう》**」が著名で、その出来映えには「詩仙《しせん》」李《り》白《はく》（↓四〇六頁）も感服した、という逸話がある。

黄鶴楼

荒涼たる西域をうたう

岑参《しんじん》

七一五?年～七七〇年
盛唐の詩人

辺境生活を二度経験しており、辺境の情景や、そこで戦う兵士の心を詠むことを得意とし、王翰《おうかん》や高適《こうてき》《せき》（↓四二三頁）などとともに「辺塞詩人《へんさいしじん》」と呼ばれる。名作とされる七言《しちごん》絶句「**磧中《せきちゅう》の作《さく》**」（「磧」は「砂漠」の意）は、中国西部、中央アジアに通じる地域の広大な砂漠の情景を詠み込んだ詩である。

山水詩の名手

韋応物《いおうぶつ》

七三七年～七九三?年
中唐の詩人

若い頃には皇帝玄宗《げんそう》の近くに仕え、その地位をよいことに勝手な振る舞いもしたが、安史《あんし》の乱の後、読書に励んだと伝えられる。**山水詩《さんすいし》**の名手として、王《おう》維《い》・孟浩然《もうこうねん》・柳宗元《りゅうそうげん》とともに「王孟韋柳《おうもういりゅう》」と称される（↓四二二頁）。

韋応物（「詩歌仙」／部分・国文学研究資料館蔵）

「楓橋夜泊」の作者

張継《ちょうけい》

生没年未詳
中唐の詩人

字は懿孫《いそん》。作為的な技巧に走らず格調高い詩を作ったと評される。旅の様子を詠んだ作品が多く、寒山寺《かんざんじ》（↓三八〇頁）の鐘の音を詠み込んだ七言《しちごん》絶句「**楓橋夜《ふうきょうや》泊《はく》**」が著名である。

楓橋

白居易にも認められた「詩豪」

劉禹錫《りゅううしゃく》

七七二年～八四二年
中唐の詩人

字は夢得《ぼうとく》。政治家となり柳宗元《りゅうそうげん》（↓四二二頁）とともに政治改革に加わったが、失敗に終わり左遷された。しかし後に許されて都に戻り要職を歴任した。晩年は洛《らく》陽《よう》に住み、白居易《はくきょい》（↓四〇八頁）と交流し、多くの詩をやりとりしている。白居易は劉禹錫を「**詩豪《しごう》**」とたたえた。

「サヨナラ」ダケガ人生ダ

于武陵《うぶりょう》

八一〇?年～?年
晩唐の詩人

名は鄴《ぎょう》。武陵は字。仕官への望みを捨て、天下を放浪。離別をうたった五言《ごごん》絶句「**酒《さけ》を勧《すす》む**」（勧酒《かんしゅ》）」が著名。この詩は、「花発《はなひら》いて風雨《ふうう》多く、人生別離足《じんせいべつりた》る（花が咲いても雨風が多く（散ってしまい）、人の一生にも別れが満ちている）」という句を井伏鱒二《いぶせますじ》（↓二七〇頁）が「ハナニアラシノタトヘモアルゾ　『サヨナラ』ダケガ人生ダ」（『厄除《やくよ》け詩集』）と訳したことでも知られる。

先憂後楽の偉人

范仲淹《はんちゅうえん》

九八九年～一〇五二年

字は希文《きぶん》。家が貧しく苦労したが、科挙に合格して参知政事（副宰相）にまで出世した。「**岳陽楼の記**《がくようろうのき》」に、政治家の心構えを述べた「先ンジテ二天下之《の》憂《うれ》ヒニ一而憂ヒ、後《おく》レテ二天下之楽シミニ一而楽シム」（世の人々が憂えるのに先立って憂え、世の人々が楽しんだ後に楽しむ）の句があり、日本でも庭園「後楽園」の名の由来となるなど、よく知られる。

蘇軾の父

蘇洵《そじゅん》

一〇〇九年～一〇六六年
唐宋八大家

字は明允《めいいん》。はじめは学問を好まなかったが、二十七歳になって一念発起《ほっき》して勉強をし、科挙を受けた。しかし落第し、以後の受験を断念、執筆活動に力を注いだ。そして、その著作が欧陽脩《おうようしゅう》（➡四二二頁）に認められたことから、文名が上がった。奔放な性格で、思い切った議論を展開した所に特徴がある。子の蘇軾《そしょく》（➡四二三頁）・蘇轍《そてつ》に対して「**老蘇**《ろうそ》」と呼ばれる。

北宋儒学の大家

周敦頤《しゅうとんい》

一〇一七年～一〇七三年

字は茂叔《もしゅく》。号は濂渓《れんけい》。宋代儒学の基礎を築き、儒教史の中で重要な位置を占める。著書に、『易経《えききょう》』『中庸《ちゅうよう》』に基づいて道徳を説いた『通書《つうしょ》』や、宇宙の根源たる太極《たいきょく》から万物が生じる様子を図解した『太極図説《たいきょくずせつ》』がある。

堅実な名文家

曽鞏《そうきょう》

一〇一九年～一〇八三年
唐宋八大家

字は子固《しこ》。一〇五七年に三十九歳で科挙の進士科に合格した。同年の合格者には約二十歳年下の蘇軾《そしょく》・蘇轍《てつ》の兄弟がいた。欧陽脩（➡四二二頁）に文を学び、儒教の伝統的な思想に基づき着実に議論を進める文章が高く評価され、名文家として後世に名を残した。

新法党を率いた大政治家

王安石《おうあんせき》

一〇二一年～一〇八六年
唐宋八大家

字は介甫《かいほ》。臨川先生《りんせんせんせい》とも称される。各種の**新法**《しんぽう》（改革）を断行したが、旧法党《きゅうほうとう》の反対にあい、激しい党争が起こった。王安石の文章は、「筆力簡健《ひつりょくかんけん》」（筆致が簡潔で剛健）と評された。また彼の詩は、論理的な要素を取り入れる宋代の詩風をよく表している。

蘇軾の弟

蘇轍《そてつ》

一〇三九年～一一一二年
唐宋八大家

字は子由《しゆう》。蘇軾《そしょく》（➡四二三頁）の三歳年下の弟。兄弟の仲がよく、兄蘇軾が筆禍《ひっか》事件で投獄された際には、蘇轍は身の危険も顧みず皇帝に向けて助命嘆願の文章を書いている。蘇軾を「大蘇《たいそ》」と呼ぶのに対し、蘇轍を「**小蘇**《しょうそ》」と呼び、また、父の蘇洵《そじゅん》とこの兄弟を合わせて「三蘇《さんそ》」と呼ぶ。

詩・書に優れた 蘇軾の高弟

黄庭堅《こうていけん》

一〇四五年～一一〇五年

字は魯直《ろちょく》。号は山谷道人《さんこくどうじん》。蘇軾《そしょく》（➡四二三頁）の弟子、かつ友人であり、政治的には旧法《きゅうほう》党と見なされ、新法《しんぽう》党《とう》から迫害された。典故《てんこ》（過去の詩文をより所とした表現）の使用を得意とし、その詩のすばらしさは蘇軾にも匹敵するとされ、「蘇黄《そこう》」と並称された。また、書家としても一流で、書道においても後世の模範となった。

中国史上屈指の女性詞人

李清照《りせいしょう》

一〇八四?年～一一五三?年

女性。長短ふぞろいの句から成る韻文、「**詞**《し》」に優れる。夫の趙明誠《ちょうめいせい》とともに金石《きんせき》・書画の収集・整理をしながら暮らしたが、北宋が滅び夫も病死して、苦境に陥った。そうした中でも優れた詞を残し、史上屈指の女性詞人となるに至った。

悲劇を生きた愛国の詩人

陸游《りくゆう》

一一二五年～一二〇九年

字は務観《むかん》、号は**放翁**《ほうおう》。長寿を保ち、その詩は九千首以上が現存する。時の宰相秦檜《しんかい》に不当に恨まれ、政治的に不遇だった。北宋・南宋の境目の時代に生まれ、失地回復を訴え愛国の情を表した詩を多く残した。若き日、唐琬《とうえん》という女性と結婚したが、母の命令で強制的に離婚させられるという悲劇を経験している。

文学史問題：古文復興の中心となった唐宋八大家として数えられる人物を次からすべて選べ。（九州大・改）
①王陽明　②蘇軾　③朱熹　④杜甫　⑤王安石　⑥王維　⑦韓愈　⑧陶淵明　⑨司馬遷　⑩欧陽脩

売り飛ばされる幽霊

売《うル》レ鬼《きヲ》（定伯売鬼・夜行逢鬼）

干宝《かんぼう》

宋定伯《そうていはく》はある夜幽霊に出会った。定伯はとっさに「自分も幽霊だ」と嘘をついて、幽霊とともに市場に行く。道中、幽霊は「定伯は本当に幽霊なのか」と疑いを持つが、そのたびに定伯に言いくるめられて信じてしまう。そして最後は、羊に姿を変えたところへ、弱点である人間の唾をつけられて変化《へんげ》の能力を失い、羊として市場に売り飛ばされてしまった。

◆出典は『捜神記《そうじんき》』（作者は東晋の干宝。志怪《しかい》小説集）。

古代中国の妖怪たち

戦国時代から漢代にかけて書き継がれた作者不詳の地理書『山海経《せんがいきょう》』には、各地の妖怪が記されている。例えば左のようなものがいる（図は後代のもの）。「子《し》 怪力乱神《かいりきらんしん》を語《かた》らず」。妖怪は孔子が語らないものだった（⬇三八三頁）。しかし、古代中国の人々もやはり、想像をたくましくして妖怪を思い描いたのだった。

形天　首を切られても、乳を目としヘソを口として、斧と盾を持って舞った。

旋亀　亀のようだが鳥の頭に蛇の尾を持ち、木を割くような声で鳴く。

愛による分身

離魂記《りこんき》

陳玄祐《ちんげんゆう》

美しい少女倩娘《せんじょう》は、王宙《おうちゅう》とひそかに愛し合っていた。しかし倩娘との結婚を望む官僚が現れ、倩娘の父はそれを承諾してしまった。倩娘は落ち込む。王宙は悲しみにくれ、長安へ去ろうとする。王宙が長安へ向けて舟に乗っていくと、岸辺に人の気配がする。なんと倩娘が家を捨てて追いかけてきたのだった。王宙は喜び、二人は舟で蜀《しょく》に逃げた。五年経ち、二人の息子も生まれたが、その間、実家とは連絡をとっていなかった。倩娘はそれを気に病み、両親を裏切ったことを嘆いていた。そこで、王宙の提案で故郷に帰り、まず王宙が一人で倩娘の父に会い、これまでのいきさつを話した。すると父は、「倩娘は病気でここ数年寝込んでいる」と言う。使用人に確認に行かせると、確かに舟の中にも倩娘がいる。使用人が帰ってそれを報告すると、室内の倩娘は喜んで起き上がり、舟から来た倩娘を迎え、二人の倩娘は合体した。

◆作者は唐の陳玄祐。出典は『太平広記《たいへいこうき》』（北宋の皇帝太宗《たいそう》の命令で、李昉《りほう》などが編集した文言小説集。約七千編の小説を収める）。「離魂記」に基づく作品に、元曲（元代の劇）「倩女離魂《せんじょりこん》」がある。

倩女離魂（『元曲選』）

中国の小説

もともと中国の「小説《しょうせつ》」という言葉は、現代日本でいう小説とは違った意味で使われた。古くは『荘子《そうじ》』に「小説」という語が現れるが、それは、「小さな話《し》」「つまらぬ話」の意味だった。

「小説」は、後に「散文による虚構の作品」といった意味も持った。その背景には、虚構よりも事実を重視する中国の文化的な伝統における、「虚構――つまらぬ話――小説」というつながりがあったと言える。

六朝《りくちょう》時代（呉《ご》・東晋《とうしん》・宋《そう》・斉《せい》・梁《りょう》・陳《ちん》）には、儒教的な価値観の束縛がゆるんだ社会を背景に、「怪異を志《しる》す」、**志怪《しかい》小説**（⬇四三頁）の作品集が多く編集された。しかし、自覚的に虚構の作品を書いたというよりも、事実の記録の一環として編集されたものであり、事柄の概要を簡単に記したものにとどまる。

唐代には、**伝奇《でんき》小説**が現れた。これは断片的な記録ではなく、まとまった分量を持ち、話の展開を意識して登場人物・背景を描こうという意図が強くなっている。内容としては、恋愛をテーマとする傾向も見られる。唐代の伝奇小説によって、中国の**文言《ぶんげん》小説**（書き言葉による小説）は成熟を迎えた。

それ以後は、講釈師が話して聞かせる物語や、演劇との関わりの中で、**白話《はくわ》小説**（話し言葉による小説）が発展していき、明代には、いわゆる「**四大奇書《しだいきしょ》**」（表参照）のような優れた作品が生まれた。

四大奇書

作品	作者
水滸伝《すいこでん》	施耐庵《したいあん》？
三国志演義《さんごくしえんぎ》	羅貫中《らかんちゅう》？
西遊記《さいゆうき》	呉承恩《ごしょうおん》？
金瓶梅《きんぺいばい》	笑笑生《しょうしょうせい》？

※➡421頁

「夢オチ」の代表作

枕中記《ちんちゅうき》

沈既済《しんきせい》

盧《ろ》という書生は、邯鄲《かんたん》の宿屋で呂《りょ》という道士に出会った。盧は、科挙に合格して栄華を極めたいと思っており、農民の暮らしに甘んじている現状が、不満だと言う。そこで呂は、不思議な枕を取り出して盧に渡した。盧がその枕で寝ると、枕の端にある穴に入っていき、自分の家に着いた。数ヶ月後には名族の出の美しい金持ちの女性と結婚。翌年に科挙に合格。以後順調に出世し、皇帝にも信頼され、宰相になる。官界で妬まれて中傷され、遠方に左遷されるなどの波乱も経たが、優秀な子にも恵まれ、最後は大官として幸福に人生を終えた。死去すると目がさめたが、まだ宿屋におり、呂も隣にいる。宿の主人が蒸していた黍《きび》も、まだ蒸し上がっていない。呂の枕で寝てからわずかな時間しか経っていなかったのである。盧は、呂のおかげで人生のすべてを知ったと言って、感服して、立ち去った。

◆**「邯鄲《かんたん》の夢《ゆめ》」「黄粱《こうりょう》の一炊《いっすい》」**などの呼び方もある作品。

作者は唐の沈既済。出典は『文苑英華《ぶんえんえいが》』（北宋の皇帝太宗《たいそう》の命令で、李昉《りほう》などが編集した詩文集）。「枕中記」に基づく作品に、元曲「黄粱夢《こうりょうむ》」がある。

黄粱夢（『元曲選』）

愛による復活

人面桃花《じんめんとうか》

孟棨《もうけい》

崔護《さいご》は清明節《せいめいせつ》の日、たまたまある屋敷の門を叩き、一杯の水を求めた。現れたのは美しい少女で、互いに心をひかれたが、結局そのまま別れた。翌年の清明節の日、崔護はふと前年のできごとを思い出し、同じ屋敷に立ち寄るが、門が閉じられている。そこで扉に詩を書いて去る。それは「去年の清明節の日はここで人（少女）の顔と桃の花がともに桃色に引き立て合っていた（「人面桃花相映《あひ》じて紅《くれなゐ》なり」）。桃花は去年のままだが人はどこに行ったのか」という旨の作品だった。数日後また屋敷を訪ねると、少女の父が現れ、「崔護が娘を殺した」と言う。前年に崔護に会ってから少女はぼんやりとしてしまい、先日崔護が門に書いた詩を見てから一段と恋しさが募り、食べ物ものどを通らなくなって死んでしまったとのことである。それを聞いた崔護も悲しみ、少女のなきがらの前で祈った。すると少女は生き返った。そして崔護と少女は結婚した。

◆出典は『本事詩《ほんじし》』（作者は唐の孟棨。唐代の詩人に関する逸話を集めた書物）。

人面桃花相映じて紅なり（呉友如筆）

寄生虫「酒虫」がもたらすものは…

酒虫《しゅちゅう》

蒲松齢《ほしょうれい》

劉《りゅう》氏は大酒飲みで太っていたが、豊かだった。あるとき一人の僧侶が劉を見て、病気があると言った。劉の体内に酒虫という虫がいるとのことである。そこで僧の言うとおりの治療法を試みたところ、劉は長さ十㎝ほどの虫を吐き出した。甕《かめ》に水を入れて、この酒虫を入れてかき混ぜると、よい酒ができるという虫だった。以後劉は酒を嫌うようになった。体内の虫を吐き出し、酒を嫌うようになり酒代もかからなくなってよかったかと思いきや、その後劉は痩せて、家も貧しくなっていった。作者は「酒虫は劉にとって福だったのか、わざわいだったのか」と問いかける。

◆出典は**『聊斎志異《りょうさいしい》』**（作者は清初の蒲松齢。奇怪な小説を集めたもの。「聊斎」は蒲松齢の通称）。

日本の文豪と中国の伝奇小説

近代日本の文豪が、中国の伝奇小説をもとに書いた小説がある。左の作品はその例である。

文豪	小説	もとになった伝奇小説
芥川龍之介《あくたがわりゅうのすけ》	黄粱夢《こうりょうむ》	枕中記
	酒虫《しゅちゅう》	酒虫
	杜子春《とししゅん》	杜子春伝
中島敦《なかじまあつし》	山月記《さんげつき》	人虎伝《じんこでん》
太宰治《だざいおさむ》	清貧譚《せいひんたん》	黄英《こうえい》
	竹青《ちくせい》	竹青

※「杜子春伝」「人虎伝」は唐の伝奇小説。
「黄英」「竹青」は『聊斎志異』に収められた小説。

豆知識：詩と物語を組み合わせた『本事詩』の構成は、日本の『伊勢物語』（➡ 130頁）などの歌物語に影響を与えたとも言われている。

君臣への教訓説話集

説《ぜい》苑《えん》

殷 西周 春秋 戦国 秦 漢 三国 晋 南北朝 隋 唐 五代 宋 元 明 清

#説話 #政治

劉向《りゅうきょう》

成立・内容

前漢の**劉向**（前七七年〜前六年）の編。二十巻。先秦《せんしん》から漢代にかけての書物から、著名な人物の説話を集めたものである。説話は全部で七百ほど収録されており、君主・臣下のための教訓となるものが多い。説話の内容に従って、君道《くんどう》（君主の心構えを説いたもの）・臣術《しんじゅつ》（臣下のあり方を説いたもの）・政理《せいり》（政治について説いたもの）などに分けられている。さまざまな書物から説話を集めたという性質上、他の諸子百家の書に同じ内容の説話があることが多いが、『説苑』独自のものもある。

作者

劉向は漢の宮中の蔵書の整理作業に従事し、さまざまな書物・逸話に触れる機会があった。『**戦国策**《せんごくさく》』（⬇三九九頁）の他、古代のさまざまな女性の逸話を記した『**列女伝**《れつじょでん》』（⬇四二一頁）や、『説苑』と同じく君臣の説話を集めた『**新序**《しんじょ》』の編者としても知られる。三代の天子に仕え、しばしば天子を諫めたという劉向だが、これらの書物を著したのも、天子が自らを見つめ直す助けとなることを願ったためと言われる。

臣下の諫言《かんげん》

正諫篇《せいかんへん》（臣下の君主に対する正しい進言）には次のような説話を収録する。命がけで進言する臣下とそれを受け入れる王の度量がよく表れた説話である。『荘子《そうじ》』にも同様の話がある。

——呉《ご》の王は荊《けい》（楚《そ》）の国を討伐しようとしていた。王は側近の者に、「自分に進言しようとする者は殺す」と言っていたが、一人の若い男が三日間悩んだあげく、王に次のように進言した。

「庭に樹木があり、そこに蝉《せみ》がとまって露を飲んでいました。蝉の後ろにはかまきりがいますが蝉はそれには気づきません。また、かまきりの後ろには雀《すずめ》がいますが、かまきりはそれに気づきません。同様に雀は下から弾で狙っている私に気づきません。蝉・かまきり・雀の三者は目の前の利益に夢中で背後の危険に気づかないのです（楚を攻めようとする呉の背後にも何らかの危険があります）。」

そこで王は討伐を中止した。

蝉を狙うかまきり

機知に富んだ逸話の宝庫

世《せ》説《せつ》新《しん》語《ご》

殷 西周 春秋 戦国 秦 漢 三国 晋 南北朝 隋 唐 五代 宋 元 明 清

#逸話 #貴族

劉《りゅう》義《ぎ》慶《けい》

成立・内容

南北朝時代の宋《そう》の**劉義慶**（四〇三年〜四四四年）の編。後漢から三国時代を経て、東晋《とうしん》末期に至るまでの貴族・文人たちのさまざまな逸話を、文学《ぶんがく》・言語《げんご》・政事《せいじ》などテーマごとに収録したもの。収録された逸話は千以上にも及ぶ。ユーモアに富んだ人物の言動や機知に富んだ会話のやり取りなど、内容も多岐に渡り、一つの価値観で包括することができないほど膨大なものとなっている。

時代背景

『世説新語』と切り離して考えることができないのは、魏晋《ぎしん》の社会が**貴族**社会であったという点である。彼ら貴族はまた文化の担い手でもあり、詩文や哲学的な議論（**清談**《せいだん》）、人物批評などに没頭していた。編者の劉義慶もまた南朝・宋の王族であった。彼の下には多くの文人が集っており、『世説新語』の逸話も実際はそれらの文人の手によって書かれたと考えられる。ユーモアや機知に富んだ逸話の多くは、そのような優雅な貴族・文人の対話の中から生まれた。

漱石枕流《そうせきちんりゅう》

機知に富んだ会話の代表例として、漱石枕流の逸話がある。この「漱石」は夏目漱石（⬇二四六頁）のペンネームの由来となったことで有名である。

——孫楚《そんそ》（西晋の人）は若い時、隠遁《いんとん》生活を送ろうとした。友人の王済《おうさい》に伝えようとして、本来「枕石漱流《ちんせきそうりゅう》（石を枕にして川の流れで口をすすぐという隠者らしい生活）」と言うべきところ、間違えて「漱石枕流（石で口をすすぎ川の流れを枕にする）」と言ってしまった。王済がそのことを指摘すると、孫楚は「石で口をすすぐのは歯を研ぎすませるためだし、川の流れを枕にするのは世俗の生活で汚れた耳を洗うためだ」と言い返したという。

孫楚は自分の間違いを王済に嘲笑されそうになったが、とっさの機知で逆に王済をやりこめた。『世説新語』らしい逸話である。

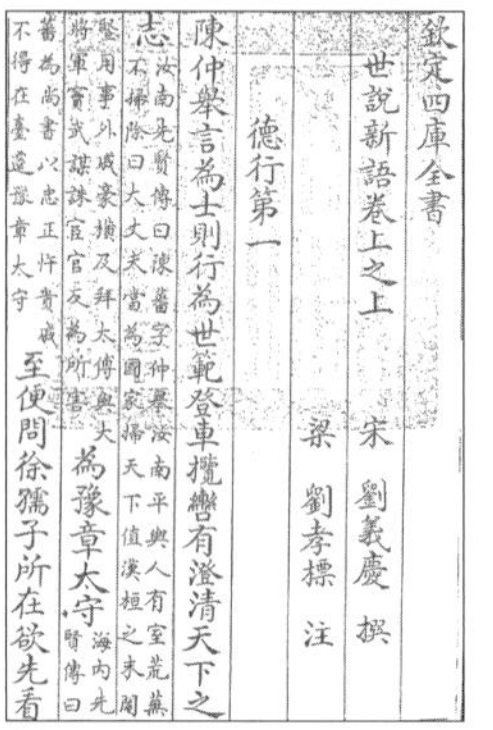

欽定四庫全書
世説新語巻上之上　宋　劉義慶　撰
梁　劉孝標　注
徳行第一
陳仲擧言為士則行為世範登車攬轡有澄清天下之志汝南先賢傳曰陳蕃字仲擧汝南平與人有室荒蕪不掃除曰大丈夫當為國家掃天下值漢桓之末閹豎用事外戚豪横及拜太傅與大將軍竇武謀誅宦官反為所害為豫章太守海内先賢傳曰蕃為尚書以忠正忤貴戚不得在臺遷豫章太守至便問徐孺子所在欲先看

『世説新語』の巻頭
（『四庫全書』より）

自信に満ちた漢文の大家

頼《らい》山《さん》陽《よう》

一七八〇(安永《あんえい》九)年～一八三二(天保《てんぽう》三)年
広島出身

上代 794 中古 1185～1192 中世 1603 近世 1867

#山紫水明処　#『日本外史』　#尊皇思想への影響

西暦	歳	事項
一七八〇	1	大坂で生まれる。(以後大坂・広島で育つ。六歳で広島に定住)
一七九七	18	江戸に行き、儒学を学ぶ。
一七九八	19	広島に帰る。
一八〇〇	21	広島藩から脱走。京都で見つかり広島に強制送還、軟禁される。
一八〇四	25	廃嫡《はいちゃく》される。
一八〇七	28	『日本外史《にほんがいし》』の草稿が完成する。
一八〇九	30	菅茶山《かんさざん》の廉塾《れんじゅく》の講師となる。
一八一一	32	京都へ行き塾を開く。
一八一六	37	父春水《しゅんすい》死去。
一八一七	38	『日本外史』の論賛《ろんさん》がほぼ完成。
一八一八	39	九州旅行(翌年まで続く)。
一八二七	48	『日本外史』完成。
一八三二	53	死去。

略歴

名は襄《のぼる》、字は子成《しせい》、号は**山陽**。儒学者頼春水《しゅんすい》の長男として、安芸《あき》(広島)で育った。幼少期は情緒不安定で、両親を心配させた。十八歳のとき念願かなって江戸に行き、幕府の教育機関昌平坂学問所《しょうへいざかがくもんじょ》で儒学を学んだが、一年で広島に帰る。江戸での学問が短期間で切り上げられた背景は未詳だが、広島に帰った後は不満を抱えて暮らした。そして、二十一歳の時に**脱藩**《だっぱん》(藩の許可なく他の土地に逃亡)。京都で発見され、広島に連れ戻された。脱藩の罪により自宅に軟禁され、**廃嫡**《はいちゃく》(後継ぎの資格を剝奪)された。この軟禁の時期、座敷牢《ろう》の中で『**日本外史**《にほんがいし》』の執筆に着手した。二十六歳で軟禁を解かれた後、父の友人菅茶《かんさ》山《ざん》(⬇四二〇頁)に招かれ、廉塾《れんじゅく》の講師となった。しかし、ここでも境遇に満足せず、後、京都に移住して自ら塾を開いた。そして、書斎を作り**山紫水**《さんしすい》**明処**《めいしょ》と名付けて、以後死ぬまで京都に住んだ。四十八歳で『日本外史』が完成。その後も文人たちと交流しながら執筆活動を続け、五十三歳で死去。

山紫水明処

作風

頼山陽は歴史を好んだ。主著『日本外史』は、武家《ぶけ》の戦いに思いをはせて書いた、臨場感のある記述が特徴である。また、漢詩も数多く作っており、**「天草洋**《あまくさなだ》**に泊**《はく》**す」**のような壮大な作品がある。

『日本外史《にほんがいし》』

『史記《しき》』(⬇三九二頁)の世家《せいか》の体裁にならって、漢文で書いた歴史書。平安末期の源氏《げんじ》・平氏《へいし》の戦いから江戸時代の徳川《とくがわ》幕府に至るまでの武家の興亡を記す。二十二巻。『史記』にならい、各項目の後に山陽による評論(論賛《ろんさん》)が付けられている。

歴史的に不正確な点があるといった批判もある一方、人物描写に優れた物語風の記述と簡潔な文章で人気を得た。また、尊皇《そんのう》思想に基づく書とされ、幕末の吉田《よしだ》松陰《しょういん》などの志士に大きな影響を与えた。

山陽の九州旅行

①雲か山か呉か越か――人気の漢詩

山陽は天草洋《あまくさなだ》(熊本西部の海)の景色を漢詩「天草洋に泊す」に詠んだ。その冒頭の訓読と意味は左記の通り。

雲《くも》か山《やま》か呉《ご》か越《えつ》か　水天《すいてん》髣髴《はうふつ》青一髪《せいいつぱつ》

(海のかなたに見えるのは、雲か山か、あるいは呉か越か(呉・越は中国江南の沿岸部を指す。春秋時代の国名)。青い海と空の境目が一筋の髪の毛のように見える。)

蘇軾《そしょく》の句「青山一髪《せいざんいっぱつ》 是《こ》れ中原《ちゅうげん》」(⬇四三一頁)を踏まえるこの歌い出しは、①「雲か山か…」と畳みかける奇抜な句の構成、②雲・山という眼前の自然物から、空間的にはるか西にあり、時間的な距離も感じさせる呉・越への飛躍、③訓読のリズムのよさ、といった特徴があり、好まれた。

②惜しむべし――淡窓による人物評

頼山陽は、日田《ひた》(大分の町)で広瀬淡窓《ひろせたんそう》(⬇四三〇頁)に出会った。淡窓は後年、『儒林評《じゅりんひょう》』で山陽を以下のように評価した。

予《よ》が眼中に見る処《ところ》、此人《このひと》より才あるはなしと覚ゆ。(私が見た所、この人ほど才能のある者はいないと思われる。)

淡窓はさらに次のような旨を述べる。

しかし山陽は才能を鼻にかけて傲慢であり、貪欲で礼儀をわきまえない。だから若い頃故郷で受け入れられず、九州旅行中も各地で憎まれ、京都でも悪口を言われていたようだ。しかし才能はとても優れている。中国では文人にはこうしたタイプが多く、周囲も気にしないが、日本では受け入れられない。惜しいことだ。

自信家で、周囲との衝突もあった山陽を、的確に評価した言葉と言えるだろう。

写真：頼山陽の肖像＝京都大学総合博物館蔵・帆足杏雨筆(部分)／山紫水明処＝沼田俊之撮影・一般財団法人頼山陽旧跡保存会提供

文学史問題：中国の南北朝時代に成立した書物を次からすべて選べ。(九州大・改)　①文選　②世説新語　③伝習録　④三国志演義

五山文学の双璧

義堂周信《ぎどうしゅうしん》

一三二五（正中《しょうちゅう》二）年～一三八八（元中《げんちゅう》五）年
南北朝時代

臨済宗《りんざいしゅう》の僧。土佐《とさ》（高知）出身。京都に移り、臨済宗の高僧夢窓疎石《むそうそせき》に師事した。後、足利義満《あしかがよしみつ》の信任を得て、等持寺《とうじじ》・南禅寺《なんぜんじ》などの住職を歴任した。著書に詩文集『空華集《くうげしゅう》』がある。また、語録『義堂和尚語録《ぎどうおしょうごろく》』がある。鎌倉時代・室町時代に、幕府は京都と鎌倉に臨済宗の代表的な寺を五つ選び、**五山**《ござん》と呼んだ。この五山の僧の漢詩文は、**五山文学**《ござんぶんがく》と呼ばれる。義堂周信は、絶海中津《ぜっかいちゅうしん》とともに、五山文学の双璧と見なされている。

五山文学の双璧

絶海中津《ぜっかいちゅうしん》

一三三六（延元《えんげん》元）年～一四〇五（応永《おうえい》一二）年
室町時代初期

臨済宗《りんざいしゅう》の僧。土佐《とさ》（高知）出身。一三四八年に京都に移り、夢窓疎石《むそうそせき》に師事した。一三六八年、中国（明）に渡り、高僧の教えを受けた。明の建国者朱元璋《しゅげんしょう》にも面会している。一三七八年に帰国し、天龍寺《てんりゅうじ》・恵林寺《えりんじ》・相国寺《しょうこくじ》などの住職を務めた。著書に詩文集『蕉堅藁《しょうけんこう》』がある。また、語録『絶海和尚語録《ぜっかいおしょうごろく》』がある。

義堂周信（左）・絶海中津（右）

古義学の提唱者

伊藤仁斎《いとうじんさい》

一六二七（寛永《かんえい》四）年～一七〇五（宝永《ほうえい》二）年
江戸時代前期

儒学者。京都出身。名は維楨《これえだ》、号は仁斎。はじめは朱子学《しゅしがく》を修めたが、次第にこれに疑問を持ち、朱子などの注釈にとらわれず『論語《ろんご》』『孟子《もうし》』といった原典から直接学ぶべきだという**古義学**《こぎがく》を説いた。京都に私塾「古義堂《こぎどう》」を開いて、弟子を教育した。著書に『論語古義《ろんごこぎ》』『孟子古義《もうしこぎ》』『童子問《どうじもん》』などがある。『論語』を「最上至極宇宙第一の書」（『童子問』）と言って重んじた。

古文辞学の提唱者

荻生徂徠《おぎゅうそらい》

一六六六（寛文《かんぶん》六）年～一七二八（享保《きょうほう》一三）年
江戸時代中期

儒学者。江戸（東京）出身。名は双松《なべまつ》、字は茂卿《もけい》《しげのり》、号は徂徠。秦・漢の文章と盛唐の詩を理想とする、明の李攀竜《りはんりょう》らが説いた考え方を受け継ぎ、古い時代の中国の言語を正しく理解して、それに基づいて中国古典を理解することが重要だとする**古文辞学**《こぶんじがく》を提唱して、朱子学《しゅしがく》を否定した。江戸に私塾「蘐園塾《けんえんじゅく》」を開いて、弟子を教育した。著書に『論語徴《ろんごちょう》』『政談《せいだん》』などがある。

備後で教育に力を注いだ漢詩人

菅茶山《かんちゃざん》

一七四八（延享《えんきょう》五）年～一八二七（文政《ぶんせい》一〇）年
江戸時代後期

名は晋帥《ときのり》、号は茶山。備後《びんご》（広島）出身。京都で朱子学を学んだ後、故郷で私塾「黄葉夕陽村舎《こうようせきようそんしゃ》」を開いた。後に藩の認可を得て、「廉塾《れんじゅく》」と改称。一時、同郷の頼山陽《らいさんよう》（⇩四一九頁）も講師を務めた。著書に漢詩集『黄葉夕陽村舎詩《こうようせきようそんしゃし》』などがある。

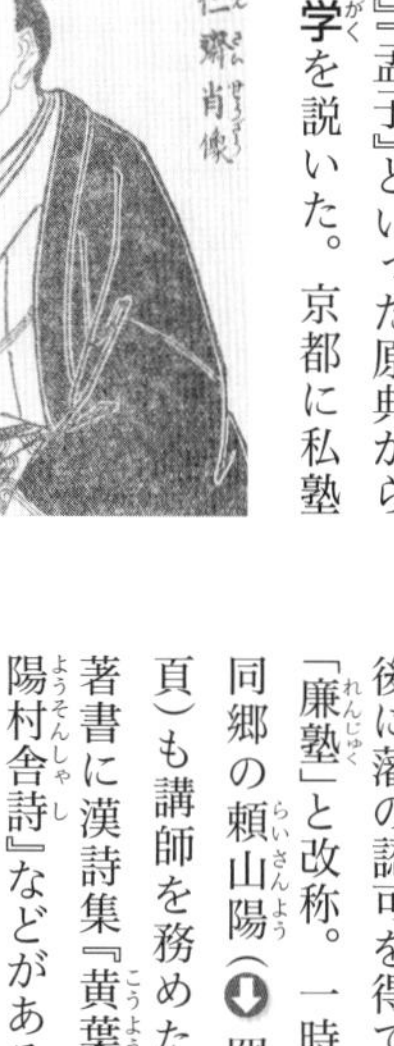

全国から弟子を集めた漢詩人

広瀬淡窓《ひろせたんそう》

一七八二（天明《てんめい》二）年～一八五六（安政《あんせい》三）年
江戸時代後期

名は建《けん》、号は淡窓。豊後《ぶんご》（大分）の人。豊後に私塾「咸宜園《かんぎえん》」を開き、身分にとらわれず教育を施したため、全国から多数の弟子が集まった。著書に『遠思楼詩鈔《えんしろうししょう》』『淡窓詩話《たんそうしわ》』などがある。

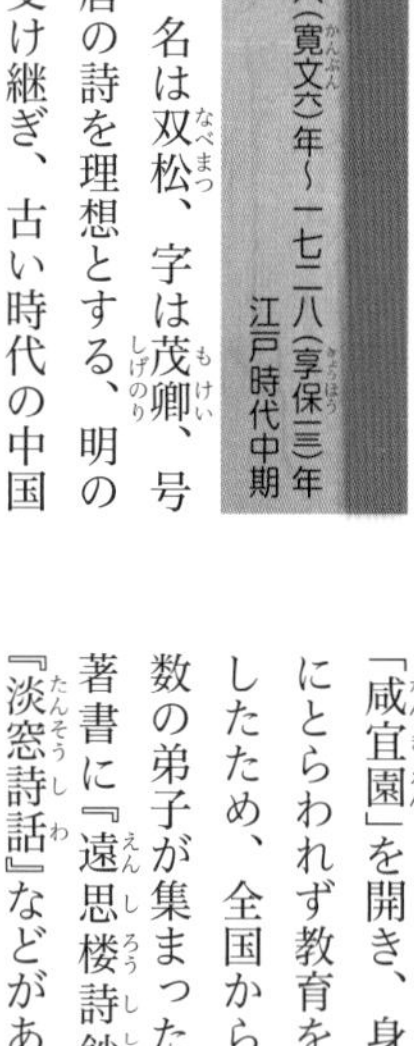

漢文も一流——近代随一の知識人

夏目漱石《なつめそうせき》

（⇩二四六頁）
明治・大正時代

夏目漱石は漢文にも優れていた。二十三歳で書いた『**木屑録**《ぼくせつろく》』は漢文の旅行記で、随所に漢詩もある。これは親友正岡子規《まさおかしき》（⇩三三六頁）に見せるために気軽な調子で書いたものだが、その漢文は正確で味わい深い。漢詩は二百首余りが残り、死の直前は、午前は『明暗《めいあん》』執筆、午後は漢詩作りを日課としたという。

各種作品

五経（儒学の経典）

□**易経**《えききょう》　古代の哲学書。『周易《しゅうえき》』ともいう。孔子《こうし》（↓三八二頁）がその一部を作ったという伝説もある。

□**書経**《しょきょう》　伝説上の帝王尭《ぎょう》・舜《しゅん》以来の、帝王の言行を記した書。『尚書《しょうしょ》』ともいう。孔子の作という伝説もある。

□**詩経**《しきょう》　（↓四〇〇頁）

□**礼記**《らいき》　儒教の礼（社会秩序を保つための行動規範）に関する記述を集めた書。

□**春秋**《しゅんじゅう》　春秋時代の魯《ろ》の歴史を編年体《へんねんたい》で簡潔に記した歴史書。作者不詳だが、古来孔子《こうし》の作として尊ばれた。「春秋時代」の名は本書に由来する。

思想書

□**呂氏春秋**《りょししゅんじゅう》　戦国時代、秦《しん》の呂不韋《りょふい》が編集させた雑家《ざっか》（↓三九〇頁）の書。

□**淮南子**《えなんじ》　編者は前漢の淮南《わいなん》王、劉安《りゅうあん》。劉安は劉邦《りゅうほう》（↓三九五頁）の孫。門人たちに議論をさせて作った書。

言行録・逸話集・伝記

□**晏子春秋**《あんししゅんじゅう》　編者不詳。春秋時代の斉《せい》の宰相晏嬰《あんえい》の言行録。戦国時代に成立したと見られる。「晏子」は晏嬰の尊称。

□**韓詩外伝**《かんしがいでん》　編者は前漢の韓嬰《かんえい》。『詩経《しきょう》』にまつわる逸話を集める。各項目の最後に、関連する『詩経』の句を引用する。

□**列女伝**《れつじょでん》　編者は前漢の劉向《りゅうきょう》（↓四一八頁）。模範・戒めとすべき女性たちの伝記。「列女」は「信義を重んじる貞女」の意。

□**西京雑記**《せいけいざっき》　作者は晋《しん》の葛洪《かっこう》とも言われるが、不詳。前漢の制度や風俗に関する逸話集。「西京」は、前漢の都長安。

□**貞観政要**《じょうがんせいよう》　編者は唐の呉兢《ごきょう》。唐の太宗《たいそう》の言行録。政治の手本として作られ、日本でも平安時代頃から読まれた。太宗は、重臣魏徴《ぎちょう》らの諫《いさ》めを聞き入れ「貞観《じょうがん》（太宗の時代の元号）の治《ち》」と呼ばれる善政を敷いた名君として知られる。

□**蒙求**《もうぎゅう》　作者は唐の李瀚《りかん》。古人の逸話を四字一句の対句で表し、全五百九十六句の韻文にしたもの。児童用の教科書。日本でも平安時代から読まれ、「勧学院《かんがくいん》（学生の寄宿舎）の雀《すずめ》は蒙求を囀《さえず》る」（いつも見聞きしていることは、自然と覚える）という言葉が生まれた。

□**唐詩紀事**《とうしきじ》　編者は南宋の計有功《けいゆうこう》。唐の詩人千百五十人の、詩と逸話を収める。

戯曲

□**漢宮秋**《かんきゅうしゅう》　作者は元の馬致遠《ばちえん》。前漢の宮女王昭君《おうしょうくん》の故事に基づく悲劇。

□**西廂記**《せいしょうき》　作者は元の王実甫《おうじっぽ》。唐の元稹《げんじん》（↓四二三頁）の小説『鶯鶯伝《おうおうでん》』に基づく恋愛物語。

□**琵琶記**《びわき》　作者は元末明初の高明《こうめい》。主人公蔡伯喈《さいはくかい》（蔡邕《よう》）の栄達と、故郷に残る妻の苦労・善行を描く戯曲。

長編白話小説（口語による小説）

□**水滸伝**《すいこでん》　明代の小説。作者は施耐庵《したいあん》とも言われるが、不詳。百八人の無頼の豪傑たちが、天然の要塞である梁山泊《りょうざんぱく》（現在の山東省付近の沼沢地）に集い、痛快な活躍を見せる物語。

□**三国志演義**《さんごくしえんぎ》　（↓三九六頁）

□**西遊記**《さいゆうき》　作者は明の呉承恩《ごしょうおん》とも言われるが、不詳。玄奘三蔵《げんじょうさんぞう》（三蔵法師《さんぞうほうし》）が、孫悟空《そんごくう》らを従え、仏教の経典《きょうてん》を求めて天竺《てんじく》（インド）へ旅する物語。

□**金瓶梅**《きんぺいばい》　明代の小説。作者は笑笑生《しょうしょうせい》とも言われるが、不詳。書名は、登場する三人の女性、潘金蓮《はんきんれん》・李瓶児《りへいじ》・龐春梅《ほうしゅんばい》の名から一字ずつとったもの。欲望渦巻く物語。

□**紅楼夢**《こうろうむ》　作者は清の曹雪芹《そうせっきん》。貴公子賈《か》宝玉《ほうぎょく》と少女林黛玉《りんたいぎょく》・薛宝釵《せつほうさ》らの人間関係・心情を、繊細に描く。

□**儒林外史**《じゅりんがいし》　作者は清の呉敬梓《ごけいし》。科挙（↓三六八頁）に翻弄される人々を描く。

詩文の選集

□**文選**《もんぜん》　（↓四〇一頁）

□**三体詩**《さんたいし》　編者は南宋の周弼《しゅうひつ》。唐詩の選集。七言絶句《しちごんぜっく》・七言律詩《りっし》・五言律詩《ごごん》という三つの形式（三体）の詩のみを収録。中・晩唐の詩が大部分を占め、初・盛唐の詩は少ない。森川許六《もりかわきょりく》（↓一八三頁）が『和訓三体詩《わくんさんたいし》』（『三体詩』の詩に関する俳文）を著すなど日本でも流行した。

□**文章軌範**《ぶんしょうきはん》　編者は南宋の謝枋得《しゃぼうとく》。科挙（↓三六八頁）受験者用の模範文集。主に唐宋の文章を収録。日本でも流行した。

□**古文真宝**《こぶんしんぽう》　編者は宋末元初の黄堅《こうけん》とも言われるが、不詳。戦国時代から宋までの詩文の選集。前集・後集各十巻。日本にも室町時代に伝わり、流行した。

□**唐詩選**《とうしせん》　編者不詳。当初は明の李攀竜《りはんりょう》の編として刊行されたが、偽託とされる。唐詩の選集。盛唐の詩が多く、中・晩唐の詩は少ない。日本では江戸時代に、荻生徂徠《おぎゅうそらい》（↓四二〇頁）が古文辞学《こぶんじがく》を唱えて、詩は盛唐のものがよいとしたことで、『三体詩《さんたいし》』に替わり流行した。

□**古詩源**《こしげん》　編者は清の沈徳潜《しんとくせん》。隋以前の詩七百首余りを収録した選集。

□**唐宋八家文読本**《とうそうはっかぶんとくほん》　編者は清の沈徳潜《しんとくせん》。唐宋八大家《とうそうはちたいか》（↓三七八頁）の文章の選集。古文の模範文集として編集され、日本でも広く普及した。

□**唐詩三百首**《とうしさんびゃくしゅ》　編者は清の孫洙《そんしゅ》。唐詩の選集。時期・詩体の限定なく幅広い唐詩を三百首余り収める。児童のための入門書として編集された。

その他の作品

□**春秋左氏伝**《しゅんじゅうさしでん》　作者は左丘明《さきゅうめい》とも言われるが、不詳。『春秋』の注釈書。儒学の経典《けいてん》の一つ。物語的な記述で知られる。

□**歴代名画記**《れきだいめいがき》　作者は唐の張彦遠《ちょうげんえん》。絵画の技法・理論、画家の伝記を記した書。

□**笑府**《しょうふ》　編者は明の馮夢竜《ふうぼうりゅう》。笑い話を集めた書。「笑府」は「笑いの倉庫《む》」の意。中国では散逸したが日本で伝えられており、江戸時代の落語に影響を与えた。

写真：義堂周信・絶海中津＝高知県津野町提供／伊藤仁斎・荻生徂徠＝国立国会図書館デジタルコレクションより・『先哲像伝』／菅茶山＝東京国立博物館蔵『近世名家肖像』／広瀬淡窓＝廣瀬資料館蔵・柏木峰渓筆（部分）

各時代の文人

漢

□**司馬相如**《しばしょうじょ》　前一七九年〜前一一七年。字は長卿《ちょうけい》。藺相如《りんしょうじょ》(⬇三九三頁)を敬愛して、名を「相如」とした。賦《ふ》(韻文の一種)の名手として知られ、武帝《ぶてい》に気に入られた。

□**武帝**《ぶてい》　前一五六年〜前八七年。前漢の第七代皇帝。在位五十四年。中央集権・外征(⬇三八二頁)・儒教の国教化(⬇三九二頁)などを行い、漢の最盛期をもたらした。「秋風《しゅうふう》の辞《じ》」(⬇四〇二頁)の作者。

魏・晋・南北朝

□**曹操**《そうそう》　一五五年〜二二〇年。字は孟徳《もうとく》(⬇三九六頁)。三国 魏《ぎ》の王として魏王朝の基礎を築き、優れた文人でもあった。蘇軾《そしょく》(⬇四二三頁)は曹操について「槊《ほこ》を横《よこ》たへて詩《し》を賦《ふ》す」(矛《ほこ》を横に置いて詩を作る——英雄は戦場でも詩を作る風流さがある)と言った。

□**曹丕**《そうひ》　一八七年〜二二六年。三国 魏《ぎ》の皇帝。字は子桓《しかん》。曹操《そうそう》の子。父と同様詩文に優れる。著作「論文《ろんぶん》」で「文章《ぶんしょう》は経国《けいこく》の大業《たいげふ》、不朽《ふきう》の盛事《せいじ》」(文学は、国を治める助けとなる、不滅の価値を持つ重大な仕事である)と述べ、文学に高い価値を認めた。

□**曹植**《そうしょく》　一九二年〜二三二年。三国 魏《ぎ》の王族。字は子建《しけん》。曹操《そうそう》の子で曹丕《そうひ》の弟。文才があり、曹操に愛されたが、後継ぎの座をめぐって曹丕に虐げられ、不遇だった。中国文学史上最大の詩人の一人とされ、特に唐詩が開花するより前の時代には、最高の詩人として尊崇された。

曹植

□**阮籍**《げんせき》　二一〇年〜二六三年。三国 魏《ぎ》の文人。字は嗣宗《しそう》。竹林《ちくりん》の七賢《しちけん》(三国時代末期に、酒を飲み、清談《せいだん》——老荘思想を基調とする哲学的議論——を行った七人の文人)の一人。気に入った人は「青眼《せいがん》」で、嫌いな人は「白眼《はくがん》」で迎えた(白眼視⬇四七九頁)という。あえて奇行をすることで政治闘争に巻き込まれるのを避けたが、「詠懐詩《えいかいし》」などの詩からは、不安定な時代に生きる苦悩がうかがわれる。

阮籍(高逸図／孫位筆・部分)

□**嵇康**《けいこう》　二二四年〜二六三年。三国 魏《ぎ》の文人。字は叔夜《しゅくや》。竹林《ちくりん》の七賢《しちけん》の一人。文学の他、音楽にも優れ、死刑にされるとき、「自分だけが知る秘曲『広陵《こうりょう》散《さん》』の伝承はこれで絶える」と言ったという逸話がある。

□**潘岳**《はんがく》　二四七年〜三〇〇年。西晋の文人。字は安仁《あんじん》。亡き妻を悼む「悼亡詩《とうぼうし》」などの作品がある。美男子で、潘岳が道を通ると女性たちが果物を投げ(好意を示す行動)、車にいっぱいになったという。

□**陸機**《りくき》　二六一年〜三〇三年。西晋の文人。字は士衡《しこう》。弟の陸雲《りくうん》とともに、同時代の中心的な文人として活躍した。三国時代に夷陵《いりょう》の戦い(⬇三九七頁)で劉《りゅう》備《び》を破った呉の陸遜《りくそん》の孫である。

□**謝霊運**《しゃれいうん》　三八五年〜四三三年。南北朝の宋《そう》の文人。山水詩《さんすいし》(自然の景物を詠む詩)で名高い。名門の出身で、詩文の他、書画にも優れ、仏教や老荘思想にも造詣が深かったが、東晋から宋へ移り変わる時代の中、政界になじめず、最後は処刑された。

□**斛律金**《こくりつきん》　四八八年〜五六七年。北斉《ほくせい》の武将。遊牧民族勅勒《ちょくろく》族の人。草原の雄大な情景を詠んだ「勅勒《ちょくろく》の歌《うた》」の作者という説があり名を知られるが、真偽は不明。「勅勒の歌」は、勅勒族の民謡を中国語訳したものとも言われる。

唐

□**駱賓王**《らくひんのう》　六四〇?年〜六八四?年。王《おう》勃《ぼつ》・楊炯《ようけい》・盧照鄰《ろしょうりん》とともに「初唐《しょとう》の四《し》傑《けつ》」と呼ばれる詩人。始皇帝《しこうてい》暗殺に向かう荊軻《けいか》(⬇三九三頁)の故事を踏まえた五言絶句「易水送別《えきすいそうべつ》」などの作品がある。

□**王勃**《おうぼつ》　六五〇?年〜六七六?年。字は子安《しあん》。「初唐《しょとう》の四傑《しけつ》」の一人。自作の詩の序文「滕王閣《とうおうかく》の序《じょ》」が有名。

□**陳子昂**《ちんすごう》　六五九?年〜七〇〇?年。字は伯玉《はくぎょく》。従軍の際に、自分の諫《いさ》めが聞き入れられず、悲憤して詠んだ「幽州《ゆうしゅう》の台《だい》に登《のぼ》る歌《うた》」などの作品がある。

□**賀知章**《がちしょう》　六五九年〜七四四年。字は季《き》真《しん》。酒を好み奔放に生きた人物であり、当時の酒豪八人のことを詠んだ杜甫《とほ》(⬇四〇七頁)の詩「飲中八仙歌《いんちゅうはっせんか》」にも、李《り》白《はく》(⬇四〇六頁)らとともに登場する。晩年に故郷に帰った際の感慨を詠む「郷《きょう》に回《かえ》りて偶書《たまたましょ》す」などの作品がある。

□**王昌齢**《おうしょうれい》　六九八年〜七五五年。字は少《しょう》伯《はく》。七言絶句を得意とし、友人辛漸《しんぜん》への送別の詩「芙蓉楼《ふようろう》にて辛漸《しんぜん》を送《おく》る」などの作品がある。

□**高適**《こうてき》　七〇一?年〜七六五年。字は達《たつ》夫《ぶ》、または仲武《ちゅうぶ》。若い頃は各地を放浪、五十歳で初めて詩作を志し、名をあげた。遊侠《ゆうきょう》の若者の心意気を詠む「邯鄲《かんたん》少年行《しょうねんこう》」などの作品がある。

□**銭起**《せんき》　七一〇?年〜七八二?年。字は仲文《ちゅうぶん》。耿湋《こうい》や盧綸《ろりん》などとともに大暦十《たいれきじっ》才子《さいし》(大暦年間に活躍した十人の詩人)と称される。

□賈島《かとう》　七七九年～八四三年。字は浪仙《ろうせん》、または閬仙《ろうせん》。一度は出家したが、韓愈《かんゆ》に勧められ還俗《げんぞく》した。「苦吟《くぎん》」(詩歌を苦心して作る)の詩人とされ、「推敲《すいこう》」の故事(⬇四一〇頁)が有名である。

□元稹《げんじん》　七七九年～八三一年。字は微之《びし》。白居易(⬇四〇八頁)と親しく、二人の詩風は「元白体《げんぱくたい》」と呼ばれる。伝奇小説『鶯鶯伝《おうおうでん》』の作者でもある。

□耿湋《こうい》　生没年不詳。銭起《せんき》らと同じく、大暦十才子《たいれきじっさいし》の一人。耿湋の詩は、技巧に凝らず自然な風格があると評された。

□許渾《きょこん》　生没年不詳。字は用晦《ようかい》、または仲晦《ちゅうかい》。詩に「水」という字を多く使ったことで知られる。秦《しん》の旧都　咸陽《かんよう》(陝西《せんせい》省《しょう》)の楼閣で、王朝の興亡への感慨を詠んだ七言律詩「咸陽城《かんようじょう》の東楼《とうろう》」などの作品がある。

□李賀《りが》　七九一年～八一七年。字は長吉《ちょうきつ》。優れた才能を持ちながら、不当に科挙(⬇三六八頁)受験を禁止され、憂いの中

李賀(『晩笑堂画伝』／京都大学文学研究科図書館蔵)

で短い一生を終えた。幻想的な独特の詩風で知られ、その詩の才能は韓愈《かんゆ》(⬇四一〇頁)にも認められており、後世、「鬼才《きさい》」「詩鬼《しき》」と称された。

□李商隠《りしょういん》　八一一?年～八五八年。字は義山《ぎざん》。典故を多用した華麗な詩が多く、その独特の詩風は後世の詩人にも大きな影響を与えた。杜牧《とぼく》(⬇四一三頁)とともに晩唐を代表する詩人。

李商隠(『晩笑堂画伝』／京都大学文学研究科図書館蔵)

□高駢《こうべん》　八二一～八八七年。字は千里《せんり》。節度使《せつどし》(地方の軍事・政治をつかさどる官)として活躍しつつ、文学も好み詩を作った。代表作に、七言絶句「山《さん》亭夏日《ていかじつ》」がある。

宋

□朱子《しゅし》　一一三〇年～一二〇〇年。南宋の学者。名は熹《き》。字は元晦《げんかい》、または仲《ちゅう》晦《かい》。「朱子」は「朱先生」の意。『大学《だいがく》』『中庸《ちゅうよう》』『論語《ろんご》』『孟子《もうし》』の四つ(四書《ししょ》)を儒学の基礎的経典《けいてん》と位置付け、それらに注を付けた。『大学』『中庸』は元来『礼《らい》記《き》』の一部だったが、朱子により独立した書物としても扱われるようになった。朱子は中国思想史上の最重要人物の一人で、日本にも大きな影響を与えた。

朱子(国立故宮博物院蔵)

元

□馬致遠《ばちえん》　生没年不詳。戯曲作家。大都《だいと》(北京)の人で、号は東籬《とうり》とされる。『漢宮秋《かんきゅうしゅう》』『岳陽楼《がくようろう》』などの作品がある。

明

□劉基《りゅうき》　一三一一年～一三七五年。元末明初の政治家。字は伯温《はくおん》。明の建国者朱元璋《しゅげんしょう》の信任を得た。名文家として知られ、随筆集『郁離子《いくりし》』や、世情を風刺した「売柑者《ばいかんしゃ》の言《げん》」を著した。

□高啓《こうけい》　一三三六年～一三七四年。元末明初の文人。字は季迪《きてき》。号は青邱子《せいきゅうし》。明の建国者朱元璋《しゅげんしょう》に招かれて『元史《げんし》』(⬇三六八頁)の編集に参加したが、後に怒りを買い処刑された。代表作に「青《せい》邱子《きゅうし》の歌《うた》」や五言絶句「胡隠君《こいんくん》を尋《たず》ぬ」がある。

□王陽明《おうようめい》　一四七二年～一五二九年。名は守仁《しゅじん》、字は伯安《はくあん》、号は陽明。朱子学《しゅしがく》に対抗して知行合一《ちこうごういつ》(知識・認識と、行動は、不可分であるという説)を説き、陽明学《ようめいがく》を創始した。語録・書簡集『伝習録《でんしゅうろく》』がある。

王陽明(焦秉貞筆)

清

□袁枚《えんばい》　一七一六年～一七九七年。字は子才《しさい》。通称は随園先生《ずいえんせんせい》。多くの弟子をとり、感情をありのままに詠むことを尊ぶ性霊説《せいれいせつ》を唱えた。著書に詩論『随《ずい》園《えん》詩話《しわ》』がある。また、美食家であり、料理法について述べた『随園食単《ずいえんしょくたん》』も著している。

□紀昀《きいん》　一七二四年～一八〇五年。字は暁嵐《ぎょうらん》。乾隆帝《けんりゅうてい》の命令で、約三千五百種類、合計およそ八万巻の書籍を集める叢書《そうしょ》『四庫全書《しこぜんしょ》』の編集に携わった。また、それに収められた書物の解説『四庫全書総目提要《そうもくていよう》』二百巻の編集も主導した。著書に、奇怪な話、不思議な話を集めた小説集『閲微草堂筆記《えつびそうどうひっき》』がある。

近現代

□魯迅《ろじん》　(⬇三六二頁)

豆知識：魏の曹丕は、弟の曹植に「七歩進む間に詩を作れなければ処罰する」という無理な要求をした。ところが曹植は兄からの迫害を嘆く悲しげな詩を即座に作り上げ、曹丕は恥じ入ったという。『世説新語』(➡418頁)に見える逸話である。

故事名言

□**羹《あつもの》に懲《こ》りて膾《なます》を吹《ふ》く** 【『楚辞《そじ》』】

一度の失敗に懲りて不必要に用心する熱い吸い物で口にやけどをしたことで、冷たい膾(生の肉や魚の細切り)まで息を吹きかけて冷まそうとするようになる。

□**石《いし》に漱《くちすす》ぎ流れに枕《まくら》す** 【劉義慶《りゅうぎけい》『世説新語《せせつしんご》』】

負け惜しみが強い・こじつけがはなはだしい　晋《しん》の孫楚《そんそ》が「石に枕し流れに漱ぐ」と言うべきところを「石に漱ぎ流れに枕す」と言ってしまった。しかし誤りを指摘された孫楚は「流れに枕するのは耳を洗うためで、石に漱ぐのは歯を磨くためだ」と答えた。夏目漱石《なつめそうせき》の号はこの故事に基づく。(⬇四一八頁)

□**一炊《いっすい》の夢《ゆめ》** 【沈既済《しんきせい》『沈中記《ちんちゅうき》』】

人生やその栄華のはかなさのたとえ　青年盧生《ろせい》が邯鄲《かんたん》の宿で道士の枕を借りて寝たところ、栄華を極めた生涯を送る夢を見た。しかし目覚めてみるとそれは黄梁《こうりょう》を炊き上げるほどのごく短い時間であり、盧生は人生のはかなさを悟った。「邯鄲の夢」ともいう。(⬇四一七頁)

□**殷鑑遠《いんかんとお》からず** 【『詩経《しきょう》』】

自分の戒《いまし》めとすべきものごとは身近にある　殷王朝《いんおうちょう》が自らを戒めるために手本(＝鑑《かがみ》)とすべきなのは、遠い時代のできごとではなく、前王朝の夏《か》が暴政によって滅びたことである。

□**燕雀安《えんじゃくいづ》くんぞ鴻鵠《こうこく》の 志《こころざし》を知《し》らんや** 【司馬遷《しばせん》『史記《しき》』】

小人物には大人物の遠大な考えや志は理解できない　秦《しん》末、小作人《こさくにん》だった陳《ちん》勝《しょう》が自分の大望を語ったとき、身の程知らずだと笑われ、慨嘆《がいたん》して言った言葉。後に陳勝は秦の圧政に対する反逆のさきがけとなる。

□**温故知新《おんこちしん》** 【『論語《ろんご》』】

昔のことを研究して、新しい見識を得る　孔子が、人の「師」となるにふさわしい人のあり方を述べた言葉。

□**隗《かい》より始《はじ》めよ** 【劉向《りゅうきょう》『戦国策《せんごくさく》』】

物事を始める際は手近なところから始めよ・言い出した者から始めよ　燕《えん》の昭王《しょうおう》が、国の復興のために賢人を招く方策を郭隗《かくかい》に尋ねた。すると隗は、まず自分のようなそれほどでもない人物を優遇すれば呼び水となって賢人がやってくるだろうと答えた。

□**臥薪嘗胆《がしんしょうたん》** 【曽先之《そうせんし》『十八史略《じゅうはっしりゃく》』】

達成すべき目的のために自分を苦しめ励ます　春秋時代、呉《ご》王の夫差《ふさ》は父の仇《あだ》を討つ気持ちを忘れぬために薪《たきぎ》の上に寝て、越《えつ》王の句践《こうせん》は苦い肝を嘗《な》めて夫差に敗北した屈辱感を忘れないようにした。

□**苛政《かせい》は虎《とら》よりも猛《もう》なり** 【『礼記《らいき》』】

厳しくむごい政治は、人を食う虎よりも人々を苦しめ害するものである　孔子が墓の前でひどく哀しげに泣く婦人を見かけ理由を聞くと、舅《しゅうと》・夫に続いて息子まで虎に食われて亡くなったという。そんな危険な土地になぜ住み続けるのかと問うと、ここには厳しくむごい政治がないからだと答えた。

□**瓜田《かでん》に履《くつ》を納《い》れず、李下《りか》に冠《かんむり》を正《ただ》さず** 【曹植《そうしょくち》『君子行《くんしこう》』】

人から疑われるような行動はすべきではない　瓜《うり》畑で、かがんでくつを履《は》きなおしたり、李《すもも》の木の下で冠をなおそうと頭に手をやったりすれば、他人の目からは、瓜や李を盗もうとしているように見える。

□**鼎《かなえ》の軽重《けいちょう》を問《と》う** 【『春秋左氏伝《しゅんじゅうさしでん》』】

上に立つ者の実力や権威を軽視し、その地位を奪おうとする　春秋時代、天下を奪う野心を持つ楚《そ》の荘王《そうおう》が、周《しゅう》の定《てい》王に天子の象徴である九鼎《きゅうてい》の重さや大きさを尋ねた。

□**画竜点睛《がりょうてんせい》** 【張彦遠《ちょうげんえん》『歴代名画記《れきだいめいがき》』】

最後の仕上げをして物事を完成させる　南朝梁《りょう》の名画家、張僧繇《ちょうそうよう》が寺の壁に竜を描いた。最後に睛《ひとみ》を描き入れると、竜は天に昇っていったという。

□**完璧《かんぺき》** 【司馬遷《しばせん》『史記《しき》』】

傷や欠点がない　秦《しん》が、趙《ちょう》王の持っている宝玉「和氏《かし》の璧《たま》」と秦の十五の都市との交換を要求した。趙王は、強国である秦に璧だけを奪い取られることを恐れたが、無視はできず藺相如《りんしょうじょ》を使者とした。藺相如は堂々と交渉し、璧を持って帰国した。(⬇三九三頁)

□**管鮑《かんぽう》の交《まじ》わり** 【司馬遷《しばせん》『史記《しき》』】

変わることのない深い友人関係　春秋時代、斉《せい》の鮑叔《ほうしゅく》は、たびたび親友の管《かん》仲《ちゅう》に欺かれたが、その才能と真意を良く理解していたので何も言わなかった。後に鮑叔は管仲を斉の桓公《かんこう》に推挙し、管仲は宰相《さいしょう》として斉を強国にしていく。

□**奇貨居《きかお》くべし** 【司馬遷《しばせん》『史記《しき》』】

ここぞという時に使えるように、珍しいものは手に入れておくのがよい　戦国時代、秦の大商人の呂不韋《りょふい》は、趙《ちょう》へ人質として送られた秦《しん》の王族の子の子《し》楚《そ》を援助し、後に子楚が秦の王になったとき大臣に取り立てられた。

□**疑心暗鬼《ぎしんあんき》を生《しょう》ず** 【『列子《れっし》』】

疑いの心を持つと、なんでもないことまで怪しく見え、不安になる　ある人が斧《おの》をなくした。隣人が盗んだのではないかと疑い始めると、彼の動作や表情などすべてが怪しく見えた。その後、斧が見つかり、改めて隣人を見ると、少しも怪しくは見えなかった。

□**木《き》に縁《よ》りて魚《うお》を求《もと》む** 【『孟子《もうし》』】

達成したい目的に対して用いる手段が間違っている　孟子が、戦争によって天下統一を果たそうとするのは愚策《ぐさく》であることを、斉《せい》の宣王《せんおう》に説いた際に用いたたとえ。

□**杞憂《きゆう》**　【『列子《れっし》』】
する必要のない心配・とりこし苦労　春秋時代、杞《き》の国の人が、天と地が崩れて居場所がなくなったらどうしようかと、寝食を忘れるほど心配した。

□**牛耳《ぎゅうじ》を執《と》る**　【『春秋左氏伝《しゅんじゅうさしでん》』】
ある集団を実力で支配する　古代中国では、諸侯が同盟を結ぶ際、牛の耳を切りとって順番にその血をすすった。耳を切り取るのは、同盟の主催者の役目であった。＝牛耳《ぎゅうじ》る。

□**曲学阿世《きょくがくあせい》**　【司馬遷《しばせん》『史記《しき》』】
学問を曲げて世間や権力者の人気を得ようとする　斉《せい》の学者の轅固《えんこ》が公孫弘《こうそんこう》に、望ましくないあり方として言った言葉。

□**漁夫《ぎょふ》の利《り》**　【劉向《りゅうきょう》『戦国策《せんごくさく》』】
双方が利益を争っている間に、第三者が利益を横取りしてしまう　水辺で貝と水鳥が争っていると、両方とも漁師に捕まってしまった。戦国時代に趙《ちょう》が燕《えん》を侵攻するのをやめさせるために蘇《そ》代《だい》が用いたたとえ。

□**鶏口《けいこう》と為《な》るも牛後《ぎゅうご》と為《な》るなかれ**　【劉向《りゅうきょう》『戦国策《せんごくさく》』】
強大なものに付き従うよりも、小さくとも集団の頭となるほうがよい　戦国時代の論客、蘇秦《そしん》が、秦の属国になっていた韓《かん》の王に「合従《がっしょう》」の策を説くために用いたたとえ。

□**蛍雪《けいせつ》の功《こう》**　【李瀚《りかん》『蒙求《もうぎゅう》』】
苦労しながらも学問に励む　晋《しん》の車胤《しゃいん》と孫康《そんこう》は貧しく、灯油を買えなかった。しかし車胤は蛍の光で、孫康は雪明かりで勉強した。

□**逆鱗《げきりん》に触《ふ》れる**　【『韓非子《かんびし》』】
上の立場の人の怒りを買う　竜は柔和な生き物だが、のどもとにある逆さに生えた鱗《うろこ》に触れると激怒して触れた者を殺すという。主君を竜になぞらえて、進言するときの心構えを述べた言葉から。

□**虎穴《こけつ》に入《い》らずんば虎子《こじ》を得《え》ず**　【范曄《はんよう》『後漢書《ごかんじょ》』】
危険を冒さなければ大きな成功は得られない　後漢の時代、少人数の軍勢で匈奴《きょうど》と戦う際に班超《はんちょう》が部下を励ました言葉から。

□**五十歩百歩《ごじっぽひゃっぽ》**　【『孟子《もうし》』】
表面上小さな違いはあるが、本質的には変わらない　戦場で五十歩逃げた者と百歩逃げた者とではどちらが臆病者かといえば、どちらも逃げたことには変わりがない。

□**塞翁《さいおう》が馬**　【『淮南子《えなんじ》』】
人生の幸、不幸は次々と入れ替わるもので、予測できない　あるとき老人の飼っていた馬が逃げてしまったが、立派な馬を引き連れて戻ってきた。また、息子が落馬して骨折したが、そのおかげで兵役を免れて戦死しなかった。

□**左袒《さたん》**　【司馬遷《しばせん》『史記《しき》』】
味方する・賛成する　漢の高祖劉邦《りゅうほう》の死後、皇后の一族の呂《りょ》氏が起こした反乱を鎮めようとした周勃《しゅうぼつ》は、呂氏に味方する者は右の、劉《りゅう》氏に味方する者は左の肩の衣を脱ぐように言った。するとみな左の肩の衣を脱ぎ、劉氏に味方することを表明した。

(⬇三八五頁)

□**三顧《さんこ》の礼《れい》**　【諸葛亮《しょかつりょう》『出師《すいし》の表《ひょう》』】
上の立場にある人が礼を尽くして目下の者を迎え入れる　蜀《しょく》の軍師の諸葛亮が、かつて自分を登用《とうよう》してくれた劉備《りゅうび》への恩を述べた文章から。

□**四面楚歌《しめんそか》**　【司馬遷《しばせん》『史記《しき》』】
周囲を敵に取り囲まれて孤立する　楚《そ》の項羽《こうう》が漢《かん》の軍勢に包囲され劣勢になったとき、四方を取り囲む漢軍から楚の歌が聞こえたので、味方が敵に寝返ったのかと驚いた。(⬇三四頁)

□**守株《しゅしゅ》**　【『韓非子《かんびし》』】
いつまでも古い習慣にこだわり、時代の流れに対応できない　たまたま切り株にぶつかってウサギが死ぬのを見た農夫が、またウサギを手に入れることを期待し、耕作をやめて切り株を見守っていたが、結局手に入らず笑い物になった。

□**出藍《しゅつらん》の誉《ほま》れ**　【『荀子《じゅんし》』】
教えを受けた者がその師より優れた者になる　藍《あい》で染めた青色は、もとの草の色よりもいっそう青い。藍を師に、染めた青色を弟子になぞらえている。

□**食指《しょくし》が動《うご》く**　【『春秋左氏伝《しゅんじゅうさしでん》』】
食欲を誘われる・手に入れたいという欲望がわく　食指は人差し指。鄭《てい》の公子の宋《そう》は、自分の人差し指がピクリと動くのは、おいしいものを食べられる前兆であると言った。

□**助長《じょちょう》**　【『孟子《もうし》』】
助けようとして手出しをし、かえってだめにしてしまう　宋《そう》の農夫が、苗の成長を助けようとして引っ張ったため、苗はすべて枯れてしまった。

□**人口《じんこう》に膾炙《かいしゃ》する**　【王定保《おうていほ》『唐摭言《とうせきげん》』】
広く人々に知られ、もてはやされる　誰もがおいしいと思う膾《なます》や炙《あぶりにく》のように、多くの人々に親しまれる詩文などをいう。

□**水魚《すいぎょ》の交《まじ》わり**　【陳寿《ちんじゅ》『三国志《さんごくし》』】
親密でかけがえのない関係　天下統一を目指す劉備《りゅうび》が、自分と軍師諸葛亮《しょかつりょう》との関係を述べた言葉。

□**推敲《すいこう》**　【計有功《けいゆうこう》『唐詩紀事《とうしきじ》』】
詩文の字句を考え練ってよりよいものにする　唐《とう》の時代、賈島《かとう》が詩の文句を「推《お》す」にすべきか「敲《たた》く」にすべきか悩んだことから。(⬇四一〇頁)

□**杜撰《ずさん》**　【『野客叢書《やかくそうしょ》』】
間違いや、いいかげんな部分が多い著作、仕事　宋《そう》の杜黙《ともく》の詩に、決まりに合わないものが多かったことを批判した言葉。

豆知識：英語には“Once bitten, twice shy.”ということわざがある。「一度かまれると二度目は用心する」という意味で、「羹に懲りて膾を吹く」とも訳される。英語にも漢文にも似たようなことわざがあるのは、文化圏が違っても人間には共通する所も多々あるからだろう。

□切磋琢磨《せっさたくま》　【『詩経《しきょう》』】
仲間どうしが互いに刺激しあい、学問や人間性の向上に励む　獣骨や象牙《ぞうげ》などを切って磋《みが》いたり、玉石を琢《たた》き磨いたりして、美しく整えることで価値のあるものになることから。

□泰斗《たいと》　【欧陽脩《おうようしゅう》他『新唐書《しんとうじょ》』】
人々の尊敬を集めるような人物・学芸の権威者　泰山《たいざん》は天子が即位のとき天地をまつる聖山。北斗《ほくと》七星《しちせい》は時を知る手がかりとなる。どちらも人々が常に仰ぎ見るもの。＝泰山北斗《たいざんほくと》。

□他山《たざん》の石《いし》　【『詩経《しきょう》』】
他人のつまらぬ言動も、自分の反省や修養の助けになる　よその山から出るただの石ころも、宝玉を磨く時には役に立つ。

□蛇足《だそく》　【劉向《りゅうきょう》『戦国策《せんごくさく》』】
よけいなもの・あっても邪魔なもの　蛇《へび》の絵を一番早く描き上げた者が酒をもらうという約束で競争した。一番になった者が蛇に足を描き足したため、その間に他の者の蛇が完成し負けてしまった。

□知音《ちいん》　【『列子《れっし》』】
互いの気持ちがわかる親密な友人関係　春秋時代、鍾子期《しょうしき》は友人伯牙《はくが》の琴の音を聞いて、伯牙の気持ちを言い当てた。子期の死後、伯牙はもはや琴を聞かせるべき相手はいないと弦《げん》を断ち切り、二度と演奏しなかった。

□朝三暮四《ちょうさんぼし》　【『列子《れっし》』】
目先の違いにとらわれて本質的には同じであることに気づかない・口先でうまく人をまるめこむ　宋《そう》の狙公《そこう》が飼っていた猿たちに、餌の木の実を「朝三つ夕方四つやろう」と言うと猿たちは怒った。そこで「朝四つ夕方三つやろう」と言うと大喜びした。（⬇三八八頁）

□登竜門《とうりゅうもん》　【范曄《はんよう》『後漢書《ごかんじょ》』】
立身出世をするための関門　竜門は黄《こう》河《が》上流の急流。鯉《こい》がここを登りきれば竜になれるという。

□虎《とら》の威《い》を借《か》る狐《きつね》　【劉向《りゅうきょう》『戦国策《せんごくさく》』】
有力者の威光を利用していばる小人物　虎が狐の後ろについて歩くと他の動物が逃げ出した。その様子を見た虎は狐が百獣の王なのだと思ったが、実際にはみな虎を恐れて逃げていたのだった。

□背水《はいすい》の陣《じん》　【司馬遷《しばせん》『史記《しき》』】
決死の覚悟　漢《かん》の韓信《かんしん》が趙《ちょう》の軍と戦ったとき、山は背に、川は前にという兵法の原則に反して川を背にして布陣《ふじん》した。逃げ場のない韓信軍は決死の覚悟で戦い、勝利を収めた。

□白眉《はくび》　【陳寿《ちんじゅ》『三国志《さんごくし》』】
多数の中で最も優れたもの　蜀《しょく》の馬《ば》氏の五兄弟はみな秀才であった。その中でも、眉の中に白い毛が混じっていた馬良《ばりょう》が最も優秀だった。

□破天荒《はてんこう》　【孫光憲《そんこうけん》『北夢瑣言《ほくむさげん》』】
今まで誰もできなかったことを成し遂げる　唐《とう》代、荊州《けいしゅう》には科挙（⬇三六八頁）の及第者がおらず、「天荒」（未開の土地）と呼ばれていた。やがて劉蛻《りゅうぜい》が及第したので、人々は「天荒を破る者」と呼んだ。

□髀肉《ひにく》の嘆《たん》　【陳寿《ちんじゅ》『三国志《さんごくし》』】
手腕を発揮する機会がない平和な日々を過ごすのを嘆く　蜀《しょく》の劉備《りゅうび》が、長い間戦場で馬を駆る機会がなく、髀《もも》に肉がついたことを嘆いた。

□覆水盆《ふくすいぼん》に返らず　【王嘉《おうか》『拾遺記《しゅういき》』】
一度起きたことは取り返しがつかない　太公望《たいこうぼう》（呂尚《りょしょう》）に元妻が復縁を申し込んだ。太公望は水の入った盆（たらい）を傾けてこぼし、その水を元に戻せと命じて、こぼれた水のように、元に戻す（復縁する）ことはできないと元妻に話した。

□舟《ふね》に刻《こく》して剣《けん》を求《もと》む　【『呂氏春秋《りょししゅんじゅう》』】
古い習慣にこだわり、時流についていくことができない　楚《そ》の国の人が舟で長江《ちょうこう》を渡る途中、剣を水中に落とし、船べりに目印を刻みつけた。舟が岸に着くと目印のところから水中に入り剣を探したが当然見つからなかった。

□刎頸《ふんけい》の交《まじ》わり　【司馬遷《しばせん》『史記《しき》』】
非常に親密な関係　廉頗《れんぱ》と藺相如《りんしょうじょ》は趙《ちょう》を支える重要人物。廉頗は自分より高位に任ぜられた藺相如をおとしめようとするが、藺相如はあえて廉頗と顔を合わさないようにして内紛を避けた。藺相如の真意を知った廉頗は謝罪し、二人は互いのためなら頸《くび》を刎《は》ねられてもよいと思えるような信頼関係を築いた。

□墨守《ぼくしゅ》　【『墨子《ぼくし》』】
古い習慣や自分の考えを固く守る　楚《そ》王は宋を攻めようとして手を尽くしたが、墨子《ぼくし》は固く宋の城を守って攻め込ませなかった。

□矛盾《むじゅん》　【『韓非子《かんぴし》』】
つじつまが合わない　どんなに鋭い矛《ほこ》でも突き通せない盾《たて》と、なんでも突き通す矛を売る者がいた。ある人が、その矛でその盾を突いたらどうなるか尋ねると、売っていた者は答えられなかった。

□孟母三遷《もうぼさんせん》　【劉向《りゅうきょう》『列女伝《れつじょでん》』】
教育には環境が大切　孟子《もうし》の母は、孟子が学問を志す環境を求めて引っ越しを繰り返した。（⬇三八四頁）

□羊頭狗肉《ようとうくにく》　【『無門関《むもんかん》』】
実質が立派な見かけと合わない　看板に羊の頭を使いながら、実際には羊肉より劣る犬の肉を売るようなこと。＝羊頭《ようとう》を掲《かか》げて狗肉《くにく》を売る。

□累卵《るいらん》の危《あや》うき　【司馬遷《しばせん》『史記《しき》』】
崩れやすく危うい状況　積み重ねた卵のように不安定で危うい様子。戦国時代、范雎《はんしょ》が「今の秦《しん》は累卵よりも危うい。私を登用《とうよう》すれば安泰だ」と言って秦の昭王《しょうおう》に自分を売り込もうとした。

表現編

言葉でキャッチボールをしよう

相手の言葉を受け止めあなた自身が考えたことをあなた自身の言葉で表現しよう。
相手と言葉で関わり合うことが、問題解決の糸口になる。

あなたの考えを聞かせてほしいと言われたら

高校生のみなさんは、卒業後は大学や専門学校に進学したり、就職したり、さまざまな道に進むことになるでしょう。

どのような道に進んだとしても絶対に必要とされる力があります。「あなたの考えを聞かせてほしい」と言われたときに、自分の考えを表現する力です。「正解」を答える力ではありません。**「自分の考え」を「相手に伝わるように」表現する力**です。

たとえば、あなたが社会にでて、「○○○についてどう思いますか?」と聞かれたとき、次のように答えたとします。

> ①「……。」(沈黙)
> ②「わかりません。以上です。」
> ③「自信はありませんが、○○○については▲▲▲ではないかと思います。」
> ④「私は、▲▲▲と思います。この場合、■■■のような問題が出てくることも考えられますが、▼▼▼というメリットが考えられます。そのため、▲▲▲と判断しました。」

①や②はよくありません。なぜでしょうか。

これからの時代に求められる力とは

社会にでると、だれも正解がわからない事柄について検討し、判断していかなければならないという状況にたくさん遭遇します。知識があれば、解き方を知っていれば正解を答えられるというような事柄はほとんどないと考えてよいでしょう。

何が正解かわからないからこそ、**自分の考えについて他者の意見を聞いたり、お互いの意見を検討しあったりしながら、答えといえるものを見つけていく力が求められる**のです。▲▲▲や■■■や▼▼▼に入る内容は、人それぞれでよいのです。**問題の解決に向けて意見のキャッチボールを続けられるかどうか**、これが最も重要なのです。

①「……。」ではボールを受け取ったのかどうかもわかりません。②「わかりません。以上です。」は、勝手にキャッチボールを終了しています。つまり、他者とともに「答えを見つけよう(問題を解決しよう)とする」態度・言葉ではないのです。

「あなたの考えを聞かせてほしい。」と言われたときに、「何と答えたらよいのかわからない……!」とならないように、相手が言いたいことをつかむ(理解する・要約する)力、相手の意見に対して自分の考えを持つ(思考する・発想する)力、自分の考えを相手に伝える(説明する・表現する)力を身につけるようにしましょう。

このような言葉で関わり合う力を身につけるには、さまざまな知識を得ることも必要です。知識は、相手が言いたいことは何か、何を問われているのかを理解することや、自分の考えを形成し表現することに役立ちます。

言葉で関わり合う力を養う

表現編では、言葉で関わり合う力を、次の三つの観点から活動を通して養いましょう。

理解する・要約する
思考する・発想する
説明する・表現する

これらの力は、進学しても社会に出てからもずっと必要となるものです。知識を身につけ、主体的に取り組み、新たな課題に直面したときには、他者と協働して解決を図っていきましょう。

表現編の四つの活動を通して身につけたい力・知識

観点＼活動	話し合い（→四三六頁）	小論文（→四三八頁）	レポート（→四五二頁）	プレゼンテーション（→四五三頁）
理解する 要約する（→四三〇頁）	相手の意見の要点をとらえる。	提示された課題の内容を理解したり要約したりする。	必要な情報を整理し、簡潔にまとめる。参考にする資料、引用する文献の内容を要約する。	必要な情報を整理し、簡潔にまとめる。参考にする資料、引用する文献の内容を要約する。
思考する 発想する（→四三二頁）	相手の意見の内容を踏まえて、自分の意見を持つ。	問題意識を持って物事を多角的にとらえる。	客観的なデータの分析を踏まえて自分の考えを持つ。	相手の興味・関心・同意を得るような提案を考える。
説明する 表現する（→四三四頁）	話し合いの目的に沿った意見であることがわかるように述べる。	具体例や明確な根拠とともに論理的に述べる。	事実と考察（自分の考え）とを区別して報告する。	相手の知識に応じて、わかりやすく表現する。
知識を蓄える 方法を学ぶ	話し合いの進行のしかたを身につける。	社会の諸問題に関する知識を持つ。文章の組み立て方・論証のしかたを身につける。	必要な情報の収集のしかたや、文章の組み立て方・論証のしかたを身につける。	必要な情報の収集のしかたや、文字情報以外の、視覚的な資料の提示のしかたを身につける。

理解する・要約する

要約とは？
ある話や文章の中で、話し手や書き手が最も言いたいことを簡潔にまとめることを要約という。ここでは、文章を要約する場合を考えてみよう。

まずは、手順の1 2を意識しながら全体をざっと読んで、文章全体の構成をとらえよう。それを踏まえて、具体例や補足的な部分を省いた、重要な箇所に印をつけていき(3)、要点をわかりやすく簡潔にまとめる(4)とよい。

[手順]
1 一文の持つ意味をとらえる。
2 文と文との関係をとらえる。
3 段落の要点をとらえる。
4 わかりやすく簡潔にまとめる。

1 一文の持つ意味をとらえる。

日本語は、次の例のように、一文の最後の表現によってその文の内容が決まる。

・今日、私は、かさを持ってこなかった**のだろうか**。
・天気予報によると雨が降る**とのことだ**。
・かさを持っていく**べきだ**。

文章を読むときには、一文の最後まで読まないと内容を正確に理解することができない。次のような文末表現に注意して、一文の持つ意味を正確にとらえるようにしよう。

文末表現例

表す内容	文末表現例
問題提起	(どうして)…なのだろうか。…ではないだろうか。
判断・結論	…と考えられる。…にほかならない。…はずだ。…ということになる。…といってもいいすぎではない。
推察	…そうだ。…ようだ。
原因・理由	…からだ。…ゆえだ。
伝聞・引用	…そうだ。…とのことだ。…と言われている。
可能	…れる。…うる。
可能性	…かもしれない。…おそれがある。
義務・強制	…べきだ。…ないわけにはいかない。
例示	…のようなことがある。
要求・希望	…たい。…てもらいたい。

2 文と文との関係をとらえる。

文章全体で筆者が言いたいことをとらえるためには、接続語に注意して、語と語、文と文とがどのように接続しているかを正確に理解する必要がある。

接続語の働き

種類	接続語	用法
順接	だから	前の内容から予想される〈**主観的な判断**〉を導く。
	したがって	前の内容から予想される〈**必然的な帰結**〉を導く。
	そのため	前の内容を〈**原因**〉とした場合の結果を導く。
逆接	しかし	予想される内容と結果が〈**食い違う**〉ことを示す。
	にもかかわらず	予想される〈**当然の結果が実現しない**〉ことを示す。
	ただ	前の内容の〈**拡大解釈を防ぐ**〉内容を示す。
添加	また	似た内容のものを〈**後から加える**〉。
対比	一方	二つのものを対照し、〈**異なる見方**〉を示す。
換言	つまり	前に述べたことに〈**手を加え、別の表現**〉にする。
	むしろ	前に述べた内容を〈**否定し、より適切な表現**〉にする。
例示	たとえば	前に述べた内容の〈**具体例**〉を挙げる。
	実際	前に述べた内容の〈**証拠となる例**〉を挙げる。
補足	なぜなら	前に述べた内容の〈**理由**〉を示す。
	ただし	前に述べた内容の〈**関連情報**〉を追加・修正する。
転換	ところで	前に述べた内容とは〈**別の話題**〉に切り替える。
	では	前に述べた内容を前提とし、〈**本題**〉を導入する。
結論	こうして	一連の説明や物語がたどり着く〈**結果**〉〈**結論**〉を示す。
	いずれにしても	前に述べた内容の〈**いかんにかかわらず**〉、後件の成立を示す。

次の文章を接続語に注意して読んでみよう。

①顔がもし所有の対象であれば、人はそれを思うがまま自由に操れるはずだ。②**実際**、所有権をめぐり西欧の思想史の中でも、「所有」という観念は、常に「自分の意のままにしうること(随意性、自由裁量権、**つまり**自由に処理してよいこと)」という観念と等値のものとされてきた。③**が**、**しかし**、マルセルが身体に関して言っていたのと同じように、顔は誰かが思うがまま自由に管理・統制しうるものではない。④顔において、わたしはその主人ではない。⑤いや**むしろ**、顔はわたしの意のままにならないものの典型ですらあるのではないか。

(鷲田清一『顔の現象学』)

実際 ①の内容の**証拠となる例**を②で挙げている。
つまり 「随意性、自由裁量権」を「自由に処理してよいこと」と**言い換え**ている。

(が、)しかし ②から**予想される内容とは食い違う**結果を③で説明している。
むしろ ③④の内容を否定して、⑤で、**より適切な表現**で説明し直している。

3 段落の要点をとらえる。

＊段落の要点をまとめる際は、中心となる文に傍線をひくとよい。

次の文章を七十字以内で要約してみよう。

贅沢《ぜいたく》とは何だろうか？　それは不必要なものと関わっている。必要の限界を超えて支出がおこなわれる時、人は贅沢を感じる。たとえば豪勢な食事を食べなくても人間は生きていける。キレイに彩《いろど》られた服がなくても人間は死にはしない。贅沢はしばしば非難されるが、そこには過度の支出に対する不同意の意味が込められている。必要の限界を超えた支出は無駄ということだ。

だが、ここで少し立ち止まって考えていただきたい。人は必要なものを必要な分だけもっていれば、それで生きていけるのだろうか？　必要の限度を超えた支出は無駄であって、生活には生存に必要なものが十分にあればそれで事足りるのだろうか？

おそらくそうではないだろう。必要なものが十分にある状態とは、必要なものが十分にしかないということだ。十分とは十二分ではない。必要なものが必要な分しかない状態、これは非常にあやうい状態である。日常生活のバランスを崩すアクシデントがすこしでもあれば、それまで通りには生活できなくなる。あらゆるアクシデントを排し、必死で現状を維持しなければならない。それは豊かさからはほど遠い生活だ。

必要を超えた支出があってはじめて人間は豊かさを感じられる。人間が豊かに生きていくためには、贅沢が必要である。つまり余分は無駄ではない。

（國分功一郎『民主主義を直感するために』）

① 次の点に注意して各段落の要点（筆者が一番言いたいこと）を読み取る。

- 文末表現に注意して、筆者が**問題提起をしている部分**、**断定的に意見を述べている部分**を見つける。
- 問題が提起されている部分に対する、**筆者の回答部分**を見つける。
- 接続語に注意して、**筆者が主張している部分**、**強調している部分**を読み取る。
- **具体例や事実**、**根拠の部分**と、筆者の意見の部分とを区別する。

② 各段落の要点をもとに、文章全体で筆者が一番言いたいことを簡潔にまとめる。

【筆者が一番言いたいこと】
人間が豊かに生きていくためには、贅沢という、必要を超えた支出が必要である。

③ ②の内容をよりわかりやすくするために必要な部分を①の各要点から取捨選択し、指定された条件（ここでは七十字以内）に合うようにまとめる。

4 わかりやすく簡潔にまとめる。

- 具体例や補足説明は省略してよい。
- 字数を指定された場合は、その指定条件を満たすように書く。
- 字数によっては、文章中の言葉を意味が変わらないように別の表現で言い換えてもよい。
- 要約の内容だけで意味がわかるようにまとめる。
- 問題が提起され、それに対する回答が述べられた文章の場合は、問題と回答とを簡潔にまとめる。

【要約の例】
贅沢とは、必要を超えた支出だが、無駄ではない。必要なものが必要な分しかない状態は非常にあやうく、人間が豊かに生きていくためには贅沢が必要だ。（70字）

要約が完成したら、次の観点でチェックをしてみよう。

□ **筆者の一番言いたいことをおさえているか。**
□ **違和感のないまとまりのある内容になっているか。（要約だけで、意味のわかる内容になっているか。）**
□ **指定された条件で要約できているか。**

概要のまとめ方

文章がどのような論理構成で説明されていたかがわかるようにまとめる方法もある。全体の流れがわかるようにまとめる方法で、「概要」「あらまし」などとも言う。話の流れに沿って各形式段落の要点を順にまとめる。具体例や事実、補足説明の部分も含んでよい。

一番言いたいこと？

要約を意識すると、相手の「一番言いたいこと」を確実にとらえることができる。では、「一番言いたいこと」とは何だろう。例えば、次のような場面で考えてみよう。

Aさんは合唱部の部長である。部員であるBさんが、「部活をやめたい」と相談してきた。AさんはBさんに次のように話す。

Bさんの歌声があるおかげで、全員での合唱に深みがでる。Bさんががんばっている姿を見ていると、私も他の部員たちもやる気がでてくる。もちろん、Bさんが簡単な気持ちで「やめたい」と言っているのではないことはわかる。だけど、部活をやめることについては、もう一度考え直してほしい。

Aさんの言葉を一言で要約してみると次のようになる。

Bさん、退部しないで！

Aさんは、「部活をやめないでほしい」という思いをBさんにわかってほしくて、いろいろな言葉で説明をしている。このような簡単な会話だけではなく、難しくて長い話や文章でも同じことが言える。話し手・書き手は、言いたいことがあり、それを聞き手・読み手に「わかってほしい」「納得してほしい」という気持ちがあって、説明をしている。相手の「一番言いたいこと」を確実に受け取るようにしよう。

思考する・発想する

思考を深めたり、新しいことを考え出したりするにはどうしたらよいか。疑問を持ったり、具体例を挙げてみたり、資料を批判的に読んでみたりなど、さまざまな角度から検討してみるのが効果的だ。具体的には、次のような方法で思考の訓練をしてみよう。

1 理由を考えてみる。
2 推論をしてみる。
3 目的意識を持って情報を集める。

1 理由を考えてみる。

何かについて考える時は、「なぜそう思うのか」を考えてみよう。例えば、「勉強する意味」について、「どうして勉強をするの?」と問いを立ててみる。「成績を上げたいから」と思い当たる。

さらにどうして? と考えてみる。

「いい大学に入りたいから」

どうして?

「いい会社に勤めたいから」

どうして?

「安定した生活をしたいから」

どうして?どうして? どうして? だろう。

自分がどうしてそう考えるのかわからなくなったポイント、それが「考える」出発点になる。自分の考えの奥底には、ある経験や他者からの働きかけが必ずある。そこを「考える」ようにする。自分はどうしてその経験からこう「考える」ようになったのか。どうして他者の「考え」を受け入れたのか。自分の「考え」を自分のものだといえるように、しっかり「考える」癖をつけるようにしよう。

2 推論をしてみる。

論理的に思考を進める手段として、次のような推論の方法がある。

推論の方法

帰納法《きのうほう》

個々の事実から、それらに共通する一般的な法則や原理を導き出す思考方法。

具体

①教室の床にはごみが落ちていない。
②教室の机は整然と並んでいる。
③教室の黒板や窓は汚れていない。

→ 普遍

ゆえに、教室はきれいだ。

弁証法《べんしょうほう》

内部に含まれる矛盾や対立する二つの事実を統合して、より高次元の結論を導き出す発展的な思考方法。正《せい》・反《はん》・合《ごう》の三つの部分からなる。

正

私は運動が嫌いだ。

⇔ 反

健康のためには適度な運動が必要だ。

→ 合

私は、自分なりに運動を楽しむ方法を見つけて、健康を維持する程度の運動をすることに決めた。

演繹法《えんえきほう》

確実な前提となる一般的な法則や原理から、個別の事実や特殊な理論を導き出す思考方法。

普遍

人間はさまざまな方法でコミュニケーションを行う。

→ 具体

①人間は電話で話しあう。
②人間はメールを送りあう。
③人間は手紙でやりとりをする。

三段論法《さんだんろんぽう》

(演繹法の一つ)大前提と小前提という二つの前提から一つの結論を導き出す思考方法。

大前提

生きている者は必ず死ぬ。

→ 小前提

私は生きている。

→ 結論

ゆえに、私はいつかは死ぬ。

結論に説得力をもたせる

推論の方法は文章を書く際にも意識するとよい。自分の考え(結論)のみを相手に提示しても納得してもらうことは難しい。その結論の根拠や具体例を提示し、どのような思考をたどってその結論を導き出したのかを説明すると説得力が増す。

3 目的意識を持って情報を集める。

思考力や発想力を身につけるためには、さまざまな資料にあたって、知識を蓄えることも必要である。説得力のある思考・発想には、客観性が必要であり、それは知識によって支えられるものだからだ。

また、本や統計資料などにあたる際には、知識を蓄えるためだけではなく、「何のために読むのか」「何を知りたいのか」といった目的意識をもって読んだり、批評したりするとよい。発想のきっかけや新しい視点を見つけることができる。

自分の考えがまとまったら、次の観点でチェックしてみよう。

- □ 論理的に考えることができたか。
- □ 多様な観点から検討することができたか。
- □ 間違った知識や情報に基づいて思考していないか。

いろいろな発想法

マップ法　あるキーワード(テーマ)から連想される言葉を放射状に挙げていくことで、発想を広げ、キーワード(テーマ)を多層的に理解することを促す。

手順
1 キーワードを中央に置く。
2 中央に置かれたキーワードに関係のある言葉を、キーワードの周りに書く。
3 書かれた言葉をキーワードとつなぎ、さらに、書かれた言葉と関係のある言葉を書き、同様につないでいく。
4 全体を見渡し、重要であると考える言葉に印をつける。

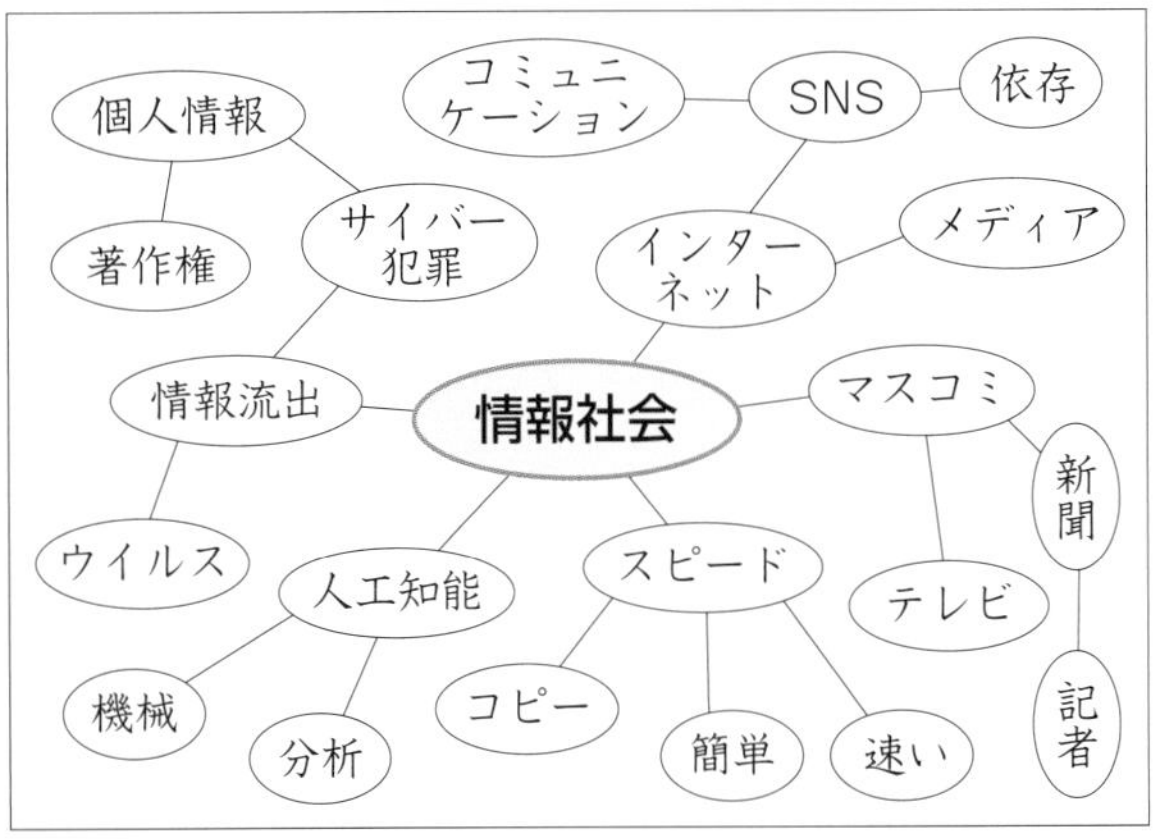

KJ法　カードに書かれた情報をグループごとに整理し、グループ間の関係を図示する。グループ同士の関係を踏まえて全体を構造化していく中で、新たな視点を生み出すことを目指す。

手順
1 テーマを決める。
2 テーマについて思いつくことをカードに書く。その際、一枚のカードに書くのは一項目とする。
3 関係のあるカードをまとめてグループ化し、それぞれのグループに見出しをつける。
4 グループ同士の関係を図示する。

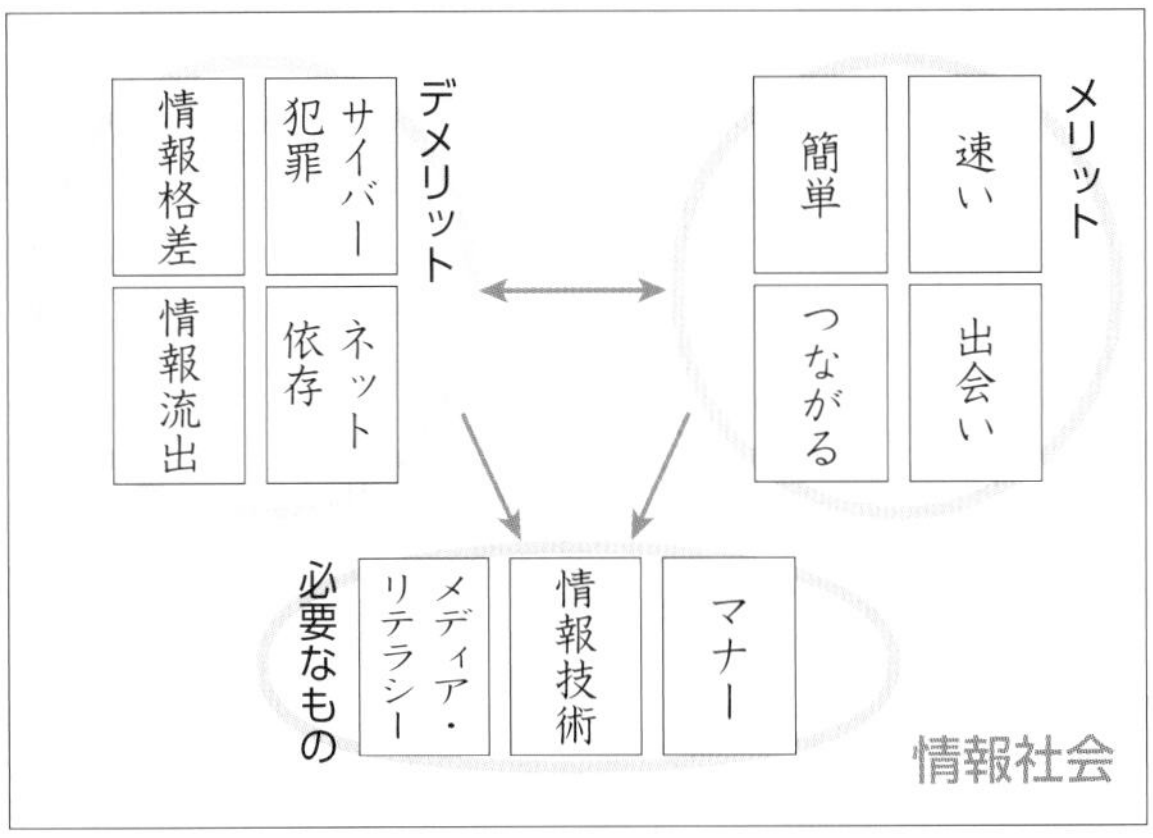

ツリー法　ある大きな概念について、下位の概念に分類していく。上位の概念に関する事柄をもれなく挙げることに役立つ。問題点を絞り込んで考えることができる。

手順
1 ツリー図の最上位に置く、抽象的なテーマを選ぶ。
2 最上位のテーマに関する具体的な事柄を、テーマの下に並べて書く。具体的な事柄は、上位のテーマの背景、構成要素、などの分類基準で挙げていく。
3 より具体的な事柄を下位に並べることを繰り返す。

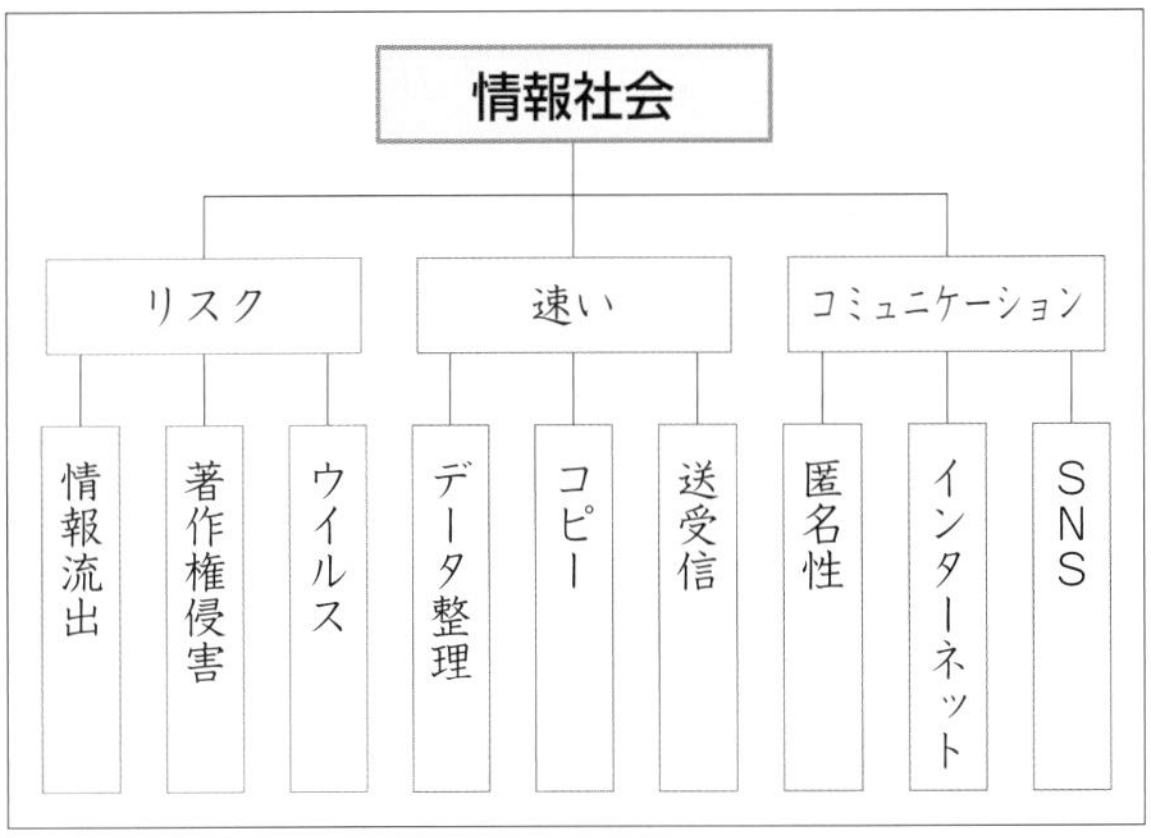

考えがまとまらないとき

考えがまとまらず、自分の意見を出すことができないときは、何でもよいから、とにかく書き出してみよう。論理構成やわかりやすさ、独自性などはあとまわしにして、単語でも、かんたんな文の箇条書きでもよいから書いてみる。そうしてある程度の分量のメモ書きができたら、書かれた単語や文章の関係を考えてみよう。

上の発想法も参考にして、類似しているもの、反対の内容のもの、因果関係にあるものなど、さまざまな観点でメモ書きの内容をグループ化していく。整理されたグループを眺めてもまだ何も浮かんでこない場合は、関係のありそうな本を読み、情報を集めてみる。この繰り返しが「自分の考え」をまとめるのには必要だ。

自分一人ではどうしてもまとまらないときには、他の人に相談してみよう。他の人の意見を聞くことで、自分では気が付かなかった観点の存在を発見したり、新しい問題点が見つかったりする。ブレーンストーミング(➡四三六頁)など、発想を促すのに効果的な話し合いをするのもよい。

参考資料：高橋誠『新編創造力事典』(日科技連)／川喜田二郎『発想法』『続・発想法』(中公新書)

説明する・表現する

自分の意見や伝えたいテーマ(主題)を、読み手、聞き手にわかりやすく効果的に説明するためには、文章や話す内容の構成に注意し、適切に表現する必要がある。ここでは、相手に納得してもらうために、文章で説明をする場合を考えてみよう。説明をするときは、次の四点に注意するとよい。

1 自分の意見や主題を述べる位置。
2 文章の構成の型。
3 わかりやすく書く。
4 適切な表現を使う。

1 自分の意見や主題を述べる位置。

説得力をもって自分の意見や主題を述べるときは、その理由とともに説明するのが原則である。

意見(主題)と理由を述べる順序については、次の三つの型がある。

頭括式《とうかつしき》	意見を先に述べる。 意見 → 理由
尾括式《びかつしき》	意見を最後に述べる。 理由 → 意見
双括式《そうかつしき》	意見を最初と最後に述べる。 意見 → 理由 → 意見

2 文章の構成の型。

長い文章で説明をするときは、文章全体の構成を考える必要がある。

文章構成の型としては次のものがある。

三段型

序論	問題提起 論旨の提示
本論	分析や検討の説明 理由や具体例
結論	導き出された見解 論旨の再提示

文章構成の基本型で、「序《じょ》・破《は》・急《きゅう》」「導入・展開・まとめ」「はじめ・なか・おわり」ともいう。

自分の意見を相手にわかりやすく説明するときには三段型の構成が向いている。最初に結論を置くか、最後に結論を置くか、もしくは最初と最後の両方に結論を置くかに分かれる。「一番言いたいこと」をわかりやすく伝えられる構成で、論文などで用いられる。

四段型

起《き》	始まり
承《しょう》	展開
転《てん》	山場
結《けつ》	結末

漢詩の絶句の構成を、文章構成にあてはめたもの。物語や随筆など文学的な文章では、四段型の起承転結の構成が使われることが多い。

ストーリー展開が重視される文学的な文章では、「転」で文章の流れにアクセントをつける。文章が長くなっても、最後までメリハリのきいた構成でまとめることができる。

3 わかりやすく書く。

読み手にわかりやすく、正確に伝わるように次の点に注意しよう。

■一文を長くしすぎない。

一文が長くなりすぎると、文意が伝わりにくくなる。

×今日の夕方は、母親の帰りが遅いので夕飯のしたくをしておく必要があり、その後、国語で出された読書感想文の課題を済ませる予定で、まだ本を読むことしかできておらず、書く内容も決まっていないので、作文の書き方を学習してから書こうと思っているが、どのようなテキストを読めば学習できるのかわからなくて困っている。

○今日の夕方は、母親の帰りが遅いので夕飯のしたくをしておく必要が**ある**。その後、国語で出された読書感想文の課題を済ませる予定**だ**。まだ本を読むことしかできておらず、書く内容も決まっていないので、作文の書き方を学習してから書こうと思って**いる**。**だが、**どのようなテキストを読めば学習できるのかわからなくて困っている。

■意味の切れ目で読点をうつ。

意味の切れ目で読点をうつと、読みやすく、意味も正確に伝わる。

十月に行われる合唱コンクールで歌う曲をクラスの皆で考えたところ三つの曲が候補に挙がった。

■文の並べ方に注意する。

接続語を適切に使って、わかりやすい文脈にする。(四三〇頁「接続語の働き」)

×私は一生懸命勉強した。**だから、**テストの点数は悪かった。

○私は一生懸命勉強した。**しかし、**テストの点数は悪かった。

■長い文章では段落を分ける。

文章の構成の切れ目(序論・本論・結論など)だけではなく、内容のまとまりごとに段落を分けると読みやすくなる。

4 適切な表現を使う。

表記や文法の誤りだけではなく、伝えたい内容にふさわしい表現になっているか注意しよう。

■正しく表記する。

仮名遣いや送り仮名を間違えないようにする。また、漢字の使い分けにも注意する。(四七三頁「同音異義語」「同訓異義語」)

野球部で主将を勉めたが、大会ではよい結果を出ず、悔やしい思いを克状できないでいる。

■文末表現に注意する。

副詞や接続詞を用いた文では、文末の表現が適切かどうか確認する。

×彼は**決して**我慢強い。

○彼は**決して**我慢強く**ない**。

×どうして彼は成功した。
○どうして彼は成功したのだろう。

×私の好きな食べ物はリンゴである。なぜなら大好きだった祖父が、私のために生前よく買ってきてくれた。
○私の好きな食べ物はリンゴである。なぜなら大好きだった祖父が、私のために生前よく買ってきてくれたからだ。

常体（「だ」「である」）と敬体（「です」「ます」）とを混在させない。

×国語は得意だが、数学は苦手です。
×学校祭で、ディベートをすると決めた。練習はまだしていません。

■**主語と述語を対応させる。**

一文のなかで、主語と述語の対応を明確にする。

×私の日課は、飼っている犬を散歩に連れて行く。
○私の日課は、飼っている犬を散歩に連れて行くことだ。

述語に使う動詞について、自動詞と他動詞とを混同しない。

×美しい音楽が彼の怒りを静まる。
○美しい音楽が彼の怒りを静める。

文の途中で主語を変えたり、主語を省略したりする場合、文意が正確に伝わるかどうか確認する。必要に応じて主語を補う。

×よし子さんが研究発表をしている最中は、静かにしていた。
○よし子さんが研究発表をしている最中は、彼は静かにしていた。

■**敬語を正しく用いる。**

尊敬語、謙譲語、丁寧語を適切に使う。特に、尊敬語と謙譲語の混同に気をつける。（⇩四六四頁「敬語の使い方」）

×先生は職員室におりますか。
○先生は職員室にいらっしゃいますか。
×私が先生のお話をお聞きになります。
○私が先生のお話をお聞きします。

■**話し言葉と書き言葉とを区別する。**

改まった文章を書く際には、次のようなくだけた言葉は用いない。

×なので　○だから
×ちょっと　○少し
×だけど　○しかし

文章が完成したら、次の観点でチェックしてみよう。

- □ 内容を伝えるのにふさわしい構成となっているか。
- □ 伝えたいことがわかりやすく説明されているか。
- □ 正しい表記、適切な表現で説明できているか。

意見と理由

「あなたは国語が好きですか？」という問いに対する回答の例を見てみよう。

A長い文章を読んでいると何が書いてあるかわからなくなるし、筆者の考えもわからない。数学のように解き方が明確なものが好きなので国語は嫌いだ。ただ、評論は嫌いだけど、小説はストーリーが面白いこともあるので好きだ。

…結局、国語は好きなの？嫌いなの？どっちなの？と思わなかっただろうか。別の例を見てみよう。

B僕は国語が嫌いだ。文章を読んでいても、筆者が何を言いたいのかよくわからない。知らない言葉が多く使われていて、一文の意味さえわからないこともある。つまり、文章の内容を理解できないので、僕は国語が嫌いだ。

AもBも「国語が嫌いだ」という回答だが、Bの方がAよりわかりやすく、説得力がある。Aは次の点が不足しているために、わかりにくくなっている。

①問いに対する回答を明確にする。
好きか嫌いか、賛成か反対か、よいか悪いかといった、どちらかを選ぶように聞かれているときは、自分が選んだ方を最初か最後で（もしくは両方で）はっきりと述べるようにしよう。たとえば、最初で自分の選択を述べ、その後、選んだ理由（根拠）を説明して、最後にもう一度自分の選択を繰り返すとわかりやすい構成になる。

②意見と理由の関係が論理的である。
意見と理由との関係が妥当でないと説得力のない内容になってしまう。「国語が嫌い」という意見の理由として、「数学のように解き方が明確なものが好きだ」という内容は適当ではない。また、「小説は好き」なのに「国語が嫌い」となる理由が述べられていない。

Aを、意見の内容はそのままで、構成を変更して表現してみよう。

A僕は国語が嫌いだ。小説のストーリーを面白く感じることはあるが、評論の長い文章を読んでいると、何が書いてあるかわからなくなる。また、設問の解き方も、数学のように明確ではないのでわかりにくい。だから、僕は国語が嫌いだ。

話し合い

話し合いとは？
考えを深めたり、問題を解決する方法を探ったり、結論を出したりするために参加者が意見を出し合うこと。目的や、参加する人数によってさまざまな方法がある。

話し合いで求められる力

理解要約	・相手の意見の要点をとらえることができる。
思考発想	・相手の意見の内容を踏まえて自分の意見を持つことができる。
説明表現	・話し合いの目的に沿った意見であることがわかるように述べることができる。
知識方法	・話し合いの進行のしかたを身につけている。

ブレーンストーミング　参加者が自由に意見を出し合い、即興的な連想もしながら発想を広げて話し合う。

手順

1 司会者を決める。
2 参加者それぞれが、簡潔に自分の意見を述べる。
3 出された意見や提案を整理してまとめる。

大切なのは、深く考えることや事前の入念な準備よりも、その場でどんどん意見を出すことである。他の人のアイディアを発展させた意見や思い付きの意見もためらわずに述べる。発言の順番を決めたり、一人あたりの持ち時間を短くしたりして、テンポよく意見を出せるようにするとよい。

注意点

①発言者の意見を批判しない。
②常識の枠を外れたようなアイディアでも、積極的に提案する。

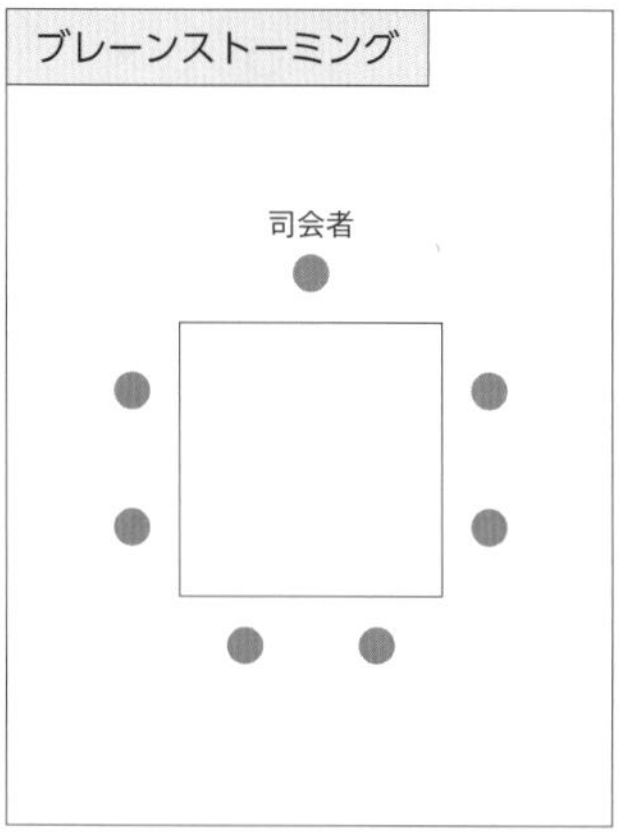

バズセッション　全体を少人数のグループに分け、各グループのアイディアを集めて話し合う。

手順

1 司会者を決め、全体を少人数のグループに分ける。
2 各グループ内で話し合う。
3 グループの代表者がグループの意見をまとめて、全体に報告する。
4 各グループの報告をもとに全体で話し合う。

バズセッションは、お互いよく知らない者同士で話し合う場合に効果的である。全体としては初対面に近い状況でも、自分が属しているグループへの連帯感で意見が出しやすくなる。

注意点

①グループでの話し合いでは、積極的に意見を言う。
②各グループで、必ず何らかの結論を出すようにする。

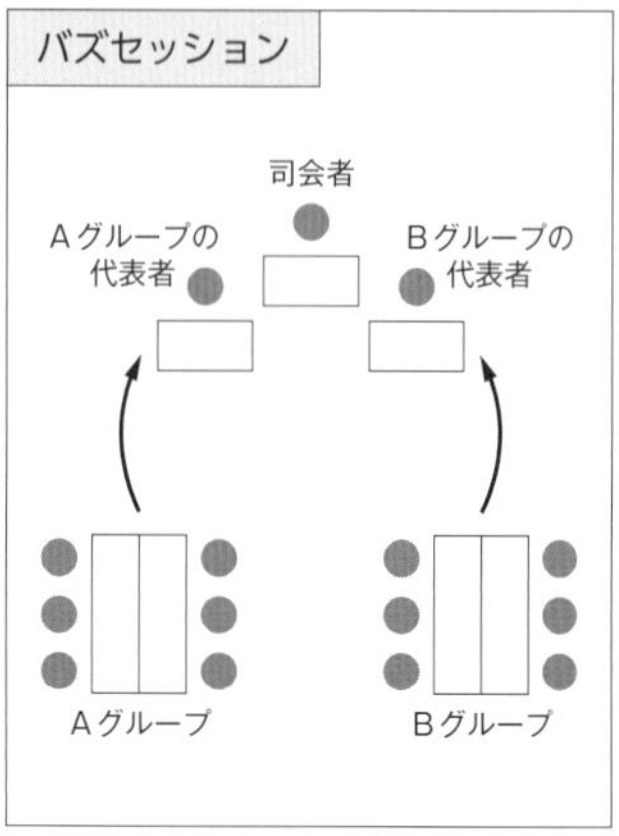

会議　ある案件（議題）について、相談したり議論したりして、全体としての結論を出すことを目指す。

手順

1 司会者（発言者を指名する権限がある者）と書記（会議の内容や結論を記録する者）を決める。
2 議題を提示し、全員で審議（質疑応答・採決など）する。
3 決定事項を確認する。

決められた時間内に意見を出しあい、結論や新たな考えを生み出すために、十分な準備をする。参加者はまず自分で考えを練り、その限界や問題点を明確にし、他人に意見を仰ぐべき点をあぶり出しておくとよい。司会者は進行スケジュールをたてておくことが望ましい。

注意点

①参加者全員が入念に準備をする。
②全体としての結論を出すという目的を忘れない。

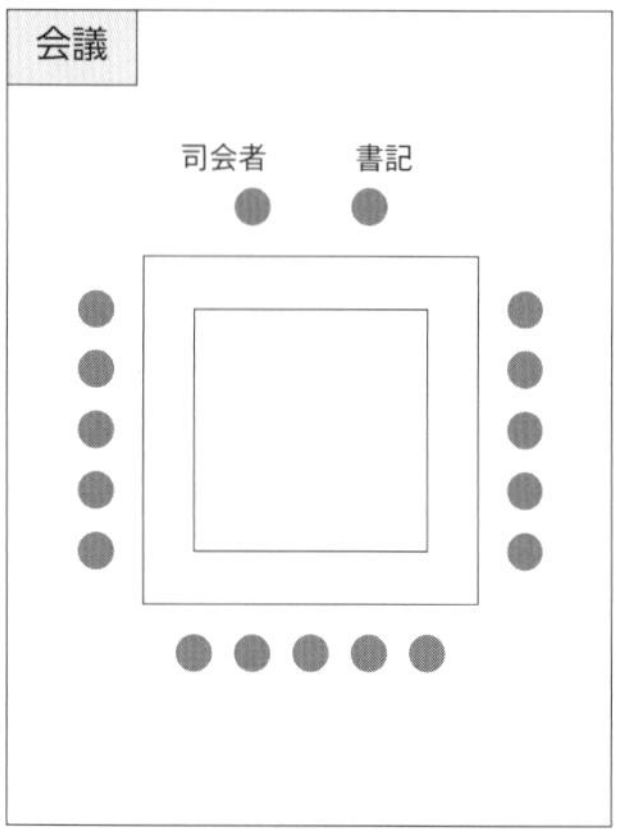

ディベート　**あるテーマについて、肯定・否定の二つの立場に分かれて議論をたたかわせる。**＊自分の立場の正当性を述べるとともに、相手の誤りを指摘するが、そのどちらも、明確な根拠を挙げることを必要とする。

手順

1 司会者・審査者と、肯定側・否定側の二つのグループを決める。
2 肯定側・否定側のそれぞれが、立論（主張とその根拠）を述べる。
3 〈作戦タイム〉相手側の立論に対する反論を検討する。
4 質疑応答の形で相手側に反論を行う。
5 〈作戦タイム〉質疑応答の内容を踏まえ、最終意見を練り上げる。
6 両者それぞれが最終意見を述べる。
7 審査者が判定を行う。

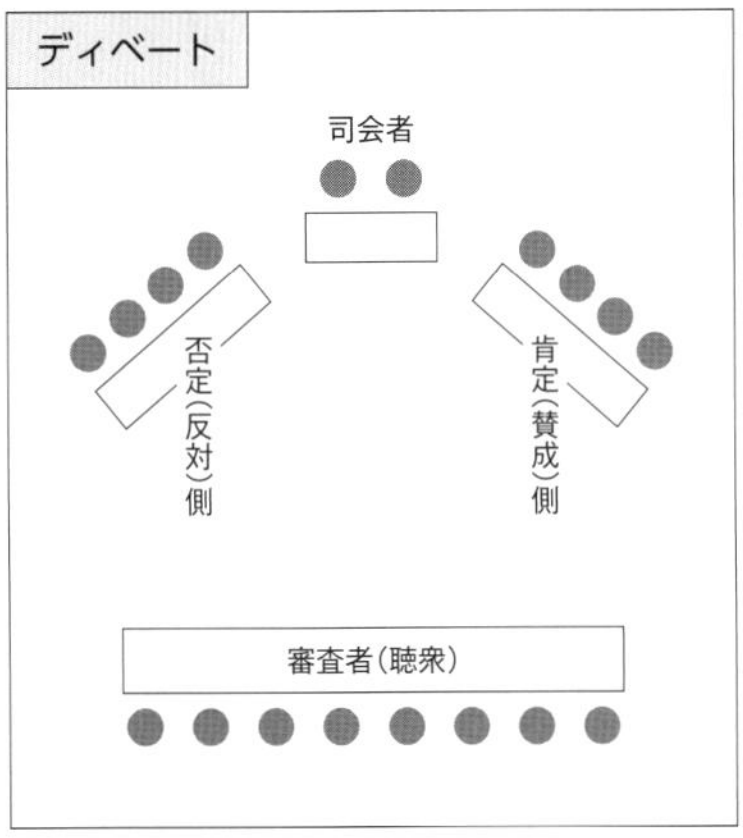

正しいと自分が信じることでも、一つの事象にはさまざまな側面（見方）がある。ディベートは勝ち負けを競うものだが、実際の話し合いでは、相手を論破することよりも、多様な意見に折り合いをつけて解決策を見つけることを目的とする場合が多いだろう。ただ、そのような話し合いでも、ディベートで必要とされる「論理的に意見を述べる力」は役に立つ。相手を納得させる意見の言い方を身につけるようにしよう。

ディベートの判定ポイント

□ **感情的にならず、適切な言葉遣いで発言ができていたか。**
□ **根拠と結論の関係が妥当か。**
□ **相手の意見を無視していないか。**
□ **些末《さまつ》な点の主張に終始していないか。**

ディベートの例　論題「多数決によって物事を決めるのは正しいか」

司会　では、多数決によって物事を決めるのは正しいかについて、肯定側の立論をお願いします。

肯定側　私たちは、多数決によって物事を決めるのは正しいと考えます。多数者の支持を得ているということは、特定の誰かの独断的な決定ではないと言えるからです。……

司会　では次に、否定側の立論をお願いします。

否定側　私たちは三つの点から、多数決によって物事を決めるのは正しくない理由を述べます。第一に、多数派の意見がつねに正しいとは限りません。天動説が流布していた時代に、ガリレオの地動説はむしろ異端でしたが、正しいのは彼の方でした。第二に、マイノリティの意見に耳を傾けるのが難しくなります。多様な文化や価値観の共存が求められる現代にあって、マイノリティを差別することは許されません。また、少子高齢社会という環境ではそもそも多数決参加者の立場ごとの構成比に問題があり、若年層の意見の反映が困難です。第三に、決定までに時間がかかる問題があります。発想豊かな経営者によるスピーディな決定が、誰もが思ってもみなかった製品の発売を可能にした例があります。その製品は、素晴らしい売り上げを達成しました。

〈作戦タイム〉

司会　では肯定側の質疑を始めて下さい。

肯定側　否定側は決定までに時間がかかることを問題視しましたが、重要な問題について、多くの人の意見を集める努力をすることは大事です。独断的な決定は、強大な力を持つリーダーの暴走を許す可能性があるのではないでしょうか。

否定側　強大な力を持つリーダーの暴走と後世評価されたものも、その時代においては大衆の支持と合致していたという例もあります。つまり、多数者の支持があるか否かは、リーダーの考えが正しいかどうかとは、無関係なのです。……

ディベートでの意見の言い方

ディベートでは、自分の主張の正当性を説明し、相手の主張を誰もが納得できる形で論破しなければならない。その方法を具体的に考えてみよう。

客観的・論理的かどうかを検討する

自分の主張を聴衆に納得させるには、事実に基づき、客観的で論理的な説明をする必要がある。

事実に基づいた主張をするためには、問題となる事象について丁寧に調査を行い、正しい知識を身につけておく。データや数値などを活用すると客観性が増す。

また、自分では正しいと思っている論も、何度も注意深く見直してみることが大切だ。矛盾している（ある箇所と別の箇所で言っていることが食い違っている）箇所や、飛躍している（根拠と結論の間に関係性がない）箇所が、思いがけなく見つかることがある。

相手の立場で考えてみる

相手の意見を踏まえて自分の意見を述べる必要があるため、相手の主張を予想し、反論のための材料もあらかじめ用意しておこう。自分が相手の立場だったらと仮定して、実際に立論してみるのもよいだろう。

小論文

小論文とは？

小論文とは、明確な理由に基づいて自分の意見を読者に納得させるための、論理的な文章のことである。

それに対し作文は、体験の感想や自分の感情の変化などを読者に伝えるための、表現力豊かな文章を指す。

もちろん「文学性豊かな小論文」や「論理的に構築された作文」があっても構わないが、小論文においては、根拠と意見を、論理的に説明する必要がある。

小論文で求められる力

理解 要約	・提示された課題の内容を理解したり、要約したりできる。
思考 発想	・問題意識を持って物事を多角的にとらえることができる。
説明 表現	・具体例や明確な根拠とともに論理的に述べることができる。
知識 方法	・社会の諸問題に関する知識を備えている。 ・文章の組み立て方、論証のしかたを身につけている。

小論文を書く手順

1 課題を読み取る。
2 書く内容を決める。
3 構成を考える。
4 執筆する。

1 課題を読み取る。

設問やテーマのみが与えられている場合

例① 高度に情報化された現代社会では、情報を容易に手に入れる手段が豊富にある。そのような状況の中で「知を生み出す」とはどのような行為なのか。単に情報を手に入れることとの違いに触れながら、あなたの考えを六百字以内で論述しなさい。

解答では次の条件を満たす必要があることを、まず確実に読み取る。

①六百字以内で書くこと。
②「知を生み出す」行為について書くこと。
③「単に情報を手に入れる」こととの「違い」に触れること。
④あなたの考えを書くこと。

「あなたの考え」とあるから、世間に流布した意見をそのまま書くのではなく、可能な限り独自性をもたせたい。

また、条件として明示されてはいないが、「高度に情報化された現代社会」、そして、この社会では「情報を容易に手に入れる手段が豊富にある」と前置きがあるので、この内容を分析し、それを踏まえて「知を生み出す」行為について記述するのが望ましい。

課題文を要約する場合（⇩四三〇頁「理解する・要約する」）

例② 次の文章を読み、内容を㋐百字以内に要約しなさい。また、㋑文章の内容に対するあなたの考えを五百字程度で述べなさい。

好きなこととして、「善行」をしたい人たちがいる。この人たちの一番困ることは、何しろ善いことをしていると思っているため、近所迷惑についての自覚が薄いことである。

一例をあげてみると、老人ホームにやってくるボランティアの人が居る。やってくると、老人にやたらに親切にする。老人の方もやはり誰かに甘えてみたいものだから、何やかや要求する。それに応じていると、老人も嬉しくなって、平素は出来ないことまでする。これは確かに素晴らしいことである。しかも、このような行為を、この人は無償でやっているのだから、ますますそれは「善行」と言うべきである。

しかし、こんな人が時たま来てくれると、施設の人たちが後で苦労することになる。甘えることの味を覚えた老人は、次の日になると、今まで自分でしていたことまでしなくなって、他人に頼ろうとする。施設にいる人たちは、それにいちいち応じて居られないし、やはり老人といっても出来る限りは自立的に生きて欲しいものだ。

時には、この老人が、ボランティアの誰それさんは優しい人だけど、ここの施設の人は冷たい人ばかりだ、などと言いだすかも知れない。こうなると施設の人は面白くない。そこで、ボランティアの人が次に来たときは、あまり歓迎しない。そこで、「あれっ」と気がついて施設の人と話し合うようなボランティアは、本当に素晴らしい人だ。しかし、一般に「善人」は他人の気持ちにノーマークの人が多いので、そのまま平気でやってくる。と言っても、ものごとには限度があって、施設側から急に来所を拒まれたり、板ばさみになってきた老人が急に無愛想になってきたり、とかの破局を迎える。

こんなときに、せっかく善意で行ってやっているのに何だあの施設は、というので、そこをやめて、他の所にボランティアに行く、というような渡り鳥的善行を繰り返している人もある。

（河合隼雄『こころの処方箋』）

【要約例】㋐
自ら好んで「善行」をしたい人たちは、「善行」がときに人の迷惑になることへの自覚が薄い。本当に素晴らしいのは、「善行」がかえってもたらす負の側面に気付き、そのことへの配慮を忘れないような人たちである。（99字）

小論文において課題文を要約することは、文章の主題（作者の主張）を読み取ることである。この文章は、要約例からもわかるように、「人の行為の受け取られ方」を主題にしている。

この**主題について考えられる問題点や自分の考えを記述する**ことになる。

2 書く内容を決める。

要求されている課題を読み取ったら、書き始める前に書く内容を決めよう。

■自分の意見を決める。

最も大事なのは、小論文の核となる内容、つまり、自分の意見である。自分の意見がその場ですぐに浮かんでくるとは限らないので、**日頃から読書や鑑賞、人との対話を通じて、様々なテーマについての自分の考えを養い、育てておく**ことが重要だ。（⇩四三二頁「思考する・発想する」・⇩四四二頁「小論文テーマ理解」）

■意見の理由を考える。

自分の意見を決めるときに注意すべきは、必ずそれに至る理由とともに考えることである。単に「私は○○○だと思う」というだけでは不十分であり、「私は……だから○○○だと思う」といったように、理由による肉付けが不可欠だ。

意見の理由となるような具体例を挙げると、説得力が増す。さらに、自分では十分だと思う理由も、他人から見れば不十分なものかもしれない。自分の考えを過信せず、**予想される反論に対する答えも検討する**とよい。

実際に小論文を書く際には、こうして蓄えた自分の考えの中から、要求されている課題に当てはまるものを選び出そう。ぴたりと当てはまるものがなくても、少しの変化を加えることで応用できるものは必ずあるはずだ。

3 構成を考える。

課題の条件をおさえたうえで、自分の意見を効果的に表現するには、どのような文章構成がふさわしいかを考える。まずは、**自分の意見をどこに配置するか**を検討するとよい。

具体的には、問題提起から話を展開して、考察を述べ、自分の意見（結論）を末尾に配する方法や、自分の意見を冒頭と末尾の両方で繰り返して印象を残す方法などが考えられる。

（⇩四三四頁「説明する・表現する」）

4 執筆する。

執筆で最も注意すべき点は、**論理的にわかりやすく書く**ということだ。そのためには、字数を切り詰め、簡潔に書くことを意識するとよい。**無駄な反復や冗長な表現は、極力切り捨てる。**

また、字数指定がある場合には、それに応じた構成要素を考える必要がある。自分の考えの骨子となる文章を最も優先し、それに至る理由を必ず付随させる。そのうえで、**字数に余裕があれば、具体例やデータなどを加えて、文章の補足とする**のもよいだろう。

執筆後は、次のような観点で内容をチェックしてみよう。

- □ **提示された条件を満たしているか。**
- □ **自分の考えを整理し表現できているか。**
- □ **わかりやすい文章になっているか。**
- □ **用いる具体例は適切か。**
- □ **解答用紙が原稿用紙の場合は、適切な書き方になっているか。**

（⇩四五六頁「原稿用紙の使い方」）

例①の解答例

序論

誰でも簡単にさまざまな情報を入手できる現代社会の中では、誰も知らない新しい情報を入手したとしても、知を生み出したとは言えない。この高度に情報化された現代社会において、「知を生み出す」ためには、情報を主体的に使用して思考する態度が最も重要だと私は考える。

本論

例えば、チーズについて調べるときには、インターネットで検索するだけで、種類、作り方、歴史、料理法、チーズ職人の日記まで、あらゆる情報を入手できる。また、自分が考えた料理法と同様の料理法がないか確認することもできる。だが、これらは「すでにある情報を入手した」ことでしかない。

一方、インターネットを利用し実際に世界各地のチーズを取り寄せて、自分の料理とインターネットで調べた同様の料理とを作り比べて料理方法の改善点を発見した場合、他者にインタビューすることを通してチーズの好みに地域的・年代的な傾向が見いだせた場合、それらは情報入手手段を活かして生み出された知であり、「すでにある情報」ではなく、新しい知であると言える。

結論

つまり、「知を生み出す」という行為は、膨大な情報から自分で必要な情報を選び出したうえで、組み合わせたり、検証したりして自分なりの新しい知見に結びつけることなのだ。そうして自分の実際の思考を通した情報は、「すでにある情報」とたとえ内容が似ていたとしても別のものであり、新しい知であると言えるだろう。（589字）

■**会話文**　登場人物の会話をそのまま文字で表した文。

Aさん：中学、高校と理科が好きで、自然科学のことをもっと勉強したくて、理学部地球学科に入学しましたが、卒業するまでにどのようなことを勉強するのでしょうか？

B先生：まずは、地球科学の基礎を学習すると同時に、１年生では、数学、物理学、化学、生物学などの基礎も学習します。２年生の後半、３年生前半になると、より専門的な地球科学の講義や実験を学習することで、徐々に専門化していきます。理学部では最後に卒業論文を提出します。

Aさん：卒業論文って、論文を書くのですか？

B先生：卒業論文のために、１年間研究室で研究をして、それをまとめて論文という形にします。卒業論文では、何か新しい発見が書かれていることが必須条件です。理学部では、何か新しいことを発見することによって、人類の持つ知の地平を広げることが重要だからです。

Aさん：難しそうですね。知の地平とはなんですか？

B先生：人類がこれまで蓄積してきた知識や知恵を、ゴム風船のようなものに詰め込んでいる様子を想像してください。そして、君の卒業論文がちょこっと足されると、風船はそれに応じた分だけ膨らみます。紙の上に描くならば、知の集積は円になっていて（**図１**）、その円の一部を拡大すると、ほとんど直線に見えますが、君の卒業論文によってぴこっと出っ張ります（**図２**）。この円が大きくなることで出っ張りは見えなくなります（**図３**）。長い年月をかけ、多くの人の研究によって、知の集積が進みます。

図１

図２

図３

Aさん：知の集積なんて壮大な話で、私にできるか心配です。どうしたらよいのでしょうか？

B先生：そうですね。まずは、勉強することに尽きます。

Aさん：なんだ、勉強ですか…。

B先生：そうです。君がわかりたいことがあるとします。わかるためには、必要な知識や知恵を持つことが必要です。たとえば、**図４**に描くと、この右の丸がわかりたいこと。それに対して君ができることを左の丸とします。君にして欲しいことはその左の丸をどんどん大きくして欲しいのです。そうすると、２つの丸、すなわち、君がわかりたいことと、君ができることが重なってくるので、その重なる部分を研究することができるようになります。

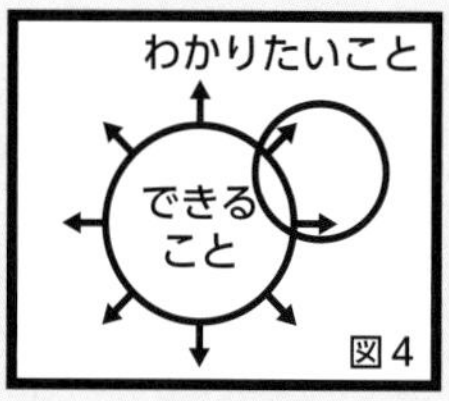

図４

（静岡大・改）

1　会話文のテーマを読み取る。

① 誰の、何についての会話かを、最初に読み取る。

誰の会話か　大学生のAさんと、B先生
何についての会話か　理学部地球学科で学ぶことについて

② 話のおおまかな流れを確認する。

AさんがB先生に理学部地球学科で学ぶ内容を質問した。B先生は「研究」ということの持つ意味についても説明した。

③ 内容の要点を簡潔にまとめる。

◉理学部地球学科では卒業論文を執筆する。卒業論文には新しい発見が書かれていることが必須。そのためには勉強して、知識や知恵を持つことが必要。

2　読み取った内容をもとに自分の考えをまとめる。

この会話文では、複数の図が提示されている。それぞれの図が表す内容も読み取ること。ここでは、次の内容について、自分の考えを説明してみよう。

◉下線部について、あなたはどのようなことが長い年月をかけ、多くの人の研究によって、知の集積が進んだと考えるか。例をあげて、一二五～一七五字以内で説明せよ。

小論文では、テーマや課題文だけではなく、さまざまな資料が出題される場合もある。評論文のような文章だけではなく、会話文のような文章や統計資料を読む力も身につけよう。

■統計資料

統計資料は集団全体の特性を調べたものである。データの数値をグラフ化することによって、特性が一目でわかるようになる。表す特性の内容に応じてさまざまなグラフが用いられる。

棒グラフ　データの数値の**大きさ**を比較するのに適している。

図1　主な国別一人当たりエネルギー起源CO_2排出量（2020年）

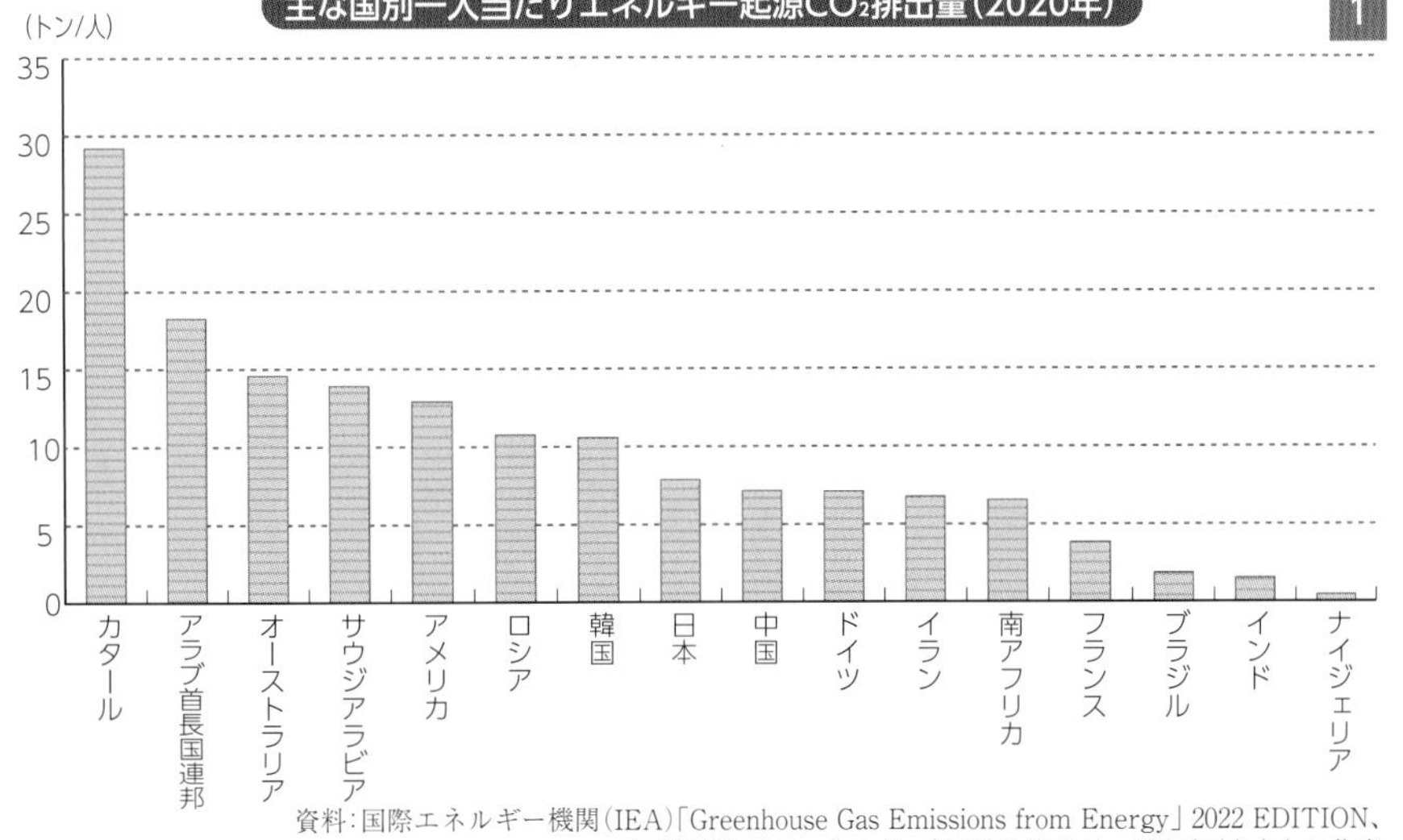

資料：国際エネルギー機関（IEA）「Greenhouse Gas Emissions from Energy」2022 EDITION、環境省「世界のエネルギー起源CO_2排出量　2020年」をもとに作成

円グラフ・帯グラフ　データの内訳の**割合**を見るのに適している。

図2　インターネット利用時における不安

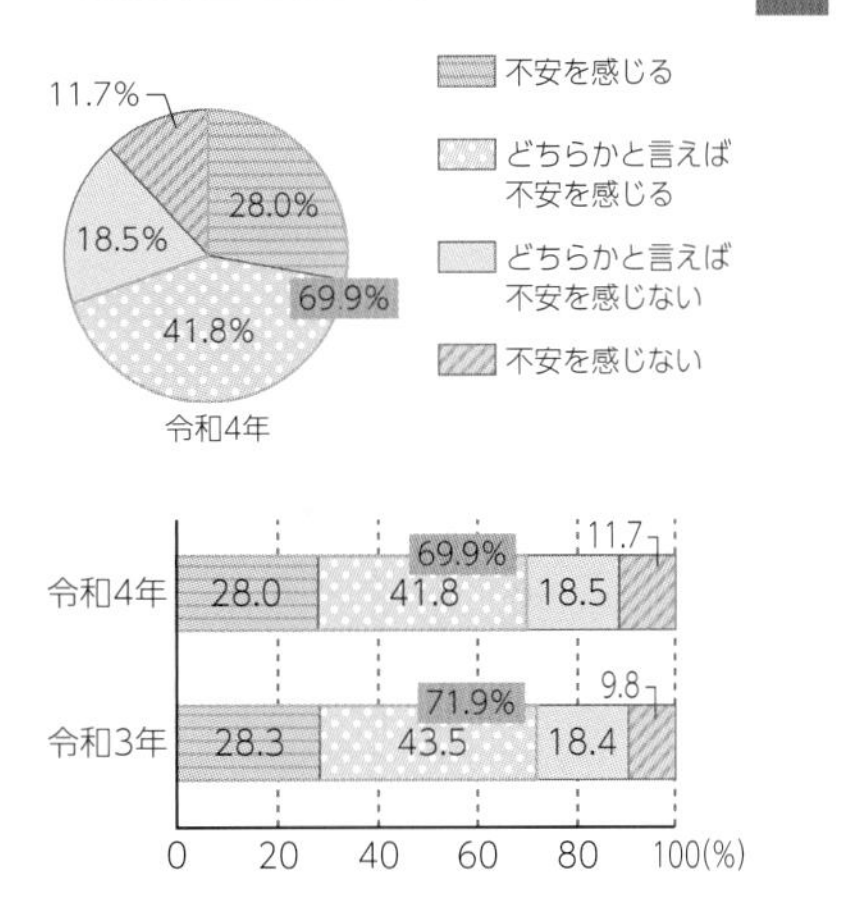

資料：総務省「令和4年通信利用動向調査」をもとに作成
＊インターネット利用者(個人)に占める割合を示す。
＊構成比は端数処理(四捨五入)の関係で合計が100%とならないことがある。

折れ線グラフ　データの数値の**変化**を見るのに適している。

図3　日本の人口の年次推移

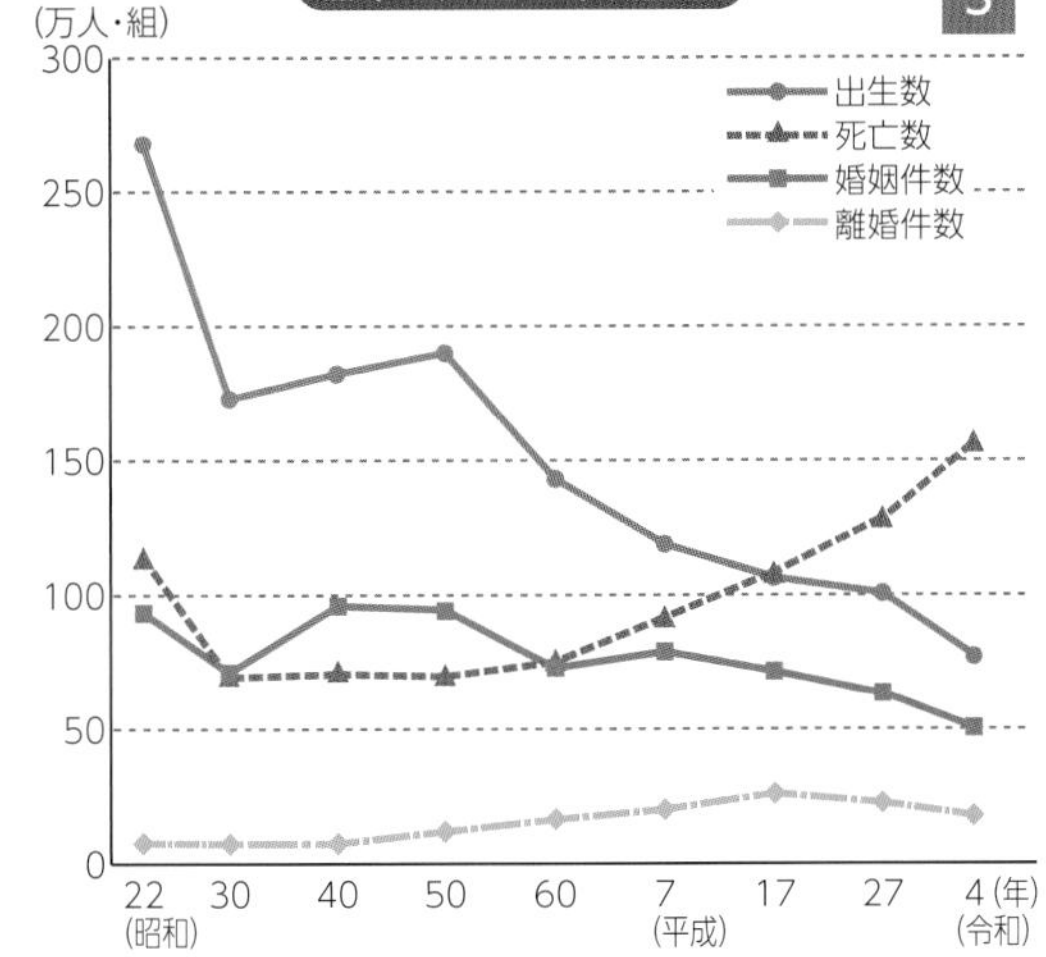

資料：厚生労働省「令和４年(2022)人口動態統計月報年計(概数)の概況」をもとに作成
https://www.mhlw.go.jp/toukei/saikin/hw/jinkou/geppo/nengai22/index.html

1　データが表しているものを読み取る。

統計資料は、数値によってある事実を表している。統計資料を読み取るとは、数値で示される「**大きさ**」「**変化**」「**割合**」などの特徴が、「**どのような事実を表しているか**」を読み取るということである。

> **統計資料の読み取り方**
> ①資料の調査対象・調査時期を確認する。
> ②資料の数値の比較や、推移の傾向が表す事実をまとめる。

2　読み取った内容をもとに自分の考えをまとめる。

統計資料から読み取れる事実に対する自分の考えをまとめてみよう。ここでは、図3の折れ線グラフから考えてみよう。

> ①資料の調査対象・調査時期
> ・日本の出生数・死亡数・婚姻件数・離婚件数の年次推移。
> ・昭和22年から令和4年まで。
> ②資料の数値から読み取れる事実
> ・出生数と婚姻件数が減少傾向にある。
> ・死亡数は昭和30年以降増加している。
> ・令和4年は出生数より死亡数が多くなっている。

②の内容をもとに、今後の状況の推測、課題やその対策などについて考えてみる。例えば、少子高齢社会や人口減少社会といった現代社会の状況を推測し、福祉のあり方について考えることもできる。

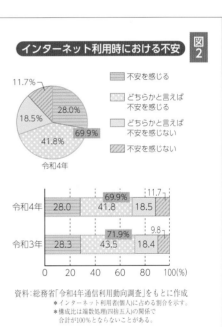

情報―テーマ理解

情報化社会―情報に価値がある社会

　コンピュータやインターネットの発展は、情報の流通、蓄積、活用をもたらし、私たちの生活を便利に、快適なものにした。情報の収集、情報の発信を簡単に行えるようになり、SNSなど新しいコミュニケーションも可能になった。このように、**情報それ自体が価値を持ち**、社会を機能させるうえで情報が重要な役割を果たしている社会を情報化社会という。
　社会の情報化は、大きな利便性をもたらした反面、さまざまな問題も生み出している。システムが情報やネットワークに依拠している社会では、もしそれらに何らかの不具合が生じれば、その影響も大きくなる。不正アクセスのような情報技術を悪用した犯罪や、情報端末への過度の依存が引き起こす心身への悪影響(インターネット依存症など)の問題もある。また、さまざまな情報を簡単に入手、そして複製が可能である現代においては、個人のプライバシーや、**知的財産権**(著作権・特許権・商標権など)をどのように保護していくかが重要な課題となっている。

Q 情報化社会の良い点は？

A
- 通信手段があれば、さまざまな情報をいつでもだれでも送受信できる。
- 世界中の人と容易に交流できる。

Q 情報化社会の問題点は？

A
- サイバー犯罪(不正アクセスなど)。
- デジタルデバイド
  (情報技術を使いこなせる人とそうでない人との間に生じる格差)。
- 情報の流出や消失による被害の大きさ。
- 知的財産権の保護のしかた。
- テクノストレス
  (コンピュータを扱うことによって生じる心身の問題)。

メディア・リテラシー

　世の中にある膨大な、さまざまな**情報を、主体的に収集・分析し、活用する能力**のことをメディア・リテラシーという。真偽が不明な情報も大量にあふれる現代社会においては、情報と、また、情報技術と適切に関わっていく姿勢が必要になる。情報を受信する場合にも、発信する場合にも、責任をもって情報を利用し、表現する能力が、現代社会においては求められるのである。

情報を受信する際の注意点
- 一つの情報源で正確性を判断しない。(複数の情報源にあたる。)
- 必要な情報と不要な情報とを見極める。

情報を発信する際の注意点
- 誤りがないか十分に確認する。
- 不特定多数の人の目にさらされる可能性を考慮する。

　また、インターネット上で、個人や集団同士が情報を送受信することによって成り立っているメディアを**ソーシャルメディア**という。双方向にやりとりできる便利なコミュニケーションツールである一方、その利用にあたっては、気をつけるべき点が多いことも事実である。

・**エコーチェンバー**…SNSなどで自分と価値観や環境の似た者同士で集まることにより、自分の意見が正しいと思い込んだり、思想が偏ってしまったりする現象。

・**フィルターバブル**…インターネットの検索履歴などを分析したアルゴリズム(コンピューターを使い、効率的に目的達成の方法を明確に示す手順)によって、自分が望む情報ばかりが提供される。それにより、気づかないうちに自分の考え方や価値観の中に孤立するような現象。

理解を深める本

📖の内容がどのように説明されているか考えながら読んでみよう。

自分の考えをまとめてみよう

❖ソーシャルメディアでのコミュニケーションは、人間関係にどのようなメリットとデメリットをもたらすか。具体例を挙げて考えてみよう。

❖知的財産権を保護するために必要なことと、その課題について考えてみよう。

❖次のグラフから読み取れる内容を挙げ、問題点とその対応策について考えてみよう。

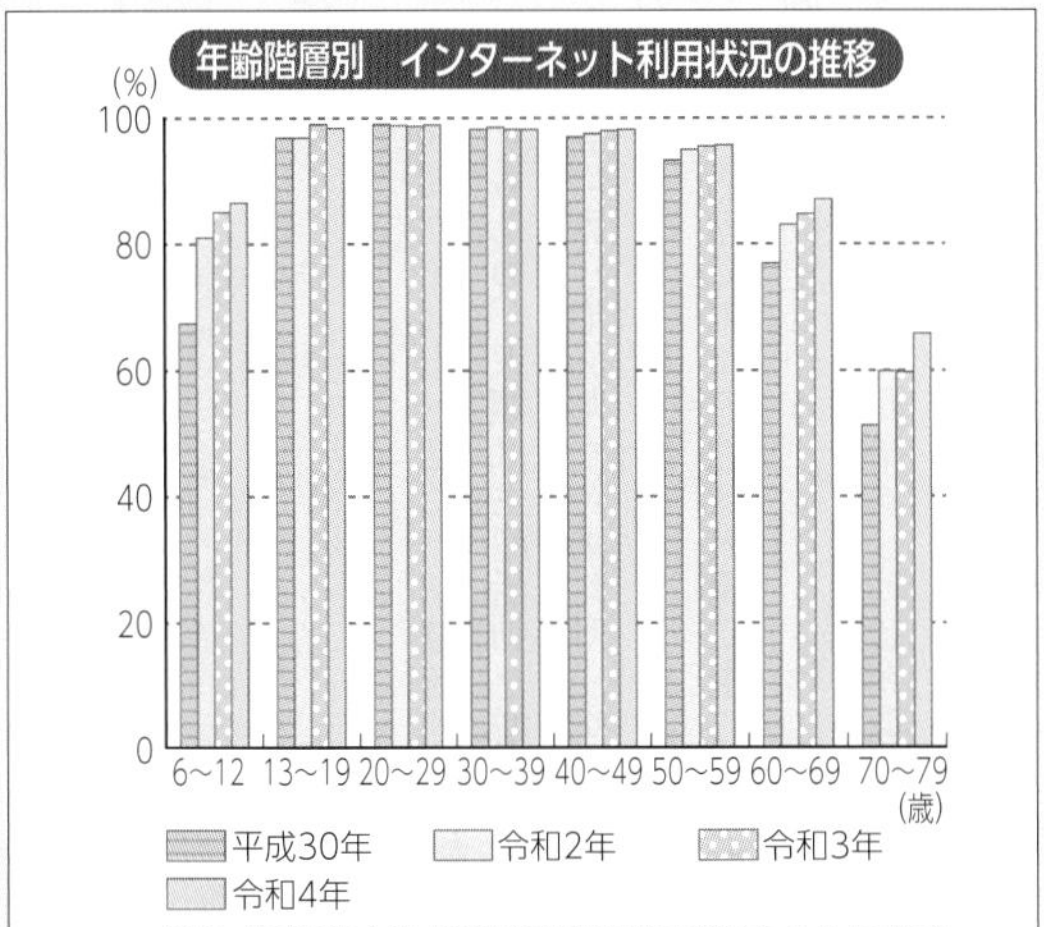

資料：総務省「令和4年通信利用動向調査」をもとに作成

ウェブ社会のゆくえ

鈴木《すず》謙介《けんすけ》

デートの最中に、ソーシャルメディアにアクセスする恋人と同じ空間にいる意味とは？　現実空間の中にウェブが入り込み、複数の情報が出入りし、さまざまなコミュニケーションが成立していく現代社会。現実の「多孔化」、空間の情報化は社会をどこへ向かわせるのか。

📖ソーシャルメディアに依存する人の心理とは？

NHK出版

p93

ソーシャルメディア上で「他人からどう見られているか不安」という場合には、「見られたくないところまで見られているのではないか不安」ということではなく、「見て欲しいように見てもらっているかどうか不安」という心理状態が生じるのだと考えられる。

情報を活かす力

池上《いけがみ》彰《あきら》

いつでもどこでも簡単に情報を入手できる時代――しかし、その情報をうまく活用できているだろうか。情報収集・整理・活用の方法を紹介しながら、情報活用力を高めるために必要なのは、自分の頭で考えることだと説く。著者の経験に基づく、情報活用術。

📖自分の頭で考えるとは、どういうことか。

PHPビジネス新書

p30～31

ふと空き時間ができたとき、何をしていますか。インターネットやスマホをチェックという人が多いのではないでしょうか。（中略）ただ気をつけないといけないなと思っているのは、意識しないと「自分の頭で考える時間」がどんどん減ってしまうということなのです。

メディア文化論

吉見《よしみ》俊哉《しゅんや》

メディアとはそもそもどのようなものか。「具体的、経験的な仕方でメディアに関する問題を掘り下げていくことが重要」と述べる著者が「方法としての」「歴史としての」「実践としての」という三つの視点から、「メディア」と私たちとの関わりを説明する。

📖メディアが社会的な場であるとは、どういうことか。

有斐閣

p11

メディアとは、伝達の手段であるよりも前に、何よりも多様な実践が交錯し、抗争し、繋ぎ合わされていく社会的な場です。メディアの研究は、（中略）メディアがいかなる社会実践が出会うなかで成立し、そこにどのような語りがせめぎ合っているのかを丹念に考えていかなければならないのです。

はじめてのニュース・リテラシー

白戸《しらと》圭一《けいいち》

「リテラシー」とは「情報活用能力」のこと。新聞・テレビ・雑誌などの情報と、インターネットによる各種情報との違いと特徴を筆者の豊富な経験から深掘りする。また、メディアにありがちな「フェイクニュース」「捏造《ねつぞう》」について、流布の実態と見抜き方を詳しく解説。

📖「フェイク」を見抜く力が、私たちの生き方を左右する。

ちくまプリマー新書

p42

情報リテラシーの低い人は信頼に足る情報源を探し当てることが苦手で、情報の出所や科学的証拠などを尊重しない傾向があり、しばしば「事実」と「主張・意見」を混同したりする。（中略）情報リテラシーの中核を成す能力の一つに、情報の真偽を批判的にチェックする批判能力がある。誤情報やデマの拡大を防ぐうえで、批判能力が高いことが決定的に重要であると言われてきた。

環境―テーマ理解

環境問題

生活の利便性を向上させたり利益を追求したりするため、人類は生産活動を増進させ、自らが生きる場である地球そのものにまで被害を及ぼし始めた。このように**人間の活動によって地球環境に生じる問題**を環境問題という。

その中で最も大きな問題の一つが地球の温暖化である。地球の平均気温の上昇により、氷河の融解や海水の熱膨張が起き、海面が上昇することによって、一部地域には水没の恐れが出ている。また、頻繁に観測されるようになった異常気象や、環境の変動による生態系の変化なども、温暖化の影響であるといわれている。

温暖化の他にも、東日本大震災時の原子力発電所の事故による放射能汚染や、PM2.5(微小粒子状物質)による大気汚染の問題などがある。これらも、人類の行き過ぎた開発行為による面が大きいといえるだろう。

大気汚染(中国)

持続可能社会

環境問題を放置すれば、環境も人間社会も破綻《はたん》してしまう。一方、開発行為すべてをやめてしまえば、人間の社会の発展もとまる。そのため、持続可能な開発を進める必要がある。**地球環境との共存を図りながら開発を続けることができる社会**にするために、**再生可能エネルギー**の普及や、CO2排出量の制限を規定する多国間での取り決めなどが進められている。

太陽光や風力などの再生可能エネルギーを活《い》かした発電は、効率の低さなどの問題により、主力のエネルギー源にはなっていないが、これらのように自然環境そのものの活動を活かす方向での技術の発展が急がれる。

多国間の**過度な開発競争を抑止**する必要もある。ただ、環境問題よりも経済発展を優先させたいという各国の思惑や、先進国と発展途上国との意識の違いなどを解消するのは容易ではない。

環境倫理

環境を維持して人類が生存し続けるためには、人間の利益を再優先するという考え方を改める必要がある。開発行為の対象として自然を見るばかりではいけない。**環境に対する人間の義務とは何か、人間はどのように環境に関わるべきか、という観点**での倫理的な考察が求められる。人間もまた自然環境の一部であり、自然を破壊する行為は自らをも傷つけるということを考える必要がある。

Q 環境問題にはどのようなものがある？

A
- 地球温暖化。
- 大気汚染による酸性雨。
- 大量に発生する廃棄物の処理。
- 森林の乱伐と砂漠化。
- オゾン層の破壊。
- 埋立地の水質汚染。

酸性雨の被害

Q 環境問題対策として行われていることは？

A
- 省エネ活動。
  (クールビズ・ウォームビズ、エコ家電)
- 3R(リデュース、リユース、リサイクル)
- 電気自動車の開発。
- 再生可能エネルギーの普及。

太陽光発電と風力発電

電気自動車

◉国際的な取り組みの例
- モントリオール議定書(1987年)
  オゾン層を破壊するフロンなどについて、具体的な規制を定めた。
- 京都議定書(1997年)
  先進国に、温室効果ガスの削減を義務づけた。
- パリ協定(2015年)
  先進国、発展途上国を問わず、すべての国が温室効果ガスの削減目標を掲げ、国内対策をとることを義務づけた。

Q 環境倫理に基づくさまざまな考え方とは？

A
- 自然の生存権
  自然にも人間同様、生存する権利があるとし、人間はその権利を守る義務があるとする考え方。
- 世代間倫理
  人間の活動の目的は、現代の世代(社会)の発展だけを対象とするべきではない。将来の世代に対しても責任を持つべきであるとする考え方。
- 地球有限主義
  人間の活動においては、地球上の限られた資源への配慮が必要であるとする考え方。

理解を深める本

の内容がどのように説明されているか考えながら読んでみよう。

自分の考えをまとめてみよう

❖次のグラフの「動力・照明他」は電気製品（冷暖房用の電気製品は除く）によるエネルギー消費を表す。「動力・照明他」が約六十年間で大きく増加している理由について、社会状況の変化を踏まえて考えてみよう。

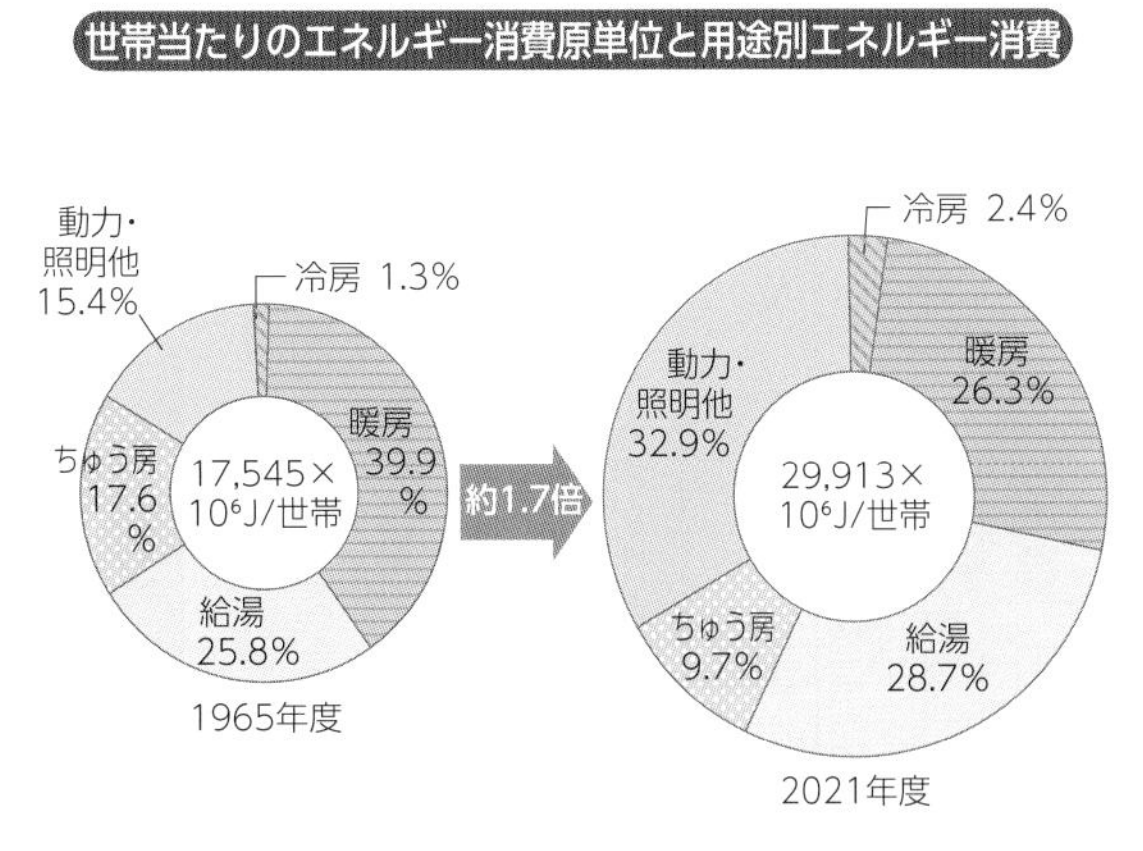

資料：経済産業省「エネルギー白書2023」(図【第212-2-6】)をもとに作成
＊構成比は端数処理（四捨五入）の関係で合計が100％とならないことがある。

生きのびるための科学

池内《いけうち》 了《さとる》

東日本大震災と原発事故から生じたさまざまな問題にどのように向き合うべきか。核とエネルギー、地球環境問題などを科学者の視点から考察し、科学の実用面と文化面での価値をおさえたうえで科学の使い方を監視する必要性を説く。

科学をよりよい方向へと導くために必要なこととは？

晶文社

p115

地球温暖化を始めとする環境問題は科学で決着がつきそうなものなのに、なぜ論争になっているのでしょうか。それは、ひとえに地球が「複雑系」であるためなのです。複雑系とは、系（システム）を構成する要素が多くあり、それらが互いに複雑に作用し合って対等に寄与するようなシステムのことです。

エネルギーを選びなおす

小澤《おざわ》祥司《しょうじ》

原子力発電所を減らすとして、では失われた分のエネルギーをどのように代替するのか？　という考え方は、十分とはいえない。まずは自らの生活の仕方を見直し、浪費している部分をあぶり出し、また、利用可能性を持ったまま看過されているものを再発見する必要がある。

私たちの生活に本当に必要なエネルギーとは？

岩波新書

p11

電気の最大の弱みは、「二次エネルギー」だということである。なんらかのエネルギー源を投入しないと作ることができない。そしてその過程で多くのものが失われる。そしてエネルギーの用途のうち、電気でなくてもすむものは多いのだ。

人新世の「資本論」

斎藤《さいとう》幸平《こうへい》

環境に負荷をかけない持続可能な社会の実現には、人間の経済活動の根本的な見直しが必須。席巻する現代資本（主義）の限界を見極め、新しい〈コモン〉のあり方を創造する必要がある。脱成長の具体的な提案も行う。若き経済思想家が、これからを生きるZ世代に贈る一冊。

気候変動を防ぐにはＳＤＧｓだけでは間に合わない！

集英社新書

p259

〈コモン〉は、電力の管理を市民が取り戻すことを目指す。市民が参加しやすく、持続可能なエネルギーの管理方法を生み出す実践が〈コモン〉なのである。その一例が市民電力やエネルギー協同組合による再生可能エネルギーの普及である。これを「民営化」をもじって、市民の手による「〈市民〉営化」と呼ぼう。

新・環境倫理学のすすめ

加藤《かとう》尚武《ひさたけ》

少なくとも自分が生きる限りにおいては、地球が破滅することはないのではないか。ならば、誰のために、なぜ、環境を守らなければならないのか。私たちだけではない誰かのためにどのように――。環境問題に内在するこのような問いかけの答えを探すのが、環境倫理学である。

環境問題を倫理的に考察するとは？

丸善出版

p211

世界の有限性という前提から、枯渇型資源への依存と廃棄物の累積を回避しなくてはならないという義務が導かれる。世界の有限性という前提の中で、世代間倫理を主張するから、持続可能性の確保が義務づけられる。生物種の保存を、人類の存続可能性のなかでとらえれば、生物多様性の保存という義務が生まれてくる。

少子高齢化

社会が豊かさを増すにつれて、医療技術が発達し、衛生状態の管理は厳格化された。その結果として**平均寿命が伸びた**が、合計特殊出生率（一人の女性が一生の間に生む子どもの平均の数）は低下し、少子高齢化が進んでいる。女性の社会進出が進む一方で、育児と仕事との両立の難しさや、経済的な厳しさから、子どもをもたない、もしくは仕事や結婚を諦めるという選択をせざるを得ない場合も多く、未婚化・晩婚化・少子化の要因となっている。少子化は労働力不足につながり、社会の活力の基盤に関わるため、社会全体で対策に取り組む必要がある。

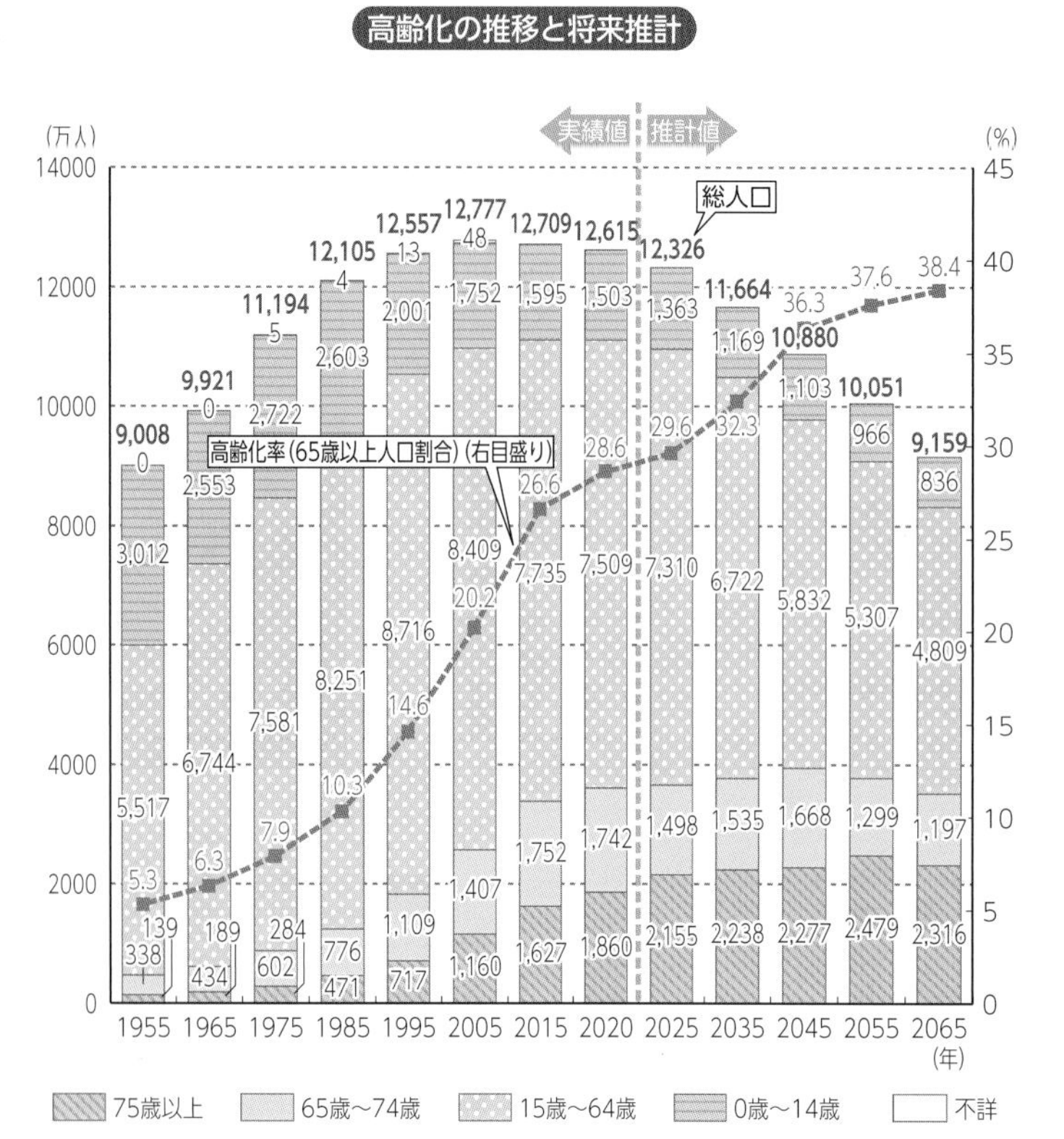

資料：内閣府「令和5年版高齢社会白書（全体版）」をもとに作成
https://www8.cao.go.jp/kourei/whitepaper/w-2023/zenbun/05pdf_index.html

格差社会

高齢者が増加し、年金受給者・医療保険の利用者の、人口に占める割合が高くなると、**若年齢層への社会保障費の負担**が重くなる。少子化がこのまま進めば、若年齢層に求められる税金負担の割合は増え続け、**世代間の貧富の格差**は広がる一方になる。

労働者の環境も変化している。会社から安定的な雇用・収入が保証される正社員に代わり、安価で短期間の雇用を条件とする契約社員や派遣労働者が求められた結果、**雇用形態による格差**も生じている。

この他にも、大都市と地方の格差（**地域格差**）があり、過疎化の要因となっている。

Q 少子高齢社会の問題点は？

A ◉少子化の問題点
- 労働力人口の減少。
- 国際社会における競争力の弱体化。
- 選挙では、若い世代の意見が反映されにくくなる可能性が生じること。

◉高齢化の問題点
- 介護費の増加と負担分配の問題。
- 空き家の増加による治安の悪化。

防災・ボランティア

人々の分断化が進みながらも、それらを越える連帯を求められるときがある。東日本大震災に襲われたとき、多くの人がボランティアとして被災地に赴き、過疎化が進んだ地域社会の一助となった。また、文化や宗教、人種の違いを越え、世界中から寄付が集まった。予想される大きな災害に向けて、社会の結びつきをもう一度見直し、共通の意識の元に防災・復興のための備えを進める必要がある。

防災のためにできることとしては、次のようなものが考えられる。

- 耐震・免震構造の建築物の普及。
- 二次災害（漏電による火災や家具の落下など）を減らすための備え。
- 非常時の食料の備蓄。
- 地域社会での連携・避難訓練の徹底。

この他にも、ハザードマップ（自然災害による被害について、発生地点や範囲、程度などを予測し、避難経路や避難場所とともに地図上に図示したもの）を作成することも効果的である。

過去の災害の歴史を学び、得られたデータを活用して、将来発生する可能性のある地震の規模や範囲を予測し、防災に役立てる研究を進めるなど、学問的なアプローチも重要である。

理解を深める本

📖の内容がどのように説明されているか考えながら読んでみよう。

自分の考えをまとめてみよう

❖消滅の可能性がある人口減少地域に対し、今後どのようなあり方がふさわしいと提示できるか考えてみよう。

❖次のグラフから読み取れる内容を挙げ、その社会的背景について考えてみよう。

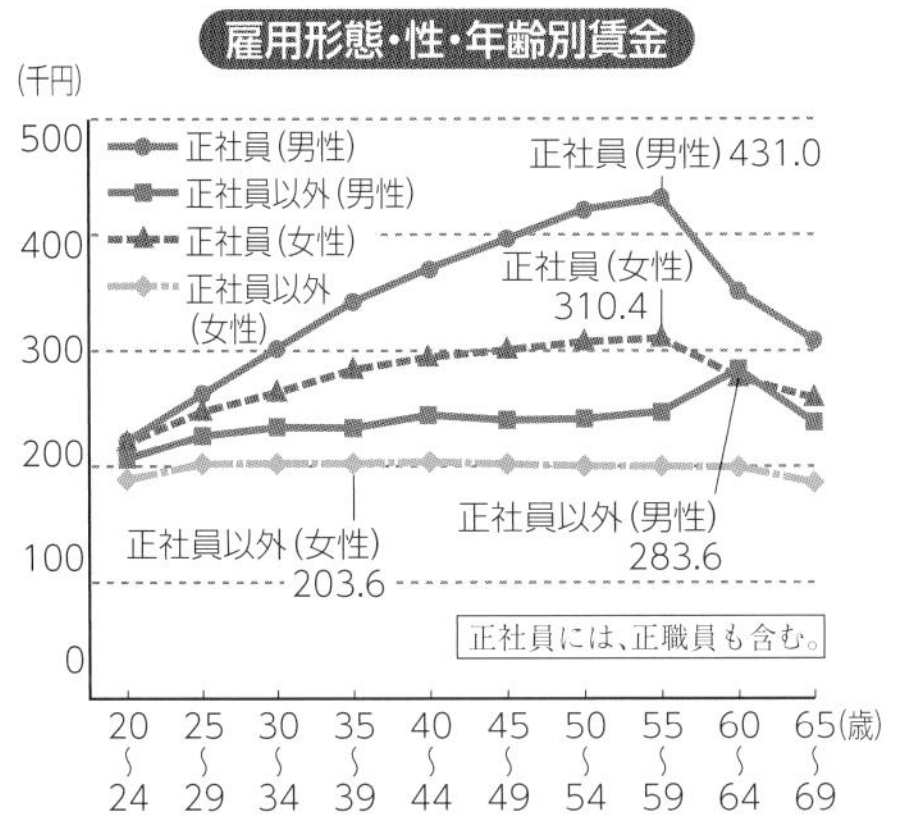

資料:厚生労働省「令和4年賃金構造基本統計調査」をもとに作成
https://www.mhlw.go.jp/toukei/itiran/roudou/chingin/kouzou/z2022/index.html

人が死なない防災

著者が危機管理アドバイザーを務めた岩手県釜石市では、東日本大震災による大津波の、小中学生の生存率は九九・八%に及んだ。命を守るのは、何よりも自分自身の行動である。行政や地域の絆《きずな》に頼る前に、その時に備え、まずは自分に何ができるかを考えねばならない。

📖被災者の命を守るのはいったい誰なのか。

集英社新書

p9～10

話は至ってシンプルである。過去何度もそうであったように、大きな地震の後には津波が来る。どんな津波が来るかはわからない。だから懸命に逃げる。言ってみればこれだけのことである。子どもたちは淡々とそれを実践し、そして自らの命を守り抜いてくれた。

片田敏孝《かただとしたか》

世代間格差

世代間で生じる経済的な格差に対し、求められる施策とは? 新卒一括採用の見直し、高齢者限定のベーシック・インカム、治療よりも健診・検査に重きを置いた医療保険制度……。これまでの日本を築いてきた社会構造を、根本的に見直すときが来ている。

📖社会を支える人材と財源はどのように確保すべきか。

ちくま新書

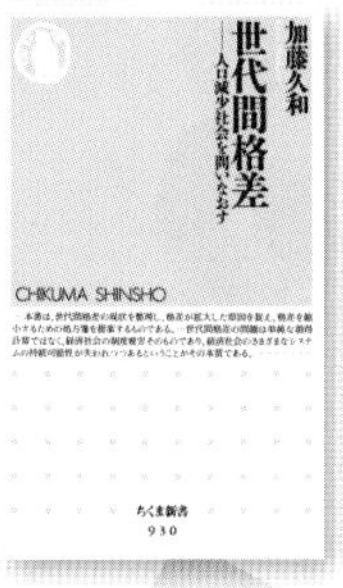

p158

少子化を押しとどめるための政策も十分な効果をあげているとは言いがたい。政府による人生前半期(現役で働く子育て世代)への給付が少ないことと、少子化を改善できないことは二重の意味で世代間格差を拡大させている。

加藤久和《かとうひさかず》

雇用身分社会

パート、アルバイト、契約社員、……。彼らの中には過重な労働や低賃金、雇い止めなどにより、心身を蝕《むしば》まれる者たちがいる。なぜ、社会はその資本たるべき存在を使い捨てねばならないのか。労働者のあり方を歴史的な展望をもって捉え、「まともな働き方の実現」を目指す。

📖労働者と社会との理想的な関係とは?

岩波新書

p236

所得分布の階層化が広がり、中所得層の没落と低所得層のいっそうの貧困化が進行し、従来にもまして「雇用形態」が「雇用身分」として意識されるようになり、「雇用身分社会」とでもいうべき社会状況が出現したのである。

森岡孝二《もりおかこうじ》

「利他」とは何か

「利他」の精神は他者への施し・支援の原動力だが、反面その行為は押しつけ・支配を招きやすい。ボランティアも後者の行為に陥る恐れがある。ゆえに「利他」を追求した果てには他者の発見と行為者自らの変化が求められ、この過程を経ない「利他」は失効すると筆者は述べる。

📖他者とともにどう生きるかは「利他」の洞察が左右する。

集英社新書

p51 「うつわ」的利他──ケアの現場から

利他の大原則は、「自分の行為の結果はコントロールできない」ということなのではないかと思います。やってみて、相手が実際にどう思うかは分からない。分からないけど、それでもやってみる。この不確実性を意識していない利他は、押しつけであり、ひどい場合は暴力になります。

伊藤亜紗《いとうあさ》 編

進歩する医療技術

医療技術が急速に進歩し、**先端医療の活躍**が期待される分野が広がりを見せている。

生物の特徴を基礎付ける遺伝子の研究が進み、いまや個人の有する遺伝子を調べることで、親から受け継いだ遺伝性の疾患や、将来発病する可能性のある病気の種類・リスクなどについて知ることができるようになりつつある。

再生医療の分野では、人体のさまざまな細胞に変化させることのできるｉＰＳ細胞の利用可能性が現実味を帯びてきている。ｉＰＳ細胞をけがや病気で失った組織に変化させて移植を行い、その組織を再生させる治療法などが研究されている。

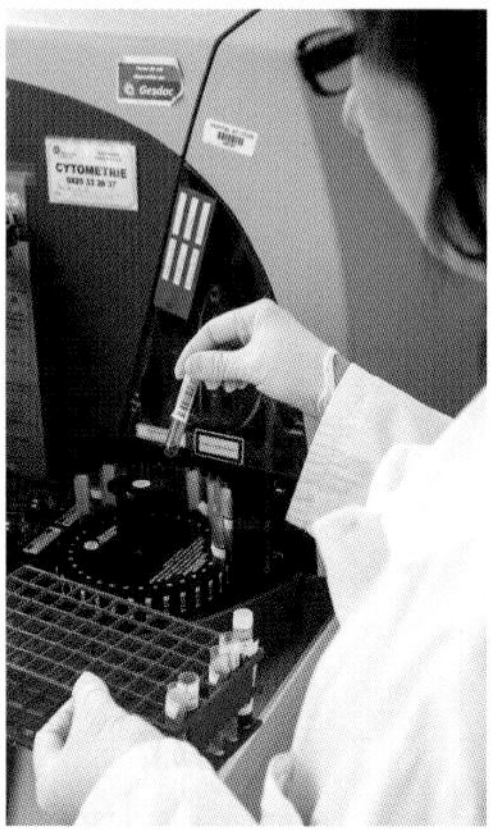

現代の病

医療技術の進歩により、難病の治療が可能となる一方で、新たに問題となっている病気もある。

栄養価の高い食事を過度に摂《と》り過ぎたり、運動不足が続いたりすると、糖尿病や高血圧などの**生活習慣病**につながる。これらは肥満を伴うメタボリックシンドロームや、がん、脳血管疾患、心臓病など、重い病気につながる可能性がある。

心身の過度なストレスから発症すると考えられている**うつ病**や、特定の食物や薬物に対してアレルギー反応を起こす、**アレルギー性疾患**の患者も増えており、こうした現代の病の治療法の研究も進められている。

生命倫理

医療技術の発達は良い面ばかりとはいえない。生命に介入する度合いが大きくなると、問われるべき**倫理的な課題**もまた浮上する。**胎児の出生前診断**においては、新生児の障害の有無について、事前にある程度知ることができるようになっている。人に生命の選択を迫りかねない出生前診断や、遺伝子の改変技術は、技術の発展による恩恵を享受するだけではなく、倫理的な側面での検討が不可欠である。また、「延命治療」と「尊厳死」のような、人の最期のあり方についても、私たち一人一人がどう生きるべきかを考え、それに基づいて判断をしていく必要がある。

臓器提供意思表示カード
脳死後、心臓が停止した死後に、自分の臓器を提供する、あるいは提供しないという意思を表示するカード。

Q 医療技術の進歩がもたらす良い点は？

A
- これまで治すことができなかった難病を治療することができる。
- 治療期間の短縮化や痛みの軽減などにより、心身の負担を軽減させることができる。
- 病気の原因を解明することにより、予防にも役立てることができる。

Q 医療技術が進歩するうえで注意すべき点は？

A
- 高度な医療技術に患者の知識が追いつかないと、危険性について正確に理解をしないまま治療を受けることになってしまう。
- 薬物の濫用が副作用（薬害）をもたらす。
- 医学の本来の目的が見失われ、人間の能力の改変や軍事利用など、倫理的に問題のある研究が行われる可能性が否定できない。

Q 上記の内容を踏まえて、医療技術の進歩と共に考えなければならないことは何だろうか？

A
- インフォームド・コンセントの促進。
  インフォームド・コンセント
  医師が病状や治療内容について十分に患者に知らせ、患者が納得したうえで治療を進めること。
- 生命倫理に関わる課題。
  ＊遺伝子診断やクローン技術など、進歩の陰に倫理的な危うさを持ち合わせるものに対しては、生命とは何か、個人の尊厳とは何かなど、生命倫理的な問いかけを忘れてはならない。
- リビング・ウィルの是非。
  リビング・ウィル
  自分が意識不明の状態になったとき、どのような処置を要望するかを記しておく文書。
  ＊医師の使命は可能なかぎり患者の延命を図ることであるとすれば、意識のないまま生かし続ける「植物状態」になる前に、患者本人が、どのような終末治療を望むかの意志を宣言しておく必要があるという考えに基づく。ただし、患者本人が健全な状態で書いたものである必要がある。

表面

裏面
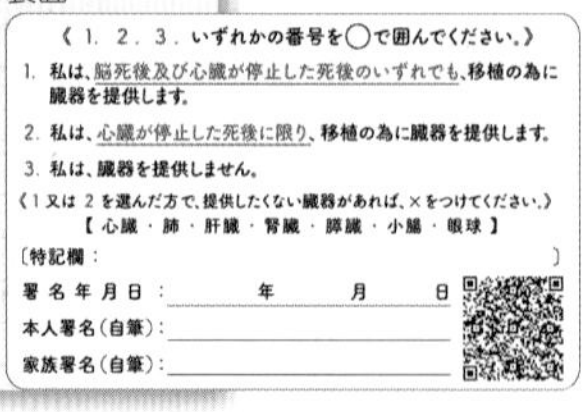
《 1．2．3．いずれかの番号を◯で囲んでください。》
1．私は、脳死後及び心臓が停止した死後のいずれでも、移植の為に臓器を提供します。
2．私は、心臓が停止した死後に限り、移植の為に臓器を提供します。
3．私は、臓器を提供しません。
《1 又は 2 を選んだ方で、提供したくない臓器があれば、×をつけてください。》
【 心臓 ・ 肺 ・ 肝臓 ・ 腎臓 ・ 膵臓 ・ 小腸 ・ 眼球 】
〔特記欄：　〕
署名年月日：　年　月　日
本人署名（自筆）：
家族署名（自筆）：

出典：（公社）日本臓器移植ネットワーク

理解を深める本

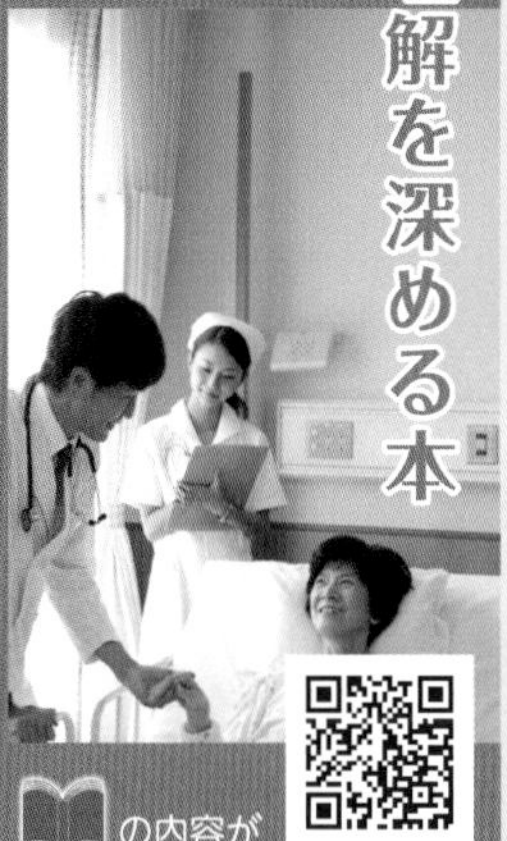

の内容がどのように説明されているか考えながら読んでみよう。

自分の考えをまとめてみよう

❖医療技術が人間の幸せのために発展していくには、どのような点に注意すればよいだろうか。具体的な治療分野を挙げて考えてみよう。

❖次のグラフから読み取れる内容を挙げ、平均寿命と健康寿命の差が意味するものについて考えてみよう。

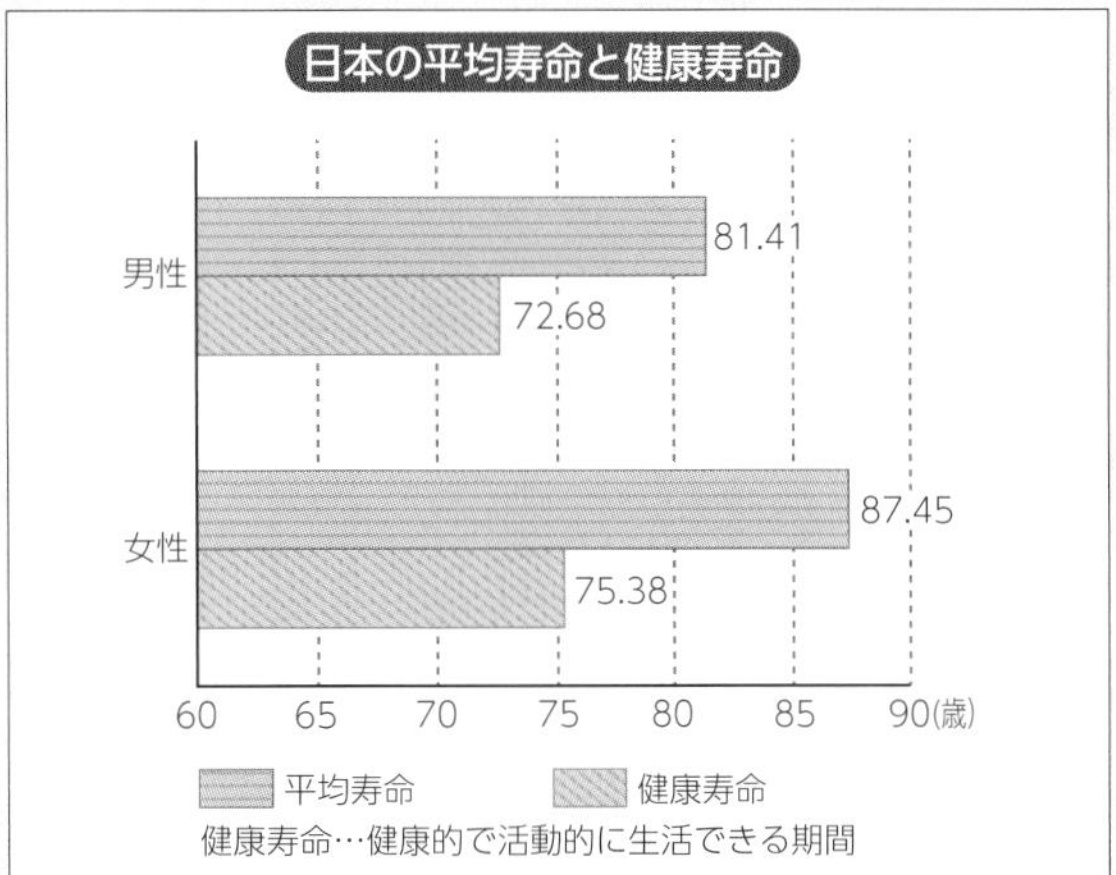

健康寿命…健康的で活動的に生活できる期間

資料：厚生労働省「令和4年版厚生労働白書」をもとに作成
https://www.mhlw.go.jp/stf/wp/hakusyo/kousei/21/index.html

iPS細胞

黒《くろ》木《き》登《と》志《し》夫《お》

再生医療で特に注目が集まるiPS細胞だが、そのほかにも、人体の謎を探るための手立てになったり、特定の病気の状態を再現してその治療法を探ったりできるなど、幅広い応用可能性をもっている点も見逃すことはできない。

iPS細胞の応用可能性と問題点とは？

中公新書

p154～155

患者の細胞を取ってきて、山中因子を加えiPS細胞を作り、さらに病気の細胞系列に分化させると、数週間のうちに、病気の細胞ができてくる（中略）。「病気の細胞」を用いて、なぜ、そのような病気になったのか、その過程を詳細に分析し、予防と治療の手段を探る。

出生前診断

河《か》合《わい》 蘭《らん》

晩婚・晩産化により、子どもの遺伝子疾患に不安を持つ妊婦が増えた。母体血《けっ》漿《しょう》中のDNAを読み取り、胎児の遺伝子疾患の確率を示す新型出生前診断は、中絶の促進という問題をはらみながら、胎児医療の早期開始にも役立っている。

出生前診断に必要な規制とはどのようなものか。

朝日新書

p61

出生前診断をめぐる女性たちの想いは「賛成・反対」で割り切れるものではなく、その人がそれまでの人生で見てきたこと、やってきたこと、されてきたことのすべてが織り込まれた、複雑な色合いのつづれ織りなのだ。

新版 うつ病をなおす

野《の》村《むら》総《そう》一《いち》郎《ろう》

うつ病の原因とは何か。遺伝子、社会的な環境、本人の性格など様々な要因が考えられるが、明確な答えはない。自然科学、人文科学、社会科学などからの総合的なアプローチが必要であり、対処法についての広い理解が望まれる。

うつ病になった人に、どのように関わるのが適切か。

講談社現代新書

p216

うつ病が日本で増加していることは、日本社会全体が旧来のルールを見失いつつあることと関係しているかもしれない。つまり、重みづけができず自己決定能力の低さゆえに社会のルールに頼る傾向の強いタイプの人々が、判断基準を失って、うつ病発症の増加を生んでいる可能性がある。

生物はなぜ死ぬのか

小《こ》林《ばやし》武《たけ》彦《ひこ》

「生物はなぜ死ななければならないのか」という問いの最終的な答えは、「死は生命の連続性を支える原動力だから」と筆者は言う。これはヒトも同様である。「死」を後ろ向きに捉えるのではなく、前向きに捉えている点が画期的。

「死」は否定されるものではない！「希望」でもある？

講談社現代新書

p216～217

生と死、変化と選択の繰り返しの結果として、ヒトもこの地球に登場することができました。死があるおかげで進化し、存在しているのです。死は現在生きているものから見ると、生きた「結果」であり「終わり」ですが、長い生命の歴史から考えると、生きている、存在していることの「原因」であり、新たな変化の「始まり」なのです。

グローバリゼーション

航空機などの交通手段や、インターネットなどの情報通信技術の発達は、世界各地間での物流・コミュニケーションの迅速化を促した。その結果として、海外製品を容易に購入することができ、また、遠方の国の人々とメールなどを用いて即時的に情報交換をできるようになった。人々の移動もスムーズになり、海外へ進出する企業が多数出現した。外国へ移住し、その国での就業に活路を見出す人々も増えている。

パリに出店した日本企業

こうした、**国境を越えた地球規模での貿易・交流の拡大**であるグローバリゼーションは、新たな交流の可能性を広げたが、同時に、多数の国家間における政治・経済・文化などの面での、激しい競争や摩擦を加速させる原因にもなっている。

日本の役割

異なる言語を母語とし、様々な生活習慣や信仰を持つ人々と日常的に接する機会が増える中で、私たち日本人もまた改めて自分自身を見つめ直すよう求められている。相手に対して主張し、対話を重ねて、異なる価値観を越えた協調を目指すためには、まず、日本人としての**自分自身がどのような歴史・習慣を持つのか**を自覚し、外国人から日本人がどのように評価されているのかを知らねばならない。

自分たちがもつ文化・習慣について理解し、日本人として、国際社会でどのような役割を果たしていくべきかを考えていく必要があるだろう。

多文化主義

グローバリゼーションの進んだ世界においては、**異なる文化を持つ人々がお互いに認め合い、差別をせず、共に社会参加をして積極的に助け合う**必要がある。このように多様な文化を尊重し合いながら共同して社会を築こうとする思想を多文化主義という。

多文化主義が標榜《ひょうぼう》される一方で、現実には、他民族への攻撃や、異人種への差別が行われている。グローバリゼーションはすべての人々に豊かさをもたらすとは限らず、貿易上**自国の利益を優先する保護主義**や、敵対する集団に属する者への無差別な**テロ**などの問題もはらんでいる。

Q グローバリゼーションの良い点は？

A
- 異文化の人々と触れ合い多様なものを知る中で、自らの価値観とは異なるものを認める素地ができる。
- ものやサービスについて、自国、他国を問わず選択肢の幅が広がり、様々なものを売買することが容易になる。
- 国家を越えて、人々が共同して環境問題などの世界的な課題に取り組むことができる。

Q グローバリゼーションの問題点は？

A
- 民族や宗教、習慣の違いを理由として、テロなどの暴力的な行動が世界に広まる可能性が生じる。
- 行き過ぎた経済競争により、国内産業の衰退化や、多国籍企業と進出した国とに摩擦が生じる。
- 他国とのつながりが複雑化し、自国の国内事情に応じた政策をとりにくくなる。

■今後10年間で最も深刻な世界規模のリスクは何か

1	気候変動緩和策の失敗	♠
2	気候変動への適応（あるいは対応）の失敗	♠
3	自然災害と極端な異常気象	♠
4	生物多様性の喪失や生態系の崩壊	♠
5	大規模な非自発的移住	♦
6	天然資源危機	♠
7	社会的結束の浸食と二極化	♦
8	サイバー犯罪の拡大とサイバーセキュリティーの低下	♣
9	地経学上の対立	♥
10	大規模な環境破壊事象	♠

リスク分類

♠	環境
♥	地政学
♦	社会
♣	テクノロジー

資料：世界経済フォーラム「グローバルリスク報告書2023年版」、経済産業省「通商白書2023」をもとに作成。
https://www.meti.go.jp/report/tsuhaku2023/index.html

理解を深める本

の内容がどのように説明されているか考えながら読んでみよう。

自分の考えをまとめてみよう

- 異なる文化を持つ人々との出会いによって得られるものとは何だろうか。自分の経験をもとに考えてみよう。
- グローバリゼーションを推進することに賛成か反対か、理由とともに考えてみよう。
- 次のグラフをもとに、今後の日本の労働力の変化について考えてみよう。

資料:厚生労働省「『外国人雇用状況』の届出状況(令和4年10月末現在)」をもとに作成
https://www.mhlw.go.jp/stf/newpage_30367.html

移民大国アメリカ

西山隆行《にしやまたかゆき》

かつて移民の手によって作られた国アメリカが、移民に対する寛容を失い始めている。多文化主義とは、自らの価値観とは異なるものを認め、対等に扱うこと。しかしアメリカが受け入れてきたのは、アメリカ的信条に基づいた「自由」や「平等」を共有できる人々だったのではないか。

人々が共に社会を築くのに、必要な合意とは?

ちくま新書

p18

> アメリカは、ヨーロッパの君主制や宗教的迫害から逃れた移民が作り上げた国だという自己認識を持っている。その経緯や信念からすれば、自分たちと同じように、自由や成功を求めてアメリカへの移住を希望する人は受け入れたい。

「日本人論」再考

船曳建夫《ふなびきたけお》

近代国家建設のとき、私たちは対西欧を軸に日本人としてのアイデンティティを探した。第二次大戦後は対アメリカを軸として、そして今はアジアの一員として、自らの姿を模索している。他者の存在を軸に自己を描いてきた「日本人論」は、どこから来て、どこに向かうのか。

日本人は自分自身をどのようにとらえてきたか。

講談社学術文庫

p329

> 西洋以外の社会として、最も早く近代化を果たし、いまやそこから(具体的にはアメリカから)自立しようとしているが、西洋的近代化とは別の、日本(あるいはアジア)独自のかたちを構想するところまでは至っていない。

保守主義とは何か

宇野重規《うのしげき》

「進歩」の理念に人々は疑惑のまなざしを向け始めている。とはいえ、自国の伝統に固執し、自分の仲間たちの利益だけを守ろうとする安易な「保守主義」を続けるだけでは、保守主義自体が崩壊する。無限の進歩が不可能と知ったとき、自分たちが本当に守るべきものは何か。

「保守」と「革新」の対立は今後どのように機能するか。

中公新書

p201

> 人々が「進歩」という名の強い追い風によって前に進んだ時代は、確実に終わりを告げた。今後はむしろ、前に進むためにも、自分や自分たちの社会を振り返り、そこから前に進むためのエネルギーと知恵を導き出す必要があるだろう。

観光公害

佐滝剛弘《さたきよしひろ》

観光の「光」の面は、インバウンドによる経済的な恩恵や文化的交流。観光の「影」の面は、オーバーツーリズムによる地元の人々の生活破壊につながる摩擦・軋轢《あつれき》。日本では京都や鎌倉、海外ではスペイン、ハワイ、パリなどを例にその実情と解決策の模索を報告。

観光はもはや「国際問題」化している。その現状と対策は?

祥伝社新書

p256

> 観光が「移動距離の多寡」ではなく、異なった文化や自然に触れることで感動できる、私たち人間だけが獲得した高度な営為だとすれば、観光で生じる問題は、その感性の一部でいいから、訪問先で生活する人々に思いを馳《は》せることから解きほぐしていくしかないのではないか。

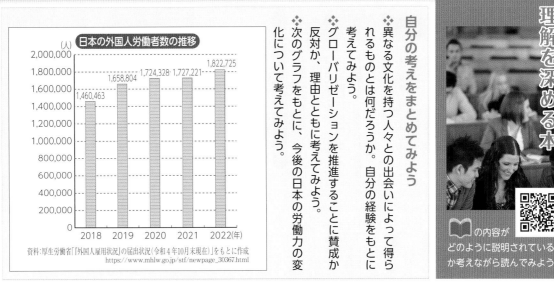

レポート

レポートとは？

与えられた課題の中で、テーマをしぼって調査・研究・実験などをし、その内容や結果を書面にまとめて報告するのがレポートである。

データや過去の研究文献などを引用・分析したり、実地調査の結果を報告したりするが、それらの事実と、事実に基づいて導かれる自分の考えとを明確に区別して述べる必要がある。

レポートで求められる力

理解 要約	・必要な情報を整理し、簡潔にまとめることができる。 ・参考にする資料、引用する文献の内容を要約することができる。
思考 発想	・客観的なデータの分析を踏まえて自分の考えを持つことができる。
説明 表現	・事実と考察（自分の考え）とを区別して報告することができる。
知識 方法	・必要な情報の収集のしかた、文章の組み立て方・論証のしかたを身につけている。

レポートを書く手順

1 テーマを決める。
2 調査方法を決める。
3 収集したデータを分析する。
4 構成を考えて執筆する。

1 テーマを決める。

与えられた課題の中で、できるだけ具体的に論点をしぼったテーマ選定を心がけよう。自分が興味を持っていると同時に何らかの問題点を感じており、それゆえに、**新しい見方・考え方を積極的に提案したい、と思えるようなテーマ**にするとよいだろう。

2 調査方法を決める。

①**文献調査**…選んだテーマについての先行研究、歴史資料などを図書館や書店などで探してみよう。また、インターネットを利用すると、手軽に詳しいホームページなどを閲覧することもできる。

②**実地調査**…文章を読むだけでは得られない情報を手に入れる方法として、関係者にインタビューをすることや、自分で現場におもむいて実情を確かめるといった方法も考えられる。

3 収集したデータを分析する。

資料の研究や実地調査の結果について、**箇条書きや図表などでまとめる。**複数のデータを併用して新しい見方を提示したり、実地調査に基づいた説得力のある考えを導き出したりするとよい。

4 構成を考えて執筆する。

【構成例】

序論	❶表題と報告者名・日付 ❷目次 ❸レポート全体の要約
本論	❹レポートの目的 ❺調査内容と結果 ❻調査結果の分析・考察
結論	❼分析・考察をもとに導き出した内容・問題点
参考資料	❽引用文献・参考文献の一覧

❶ 表題で発表内容を端的に明示する。

❷ レポートの章立てに従って目次を作成する（必要に応じて章をさらに細かく分けた節に分類する）。

❸ レポート全体の要約（結論、結論に至る方法や過程などを文章で簡潔にまとめたもの）があると、読み手が理解しやすい。

❹❺ レポートの目的、次に、文献や実地の調査で得られた内容を報告する。文献の内容も要約して掲載するとよい。

❻❼ 調査結果から考えられることをまとめ、結論を導く。

❽ 最後に、利用した引用文献・参考文献について、著者名、書名（論文名、雑誌名、巻数）、発行所名、刊行年、掲載ページなどを記した、出典の一覧を示す。

著作権を侵害しないためにも、利用した文献の扱いには、十分に注意するようにしよう。レポートを作成後、次の点をチェックするとよい。

□ **引用や要約のしかたが適切か。**
・引用の場合は、句読点も含めて、引用する文章の一字一句を変更してはいけない。
・要約の場合は、必要な部分のみを正確に簡潔に要約する。

□ **文献の内容と自分の考えを書き分けられているか。**
・引用や要約をした箇所は、「 」をつけたり、文字の大きさを変えたりして、自分の文章とはっきり区別する。

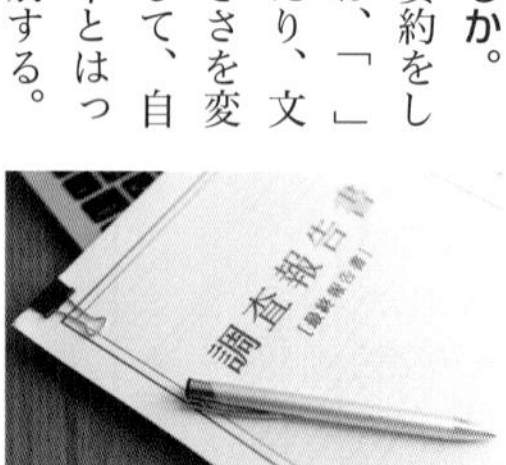

参考書籍

レポートの組み立て方

木下是雄

レポートの書き方の基礎については、ほぼ全て網羅してある。この本自体がレポートのように明快な文章と章立てで書かれている。同内容を、具体的な理系の報告書の例を用いながら説明した『理科系の作文技術』（同著者）もある。

ちくま学芸文庫

プレゼンテーション

プレゼンテーションとは？

計画、企画案、成果などを、聴衆を集めて一定の時間内に発表すること。略してプレゼンともいう。発表者は、事前に配付資料や、図表などを用いた画像資料（ディスプレイなどに表示するためのもの）を用意しておく。

　アイディアやその素晴らしさについて、わかりやすく、無駄なく、聴衆に伝えることが求められる。聴衆の心に響くような強い思いを込めた話し方も重要である。

プレゼンテーションで求められる力

理解 要約	・必要な情報を整理し、簡潔にまとめることができる。 ・参考にする資料、引用する文献の内容を要約することができる。
思考 発想	・相手の興味・関心・同意を得るような提案を考えることができる。
説明 表現	・相手の知識に応じて、わかりやすく表現することができる。
知識 方法	・必要な情報の収集のしかた、文字情報以外の、視覚的な資料の提示のしかたを身につけている。

プレゼンテーションの手順

1 企画する。
2 発表内容の構成を決める。
3 資料を作成する。
4 リハーサルを行う。

1 企画する。

誰に・何のために・何を発表するのかを明確にし、その**内容と聴衆との関係を確認する。**

① 企画内容は、聴衆にとってどのようなメリットがあるか。
② そのメリットについて、聴衆にどのように伝えるのが効果的か。

2 発表内容の構成を決める。

【構成例】

導入	聴衆の興味・関心をひきつける話題 発表の流れや企画の概要の説明
展開	企画の背景・理由 提案内容の具体的な説明
まとめ	結論 大事なポイントのみ再提示

　導入で**聴衆の興味・関心をひきつけることが重要**だ。そのためには話題提起の仕方を工夫する。実物を提示したり、聴衆に身近な例を挙げたりするとよい。その後、発表の流れを簡単に説明すると、聴衆が発表内容をスムーズに理解できるようになる。さらに、まとめの段階では、特に**大事なポイントだけを絞って再度説明する**と、より効果的である。

　発表が一通り終わった後に質疑の時間を設けると、聴衆の理解を深めることができ、発表内容によりよい印象を抱かせることもできるだろう。

3 資料を作成する。

　利用可能な道具（ツール）に合わせて、発表に使う資料を作成しよう。パソコンやタブレット端末とディスプレイを使用できるのであれば、プレゼンテーション用のソフトウェアが豊富に用意されている。聞き手の興味をひきつけるには、**視覚に訴えるツール**を使用すると効果的である。

【ツールの例】

①プレゼンテーション用のソフト

②黒板・ホワイトボード

③手作りの模造紙やフリップ

　なお、質疑の時間を設ける予定がある場合には、聴衆から寄せられるであろう**質問をあらかじめ想定し、回答をまとめた資料**を作っておくのもよいだろう。

4 リハーサルを行う。

　できるだけ本番に近い環境で、リハーサルを行っておくことが望ましい。次のような点をチェックするとよい。

□ **時間内におさまるか。**
時間を計りながら実際に話してみよう。時間は長すぎても短すぎてもいけない。

□ **話し方は適切か。**
話し方は、基本的にはゆっくりめで、重要な点は大きな声で強調するなど、抑揚をつけるとよい。原稿ばかり見ず、聴衆に向いて話す。

□ **資料は正確か。**
作成した資料に誤記がないかもう一度見直す。

□ **機器を使えるか。**
使用する機器がトラブルなくスムーズに使えるか。

参考書籍

TEDトーク 世界最高のプレゼン術
ジェレミー・ドノバン著・中西真雄美訳

　様々な分野の著名人のプレゼンテーションからその極意を学ぶ。（TEDは、Technology Entertainment Design の略。プレゼン動画を配信する米国の非営利団体。）プレゼン動画も無料で視聴できる。

ブックトーク

ある一つのテーマを決めて、一定時間内に何冊かの本を聴衆に紹介することをブックトークという。

ブックトークの手順

1 テーマと本を選定する。
2 本を読む。
3 シナリオを作る。
4 発表の練習をする。
5 発表する。

1 テーマと本を選定する。

テーマは、「学校」「国」「科学」「美」「生きる」「働く」など、自由に設定してよい。テーマに合うように、自分が興味を持っている分野の本、楽しんで読める本を二〜三冊選ぶ。

2 本を読む。

本の中で印象に残った表現やセリフを書き留めながら読む。その本の中で、何を一番聞き手に伝えたいかを考える。

3 シナリオを作る。

どのような順番で本を紹介するか、どのように話をすれば効果的に伝わるかを考えながら発表のシナリオを書く。

【注意点】
- 本の一部を引用したり、聞き手に問いを投げかける表現を入れたり、自分の経験や思いを織り交ぜたりしながらオリジナルのものを書く。
- 最初から全体をまとめようとせずに、各本ごとに言いたいことをまとめたあと、すべての本のつながりや全体を考えていく。

4 発表の練習をする。

事前練習を十分にしよう。

【注意点】
- 時間内におさまるように、タイマーを使いながら練習をする。
- 三〜四人のグループになり、ブックトークをお互いに聞き合う。声の大きさ、速さ、立ち居振る舞いなど、よりよいブックトークにするために指摘し合う。
- 何度も練習をする中で、うまく伝わらないところや、よりよい表現方法があればその都度シナリオも修正する。

5 発表する。

紹介する本を示しながら発表するとよい。発表の際は、次の点に注意する。

修辞《しゅうじ》法

言葉を効果的に使って、美しく巧みに表現する技法。レトリックともいう。

文学作品を読むときや、自分の考えを印象強く伝えたいときは、表現技法にも注意するとよい。

■**比喩《ひゆ》法** 他のわかりやすいものにたとえて表現すること。次のような種類がある。

比喩法	例
直喩《ちょくゆ》（明喩《めいゆ》） 「たとえば」「ごとし」「ようだ」などの語句を用いて他の事物にたとえる方法。たとえであることが一目でわかる。	滝のように涙を流す。
隠喩《いんゆ》（暗喩《あんゆ》） たとえの形式（「たとえば」「ようだ」などの語）を用いず、たとえるものとたとえられるものとを直接結ぶ方法。	この部屋は僕の城だ。
擬人法《ぎじんほう》（活喩《かつゆ》） 人間でないものを人間になぞらえて表す方法。 	海が呼んでいる。
提喩《ていゆ》 全体を表す語で部分的なものを表したり（例では「花」が全体で「桜」が部分）、部分を表す語で全体を表したりする方法。	今年は花が早く咲く。
換喩《かんゆ》 事物の特徴的な部分によって、その本体を表す方法。	坊っちゃんは赤シャツの偽善が我慢できなかった。
諷喩《ふうゆ》（寓喩《ぐうゆ》） たとえだけを掲げ、本当に言いたいことを言外に匂わせる方法。例の「五十歩百歩」は「似たもの同士」という意味。	「彼よりはましだろう。」「いや、五十歩百歩だね。」
擬態《ぎたい》法（声喩《せいゆ》） 擬声語や擬態語を用いて、物音・事物の状態などを音声的にたとえて表す方法。	犬にワンワンと吠えられた。

【注意点】

・シナリオの朗読ではなく、聞き手に顔を向けて語りかけるように話す。
・聞き手の反応を見ながら、話すスピードや声の大きさなどを調整する。

発表後には聞き手からコメントをもらう。もらったコメントを踏まえて、自分の発表について振り返り、反省点や改善点を考える。

発表を聞くときの注意点

・温かいまなざしで聞くなど、発表者が話しやすい環境を作る。
・聞いて良かった、話して良かったと思える時間となるよう心がける。

ブックトークの例　テーマ「生きる」

導入

今ここにいて、ブックトークを聞いている私たちはある意味幸せなのかもしれません。友人と帰っていて、「じゃあ明日ね」と言う一言。面倒なことを頼まれたときに「明日にしよう」という何でもない一言。その一言が言えず、明日さえ生きられるかわからない人も世界中にはいます。『いのちの贈りもの』は、こうした「生きる」ことについて深く考えさせてくれる本です。

つなぎ

ところで、みなさんは、復元納棺師《ふくげんのうかんし》のことを知っていますか。私は3・11のことを調べてはじめて知りました。

まとめ

さて「生きる」ということをテーマに二冊の本を紹介しました。みなさんも明日が当たり前に来ると思わないで下さい。一日、一日を大切に過ごすことが最高の人生につながります。人生に悔いが残らないよう、残りの高校生活も楽しみましょう。

『A Photo Essay
いのちの贈りもの―犬、猫、小鳥、そして夫へ』
（大塚敦子・岩波書店）

『おもかげ復元師』
（笹原留似子・ポプラ社）

■その他の主な修辞法

例	技法
急ごう。映画が始まってしまうから。	**倒置《とうち》法**　語順を普通と逆にして、言いたいことを強調する方法。
菜の花や月は東に日は西に	**対句《ついく》法**　対立したり似通ったりしている二句以上の句を並べることで、調子を整える方法。
百ページもあるのに、一日で覚えられるものか。	**反語《はんご》法**　反対の内容を述べることで、逆の内容を強調する方法。
天の川は何でできているのだろう。あれは、たくさんの星の集合なのである。	**設疑《せつぎ》法**　明らかな結論があるものを、わざと疑問の形式にして強い印象を与える方法。
寒い。とにかく寒い。体の芯から冷えるような寒さが襲ってきた。	**反復《はんぷく》法**　同じ語句や似た言葉を繰り返して強調する方法。
ステージ上のあの人は、ああ、なんと美しいことだろう。	**詠嘆《えいたん》法**　感動詞や疑問の語を用いて、強い感動を表す方法。
彼に比べたら私なんかとても……。	**省略《しょうりゃく》法**　省略によって文を簡潔にしたり、言外に含みをもたせたりする方法。

言葉を使いこなす

ブックトークでは、数冊の本を読み、大量の情報を得て、どのように表現すれば自分の思いが相手に伝わるかということにとことん向き合う。また、他の人の発表を聞くことで、自分の知らなかった世界を相手と共有することができる。ただ情報を送受信するのではなく、言葉を用いて思考を深める機会となる。

インターネットで検索をすると、大量の情報を得ることができる現代において、得た情報は次々と新しくなる。私たちには情報を覚える力以上に、自分で咀嚼《そしゃく》し、使っていく力が求められる。言葉を使いこなす力が必要なのである。文章を「読む」力・相手に伝わる表現で「書く」力・人前で「話す」力・人の話を「聞く」力を、ブックトークを通して身につけるようにしよう。

原稿用紙の使い方

●題名　二行目に、上から三、四マス程度あけて書く。

●数字　縦書きでは原則として漢数字を用いる。

　　　『こころ』を読んで
　　　　　　一年A組　高橋　真理子

　夏目漱石の『こころ』は、時代背景が現代
とはかけ離れており、国語の授業で一部分を
読んだ時には、自分とは別世界の物語を読ん
でいるようであった。その一方、登場人物の
心理には、現代を生きる私にも共感できる部
分があった。特に、「先生」の、「若いうち

●アルファベット　原則として横書きで一マスに二字入れる。ただし、大文字の略語や、記号として使う場合は縦書きでよい。

●名前　題名の次の行に、下が二マス程度あくようにして書く。姓と名の間は一マスあける。

●書き出し　名前の次の行、またはさらに次の行から書き始める。最初の一マスはあける。

●会話文・引用文

▼**会話文**　原則として改行し、かぎかっこ(「　」)で囲む。続きの文は、次の行から書く。会話の終わりの句点と」は合わせて一マスに入れる。

▼**引用文**　短い場合はかぎかっこ(「　」)で囲んで、改行せずに挿入する。詩歌や長い文章を引用する場合は、改行し引用文全体を二マス程度下げて書く。

●句読点・符号

▼句読点やかっこ類(「　」(　)〈　〉など)、感嘆符(!)や疑問符(?)はそれぞれ一マス分使って書く。

▼句読点や」)〉などは行頭にこないように工夫する。前の行の最後の文字と一緒に一マスに入れるか、欄外に書く。

▼「(〈などが行の最後にくる場合は、そのマスをあけておき、次の行頭から書く。

▼——や、……などは、二マス使って書く。

●**改行**　段落の変わり目には改行して、最初の一マスをあける。なお、段落は次のようなときに変えるとよい。
・内容が変化するとき。
・一段落の分量が多すぎてわかりにくくなるとき。

●**番号**　二枚以上になるときには、通し番号を付ける。

●**加筆・訂正・削除**
▼**加筆**　加筆箇所を〈や{で示し、右横に書き加える。
▼**訂正**　‖線で消し、右横に書き直す。
▼**削除**　‖線で消す。
＊できるだけ修正は避け、書き直しをするのが望ましい。

横書き原稿用紙の使い方

原則、縦書きと同じように書くが、次の点に注意する。
①数字は算用数字を用いる。ただし、「一般に」「五十歩百歩」「四国」「三日月」など、固有名詞や、数を表す必要のない慣用的な言葉については漢数字を用いる。
②算用数字やアルファベットは1マスに2文字入れる。アルファベットの大文字は1マスに1文字とする。
③ふりがなは、漢字の上につけるか、かっこ(　)で囲んでその言葉の後に続ける。
④句読点は、「,」および「。」を用いるが、「,」の代わりに「、」を用いてもよい。
⑤加筆や訂正をする場合は、上に加筆する語句や訂正する語句を書き込む。

『こころ』を読んで

1年A組　高橋　真理子

夏目漱石の『こころ』は、時代背景が現代とはかけ離れており、国語の授業で一部分を読んだ時には、自分とは別世界の物語を読んでいるようであった。その一方、登場人物の心理には、現代を生きる私にも共感できる部分があった。特に、「先生」の、「若いうちほど淋《さむ》しいものはありません。」という言葉や、

1

ほど淋《さむ》しいものはありません。」という言葉や、「人間の在り方」に鋭く迫っている点に心を動かされ、全文を読んでみることにした。

自分の恋愛を成就させるために、「先生」は親友を裏切り、死に追いやってしまう。その「先生」自身もまた、生涯そのことに苦しみ、最後に自ら死を選ぶという内容から、「先生」を利己的な人間と考えることもできる。しかし、私は、人は多かれ少なかれ利己主義的な存在であり、そこから逃れることはで

読書感想文の書き方

読書感想文とは？
　読書感想文とは、本を読み、その感想をまとめた文章のことである。本の内容や表現に対する自分の意見と、そのように考えた理由や過程を、他者が納得できるような構成で説明する必要がある。

【構成例】

導入	❶作品の紹介 ❷本を選んだ理由 ❸主題（感想の中心）の提示
展開	❹特に感動した部分や内容 ❺実体験などの具体例との関連づけ ❻読書による、自分の考えの変化
まとめ	❼本から学んだこと

読書感想文を書く手順

1 本を選ぶ。
2 本を読む。
3 構成を考えて執筆する。

1 本を選ぶ。

　感想文を書くうえでは、どのような本を選ぶかが重要である。**自分が興味や問題意識を持っている分野について論じている本や、好きな作家の本**を選ぶのもよいだろう。また、課題図書や、先生や友人が推薦する本を選ぶのも一つの方法である。

2 本を読む。

　一読しただけでは、内容を正確に読み取ることは難しい。**一読した後、感想文を書くことを意識しながら、もう一度丁寧に読んでいく**ことが望ましい。小説であれば、登場人物の心情や表現技法に着目して読むとよい。評論文であれば、筆者の主張とその根拠を正しく読み取るようにしよう。

3 構成を考えて執筆する。

　印象に残った点や、考えた点を整理したうえで、感想の中心と構成を決める。

① 本の中で、**印象に残ったところや、疑問に思ったところなどに大きめの付《ふ》箋《せん》を付け、感想を簡潔に書き留めておく**とよい。

② ①をもとにして、感想文の主題（感想の中心）を決める。

③ 感想の中心が読み手に明確に伝わるような構成を考え、内容をメモに簡単に書き記してから執筆するとよい。なお、必ずしも上段の構成例と同じように書く必要はない。

［執筆のポイントとメモの例］

	執筆のポイント	メモの例（夏目漱石『こころ』）
導入	❶**作品の紹介** 本の紹介は、要点を絞り、冗長にならないように注意する。	夏目漱石の作品で、近代日本文学の一つ。「友情と恋愛」を題材としている。
	❷**本を選んだ理由** 本に出会ったきっかけや選んだ理由を、自分との関わりを挙げながら説明する。	国語の教科書に一部分が掲載されていて、全文を読みたくなった。また、現代と異なる時代背景にも興味を持った。
	❸**主題（感想の中心）の提示** 感想は論理的に説明できる内容とする。	人間という存在の在り方に鋭く迫っていることに強く心が動いた。
展開	❹**特に感動した部分や内容** 読み手にわかりやすいように、本からの引用や、本の内容の要約を入れる。	「先生」は自分の恋愛を成就させるため、親友を裏切り、死に追いやるが、「先生」自身も生涯そのことに苦しみ、最後には自ら死を選ぶ。
	❺**実体験などの具体例との関連づけ** 自分の実際の体験や考えと関連させて感想を述べ、内容に説得力をもたせる。	「先生」の中にある、人間の利己主義的な部分が、自分にもあるように感じられる。
	❻**読書による、自分の考えの変化** その感想をもつに至るまでの、自分の意識の変化や考えの深まりを表現する。	特定の人間が利己的であるのではなく、人間という存在がそもそもエゴイズムから逃れられない宿命なのではないか。
まとめ	❼**本から学んだこと** 本を読んで自分が得たものや、今後の抱負を表現してまとめる。	「先生」と「K」の生き方について考えることを通して、自分の利己主義的な部分と向き合う機会を得た。

読書感想文のチェックポイント

- □ 本の内容と自分の意見とを明確に区別しているか。
- □ 本から引用した部分は正確か。
- □ 感想の理由や、その感想をもった過程が具体的に述べられているか。

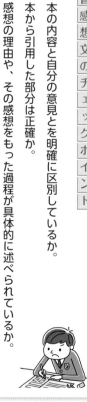

俳句の作り方

―ねんてん先生の俳句教室―

俳句とは？

俳句は**五七五、十七音からなる短詩**です。江戸時代に大流行して今に至っていますが、現在ではHAIKUとして世界的に人気です。つまり、世界の短詩として広まっているのです。

◆俳句の要件

世界に広がっているHAIKUでは、季語を重視しないものもありますが、俳句の本家の日本語の俳句では、五七五の形式、季語を重んじます。

古池や蛙飛び込む水の音　芭蕉
菜の花や月は東に日は西に　蕪村
柿くへば鐘が鳴るなり法隆寺　子規

私は右の三句をもっとも典型的な俳句と見ています。これらの句の特色は二つのイメージ(情景)を組み合わせていることです。芭蕉の句だと「古池」と「蛙飛び込む水の音」、蕪村だと地上の「菜の花」と天上の「月は東に日は西に」という情景です。子規の句も「柿くへば鐘が鳴るなり」という情景が「法隆寺」と組み合わされています。この組み合わせを俳句用語では**取り合わせ**と呼びます。A＋Bという異なるものを取り合わせると、AとBが相互に作用して五七五の言葉を生き生きさせます。取り合わせは俳句の基本的な方法です。

◆取り合わせで一句

では、さっそく取り合わせで作ってみましょう。

秋の空(季語)＋情景

というパターンで作ります。

秋の空私はとっても小さいよ
秋の空ギリシャの友のメール来た

季語の「秋の空」は高くて青くて澄んでいます。そんな空なので自分の存在感を小さく感じました。メールの句では空もまたギリシャに続いている感じです。

俳句は**旧かな、歴史的仮名遣いで書かれることが多い**です。旧かな、「や・かな・けり」の切れ字を使ってみたい人は使ってください。

秋の空ギリシャの友のメール来ぬ
我が影のややに小さき秋の空
秋空や恐竜模型組みあがる

作者の思いを直接的に表現するのは、俳句ではかなり無理です。何をどのように取り合わせるかによって思いを表現するのです。

一月の甘納豆はやせてます
二月には甘納豆と坂下る
三月の甘納豆のうふふふふ
四月には死んだまねする甘納豆
五月来て凝ってしまう甘納豆

私の俳句です。実は十二月まであって、「十二月どうするどうする甘納豆」で終わります。甘納豆と何かの取り合わせを月名(季語)を介して試みました。三月の甘納豆がどうして「うふふふふ」と笑うのか。作者にもよく分かりませんが、読者がそれぞれ自由に読んでくれます。取り合わせは読みを広げます。

◆読みを楽しむ

作った俳句は誰かに読んでもらうことが大事です。俳句の世界には句会があって、その句会は作って、そして鑑賞する場です。皆さんも友だちとかクラスで句会をしてください。たとえば、「秋の空」を題にして皆で作ります。作った句は無記名の一覧表にして、互いによいと思う句を選びます。その選んだ句を発表し、それを元にしてどこがいいのか、どこを推敲《すいこう》すべきかを話し合います。この議論、意外におもしろいです。自分の句が思いがけない読み方をされ、作者が自分の句にはっと驚いたりします。俳句は短い表現ですが、意外に多様な読みを可能にします。

◆五七五の言葉の絵

私は、俳句は「五七五の言葉の絵」だ、と言っています。

春の風ルンルンけんけんあんぽんたん
がんばるわなんて言うなよ草の花
桜散るあなたも河馬になりなさい
友だちのいない晩夏の貨物船
マフラーに首をうずめて星空へ

私のこれらの句、五七五の言葉の絵になっていますか。言葉の絵として受け止めてもらったら、その絵の鑑賞は読者の自由です。五七五や季語はちょっとした言葉の絵をつくるとっても便利な道具なのです。なお、季語はそれぞれに意味が決まっていて(たとえば「秋の空」だと高くて広くて澄んでいる)、その季語の意味は俳句歳時記に書かれています。

◆一物仕立て、自由律など

俳句の基本は取り合わせだ、と言いましたが、**一物仕立て**の句もあります。取り合わせでなく、一つのことを五七五で表現します。一句一章とか写生句とも呼ばれます。小林一茶の「むまさうな雪がふうはりふはりかな」などがその例です。「むまさうな」は「うまそうな」です。

月夜の葦《あし》が折れとる　尾崎放哉
雪ふる一人一人ゆく　種田山頭火

大正時代から昭和前半に右のような**自由律俳句**(➡三四頁)が流行しました。でも、今ではかなり下火になっています。

■読者の皆さんへ

五七五のかたちの中で一種の言葉のゲームを楽しむ、それが俳句の表現の基本ではないでしょうか。その楽しさは言葉が本来的に持っている楽しさです。気軽に作り、そして読者を広げてください。俳句は言葉を楽しむ小さな器です。

俳人　**坪内稔典**(➡三三九頁)

志望理由書の書き方

志望理由書とは？

志望理由書とは、志望先を選んだ理由を述べた文章のことである。

最近は、大学入試の学校推薦型選抜や総合型選抜で提出を求められる場合も多くなっている。

大学に提出する場合には、「この大学・学部を選んだ理由」を強くアピールする必要がある。自分の長所や適性、将来実現したい目標、実現するために志望先でどのようなことを学びたいか、ということを具体的に述べることが大切である。

【構成例】

序論	本論		結論
❶将来の目標	❷目標に関する具体的な経験	❸目標達成のために必要なこと	❹志望先でなければならない理由

志望理由書を書く手順

1. 自分の目標を明確にする。
2. 目標を設定した経緯を考える。
3. 志望先の情報を収集する。
4. 志望先を選んだ理由を考える。
5. 構成を考えて執筆する。

大学に提出する場合

1 自分の目標を明確にする。

「自分の将来の目標はどのようなものか」「自分はどのように社会に貢献していきたいか」を明らかにする。

2 目標を設定した経緯を考える。

そのような目標をもつに至る経緯をメモに書き出してみる。（自己分析・今までの経験・関心のあることなど。）

3 志望先の情報を収集する。

志望先はどのようなところか（志望大学が特に力を入れている分野など）を押さえる。特に、志望学部・学科については、専門的なこと（開設講座・教授陣）についても調べておく。志望校のパンフレットやホームページでより詳しく情報を得たり、オープンキャンパスに参加し、施設や環境、雰囲気などを感じ取ったりするのもよい。

4 志望先を選んだ理由を考える。

次のような観点で考えるとよい。

・自分の目標と志望先にはどのような関係があるか。（志望先への進学が目標の実現につながることを説明する。）
・志望先で具体的にどのようなことを学びたいか。

メモの例

目標
現在の子どもたちの置かれた状況に対して、細やかな対応のできる、小学校教諭になる。

印象に残っている経験
夏休みに学童クラブでボランティア活動をしたこと。子どもたちの家庭環境が想像以上に多様化していることを知った。

興味・関心のあること
さまざまな状況の子どもたちに対するサポート。
教育・心理関連の仕事。

自身の性格(長所)
根気強い。
人と接することが好き。

目標達成のために必要なこと
子どもたちを、学習・生活両面で細やかに指導する力。

自分の目標と社会との関係
社会においてさまざまな格差が広がりつつある現在、子どもの貧困、家庭環境による教育格差など、子どもを取り巻く問題も表面化している。その中で初等教育機関に求められる役割も広がりと重要性を増している。

自分の目標と志望先との関係
志望校の教育学部は、初等教育者育成において伝統があるばかりではなく、社会の現状に即した諸問題に対応する講座やゼミ、実習などが充実している。他学部・他学科との連携も豊富である。さらに教育学科卒業後に大学院で心理学の専門課程に進むと、臨床心理士の資格を得ることもできる。

5 構成を考えて執筆する。

「将来の目標」と「志望先でなければならない理由」が最も重要であるため、この二点が明確に伝わる構成にする。「具体的な経験」や「目標達成に必要なこと」も補足説明として加えると説得力が増す。

自分を見つめ直す

「志望理由書」を書くにあたっては、今までの自分を見つめ直し、自分の長所を見つけ、それを志望理由と結び付けて自己アピールをするとより効果的である。

長所を挙げる場合は、具体的なエピソードを盛り込むと相手に伝わりやすい。

まず、高校時代の経験を振り返ってみよう。部活動や学校行事、校外活動の中で自分がどのような役割をしたか。そのためにどのような準備をし、努力をしたか。経験を通して自分の中にどのような成長を感じたか。このような観点で、まずはメモに書き出してみよう。そこから、自分の長所が見えてくるはずだ。

自分の長所のみつけ方の例

❖演劇部で演出を経験
演劇について勉強した
↓好奇心の強さ・根気強さ
出演者・裏方などの役割を調整した
↓指導力・協調性

❖ボランティアで介護補助を経験
お年寄りと楽しく交流した
↓打ち解けやすい（親しみやすい）
相手の立場になって考えた
↓思いやりがある

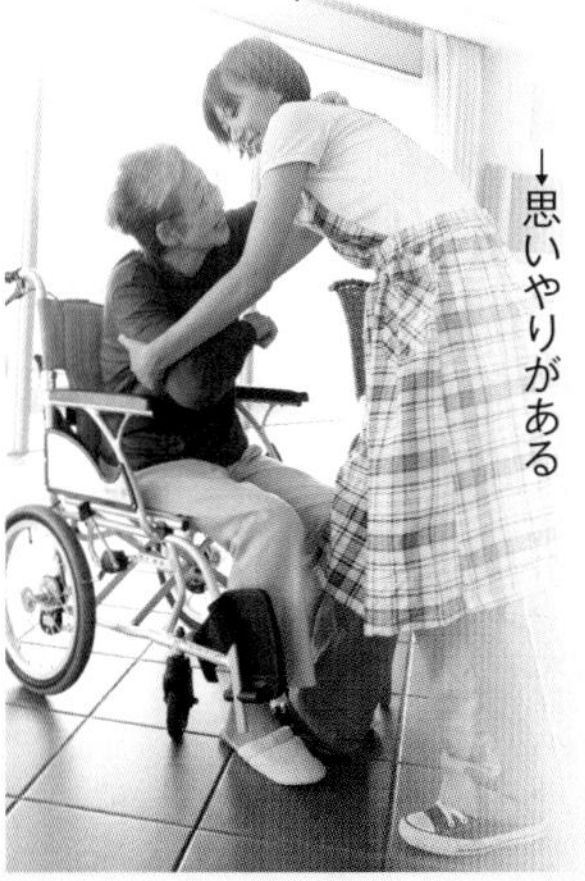

志望理由書のチェックポイント

- □ 将来の目標が明示されているか。
- □ 目標の動機となった経験が具体的に述べられているか。
- □ 目標を達成するために何をすればよいかが説明されているか。
（目標を達成するために志望先で何をしたいかが説明されているか。）
- □ 目標の達成のために、志望先でなければならない理由が述べられているか。

文例 問「あなたが本学の教育学部を志望する理由を述べなさい。」

❶将来の目標

私は〇〇大学教育学部で初等教育を専攻したい。小学校教諭に必要な専門的な知識を習得するとともに、現在子どもたちを取り巻く諸問題に真摯に取り組み、人間的に成熟した教員になりたいと思っているからである。

❷目標に関する具体的な経験

このような目標をもったのは、昨年の夏休みに学童クラブでボランティア活動をしたことがきっかけである。学童クラブでは、夏休み中の宿題や学習に一緒に取り組むだけでなく、遊びを通して子どもたちと長い時間接することも多かった。その中で、問題行動を起こしてしまう子や、友だちとの関係がうまくいかない子と接する機会があり、おのずと子どもたちの置かれている環境も知ることとなった。子どもたちには多様な家庭環境があり、また、外面からはわからない問題を抱えている子どもも少なくない。さまざまな問題が子どもたちの行動に反映されているということを経験として学ぶことができた。

この体験を通して、子どもが安全に、心健やかに生活し学習するために、教員の果たす役割は大きいと実感し、ぜひ教員になろうと思ったのだ。

❸目標達成のために必要なこと

そして目指す教員になるためには、教科を指導することはもちろんであるが、一人ひとりに寄り添った細やかな指導力が重要と気づいた。また、社会の現状を正しく把握し、行政と連携することや、より高度な心理的アプローチがいかに大切かも改めて感じた。

❹志望先でなければならない理由

このような経験から、ぜひ貴学の教育学部で学びたいと考える。貴学教育学部では、基本的な必修講座だけでなく、教育を取り巻く現状に即した実践的な講座が多く用意されている。また、他学部、他学科との連携も強く、全体的包括的な学びができる。さらに大学院ではより専門的に心理学を学ぶことにより、臨床心理士の資格を得られることも貴学を志望する理由の一つである。

未来を担う子どもたちの成長について常に考え、さまざまな問題にも対処できる教員になるため、ぜひ貴学に入学して学んでゆきたいと考える。

履歴書の書き方

履歴書とは？

企業が本人を確認し、採用する際の資料となる書類。

用紙については、高校生の場合、すべての就職希望者に就職の機会が公平に与えられるように作られた「全国高等学校統一用紙」を用いることとなっている。（一部地域では特定の用紙を使用。）

履歴書の注意点

- 履歴書は自分自身を紹介する書類であるため、**必ず自筆で、丁寧に仕上げる。**
- 筆記用具は、黒のペン（万年筆）、または黒のボールペンを用いる。
- 下書きをしてから、清書する。
- 語句は省略せずに、楷書《かいしょ》で書き、**崩《くず》し字や略字は用いない。正式な言葉・名称で書く。**
- 数字は算用数字を用いる。
- 誤字、脱字に注意し、書き間違えた場合は、新しい用紙に書き直す。

❶氏名　正式な表記で書き、ふりがなはそれにあたる漢字の上に平仮名で書く。「フリガナ」と書かれている場合は片仮名で書く。

❷年齢　氏名の上の「〇月〇日現在」の時点での年齢を書く。

❸現住所　都道府県名から書く。番地は算用数字を用い、「〇—〇」ではなく「〇丁目〇番〇号」のように略さずに書く。

❹写真　三ヶ月以内に撮影した証明写真を使用する。

❺学歴・職歴　学校名は省略せずに正式名称を記入する。転・編入先の学校名もあれば書く。氏名の上の「〇月〇日現在」の時点でまだ卒業していない場合は、「卒業見込み」と書く。職歴にアルバイトは含めない。

❻資格等　取得した資格や免許の正式名称を取得順に記入する。ない場合は「特になし」と書く。

❼趣味・特技　できるだけ具体的に書くとよい。

❽校内外の諸活動　部活動、ホームルームや生徒会での活動の他に、校外でのボランティア活動なども書く。また、学年を示して学年順に記入する。

❾志望の動機　この会社を選んだ理由、この会社で何をしたいのかを中心に、入社への熱意が伝わるように書く。その際、会社についてきちんと調べておくことが必要である。

（応募書類　その１）

履　歴　書

写真をはる位置（30×40㎜）❹

令和〇年〇月〇日現在

ふりがな	にし　かわ　ゆう　と	性別
氏名 ❶	西　川　友　斗	❷ 男
生年月日	昭和・(平成)　〇年　7月　8日生（満 18 歳）	
ふりがな	とうきょうとちよだくおがわ	
現住所 ❸	〒 630-8202　東京都千代田区小川町２丁目３番３号	
ふりがな		
連絡先	〒	

（連絡先欄は現住所以外に連絡を希望する場合のみ記入すること）

❺学歴・職歴		
平成・(令和)〇年 4月	東京都立〇〇	高等学校入学
平成・(令和)〇年 3月	同校卒業見込み	
平成・令和　年　月		
平成・令和　年　月		
平成・令和　年　月		
平成・令和　年　月		

（職歴にはいわゆるアルバイトは含まない）

❻資格等 取得年月	資格等の名称
令和〇年〇月	日本漢字能力検定協会　漢字能力検定２級
令和〇年〇月	全国商業高等学校協会　ビジネス文書実務検定２級

❼趣味・特技	❽校内外の諸活動
趣味—読書 テニス 特技—パソコン	1～2年　テニス部 1～3年　郊外緑化活動ボランティア 2年　保健委員

❾志望の動機

私は以前から、人と人をつなぐ、物流関係の仕事に就きたいと考えていました。

私が小学生の頃、父が単身赴任をしていました。そのとき、私は自分の作文や作品などを父に送り、父も私に赴任先の特産物をよく送ってくれました。離れていても父と簡単につながることができ、人々の日常を支える物流という仕事の重要性を強く感じるようになりました。

貴社のお客様の生活を何より大切にするという方針に大変共感し、ぜひ貴社で物流業務に携わり、人と人をつなぐ手助けをしたいと思い、入社を志望いたしました。

備考

全国高等学校統一用紙（文部科学省、厚生労働省、全国高等学校長協会の協議により平成17年度改定）

面接

面接の種類

①**個人面接**　一人の受験生に対して、面接官が一人または複数で対応する形式。

②**集団面接**　複数の受験生に対して、面接官が一人または複数で対応する形式。質問に対し、受験生は順番に答えたり、指名されて答えたりする。

③**グループディスカッション**　受験生がグループになり、与えられたテーマについて討論をする形式。面接官は、その様子を評価する。

面接の注意点

・面接官の質問は終わりまでよく聞き、**質問の意図をつかんで答える。**

・「はい」と「いいえ」の区別をはっきりさせ、**曖昧《あいまい》な態度を取らない。**また、**自分の考えを明確に述べる。**

・長々と話さず、要点がわかりやすいように述べる。

・質問の意味がよくわからない場合は、聞き直してよい。

・質問の答えがわからなかったり判断に迷ったりする場合は、「わかりません。」「自信がありませんが……と思います。」などと正直に答える。

・**敬語**（➡四六四頁）**を正しく使い、言葉遣いに注意する。**「模試」「部活」などの略語は使わず、正式に「模擬試験」「部活動」などとする。

面接での質問例

〈志望動機に関すること〉

・なぜこの大学（専門学校・会社）を選んだのですか。

・この大学（専門学校・会社）でどのようなことをしてみたいですか。

・将来どのような仕事に就き、社会に貢献したいですか。

〈高校生活に関すること〉

・高校生活で一番心に残っていることは何ですか。

・得意な科目と苦手な科目は何ですか。また、それらについてどのように取り組みましたか。

〈本人に関すること〉

・自分の長所と短所について述べてください。

・最近気になったニュースは何ですか。

・今までで一番心に残った本について述べてください。

・一番尊敬している人は誰ですか。その理由も述べてください。

面接の流れ（個人面接の場合）

①名前を呼ばれたらはっきり返事をする。部屋に入るときは、ドアをノックする。「どうぞ。」と言われたら静かにドアを開け、「失礼します。」と言って入室しドアを両手で閉める。

②面接官に向かって一礼してから椅子の横（一般的には左側）に行き、再度一礼する。受験番号・学校名・氏名をはっきりと言う。

③「どうぞおかけください。」などの指示を受けてから、「失礼します。」と言って着席する。背筋を伸ばし、背もたれから握りこぶし一つ分ほどはなして深く腰掛ける。手は軽く膝の上に置く。

④視線は質問をする面接官に向け、落ち着いて質問に答える。

⑤「これで終わりです。」「ご苦労様でした。」などと言われたら、椅子の横に立ち「ありがとうございました。」と一礼する。

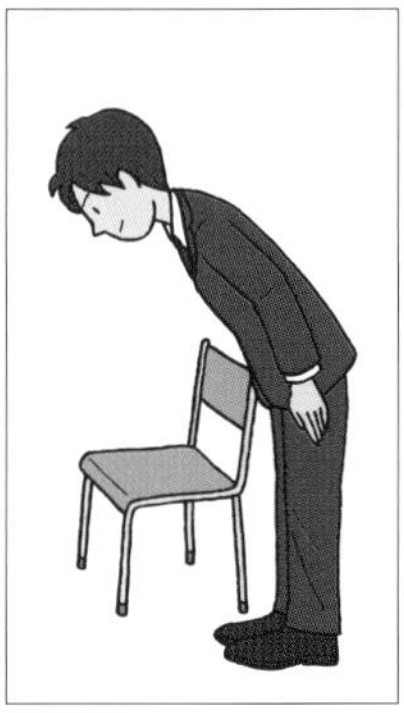

⑥ドアの前でもう一度面接官に向かって一礼し、「失礼します。」と言って、ドアを開け退室する。ドアは静かに閉める。

敬語の使い方

尊敬語《そんけいご》　話し手(書き手)が動作の主体を高めることで敬意を表す。

1特定の語

おっしゃる(↑言う)
・先生がそのようにおっしゃっていました。

ご覧《らん》になる(↑見る)
・この絵はご覧になりましたか。

なさる(↑する)
・あなたは、明日は何をなさるご予定ですか。

召《め》し上《あ》がる(↑食べる・飲む)
・お好きなものから召し上がってください。

2一般の形

お(ご)…になる
・先生が文学書をお読みになる。

ご…なさる
・ご出席なさる方は、挙手をお願いします。

お(ご)…くださる
・先生がお送りくださった本を大切にする。

…でいらっしゃる
・新任の先生はご多忙でいらっしゃる。

3尊敬の助動詞

…れる・られる
・奥様はダンスを始められたのですね。

4尊敬の意味を添える語

お言葉・ご両親・貴社・娘さん
・先生のお言葉を重く受け止める。

お(ご)+形容詞・形容動詞
・お忙しいご様子なので、先に失礼する。

謙譲語《けんじょうご》(Ⅰ)　話し手(書き手)がへりくだって、動作の受け手を高めることで敬意を表す。　＊話し手(書き手)側が、自分側の行為や物事が向かう先(相手・第三者)に対して敬意を表す表現。

1特定の語

申《もう》し上《あ》げる(↑言う)
・その件は、先日、先生に申し上げた。

伺《うかが》う(↑訪ねる・聞く)
・明日の夕方、先生の研究室に伺う予定です。

いただく(↑もらう・食べる・飲む)
・お祝いをいただく。

承《うけたまわ》る(↑聞く)
・ご質問を承りました。

2一般の形

お(ご)…する
・商品を先方にお届けする。

お(ご)…申し上げる
・お祝いをお贈り申し上げる。

…ていただく
・道を教えていただく。

お(ご)…いただく
・お客様にお読みいただく。

3謙譲の意味を添える語

(目上の人などへの)お手紙・ご説明
・先生にお手紙をお送りした。

拝《はい》見・拝読・拝借
・恩師からのお手紙を拝読する。

謙譲語(Ⅱ)(丁重語《ていちょうご》)　話し手(書き手)が、自分側の行為や物事を、話や文章の聞き手・読み手に対して丁重に述べる表現。　＊普通は、丁寧語《ていねいご》「ます」をつけて使われる。

1特定の語

申《もう》す(↑言う)
・私は齋藤と申します。

参《まい》る(↑行く・来る)
・私は、来週東京へ参ります。

2一般の形

…いたす
・この施設を利用いたします。

丁寧語《ていねいご》　話し手(書き手)が相手(聞き手・読み手)に対して丁寧に述べる表現。

…です
・明日から夏休みです。

…ます
・時間が来たので出発します。

…ございます
・私が高木でございます。

美化語《びかご》　物事を上品に述べる表現。

お(ご)+名詞
・お米・お水
・コップにお茶を注ぐ。
・お昼に散歩に出かける。
・御祝儀《ごしゅうぎ》を渡す。

謙譲語Ⅰ・謙譲語Ⅱ・丁寧語

■謙譲語Ⅰ・謙譲語Ⅱ・丁寧語の違い

▼何について使われ、誰に対して敬意を表すかに違いがある。

種類		何について	誰に対して
謙譲語	Ⅰ	自分側の行為や物事	動作の受け手
	Ⅱ		聞き手や読み手
丁寧語		自分側のことに限らず、広くさまざまな物事	

■誰の行為・物事を表すか

▼謙譲語Ⅰ・謙譲語Ⅱは「自分側」の行為や物事を述べる場合に使い、特に「相手側」や「立てるべき人物」の行為・物事については使えない。

▼丁寧語は「自分側」「相手側」「立てるべき人物」の行為・物事すべてにおいて使える。

■敬意の対象

▼謙譲語Ⅰは、行為の向かう先が敬意を表す対象になる。

×弟のところへ**伺い**ます。

▼謙譲語Ⅱ・丁寧語は、行為の向かう先が敬意を表す対象であってもなくても使うことができる。

○先生のところへ**参り**ます。
○弟のところへ**参り**ます。
○弟のところへ行き**ます**。

＊謙譲語Ⅱは、丁寧語「です」「ます」よりも改まった丁重な表現。丁寧語の「…ございます」は、謙譲語Ⅱと同程度に丁重な表現。

よく使われる敬語

	尊敬語	謙譲語
行く 来る	いらっしゃる おいでになる	参る 伺う
いる	いらっしゃる	おる
食べる 飲む	召し上がる	いただく
する	なさる	いたす
見る	ご覧になる	拝見する
思う	お思いになる	存ずる 存じ上げる
言う 話す	おっしゃる お話しになる	申す 申し上げる
着る	お召しになる	着させていただく
会う	お会いになる	お目にかかる
くれる 与える	くださる お与えになる	差し上げる
もらう	お納《おさ》めになる	いただく 頂戴《ちょうだい》する
聞く	お聞きになる	承る 伺う
知らせる	お知らせになる	お耳に入れる お知らせする
見せる	お見せになる	ご覧に入れる お見せする

敬意をはらう言い方(呼称・敬称)

□人に対する言い方

*尊敬の意味を含む言い方

両親 →ご両親
妻 →奥様
娘 →お嬢様
教師 →先生
だれ →どなた
○○様・○○さん

*謙譲の意味を含む言い方

私たち→私ども

□自分側と相手側の使い分け

	自分側	相手側
会社→	弊社《へいしゃ》	貴社・御社
自宅→	拙宅《せったく》	ご自宅
著書→	拙著《せっちょ》	ご著書・御著
息子→	愚息《ぐそく》	ご子息《しそく》
品物→	粗品《そしな》	お品物
考え→	愚考《ぐこう》	お考え

□丁寧な言い方

どこ →**どちら**
こっち →**こちら**
あっち →**あちら**
さっき →**さきほど**
あとで →**のちほど**
少し →**少々**
今日(きょう)→**本日**
明日(あす・あした) →**明日(みょうにち)**
昨日(きのう)→**昨日(さくじつ)**
この前 →**先日**

間違えやすい敬語

■尊敬語と謙譲語の混同

▼×は尊敬語を使うべき所に謙譲語を使っている。

×お客様は今すぐこちらに**参りますか**。
○お客様は今すぐこちらに**いらっしゃいますか**。
×佐藤様は会議に**参加いたしますか**。
○佐藤様は会議に**ご参加なさいますか**。

*「参る」(来る)、「参加いたす」(参加する)の動作の主体は、敬意を表すべき人物(お客様・佐藤様)であるため、尊敬語を使う。

▼×は謙譲語を使うべき所に尊敬語を使っている。
(社外の訪問者に、部長の不在を告げる場合)

×町田部長はただいま外出して**いらっしゃいます**。
○部長の町田はただいま外出しております。

*社外の人に対しては、目上であっても社内の人(自分側の人)に尊敬語は用いない。

■丁寧語と尊敬語の混同

▼×は尊敬語を使うべき所に丁寧語を使っている。

×小島様は**ございますか**。
○小島様は**いらっしゃいますか**。

*敬意を表すべき人(「小島様」)が「いる」かどうかを聞いているので、尊敬語を使う。

■過剰な敬語

×社長が**おっしゃられた**ことは、しっかり守るようにいたします。
○社長が**おっしゃった**ことは、しっかり守るようにいたします。

*尊敬語の「おっしゃる」と、尊敬の助動詞「れる」を重ねている。

×お客様が**お見えになられました**。
○お客様が**お見えになりました**。

*尊敬語の「お見えになる」と、尊敬の助動詞「れる」を重ねている。

■敬語の誤った形

×**お分かりにくい**点があり、申し訳ございません。
○**お分かりになりにくい**点があり、申し訳ございません。
×この電車には、**ご乗車できません**。
○この電車には、**ご乗車になれません**。
○この電車には、**ご乗車いただけません**。

*「お…になる」「ご…になる」が尊敬語の形。「ご…いただく」という謙譲語を用いてもよい。

■その他

▼依頼するときは婉曲的な表現を用いるとよい。

・こちらに署名を**お願いします**。
○こちらに署名を**お願いしてもよろしいでしょうか**。

*直接的に依頼するのではなく、語尾を婉曲的に疑問形とすると、相手の負担に配慮した柔らかい印象になる。

手紙の書き方

手紙の注意点

- **時機《じき》を逸《いっ》しない**ように注意する。特に**返信や礼状はできるだけ早く出す**。
- 原則として**白地の便箋**に、**黒色系統のインク**を用いる。色付きや模様の入った便箋は場合によっては失礼になる。
- 相手により**書式、頭語や結語、敬語の使い方に注意する**。
- 相手の名前や敬称など、相手を指す言葉は行末には書かず、次の行の最初から書く。
- 自分や身内を指す言葉は行頭にこないようにする。やむを得ない場合は、一字下げて書く。
- 熟語や地名人名は、途中で行を変えず同じ行内に収まるように書く。
- 便箋一枚で収まった場合には、もう一枚白紙の便箋を添えて送る。

縦書き手紙の書き方

前文

❶頭語　結語と対応させる。

❷時候の挨拶《あいさつ》　季節に応じた挨拶の言葉。

＊安否の挨拶　「お変わりありませんか。」など安否の挨拶を入れる場合は、まず相手の安否を尋ね、次に自分の安否や近況を述べる。

主文

❸書き起こし　「さて」「このたび」「さっそくですが」などで始める。

❹主文の内容　手紙の用件をわかりやすく正確に述べる。

末文

❺終わりの挨拶　相手の健康・繁栄などを祈る言葉、伝言や依頼、返事を求める言葉などを述べる。

❻結語　頭語と対応させる。

後付

❼日付　本文より二、三字下げて書く。

❽署名　日付の下か、次の行の下の方に書く。

❾宛名・敬称　署名の次の行に書く。敬称は、一般的には「様」、教師には「先生」、企業や団体は「御中」などと書き分ける。

❿脇付　相手に特に敬意を表したい場合には、敬称の左下に添えることがある。「侍史《じし》」「足下《そっか》」「机下《きか》」、女性から出す場合は「御許《おんもと》に」などを用いる。

＊書き足し（副文）　書き加える場合、「追伸」「二伸」「追って」などとし、本文より一字下げて書く。改まった場合には原則として書かない。

▼縦書き手紙の文例（礼状）

❶拝啓　❷あじさいの花が梅雨に打たれて鮮やかに見える頃となりました。

❸このたびは、二週間にわたりインターンシップの機会を与えていただき、ありがとうございました。人事部長の○○○○様はじめ、社員の皆様のおかげで、実り多い体験をすることができ、心より御礼申し上げます。

❹

　初めての就業体験で最初は不安ばかり感じておりましたが、社員の皆様の親身なご指導により、最終日までたどり着くことができました。

　商品の発注や、お客様への対応など、実際のお仕事を体験させていただくだけではなく、社会人としての心構えもお話しいただき、大変刺激を受けました。また、高品質な商品を効率よく迅速にお客様にお届けするために、社員の皆様が多大な努力をされていることも実感できました。この体験を、社会人になってから大いに生かしてゆきたいと思います。

❺　このような貴重な体験の機会を与えていただきました皆様に心より感謝するとともに、貴社のますますのご発展をお祈り申し上げます。

❻敬具

❼令和○○年六月○○日

❽県立○○高等学校2年B組　齋藤久美子

❾○○株式会社　人事部長　○○○○様

令和○○年７月20日

○○中学校元３年３組の皆様

○○中学校同窓会幹事
小林真由美

3年3組　同窓会のご案内

拝啓　梅雨も明けいよいよ本格的な夏がやってきました。皆様、いかがお過ごしでしょうか。

　さて、中学を卒業してはや４か月がたちますが、このたび○○中学元３年３組の同窓会を、下記の通り開催することとなりました。

　当日は、恩師の田中先生にもお越しいただきますので、先生はじめ同級生の皆様と共に楽しく語り合えたらと思います。ご都合がつきましたら、ぜひご参加ください。

　なお、出欠のお返事につきましては、同封の返信用はがきにて８月10日までにお知らせください。

　では、皆様と再会できることを楽しみにしています。

敬具

記

日時	８月25日（土）　午後２時～
場所	○○中学校生徒ホール
会費	1500円（当日集めます。）
幹事連絡先	080－××××－××××（小林）

以上

▲横書き手紙の文例（通信文）

横書き手紙の場合は、日付・受信者・発信者の順に上に書く。また、見出しは行の中央に書く。

封筒の書き方

表書き

①郵便番号　枠内に算用数字で書く。
②住所　郵便番号の右側の枠の少し下から書き始め、一行か二行で書く。改行は区切りのよい箇所で行う。番地などの数字は漢数字で書く。宛先の住所に「○○方」とある場合は、行を改めて宛名よりやや上に「○○様方」と書く。
③宛名　中央に住所より一字下げて大きめにバランスよく書く。
④宛名の敬称　手紙の後付と同じにする。宛名が役所や会社などの場合は「御中」、教師の場合は「先生」とする。
⑤「親展」（宛名の人物本人が開封することを望む）、「急信」（急用）、「書留」は、切手の下に小さめに書く。

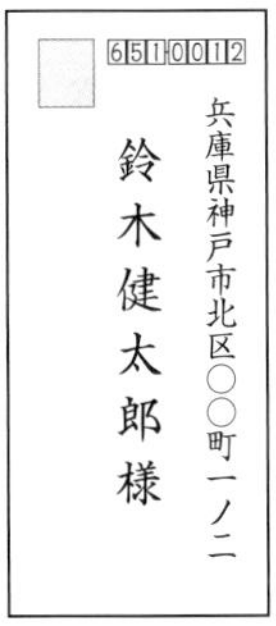

裏書き

⑥自分の住所・氏名　封筒の左側、または中央に書く。
⑦日付　封筒の右上の余白、または自分の氏名の上に書く。
⑧封じ目　「緘」「封」「〆」と書くことが一般的。

便箋の折り方と封入

① 便箋の下の部分1/3を折り上げる。
② 上の部分1/3をかぶせるように折る。
③ 便箋の上の端が封筒の裏面から見て右になるように封入する。

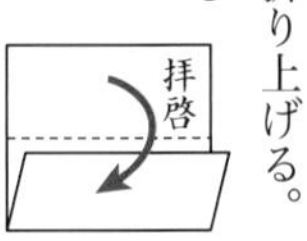

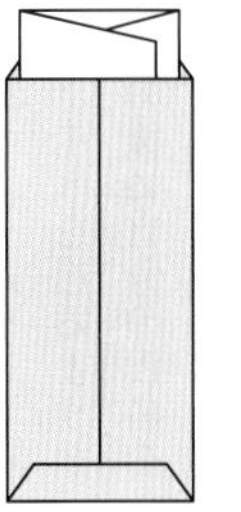

頭語と結語の対応

手紙の種類	頭語	結語
一般的な場合	拝啓　啓上　一筆申し上げます	敬具　敬白
改まった場合	謹啓　恭啓　謹んで申し上げます	謹言　頓首
緊急の場合	急啓　取り急ぎ申し上げます	不一　草々
略式の場合	前略　冠省　前略失礼いたします	草々　不備
返信の場合	拝復　復啓　お手紙拝見いたしました	敬具　敬白
手紙を初めて出す場合	初めてお手紙を差し上げます　突然お手紙を差し上げる失礼をお許しください	敬具　敬白

時候の挨拶の例

月	挨拶例
一月	新春の候・寒さ厳しい折・大寒に入り、寒さも一段と厳しくなってまいりました
二月	晩冬の候・余寒の候・立春の候・春もうそこまできておりますが
三月	早春の候・春暖の候・春雪の候・寒さもずいぶんゆるんでまいりました
四月	陽春の候・麗暖の候・花曇りの候・春たけなわ・桜の花も見ごろとなりました
五月	晩春の候・新緑の候・若葉の候・青葉が目にあざやかな季節となりました
六月	初夏の候・梅雨の候・麦秋の候・毎日うっとうしい天気が続きますが
七月	盛夏の候・酷暑の候・炎暑の候・海や山が恋しい季節となりました
八月	季夏の候・晩夏の候・立秋の候・厳しい残暑が続いておりますが
九月	初秋の候・新秋の候・朝夕ずいぶん過ごしやすくなってまいりました
十月	紅葉の候・秋冷の候・実りの秋・日増しに秋も深まってまいりました
十一月	晩秋の候・落葉の候・向寒の候・朝夕めっきり冷え込んでまいりました
十二月	初冬の候・師走の候・寒冷の候・今年も残すところわずかとなりました

はがきの書き方

はがきは、第三者に内容を見られても問題ないときに使われる。書き方は手紙と同様だが、頭語・結語・後付を省略して用件のみを書くこともあり、書き方はさまざまである。
【はがきの例】　案内状、年賀状、暑中見舞い、簡単な礼状・返事

返信用はがきの書き方

①相手の氏名の下の「行」は二本線で消して、「様」「御中」などの敬称に書き直す。

②「出席」「欠席」のいずれか一方を二本線で消し、希望するほうの「御」も二本線で消す。その下に「させていただきます。」と書き足す。
③出席できない場合には、その理由や、メッセージ、幹事宛のねぎらいの言葉などを簡潔に書き添えたい。
④「御住所」「御芳名」など自分に対する敬称は「御」「御芳」の部分を二本線で消す。

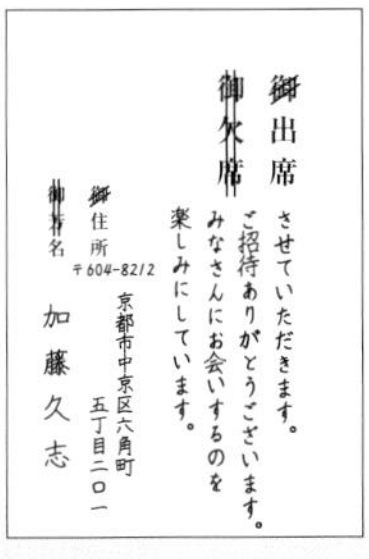

メールの書き方

メールの注意点

・メールの**送信は慎重に行う**。メールは一度送信してしまったら修正できないことを十分留意することが大切である。

・**宛名やアドレスに誤りはないか確認する**。また、書き終わったら本文を読み直し**不適切な箇所がないか確認する**。

・改まったメールでは、顔文字や絵文字などは使わない。

・急ぎの時や重要な連絡の場合には、電話を併用するなどして、確実に相手に伝わったことを確認するのが望ましい。**相手は常にメールを確認しているわけではない**ことを留意しておく。

❶送付先アドレス

・**宛先**　メールを送る相手のアドレス。複数のアドレスに送ることもできる。

・**CC（カーボン・コピー）**　宛先ではないが、メールの内容を伝えておきたい相手のアドレス。

・**BCC（ブラインド・カーボン・コピー）**　宛先やCCに知られないように送りたい相手のアドレス。

＊CCとBCCの使い分け　宛先以外の人にもメールの内容を伝えておきたい場合はCCとBCCが使われる。メールの受信者は、CCに入力された人の名前とメールアドレスはわかるが、BCCに入力された名前やメールアドレスは見ることができない。この違いを理解したうえで使い分けるとよい。

❷件名　メール本文の内容が相手に伝わるよう、簡潔にわかりやすくまとめる。相手に初めてメールを送る場合や、先生にレポートを送るような場合には、件名の後に自分の氏名を書き加えるとよい。

＊件名は必ず記入する　一般的には本文の内容を簡潔にわかりやすくまとめ、一目でわかるような件名にしよう。「こんにちは」や「初めまして」などは用件がわからず、相手に迷惑メールと間違われて読んでもらえないことがあるので、避けた方がよい。

❸添付ファイル　文書や画像などをメールに添付して送ることができる。ファイルの形式やデータ容量に注意する。

＊ファイルの添付を明示する　本文中でファイルを添付していることを付け加えるとよい。また、あらかじめ送信可能な容量を確認しておくとよい。

❹宛名　誰に宛てたメールかわかるように、まず宛名を入れる。

❺自分の氏名　誰からのメールかわかるように、本文の冒頭でまず名乗る。

❻本文の書き出し　メールでは時候の挨拶は不要である。書き出しは簡単な挨拶《あいさつ》から始めてもよい。

❼用件　用件は簡潔に短くまとめる。

＊読みやすくする工夫　適切な箇所で改行や一行空けをしよう。宛名や自分の氏名の後や、内容の区切れるところでは、改行したり、一行空けたりする。また、一行は三十〜四十字程度におさめると読みやすくなる。

❽署名　自分の氏名・所属・連絡先・メールアドレスなどを示す。

宛先	●●●@××× ❶
CC	❶
BCC	❶
件名	夏休みレポートの提出につきまして　2年1組北村優子 ❷
添付ファイル	夏休みの課題 .docx ❸

菊池正子先生 ❹

2年1組の北村優子と申します。❺
いつも授業でお世話になっております。

❻❼
さて、夏休みの課題レポートを、添付ファイルにてお送りいたします。
題名は「『舞姫』の時代背景と主人公の内面について」です。
当時の時代背景に加え、文学史上の森鷗外の位置づけについても調べました。
難しいテーマではありましたが、森鷗外について深く考察することができ、
とても勉強になりました。

ご確認いただけますよう、どうぞよろしくお願いいたします。

❽
北村優子
Email:yuuko-kitamura @****.com
Tel.080-××××-××××

資料編

日本語の特色

「おそれいります。あの、失礼ですが、越野たけ、あの、金物屋の越野さんは、こちらじゃございませんか。」
（津軽・太宰治）

石炭をばはや積み果てつ。中等室の卓《たく》のほとりはいと静かにて、熾熱灯《しねつとう》の光の晴れがましきも徒《いたづら》なり。
（舞姫・森鷗外）

祇園精舎《ぎをんしやうじや》の鐘の声、諸行無常《しよぎやうむじやう》の響《ひびき》あり。娑羅双樹《しやらさうじゆ》の花の色、盛者必衰《じやうしやひつすい》のことわりをあらはす。
（平家物語）

やまと歌は、人の心を種として、よろづの言の葉とぞなれりける。
（古今和歌集　仮名序・紀貫之）

日本語は、長い歳月の間に諸外国の言語もとり入れつつ変遷をとげてきた。日本語の特色としては次のようなものがある。

文字

漢字、平仮名、片仮名、ローマ字など、いろいろな文字を使って、表記される。

語種《ごしゅ》

和語・漢語・外来語が混在する。

和語…もとからの日本語。平仮名や、漢字の訓読みで表現される。「かすかに」「一粒」「ひびく」など。やわらかな印象。

漢語…漢字の音読みで表現される。古来、中国から伝来した語や、近代に外国から輸入された文化・文明の翻訳語。「銀世界」「音符」など。堅く厳密な印象。

外来語…外国語の音をそのまま利用して使われる語。「オルゴール」など。目新しい印象。

語彙《ごい》

日本の風土に密着した、自然や感情を表す語が豊富である。

例　「雨」を表す語

にわか雨・通り雨・夕立・時雨《しぐれ》・梅雨・小糠雨《こぬかあめ》・氷雨《ひさめ》・涙雨・天気雨　など

文法

・文末に言いたいこと（述語）がくる。

・同じ内容で、文中の語順を変えることもできる。

例　私は、テレビを見た。
(I watched TV.)
○テレビを、私は見た。
（× TV I watched.）

・敬語があり、相手や場により言葉を変える。

・主語を省略することがある。

音韻《おんいん》

同音語や類音語が多く、しゃれや語呂《ごろ》合わせ（ことばあそび）ができやすい。これは音節数が少ないことによる。

ことばあそびの例

薩摩守《さつまのかみ》…無賃乗車
（→ただ乗り→薩摩守「忠度《ただのり》」）

材木屋…気が多い人（木が多い）

黒犬の尻《しり》…面白くない（尾も白くない）

その手は桑名《くわな》の焼きはまぐり（「その手はくわない」に地名の「桑名」をかけている）

漢字の知識

漢字の音訓

音読み…漢字の中国での発音を真似《まね》たもの。呉音《ごおん》・漢音《かんおん》・唐音《とうおん》の三種がある。

例　行
ギョウ　【行列】（呉音）
コウ　【行進】（漢音）
アン　【行灯《あんどん》】（唐音）

訓読み…漢字の持つ意味を日本語に当てはめて、その日本語を読みに用いたもの。

例　行
ゆく。いく。おこなう。

六書《りくしょ》

後漢の許慎《きょしん》は漢字の成り立ちを六種に分類した。

象形《しょうけい》	指事《しじ》	会意《かいい》	形声《けいせい》	転注《てんちゅう》	仮借《かしゃ》
物の形を象《かたど》った絵からできた文字。 **例**  → 目  → 子	抽象的な事柄を記号や図形で表した文字。 **例**  → 上  → 本	二つ以上の、意味を表す文字を組み合わせた文字。 **例** 山 ＋ 石 → 岩 木 ＋ 木 → 林	意味を表す部分と音を表す部分とを組み合わせた文字。 **例** 日〈意味〉＋ 青《セイ》〈音〉 → 晴《セイ》	字本来の意味と関連のある別の意味を表すようになった文字。 **例** 楽《ガク》（楽器）→（音楽） →（楽しい）→ 楽《ラク》	意味とは関係なく音だけを利用した文字。 **例** 阿弥陀《あみだ》・亜細亜《あじあ》

対義語

共通の文字を含むもの

□赤字《あかじ》↔黒字《くろじ》
□偉人《いじん》↔凡人《ぼんじん》
□往信《おうしん》↔返信《へんしん》
□加害《かがい》↔被害《ひがい》
□間接《かんせつ》↔直接《ちょくせつ》
□起工《きこう》↔竣工《しゅんこう》
□逆境《ぎゃっきょう》↔順境《じゅんきょう》
□狭義《きょうぎ》↔広義《こうぎ》
□軽視《けいし》↔重視《じゅうし》
□高価《こうか》↔廉価《れんか》
□雑然《ざつぜん》↔整然《せいぜん》
□就任《しゅうにん》↔退任《たいにん》
□受動《じゅどう》↔能動《のうどう》
□消極的《しょうきょくてき》↔積極的《せっきょくてき》
□正装《せいそう》↔略装《りゃくそう》
□絶対《ぜったい》↔相対《そうたい》
□鈍感《どんかん》↔敏感《びんかん》
□悲観《ひかん》↔楽観《らっかん》
□野党《やとう》↔与党《よとう》
□落選《らくせん》↔入選《にゅうせん》・当選《とうせん》
□悪意《あくい》↔善意《ぜんい》・好意《こうい》
□韻文《いんぶん》↔散文《さんぶん》
□開国《かいこく》↔鎖国《さこく》
□各論《かくろん》↔総論《そうろん》
□幹線《かんせん》↔支線《しせん》
□客観《きゃっかん》↔主観《しゅかん》
□急性《きゅうせい》↔慢性《まんせい》
□偶然《ぐうぜん》↔必然《ひつぜん》
□顕在《けんざい》↔潜在《せんざい》
□公海《こうかい》↔領海《りょうかい》
□邪道《じゃどう》↔正道《せいどう》
□収賄《しゅうわい》↔贈賄《ぞうわい》
□順接《じゅんせつ》↔逆接《ぎゃくせつ》
□自律《じりつ》↔他律《たりつ》
□精読《せいどく》↔濫《らん》（乱）読《どく》
□多作《たさく》↔寡作《かさく》
□能弁《のうべん》↔訥弁《とつべん》
□暴騰《ぼうとう》↔暴落《ぼうらく》
□優遇《ゆうぐう》↔冷遇《れいぐう》
□落第《らくだい》↔及第《きゅうだい》

打消の文字を含むもの

□一定《いってい》↔不定《ふてい》
□可決《かけつ》↔否決《ひけつ》
□肯定《こうてい》↔否定《ひてい》
□平凡《へいぼん》↔非凡《ひぼん》
□有情《うじょう》↔非情《ひじょう》・無情《むじょう》
□既決《きけつ》↔未決《みけつ》
□是認《ぜにん》↔否認《ひにん》
□有効《ゆうこう》↔無効《むこう》

全体として対義のもの

□曖昧《あいまい》↔明瞭《めいりょう》
□安堵《あんど》↔危惧《きぐ》
□異端《いたん》↔正統《せいとう》
□違反《いはん》↔遵守《じゅんしゅ》
□演繹《えんえき》↔帰納《きのう》
□延長《えんちょう》↔短縮《たんしゅく》
□外延《がいえん》↔内包《ないほう》
□解散《かいさん》↔集合《しゅうごう》
□回収《かいしゅう》↔頒布《はんぷ》
□解放《かいほう》↔拘束《こうそく》・束縛《そくばく》
□快楽《かいらく》↔苦痛《くつう》
□革新《かくしん》↔保守《ほしゅ》
□獲得《かくとく》↔喪失《そうしつ》
□下降《かこう》↔上昇《じょうしょう》
□加入《かにゅう》↔脱退《だったい》
□歓喜《かんき》↔悲哀《ひあい》
□閑散《かんさん》↔多忙《たぼう》・繁忙《はんぼう》
□感情《かんじょう》↔理性《りせい》
□陥没《かんぼつ》↔隆起《りゅうき》
□寛容《かんよう》↔厳格《げんかく》
□希薄《きはく》↔濃厚《のうこう》
□凝固《ぎょうこ》↔融解《ゆうかい》
□許可《きょか》↔禁止《きんし》
□拒絶《きょぜつ》↔承諾《しょうだく》
□勤勉《きんべん》↔怠惰《たいだ》
□具体《ぐたい》↔抽象《ちゅうしょう》
□軽率《けいそつ》↔慎重《しんちょう》
□軽微《けいび》↔甚大《じんだい》
□欠乏《けつぼう》↔豊富《ほうふ》
□謙虚《けんきょ》↔横柄《おうへい》・尊大《そんだい》・傲慢《ごうまん》
□安全《あんぜん》↔危険《きけん》
□遺失《いしつ》↔拾得《しゅうとく》
□一般《いっぱん》↔特殊《とくしゅ》
□栄転《えいてん》↔左遷《させん》
□怨恨《えんこん》↔恩義《おんぎ》
□穏健《おんけん》↔過激《かげき》
□解決《かいけつ》↔紛糾《ふんきゅう》
□開始《かいし》↔終了《しゅうりょう》
□懐柔《かいじゅう》↔威圧《いあつ》
□開放《かいほう》↔閉鎖《へいさ》
□画一《かくいつ》↔多様《たよう》
□拡大《かくだい》↔縮小《しゅくしょう》
□過去《かこ》↔未来《みらい》・現在《げんざい》
□過失《かしつ》↔故意《こい》
□寡黙《かもく》↔饒舌《じょうぜつ》・多弁《たべん》
□簡潔《かんけつ》↔冗漫《じょうまん》
□干渉《かんしょう》↔放任《ほうにん》
□貫徹《かんてつ》↔挫折《ざせつ》
□緩慢《かんまん》↔敏速《びんそく》
□記憶《きおく》↔忘却《ぼうきゃく》
□却下《きゃっか》↔受理《じゅり》
□強硬《きょうこう》↔軟弱《なんじゃく》・柔軟《じゅうなん》
□虚偽《きょぎ》↔真実《しんじつ》
□近所《きんじょ》↔遠方《えんぽう》
□空虚《くうきょ》↔充実《じゅうじつ》
□形式《けいしき》↔内容《ないよう》
□軽薄《けいはく》↔重厚《じゅうこう》
□軽蔑《けいべつ》↔尊敬《そんけい》
□原因《げんいん》↔結果《けっか》
□現実《げんじつ》↔理想《りそう》
□原則《げんそく》↔例外《れいがい》
□権利《けんり》↔義務《ぎむ》
□高尚《こうしょう》↔低俗《ていぞく》
□興奮《こうふん》↔冷静《れいせい》・沈静《ちんせい》
□興隆《こうりゅう》↔衰亡《すいぼう》
□固定《こてい》↔浮動《ふどう》・流動《りゅうどう》
□困難《こんなん》↔容易《ようい》
□削除《さくじょ》↔添加《てんか》
□斬新《ざんしん》↔陳腐《ちんぷ》
□弛緩《しかん》↔緊張《きんちょう》
□自然《しぜん》↔人工《じんこう》
□質疑《しつぎ》↔応答《おうとう》
□質素《しっそ》↔華美《かび》・奢侈《しゃし》・贅沢《ぜいたく》
□支配《しはい》↔従属《じゅうぞく》
□集中《しゅうちゅう》↔分散《ぶんさん》
□小異《しょうい》↔大同《だいどう》
□消滅《しょうめつ》↔発生《はっせい》
□侵害《しんがい》↔擁護《ようご》
□親切《しんせつ》↔冷淡《れいたん》
□性急《せいきゅう》↔悠長《ゆうちょう》
□精密《せいみつ》↔粗雑《そざつ》
□全体《ぜんたい》↔部分《ぶぶん》
□創造《そうぞう》↔模倣《もほう》
□粗野《そや》↔優雅《ゆうが》
□単純《たんじゅん》↔複雑《ふくざつ》
□中枢《ちゅうすう》↔末梢《まっしょう》
□定例《ていれい》↔臨時《りんじ》
□難解《なんかい》↔平易《へいい》
□繁栄《はんえい》↔衰退《すいたい》・衰微《すいび》
□楽天《らくてん》↔厭世《えんせい》
□建設《けんせつ》↔破壊《はかい》
□賢明《けんめい》↔暗愚《あんぐ》
□攻撃《こうげき》↔防御《ぼうぎょ》
□向上《こうじょう》↔低下《ていか》
□巧妙《こうみょう》↔拙劣《せつれつ》
□国産《こくさん》↔舶来《はくらい》
□混沌《こんとん》↔秩序《ちつじょ》
□根本《こんぽん》↔枝葉《しよう》
□些細《ささい》↔重大《じゅうだい》
□賛成《さんせい》↔反対《はんたい》
□刺激《しげき》↔反応《はんのう》
□子孫《しそん》↔先祖《せんぞ》・祖先《そせん》
□実践《じっせん》↔理論《りろん》
□収縮《しゅうしゅく》↔膨張《ぼうちょう》
□需要《じゅよう》↔供給《きょうきゅう》
□詳細《しょうさい》↔簡略《かんりゃく》・概略《がいりゃく》
□消耗《しょうもう》↔蓄積《ちくせき》
□進取《しんしゅ》↔退嬰《たいえい》
□親密《しんみつ》↔疎遠《そえん》
□生産《せいさん》↔消費《しょうひ》
□節約《せつやく》↔浪費《ろうひ》
□総合《そうごう》↔分析《ぶんせき》
□促進《そくしん》↔抑制《よくせい》
□単一《たんいつ》↔複合《ふくごう》
□恥辱《ちじょく》↔名誉《めいよ》
□抵抗《ていこう》↔服従《ふくじゅう》・屈従《くつじゅう》
□統一《とういつ》↔分裂《ぶんれつ》
□敗北《はいぼく》↔勝利《しょうり》
□幼稚《ようち》↔老練《ろうれん》
□利益《りえき》↔損害《そんがい》・損失《そんしつ》

類義語

□案外《あんがい》＝意外《いがい》
□内訳《うちわけ》＝明細《めいさい》
□栄光《えいこう》＝栄誉《えいよ》
□音信《おんしん》＝消息《しょうそく》
□回想《かいそう》＝追想《ついそう》
□概要《がいよう》＝大意《たいい》
□核心《かくしん》＝中心《ちゅうしん》
□我慢《がまん》＝忍耐《にんたい》
□寛大《かんだい》＝寛容《かんよう》
□気質《きしつ》＝性質《せいしつ》
□寄与《きよ》＝貢献《こうけん》
□技量《ぎりょう》＝手腕《しゅわん》
□傾向《けいこう》＝風潮《ふうちょう》
□堅実《けんじつ》＝着実《ちゃくじつ》
□互角《ごかく》＝対等《たいとう》
□残念《ざんねん》＝遺憾《いかん》
□熟知《じゅくち》＝精通《せいつう》
□詳細《しょうさい》＝委細《いさい》
□思慮《しりょ》＝分別《ふんべつ》
□推測《すいそく》＝推量《すいりょう》
□前途《ぜんと》＝将来《しょうらい》
□妥協《だきょう》＝和解《わかい》
□重宝《ちょうほう》＝便利《べんり》
□丁寧《ていねい》＝慇懃《いんぎん》
□得意《とくい》＝得手《えて》
□納得《なっとく》＝了解《りょうかい》
□判然《はんぜん》＝歴然《れきぜん》
□要所《ようしょ》＝要点《ようてん》
□異議《いぎ》＝異論《いろん》＝異存《いぞん》
□永遠《えいえん》＝永久《えいきゅう》
□横柄《おうへい》＝尊大《そんだい》
□介意《かいい》＝留意《りゅうい》
□介入《かいにゅう》＝関与《かんよ》
□架空《かくう》＝虚構《きょこう》＝仮構《かこう》
□佳作《かさく》＝秀作《しゅうさく》
□寡黙《かもく》＝無口《むくち》
□機構《きこう》＝組織《そしき》
□機知《きち》＝機転《きてん》
□行儀《ぎょうぎ》＝作法《さほう》＝礼儀《れいぎ》
□苦境《くきょう》＝難局《なんきょく》
□計略《けいりゃく》＝策略《さくりゃく》
□厚意《こうい》＝好意《こうい》＝親切《しんせつ》
□賛成《さんせい》＝同意《どうい》
□失望《しつぼう》＝失意《しつい》
□手段《しゅだん》＝方法《ほうほう》
□承認《しょうにん》＝是認《ぜにん》＝承諾《しょうだく》
□進歩《しんぽ》＝発達《はったつ》
□精密《せいみつ》＝綿密《めんみつ》
□専念《せんねん》＝没頭《ぼっとう》＝専心《せんしん》
□長所《ちょうしょ》＝美点《びてん》
□著名《ちょめい》＝有名《ゆうめい》
□倒産《とうさん》＝破産《はさん》
□突然《とつぜん》＝不意《ふい》
□薄情《はくじょう》＝冷淡《れいたん》
□罷免《ひめん》＝免職《めんしょく》
□冷静《れいせい》＝沈着《ちんちゃく》

同音異義語

いがい
□**以外** それを除いた他のもの。 首都圏以外の住宅地。
□**意外** 思いのほか。案外。 意外と難しい。

いぎ
□**異義** 異なる意味。 同音異義語を習う。
□**異議** 他と違う意見。 会議で異議を唱える。
□**意義** 物事の意味や価値。 意義のある研修。
□**威儀** 作法にあった振る舞い。 威儀を正す。

いし
□**意志** 積極的な意向。 強い意志をもつ。
□**意思** 考えや思い、気持ち。 意思の疎通を図る。
□**遺志** 故人の生前の志。 母の遺志を継ぐ。

いじょう
□**異常** 正常でない。 異常気象。
□**異状** いつもとは異なる状態。 皆異状なし。

いどう
□**異動** 地位、勤務が変わる。 人事異動の告知。
□**移動** 位置が動く。 移動図書館。

かいこ
□**懐古** 昔を懐かしく思う。 懐古の情が湧く。
□**回顧** 過去を振り返る。 回顧録を執筆する。
□**解雇** 一方的に辞めさせる。 勤務先を解雇される。

かいしん
□**改心** 悪い心を入れかえる。 説得して改心させる。
□**会心** 心にかない、満足する。 会心の笑み。

かいとう
□**回答** 質問に答える。返答する。 要求への回答。
□**解答** 問題を解いて答える。 入試問題の解答欄。

かいほう
□**解放** 自由にする。 人質を解放する。
□**開放** 開け放す。 校庭を開放する。

かくしん
□**革新** 制度を変えて新しくする。 革新的な思想。
□**確信** 固く信じて疑わない。 無実を確信する。
□**核心** 物事の中心となる部分。 問題の核心を突く。

かてい
□**過程** 物事の進行の道筋。 進化の過程。
□**課程** 学習の範囲や順序。 修士課程に進む。

かんき
□**換気** 空気を入れかえる。 窓を開けて換気する。
□**喚起** 呼び起こす。 世論を喚起する。
□**歓喜** たいへん喜ぶ。 初優勝に歓喜する。

かんしょう
□**観賞** 見て味わい楽しむ。 名月を観賞する。
□**鑑賞** 芸術作品を味わう。 趣味は映画鑑賞だ。
□**観照** 対象の本質を見極める。 存在を観照する。
□**干渉** 他人のことに立ち入る。 内政に干渉する。
□**感傷** ものに感じやすくなる。 感傷的な気分。

かんしん
□**感心** 心に深く感じる。 名演奏に感心する。
□**関心** 興味をもつこと。 環境問題への関心。
□**歓心** うれしく感じる心。 大衆の歓心を買う。
□**寒心** 不安でぞっとする。 寒心に堪えない事件。

かんよう
□**肝要** きわめて重要なこと。 我慢が肝要だ。
□**寛容** 心が広いさま 他人に寛容な人。

きかん
□**季刊** 年に四回発行する。 新しい季刊誌の内容。
□**既刊** 既に刊行されている。 既刊の専門書。

きこう
□**紀行** 旅行の体験を書いた文。 紀行文を出版する。
□**起工** 工事に取りかかる。 起工式を執り行う。
□**機構** 組織やものの仕組み。 流通機構を調べる。

きせい
□**既成** 既にできあがっている。 既成の概念。
□**既製** できあいの品物。 既製服を売る。
□**規制** 規則によって制限する。 交通規制を敷く。

きょうい
□**脅威** 威力でおびやかす。 自然の脅威。
□**驚異** 不思議で驚くべきこと。 驚異的な記録。

きょうそう
□**競争** 優劣を競い合う。 競争心が芽生える。
□**競走** 走って速さを競う。 障害物競走。

けいしょう
□**継承** 前代のものを受け継ぐ。 父の事業を継承する。
□**景勝** 景色が優れている。 景勝地を訪ねる。
□**警鐘** 警戒を促す鐘。 大気汚染への警鐘。

けっさい
□**決済** 売買取引を完了する。 月末に決済する。
□**決裁** 案の可否を決める。 社長に決裁を仰ぐ。

こうい
□**好意** 親しみの気持ち。 好意を寄せる。
□**厚意** 思いやりの気持ち。 ご厚意に感謝する。

こうがく
□**後学** 後で役に立つ知識。 後学のための見学。
□**向学** 学問を志し、励む。 向学心に燃える。
□**好学** 学問を好む。 好学の士が集う。

こうかん
□**交換** 互いにやり取りする。 意見を交換する。
□**交歓** 打ち解けて楽しむ。 交歓試合を催す。

こうしょう
□**考証**　文献などで実証する。　時代考証の専門家。
□**交渉**　取り決めのため話し合う。　会社同士の交渉。
□**高尚**　程度が高く上品なこと。　高尚な趣味を持つ。
□**口承**　口づてに伝承する。　口承文学を研究する。

こうせい
□**後世**　後の時代。　後世に名を残す。
□**厚生**　生活を豊かにする。　厚生施設を建てる。
□**更生**　元の正常な状態に戻る。　自力で更生する。
□**校正**　文字の不備や誤りを正す。　校正の担当者。

さいけつ
□**裁決**　物事の是非を決める。　議長に裁決を仰ぐ。
□**採決**　事案の採否を決める。　投票で採決する。

さいご
□**最後**　いちばん後。　学生生活最後の日。
□**最期**　命の終わる時。死に際。　立派な最期を遂げる。

じき
□**時季**　季節。　時季外れの雪。
□**時期**　何かを行うとき。　仕事が忙しい時期。
□**時機**　良い機会。タイミング。　時機を逃す。

しこう
□**試行**　試しにやってみる。　試行錯誤する。
□**志向**　ある対象に向かう。　上昇志向が強い。
□**思考**　思いめぐらす。　思考力を高める。
□**施行**　実際に行う。　新しい条例の施行。

じったい
□**実態**　実際のありさま。実状。　老人医療の実態。
□**実体**　物事の本当の姿、本質。　実体のない会社。

しゅうしゅう
□**収集**　ものをとり集める。　情報を収集する。
□**収拾**　混乱を収め取りまとめる。　事態を収拾する。

しゅうち
□**周知**　広く知れ渡る。　周知徹底を指示する。
□**衆知**　多くの人たちの知恵。　衆知を集める。

しょよう
□**所用**　用事。用件。　所用により欠席した。
□**所要**　必要とする。　所要時間を確認する。

しんき
□**心機**　心の動き、働き。　心機一転。
□**新規**　新しく物事を行う。　新規申し込みを募る。
□**新奇**　目新しくて珍しい。　新奇なデザイン。

しんちょう
□**慎重**　軽はずみでなく注意深い。　慎重に行動する。
□**深長**　意味が深く含みがある。　意味深長な発言。

せいさく
□**政策**　政治上の方針や手段。　外交政策を立て直す。
□**製作**　物品を作る。　家具を製作する。
□**制作**　芸術作品などを作る。　卒業制作に取り組む。

せいさん
□**成算**　成功するという見込み。　成算がある事業。
□**精算**　細かく正確に計算する。　料金を精算する。
□**清算**　貸借の整理。関係の解消。　過去を清算する。

せいちょう
□**成長**　育ち発展する。　経済の成長。
□**生長**　植物が育つ。　草が生長する。

ぜったい
□**絶対**　他と比べられない。　絶対に合格する。
□**絶体**　身の終わり。　絶体絶命の危機。

そくせい
□**促成**　早く生長させる。　野菜の促成栽培。
□**速成**　短期間で成し遂げる。　速成教育を推進する。
□**即製**　その場でただちに作る。　即製の料理。

たいしょう
□**対象**　相手。目標。　幼児を対象とした本。
□**対照**　照らし合わせる。　事実と対照する。
□**対称**　対応してつりあう。　左右対称の図形。

たいせい
□**体制**　社会の仕組み。組織。　資本主義体制の国々。
□**態勢**　物事に対する準備。　受け入れ態勢が整う。

ちょうしゅう
□**徴収**　税金などを取り立てる。　年会費を徴収する。
□**徴集**　強制して人や物を集める。　兵を徴集する。

ついきゅう
□**追求**　追い求める。　理想を追求する。
□**追及**　追いつめて問いただす。　責任を追及する。
□**追究**　考察して明らかにする。　真理の追究。

てんか
□**転嫁**　責任を他に押し付ける。　責任を転嫁する。
□**転化**　他の状態に変わる。　家計が黒字に転化する。

ふきゅう
□**不朽**　後世まで残る。　不朽の名作。
□**普及**　社会に広く行き渡る。　通貨の普及。

へいこう
□**平衡**　つりあって安定する。　平衡感覚を鍛える。
□**平行**　どこまでも交わらない。　議論が平行する。
□**閉口**　困り果てる。　混雑に閉口する。

ほしょう
□**保証**　物事を確かだと請け合う。　品質を保証する。
□**保障**　損なわれないよう守る。　安全保障条約を結ぶ。
□**補償**　損害などを償う。　補償金を要求する。

むじょう
□**無常**　常に変化をする。　無常観を唱える文学。
□**無情**　思いやる心が無い。　無情な言葉に傷つく。

同訓異義語

あう
- □**合う** 気が合う。サイズが合う。
- □**会う** 友達に会う。会場で会う。
- □**遭う** 交通事故に遭う。盗難に遭う。

あける
- □**明ける** 夜が明ける。梅雨が明ける。
- □**空ける** 席を空ける。
- □**開ける** ドアを開ける。口を開ける。

あげる
- □**上げる** 合格率を上げる。棚に上げる。
- □**揚げる** 天ぷらを揚げる。凧《たこ》を揚げる。
- □**挙げる** 長所を挙げる。式を挙げる。

あつい
- □**暑い** 暑い日。部屋の中が暑い。
- □**熱い** 熱いお茶。まぶたが熱くなる。
- □**厚い** 厚い本を読む。厚いもてなし。

あてる
- □**当てる** 日光に当てる。くじを当てる。
- □**充てる** 朝の時間を読書に充てる。

あと
- □**跡** 住居の跡。立つ鳥跡を濁さず。
- □**後** 後から行く。後から考える。

あやまる
- □**誤る** 選択を誤る。判断を誤る。
- □**謝る** ミスを謝る。すぐに謝る。

あらい
- □**荒い** 気性が荒い。波の荒い冬の海。
- □**粗い** 目の粗い網。豆を粗くひく。

あらわす
- □**表す** 感謝の気持ちを表す。
- □**現す** 姿を現す。頭角を現す。
- □**著す** 詩集を著す。自叙伝を著す。

ある
- □**有る** 才能が有る。財産が有る。
- □**在る** 会長の職に在る。在りし日。

いたむ
- □**痛む** 傷が痛む。心の痛みを感じる。
- □**傷む** 果物が傷む。家具が傷む。
- □**悼む** 知人の死を悼む。

いる
- □**入る** 気に入った服。悦に入る。
- □**要る** 勇気が要る。
- □**居る** 家に居る。
- □**射る** 弓で矢を射る。的を射た質問。

うける
- □**受ける** 罰を受ける。教育を受ける。
- □**請ける** 仕事を請ける。

うつ
- □**打つ** くぎを打つ。電報を打つ。
- □**討つ** 敵を討つ。あだを討つ。
- □**撃つ** 的を撃つ。猟銃で鳥を撃つ。

うつす
- □**写す** 文字を写す。記念写真を写す。
- □**映す** 鏡に姿を映す。テレビを映す。
- □**移す** 住居を移す。

おかす
- □**犯す** 法を犯す。過失を犯す。
- □**侵す** 国境を侵す。権利を侵す。
- □**冒す** 危険を冒す。眠気に冒される。

おくる
- □**送る** 荷物を送る。駅まで送る。
- □**贈る** 花束を贈る。

おくれる
- □**遅れる** 到着が遅れる。
- □**後れる** 流行に後れる。

おこす
- □**起こす** 体を起こす。行動を起こす。
- □**興す** 会社を興す。国を興す。

おさえる
- □**押さえる** 耳を押さえる。
- □**抑える** 支出を抑える。心を抑える。

おさめる
- □**収める** 利益を収める。成功を収める。
- □**納める** 税金を納める。会費を納める。
- □**治める** 国を治める。
- □**修める** 学問を修める。

おす
- □**押す** ドアを押す。スタンプを押す。
- □**推す** 彼を主将に推す。推して知るべし。

おどる
- □**踊る** ワルツを踊る。
- □**躍る** 魚が水面に躍る。胸が躍る。

おもて
- □**表** コインの表と裏。表で遊ぶ。
- □**面** 面を上げて見つめる。

おろす
- □**下ろす** 腰を下ろす。
- □**降ろす** 乗客を降ろす。
- □**卸す** 問屋が品物を商店に卸す。

かえりみる
- □**顧みる** 歴史を顧みる。
- □**省みる** 自分の過去の行いを省みる。

かえる
- □**変える** 考えを変える。
- □**換える** 品物を現金に換える。
- □**替える** 冬服に替える。電球を替える。
- □**代える** 命には代えられない。

かかる
- □**掛かる** 経費が掛かる。
- □**懸かる** 優勝が懸かった試合。
- □**架かる** 虹が架かる。鉄橋が架かる。

かげ
- □**陰** 家の陰に隠れる。陰で支える。
- □**影** 人の影が映る。影も形もない。

かたい
- □**堅い** 守りの堅いチーム。口が堅い。
- □**固い** 固いきずなで結ばれる。
- □**硬い** 表情が硬い。硬い鉛筆を使う。

かわく
- □**乾く** 乾いた風。洗濯物が乾く。
- □**渇く** 暑さでのどが渇く。

きく
- □**聞く** 天気予報を聞く。雨音を聞く。
- □**聴く** ピアノの演奏を聴く。
- □**効く** 頭痛に効く薬。冷房が効く。
- □**利く** 機転が利く。鼻が利く動物。

きわめる
- □**窮める** 貧困を窮める。
- □**極める** 困難を極める。栄華を極める。
- □**究める** 真相を究める。

こえる
□**越える** 峠を越える。
□**超える** 予想を超える。
□**肥える** 目が肥えている。

さく
□**裂く** 布地を裂く。紙を裂く。
□**割く** 復習に時間を割く。

さげる
□**下げる** 温度を下げる。頭を下げる。
□**提げる** かごを提げる。

さす
□**差す** 傘を差す。刀を差す。
□**指す** 時計の針が正午を指す。将棋を指す。
□**刺す** とげを刺す。鼻を刺す臭い。
□**挿す** バラを花瓶に挿す。

しずめる
□**静める** 怒りを静める。
□**鎮める** 暴動を鎮める。
□**沈める** 海に沈める。

しめる
□**締める** ベルトを締める。
□**絞める** 首を絞める。
□**閉める** 窓を閉める。店を閉める。

すすめる
□**進める** 交渉を進める。調査を進める。
□**勧める** 入会を勧める。運動を勧める。
□**薦める** 彼を委員長に薦める。

そう
□**沿う** 小川に沿った道。
□**添う** 付き添う。期待に添う。

そなえる
□**備える** 台風に備える。入試に備える。
□**供える** 仏前に花を供える。お供え。

たえる
□**堪える** 鑑賞に堪える。
□**耐える** 苦痛に耐える。暑さに耐える。
□**絶える** 連絡が絶える。

たずねる
□**尋ねる** 道を尋ねる。安否を尋ねる。
□**訪ねる** 友人を訪ねる。

たつ
□**断つ** 退路を断つ。甘いものを断つ。
□**絶つ** 消息を絶つ。命を絶つ。
□**裁つ** 布地を裁つ。裁ちばさみ。
□**立つ** 立って答える。優位に立つ。
□**建つ** 家が建つ。銅像が建つ。

つかう
□**使う** 電卓を使う。資源を使う。
□**遣う** 気を遣う。歴史的仮名遣い。

つく
□**付く** 靴に泥が付く。
□**着く** 駅に着く。荷物が着く。
□**就く** 教職に就く。任務に就く。

つぐ
□**次ぐ** 昨年に次ぐ好成績。
□**継ぐ** 言葉を継ぐ。家業を継ぐ。
□**接ぐ** 骨を接ぐ。

つとめる
□**努める** 社会の発展に努める。
□**勤める** 県庁に勤める。
□**務める** 通訳を務める。

とく
□**解く** 問題を解く。誤解を解く。
□**溶く** 砂糖を水に溶く。

とる
□**取る** 資格を取る。かばんを取る。
□**採る** 窓から光を採る。決を採る。
□**執る** 事務を執る。指揮を執る。
□**捕る** セミを捕る。
□**撮る** 写真を撮る。

ならう
□**習う** ピアノを習う。英会話を習う。
□**倣う** 先例に倣う。手本に倣う。

のせる
□**乗せる** 車に父を乗せる。
□**載せる** 棚に本を載せる。

のばす
□**伸ばす** 背筋を伸ばす。学力を伸ばす。
□**延ばす** 出発を翌日に延ばす。

はえる
□**映える** 富士山が夕日に映える。
□**栄える** 栄えある賞を受賞する。

はかる
□**図る** 再起を図る。便宜を図る。
□**計る** 駅までの所要時間を計る。
□**測る** 池の深さを測る。距離を測る。
□**量る** 体重を量る。雨量を量る。
□**謀る** 暗殺を謀る。
□**諮る** 審議会に諮る。

はなす
□**放す** 釣った魚を川に放す。
□**離す** 間隔を離す。目が離せない。

ふえる
□**殖える** 財産が殖える。
□**増える** 需要が増える。

ふるう
□**振るう** 熱弁を振るう。腕力を振るう。
□**震う** 大地が震う。
□**奮う** 勇気を奮う。士気を奮う。

まわり
□**回り** 先回りする。遠回りして帰る。
□**周り** 池の周り。周りの人。

みる
□**見る** 遠くを見る。資料を見る。
□**診る** 患者を診る。

もと
□**下** 法の下の平等。白日の下。
□**元** 元に戻る。火元を調べる。
□**本** 本を正す。
□**基** 資料を基に調査する。

やぶれる
□**破れる** 靴下が破れる。調和が破れる。
□**敗れる** 試合で敗れる。戦いに敗れる。

よい
□**良い** 品質の良い商品。腕が良い。
□**善い** 善い行い。善い心がけ。

よむ
□**読む** 教科書を読む。新聞を読む。秒読み。
□**詠む** 和歌を詠む。俳句を詠む。

わずらう
□**煩う** 煩わしい手続き。
□**患う** 大病を患う。肺を患う。

四字熟語・三字熟語

四字熟語

□**曖昧模糊** あいまいもこ　内容がはっきりせず、ぼんやりしているさま。

□**悪戦苦闘** あくせんくとう　死に物狂いの苦しい戦いや努力。

□**阿鼻叫喚** あびきょうかん　苦痛や悲惨な状況に混乱して、泣きわめくこと。

□**暗中模索** あんちゅうもさく　手掛かりがないような物事を探し求めること。

□**唯唯諾諾** いいだくだく　主体性を持たず、他人の言うままに従順に従うこと。

□**意気消(銷)沈** いきしょうちん　元気がなく、しょげていること。

□**意気投合** いきとうごう　お互いの気持ち、気力がぴったりと合うこと。

□**意気揚揚** いきようよう　大いに満足して得意げで元気な様子。

□**異口同音** いくどうおん　多くの人がみな同じことを言うこと。

□**以心伝心** いしんでんしん　黙っていても相手と気持ちが通じ合っていること。

□**一衣帯水** いちいたいすい　ひとすじの帯のような狭い川。また、それらを隔てて近接していること。

□**一期一会** いちごいちえ　一生に一度しか会う機会がないような不思議な縁。

□**一日千秋** いちじつせんしゅう　一日が千年のように感じるほど待ち遠しいこと。

□**一網打尽** いちもうだじん　悪人などを一度に全員捕まえること。

□**一目瞭然** いちもくりょうぜん　一目見ただけではっきりとわかること。

□**一蓮托生** いちれんたくしょう　良くも悪くも行動や運命を共にすること。

□**一攫千金** いっかくせんきん　一度にたやすく大きな利益を手に入れること。

□**一喜一憂** いっきいちゆう　状況が変わるたびに、喜んだり心配したりすること。

□**一気呵成** いっきかせい　一気に作り上げること。一気に成し遂げること。

□**一騎当千** いっきとうせん　一人で千人の敵を相手にするほど強いこと。

□**一挙両得** いっきょりょうとく　一つのことをして、二つの利益を得ること。

□**一刻千金** いっこくせんきん　ひとときが千金に値すること。大切な時間が過ぎやすいことを惜しんで言う。

□**一触即発** いっしょくそくはつ　少し触れるとすぐ爆発しそうなこと。危機の差し迫っていること。

□**一所懸命** いっしょけんめい　一か所の領地に命を懸けるように、物事を命がけですること。

□**一心不乱** いっしんふらん　心を一つのことに集中して、他にそらさない様子。

□**一朝一夕** いっちょういっせき　ひと朝、ひと晩のこと。短い期日、わずかな時間。

□**一刀両断** いっとうりょうだん　物事を思いきって判断すること。

□**意味深長** いみしんちょう　表面上の意味以外に、別の意味が含まれていること。

□**因果応報** いんがおうほう　過去や前世の行いの善悪に応じて報いがあること。

□**有為転変** ういてんぺん　あらゆる物が常に変化して同じ状態にないこと。

□**右往左往** うおうさおう　あっちへ行ったりこっちへ来たり、混乱すること。

□**海千山千** うみせんやません　経験を多く積み、物事の裏表を知り尽くしたずる賢い人。

□**紆余曲折** うよきょくせつ　曲がりくねっていること。事情が複雑で込み入って、すんなり解決しないこと。

□**雲散霧消** うんさんむしょう　雲や霧のように、物事が一度に跡形もなく消えてなくなること。

□**栄枯盛衰** えいこせいすい　人や物事が盛んになったり衰えたりすること。

□**会者定離** えしゃじょうり　会う者は必ず別れる運命であるということ。

□**温厚篤実** おんこうとくじつ　人柄が温かく、情にあつく、誠実な様子。

□**温故知新** おんこちしん　昔のことをよく研究することで、その中に新しい価値や意義を見つけること。(➡四二四頁)

□**外柔内剛** がいじゅうないごう　外見は物腰が柔らかいが、内心はしっかりしていて強いこと。

□**快刀乱麻** かいとうらんま　もつれたことを的確にすばやく解決すること。

□**偕老同穴** かいろうどうけつ　生きては共に老い、死んでは同じ墓に葬られるように、夫婦が長く仲良いこと。

□**臥薪嘗胆** がしんしょうたん　目的を果たすためにあらゆる苦難に耐えること。

(➡四二四頁)

□**佳人薄命** かじんはくめい　美人は不幸せだったり短命だったりするということ。

□**花鳥風月** かちょうふうげつ　自然の美しい景色や風物。転じて、風流なこと。

□**隔靴掻痒** かっかそうよう　靴の上から痒《かゆ》いところを掻《か》くようにもどかしいこと。

□**我田引水** がでんいんすい　自分に都合のよいようにはからうこと。

□**画竜点睛** がりょうてんせい　物事の最後の大切なところを仕上げること。

(➡四二四頁)

□**夏炉冬扇** かろとうせん　夏の火鉢、冬のうちわのように、時期に合わない無用のもの。

□**感慨無量** かんがいむりょう　はかり知れないほど深く身にしみて感じること。

□**侃侃諤諤** かんかんがくがく　遠慮しないで盛んに主張や議論をすること。

□**汗牛充棟** かんぎゅうじゅうとう　蔵書がきわめて多いこと。

□**換骨奪胎** かんこつだったい　古人の詩文の言葉や着想を作り変え、自分のものとすること。

□**冠婚葬祭** かんこんそうさい　慶弔の儀式。元服・婚礼・葬儀・祖先の祭典のこと。

□**勧善懲悪**《かんぜんちょうあく》　善い行いを勧め、悪事を懲らしめること。

□**危機一髪**《ききいっぱつ》　髪の毛一筋のわずかの差で危険に陥りそうな瀬戸際。

□**起死回生**《きしかいせい》　死にかけた人を生き返らせる意から、絶望の危機から回復すること。

□**起承転結**《きしょうてんけつ》　漢詩の構成法。転じて物事や文章の構成のこと。

□**疑心暗鬼**《ぎしんあんき》　疑い始めると、何でもないことまで恐ろしくなること。

(⬇四二四頁)

□**奇想天外**《きそうてんがい》　普通では考えつかないような奇抜な思いつき。

□**喜怒哀楽**《きどあいらく》　喜び・怒り・悲しみ・楽しみ。人間のさまざまな感情。

□**旧態依然**《きゅうたいいぜん》　昔のままで、いっこうに変わらないこと。

□**急転直下**《きゅうてんちょっか》　形勢が急に変わって、物事が解決に向かうこと。

□**行住坐臥**《ぎょうじゅうざが》　日常の振る舞い。ふだん。日ごろ。

□**驚天動地**《きょうてんどうち》　天を驚かし地を動かす。大いに世間を驚かすこと。

□**虚虚実実**《きょきょじつじつ》　互いに相手に対して策略や手段を尽くし戦うこと。

□**曲学阿世**《きょくがくあせい》　真理を曲げて権力や時勢に迎合すること。

(⬇四二五頁)

□**玉石混淆(交)**《ぎょくせきこんこう》　よいものと悪いものが入りまじること。

□**虚心坦懐**《きょしんたんかい》　心にわだかまりがなく穏やかで落ち着いている様子。素直な心。

□**金科玉条**《きんかぎょくじょう》　絶対と信じて、この上なく守り続けるきまり。

□**空前絶後**《くうぜんぜつご》　過去にも例がなく、これからも起こらないようなまれなできごと。

□**空理空論**《くうりくうろん》　現実とかけ離れていて、実際の役に立たない考え。

□**群雄割拠**《ぐんゆうかっきょ》　各地の英雄や実力者が自分の土地を本拠として互いに対立して勢力を奮うこと。

□**軽挙妄動**《けいきょもうどう》　軽はずみな行動。

□**軽佻浮薄**《けいちょうふはく》　考えが浅はかで行動が浮ついている様子。

□**月下氷人**《げっかひょうじん》　男女の縁をとりもつ人のこと。仲人。

□**牽強付会**《けんきょうふかい》　自分に都合よく理屈をこじつけること。

□**乾坤一擲**《けんこんいってき》　運を天に任せてのるかそるかの大勝負をすること。

□**捲土重来**《けんどちょうらい(じゅうらい)》　一度敗れたものが、勢力を蓄えて再び巻き返すこと。

□**権謀術数**《けんぼうじゅっすう》　巧みに人を欺くためのはかりごと。種々の策略。

□**行雲流水**《こううんりゅうすい》　空をゆく雲や流れる水のように成り行きに任せて行動すること。

□**厚顔無恥**《こうがんむち》　厚かましくて恥を知らない様子。

□**巧言令色**《こうげんれいしょく》　言葉を飾り顔色をつくろうこと。

□**荒唐無稽**《こうとうむけい》　言うことに根拠がなくでたらめで、全く現実的でないこと。

□**豪放磊落**《ごうほうらいらく》　心が大きく細かいことにこだわらないこと。

□**呉越同舟**《ごえつどうしゅう》　仲の悪い者同士や敵味方が一緒にいること。

□**虎視眈眈**《こしたんたん》　獲物を狙う虎のように機会を狙い様子をうかがうこと。

□**孤立無援**《こりつむえん》　一人ぼっちで助けが得られないこと。

□**五里霧中**《ごりむちゅう》　霧の中にいるように、判断に迷い、見込みや方針が全く立たないこと。

□**言語道断**《ごんごどうだん》　言葉で言い表せないほどひどいこと。もってのほか。

□**才気煥発**《さいきかんぱつ》　才能があり、頭脳のはたらきが活発な様子。

□**才色兼備**《さいしょくけんび》　優れた才能と美しい容姿とを兼ね備えていること。

□**山紫水明**《さんしすいめい》　日に映えて山が紫に見え川が清らかに流れる美しい自然のこと。

□**三拝九拝**《さんぱいきゅうはい》　何度もお辞儀をしてものを頼むこと。

□**自画自賛**《じがじさん》　自分で自分をほめること。

□**自家撞着**《じかどうちゃく》　同じ人の言動が前後で矛盾していること。自分で自分の言動に反するふるまいをすること。

□**自業自得**《じごうじとく》　自分がした悪い行為の報いを自分の身に受けること。

□**獅子奮迅**《ししふんじん》　獅子が暴れまわるように激しい勢いで奮闘すること。

□**自縄自縛**《じじょうじばく》　自分の言動のために身動きが取れず、苦しむこと。

□**時代錯誤**《じだいさくご》　時代の異なるものを混同すること。時代遅れ。

□**質実剛健**《しつじつごうけん》　飾り気がなく真面目で心がしっかりしていること。

□**七転(顛)八倒**《しってん(しちてん)ばっとう(はっとう)》　苦痛に耐えられずにあちこち転がり回ること。もがき苦しむこと。

□**自暴自棄**《じぼうじき》　自分で自分を粗末に扱い、投げやりになること。

□**四面楚歌**《しめんそか》　周囲を敵に囲まれて、助けがなく孤立した状態。(⬇四二五頁)

□**弱肉強食**《じゃくにくきょうしょく》　弱者の犠牲によって強者が繁栄すること。

□**縦横無尽**《じゅうおうむじん》　自分の思うままにふるまうこと。思う存分。

□**周章狼狽**《しゅうしょうろうばい》　あわてふためくこと。うろたえ騒ぐこと。

□**主客転倒**《しゅかく(しゅきゃく)てんとう》　物事の大小、軽重などが逆になること。

□**首尾一貫**《しゅびいっかん》　最初から終わりまで、考えや態度に矛盾が無いこと。

□**順風満帆**じゅんぷうまんぱん　物事が思い通りに順調に運ぶことのたとえ。
□**盛者必衰**じょうしゃひっすい　勢いが盛んなものも、必ず衰えるということ。
□**枝葉末節**しようまっせつ　物事の本質から離れた主要でない部分。些細《ささい》な部分。
□**諸行無常**しょぎょうむじょう　全てのものは常に変化していくということ。
□**支離滅裂**しりめつれつ　筋道が立たず統一が無く、めちゃくちゃなこと。
□**神出鬼没**しんしゅつきぼつ　神わざのようにたちまち現れたり消えたりして居場所が容易にわからないこと。
□**信賞必罰**しんしょうひつばつ　手柄のある者には必ず賞を与え、罪のある者は必ず罰するということ。
□**針小棒大**しんしょうぼうだい　針ほどの小さいことを棒のように大きく言うこと。大げさなこと。
□**深謀遠慮**しんぼうえんりょ　先のことまで深く考えて計画を練ること。
□**森羅万象**しんらばんしょう　宇宙に存在するあらゆる物事や現象のこと。
□**酔生夢死**すいせいむし　何をすることでもなく、ただ空しく一生を送ること。
□**晴耕雨読**せいこううどく　晴れた日は畑を耕し、雨の降る日は家で読書すること。悠々自適の生活を言う。
□**生殺与奪**せいさつよだつ　生かすことも殺すことも、与えることも奪うことも全て思いのままであること。

□**青天白日**せいてんはくじつ　良く晴れた空のように心にやましいことが無いこと。無罪が明らかになること。
□**清廉潔白**せいれんけっぱく　心が清らかで正しく、私利私欲の無いこと。
□**切磋琢磨**せっさたくま　互いに励まし合って向上すること。(⬇四三六頁)
□**切歯扼腕**せっしやくわん　歯ぎしりし腕を握るようにひどく悔しがること。
□**絶体絶命**ぜったいぜつめい　どうにも逃れられないような困難な状態。
□**千載(歳)一遇**せんざいいちぐう　千年に一度しか出会えないような、めったにないよい機会。
□**千差万別**せんさばんべつ　それぞれがきわめてさまざまに違っていること。
□**戦戦恐恐(兢兢)**せんせんきょうきょう　びくびくしておそれつつしむこと。
□**前代未聞**ぜんだいみもん　今までに聞いたことが無いような非常に珍しいこと。
□**千篇一律**せんぺんいちりつ　皆同じで変化がなく単調なこと。
□**大器晩成**たいきばんせい　大人物は遅れて大成すること。
□**大義名分**たいぎめいぶん　人として守るべき道理と本分。行動のよりどころとなる正当な理由。
□**大言壮語**たいげんそうご　自分の実力に及ばないような大きなことを言うこと。
□**泰然自若**たいぜんじじゃく　物事に動じず、落ち着いていること。

□**大胆不敵**だいたんふてき　度胸があって、物事に動じない様子。
□**大同小異**だいどうしょうい　少しの違いがあっても、大体は同じであること。
□**大同団結**だいどうだんけつ　いくつかの団体が、共通の目的のために、小さな違いを越えて力を合わせること。
□**単刀直入**たんとうちょくにゅう　前置きや遠回りをせず、いきなり話の本題に入ること。
□**朝令暮改**ちょうれいぼかい　朝出した命令を夕方に改めるように、むやみに法が変えられあてにならないこと。
□**直情径行**ちょくじょうけいこう　周囲のことを考慮せず自分の思うままに行動すること。
□**猪突猛進**ちょとつもうしん　猪《いのしし》のように一直線に向こう見ずに突き進むこと。
□**適材適所**てきざいてきしょ　才能のある人を、それに適した仕事や地位につけること。
□**徹頭徹尾**てっとうてつび　最初から最後まで。終始一貫。
□**天衣無縫**てんいむほう　技巧のあとがなく、自然で巧みに作られていること。また純真で無邪気なこと。
□**電光石火**でんこうせっか　稲妻と火打石《ひうちいし》がきらめくような短い時間。非常に行動が速いこと。
□**当意即妙**とういそくみょう　その場に応じてとっさに機転を利かせること。

□**同工異曲**どうこういきょく　技量や手際は同じでも作品の趣が異なること。違っているようでも大体は同じこと。
□**東奔西走**とうほんせいそう　東に西に、あちこちと忙しく駆け回ること。
□**内柔外剛**ないじゅうがいごう　内面は弱いが、外見は強そうに見えること。
□**内憂外患**ないゆうがいかん　内部にも外部にも心配事があるということ。
□**南船北馬**なんせんほくば　各地を駆け回って活躍すること。絶えずあちこち旅行すること。
□**日進月歩**にっしんげっぽ　絶え間なく進歩し続けること。
□**二律背反**にりつはいはん　二つの原理や法則が妥当性を持ちながら、互いに矛盾して両立しないこと。
□**白砂青松**はくしゃ(はくさ)せいしょう　白い砂浜と緑の松林が続く海岸線の意。美しい砂浜の形容。
□**博覧強記**はくらんきょうき　広く書物を読み、よく記憶していること。
□**馬耳東風**ばじとうふう　人の意見や批評を少しも心に留めず、聞き流すこと。
□**波瀾万丈**はらんばんじょう　物事の変化や起伏などが激しいこと。
□**半信半疑**はんしんはんぎ　なかば信じてなかば疑うこと。本当かどうか判断に迷うこと。
□**美辞麗句**びじれいく　うわべだけを美しくきれいに飾り立てた言葉。

□**百家争鳴**ひゃっかそうめい　多くの学者などが、自由に議論し合うこと。
□**風光明媚**ふうこうめいび　風景・景色が清らかで明るく美しいこと。
□**不易流行**ふえきりゅうこう　芭蕉《ばしょう》の唱えた俳諧の理念。不変のものと変化するものの二つは根本は同じだということ。
□**不倶戴天**ふぐたいてん　同じ空の下にともに生きていられないと思うほど恨むこと。
□**不即不離**ふそくふり　つかず離れずという関係を保つこと。
□**不撓不屈**ふとうふくつ　困難にあっても、決してくじけないこと。
□**不偏不党**ふへんふとう　どちらにもかたよらず、中立の立場を守ること。
□**付（附）和雷同**ふわらいどう　自分自身の意志が無く、むやみに他人の考えに同調すること。
□**粉骨砕身**ふんこつさいしん　身を粉にし砕くほど、力の限り努力すること。
□**片言隻語**へんげんせきご　ほんのちょっとした短い言葉。ひとこと。
□**傍若無人**ぼうじゃくぶじん　人前もはばからず、勝手気ままにふるまうこと。
□**茫然自失**ぼうぜんじしつ　あっけにとられて我を忘れてしまうこと。
□**抱（捧）腹絶倒**ほうふくぜっとう　腹を抱えて転げまわるほど大笑いすること。
□**本末転倒**ほんまつてんとう　物事の重要な点と、些末《さまつ》な点を取り違えること。

□**無我夢中**むがむちゅう　ひたすら何かに熱中して、我を忘れてしまうこと。
□**無味乾燥**むみかんそう　なんの味わいも面白みもないこと。
□**明鏡止水**めいきょうしすい　心が澄んでいて静かに落ち着いている様子。
□**面従腹背**めんじゅうふくはい　表面は服従しながら、内心は反抗していること。
□**唯我独尊**ゆいがどくそん　自分だけが優れているとうぬぼれること。
□**優柔不断**ゆうじゅうふだん　思いきりが悪くぐずぐずして決断できないこと。
□**有名無実**ゆうめいむじつ　名ばかりで、実質が伴わないこと。
□**悠悠自適**ゆうゆうじてき　世間にわずらわされず、のんびりと過ごすこと。
□**羊頭狗肉**ようとうくにく　羊の頭を看板として犬の肉を売るように、見せかけは立派だが実質は伴わないこと。（⬇四二六頁）
□**離合集散**りごうしゅうさん　離れたり集まったりすること。
□**流言蜚語**りゅうげんひご　根拠のない、いい加減なうわさ。
□**竜頭蛇尾**りゅうとうだび　竜の頭に蛇の尾がついているように、初めは勢いが盛んだが終わりは衰えてしまうこと。
□**臨機応変**りんきおうへん　状況に応じて、適切な手段をとること。
□**和洋折衷**わようせっちゅう　日本と西洋の様式を取り混ぜて調和させること。

三字熟語

□**一家言**いっかげん　その人独特の主張や学説。また、独自の見識を持った意見。
□**一隻眼**いっせきがん　普通には持ち得ない物事の本質を見抜く見識。
□**有頂天**うちょうてん　喜びや得意のため夢中になっていること。喜びの絶頂。
□**過渡期**かとき　物事の移り変わっていく途中の時期。
□**間一髪**かんいっぱつ　髪の毛一すじの隙間のこと。転じて事態がきわめて切迫していること。
□**几帳面**きちょうめん　性格や行動がきちんとして、折り目正しいこと。
□**金字塔**きんじとう　後世に長く残るような立派な業績。
□**形而上**けいじじょう　形をもたず、感覚を通して存在を知り得ないもの。形のない抽象的なもの。
□**下馬評**げばひょう　第三者の間で興味本位で行われる批評や評判。
□**好事家**こうずか　もの好きな人。風流なことを好む人。
□**茶飯事**さはんじ　日常の、何でもないようなありふれたこと。
□**試金石**しきんせき　そのものの価値や、人物の能力・力量を評価するための試験になるようなこと。
□**序破急**じょはきゅう　能楽などの構成となる三区分。物事の初めと中と終わりのこと。

□**真骨頂**しんこっちょう　その人や物がもともと持っている姿。真価。
□**善後策**ぜんごさく　うまく後始末をするための方策。
□**醍醐味**だいごみ　物事の本当の面白さ。最高の深い味わい。
□**短兵急**たんぺいきゅう　突然行動を起こす様子。だしぬけ。
□**桃源郷**とうげんきょう　俗世間を遠く離れた別世界。ユートピア。
□**登竜門**とうりゅうもん　立身出世のための狭い関門。（⬇四二六頁）
□**白眼視**はくがんし　人を冷たい目で見ること。人を冷遇すること。
□**白昼夢**はくちゅうむ　真昼に見る夢のこと。非現実的な空想。
□**破天荒**はてんこう　今まで誰も成し得なかったことを初めてする。（⬇四二六頁）
□**半可通**はんかつう　良く知りもしないのに知ったかぶりをして通人ぶること。
□**日和見**ひよりみ　態度を決めずに、事の成り行きを見て、有利な方につこうとすること。
□**不条理**ふじょうり　物事の筋道が立たないこと。道理に合わないこと。
□**不如意**ふにょい　思いどおりにならないこと。特に金銭的に苦しいこと。
□**未曽有**みぞう　歴史上、今だかつて一度も起こったことがないこと。
□**老婆心**ろうばしん　必要以上に気を遣い、親切に世話をやくこと。

難読語

一般語

□**挨拶** あいさつ　儀礼的な言葉や動作。
□**生憎** あいにく　都合が悪いこと。
□**曖昧** あいまい　はっきりしない様子。
□**斡旋** あっせん　人との間を取り持つこと。
□**軋轢** あつれき　仲が悪いこと。不和。
□**行脚** あんぎゃ　諸国を旅すること。
□**安堵** あんど　ほっとして安心すること。
□**委嘱** いしょく　仕事を頼み、任せること。
□**慇懃** いんぎん　礼儀正しい物腰。
□**隠蔽** いんぺい　覆い隠すこと。
□**迂回** うかい　遠回りをすること。
□**蘊蓄** うんちく　蓄えた深い知識や学問。
□**会釈** えしゃく　軽く一礼をすること。
□**会得** えとく　自分のものとすること。
□**演繹** えんえき　一般から特殊を導くこと。
□**冤罪** えんざい　無実の罪。ぬれ衣。
□**横溢** おういつ　あふれるほど盛んなこと。
□**嗚咽** おえつ　声を詰まらせて泣くこと。
□**悪寒** おかん　ぞくぞくする寒さ。
□**億劫** おっくう　面倒で気が進まないこと。
□**十八番** おはこ　得意とする芸。
□**諧謔** かいぎゃく　しゃれやユーモア。
□**開眼** かいげん　仏道の心理を悟ること。
□**邂逅** かいこう　思いがけなく出会うこと。
□**膾炙** かいしゃ　広く知れ渡ること。
□**凱旋** がいせん　戦いに勝って帰ること。
□**乖離** かいり　背いて離れること。

□**陽炎** かげろう　日光で立ち上る空気。
□**苛酷** かこく　厳しくむごい様子。
□**呵責** かしゃく　責めとがめること。
□**気質** かたぎ　特有な気風や気性。
□**固唾** かたず　緊張した時にたまる唾。
□**葛藤** かっとう　もつれた関係。いざこざ。
□**完遂** かんすい　終わりまで成し遂げる。
□**危惧** きぐ　危ぶんで恐れること。
□**気障** きざ　気取っていて嫌味な様子。
□**帰趨** きすう　行きつく所。
□**忌憚** きたん　遠慮すること。
□**生粋** きっすい　混じりけの全くないこと。
□**詭弁** きべん　ごまかしの議論。
□**驚愕** きょうがく　ひどく驚く様子。
□**強靭** きょうじん　しなやかで強いこと。
□**曲者** くせもの　怪しく、油断できない者。
□**功徳** くどく　善い行い。その報い。
□**工面** くめん　金銭などの算段。
□**敬虔** けいけん　敬いつつしむ様子。
□**稀(希)有** けう　まれなこと。
□**怪訝** けげん　不思議に思うこと。
□**健気** けなげ　心がけが殊勝な様子。
□**懸念** けねん　気にかかる心配。
□**言質** げんち　証拠となる言葉。
□**絢爛** けんらん　きらびやかな様子。
□**眩惑** げんわく　目がくらんで戸惑うこと。
□**狡猾** こうかつ　悪賢くてずるいこと。
□**恍惚** こうこつ　うっとりする様子。
□**格子** こうし　縦横に組んだ木や竹。
□**巧緻** こうち　きめ細かく上手なこと。
□**膠着** こうちゃく　事態が進展しないこと。

□**拘泥** こうでい　こだわりを持つこと。
□**更迭** こうてつ　役職にある人を代えること。
□**誤謬** ごびゅう　誤り。間違い。
□**渾身** こんしん　全身。体全体。
□**猜疑** さいぎ　そねみ、疑うこと。
□**些細** ささい　わずかなさま。
□**流石** さすが　予想していた通り。
□**殺戮** さつりく　多くの人を殺すこと。
□**蹉跌** さてつ　失敗してつまずくこと。
□**懺悔** ざんげ　罪を悔いて告白すること。
□**暫時** ざんじ　しばらくの間。
□**潮騒** しおさい　波立つ音や響き。
□**弛緩** しかん　ゆるむこと。
□**時化** しけ　海が荒れること。
□**嗜好** しこう　好み。たしなむこと。
□**示唆** しさ　ほのめかすこと。
□**市井** しせい　人が多く集まるところ。
□**桎梏** しっこく　自由を束縛するもの。
□**叱咤** しった　大声でしかりつけること。
□**疾病** しっぺい　病気。
□**赤銅** しゃくどう　銅に金と銀を加えた合金。
□**灼熱** しゃくねつ　焼けつくように熱いこと。
□**終焉** しゅうえん　死に際。命の終わり。
□**逡巡** しゅんじゅん　ためらうこと。
□**饒(冗)舌** じょうぜつ　おしゃべり。
□**焦燥(躁)** しょうそう　いらだち焦ること。
□**所作** しょさ　身のこなし。しぐさ。
□**所詮** しょせん　結局は。つまるところは。
□**熾烈** しれつ　勢いが盛んで激しい様子。
□**遂行** すいこう　最後までやり遂げること。
□**出納** すいとう　支出と収入。

□**逝去** せいきょ　「死去」の敬語。
□**脆弱** ぜいじゃく　もろくて弱いこと。
□**寂寥** せきりょう　もの寂しい様子。
□**刹那** せつな　一瞬。きわめて短い時間。
□**僭越** せんえつ　出過ぎたことをすること。
□**漸次** ぜんじ　しだいに。だんだんと。
□**羨望** せんぼう　羨ましく思うこと。
□**戦慄** せんりつ　恐怖に震えおののくこと。
□**相殺** そうさい　差し引いて帳消し。
□**双璧** そうへき　立派な二つのもの。
□**措置** そち　手続き。処置。
□**忖度** そんたく　人の気持ちを推測すること。
□**対峙** たいじ　向かい合い対立すること。
□**耽溺** たんでき　夢中になり熱中すること。
□**団欒** だんらん　集まり和やかに過ごすこと。
□**知己** ちき　知人。
□**逐次** ちくじ　順を追ってなされること。
□**緻密** ちみつ　細かくて詳しいこと。
□**躊躇** ちゅうちょ　ためらうこと。
□**厨房** ちゅうぼう　台所。調理場。
□**鳥瞰** ちょうかん　見下ろし眺めること。
□**提灯** ちょうちん　照明具の一種。
□**凋落** ちょうらく　衰えて落ちぶれること。
□**直截** ちょくせつ　回りくどくないこと。
□**陳腐** ちんぷ　ありふれていること。
□**追従** ついしょう　人にこびへつらうこと。
□**追悼** ついとう　死者の生前をしのぶこと。
□**顛末** てんまつ　いきさつ。一部始終。
□**慟哭** どうこく　声をあげ激しく泣くこと。
□**洞察** どうさつ　物事の本質を見抜くこと。
□**踏襲** とうしゅう　やり方を受け継ぐこと。

□**陶冶**とうや　きたえ育て上げること。
□**咄嗟**とっさ　ほんの短い時間。
□**吐露**とろ　心の中を打ち明けること。
□**雪崩**なだれ　山の雪が崩れ落ちること。
□**捺印**なついん　印判を押すこと。
□**捏造**ねつぞう　でっちあげること。
□**暖簾**のれん　軒や店先に掛ける布。
□**徘徊**はいかい　当てもなく歩き回ること。
□**溌剌**はつらつ　生き生きして元気な様子。
□**範疇**はんちゅう　物事を分類する基本。
□**頒布**はんぷ　行き渡るように配ること。
□**贔屓**ひいき　特に目をかけること。
□**批准**ひじゅん　条約を確認し同意すること。
□**畢竟**ひっきょう　つまるところ。結局。
□**一入**ひとしお　いっそう。ひときわ。
□**罷免**ひめん　公職をやめさせること。
□**吹聴**ふいちょう　あちこち言いふらすこと。
□**敷衍**ふえん　詳しく易しく述べること。
□**普請**ふしん　建築や土木工事のこと。
□**鞭撻**べんたつ　強く励ますこと。
□**彷徨**ほうこう　当てもなくさまようこと。
□**呆然**ぼうぜん　あきれて気が抜ける様子。
□**反故(古)**ほご　不要な紙。無駄なもの。
□**無垢**むく　けがれがなく清らかなこと。
□**朦朧**もうろう　ぼんやりしていること。
□**由緒**ゆいしょ　物事のいわれ。
□**遊説**ゆうぜい　各地で演説すること。
□**所以**ゆえん　いわれ。理由。根拠。
□**礼賛(讃)**らいさん　ほめたたえること。
□**歪曲**わいきょく　故意にゆがめること。
□**賄賂**わいろ　職務に関わる不正な贈り物。

古典難読語

□**愛敬**あいぎょう　やさしくかわいいこと。
□**閼伽棚**あかだな　仏前の供物を置く棚。
□**総角**あげまき　子供の髪型の一種。
□**阿闍梨**あじゃり(あざり)　徳の高い僧。
□**網代**あじろ　小魚をとる仕掛け。
□**朝臣**あそん(あそみ)　五位以上の貴族の敬称。
□**海人(士)**あま　漁師。海女。
□**郎女**いらつめ　女子の愛称。
□**烏帽子**えぼし　元服した男子の冠。
□**大臣**おとど　大臣や公卿《くぎょう》の敬称。
□**帷子**かたびら　裏を付けない着物。
□**徒歩**かち　歩いて行くこと。
□**狩衣**かりぎぬ　貴族の常用服。
□**上達部**かんだちめ　公卿の別称。
□**几帳**きちょう　室内のついたての一種。
□**牛車**ぎっしゃ　牛にひかせる車。
□**後朝**きぬぎぬ　男女が共に寝た翌朝。
□**口伝**くでん　口頭で伝授すること。
□**下衆**げす　身分の低い者。使用人。
□**懸想**けそう　恋い慕うこと。
□**検非違使**けびいし　違法を取り締まる官職。
□**去年**こぞ　去年。
□**東風**こち　東から吹く風。
□**催馬楽**さいばら　古代歌謡の一種。
□**防人**さきもり　古代九州警備の兵士。
□**指貫**さしぬき　平安時代の袴《はかま》の一種。
□**参内**さんだい　宮廷に出仕すること。
□**蔀**しとみ　板戸。ついたて。
□**東雲**しののめ　明け方。
□**除目**じもく　官職を任命する行事。
□**装束**しょうぞく　衣服。服装。
□**上臈**じょうろう　高僧。身分の高い人。
□**透垣**すいがい　間を少し透かした垣根。
□**受領**ずりょう　任地で政治を行う国司。
□**前栽**せんざい　庭先の植え込み。
□**先達**せんだつ　その道の先輩。案内者。
□**宣命**せんみょう　天皇の命令の文書。
□**僧都**そうず　僧侶の位の一つ。
□**松明**たいまつ　松などを束ねた照明具。
□**内裏**だいり・うち　皇居。天皇。
□**築地**ついじ　土塀。
□**追儺**ついな　節分の鬼を追う儀式。
□**局**つぼね　女房の居室。
□**殿上人**てんじょうびと　昇殿を許された人。
□**春(東)宮**とうぐう　皇太子。
□**刀自**とじ　一家の主婦。女性の敬称。
□**舎人**とねり　皇族の近くに仕える官人。
□**典侍**ないしのすけ　内侍司の次官。
□**女御**にょうご　天皇に侍する高位の妃。
□**直衣**のうし　高位の人の日常服。
□**野分**のわき　秋に吹く激しい風。台風。
□**直垂**ひたたれ　貴族や武士などの平服。
□**判官**ほうがん　役職の一つ。源義経の称。
□**客人**まろうど　客。訪問者。
□**御簾**みす　貴人の居室のすだれ。
□**御息所**みやす(ん)どころ　天皇・皇太子・親王の妃。
□**命婦**みょうぶ　宮中の女官の称の一つ。
□**乳母**めのと　母親の代わりの女性。
□**物忌**ものいみ　けがれを避けてこもること。
□**有職**ゆうそく　教養のある人。学者。

動物の読み

□**海豹**あざらし
□**家鴨**あひる
□**烏賊**いか
□**雲丹・海胆**うに
□**鸚鵡**おうむ
□**牡蠣**かき
□**蝸牛**かたつむり(かぎゅう)
□**郭公**かっこう
□**啄木鳥**きつつき
□**麒麟**きりん
□**孔雀**くじゃく
□**蟋蟀**こおろぎ
□**鷺**さぎ
□**栄螺**さざえ
□**秋刀魚**さんま
□**蜆**しじみ
□**軍鶏**しゃも
□**蛸**たこ
□**鱈**たら
□**蜻蛉**とんぼ(かげろう)
□**蛤**はまぐり
□**雲雀**ひばり
□**河豚**ふぐ
□**不如帰・時鳥・子規**ほととぎす
□**百足**むかで
□**百舌**もず
□**栗鼠**りす

植物の読み

□**葵**あおい
□**紫陽花**あじさい
□**馬酔木**あしび
□**無花果**いちじく
□**女郎花**おみなえし
□**万年青**おもと
□**落葉松**からまつ
□**桔梗**ききょう
□**山茶花**さざんか
□**百日紅**さるすべり
□**紫蘇**しそ
□**羊歯**しだ
□**西瓜**すいか
□**李**すもも
□**蕎麦**そば
□**蒲公英**たんぽぽ
□**土筆**つくし
□**柘植**つげ
□**団栗**どんぐり
□**撫子**なでしこ
□**合歓**ねむ
□**浜木綿**はまゆう
□**薔薇**ばら
□**向日葵**ひまわり
□**糸瓜**へちま
□**鳳仙花**ほうせんか
□**牡丹**ぼたん
□**椰子**やし
□**寄生木**やどりぎ
□**蕨**わらび

ことわざ・慣用句

一般的なことわざ・慣用句

□**青菜《あおな》に塩**　元気がなくしおれる。

□**悪銭《あくせん》身につかず**　不正に得た金は無駄に使われ残らない。

□**雨降って地《じ》固まる**　もめごとがあった後、かえってよい状態になる。

□**案ずるより産むが易《やす》し**　心配するよりも実行した方が案外たやすいものだ。

□**石の上にも三年**　つらくても辛抱していれば報われる。

□**命あっての物種《ものだね》**　命が一番大切だ。

□**雨後《うご》の筍《たけのこ》**　似たようなものが次々に現れる。

□**江戸のかたきを長崎でうつ**　意外で筋違いなことで昔の恨みの仕返しをする。

□**岡目八目《おかめはちもく》**　第三者の方が当事者より物事の是非が良くわかる。

□**小田原評定《おだわらひょうじょう》**　相談が長引いてなかなか決まらない。

□**帯《おび》に短し（たすきに長し）**　中途半端で何の役にも立たない。

□**溺《おぼ》れる者はわらをもつかむ**　とても困ったときは、どんな頼りにならないものにでもすがろうとするものだ。

□**親の光は七光《ななひかり》**　親の名声や地位が子どもにも及ぶ。

□**枯《か》れ木も山のにぎわい**　つまらないものでもないよりはある方がましだ。

□**肝胆相照《かんたんあいて》らす**　互いに打ち解けて親しく付き合う。

□**気が置けない**　気遣いの必要がなく、打ち解けることができる。

＊「気が置ける（＝気づまりな）」と混同することが多いので注意。

□**木に竹をつぐ**　調和が取れず、また筋道が通らない。

□**漁夫《ぎょふ》の利**　二者が争っているうちに、第三者が労せず利益をさらい取る。

（⬇四三五頁）

□**清水《きよみず》の舞台から飛びおりる**　思いきって大きな決断をする。

□**怪我《けが》の功名《こうみょう》**　失敗や過失が意外に良い結果をもたらす。

□**弘法《こうぼう》にも筆の誤り**　どんなに優れた人でも時には誤りをおかす。

□**紺屋《こうや》の明後日《あさって》**　約束の期限が当てにならない。

□**紺屋の白袴《しろばかま》**　人のことばかりに忙しく、自分のことをおろそかにする。自分の技量を自分のためには使わない。

□**子はかすがい**　子どもは夫婦の仲を取り持つ。

□**転ばぬ先の杖《つえ》**　失敗しないように前もって十分用意しておく。

□**触らぬ神に祟《たた》りなし**　かかわりを持たなければわざわいを招くことはない。

□**三人寄れば文殊《もんじゅ》の知恵**　三人も集まって知恵を出し合えば、よい考えが生まれる。

□**釈迦《しゃか》に説法《せっぽう》**　知り尽くしている人にお教えを説くことは愚かなことだ。

□**重箱《じゅうばこ》のすみを楊枝《ようじ》でほじくる**　非常に細かいことまでいちいち口うるさく言う。

□**朱《しゅ》に交われば赤くなる**　人は付き合う相手によって、良くも悪くもなる。

□**住めば都**　どんな所でも住み慣れればよい土地だと思えるようになる。

□**船頭《せんどう》多くして船山《ふねやま》にのぼる**　指図をするものが多いと統一が取れず、間違った方向に物事が進んでいく。

□**象牙《ぞうげ》の塔《とう》**　芸術を愛し俗世間から逃れる孤高の態度。また、学者の現実離れした閉鎖的な世界。

□**袖振《そでふ》り合うも他生《たしょう》の縁《えん》**　袖が触れ合うほどのちょっとした関係も、深い縁に基づくものである。

＊「他生」を「多少」とするのは誤り。

□**対岸《たいがん》の火事**　他人には重要なことでも自分には何の関係もない。

□**立て板《いた》に水**　よどみなくすらすらと話す。

□**棚《たな》からぼた餅《もち》**　思いがけない幸運が舞い込む。

□**他人の飯を食う**　他人の間でもまれて、実社会の経験を積む。

□**旅の恥はかきすて**　旅先では長くそこに留まるわけではないので、恥ずかしい行いもその場限りだ。

□**月夜に提灯《ちょうちん》**　不必要なこと。

□**敵は本能寺にあり**　本当の目的は別のところにある。

□**出る杭《くい》は打たれる**　目立つ者は他の人から憎まれる。

□**灯台下暗《とうだいもと》し**　身近なことはかえって気づきにくい。

□**十日の菊六日のあやめ**　時機に遅れて、役に立たない。

□**毒を食らわば皿まで**　一度悪事に手を出した以上は、とことんまでやってしまう。

□**塗炭《とたん》の苦しみ**　泥にまみれ炭火で焼かれるような苦痛や境遇。

□**無い袖《そで》は振れぬ**　なんとかしたくても、無いものはどうしようもない。

□**長いものには巻かれろ**　権力や勢力のある者には従った方が得である。

□**泣く子と地頭《じとう》には勝てぬ**　子どもや権力者と争ってもかなわない。

□**無くて七癖《ななくせ》（あって四十八癖）**　人は誰でも多少の癖を持っている。

□**情けは人のためならず**　人に親切にしておけばいつかは自分に良い報いがめぐって来る。

＊「情けをかけるのは相手のためにならない」という誤った意味で使わないよう注意。

□**梨《なし》の礫《つぶて》**　返事や連絡がない。

□**生兵法《なまびょうほう》は大怪我《おおけが》のもと**　生半可な知識や技術で事に当たると、かえって大失敗をする。

□**習うより慣れろ**　教えられるよりも、実際に体験する方が自分の身につく。

□**憎まれっ子世にはばかる**　人から嫌われるような人が世間で幅をきかせる。

□**二足の草鞋《わらじ》をはく**　一人の人が両立しがたい二つの職業を持っている。

□**盗人《ぬすびと》を見て縄《なわ》をなう**　あらかじめ準備をしないで、いざという時に間に合わず慌てる。

□**寝た子をおこす**　やっとおさまった事態をむしかえし、また問題を起こす。

□**乗りかかった船**　いったん関わった以上、中止するわけにはいかない。

□**暖簾《のれん》に腕押し**　少しも手ごたえがなく、張り合いがない。

□**背水の陣**　一歩も退けないという立場で事に当たる。(⇩四三六頁)

□**ひいきの引き倒し**　ひいきをしすぎてかえってその人を不利に追い込む。

□**庇《ひさし》を貸して母屋《おもや》を取られる**　恩をあだで返される。

□**人の噂《うわさ》も七十五日**　世間の噂は長く続かずいつしか消えてしまうものである。

□**人の褌《ふんどし》で角力《すもう》をとる**　他人のものを利用して自分の利益を図る。

□**人を呪《のろ》わば穴二つ**　人を呪うと、自分も悪い報いを受けることになる。

□**火のない所に煙は立たぬ**　噂《うわさ》が立つのは何かしら根拠があるからだ。

□**百聞《ひゃくぶん》は一見にしかず**　何回も聞くより、実際に自分の目で見る方が良い。

□**貧《ひん》すれば鈍《どん》する**　貧乏をすると鈍くなり、心がさもしくなりがちだ。

□**笛吹けども踊らず**　準備して誘っても、誰もそれに応じようとしない。

□**覆水盆《ふくすいぼん》に返らず**　一度してしまったことは取り返しがつかない。(⇩四三六頁)

□**判官《ほうがん》びいき**　不遇な人や立場の弱い人に同情し、応援し味方する。

□**坊主《ぼうず》憎けりゃ袈裟《けさ》まで(憎い)**　あるものが嫌いだと、それに関係するすべてが嫌いになる。

□**仏作って魂入れず**　苦心して仕上げても肝心の仕上げができていない。

□**仏の顔も三度**　どんなに温和な人でも何度もひどいことをされると最後には怒り出す。

□**待てば海路《かいろ》の日和《ひより》あり**　ゆっくり待っていればよい機会がめぐってくる。

□**ミイラ取りがミイラになる**　人を連れ戻しに行った人がそのまま戻らない。説得しようとして逆に説得される。

□**三つ子の魂《たましい》百まで**　幼い時の性格は年をとっても変わらない。

□**昔取った杵柄《きねづか》**　過去につけた自信のある技術は後々まで衰えない。

□**無用の長物《ちょうぶつ》**　あっても役に立たず、かえって邪魔になるもの。

□**餅《もち》は餅屋**　物事にはそれぞれの専門家がいる。

□**元の木阿弥《もくあみ》**　一度よくなった物が、再び元の状態に戻ってしまう。

□**焼け石に水**　少しばかりの援助では効果が上がらない。

□**焼けぼっくいに火がつく**　過去にあった関係はもとに戻りやすい。

□**柳《やなぎ》に雪折れなし**　柔軟なものは堅固なものより、かえってよく物事に耐える。

□**寄らば大樹《たいじゅ》の陰《かげ》**　頼るのならば、より勢力のある者の方が良い。

体に関することわざ・慣用句

□**頭隠して尻隠さず**　一部分だけを隠して、全部を隠したつもりになっている。

□**頭が下がる**　尊敬の念を持つ。

□**頭を丸める**　頭髪を剃《そ》る。出家する。

□**後ろ髪を引かれる**　未練が残ってなかなか思い切れない。

□**顔が売れる**　有名になる。

□**顔が利《き》く**　信用や力があり、便宜《べんぎ》をはかってもらえる。

□**顔に泥《どろ》をぬる**　面目《めんぼく》をつぶす。

□**顔を立てる**　相手の面目が立つようにする。

□**眉をひそめる**　他人の行動に対して不快な気持ちになる。

□**目が利《き》く**　ものの価値を見分ける力がある。

□**目が肥《こ》えている**　良いものを見慣れていてその価値を見抜くことができる。

□**目がない**　分別を失うほど好きである。

□**目から鼻へ抜ける**　非常に賢く、抜け目がない。

□**目に余る**　ひどくて見過ごせない。

□**目に入れても痛くない**　子どもなどのことが、かわいくてたまらない。

□**目の黒いうち**　自分が生きている間。

□**目も当てられぬ**　あまりにひどくて、とても見ていられない。

□**目を疑う**　予想外のことに接し、信じられない。

□**目を奪われる**　美しさ、すばらしさなどで、対象に見とれる。

□**目をかける**　特に引き立ててやったり、面倒を見たりする。

□**目を三角にする**　怒って怖い目をする。

□**目をつぶる**　見なかったことにしてとがめない。

□**目を光らす**　厳重に注意、監視する。

□**鬼の目にも涙**　冷酷な人も時には情け心を起こす。

□**二階から目薬**　思うようにならずにもどかしい。効果がない。

□**弱り目にたたり目**　困っているときにさらに不運が重なる。

□**鼻が高い**　得意げである。

□**鼻であしらう**　まともに取り合わずに、冷淡に扱う。

□**鼻で笑う**　相手を軽蔑した態度をとる。馬鹿にして笑う。

□**鼻にかける**　自慢する。得意になる。

□**鼻につく**　飽きてしまって不快になる。嫌味な感じがする。

□**鼻も引っかけない**　相手を完全に無視する。相手にしない。

□**鼻を明かす**　相手を出し抜いて、あっと言わせる。
□**鼻を折る**　相手の慢心をくじく。
□**鼻を突き合わせる**　互いに鼻がぶつかるほど近くにいる。
□**耳が痛い**　他人の言葉が自分の弱点をついていて、聞くのがつらい。
□**耳が早い**　噂《うわさ》などを聞きつけるのが早い。
□**耳にたこができる**　同じことばかり何度も聞かされてうんざりする。
□**耳にはさむ**　ちょっと聞きつける。
□**耳を貸す**　人の話を聞いたり相談に乗ったりする。
□**耳を澄ます**　よく聞こうとして心を集中する。
□**耳をそろえる**　金額を不足なく用意する。
□**壁に耳あり障子《しょうじ》に目あり**　秘密はとかく漏れやすい。
□**寝耳に水**　突然の出来事や知らせにびっくりする。
□**口がかかる**　仕事などに誘われる。
□**口が堅い**　秘密を簡単には口外しない性格である。
□**口が酸《す》っぱくなる**　同じことを何度も繰り返して言う。
□**口がすべる**　言ってはいけないことをうっかり言ってしまう。
□**口が減らない**　口が達者であれこれと負け惜しみや屁理屈を言う。

□**口にあう**　食べ物の好みが合っている。
□**口八丁《くちはっちょう》手八丁《てはっちょう》**　話すこともすることもどちらも達者である。
□**口を切る**　最初に発言する。しゃべり始める。
□**口をぬぐう**　悪いことをしたり、知っていたりしても知らないふりをする。
□**口を割る**　白状する。自白する。
□**歯が浮く**　軽薄な言動を聞き不快に思う。
□**歯が立たない**　相手が強すぎてとてもかなわない。
□**歯に衣着《きぬき》せぬ**　相手に遠慮しないで、思ったことを率直に言う。
□**舌を巻く**　驚いたり感嘆したりして言葉も出ない。
□**のど元過ぎれば熱さを忘れる**　苦しいことも過ぎ去れば忘れてしまう。
□**首を長くする**　期待して待ちわびる。
□**手が空《あ》く**　仕事が一段落して暇ができる。
□**手に汗を握る**　はらはらしながら見ている。
□**手に余る**　自分の力では扱いきれない。
□**手に乗る**　だまされて相手の思うままになる。
□**手も足も出ない**　力が不足していてどうすることもできない。
□**手を切る**　今までの関係を断つ。
□**手を拱《こまぬ(こまね)》く**　手出しをせず、傍観する。
□**手を焼く**　取扱いに困る。手こずる。

□**上手《じょうず》の手から水が漏《も》れる**　どんな名人でも時には失敗することがある。
□**濡《ぬ》れ手で粟《あわ》**　苦労しないで利益を得る。
□**爪《つめ》に火をともす**　ろうそく代わりに爪に火をともすほど極端に倹約する。
□**爪の垢《あか》を煎《せん》じてのむ**　優れた人に少しでもあやかろうとする。
□**爪をとぐ**　準備して機会をうかがう。
□**食指《しょくし》が動く**　食欲や物欲が起こる。
（↓四三五頁）
□**指をくわえる**　羨ましく思いながらも手が出せず、むなしく眺めている。
□**肩を入れる**　ひいきをして援助したり応援したりする。
□**肩を落とす**　落胆してがっかりする。
□**肩を持つ**　一方の味方をする。
□**腕が鳴る**　腕前を発揮したくてじっとしていられない。
□**腕に縒《より》をかける**　自分の技術や能力をあらわそうとして張り切る。
□**胸に一物《いちもつ》**　口には出さずに心に何か企《たくら》みを秘めている。
□**胸を借りる**　自分より実力が上の者に相手をしてもらう。
□**腰が低い**　他人に謙虚な態度をとる。
□**尻が長い**　他人の家で長居をする。
□**尻に敷く**　妻が夫を言いなりにして従わせる。
□**尻に火がつく**　物事が切迫する。
□**足がつく**　逃亡者の足取りがわかる。犯行が明らかになる。

□**足が出る**　使ったお金が予算を超える。
□**足が早い**　食べ物が腐りやすい。売れ行きが良い。
□**足が棒になる**　歩き続けて足が疲れる。
□**足を洗う**　悪事をやめて真面目になる。
□**足を奪う**　交通機関など、移動の手段をなくす。
□**足をのばす**　予定より遠くまで行く。
□**足を引っぱる**　他人の成功や前進の邪魔をする。
□**二の足を踏む**　ためらい、しりごみする。
□**すねに疵《きず》をもつ**　知られたくないやましいことがある。
□**すねをかじる**　親などから金銭的な援助を受ける。
□**腹が黒い**　心に悪だくみを抱えている。心根が良くない。
□**腹をくくる**　覚悟を決める。決心する。
□**腹をさぐる**　それとなく相手の心中をうかがう。
□**腹を割る**　真意を包み隠さずに明かす。
□**背に腹は替えられぬ**　差し迫ったことのために、他を顧《かえり》みる余裕がない。
□**へそで茶を沸《わ》かす**　おかしくてたまらない。
□**へそを曲げる**　機嫌を悪くして意地を張る。
□**膝《ひざ》が笑う**　足ががくがくする。
□**膝を進める**　話題に興味を示して乗り気になる。

動物に関することわざ・慣用句

□**犬と猿**　仲が悪い。
□**犬の遠吠え**　臆病者《おくびょうもの》が陰でいばったり虚勢を張ったりする。
□**犬も食わぬ**　誰も取り合わず相手にしない。
□**飼い犬に手を噛《か》まれる**　良くしてやった相手に裏切られる。
□**牛に引かれて善光寺参り**　他の人に誘われて偶然良い方へ導かれる。
□**牛の歩み**　進みが遅い。
□**馬が合う**　気が合う。意気投合する。
□**馬の骨**　どんな素性《すじょう》か分からない人のことをののしって言う言葉。
□**馬の耳に念仏**　いくら言って聞かせても、何の効果もない。
□**生き馬の目を抜く**　すばしっこく抜け目がない。
□**尻馬《しりうま》に乗る**　何も考えず他人の行動に追従する。
□**馬脚《ばきゃく》を現《あらわ》す**　正体や悪事が露見する。
□**瓢簞《ひょうたん》から駒《こま》が出る**　意外な所から意外なものが現れる。冗談で言ったことが思いがけなく真実になる。
□**狐《きつね》につままれる**　思いがけずわけが分からずぼんやりする。
□**猿も木から落ちる**　上手な人でも時には失敗することがある。
□**取らぬ狸《たぬき》の皮算用《かわざんよう》**　まだ手に入れていないものを当てにして、使い道をあれこれ考える。

□**虎になる**　非常に酔っぱらう。
□**虎の尾をふむ**　非常に危険なことをする。
□**虎の子**　大切にして大事にしまってある金品。
□**前門《ぜんもん》の虎《とら》後門《こうもん》の狼《おおかみ》**　一つの災いを逃れても、さらに別の災いに遭う。一難去ってまた一難。
□**張《は》り子《こ》の虎**　虚勢を張りたがる人をあざけって言う言葉。
□**猫にかつおぶし**　油断できない。あやまちが起きやすい。
□**猫に小判《こばん》**　貴重なものも、その価値のわからない人にとっては何の役にも立たない。
□**猫の手も借りたい**　非常に忙しく、人手が足りない。
□**猫の額《ひたい》**　場所がとても狭い。
□**猫も杓子《しゃくし》も**　誰もかれも。何もかも。
□**猫をかぶる**　本性を隠しておとなしそうに見せる。
□**借りてきた猫**　いつもと違ってとてもおとなしい。
□**窮鼠《きゅうそ》猫をかむ**　追いつめられると弱者が強者に抵抗して反撃することがある。
□**鼠《ねずみ》に引かれそう**　家の中に一人きりで、寂しい。
□**頭の黒い鼠《ねずみ》**　家の中のものを盗む人。
□**立つ鳥あとを濁《にご》さず**　立ち去る者は後始末をきちんとしなくてはならない。引き際は潔《いさぎよ》くするべきである。

□**鵜《う》の目《め》鷹《たか》の目**　一所懸命にものを探し出そうとする様子。また、その目つき。
□**雉子《きじ》も鳴かずば打たれまい**　余計なことを言わなければ禍《わざわい》を招かずに済む。
□**雀《すずめ》の涙《なみだ》**　ほんのわずか。
□**雀百まで踊り忘れず**　幼い時からの習慣は、年をとっても抜けきらない。
□**着たきり雀**　今着ているもののほかに着るものがないこと。
□**鶴《つる》の一声《ひとこえ》**　権力者の一言ですぐに決まる。そのような一言。
□**鳶《とび(とんび)》が鷹《たか》を生む**　平凡な親が優れた子を生む。
□**鳶に油揚《あぶらあげ》をさらわれる**　大事なものをいきなり横取りされる。
□**鳩《はと》に豆鉄砲《まめでっぽう》**　突然のことに驚いて目を丸くする。
□**虫がいい**　他を顧《かえり》みない身勝手な様子。
□**虫が知らせる**　何となくよくないことが起こりそうな予感がする。
□**虫の息**　今にも絶えそうな弱弱しい息。今にも死にそうな様子。
□**虫の居所《いどころ》が悪い**　機嫌が悪く、なんでもないことにも気が障《さわ》る。
□**虫も殺さぬ**　やさしく温和な様子。
□**一寸《いっすん》の虫にも五分《ごぶ》の魂**　小さく弱い者にも意地がある。
□**蓼《たで》食う虫も好きずき**　人の好みはさまざまだ。
□**虻蜂《あぶはち》取らず**　あれこれ欲張って、結局はどちらも手に入れられない。

□**蚊《か》の鳴くような声**　蚊の羽音のようなかすかな弱い声。
□**蚤《のみ》の夫婦**　夫よりも妻の方が身体が大きい夫婦のこと。
□**泣きっ面《つら》に蜂《はち》**　不運が重なる。
□**蛙《かえる》の目借りどき**　春の、眠くてたまらない時期。
□**蛇《じゃ》の道はへび**　同類の者のすることは容易に推測できる。
□**蛇《へび》の生殺《なまごろ》し**　物事に決着をつけないまま、中途半端な状態にしておく。
□**魚心《うおごころ》あれば水心《みずごころ》**　こちらが親しむ態度を取れば、相手もそれに応えてくれるものだ。
□**水清ければ魚《うお》すまず**　あまりに清廉潔白すぎるとかえって人に親しまれない。
□**逃《に》がした魚《さかな》は大きい**　手に入れ損ねたものは、実際よりもいいものに思える。
□**鰯《いわし》の頭《あたま》も信心《しんじん》から**　鰯の頭のようなつまらないものでも信仰するとありがたく思える。
□**えびで鯛《たい》を釣《つ》る**　わずかな元手や労力で、多くの利益を得る。
□**まな板の鯉《こい》**　相手の思い通りになるより仕方ない境遇のこと。
□**柳《やなぎ》の下にいつもどじょうはおらぬ**　一度成功したからといって、同じ方法でうまくいくとは限らない。
□**亀《かめ》の甲《こう》より年《とし》の功《こう》**　長年の経験は価値がある。
□**河童《かっぱ》の川流れ**　達人も時には失敗する。

口語文法と文語文法

私たちが現在使っていることばを現代語（口語）と呼ぶのに対して、江戸時代までのことばを古語（文語）という。

◉言葉の単位

文	ある判断や感情を表す一続きのことば。いくつかの文があつまったものを文章という。 （口語）花がとても美しく咲いている。 （文語）花いとおもしろく咲きたり。
文節	文を、意味がわかる範囲で小さく句切った一つ一つ。 （口語）花が／とても／美しく／咲いて／いる。 （文語）花／いと／おもしろく／咲きたり。
単語	文節をさらに小さく句切った、ことばの最小単位。 （口語）花／が／とても／美しく／咲い／て／いる。 （文語）花／いと／おもしろく／咲き／たり。

◉文節の種類

主語	（口語）日が暮れる。 （文語）日暮る。 （口語）志が堅い。 （文語）志堅し。	何が　どうする 何が　どんなだ
述語	（口語）私は僧だ。 （文語）われ僧なり。	何が　何だ
修飾語	（口語）赤い花。 （文語）赤き花。 （口語）とても美しい。 （文語）いと美し。	**【連体修飾語】** 体言を修飾する。 **【連用修飾語】** 用言を修飾する。
接続語	（口語）雨が降る。しかし、行こう。 （文語）雨降る。されど、行かむ。	前後の文や語を接続する。
独立語	（口語）さあ、行こう。 （文語）いざ、行かむ。	他の文節と関係が薄く、独立して用いられる。

◉自立語と付属語

■自立語　単独で文節になることができる単語。

■付属語　単独で文節になることができない単語。

◉用言と体言

■用言　自立語で活用がある。単独で述語になることができる単語。

■体言　自立語で活用がない。単独で主語になることができる単語（名詞）。

◉品詞分類表

自立語か付属語か	活用するかしないか	文中でどのような働きをするか（単独でどのような文節になり得るか）	品詞
自立語	活用する	述語となることができる―用言―言い切りがウ段（文語のラ変は「り」で終わる）	動詞 （口語）思う・ある （文語）思ふ・あり
		言い切りが「い」（口語） 言い切りが「し」（文語）	形容詞 （口語）高い・美しい （文語）高し・をかし
		言い切りが「だ」（口語） 言い切りが「なり」「たり」（文語）	形容動詞 （口語）静かだ （文語）静かなり・堂々たり
	活用しない	主語となることができる―体言	名詞 （口語）私・手紙 （文語）われ・ふみ
		主語とならない―修飾語となる―用言を修飾する	副詞 （口語）ついに・とても （文語）つひに・いと
		体言を修飾する	連体詞 （口語）さる （文語）さんぬる
		修飾語とならない―接続語となる	接続詞 （口語）しかし・それで （文語）しかるに・かくて
		独立語となる	感動詞 （口語）さあ・あら （文語）いざ・あな
付属語	活用する		助動詞 （口語）た・まい （文語）けり・まじ
	活用しない		助詞 （口語）さえ・よ （文語）だに・かし

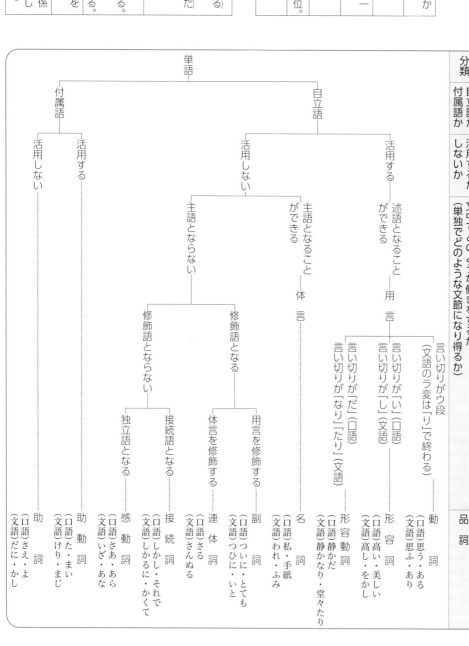

◉動詞

言い切りの形(終止形)がウ段で終わる用言。
動作・作用・存在を表す。

種類	例語	語幹	行	未然	連用	終止	連体	仮定	命令
五段	聞く	き	カ	か こ	き い	く	く	け	け
	死ぬ	し	ナ	な の	に ん	ぬ	ぬ	ね	ね
	ある	あ	ラ	ら ろ	り っ	る	る	れ	れ
	蹴《け》る	け	ラ	ら ろ	り っ	る	る	れ	れ
下一段	上《あ》げる	あ	ガ	げ	げ	げる	げる	げれ	げろ げよ
上一段	見る	○	マ	み	み	みる	みる	みれ	みろ みよ
	落ちる	お	タ	ち	ち	ちる	ちる	ちれ	ちろ ちよ
カ変	来《く》る	○	カ	こ	き	くる	くる	くれ	こい
サ変	する	○	サ	さ し せ	し	する	する	すれ	しろ せよ
	下に続く主な語			ない (よ)う	た ます	。	とき	ば	(命令)

◉形容詞

言い切りの形(終止形)が「…い」で終わる用言。
性質・状態を表す。

◉形容動詞

言い切りの形(終止形)が「…だ」で終わる用言。
性質・状態を表す。

	例語	語幹	未然	連用	終止	連体	仮定	命令
形容詞	ない	な	かろ	かっ く	い	い	けれ	○
	涼しい	すずし						
形容動詞	静かだ	しずか	だろ	だっ で に	だ	な	なら	○
	下に続く主な語		う	た ない なる	。	とき	ば	(命令)

◉用言の音便《おんびん》

読む際の便宜上、単語の一部の発音が変化すること。

■動詞の音便

連用形が「た」「て」「たり」に接続するときに生じる。

イ音便	◇聞きた→聞いた　泳ぎて→泳いで
撥《はつ》音便	◇遊びた→遊んだ　飲みて→飲んで
促《そく》音便	◇行きた→行った　取りて→取って

■形容詞の音便

連用形が「存ずる」「ございます」に続くとき、ウ音便となる。

ウ音便	◇寒くございます →寒うございます

◉名詞

物事の名称を表す体言。

普通名詞	普通一般の物事を表す。◇花・水
固有名詞	特定の人名・地名などを表す。◇京都
数詞	数・数量・順序などを表す。◇三本・一位
形式名詞	実質的な意味を失った名詞。◇こと・とき
代名詞	人や物事を指し示す名詞。 **人称代名詞**　人を指し示す。 ◇わたし・あなた・彼・あいつ・だれ **指示代名詞**　事物・場所・方向を指し示す。 ◇これ・そこ・あちら・どれ

◉副詞

用言を修飾する、活用しない自立語。

状態の副詞	動作・作用の状態を表す。 ◇のんびり・ゆっくり
程度の副詞	物事の、性質や状態の程度を表す。 ◇とても・もっと
陳述の副詞	後に、特定の表現を要求するもの。 **陳述の副詞の例**　**呼応する表現の例** ◇けっして・少しも　ない　打消 ◇なぜ・どうして　か　疑問 ◇おそらく・きっと　だろう　推量 ◇まるで・ちょうど　ようだ　比況

◉連体詞

体言を修飾する、活用しない自立語。

◇この・その・あの・どの・例の・大きな・おかしな・あらゆる・ある・たいした・わが

◉接続詞

前後の文や文節、語をつなぐ、活用しない自立語。

順接	◇それで・だから・したがって・すると
逆接	◇けれども・しかし・だが・でも・ところが
並立	◇ならびに・および
添加	◇さらに・しかも・そのうえ
選択	◇あるいは・それとも・または・もしくは
補足	◇なぜなら・ただし
転換	◇ところで・さて・では・ときに

◉感動詞

感動などを表す、活用しない自立語。

感動	◇おお・あっ・おや・あれ・えっ
呼びかけ	◇ねえ・おい・もしもし
応答	◇はい・ええ・いいえ・うん
あいさつ	◇おはよう・こんにちは・さようなら

◉助動詞　主に用言に付いて意味を添える、活用のある付属語。

接続	意味	語	未然形	連用形	終止形	連体形	仮定形	命令形	活用の型	接続	用例
未然形	受身・尊敬 自発・可能	れる	れ	れ	れる	れる	れれ	れろ れよ	下一段型 ＊命令形は受身のみ	「れる」…五段の未然形、サ変の未然形「さ」	先生が話される。【尊敬】 亡き祖父が思い出される。【自発】
		られる	られ	られ	られる	られる	られれ	られろ られよ		「られる」…上一段・下一段・カ変の未然形、サ変の未然形「せ」	他人に話しかけられる。【受身】 悲しくて寝られない。【可能】
	使役	せる	せ	せ	せる	せる	せれ	せろ せよ	下一段型	五段の未然形、サ変の未然形「さ」	意見を言わせる。【使役】
		させる	させ	させ	させる	させる	させれ	させろ させよ		上一段・下一段・カ変の未然形	問題について考えさせる。【使役】
	打消	ない	なかろ	なかっ なく	ない	ない	なけれ	○	形容詞型	動詞・一部の助動詞の未然形	絶対に謝らない。【打消】
		(ん)ぬ	○	ず	(ん)ぬ	(ん)ぬ	ね	○	特殊型		知らぬ存ぜぬ。【打消】 そちらには行きません。【打消】
	推量 意志 勧誘	う	○	○	う	(う)	○	○	無変化型	五段・形容詞・形容動詞・一部の助動詞の未然形	学校へ行こう。運動をしよう。【意志】 さぞ辛かろう。時期が来よう。【推量】
		よう	○	○	よう	(よう)	○	○		五段以外の動詞・一部の助動詞の未然形	一緒に話そう。話をしようよ。【勧誘】
未然形 終止形	打消推量 打消意志	まい	○	○	まい	(まい)	○	○	無変化型	五段の終止形、その他の動詞・一部の助動詞の未然形	約束は破るまい。【打消意志】 雪は降るまい。【打消推量】
連用形	希望	たい	たかろ	たかっ たく	たい	たい	たけれ	○	形容詞型	動詞・一部の助動詞の連用形	彼と話したい。【希望】
		たがる	たがら たがろ	たがり たがっ	たがる	たがる	たがれ	○	五段型		彼と話したがる。【希望】
	過去・完了	た	たろ	○	た	た	たら	○	特殊型	活用語の連用形	彼と話した。【過去】 ちょうど話を終えた。【完了】
	丁寧	ます	ませ ましょ	まし	ます	ます	ますれ	ませ まし		動詞・一部の助動詞の連用形	彼に伝えます。【丁寧】
	様態	そうだ	そうだろ	そうだっ そうで そうに	そうだ	そうな	そうなら	○	形容動詞型	動詞・一部の助動詞の連用形 形容詞・形容動詞の語幹	彼は楽しそうだ。【様態】
終止形	伝聞	そうだ	○	そうで	そうだ	○	○	○	形容動詞型	活用語の終止形	彼は旅行へ行くそうだ。【伝聞】
	推定	らしい	○	らしかっ らしく	らしい	らしい	らしけれ	○	形容詞型	体言、形容動詞の語幹 動詞・形容詞・一部の助動詞の終止形、一部の助詞	問題は解決したらしい。【推定】
連体形	比況・例示 推定	ようだ	ようだろ	ようだっ ようで ように	ようだ	ような	ようなら	○	形容動詞型	活用語の連体形、格助詞「の」など	バラのように美しい。【比況】 彼のように賢くなりたい。【例示】 彼が来るようだ。【推定】
体言・助詞	断定	だ	だろ	だっ で	だ	(な)	なら	○	形容動詞型	体言、一部の助詞など	彼は学者だ。【断定】
	丁寧な断定	です	でしょ	でし	です	(です)	○	○	特殊型	体言、一部の助詞など	彼は学者です。【丁寧な断定】

◉**助詞** 他の語に付いて語句と語句の関係を示したり意味を添えたりする、活用のない付属語。

■**格助詞** 他の語との関係を表す。
■**接続助詞** 文節を続ける。
■**副助詞** さまざまな意味を付け加える。
■**終助詞** 文末で気持ちなどを表す。

	助詞	意味	用例
格助詞	が	主語 対象語	私が話す。 ネコは魚が好きだ。
	の	主語 連体修飾語 体言の代用	花の咲く時期。 先生の話はわかりやすい。 この本は私のです。
	を	動作の対象 起点 経過する場所	絵を描く。 学校を出る。 橋を渡る。
	に	場所 帰着点 変化の結果 時	海に行く。 家に着く。 研究者になる。 三時におやつを食べる。
	へ	方角	南へ向かう。
	と	並立 動作の相手 変化の結果 引用	君と僕。 彼と話す。 雨が雪となる。 「はい」と言う。
	より	比較の基準 限定	花より団子。 そうするよりしかたがない。
	から	起点 原因 材料	家から出かける。 不注意からけがをする。 小麦からパンができる。
	で	場所 手段 理由	学校で勉強する。 粘土で動物を作る。 風邪で休む。
	や	並立	ライオンやゴリラがいる。

	助詞	意味	用例
接続助詞	ば	順接仮定条件 順接確定条件 並立	走れば間に合う。 夜になれば暗くなる。 肉も食べれば野菜も食べた。
	と	順接仮定条件 順接確定条件 逆接仮定条件	お礼をしないとよくない。 日が昇ると朝になる。 何をしようとかまわない。
	ても(でも)	逆接仮定条件 逆接確定条件	走っても間に合わない。 いくら食べても太らない。
	けれど(けれども)	逆接確定条件 対比	雨が降っているけれど行く。 赤もいいけれど白もいい。
	が	逆接確定条件 単純接続	気温は高いが暑くはない。 山も好きだが海も好きだ。
	のに	逆接確定条件	風が強いのに外出した。
	ので	順接確定条件 (原因・理由)	眠いので寝る。
	から	順接確定条件 (原因・理由)	眠いから寝る。
	し	並立	彼は頭もいいし勇気もある。
	て(で)	順接確定条件 継続 並立	名前を呼ばれて返事をした。 水が流れている。 甘くて冷たい。
	たり(だり)	並立 例示	泣いたり笑ったりの人生だ。 転んだりしないようにね。
	ながら	並行	歌いながら踊る。
副助詞	は	他との区別	犬はワンとほえる。
	も	添加 並立 強意	私も好きだ。 金も時間も欲しい。 知りたくもない。
	こそ	強意	今日こそは告白しよう。
	か	不確定 列挙して選択	なぜかわからない。 彼か僕か選べ。
	さえ	他を類推 限定 添加	専門家にさえわからない。 命さえあればよい。 寒くなり雪さえ降り出した。

	助詞	意味	用例
副助詞	でも	他を類推 軽い例示	犬でも食べない。 お茶でも飲もうか。
	しか	限定	日本語しか話せない。
	なり	列挙して選択 軽い例示	行くなり帰るなりご自由に。 電話なり下さい。
	やら	不確定 列挙	何やらあやしい人物だ。 金魚やら小鳥やらを飼う。
	ほど	程度 比較	五分ほどかかる。 前回ほどつらくはない。
	くらい(ぐらい)	程度 極端なものの例示	半分くらい進んだ。 それくらい僕にもできるよ。
	だけ	限定 程度	私だけが知っている。 あれだけ高いビルはない。
	まで	範囲 限度 添加	家から学校まで走る。 倒れるまで続ける。 彼までそんなことを言う。
	ばかり	程度 限定	百メートルばかり北へ行く。 彼ばかり話す。
	など	例示 軽視	花など贈りたい。 君になどわかるまい。
終助詞	な	禁止 感動	この戸はあけるな。 美しいな。
	か	疑問 反語 感動	あれは何ですか。 こんな服が着られるか。 なんと美しい人なのか。
	の	軽い断定 質問	私が言ったの。 どこから来たの。
	よ	強意 呼びかけ	私が言ったよ。 少年よ大志を抱け。
	ぞ	強意	明日は晴れるぞ。
	とも	強い確信	もちろんだとも。
	ね(ねえ)	感動 念押し	この映画面白かったね。 必ず実行してね。
	わ	感動・強意	ええ本当にこわかったわ。
	さ	軽い断定	そんなこと簡単さ。

文語文法と口語文法の違い

文語文法と口語文法には次のような違いがある。

■仮名遣い
文語文は歴史的仮名遣いである。
【例】 ●文語…「いふ」「ぢごく」
　　　○口語…「いう」「じごく」

■活用形
口語の**仮定形**は文語では**已然形**にあたる。口語の「**仮定形＋ば**」で表す仮定の内容は、文語では「**未然形＋ば**」で表す。

■活用の種類
▼動詞の活用の種類の数が異なる。

●文語（九種類）	○口語（五種類）
四段活用	五段活用
ナ行変格活用	
ラ行変格活用	
下一段活用	
下二段活用	下一段活用
上一段活用	上一段活用
上二段活用	
カ行変格活用	カ行変格活用
サ行変格活用	サ行変格活用

▼形容詞・形容動詞の活用が、文語ではそれぞれ二種類ある。

■係り結び
文語文には**係り結びの法則**がある。

◉歴史的仮名遣いの読み方

(1) 語中語末の「は・ひ・ふ・へ・ほ」は「ワ・イ・ウ・エ・オ」と発音する。
(2) ワ行の「ゐ・ゑ・を」は「イ・エ・オ」と発音する。
(3) 母音（ア・イ・ウ・エ・オ）が連続するときは、長音になる。
①あう→オー　◇さうし→ソーシ
②いう→ユー　◇しうか→シューカ
③えう→ヨー　◇てうし→チョーシ
④おう→オー　◇どうじ→ドージ
(4) 母音に「ふ」が続くときは、(1)と(3)を用いる。
けふ　→　けう　→キョー
(5) その他の語の読み方
「む」　→ン　　「らむ」→ラン
「けむ」→ケン　「ぢ」　→ジ
「づ」　→ズ　　「くわ」→カ
「ぐわ」→ガ

■五十音図

段＼行	ア行	カ行	サ行	タ行	ナ行	ハ行	マ行	ヤ行	ラ行	ワ行	
a段	あ	か	さ	た	な	は	ま	や	ら	わ	ワ
i段	い	き	し	ち	に	ひ	み	い	り	ゐ	ヰ
u段	う	く	す	つ	ぬ	ふ	む	ゆ	る	う	ウ
e段	え	け	せ	て	ね	へ	め	え	れ	ゑ	ヱ
o段	お	こ	そ	と	の	ほ	も	よ	ろ	を	ヲ

■いろは歌
いろはにほへと
ちりぬるを
わかよたれそ
つねならむ
うゐのおくやま
けふこえて
あさきゆめみし
ゑひもせす

◉名詞
自立語で活用がない。体言。
単独で主語になることができる語。

普通名詞	普通一般の事物を表す。◇人・花・水・朝・夜・鳥・山
固有名詞	人名・地名・作品名など特定の事物を表す。◇かぐや姫・仁和寺・源氏物語
数詞	人や事物の数量・数による順序を表す。◇一つ・二年・三位・百代・第一
形式名詞	本来の実質的な意味を失って、常に上に連体修飾語を必要とする名詞。◇こと・ころ・ため・もの・ほど
代名詞	人や事物などの名の代わりに、直接それらを指し示す。人物を指す人《じん》代名詞と事物などを指す指示代名詞がある。

■代名詞の分類

		自称（一人称）	対称（二人称）	他称（三人称）近称	中称	遠称	不定称
人代名詞		あ あれ わ われ	な なれ なんぢ	こ これ	そ それ	か かれ あ あれ	た たれ なにがし
指示代名詞	事物			こ これ	そ それ	か かれ あ あれ	いづれ なに
	場所			ここ	そこ	あそこ かしこ	いづこ いづら
	方向			こち こなた	そち そなた	あち かなた	いづち いづかた

◉連体詞
自立語で活用がない。
体言を修飾する語。

◇ある人　させる能　あらゆる人　さる山
いはゆる折り琴　さしたる事　なでふこと

◉接続詞
自立語で活用がない。
文と文、文節と文節、語と語を結びつける語。

条件接続	順接	◇かかれば　かくて　さらば　されば　しかして
	逆接	◇かかれども　さるは　されど　しかるに
対等接続	並列	◇および　ならびに
	添加	◇かつ　しかうして　しかして　しかも
	選択	◇あるいは　あるは　はた　もしくは　または
その他の接続	補足	◇ただし　すなはち
	転換	◇そもそも　さて　それ　さるほどに

◉感動詞
自立語で活用がない。
独立語として感動などの意味を表す。

感動	◇あな　あつぱれ　あはれ　あら　いで(や)
呼びかけ勧誘	◇いで　いかに　いざ　いざや　なう　や　やよ
応答	◇えい　いさ　いな　いや　おう　しかしか

◉**動詞** 自立語で活用がある。終止形がウ段で終わる(ラ変は「り」で終わる)用言。動作・作用・存在を表す。

活用の種類	例語	語幹	行	未然形	連用形	終止形	連体形	已然形	命令形
四段活用	聞く	き	カ行	か	き	く	く	け	け
ナ行変格活用	死ぬ	し	ナ行	な	に	ぬ	ぬる	ぬれ	ね
ラ行変格活用	あり	あ	ラ行	ら	り	り	る	れ	れ
下一段活用	蹴《け》る	[け]	カ行	け	け	ける	ける	けれ	けよ
下二段活用	上《あ》ぐ	あ	ガ行	げ	げ	ぐ	ぐる	ぐれ	げよ
上一段活用	見る	[み]	マ行	み	み	みる	みる	みれ	みよ
上二段活用	落つ	お	タ行	ち	ち	つ	つる	つれ	ちよ
カ行変格活用	来《く》	[く]	カ行	こ	き	く	くる	くれ	こ こよ
サ行変格活用	す	[す]	サ行	せ	し	す	する	すれ	せよ
	下に続く主な語			ず む	たり て	(言い切る)	こと とき	ど ども	(命令)

◉**形容詞** 自立語で活用がある。終止形が「…し」で終わる用言。性質・状態を表す。

◉**形容動詞** 自立語で活用がある。終止形が「…なり」「…たり」で終わる用言。性質・状態を表す。

	活用の種類	例語	語幹	未然形	連用形	終止形	連体形	已然形	命令形
形容詞	ク活用	なし	な	(く)	く	し	き	けれ	
				から	かり		かる		かれ
	シク活用	涼し	すず	(しく)	しく	し	しき	しけれ	
				しから	しかり		しかる		しかれ
形容動詞	ナリ活用	静かなり	しづか	なら	なり に	なり	なる	なれ	(なれ)
	タリ活用	漫々たり	まんまん	(たら)	たり と	たり	たる	(たれ)	(たれ)
		下に続く主な語		ず	けり	(言い切る)	とき	ども	(命令)

◉**用言の音便《おんびん》** 読む際の便宜上、単語の一部の発音が変化すること。

■**動詞の音便**

イ音便	き・ぎ・し→イ音 ◇書きて→書いて
ウ音便	ひ・び・み→ウ音 ◇思ひて→思うて
撥《はつ》音便	び・み・に・る→ン音 ◇飛びて→飛んで ◇あるめり→あ(ん)めり
促《そく》音便	ち・ひ・り→ッ音 ◇立ちて→立つて ＊歴史的仮名遣いでは促音も大きく書く。

■**形容詞の音便**

イ音便	き→イ音 ◇よき人→よい人
ウ音便	く→ウ音 ◇白くなる→白うなる
撥音便	る→ン音 ◇近かるなり→近か(ん)なり

■**形容動詞の音便**

撥音便	る→ン音 ◇静かなるめり →静かな(ん)めり

◉**副詞** 自立語で活用がない。主に用言を修飾する。

状態の副詞 (どんなふうに)	◇あらかじめ かつて たちまち まれまれ しばしば		
程度の副詞 (どのくらい)	◇いささか いとど いよいよ きはめて		
陳述の副詞 (後に、特定の表現を要求する)	種類	陳述の副詞の例	呼応する表現
	打消	いまだ え さらに 絶えて つゆ	ず じ まじ で
	禁止	な ゆめ ゆめゆめ	そ な
	仮定	たとひ もし よし よしや	とも ば とも
	推量	あるいは いかばかり かならず けだし さだめて	む けむ らむ べし
	比況	あたかも さながら	ごとし
	当然	すべからく まさに	べし
	願望	いかで なにとぞ ひとへに	ばや もが む てしがな
	疑問・反語	いかが いかで いかに なぞ など なでふ あに いづくんぞ	や か 活用語の連体形

◉助動詞

主に用言について意味を添える、活用のある付属語。

接続	助動詞の種類	助動詞	意味	未然形	連用形	終止形	連体形	已然形	命令形	活用の型	接続	用例
未然形	受身・尊敬・自発・可能	る	受身（…レル・…ラレル） 尊敬（…レル・…ラレル・…ナサル・オ…ニナル）	れ	れ	る	るる	るれ	れよ	下二段型 ＊自発・可能は命令形がない	四段・ナ変・ラ変動詞の未然形	ありがたきもの。舅《しうと》にほめらるる婿《むこ》。【受身】 かの大納言、いづれの船にか乗らるべき。【尊敬】
		らる	自発（〈自然ト〉…レル・…セズニハイラレナイ） 可能（…デキル）	られ	られ	らる	らるる	らるれ	られよ		四段・ナ変・ラ変以外の動詞の未然形	住みなれしふるさとかぎりなく思ひ出でらる。【自発】 恐ろしくて寝《い》もねられず。【可能】
	使役・尊敬	す	使役（…セル・…サセル） 尊敬（オ…ニナル・…ナサル）	せ	せ	す	する	すれ	せよ	下二段型	四段・ナ変・ラ変動詞の未然形	妻《め》の女《おうな》にあづけて養はす。【使役】
		さす		させ	させ	さす	さする	さすれ	させよ		四段・ナ変・ラ変以外の動詞の未然形	入道殿の、大井川に逍遙《せうえう》せさせたまひしに、【尊敬】
		しむ		しめ	しめ	しむ	しむる	しむれ	しめよ		活用語の未然形	（道真公は）やがて山崎にて出家せしめ給ひて、【尊敬】
	打消	ず	打消（…ナイ）	（ず） ざら	ず ざり	ず	ぬ ざる	ね ざれ	ざれ	特殊型	活用語の未然形	京には見えぬ鳥なれば、みな人見知らず。【打消】
	推量	む〈ん〉	推量（…ダロウ） 意志（…ウ・…ヨウ・…ツモリダ） 適当・勧誘（…ガヨイ・…テクダサイ） 仮定・婉曲（…トシタラ・…ヨウナ）	○	○	む〈ん〉	む〈ん〉	め	○	四段型		少納言《せうなごん》よ、香炉峰《かうろほう》の雪いかならむ。【推量】 いづちもいづちも足の向きたらむ方へ往《い》なむず。【意志】
		むず〈んず〉		○	○	むず〈んず〉	むずる〈んずる〉	むずれ〈んずれ〉	○	サ変型		子といふものなくてありなん。【適当】 （犬を）二人して打たむには、侍りなむや。【仮定】
		まし	反実仮想（モシモ…トシタラ…ダロウニ） ためらいの意志（…ショウカシラ） 実現不可能な希望（デキレバ…ナラヨカッタノニ）	ましか （ませ）	○	まし	まし	ましか	○	特殊型		世の中に絶えて桜のなかりせば春の心はのどけからまし【反実仮想】 これに何を書かまし。【ためらいの意志】
	打消推量	じ	打消推量（…ナイダロウ・…マイ） 打消意志（…ナイツモリダ・…マイ）	○	○	じ	じ	じ	○	無変化型		月ばかりおもしろきものはあらじ。【打消推量】 負けじとうつべきなり。【打消意志】
	希望	まほし	希望（…タイ）	（まほしく） まほしから	まほしく まほしかり	まほし	まほしき まほしかる	まほしけれ	○	形容詞型		紫のゆかりを見て、つづきの見まほしくおぼゆれど、【希望】
連用形	過去	き	過去（…タ）	（せ）	○	き	し	しか	○	特殊型	活用語の連用形（カ変・サ変には特殊な接続）	京より下りし時に、みな人、子どもなかりき。【過去】
		けり	過去（…タ・…タソウダ） 詠嘆（…タナア・…コトヨ）	（けら）	○	けり	ける	けれ	○	ラ変型	活用語の連用形	今は昔、竹取の翁《おきな》といふものありけり。【過去】 いとうつくしう生《お》ひなりにけり。【詠嘆】
	完了	つ	完了（…タ・…テシマウ・…テシマッタ） 強意（キット…・タシカニ…・テシマウ）	て	て	つ	つる	つれ	てよ	下二段型		なよ竹のかぐや姫とつけつ。【完了】 風吹きぬべし。【強意】
		ぬ	並列（…タリ…タリ）	な	に	ぬ	ぬる	ぬれ	ね	ナ変型		うきぬしづみぬゆられければ、【並列】
		たり	完了（…タ・…テシマッタ） 存続（…テイル・…テアル）	たら	たり	たり	たる	たれ	（たれ）	ラ変型		その沢にかきつばたいとおもしろく咲きたり。【存続】
	推量	けむ〈けん〉	過去推量（…タダロウ・…タノダロウ） 過去の原因推量（〈ドウシテ〉…タノダロウ・…カラダッタノダロウ） 過去の伝聞・婉曲（…タトカイウ・…タヨウナ）	○	○	けむ〈けん〉	けむ〈けん〉	けめ	○	四段型		かかる目見むとは思はざりけむ。【過去推量】 見渡せば山もとかすむ水無瀬川《みなせがは》夕べは秋となに思ひけむ【過去の原因推量】 行平の中納言の「関吹き越ゆる」と言ひけむ浦波【過去の伝聞】

	希望	たし	希望（…タイ）	（たく） たから	たく たかり	たし	たき たかる	たけれ	○	形容詞型		家にありたき木は、松・桜。【希望】
終止形	推量	らむ〈らん〉	現在推量（今ゴロハ…テイルダロウ） 現在の原因推量（〈ドウシテ〉…テイルノダロウ・…カラナノダロウ） 伝聞・婉曲（…トイウ・…ソウダ・…ヨウナ）	○	○	らむ〈らん〉	らむ〈らん〉	らめ	○	四段型	活用語の終止形（ラ変型の活用語には連体形） ＊ラ変型の活用語 ラ変動詞 形容詞（カリ活用） 形容動詞 助動詞（ラ変型・形容詞型・形容動詞型に活用する語）	風吹けば沖つ白波たつた山夜半《よは》にや君が一人越ゆらむ【現在推量】 久方《ひさかた》の月の桂《かつら》も秋はなほもみぢすればや照りまさるらむ【現在の原因推量】 （鸚鵡《あうむ》は）人の言ふらむことをまねぶらむよ。【伝聞】
		らし	推定（…ラシイ・…ニチガイナイ）	○	○	らし	らし	らし	○	無変化型		春過ぎて夏来たるらし白妙《しろたへ》の衣干したり天《あま》の香具山《かぐやま》【推定】
		めり	推定（〈見タトコロ〉…ヨウダ・…ト見エル） 婉曲（…ヨウダ・…ヨウニ思ワレル）	○	（めり）	めり	める	めれ	○	ラ変型		すだれすこし上げて、花奉《たてまつ》るめり。【推定】 今様は、むげにいやしくこそ成りゆくめれ。【婉曲】
		べし	推量（…ダロウ・…ソウダ・…ヨウダ） 意志（…ウ・…ヨウ・…ツモリダ） 当然・義務（…ハズダ・…ナケレバナラナイ） 適当・勧誘（…ガヨイ） 可能（…コトガデキル） 命令（…セヨ）	（べく） べから	べく べかり	べし	べき べかる	べけれ	○	形容詞型		この人々の深き志は、この海にも劣らざるべし。【推量】 毎度ただ得失《とくしつ》なく、この一矢《ひとや》に定むべしと思へ。【意志】 人死を憎まば、生《しやう》を愛すべし。【当然】 作文《さくもん》のにぞ乗るべかりける。【適当】 羽なければ、空をも飛ぶべからず。【可能】 主《しゆう》の髻と思ふべし。【命令】
	打消推量	まじ	打消推量（…ナイダロウ・…マイ） 打消意志（…ナイツモリダ・…マイ） 打消当然（…ハズガナイ・…ナイニチガイナイ） 不適当・禁止（…ナイノガヨイ・…テハナラナイ） 不可能（…デキソウモナイ）	（まじく） まじから	まじく まじかり	まじ	まじき まじかる	まじけれ	○	形容詞型		冬枯れの景色こそ、秋にはをさをさ劣るまじけれ。【打消推量】 なほ仕《つか》うまつるまじきことを参りて申さむ。【打消意志】 傷害のおそれおはしますまじき御身《おんみ》にて、【打消当然】 妻《め》といふものこそ、男《をのこ》の持つまじきものなれ。【不適当】 世にあるまじき心地《ここち》のしければ、【不可能】
	伝聞推定	なり	伝聞（…ソウダ・…トイウ） 推定（〈聞イタトコロ〉…ヨウダ）	○	（なり）	なり	なる	なれ	○	ラ変型		男もすなる日記といふものを、【伝聞】 秋の野に人まつ虫の声すなりわれかと行きていざとぶらはむ【推定】
体言連体形	断定	なり	断定（…ダ・…デアル） 所在・存在（…ニイル・…ニアル）	なら	なり に	なり	なる	なれ	（なれ）	形容動詞型	体言や活用語の連体形	おのが身はこの国の人にもあらず、月の都の人なり。【断定】 天の原ふりさけ見れば春日《かすが》なる三笠の山に出でし月かも【所在】
体言		たり	断定（…ダ・…デアル）	たら	たり と	たり	たる	たれ	たれ		体言	忠盛《ただもり》、備前《びぜん》の守《かみ》たりし時、【断定】
その他	完了	り	完了（…タ・…テシマッタ） 存続（…テイル・…テアル）	ら	り	り	る	れ	（れ）	ラ変型	四段の已然形・サ変の未然形（四段・サ変の命令形とする説もある）	五十《いそぢ》の春を迎へて、家を出て世をそむけり。【完了】
	比況	ごとし	比況（…ヨウダ） 例示（…ヨウナ・…ナド）	（ごとく）	ごとく	ごとし	ごとき	○	○	形容詞型	体言や活用語の連体形・助詞「が」「の」	おごれる人も久しからず、ただ春の夜の夢のごとし。【比況】 和歌・管絃《くわんげん》・往生要集《わうじやうえうしふ》ごときの抄物《せうもつ》を入れたり。【例示】

◉助詞　他の語について語句と語句の関係を示したり意味を添えたりする、活用のない付属語。

種類	助詞	意味・用法	接続
格助詞	が の	主格(…ガ) 連体修飾格(…ノ) 同格(…デ) 体言の代用(…ノモノ) 比喩(…ノヨウニ)〈「の」のみの用法〉	体言 連体形
	を	動作の対象(…ヲ) 動作の起点(…ヲ・…カラ) 経過する場所・時(…ヲ・…ヲ通ッテ)	
	に	場所・時(…ニ・…デ・…トキニ) 帰着点・対象(…ニ・…ニ対シテ) 変化の結果(…ニ…ト)動作の目的*(…ニ…タメニ) 原因・理由(…ニ・…ニヨッテ・…ノタメニ) 受身・使役の対象(…ニ・…ニヨッテ) 比較の基準(…ニ…ト…ヨリ)添加(…ウエニ) 資格・状態(…トシテ・…デ) 手段・方法(…デ・…デモッテ)	体言 連体形 *連用形
	へ	方向(…ヘ・…ヘ向カッテ)	体言
	と	動作を共にする相手(…ト・…トモニ) 変化の結果(…ト・…ニ) 比較の基準(…ト・…ト比ベテ) 比喩(…ノヨウニ) 引用(…ト・…ト思ッテ) 並列(…ト…ト)	体言 連体形 文末
	より	動作の起点(…カラ) 経過する場所(…ヲ・…ヲ通ッテ) 比較の基準(…ヨリ・…ヨリモ) 手段・方法(…デ・…ニヨッテ) 即時(…〈スル〉トスグニ・…〈スル〉ヤイナヤ)	体言 連体形
	から	動作の起点(…カラ)	
	にて	場所・時(…デ・…ノトキニ) 手段・材料(…デ) 原因・理由(…ニヨッテ・…デ) 資格・状態(…トシテ・…デ)	
	して	手段・方法(…デ・…デモッテ) 動作を共にする相手・人数(…ト・…ト一緒ニ) 使役の対象(…ニ・…ニ命ジテ)	

種類	助詞	意味・用法	接続
接続助詞	ば	順接の仮定条件(…ナラバ・…タラ・…バ)	未然形
		順接の確定条件 〈原因・理由〉(…ノデ・…カラ) 〈偶然条件〉(…ト・…タトコロ) 〈恒時条件〉(…トイツモ・…ト必ズ)	已然形
	と とも	逆接の仮定条件(…テモ・…トシテモ)	終止形
	ど ども	逆接の確定条件(…ケレドモ・…ド) 逆接の恒時条件(…テモ〈イツモ〉・…トキデモ)	已然形
	が に を	逆接の確定条件(…ガ・…ケレドモ・…ノニ) 順接の確定条件(…ノデ・…カラ)〈「が」にはこの用法なし〉 単純な接続(…ガ・…ト・…トコロ)	連体形
	て して	単純な接続(…テ・…デ)	連用形
	で	打消接続(…ナイデ・…ナクテ)	未然形
	つつ	反復・継続(…テハ・…シ続ケテ) 二つの動作の並行(…ナガラ)	動詞・助動詞の連用形
	ながら	二つの動作の並行(…ナガラ・…ママデ) 逆接の確定条件(…ガ・…モノノ)	連用形 形容詞の語幹
	ものの ものを ものから ものゆゑ	逆接の確定条件(…ノニ・…ケレドモ・…モノノ)	連体形
副助詞	だに	類推(…サエ〈モ〉) 最小限の希望(セメテ…ダケデモ)	体言 連体形 助詞
	すら〈そら〉	類推(…サエ〈モ〉)	
	さへ	添加(…マデ〈モ〉)	
	のみ	限定(…バカリ・…ダケ) 強意(特ニ・タイヘン)	種々の語
	ばかり	限定(…ダケ) 程度(…ホド・…クライ・…コロ)	

種類	助詞	意味・用法	接続
副助詞	まで	限度・範囲(…マデ) 程度(…ホド・…クライ)	種々の語
	など	例示(…ナド) 婉曲(…ナド) 引用(…ナドト)	
	し	強意(特に訳さない)	
係助詞	は	とりたて・区別(…ハ)	種々の語
	も	同趣の一つ(…モ〈マタ〉) 並列・列挙(…モ…モ) 強意(…モ…〈コト〉ヨ)	
	こそ	強意(特に訳さない)	
	ぞ・なむ〈なん〉	強意(特に訳さない)	
	や〈やは〉 か〈かは〉	疑問(…カ) 反語(…カ、イヤ、…ナイ)	
終助詞	な	禁止(…〈スル〉ナ)	終止形
	(な)…そ	禁止(…ナ)	連用形
	ばや	自己の希望(…タイ)	未然形
	なむ〈なん〉	他への願望(…テホシイ)	
	もが もがな	願望(…ガアレバイイナア・…ガホシイ)	体言 形容詞の連用形
	てしが てしがな にしが にしがな	自己の希望(…タイ)	連用形
	な	詠嘆(…ナア)	文末
	か かな	詠嘆(…ナア)	体言 連体形
	かし	強意(念押し)(…ヨ・…ダヨ)	文末
間投助詞	や	詠嘆(…ナア・…コトヨ) 呼びかけ(…ヨ)	種々の語
	よ	詠嘆(…ナア・…コトヨ) 呼びかけ(…ヨ)	
	を	詠嘆・強意(特に訳さない)	

◉係り結び

意味	係り	結び	用例
強意	こそ	已然形	少し春ある心地す。⬇少し春ある心地こそすれ。
	ぞ	連体形	ただ波の白きのみ見ゆ。⬇ただ波の白きのみぞ見ゆる。
	なむ		母宮なりけり。⬇母なむ宮なりける。
疑問・反語	や（やは）		郭公《ほととぎす》聞きたまへり。⬇郭公《ほととぎす》や聞きたまへる。
	か（かは）		山天に近し。⬇山か天に近き。

◉敬語

尊敬表現

尊敬語　話し手（書き手）が、話題の中の動作をする人〔為手《して》〕に敬意を表す。
◇（光源氏は木こりに）さるべき物ども**たまひ**、御誦経《みずきやう》などして出で**たまふ**。
（光源氏は木こりに）相応の品物をお与えになり、御誦経の布施《ふせ》などをして立ちいでなさる。
＊書き手から、動作をする人（光源氏）への敬意を表す。

謙譲表現

謙譲語　話し手（書き手）が、話題の中の動作の受け手に敬意を表す。
◇親王《みこ》に馬の頭《かみ》、大御酒《おほみき》**まゐる**。
親王に馬の頭が、お酒をさし上げる。
＊書き手から、動作を受ける人（親王）への敬意を表す。

丁寧表現

丁寧語　話し手（書き手）が、聞き手（読み手）に敬意を表す。
◇翁、皇子に申すやう、「いかなる所にか、この木は**候ひ**けむ。」
翁が皇子に申し上げることには、「どのような所にこの木はございましたでしょうか。」
＊話し手（翁）から、聞き手（皇子）への敬意を表す。

◉主要敬語一覧表

普通語	尊敬語	謙譲語	丁寧語
与ふ　授《さづ》く	給《たま》（賜）ふ（四段）　たまはす　たぶ　たうぶ（オ与エニナル）	奉《たてまつ》る　参《まゐ》る　参《まゐ》らす（サシ上ゲル）	
あり　居《を》り	おはす　おはします　ます　います　まします　いますがり（イラッシャル）	侍《はべ》り　さぶらふ　候《さうら》ふ（オ側ニヒカエル）	侍《はべ》り　さぶらふ　候《さうら》ふ（アリマス・ゴザイマス）
行く　来	おはす　おはします　ます　います（イラッシャル・オ出カケニナル・オイデニナル）	参《まゐ》る　まうづ／まかづ　まかる（参内《サンダイ》スル・参上スル／退出スル）	
言ふ	仰《おほ》す　のたまふ　のたまはす（オッシャル）	聞こゆ　聞こえさす　申《まう》す　奏《そう》す　啓《けい》す（申シ上ゲル）	
思ふ	おぼす　おもほす　おぼしめす　おもほしめす（オ思イニナル）	存ず（存ジ上ゲル）	
聞く	聞こす　聞こしめす（オ聞キニナル）	うけたまはる（ウカガウ）	
す	あそばす　参る（ナサル）	つかうまつる　つかまつる　参《まゐ》る　いたす（シテサシ上ゲル）	

■補助動詞

尊敬の補助動詞	謙譲の補助動詞	丁寧の補助動詞
給《たま》（賜）ふ（四段）　おはす　召《め》す　おはします　あそばす（…ナサル・オ…ニナル・…テイラッシャル）	給《たま》（賜）ふ（下二段）／申《まう》す　参《まゐ》らす　聞こゆ　聞こえさす　奉《たてまつ》る（…テオリマス／…申シ上ゲル）	侍《はべ》り　さぶらふ　候《さうら》ふ（…デス・…マス）

◉二方面に対する敬語

二種類の敬語を用いて、動作を受ける人と動作をする人に、同時に敬意を表現すること。
◇（かぐや姫は）いみじく静かに、公《おほやけ》に御文《ふみ》**奉りたまふ**。
（かぐや姫は）たいそう静かに、天皇に、お手紙をさし上げなさる。

奉り（謙譲語）
書き手から、手紙を受け取る公（天皇）に対する敬意の表現。

たまふ（尊敬語）
書き手から、手紙を出すかぐや姫に対する敬意の表現。

古文重要語

□**あいなし**〈愛無し・合無し〉【形・ク】
①気にくわない。②不都合だ。③〈連用形で〉むやみに。

□**あからさまなり**【形動・ナリ】
①ほんのちょっと。仮に。②突然。

□**あく**〈飽く〉【動・カ行四段】
①満足する。②嫌になる。

□**あさまし**〈浅まし〉【形・シク】
①驚くばかりだ。②情けない。③〈連用形で〉ひどく。とても。

□**あざる**〈戯る〉【動・ラ行下二段】
①ふざける。②うちとける。

□**あそぶ**〈遊ぶ〉【動・バ行四段】
①詩歌管絃の宴をする。②歩き回る。

□**あだなり**〈徒なり〉【形動・ナリ】
①誠意がない。浮気だ。②はかない。無駄だ。

□**あたらし**〈惜し〉【形・シク】
①惜しい。②立派だ。

□**あぢきなし**〈味気なし〉【形・ク】
①つまらない。②不快だ。

□**あてなり**〈貴なり〉【形動・ナリ】
①高貴だ。②上品だ。

□**あながちなり**〈強ちなり〉【形動・ナリ】
①強引だ。②ひたむきだ。③はなはだしい。

□**あはれなり**【形動・ナリ】
①しみじみと趣深い。②しみじみと悲しい。

□**あふ**〈会ふ・逢ふ〉【動・ハ行四段】
①出会う。②結婚する。

□**あへず**〈敢へず〉【連語】
①たえられない。②〈動詞の連用形について〉…しきれない。

□**あまた**〈数多〉【副】
①たくさん。多く。

□**あやし**〈賤し・怪し〉【形・シク】
①身分が低い。見苦しい。②けしからぬ。③不思議だ。④妙だ。

□**あやなし**〈文無し〉【形・ク】
①わけがわからない。②つまらない。

□**あり**〈有り・在り〉【動・ラ行変格】
①ある。いる。②生きている。③時間が経つ。

□**ありがたし**〈有り難し〉【形・ク】
①めったにない。珍しい。②生きることが難しい。暮らしにくい。

□**ありく**〈歩く〉【動・カ行四段】
①歩き回る。②〈動詞の連用形について〉…して回る。

□**ありつる**〈有りつる・在りつる〉【連体】
①先ほどの。以前の。②例の。

□**あるじ**〈主〉【名】
①もてなすこと。ごちそう。②主人。

□**いうなり**〈優なり〉【形動・ナリ】
①優美だ。②すぐれている。

□**いかがはせむ**〈如何はせむ〉【連語】
①どうしようか。〈疑問〉②どうしようか、いやどうしようもない。〈反語〉

□**いかで**〈如何で〉【副】
①なんとかして。〈願望〉②どうして。〈疑問〉③どうして…か。〈反語〉

□**いかに**〈如何に〉【副】
①どのように。②どんなにか。③なぜ。

□**いそぐ**〈急ぐ〉【動・ガ行四段】
①急いで準備する。②早くする。

□**いたし**〈甚し〉【形・ク】
①はなはだしい。ひどい。②すぐれている。③〈連用形で〉ひどく。激しく。

□**いたづらなり**〈徒らなり〉【形動・ナリ】
①無駄である。②暇である。

□**いつしか**〈何時しか〉【副】
①早く〈…たい〉。②いつの間にか。

□**いと**【副】
①たいそう。②〈打消表現を伴い〉たいして〈…ない〉。

□**いとほし**〈厭ほし〉【形・シク】
①気の毒だ。かわいそうだ。②いじらしい。かわいい。

□**いはけなし**〈稚けなし〉【形・ク】
①幼い。あどけない。

□**いふかひなし**〈言ふ甲斐無し〉【形・ク】
①言っても何にもならない。②取るに足りない。つまらない。③ふがいない。みっともない。

□**いふもおろかなり**〈言ふも疎かなり〉【連語】
①言うまでもない。②言葉で言い尽くせない。

□**いみじ**〈忌みじ〉【形・シク】
①はなはだしい。並ではない。②ひどい。不吉だ。③すばらしい。立派だ。④〈連用形で〉たいそう。とても。

□**いやし**〈卑し・賤し〉【形・シク】
①身分が低い。②粗末だ。みすぼらしい。③下品である。

□**いらふ**〈答ふ・応ふ〉【動・ハ行下二段】
①答える。応答する。

□**うし**〈憂し〉【形・ク】
①つらい。②わずらわしい。③うらめしい。

□**うしろめたし**〈後ろめたし〉【形・ク】
①気がかりだ。②油断できない。③やましい。

□**うしろやすし**〈後ろ安し〉【形・ク】
①安心だ。頼もしい。

□**うたて**〈転て〉【副】
①不快に。②異様に。気味悪く。③ますますひどく。

□**うつくし**〈美し・愛し〉【形・シク】
①いとしい。②かわいい。③立派だ。

□**うるはし**〈麗し〉【形・シク】
①整っていて美しい。②親密だ。

□**え…**〈打消〉【副】
①…できない。

□**えうなし**〈要無し〉【形・ク】
①役に立たない。必要がない。

□**えならず**【連語】
①並ではない。言いようもなくすばらしい。

□**えもいはず**〈えも言はず〉【連語】
①何とも言いようがないほどはなはだ

しい。（善悪両方）

□おくる〈後る〉【動・ラ行下二段】
①後になる。②先立たれる。③劣っている。④気後れする。

□おこたる〈怠る〉【動・ラ行四段】
①病気がなおる。②なまける。

□おこなふ〈行ふ〉【動・ハ行四段】
①仏道修行をする。勤行《ごんぎょう》する。

□おとなし〈大人し〉【形・シク】
①大人びている。②思慮分別がある。

□おとなふ【動・ハ行四段】
①音を立てる。②訪問する。

□おとにきく〈音に聞く〉【連語】
①うわさに聞く。②評判が高い。有名である。

□おどろく〈驚く〉【動・カ行四段】
①はっと気づく。②目が覚める。

□おほかた〈大方〉【副】
①だいたい。おおよそ。②（打消表現を伴い）まったく（…ない）。

□おほけなし【形・ク】
①身の程知らずだ。②おそれ多い。

□おぼつかなし【形・ク】
①はっきりしない。②不安だ。気がかりだ。③もどかしい。

□おほとのごもる〈大殿籠る〉【動・ラ行四段】
①尊おやすみになる。

□おほやけ〈公〉【名】
①朝廷。②天皇。帝。

□おぼゆ〈覚ゆ〉【動・ヤ行下二段】
①思われる。②思い出される。③似ている。④（人から）思われる。

□おぼろけなり【形動・ナリ】
①（多く打消表現を伴い）普通だ。②格別だ。

□おもしろし〈面白し〉【形・ク】
①趣深い。風情がある。②楽しい。

□およすく（ずく・すぐ）【動・カ行下二段】
①成長する。②老成する。

□おろかなり〈疎かなり〉【形動・ナリ】
①おろそかだ。いい加減だ。②愚かだ。

□かく〈斯く〉【副】
①このように。そのように。

□かげ〈影〉【名】
①光。②物や人の姿。③面影。

□かこつ〈託つ〉【動・タ行四段】
①かこつける。口実にする。②嘆く。

□かしこし〈畏し・賢し〉【形・ク】
①恐ろしい。②おそれ多い。尊い。③利発だ。④すばらしい。⑤（連用形で）ひどく。

□かしづく〈傅く〉【動・カ行四段】
①大切に育てる。

□かたくなり〈頑なり〉【形動・ナリ】
①頑固だ。②教養がない。

□かたし〈難し〉【形・ク】
①難しい。②めったにない。まれだ。

□かたち〈形・容貌〉【名】
①姿。様子。②容貌。顔つき。

□かたはらいたし〈傍ら痛し〉【形・ク】
①（そばで見ていて）見苦しい。②気が引ける。③気の毒だ。

□かたみに〈互に〉【副】
①お互いに。

□かつ〈且つ〉【副】
①一方では。②すぐに。③わずかに。④すでに。

□かなし〈愛し〉【形・シク】
①かわいい。いとおしい。②心が引かれる。③気の毒だ。

□かまふ〈構ふ〉【動・ハ行下二段】
①構築する。②準備する。③たくらむ。

□かる〈離る〉【動・ラ行下二段】
①離れる。②疎遠になる。

□きこゆ〈聞こゆ〉【動・ヤ行下二段】
①聞こえる。②世間で評判になる。③申し上げる。④謙（補助動詞として）…申し上げる。

□きは〈際〉【名】
①身分。②端。③境界。④最後。

□きよらなり・けうらなり〈清らなり〉【形動・ナリ】
①清らかで美しい。上品だ。

□ぐす〈具す〉【動・サ行変格】
①備わる。②ついて行く。③連れて行く。持って行く。

□くちをし〈口惜し〉【形・シク】
①残念だ。②いやだ。もの足りない。③つまらない。

□くまなし〈隈なし〉【形・ク】
①曇りがなく明るい。②行き届かないところがない。

□くんず〈屈ず〉【動・サ行変格】
①心がふさぐ。気が滅入る。

□けし〈怪し・異し〉【形・シク】
①異様だ。②非難すべきだ。

□げに〈実に〉【副】
①本当に。②なるほど。

□ここら【副】
①多く。

□こころうし〈心憂し〉【形・ク】
①つらい。心苦しい。②嫌だ。不快だ。

□こころざし〈志〉【名】
①愛情。誠意。②お礼。③本意。

□こころなし〈心無し〉【形・ク】
①情趣を解さない。②思いやりがない。③思慮分別がない。

□こころにくし〈心憎し〉【形・ク】
①心がひかれる。奥ゆかしい。

□こちたし〈事甚し・言痛し〉【形・ク】
①大げさだ。②うるさい。

□ことわり〈理〉【名】
①道理。②理由。

□さうざうし〈寂々し・索々し〉【形・シク】
①もの寂しい。もの足りない。

□ざえ〈才〉【名】
①（特に漢学の）学問。教養。②才能。

□さかし〈賢し〉【形・シク】
①賢い。すぐれている。②利口ぶっている。こざかしい。

□さがなし〈性なし〉【形・ク】
①意地悪だ。②うるさい。③いたずら好きだ。

□さすがに【副】
①そうはいってもやはり。

□**さらでも**〈然らでも〉【連語】
①そうでなくても。
□**さらなり**〈更なり〉【形動・ナリ】
①言うまでもない。もちろんだ。
□**さらぬわかれ**〈避らぬ別れ〉【連語】
①避けられない別れ。死別。
□**さるは**〈然るは〉【接続】
①それこそ実は。②その上。③それなのに。
□**さるべき**〈然るべき〉【連語】
①しかるべき。適当な。②そうなるはずの。③立派な。
□**さればこそ**〈然ればこそ〉【連語】
①思った通りだ。②（相手の言葉を受けて感動詞的に）だからこそ。
□**しのぶ**〈忍ぶ〉【動・バ行四段／上二段】
①我慢する。こらえる。②人目を避ける。秘密にする。③（主に四段活用で）懐かしむ。
□**しる**〈知る・領る〉【動・ラ行四段】
①理解する。②領有する。③治める。
□**しるし**〈験・徴〉【名】
①効き目。霊験。②前ぶれ。
□**すきずきし**〈好き好きし〉【形・シク】
①風流だ。②色好みだ。
□**すごし**〈凄し〉【形・ク】
①もの寂しい。②気味が悪い。③すばらしい。
□**すさまじ**〈凄まじ〉【形・シク】
①興ざめだ。②もの寂しい。③程度がはなはだしい。
□**すずろなり・そぞろなり**〈漫ろなり〉【形動・ナリ】
①（連用形で）なんとなく。②（連用形で）むやみに。③思いがけない様子だ。④無関係だ。
□**ずちなし**〈術無し〉【形・ク】
①どうしようも方法がない。
□**せうそく・せうそこ**〈消息〉【名】
①手紙。②訪問すること。
□**せめて**〈迫めて〉【副】
①強いて。無理に。②切実に。③なおも。
□**たのむ**〈頼む〉【動・マ行四段／下二段】
①当てにする。頼りにする。（四段）②当てにさせる。頼みに思わせる。（下二段）
□**たより**〈便り・頼り〉【名】
①手段。②よりどころ。③機会。ついで。④配置。⑤消息。
□**ちぎり**〈契り〉【名】
①約束。②前世からの約束・因縁。③夫婦関係。
□**つきづきし**〈付き付きし〉【形・シク】
①似つかわしい。ふさわしい。好ましい。
□**つつむ**〈慎む・包む〉【動・マ行四段】
①遠慮する。気がひける。②隠す。
□**つと**【副】
①そのままずっと。②急に。さっと。
□**つとめて**〈夙めて〉【名】
①早朝。②翌朝。
□**つゆ**（…打消）〈露〉【副】
①少しも（…ない）。まったく（…ない）。
□**つれづれなり**〈徒然なり〉【形動・ナリ】
①することがなくて退屈だ。②もの寂しい。
□**つれなし**〈連れ無し〉【形・ク】
①冷淡だ。薄情だ。②さりげない。平気だ。
□**てうず**〈調ず〉【動・サ行変格】
①ととのえる。②（加持祈祷によって）調伏する。③こらしめる。
□**ときしもあれ**〈時しもあれ〉【連語】
①折も折なのに。
□**ときめく**〈時めく〉【動・カ行四段】
①時勢に合って栄える。②寵愛を受ける。
□**ところせし**〈所狭し〉【形・ク】
①場所が狭い。②気づまりだ。③幅を利かせている。④大げさだ。
□**とし**〈疾し〉【形・ク】
①時期が早い。②速度が速い。
□**としごろ**〈年頃〉【名】
①長年。②数年来。
□**とぶらふ**〈訪ふ〉【動・ハ行四段】
①訪ねる。②見舞う。③弔問する。④様子を尋ねる。
□**な…そ**【副＋終助】
①…するな。
□**なかなか**〈中々〉【副】
①かえって。②中途半端に。
□**ながむ**〈眺む・詠む〉【動・マ行下二段】
①ぼんやりと見る。物思いにふける。（眺む）②詩歌を詠む。（詠む）
□**なさけ**〈情け〉【名】
①情趣を解する心。風流心。②思いやり。人情。③愛情。
□**なつかし**〈懐かし〉【形・シク】
①心ひかれる。②親しみがもてる。
□**なにおふ**〈名に負ふ〉【連語】
①名前として持つ。②名高い。
□**なのめなり**〈斜めなり〉【形動・ナリ】
①普通だ。②いいかげんだ。
□**なべて**〈並べて〉【副】
①一般に。②あたり一面に。
□**なほ**〈尚・猶〉【副】
①いっそう。②やはり。
□**なまめかし**〈生めかし・艶めかし〉【形・シク】
①上品で優雅だ。②若々しく美しい。
□**なめし**〈無礼し〉【形・ク】
①無礼だ。無作法だ。
□**なやむ**〈悩む〉【動・マ行四段】
①苦しむ。②病気になる。
□**にほふ**〈匂ふ〉【動・ハ行四段】
①美しく照り映える。②美しい色に染まる。③香りがただよう。
□**ねをなく**〈音を泣く〉【連語】
①声をあげて泣く。
□**ねんごろなり**〈懇ろなり〉【形動・ナリ】
①熱心だ。丁寧だ。②親密だ。
□**ねんず**〈念ず〉【動・サ行変格】
①心の中で祈る。②我慢する。
□**ののしる**〈罵る・喧る〉【動・ラ行四段】
①大声で騒ぐ。②世間で評判になる。

□**はかなし**〈果無し〉【形・ク】
①取るに足りない。②頼りにならない。③ちょっとした。

□**はかばかし**〈果々し〉【形・シク】
①しっかりしている。②てきぱきとはかどる。③はっきりしている。

□**はしたなし**〈端なし〉【形・ク】
①中途半端だ。②きまりが悪い。③不愛想だ。

□**はづかし**〈恥づかし〉【形・シク】
①(こちらが気恥ずかしくなるほど)立派だ。②気づまりだ。

□**ひがこと**〈ごと〉〈僻事〉【名】
①間違い。見当違い。②悪事。

□**ひごろ**〈日頃〉【名】
①ここ数日。②普段。

□**ひとやりならず**〈人遣りならず〉【連語】
①自分から進んですることだ。

□**ひとわろし**〈人悪し〉【形・ク】
①外聞が悪い。みっともない。

□**ひな**〈鄙〉【名】
①都から遠く離れた所。田舎。

□**ひねもす**〈終日〉【副】
①一日中。

□**びんなし**〈便無し〉【形・ク】
①不便だ。不都合だ。②感心しない。

□**ふみ**〈文〉【名】
①手紙。②文書。書物。③学問。漢学。④漢詩。

□**ほい**〈本意〉【名】
①本来の望み・志・目的。

□**まうく**〈設く・儲く〉【動・カ行下二段】
①準備する。用意する。②手に入れる。

□**まさなし**〈正無し〉【形・ク】
①不都合だ。②見苦しい。

□**まめなり**〈実なり・忠実なり〉【形動・ナリ】
①誠実だ。まじめだ。②実用的だ。

□**まもる**〈守る〉【動・ラ行四段】
①見守る。じっと見つめる。

□**みゆ**〈見ゆ〉【動・ヤ行下二段】
①見える。②見られる。③姿を見せる。④女が男の妻になる。

□**むげなり**〈無下なり〉【形動・ナリ】
①ひどい。最悪だ。②(連用形で)ひどく。むやみに。

□**むすぶ**〈掬ぶ・結ぶ〉【動・バ行四段】
①水などを両手ですくい上げる。②形をなす。③作る。

□**むつかし**〈難し〉【形・シク】
①不快だ。②気味が悪い。③むさくるしい。

□**めざまし**〈目覚まし〉【形・シク】
①気にくわない。②目が覚めるほど立派だ。

□**めづらし**〈愛づらし・珍し〉【形・シク】
①すばらしい。②新鮮だ。③めったにない。

□**めでたし**【形・ク】
①すばらしい。立派だ。②喜ばしい。

□**めやすし**〈目安し〉【形・ク】
①(見た目の)感じがよい。無難だ。

□**もぞ…**【係助＋係助】
①…したら大変だ。…したら困る。

□**ものぐるほし**〈物狂ほし〉【形・シク】
①正気を失ったようだ。

□**ものす**〈物す〉【動・サ行変格】
①(さまざまな動詞の代わりに用いて)…をする。

□**やうやう**〈漸う〉【副】
①だんだん。次第に。

□**やがて**【副】
①そのまま。②すぐに。

□**やさし**〈羞し・優し〉【形・シク】
①やせ細るほどつらい。恥ずかしい。②上品だ。優美だ。

□**やむごとなし**〈止む事無し〉【形・ク】
①大切だ。②高貴だ。③格別だ。

□**やをら**【副】
①そっと。静かに。

□**ゆかし**〈床し〉【形・シク】
①見たい。聞きたい。知りたい。②何となく心ひかれる。

□**ゆめゆめ**〈努々〉【副】
①(禁止表現を伴い)決して(…するな)。②(打消表現を伴い)まったく(…ない)。

□**ゆゆし**〈由々し・忌々し〉【形・シク】
①不吉だ。②神聖だ。おそれ多い。③すぐれている。④(連用形で)たいそう。はなはだしく。

□**よし**〈由〉【名】
①理由。②手段。③由緒。④事情。

□**よしなし**〈由無し〉【形・ク】
①つまらない。無意味だ。②理由がない。関係がない。③手段がない。

□**よのなか**〈世の中〉【名】
①世間。②男女の仲。夫婦の仲。

□**らうたし**〈労甚し〉【形・ク】
①かわいらしい。

□**れいならず**〈例ならず〉【連語】
①いつもと違っている。②体調が悪い。妊娠している。

□**れいの**〈例の〉【連語】
①いつもの。②いつものように。

□**わたる**〈渡る〉【動・ラ行四段】
①行く。来る。②(時が)経過する。③(動詞の連用形について)ずっと…する。一面に…する。

□**わびし**〈侘し〉【形・シク】
①つらい。②もの寂しい。③みすぼらしい。

□**わぶ**〈侘ぶ〉【動・バ行上二段】
①思い悩む。②寂しく思う。③困る。④(動詞の連用形について)…しかねる。…しにくい。

□**わりなし**〈理無し〉【形・ク】
①道理に合わない。②つらい。③仕方がない。④(連用形で)ひどく。

□**ゐる**〈居る〉【動・ワ行上一段】
①座る。②存在する。

□**ゐる**〈率る〉【動・ワ行上一段】
①引き連れる。伴う。

□**をかし**【形・シク】
①趣がある。②美しい。かわいい。

漢文の基礎

白文《はくぶん》・訓読《くんどく》・書《か》き下《くだ》し文《ぶん》

漢文　漢文は中国の古い書き言葉のルールに従って書かれた文章で、日本語とは語順が異なる。漢文を解釈するために、日本人は古くから**訓読《くんどく》**という方法を用いてきた。

白文　原文のままの漢文。

例　有備無患

訓読　白文に訓点(返り点・送り仮名・句読点《くとう》)を付けることで、漢文を日本語の語順に直して読むこと。

例　有《レハ》レ備《ヘ》、無《シ》レ患《ヒ》。

書き下し文　訓点に従って漢文を日本語の形式に書き改めたもの。

例　備へ有れば、患ひ無し。

返《かえ》り点《てん》　漢文を日本語の語順に直して読むために語順を示す符号。

符号	説明／用例	備考
レ点	下の一字から直前の一字に返って読む。 入《リテハ》レ郷《ニ》随《フ》レ郷《ニ》。 ②レ①④レ③　(郷《がう》に入りては郷に随《したが》ふ。)	レ点のことを雁点《かりてん》ともいう。
一二点	二字以上隔てて下から上に返って読む。 処処聞《ク》二啼鳥《ヲ》一。 ①②⑤二③④一　(処処《しょしょ》啼鳥《ていてう》を聞く。)	一二点だけでは足りないときは三点・四点…も使う。
上下点	一二点をはさんで上に返って読む。 不下為《ニ》二児孫《ノ》一買《ハ》中美田《ヲ》上。 ⑦下③二①②一⑥中④⑤上　(児孫《じそん》の為《ため》に美田を買はず。)	上下点だけでは足りないときは中点も使う。
㆑点	一点(上点)と同じ位置にレ点が付いたもの。 得《ン》下身《ラ》事《フルヲ》レ之《ニ》。 ④二①③レ②　(身《みづか》ら之《これ》に事《つか》ふるを得ん。)	二レ点や下レ点を使うことはない。
㆖点	勿《カレ》下以《テ》二悪《ノ》小《ナルヲ》一為《スコト》上レ之《ヲ》。 ⑥下③二①②一⑤上レ④　(悪の小なるを以《もつ》て之《これ》を為《な》すこと勿《な》かれ。)	

▼その他の符号として**竪点《たててん》**(ハイフン)がある。これは、返る先が熟語であることを示す。

例　三-省《スガ》吾《ヲ》身《一》。　③-④①②一　(吾《わ》が身を三省《さんせい》す。)

送り仮名　漢文を日本語として読むために、日本語の助詞・助動詞・用言の**活用語尾**を、漢字に付けたもの。送り仮名には左記の原則がある。

1　漢字の右下に小さく付ける。　例　白《キ》雲

2　カタカナを用いる。

3　文語文法に従い、歴史的仮名遣いを用いる。　例　食《ラフ》レ桃《ヲ》。

書き下し文の原則

1　送り仮名のカタカナは平仮名にする。

例　天長《ク》地久《シ》。天は長く地は久し。

2　日本語の助詞や助動詞として読んだ漢字は、平仮名に改める。

例　不レ可《カラ》レ軽《ンズ》。軽《かろ》んずべからず。

3　置き字は書かない。

例　志《ス》二於学《ニ》一。学に志す。

4　再読文字は最初の読みは漢字、二度目の読みは平仮名にする。

例　当《ニ》レ及《ブ》レ時《ニ》。当《まさ》に時に及ぶべし。

5　会話文・引用文の最後の「〜。《ト》」については、「と。」をカギ括弧の外に送る。

例　王曰《ハク》、「善《シト》。」　王曰《い》はく、「善《よ》し。」と。

漢文の構造

構造	例
主語＋述語 何が(は)＋どうする・どんなだ	鶏《主語》鳴《ク》《述語》。(鶏が鳴く。) 子貢《主語》賢《ナリ》《述語》。(子貢《しこう》は賢い。)
主語＋述語＋目的語 何が＋どうする＋何を・何に・どこで・どこから	子路《主語》弾《ク》レ《述語》琴《ヲ》《目的語》。(子路《しろ》が琴を弾く。) 太子《主語》即《ク》レ《述語》位《ニ》《目的語》。(太子が位に即《つ》く。)
主語＋述語＋目的語＋目的語 何が＋どうする＋{誰に＋何を／何を＋どこで・何に}	楚王《主語》賜《フ》二《述語》晏子《ニ》《目的語》酒《ヲ》一《目的語》。(楚王《そおう》は晏子《あんし》に酒を与えた。) 将軍《主語》起《コス》二《述語》兵《ヲ》《目的語》江東《ニ》一《目的語》。(将軍は兵を江東《こうとう》で起こした。)

＊目的語は、述語の下に置かれてさまざまな意味を表す。「〜を」という意味を表すものを目的語、「〜に・〜と・〜より」などの意味を表すものを補語として区別する考え方もあるが、ここでは区別せず、一律に目的語として扱う。

置《お》き字《じ》　漢文において、文の組み立てを助ける働きをする字を**助字**《じよじ》という。助字のうち、訓読では読まない字を**置き字**という。主な置き字として左の表の字があげられる。

字	意味・用法	位置	用例	書き下し文（口語訳）
而	順接	文中	学ビテ而時ニ習レフ之ヲ。	学びて時に之《これ》を習ふ。（学んで折に触れて復習する。）
	逆接		諫ムレドモ而不レ聴カ。	諫《いさ》むれども聴《き》かず。（忠告するが（いうことを）きかない。）
於（于・乎）	場所	文中	敗二ル越ヲ于夫椒一ニ。	越《ゑつ》を夫椒《ふせう》に敗《やぶ》る。（越の国を夫椒（地名）で破る。）
	対象		問二フ於桀溺一ニ。	桀溺《けつでき》に問ふ。（桀溺（人名）にたずねる。）
	範囲・帰着点		不レ雨フラ、至二ル於十月一ニ。	雨ふらず、十月に至《いた》る。（雨が降らず、その状態が十月まで続いた。）
	受身		不レ信二ゼラレ乎朋友一ニ矣。	朋友《ほういう》に信ぜられず。（友人に信用されない。）
	起点		出二ヅ乎口一ヨリ。	口より出《い》づ。（口から出る。）
	比較の対象		紅二ナリ於二月ノ花一ヨリ。	二月の花より紅《くれなゐ》なり。（二月の花よりも赤い。）
矣	強意・断定	文末	紂ハ可レシ伐ツ矣。	紂《ちう》は伐《う》つべし。（紂王は討伐するべきなのだ。）
焉			必ズ有二リ我ガ師一焉。	必ず我が師有り。（必ず先生がいるのだ。）
兮	（リズムを整える）	文中 文末	壮士一タビ去リテ兮不二復タ還一ラ。	壮士《さうし》一《ひと》たび去りて復《ま》た還《かへ》らず。（意気盛んな男は一度去ってもう帰ってこない。）

▼これらの字には、下段の①～③の例のように、置き字とせずに読む場合もある。

置き字以外の助字の例

① 結レビテ廬ヲ在二リ人境一ニ、而シカモ無二シ車馬ノ喧一シキ。
読　廬《いほり》を結びて人境に在《あ》り、而《しか》も車馬の喧《かまびす》しき無し。
意　廬《いおり》を作って人里にいる。しかし人馬の喧騒にわずらわされることはない。（逆接）

② 漢王於《お》二イテ彭城一ニ戦フ。
読　漢王彭城《はうじやう》に於《お》いて戦ふ。
意　漢王は彭城で戦った。（場所）

③ 子好レム勇ヲ乎《か》。
読　子《し》勇を好むか。
意　あなたは勇猛さを好むか。（疑問）

④ 豈ニ遠二シトセン千里一ヲ哉《や》。
読　豈《あ》に千里を遠しとせんや。
意　どうして千里を遠いと思うだろうか（いや、思わない）。（反語）

⑤ 仁ハ人ノ心也《なり》。
読　仁は人の心なり。
意　仁は人が本来的に持つ心である。（強意・断定）

⑥ 能ク解二ス狙之意一ヲ。
読　能《よ》く狙《さる》の意《い》を解《かい》す。
意　猿の思いを理解することができる。（修飾）

⑦ 知レル徳ヲ者鮮ナシ矣。
読　徳《とく》を知《し》る者《もの》鮮《すく》なし。
意　徳を理解している者は少ない。（名詞句）

再読文字《さいどくもじ》 訓読の慣例上、二度読むことにしている漢字。次のように読むきまりがある。

①まず、返り点に従わず、漢字の右側にある振り仮名・送り仮名によって読む。
②次に、返り点に従って、漢字の左側にある振り仮名・送り仮名によって読む。

二度目に読む分は、書き下し文では平仮名にする。

未《いま》ダずレ来タラ　①未だ　来たら　②ず

字	読み	意味	用例	書き下し文(口語訳)
未	未《いま》ダ～ず	まだ～ない	未《いま》ダレ有ラ二以テ応フル一。	未だ以《もつ》て応《こた》ふる有らず。(まだ返事がない。)
当 応	当《まさ》ニ～ 応《まさ》ニ～ ベシ	①(当然)～べきだ ②きっと～だろう	及ンデレ時ニ当《まさ》ニシ二勉励ス一。	時に及んで当に勉励《べんれい》すべし。(その時ごとに努力するべきだ。)
将 且	将《まさ》ニ～ 且《まさ》ニ～ す	①(今にも)～しようとする ②～するつもりだ	将《まさ》ニレ限ラントニ其ノ食ヲ一。	将に其の食を限らんとす。(その食糧を制限しようとする。)
宜	宜《よろ》シク～ベシ	～するのがよい	宜《よろ》シクシレ在ル二高位ニ一。	宜しく高位《かうゐ》に在るべし。(高い地位にいるのがよい。)
須	須《すべか》ラク～ベシ	～する必要がある	須《すべか》ラクシレ重ンズ二礼儀ヲ一。	須らく礼儀を重んずべし。(礼儀を重んじる必要がある。)
猶 由	猶《な》ホ～ 由《な》ホ～ ごとシ	(ちょうど)～と同じだ	過ギタルハ猶《なほ》シレ不ルガレ及バ。	過ぎたるは猶ほ及ばざるがごとし。(ゆき過ぎているのは及ばないのと同じだ。)
盍 蓋	盍《なん》ゾ～ 蓋《なん》ゾ～ ざル	どうして～ないのか	盍《なん》ゾル三各言ハ二爾ノ志ヲ一。	盍ぞ各爾《おのおのなんぢ》の志を言はざる。(どうしてそれぞれ自分の思いを言わないのか(言ってみなさい)。)

返読文字《へんどくもじ》 訓読において、後に続く語に送り仮名「ヲ・ニ・ト・ヨリ」が付いていなくても、下から上に返って読むことがある。このとき、上にある方の字を返読文字という。

有《あり》・無《なし》	天下ニ無シレ馬。 天下に馬無し。(天下に馬がいない。)
多《おほシ》・少《すくナシ》	民多シ二疾病一。 民疾病《しつぺい》多し。(人民に病気が多い。)
易《やすシ》・難《かたシ》	学難シレ成リ。 学成り難し。(学業は成就しにくい。)
可《ベシ》	水浅クシテ可シレ渡ル。(「可」は可能・許可・当然などの意を表す。) 水浅くして渡るべし。(川は浅く渡ることができる。)
与《と》	遂ニ与レ之行ク。 遂《つひ》に之《これ》と行く。(そのままこれと一緒に行った。)
自《より》・従《より》・由《より》	由リ二舟中一墜ツ二於水ニ一。 舟中より水に墜《お》つ。(舟の中から水に落ちた。)
為《ために》	吾為ニレ子ノ先行セン。 吾子《われし》の為に先行せん。(私はあなたのために先に行こう。)
所《ところ》	従フ二心ノ所ニレ欲スル一。 心の欲する所に従ふ。(心が望むことに従う。)

▼「可」は助動詞、「自・従・由」は助詞として訓読したので、書き下し文では平仮名にする。

◇その他の返読文字(句法として学習する)

- 不・弗(ず)――否定の形
- 不能(あたハず)――否定(不可能)の形
- 勿・毋・莫・無(なカレ)――否定(禁止)の形
- 使・令・遣・教(しム)――使役の形
- 見・被(る・らル)――受身の形
- 如・若(ごとシ)――比況の形

漢文常識語

一人称

□寡人《かじん》　わたくし。わたし。諸侯の謙称《けんしょう》。「徳が寡《すく》ない人」の意。

□孤《こ》　わたくし。わたし。諸侯の謙称。

□朕《ちん》　わたし。皇帝の自称。

□臣《しん》　わたくし。わたし。男性の謙称。自分の主君以外に対しても言う。

□妾《しょう》　わたくし。わたし。女性の謙称。

二人称・三人称

□子《し》　あなた。先生。男性への敬称。

□夫子《ふうし》　あなた。先生。男性への敬称。特に孔子《こうし》を指す場合もある。

□先生《せんせい》　あなた。年長者への敬称。

□公《こう》　あなた。目上・同輩への敬称。

□卿《けい》　あなた。目下・同輩への敬称。

□汝《なんじ》　お前。あなた。目下・同輩を呼ぶ言葉。

□二三子《にさんし》　お前たち。先生が弟子たちを呼ぶ言葉。

人に関する語

□聖人《せいじん》　最高の徳を備えた、理想的な人物。孔子《こうし》や、伝説上の皇帝尭《ぎょう》・舜《しゅん》などを言う。

□賢人《けんじん》　聖人に次ぐ優れた人物。

□君子《くんし》　徳の高い人。

□小人《しょうじん》　徳のない人。つまらぬ人間。

□匹夫《ひっぷ》　つまらぬ人間。身分の低い男。

□不肖《ふしょう》　愚か者。「親に肖《に》ない者」の意。

□遊子《ゆうし》　旅人。

□客《かく》　①旅人。②食客《しょっかく》。③訪問者。

□食客《しょっかく》　居候《いそうろう》。私的な家来。

身分に関する語

□天子《てんし》　天からの命令(天命)を受けて天下を統治する者。

□王《おう》　天子に次ぐ諸侯。有力な諸侯。

□諸侯《しょこう》　天子から領土を与えられた君主。

□公《こう》　(周《しゅう》の時代の)諸侯。

□卿《けい》　諸侯に次ぐ地位。

□大夫《たいふ》　卿に次ぐ地位。

□士《し》　大夫に次ぐ地位。

□庶人《しょじん》　一般の民衆。

□布衣《ふい》　官位を持たない人。

□丞相《じょうしょう》　最上位の大臣。宰相。

□左右《さゆう》　家臣たち。君主の側近。

□単于《ぜんう》　匈奴《きょうど》(中国北方の遊牧民族)の王。

名前に関する語

□姓《せい》　みょうじ。

□名《な》　出生時につける個人名。親や師が呼ぶときに用いる。名は本人の自称にもなる。

□字《あざな》　男子が成人した時につける別名。他人が呼ぶときに用いる(対等や目上の者を名で呼ぶことは失礼とされた)。

□諱《いみな》　死者の生前の名。親や主君の諱を口に出したり書いたりすることは禁忌《きんき》とされた。

□諡《おくりな》　生前の事跡に基づき死者に贈る名。

□廟号《びょうごう》　皇帝の死後に贈る称号。

□号《ごう》　文人などの雅号《がごう》・筆名。

□排行《はいこう》　一族の同世代の人(兄弟・いとこ)を年齢順に番号をつけて呼ぶもの。「元二《げんじ》」「元九《げんきゅう》」など。

□伯仲叔季《はくちゅうしゅくき》　兄弟の順序を示す語。伯(孟《もう》)の字《じ》は長男、仲は次男、叔は三男、季は末子の、名や字《あざな》に用いる習慣があった。

年齢に関する語

□志学《しがく》　十五歳。「十有五《じふいうご》にして学に志《こころざ》す」(『論語《ろんご》』)より。

□弱冠《じゃっかん》　男子の二十歳。元服の年齢。「二十を弱と曰《い》ひ、冠す」(『礼記《らいき》』)より。

□而立《じりつ》　三十歳。「三十にして立つ」(『論語』)より。

□不惑《ふわく》　四十歳。「四十にして惑《まど》はず」(『論語』)より。

□知命《ちめい》　五十歳。「五十にして天命を知る」(『論語』)より。

□耳順《じじゅん》　六十歳。「六十にして耳順《したが》ふ」(『論語』)より。

□従心《じゅうしん》　七十歳。「七十にして心の欲する所に従ひて矩《のり》を踰《こ》えず」(『論語』)より。

□古稀《こき》　七十歳。「人生七十古来稀《まれ》なり」(杜甫《とほ》「曲江《きょくこう》」)より。

政治・思想に関する語

□天命《てんめい》　天が人に託した使命・運命。

□易姓革命《えきせいかくめい》　王朝の交代。「姓《せい》を易《か》へ、命《めい》を革《あらた》む」(別の姓の一族を支配者にし、天命を改める)の意。

□禅譲《ぜんじょう》　天子の座を、子孫ではない他の有徳者に譲ること。

□放伐《ほうばつ》　暴虐な君主を武力で討伐・追放すること。

□南面《なんめん》　天子や王になること。玉座を南向きに作る慣習があったことから。

□経済《けいざい》　世を治め、人民を救うこと。「経世済民《けいせいさいみん》」(世《よ》を経《をさ》め民《たみ》を済《すく》ふ)の略。

□苛政《かせい》　厳しくむごい政治。

□社稷《しゃしょく》　国家。「社」は土地の神。「稷」は穀物の神。

□中原《ちゅうげん》　黄河の中下流域。古代中国の中心部。

□夷狄《いてき》　異民族。昔の中国で、四方の周辺民族をさげすんで呼んだ語。

□王道《おうどう》　仁義や道徳で天下を治めるやり方。

□覇道《はどう》　武力や法で天下を治めるやり方。

□恕《じょ》　思いやり。儒家が重視した徳。

□中庸《ちゅうよう》　偏り・過不足がなく、調和がとれているあり方。儒家が理想とした。

□五行《ごぎょう》　万物を構成する五つの元素。木《もく》・火《か》・土《ど》・金《ごん》・水《すい》。

和漢異義語(現代日本語と意味が違う語)

□遠慮《えんりょ》　先を見通した深い考え。

□学者《がくしゃ》　学ぶ者。学生。

□鬼《き》　霊。死者の魂。

□故人《こじん》　旧友。昔からの友人。

□城《しろ》　都市を囲む城壁。城壁の中の町。

□丈夫《じょうふ》　一人前の男。

□人間《じんかん》　人間社会。俗世。

□大丈夫《だいじょうふ》　立派な男。

□百姓《ひゃくせい》　人民。一般の民衆。

□迷惑《めいわく》　道に迷う。とまどう。

漢文句法一覧

	句形	▼読み／▽意味	通用	用例	▼書き下し文／▽口語訳
否定の形					
1	不二〜一(セ)	▼〜(セ)ず。 ▽〜(し)ない。	不《ず》—弗《ず》	覆水不レ返ラレ盆ニ。	▼覆水《ふくすい》盆に返らず。 ▽こぼれた水は盆に戻らない。
2	非ズ二〜一	▼〜ニ非《あら》ズ。 ▽〜ではない。		非ズ二忠臣ニ一。	▼忠臣に非《あら》ず。 ▽忠実な家臣ではない。
3	無シ二〜一	▼〜無《な》シ。 ▽〜がない。	無《なシ》—莫《なシ》	有レバレ備ヘ無シレ患ヒ。	▼備《そな》へ有れば患《うれ》ひ無し。 ▽準備があれば心配はない。
4	不レ能ハ二〜一(スル)	▼〜(スル)能《あた》ハず。 ▽(能力がないため)〜(する)ことができない。	不《ず》—弗《ず》	不レ能ハレ将タルレ兵ニ。	▼兵に将《しやう》たる能《あた》はず。 ▽兵士たちの将軍となることができない。
5	不レ可カラ二〜一(ス)	▼〜(ス)ベカラず。 ▽(許可や能力がないため)〜(する)ことができない。	不《ず》—弗《ず》	深不ルレ可カラレ測ル也。	▼深測《しんはか》るべからざるなり。 ▽深さを測ることができないのだ。
6	不レ得二〜一(スル)ヲ	▼〜(スル)ヲ得《え》ず。 ▽(状況が許さないため)〜(する)ことができない。		不レ得二越エテレ官ヲ而有ル一レ功ヲ。	▼官を越えて功《こう》有るを得ず。 ▽官職の職分をこえて功績をあげることはできない。
7	勿カレ二〜一(スル)	▼〜(スル)勿《な》カレ。 ▽〜(する)な。／〜(し)てはいけない。	勿《なカレ》—毋《なカレ》・莫《なカレ》・無《なカレ》	過テバ則チ勿カレレ憚ルレ改ムルニ。	▼過《あやま》てば則《すなは》ち改むるに憚《はばか》る勿《な》かれ。 ▽失敗したら改めることをためらってはいけない。
8	不レ可カラ二〜一(ス)	▼〜(ス)ベカラず。 ▽〜(し)てはいけない。		学ハ不レ可カラ二以テ已ム一。	▼学は以《もつ》て已《や》むべからず。 ▽学問は途中でやめてはいけない。
9	不二復タ〜一(セ)	▼復《ま》タ〜(セ)ず。 ▽二度と〜(し)ない。		不二復タ鼓セレ琴ヲ。	▼復《ま》た琴《きん》を鼓《こ》せず。 ▽二度と琴を弾かない。
10	無シ二復タ〜一	▼復《ま》タ〜無《な》シ。 ▽二度と〜はない。		境内ニ無シ二復タ盗賊一。	▼境内《きやうない》に復《ま》た盗賊無し。 ▽領地内にもう盗賊はいなくなった。
11	不二敢ヘテ〜一(セ)	▼敢《あ》ヘテ〜(セ)ず。 ▽(はばかって・勇気がなくて)〜(し)ようとしない。		不二敢ヘテ視一。	▼敢《あ》へて視《み》ず。 ▽見ようとしない。
12	無シ二敢ヘテ〜一(スル)	▼敢《あ》ヘテ〜(スル)無《な》シ。 ▽〜(し)ようとするものがいない。		大臣畏レレ禍ヒヲ、無シ二敢ヘテ言フ一。	▼大臣禍《だいじんわざは》ひを畏《おそ》れ、敢《あ》へて言《い》ふ無《な》し。 ▽大臣たちは災いを恐れて、諫言《かんげん》しようとするものはいなかった。
13	不レ肯ゼ二〜一(スル)ヲ	▼〜(スル)ヲ肯《がへん》ぜず。／肯《あ》へて〜(セ)ず。 ▽(納得できず・承諾できず)〜(し)ようとしない。		不レ肯ゼレ見ユルヲ二王及ビ使者ニ一。	▼王及《およ》び使者に見《まみ》ゆるを肯《がへん》ぜず。 ▽王や使者にお会いすることを承諾しなかった。
14	不二常ニハ〜一(セ)	▼常《つね》ニハ〜(セ)ず。 ▽いつも〜(する)とは限らない。		不二常ニハ得一レ油ヲ。	▼常には油を得ず。 ▽いつも油を得られるとは限らない。
15	不二必ズシモ〜一(セ)	▼必《かなら》ズシモ〜(セ)ず。 ▽必ずしも〜(する)とは限らない。		不二必ズシモ有一ラレ言。	▼必ずしも言《げん》有らず。 ▽必ずしも言葉があるとは限らない。

※「通用」は、句形の中で別の漢字を同じ意味で使えることを示す。

否定の形	16	不二倶ニハ〜一(セ)	▼倶《とも》ニハ〜(セ)ず。 ▽ともには〜(し)ない。		不二倶ニハ生キ一。	▼倶《とも》には生きず。 ▽ともには生きない(どちらかは死ぬ)。
	17	無シレ不ルハ二〜一(セ)	▼〜(セ)ざルハ無《な》シ。【強い肯定を表す二重否定】 ▽〜(し)ないものはない。すべて〜(する)。	無《なシ》—莫《なシ》	無シレ不ルハ二欣喜セ一。	▼欣喜《きんき》せざるは無し。 ▽喜ばないものはいない。
	18	無シレ非ザルハ二〜一ニ	▼〜ニ非《あら》ザルハ無《な》シ。【強い肯定を表す二重否定】 ▽〜でないものはない。すべて〜である。	無《なシ》—莫《なシ》	莫シレ非ザルハ二王土ニ一。	▼王土に非《あら》ざるは莫《な》し。 ▽王の土地でないところはない。
	19	非ズレ不ルニ二〜一(セ)	▼〜(セ)ざルニ非《あら》ズ。【釈明・弁明を表す二重否定】 ▽〜(し)ないわけではない。		非ザルレ不ルニレ悪マレ寒キヲ也。	▼寒きを悪《にく》まざるに非《あら》ざるなり。 ▽寒さをにくまないわけではないのだ。
	20	非ズレ無キニ二〜一	▼〜無《な》キニ非《あら》ズ。【釈明・弁明を表す二重否定】 ▽〜がないわけではない。		丈夫非ズレ無キニレ涙。	▼丈夫《ぢやうふ》 涙無きに非《あら》ず。 ▽男にも涙がないわけではない。
	21	不レ能ハレ不ル二〜一(セ)	▼〜(セ)ざル能《あた》ハず。 ▽〜(せ)ずにはいられない。		不レ能ハレ不ルレ争ハ。	▼争はざる能《あた》はず。 ▽争わずにはいられない。
	22	不レ可カラレ不ル二〜一(セ)	▼〜(セ)ざルベカラず。 ▽〜(し)ないわけにはいかない。		不ルレ可カラレ不ルレ知ラ也。	▼知らざるべからざるなり。 ▽知らないわけにはいかないのだ。
	23	不レ得レ不ルヲ二〜一(セ)	▼〜(セ)ざルヲ得《え》ず。 ▽〜(し)ないわけにはいかない。		不レ得レ不ルヲレ用ヰ。	▼用ゐざるを得ず。 ▽用いないわけにはいかない。
	24	無シ二Aトシテ不ルハレB(セ)	▼AトシテB(セ)ざルハ無《な》シ。 ▽AでB(し)ないものはない。		無シ二夕トシテ不ルハレ飲マ。	▼夕《ゆふべ》として飲まざるは無し。 ▽夜で飲まないものはない(飲まない夜はない)。
使役の形	25	A使ム二BヲシテC一(セ)	▼A BヲシテC(セ)しム。 ▽AがBにC(さ)せる。	使《しム》—令《しム》・遣《しム》・教《しム》	王使ム二人ヲシテ学バレ之ヲ。	▼王 人をして之《これ》を学ばしむ。 ▽王が人にこれを学ばせる。
	26	A命ジテレBニC(セ)シム	▼A Bニ命《めい》ジテC(セ)シム。 ▽AがBに命令してC(さ)せる。		成王命ジテ二周公ニ一誅セシムレ之ヲ。	▼成王《せいわう》 周公《しうこう》に命じて之《これ》を誅《ちゆう》せしむ。 ▽成王は周公に命令してこれを殺させた。
受身の形	27	A見ルレB(セ)	▼A B(セ)らル。 ▽AがB(さ)れる。	見《らル》—被《らル》	先生又見ルレ客トセ。	▼先生 又《また》 客《かく》とせらる。 ▽あなたはさらに客としてもてなされている。
	28	A見ルレB(セ)二於C一ニ	▼A CニB(セ)らル。 ▽AがCにB(さ)れる。	見《らル》—被《らル》 於—于・乎	三タビ見レ逐ハ二於君一ニ。	▼三《み》たび君《きみ》に逐《お》はる。 ▽三度主君に追放された。
	29	A B二(セ)ラル於C一ニ	▼A CニB(セ)ラル。 ▽AがCにB(さ)れる。	於—于・乎	信ゼラルルニ二乎友一ニ有リレ道。	▼友に信ぜらるるに道有り。 ▽友人に信用されるには方法がある。
	30	A為ル二Bノ所トレC(スル)	▼A BノC(スル)所《ところ》ト為《な》ル。 ▽AがBにC(さ)れる。		為ル二後母ノ所トレ苦シムル。	▼後母の苦しむる所と為《な》る。 ▽継母《ままはは》に苦しめられる。
疑問の形	31	何ゾ〜(スル)	▼何《なん》ゾ〜(スル)。【原因・理由を問う】 ▽どうして〜(する)のか。		何ゾ能ク爾ル。	▼何《なん》ぞ能《よ》く爾《しか》る。 ▽どうしてそのようであることができるのか。
	32	安クンゾ〜(スル)	▼安《いづ》クンゾ〜(スル)。【原因・理由を問う】 ▽どうして〜(する)のか。	安《いづクンゾ》—焉《いづクンゾ》・悪《いづクンゾ》	安クンゾ与二項伯一有ルレ故。	▼安《いづ》くんぞ項伯《かうはく》と故《こ》有る。 ▽どうして項伯と昔なじみなのか。

疑問の形

	形	書き下し・意味	同様の形	例文	書き下し・訳
33	何為《レゾ》〜（スル）	▼何為《なんす》レゾ〜（スル）。 ▽どうして〜（する）のか。 【原因・理由を問う】		何為《レゾ》於《イテスル》レ此《ニ》。	▼何為《なんす》れぞ此《ここ》に於《お》いてする。 ▽どうしてここで行うのか。
34	何《ヲ》以《テ》〜（スル）	▼何《なに》ヲ以《もつ》テ〜（スル）。【原因・理由／手段・方法を問う】 ▽どうして〜（する）のか。／どのようにして〜（する）のか。		何《ヲ》以《テ》卑《シム》レ我《ヲ》。	▼何を以《もつ》て我を卑《いや》しむ。 ▽どうして私を見下すのか。
35	何《ヲカ》〜（スル）	▼何《なに》ヲカ〜（スル）。 ▽何を〜（する）のか。 【対象を問う】		客何《ヲカ》好《ム》。	▼客《かく》何をか好む。 ▽その食客は何を好むのか。
36	誰《カ》〜（スル）	▼誰《たれ》カ〜（スル）。 ▽誰が〜（する）のか。 【人物を問う】	誰《たれカ》―孰《たれカ》	誰《カ》加《フル》レ衣《ヲ》者《ゾ》。	▼誰《たれ》か衣を加ふる者ぞ。 ▽誰が衣服をかけたのか。
37	孰《レカ》〜（スル）	▼孰《いづ》レカ〜（スル）。 ▽どちらが〜（する）のか。 【選択を問う】	孰《いづレカ》―何《いづレカ》	女《ト》与《ハ》レ回也、孰《レカ》愈《レル》。	▼女《なんぢ》と回《かい》とは、孰《いづ》れか愈《まさ》れる。 ▽お前と回（人名）とは、どちらが優れているのか。
38	何《レノ》時《ニカ》〜（スル）	▼何《いづ》レノ時《とき》ニカ〜（スル）。 ▽いつ〜（する）のか。 【時間を問う】		何《レノ》時《ニカ》反《ル》二故郷《ニ》一。	▼何《いづ》れの時にか故郷に反《かへ》る。 ▽いつ故郷に帰るのか。
39	安《クニカ》〜（スル）	▼安《いづ》クニカ〜（スル）。 ▽どこに〜（する）のか。 【場所を問う】	安《いづクニカ》―何《いづクニカ》	沛公安《クニカ》在《ル》。	▼沛公《はいこう》安《いづ》くにか在《あ》る。 ▽沛公はどこにいるのか。
40	何《レノ》処《ニカ》〜（スル）	▼何《いづ》レノ処《ところ》ニカ〜（スル）。 ▽どこに〜（する）のか。 【場所を問う】		何《レノ》処《ニカ》去《ル》。	▼何《いづ》れの処《ところ》にか去る。 ▽どこに行くのか。
41	〜（スル）乎	▼〜（スル）か。／〜（ス）や。 ▽〜（する）のか。	乎《か》―哉《か》・邪《か》・也《か》・耶《か》・与《か》・歟《か》	能《ク》復《タ》飲《ム》乎。	▼能《よ》く復《ま》た飲むか。 ▽もう一杯飲むことができるか。
42	〜何如	▼〜何如《いかん》。 ▽〜はどのようであるか。 【状態・評価を問う】	何如《いかん》―何若《いかん》	今日之事、何如。	▼今日《こんにち》の事、何如《いかん》。 ▽今日の事は、どのようであるか。
43	〜如何《セン》	▼〜如何《いかん》セン。 ▽〜はどうすればよいか。 【手段・方法を問う】	如何《いかんセン》―若何《いかんセン》・奈何《いかんセン》	治《ムルハ》レ国《ヲ》如何《セン》。	▼国を治《をさ》むるは如何《いかん》せん。 ▽国を治めるにはどうすればよいか。
44	〜何《ゾ》也	▼〜何《なん》ゾや。 ▽〜はどうしてか。 【原因・理由を問う】		今泣《クハ》何《ゾ》也。	▼今泣くは何《なん》ぞや。 ▽今泣いているのはどうしてか。
45	〜誰《ゾ》也	▼〜誰《たれ》ゾや。 ▽〜は誰か。 【人物を問う】		追《フ》レ我《ヲ》者《ハ》誰《ゾ》也。	▼我を追ふ者は誰《たれ》ぞや。 ▽私を追ってくるのは誰か。
46	〜幾何《ゾ》	▼〜幾何《いくばく》ゾ。 ▽〜はどれくらいか。 【数量を問う】		人生幾何《ゾ》。	▼人生幾何《いくばく》ぞ。 ▽人の一生はどれくらいか。
47	〜（ス）ヤ不《ヤ》	▼〜（ス）ヤ不《いな》ヤ。 ▽〜（する）か、どうか。	不《いなヤ》―否《いなヤ》	尚《ホ》在《リヤ》否《ヤ》。	▼尚《な》ほ在《あ》りや否《いな》や。 ▽まだあるか、どうか。
48	〜（ス）ヤ未《ダシヤ》	▼〜（ス）ヤ未《いま》ダシヤ。 ▽〜（し）たか、まだか。		寒梅著《ケタリヤ》レ花《ヲ》未《ダシヤ》。	▼寒梅花を著《つ》けたりや未《いま》だしや。 ▽寒梅は花をつけたか、まだか。
49	何《ゾ》A之B（スル）也	▼何《なん》ゾAノB（スル）ヤ。 ▽どうしてAがこのようにB（する）のか。		何《ゾ》夫子之娯《シム》也。	▼何《なん》ぞ夫子《ふうし》の娯《たの》しむや。 ▽どうして先生はこのように楽しんでいらっしゃるのか。

分類	番号	句形	読み・意味	同類	例文	書き下し・訳
反語の形	50	豈ニ～(セ)ン哉	▼豈《あ》ニ～(セ)ンや。 ▽どうして～(する)だろうか(いや、～(し)ない)。	哉《や》―乎《や》	豈ニ遠シトセン千里ヲ哉。	▼豈《あ》に千里を遠しとせんや。 ▽どうして千里の道のりを遠いと思うでしょうか(いや、遠いとは思いません)。
	51	安クンゾ～(セ)ン哉	▼安《いづ》クンゾ～(セ)ンや。 ▽どうして～(する)だろうか(いや、～(し)ない)。	安《いづくんぞ》―焉《いづくんぞ》・悪《いづくんぞ》 哉《や》―乎《や》	安クンゾ知ラン江海之深キヲ乎。	▼安くんぞ江海の深きを知らんや。 ▽どうして大河と海の深さがわかるだろうか(いや、わからない)。
	52	何ゾ敢ヘテ～(セ)ンヤ	▼何《なん》ゾ敢《あ》ヘテ～(セ)ンヤ。 ▽どうして～(し)ようとするだろうか(いや、～(し)ようとはしない)。	何《なんぞ》―安《いづくんぞ》・豈《あに》	儀何ゾ敢ヘテ言ハンヤ。	▼儀《ぎ》何《なん》ぞ敢《あ》へて言はんや。 ▽私(張儀)はどうして発言しようとするでしょうか(いや、発言しようとはしません)。
	53	何ゾ必ズシモ～(セ)ンヤ	▼何《なん》ゾ必《かなら》ズシモ～(セ)ンヤ。 ▽どうして～(する)必要があるだろうか(いや、～(する)必要はない)。		何ゾ必ズシモ思ハンヤ故郷ヲ。	▼何ぞ必ずしも故郷を思はんや。 ▽どうして故郷を思う必要があるだろうか(いや、思う必要はない)。
	54	可ケン～(ス)乎	▼～(ス)ベケンや。 ▽～(する)ことができるだろうか(いや、できない)。		可ケン謂フ仁ト乎。	▼仁と謂《い》ふべけんや。 ▽仁と言うことができるだろうか(いや、できない)。
	55	得ン～(スル)ヲ乎	▼～(スル)ヲ得《え》ンや。 ▽～(する)ことができるだろうか(いや、できない)。		得ン不ルヲ遊バ乎。	▼遊ばざるを得んや。 ▽遊ばないことができるだろうか(いや、できない)。
	56	能ク～(セ)ン乎	▼能《よ》ク～(セ)ンや。 ▽～(する)ことができるだろうか(いや、できない)。		能ク免レン於患ヲ乎。	▼能《よ》く患《くわん》を免《まぬか》れんや。 ▽災いから逃れることができるだろうか(いや、できない)。
	57	敢ヘテ不ランヤ～(セ)	▼敢《あ》ヘテ～(セ)ざランヤ。 ▽どうして～(し)ようとしないだろうか(いや、～(し)ようとするだろう)。		敢ヘテ不ラン走ラ乎。	▼敢《あ》へて走らざらんや。 ▽どうして逃げようとしないだろうか(いや、逃げようとするだろう)。
	58	独リ～(セ)ン乎	▼独《ひと》リ～(セ)ンや。 ▽どうして～(する)だろうか(いや、～(し)ない)。		独リ不ラン愧ヂ於心ニ乎。	▼独《ひと》り心に愧《は》ぢざらんや。 ▽どうして内心恥じないだろうか(いや、恥じる)。
	59	何ノ～カ之レ有ラン	▼何《なん》ノ～カ之《こ》レ有《あ》ラン。 ▽どんな～があるだろうか(いや、～などありはしない)。		何ノ難キコトカ之レ有ラン。	▼何《なん》の難《かた》きことか之《こ》れ有らん。 ▽どんな困難があるだろうか(いや、困難などありはしない)。
	60	A非ズBニ乎	▼A B二非《あら》ズや。 ▽AはBではないか(Bだろう)。		若ハ非ズ吾ガ故人ニ乎。	▼若《なんぢ》は吾《わ》が故人《こじん》に非《あら》ずや。 ▽お前は私の旧友ではないか(旧友だろう)。
	61	A不B(セ)乎	▼A B(セ)ずや。 ▽AはB(し)ないか(B(する)だろう)。		汝不知ラ夫ノ蟷螂ヲ乎。	▼汝《なんぢ》夫《か》の蟷螂《たうらう》を知らずや。 ▽あなたはあのカマキリを知らないか(知っているでしょう)。
	62	豈ニ～哉	▼豈《あ》ニ～か。 ▽～だろうか。(反語の形で推測を表す。)		丞相豈ニ忘レン之ヲ哉。	▼丞相《じやうしやう》豈《あ》に之《これ》を忘れんか。 ▽宰相はこれを忘れたのだろうか。
	63	其レ～乎	▼其《そ》レ～か。 ▽～だろうか。(反語の形で推測を表す。)		其レ恕乎。	▼其《そ》れ恕か。 ▽恕(思いやり)だろうか。
詠嘆の形	64	嗚呼、～	▼嗚呼《ああ》、～。 ▽ああ、～。	嗚呼《ああ》―嗟乎《ああ》・嘻《ああ》・噫《ああ》	嗚呼、哀シイ哉。	▼嗚呼《ああ》、哀しいかな。 ▽ああ、哀しいなあ。
	65	～(ナル)哉	▼～(ナル)かな。 ▽～(である)なあ。		美シキ哉。	▼美しきかな。 ▽美しいなあ。
	66	何ゾ其レ～(ナル)也	▼何《なん》ゾ其《そ》レ～(ナル)や。 ▽なんと～(である)ことよ。		何ゾ其レ多能ナル也。	▼何《なん》ぞ其《そ》れ多能なるや。 ▽なんと才能が豊富であることよ。

分類	番号	形	読み・意味	同じ用法の字	例文	書き下し・訳
詠嘆の形	67	豈ニ不㆓〜㆒(ナラ)哉	▼豈《あ》ニ〜(ナラ)ずや。 ▽なんと〜(で)はないか。		豈ニ不㆑哀シカラ哉。	▼豈《あ》に哀《かな》しからずや。 ▽なんと哀しいではないか。
詠嘆の形	68	不㆓亦〜㆒(ナラ)乎	▼亦《また》〜(ナラ)ずや。 ▽なんと〜(で)はないか。		不㆓亦重カラ㆒乎。	▼亦《また》重からずや。 ▽なんと重いではないか。
仮定の形	69	如シ〜バ	▼如《も》シ〜バ。 ▽もし〜ならば。	如《もシ》—若《もシ》	王如シ知ラバ㆑此ヲ、	▼王如《も》し此《これ》を知らば、 ▽王がもしこのことを知ったならば、
仮定の形	70	苟クモ〜バ	▼苟《いやし》クモ〜バ。 ▽もし〜ならば。		苟クモ志サバ㆓於仁ニ㆒、	▼苟《いやし》くも仁に志《こころざ》さば、 ▽もし仁を目指すならば、
仮定の形	71	縦ヒ〜トモ	▼縦《たと》ヒ〜トモ。 ▽たとえ〜ても。		縦ヒ彼不トモ㆑言ハ、	▼縦《たと》ひ彼言はずとも、 ▽たとえ彼が言わなくても、
仮定の形	72	雖モ㆓〜ト㆒	▼〜ト雖《いへど》モ。 ▽たとえ〜ても。		雖モ㆑為スト㆑将ト、	▼将と為《な》すと雖《いへど》も、 ▽たとえ将軍に取り立てても、
仮定の形	73	使メバ㆓AヲシテB(セ)㆒	▼AヲシテB(セ)しメバ。 ▽もしAがB(すれ)ば。	使《しメバ》—令《しメバ》	使メバ㆔我ヲシテ有ラ㆓洛陽負郭ノ田二頃㆒、	▼我をして洛陽負郭《らくやうふくわく》の田《でん》二頃《にけい》有らしめば、 ▽もし私が洛陽の城壁付近の田地二頃を持っていたならば、
仮定の形	74	今〜バ	▼今《いま》〜バ。 ▽今仮に〜ならば。		今王必ズ欲セバ㆑致サント㆑士ヲ、	▼今王必ず士を致《いた》さんと欲せば、 ▽今仮に王様がぜひとも有能な者を招きたいと思うならば、
仮定の形	75	微カリセバ㆓〜㆒	▼〜微《な》カリセバ。 ▽〜がなかったら。		微カリセバ㆓管仲㆒、	▼管仲《くわんちゆう》微《な》かりせば、 ▽管仲がいなかったら、
仮定の形	76	Aバ、則チB	▼Aバ、則《すなは》チB。 ▽Aならば、B。		学ビテ而不レバ㆑思ハ、則チ罔シ。	▼学びて思はざれば、則《すなは》ち罔《くら》し。 ▽学んでも思索しないならば、道理がわからない。
比較の形	77	A不㆑如カ㆑Bニ	▼A Bニ如《し》カず。 ▽AはBに及ばない。	如《しカ》—若《しカ》	百聞ハ不㆑如カ㆓一見ニ㆒。	▼百聞は一見に如《し》かず。 ▽百回聞くことは一回見ることに及ばない。
比較の形	78	Aハ莫シ㆑如クハ㆑Bニ	▼AハBニ如《し》クハ莫《な》シ。 ▽AではBに及ぶものはない。	莫《なシ》—無《なシ》 如《しクハ》—若《しクハ》	人ハ莫シ㆑若クハ㆑故キニ。	▼人は故《ふる》きに若《し》くは莫《な》し。 ▽人は古くからの友人に及ぶものはない。
比較の形	79	AハB(ナリ)㆒於Cヨリ㆒	▼AハCヨリB(ナリ)。 ▽AはCよりもB(である)。	於—于・乎	霜葉ハ紅ナリ㆓於二月ノ花ヨリ㆒。	▼霜葉《さうえふ》は二月の花より紅《くれなゐ》なり。 ▽霜にうたれた紅葉は春の盛りの花よりも赤い。
比較の形	80	A莫シ㆑B(ナル)ハ㆓於Cヨリ㆒	▼A CヨリB(ナル)ハ莫《な》シ。 ▽AはCよりB(である)ものはない。	於—于・乎	悲シミ莫シ㆑甚ダシキハ㆓於窮困ヨリ㆒。	▼悲しみ窮困より甚《はなは》だしきは莫《な》し。 ▽悲しみについては貧窮よりひどいものはない(貧窮よりひどい悲しみはない)。
比況の形	81	A如シ㆑Bノ	▼A Bノごとシ。 ▽AはBのようである。	如《ごとシ》—若《ごとシ》	白髪如シ㆓霜草ノ㆒。	▼白髪霜草《さうさう》のごとし。 ▽白髪は霜のおりた草のようである。
選択の形	82	寧ロA(ス)トモ、無カレ㆑B(スル)コト	▼寧《むし》ロA(ス)トモ、B(スル)コト無《な》カレ。 ▽A(する)方がよく、B(し)てはいけない。		寧ロ為ルトモ㆓鶏口ト㆒、無カレ㆑為ルコト㆓牛後ト㆒。	▼寧《むし》ろ鶏口と為《な》るとも、牛後と為《な》ること無《な》かれ。 ▽鶏の口(小国の主)になる方がよく、牛の尻(大国の部下)になってはいけない。
選択の形	83	寧ロA(ス)トモ、不レ㆑B(セ)	▼寧《むし》ロA(ス)トモ、B(セ)ざレ。 ▽A(する)方がよく、B(し)てはいけない。		寧ロ喪フトモ㆓千金ヲ㆒、不レ㆑失ハ㆓士ノ心ヲ㆒。	▼寧《むし》ろ千金を喪《うしな》ふとも、士の心を失はざれ。 ▽大金を失う方がよく(失うのはよいが)、人の心を失ってはいけない。

分類	番号	句形	読み・意味	同意語	例文	書き下し文・訳
選択の形	84	Aハ孰㆓与レゾB㆒ニ	▼AハBニ孰与《いづ》レゾ。 ▽AはBと比べてどうか。	孰与《いづれゾ》—孰若《いづれゾ》	漢ハ孰㆓与レゾ我ノ大㆒ナルニ。	▼漢は我の大なるに孰与《いづ》れぞ。 ▽漢は我が国の大きさと比べてどうか。
	85	与㆓リハ其ノA㆒(セ)ン、寧ロB(セヨ)	▼其《そ》ノA(セ)ンよりハ、寧《むし》ロB(セヨ)。 ▽A(する)よりは、B(する)方がよい。		礼ハ与㆓リハ其ノ奢㆒ラン也、寧ロ倹セヨ。	▼礼は其《そ》の奢《おご》らんよりは、寧《むし》ろ倹《けん》せよ。 ▽儀式は華美にするよりは、控えめにする方がよい。
	86	与㆓リハ其ノA㆒(セ)ン、孰㆓与レゾB㆒(スル)ニ	▼其《そ》ノA(セ)ンよりハ、B(スル)ニ孰与《いづ》レゾ。 ▽A(する)のは、B(する)のと比べてどうか(Bの方がよい)。	孰与《いづれゾ》—孰若《いづれゾ》	与㆓リハ其ノ有㆑ラン楽㆓シミ於身㆒ニ、孰㆓若レゾ無㆑キニ憂㆓ヘ於其ノ心㆒ニ。	▼其《そ》の身に楽しみ有らんよりは、其《そ》の心に憂《うれ》へ無きに孰若《いづ》れぞ。 ▽身に楽しみがあるのは、自分の心に心配がないのと比べてどうか(後者の方がよい)。
	87	与㆓リハ其ノA㆒(セ)ン、不㆑如㆑カB(スル)ニ	▼其《そ》ノA(セ)ンよりハ、B(スル)ニ如《し》カず。 ▽A(する)よりは、B(する)方がよい。	如《しカ》—若《しカ》	与㆓リハ其ノ生キテ而無㆑カラン義、固ヨリ不㆑如㆑カ烹ラルルニ。	▼其《そ》の生きて義無からんよりは、固《もと》より烹《に》らるるに如《し》かず。 ▽生きて義を欠くよりは、当然煮殺された方がよい。
限定の形	88	惟ダ〜ノミ	▼惟《た》ダ〜ノミ。 ▽ただ〜だけ。	惟《ただ》—唯《ただ》・但《ただ》・特《ただ》	惟ダ君子ノミ能㆑クス之ヲ。	▼惟《た》だ君子《くんし》のみ之《これ》を能《よ》くす。 ▽ただ君子だけが行うことができる。
	89	独リ〜ノミ	▼独《ひと》リ〜ノミ。 ▽ただ〜だけ。		今独リ臣ノミ有㆑リ船。	▼今独《ひと》り臣《しん》のみ船有り。 ▽今、ただ私だけが船を持っている。
	90	〜耳	▼〜のみ。 ▽〜だけだ。	耳《のみ》—已《のみ》・而已《のみ》・而已矣《のみ》・爾《のみ》	法ハ三章耳。	▼法は三章のみ。 ▽法律は三条だけだ。
累加の形	91	不㆓惟ダニ〜㆒ノミナラ	▼惟《た》ダニ〜ノミナラず。 ▽ただ〜だけではない。	惟《ただニ》—唯《ただニ》・但《ただニ》・特《ただニ》	不㆓唯ダニ忘㆑ルルノミナラ帰ルヲ。	▼唯《た》だに帰るを忘るるのみならず。 ▽ただ帰るのを忘れるだけではない。
	92	非㆓ズ惟ダニ〜㆒ノミニ	▼惟《た》ダニ〜ノミニ非《あら》ズ。 ▽ただ〜だけではない。	惟《ただニ》—唯《ただニ》・但《ただニ》・特《ただニ》	疑㆑フ臣ヲ者非㆓ズ特ダニ三人㆒ノミニ。	▼臣《しん》を疑ふ者特《た》だに三人のみに非《あら》ず。 ▽私を疑う者はただ三人だけではありません。
	93	豈ニ惟ダニ〜ノミナランヤ	▼豈《あ》ニ惟《た》ダニ〜ノミナランヤ。 ▽どうしてただ〜だけだろうか(いや、〜だけではない)。	惟《ただニ》—唯《ただニ》・但《ただニ》・特《ただニ》	豈ニ唯ダニ民ノミナラン哉。	▼豈《あ》に唯《た》だに民のみならんや。 ▽どうしてただ人民だけだろうか(いや、人民だけではない)。
	94	何ゾ独リ〜ノミナランヤ	▼何《なん》ゾ独《ひと》リ〜ノミナランヤ。 ▽どうしてただ〜だけだろうか(いや、〜だけではない)。		故郷何ゾ独リ在㆓ルノミナランヤ長安㆒ニ。	▼故郷何ぞ独り長安に在《あ》るのみならんや。 ▽故郷はどうしてただ長安にあるだけだろうか(いや、長安だけではない)。
抑揚の形	95	Aスラ且ツB。況ンヤCヲ乎	▼Aスラ且《か》ツB。況《いは》ンヤCヲや。 ▽AでさえBだ。ましてCはなおさらだ。	且《かツ》—猶《なホ》・尚《なホ》	死馬スラ且ツ買㆑フ之ヲ。況ンヤ生ケル者ヲ乎。	▼死馬すら且《か》つ之《これ》を買ふ。況《いは》んや生ける者をや。 ▽死んだ馬でさえ買う。まして生きている馬はなおさらだ。
	96	Aスラ且ツB。安クンゾC(セ)ンヤ	▼Aスラ且《か》ツB。安《いづ》クンゾC(セ)ンヤ。 ▽AでさえBだ。ましてどうしてC(する)だろうか(いや、C(し)ない)。	且《かツ》—猶《なホ》・尚《なホ》 安《いづクンゾ》—豈《あニ》	臣死スラ且ツ不㆑避ケ。卮酒安クンゾ足㆑ランヤ辞スルニ。	▼臣《しん》死すら且《か》つ避けず。卮酒《ししゆ》安《いづ》くんぞ辞《じ》するに足《た》らんや。 ▽私は死さえ避けない。まして大杯の酒などどうして断るほどのことがあるだろうか(いや、ない)。
願望の形	97	請フ〜(セヨ)／(セ)ン	▼請《こ》フ〜(セヨ)。／請フ〜(セ)ン。 ▽どうか〜(し)てください。／どうか〜(さ)せてください。		請フ以㆑テ剣ヲ舞ハン。	▼請《こ》ふ剣を以《もつ》て舞はん。 ▽どうか剣舞を行わせてください。
	98	願ハクハ〜(セヨ)／(セ)ン	▼願《ねが》ハクハ〜(セヨ)。／願ハクハ〜(セ)ン。 ▽どうか〜(し)てください。／どうか〜(さ)せてください。		願ハクハ大王急ギ渡レ。	▼願はくは大王急ぎ渡れ。 ▽どうか大王は急いで渡ってください。
	99	庶幾ハクハ〜(セヨ)／(セ)ン	▼庶幾《こひねが》ハクハ〜(セヨ)。／庶幾ハクハ〜(セ)ン。 ▽どうか〜(し)てください。／どうか〜(さ)せてください。		王庶幾ハクハ改㆑メヨ之ヲ。	▼王庶幾《こひねが》はくは之《これ》を改めよ。 ▽王様どうかこれを改めてください。
	100	欲㆓ス〜㆒(セ)ント	▼〜(セ)ント欲《ほつ》ス。 ▽〜(し)たいと思う。		欲㆑ス窮㆓メント其ノ林㆒ヲ。	▼其《そ》の林を窮《きは》めんと欲す。 ▽その林の終わりまで行きたいと思う。

漢詩

漢詩の種類

漢詩は、唐代以前からあった**古体詩**《こたいし》と、唐代に詩型が確立された**近体詩**《きんたいし》とに分けられる。近体詩は句数や押韻《おういん》・平仄《ひょうそく》などに厳しい規則がある。古体詩は唐代以後も盛んに作られた。

古体詩

四言古詩《しごんこし》・五言古詩《ごごん》・七言古詩《しちごん》と、句ごとの字数が不ぞろいの楽府《がふ》がある。四言古詩は中国最古の詩集『詩経《しきょう》』(➡四〇〇頁)に多く見られる古い詩型である。楽府は、民間の歌謡から題を借りた詩である。いずれも句数に制限はなく、換韻《かんいん》(途中で韻が変わる)しても、一韻到底《いちいんとうてい》(最後まで一つの韻で通す)でもよい。

近体詩

詩型

①**絶句**《ぜっく》

一首の句数が四句の詩。一句が五字のものを**五言絶句**《ごごん》、七字のものを**七言絶句**《しちごん》という。

②**律詩**《りっし》

一首の句数が八句の詩。一句が五字のものを**五言律詩**、七字のものを**七言律詩**という。

		詩型	一句の字数	句数	押韻	備考
古体詩		四言古詩《ごん》	四字	不定	一般に偶数句末尾(換韻する場合あり)	『詩経』に多く見られる。
		五言古詩	五字			
		七言古詩	七字			
		楽府《がふ》	不定			民間の歌謡に題を借りた詩。
近体詩	絶句	五言絶句	五字	四句	偶数句末尾	「起承転結」の四段構成。
		七言絶句	七字		第一句末尾＋偶数句末尾	
	律詩	五言律詩	五字	八句	偶数句末尾	二句ずつまとめ「首聯《しゅれん》・頷聯《がんれん》・頸聯《けいれん》・尾聯《びれん》」と呼ぶ。頷聯と頸聯はそれぞれ対句にする。
		七言律詩	七字		第一句末尾＋偶数句末尾	
	排律	五言排律	五字	十句以上	偶数句末尾	律詩の規則に従う。

③**排律**《はいりつ》

全十句以上から成り、最初と最後の二句ずつ以外はすべて対句となる詩。五言のものが多い。

押韻《おういん》

句末を同じ韻(発音をローマ字表記して最初の子音を除いた部分)の漢字でそろえることを**押韻**(韻を踏む)と呼ぶ。基本的に、五言詩は偶数句の末尾で、七言詩は第一句と偶数句の末尾で押韻する。

五言詩の押韻

○○○○○
○○○○◎
○○○○○
○○○○◎

七言詩の押韻

○○○○○○◎
○○○○○○◎
○○○○○○○
○○○○○○◎

㊦山 s ＋ an
㊦間 k ＋ an
[韻]

※押韻については、本来中国語音で考えなければならないが、便宜上、日本語の音読みによって概略を説明した。

平仄《ひょうそく》

中国古典の漢字音は、音の高低によって四つ(平声《ひょうしょう》・上声《じょうしょう》・去声《きょしょう》・入声《にっしょう》)に分類される。それらの音を四声《しせい》と呼ぶ。近体詩では、平声を「**平**《ひょう》」、他の三つの音を「**仄**《そく》」(「かたむく」意)として、これらの音を一定の規律に従って配列しなければならない。(平仄は訓読では確認できない。)

対句《ついく》

連続する二つの句の字数や文法構造が同じで、対応する語が意味の上で関連を持つとき、その二句を**対句**という。

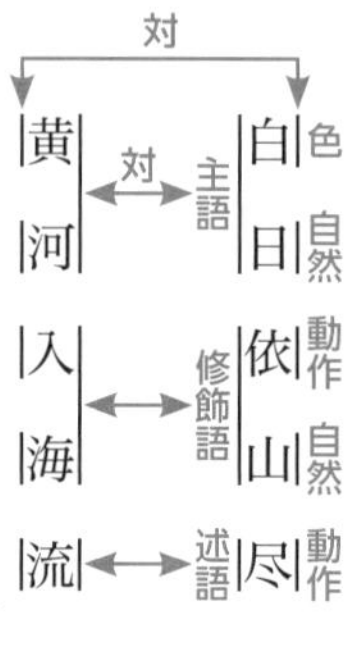

句の構成

五言詩は「二字／三字」、七言詩は「四字／三字」(さらに分けると「二字／二字／三字」)のリズムからなることが多い。この区切りを把握していると、漢詩を読解しやすくなる。

一首の構成

絶句は**起承転結**《きしょうてんけつ》の構成を持つ。第一句(起句)で歌い起こし、第二句(承句)でこれを受け継ぎ、第三句(転句)で内容を転換させ、第四句(結句)でまとめる。

律詩は第一・二句をまとめて**首聯**《しゅれん》、第三・四句を**頷聯**《がんれん》、第五・六句を**頸聯**《けいれん》、第七・八句を**尾聯**《びれん》と呼ぶ(首…あたま、頷…あご、頸…くび、尾…お)。頷聯と頸聯はそれぞれ対句にする。

総合索引

■見出し語は読みがなを付して示した。
■見出し語について詳細な解説をしている頁を太字で示した。
■人名は色字で示した。
■書籍名・雑誌名は「　」で示した。

お

か

き

く

け

こ

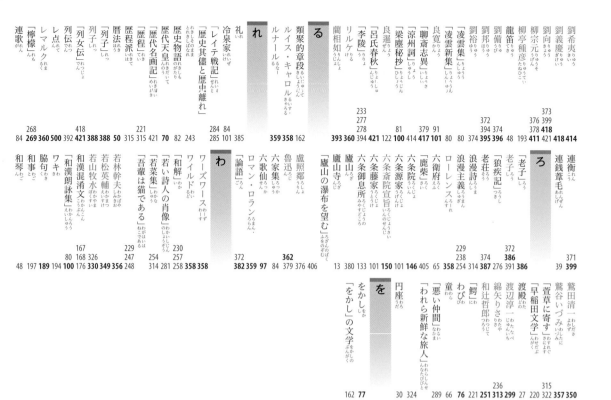

■写真・資料 協力者一覧(敬称略・五十音順)

アーテファクトリー　朝日新聞社　朝日新聞出版　鰺ヶ沢町　明日の京都 文化遺産プラットフォーム　跡見学園女子大学図書館　アフロ(アフロ，aflo_noza049790，aflo_noza129398，akg-images，AP，Basso CANNARSA/Opale，Gamma Rapho，GRANGER.COM，photoXpress，Picture Alliance，Science Source，TopFoto，Universal Images Group，毎日新聞社，読売新聞) amanaimages　アミューズメント産業研究所　荒尾努　伊ケ崎忍[撮影]　伊弉諾神宮　石川県立美術館　石山寺　一茶記念館　一般財団法人頼山陽旧跡保存会　岩崎書店　岩波書店　宇治市源氏物語ミュージアム　馬の博物館　恵庭市郷土資料館　NHK 出版　NTT 技術史料館　愛媛県美術館　MOA 美術館　大石天狗堂　大阪大学出版会　大西成明　大矢十四彦　大山采子　大山智香　沖縄タイムス　© 尾田栄一郎／集英社　橿原市　鹿角紫根染・茜染研究会　角川書店　金沢くらしの博物館　株式会社ＮＴＴドコモ　株式会社 KADOKAWA　株式会社ゴーストイッチ　株式会社日三鋳造所　株式会社リコー　上賀茂神社　川嶋印刷　河出書房新社　河鍋暁斎記念美術館　木曽古文書館　北九州市立自然史・歴史博物館　北九州市立文学館　北名古屋市歴史民俗資料館　北野天満宮　義仲寺　九州国立博物館　京都産業大学図書館　京都市立芸術大学芸術資料館　京都市歴史資料館　京都大学総合博物館　京都大学文学研究科図書館　京都府京都文化博物館　宮内庁京都事務所　宮内庁三の丸尚蔵館　宮内庁式部職楽部　宮内庁正倉院事務所　宮内庁書陵部　鞍馬寺　車折神社　慶應義塾図書館　ゲッティイメージズ　幻冬舎　原爆の図丸木美術館　県立神奈川近代文学館　公益財団法人柿衞文庫　公益社団法人日本臓器移植ネットワーク　公益財団法人阪急文化財団逸翁美術館　公益社団法人能楽協会　講談社　© 講談社／森　清　興福寺　光文社　© コーベットフォトエージェンシー　こおりやま文学の森資料館　国営飛鳥歴史公園事務所　国文学研究資料館　国立劇場　国立公文書館　国立故宮博物院　国立国会図書館　国立歴史民俗博物館　小暮誠[撮影]　五島美術館　小林豊子きもの学院　ColBase　金剛家　斎宮歴史博物館　埼玉県立歴史と民俗の博物館　堺市博物館　實盛之兜保存会　産経新聞社　サントリー美術館　シーピーシー・フォト　滋賀県立美術館　ZIGEN[撮影]　紫紅社　時事　時事通信フォト　静岡県立美術館　次大夫堀公園民家園　© 島本絵梨佳　下鴨神社　シャープ株式会社　集英社　小学館　松竹株式会社　祥伝社　浄土寺　城南宮　晶文社　正法寺　昭和館　昭和美術館　市立米沢図書館　神宮徴古館　新潮社　©SHINYA TSUKAMOTO/KAIJYU THEATER　杉並区立郷土博物館　鈴木陽介　SPUTNIK/ 時事通信フォト　青土社　全日本かるた協会　相愛大学図書館　ソニーグループ株式会社　大覚寺　宝島社　田鍬智志　太宰府天満宮　田中家　田原市博物館　筑摩書房　千葉市美術館　遅筆堂文庫　チャールズ・イー・タトル出版　中央公論新社　中尊寺　中部大学池浩三研究室　津野町　TT News Agency/ 時事通信フォト　滴翠美術館　鉄道博物館　でんおん管絃講　天理大学附属天理図書館　天龍寺　東映株式会社　東京藝術大学大学美術館　東京国立博物館 TNM Image Archives　東京大学駒場図書館　東京大学総合図書館　東京都江戸東京博物館　東京都立図書館　東京都歴史文化財団イメージアーカイブ　塔下智士[撮影]　東宝株式会社　東北大学史料館　東北大学附属図書館　栃木県立美術館　富山県美術館　豊田市美術館　トヨタ博物館　都立中央図書館特別文庫室　長崎原爆資料館　奈良県立万葉文化館　奈良大学博物館　にかほ市象潟郷土資料館　日本銀行貨幣博物館　日本近代文学館　日本芸術院　日本電気株式会社　日本俳優協会　人形浄瑠璃文楽座　仁和寺　沼田俊之　博物館 明治村　パナソニック株式会社　林重男[撮影]　バンダイナムコアーツ　PHP 研究所　PIXTA　姫路市立美術館　平等院　広島県立美術館　広島大学図書館　廣瀬資料館　風俗博物館　photolibrary　福音館書店　福島県立博物館　福田美術館　藤田美術館　藤田三男編集事務所　フジテレビジョン　府中家具工業協同組合　Fumiya Sawa　プレナス　文化庁　文藝春秋　平安女学院　平凡社　ポプラ社　© ホンゴユウジ　毎日新聞社　毎日新聞社 / 時事通信フォト　松蔭浩之[撮影]　丸善出版　丸善雄松堂株式会社　三木屋　みすず書房　三橋絢子　武蔵御嶽神社　村上宏治　村越元[撮影]　名鏡勝朗[撮影]　明治図書出版　明星大学図書館　メトロポリタン美術館　最上町　本居宣長記念館　MOMAT/DNPartcom　森栄喜　安田建一　山口県防府天満宮　山口宏之[撮影]　山﨑信一　山梨県立文学館　有斐閣　© 有限会社川本プロダクション　ユニフォトプレス　陽明文庫　米沢市　読売新聞社　萬狂言　理科教材データベース(岐阜聖徳学園大学)　立教大学図書館　Ritzau Scanpix/ 時事通信フォト　林風舎　早稲田大学演劇博物館　早稲田大学図書館　数研出版写真部

■監修者

広島女学院大学教授　足立直子　　滋賀大学教授　二宮美那子
上智大学教授　本廣陽子　　南山大学准教授　森田貴之

■執筆者

伊藤円　岩永良比古　岡本訓子　加藤香惠　河村瑛子　坂口太郎
桜井宏徳　関本真乃　髙木伸子　田中知子　坪内稔典　中村健史
長村祥知　濱田実貴　山本浩史　吉川望　龍兼代

■表紙デザイン　株式会社コンセント(三田智子／山本泰子)
■表紙写真　写真提供：PIXTA　©KAZUO OGAWA/SEBUN PHOTO/amanaimages
■本文デザイン
株式会社プラメイク(呉玲奈／松村紗恵)
デザイン・プラス・プロフ株式会社
■イラスト・図版作成
石玉サコ　おかただひこ　株式会社ユニックス　西河泉江　山本篤
※ 16,18 頁の地図作成には「カシミール 3D」を使用した。

改訂版
プレミアムカラー国語便覧

初版　第 1 刷　2017年11月 1 日　発行
改訂版　第 1 刷　2023年11月 1 日　発行
第 2 刷　2024年 2 月 1 日　発行
第 3 刷　2024年 3 月 1 日　発行

ISBN978-4-410-33913-4
＜著者との協定により検印を廃止します＞

監修者　足立直子　二宮美那子　本廣陽子　森田貴之
発行者　星野 泰也
発行所　**数研出版株式会社**

〒101-0052　東京都千代田区神田小川町 2 丁目 3 番地 3
〔振替〕00140-4-118431
〒604-0861　京都市中京区烏丸通竹屋町上る大倉町 205 番地
〔電話〕代表（075）231-0161
ホームページ　https://www.chart.co.jp
印刷　寿印刷株式会社

乱丁本・落丁本はお取り替えいたします。　240203

日本の方言を訪ねる

日本には各地にさまざまな方言が存在する。自分の地域の方言やほかの地域との違いに目を向けてみよう。

1 北海道 なまら［とても］

2 青森県 わがね／まね［だめ］

4 宮城県 うるかす［水につける］

5 秋田県 くむ［交換する］

6 山形県 おしょうしな［はずかしい／ありがとう］

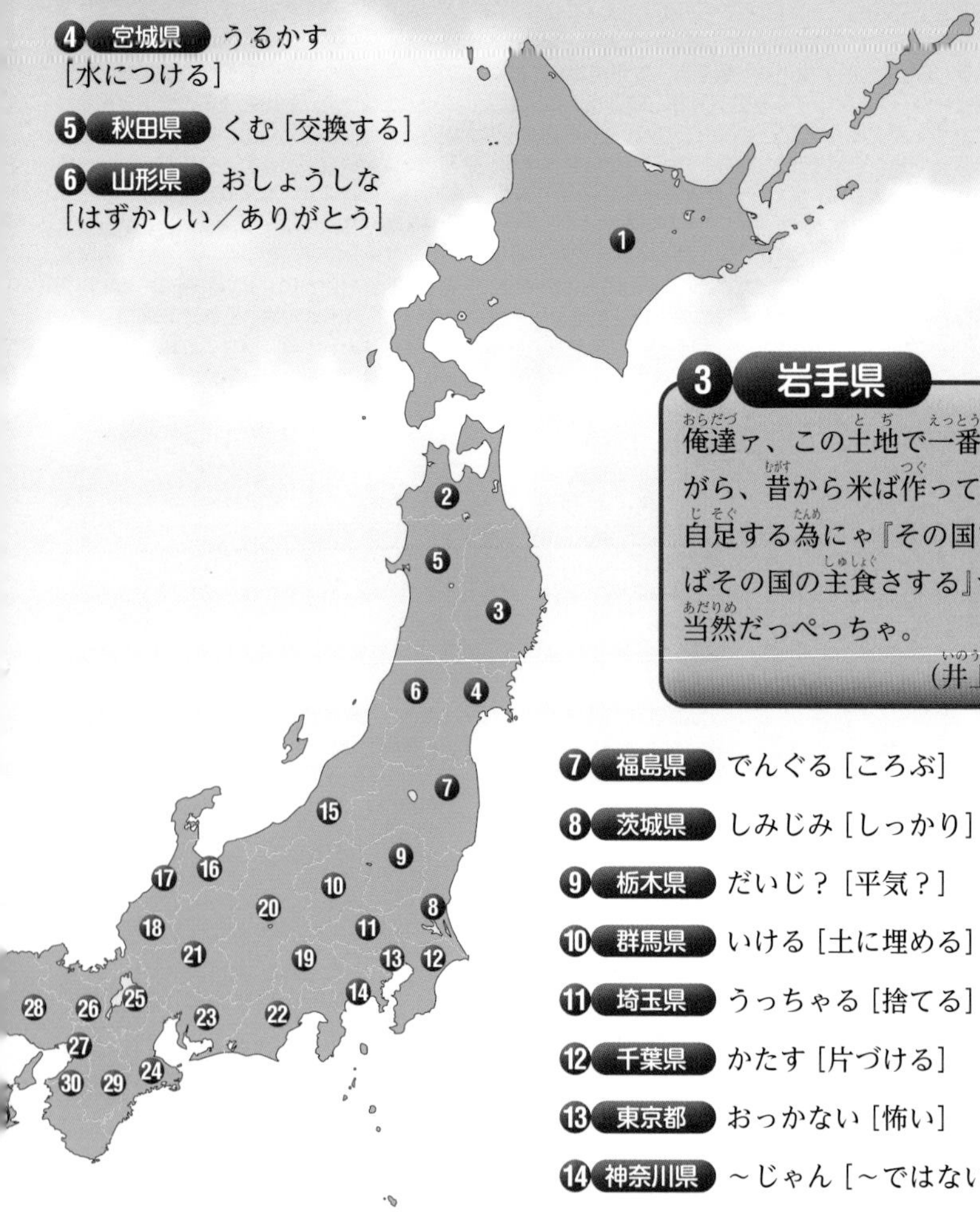

3 岩手県

俺達《おらだづ》ァ、この土地《とぢ》で一番《えっとう》よく出来《でぎ》る作物《さぐもづ》ァ米だがら、昔《むがす》から米ば作《つぐ》ってきたっちゃ。ま、自給《じきゅ》自足《じそぐ》する為《たんめ》にゃ『その国で一番《えっとう》よく穫《と》れる作物《さぐもづ》ばその国の主食《しゅしょぐ》さする』つうのは誰が考えでも当然《あだりめ》だっぺっちゃ。

（井上《いのうえ》ひさし『吉里吉里人《きりきりじん》』）

7 福島県 でんぐる［ころぶ］

8 茨城県 しみじみ［しっかり］

9 栃木県 だいじ？［平気？］

10 群馬県 いける［土に埋める］

11 埼玉県 うっちゃる［捨てる］

12 千葉県 かたす［片づける］

13 東京都 おっかない［怖い］

14 神奈川県 ～じゃん［～ではないか］

15 新潟県 なじらね？［どうですか？］

16 富山県 きときと［新鮮な］

17 石川県 かたい［おとなしい］

18 福井県 つるつるいっぱい［あふれるほどいっぱい］

19 山梨県 かじる［ひっかく］

20 長野県 ささらほうさら［めちゃくちゃ］

22 静岡県 ごせっぽい［すっきりしている］

23 愛知県 ぱかぱか［光が点滅する様子］

24 三重県 つむ［混む］

25 滋賀県 ゲベ［最下位］

27 大阪府 何してんねん［何しているの］

28 兵庫県 いぬ［帰る］

29 奈良県 おとろしい［面倒だ］

30 和歌山県 つく［押す］

31 鳥取県 すてんぽてん［だらしがない］

32 島根県 ちょっこし［ちょっと］

古語と方言

言葉が変化していくなかで、古語が方言の中に残っていることがある。

おどろく（おどろぐ）…目が覚める

〈岩手県・青森県の太平洋側、四国、瀬戸内地方の一部〉

たるひ…つらら。「たるひ」「たるき」「たろっぺ」などの言い方が残っている。

〈岩手県・宮城県・秋田県、石川県・福井県〉

よう～せん…～できない。「え～せず」が変化した言い方。〈関西など〉

あかい…明るい〈関西以西〉

しとぅみてぃ…早朝。「つとめて」が語源。

〈沖縄県〉